國家古籍整理出版專項經費資助項目

中國金石家題跋圖典

（上册）

仲威◆著

文物出版社

圖書在版編目（CIP）數據

中國金石家題跋圖典 / 仲威著. -- 北京 : 文物出版社, 2025. 3. -- ISBN 978-7-5010-8473-9

Ⅰ. K877.24-64

中國國家版本館CIP數據核字第2024L6V672號

中國金石家題跋圖典

著　　者：仲　威

書名題簽：唐存才
責任編輯：趙　磊
封面設計：程星濤
責任印製：張　麗
出版發行：文物出版社
社　　址：北京市東城區東直門内北小街2號樓
郵　　編：100007
網　　址：http://www.wenwu.com
郵　　箱：wenwu1957@126.com
經　　銷：新華書店
印　　刷：北京榮寶藝品印刷有限公司
開　　本：965mm × 1270mm　1/16
印　　張：48.75
版　　次：2025年3月第1版
印　　次：2025年3月第1次印刷
書　　號：ISBN　978-7-5010-8473-9
定　　價：580.00圓（全二册）

序言

題跋與金石碑帖的關係太重要了。有人説拓本好比是紅花，題跋就是緑葉。我認爲這種説法不妥，題跋的重要性遠非『緑葉』那麼簡單。我常把金石拓本比作『美人兒』，其裝裱就是她的衣裳和穿戴，其題跋就是她的談吐與學識。没有裝裱，就好比是裸奔，没有題跋，就缺失了靈魂和涵養。有了題跋，拓本就會開口説話，我們就能彼此對談，瞭解她姓甚名誰，出自何處，一生經歷。題跋就是自報家門，説與我們她的不凡身世。有了題跋，拓本就有了『户籍檔案』，若有了名家題跋，她的故事就更動人，脱穎而出，流芳千古。題跋對拓本而言，是憑證，是身份，是被後人繼續接納和珍藏的『媒婆』，更是載入善本史册而子孫永保的『護身符』。

善本碑帖是文物而不是商品。商品就一定有同款的『複件』，有相對固定的行情價格。善本碑帖因爲没有同款的『複件』，所以也没有固定價碼。或問同樣的宋拓本《集王聖教序》爲何説它没有複本？首先，至今留存的宋拓本數量極少，出現同一碑刻、同一時間、同一拓工、同一紙墨的宋拓本的幾率，要比小行星碰撞地球的幾率還要低；其次，即便有相近時間、相近拓工、相近紙墨的宋拓本，也因不同藏家、不同裝裱、不同題跋而早就區分彼此。所以我們可以理直氣壯地説，善本碑帖都是没有複本的。對于現存各地的不同宋拓《集王聖教序》，我們區分和命名它的最常用辦法，就是稱『某某跋本』或『某某藏本』，即挑選傳世過程中最有影響力的題跋者或收藏者來命名，而這也恰恰體現出題跋對於碑帖至爲重要的意義。

金石拓本的魅力多在于題跋。金石拓本區别于其他文物或藝術品的最大地方，就在于它可以有歷代延綿不斷的鑒藏家題跋。青銅器、陶瓷、玉器、金器等等文物統統没有題跋，書畫卷軸即便有題跋，也數量很少，因爲書畫不宜過度題跋，不然容易破壞畫面。碑帖題跋就不會有這種擔憂，因爲絶大多數碑帖題跋是依附在碑帖拓本之後的册頁中，歷代鑒藏者可以不斷添加册頁的附頁，題跋可以是無窮盡的延續。一件重要的善本碑帖，它的前世今生、來龍去脉、學術内涵終由題跋而娓娓道來。這就是碑帖爲什麼屬于富有歷史文化價值的文物品種的原因，以及金石學爲什麼博大精深的緣由。

題跋也有優劣高低之分，其評判標準，無非是用文物、文獻、藝術三個標尺來界定。

從文物角度來看，題跋年代當然越早越好，這是硬性指標，也是極易明瞭的指標。或問碑帖題跋始于何時？這個問題其實很好回答，自從有了拓本收藏，就一定會有拓本題識跟進。後人所稱的題跋，就是從早期極簡的題識發展而來。現存最早傳世拓本——敦煌藏經洞出土的《温泉銘》，其卷後即有唐永徽四年的古人題記。雖然還稱不上完整規範的題跋，衹能稱爲『題識』，但這已經可以視爲碑帖題跋的『鼻祖』。衹是如此早期的題跋，得益于敦煌藏經洞而幸存，它是個奇迹般的孤例，不足以引發碑帖題跋的研究。

宋代金石學興起并取得了輝煌的成就，既有宋拓本留存，也有宋代金石文獻流傳，但是至今還能留存在宋拓本上的宋人題跋真迹却寥若晨星。上海圖書館有二十五萬件碑帖，其中善本碑帖三千，翻遍館藏碑帖資源，也衹找到孤零零的一件宋人題跋，那就是游似題跋，此跋因《游相蘭亭》而留存至今。『游相蘭亭』，按十干編次，每干十種，共百種，明代多入晋藩朱棡家。即便是宋理宗丞相游似的藏本，如今也衹留下區區二十餘件，那些宋代小學生書包裹的宋拓本、宋刻本，咱就不要再奢望還能流傳至今了。

如今，既要有真迹，又要有一定存量可供研究的早期碑帖題跋，就數明末清初的題跋。這要歸因于明代收藏意識的提高。在明代中後期，珍稀拓本開始被視爲文物或藝術品來收藏，此舉客觀上既保護了當時就已經十分珍稀的宋元拓本和明初拓本，也爲後人留下了珍貴的明末清初題跋。彼時的題跋可以算是碑帖題跋『金字塔』的塔尖，珍如拱璧，在本書中其數量占比不足十分之一。

明末清初題跋的碑帖品種，有一個『帖多碑少』現象，即當時題跋的對象，主要針對法帖，以『二王』法帖爲主，晋唐小楷和宋刻法帖也是明末清初收藏家和題跋者的最愛。單帖有《蘭亭》《十七帖》《黄庭經》《黄庭内景經》《曹娥碑》《晋唐小楷》等，叢帖有《淳化閣帖》《寶晋齋法帖》《鼎帖》《大觀帖》《真賞齋法帖》等。碑刻題跋以唐碑爲主，漢魏碑刻極少，唐碑以《九成宫》《虞恭公》《集王聖教序》《麓山寺》爲主。墓誌題跋更是罕見，僅見《馬懷素墓誌》和《崔敬邕墓誌》。以上現象反映出，明末清初碑帖收藏家和題跋者的關注點主要是碑帖的書法藝術和文物價值。其實這兩點也一直被後世普遍關注，幾乎成爲碑帖收藏的原動力。

清代乾嘉時期金石學開始復興，在金石研究和拓本鑒藏的交互影響下，催生了碑帖題跋的振興，其中一些題跋被後人奉爲教科書般的經典，不斷被模仿和學習。在本書中，這一時期的題跋數量約占全書的十分之一。

乾隆前期，碑帖鑒藏與題跋的風氣，基本遵循和延續着明末清初的路數，題跋主要對象依然還是晋唐小楷、宋刻法帖和唐碑經典。但是我們已經可以感覺得到彼時的碑帖審美開始出現鬆動，此前是衹能接受『美』，此後則可以接受『醜』。一些書法藝術平平的碑帖，也成爲鑒藏與題跋的對象。刊刻粗糙的《汝帖》和書法平庸的《景龍觀鐘銘》等逐漸開始有名家題跋了。

從『藝術鑒賞』到『金石研究』的學術風氣的轉變，其實發生在乾隆後期。这一時期出現了以翁方綱、王昶、黄易等人爲領軍的金石家群體。此時碑帖題跋的對象有所擴展，從唐碑經典拓展出漢魏碑刻，《圉令趙君》《曹全》《史晨》《受禪表》《上尊號》等題跋者漸多。此外，還開啓了鐘鼎彝器銘文題跋。雖然當時數量與品種極少，但已開風氣之先。然而就在金石研究風氣漸起的同時，明末清初以來形成的碑帖鑒藏的『初心』却始終未變，唐碑、晋唐小楷和宋帖依然還是碑帖題跋的主角。彼時出現了『藝術鑒賞』

與『金石研究』兩條路綫并存的局面，且這種并存的情況一直持續到晚清民國，但從未出現此消彼長的局面。也就是説，碑帖鑒藏與題跋的主要對象始終未變，前人珍貴，後人依然且愈發珍貴，并未因任何學術風氣的轉變而受到影響。文物珍貴性是始終不變的、壓倒一切的鑒藏標準。

嘉道時期，金石愛好者逐漸增多，拓本收藏範圍得到極大的拓展，在傳統的碑帖石刻和鐘鼎彝器之外，又開闢漢魏殘石、六朝造像題記、兩漢六朝磚文、秦漢璽印、金石雜件等新天地，出現了一批『金石雙修』的金石家。彼時金石文化極爲興盛，先後出現以阮元、張廷濟、李宗瀚、吴榮光、程文榮、葉志詵、達受、劉喜海、何紹基等爲代表的金石拓本收藏、鑒賞、研究群體。這一時期金石題跋的質量和數量都給後人留下了深刻印象。在本書中，這一時期的題跋數量約占十分之二。

同光時期，金石拓本收藏進入鼎盛時期，在士大夫群體中擁有極爲廣泛的金石愛好者群體，先後出現了莫友芝、吴雲、楊沂孫、陸增祥、胡澍、趙之謙、潘祖蔭、翁同龢、沈樹鏞、趙烈文、魏稼孫、吴大澂、楊守敬、繆荃孫、王懿榮、吴昌碩、陶濬宣、王瓘、張祖翼、葉昌熾、盛昱、沈曾植、陸恢、費念慈、劉鶚、李葆恂、端方等一大批金石碑帖鑒藏名家。金石研究與收藏蔚然成風且逐漸從上流社會向民間普及。彼時傳拓和銷售金石碑帖拓本極爲紅火，形成一門特定的商業，社會需求量極大，出現了名碑名帖拓無虚日、供不應求的場景。各種金石雜件也成爲傳拓、鑒藏、題跋的對象。金石題跋如雨後春笋般叢生，進而出現了金石研究與社交應酬相重叠的局面，程式化題跋亦漸多。這一時期的題跋存量較多，筆者有較大的挑選餘地，本次選取數量占比約爲全書的十分之三。

清末民初，人事變故，出現了善本碑帖收藏大换手的局面，碑帖善本從傳統世家散出，紛紛流通到文化和商業更爲發達的北京、天津和上海，轉手到清代遺老和民國新貴手中。這一時期金石鑒藏活動并未中斷，甚至還出現了『回光返照』般的輝煌瞬間，先後出現了曾熙、周大烈、鄒安、莫棠、龐澤鑾、周慶雲、羅振玉、吴士鑒、褚德彝、張伯英、王國維等金石名家。彼時的金石題跋延續着同光以來的傳統，依然散發着流光溢彩和勃勃生機。在本書中，這一時期的題跋數量占比約爲全書的十分之二。

民國時期，塵埃落定，金石善本也多名花有主，秘不示人，身價依舊。普通金石拓片則被束之高閣，少人問津，與其他傳統文化一樣，在時代巨變中，逐漸淡出了主流文化消費市場，因此這一時期的金石題跋大多僅限于善本。雖然收藏家的人數在鋭減，題跋的熱情在跌落，但是依然出現了龔心釗、李國松、林志鈞、劉體智、于右任、王福庵、葉公綽、朱文鈞、張瑋、吴湖帆、蔣祖詒等一大批不輸前人的金石鑒藏家。其中龔心釗、朱文鈞、吴湖帆、蔣祖詒等人的金石鑒藏已入登峰造極之境，令後人仰止。今人所見的金石善本大多經過他們的最後接力而被收入公藏機構，歷代金石家的題跋隨之一同進入『深宫』，他們自己的題跋也成爲『末代』題跋。前人的文化功業不敢稍忘，筆者在書中做了適當的調整，這一時期的題跋數量約爲全書的十分之一。

筆者在編撰《中國金石家題跋圖典》時一直有兩大願景。首先，要爲傳世歷代金石題跋的鑒定工作服務，即從上海圖書館的館藏善本中遴選出金石名家的題跋正本，以供鑒賞家參照和比較。這種比較不僅是筆迹鑒定，或稱書法鑒定，其實更重要的是身份鑒定。所謂身份鑒定，就是分析題跋者身份與藏本的檔次是否般配，題跋者身份與善本碑帖藏家的地位是否般配。一般而言，一流的藏本配一流的藏家，一流的藏家找一流的題跋者，身份、時間、地點若能一一吻合，筆迹鑒定也就手到擒來。或問如何身份鑒定？一切要從拓本中來。首先鑒定拓本的檔次和級別，明確拓本的特徵，做到心中有底。在此基礎上再去分析題跋的文本，分辨題跋者的語氣和論斷，進行拓本與題跋、題跋者與藏家的匹配工作。這就好比是審案，先看卷宗，再提口供，碑帖拓本就是案情的『卷宗』檔案，題跋就是呈堂的『口供』筆録。

《中國金石家題跋圖典》輔助題跋鑒定是首要目的，第二個目的就是爲當下的金石鑒藏愛好者提供題跋寫作的範本。今天的題跋，可能就會成爲日後的文物和文獻，這是一種文化的延續和傳承。筆者既要爲讀者提供經典題跋範文，又要讓讀者瞭解金石題跋需要交代的内容要素，還要提供題跋的程式和規範，讓今天的題跋作者明瞭題跋的『游戲規則』。基于此，筆者盡可能保留題跋的原始信息，將題跋的行款位置和落款、鈐印樣式等細節呈現給讀者。

經典的題跋説到底是没有程式，没有套路的。言之有物，點到爲止，恰到好處，石華藻思留集交映，就是爲拓本增重，與善本共不朽的題跋。最後，筆者簡單歸納出古人碑帖題跋的基本内容以供參考。這些内容大致有以下十大類：

一、校碑考據類

與古文獻、傳世各家藏本、自家藏本、影印本等作校勘，羅列銘文文字之異同和優劣。此類主要針對碑石殘損漫漶者和傳世版本繁多者。

二、銘文考證類

考證金石年代、職官制度、地名變遷、人物生平等，訂正史傳之僞謬，補地誌之缺失。此類多針對新出金石，尤以新出墓誌爲常見。

三、文字考訂類

考訂古文字，釋讀古文字，修訂前人釋讀文字之錯誤。此類主要針對青銅器銘文和六朝碑别字。

四、版本鑒定類

判定原刻與翻刻，羅列校碑考據點或增補考據點，檢驗有無塗描和拼配，審定前人題跋真僞，介紹紙墨拓工，評定裝裱剪裁質量，分辨鈐印與印泥優劣，推斷拓本傳拓年代先後，評價拓本珍稀程度。此類主要針對舊拓善本，是評述拓本文物價值的關鍵所在。

五、相關背景類

介紹碑石出土時地、碑石遞藏、碑石洗剔、碑石翻刻等情況，介紹藏本來歷、藏家生平、得帖經過、藏本價格。此類針對金石留存情況曲折者或拓本收藏換手頻繁者。

六、金石形制類

介紹金石銘文體例，描述金石形狀、尺寸、大小、行款、字數、界格等，介紹金石斷裂、殘損、缺失情況。此類主要針對原石、原器物損毀或稀見者。

七、抄録文獻類

抄録金石銘文或釋文，抄録前人題跋、詩詞或相關著述。此類針對不便或不能題跋者。

八、詩詞應和類

以詩詞形式來替代題跋文字。此類適用于擅長詩詞者。

九、書法品評類

品評碑帖書法，論述書法流變、書派源流，談用筆，談字體，介紹學書經歷。此類適用拓本自身無話可説，衹能退而求其次者。

十、心得體會類

談收藏經歷、鑒定體會、臨帖經驗，感慨人生得失。此類可以單獨成文，亦可與以上幾類結合。

碑帖題跋可以是專注其中一類闡發觀點，亦可選取幾類分别闡述。題跋必須要有新材料、新觀點，既不能掉書袋，也不能講套話，或能解決版本鑒定問題，或能提供遞藏信息，或能證經補史，或能展示書法藝術，或能展現詩文水平。總之，題跋者欣賞完善本，贊嘆眼福之餘，寫下一段過眼題跋，爲拓本文物價值增重，留下了藏家與題跋者相知相遇的痕迹，可謂一舉多得。

衷心希望《中國金石家題跋圖典》的出版，既能爲前人金石題跋的鑒定工作提供樣本資料，又能爲今天的金石題跋創作提供經典範本，爲金石題跋的承前啓後、繼往開來做貢獻，爲架構完整的碑帖鑒定工具書體系做一次嘗試和邁進。

二〇二三年元宵節，仲威寫于上海圖書館

凡例

一　本書收入 293 位中國金石家的題跋真迹，均出自上海圖書館館藏金石拓本，是從 2400 位館藏金石題跋者中精選而成。

二　以金石家的鑒藏影響力作爲本書收入首要標準，兼顧其學術地位、社會地位和書法水平。

三　題跋圖版按金石家的生卒年月先後編排次序，生年早者在前，晚者列後；相同生年者，以卒年先後爲序。生卒年不詳者，筆者推定一個大致時間段插入，力圖在歷史文化時空關係中勾勒出一個完整的金石家題跋群體。

四　每位金石家題跋配圖一至二幅，字體變化幅度較大者，適當增加配圖數量。

五　文字説明力圖簡潔，開列金石家生卒年月、姓名字號、籍貫，標註出所選題跋的館藏出處信息，另附題跋釋文及查檢索引等。

六　提供中國金石家題跋真僞鑒定的標準件，是本書的首要目的；提供金石題跋的創作範本與學習樣式，是本書的附帶功用。

目録

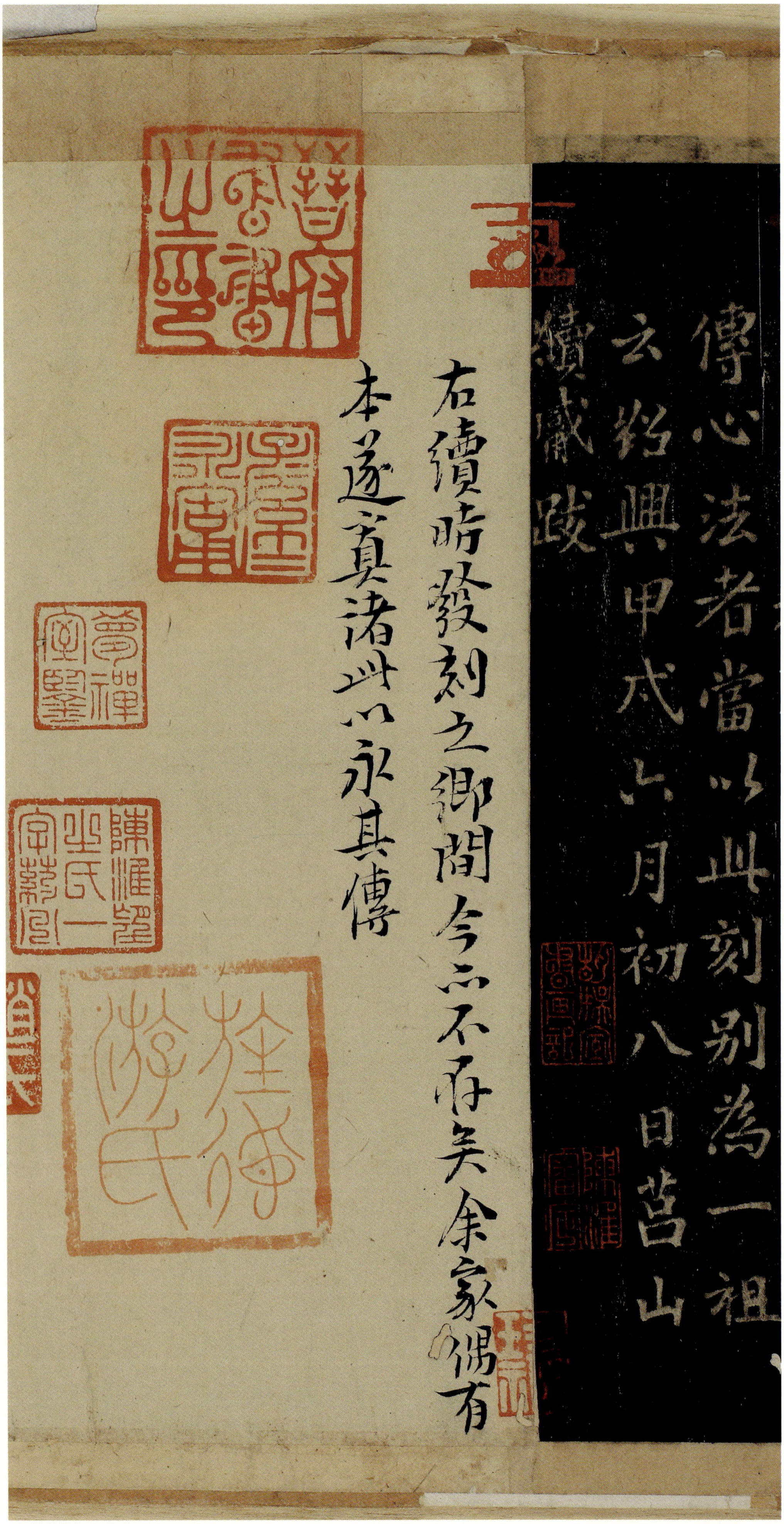

游似

年代：？—1252

字號：字景仁，號克齋

籍貫：四川南充

釋文：右續時發刻之鄉間，今亦不存矣。余家偶有本，遂置諸此，以永其傳。

鈐印：旌德游氏

釋文：右唐司議郎陸柬之所書《蘭亭詩》，高宗皇帝嘗俯臨之，似偶得其真迹，既刻之石，遂以附《褉帖》之後。
鈐印：游似、景仁、旌德游氏、南充忠公之家
題跋出處：宋拓蘭亭三種附陸柬之蘭亭詩（游似藏本）
館藏號：18A345

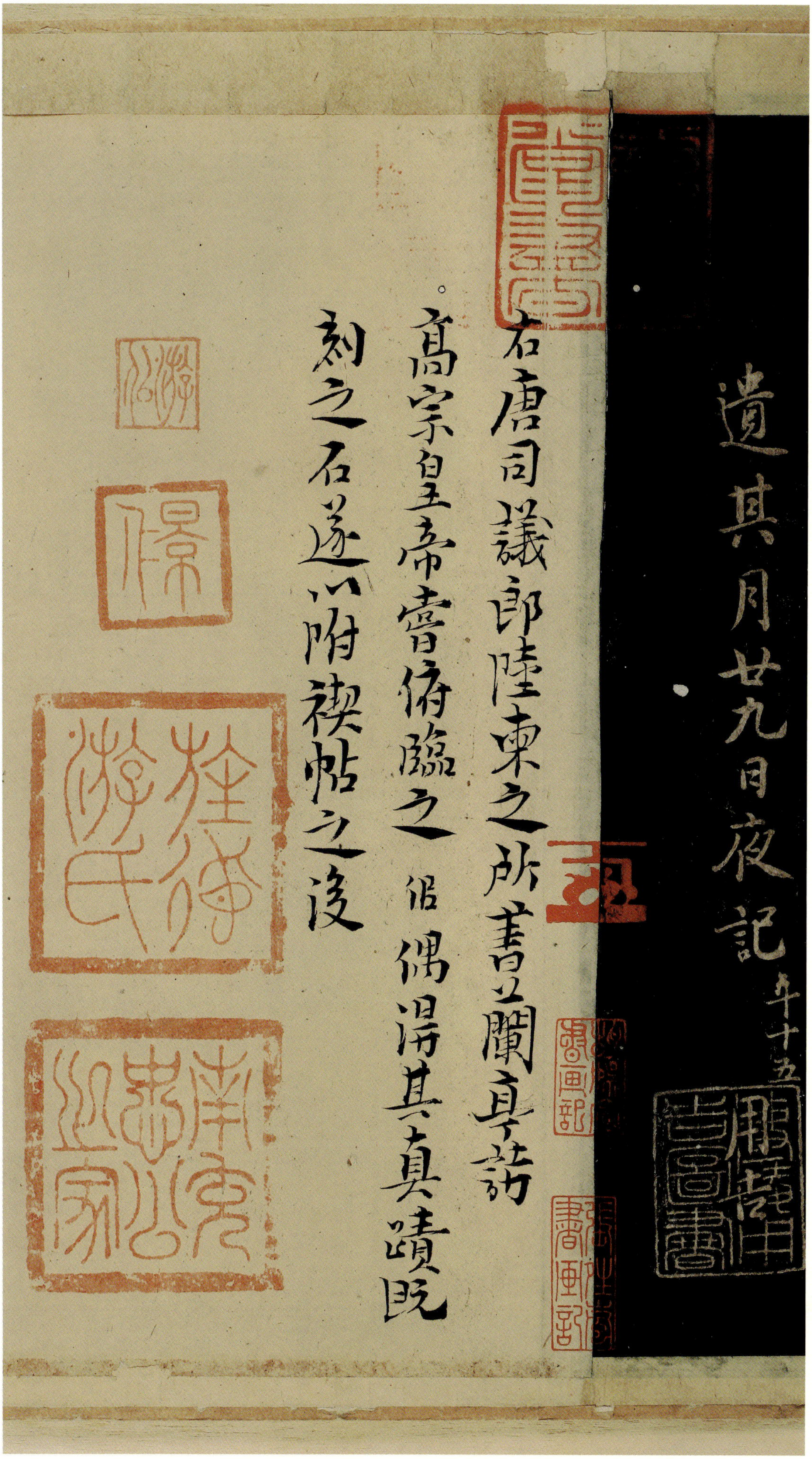

右唐司議郎陸柬之所書蘭亭詩
高宗皇帝嘗俯臨之 似 偶得其真蹟既
刻之石遂以附褉帖之後

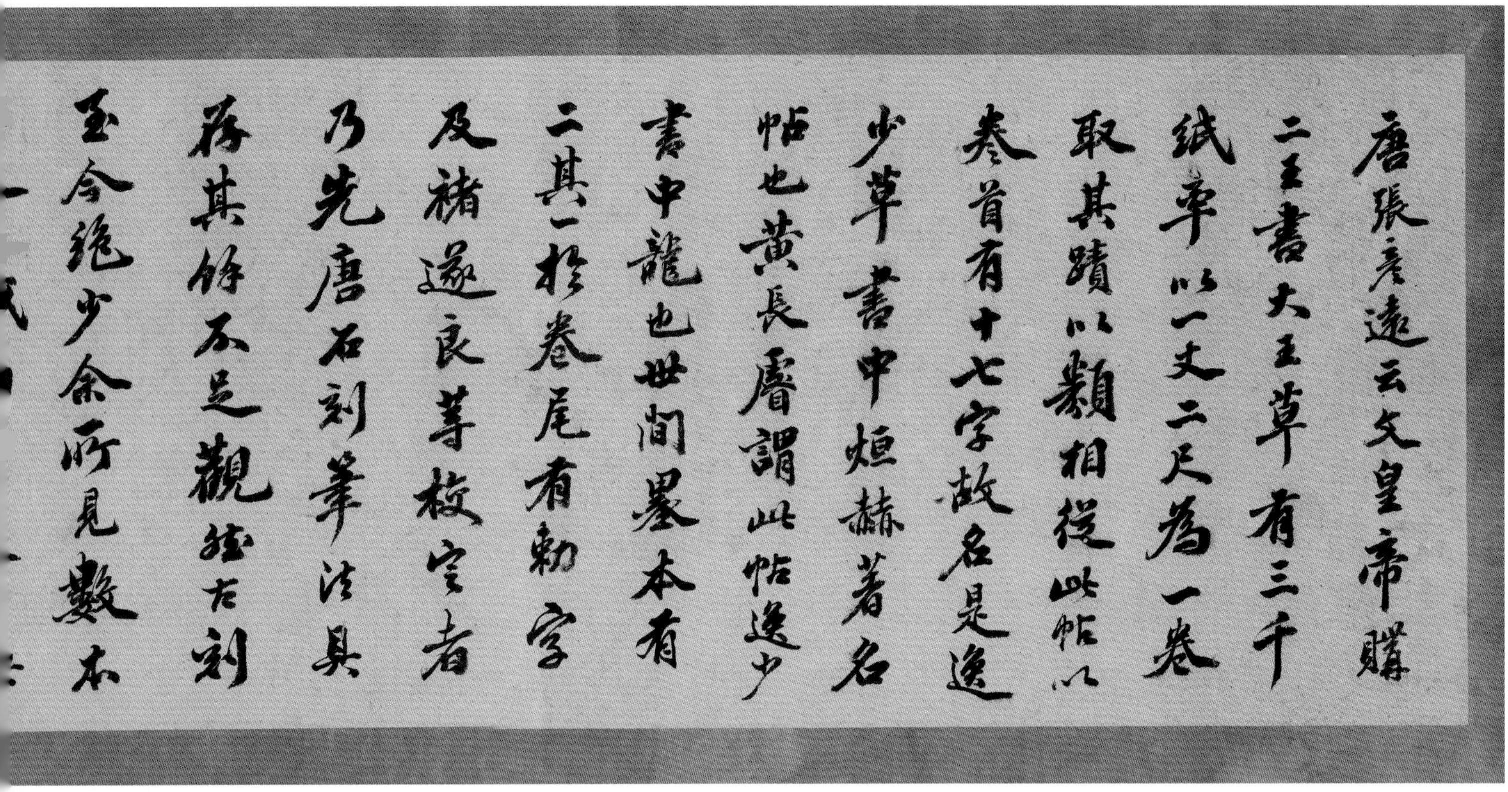

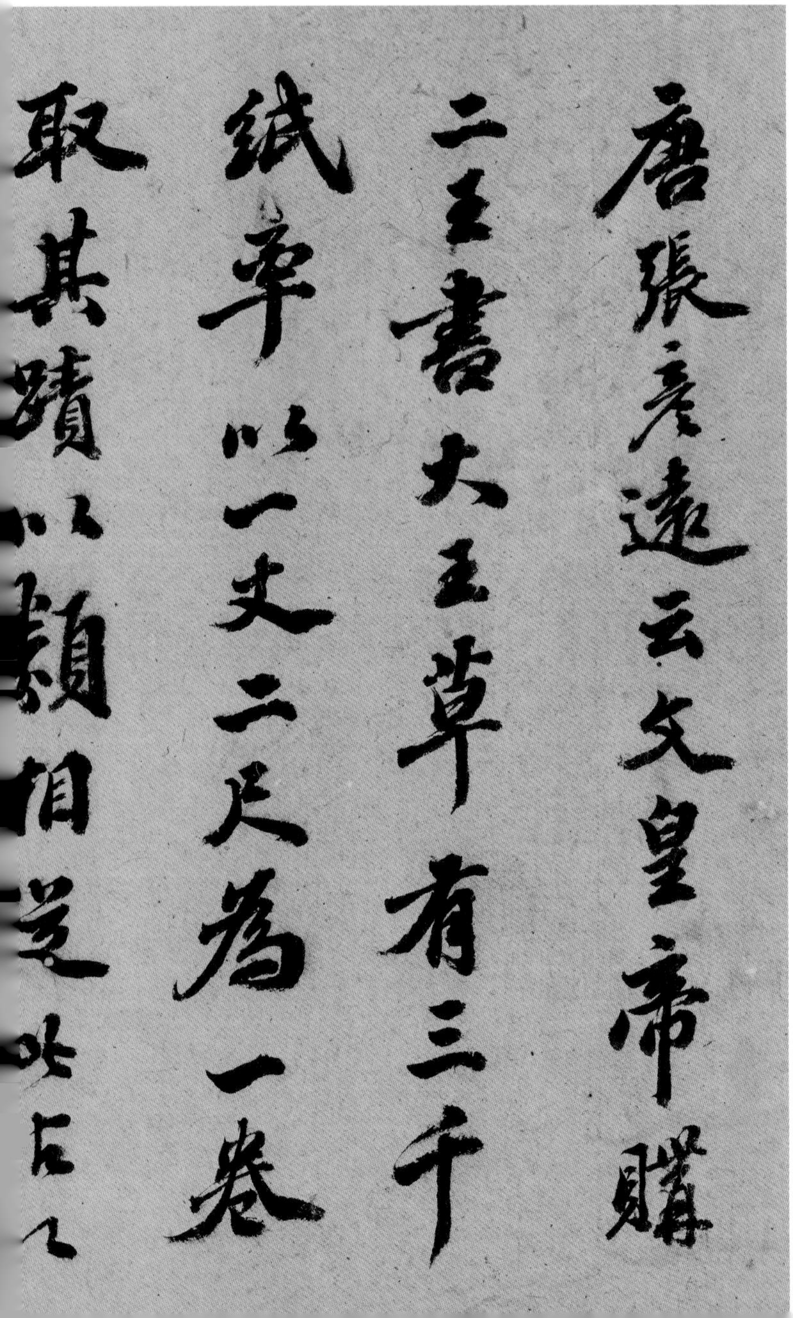

張正蒙

年代：明代，生卒年不詳，與吴寬（1435—1504）同時

字號：字子明

籍貫：江蘇江寧

釋文：唐張彦遠云文皇帝購二王書，大王草有三千紙，率以一丈二尺爲一卷，取其迹以類相從。此帖以卷首有『十七』字，故名，是逸少草書中烜赫著名帖也，黄長睿謂此帖逸少書中龍也。世間墨本有二，其一於卷尾有『勅』字及褚遂良等校定者，乃先唐石刻，筆法具存，其餘不足觀。然古刻至今絶少，余所見數本，非失之纖弱，即失之嫵媚。今匏庵出此卷見示，筆法古質渾然，有篆籀遺意，非近代所能規摹，展卷至再，覺樸厚靈和之氣溢於楮墨之外，誠宋拓唐刻之絶無而僅有者，真墨寶也。匏庵其珍之。白門張正蒙。

鈐印：張正蒙印

題跋出處：宋拓十七帖（張伯英藏本）　館藏號：19A364

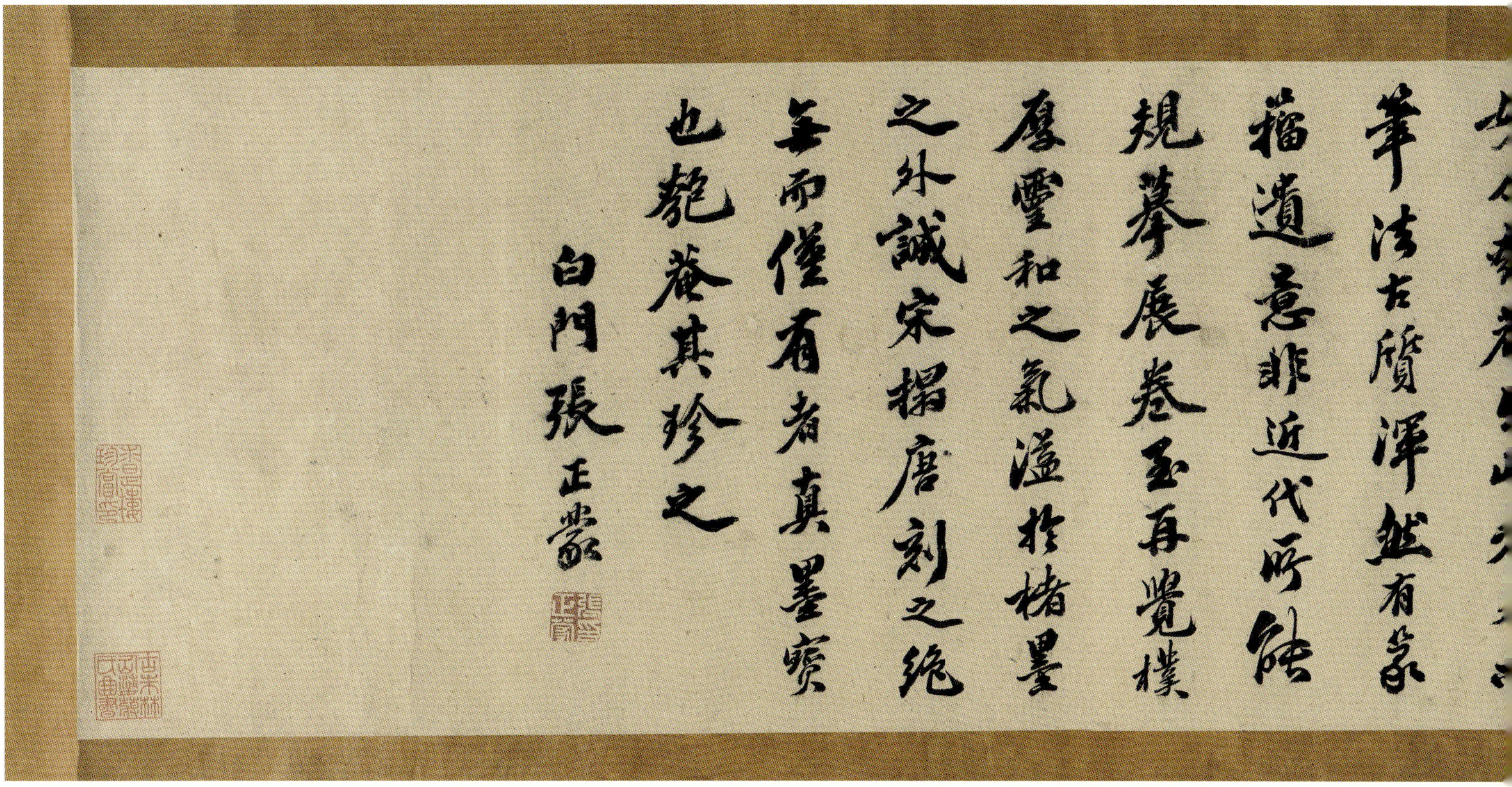
筆法古質渾然有家
猶遺意非近代所能
規摹展卷至再覺樸
厚雲和之氣溢於楮墨
之外誠宋搨唐刻之絕
無而僅有者真墨寶
也貌蒼其珍之
白門張正蒙
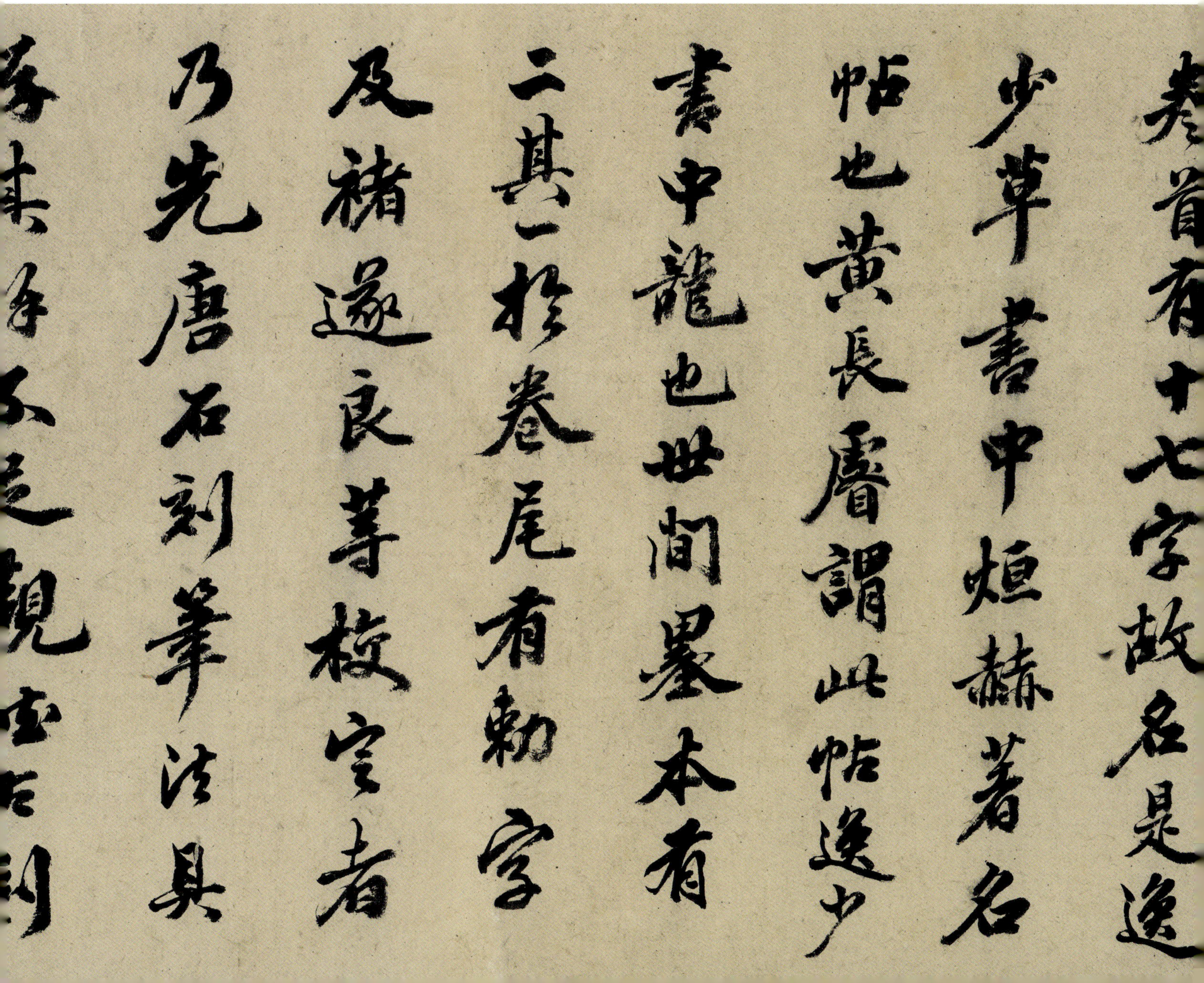
卷首有十七字故名是遂
少草書中烜赫著名
帖也黃長睿謂此帖遂少
書中龍也世間墨本有
二其一於卷尾有勅字
及褚遂良等校定者
乃先唐石刻筆法具

存其脩不足觀猶古刻
至今絕少余所見數本
非失之纖弱即失之嫵
媚今艷蒼生此卷見示
筆法古質渾然有篆
籀遺意非近代所能

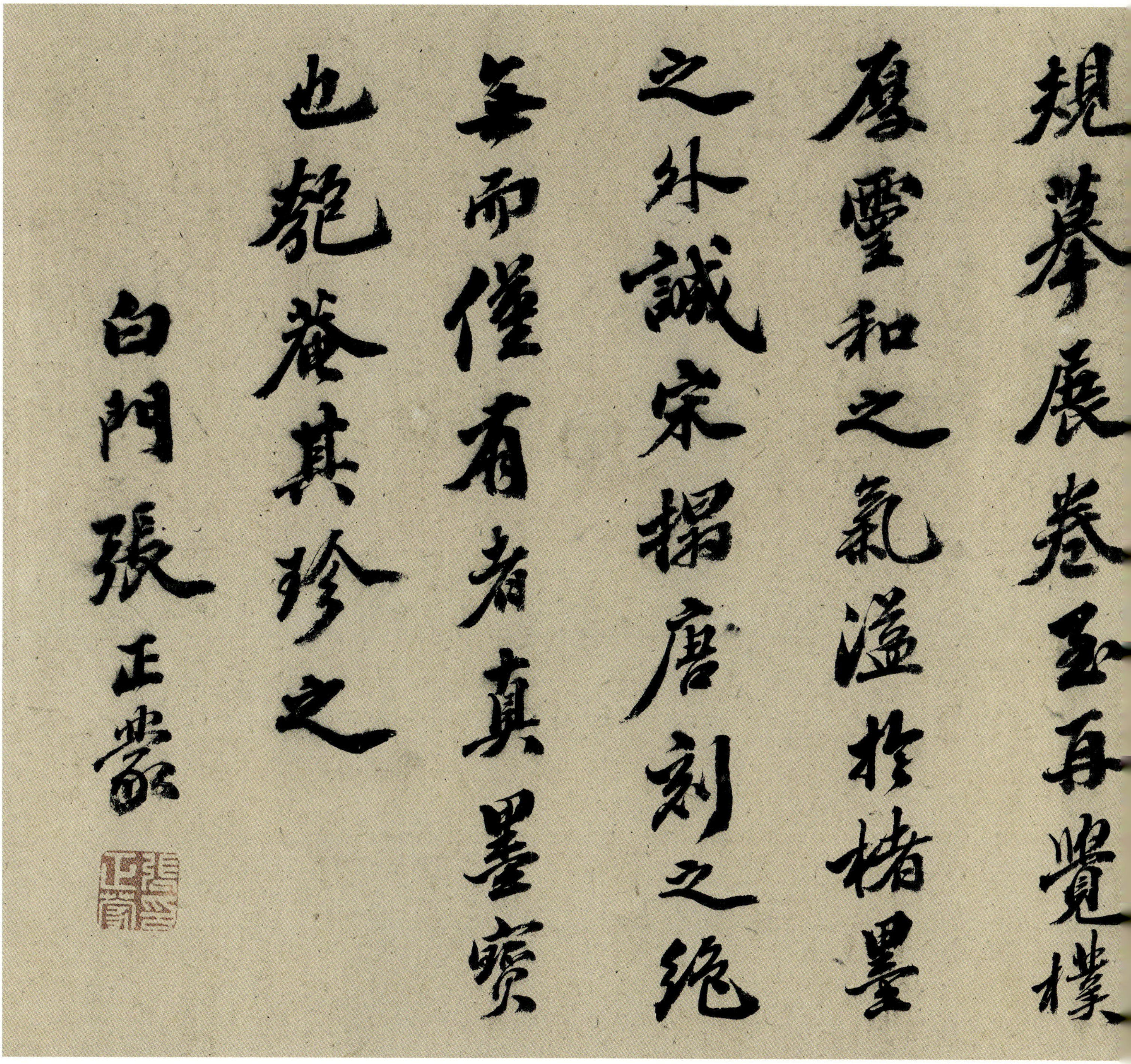
規摹展卷至再覺樸
厚靈和之氣溢於楮墨
之外誠宋搨唐刻之絕
無而僅有者真墨寶
也貌菴其珍之
白門張正蒙
張正蒙

吾固知其不能出此上也 吳寬

文徵明

年代：1470—1559

字號：原名壁，字徵明，後以字行，更字徵仲，號衡山

籍貫：江蘇長洲

釋文：右鍾元常《薦山陽太守關內侯季直表》，《宣和書譜》及米《史》、黃《論》與他名家品目皆不見紀載，惟近時張士行《法書纂要》嘗一及之，且與《戎路》《力命》《尚書宣示》諸帖并稱。但《戎路》諸帖咸有石刻傳世，而此帖亦無刻本，殆不可曉。而陸行直、鄭明德、袁仲長在元世皆博學名能書家，其題語珍重如此，必有所據。

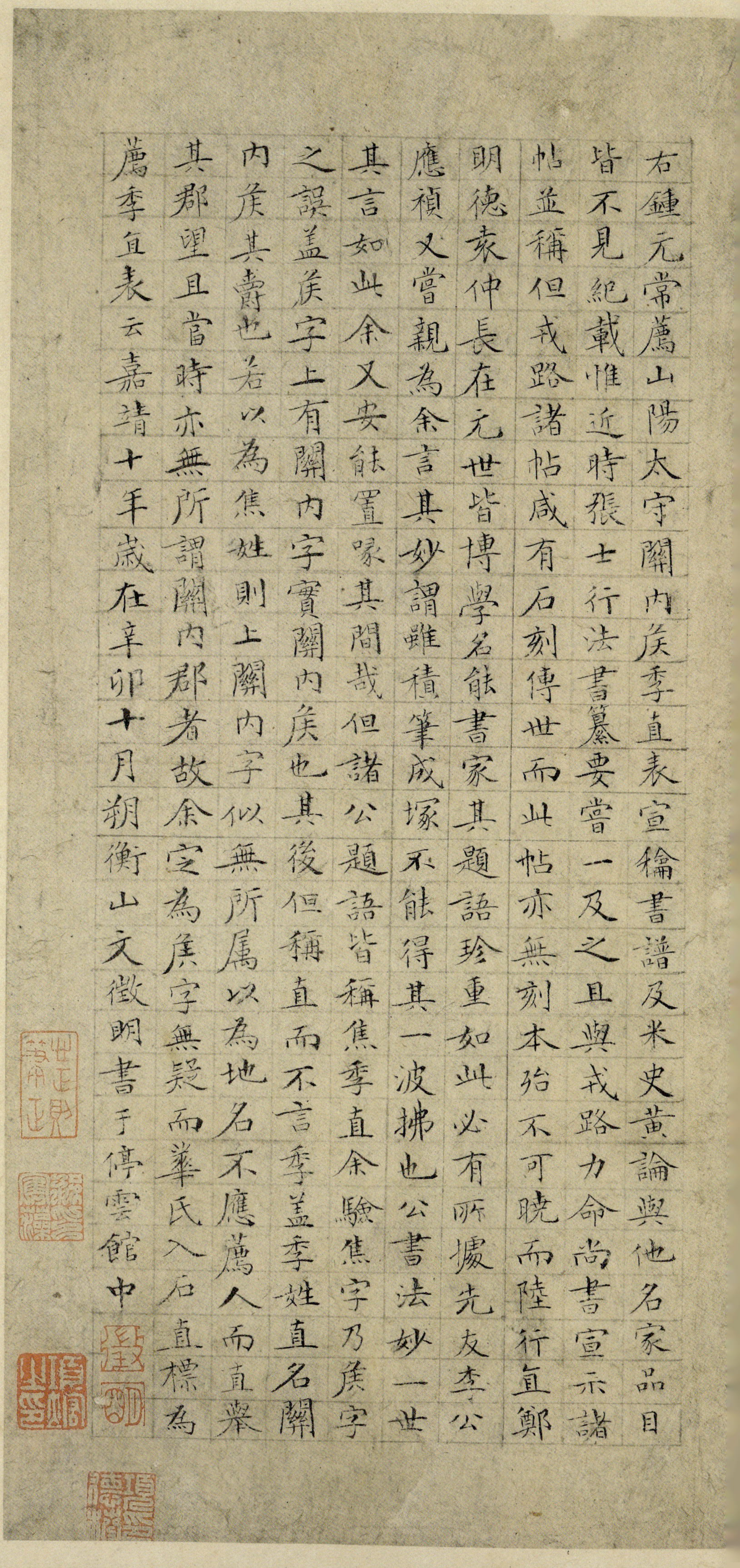

先友李公應禎又嘗親爲余言其妙，謂雖積筆成塚，不能得其一波拂也。公書法妙一世，其言如此，余又安能置喙其間哉！但諸公題語皆稱『焦季直』，余驗『焦』字乃『侯』字之誤，蓋『侯』字上有『關内』字，實關内侯也。其後但稱『直』而不言『季』，蓋季姓直名，關内侯其爵也。若以爲焦姓，則上『關内』字似無所屬。以爲地名，不應薦人而直舉其郡望，且當時亦無所謂『關内郡』者，故余定爲『侯』字無疑。而華氏入石，直標爲《薦季直表》云。嘉靖十年歲在辛卯十月朔，衡山文徵明書于停雲館中。

鈐印：徵明

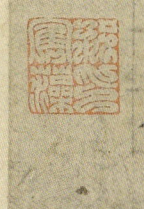

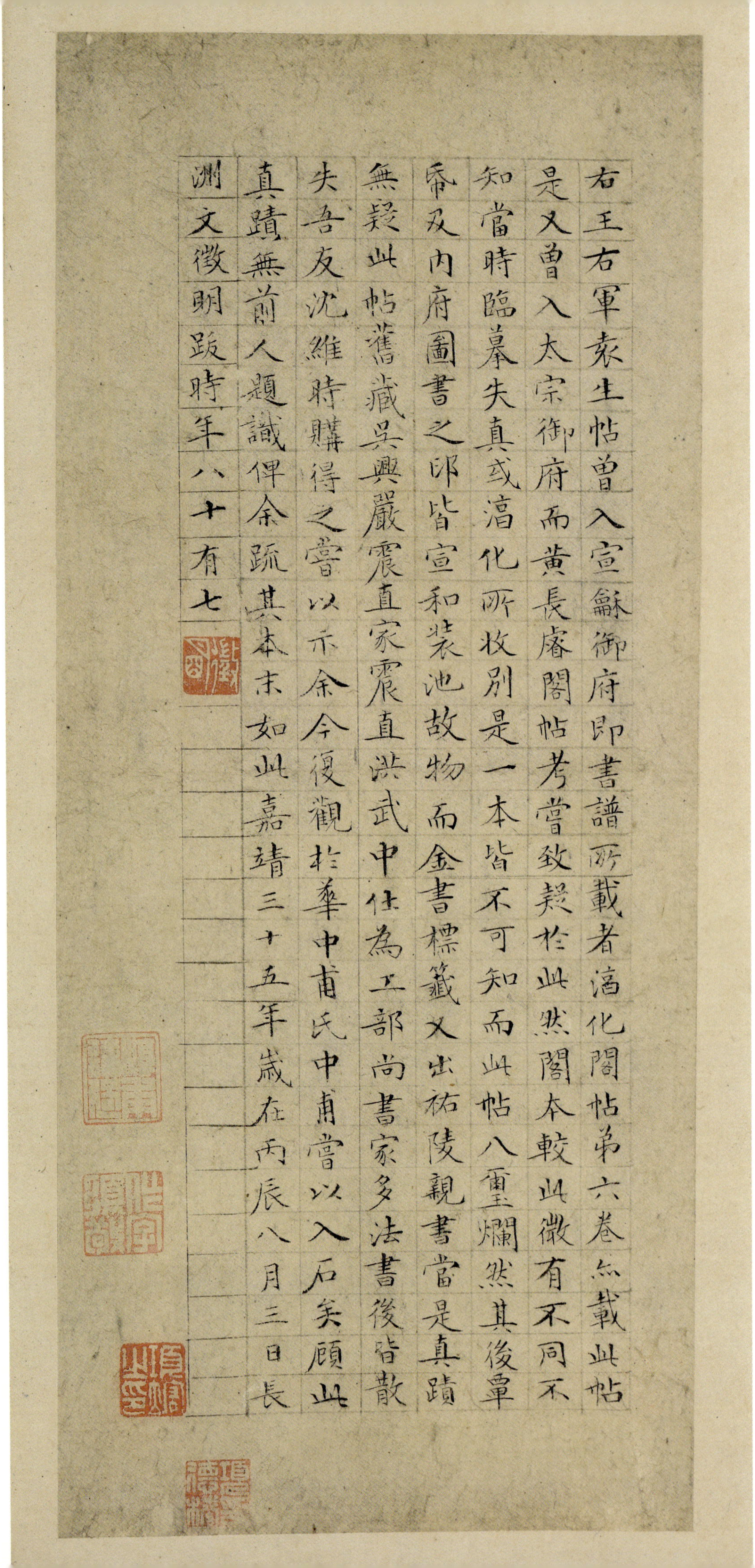

釋文：右王右軍《袁生帖》，曾入宣和御府，即《書譜》所載者。《淳化閣帖》弟六卷亦載此帖，是又曾入太宗御府，而黃長睿《閣帖考》嘗致疑於此。然閣本較此微有不同，不知當時臨摹失真，或《淳化》所收別是一本，皆不可知。而此帖八璽爛然，其後覃紙及內府圖書之印，皆宣和裝池故物，而金書標簽又出祐陵親書，當是真迹無疑。此帖舊藏吴興嚴震直家，震直洪武中仕爲工部尚書，家多法書，後皆散失。吾友沈維時購得之，嘗以示余。今復觀於華中甫氏，中甫嘗以入石矣。顧此真迹無前人題識，俾余疏其本末如此。嘉靖三十五年歲在丙辰八月三日，長洲文徵明跋，時年八十有七。

鈐印：徵明

題跋出處：真賞齋帖（錢謙益藏本）

館藏號：S2483

内字似無所屬以為地名不應薦人而直舉
者故余定為庚字無疑而華氏入石直標為
十月朔衡山文徵明書于停雲館中

失吾友沈維時購得之嘗以示余今復觀於
真蹟無前人題識俾余疏其本末如此嘉靖
淵文徵明跋時年八十有七

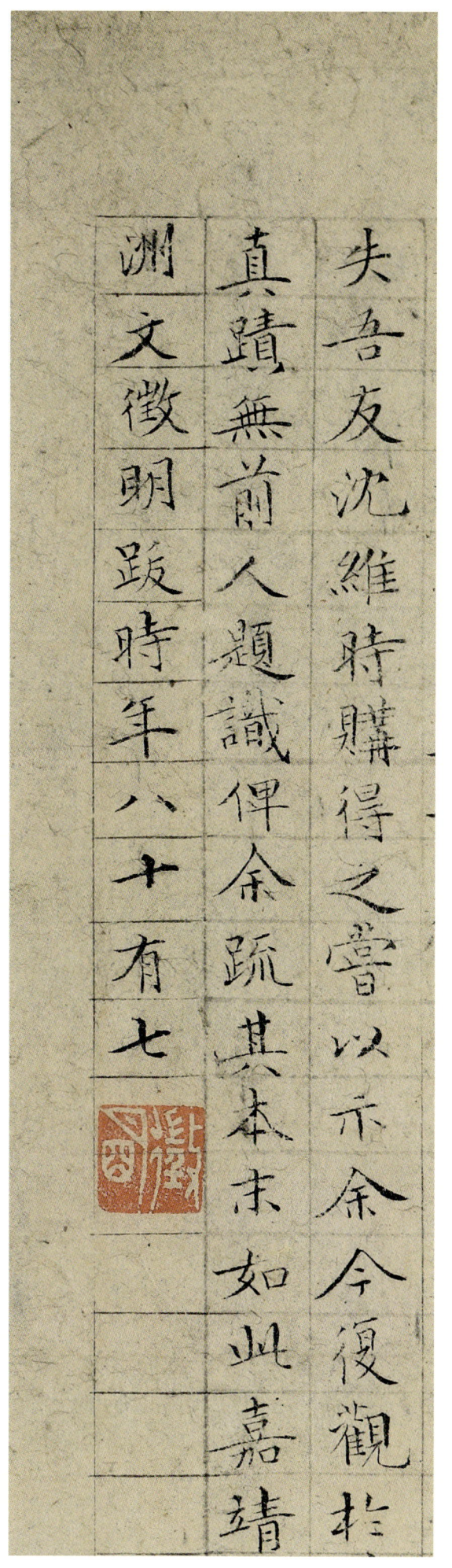

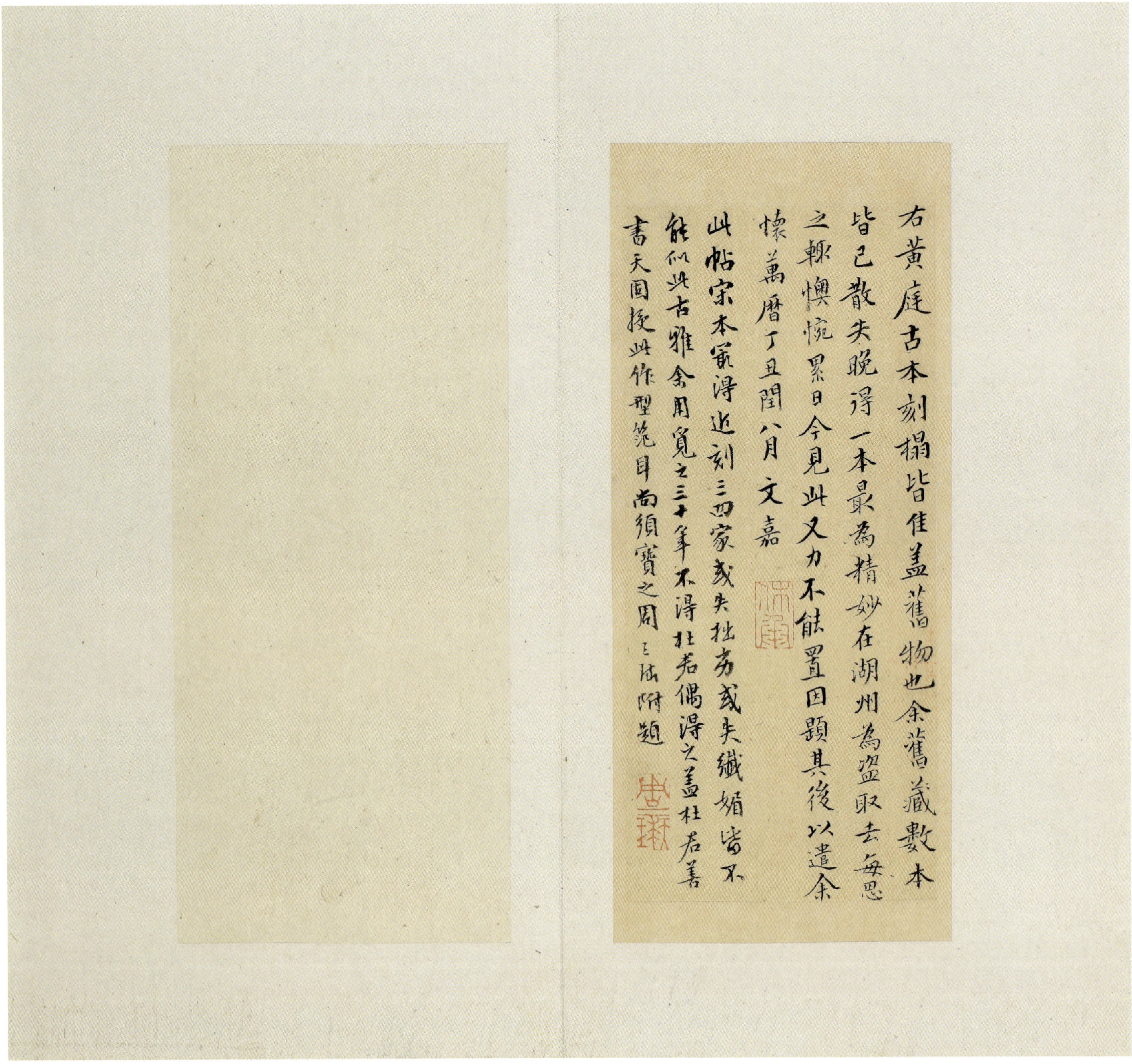

文嘉

年代：1501—1583

字號：字休承，號文水

籍貫：江蘇長洲

釋文：右《黃庭》古本，刻拓皆佳，蓋舊物也。余舊藏數本皆已散失，晚得一本最爲精妙，在湖州爲盜取去。每思之，輒懊惋累日。今見此又力不能置，因題其後，以遺余懷。萬曆丁丑閏八月，文嘉。

鈐印：休承

題跋出處：宋拓黃庭經（蔡仲藏本）

館藏號：19A357

周天球

年代：1514—1595

字號：字公瑕，號幻海，又號六止居士、群玉山人、俠香亭長

籍貫：江蘇太倉

釋文：此帖宋本最（難）得，近刻三四家，或失拙劣，或失纖媚，皆不能似此古雅。余用覓之三十年不得，杜君偶得之，蓋杜君善書，天固授此作型笵耳。尚須寶之。周天球附題。

鈐印：周天球

題跋出處：宋拓黃庭經（蔡仲藏本）

館藏號：19A357

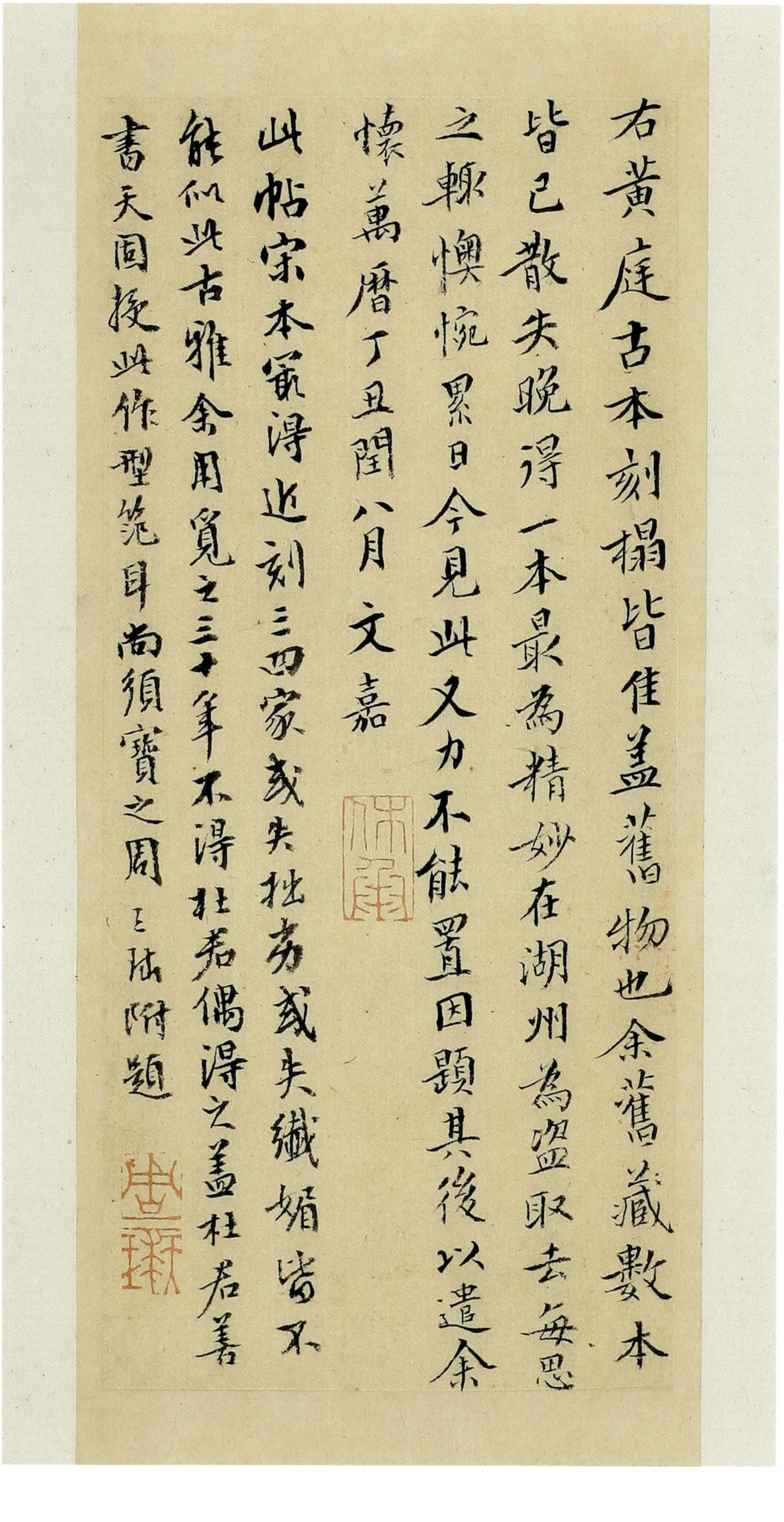

右黃庭古本刻搨皆佳蓋舊物也余舊藏數本皆已散失晚得一本最爲精妙在湖州爲盗取去每思之輒懊惋累日今見此又力不能置因題其後以遺余懷萬曆丁丑閏八月文嘉

此帖宋本窺得近刻三四家或失拙劣或失纖媚皆不能似此古雅余用覓之三十年不得杜若偶得之蓋杜若善書天固授此作型範耳尚須寶之周天球附題

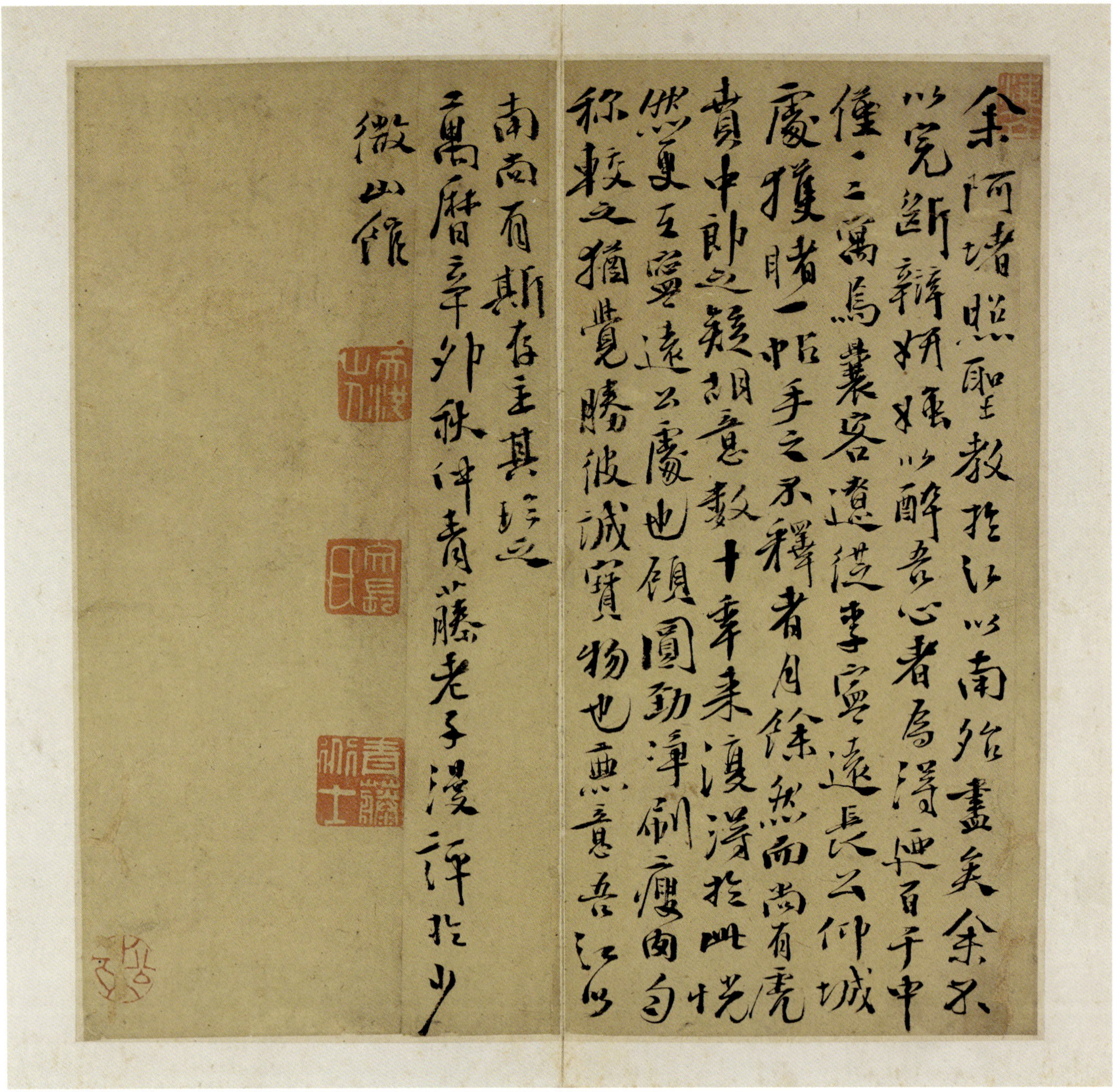

徐渭

年代：1521—1593

字號：初字文清，後改字文長，號青藤居士、青藤老人、青藤道人、天池山人、天池漁隱、金壘、金回山人、山陰布衣、白鵬山人、鵝鼻山儂、田水月、田丹水

籍貫：浙江山陰

釋文：余阿堵照《聖教》於江以南殆盡矣，余不以完斷辯妍媸，以醉吾心者爲得，乃百千中僅一二寓焉。曩客遼，從李寧遠長公仰城處獲睹一帖，手之不釋者月餘，然而尚有虎賁中郎之疑，胡意數十年來復得於此，恍然更在寧遠公處也。顧圓勁浄刷，瘦肉匀稱，較之猶覺勝彼，誠寶物也。無意吾江以南尚有斯，存主其珍之。萬曆辛卯秋仲，青藤老子漫評於少微山館。

鈐印：海笠、天池山人、文長氏、青藤道士

題跋出處：集王書聖教序（龔心釗藏本）

館藏號：S2914

余阿堵照聖教於江以南殆盡矣余不
以究斷辨研極以醉吾心者為得徧百千中
僅二三萬焉曩客遼從李寧遠長公仰城
處獲睹一帖手之不釋者月餘然而尚有虎
賁中郎之疑詡意數十年來復得於此恍
然更王寧遠之處也領圓勁淨刷瘦內勻
稱較之猶覺勝彼誠寶物也無意吾江以
南尚有斯存主其誌之
萬曆辛卯秋仲青藤老子漫評於少
徵山館

王世貞

年代：1526—1590

字號：字元美，號鳳洲、弇州山人

籍貫：江蘇太倉

釋文：昔人稱宋拓《蘭亭》自定武外以復州爲勝，豫章次之，劉無言重刻張澂褚摹《蘭亭》爲第三本。今此帖乃張澂摹勒上石，蓋昔人偶未見澂原石耳。所謂循王家藏本，恐不甘復州、豫章下也。記余少時得石刻褚摹《禊帖》，前四字爲張即之書，次爲馬軾圖，褚摹狀，又次爲米芾元章跋及贊於尾，云：『元祐戊辰獲此書，崇寧壬午六月，大江濟川亭舟對紫金避暑手

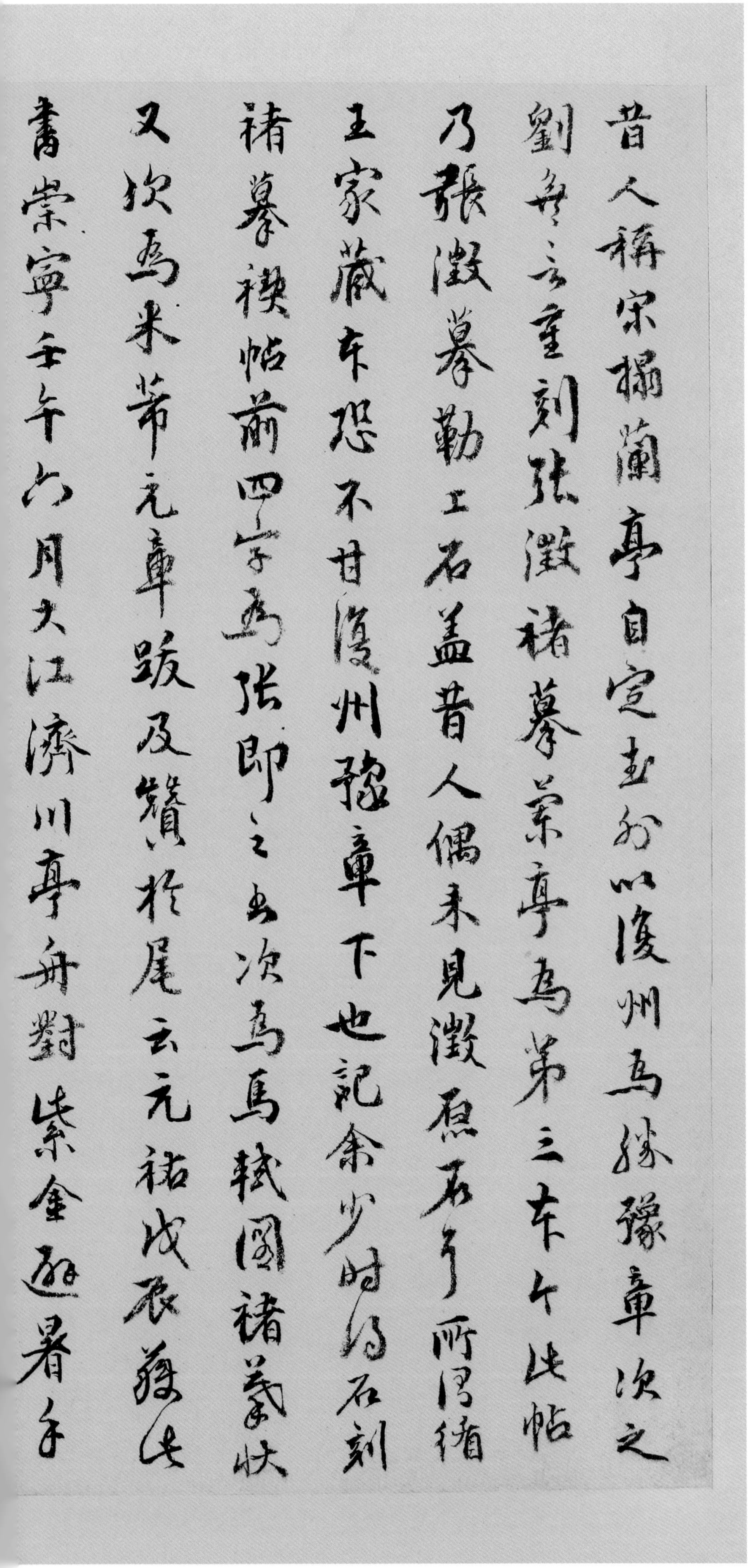

裝。』《禊帖》之下僅『紹興』二字記及後有『政和六年夏汝南裝』『觀察使印』而已，餘七印皆米氏識也。正統中吴中陳祭酒緝熙得此本，謁館閣諸大老，跋凡十有三，雙鈎入石。後十餘年而陳裔孫以墨本來售，僅餘忠安等五跋，而增元陳深十三跋於前，詰之則曰近以倭難竄身，失後數紙耳。陳深書尚固未登石也。余時不甚了了，損三十千收之。逾月小間，較以石本，不及遠甚。

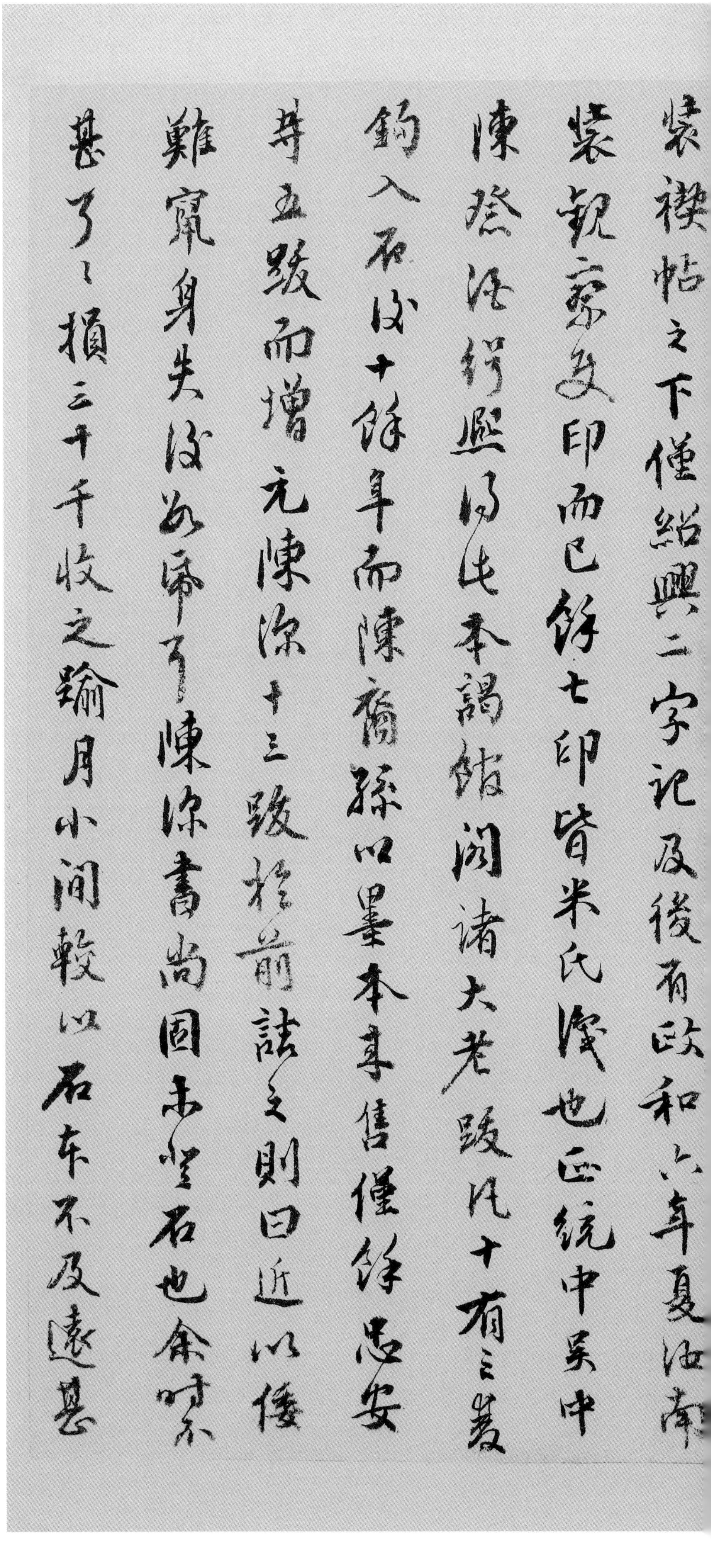

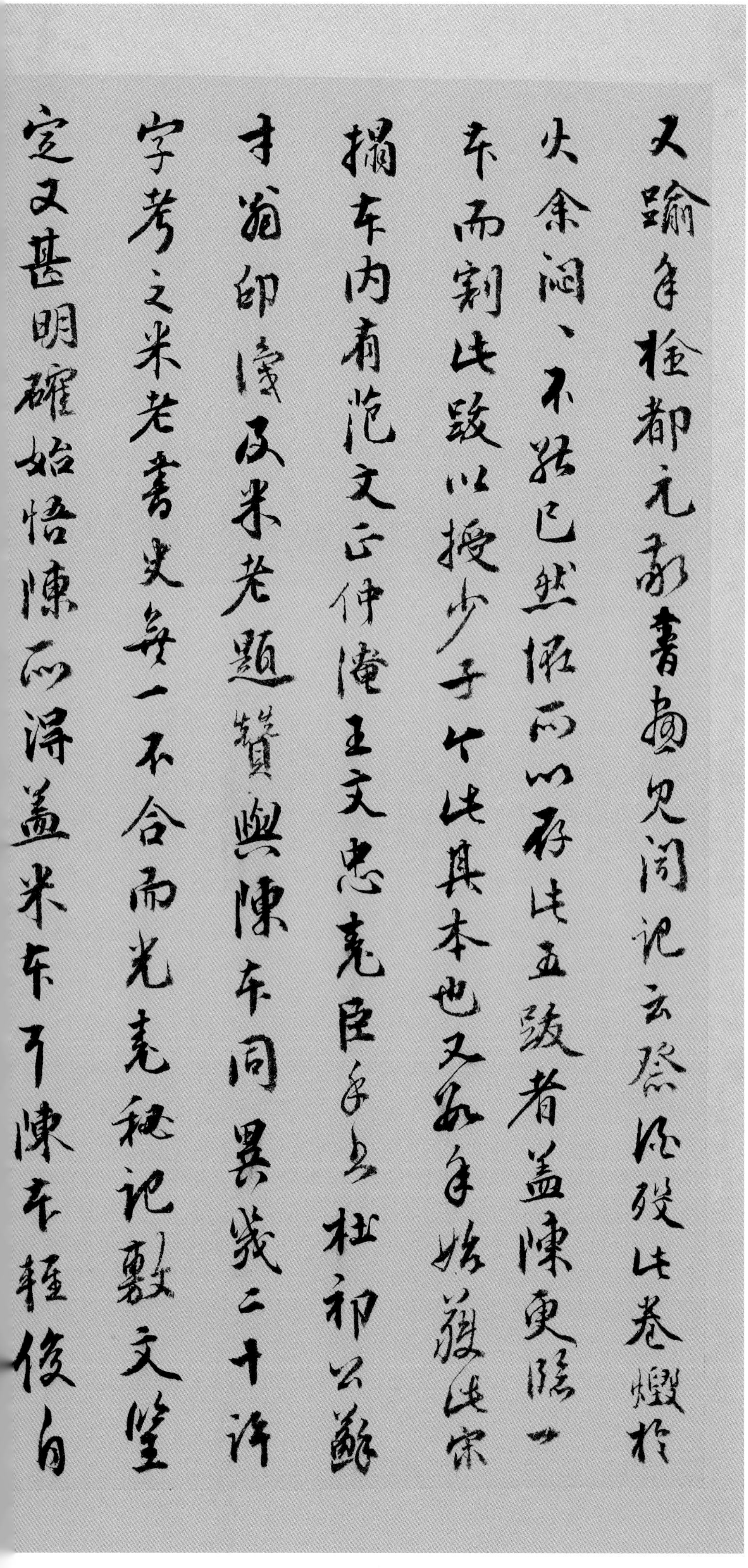

又逾年，檢都元敬《書畫見聞記》云祭酒歿，此卷燬於火。余悶悶不能已，然怪所以存此五跋者，蓋陳更臨一本而割此跋以授少子，今此其本也。又數年，始獲此宋拓本，內有范文正仲淹、王文忠堯臣手書，杜祁公、蘇才翁印識及米老題贊，與陳本同異幾二十許字。考之米老《書史》，無一不合。而光堯秘記，數文鑒定，又甚明確。始悟陳所得蓋米本耳。陳本輕俊自

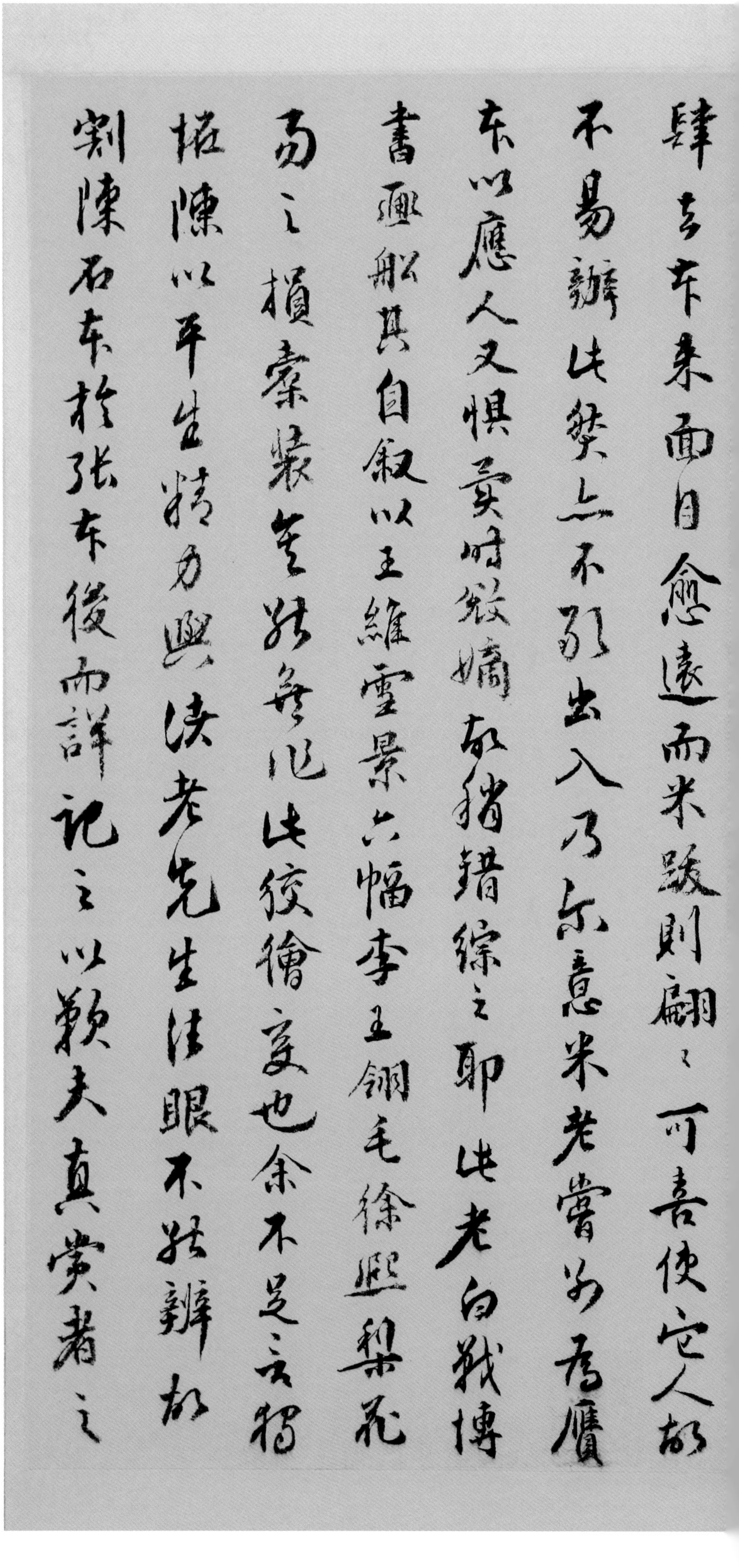

肆，去本來面目愈遠，而米跋則翩翩可喜，使它人故不易辨此，然亦不敢出入乃爾。意米老嘗別爲贋本以應人，又懼異時敓嫡，故稍錯綜之耶？此老白戰博書畫船，其自叙以王維雪景六幅、李王翎毛、徐熙梨花易之，損橐裝矣，能無作此狡獪變也。余不足言，獨怪陳以平生精力與諸老先生法眼不能辨，故割陳石本於張本後，而詳記之，以嘆夫真賞者之

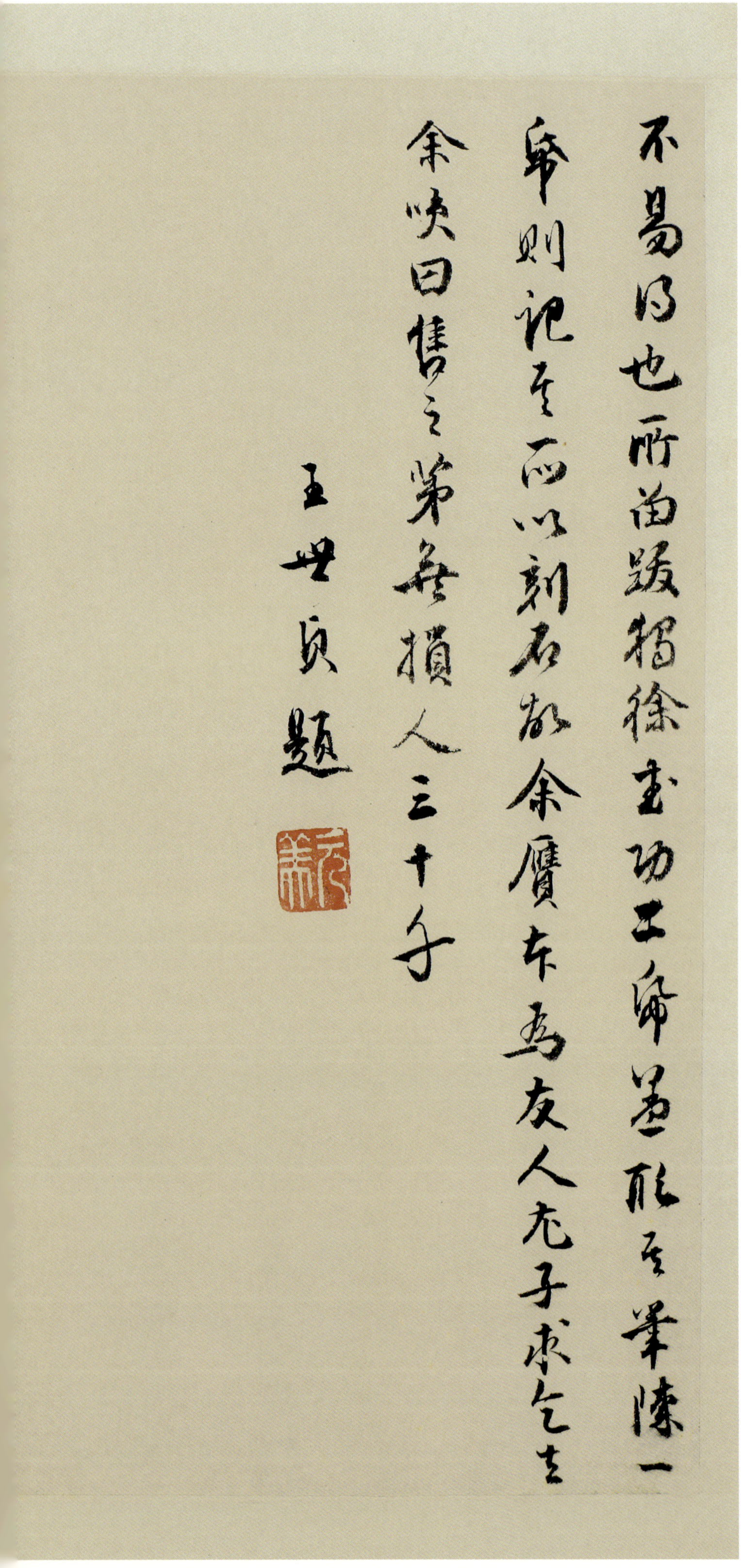

不易得也。所留跋獨徐武功二紙，蓋取其筆陣一紙，則記其所以刻石故。余贗本爲友人尤子求乞去，余笑曰售之，第無損人三十千。

王世貞題。

鈐印：元美

題跋出處：褚摹蘭亭序兩種（張溦摹勒本、陳輯熙刻本）

館藏號：21A405

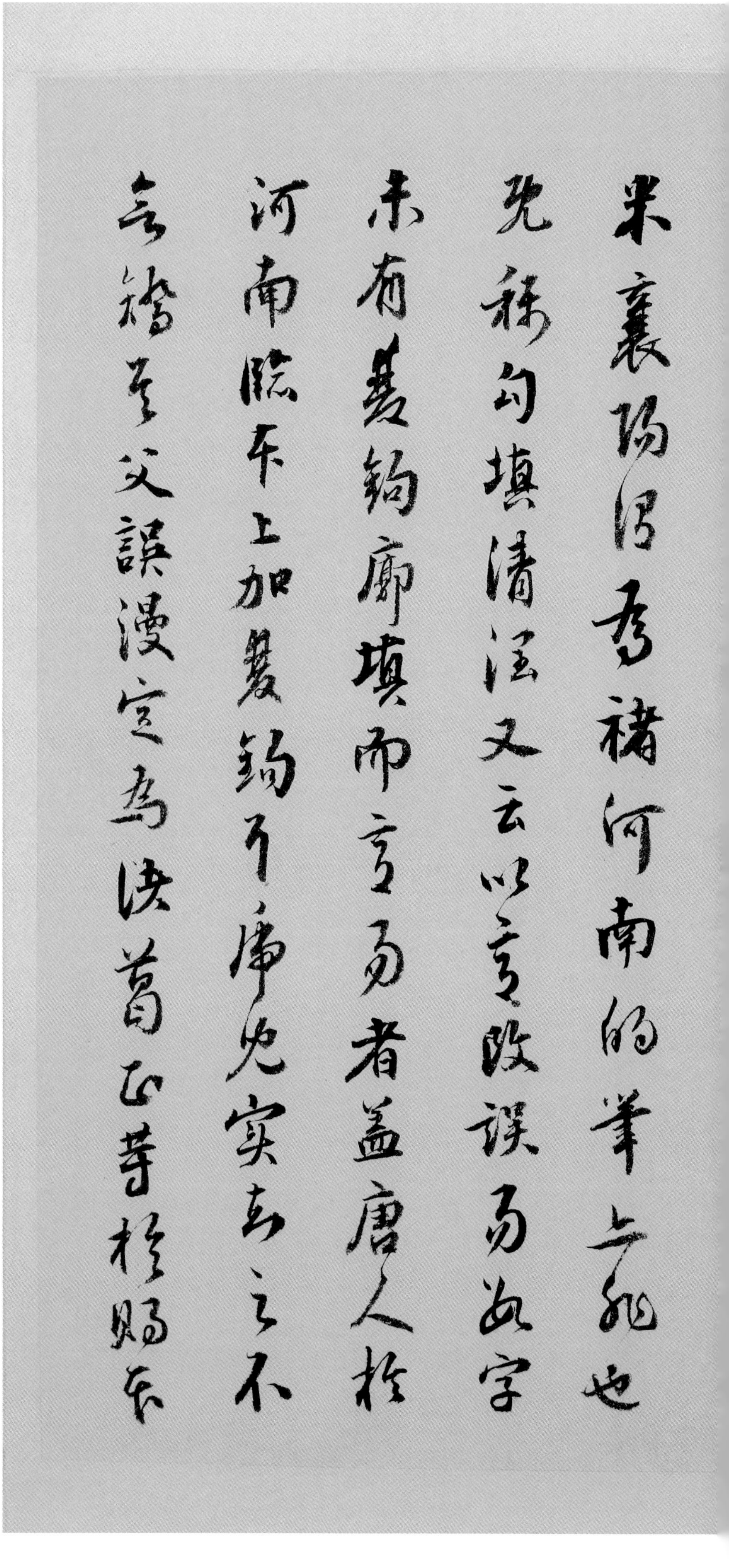

米襄陽目爲褚河南的筆無疑也
況稱勾填清注又云以意改誤爲如字
未有甚鈎廓填而意爲者蓋唐人於
河南臨本上加甚鈎下筆處實有之不
無緣至又誤漫定爲淡蔔正等楷賜衣

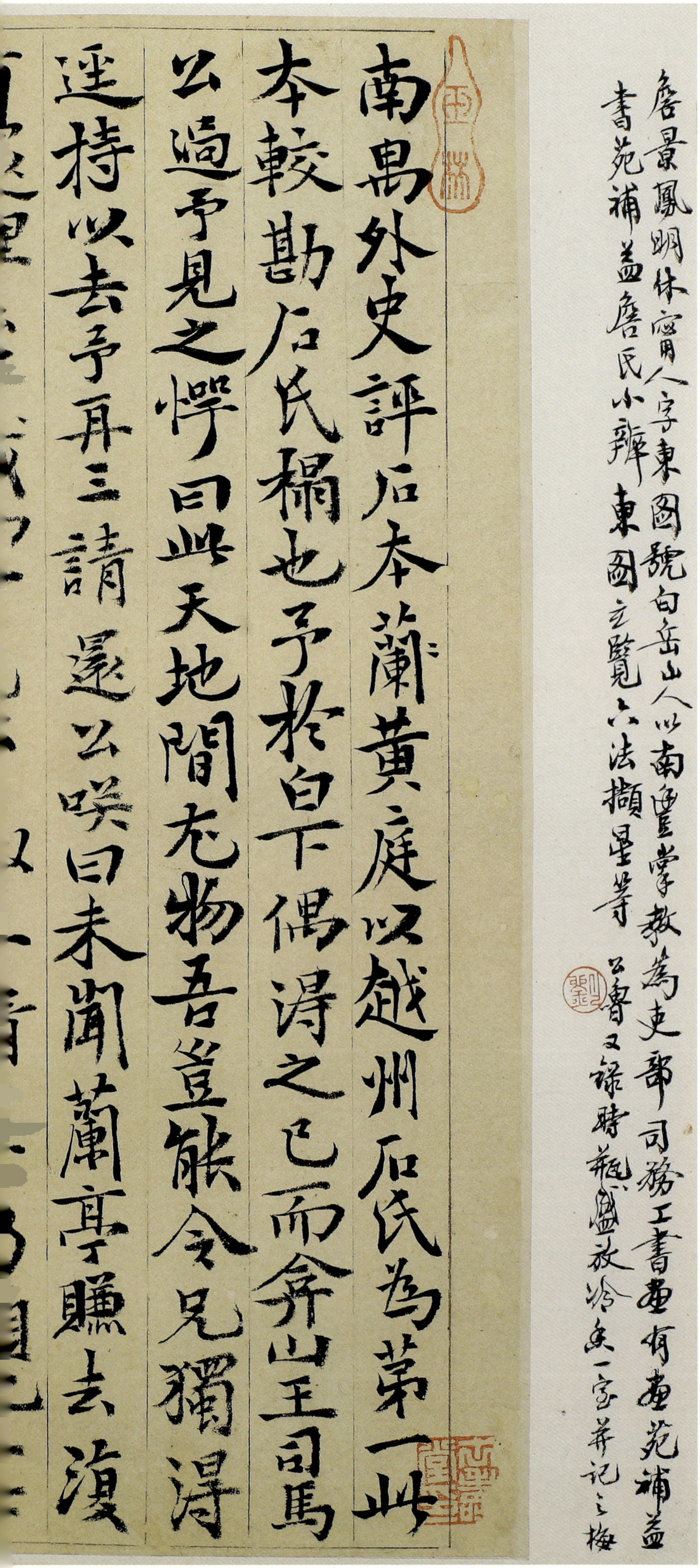
南禺外史評石本蘭黃庭以越州石氏為第一此
本較勘石氏榻也予於白下偶得之已而弇山王司馬
公過予見之愕曰此天地間尤物吾豈能令兄獨得
逕持以去予再三請還公笑曰未聞蘭亭賺去復

詹景鳳

年代：1532—1602

字號：字東圖，號白嶽山人、大龍宮客

籍貫：安徽休寧

釋文：南禺外史評石本《黃庭》以越州石氏爲第一。此本較勘石氏拓也。予於白下偶得之，已而弇山王司馬公過予，見之愕曰：『此天地間尤物，吾豈能令兄獨得？』徑持以去。予再三請還，公笑曰：『未聞《蘭亭》賺去，復有還理。』去半載而予見公日輒苦請之，公乃題九十七

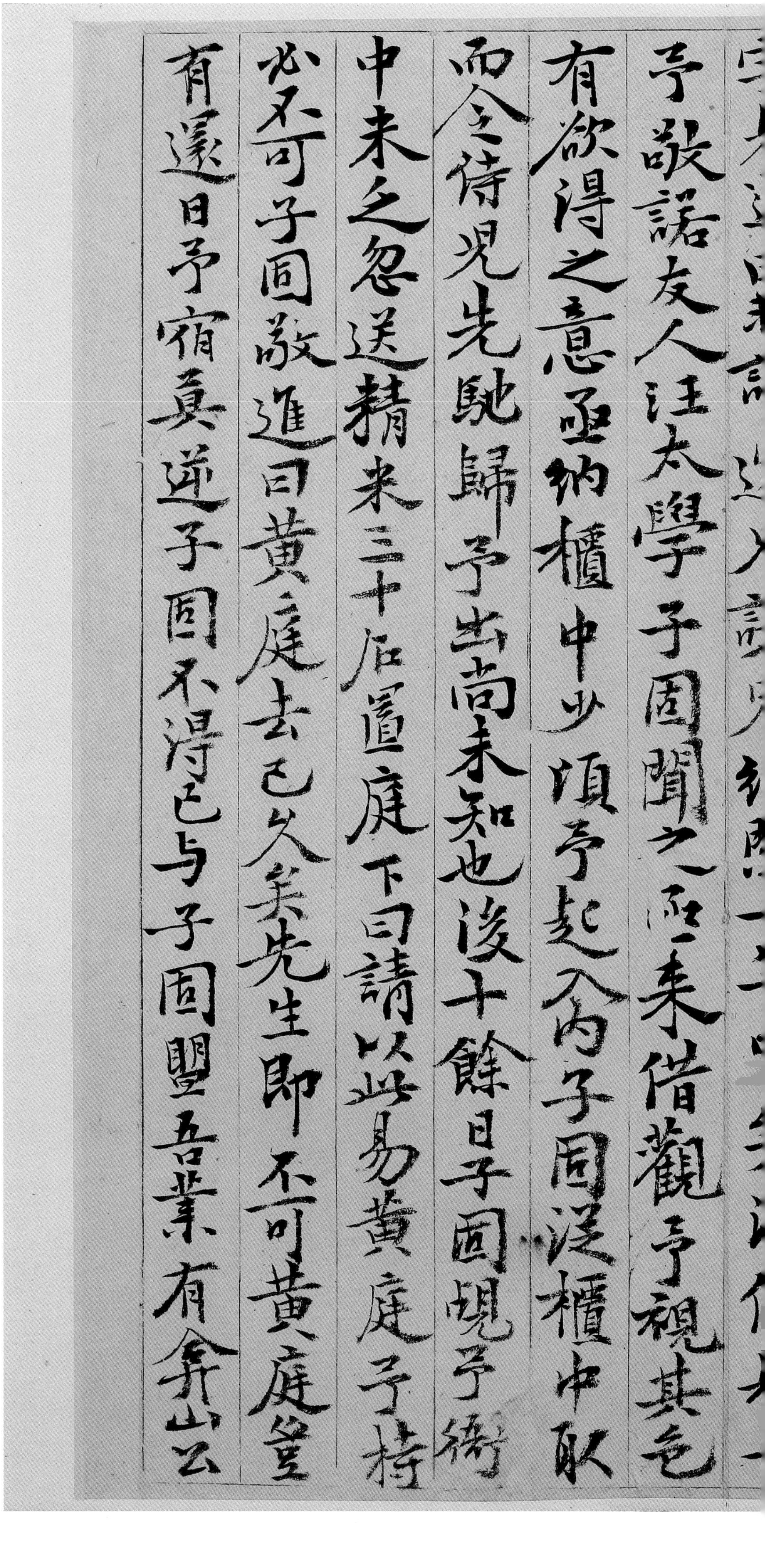

字見還，曰：『非謂還兄，讓兄細閱一年足矣，復仍見與。』予敬諾。友人汪太學子固聞之，亟來借觀。予視其色有欲得之意，亟納櫃中。少頃，予起入內，子固從櫃中取而令侍兒先馳歸。予出，尚未知也。後十餘日，子固覘予衛中米乏，忽送精米三十石置庭下，曰：『請以此易《黄庭》。』予持必不可。子固敬進曰：『《黄庭》去已久矣。先生即不可，《黄庭》豈有還日？』予宿莫逆子固，不得已與子固盟吾業有弇山公

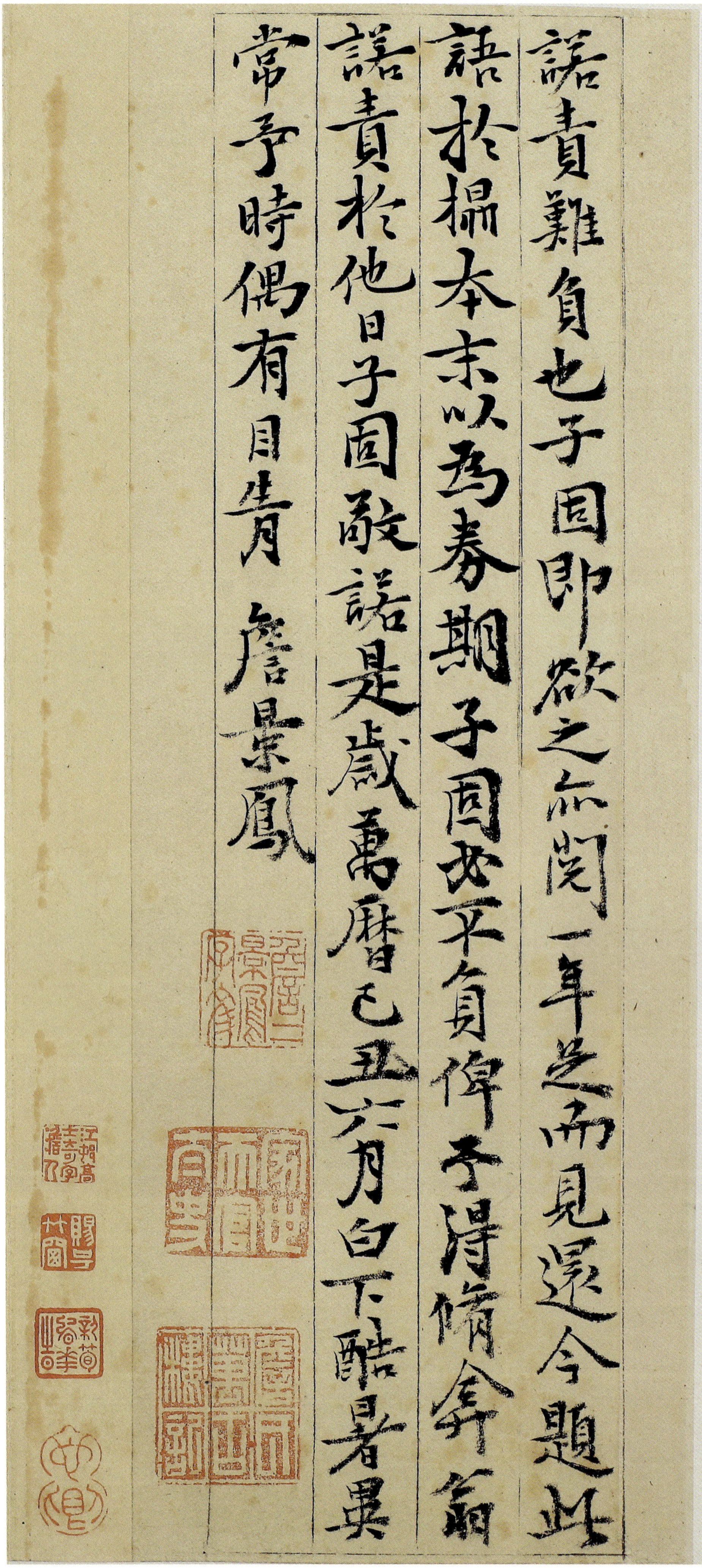

諾，責難負也。子固即欲之亦閲一年，足而見還。今題此語於拓本末，以爲券，期子固必不負，俾予得修弇翁諾責於他日。子固敬諾。是歲萬曆己丑六月，白下酷暑異常，予時偶有目眚，詹景鳳。

鈐印：詹二景鳳字文、家世天官太史、詹氏萬古樓記

題跋出處：黃庭經（詹景鳳藏本）

館藏號：19A370

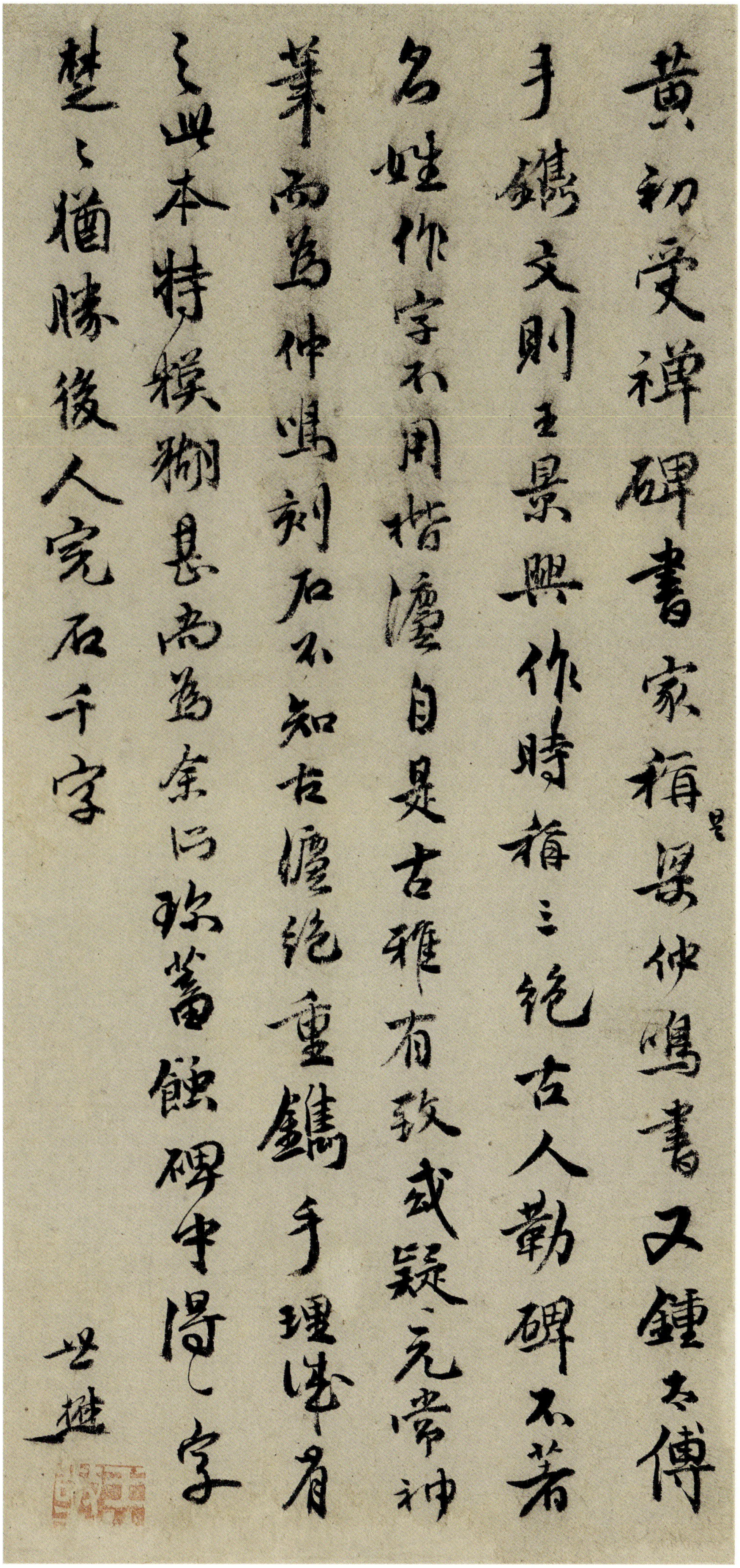

王世懋

年代：1536—1588

字號：字敬美，號麟洲、損齋、墻東生

籍貫：江蘇太倉

釋文：黃初《受禪碑》，書家稱是梁仲鳴書，又鍾太傅手鎸，文則王景興作，時稱三絕。古人勒碑，不著名姓，作字不用楷法，自是古雅有致。或疑元常神筆而爲仲鳴刻石，不知古法絶重鎸手，理誠有之。此本特糢糊甚，尚爲余所珍蓄。蝕碑中得一字楚楚，猶勝後人完石千字。世懋。

鈐印：王敬美印

題跋出處：受禪表（龔心釗藏本）

館藏號：S1225

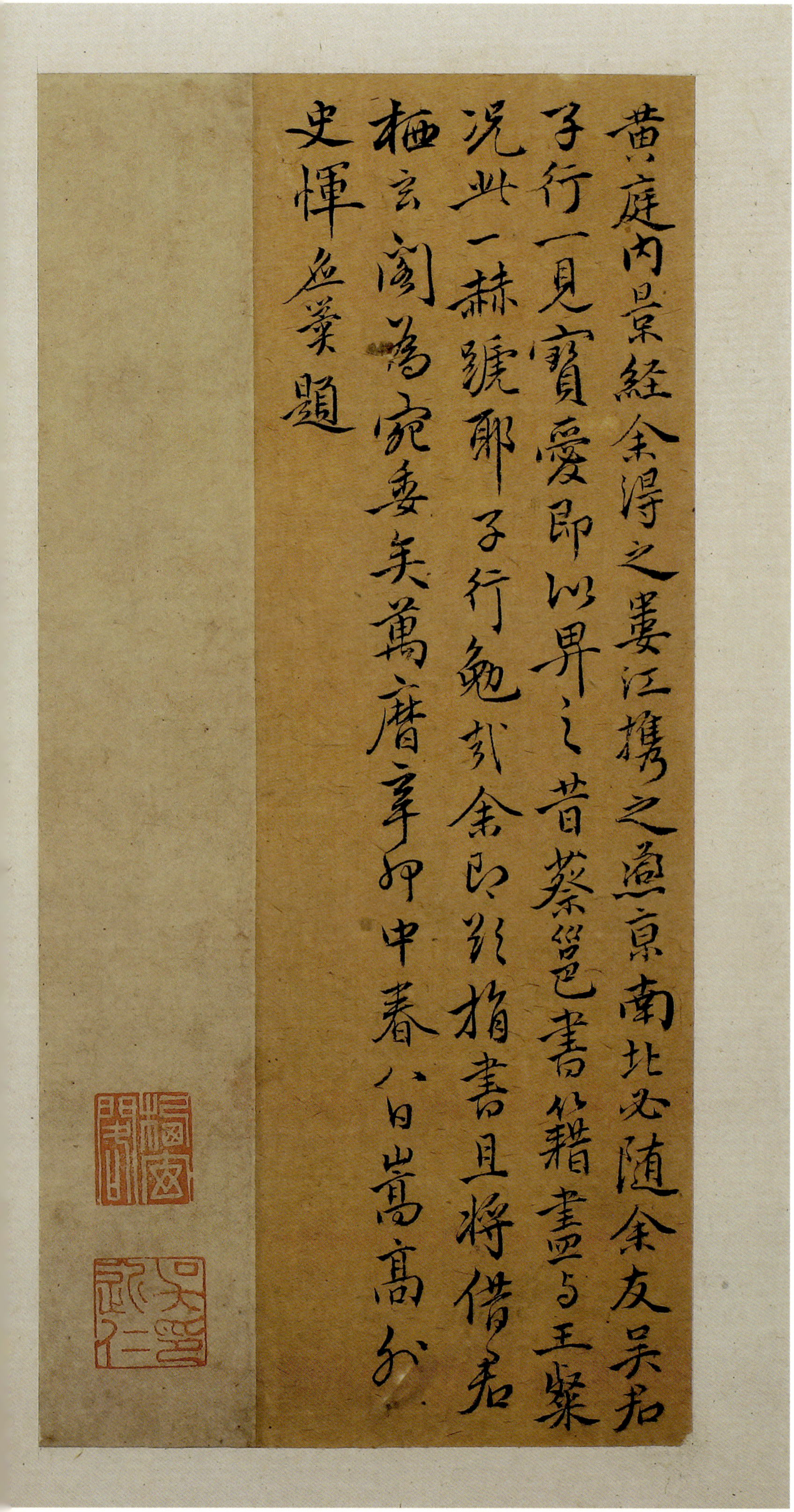
黄庭内景經余得之婁江携之燕京南北必随余友吴君
子行一見寶愛即以畀之昔蔡邕書籍盡與王粲
况此一赫蹏耶子行勉哉余即欲捐書且将借君
栖玄閣為宛委矣萬曆辛卯中春八日嵩高外
史惲應翼題

惲應翼

年代：生卒年不詳，活躍于明代萬曆年間

字號：字遠卿，號愚公、瑶池、嵩高外史

籍貫：江蘇武進

釋文：《黄庭内景經》余得之婁江，携之燕京，南北必隨。余友吴君子行一見寶愛，即以畀之。昔蔡邕書籍盡與王粲，况此一赫蹏耶。子行勉哉。余即欲捐書，且將借君栖玄閣爲宛委矣。萬曆辛卯中春八日，嵩高外史惲應翼題。

題跋出處：黄庭内景經（李宗瀚藏本）

館藏號：19A383

內景經余少從外大父半偈翁在韓宗伯家見一本紙墨精古
波畫稜峭以為當世無兩復見此本不能置甲乙其為宋搨無疑
鑒古家自能辯之

茂苑文從簡題

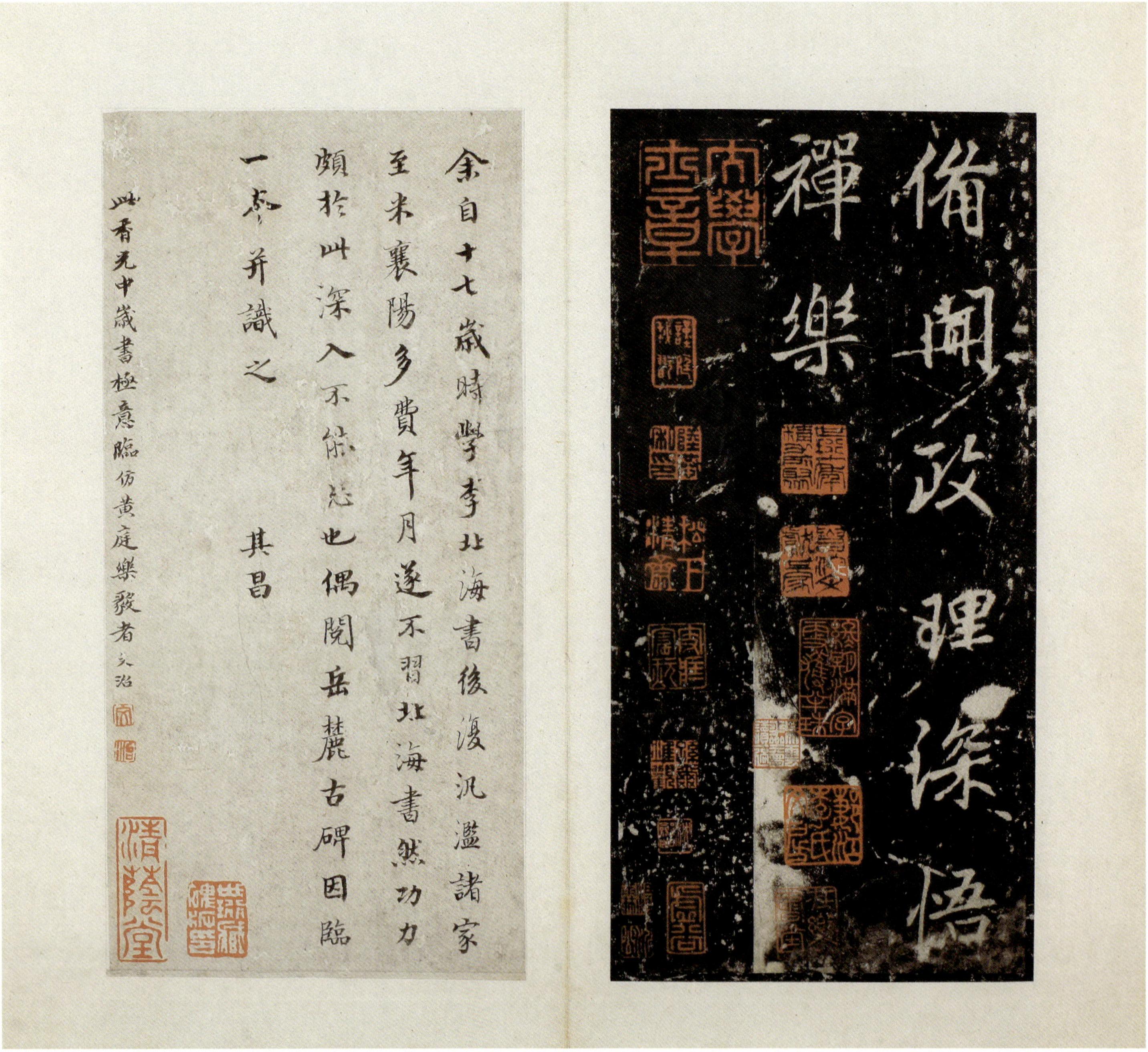
備聞政理深悟
禪樂
余自十七歲時學李北海書後復汎濫諸家
至米襄陽多費年月遂不習北海書然功力
頗於此深入不能忘也偶閱岳麓古碑因臨
一本并識之
其昌
此香光中歲書極意臨仿黃庭樂毅者 文治

董其昌

年代：1555—1636

字號：字玄宰，號思白、香光居士

籍貫：松江華亭

釋文：余自十七歲時學李北海書，後復泛濫諸家，至米襄陽多費年月，遂不習北海書，然功力頗於此深入，不能忘也。偶閱《岳麓》古碑，因臨一本并識之。其昌。

題跋出處：麓山寺碑（陸恭藏本）

館藏號：88B2683

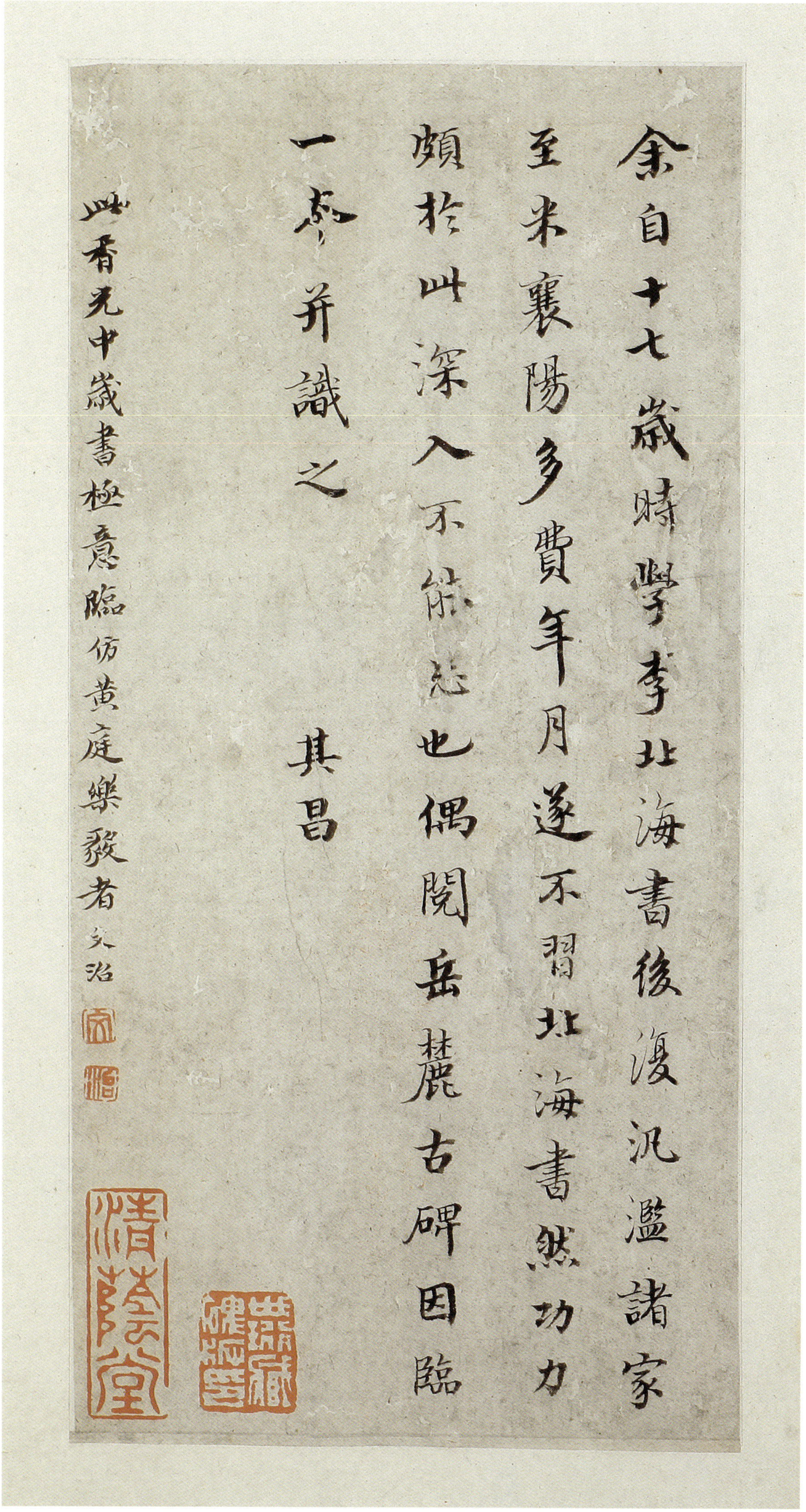

余自十七歲時學李北海書後復汎濫諸家至米襄陽多費年月遂不習北海書然功力頗於此深入不能忘也偶閱岳麓古碑因臨一本并識之

其昌

此香光中歲書極意臨仿黃庭樂毅者 文治

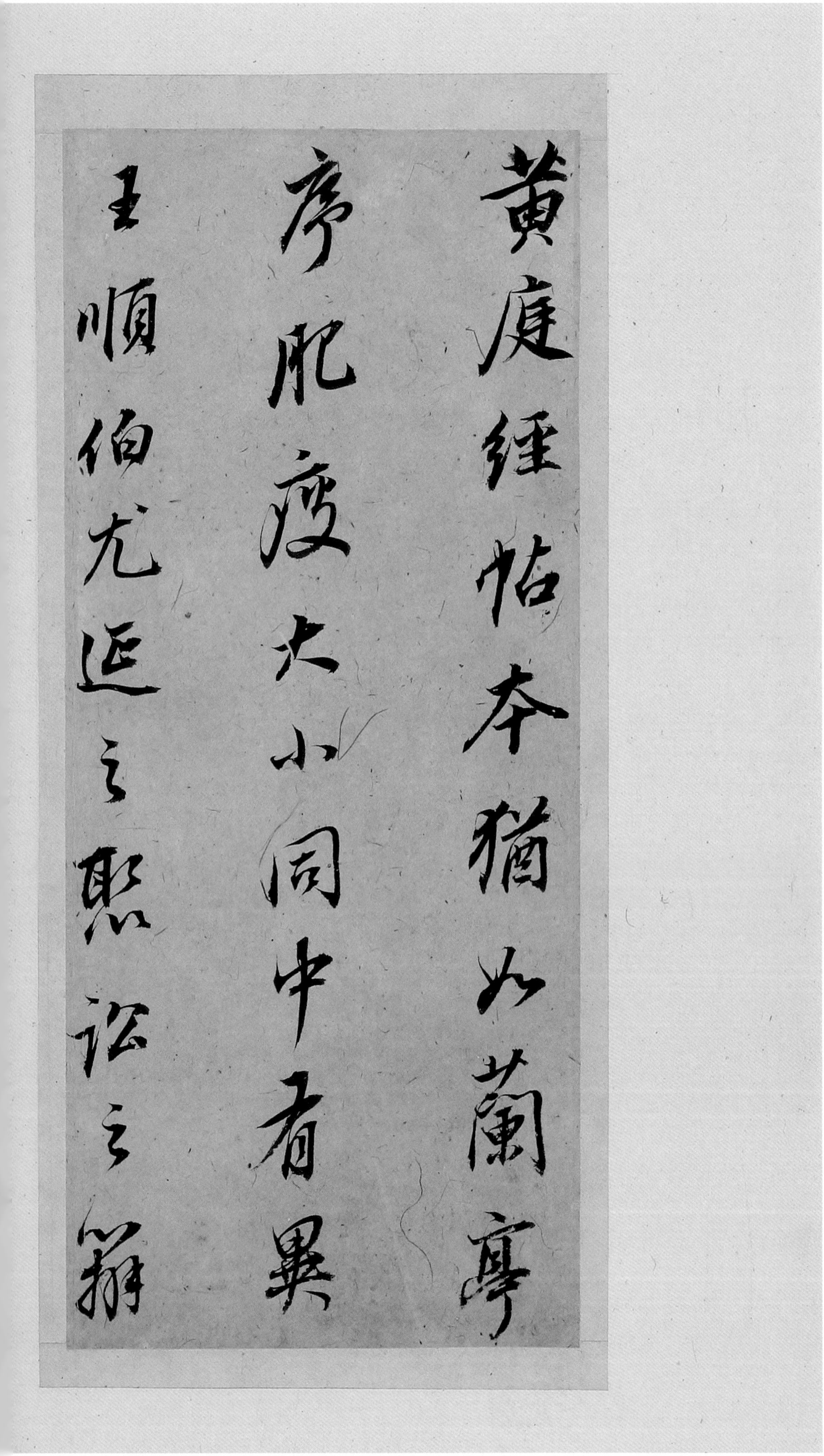

釋文：《黃庭經》帖本猶如《蘭亭序》，肥瘦大小，同中有異。王順伯、尤延之聚訟之辨，專力於《稧帖》，而《黃庭》不爾，何其偏重行狎也。此本渾厚有骨，如定武刻。其昌。

鈐印：董其昌印

題跋出處：黃庭經（蔡仲藏本）

館藏號：19A357

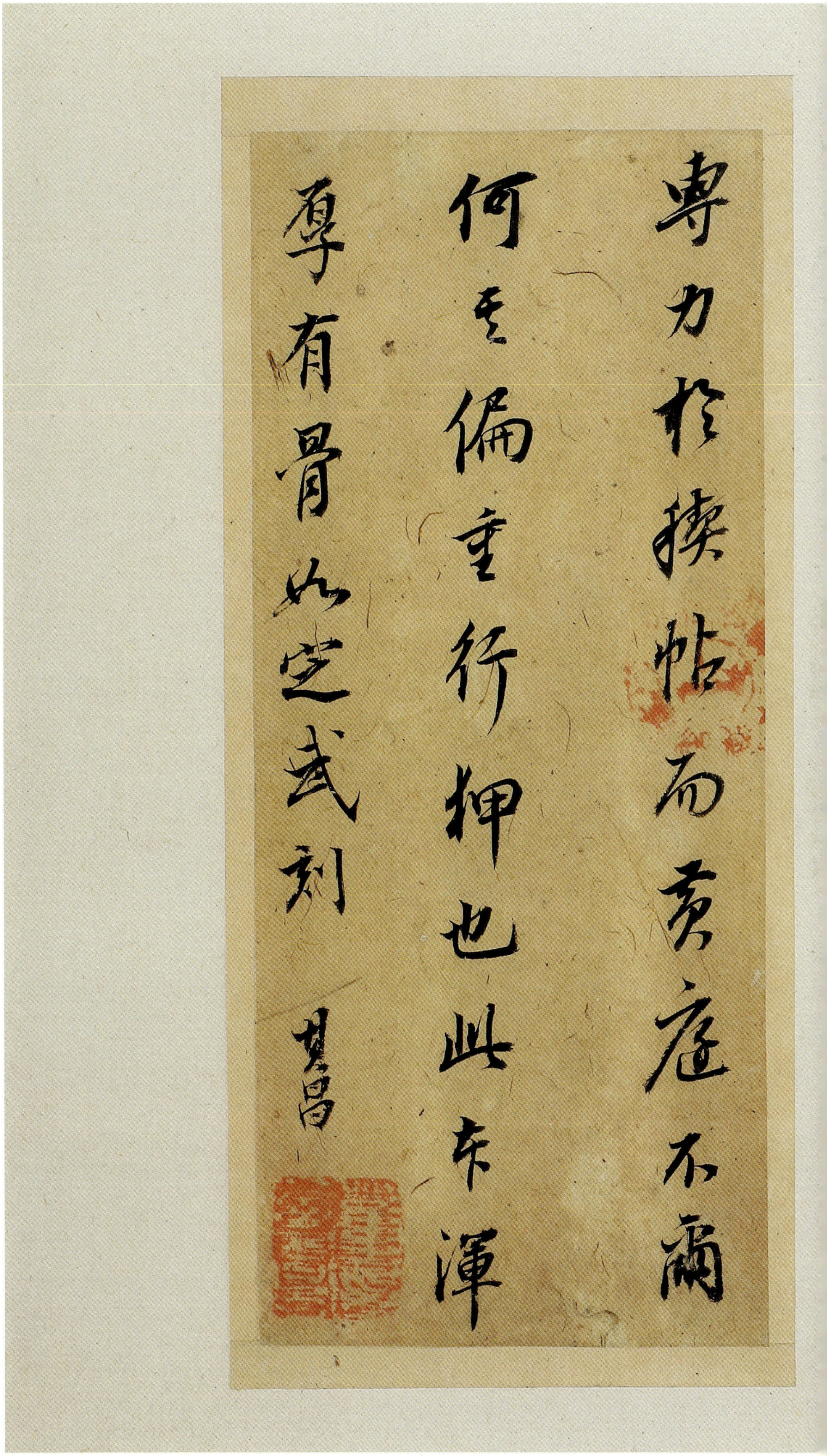
專力於摸帖而黄庭不爾
何也偏重行押也此東渾
厚有骨如定武刻
其昌

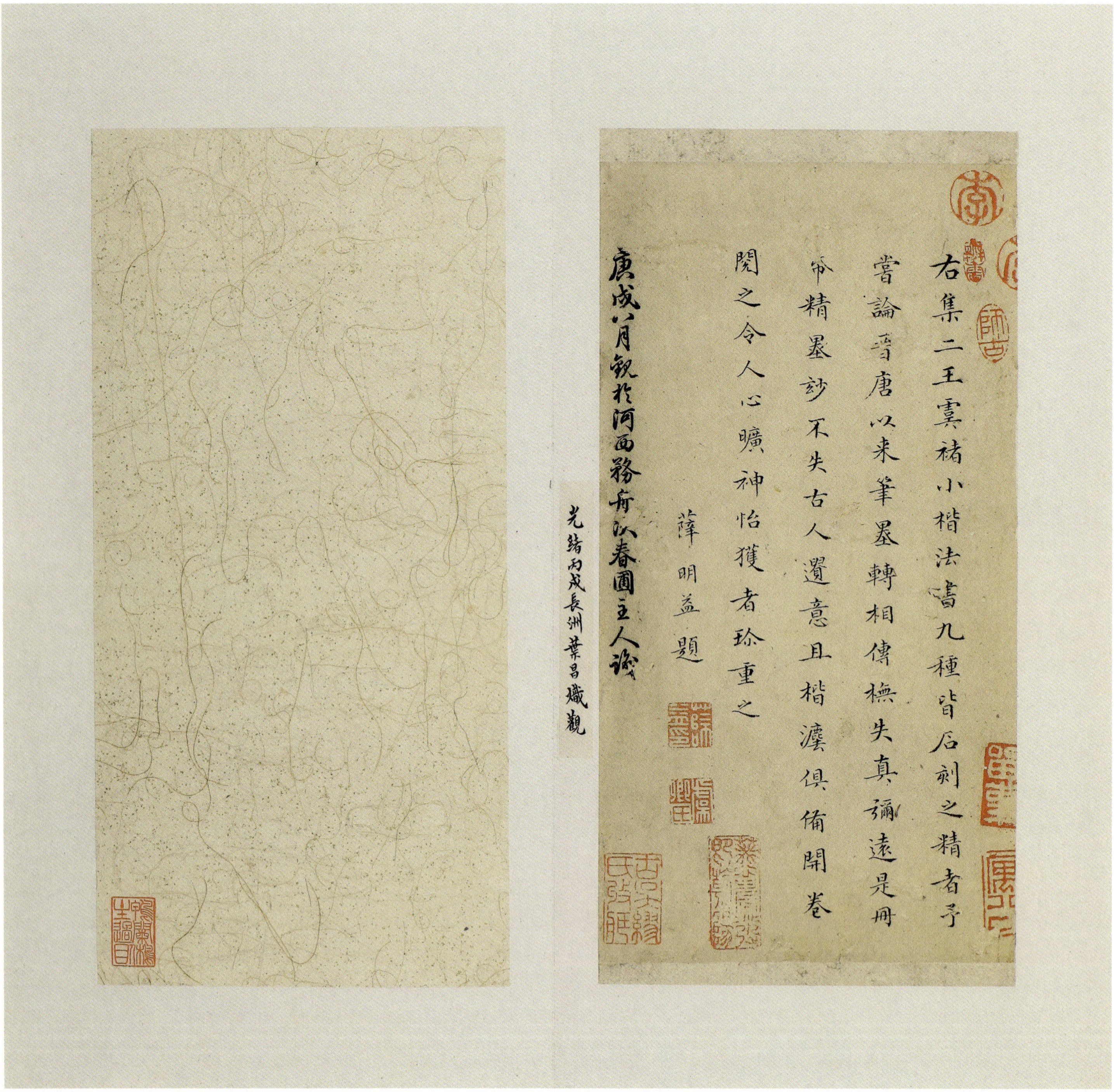

薛明益

年代：1563—1640

字號：名益，字虞卿，號若宇、古狂生、廣文先生

籍貫：江蘇蘇州

釋文：右集二王、虞、褚小楷法書九種，皆石刻之精者。予嘗論晉唐以來筆墨轉相傳橅，失真彌遠。是册紙精墨妙，不失古人遺意，且楷法俱備，開卷閱之，令人心曠神怡。獲者珍重之。薛明益題。

鈐印：薛益印、虞卿氏

題跋出處：宋拓晉唐小楷九種（鐵保藏本）

館藏號：19A374

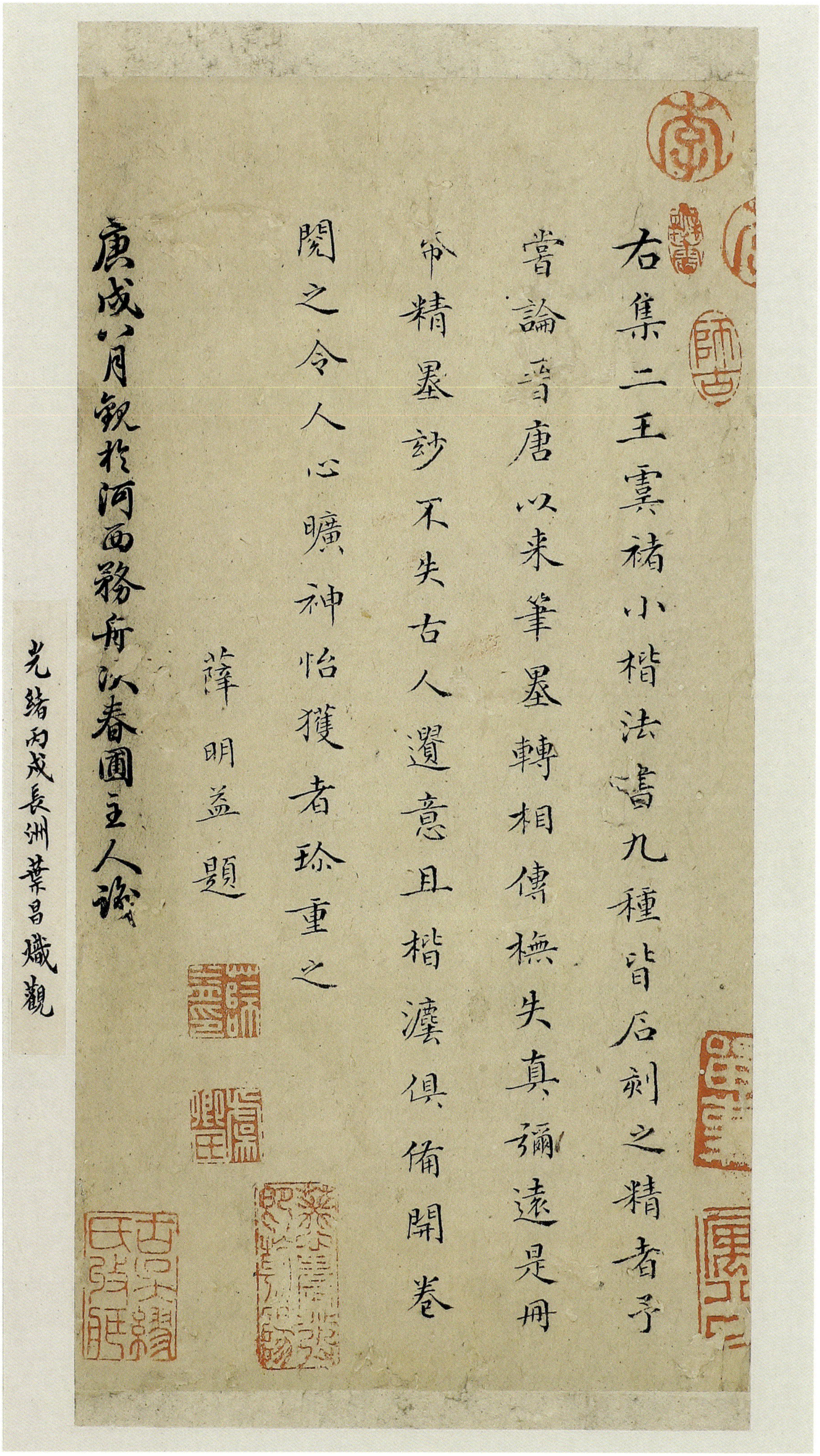
右集二王虞褚小楷法書九種皆石刻之精者予嘗論晉唐以來筆墨轉相傳模失真彌遠是冊爲精墨妙不失古人遺意且楷灋俱備開卷閱之令人心曠神怡獲者珍重之
薛明益題

庚戌八月觀於河西務舟次春圃主人識

光緒丙戌長洲葉昌熾觀

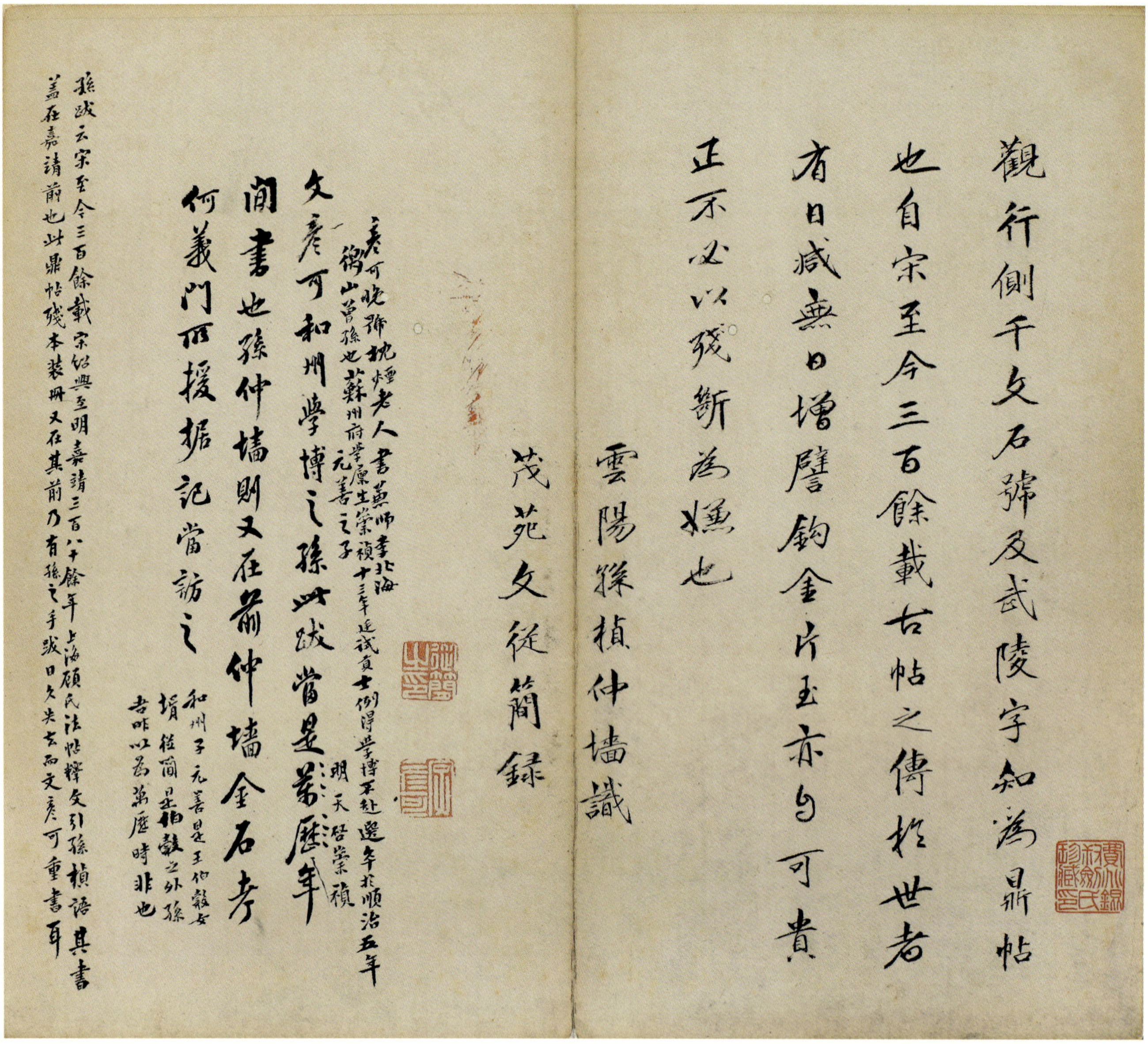

文從簡

年代：1574—1648

字號：字彥可，號枕煙老人

籍貫：江蘇長洲

釋文：觀行側《千文》石號及『武陵』字，知爲《鼎帖》也。自宋至今三百餘載，古帖之傳於世者有日減無日增，譬鈎金片玉，亦自可貴，正不必以殘斷爲嫌也。雲陽孫楨仲墻識。茂苑文從簡録。

鈐印：從簡之印、字彥可

題跋出處：鼎帖（翁方綱藏本）

館藏號：18A355

觀行側千文石號及武陵字知為鼎帖
也自宋至今三百餘載古帖之傳於世者
有日減無日增譬鈎金片玉亦自可貴
正不必以殘斷為嫌也

雲陽孫植仲墻識

茂苑文從簡録

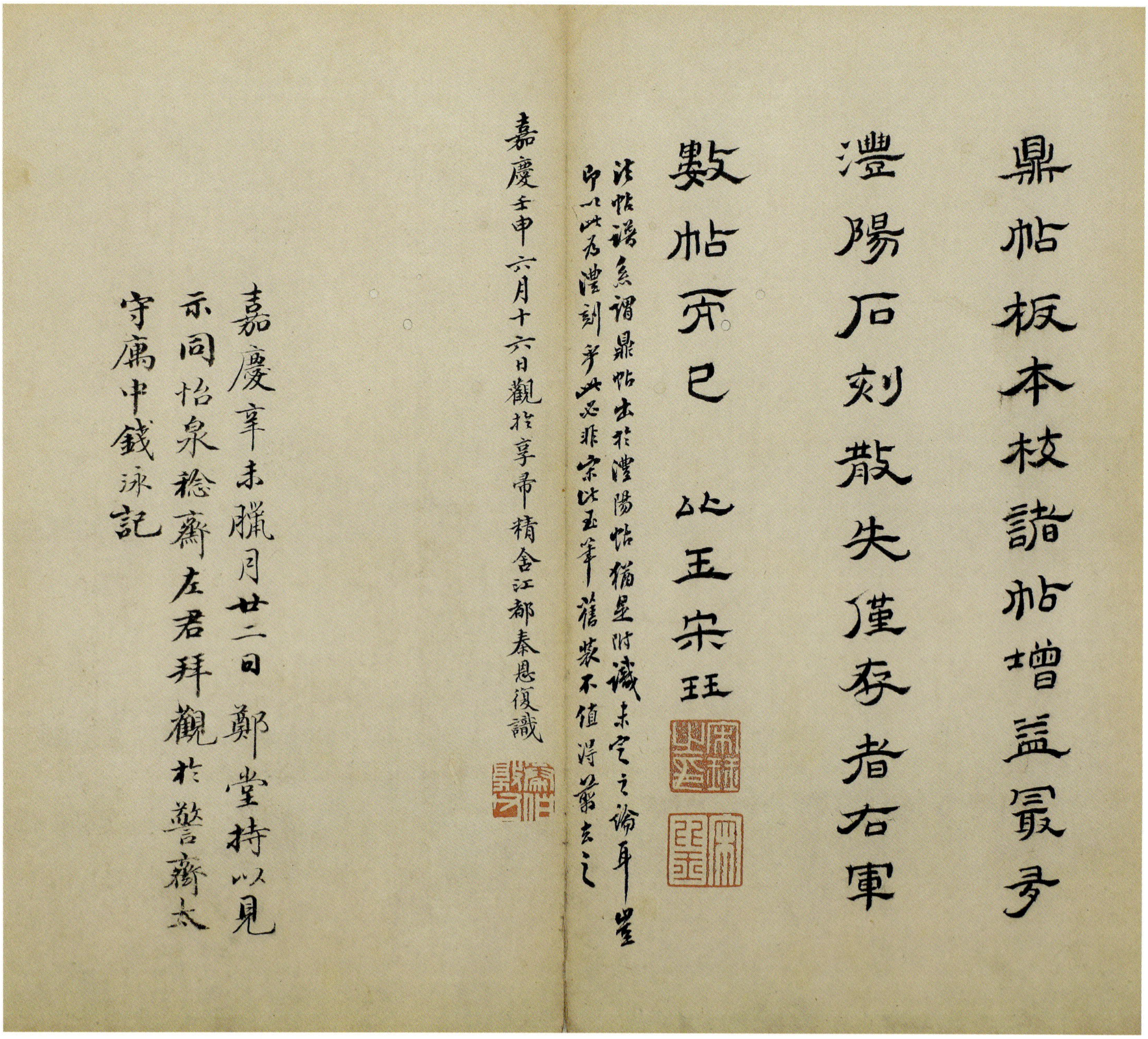

宋珏

年代：1576—1632

字號：字比玉，號荔枝僊、浪道人、國子僊

籍貫：福建莆田

釋文：《鼎帖》板本校諸帖增益最多，澧陽石刻散失，僅存者右軍數帖而已。比玉宋珏。

鈐印：宋珏之印、宋比玉

題跋出處：鼎帖（翁方綱藏本）

館藏號：18A355

鼎帖板本校諸帖增益最多
澧陽石刻散失僅存者右軍
數帖而已

北王宗玨

右蘭亭叙王枕本乃歐陽率更真跡
按唐文皇既得蘭亭叙命侍臣趙模
楊道政等摹之而以歐陽詢爲冣尚又
縮而小之爲玉枕本當時刻之禁中已
趣貴重後人稱爲定武者此刻也然大
字本猶間有存者至玉枕本絶不可見
宋景定間賈師憲曾命王用和翻刻大
字本三年始成又令廖瑩中翻刻玉枕
本世稱爲與定本相亂然傷於華倩此
視原刻如衆星之於斗也詎能亂乎此
本古樸中饒有風骨與趙子固所藏姜
白石本無毫髮異不待盛
字上有小龜形由字下之伸筆痛
叙字行如勒鐵而知爲唐石宋搨也舊
在宋丞相游似大部中後入趙文敏仇
山村家皆精於鑒定者
魯一先生酷好石墨趣與余同今得此
異寶其餘所藏如土苴矣
退谷孫承澤敬題時年七十有七

魯一先生負精鑒其愛而藏之也閒
直余嘗謂蕭翼賺蘭亭事自是

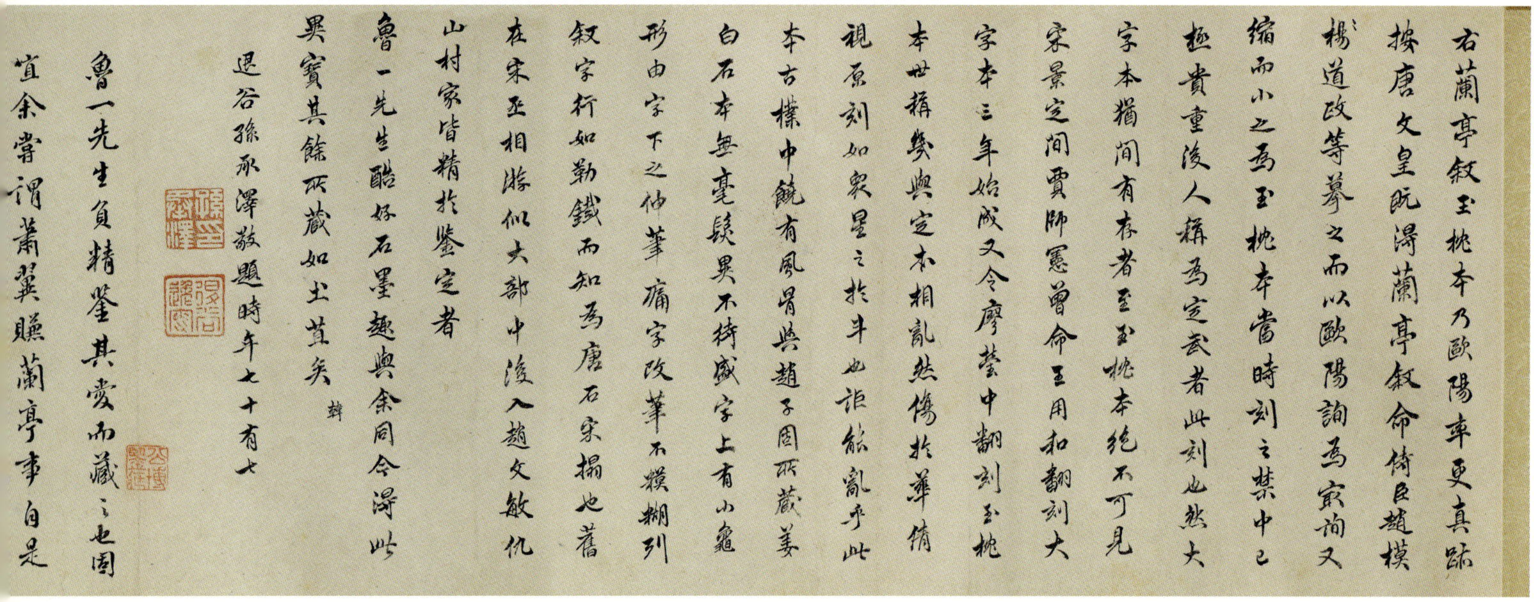

孫承澤

年代：1593—1676

字號：字耳北，一作耳伯，號北海、退谷、思仁、退谷逸叟、退谷老人、退翁、退道人

籍貫：直隸大興

釋文：右《蘭亭叙》玉枕本，乃歐陽率更真迹。按：唐文皇既得《蘭亭叙》，命侍臣趙模、楊（韓）道政等摹之，而以歐陽詢爲最。詢又縮而小之爲玉枕本，當時刻之禁中，已極貴重，後人稱爲定武者，此刻也。然大字本猶間有存者，至玉枕本絶不可見。宋景定間，賈師憲曾命王用和翻刻大字本，三年始成，又令廖瑩中翻刻玉枕本，世稱幾與定本相亂，然傷於華倩，視原刻如衆星之於斗也，詎能亂乎？此本古樸中饒有風骨，與趙子固所藏姜白石本無毫髮異，不待『盛』字上有小龜形，『由』字下之伸筆，『痛』字改筆不模糊，『列』『叙』字行如勒鐵，而知爲唐石宋拓也。舊在宋丞相游似大部中，後入趙文敏、仇山村家，皆精於鑒定。魯一先生酷好石墨，趣與余同。今得此異寶，其餘所藏如土苴矣。退谷孫承澤敬題，時年七十有七。

鈐印：孫承澤印、退谷逸叟

題跋出處：玉枕蘭亭（式古堂藏本）

館藏號：18A346

右蘭亭叙玉枕本乃歐陽率更真跡按唐文皇既得蘭亭叙命倚良趙模楊道政等摹之而以歐陽詢為冠詢又縮而小之為玉枕本當時刻〻禁中已極貴重後人稱為定武者此刻也然大字本猶間有存者至玉枕本絕不可見宋景定間賈師憲曾命王用和翻刻大

字本猶間有存者至玉枕本絶不可見
宋景定間賈師憲曾命王用和翻刻大
字本三年始成又令廖瑩中翻刻玉枕
本世稱雙與定本相亂然傳於華倩
視原刻如衆星之於斗也詎能亂乎此
本古樸中饒有風骨與趙子固所藏姜
白石本無毫髮異不待盛字上有小龜
形由字下之中筆甬字改筆不誤湖川

叙字行如勒鐵而知為唐石宋搨也舊
在宋丞相游似大部中後入趙文敏仇
山村家皆精於鑒定者
魯一先生酷好石墨趣與余同今得此
異寶其餘所藏如土苴矣 韓
退谷孫承澤敬題時年七十有七

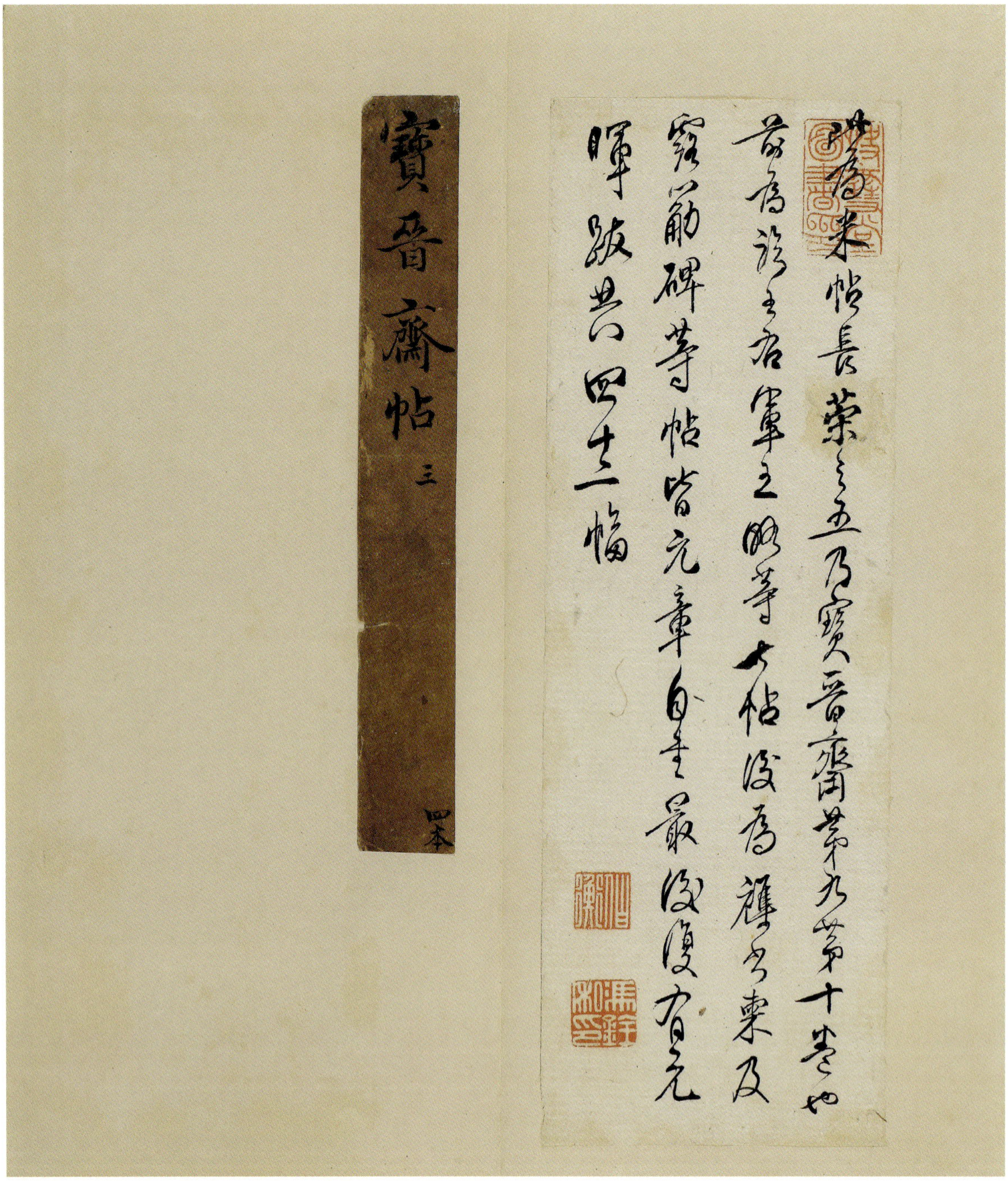

馮銓

年代：1595—1672

字號：字振鷺、伯衡，號鹿庵，卒謚文敏

籍貫：河北涿州

釋文：此爲米帖長策之五，乃寶晋齋第九、第十卷也。前爲臨王右軍《王略》等七帖，後爲禊書柬及《露筋碑》等帖，皆元章自書，最後復有元暉跋，共四十二幅。

鈐印：快雪堂圖書印、伯衡、馮銓私印

題跋出處：寶晋齋法帖殘本（張廷濟藏本）

館藏號：88B2682

帖長業之五乃寶晉齋第九第十者也

前為諸手君軍之明筆大帖後為雜鳥索及

寶勒碑等帖皆元章自筆最後復有見元

暉跋其四十二幅

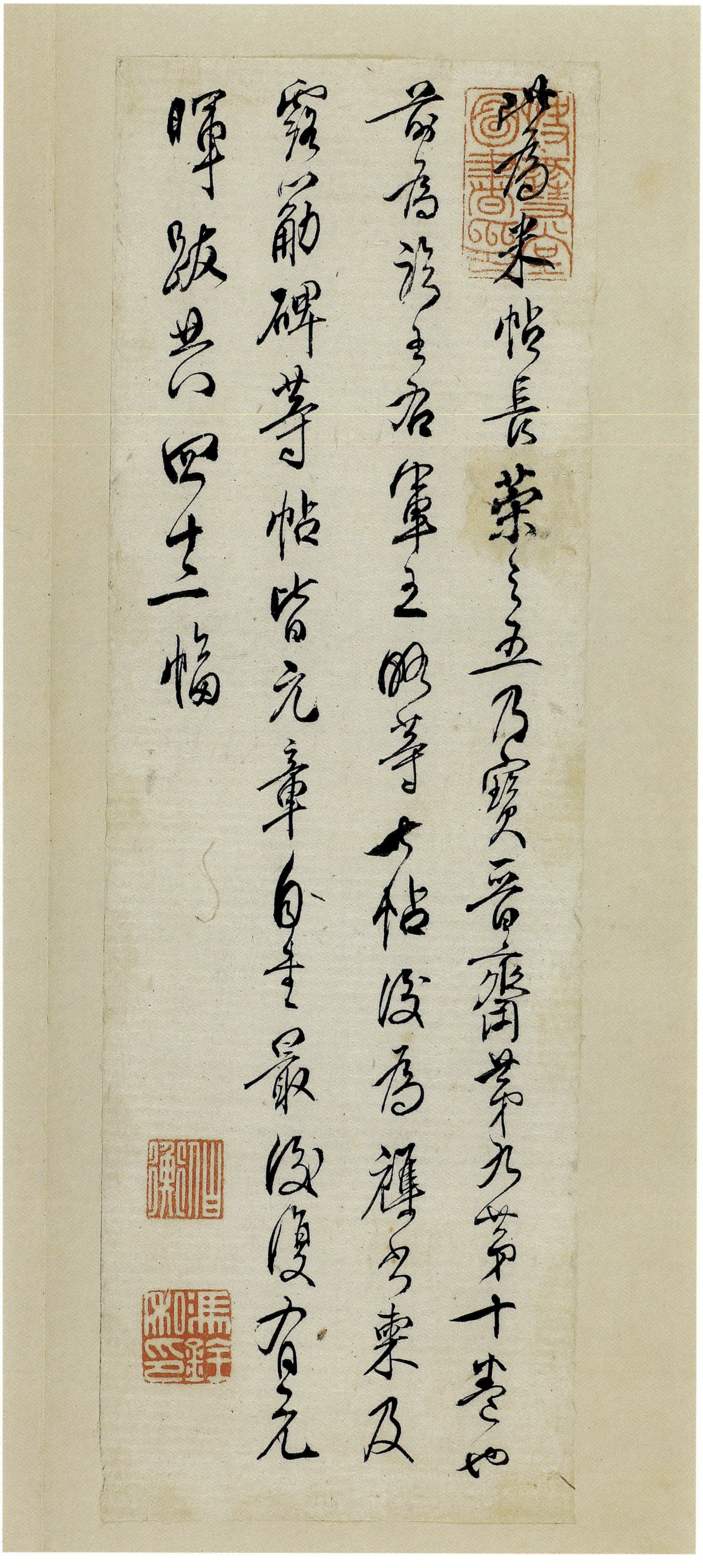

顧苓

年代：1609—1668

字號：字云美，號濁齋居士、鶯邊

籍貫：江蘇吴縣

釋文：案，《後漢書》熹平五年，永昌太守曹鸞坐訟黨人棄市，于是詔黨人父兄子弟門生故吏在位者皆免官禁錮。熹平六年之明年，改元光和，其二年，赦黨人禁錮。兹碑稱遭同産弟憂棄官，續遇禁冈，潛隱家巷七年，光和六年復舉

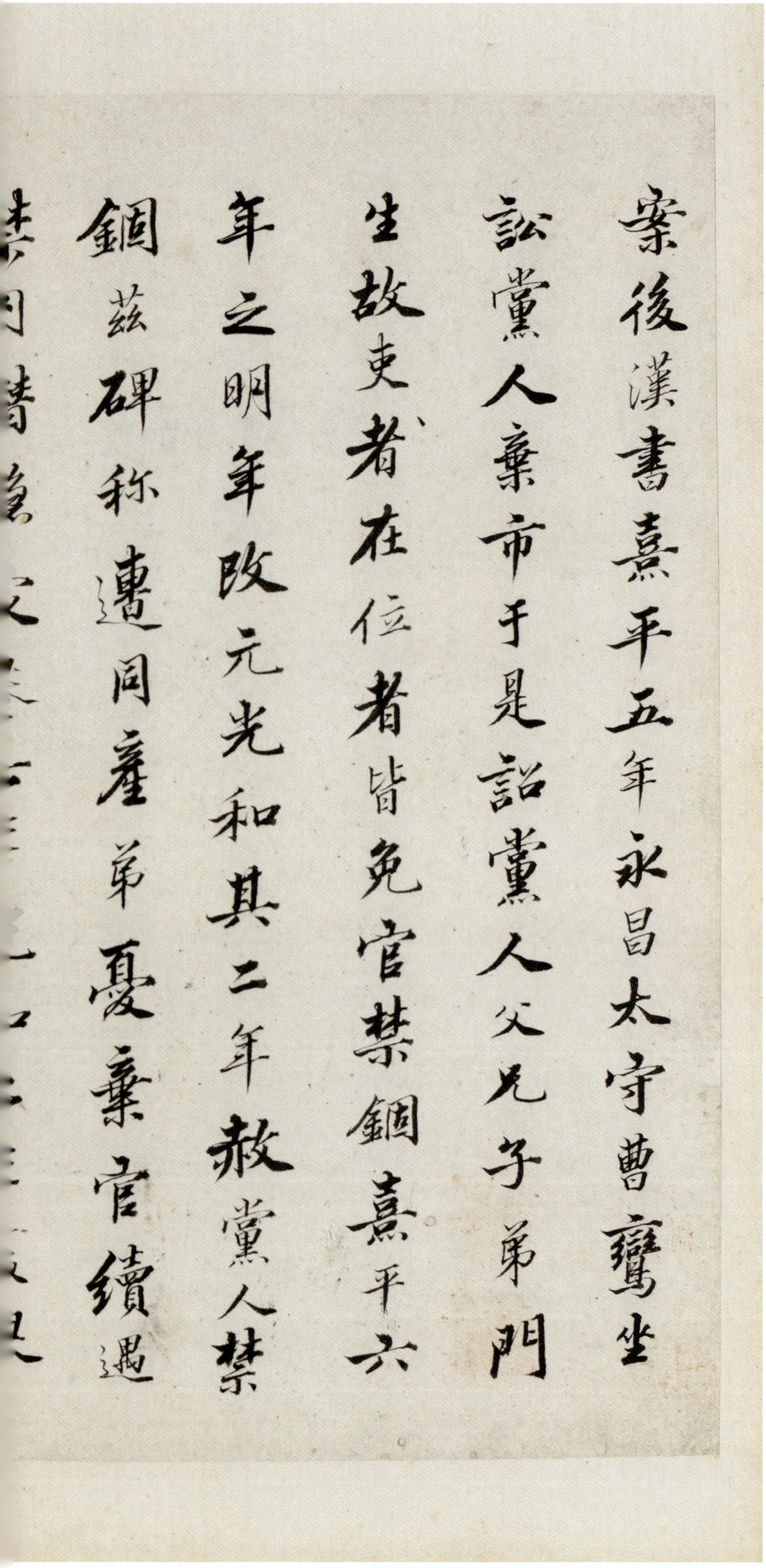

孝廉。光和六年逆數至熹平五年，正得七年，則黨人之禁錮是其禁冈，而曹鸞是其同産兄弟矣。此碑出自土中在萬曆間，今置郃陽縣治。

東吴顧苓書于虎丘塔影園之雲陽草堂。

鈐印：顧苓、顧云美

題跋出處：曹全碑并陰（顧苓藏本）

館藏號：S2476

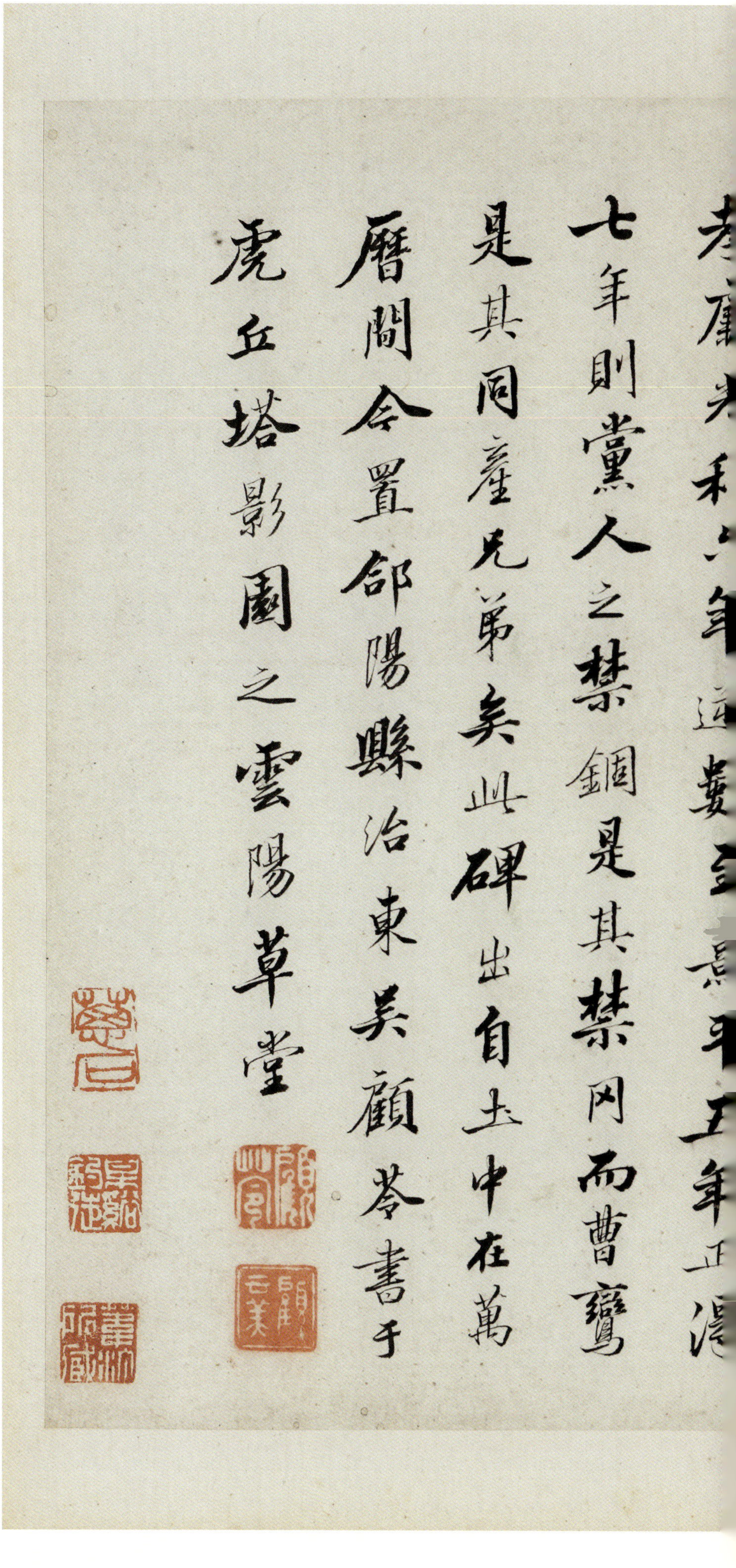
七年則黨人之禁錮是其禁冈而曹鸞
是其同産兄弟矣此碑出自土中在萬
曆間今置郃陽縣治東吴顧苓書于
虎丘塔影園之雲陽草堂

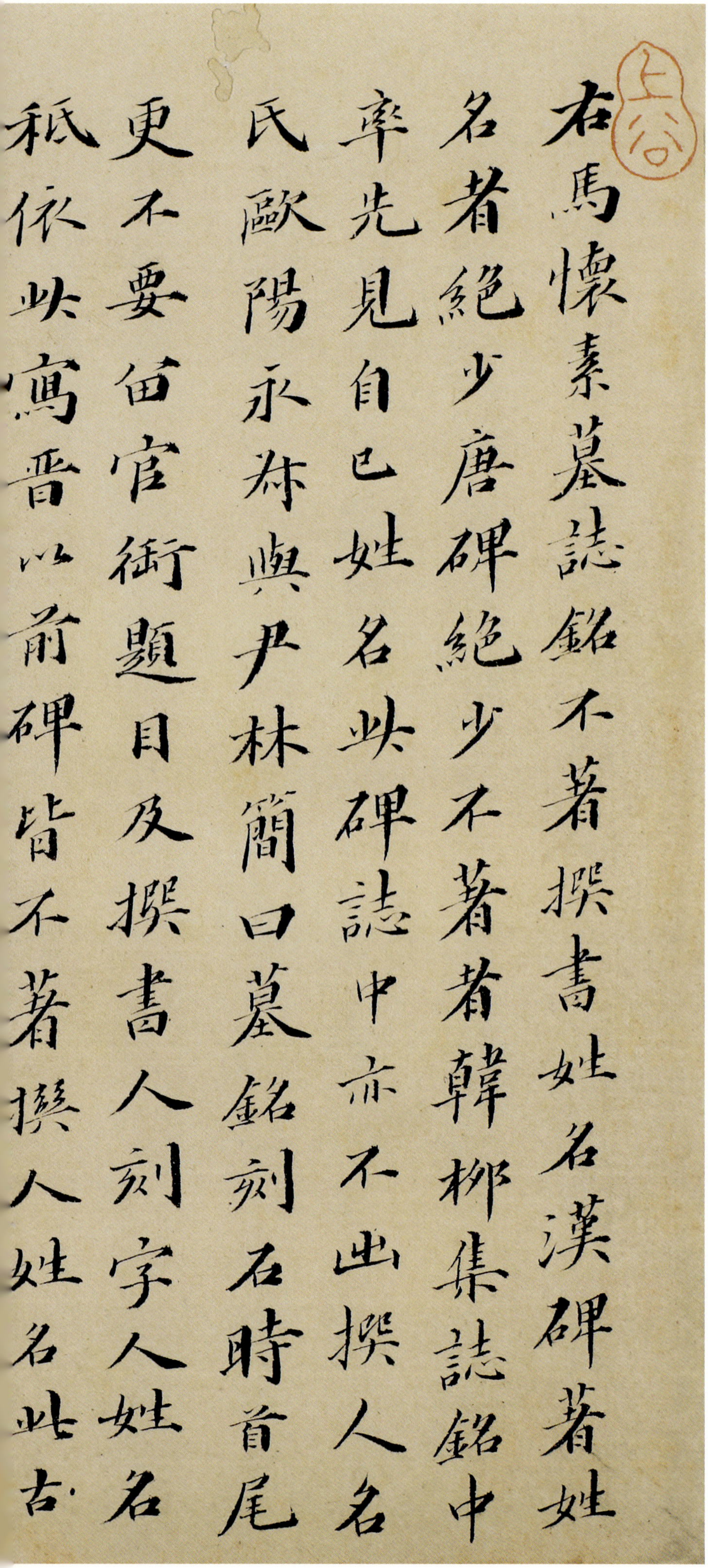
右馬懷素墓誌銘不著撰書姓名漢碑著姓
名者絶少唐碑絶少不著者韓柳集誌銘中
率先見自己姓名此碑誌中亦不出撰人名
氏歐陽永叔與尹林簡曰墓銘刻石時首尾
更不要留官銜題目及撰書人刻字人姓名
祇依此寫晉以前碑皆不著撰人姓名此古

釋文：右《馬懷素墓誌銘》，不著撰書姓名。漢碑著姓名者絶少，唐碑絶少不著者。韓柳集誌銘中率先見自己姓名，此碑誌中亦不出撰人名氏。歐陽永叔與尹林簡曰，墓銘刻石時首尾更不要留官銜、題目及撰書人、刻字人姓名，祇依此寫。晉以前碑皆不著撰人姓名，此古

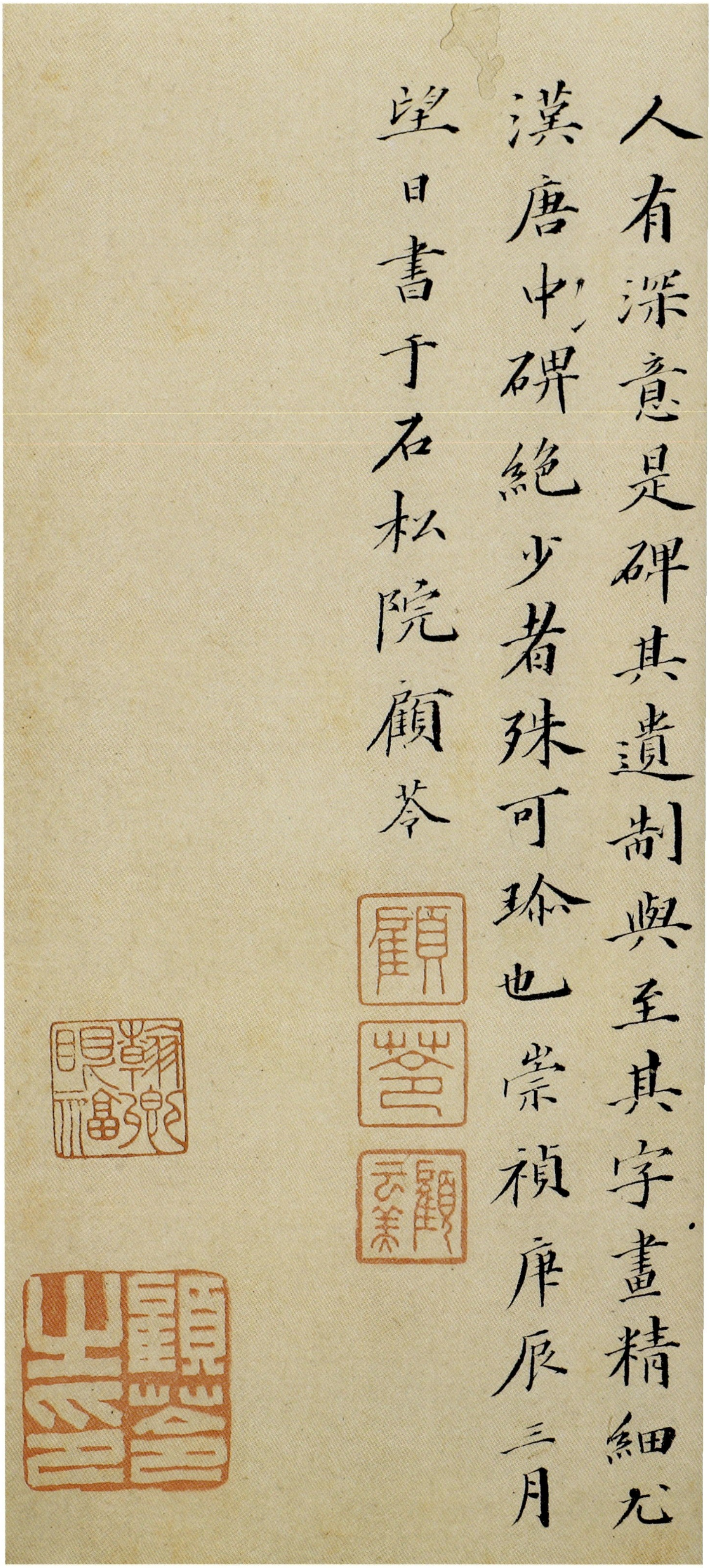
人有深意是碑其遺制與至其字畫精細尤
漢唐中碑絕少者殊可珍也崇禎庚辰三月
望日書于石松院顧苓

人有深意，是碑其遺制與。至其字畫精細，尤漢唐碑中絕少者，殊可珍也。崇禎庚辰三月望日，書于石松院，顧苓。

鈐印：上谷、顧、苓、顧云美

題跋出處：馬懷素墓誌銘（顧苓藏本）

館藏號：48B837

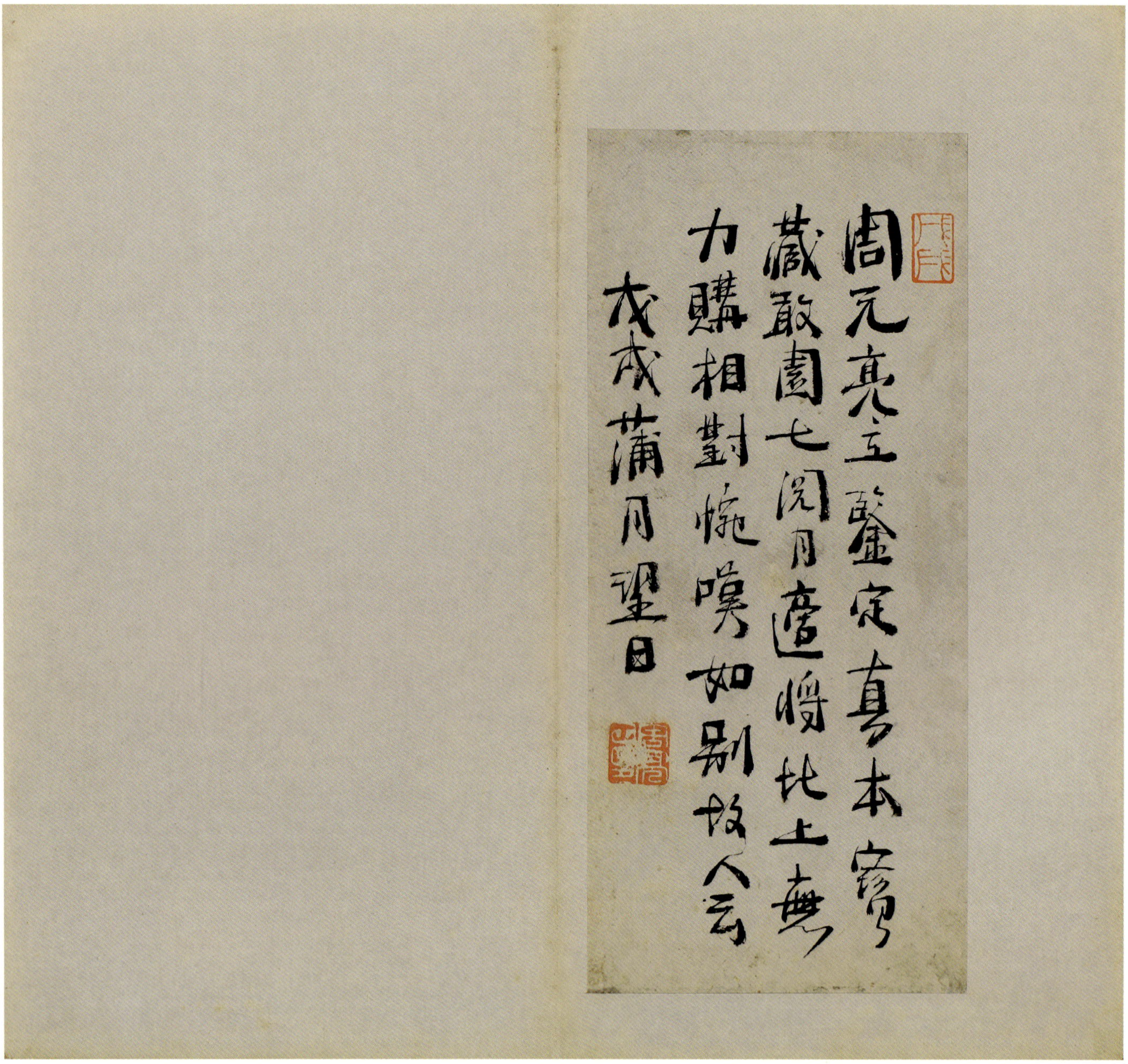

周亮工

年代：1612—1672

字號：字元亮，一字伯安，號笠僧、陶庵、櫟下先生、長眉公、諫工、减齋、櫟園、褏庵、瞀公

籍貫：河南祥符

釋文：周元亮亮工鑒定，真本寶藏敢園七閱月，適將北上，無力購，相對惋嘆，如別故人云。戊戌蒲月望日。

鈐印：戊戌、周亮工印

題跋出處：集王羲之書聖教序（英和藏本）

館藏號：81A665

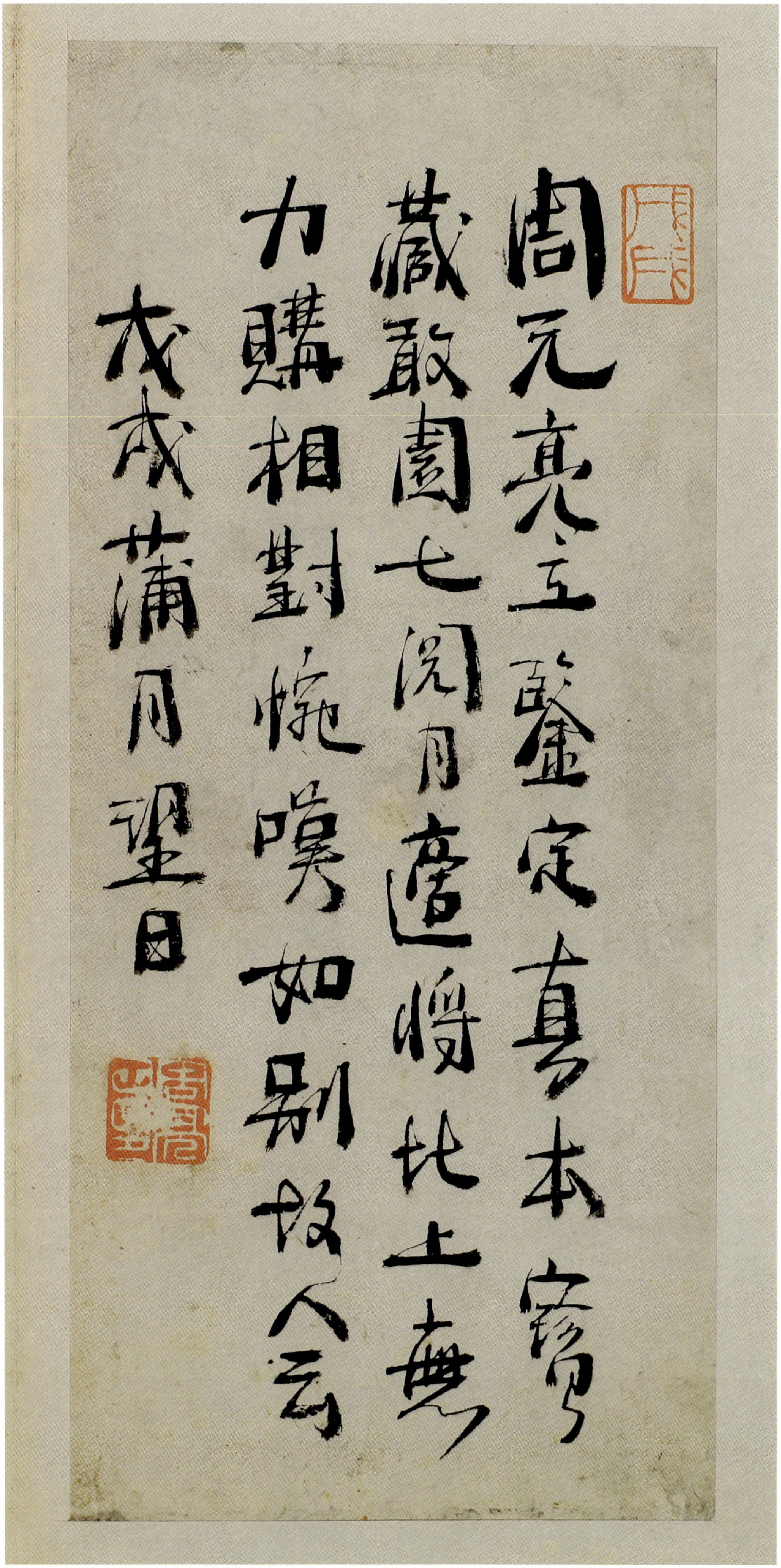
周元亮之鑒定真本寶
藏敝園七閱月遂將北上無
力購相對惋嘆如別故人云
戊戌蒲月望日

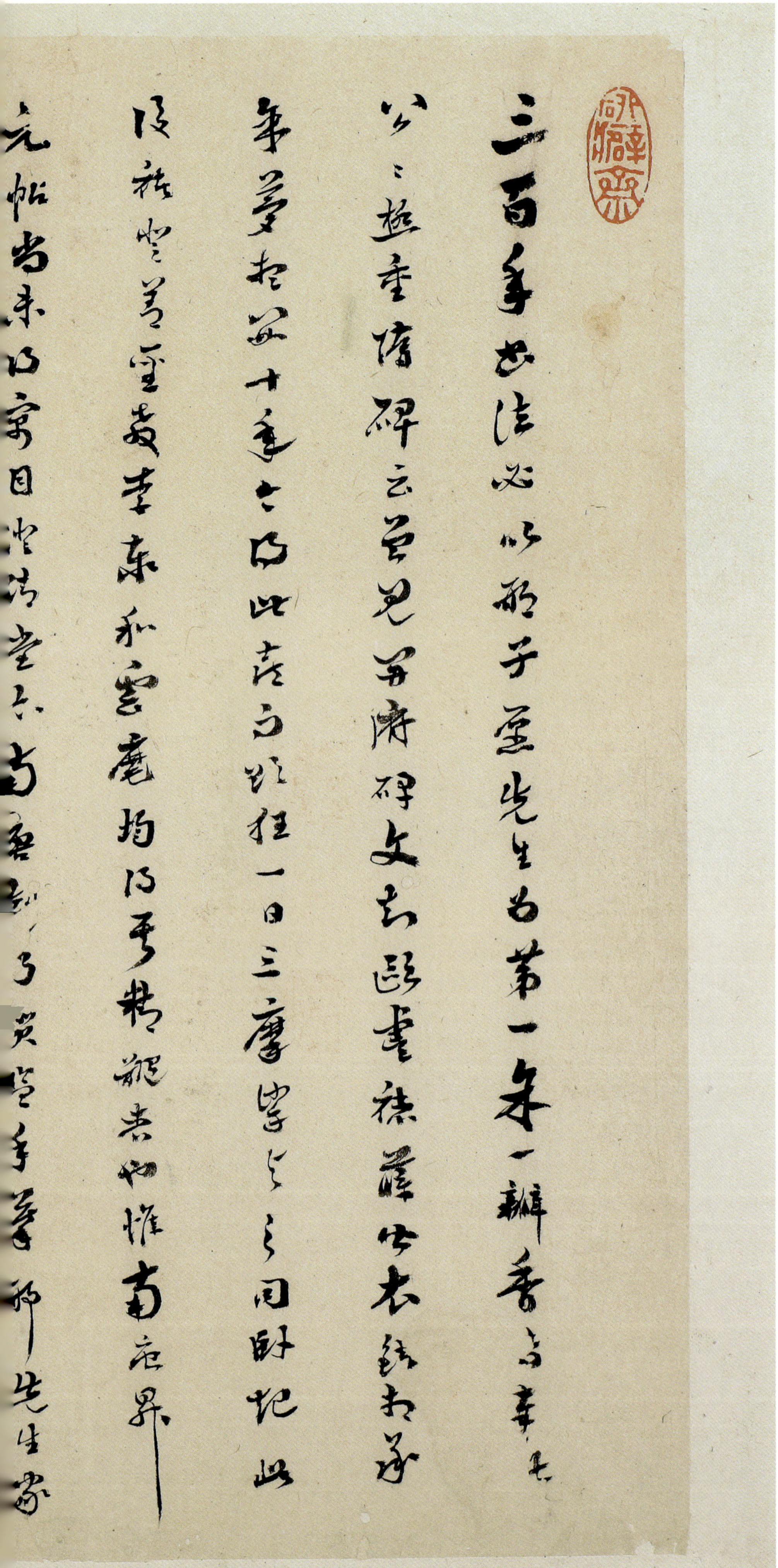

黃雲

年代：1612—1691

字號：字僊裳，號舊巢、硯癖居士

籍貫：江蘇泰州

釋文：三百年書法必以邢子愿先生爲第一，余一瓣香□奉□公，公極重隋碑，云曾見開府碑文，知歐、虞、褚、薛皆衣鉢相承。余夢想數十年，今得此喜而欲狂，一日三摩挲，與之同卧起，此後褚登善《聖教》、李泰和《雲麾》，均得其精髓者也。惟南唐《升元帖》尚未得寓目，《澄清堂》亦南唐刻，乃賀監手摹，邢先生家

□刻不全一帙，余寶之。董文敏亦附梓一帙於《戲鴻堂》之末，風流不泯，每一展對，遠想悠然。癸亥秋日，硯癖居士黃雲題。

鈐印：研癖齋、黃雲之印、僊裳

題跋出處：龍藏寺碑（唐翰題藏本）

館藏號：18A342

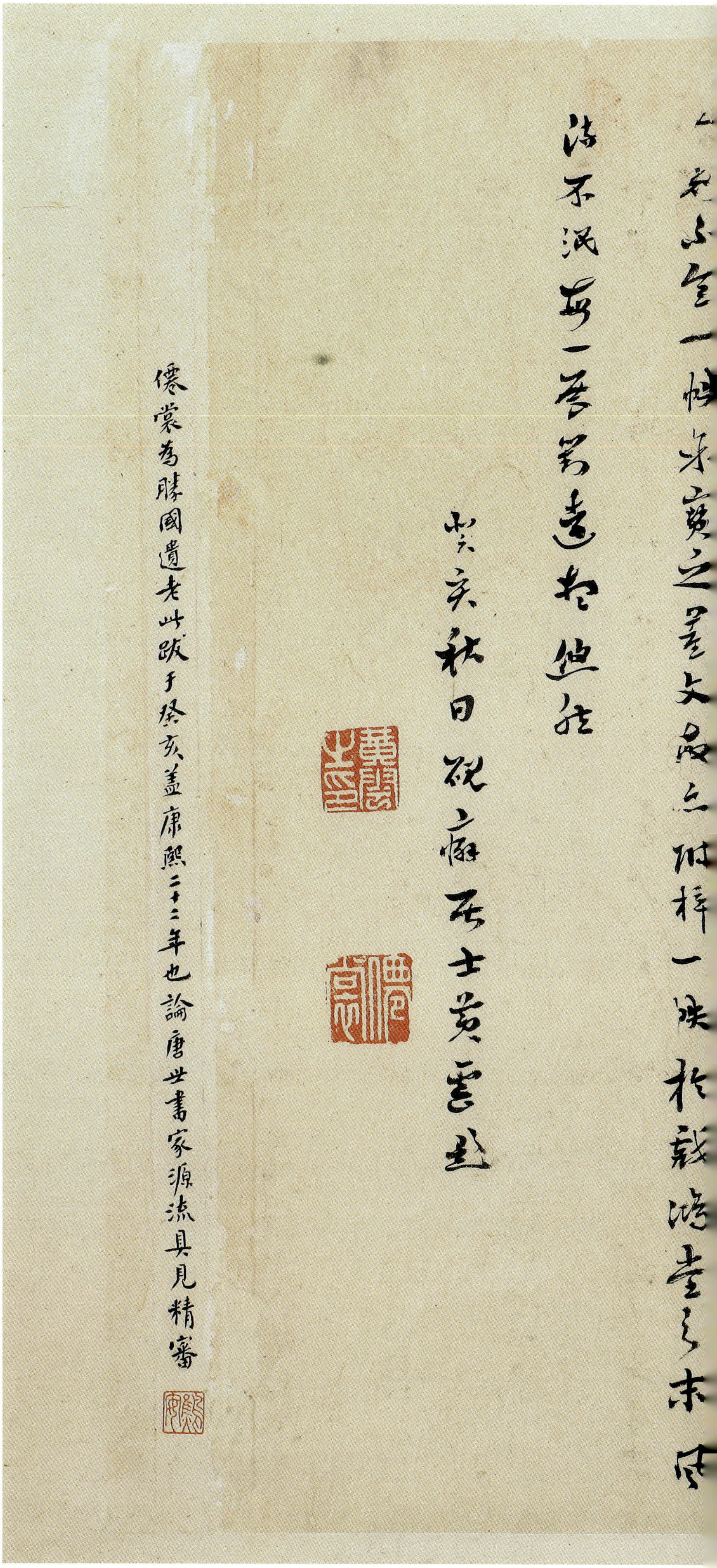

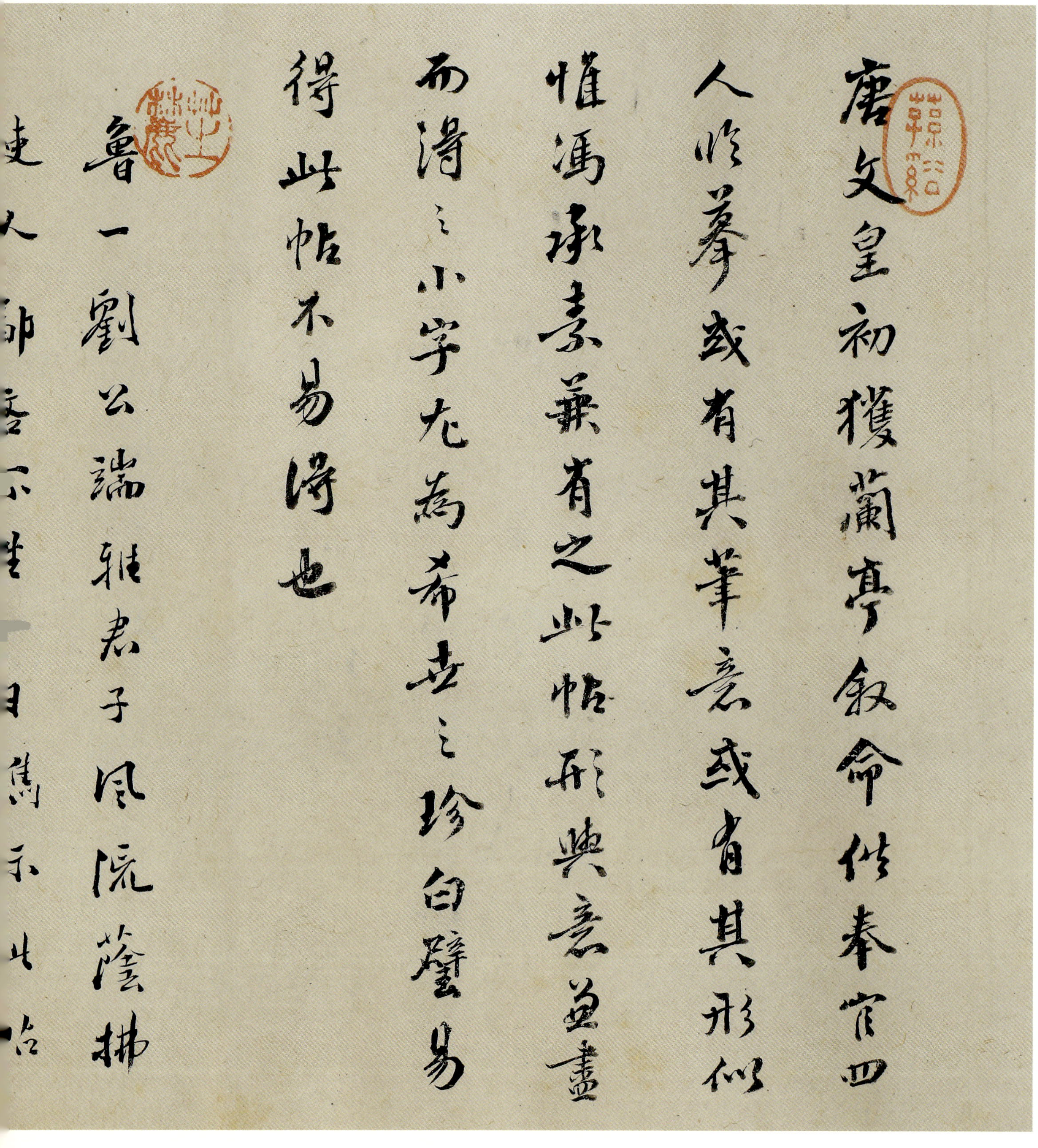
唐文皇初獲蘭亭叙命供奉官四
人臨摹或有其筆意或有其形似
惟馮承素兼有之此帖形與意兼盡
而得之小字尤爲希世之珍白璧易
得此帖不易得也
魯一劉公端雅君子風流蔭拂

龔鼎孳

年代：1615—1673

字號：字孝升，號芝麓、蓀溪

籍貫：安徽合肥

釋文：唐文皇初獲《蘭亭叙》，命供奉官四人臨摹，或有其筆意，或有其形似，惟馮承素兼有之。此帖形與意兼盡而得之，小字尤爲希世之珍。白璧易得，此帖不易得也。魯一劉公端雅君子，風流蔭拂，使人鄙吝不生。一日携示此帖，

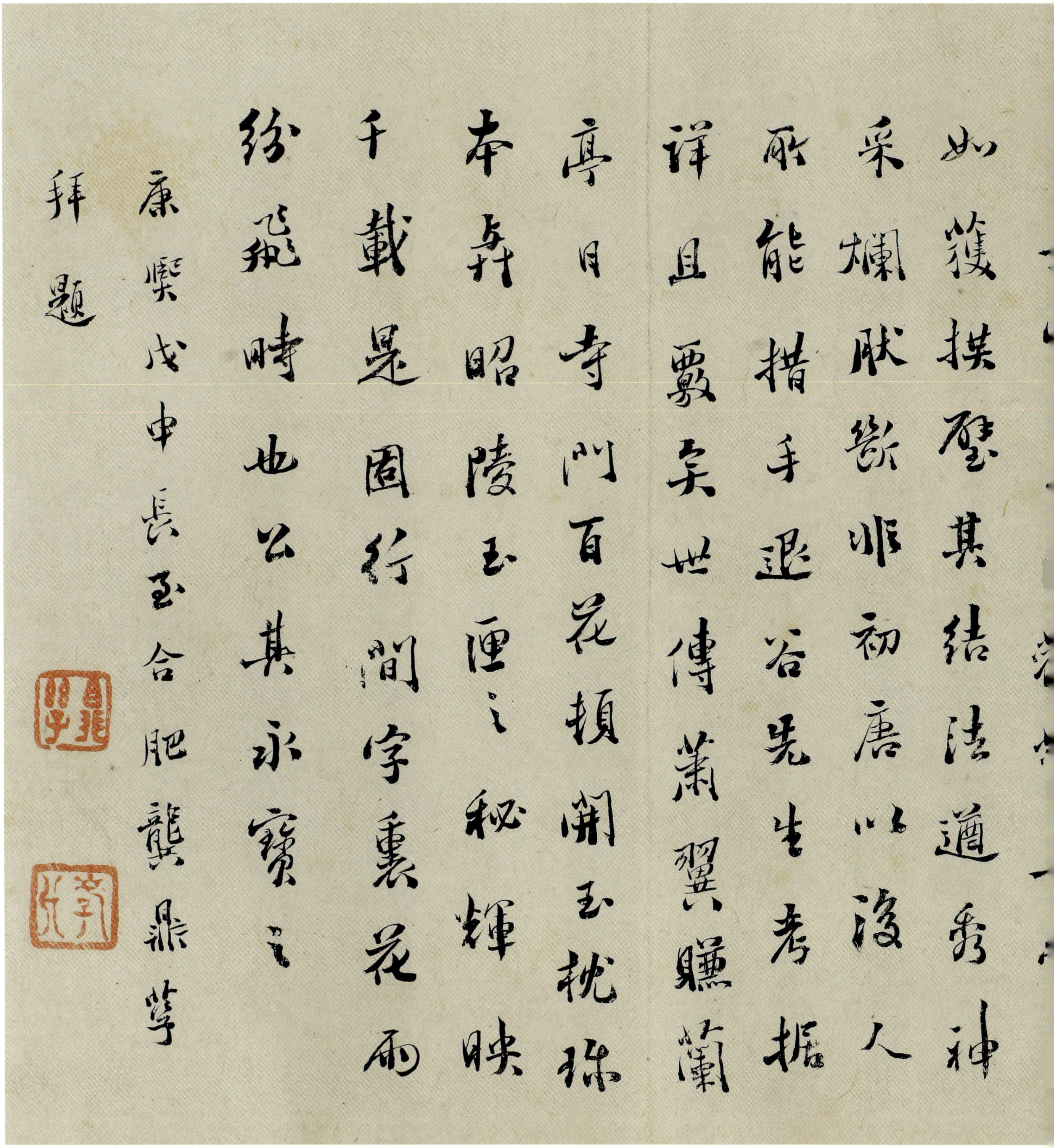

與無山曹公同觀，驚喜愛玩，如獲拱璧。其結法遒秀，神采爛然，斷非初唐以後人所能措手。退谷先生考據詳且核矣，世傳蕭翼賺《蘭亭》日，寺門百花頓開，玉枕珍本與昭陵玉匣之秘，輝映千載，是固行間字裏花雨紛飛時也。公其永寶之。康熙戊申長至，合肥龔鼎孳拜題。

鈐印：蓀谿、芝麓、鼎孳、孝升

題跋出處：玉枕蘭亭（式古堂藏本）

館藏號：18A346

葉奕苞

年代：1629—1686

字號：字九來，一字鳳雛，號二泉、笨庵，别署群玉山樵

籍貫：江蘇昆山

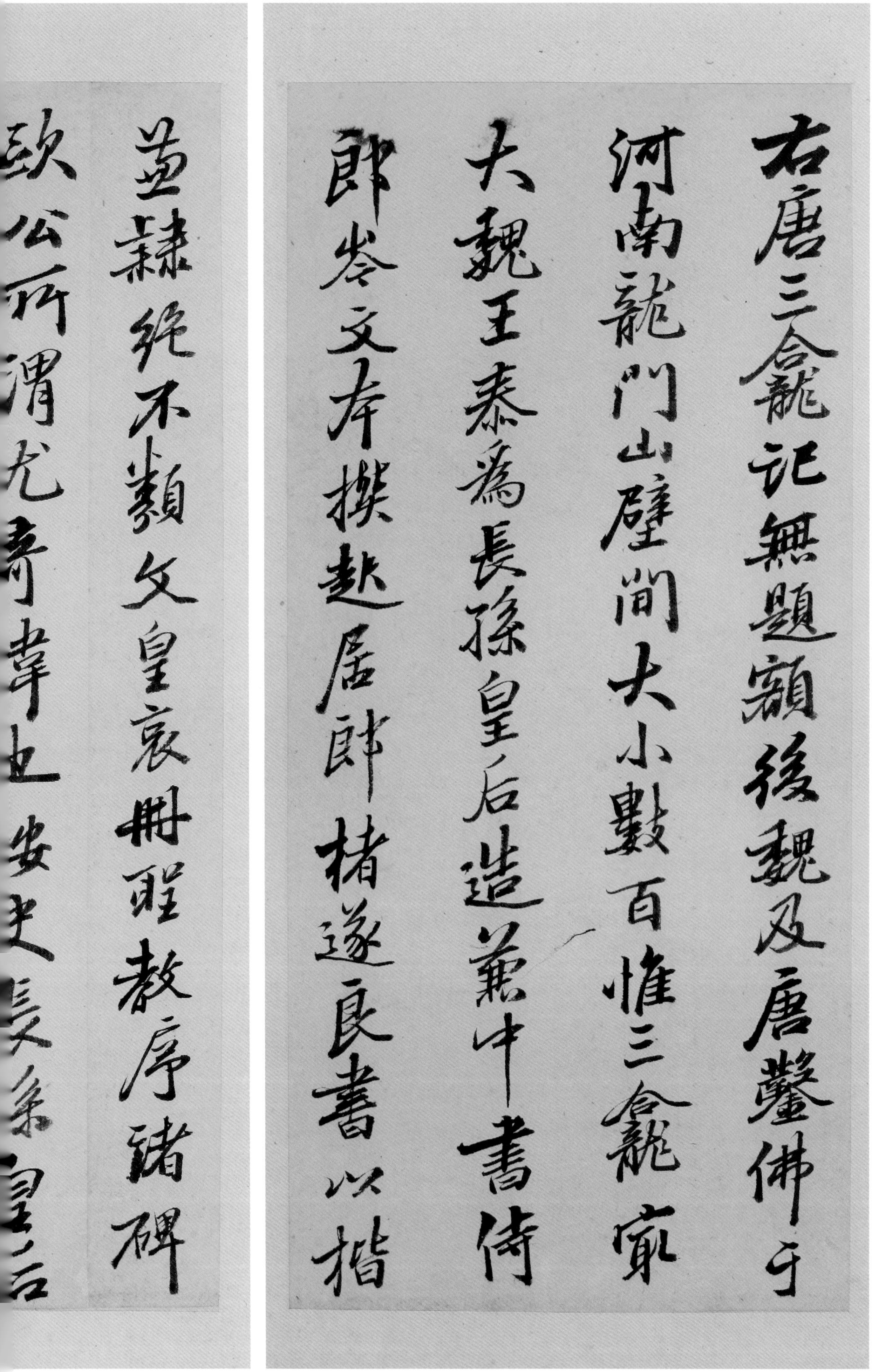
右唐三龕記無題額後魏及唐鑿佛于
河南龍門山壁間大小數百惟三龕
大魏王泰爲長孫皇后造兼中書侍
郎岑文本撰起居郎褚遂良書以楷
兼隸絶不類文皇哀册聖教序諸碑
歐公所謂尤奇偉也按史長孫皇后

釋文：右唐三龕記無題額，後魏及唐鑿佛于河南龍門山壁間，大小數百，惟三龕最大，魏王泰爲長孫皇后造，兼中書侍郎岑文本撰，起居郎褚遂良書，以楷兼隸，絶不類《文皇哀册》《聖教序》諸碑，歐公所謂尤奇偉也。按史長孫皇后

疾亟，太子請泛度道人，后曰佛老異方教耳，上所不爲，豈可以我亂天下法？古今稱之。《中庸》以繼志述事爲孝，而泰爲其親之所不爲，文德在天，得無恫耶？甲辰秋中，笨庵跋。

鈐印：葉九來
題跋出處：伊闕佛龕碑（葉奕苞藏本）
館藏號：48B833

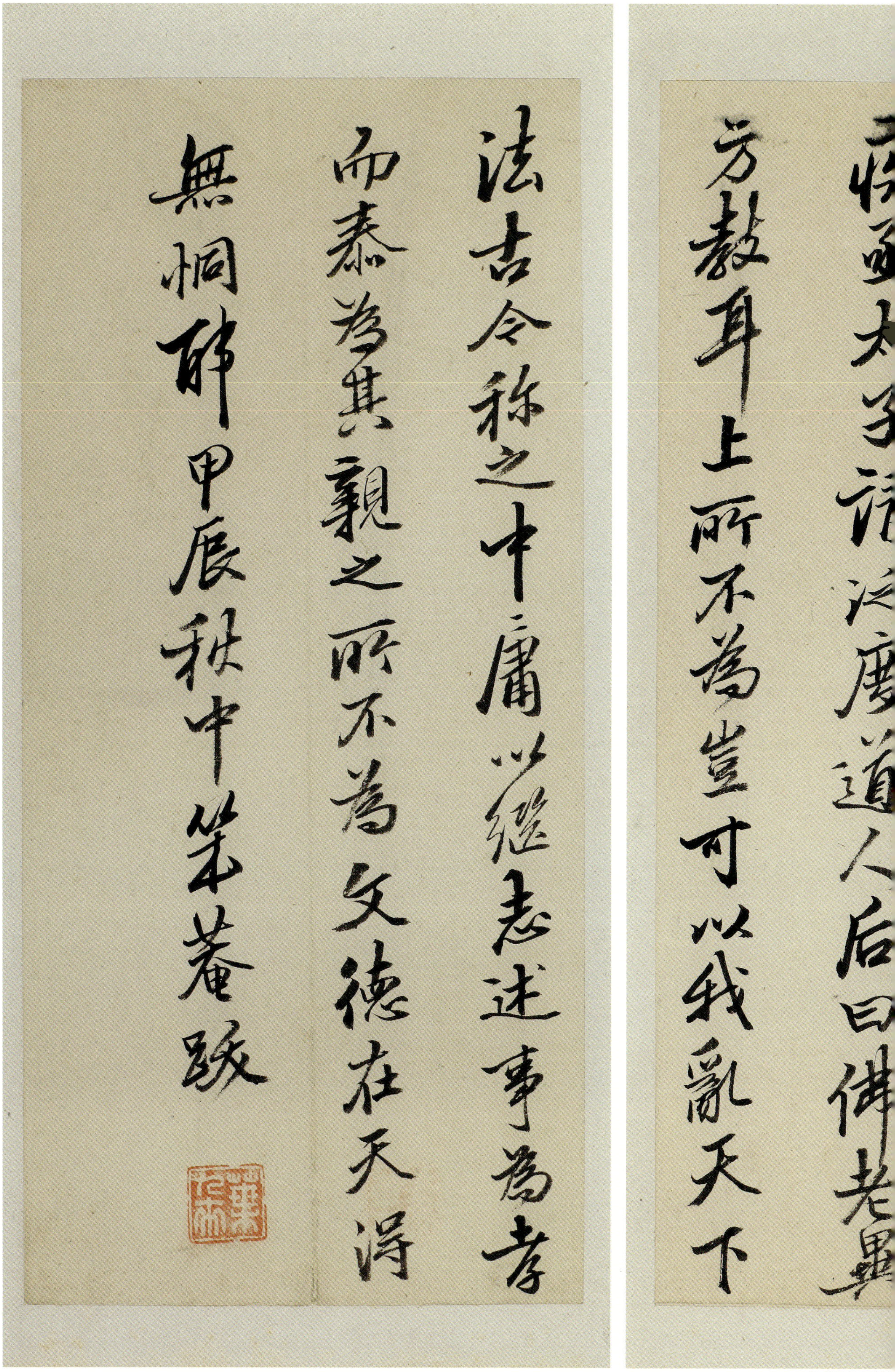

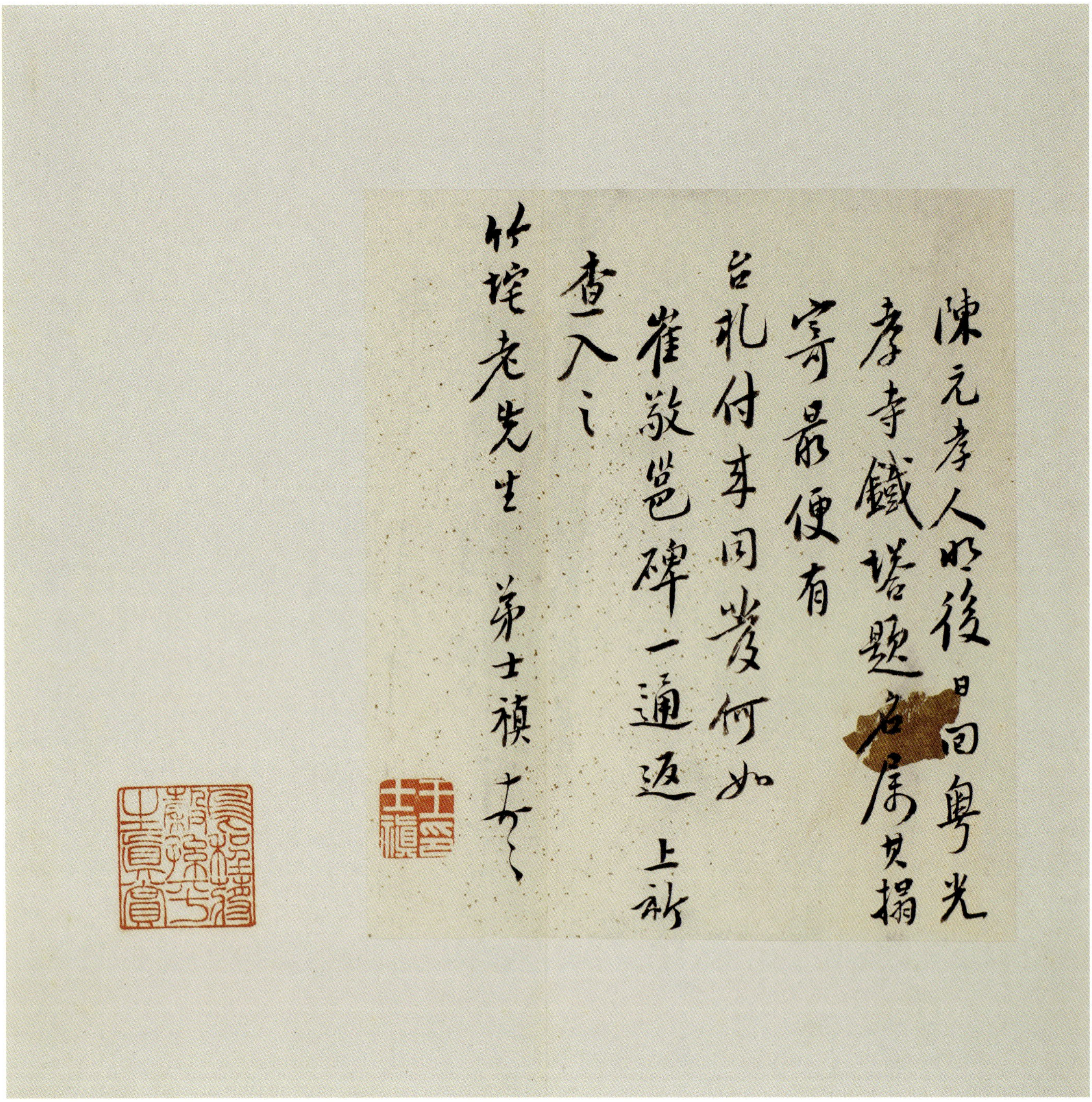
陳元孝人明後日回粵光
孝寺鐵塔題名屬其拓
寄最便有
台札付來同發何如
崔敬邕碑一通返 上祈
查入之
竹垞老先生 弟士禛頓首
王士禛印

王士禛

年代：1634—1711

字號：字子真、貽上，號阮亭、香祖、漁洋山人、詩亭逸老

籍貫：山東新城

釋文：陳元孝人明後日回粵，光孝寺鐵塔題名，屬其拓寄最便，有台札付來同發，何如？《崔敬邕碑》一通返上，祈查入之。竹垞老先生。弟士禛頓首。

鈐印：王士禛印

題跋出處：崔敬邕墓誌（端方藏本）

館藏號：19A358

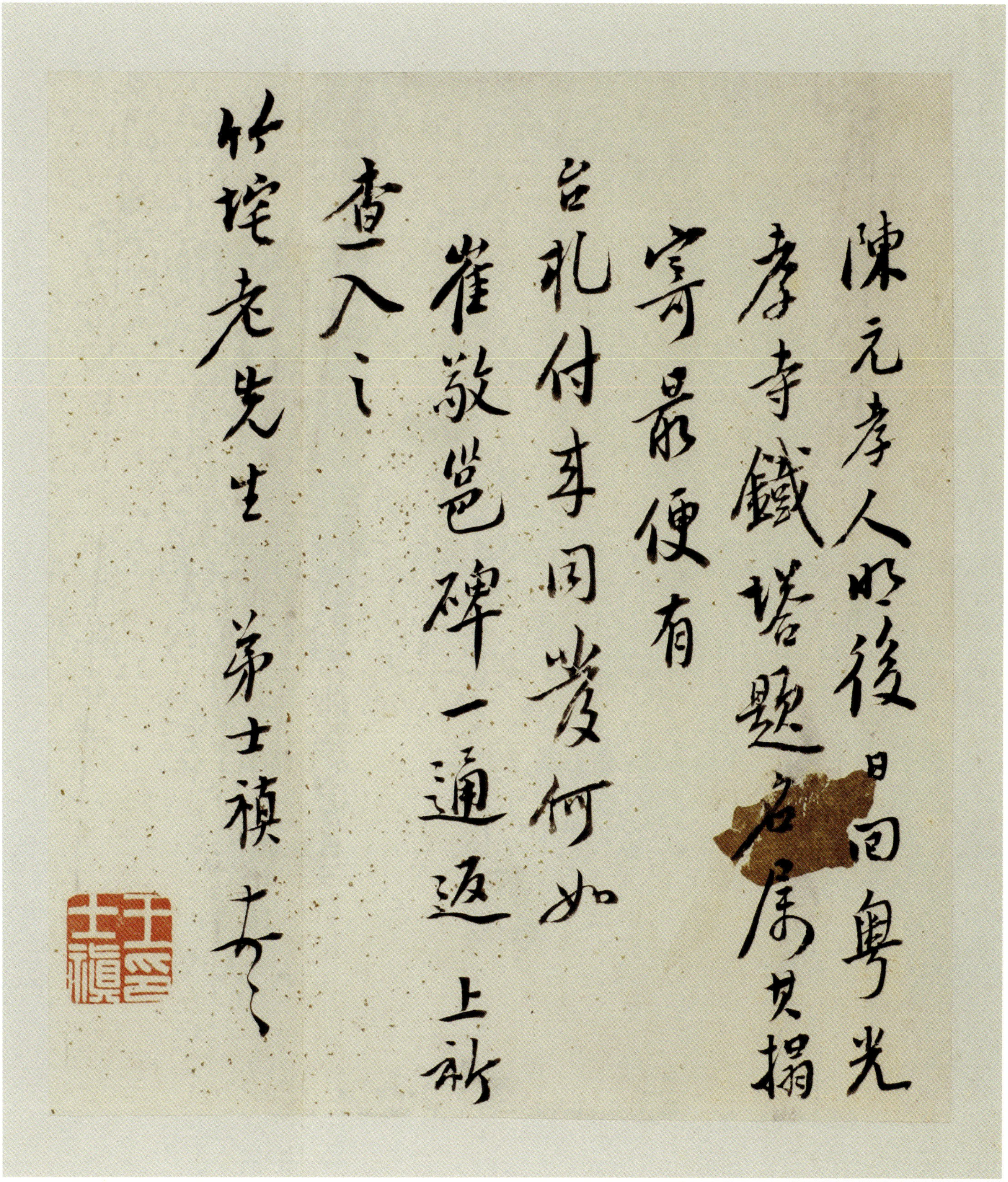
陳元孝人明後日回粵光孝寺鐵塔題名屬其搨寄最便有
台札付來因發何如
崔敬邕碑一通返上祈
查入之
竹垞老先生
弟士禛頓首

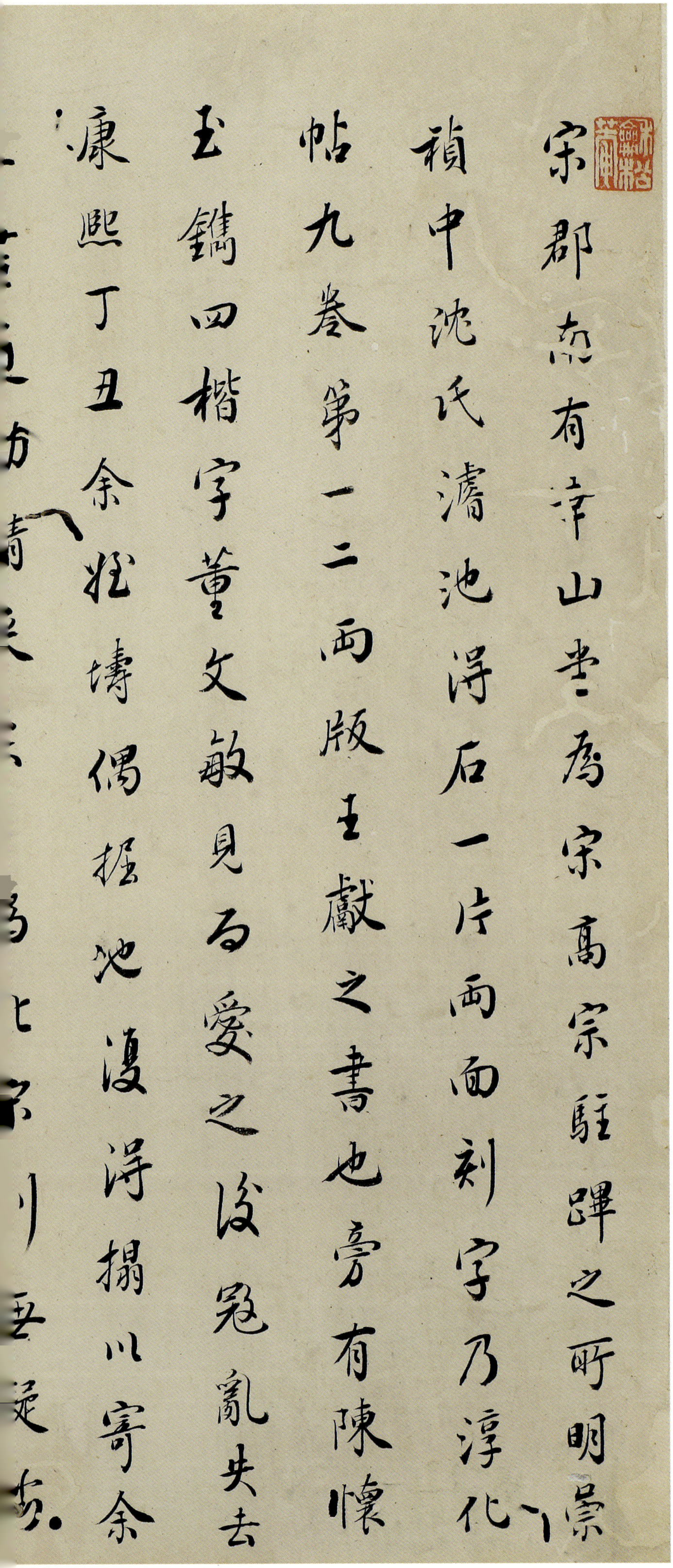

宋犖

年代：1634—1713

字號：字牧仲，號漫堂、西陂、綿津山人、筠廊、松庵

籍貫：河南商丘

釋文：宋郡南有幸山堂，爲宋高宗駐蹕之所。明崇禎中沈氏濬池得石一片，兩面刻字，乃《淳化帖》九卷第一二兩版，王獻之書也。旁有『陳懷玉鐫』四楷字，董文敏見而愛之，後寇亂失去。康熙丁丑，余侄濤偶掘池復得，拓以寄余，筆畫遒勁，精采奕奕，爲北宋刻無疑。按，《閣帖》祖本用棗版，而陳簡齋云太宗刻石寵錫下方，則閣本固有石刻也。南渡後，摹刻者紛紛。曹士冕《法帖譜系》云襄州刻本第九卷大令帖毀於王旻之變。余曩撰《筠廊偶筆》即以此石爲襄州所失，不知旻變在理宗端平三年，以地以時相去遠甚，且既毀矣，安得復出？今爲正之，別刻一石附帖後，俾濤永寶焉。綿津山人宋犖跋。

鈐印：緜松庵、臣犖、白馬客裔、西陂

題跋出處：大觀帖卷九（殘石初拓本）

館藏號：49B844

罷錫下方則閱本固有石刻也南渡後摹
刻者紛紛曹士冕法帖譜系云襄州刻本
第九卷大令帖毀於王旻之變余曩撰筠
廊偶筆即以此石為襄州所失不知旻變
在理宗端平三年以地以時相去遠甚
且既毀矣安得復出今為正之別刻一石
附帖後俾壔永寶焉綿津山人宋犖跋

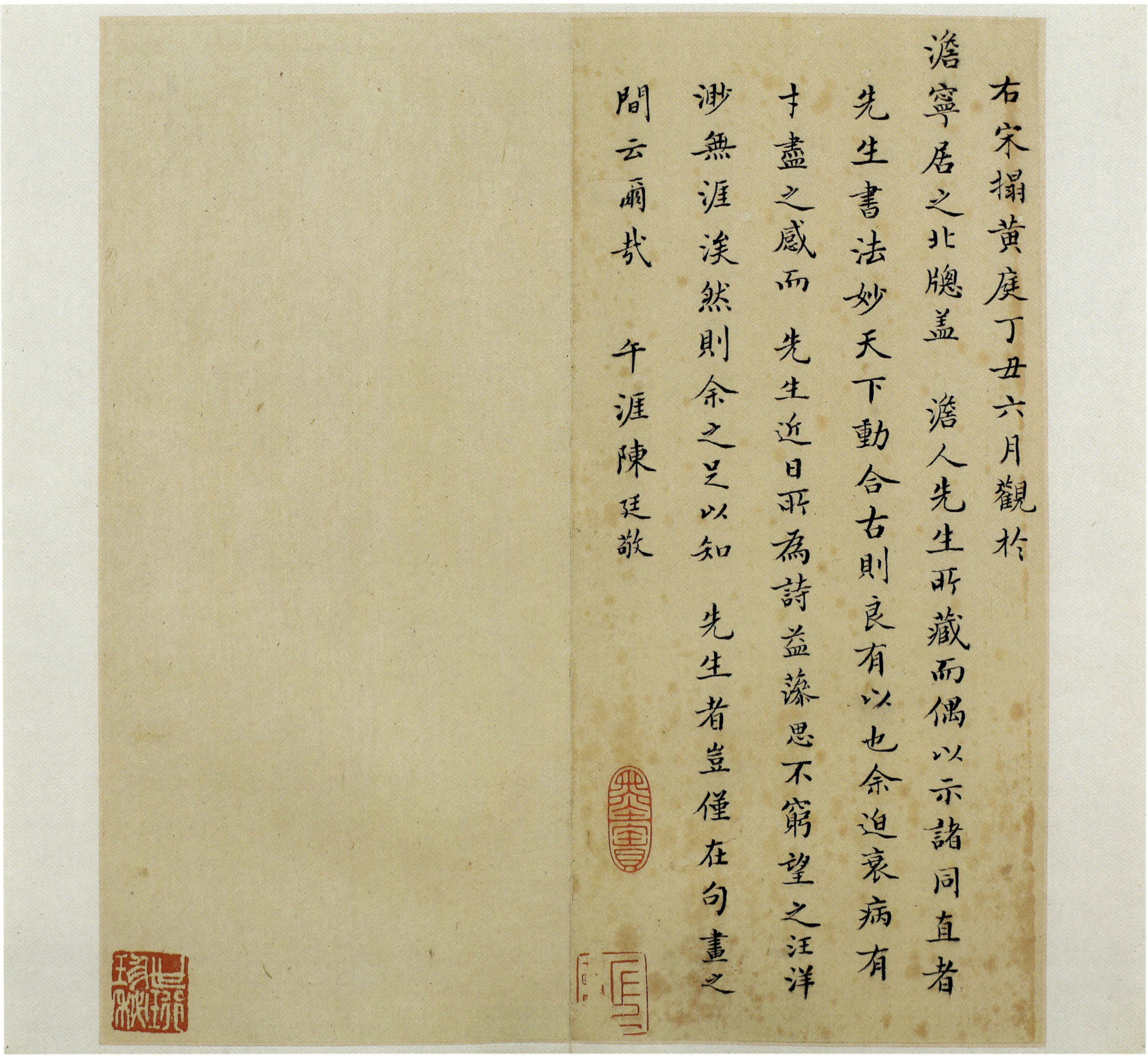
右宋搨黄庭丁丑六月觀於
澹寧居之北牕蓋　澹人先生所藏而偶以示諸同直者
先生書法妙天下動合古則良有以也余迫衰病有
才盡之感而　先生近日所為詩益藻思不窮望之汪洋
渺無涯涘然則余之足以知　先生者豈僅在句畫之
間云爾哉　午涯陳廷敬

陳廷敬

年代：1639—1712

字號：字子端，號説岩、午亭、午涯

籍貫：山西澤州

釋文：右宋拓《黄庭》，丁丑六月觀於澹寧居之北窗，蓋澹人先生所藏，而偶以示諸同直者。先生書法妙天下，動合古則，良有以也。余迫衰病，有才盡之感，而先生近日所爲詩益藻思不窮，望之汪洋，渺無涯涘，然則余之足以知先生者，豈僅在句畫之間云爾哉！午涯陳廷敬。

題跋出處：黄庭經（詹景鳳藏本）

館藏號：S2477

右宋搨黃庭丁丑六月觀於
潞寧居之北牕盖　潞人先生所藏而偶以示諸同直者
先生書法妙天下動合古則良有以也余迫衰病有
才盡之感而　先生近日所為詩益藻思不窮望之汪洋
渺無涯涘然則余之足以知　先生者豈僅在句畫之
間云爾哉　午涯陳廷敬

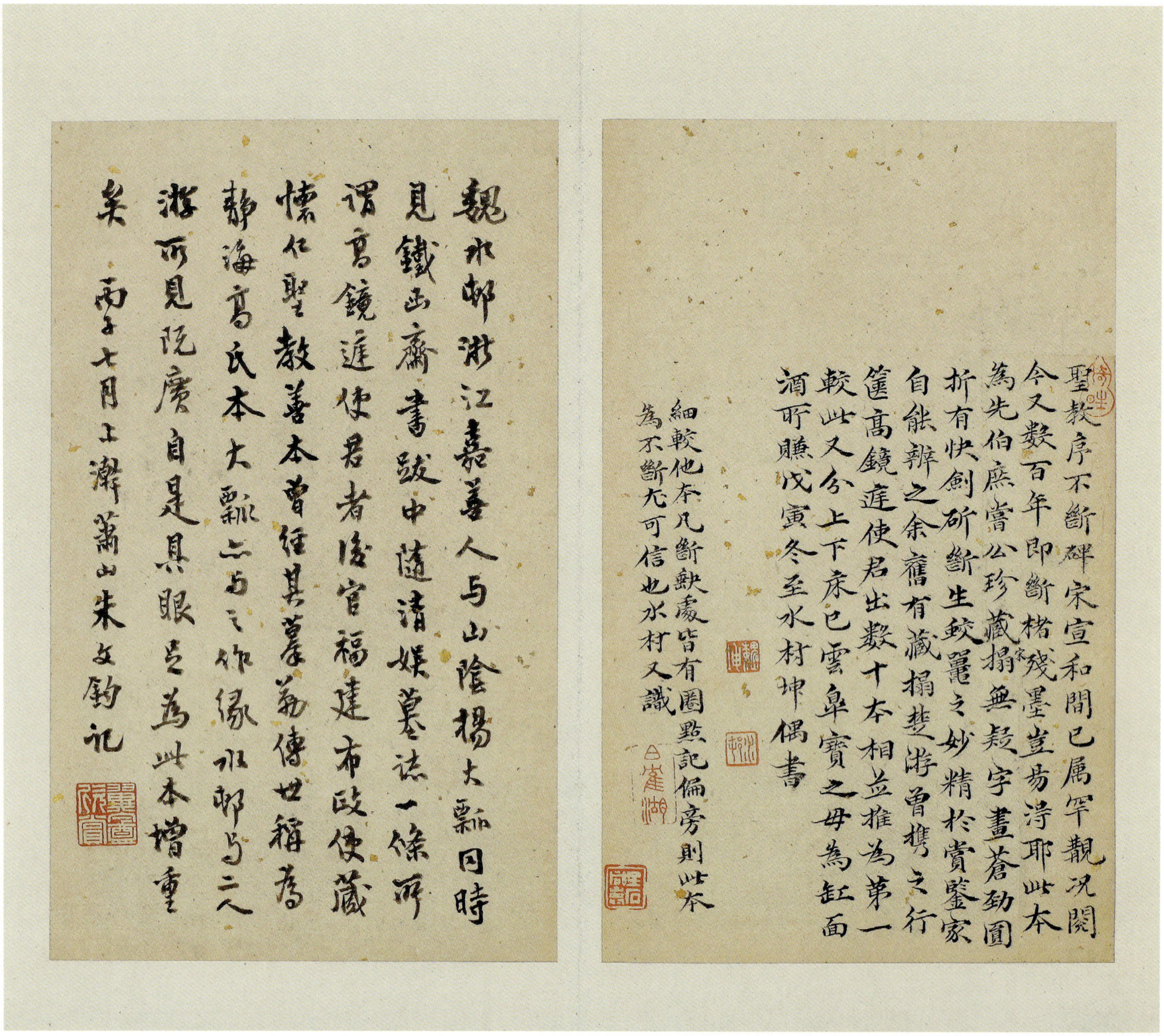

魏坤

年代：1646—1705

字號：字禹平，號水村

籍貫：浙江嘉善

釋文：《聖教序》不斷碑宋宣和間已屬罕覯，况閱今又數百年，即斷楮殘墨，豈易得耶？此本爲先伯庶嘗公珍藏，宋拓無疑，字畫蒼勁圓折，有快劍斫斷生蛟鼉之妙，精於賞鑒家自能辨之。余舊有藏拓，楚游曾携之行篋，高鏡庭使君出數十本，相并推爲第一，較此又分上下床已。雲皋寶之，毋爲缸面酒所賺。戊寅冬至，水村坤偶書。

鈐印：魏坤、水邨、倚晴

釋文：細較他本，凡斷缺處皆有圈點記偏旁，則此本爲不斷尤可信也。水村又識。

鈐印：白寉湖

題跋出處：集王羲之書聖教序（許漢卿藏本）

館藏號：88B2685

聖教序不斷碑宋宣和間已屬罕覯況閱
今又數百年即斷楮宋殘墨豈易得耶此本
為先伯庶嘗公珍藏搨無疑字畫蒼勁圓
折有快劍斫斷生蛟鼉之妙精於賞鑒家
自能辨之余舊有藏搨楚游曾携之行
篋高鏡庭使君出數十本相並推為第一
較此又分上下床已雲臯寶之毋為缸面
酒所賺戊寅冬至水村坤偶書

細較他本凡斷缺處皆有圈點記偏旁則此本
為不斷尤可信也水村又識

查昇

年代：1650—1707

字號：字仲韋，號聲山、漢中

籍貫：浙江海寧

釋文：唐太宗所賜韓王拓本《蘭亭稧叙》，當時詔拓書人趙模、韓道政各拓數本，皆有少異，至有筆法全不類者，唯此本無異真迹。勅侍臣所臨，擇諸王之賢賜之，其珍祕如此。筆力道

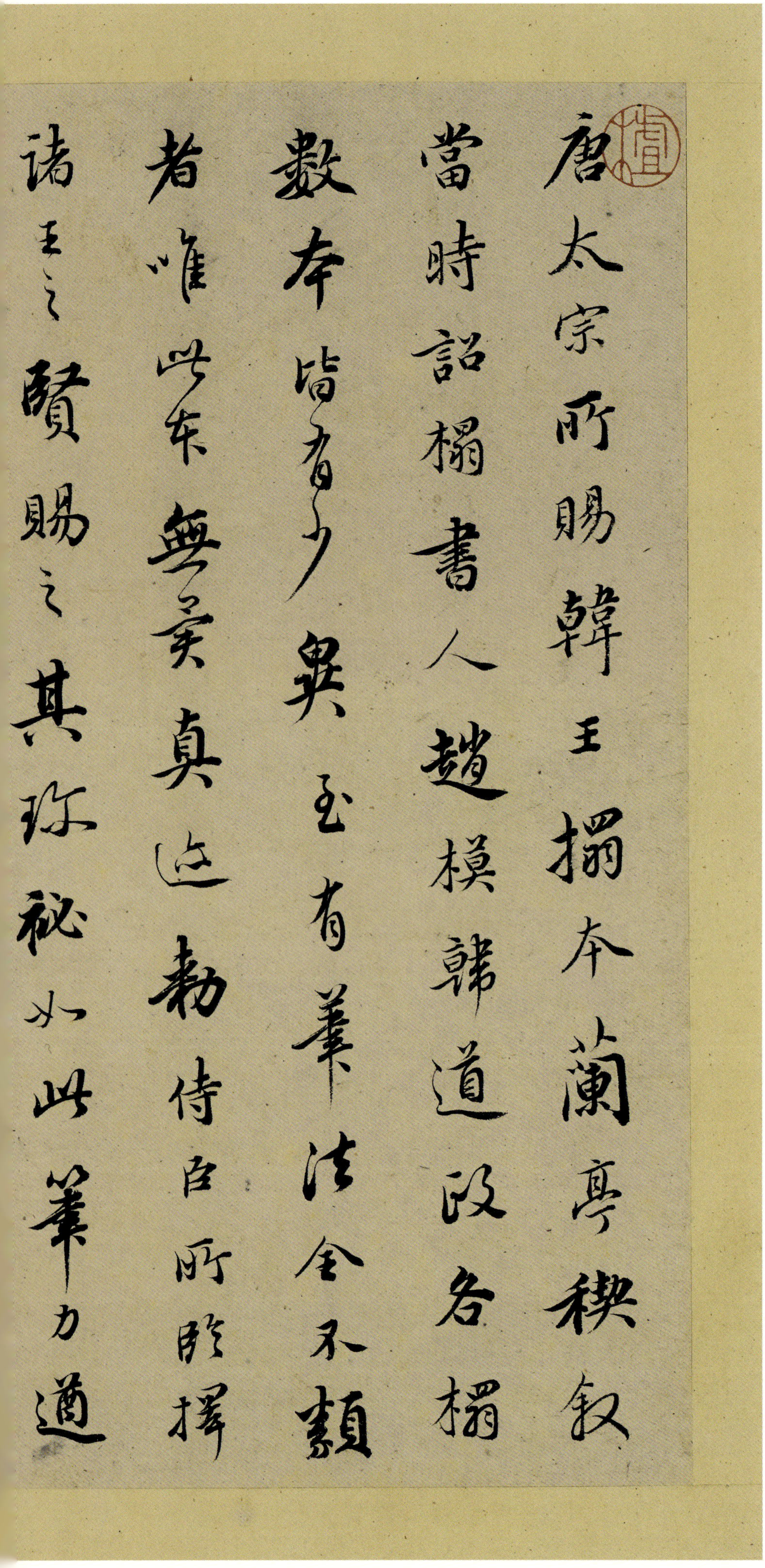
唐太宗所賜韓王搨本蘭亭禊叙
當時詔搨書人趙模韓道政各搨
數本皆有少異至有筆法全不類
者唯此本無異真迹勅侍臣所臨擇
諸王之賢賜之其珍祕如此筆力道

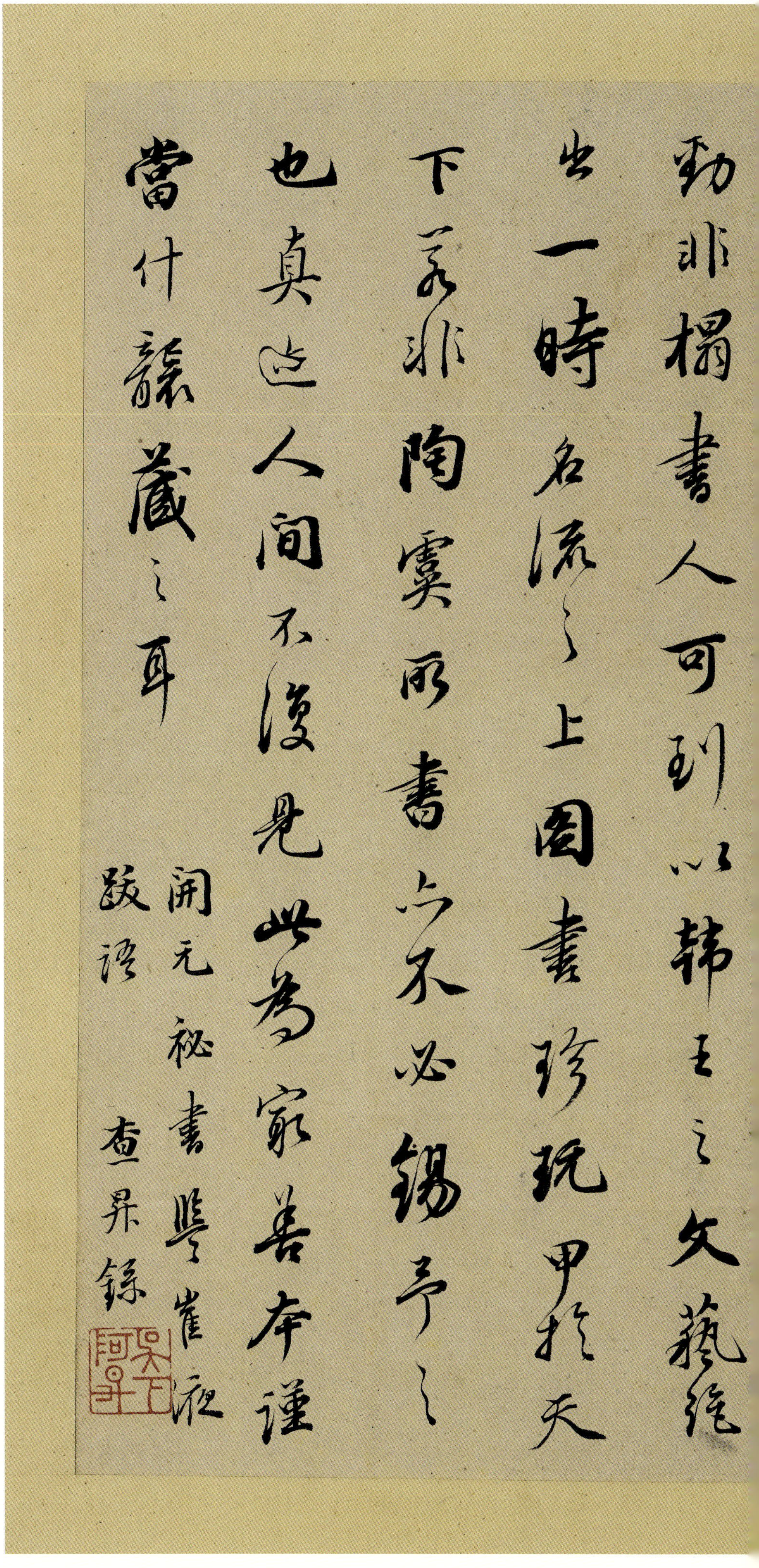
勁非拓書人可到以韓王之文藝絶
出一時名流之上圖書珍玩甲於天
下若非陶虞所書亦不必錫予之
也真迹人間不復見此爲最善本謹
當什襲藏之耳
開元祕書監崔液
跋語　查昇録
吴下阿昇

勁，非拓書人可到。以韓王之文藝，絶出一時名流之上，圖書珍玩，甲於天下，若非陶虞所書，亦不必錫予之也。真迹人間不復見，此爲最善本，謹當什襲藏之耳。開元祕書監崔液跋語。查昇録。

鈐印：樝、吴下阿昇

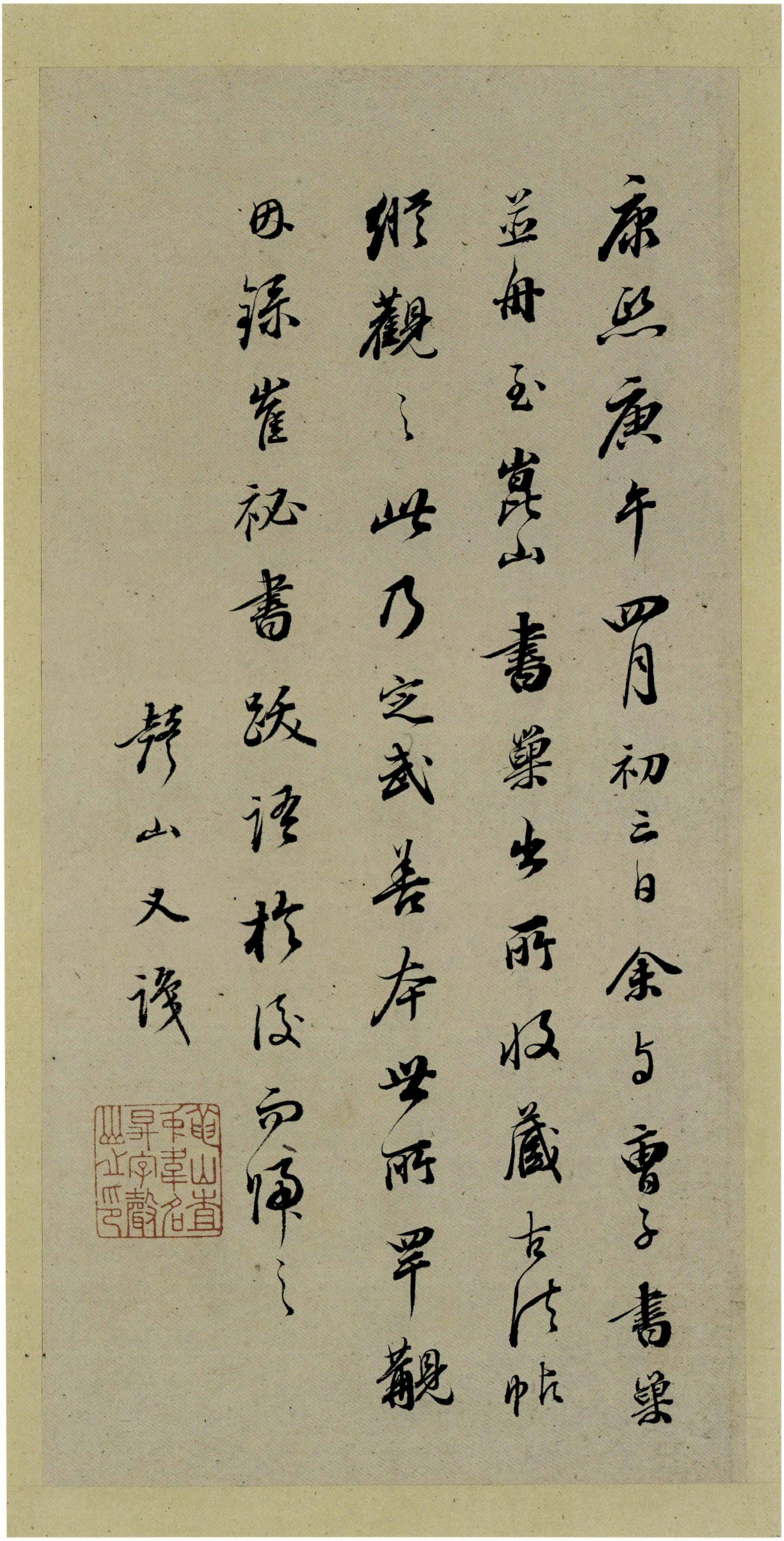

釋文：康熙庚午四月初三日，余與曹子書巢并舟至崑山，書巢出所收藏古法帖縱觀之，此乃定武善本，世所罕覯，因録崔祕書跋語於後而歸之。聲山又識。

鈐印：龍山查仲韋名昇字聲山之印

題跋出處：蘭亭序（國學本）　館藏號：88B2684

曹魏受禪碑劉夢浮指為梁鵠書而歐陽氏則主顏清匪之說定為鍾繇石在許州今已燬此猶明時搨本也方嚴遒勁誠為古今名刻然較之郭有道夏承曹全則又有徑庭之別矣是以師之者不及三碑之多今郭夏俱再三翻刻而氏猶原本欲不与景完碑亞重可乎遂裝裱而藏之　大瓢

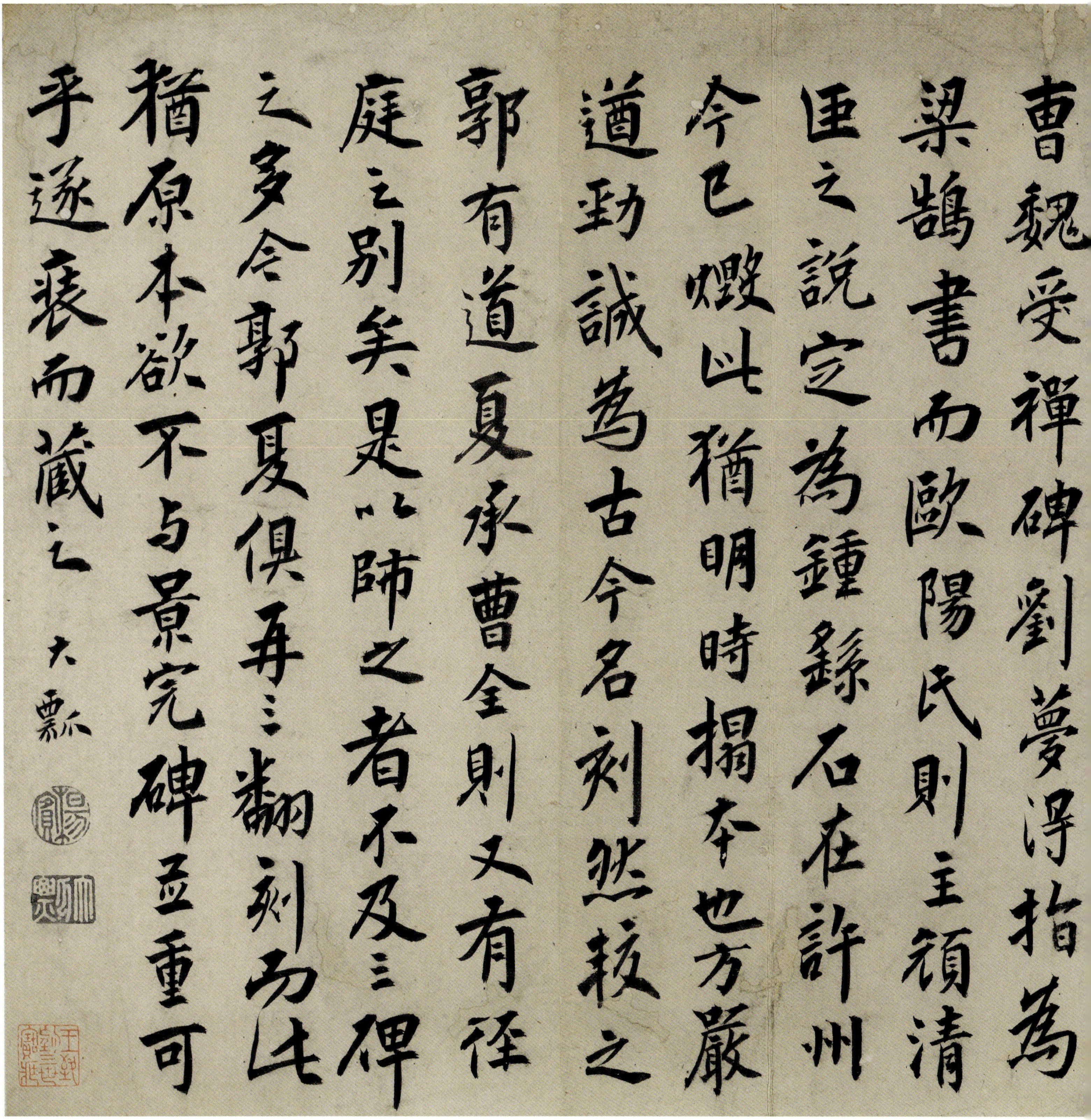

楊賓

年代：1650—1720

字號：字可師，號大瓢、耕夫、小鐵

籍貫：浙江山陰

釋文：曹魏《受禪碑》，劉夢得指為梁鵠書，而歐陽氏則主顏清臣之說，定為鍾繇，石在許州，今已燬。此猶明時拓本也，方嚴遒勁，誠為古今名刻。然較之《郭有道》《夏承》《曹全》則又有徑庭之別矣，是以師之者不及三碑之多。今《郭》《夏》俱再三翻刻，而此猶原本，欲不與《景完碑》并重可乎！遂裝裱而藏之。

鈐印：楊賓、大瓢

題跋出處：受禪表（王楠藏本）

館藏號：S2194

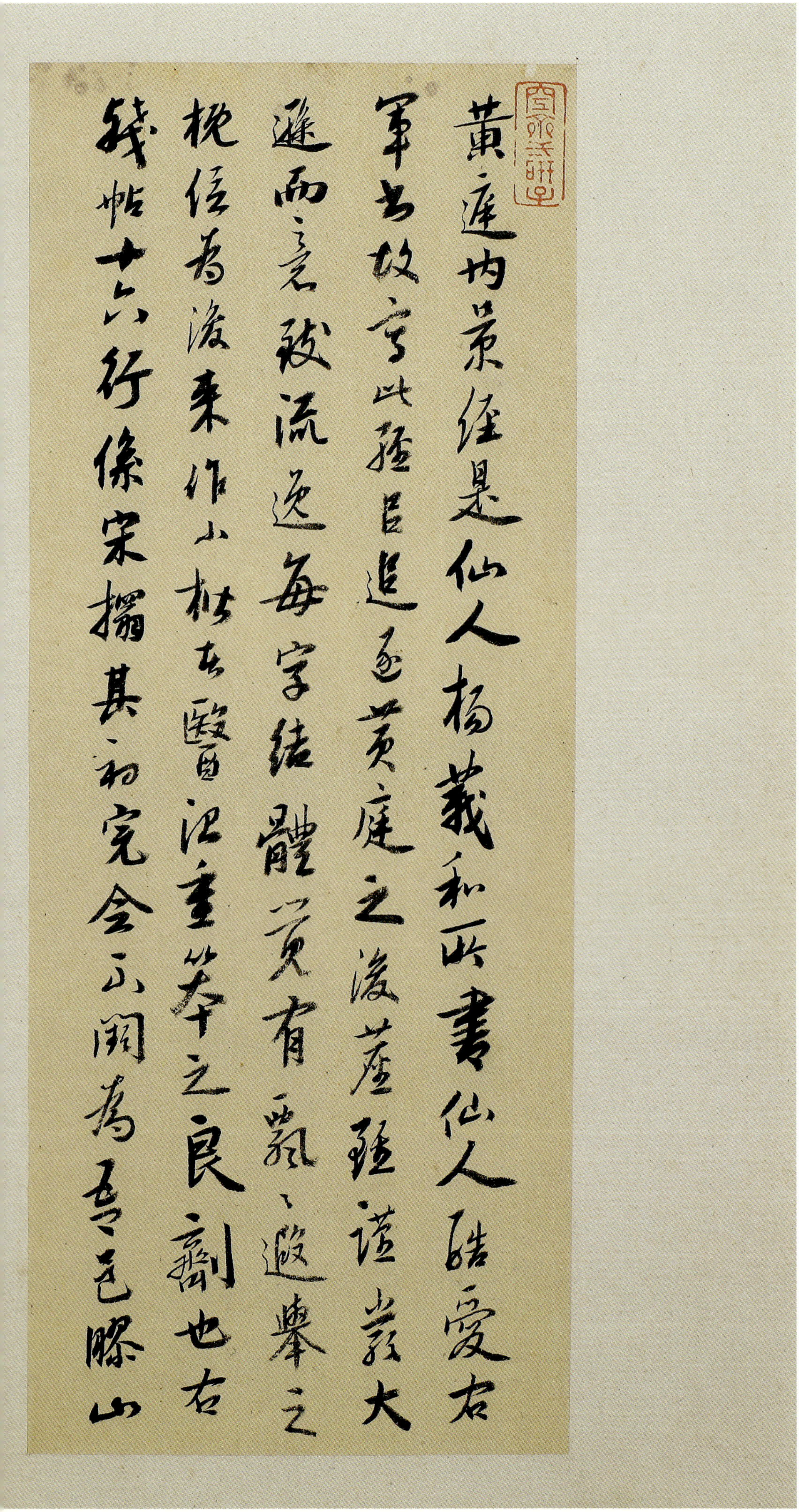

邵曾訓

年代：1659—1738

字號：字宗彝、東彝，號園客、[illegible]園

籍貫：江蘇無錫

釋文：《黄庭内景經》是僊人楊羲和所書，僊人酷愛右軍書，故寫此經以追逐《黄庭》之後塵。雖謹嚴大遜而意致流逸，每字結體覺有飄飄遐舉之概，信爲後來作小楷者醫治重笨之良劑也。右殘帖十六行係宋拓，其初完全不闕，爲吾邑膠山

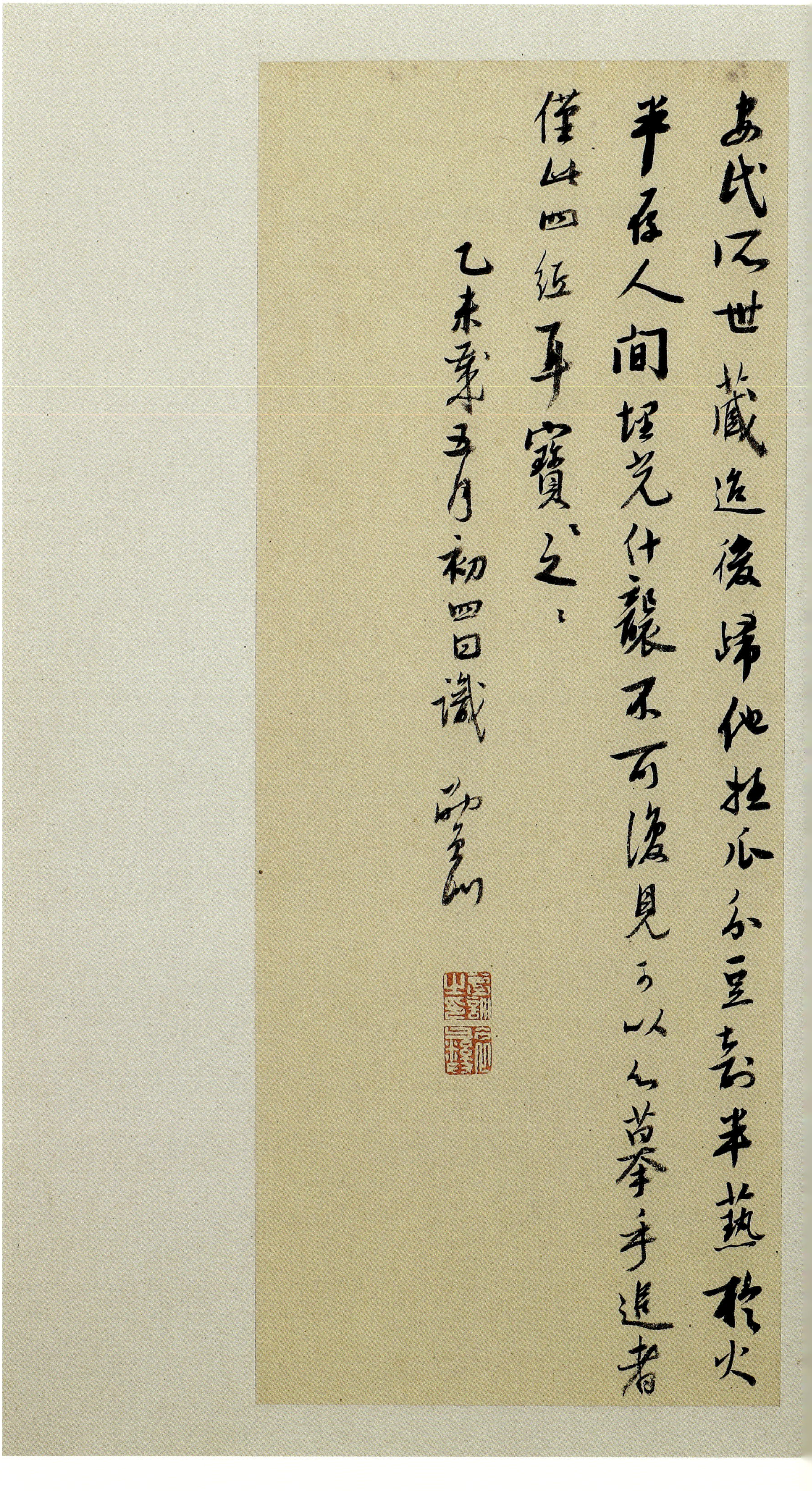

安氏所世藏，迨後歸他姓，瓜分豆剖，半爇於火，半存人間，埋光什襲，不可復見，可以心摹手追者僅此四紙耳，寶之寶之。乙未歲五月初四日識，邵曾訓。

鈐印：空齋一研子、曾訓之印、衷彝

題跋出處：黃庭內景經（李宗瀚藏本）

館藏號：19A383

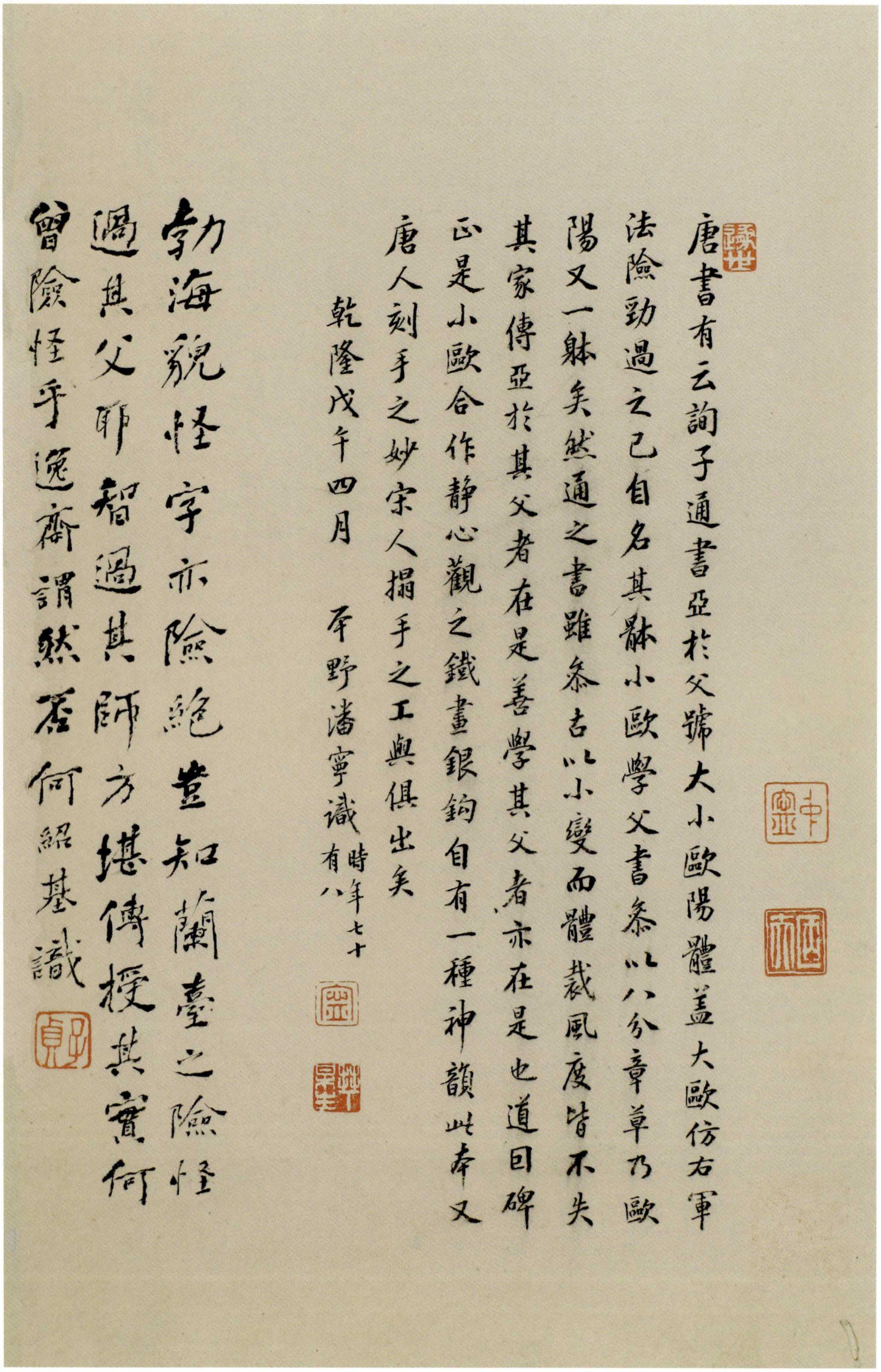

潘寧

年代：1661—1740

字號：字仲寧，號陋夫、退翁

籍貫：浙江山陰

釋文：《唐書》有云詢子通書亞於父，號大小歐陽體。蓋大歐仿右軍法，險勁過之，已自名其體；小歐學父書，參以八分章草，乃歐陽又一體矣。然通之書，雖參古以小變，而體裁風度皆不失其家傳，亞於其父者在是，善學其父者亦在是也。《道因碑》正是小歐合作，靜心觀之，鐵畫銀鈎，自有一種神韻。此本又唐人刻手之妙，宋人拓手之工與俱出矣。乾隆戊午四月，平野潘寧識，時年七十有八。

題跋出處：道因法師碑（王存善藏本）

鈐印：遯世、仲寧、陋夫、寧、林下梅生

館藏號：17A331

唐書有云詢子通書亞於父號大小歐陽體蓋大歐仿右軍
法險勁過之已自名其躰小歐學父書參以八分章草乃歐
陽又一躰矣然通之書雖參古以小變而體裁風度皆不失
其家傳亞於其父者在是也善學其父者亦在是也道因碑
正是小歐合作靜心觀之鐵畫銀鈎自有一種神韻此奉又
唐人刻手之妙宋人搨手之工與俱出矣
乾隆戊午四月　平野潘寧識　時年七十有八

勃海貌怪字亦險絕豈知蘭臺之險怪
過其父師智過其師方堪傳授其實何
曾險怪乎逸齋謂然若何何紹基識

82

唐書有云詢子通書亞於父號大小歐陽體蓋大歐仿右軍法險勁過之已自名其躰小歐學父書參以八分章草乃歐陽又一躰矣然通之書雖參古以小變而體裁風度皆不失其家傳亞於其父者在是善學其父者亦在是也道因碑正是小歐合作靜心觀之鐵畫銀鉤自有一種神韻此本又唐人刻手之妙宋人搨手之工與俱出矣

乾隆戊午四月　平野潘寧識時年七十有八

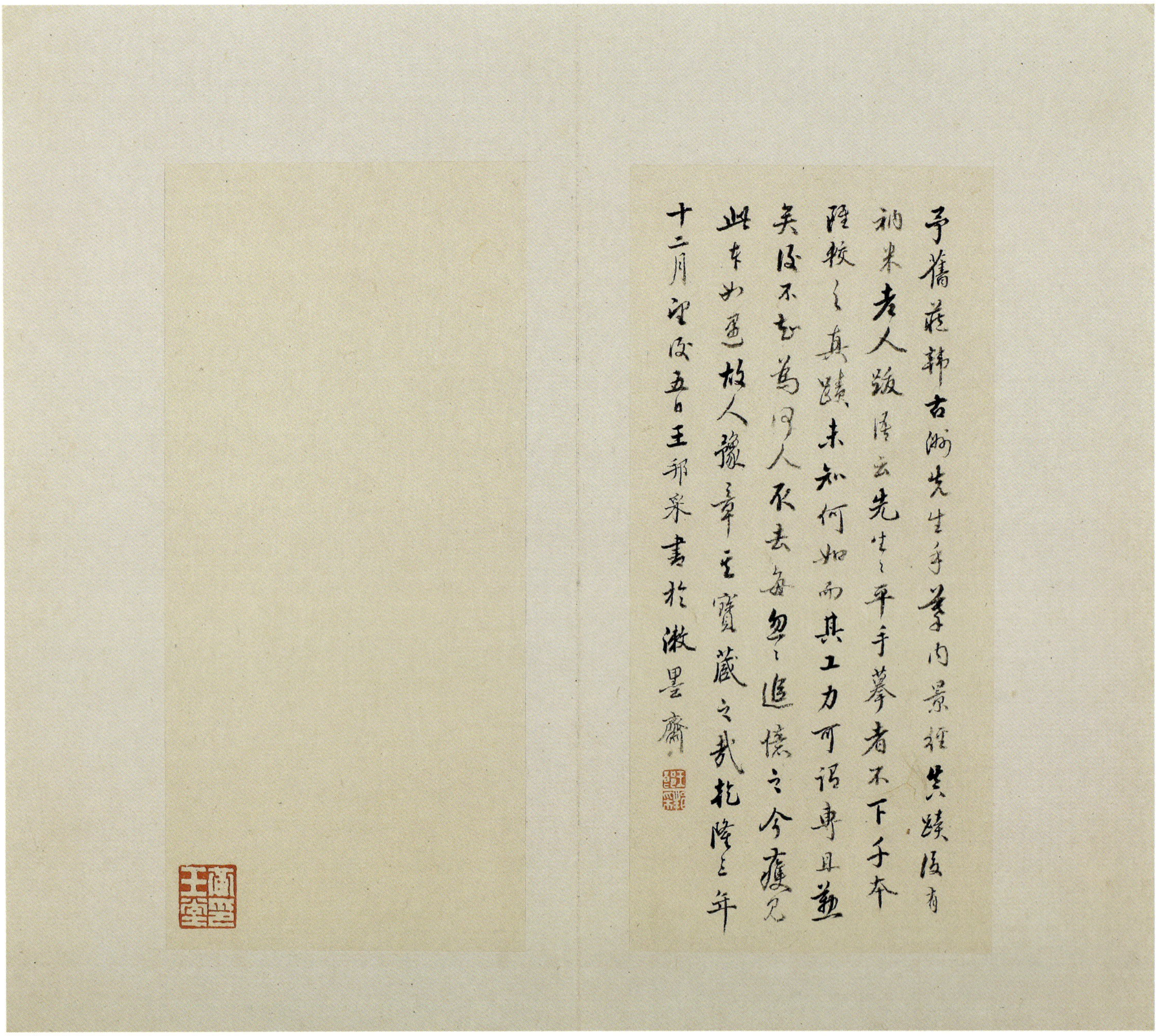

王邦采

年代：1662—1722

字號：字貽六，又字携鹿，號湖上逸老、湖上逸人

籍貫：江蘇無錫

釋文：予舊藏韓古洲先生手摹《内景經》真迹，後有衲米老人跋語云『先生生平手摹者不下千本』，雖較之真迹未知何如，而其工力可謂專且勤矣。後不知爲何人取去，每忽忽追憶之。今獲見此本，如遇故人，豫章其寶藏之哉。乾隆三年十二月望後五日，王邦采書於漱墨齋。

鈐印：王郎、邦采

題跋出處：黄庭内景經（李宗瀚藏本）

館藏號：19A383

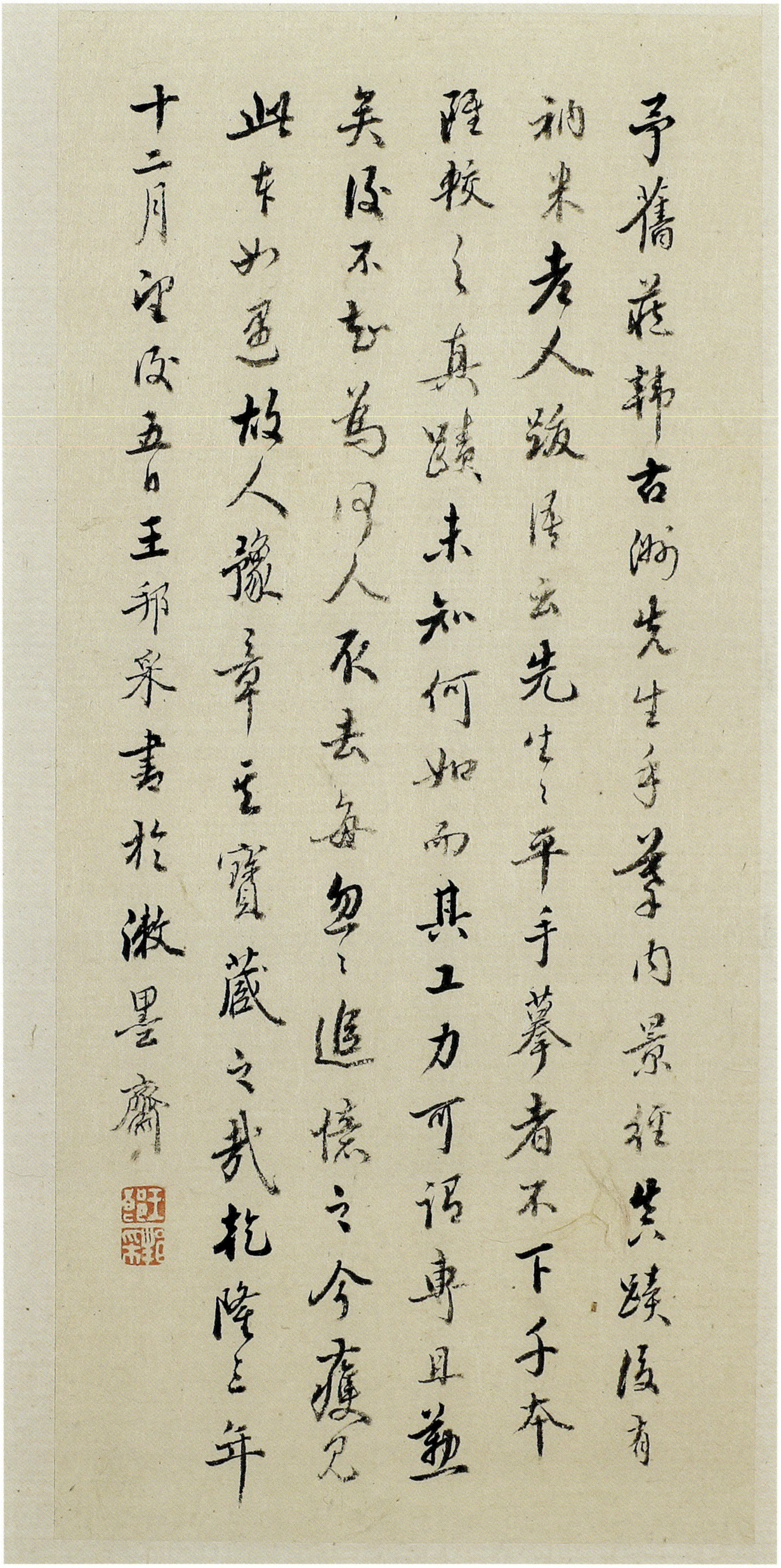

亭舊藏韓古洲先生手摹内景經真蹟後有
衲米老人跋語云先生生平手摹者不下千本
隆較之真蹟未知何如而其工力可謂專且篤
矣後不知為何人取去每念之追懷之今獲見
此本如逢故人豫章王寶藏之哉乾隆元年
十二月望後五日王邦采書於潄墨齋

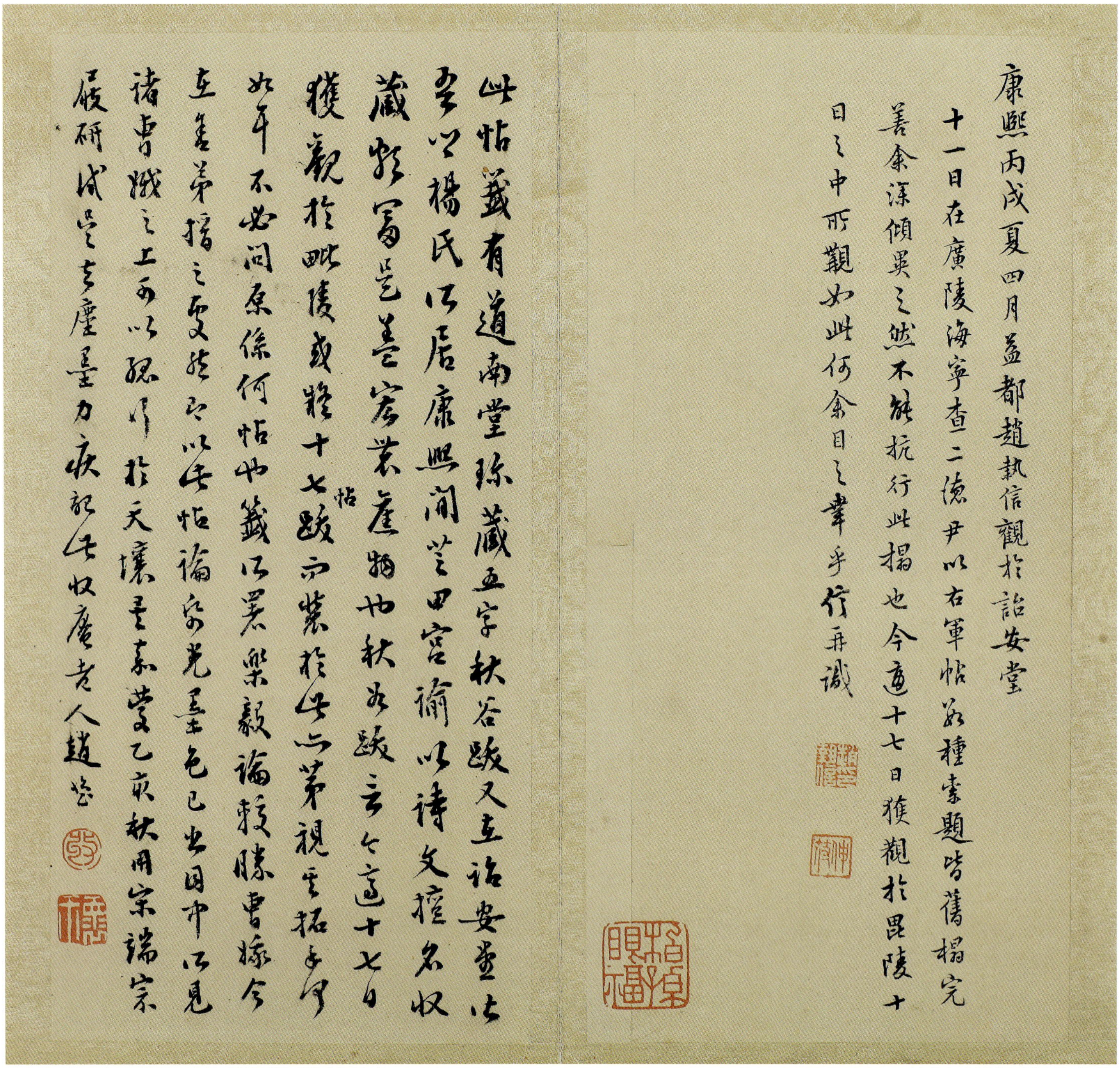

趙執信

年代：1662—1744

字號：字伸符、申符，號秋谷、因園、澹修、觀海、柴叟、飴山老人、如如老人、無想道人

籍貫：山東益都

釋文：康熙丙戌夏四月，益都趙執信觀於詒安堂。

十一日在廣陵，海寧查二德尹以右軍帖數種索題，皆舊拓完善，余深傾異之，然不能抗行此拓也。今適十七日，獲觀於毘陵，十日之中所覯如此，何余目之幸乎。信再識。

鈐印：趙執信印、伸符

題跋出處：曹娥碑（趙懷玉藏本）

館藏號：81A661

康熙丙戌夏四月益都趙執信觀於詒安堂

十一日在廣陵海寧查二德尹以右軍帖數種索題皆舊搨完

善余深傾畏之然不能抗行此搨也今適十七日獲觀於毘陵十

日之中所觀如此何余目之幸乎行再識

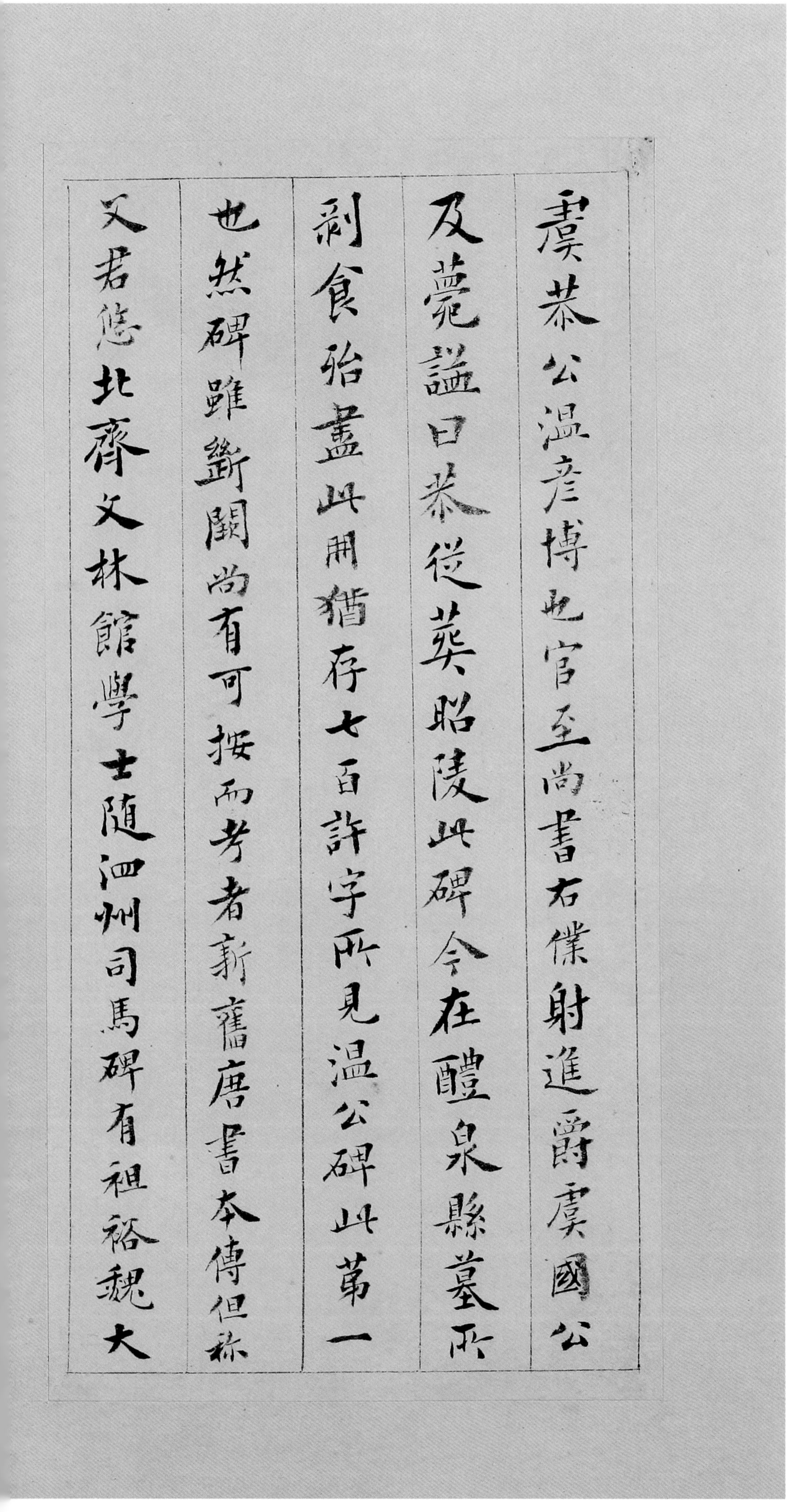

王澍

年代：1668—1743（一說1739）

字號：字若霖、篛林、若林，號虛舟、天官大夫、竹雲、恭壽老人、二泉寓客、良常山人

籍貫：江蘇金壇

釋文：虞恭公，温彥博也，官至尚書右僕射，進爵虞國公，及薨，謚曰恭，從葬昭陵。此碑今在醴泉縣墓所，剥食殆盡。此冊猶存七百許字，所見《温公碑》此第一也。然碑雖斷闕，尚有可按而考者。新舊《唐書》本傳但稱父君悠，北齊文林館學士，隨泗州司馬。碑有『祖裕，魏大

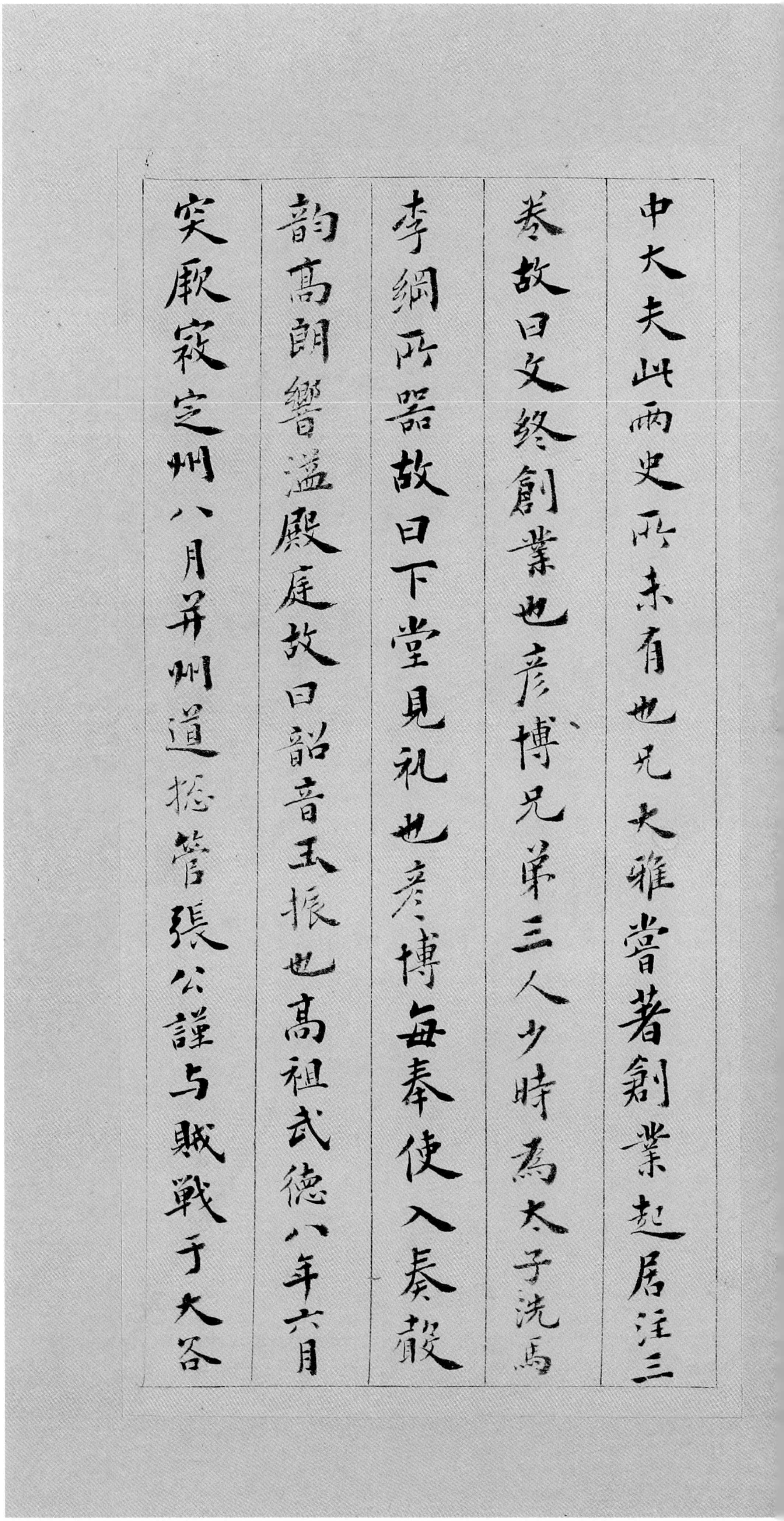
中大夫此兩史所未有也兄大雅嘗著創業起居注三
卷故曰文終創業也彦博兄弟三人少時爲太子洗馬
李綱所器故曰下堂見礼也彦博每奉使入奏聲
韵高朗響溢殿庭故曰韶音玉振也高祖武德八年六月
突厥寇定州八月并州道捴管張公謹与賊戰于大谷

中大夫』，此兩史所未有也。兄大雅嘗著《創業起居注》三卷，故曰『文終創業』也。彦博兄弟三人少時爲太子洗馬李綱所器，故曰『下堂見禮』也。彦博每奉使入奏，聲韵高朗，響溢殿庭，故曰『韶音玉振』也。高祖武德八年六月突厥寇定州，八月并州道捴管張公謹與賊戰于大谷

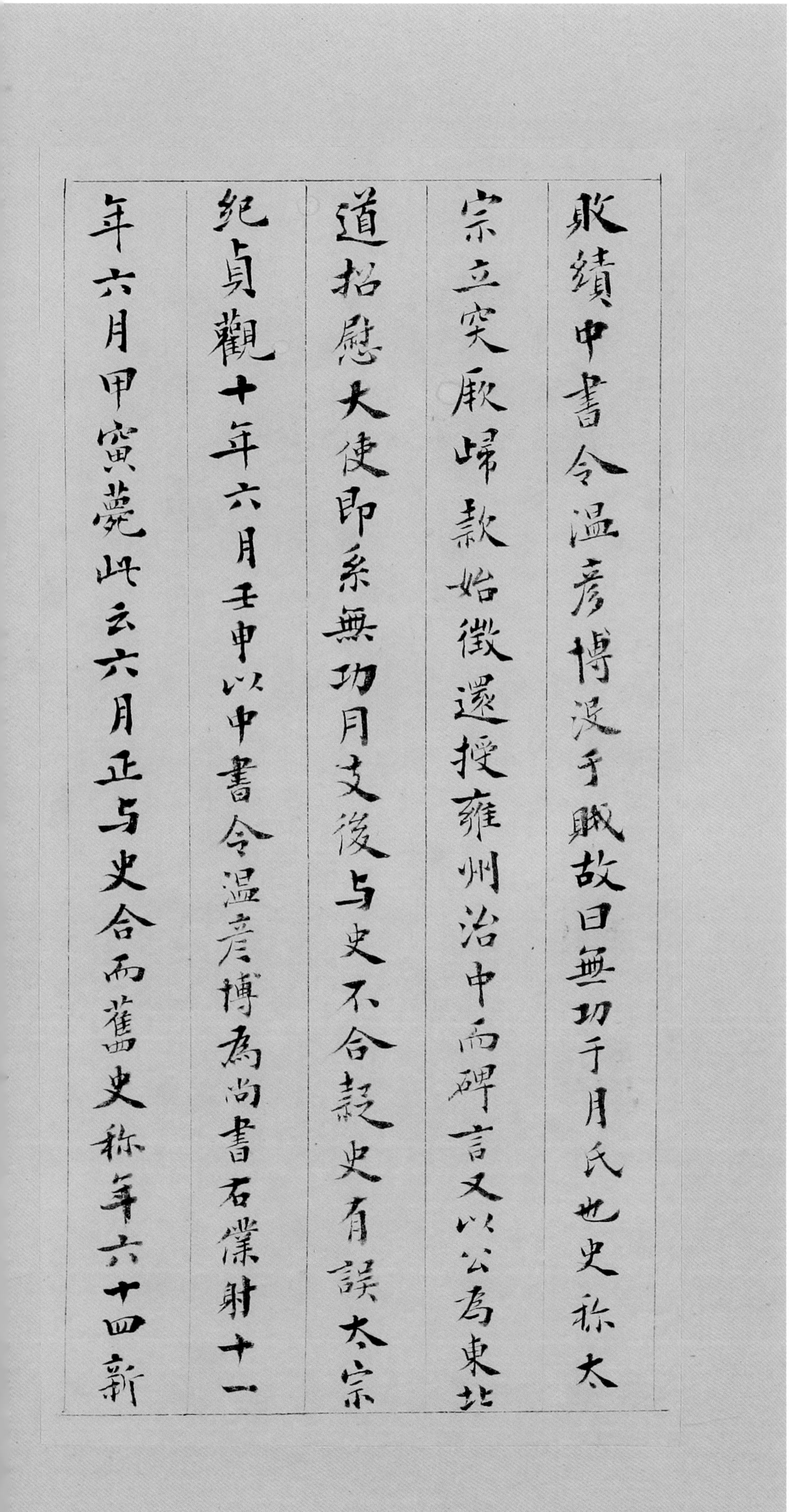
敗績中書令温彦博没于賊故曰無功于月氏也史称太
宗立突厥帰款始徵還授雍州治中而碑言又以公為東北
道招慰大使即系無功月支後与史不合疑史有誤太宗
紀貞觀十年六月壬申以中書令温彦博為尚書右僕射十一
年六月甲寅薨此云六月正与史合而舊史称年六十四新

敗績，中書令温彦博没于賊，故曰『無功于月氏』也。史稱太宗立，突厥歸款，始徵還授雍州治中，而碑言又以公爲『東北道招慰大使』，即系無功月支後，與史不合，疑史有誤。《太宗紀》貞觀十年六月壬申以中書令温彦博爲尚書右僕射，十一年六月甲寅薨，此云六月，正與史合，而《舊史》稱年六十四，《新

史》稱年六十三，惜碑文斷闕，無可考證。大段碑文所紀校史爲備，
而史既不詳，碑又斷闕，正不獨年數多寡爲參差無據也。公父《舊史》
作『君悠』，《新史》作『君攸』，兩史亦不相合，惜碑亦闕失無可考。
壬子天中節，琅邪王澍書。

鈐印：王澍印、恭壽

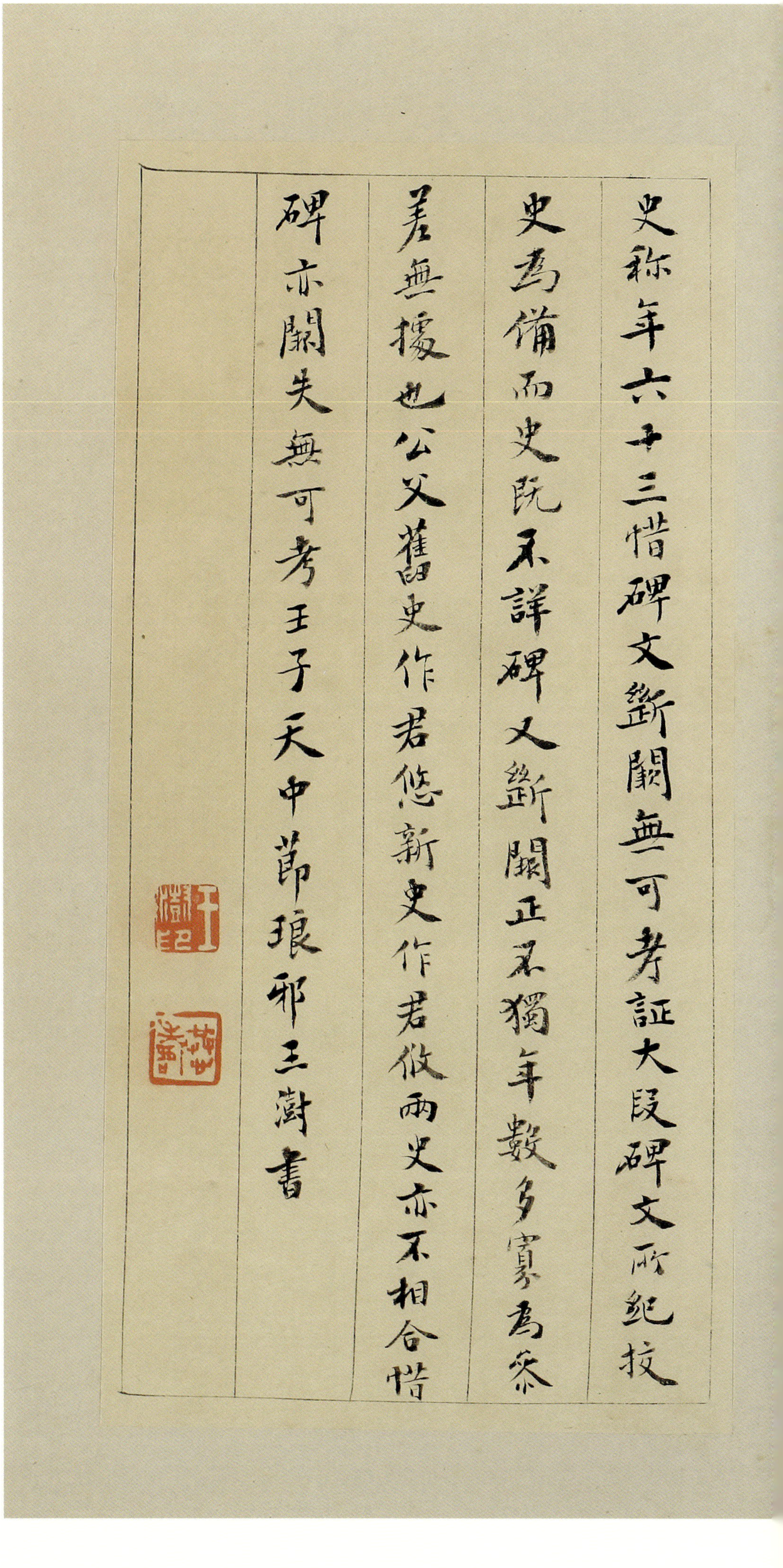
史称年六十三惜碑文斷闕無可考証大段碑文所紀校
史為備而史既不詳碑又斷闕正不獨年數多寡為參
差無據也公父舊史作君悠新史作君攸兩史亦不相合惜
碑亦闕失無可考壬子天中節琅邪王澍書

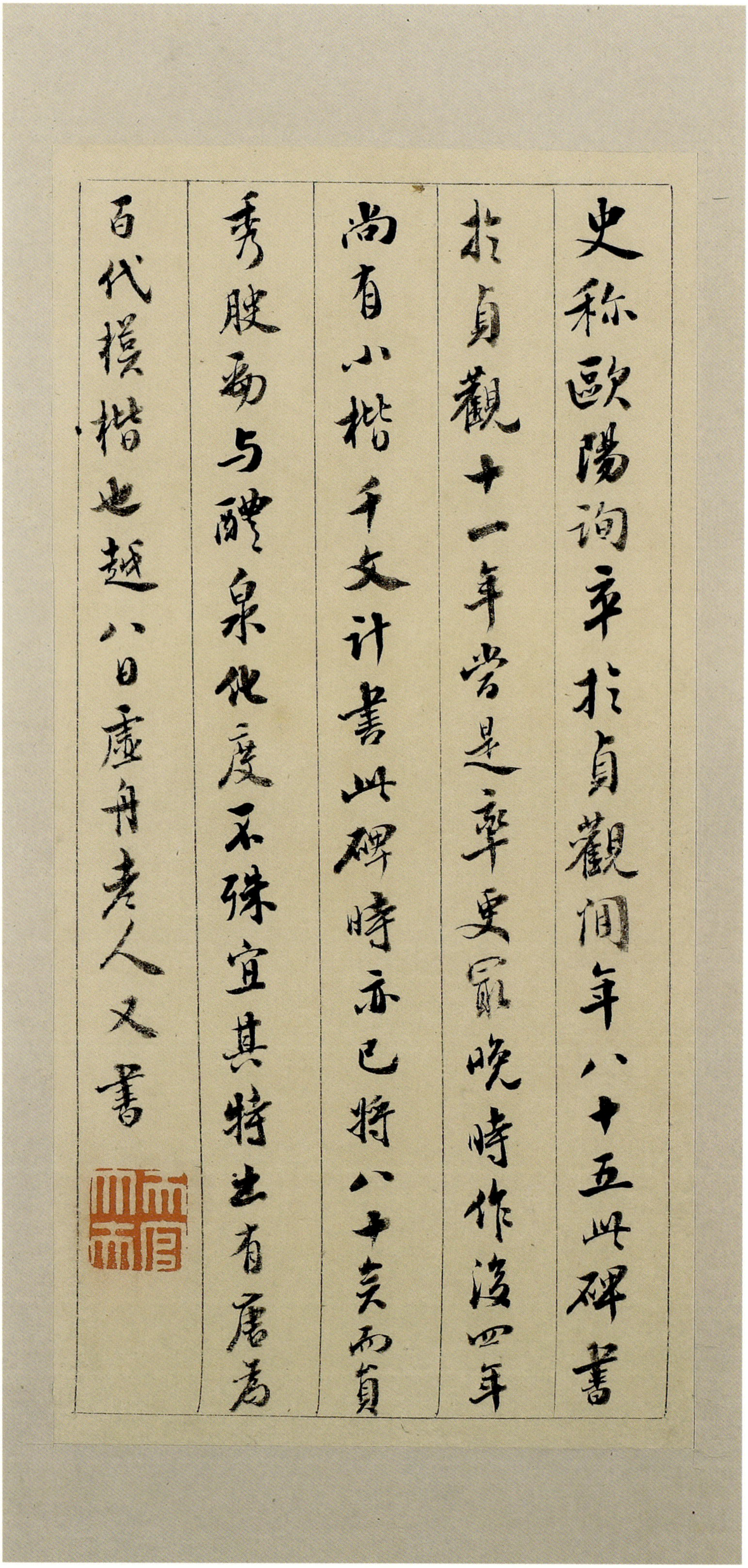

釋文：史稱歐陽詢卒於貞觀間，年八十五，此碑書於貞觀十一年，當是率更最晚時作，後四年尚有小楷《千文》，計書此碑時亦已將八十矣，而員秀腴勁與《醴泉》《化度》不殊，宜其特出有唐，爲百代模楷也。越八日，虚舟老人又書。

鈐印：天官大夫

題跋出處：温彦博碑（清内府本）　館藏號：18A350

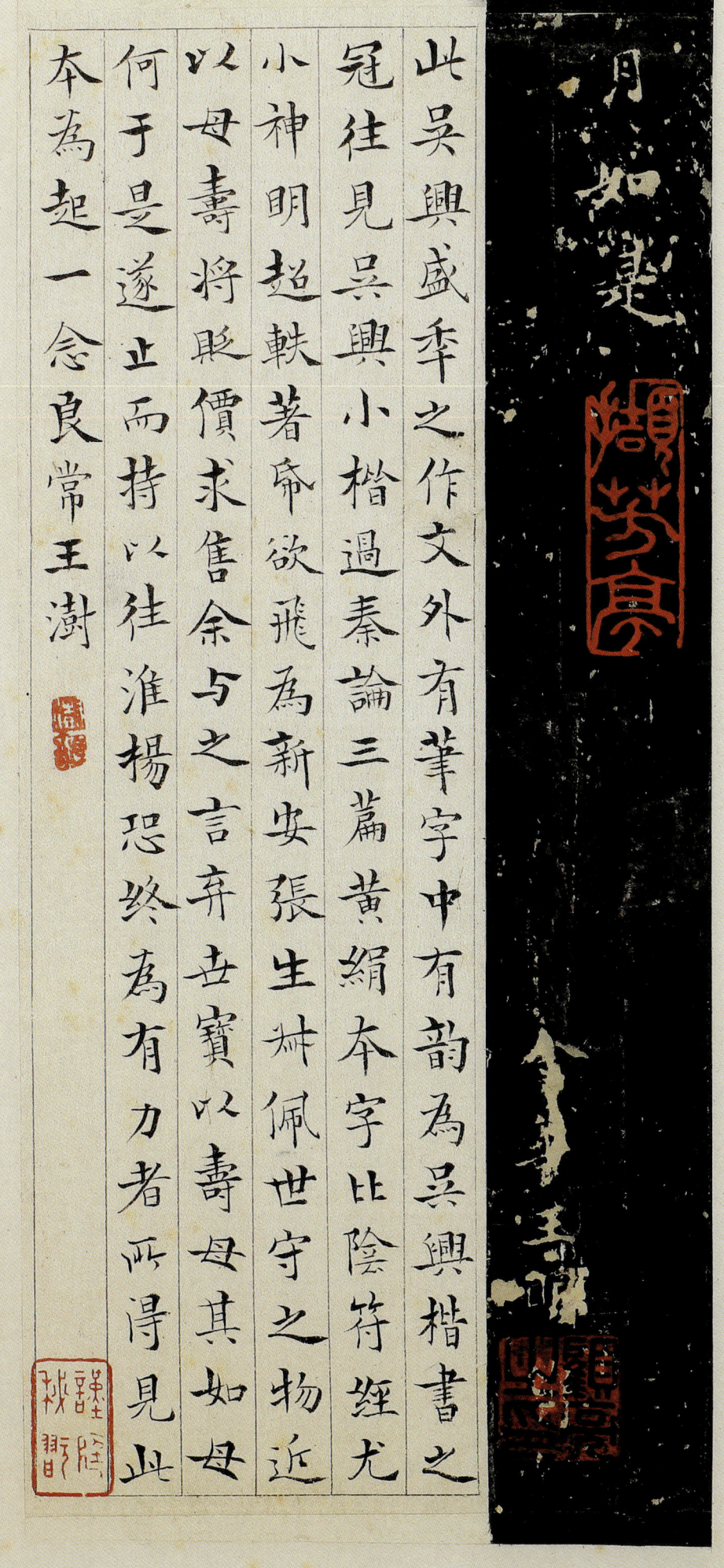

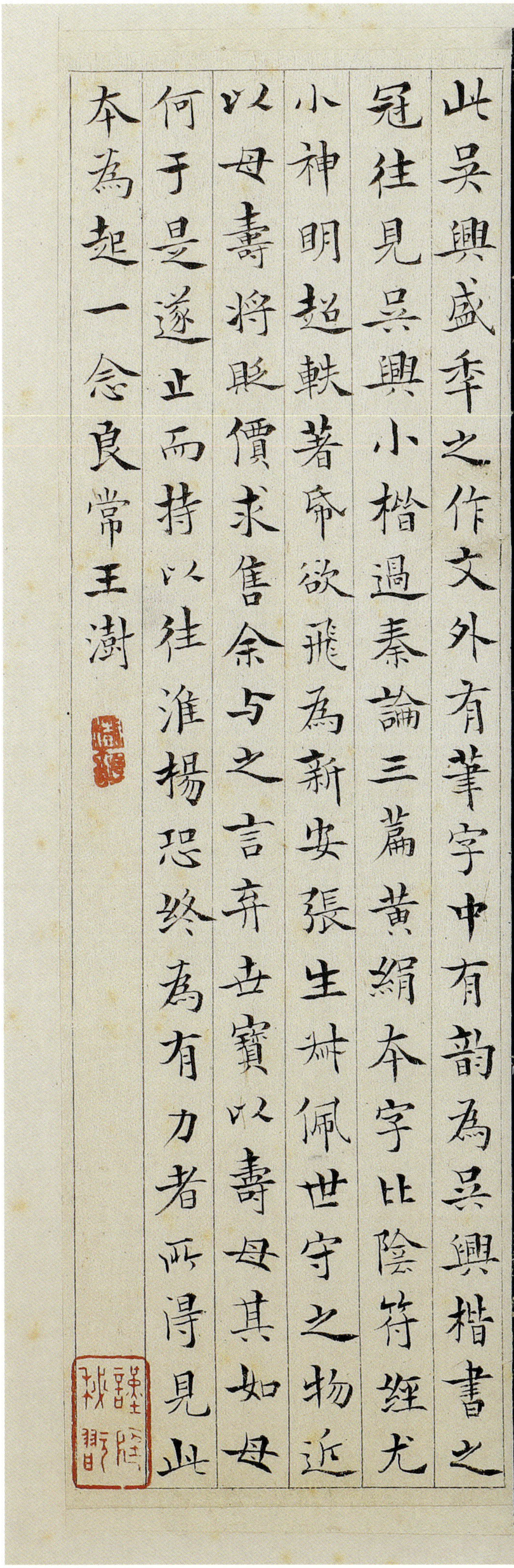

釋文：此吳興盛年之作，文外有筆，字中有韵，爲吳興楷書之冠。往見吳興小楷《過秦論》三篇黄絹本，字比《陰符經》尤小，神明超軼，著紙欲飛，爲新安張生叔佩世守之物，近以母壽將貶價求售，余與之言，棄世寶以壽母，其如母何？于是遂止，而持以往淮揚，恐終爲有力者所得。見此本爲起一念。良常王澍。

鈐印：澍、虛舟

題跋出處：鮮于光祖墓誌（陸恭藏本）

館藏號：18A356

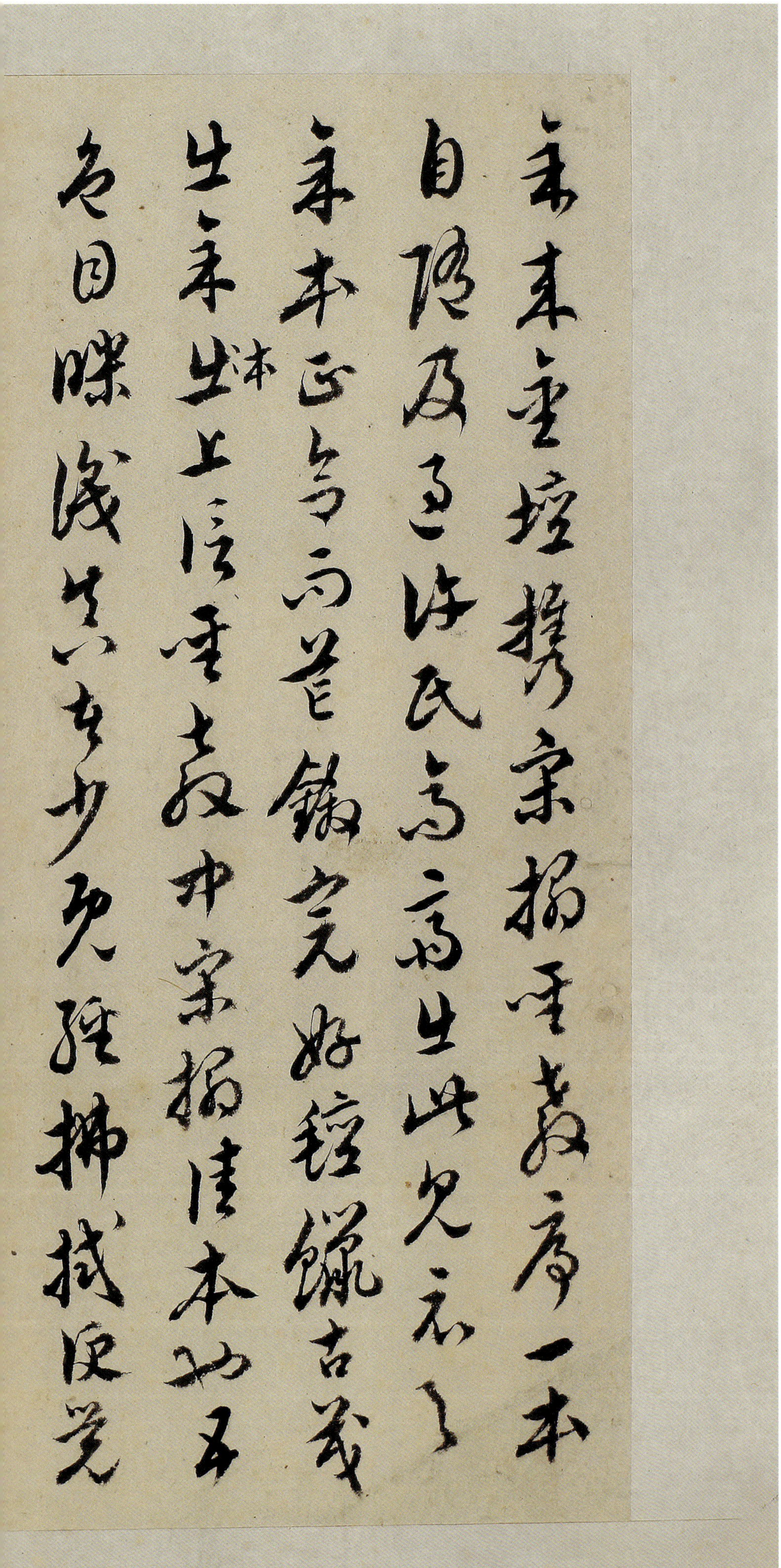

釋文：

余來金壇，攜宋拓《聖教序》一本自隨，及過許氏高齋，出此見示，與余本正合，而芒鎩完好，氈蠟古茂，出余本上，信《聖教》中宋拓佳本也。五色目眯，識真者少，既經拂拭，便覺

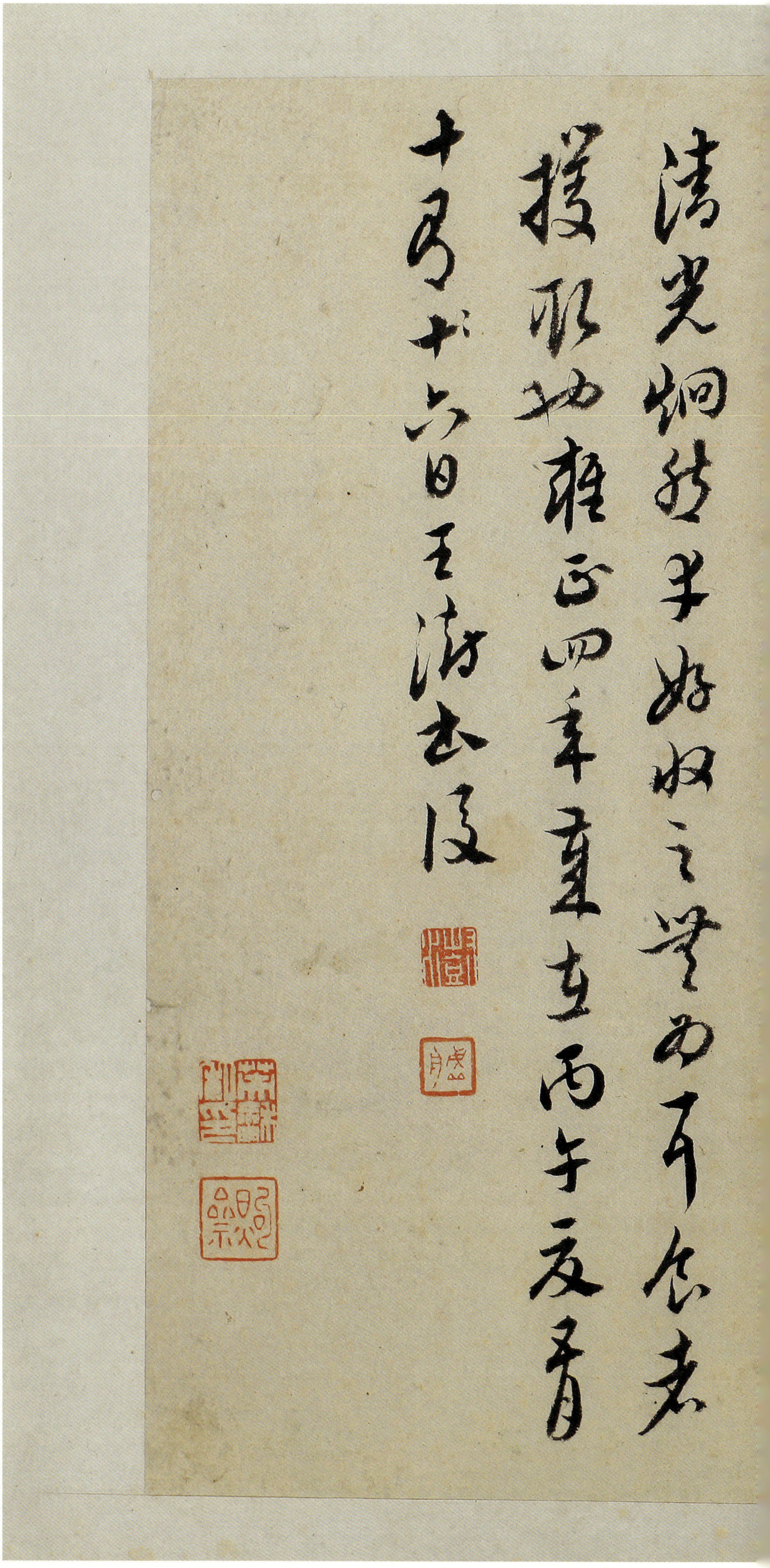

清光炯然，幸好收之，無爲耳食者攫取也。雍正四年歲在丙午夏五
月十有六日，王澍書後。

鈐印：澍、虛舟

題跋出處：集王羲之書聖教序（英和藏本）

館藏號：81A665

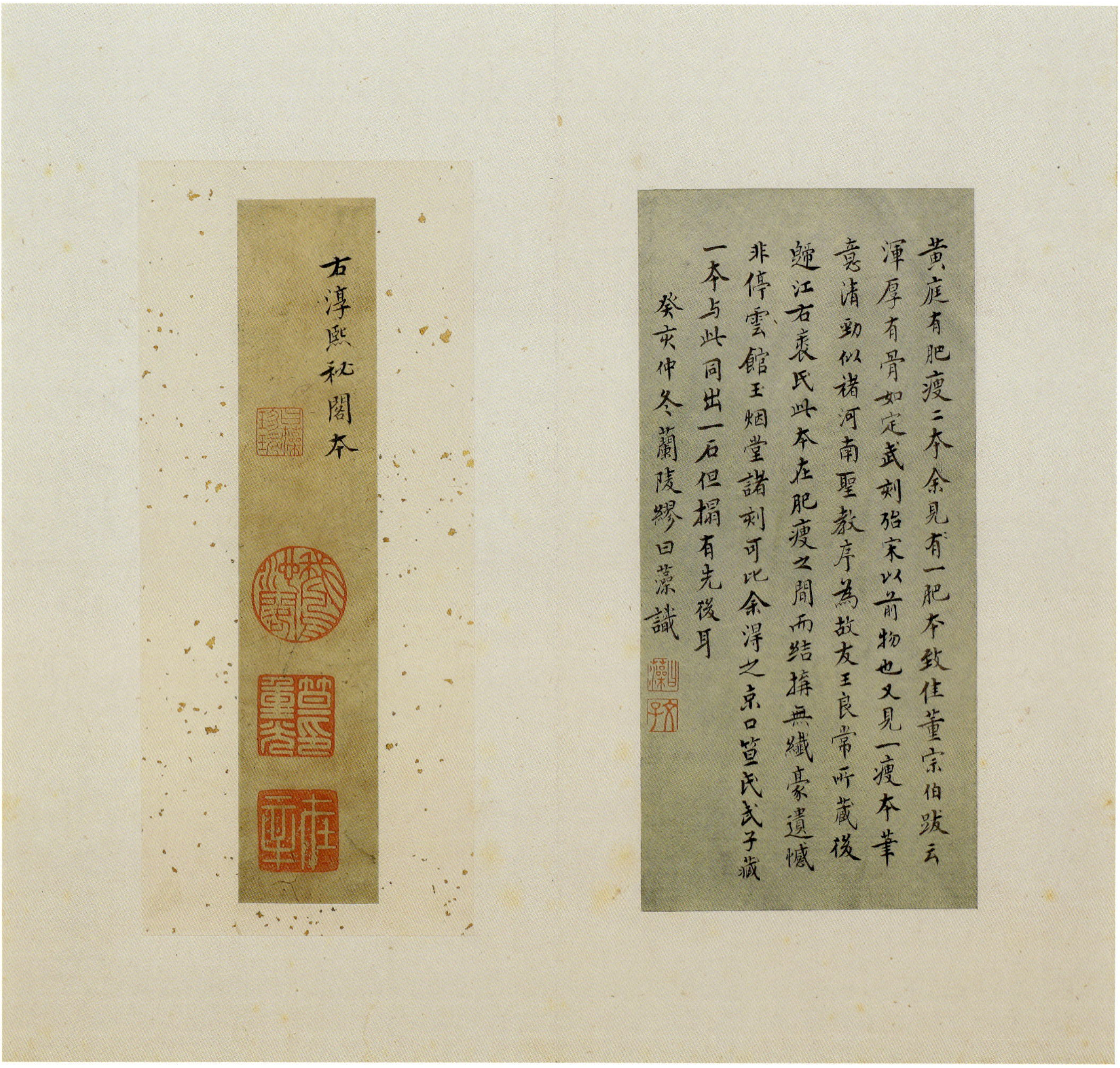

繆曰藻

年代：1682—1761

字號：字文子，號南有居士

籍貫：江蘇吴縣

釋文：《黄庭》有肥瘦二本，余見一肥本致佳。董宗伯跋云渾厚有骨，如定武刻，殆宋以前物也。又見一瘦本，筆意清勁，似褚河南《聖教序》，爲故友王良常所藏，後歸江右裘氏。此本在肥瘦之間，而結構無纖豪遺憾，非《停雲館》《玉煙堂》諸刻可比。余得之京口笪氏，武子藏一本與此同出一石，但拓有先後耳。癸亥仲冬，蘭陵繆曰藻識。

鈐印：曰藻、文子

題跋出處：黄庭經（笪重光藏本）

館藏號：19A369

黃庭有肥瘦二本余見有一肥本致佳董宗伯跋云渾厚有骨如定武刻殆宋以前物也又見一瘦本筆意清勁似褚河南聖教序為故友王良常所藏後歸江右袁氏此本在肥瘦之間而結搆無纖豪遺憾非停雲館玉烟堂諸刻可比余得之京口笪氏武子藏一本与此同出一石但搨有先後耳

癸亥仲冬蘭陵繆曰藻識

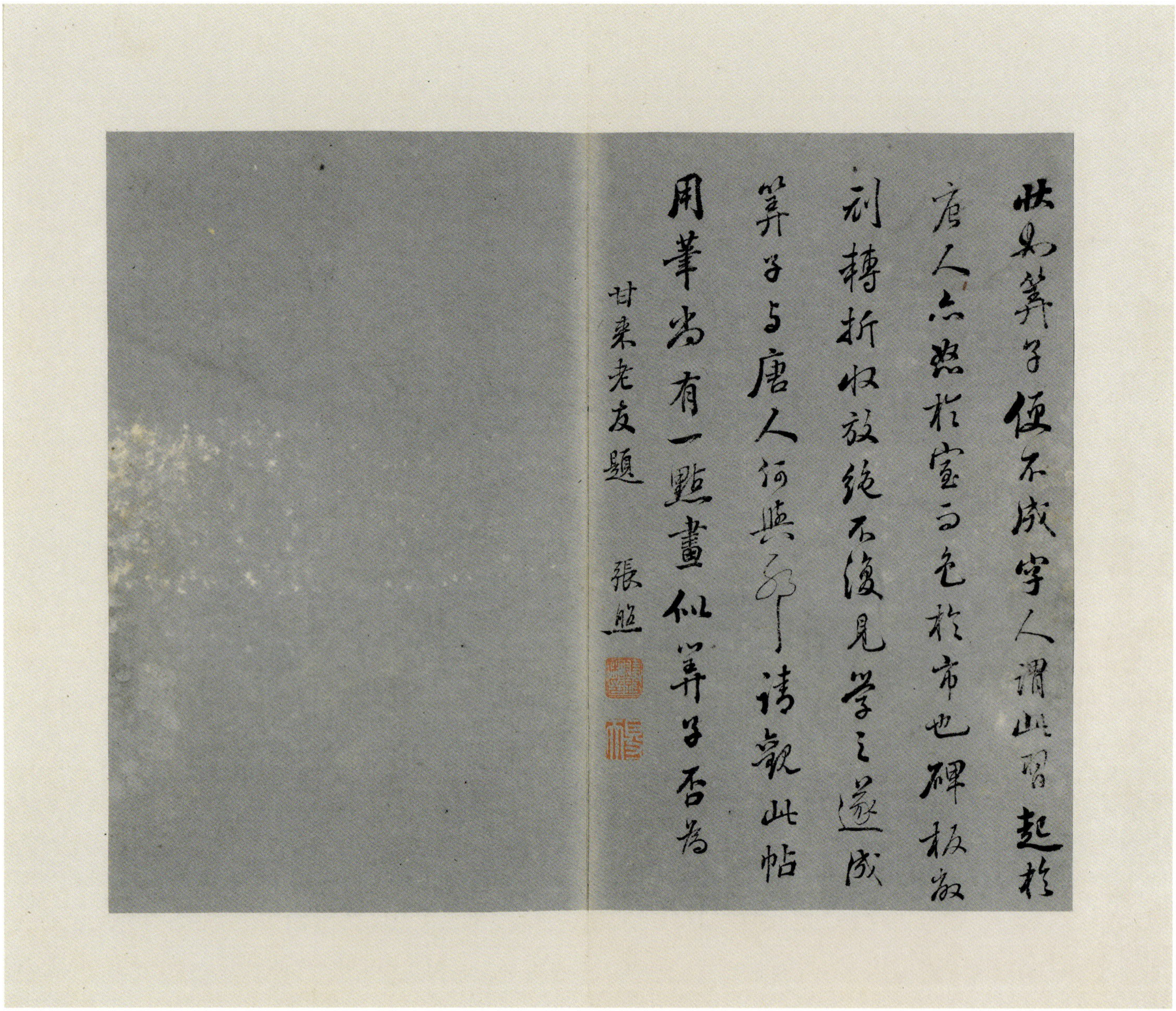

張照

年代：1691—1745

字號：字得天，號涇南、長卿、天瓶居士

籍貫：江蘇婁縣

釋文：狀如算子便不成字，人謂此習起於唐人，亦怒於室而色於市也。碑板敝刓，轉折收放絶不復見，學之遂成算子，與唐人何與邪。請觀此帖用筆，尚有一點畫似算子否？爲甘來老友題。張照。

鈐印：張照私印、得天

題跋出處：景龍觀鐘銘（趙烈文藏本）

館藏號：S3055

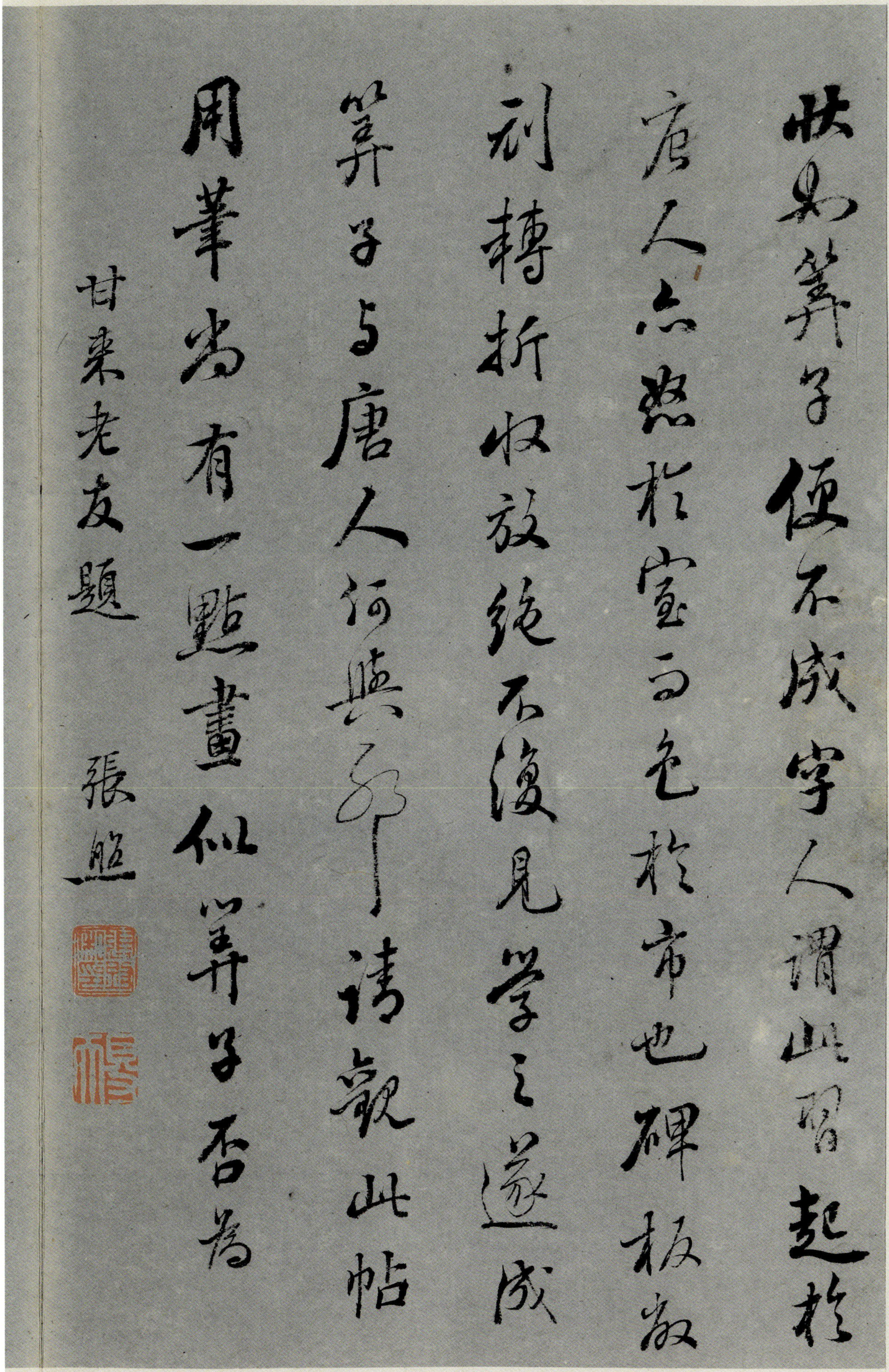
世如算子便不成字人謂此習起於
唐人亦然於宦而色於市也碑板叙
刻轉折收放絶不復見學之遂成
算子與唐人何與耶請觀此帖
用筆尚有一點畫似算子否爲
甘來老友題
張照

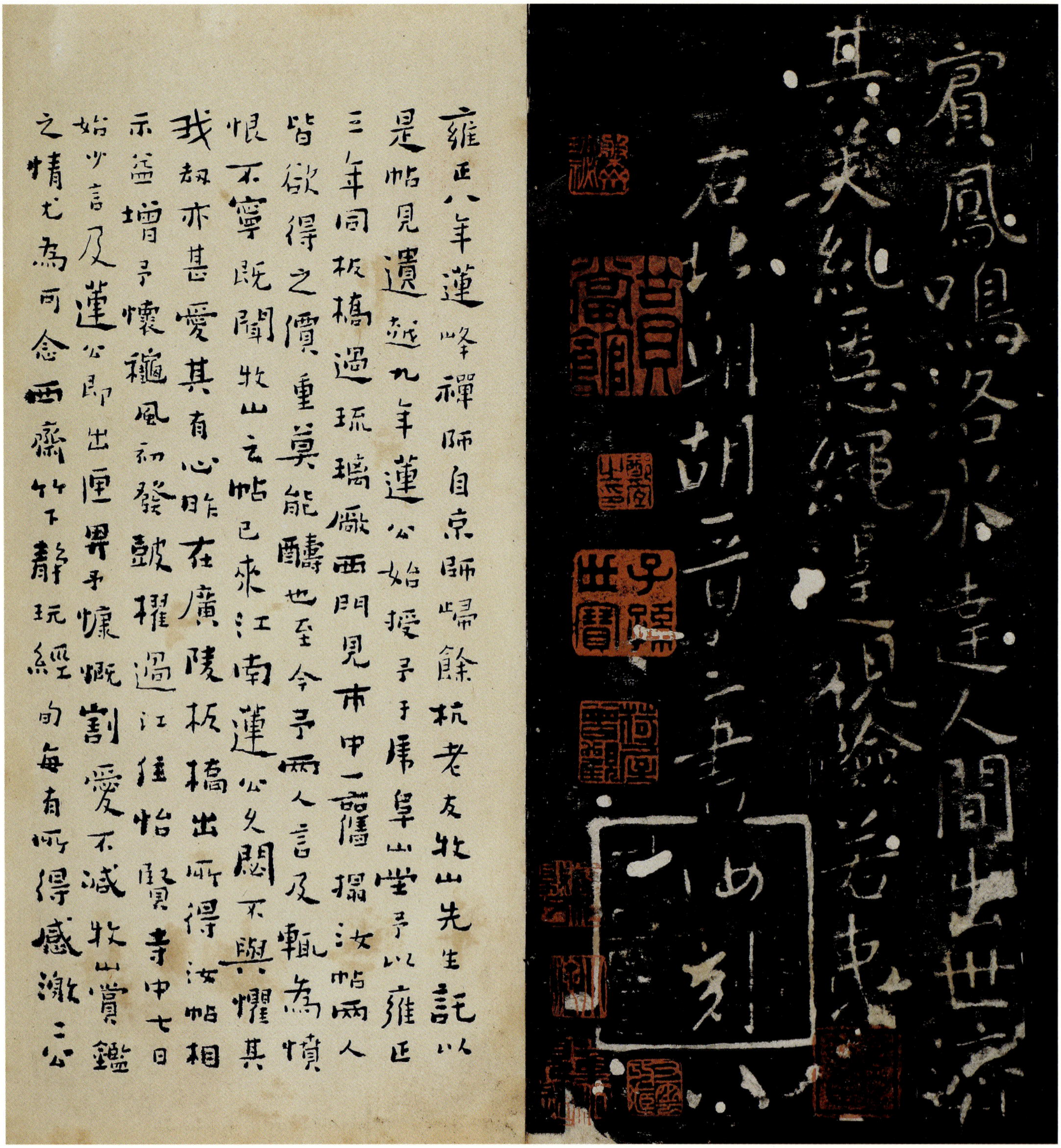

顧于觀

年代：1693—？

字號：字萬峰，號海陸、澥陸居士

籍貫：江蘇興化

釋文：雍正八年，蓮峰禪師自京師歸餘杭，老友牧山先生託以是帖見遺，越九年蓮公始授予于虎阜山堂。予以雍正三年同板橋過琉璃廠西門，見市中一舊拓《汝帖》，兩人皆欲得之，價重莫能讎也，至今予兩人言及，輒爲憤恨不寧。既聞牧山之帖已來江南，蓮公久閟不與，懼其我劫，亦甚愛其有心。昨在廣陵，板橋出所得《汝帖》相示，益增予懷。秋風初發，鼓櫂過江，住怡賢寺中七日，始少言及，蓮公即出匣畀予，慷慨割愛，不減牧山賞鑒之情，尤爲可念。西齋竹下靜玩經旬，每有所得，感激二公，雍正八年蓮峰禪師自京師歸餘杭老友牧山先生託以是帖見遺越九年蓮公始授予于阜山堂予以雍正三年同板橋過琉璃廠西門見市中一舊搨汝帖兩人皆欲得之價重莫能醻也至今予兩人言及輒為憤恨不寧既聞牧山之帖已來江南蓮公久閟不與懼其我叔亦甚愛其有心昨在廣陵板橋出所得汝帖相示益增予懷穐風初發皷櫂過江往怡賢寺中七日始少言及蓮公即出匣畀予慷慨割愛不減牧山賞鑑之情也為可念西齋竹下靜玩經旬每有所得感激二公

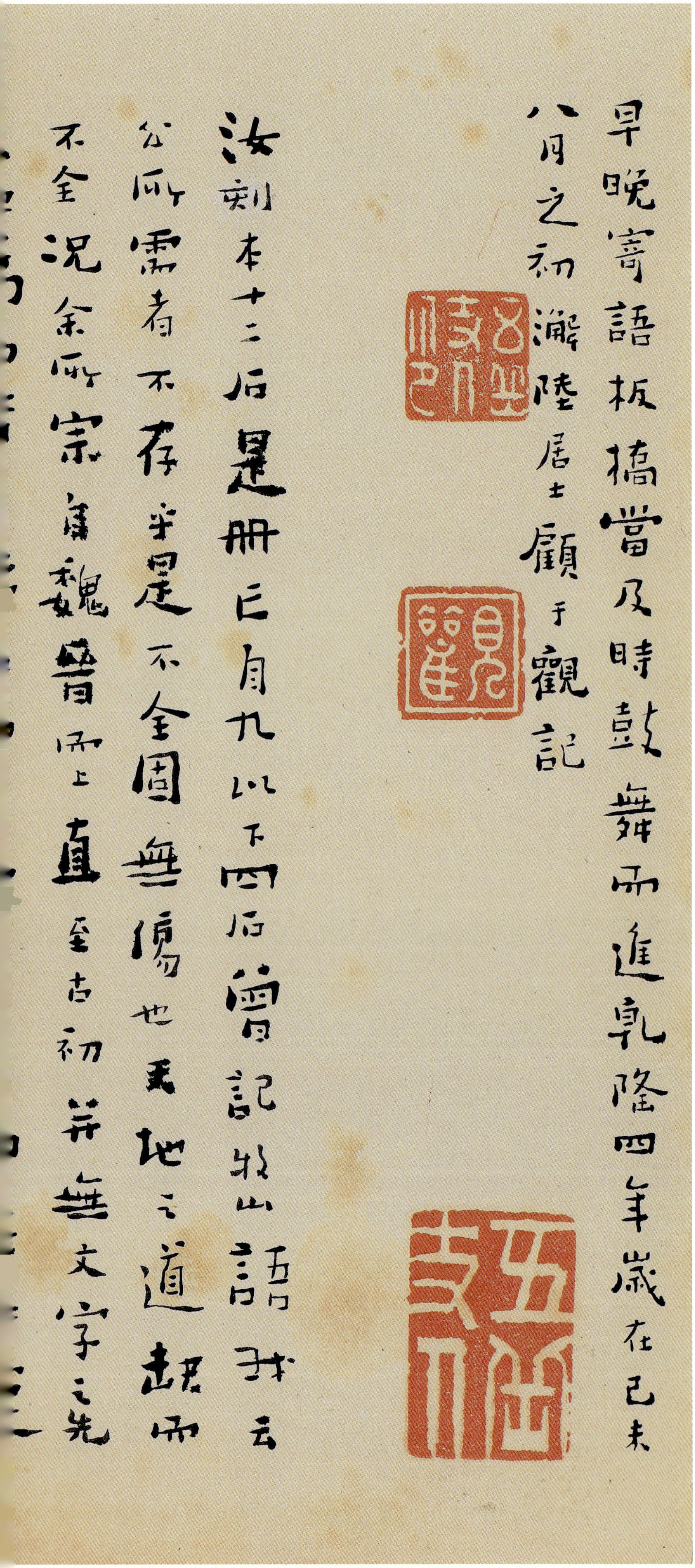

早晚寄語板橋，當及時鼓舞而進。乾隆四年歲在己未八月之初，瀨陸居士顧于觀記。

鈐印：五岳文人印、觀、五岳文人

釋文：汝刻本十二石，是册亡自九以下四石，曾記牧山語我云，公所需者不存乎是，不全固無傷也。天地之道，缺而不全，况余所宗，自魏晋而上直至古初，并無文字之先，天地萬物，皆吾法帖，即上下數千年中，高文奇行，運會風氣，境遇之變，及一切藝能之精誠，得其意而用之，安往非我師哉。近時以臨摹形似爲學古人，則唐宋以來漸有蹊徑，乃其鼻祖，萬一缺此，此帖雖棄之可哉。八月初四日又記。

鈐印：海陸

題跋出處：汝帖（李國松藏本）

館藏號：60（報）B2204

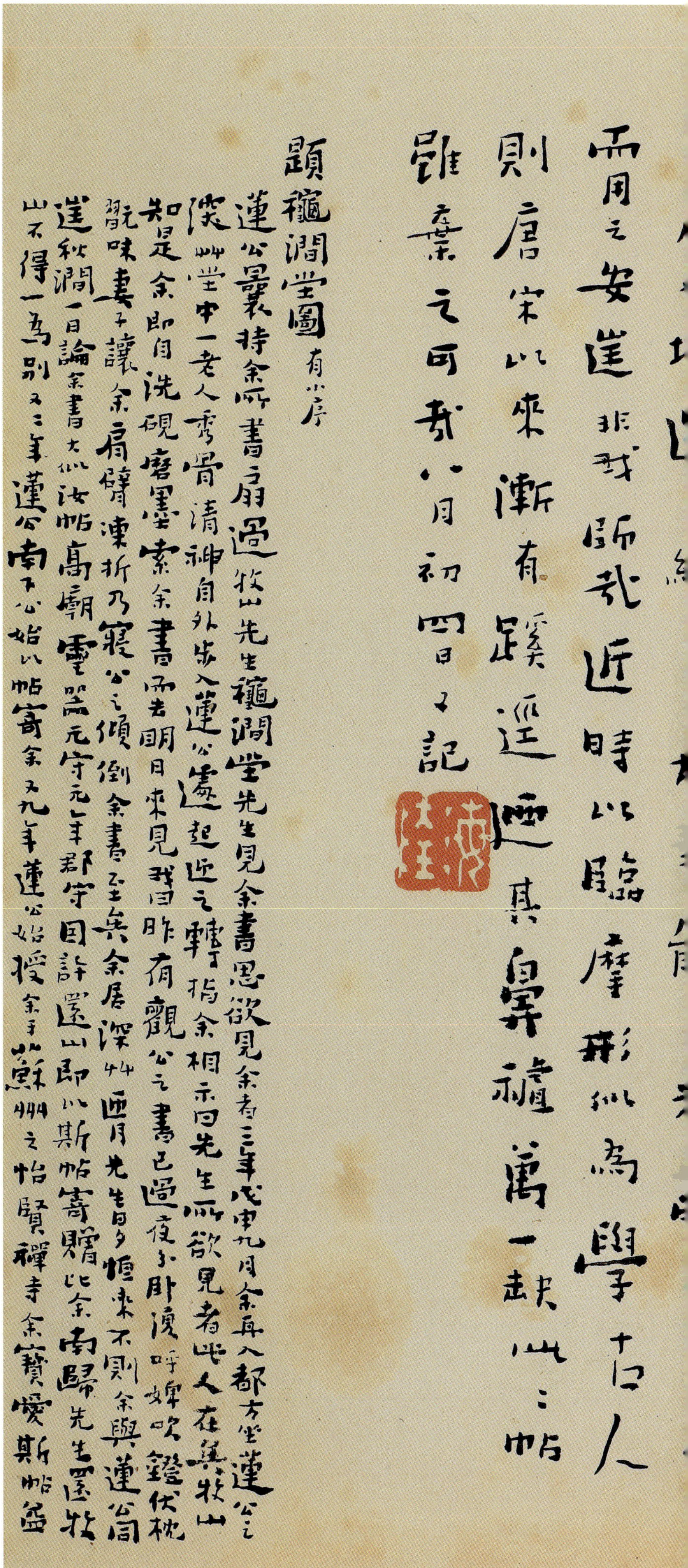

勵宗萬

年代：1705—1759

字號：字滋大，號衣園、竹溪

籍貫：河北静海

釋文：唐文皇時翰林侍書輩多學《聖教》，因目其書爲院體。黄長睿《東觀餘論》謂《書苑》載懷仁集右軍行書勒石累年方就，逸少真迹咸萃其中。今觀碑中字與右軍遺帖所有者纖微克肖，《書苑》之説信然。弇州山人亦云《聖教序》雖沙門懷仁所集書，然從高宗内

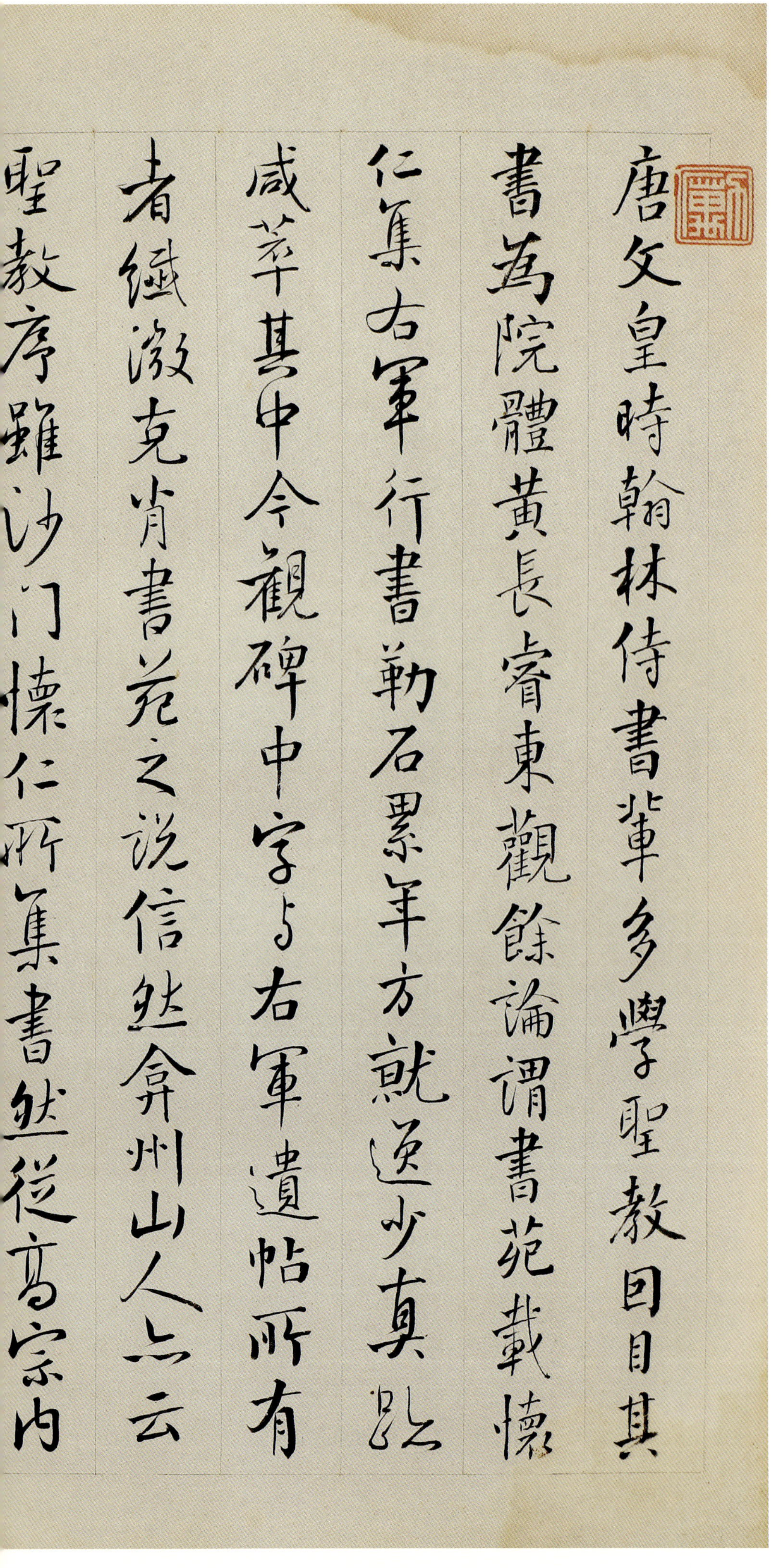

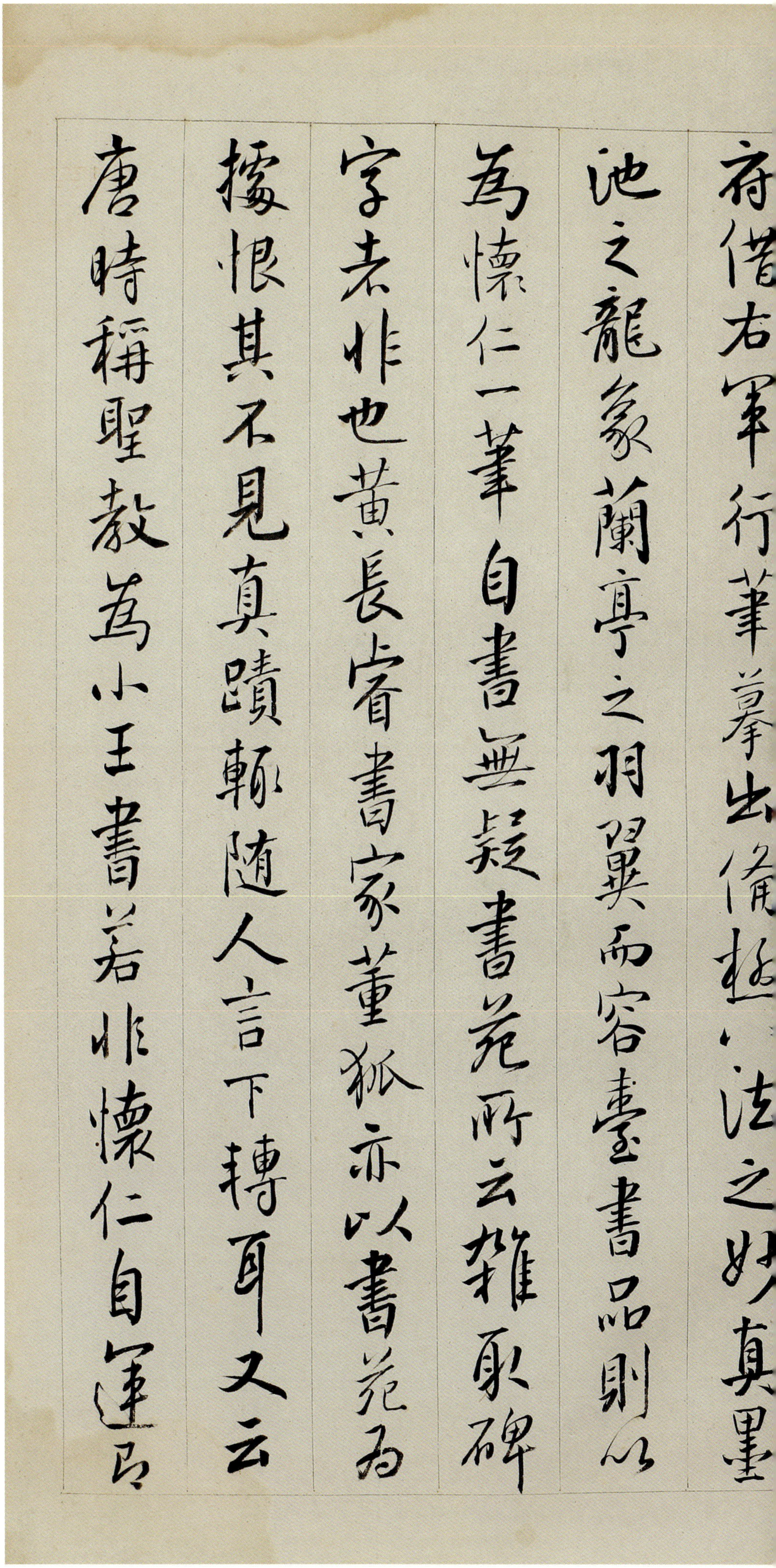
府借右軍行筆摹出備極八法之妙真墨
池之龍象蘭亭之羽翼而容臺書品則以
爲懷仁一筆自書無疑書苑所云雜取碑
字者非也黄長睿書家董狐亦以書苑爲
據恨其不見真蹟輒隨人言下轉耳又云
唐時稱聖教爲小王書若非懷仁自運即

府借右軍行筆摹出，備極八法之妙，真墨池之龍象，《蘭亭》之羽翼，而容臺《書品》則以爲懷仁一筆自書無疑，《書苑》所云雜取碑字者非也。黄長睿書家董狐，亦以《書苑》爲據，恨其不見真迹，輒隨人言下轉耳。又云唐時稱《聖教》爲小王書，若非懷仁自運，即

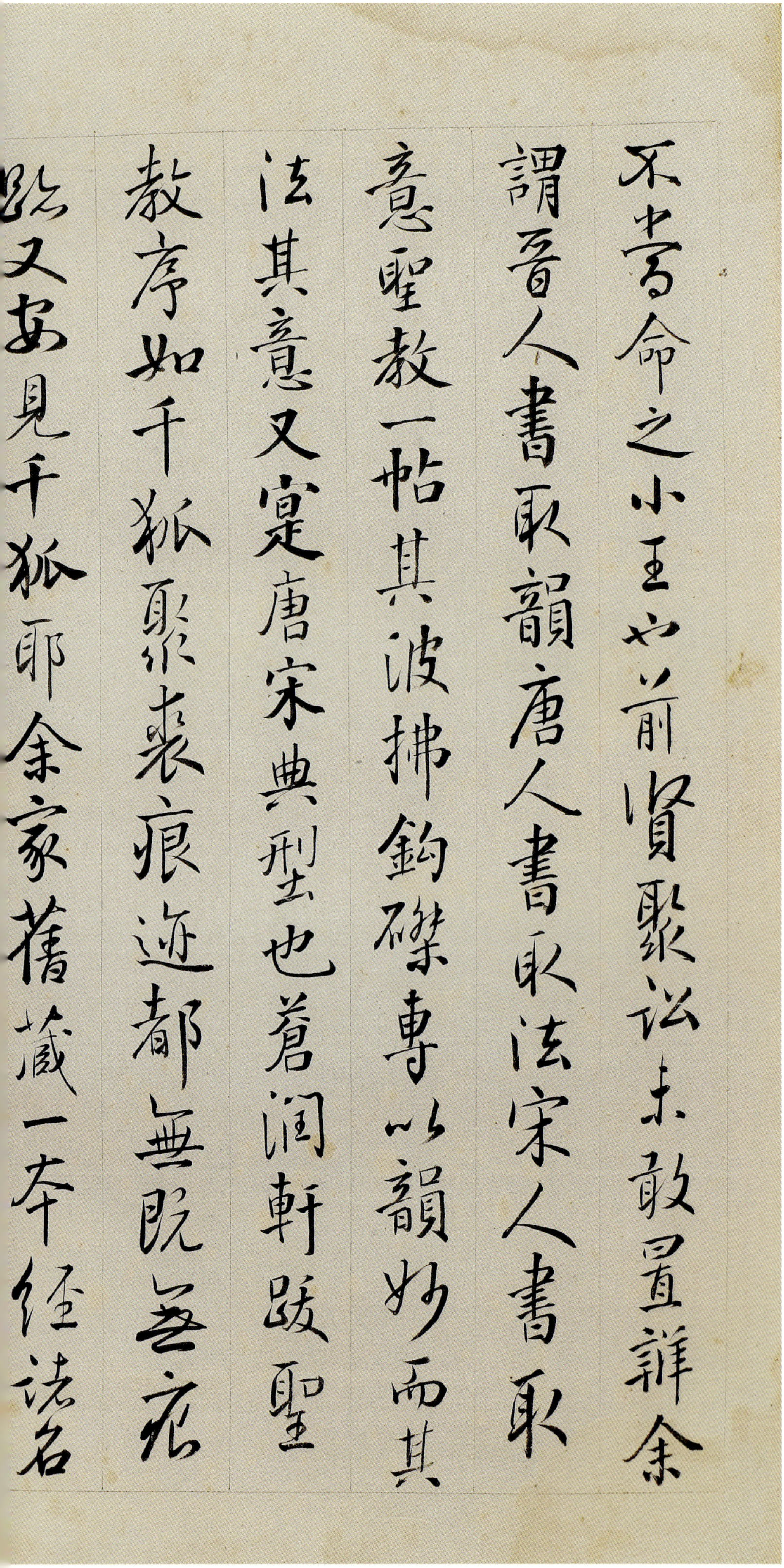
不當命之小王也前賢聚訟未敢置辯余
謂晋人書取韻唐人書取法宋人書取
意聖教一帖其波拂鈎磔專以韻妙而其
法其意又寔唐宋典型也蒼潤軒跋聖
教序如千狐聚裘痕迹都無既無痕
迹又安見千狐耶余家舊藏一本經諸名

不當命之小王也。前賢聚訟，未敢置辯。余謂晋人書取韵，唐人書取法，宋人書取意。《聖教》一帖，其波拂鈎磔，專以韵妙，而其法其意，又實唐宋典型也。《蒼潤軒跋》：《聖教序》如千狐聚裘，痕迹都無。既無痕迹，又安見千狐耶？余家舊藏一本，經諸名

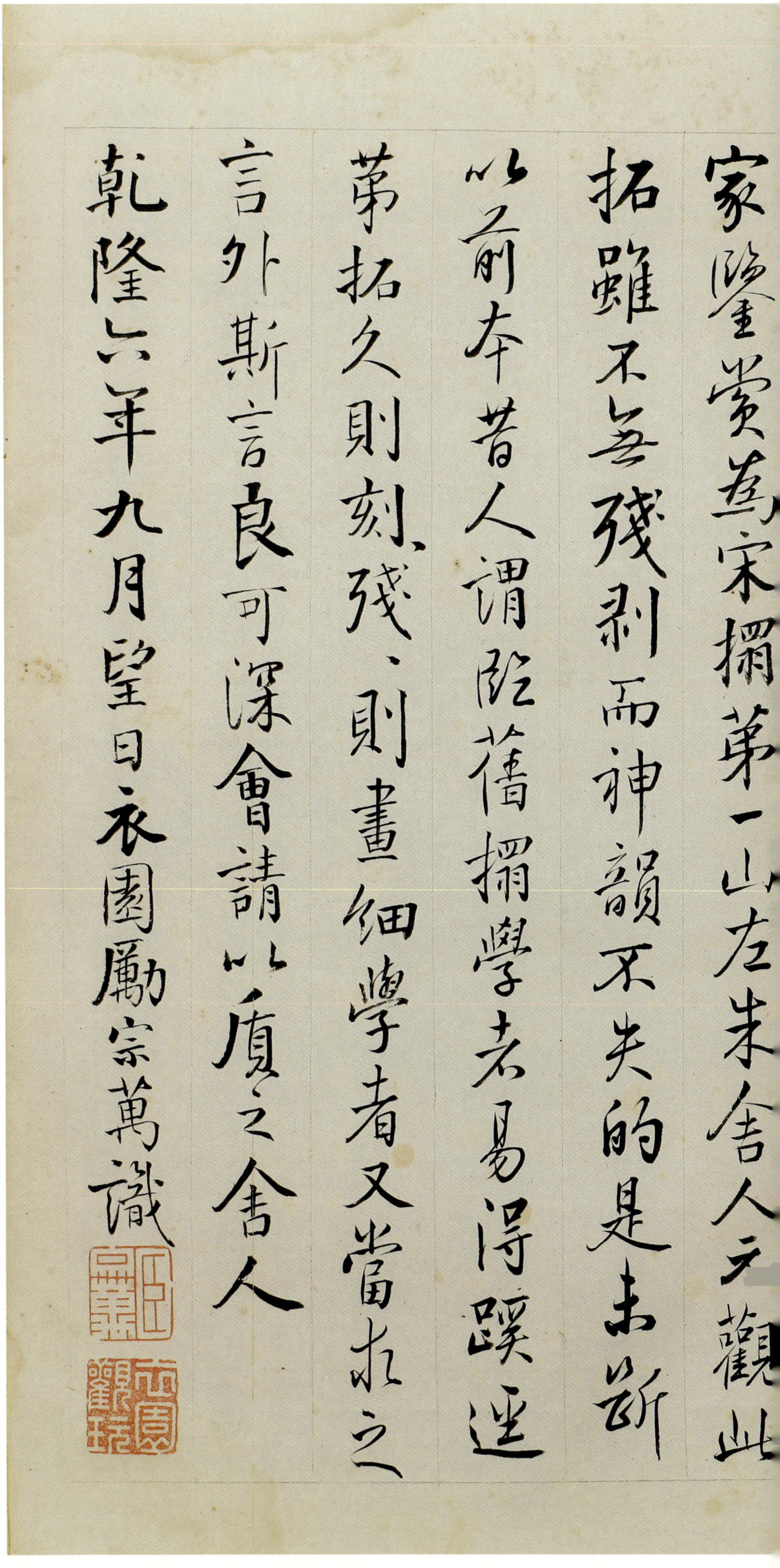
家鑑賞爲宋搨第一山左朱舍人示觀此
搨雖不無殘剥而神韻不失的是未斷
以前本昔人謂臨舊搨學者易得蹊逕
第搨久則刻殘則畫細學者又當求之
言外斯言良可深會請以質之舍人
乾隆六年九月望日衣園勵宗萬識

家鑒賞爲宋拓第一。山左朱舍人示觀此拓，雖不無殘剥，而神韵不失，的是未斷以前本。昔人謂臨舊拓學者易得蹊徑，第拓久則刻殘，刻殘則畫細。學者又當求之言外，斯言良可深會。請以質之舍人。

乾隆六年九月望日，衣園勵宗萬識。

鈐印：臣宗萬、衣園觀玩、勵

題跋出處：集王羲之書聖教序（蔣祖詒藏本）

館藏號：76B1737

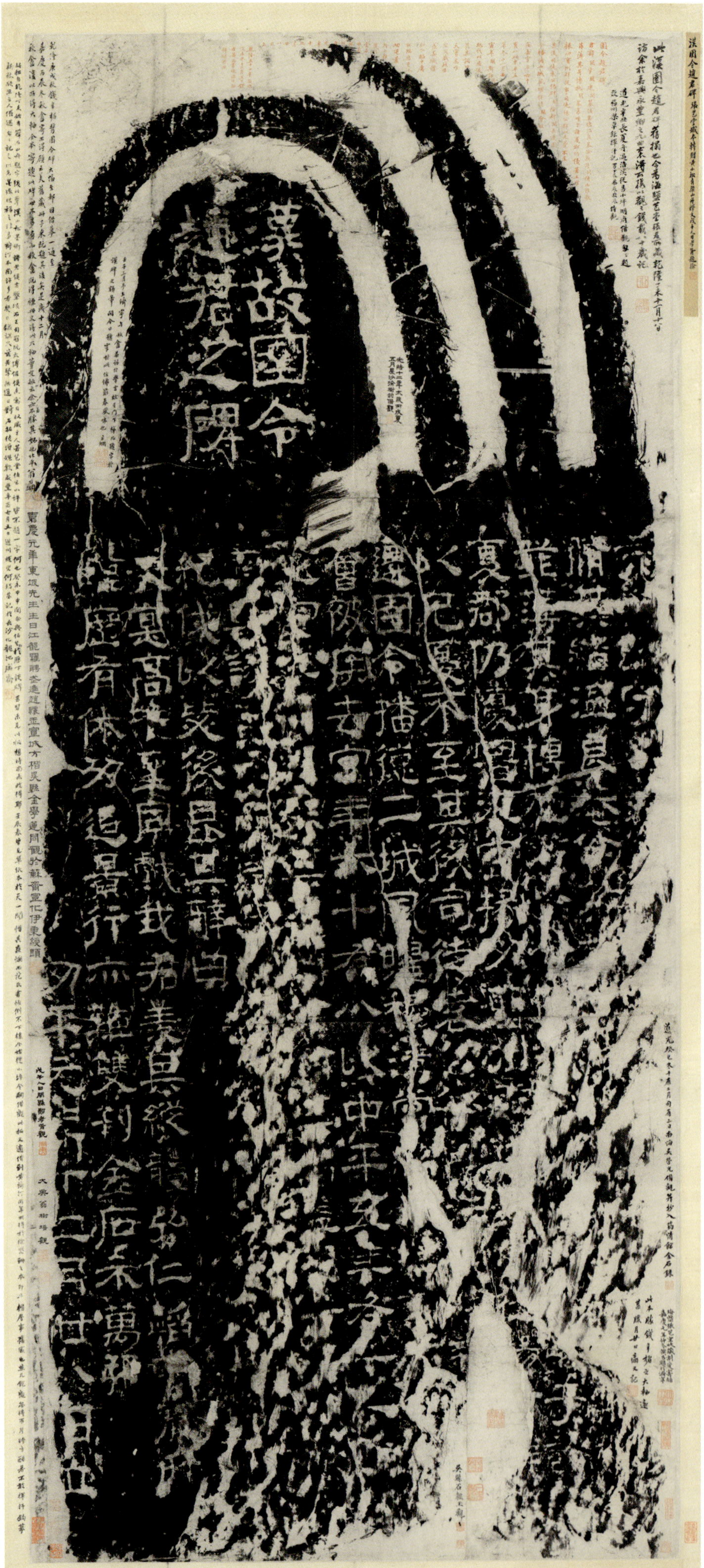

錢載

年代：1708—1793

字號：字坤一，號蘀石、匏尊、萬松居士、百福老人、萬蒼翁

籍貫：浙江秀水

釋文：此漢圉令趙君碑舊拓也，今爲海鹽芑堂張君所藏。乾隆丁未十一月十八日訪余於嘉興永豐鄉之九曲裏，得所携以觀之，錢載八十歲記。

鈐印：錢載、萬松居士

題跋出處：漢圉令趙君碑（張燕昌藏本）

館藏號：88B2681

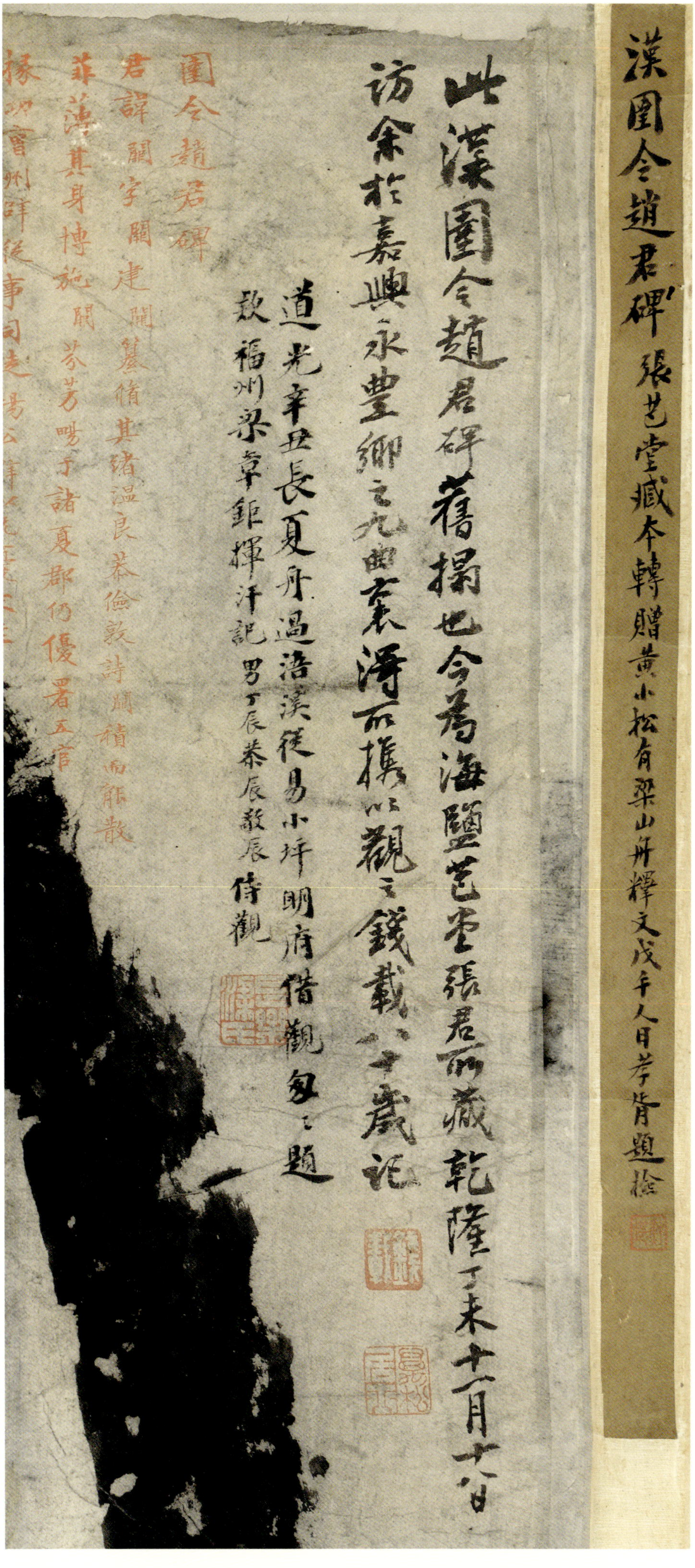
漢圉令趙君碑
張芑堂藏本轉贈黃小松有梁山舟釋文戊午人日苦肯題檢
此漢圉令趙君碑舊搨也今為海鹽芑堂張君所藏乾隆丁未十一月十六日
訪余於嘉興永豐鄉之九曲裏濟所携以觀之錢載八十歲記
道光辛丑長夏舟過浯溪從易小坪明府借觀匆匆題
款福州梁章鉅撰并記男丁辰恭辰敬辰侍觀

張若靄

年代：1713—1746

字號：字景采，號晴嵐、文僖、萬泉、鍊雪道人

籍貫：安徽桐城

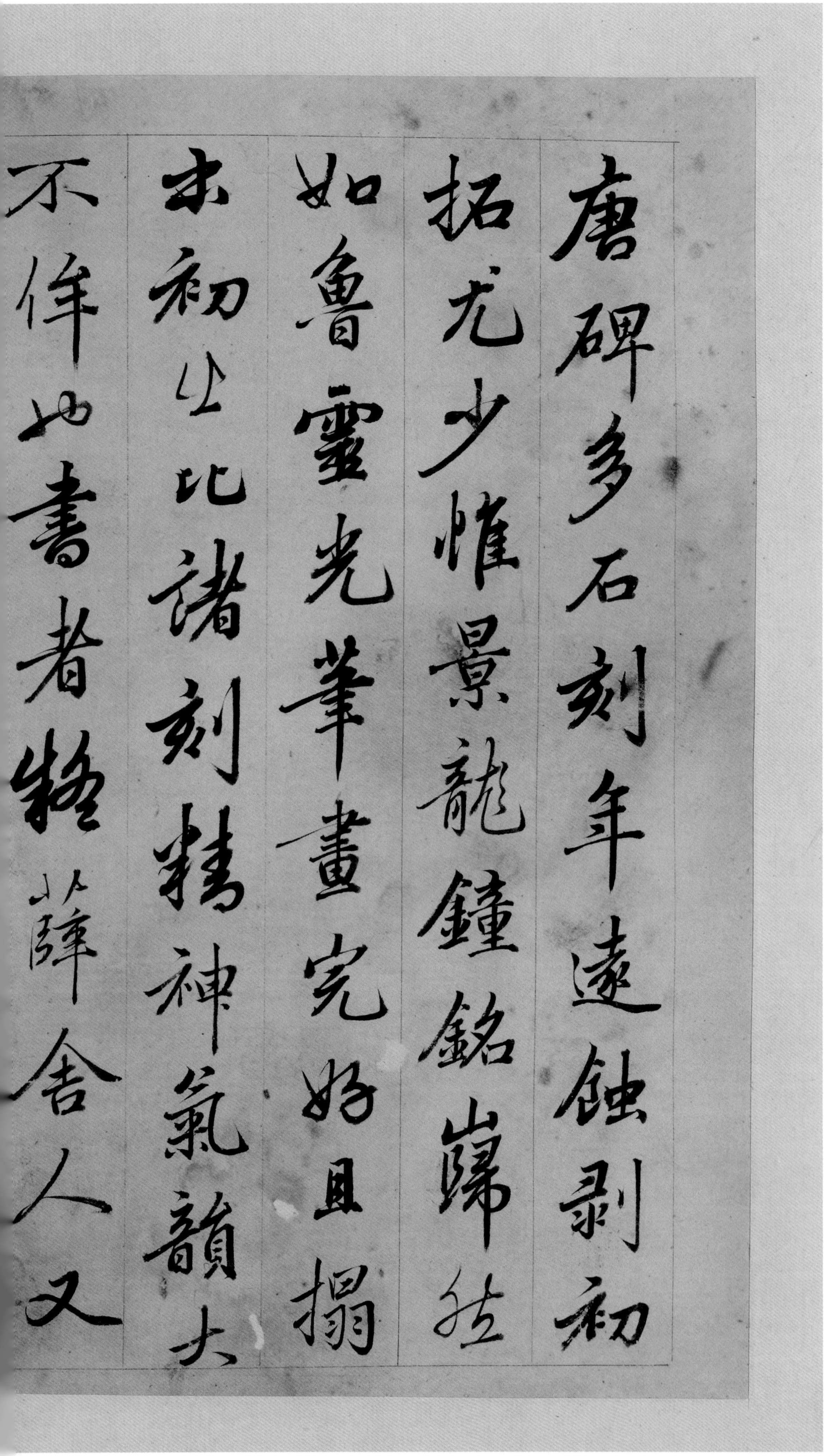

釋文：唐碑多石刻年遠蝕剥，初拓尤少。惟《景龍鐘銘》巋然如魯靈光，筆畫完好，且拓本初出，比諸刻精神氣韵大不侔也。書者疑薛舍人，又

云睿宗，要當爲一代法物耳。是日南齋散直，日滿冬窗，剥啄無聲，香泥正熟，迴環流覽，古味可嚥，遂書數語歸之。戊午冬月，若靄記。

鈐印：晴嵐、若靄

題跋出處：景龍觀鐘銘（趙烈文藏本）

館藏號：S3055

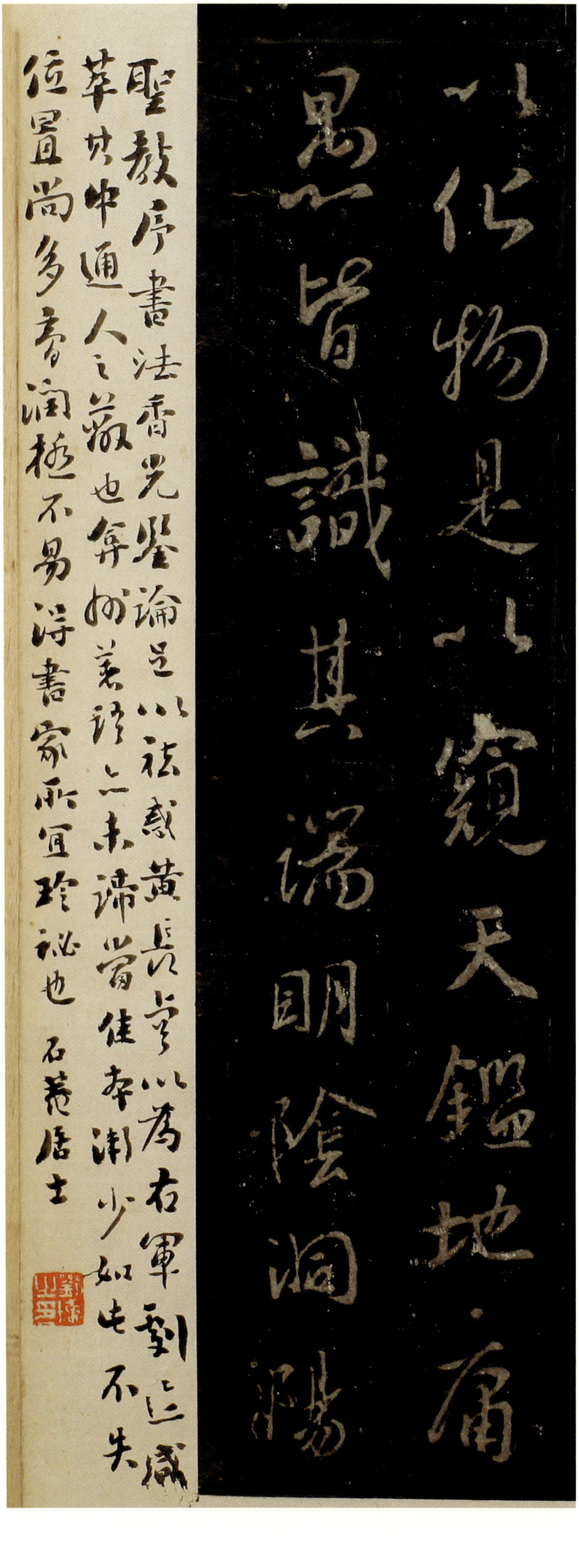

劉墉

年代：1719—1804

字號：字崇如，號石庵、青原、香岩、勗齋、穆庵、溟華、日觀峰道人

籍貫：山東諸城

釋文：《聖教序》書法，香光鑒論，足以祛惑。黄長睿以爲右軍劇迹咸萃其中，通人之蔽也。弇州著語亦未諦當。佳本漸少，如此不失位置，尚多膏潤，極不易得，書家所宜珍秘也。石庵居士。

鈐印：劉墉之印

題跋出處：集王羲之書聖教序（英和藏本）

館藏號：81A665

梁同書

年代：1723—1815

字號：字元穎，號山舟、不翁、石翁、新吾長翁

籍貫：浙江錢塘

釋文：圉令趙君碑。君諱（闕）字（闕）建（闕）纂修其緒，温良恭儉，敦詩（闕）積而能散。菲薄其身，博施（闕）芬芳暘于諸夏，郡仍優署五官掾功曹，州辟從事，司徒楊公辟，以兄憂不至。其後司徒袁公仍辟（闕）除新（闕）長，遷圉令，播德二城，風曜穆清，（闕）會被疾去官，年六十有八，以中平五年冬十一月壬寅卒，（闕）斯詠（闕）紀伐以毖後昆。其詞曰：天實高，唯聖同。戲我君，羡其縱。體弘仁，蹈中庸。所臨歷，有休功。追景行，亦難雙。刊金石，示萬邦。初平元年十二月廿八日立。乾隆五十二年歲次丁未冬十二月五日錢唐梁同書依洪适《隸釋》録於右。

題跋出處：漢圉令趙君碑（張燕昌藏本）

館藏號：88B2681

圍令趙君碑
君諱闕字闕建闕纂脩其緒温良恭儉敦詩闕積而能散
菲薄其身博施闕芬芳暢于諸夏鄉仍優署五官
掾功曹州辟從事司徒楊公辟以充憂不至
其後司徒袁公仍辟闕除新闕長還國
令播德二城風曜禔靖闕會被
疾去官年六十
有八以中平五
年冬十一月壬
寅卒闕斯誄闕
紀伐以悲後
昆其詞曰
天實高唯
聖同戚我君
義其縱體

乾隆五十二年歲次丁未冬十二月五日錢唐梁同書依洪适隸釋錄於右

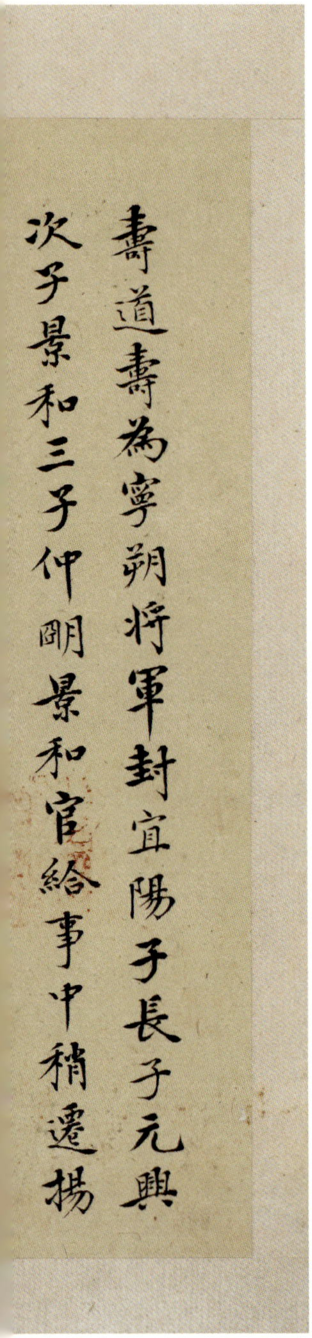

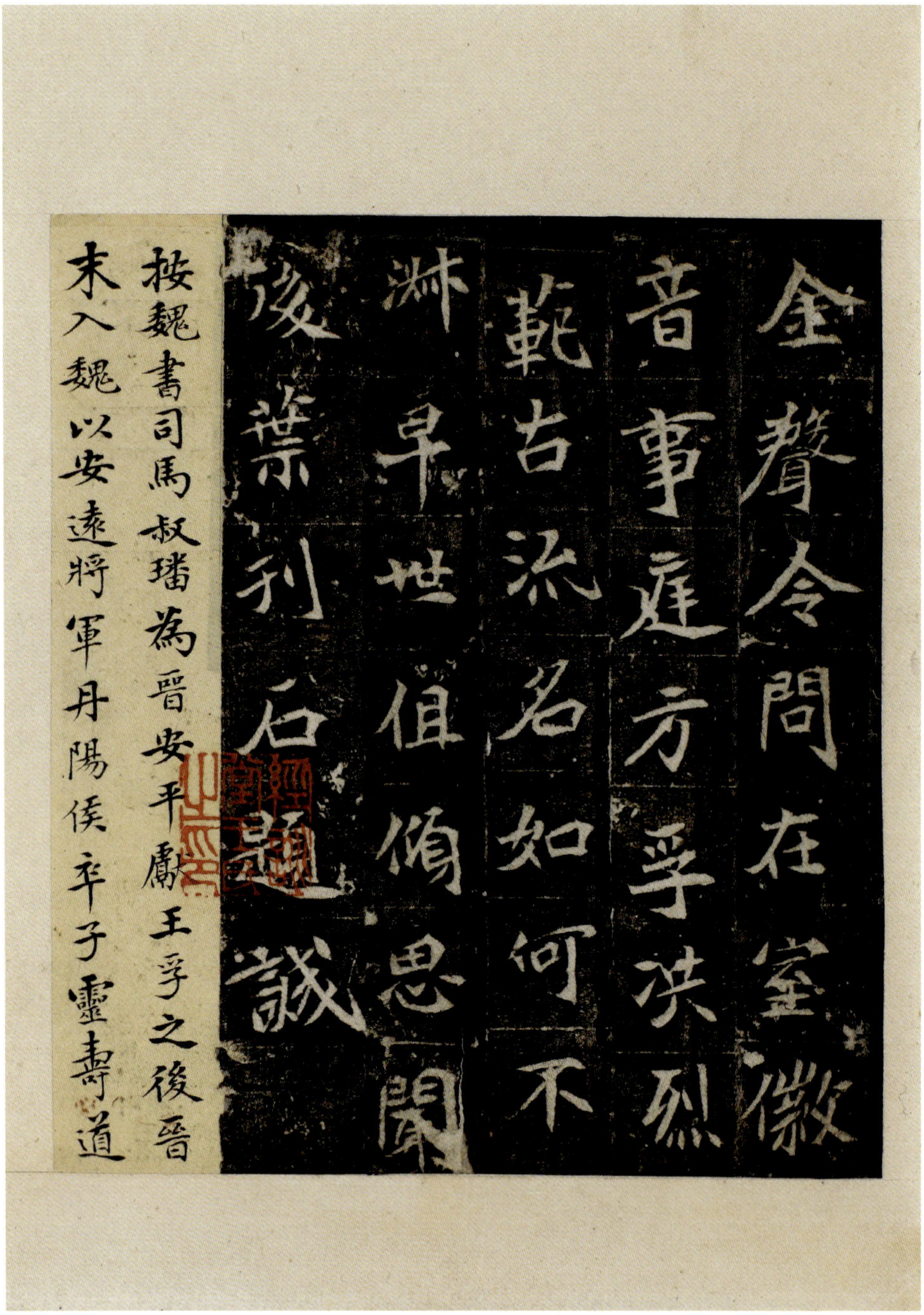

王昶

年代：1724—1806

字號：字德甫，號蘭泉、述庵、琴德、琴田

籍貫：上海青浦

釋文：按：《魏書》司馬叔璠爲晋安平獻王孚之後，晋末入魏，以安遠將軍丹陽侯卒，子靈壽、道壽。道壽爲寧朔將軍，封宜陽子，長子元興，次子景和，三子仲明。景和官給事中，稍遷揚州驃騎府長史清河内史，正光元年卒，贈左將軍平州刺史，與誌皆合。然《書》稱元興襲父爵，今景和亦稱宜陽子，豈元興先殁無子，而景和以弟襲之歟？魏孝明延昌二年爲梁天監十二年，時梁魏搆兵於淮南諸郡，而壽春扼其衝，且是年五月壽陽大水，城不没者三版，干戈傲擾之際，乃能從容歸葬，又作銘以示後人，夫人不可謂非幸也，然是時距正光元年不及十年，而景和亦已殁矣，《北史》既不載景和，《魏書》亦不載景和之子，此誌雖有五男三女之文，名皆不著，頗恨其過簡。然字畫古質可喜，往往有隸意，尤多别體，爲魏晋南北朝所罕見者。第自來金石書皆不著録，不審其石何在也。沈子景熊以拓本見示，完

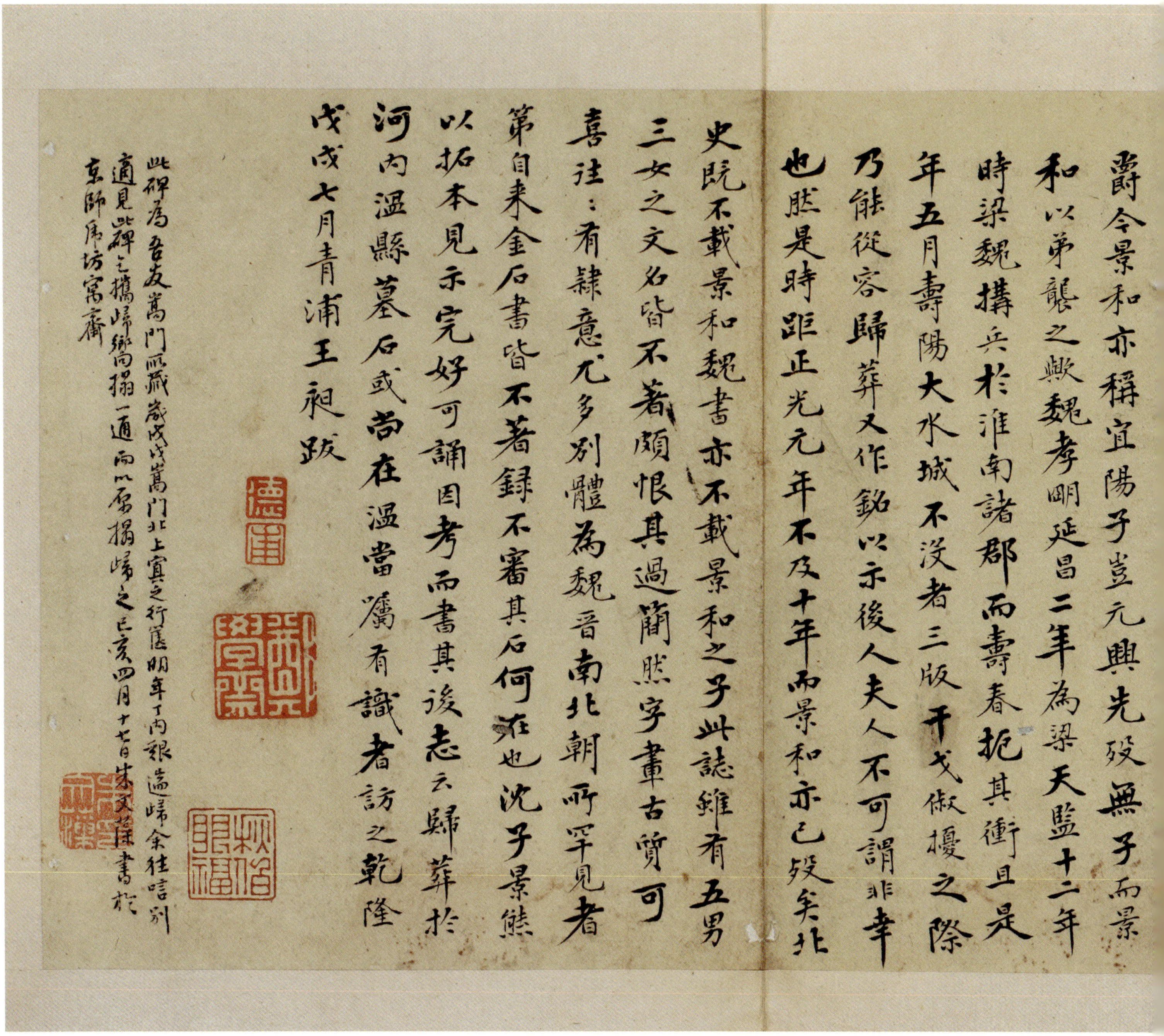
爵令景和亦稱宜陽子豈元興先歿無子而景和以弟襲之歟魏孝明延昌二年為梁天監十二年時梁魏構兵於淮南諸郡而壽春扼其衝且是年五月壽陽大水城不沒者三版干戈儆擾之際乃能從容歸葬又作銘以示後人夫人不可謂非幸也然是時距正光元年不及十年而景和亦已歿矣北史既不載景和魏書亦不載景和之子此誌雖有五男三女之文名皆不著頗恨其過簡然字畫古質可喜往往有隸意尤多別體為魏晉南北朝所罕見者第自來金石書皆不著錄不審其石何在也沈子景熊以拓本見示完好可誦因考而書其後志云歸葬於河內溫縣墓石或尚在溫當屬有識者訪之乾隆戊戌七月青浦王昶跋

此碑為吾友嵩門所藏歲戊戌嵩門北上寘之行篋明年丁內艱遄歸余往唁別適見此碑之攜歸鄉尚搨一通而以原搨歸之己亥四月十七日宋文藻書於京師席坊寓齋

好可誦，因考而書其後。誌云歸葬於河內溫縣，墓石或尚在溫，當囑有識者訪之。乾隆戊戌七月，青浦王昶跋。

鈐印：德甫、鄭學齋

題跋出處：孟敬訓墓誌（王昶題跋本）

館藏號：S2741

按魏書司馬叔璠為晉安平獻王孚之後晉末入魏以安遠將軍丹陽侯卒子靈壽道

壽道壽為寧朔將軍封宜陽子長子元興次子景和三子仲明景和官給事中稍遷揚州驃騎府長史清河內史正光元年卒贈左將軍平州刺史與志皆合然書稱元興襲父爵今景和亦稱宜陽子豈元興先歿無子而景和以弟襲之歟魏孝明延昌二年為梁天監十二年

乃能從容歸葬又作銘以示後人夫人不可謂非幸
也然是時距正光元年不及十年而景和亦已歿矣北
史既不載景和魏書亦不載景和之子此誌雖有五男
三女之文名皆不著頗恨其過簡然字畫古質可
喜往往有隸意尤多別體爲魏晉南北朝所罕見者
第自來金石書皆不著錄不審其石何在也沈子景熊
以拓本見示完好可誦因考而書其後志云歸葬於
河內溫縣墓石或尚在溫當屬有識者訪之乾隆
戊戌七月青浦王昶跋

程瑤田

年代：1725—1814

字號：字易田，一字易疇，號寶彊道人、伯易、葺荷、葺翁、葺郎、亦田、讓堂

籍貫：安徽歙县

釋文：余嘗論是帖謂，無論其爲出虞永興之手，抑非出其手也，要之學《孔子廟堂碑》者，必當以是帖副之。蓋其佩玉雍容之度，故是一家手畢。又是帖字數多，多文爲富，其所取資者不窮也。《廟堂碑》經宋人重刻，是帖如出永興，不轉見廬山真面目耶。瑤田跋。

鈐印：程、程瑤田、伯子易田

題跋出處：昭仁寺碑（程瑤田藏本）

館藏號：S2486

釋文：《禊帖》曾見數十種，而玉枕縮本有四焉。一本前有立像，小篆題『晋右將軍王羲之』七字，後有『悦生』瓢章，又有『物外奇寶』雌文方章，末署曰『寶慶二年正月朔珍勒』，沉著流動，有力透紙背、神浮紙上之妙。賈氏收藏甚富，故雖縮本，神自完善，其取材者精也。又一本亦賈氏所摹者，末行亦有『悦生』瓢章，與思古齋刻一字不異，所缺廿有七字，惟『丑』字不缺耳，可見萬歷間張登雲跋思古齋石，謂潁上民間掘井得之者，其未入井之先，在宋時此石原在人間，思翁言藏思古宋拓，不虛矣。此縮本氣韵不减潁上，亦佳製也。近日會稽張笠城於京師舊家得一石，石背有右軍立像，與賈本長大相等，而衣裔飄颺，不似賈本前後襜如，『會』字缺角，裂紋依定武本，中鑱損『羣』『帶』『右』『流』四字。余按：《虛舟題跋》言文待詔云賈氏刻有二石，一立像而鬈心。余所見寶慶珍勒者是也；一坐像而執卷，則虛舟所見閩中蕭氏所藏石，後其子携至金壇，依於外家者是也。虛舟言坐像刻於石背，『會』字缺角，『羣』『帶』『右』『流』字鑱損，與張氏所得石同。不同者，張乃立像，或疑張本爲趙文敏所摹，近之。獨是余見賈氏立像本近定武派，虛舟見賈氏坐像本乃摹定武石者，而余又見其摹思古齋本，是賈氏縮本有三石矣。余又得一本，與張氏石缺角同、裂紋同、横直分寸并同，惟四字未鑱損，刻手優於張氏石。虛舟曾借周白民所藏宋拓，行列寬於賈刻，此本疑或同之。乾隆己酉夏五，嘉定錢飲石出示此卷，與張氏及余所得兩種高下同，横處較狹半行，瘦硬而内斂，筆如畫砂印泥，中邊皆徹，近定武派，而『會』字不缺，體亦微異，然刻法遒勁，非宋人不能爲，紙色墨色古光殊異，真數百年物也。近而求之，不類趙文敏與虛舟所見坐像本，惟行列較狹同，而缺角鑱損不同。余所見賈氏立像本缺角鑱損與否，今已忘之，豈同其本而失去像耶？宋祐陵書法工妙，提筆空運，此豈經其潤色者耶？不可知也。要之，出自宋人斷無疑者。秋七月廿四日，歙浦程瑤田跋於嘉定學署之無俗聲室。時年六十有五。

鈐印：程易圖書、讓室老人、生于乙巳

題跋出處：玉枕蘭亭（豐坊藏本）

館藏號：19A382

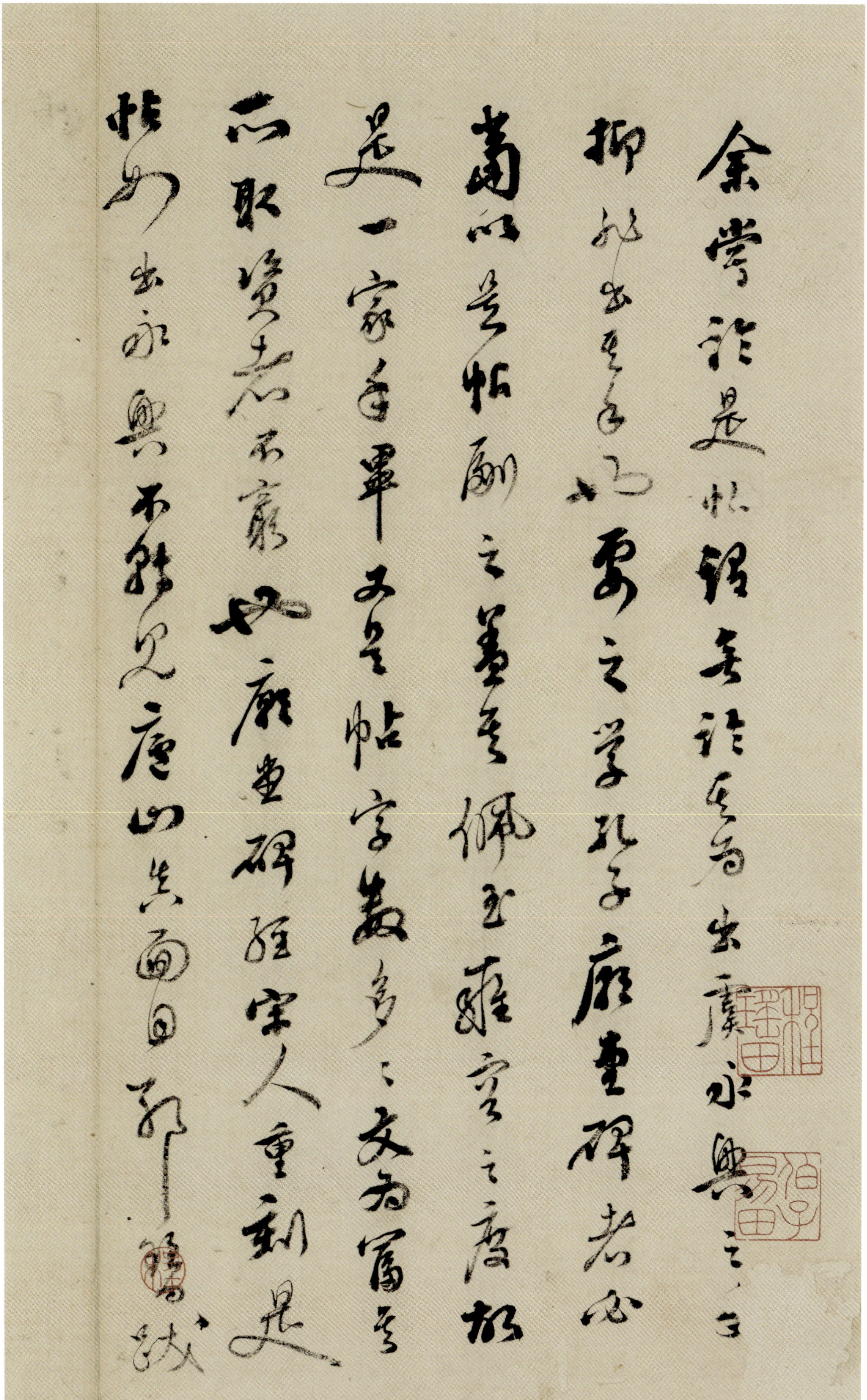
余嘗跋是帖謂無跋者為出虞永興之手
柳跋出其手以要之學孔子廟堂碑者必
當以是帖副之墨迹佩玉雍容之度幾
是一家筆畢矣帖字數多之文為富矣
而取資者不窮也廟堂碑雖宋人重刻是
帖亦出永興無不能見廬山真面目耶鐸跋

禊帖曾見數十種而玉枕縮本有四馬一本前有立像小篆題晉右將軍
王羲之七字後有悦生瓢章又有物外奇寶雌文方章末署曰寶慶
二年正月朔琭勒沉着流動有力透紙背神浮紙上之妙賈氏收藏甚富
故雖縮本神自完善具取材者精也又一本亦賈氏所摹者未行亦有
悦生瓢章與思古齋刻一字不異所缺毋乃七字惟毋字不缺可見萬
歷間張登雲跋思古齋石謂穎上民間掘井得之者其未入井之先在
宋時此石原在人間思翁言藏思古宋搨不虛矣此縮本氣韻不減穎
上亦佳製也近日會稽張笠城於京師舊家得一石石背有右軍立像
與賈本長大相等而衣摺飄颻不似賈本前後稽如會字缺角裂紋依
定武本中鑱損犖帶右流四字余按虛舟題跋言文待詔云賈氏刻
有二石一立像而鬈心余所見寶慶琭勒者是也一坐像而執卷則虛
舟所見閩中蕭氏所藏石後其子攜至金壇依於外家者是也虛舟言坐
像刻於石背會字缺角犖帶右流字鑱損與張氏所得石同不同者

是賈氏縮本有三石矣余又得一本與張氏石缺角同裂紋同橫直分寸
並同惟四字未鑱損刻手優於張氏石虛舟曾借周白民所藏宋搨行列寬
於賈刻此本疑或同之乾隆己酉夏五嘉定錢飲石出示此卷與張氏及余
所得兩種高下同橫處較狹畢行瘦硬而内斂筆如畫砂印泥中邊皆徹
近定武派而會字不缺體亦微異然刻法遒勁非宋人不能爲紙色墨
色古光殊異真數百年物也近而求之不類趙文敏與虛舟所見坐像
本惟行列較狹同而缺角鑱損不同余所見賈氏立像本缺角鑱損與
否今已忘之豈同其本而失去像耶宋祐陵書法工妙提筆空運
此豈經其潤色者耶不可知也要之出自宋人斷無疑者秋七月廿
四日歙潘程瑤田跋於嘉定學署之無俗聲室時年六十有五

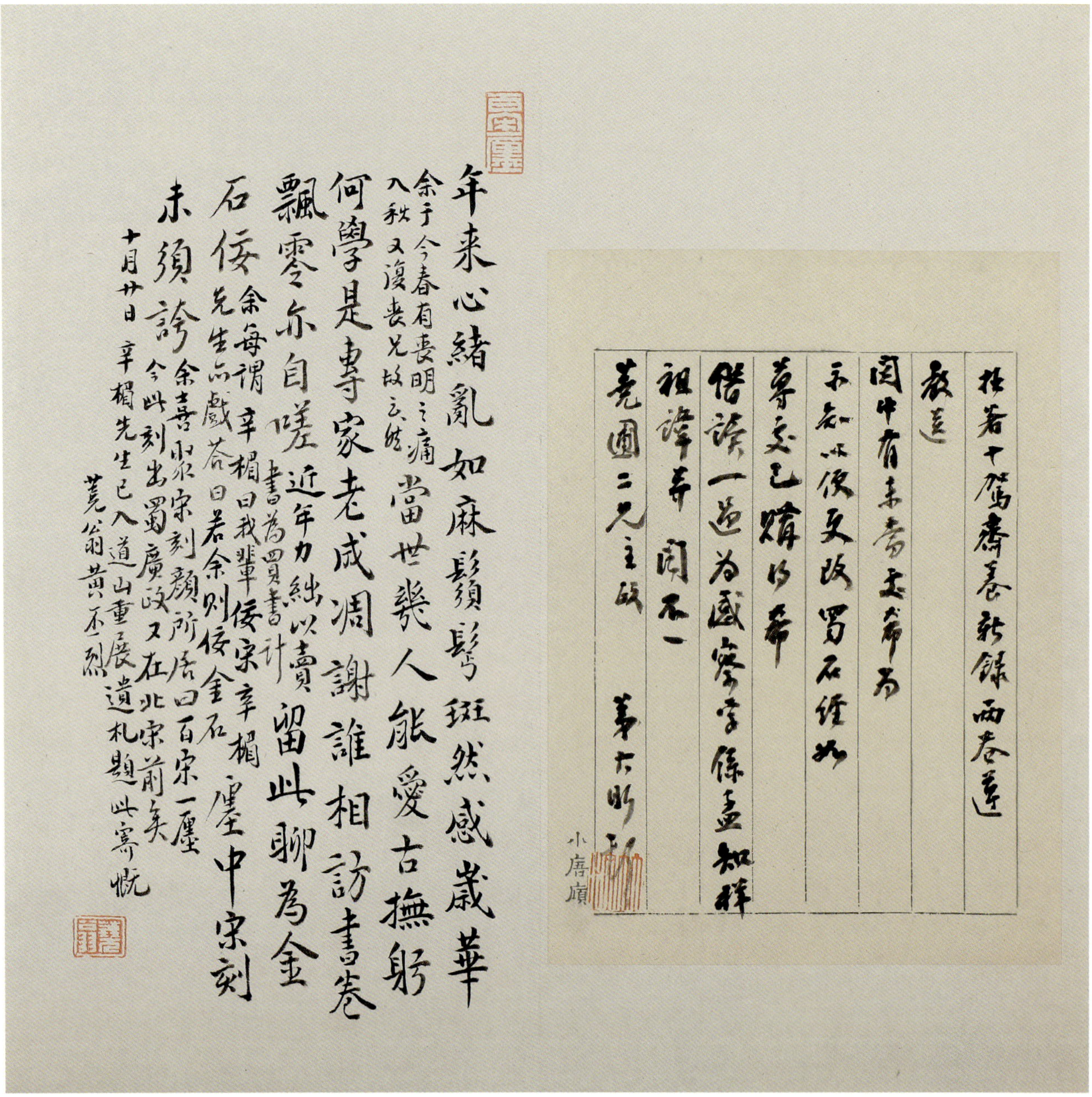

錢大昕

年代：1728—1804

字號：字曉徵，又字及之，號辛楣、竹汀居士

籍貫：江蘇嘉定

釋文：拙著《十駕齋養新録》兩卷，遵教送閱，中有未當處，希爲示知，以便更改。蜀石經如尊處已購得，希借讀一過，爲感。『察』字係孟知祥祖諱，并聞不一。蕘圃二兄主政，弟大昕頓首。

鈐印：竹汀

題跋出處：蜀石經毛詩拓本（黄丕烈藏本）

館藏號：17A337

拙著十駕齋養新錄兩本奉還

教正

閱中有未當處希為

示知以便更改蜀石經如

尊處已購得希

借讀一過為感寧字係孟知祥

祖諱耳閑不一

蕘圃二兄主政　　弟大昕頓首

小唐廎

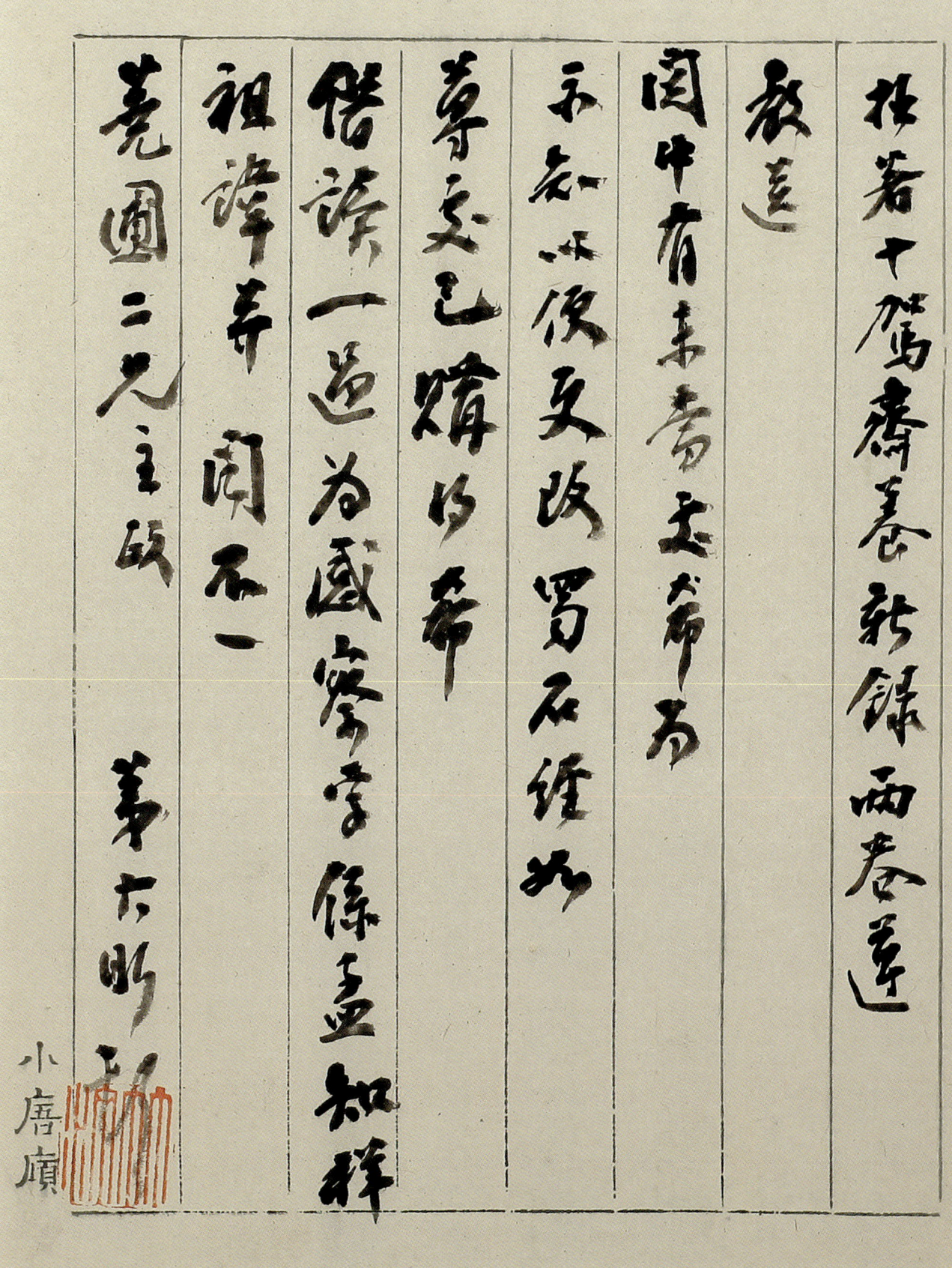

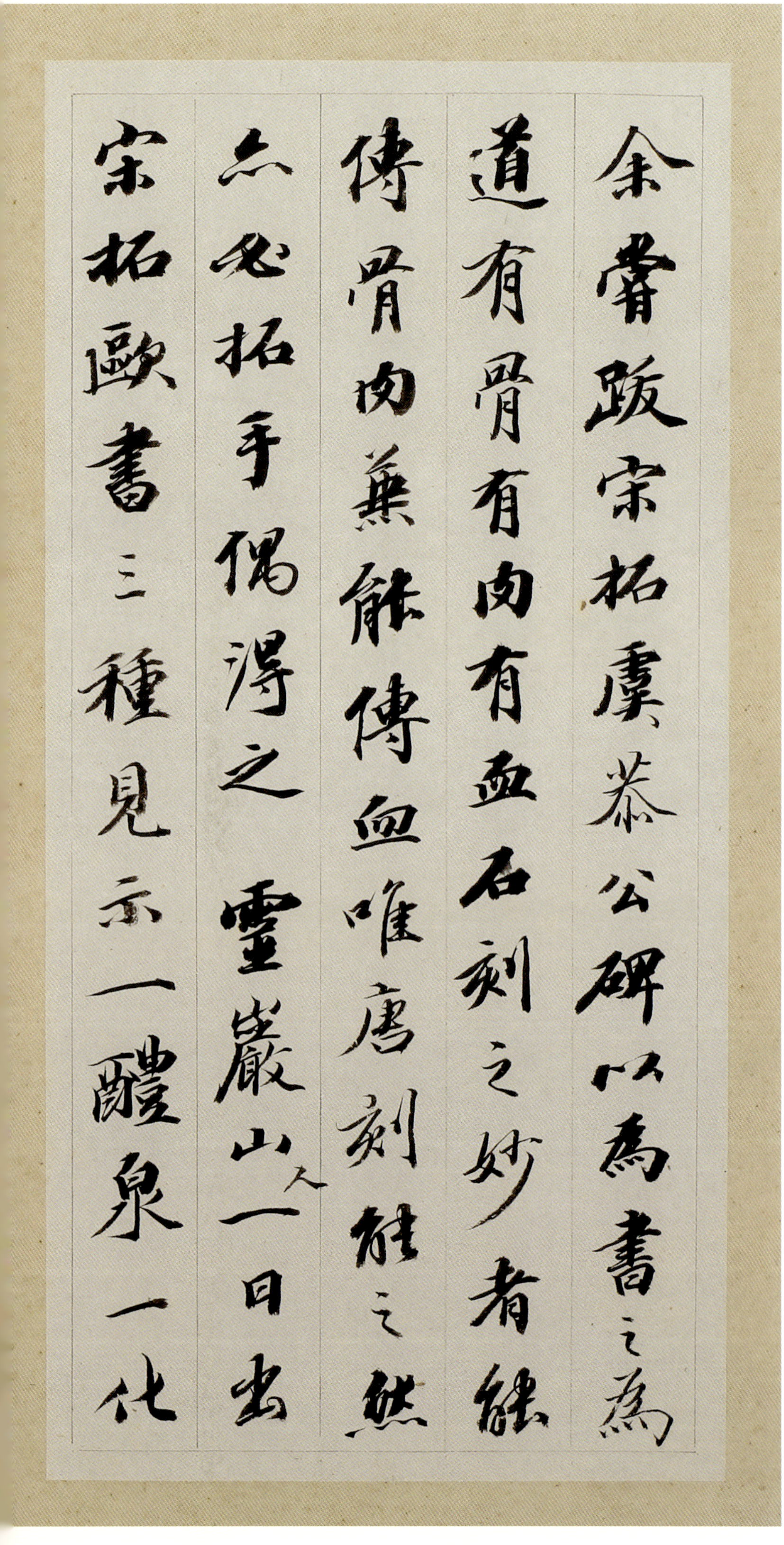
余嘗跋宋拓虞恭公碑以爲書之爲道有骨有肉有血石刻之妙者能傳骨肉兼能傳血唯唐刻能之然亦必拓手偶得之靈巖山人一日出宋拓歐書三種見示一醴泉一化

王文治

年代：1730—1802

字號：字禹卿，號夢樓、西湖長

籍貫：江蘇丹徒

釋文：余嘗跋宋拓《虞恭公碑》，以爲書之爲道，有骨有肉有血，石刻之妙者，能傳骨肉，兼能傳血，唯唐刻能之，然亦必拓手偶得之。靈岩山人一日出宋拓歐書三種見示，一《醴泉》，一《化

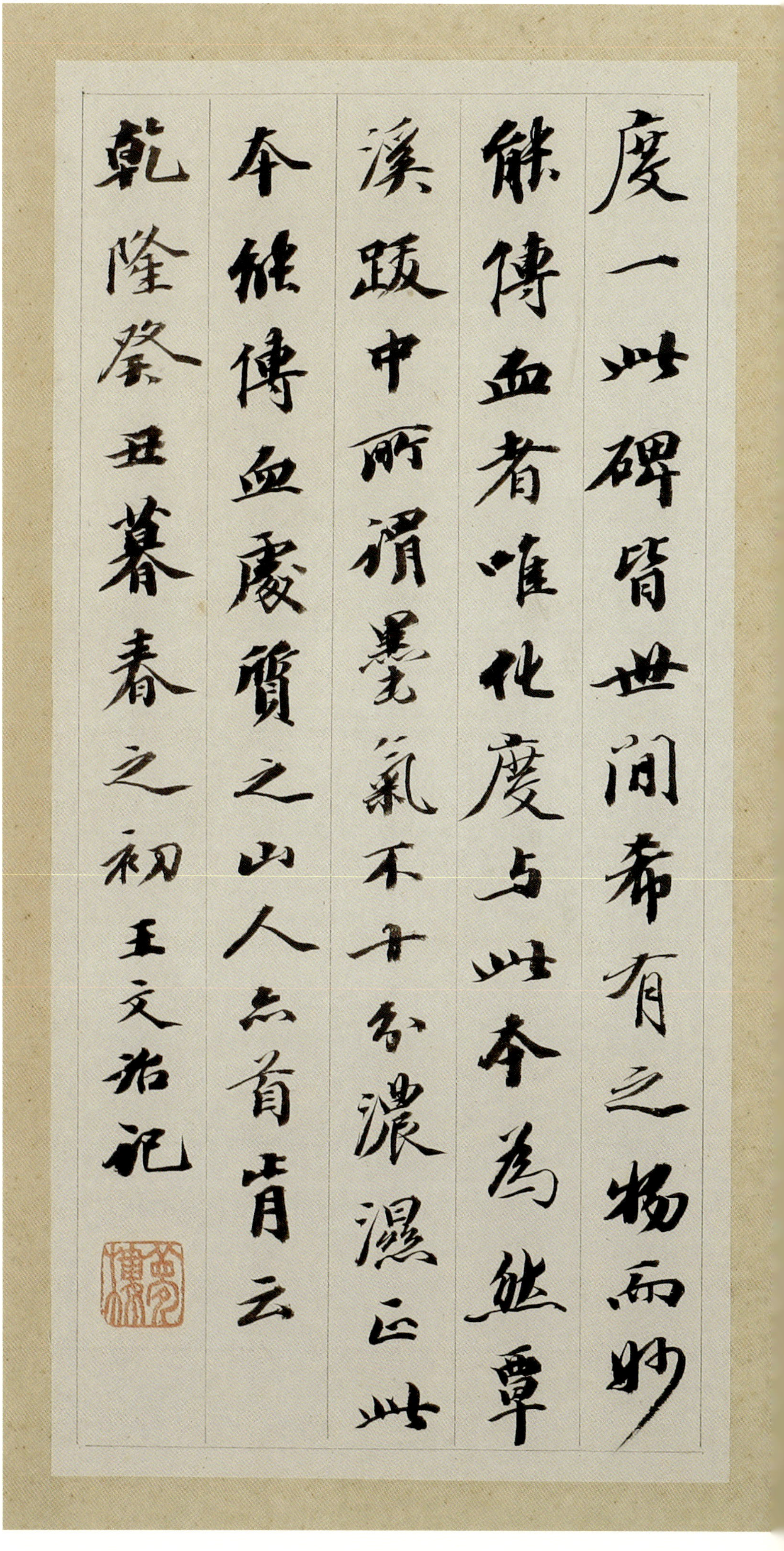
度一此碑皆世間希有之物而妙
能傳血者唯化度與此本爲然覃
溪跋中所謂墨氣不十分濃濕正此
本能傳血處質之山人亦首肯云
乾隆癸丑暮春之初王文治記

度》，一此碑，皆世間希有之物，而妙能傳血者唯《化度》與此本爲然。覃溪跋中所謂墨氣不十分濃濕，正此本能傳血處，質之山人，亦首肯云。乾隆癸丑暮春之初，王文治記。

鈐印：夢樓

題跋出處：温彦博碑（清内府本）

館藏號：18A350

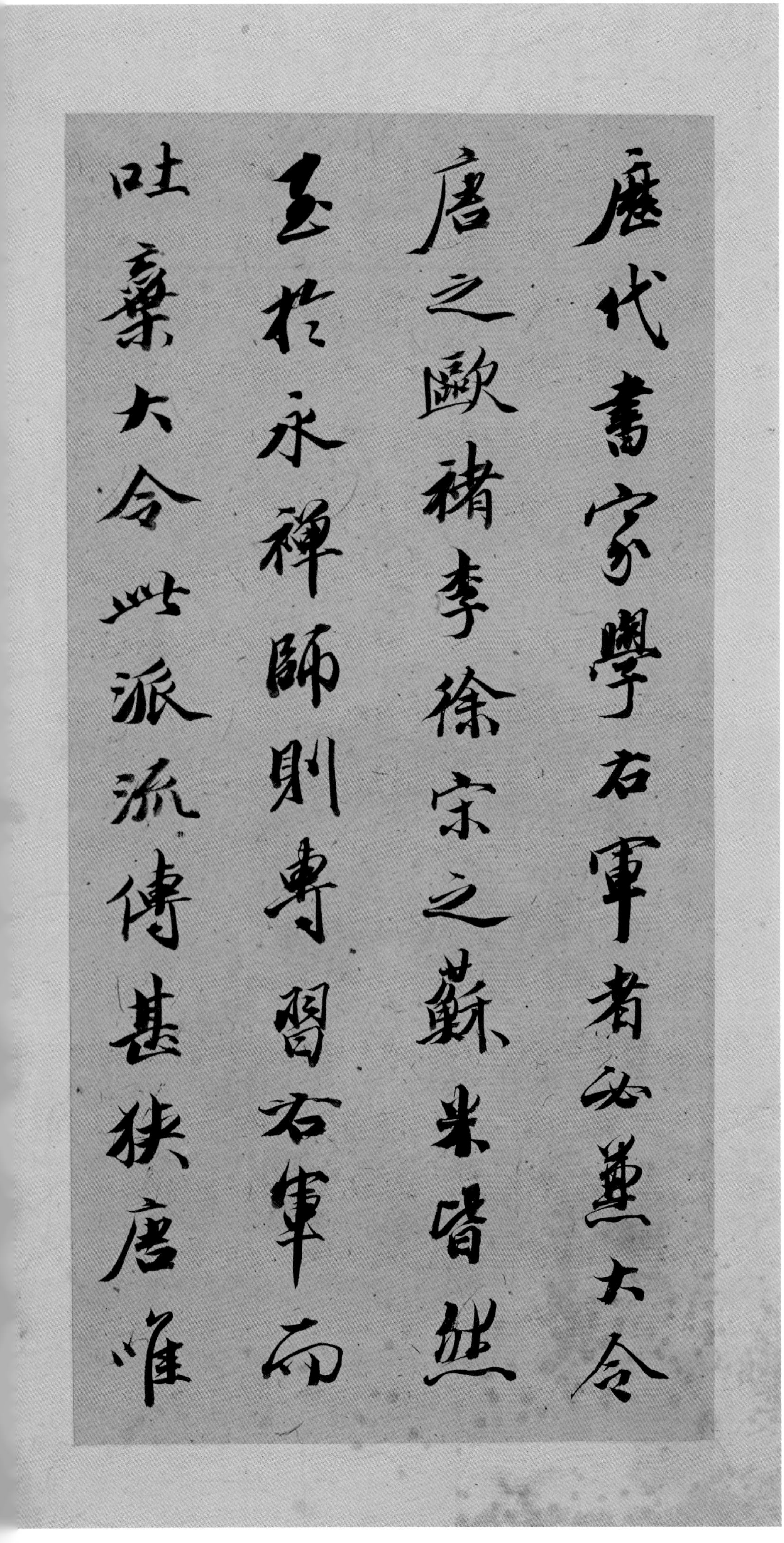
歷代書家學右軍者必兼大令
唐之歐褚李徐宋之蘇米皆然
至於永禪師則專習右軍而
吐棄大令此派流傳甚狹唐唯

釋文：歷代書家學右軍者，必兼大令。唐之歐褚李徐，宋之蘇米皆然。至於永禪師，則專習右軍，而吐棄大令，此派流傳甚狹，唐唯

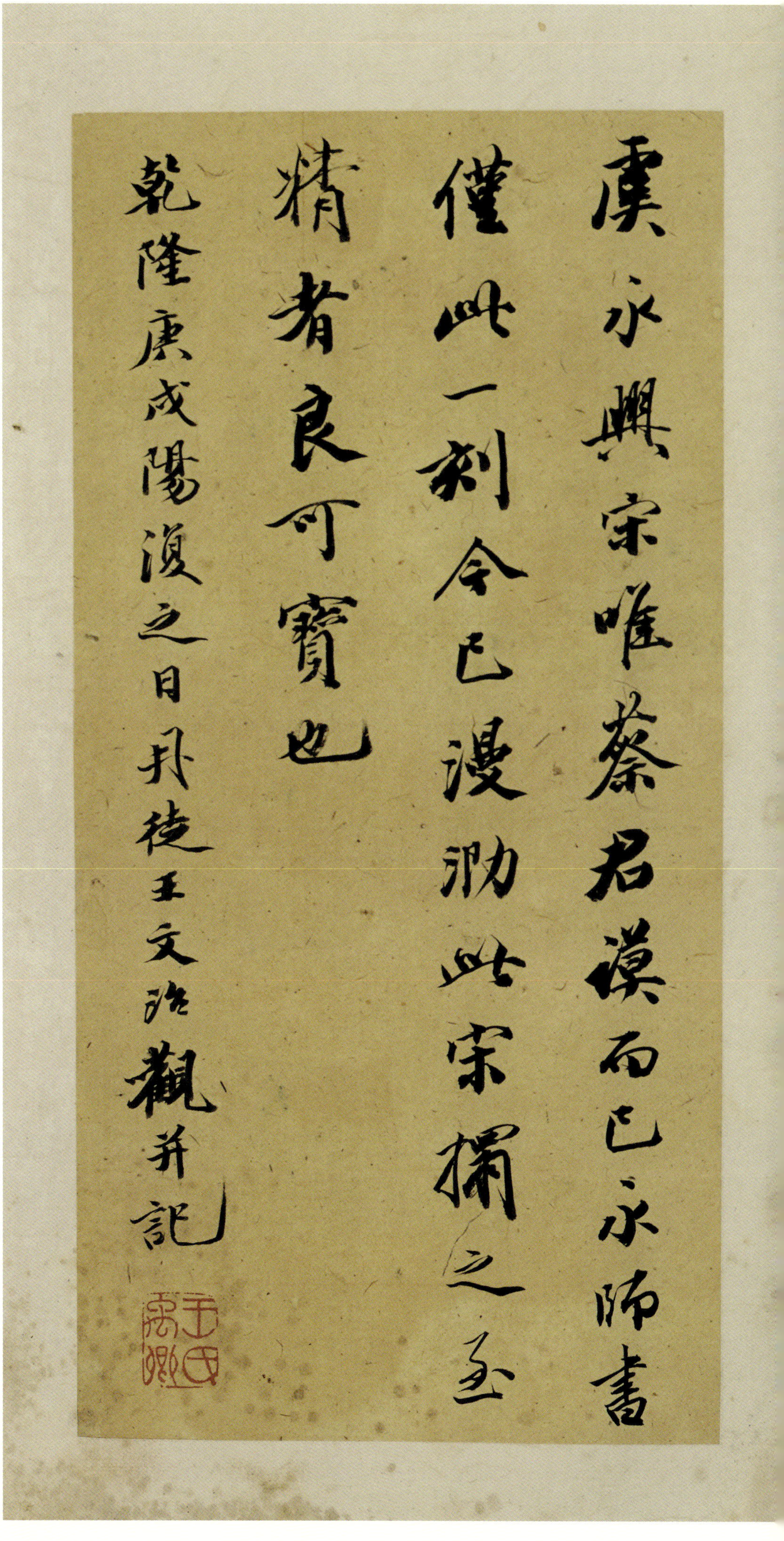
虞永興宋唯蔡君謨而已永師書
僅此一刻今已漫泐此宋搨之至
精者良可寶也
乾隆庚戌陽復之日丹徒王文治觀并記
王氏禹卿

虞永興，宋唯蔡君謨而已。永師書僅此一刻，今已漫泐，此宋拓之至精者，良可寶也。乾隆庚戌陽復之日，丹徒王文治觀并記。

鈐印：王氏禹卿

題跋出處：智永真草千字文（牛鑒舊藏本）

館藏號：19A381

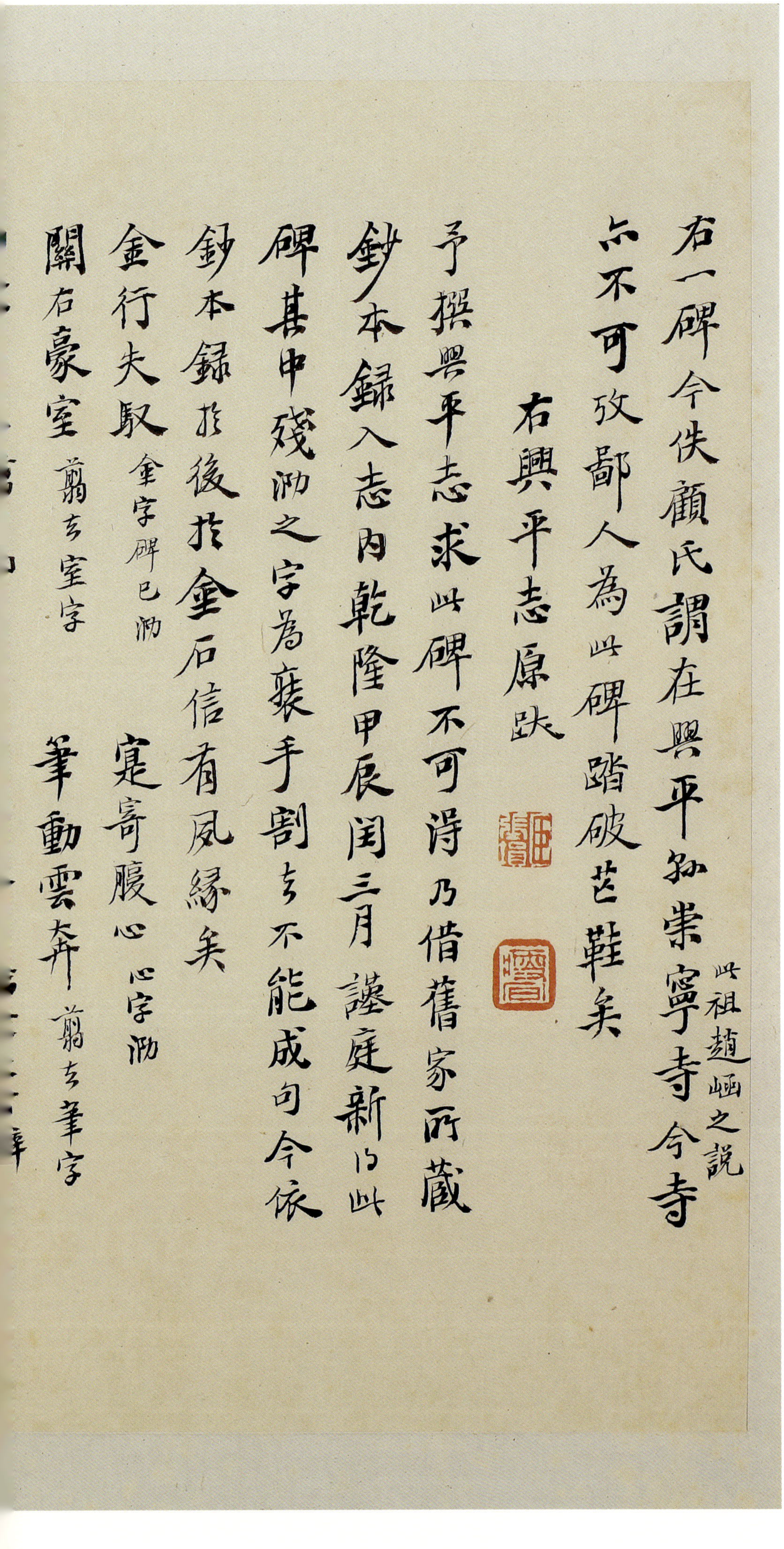

張塤

年代：1731—1789

字號：字商言，號瘦銅、吟薌、石公山人、錦屏山人、秘閣僊官

籍貫：江蘇吴縣

釋文：右一碑今佚，顧氏謂在興平縣崇寧寺，此祖趙崡之説。今寺亦不可考，鄠人爲此碑踏破芒鞋矣。右《興平志》原跋。

鈐印：臣張塤、瘦同

釋文：予撰《興平志》，求此碑不可得乃借舊家所藏鈔本録入志内。乾隆甲辰閏三月，謹庭新得此碑，其中殘泐之字爲裝手割去，不能成句，今依鈔本録於後，於金石信有夙緣矣。

『金行失馭』『金』字碑已泐。『實寄腹心』『心』字泐。

『關右豪室』翦去『室』字。『筆動雲奔』翦去『筆』字。

『□推英果』翦去『□』。『非獨魯君』『君』字不可辨。

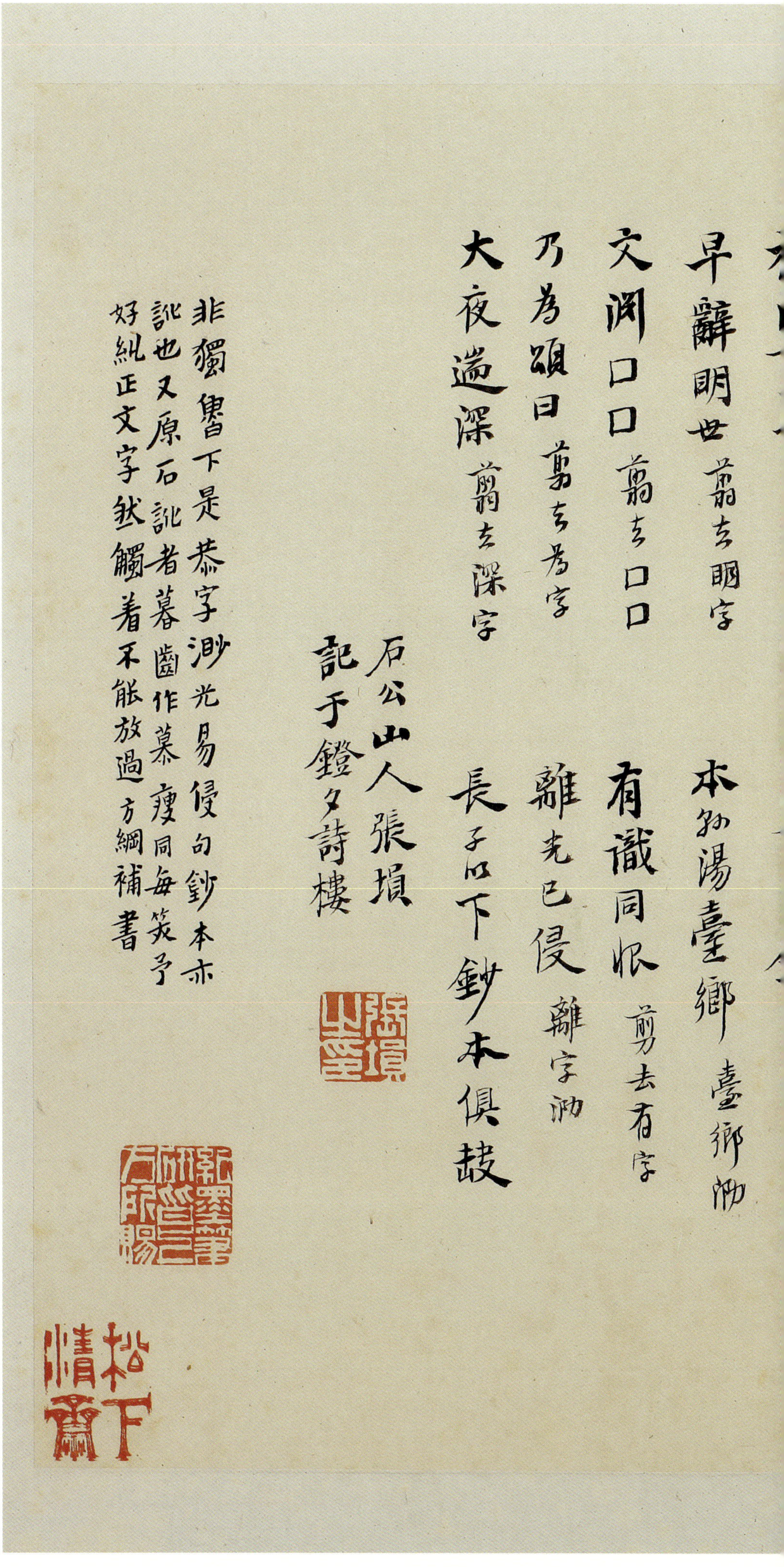

「禄满言歸」「歸」字泐。「漏盡鳴鍾」翦去「鳴」字。
「早辭明世」翦去「明」字。「本縣湯臺鄉」「臺鄉」泐。
「文淵□□」翦去「□□」。「有識同恨」剪去「有」字。
「乃爲頌曰」翦去「爲」字。「離光已侵」「離」字泐。
「大夜遥深」翦去「深」字。「長子」以下鈔本俱缺。
石公山人張塤記于鐙夕詩樓。

鈐印：張塤之印

題跋出處：常醜奴墓誌（陸恭藏本） 館藏號：18A349

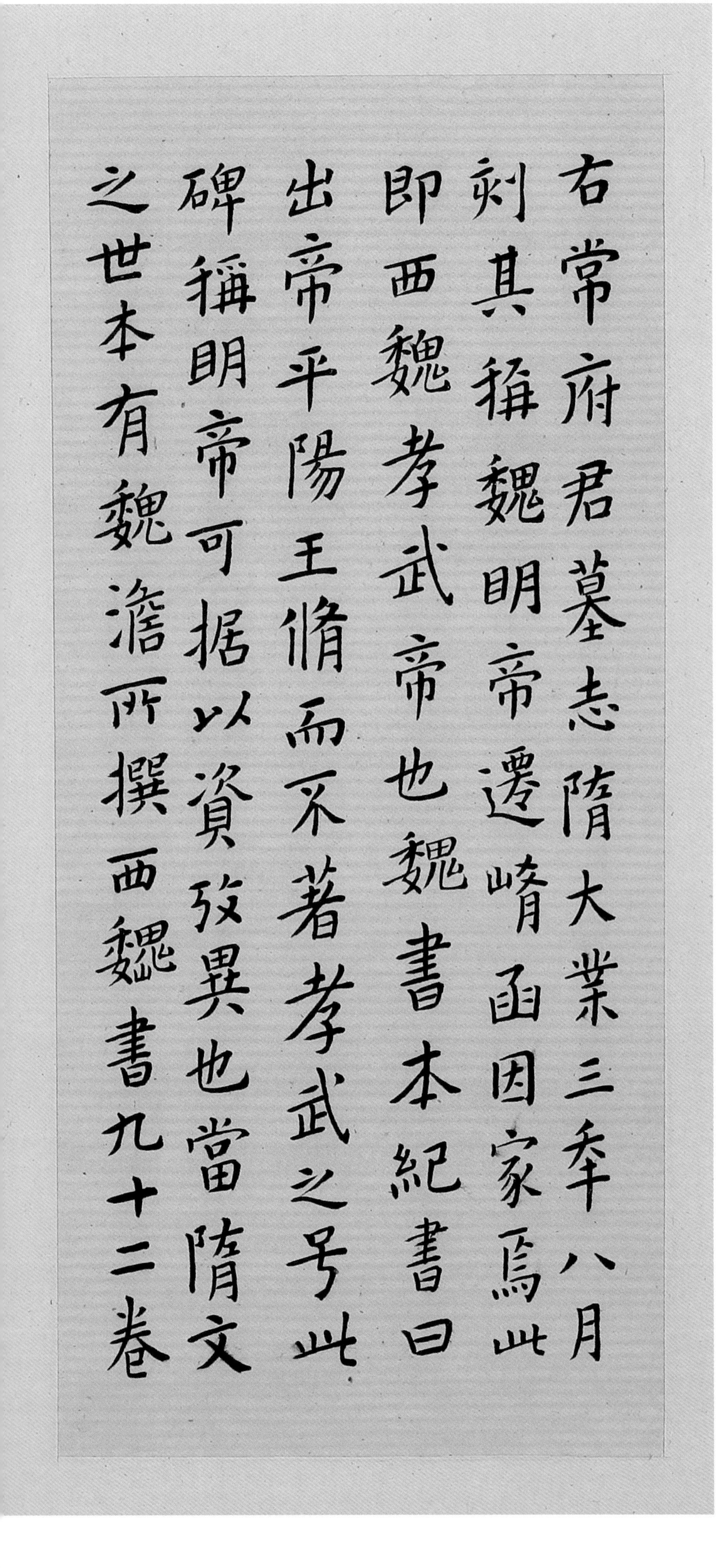
右常府君墓志隋大業三秊八月
刻其稱魏明帝遷嵴函因家焉此
即西魏孝武帝也魏書本紀書曰
出帝平陽王脩而不著孝武之号此
碑稱明帝可据以資攷異也當隋文
之世本有魏澹所撰西魏書九十二卷

翁方綱

年代：1733—1818

字號：字正三，一字忠叙，號覃溪、蘇齋

籍貫：直隸大興

釋文：右《常府君墓誌》，隋大業三年八月刻，其稱魏明帝遷嵴函因家焉，此即西魏孝武帝也。《魏書·本紀》書曰出帝平陽王修，而不著孝武之號，此碑稱明帝，可據以資考異也。當隋文之世，本有魏澹所撰《西魏書》九十二卷，

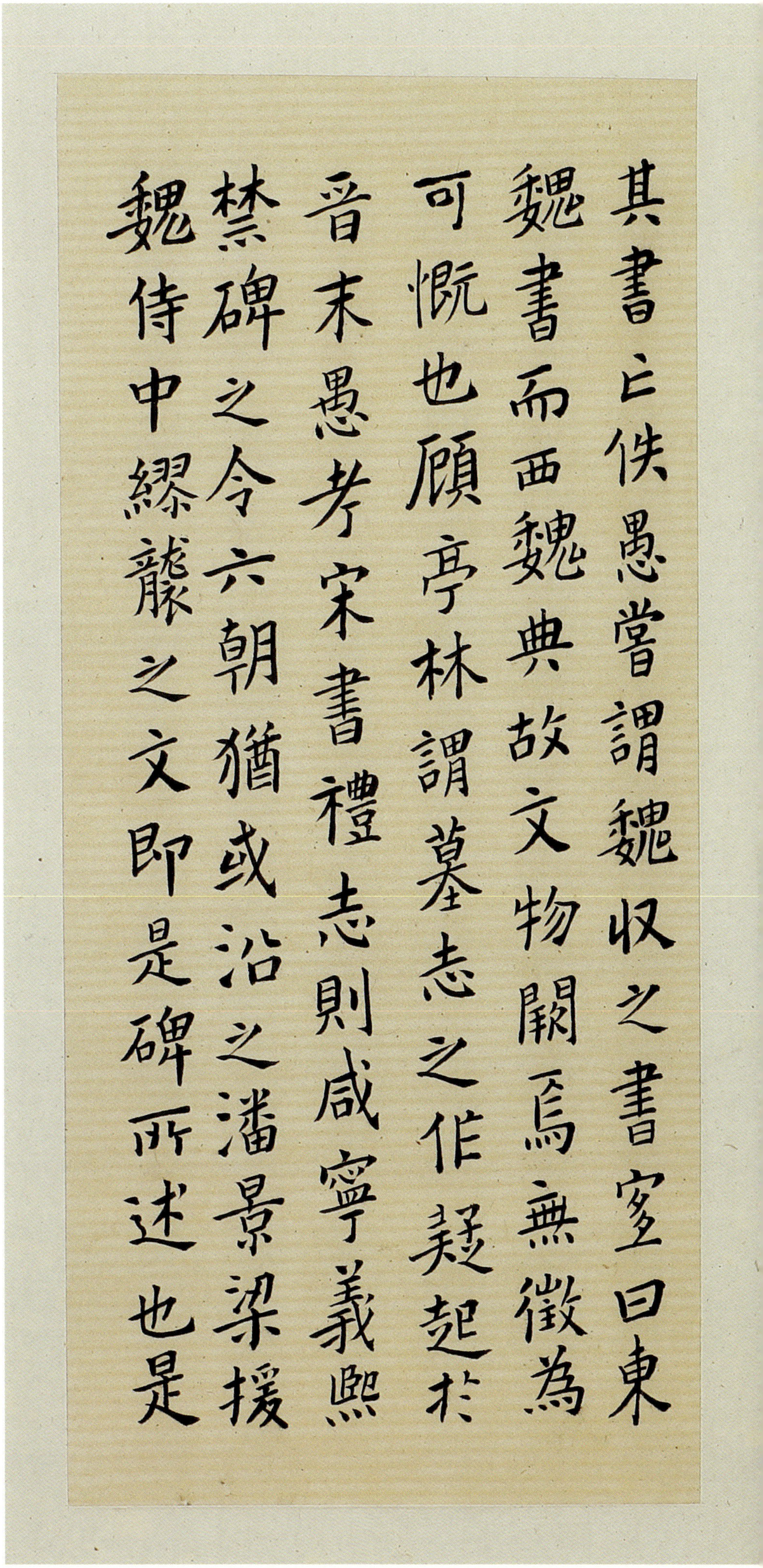
其書亡佚愚嘗謂魏收之書宜曰東
魏書而西魏典故文物闕焉無徵為
可慨也顧亭林謂墓志之作疑起於
晉末愚考宋書禮志則咸寧義熙
禁碑之令六朝猶或沿之潘景梁援
魏侍中繆襲之文即是碑所述也是

其書亡佚，愚嘗謂魏收之書宜曰《東魏書》，而西魏典故文物闕焉無徵，爲可慨也。顧亭林謂墓誌之作，疑起於晉末，愚考《宋書·禮志》，則咸寧、義熙禁碑之令，六朝猶或沿之，潘景梁援魏侍中繆襲之文，即是碑所述也。是

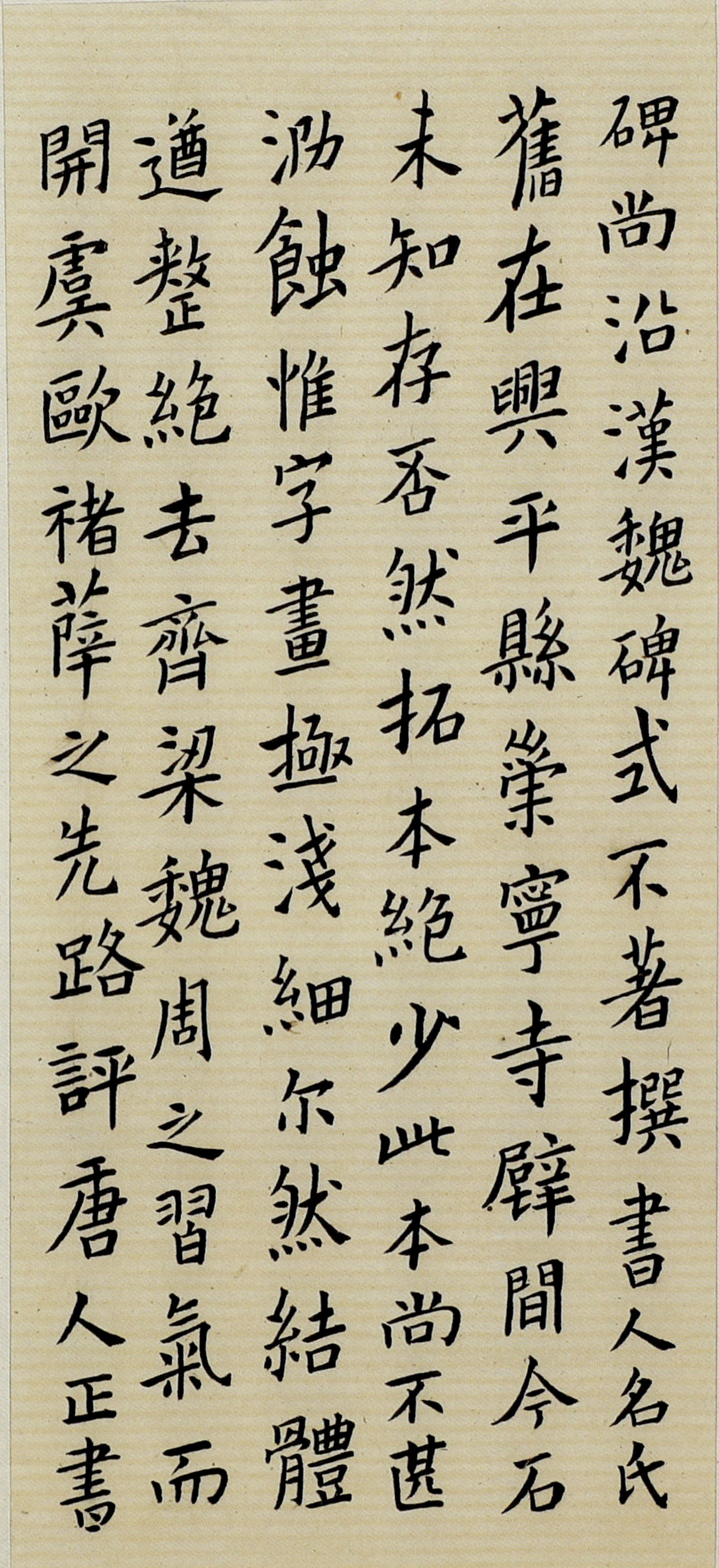
碑尚沿漢魏碑式不著撰書人名氏
舊在興平縣崇寧寺壁間今石
未知存否然拓本絕少此本尚不甚
泐蝕惟字畫極淺細尔然結體
遒整絕去齊梁魏周之習氣而
開虞歐褚薛之先路評唐人正書

碑尚沿漢魏碑式，不著撰書人名氏。舊在興平縣崇寧寺壁間，今石未知存否，然拓本絕少。此本尚不甚泐蝕，惟字畫極淺細爾，然結體遒整，絕去齊、梁、魏、周之習氣，而開虞、歐、褚、薛之先路，評唐人正書

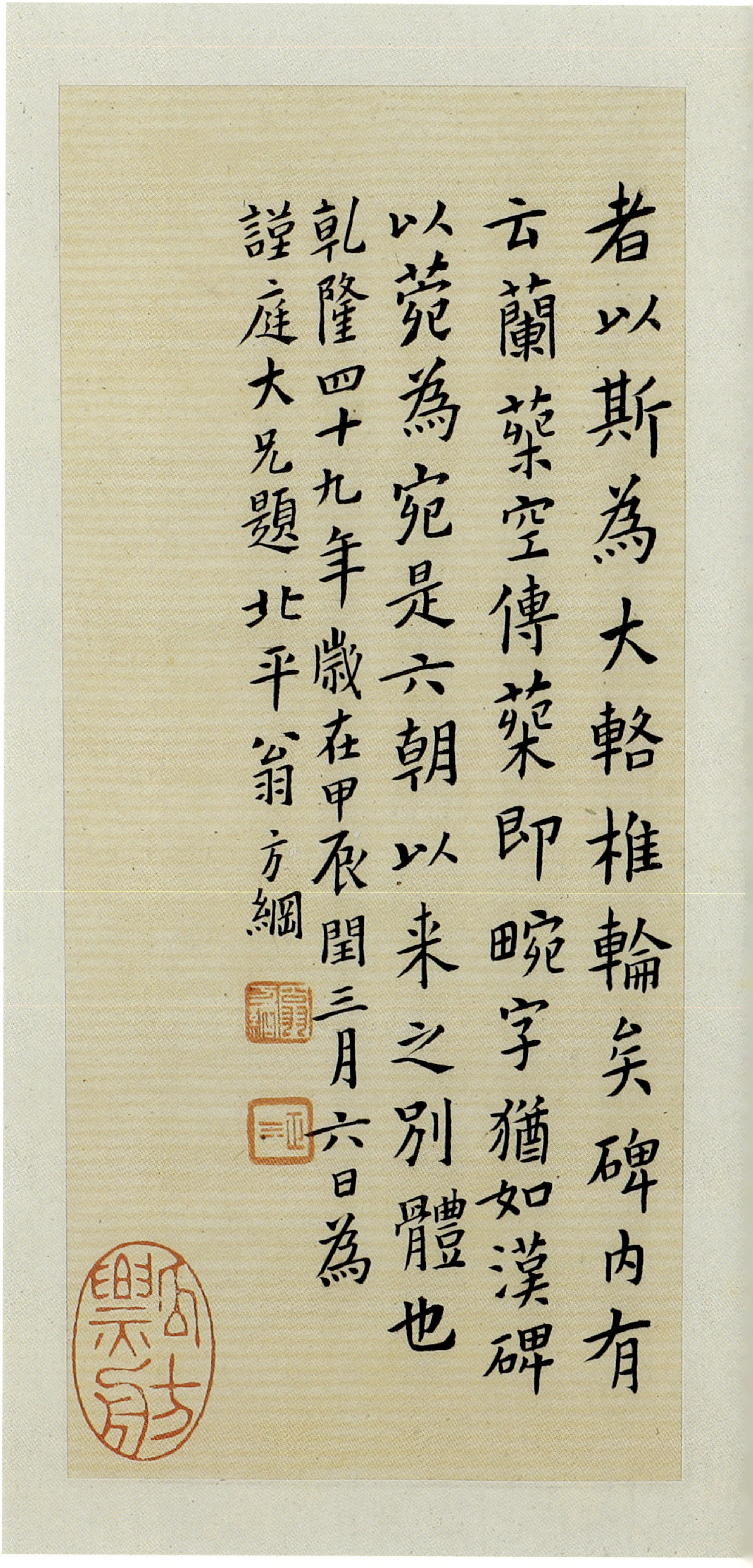

者，以斯爲大輅椎輪矣。碑内有云『蘭㮚空傳』『㮚』即『畹』字，猶如漢碑以『菀』爲『宛』，是六朝以來之别體也。乾隆四十九年歲在甲辰閏三月六日，爲謹庭大兄題。北平翁方綱。

鈐印：翁方綱、正三

題跋出處：常醜奴墓誌（陸恭藏本）

館藏號：18A349

唐石原本化度寺
碑海内祗此一本
吳氏四歐之一
計得字六

釋文：

郁叔遇所記八百餘字一本，即安氏記云『宋拓宋裱，計廿一葉，紙墨淳古，李西涯爲篆其首，而盧疏齋、趙松雪以下凡十五跋』者也。安氏云又有宋拓翻刻一本，校此文多遺失，則所謂『計廿一葉』之本其文粗全可知。以廿一葉之宋裱而文又粗全，則其不止八百餘字可知也。翻刻之本已有宋拓，足知碑石久泐，宋初已斷裂，而范忠獻携歸洛陽，已成零段，李姑溪在北宋末已云不可復拓矣。然安氏既見宋拓翻本，而云文多遺失，則是安氏所見之宋拓翻本蓋字又較少者也。是碑翻本之見於諸家著録者，多未詳其字數，惟王弇州云：『有馬生所翻刻一本，其可讀者四百餘字，亦是前百年物。』又楊東里云：『鄒汝舟庶子以杭州明慶寺翻本見惠，紙墨頗佳。余去其不可識，而采其可識者。』東里更在弇州前，而所稱如此，則宋拓宋刻者必不止於一本。然東里、弇州所記皆其字不甚全者，惟近日王虛舟云曾於天津見一本完好者千餘字，而虛舟嘗自謂平生所見《化度寺碑》皆是翻本，然則所見千餘字者亦翻本矣。范忠獻家原石已是斷而又斷之本，曾未幾時，遂至壞不可拓，則宋時所拓，必無近千字之原石本可知也。章仲玉及見弇州、衡山二家所藏諸本，而獨取僅存將五百字之宋拓真本摹勒於《墨池堂帖》，此即予所藏本，以諸家之言審之，即范忠獻家原石也，而尚未能足五百字。今日見此本，乃有九百卅字之多，則其爲宋刻宋拓，復何疑乎？而其所從出之本，則又在未歸范氏以前之所拓也。今日所行翻本，多者至七百餘字耳，未有文多若此者，且帖内有王偁孟揚印，孟揚明初人，益信予所考之不誣也。又諦審帖内，於闕文處皆用空紙隔之，是其裝潢時必見原拓全幅而爲之者，則不特此本之所從出爲唐拓舊本，而此册裝褫亦出於百數十年前可知也。予既得范忠獻所藏原石本，因自題曰『石墨書樓』，而繪《范氏洛陽書樓之圖》，以仿佛其餘韵。伯恭學士既與忠獻同里，竟獲此宋拓初翻之舊本，何啻與嵩翁相視而一笑耶。乾隆五十五年歲在庚戌春正月十二日，北平翁方綱識。

鈐印：方綱、覃溪

題跋出處：化度寺邕禪師塔銘（四歐堂藏本）

館藏號：19A375

有未逮所記八百餘字一本即安氏記云宋拓宋[illegible]廿一葉紙墨淳古[illegible]而洪[illegible]

首而盧疏齋趙松雪以下凡十五跋者也安氏云又有宋搨翻刻一本核此文多遺失則所謂計廿一葉之本其文麄全可知以廿一葉之宋褾而文又麄全則其不止八百餘字可知也翻刻之本已有宋搨足知碑石久泐宋初已斷裂而范忠獻携歸洛陽已成零段婺姑溪在北宋末已云不可復拓矣然安氏既見宋搨翻本而云文多遺失則是安氏所見之宋搨翻本蓋字又較少者也是碑翻本之見於諸家著錄者多未詳其字數惟王弇州云有馬生所翻刻一本其可讀者四百餘字亦是前百年物又楊東里云鄞汝舟庶子以杭州明慶寺翻本見惠紙墨頗佳余去其不可識而采其可識者東里更在弇州前而所釋如此則宋搨宋刻者必不止於一本然東里弇州所記皆其字不甚全者惟近日王虛舟云曾於天津見一本完好者千餘字而虛舟嘗自謂平生所見化度寺碑皆是翻本然則所見千餘字者亦翻本矣范忠獻家原石已是斷而又斷之本曾未幾時遂至壞不可拓則宋時所拓必無近千字之原石本可知也章仲玉及見弇州衡山二家所藏諸本而獨取壓存將五百字之宋拓真本摹勒於墨池堂帖此即予所藏本以諸家之言審之即范忠獻家原石也而尚未能足五百字今日見此本乃有九百卅字之多則其為宋刻宋搨復何疑乎而其所從出之本則又在未歸范氏以前之所拓也今日所行翻本多者至七百餘字耳未有文多若此者且帖內有王儼孟揚印孟揚明初人益信予所攷之不誣也又諦審帖內於闕文處皆用空紙隔之是其裝潢時必見原搨全幅而為之者則不特此本之所從出為唐搨舊本而此冊裝褾亦出於數百數十年前可知也予既得范忠獻所藏原石本因自題曰石墨書樓而繪范氏洛陽書樓之圖以髣髴其餘韻伯恭學士既与忠獻同里竟獲此宋拓初翻之舊本何啻與蒿翁相視而一笑耶　乾隆五十五年歲在庚戌春正月十二日北平翁方綱識

戊辰正月歸安朱孝臧觀

戊辰四月霜厓吳梅謹觀

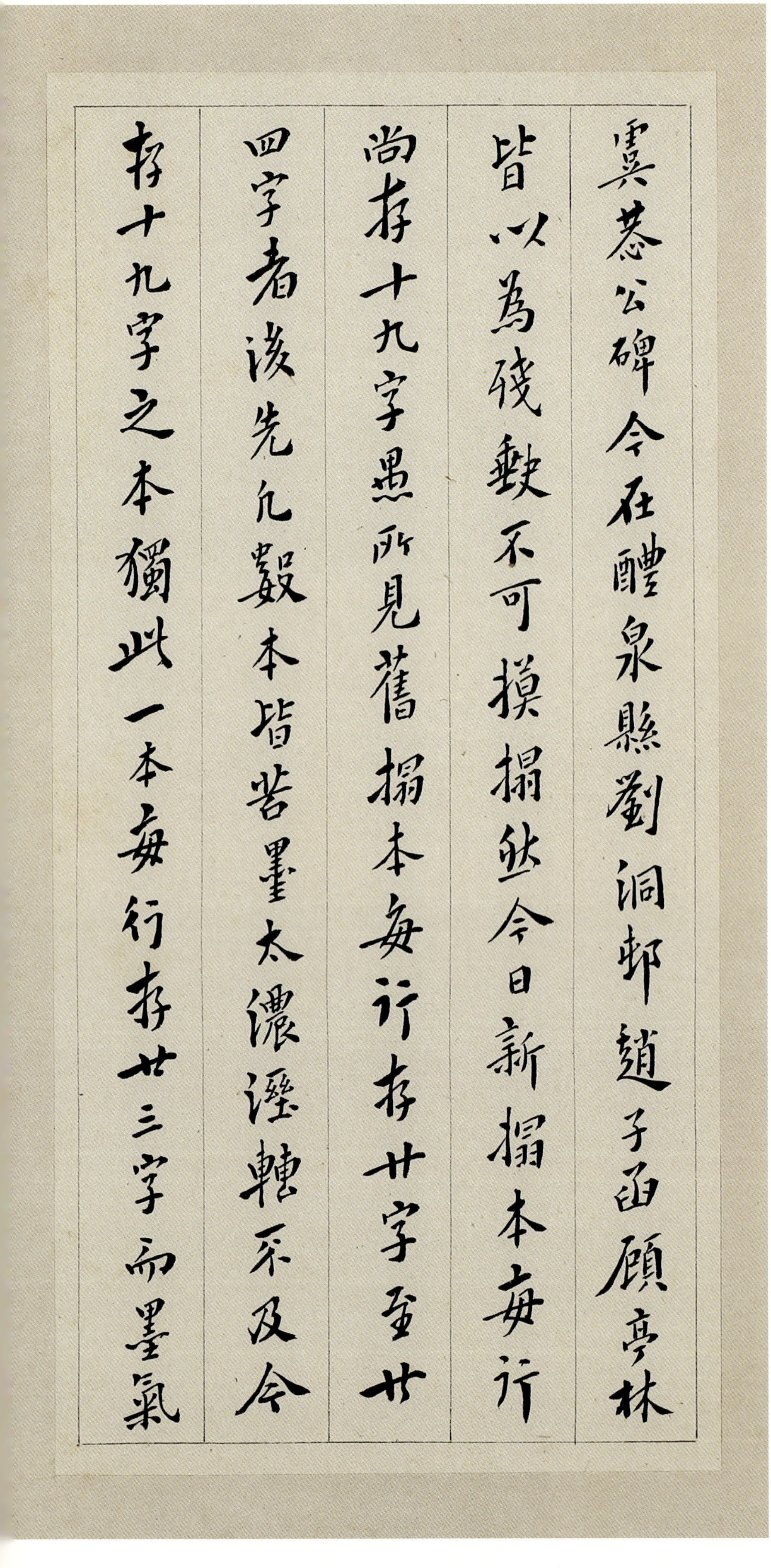

釋文：《虞恭公碑》今在醴泉縣劉洞村，趙子函、顧亭林皆以爲殘缺不可模拓。然今日新拓本每行尚存十九字，愚所見舊拓本每行存廿字至廿四字者，後先凡數本皆苦墨太濃濕，轉不及今存十九字之本。獨此一本，每行存廿三字，而墨氣尚不十分濃濕，宋拓中之足珍者矣。王虛舟先生平生以率更爲職志，而謂此爲所見弟一本，亦可見舊拓善本之難得也。趙子函謂是碑視《皇甫》《九成》《化度》三碑，書法最爲得中者，此猶是未極剖微之論。至虛舟謂是碑與《醴泉》《化度》不

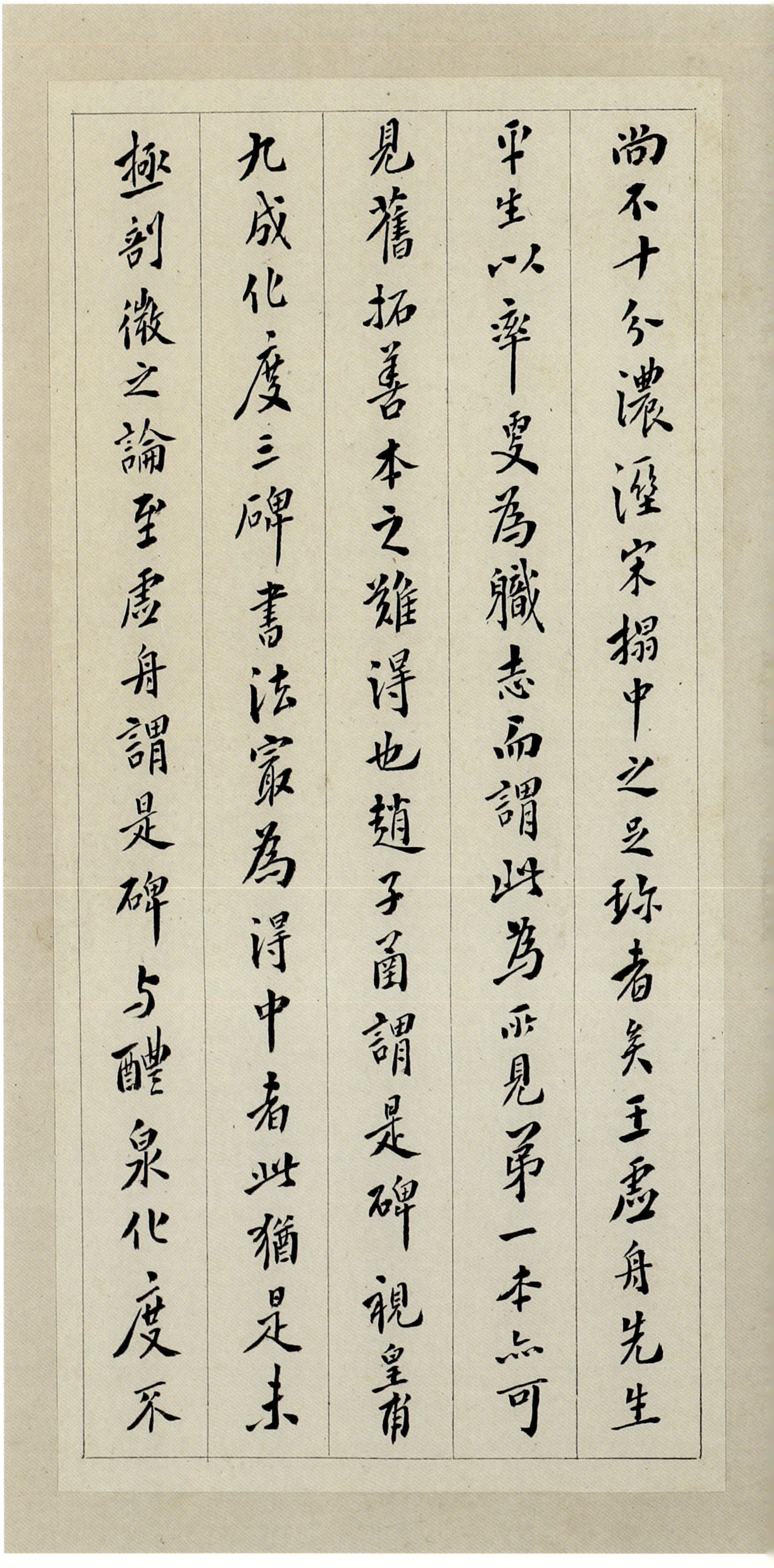
尚不十分濃溼宋搨中之足珍者矣王虛舟先生
平生以率更爲職志而謂此爲所見第一本亦可
見舊拓善本之難得也趙子函謂是碑視皇甫
九成化度三碑書法最爲得中者此猶是未
極剖微之論至虛舟謂是碑與醴泉化度不

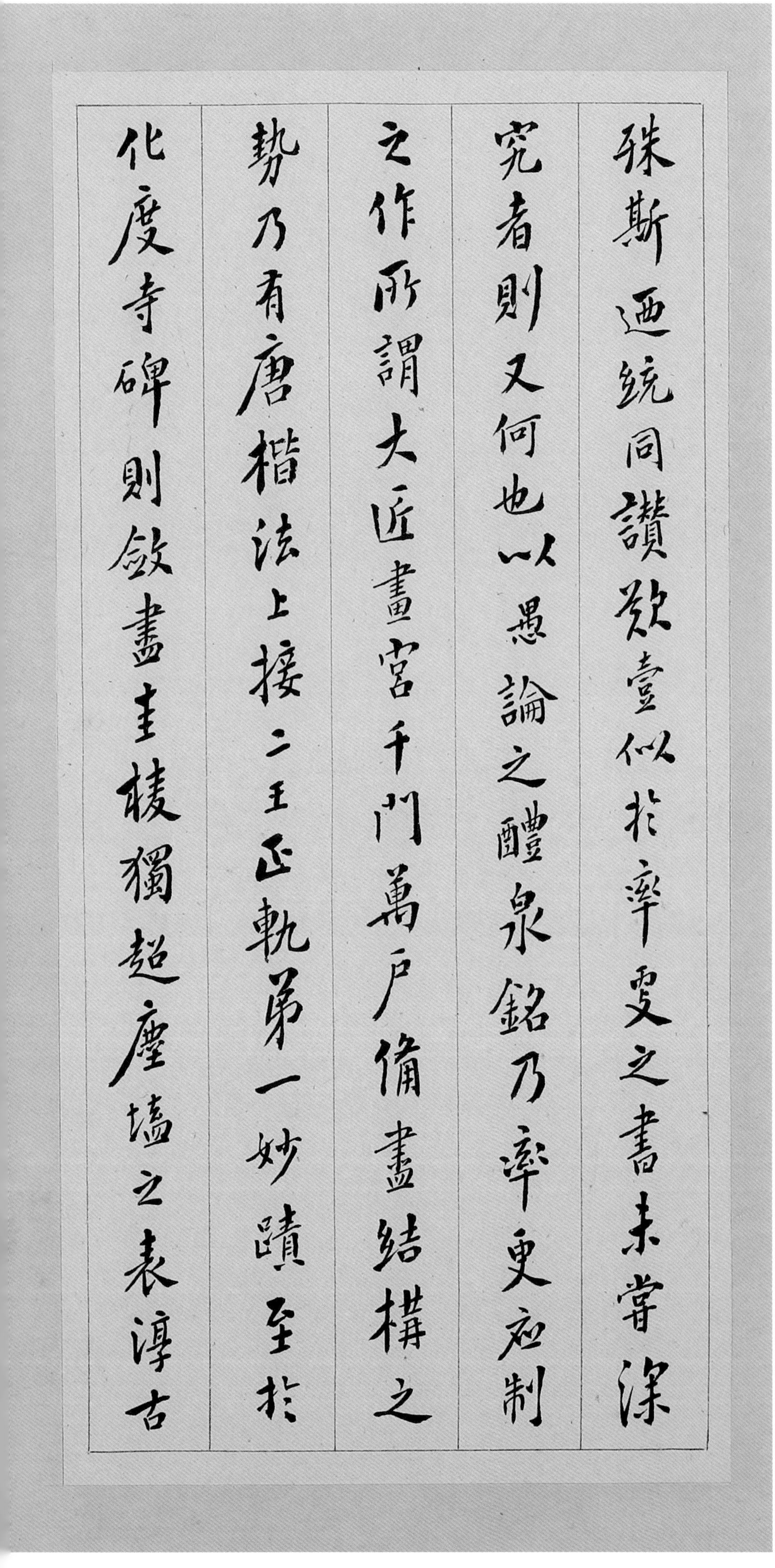

殊，斯乃統同讚嘆，壹似於率更之書未嘗深究者，則又何也？以愚論之，《醴泉銘》乃率更應制之作，所謂大匠畫宫，千門萬户，備盡結構之勢，乃有唐楷法，上接二王正軌，弟一妙迹；至於《化度寺碑》則斂盡圭稜，獨超塵壒之表，淳古

澹泊，自當駕《醴泉》而上之，所謂逸品，在神品之上也；《虞恭公碑》則仍是《皇甫碑》之神理，而稍加謹斂，於是遂兼有《化度》《醴泉》之妙，而皆具體而微。若以唐代書格而論，則《化度》第一，《醴泉》次之，《虞恭》又次之。若以欲追晉法而論，則《化度》第一，

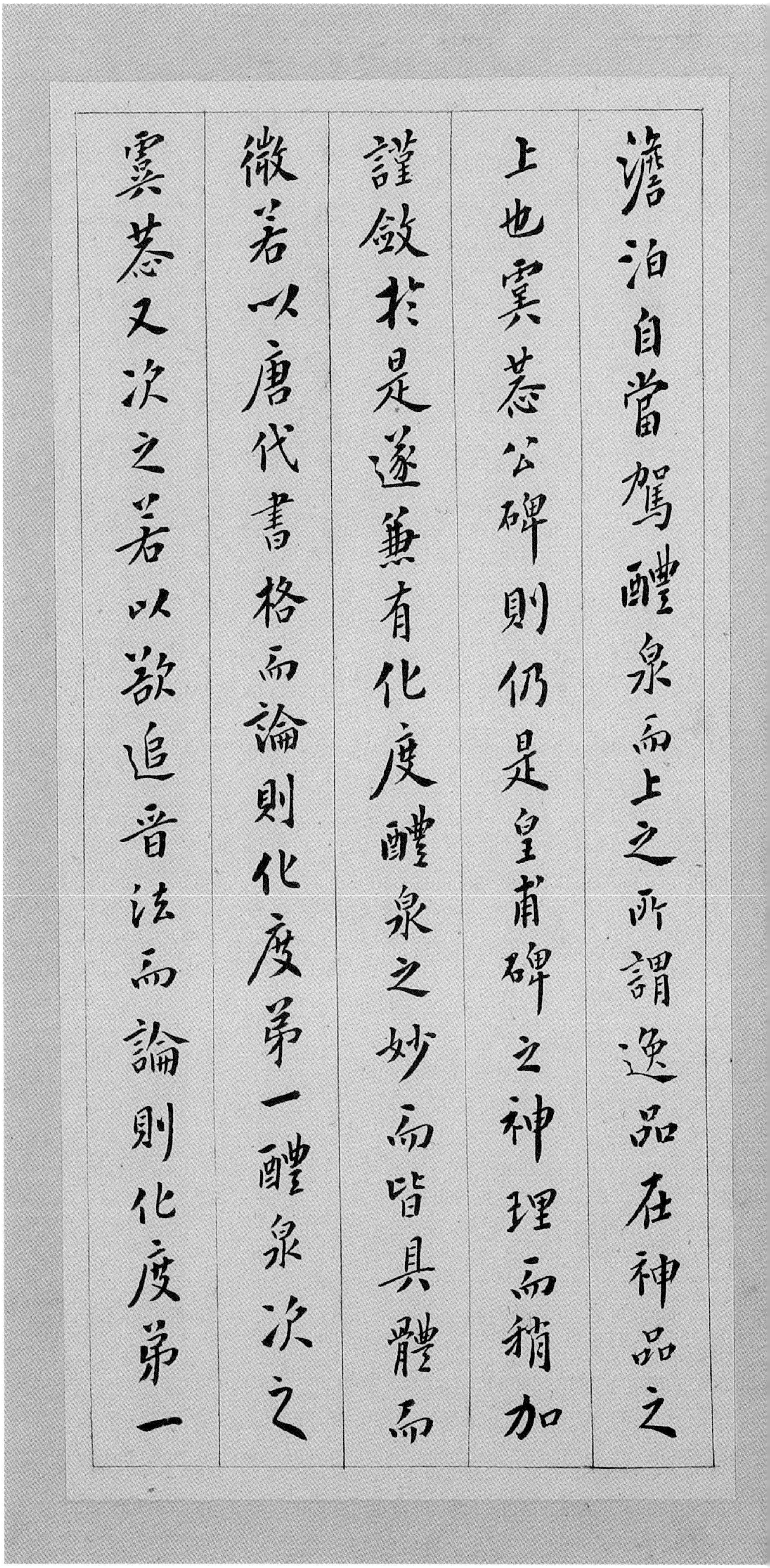
澹泊自當駕醴泉而上之所謂逸品在神品之
上也虞恭公碑則仍是皇甫碑之神理而稍加
謹斂於是遂兼有化度醴泉之妙而皆具體而
微若以唐代書格而論則化度第一醴泉次之
虞恭又次之若以欲追晉法而論則化度第一

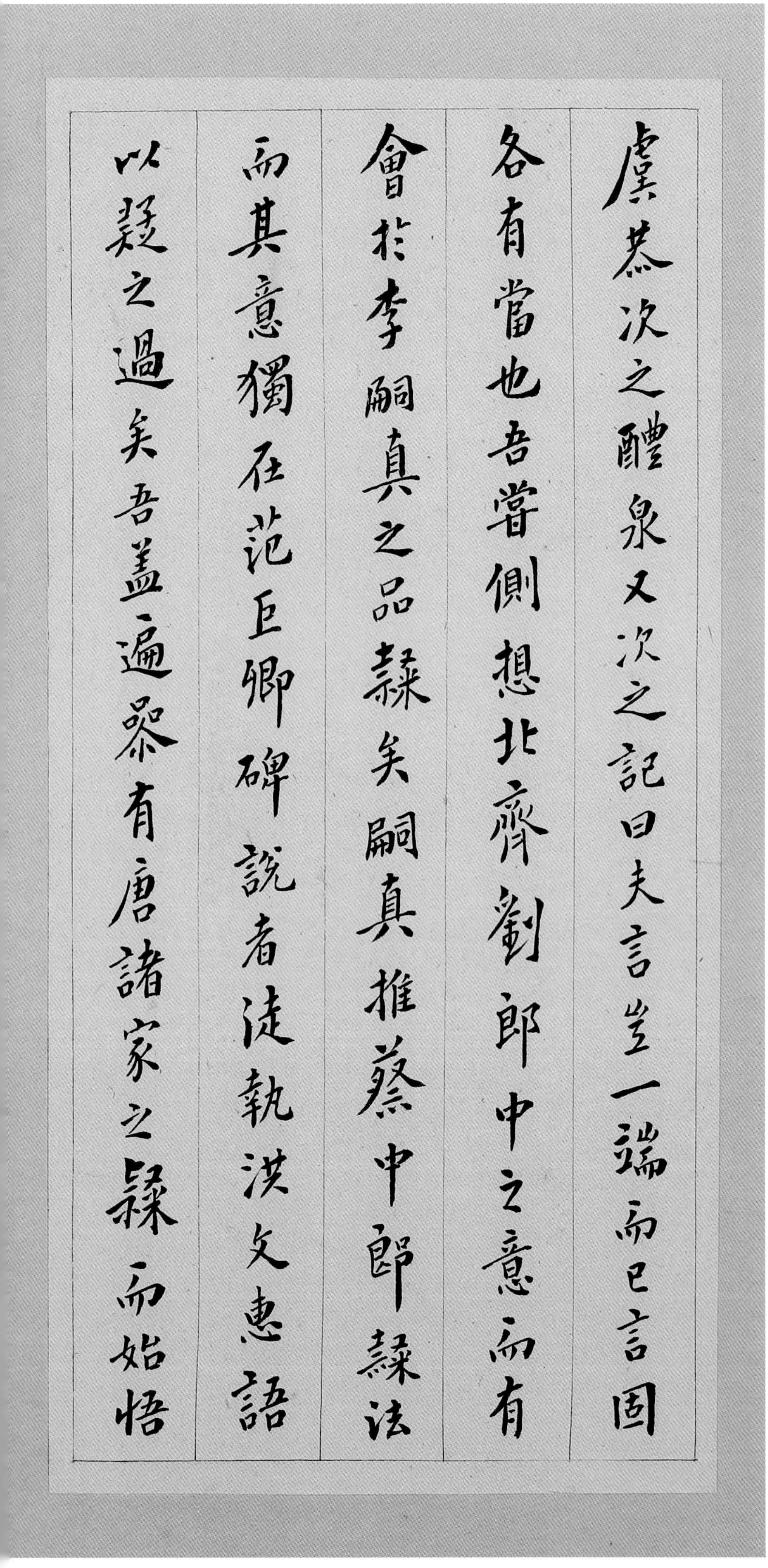
虞恭次之醴泉又次之記曰夫言豈一端而已言固
各有當也吾嘗側想北齊劉郎中之意而有
會於李嗣真之品隸矣嗣真推蔡中郎隸法
而其意獨在范巨卿碑説者徒執洪文惠語
以疑之過矣吾蓋遍參有唐諸家之隸而始悟

《虞恭》次之，《醴泉》又次之。《記》曰『夫言豈一端而已，言固各有當也』，吾嘗側想北齊劉郎中之意，而有會於李嗣真之品隸矣。嗣真推蔡中郎隸法，而其意獨在《范巨卿碑》，説者徒執洪文惠語以疑之，過矣。吾蓋遍參有唐諸家之隸，而始悟

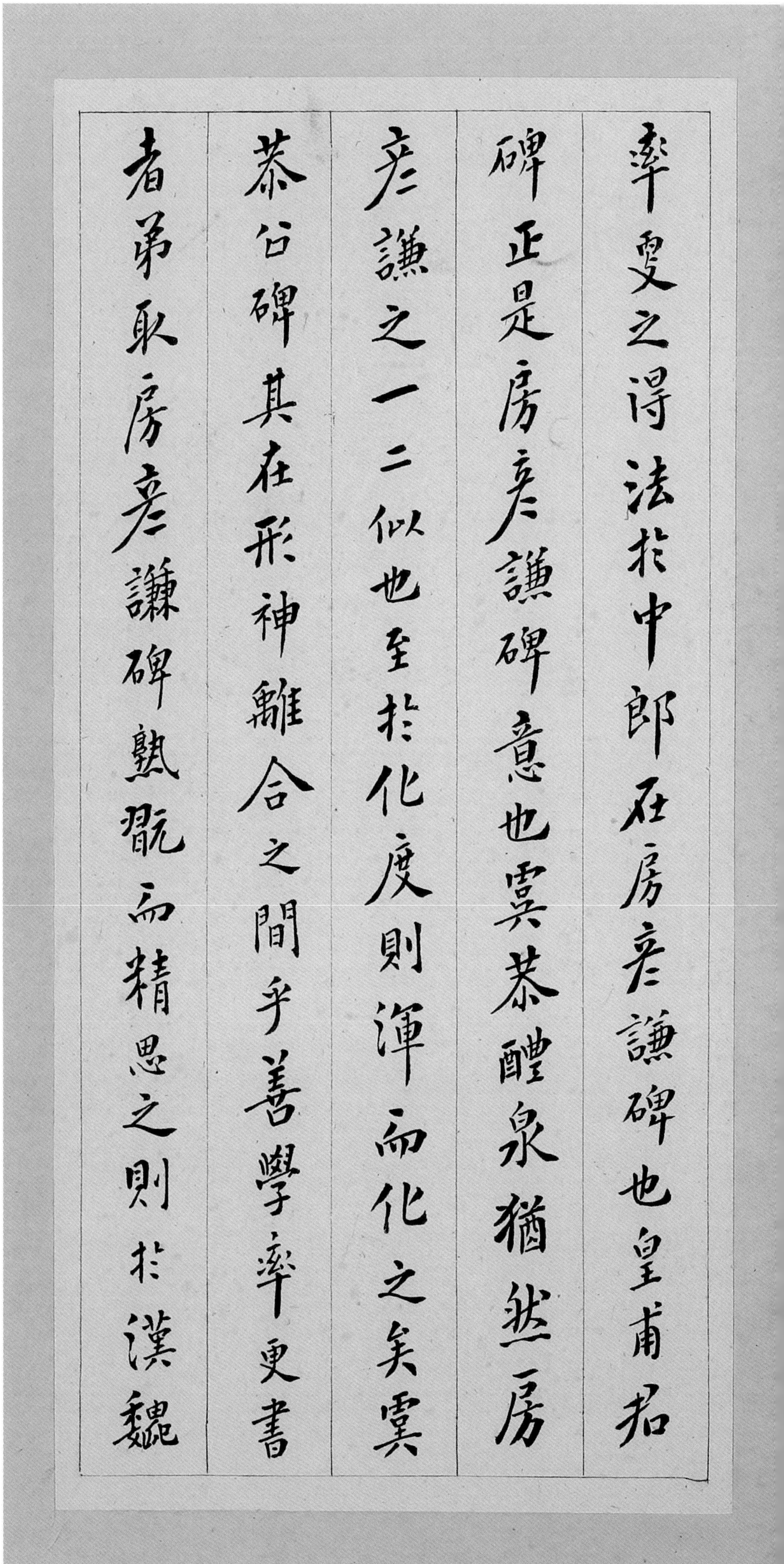
率更之得法於中郎在房彥謙碑也皇甫君碑正是房彥謙碑意也虞恭醴泉猶然房彥謙之一二似也至於化度則渾而化之矣虞恭公碑其在形神離合之間乎善學率更書者弟取房彥謙碑熟翫而精思之則於漢魏

率更之得法於中郎在《房彥謙碑》也。《皇甫君碑》正是《房彥謙碑》意也，《虞恭》《醴泉》猶然《房彥謙》之一二似也。至於《化度》則渾而化之矣，《虞恭公碑》其在形神離合之間乎。善學率更書者，弟取《房彥謙碑》熟玩而精思之，則於漢魏

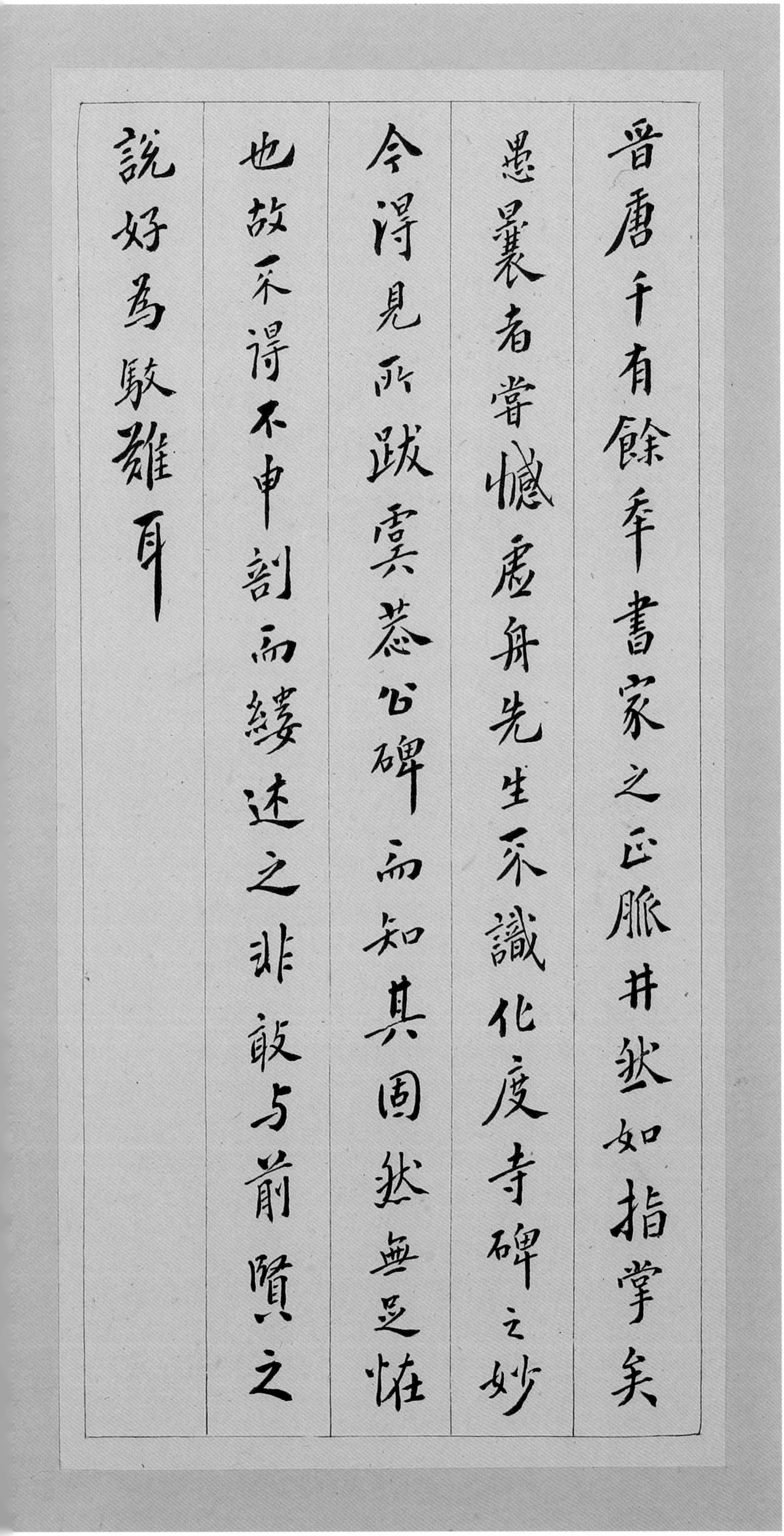
晋唐千有餘年書家之正脈井然如指掌矣
愚曩者嘗憾虛舟先生不識化度寺碑之妙
今得見所跋虞恭公碑而知其固然無足怪
也故不得不申剖而縷述之非敢与前賢之
説好為駁難耳

晋唐千有餘年書家之正脉，井然如指掌矣。愚曩者嘗憾虛舟先生不識《化度寺碑》之妙，今得見所跋《虞恭公碑》，而知其固然，無足怪也，故不得不申剖而縷述之，非敢與前賢之説好爲駁難耳。

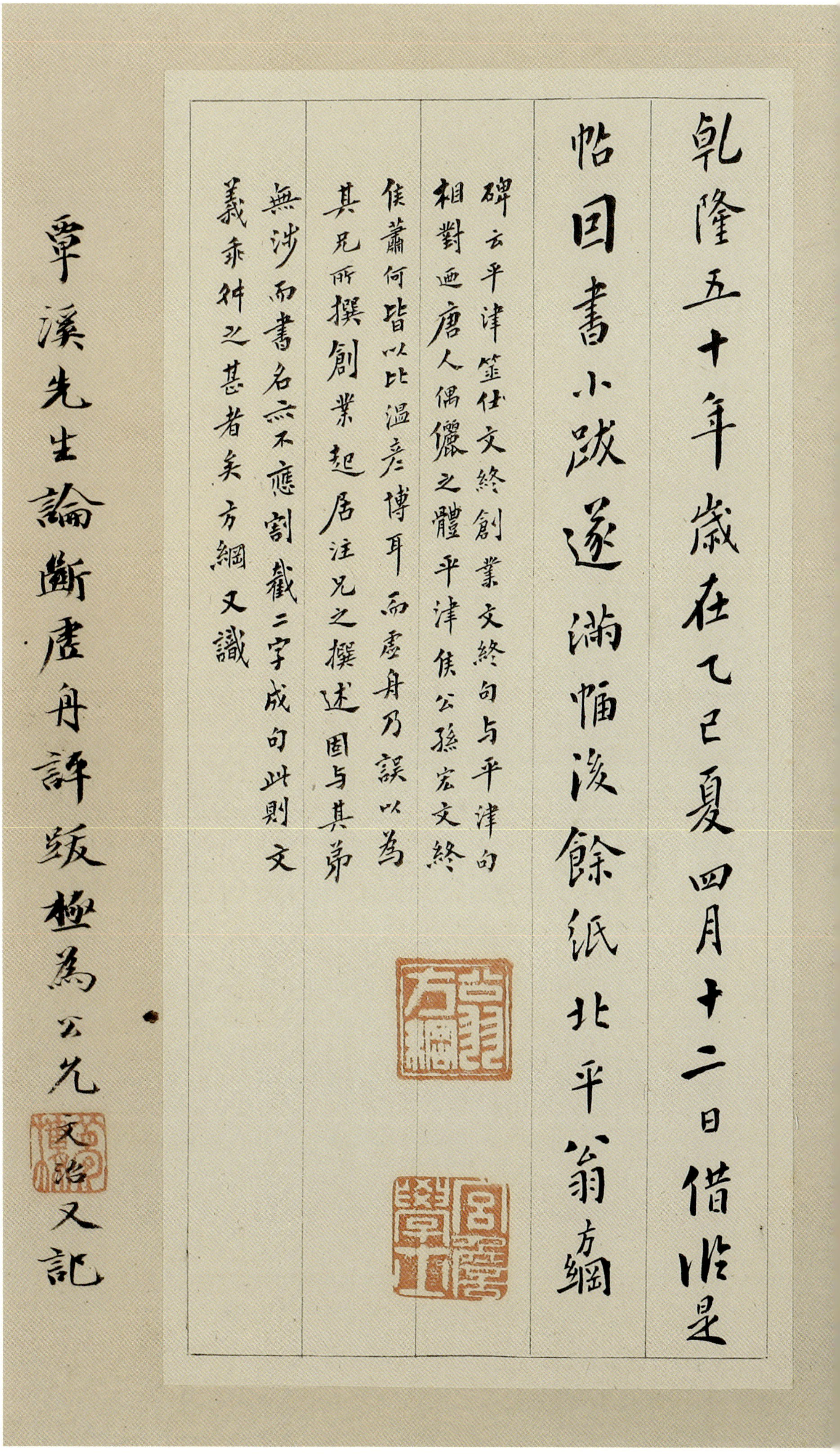

碑云平津筮仕文終創業文終句与平津句
相對迺唐人偶儷之體平津侯公孫宏文終
侯蕭何皆以比温彥博耳而虞舟乃誤以為
其兄所撰創業起居注兄之撰述固与其弟
無涉而書名亦不應割截二字成句此則文
義乖舛之甚者矣方綱又識
覃溪先生論斷虞舟評跋極為公允文治又記

乾隆五十年歲在乙巳夏四月十二日，借臨是帖，因書小跋，遂滿幅後餘紙。北平翁方綱。

鈐印：翁方綱、宫詹學士

題跋出處：虞恭公温彥博碑（清内府本）　館藏號：18A350

釋文：此二印是予臨摹二帖時託東卿求植夫篆者，在此帖前，亦足記墨緣也。壬申九月六日。

鈐印：覃谿

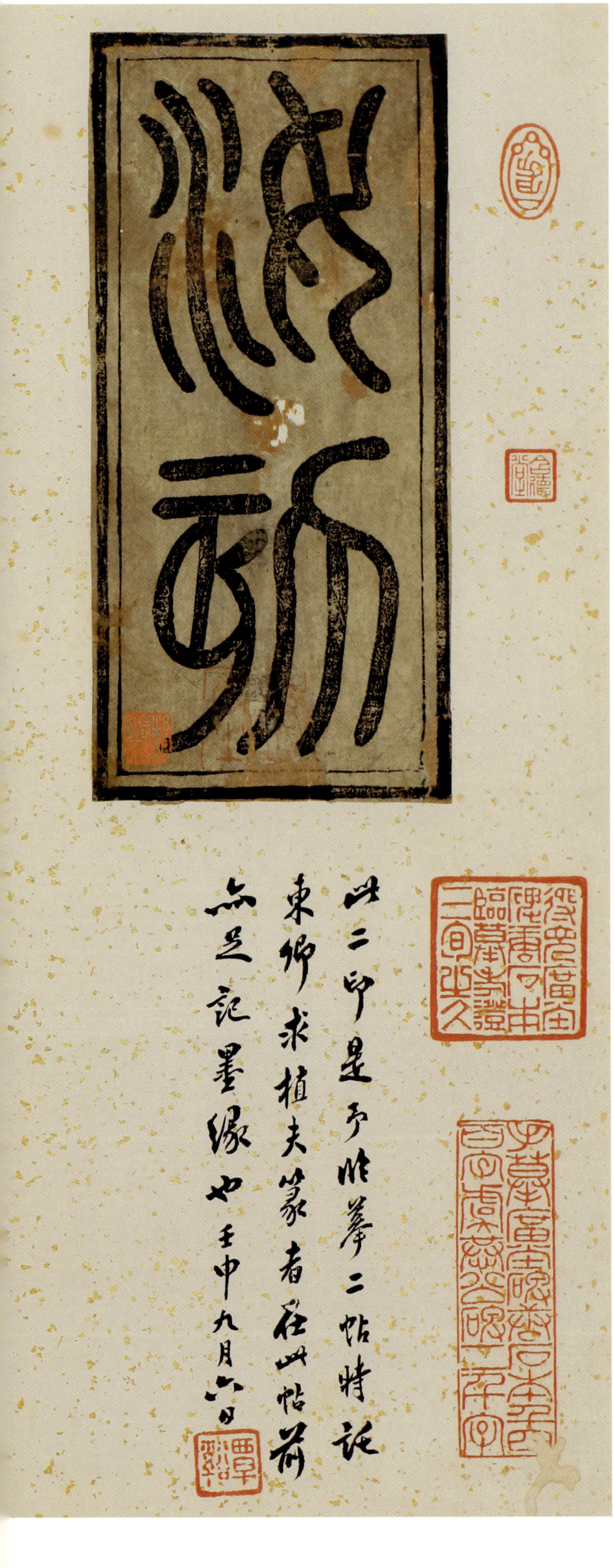

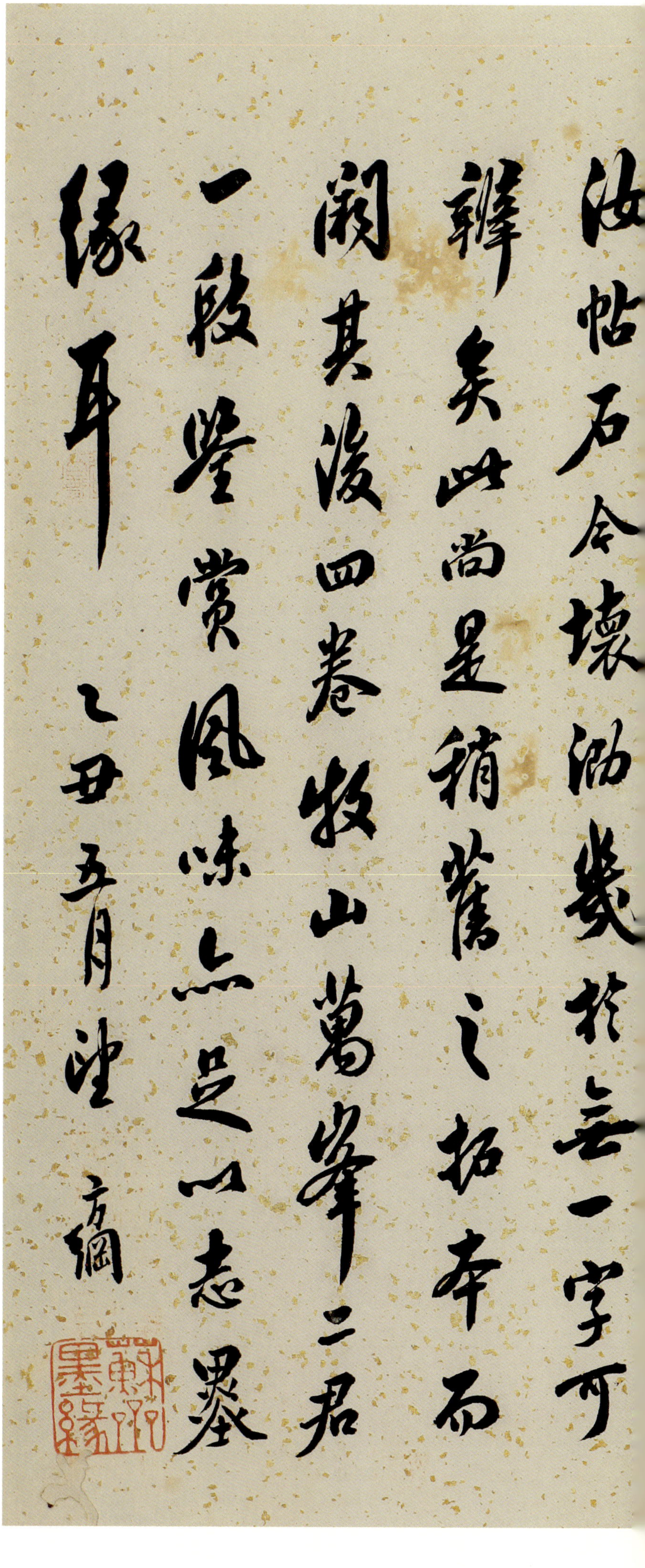

釋文：汝帖石今壞泐，幾於無一字可辨矣。此尚是稍舊之拓本，而闕其後四卷，牧山、萬峰二君一段鑒賞風味，亦足以志墨緣耳。乙丑五月望，方綱。

鈐印：蘇齋墨緣

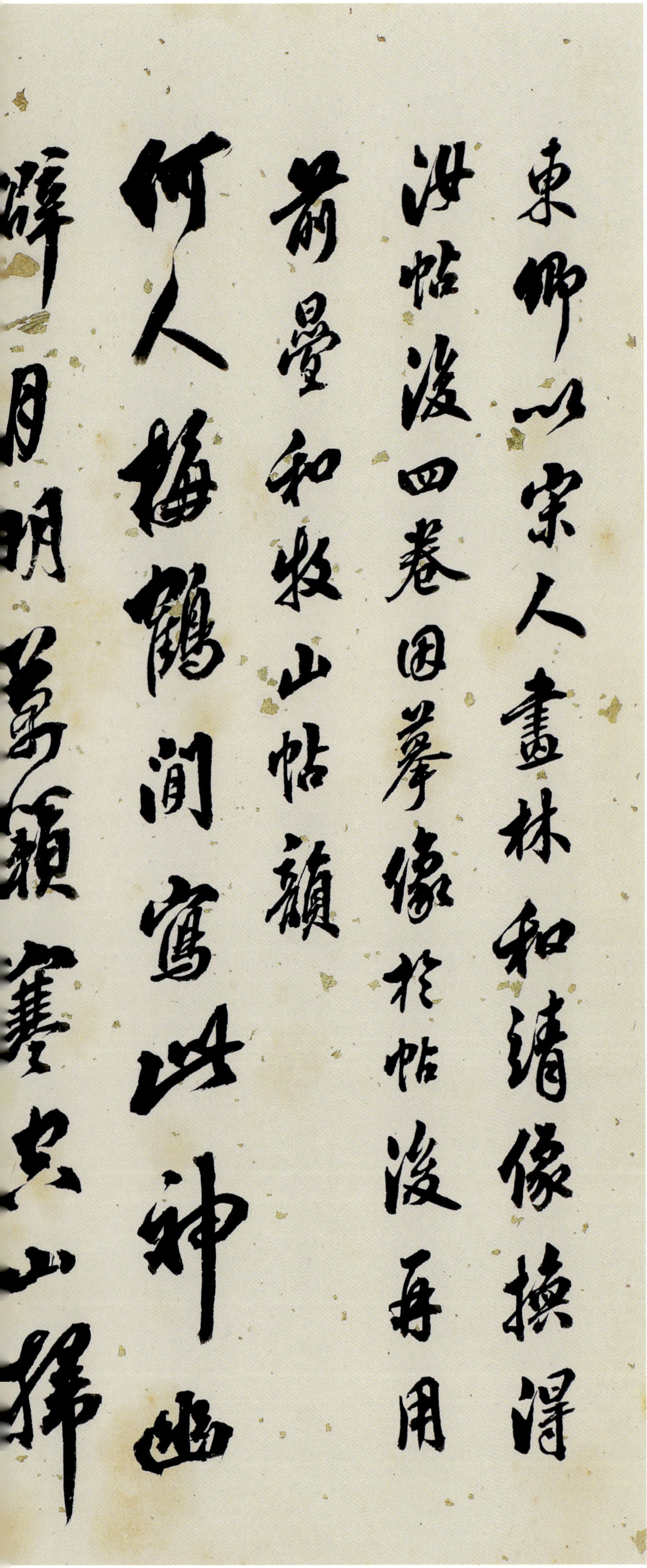

釋文：東卿以宋人畫林和靖像換得《汝帖》後四卷，因摹像於帖後，再用前叠和牧山帖韵。何人梅鶴間，寫此神幽僻。月明萬籟寒，空山掃

無迹。開卷清峭意，映帶啄波側。梅横欹似簪，鶴瘦爪如戟。煙墨昏影中，雲雪點虛白。似笑篆待

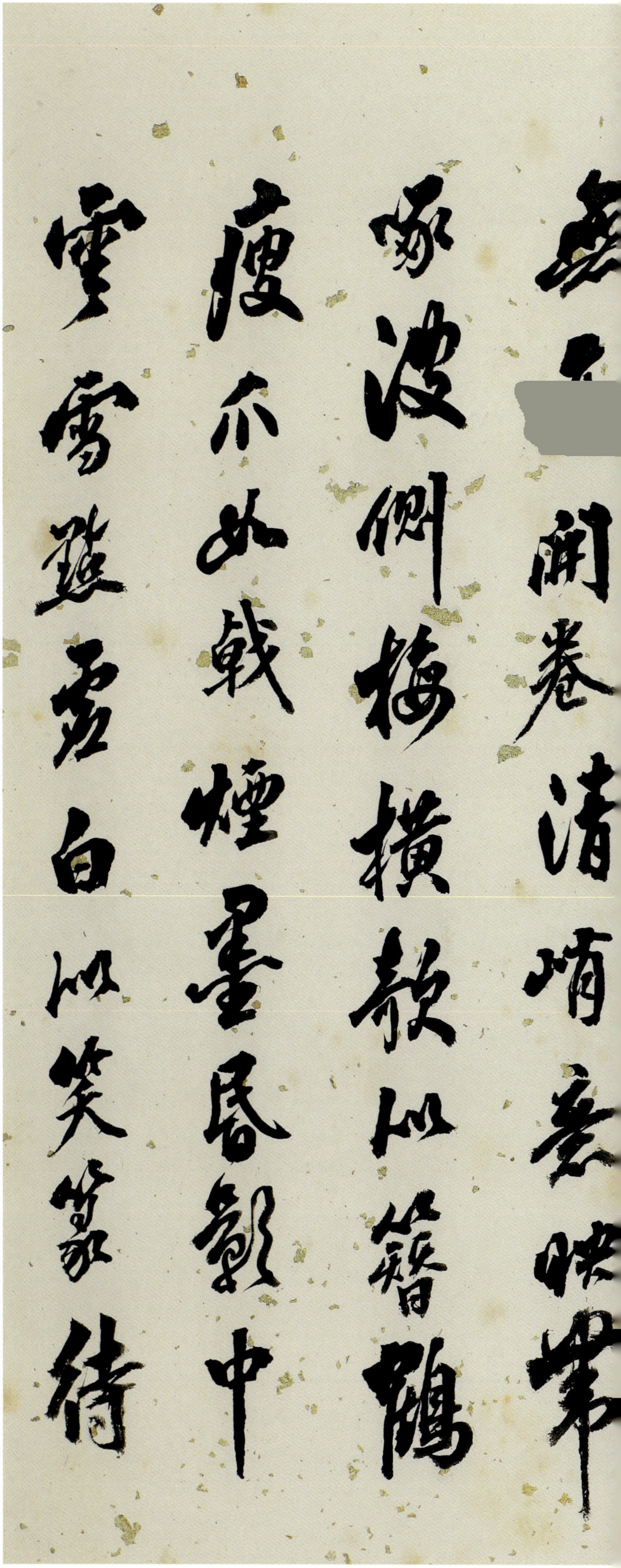

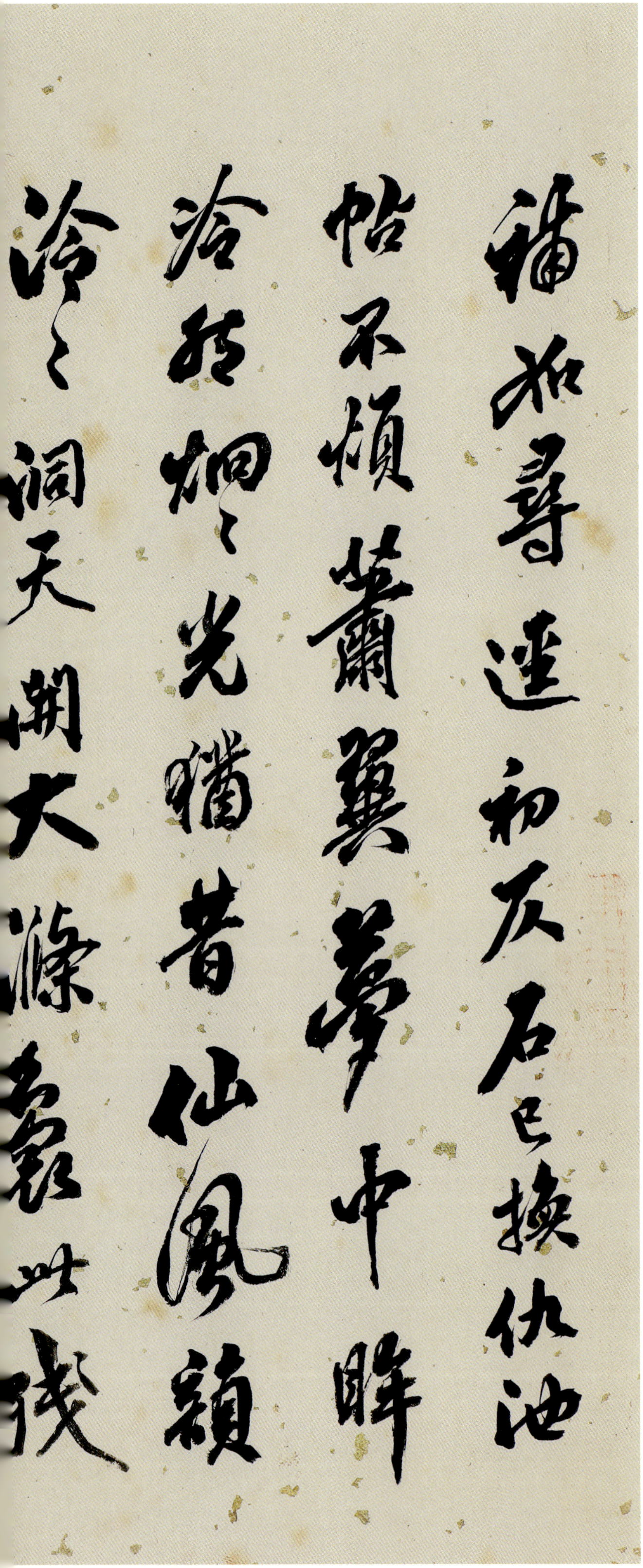

補，如尋徑初仄。石已換仇池，帖不煩蕭翼。夢中眸冷然，炯炯光猶昔。
僊風韵泠泠，洞天開大滌。裊此殘

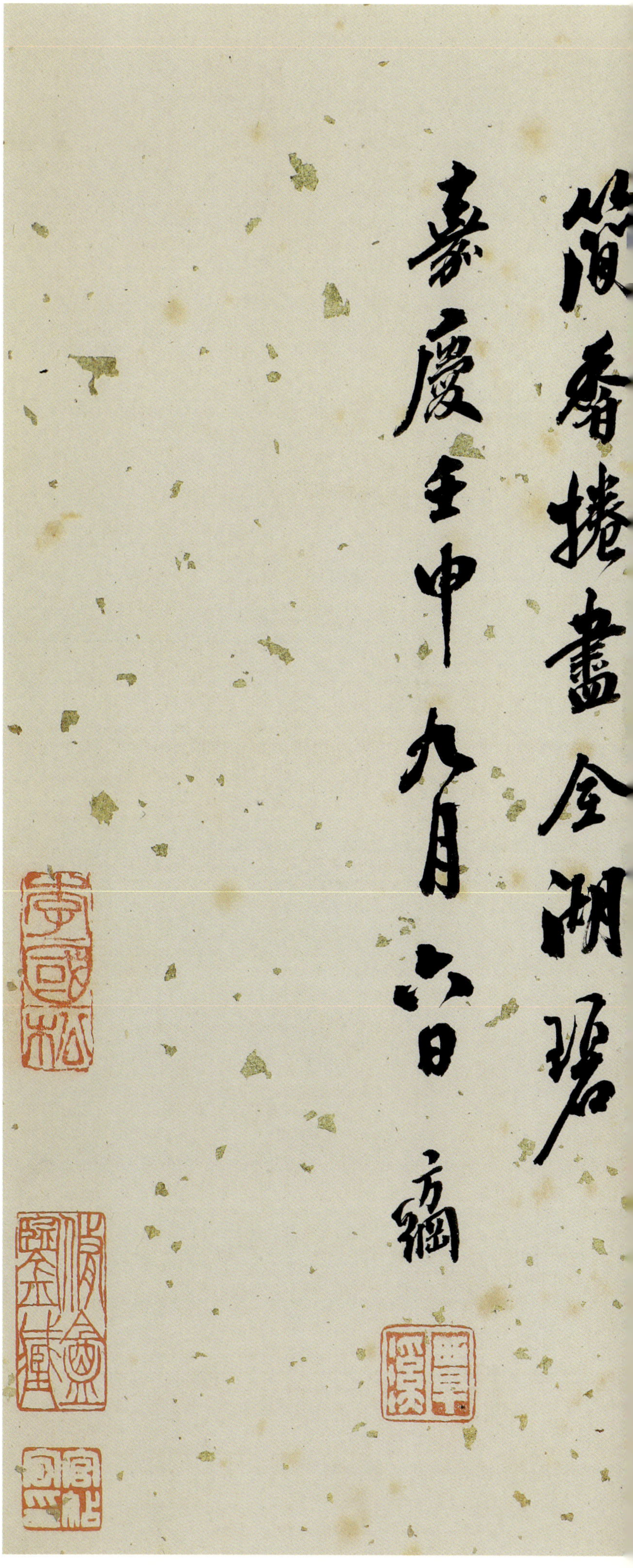

簡香，捲盡全湖碧。嘉慶壬申九月六日，方綱。

鈐印：覃溪

題跋出處：汝帖（李國松藏本）

館藏號：60（報）B2204

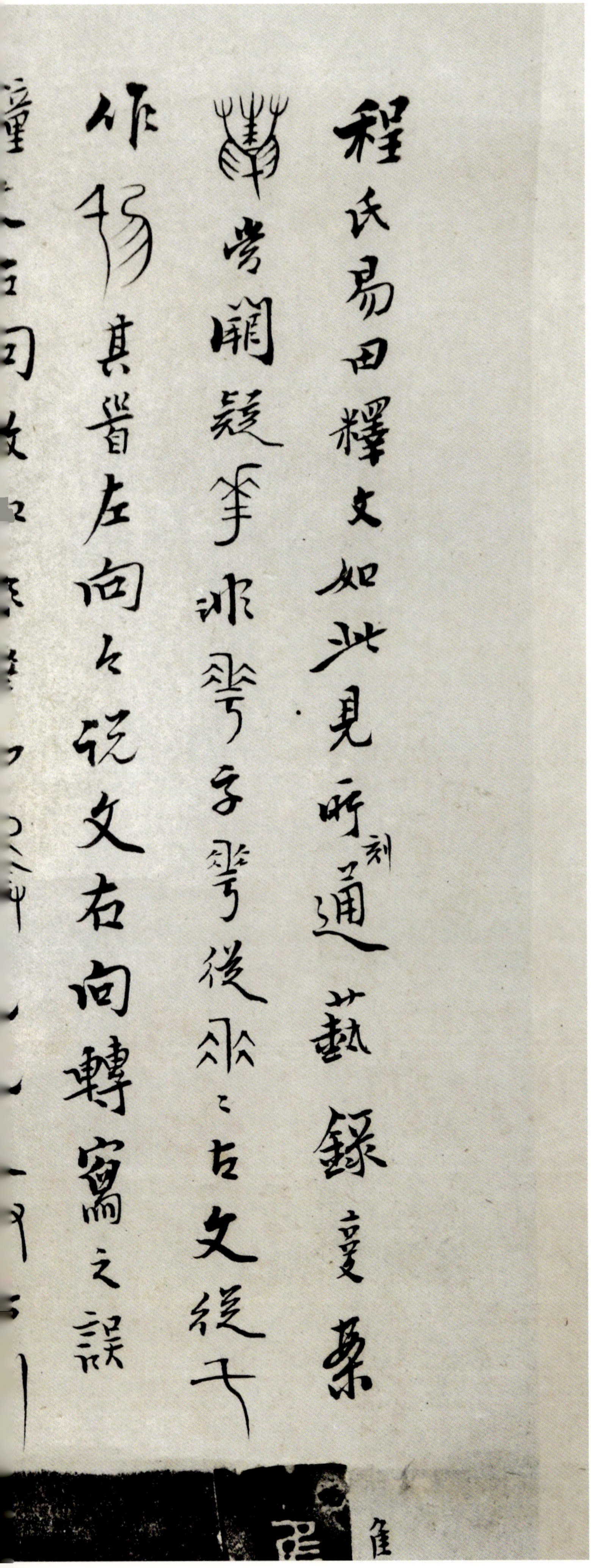

桂馥

年代：1736—1805

字號：字冬卉，號未谷、雩門、老苔、瀆井復民、冬枏、蕭然山外史、晚學居士

籍貫：山東曲阜

釋文：程氏易田釋文如此，見所刻《通藝録》，馥案「□」當闕，疑「□」非「□」字，「□」從「□」，「□」古文從「□」，作「□」，其首左向，今《説文》右向，轉寫之誤。鐘文右向，故知非「華」也。「□」見《説文》□部，訓云引給也。從「□」，「罣」聲。「□」亦見「□」部，訓云「□」也，從「□」，「龍」聲。程氏釋作「擇龔」，誤不待辨。莊君葆珍謂「□」當爲「錯」，《説文》「昔」古文作「□」，程氏釋作「鐐」，亦未允，念與程氏交十年，素服其精核，惜乎！釋此銘時未及裁助，姑記於此，竊附諍友之末云。達甫舍人出示拓本，爲録原釋并記鄙説。庚戌三月朔，曲阜桂馥。

鈐印：桂冬卉

題跋出處：邾公華鐘（桂馥跋本）

館藏號：Z1097

慤也從廾龍聲程氏釋作擇龔

誤不待辨莊

君葆珍謂鐙

當爲鐙說文笵古文作笵程氏釋作

鐙亦未允奩與程氏交十年素服其

精核惜乎釋此銘時未及裁助姑記

於此竊附諍友之末云

達甫舍人出示拓本爲錄原釋并記

鄦說庚戌三月朔曲阜桂馥

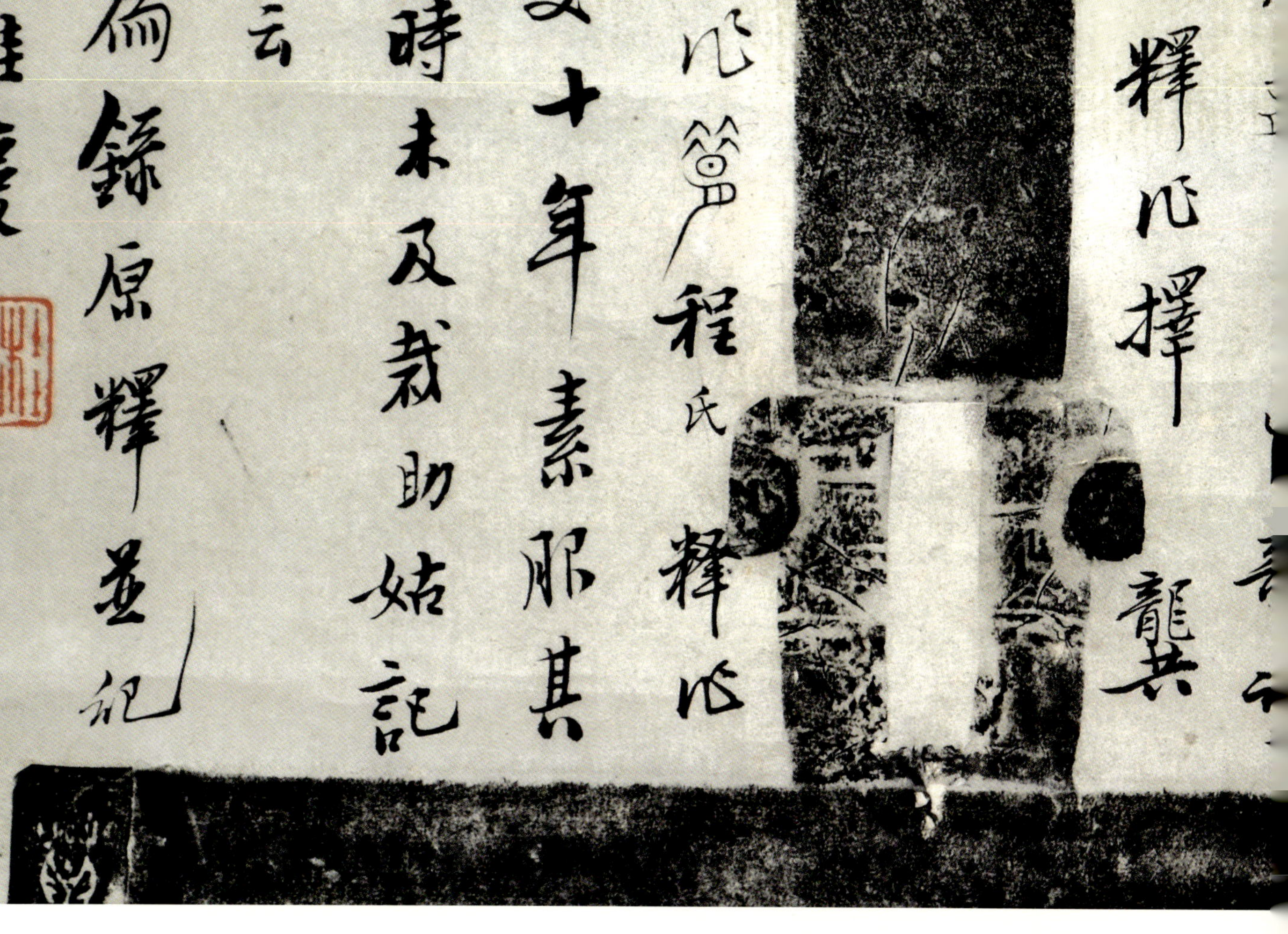

周

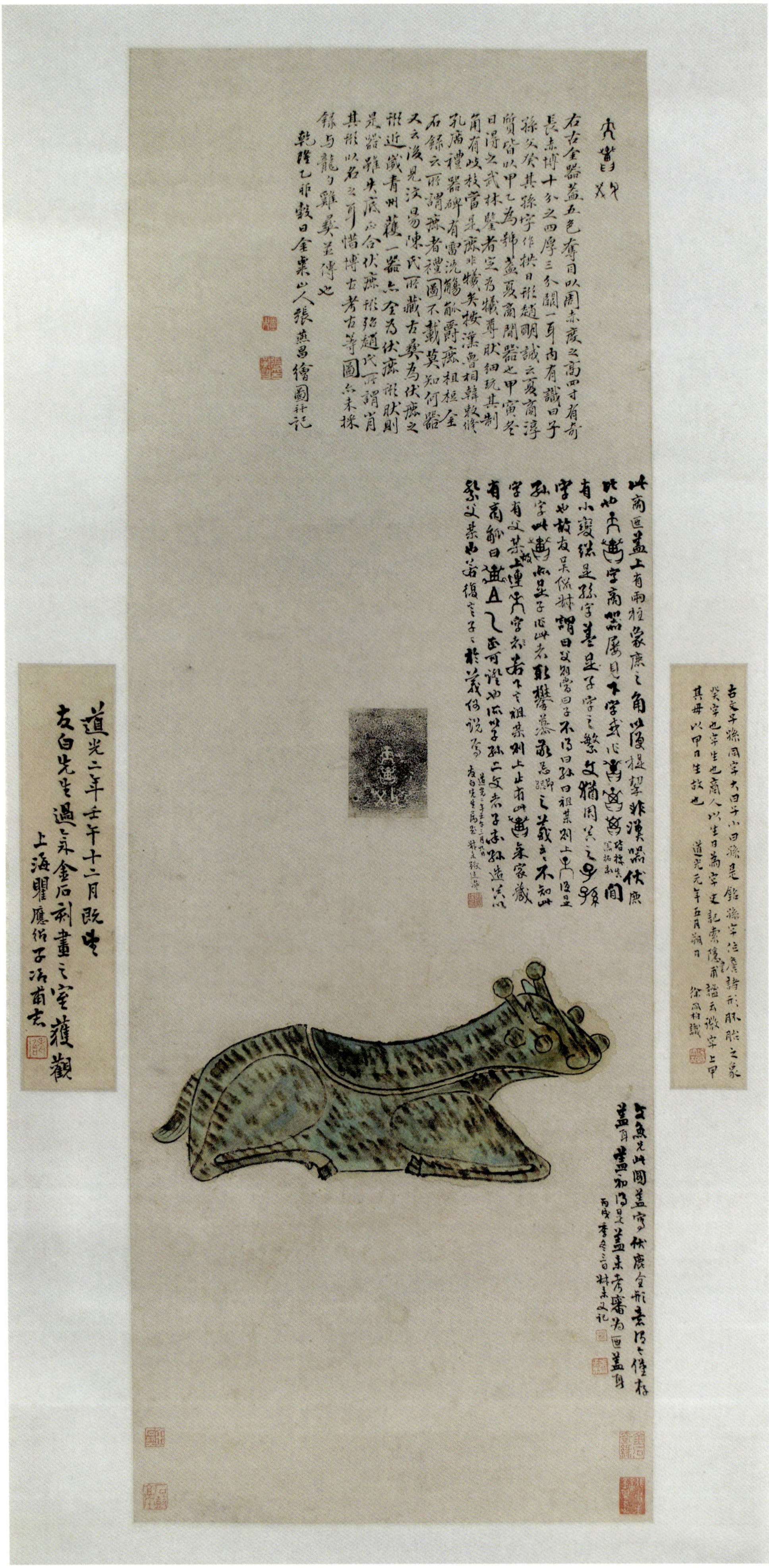

張燕昌

年代：1738—1814

字號：字芑堂，號文魚、石鼓亭長、金粟山人

籍貫：浙江海鹽

釋文：子孫父癸。右古金器蓋，五色奪目，以周赤度之，高四寸有奇，長赤博十分之四，厚三分闕一耳。内有識曰：『子孫父癸。』其『孫』字作拱日形，趙明誠云夏商淳質，皆以甲乙爲號，蓋夏商間器也。甲寅冬日得之武林，鑒者定爲犧尊，然細玩其制，角有岐枝，當是鹿非犧矣。按，《漢魯相韓勑修孔廟禮器碑》有『雷洗觴觚，爵鹿相梪』。《金石録》云所謂鹿者，禮圖不載，莫知何器。又云後見汶陽陳氏所藏古彝爲伏鹿之形，近歲青州獲一器亦全爲伏鹿形。然則是器雖失底，正合伏鹿形，殆趙氏所謂肖其形，以名之耳。惜《博古》《考古》等圖亦未採録，與《龍勺》《雞彝》并傳也。乾隆乙卯穀日，金粟山人張燕昌繪圖并記。

鈐印：金粟山人、張燕昌印

題跋出處：張燕昌手繪伏鹿匜蓋圖

館藏號：Z2456

子孫父癸

右古金器盖五色奪目以周赤度之高四寸有奇長赤博十分之四厚三分闊一耳内有識曰子孫父癸其孫字作拱日形趙明誠云夏商淳質皆以甲乙為號盖夏商間器也甲寅冬日得之武林鑒者定為犧尊然細玩其制角有岐枝當是虒非犧矣按漢魯相韓敕脩孔廟禮器碑有雷洗觴觚爵虒柤梪金石録云所謂虒者禮圖不載莫知何器又云後見汶昜陳氏所藏古彝為伏虒之形近歲青州獲一器亦全為伏虒形然則是器雖失底正合伏虒形殆趙氏所謂肖其形以名之耳惜博古考古等圖亦未採録与龍勺雞彝並傳也

乾隆乙卯穀日金粟山人張燕昌繪圖并記

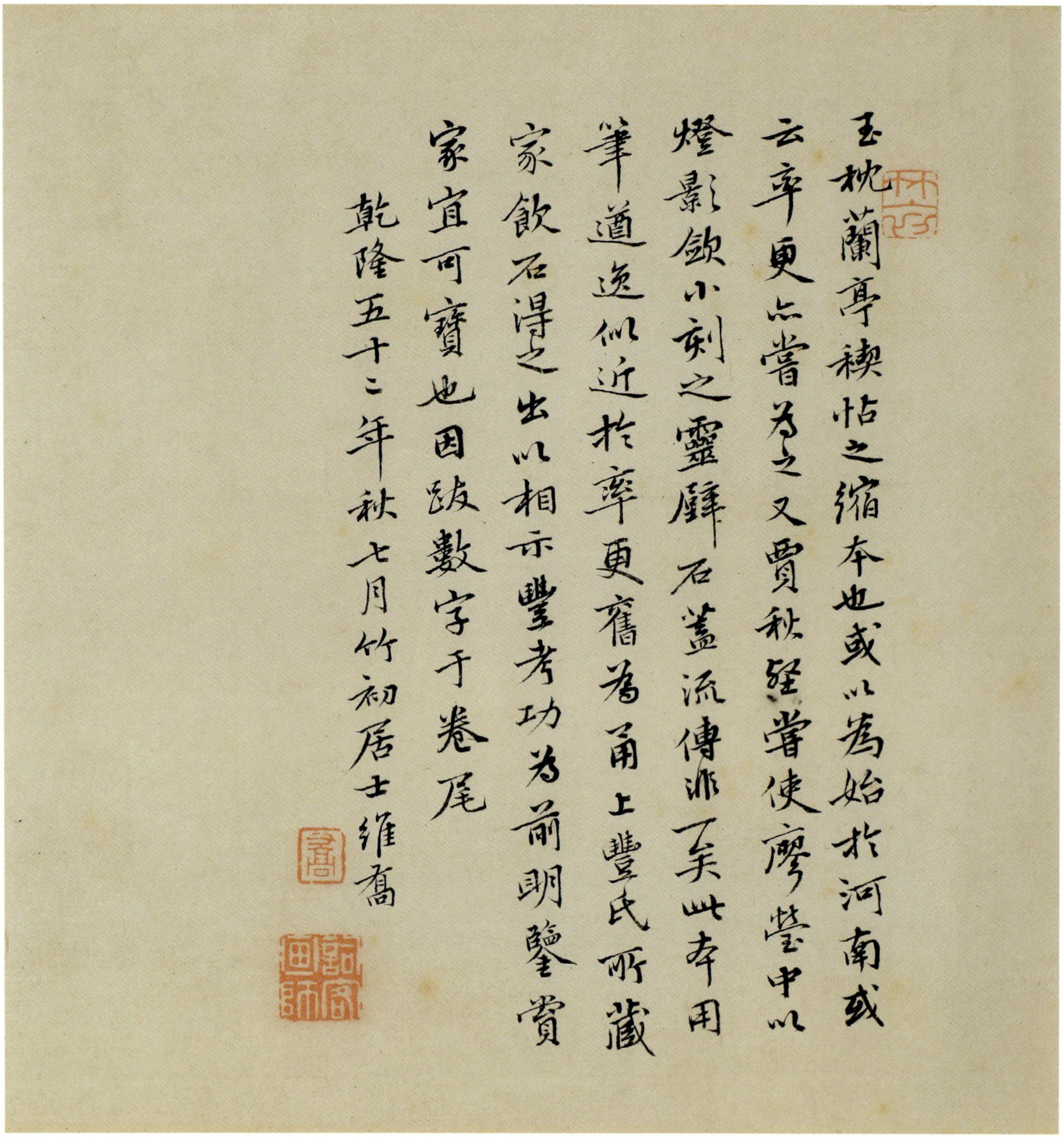

錢維喬

年代：1739—1806

字號：字樹參、季木，小字阿逾，號曙川、竹初、半園、半竺道人、半園逸叟、林棲居士

籍貫：江蘇武進

釋文：玉枕《蘭亭》，《禊帖》之縮本也。或以爲始於河南，或云率更亦嘗爲之，又賈秋壑嘗使廖瑩中以燈影斂小，刻之靈璧石，蓋流傳非一矣。此本用筆遒逸，似近於率更。舊爲甬上豐氏所藏，家飲石得之，出以相示。豐考功爲前明鑒賞家，宜可寶也。因跋數字于卷尾。乾隆五十二年秋七月，竹初居士維喬。

鈐印：竹初、喬、詞客畫師

題跋出處：玉枕蘭亭（豐坊藏本）

館藏號：19A382

玉枕蘭亭禊帖之縮本也或以為始於河南或
云率更臨嘗為之又賈秋壑嘗使廖瑩中以
燈影歛小刻之靈璧石蓋流傳沿久矣此本用
筆道逸似近於率更舊為上豐氏所藏
家飲石得之出以相示豐考功為前明鑒賞
家宜可寶也因跋數字于卷尾
乾隆五十二年秋七月竹初居士維喬

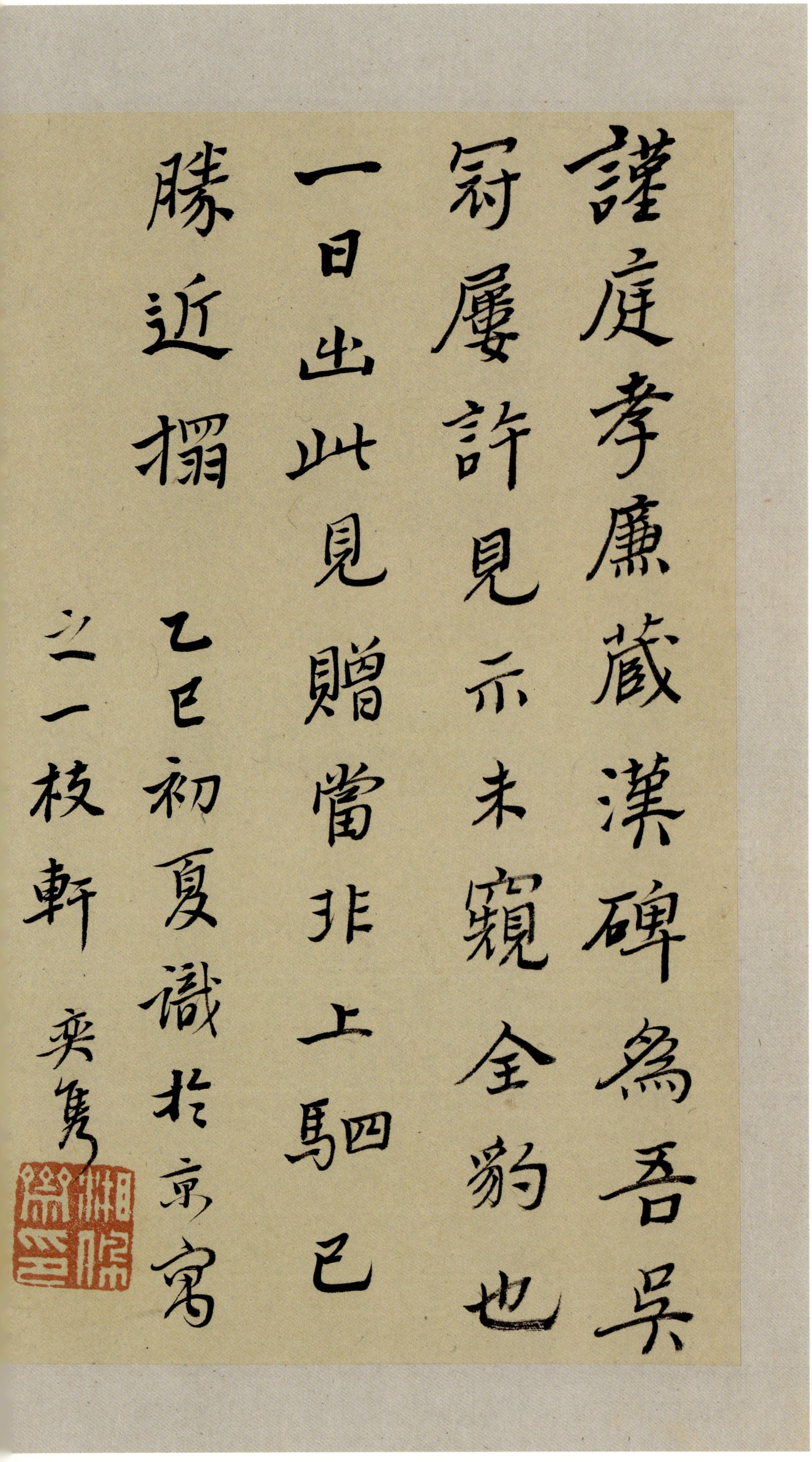

潘奕雋

年代：1740—1830

字號：字守愚，號榕皋，又號水雲漫士、三松居士，晚號三松老人

籍貫：江蘇吴縣

釋文：謹庭孝廉藏漢碑爲吾吴冠，屢許見示，未窺全豹也。一日出此見贈，當非上駟，已勝近拓。乙巳初夏，識於京寓之一枝軒。奕雋。

鈐印：湘佩齋印

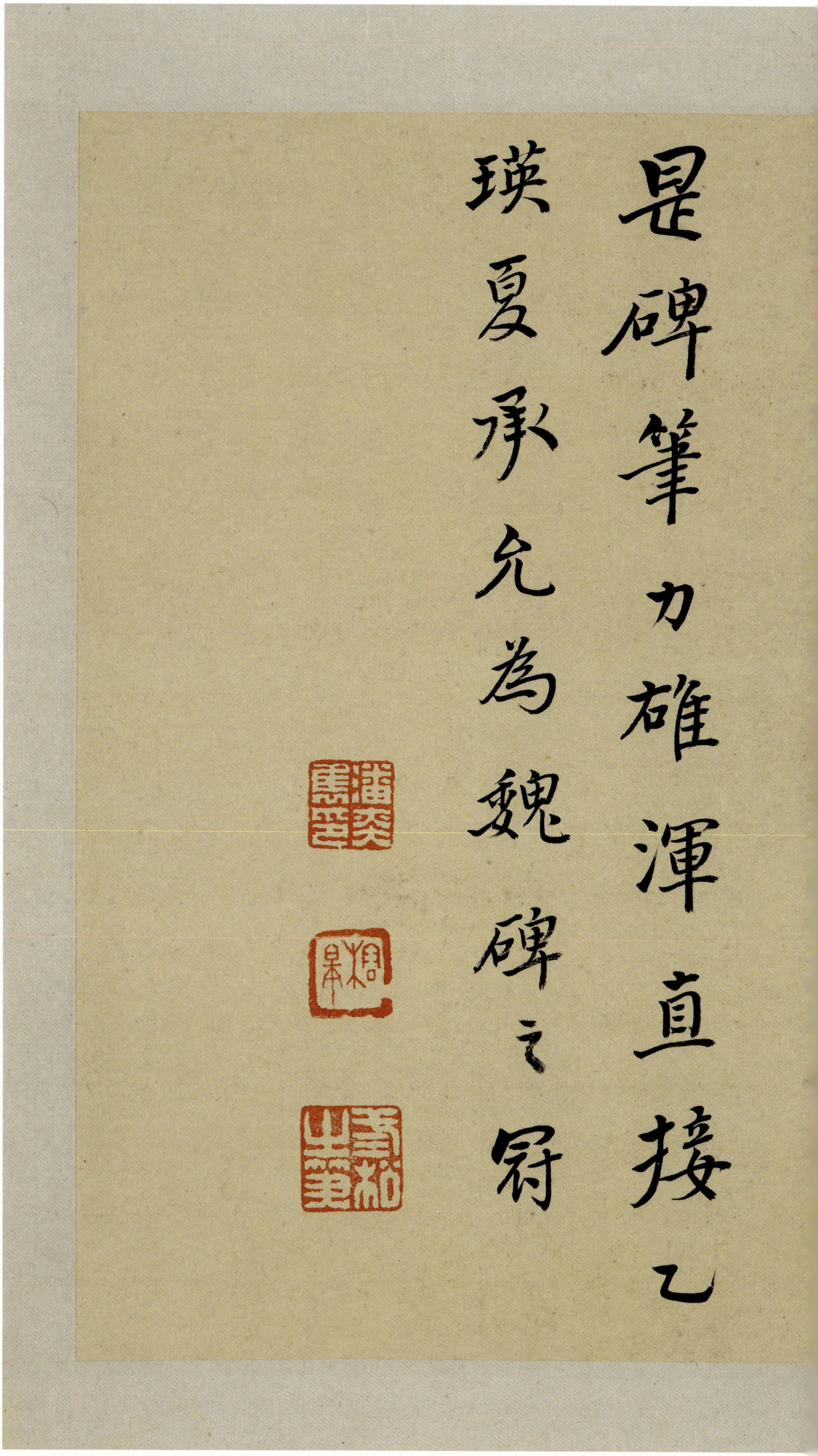

釋文：是碑筆力雄渾，直接《乙瑛》《夏承》，允爲魏碑之冠。
鈐印：潘奕雋印、榕皋、式松之筆
題跋出處：上尊號碑（陸恭藏本）
館藏號：S2759

黄易

年代：1744—1802

字號：字大易，號小松、秋庵、秋影庵主、蓮宗弟子、散花灘人、君車漢石亭長、黄九

籍貫：浙江錢塘

釋文：《武梁祠堂題字》載洪氏《隸釋》，《畫像》載《隸續》，世少傳本。往歲揚州汪雪礓得馬半查所藏唐拓本爲幅十四，見者已嘆爲希遘。乾隆丙午八月，易從嘉祥紫雲山得武梁祠像原石及《武斑碑》，嗣獲雙石闕，剔出别室之石甚夥，實爲生平快事。武梁祠刻『伏戲至秦王』一石尚立土中，餘二石斜斷横卧。趙德夫云郭巨石室塞其後而虚其前，此祇三石，左右二石有山尖形，中一石平頂，其制正相同也。《畫像》與《隸續》所圖悉合，《題字》較《隸釋》少『忠孝李善』一行，『休屠像』一行，其『李氏遺孤』一行僅存『孤』字之半，餘三字盡泐。至『黄帝』一行『造兵』下是『井田垂衣』四字。『夏禹』一行『地理』下是『脉』字，『泉』下是『知』字，『隨』下是『時設防』三字。『曾子』下是『質』字，『貫感』下是『神』字，『凱式』下似『俾』字，下方有『讒言三至慈母投杼』八字。『閔子騫』下是『與假』二字，『母居』下是『愛有偏』三字，『寒御』上是『衣』字，下是『車』字，『失』下是『棰』字，『侍郎』上是『二』字，『胡妻』上是『秋』字，下一行是『魯』字。『義姑姊』一行之前有『兄子』二字。其後一榜曰『楚昭貞姜』，又一榜曰『柏榆傷親年老氣力稍衰笞之不痛心懷楚悲』。『朱明弟』下有『朱明兒』三字，『范且』後有『魏須賈』三字，『捄者』後有『姑姊兒』三字，『後母子』上有『追吏』二字，下有『死人』二字，『義漿羊公』前有『三州孝□□人也』，『魏湯』後是『孝烏』二字，『孝孫』下是『祖』字，『豫讓』之前有『王慶忌要離』五字，後有『趙襄子』三字。左右二石山尖作神靈鳥獸之狀，凡此皆洪《釋》所未有也。洪云『工業』，今拓本是『王業』，『著乎朱方』是『著號来方』，『母居喪』是『居』，『愛孝道』是『孝』，『莫終後』是『終歿』，『衛將』是『齊將』，『葬者』是『趙□啫』。洪云畫像六石，其五則横分爲二，其實止有三石，每石四列，谿當日所見者，每一石分拓二紙，每紙二列，洪氏誤爲六石。《隸續》所圖每頁止有二列，拓本未必精善，故缺字甚多耳。此室三面，畫意聯而爲一。第一列古帝王、節婦，二列盡是孝子，三列刺客、義士、列女，四列止有處士、縣功曹二榜，中作樓閣人象，與上列通連，餘皆儀從、車馬、庖厨、井闌，疑是葬者歷官與祭祀之事。《隸釋》所録上一列始自左壁『伏戲』至『夏桀』一段，下接『管仲』一段，其下又接中壁『梁高行』一段，將左壁内『曾子』一段録於中壁『范且』之後，次序倒置。今易手裝諸榜題字，先左次中次右，不依《隸釋》次序也。諸石縱横原野，急宜收護。易與海内好古之士捐金重立武氏祠堂，興工時諸石標刻次第，碎者聯之，盡置堂中，用垂久遠。然出土後漸多剥泐，『夏桀』之『夏』字一畫之下無點，今泐缺，『魯莊公』之『魯』字亦缺，『秋胡』下『妻』字初拓尚露『女』字，『孤』字之『子』尚露，今俱缺，『藺相』二字初存其半，今全泐。洪《釋》共四百三十字，今拓本共五百七字，計多出七十七字，『柏榆』一榜題字二行至『笞之不痛心懷楚』而止，今辨出榜下有『悲』字，刻於一人肩上，讀之則四字成句，乃知漢人造室刻像既成，空留一榜，然後題刻，故有空榜未題者，或字多榜小，則題字亦小，榜不能容，即刻於榜外矣。趙氏《金石録目》惟云武氏石室畫像，洪氏以《從事武梁碑》内有良匠衛改雕文刻畫之語，似爲此畫而設，故以『武梁祠堂畫象』名之，其實莫曉何人。然《武梁碑》中詩詡雕刻，比之别室，自當工妙。就數室而論，此室最工，洪氏直以爲武梁，未始無見，惟《隸續》碑圖之首『武梁壂』三字，石中所無，是繪刻時標注也。嘉慶元年三月六日書。

鈐印：小松所得金石、紫雲山館

題跋出處：武氏祠畫像題字（黄易監拓批校本）

館藏號：19A362

武梁祠堂題字載洪氏隸釋畫像載隸續世少傳本往歲揚州汪雪礓得馬半查所藏唐拓本為幅者見者已嘆為希遘乾隆丙午八月易從嘉祥紫雲山得武梁祠像原石及武斑碑嗣獲雙石闕別出別室之石甚夥實為生平快事武梁祠刻伏戲至秦王一石尚立土中餘二石斜斷橫臥趙德夫云郭巨石室寒其後而虛其前此只三石左右二石有山尖形中一石平頂其制正相同也畫像與隸續所圖悉合題字較隸釋少忠孝李善一行休屠像一行其李氏遺孤一行僅存孤字之半餘三字盡泐至黄帝一行造兵下是井田垂衣四字夏禹一行地理下是脈字泉下是知字隨下是時設防三字曾子下是質字貫感下是神字觀武下似倅字下方有讒言三至慈母投杼八字閔子騫下是與假二字母居下是愛有偏三字寒御上是衣字下是車字失下是棰字侍郎上是二字胡妻上是秋字下一行是魯字義姑姊一行之前有兄子二字其後一榜曰楚昭貞姜又一榜曰柏榆傷親年老氣力稍衰笞之不痛心懷楚悲朱明弟下有朱明兒三字范且後有魏須賈三字捄者後有姑姊兒三字後母子上有追吏二字下有死人二字義漿羊公前有三州孝□□人也魏湯後是孝烏二字孝孫下是祖字豫讓之前有王慶忌要離五字後有趙襄子三字左右二石山尖作神靈鳥獸之狀凡此皆洪釋所未有也洪云王業今搨本是王業著乎宋方是著号來方母居喪是居愛孝道是孝莫終後是終張衛將是齊將蔡者是趙□

睹洪云畫像六石其五則橫分為二其實止有三石每石四列疑當日所見者每一石分搨二幅每幅二列洪氏誤為六石隸續所圖每頁止有二列搨本未必精善故缺字甚多耳此室三面畫意聯而為一第一列古帝王節婦二列畫是孝子三列刺客義士列女四列止有處士縣功曹二榜中作樓閣人象與上列通連餘皆儀從車馬庖廚井闌疑是葬者歷官與祭祀之事隸釋所錄上一列始自左壁伏戲至夏桀一段下接管仲一段其下又接中壁梁高行一段將左壁內曾子一段錄於中壁范且之後次序倒置今易手裝諸榜題字先左次中次右不依隸釋次序也諸石縱橫原野急宜收護易與海內好古之士捐金重立武氏祠堂興工時諸石標刻次第碑者聯之盡置堂中用垂久遠然出土後漸多剝泐夏桀之夏字一畫之下無點今泐缺魯莊公之魯字亦缺秋胡下妻字初拓尚露女字孫字之子尚露今俱缺藺相二字初存其半今全泐洪釋共四百三十字今搨本共五百七字計多出七十七字柏榆一榜題字二行至笞之不痛心懷楚而止今辨出榜下有悲字刻於一人肩上讀之則四字成句乃知漢人造室刻像既成室留一榜然後題刻故有空榜未題者或字多榜小則題字亦小榜不能容即刻於榜外矣趙氏金石錄目惟云武氏石室畫像洪氏以從事武梁碑內有良匠衛改雕文刻畫之語似為此畫而設故以武梁祠堂畫象名之其實莫曉何人然武梁碑中詩詡雕刻比之列室自當之妙就數室而論此室最古洪氏直以為武梁未始無見惟隸續碑圖之首武梁壁三字石中所無是繪刻時標註也嘉慶元年三月六日書

武梁祠堂題字載洪氏隸釋畫像載隸續世少傳本往歲揚州汪雪礓得馬
半查所藏唐拓本爲幅出見者已嘆爲希遘乾隆丙午八月易遂嘉祥紫雲山得武梁
祠像原石及武斑碑祠獲雙石闕別出別室之石甚夥實爲生平快事武梁祠刻
伏戲至秦王一石尚立土中餘二石斜斷横卧趙德夫云郭巨石室塞其後而虛其

字之半餘三字盡泐至黃帝一行造兵下是井田垂衣四字夏禹一行地理下
是脉字泉下是知字隨下是時設防三字曾子下是盾字毋貫感下是神字凱武
下似𠊱字下方有讒言三至慈母投杼八字閔子騫下是與假二字母居下是愛
有偏三字寒御上是衣字下是車字失下是極字侍郎上是二字胡妻上是秋
字下一行是曾字義姑姊一行之前有兄子二字其後一標曰楚昭貞姜又一標
曰柏榆傷親年老氣力稍衰皆之不痛心懷楚悲朱明第下有朱明兒三字
范且後有魏須賈三字𢿱者後有姑姊兒三字後母子上有追吏二字下有死
人二字義漿羊公前有三州孝□□人也魏湯後是孝烏二字孝孫下是祖
字豫讓之前有王慶忌要離五字後有趙襄子三字左右二后山哭作神靈鳥
獸之狀凡此皆洪釋所未有也洪云工業今搨本是王業著乎朱方是著号來
方母居喪是居愛孝道是孝莫終後是終張衛將是齊將莫者是趙□

睹洪云畫像六石其五則橫分爲二其實止有三石每石四列蹤當日所見者每一
石分搨二帋每帋二列洪氏誤爲六石隸續所圖每頁止有二列搨本未必精善
故缺字甚多耳此室三面畫意聯而爲一第一列古帝王節婦二列畫是孝子
三列刺客義士列女四列止有處士縣功曹二榜中作樓閣人象與上列通連餘
皆儀從車馬庖廚井闌疑是奠者歷官與祭祀之事隸釋所錄上一列
始自左壁伏戲至夏桀一段下接管仲一段其下又接中壁梁高行一段將
左壁內曾子一段錄於中壁范且之後次序倒置今易手裝諸榜題字先左
次中次右不依隸釋次序也諸石縱橫原野急宜收護易與海內好古之士捐
金重立武氏祠堂興土時諸石標刻次第碑若聯之畫置堂中用垂久遠然出
土後漸多剝泐夏桀之夏字一畫之下無點今泐缺魯莊公之魯字亦缺秋胡下

管之不痛心懷楚之而止今辨出榜下有悲字刻於一人肩上讀之則四字成句
乃知漢人造室刻像既成室留一榜然後題刻故有室榜未題者或字多
榜小則題字亦小榜不能容即刻於榜外矣趙氏金石錄目惟云武氏石
室畫像洪氏以從事武梁碑內有良匠衛改雕文刻畫之語似為此畫而
設故以武梁祠堂畫象名之其實莫曉何人然武梁碑中詩謝雕刻比之
列室自當之妙就數室而論此室最之洪氏直以為武梁未始無見惟隸續碑
圖之首武梁壓三字石中所無是繪刻時標註也嘉慶元年三月六日書

小松所得金石

語鈴珍玩

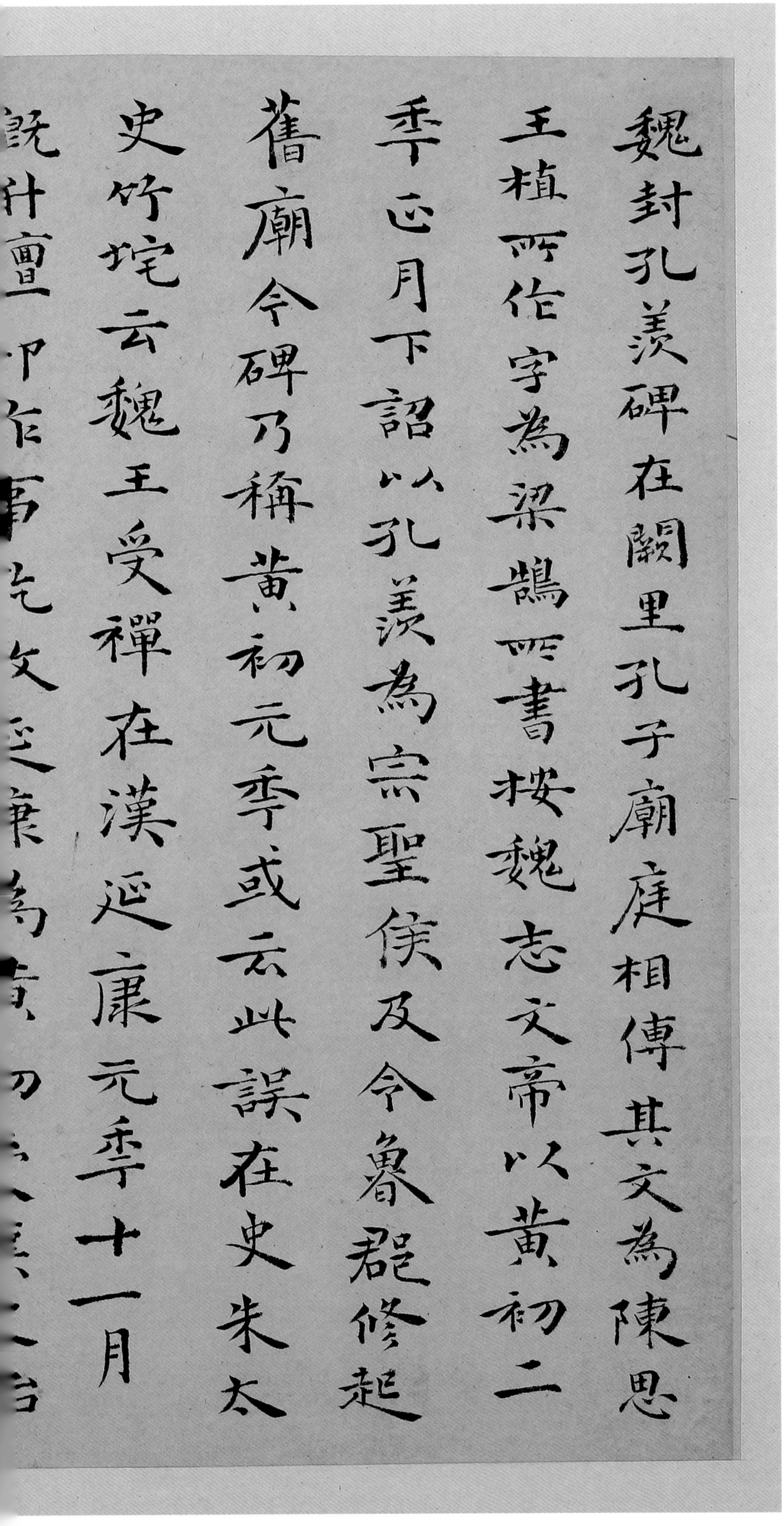

奚岡

年代：1746—1803

字號：原名鋼，字鐵生、純章，號蘿龕、蝶野子、鶴渚生、蒙泉外史、蒙道士、奚道士、散木居士、冬花庵主

籍貫：浙江錢塘

釋文：《魏封孔羡碑》在闕里孔子廟庭，相傳其文爲陳思王植所作，字爲梁鵠所書。按，《魏志》文帝以黄初二年正月下詔以孔羡爲宗聖侯，及令魯郡修起舊廟。今碑乃稱黄初元年，或云此誤在史。朱太史竹垞云魏王受禪在漢延康元年十一月，既升壇即阼，事訖，改延康爲黄初。受漢之始，

歲且將終，而碑有既乃之文，則下詔在明年二月，史未必誤。如《金石録》所載，尚未究其詳耳。是碑余以宋拓《虞恭公碑》易諸楊孝廉令儀，後以貽趙君晉齋。昔竹垞所藏碑墨三千，今晉齋所得亦不下千數百，于此可謂有篤嗜矣。雨中過竹崦盦，晉齋乞余題識，携歸鐙下書之。時乾隆己亥八月廿有七日，奚岡。

鈐印：奚岡

題跋出處：孔羡碑（奚岡藏本）

館藏號：48B824

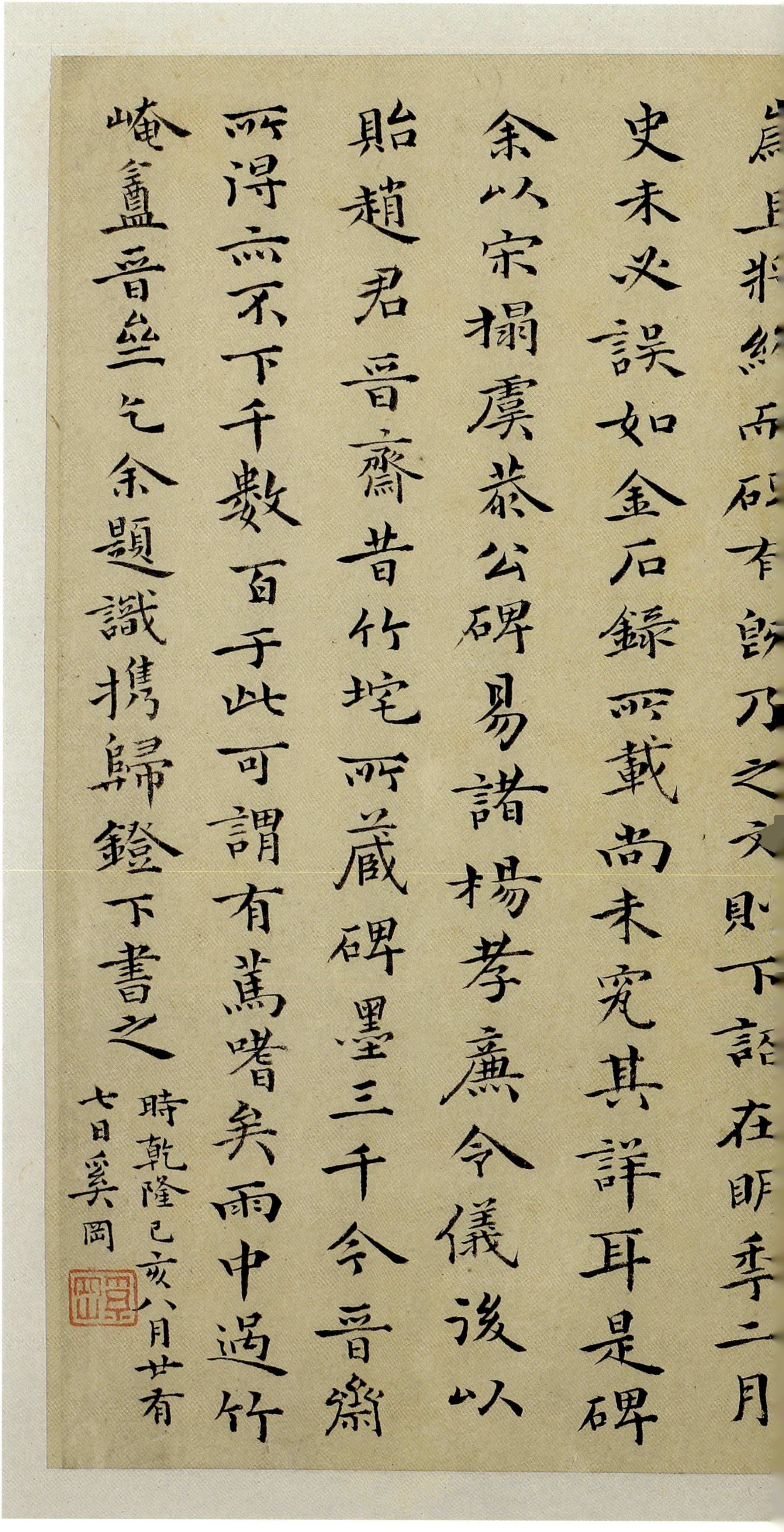
史未必誤如金石録所載尚未究其詳耳是碑
余以宋搨虞恭公碑易諸楊孝廉令儀後以
貽趙君晉齋昔竹垞所藏碑墨三千今晉齋
所得亦不下千數百于此可謂有篤嗜矣雨中過竹
崦盦晉齋乞余題識携歸鐙下書之
時乾隆己亥八月廿有七日奚岡

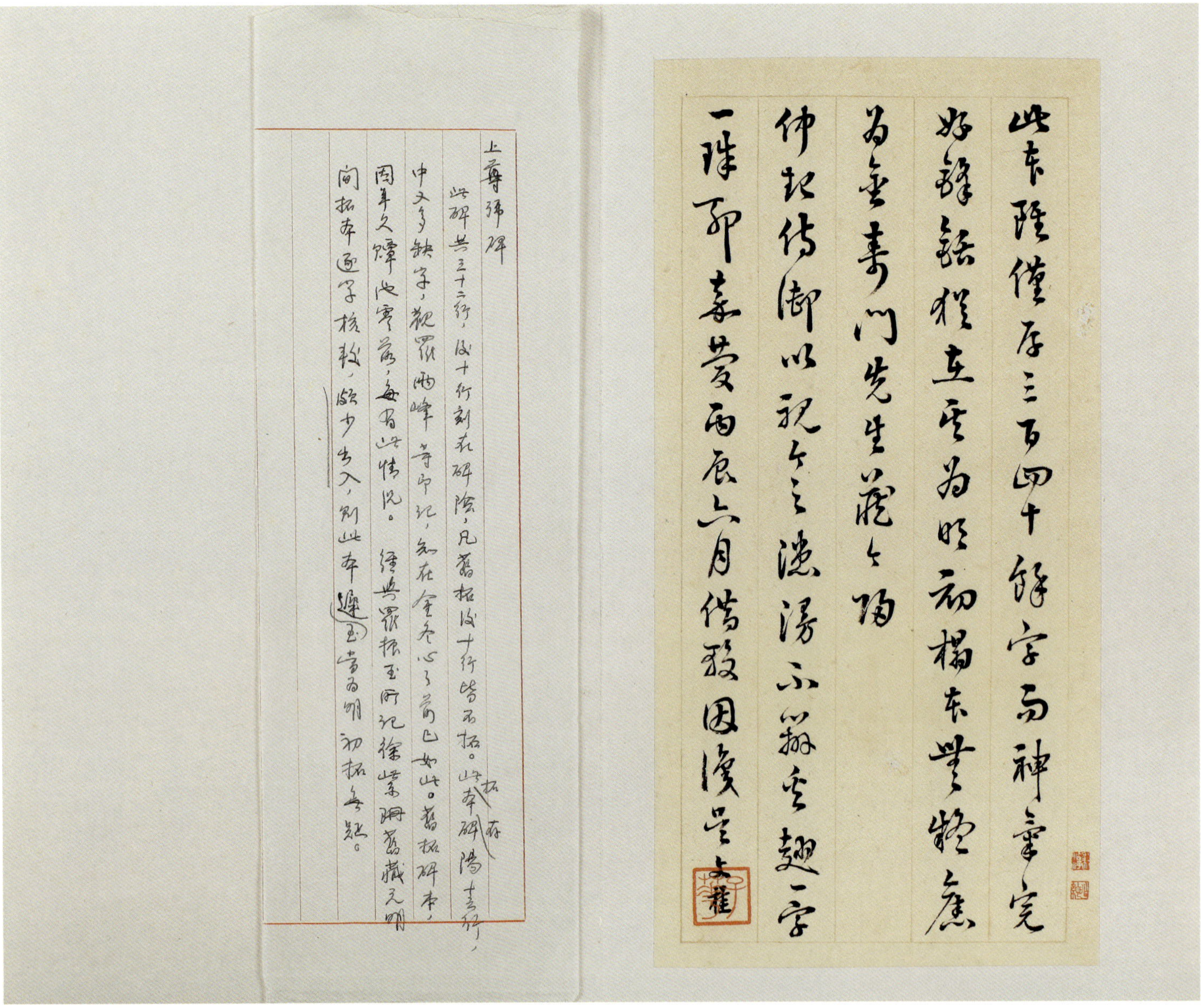

吴文桂

年代：生卒年不詳，活躍于清代乾嘉年間

字號：字景成，號丹航、子華、學巖

籍貫：安徽歙縣

釋文：此本雖僅存三百四十餘字，而神氣完好，鋒銛猶在，其爲明初拓本無疑。舊爲金壽門先生藏，今歸仲起侍御，以視今之漫漶不辨，奚翅一字一珠耶？嘉慶丙辰六月，借較因識。吴文桂。

鈐印：子華

題跋出處：上尊號碑（金農藏本）

館藏號：48B822

此本隱僕居三百四十餘字而神采完好辭語雅立意為明初楊東里輩鮮度為金壽門先生藏之物仲叔傳御以視之之憑湯不似所云趣一字一珠耶嘉慶丙辰六月借觀因復吳文雅

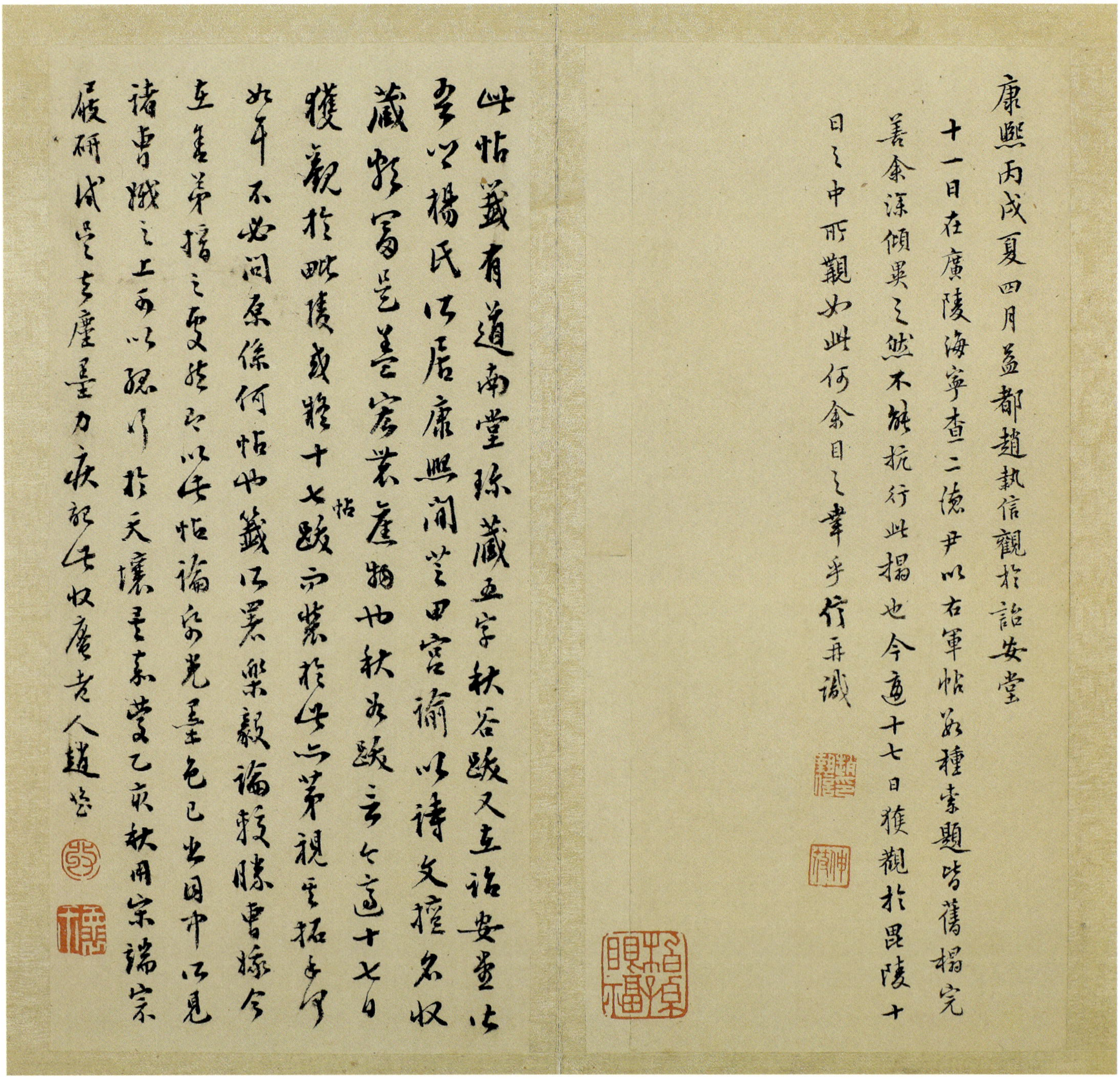

趙懷玉

年代：1747—1823

字號：字億孫，號味辛、映川、漫翁、收庵老人

籍貫：江蘇武進

釋文：此帖簽有『道南堂珍藏』五字，秋谷跋又在詒安堂，皆吾鄉楊氏所居。康熙間芝田宮諭以詩文擅名，收藏頗富，是蓋宏農舊物也。秋谷跋言今適十七日獲觀於毗陵，或疑《十七帖》跋而裝於此，亦第視其拓手何如耳，不必問原係何帖也。簽所署《樂毅論》較勝《曹娥》，今在舍弟搢之處。然即以此帖論，紙光墨色，已出目中所見諸《曹娥》之上，可以孤行於天壤矣。嘉慶乙亥秋，用宋端宗展研試吳去塵墨，力疾記此。收庵老人趙懷玉。

鈐印：收、裒玉

題跋出處：曹娥碑（趙懷玉藏本）

館藏號：81A661

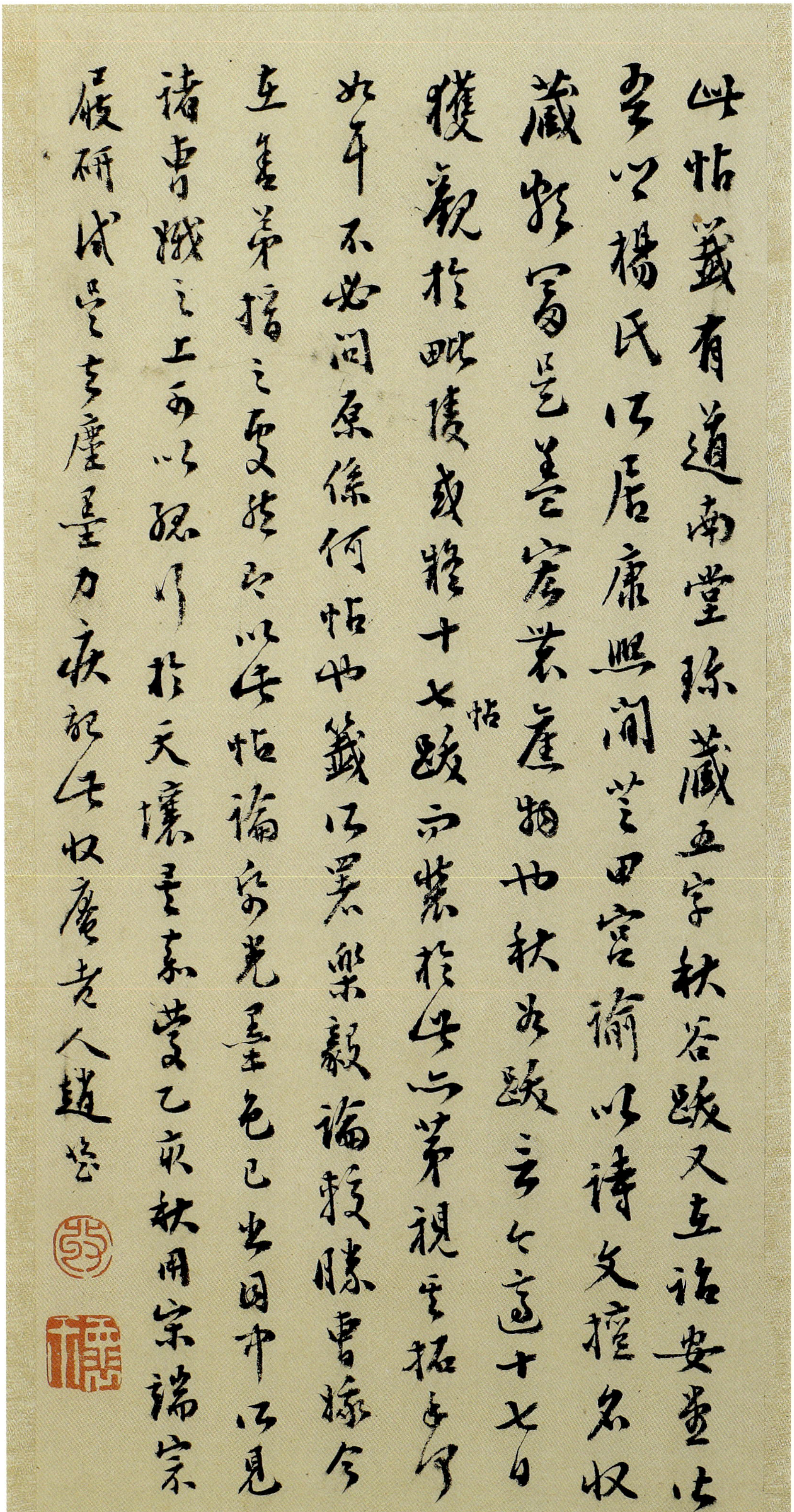
此帖舊有道南堂孫藏五字秋谷跋又直諸安晝也
至以楊氏以居康熙間芝田宮諭以詩文推名收
藏於宮邑姜宸崇崖物也秋谷跋云今適十七年
獲觀於毗陵錢雅十七帖跋亦紫於陸上第視王搨本
此年不必問原係何帖也鐵以墨樂毅論較勝曹搨今
直集第搨之本又跋以此帖論家光墨色已出日中以見
諸書識之工而以訛行於天壤墨采當乙亥秋用宗端宗
居研試墨是古靈之力夜郎任收唐嘗老人趙埜

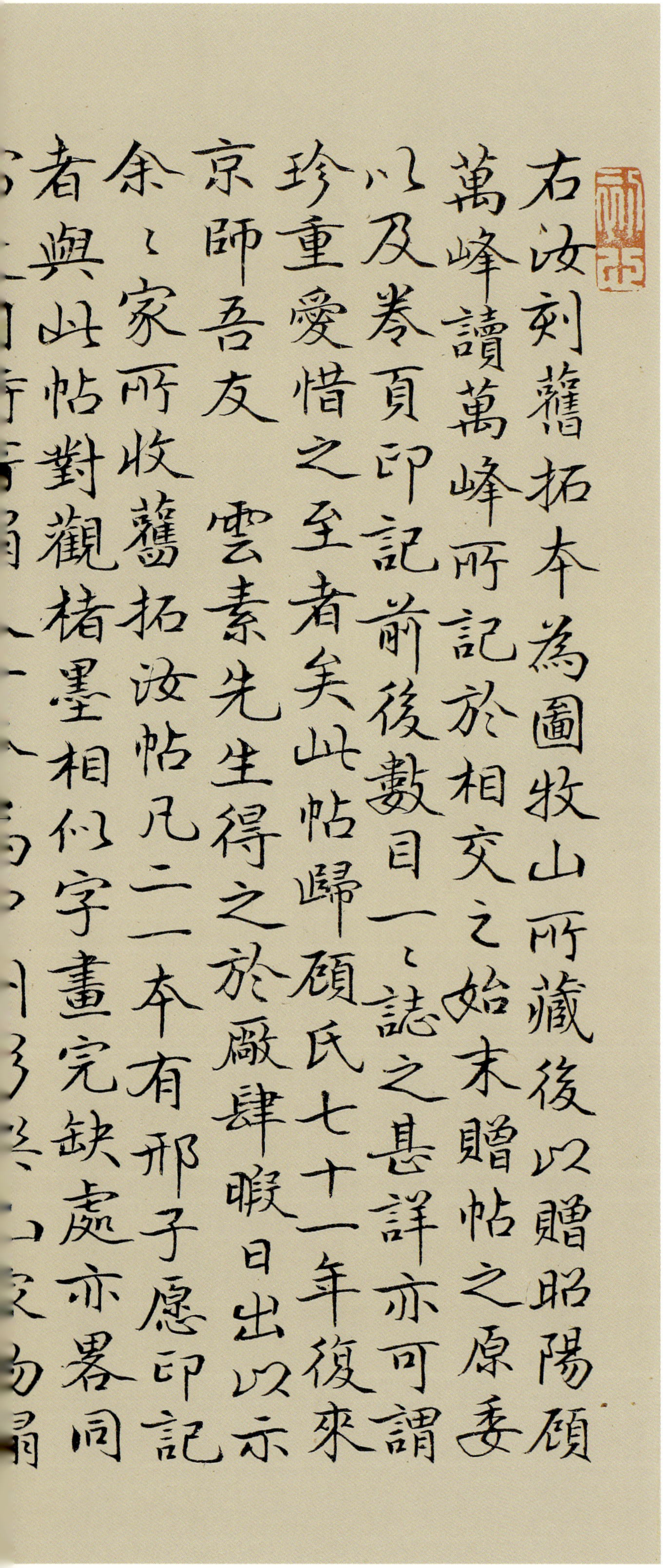

初彭齡

年代：1749—1825

字號：字紹祖，號頤園

籍貫：山東萊陽

釋文：右汝刻舊拓本，爲圖牧山所藏，後以贈昭陽顧萬峰，讀萬峰所記，於相交之始末，贈帖之原委，以及卷頁印記，前後數目，一一誌之甚詳，亦可謂珍重愛惜之至者矣。此帖歸顧氏七十一年，復來京師。吾友雲素先生得之於廠肆，暇日出以示余。余家所收舊拓《汝帖》凡二，一本有邢子愿印記者，與此帖對觀，楮墨相似，字畫完缺處亦略同，當是同時所拓；又一本爲中州彭樂山家物，拓手稍舊，當又在此本數十年之前，然約計其時，亦不過有明中葉，均之非宋拓也。按孫退谷《帖考》引黃伯思之論，謂此帖訛謬實多，前人亦多有呰之者，然宋刻至今如星鳳，《大觀》《潭》《絳》諸善本片石無存，行世者或至翻刻數次，點畫失真，古人形貌，杳不可識，獨此刻原石猶存，未經翻刻，而拓本稍舊者，亦往往而有，學者藉此，猶可想見古人用筆遺意，即有剥泐殘缺，而完好者精神自見，其與近時僞作諸帖毫無神氣者，相去何啻如霄壤也哉。嘉慶十年七月十二日，萊陽初彭齡識。

鈐印：初心、初彭齡印、頤園

題跋出處：汝帖（李國松藏本）

館藏號：60（報）B2204

亦不過有明中葉均之非宋拓也按孫退谷帖攷
引黄伯思之論謂此帖訛謬實多前人亦多有
訾之者然宋刻至今如星鳳大觀潭絳諸善本
片石無存行世者或至翻刻數次點畫失真古人
形貌杳不可識獨此刻原石猶存未經翻刻而拓
本稍舊者亦往往而有學者藉此猶可想見古人
用筆遺意即有剥泐殘缺而完好者精神自見
其與近時僞作諸帖毫無神氣者相去何啻如
霄壤也哉
嘉慶十年七月十二日萊陽初彭齡識

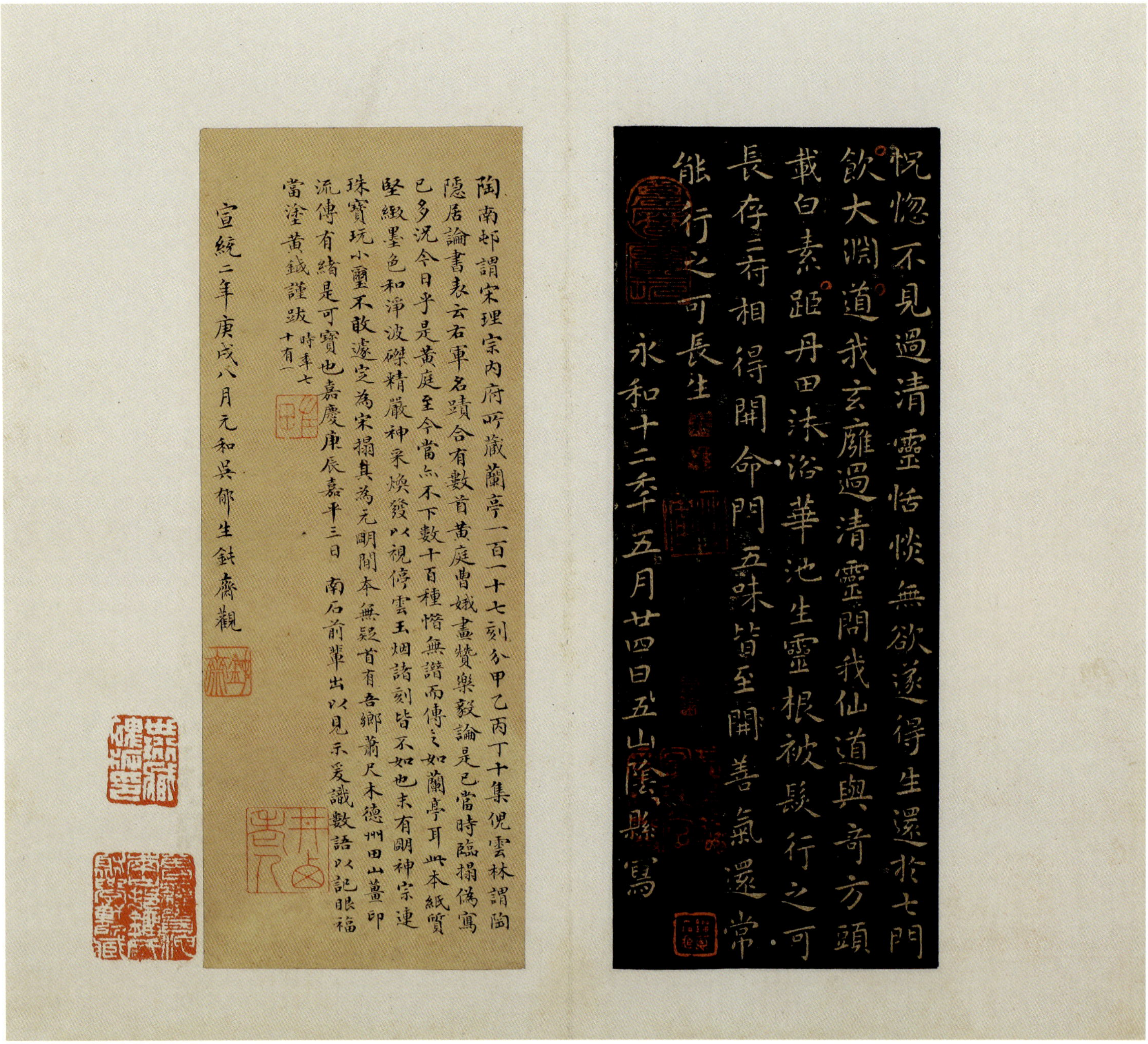

黃鉞

年代：1750—1841

字號：字左田，又字左君，號壹齋、左庶子、盲左、井西老人、城陽山人

籍貫：安徽當塗

釋文：陶南邨謂宋理宗内府所藏《蘭亭》一百一十七刻，分甲乙丙丁十集。倪雲林謂陶隱居《論書表》云右軍名迹合有數首，《黃庭》《曹娥》《畫贊》《樂毅論》是已，當時臨拓僞寫已多，况今日乎？是《黃庭》至今當亦不下數十百種，惜無譜而傳之如《蘭亭》耳。此本紙質堅緻，墨色和净，波磔精嚴，神采焕發，以視《停雲》《玉煙》諸刻皆不如也。末有明神宗連珠『寶玩』小璽，不敢遽定爲宋拓，其爲元明間本無疑。首有吾鄉蕭尺木、德州田山薑印，流傳有緒，是可寶也。嘉慶庚辰嘉平三日，南石前輩出以見示，爰識數語，以記眼福。當塗黃鉞謹跋。時年七十有一。

鈐印：左田、井西老人

題跋出處：黃庭經（郭尚先藏本）

館藏號：19A372

陶南邨謂宋理宗内府所藏蘭亭一百一十七刻分甲乙丙丁十集倪雲林謂陶隱居論書表云右軍名蹟合有數首黄庭曹娥畫贊樂毅論是已當時臨搨僞寫已多況今日乎是黄庭至今當亦不下數十百種惜無譜而傳之如蘭亭耳此本紙質堅緻墨色和淨波磔精嚴神采煥發以視停雲玉烟諸刻皆不如也末有明神宗連珠寶玩小璽不敢遽定為宋搨其為元明間本無疑首有吾鄉蕭尺木德州田山薑印流傳有緒是可寶也嘉慶庚辰嘉平三日 南石前輩出以見示爰識數語以記眼福

當塗黄鉞謹跋 時年七十有一

宣統二年庚戌八月元和吴郁生鈍齋觀

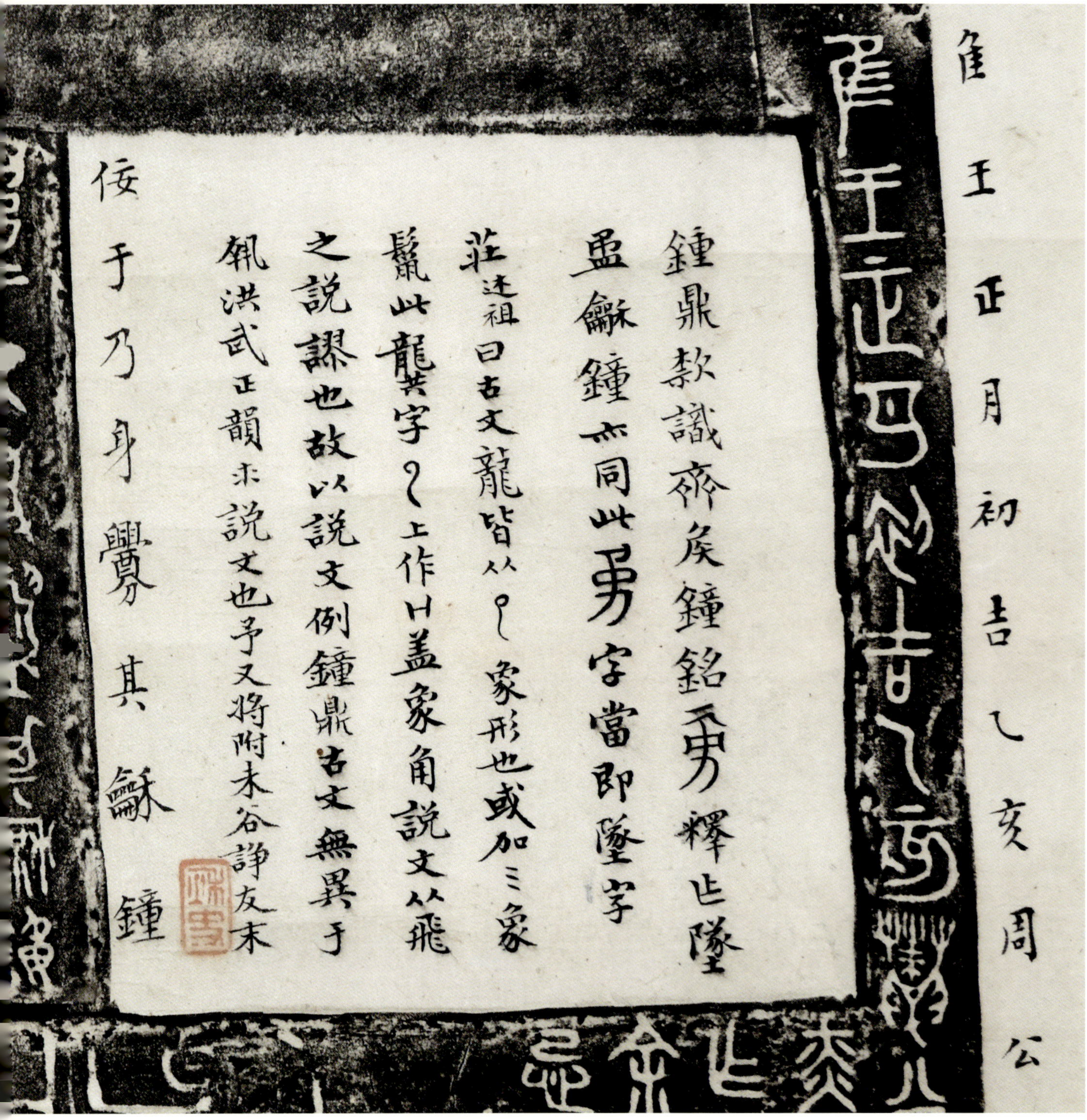

江德量

年代：1752—1793

字號：字成嘉，號量殊、秋史

籍貫：江蘇儀徵

釋文：鐘鼎款識《齊侯鐘銘》「勇」釋作「墜」，《盄龢鐘》亦同此，「勇」字當即「墜」字。莊述祖曰古文「龍」皆从「乙」，象形也。或加「彡」象「鬣」，此「龏」字「乙」上作「凵」，蓋象角，《說文》从「飛」之説謬也。故以《説文》例鐘鼎古文，無異于執《洪武正韵》求《説文》也。予又將附未谷諍友末。

鈐印：秋史

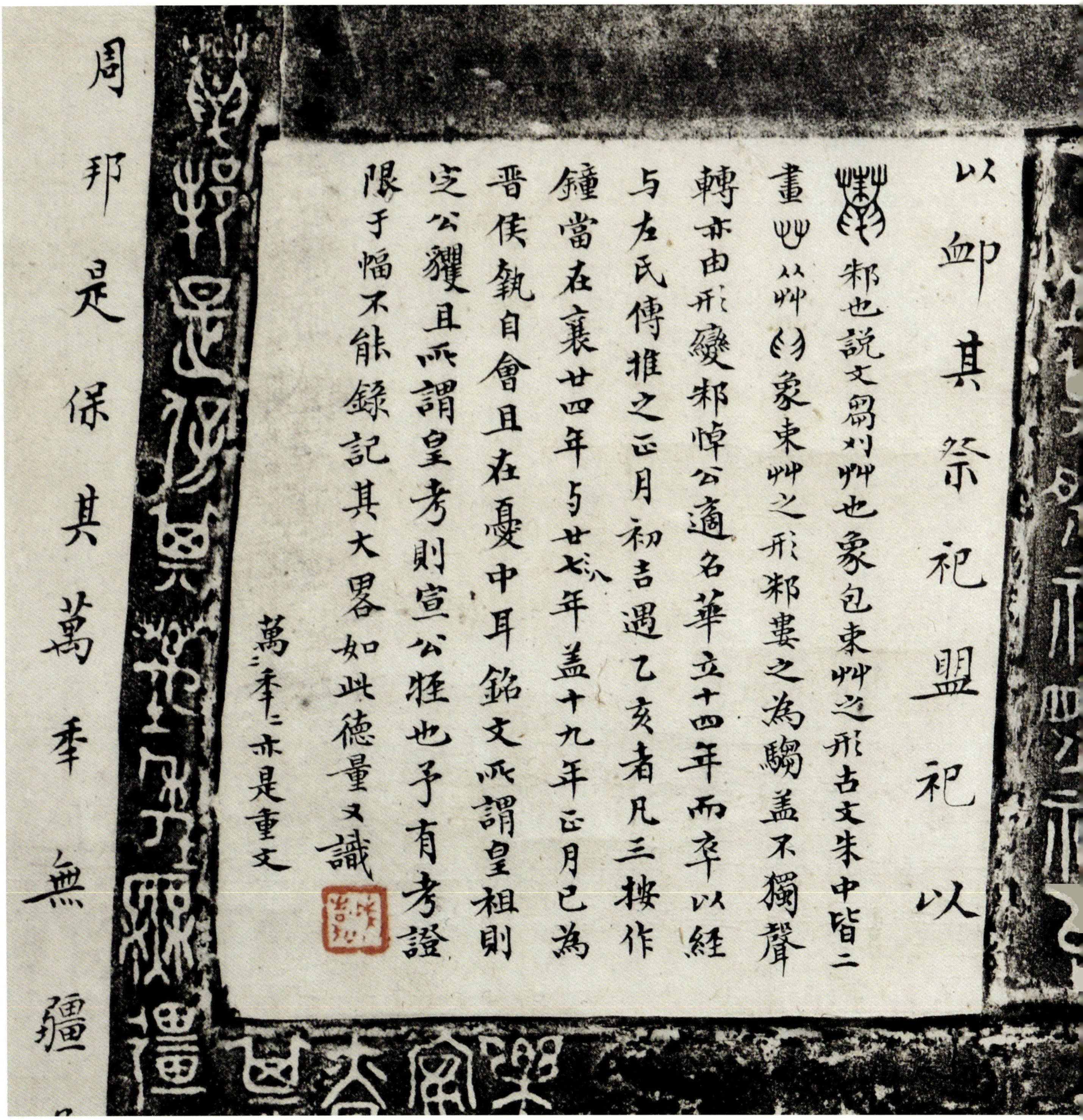

釋文：『□』，『邾』也。《説文》『□』，刈草也，象包束草之形。古文『朱』中皆二畫，『□』从『草』，『□』象束草之形。邾婁之爲騶，蓋不獨聲轉，亦由形變。邾悼公適名華，立十四年而卒，以《經》與《左氏傳》推之，正月初吉遇乙亥者凡三，按作鐘當在襄廿四年與廿八年，蓋十九年正月已爲晋侯執自會且在憂中耳，銘文所謂皇祖則定公獿且，所謂皇考則宣公𢙼也。予有考證限于幅不能録記，其大略如此，德量又識。

鈐印：成嘉

題跋出處：邾公華鐘（桂馥跋本）

館藏號：Z1097

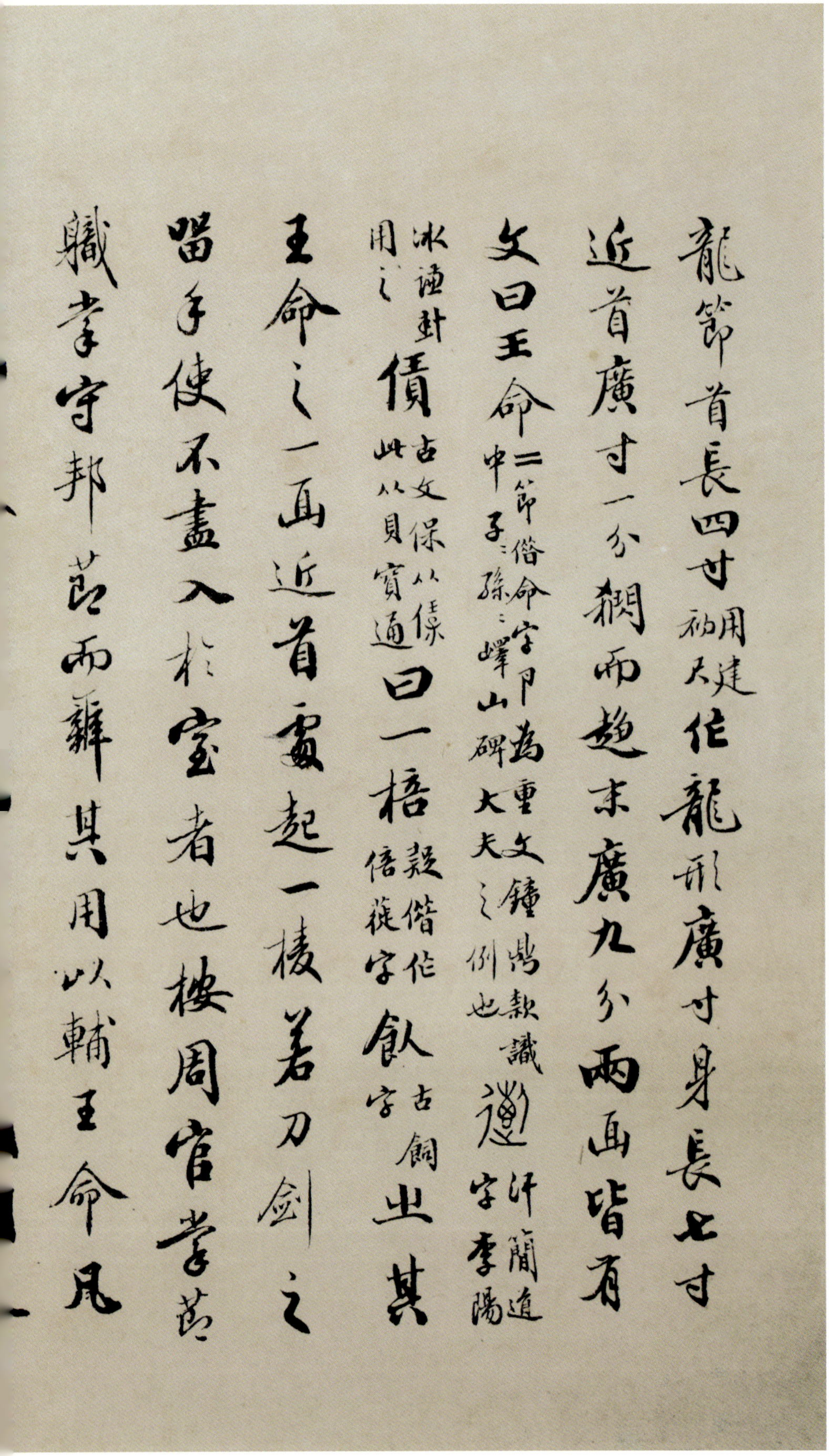

釋文：

龍節首長四寸（用建初尺）作龍形，廣寸，身長七寸，近首廣寸一分，剎而趨末，廣九分。兩面皆有文，曰：『王命（＝節借命字「卩」爲重文，鐘鼎款識中子子孫孫，《嶧山碑》大夫之例也）𨖷（汗簡「道」字，李陽冰《謙卦》用之）儨（古文「保」从「𠈃」，此从「貝」，「寶」通）曰一棓（疑借作「倍」「蓰」字）飤（古「飼」字）之。』其王命之一面近首處起一棱，若刀劍之留手，使不盡入於室者也。按，《周官》掌節職掌守邦節而辨其用以輔王命，凡邦國之使節，山國用虎節，土國用人

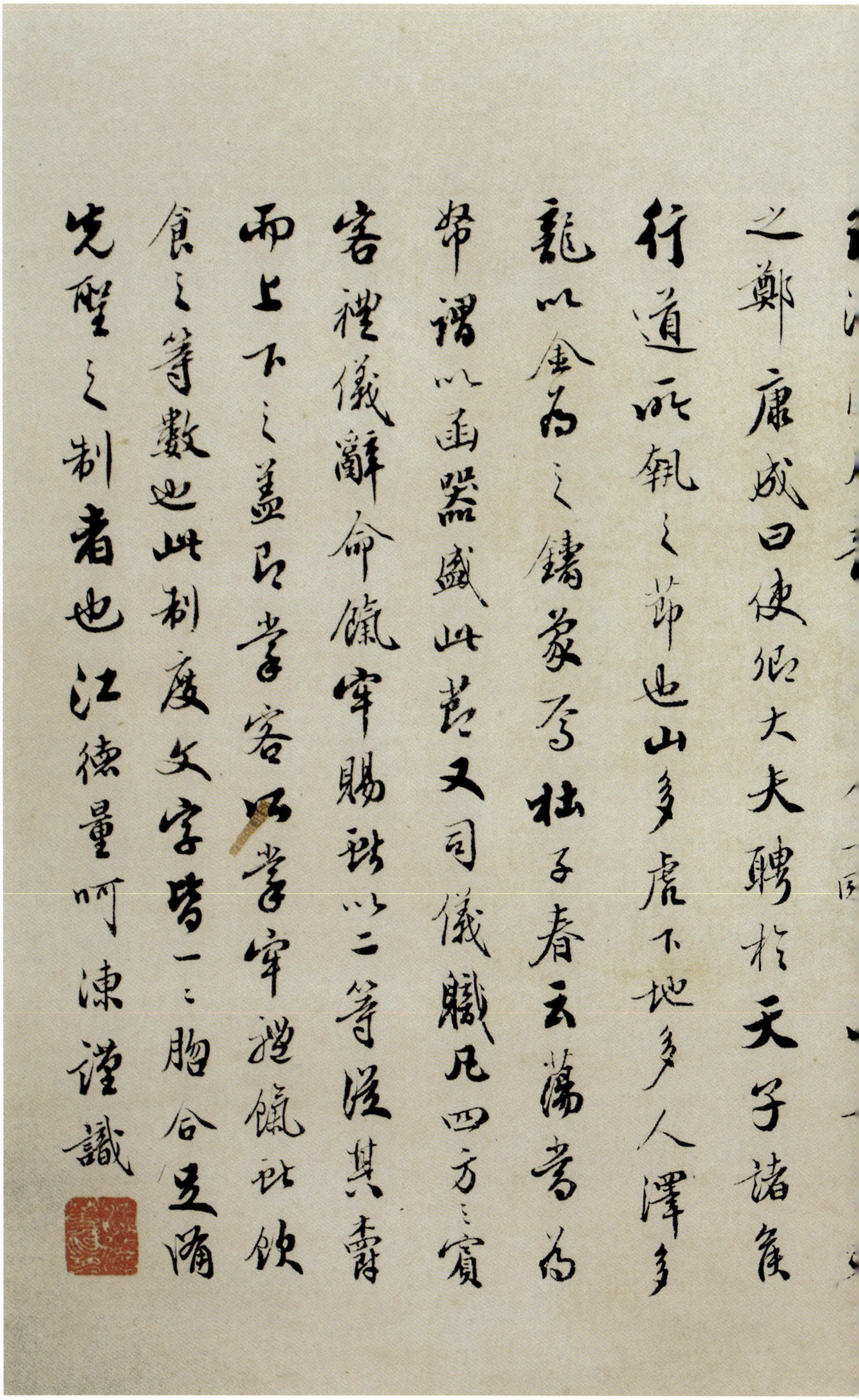
之鄭康成曰使卿大夫聘於天子諸侯
行道所執之節也山多虎下地多人澤多
龍以金爲之鑄象焉杜子春云蕩當爲
帑謂以函器盛此節又司儀職凡四方之賓
客禮儀辭命餼牢賜獻以二等從其爵
而上下之蓋即掌客以掌牢禮餼獻飲
食之等數也此制度文字皆一一吻合足備
先聖之制者也江德量呵凍謹識

節，澤國用龍節，皆金也（小行人同）。以英蕩輔之，鄭康成曰，使卿大夫聘於天子，諸侯行道所執之節也。山多虎，下地多人，澤多龍，以金爲之鑄象焉。杜子春云，『蕩』當爲帑，謂以函器盛，此節又司儀職，凡四方之賓客，禮儀辭命餼牢賜獻，以二等從其爵而上下之，蓋即掌客以掌牢，禮餼獻飲食之等數也。此制度文字皆一一吻合，足備先聖之制者也。江德量呵凍謹識。

鈐印：江德量印

題跋出處：虎符龍節（翁方綱跋本）

館藏號：Z1096

永瑆

年代：1752—1823

字號：愛新覺羅氏，號少厂、即齋、鏡泉、詒晉齋主人、幼庵

籍貫：直隸順天

釋文：翁覃溪考據贍核，既稱宋拓初翻舊本，當無疑義。商丘陳伯恭編修昔收藏甚富，幾埒牧仲，今皆不能有，惟存《定武》八闊九修本及此帖耳。癸亥秋，余以百金易此，欲朝夕臨學之，始衰過二，不復泛濫百家矣。昔人謂《醴泉》《邕師》爲信本極軌，誠哉是言。此本雖水漬蠹蝕，萬不可重裝，後之有此者，幸鑒吾告。嘉慶八年七月初六日，成親王記。

鈐印：永瑆之印

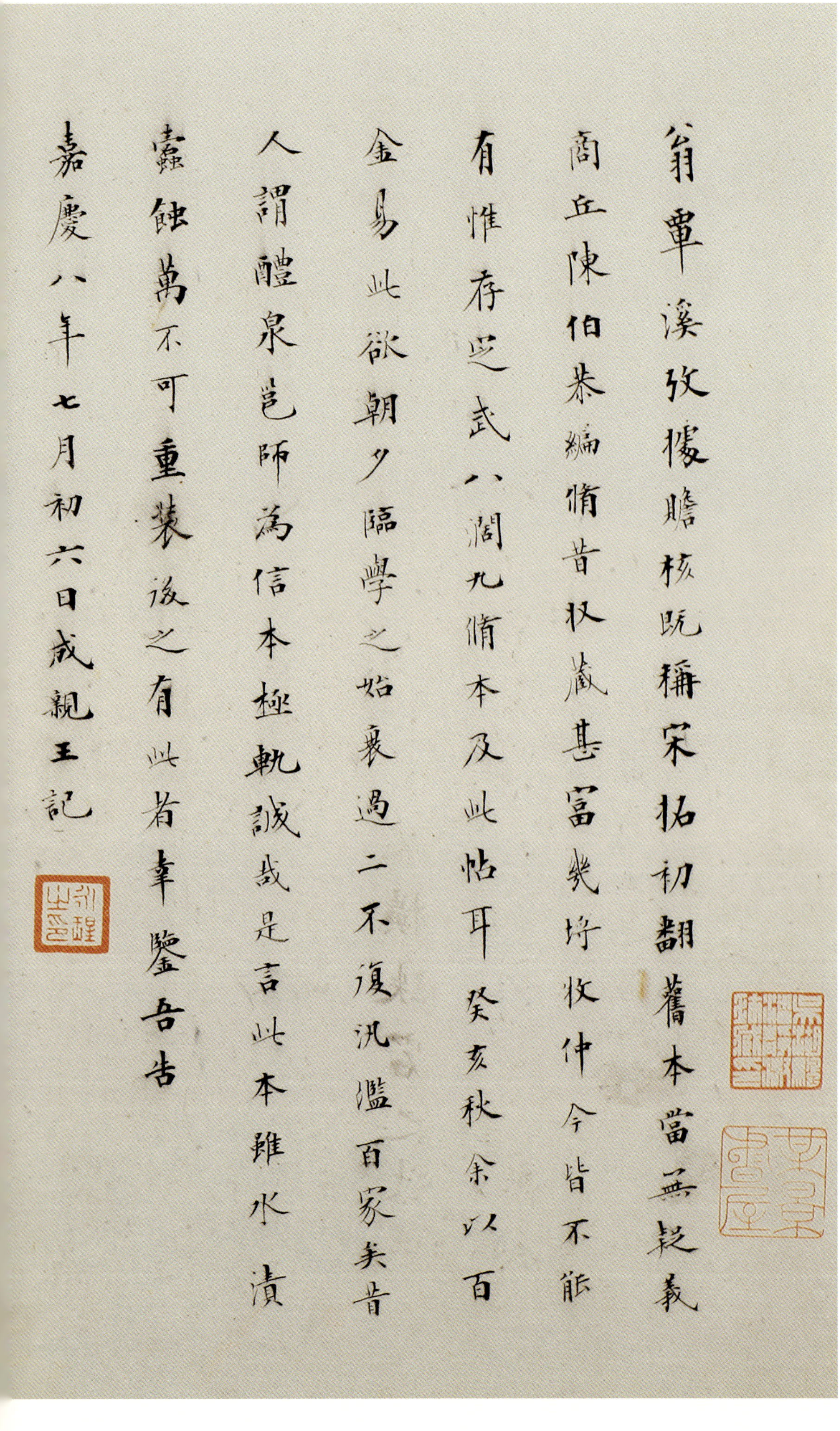
翁覃溪攷據贍核既稱宋拓初翻舊本當無疑義
商丘陳伯恭編脩昔收藏甚富幾埒牧仲今皆不能
有惟存定武八闊九脩本及此帖耳癸亥秋余以百
金易此欲朝夕臨學之始衰過二不復汎濫百家矣昔
人謂醴泉邕師為信本極軌誠哉是言此本雖水漬
蠹蝕萬不可重裝後之有此者幸鑒吾告
嘉慶八年七月初六日成親王記

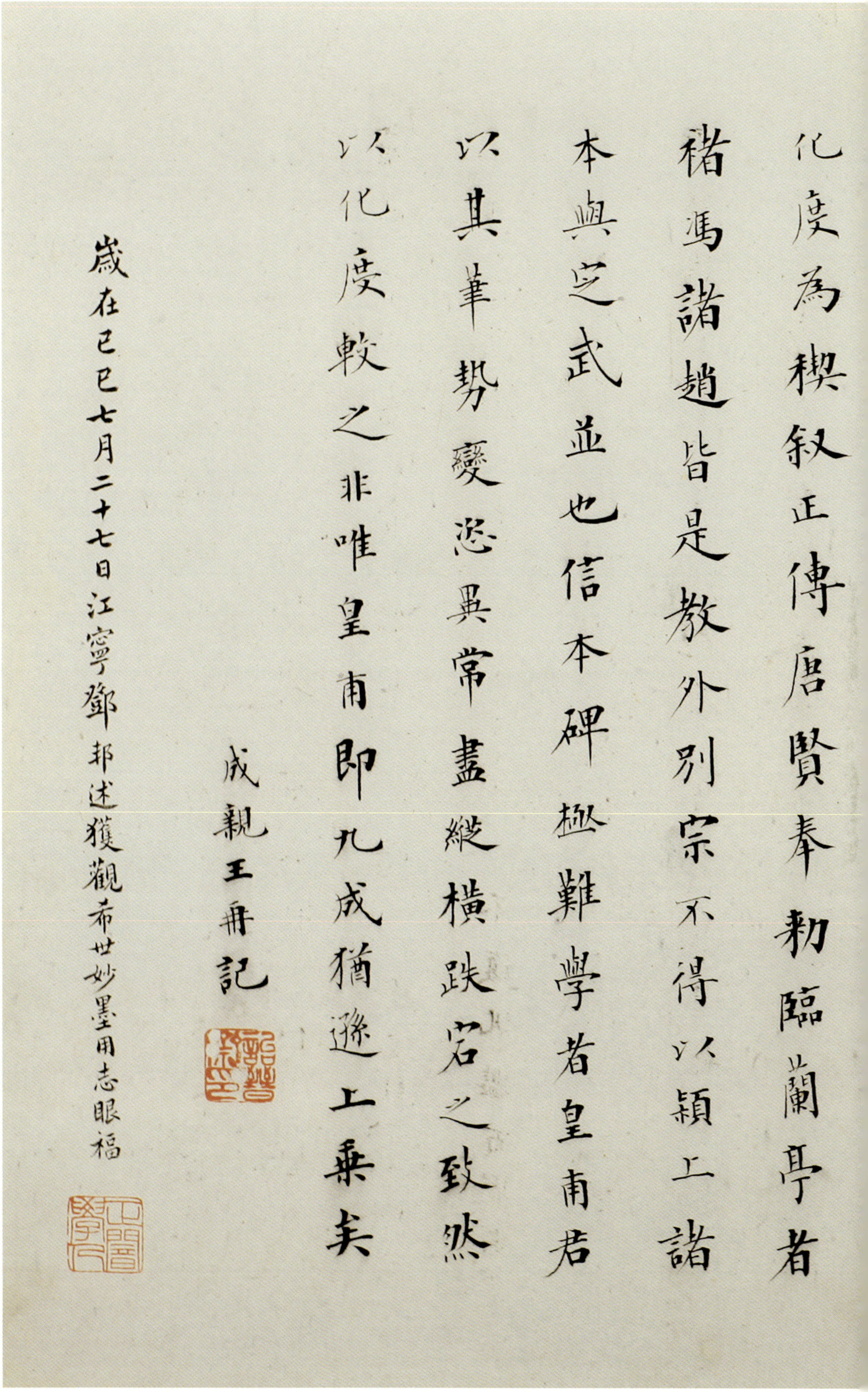

化度為褉叙正傳唐賢奉勅臨蘭亭者
褚馮諸趙皆是教外別宗不得以頴上諸
本與芝武並也信本碑趣難學者皇甫君
以其筆勢變恣異常盡縱橫跌宕之致然
以化度較之非唯皇甫即九成猶遜上乘矣

成親王再記

歲在己巳七月二十七日江寧鄧邦述獲觀希世妙墨用志眼福

釋文：
《化度》為《褉叙》正傳，唐賢奉敕臨《蘭亭》者，褚、馮、諸、趙皆是教外別宗，不得以《頴上》諸本與《定武》并也。信本碑極難學者，《皇甫君》以其筆勢變恣異常，盡縱橫跌宕之致。然以《化度》較之，非唯《皇甫》，即《九成》猶遜上乘矣。成親王再記。

鈐印：詒晉齋印

題跋出處：化度寺邕禪師塔銘（四歐堂藏本）

館藏號：19A375

181

鐵保

年代：1752—1824

字號：字冶亭，號梅庵、鐵卿、孩道人

籍貫：滿洲正黃旗

釋文：《孟法師碑》真本久不見，此翻刻之佳者，得覃溪考訂，名書增價矣。戊午除日閉關謝客，臨《爭座帖》一通，餘墨識此。鐵保。

鈐印：惟清齋書畫印

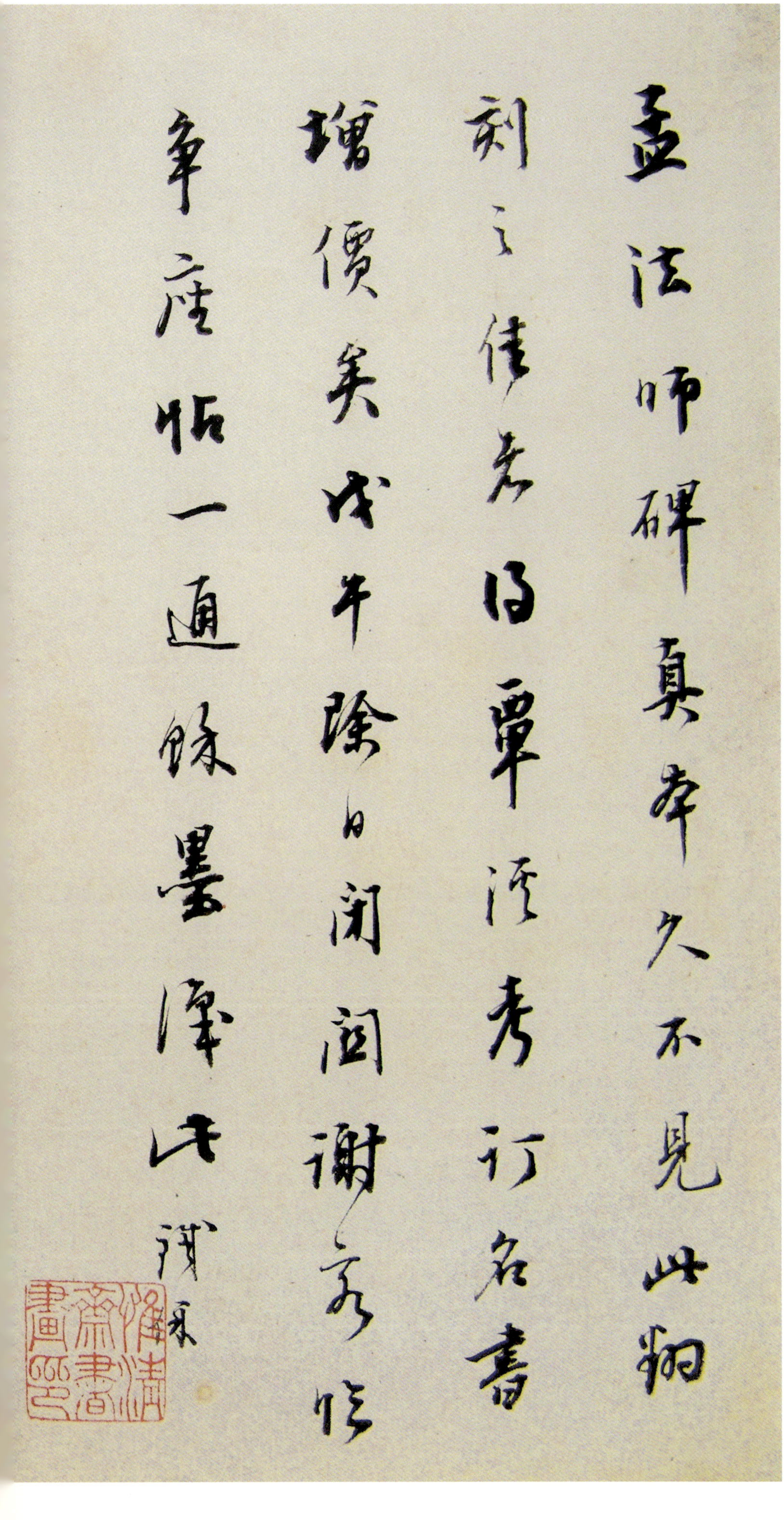

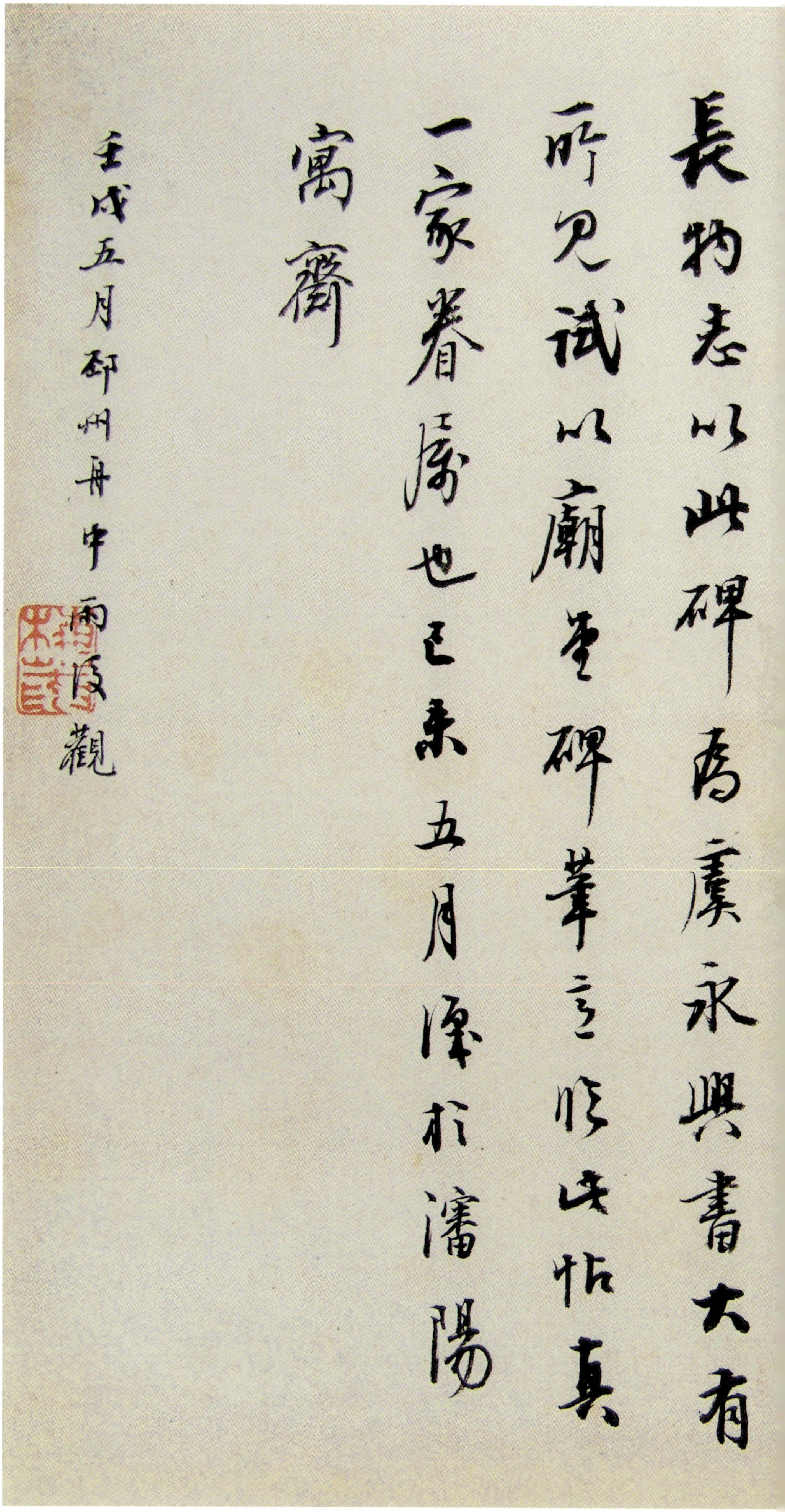

釋文：《長物志》以此碑爲虞永興書，大有所見，試以《廟堂碑》筆意臨此帖，
真一家眷屬也。己未五月識於瀋陽寓齋。

題跋出處：孟法師碑（鐵保藏本）

館藏號：S2475

毛懷

年代：1753—1822

字號：字士清，號意香、鐵道人、第九洞天道人、鵝溪懷道人、冰雪居士

籍貫：江蘇長洲

釋文：余三十年前於友人處見《玉版十三行》，與此本略相似，秋村見之，目爲神品，以多物與易，不可而止。今得此冊，可慰宿願，惜良友化去，無與

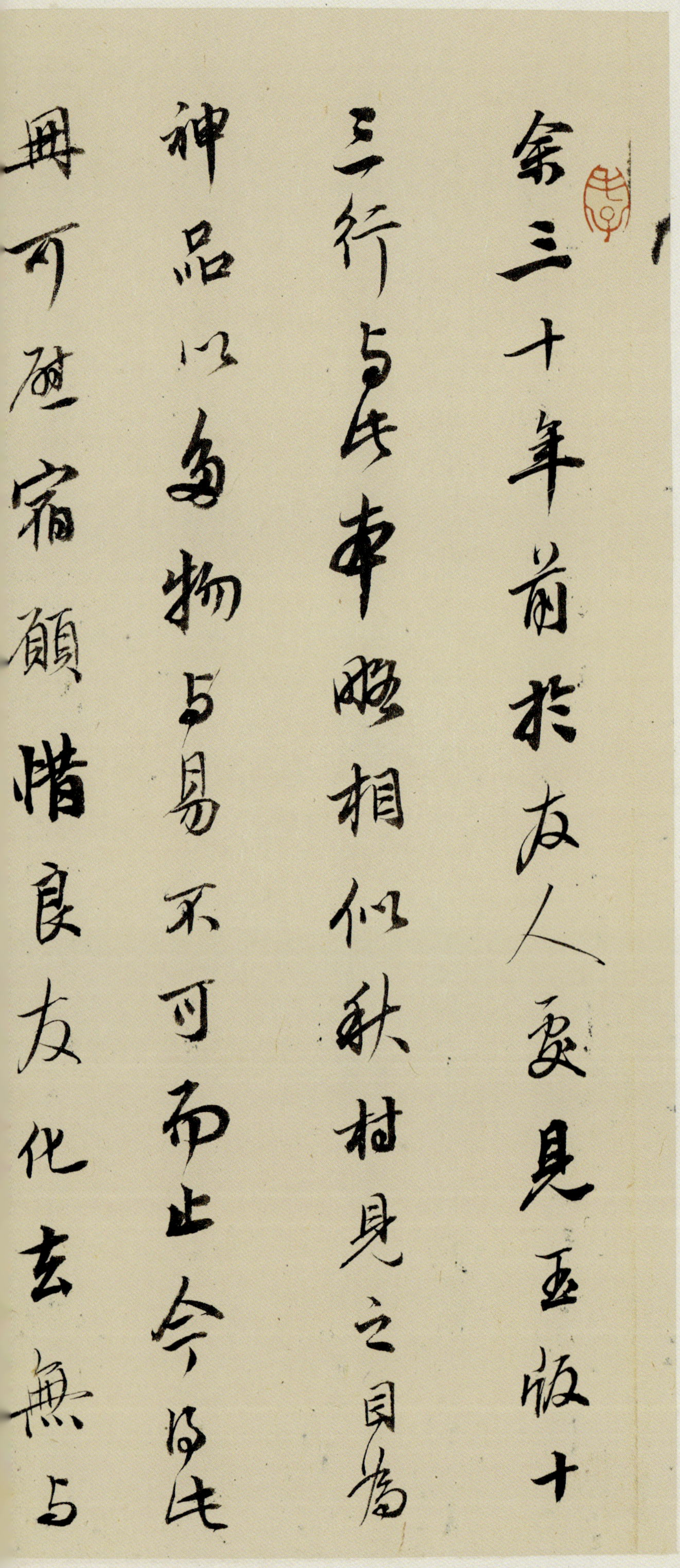

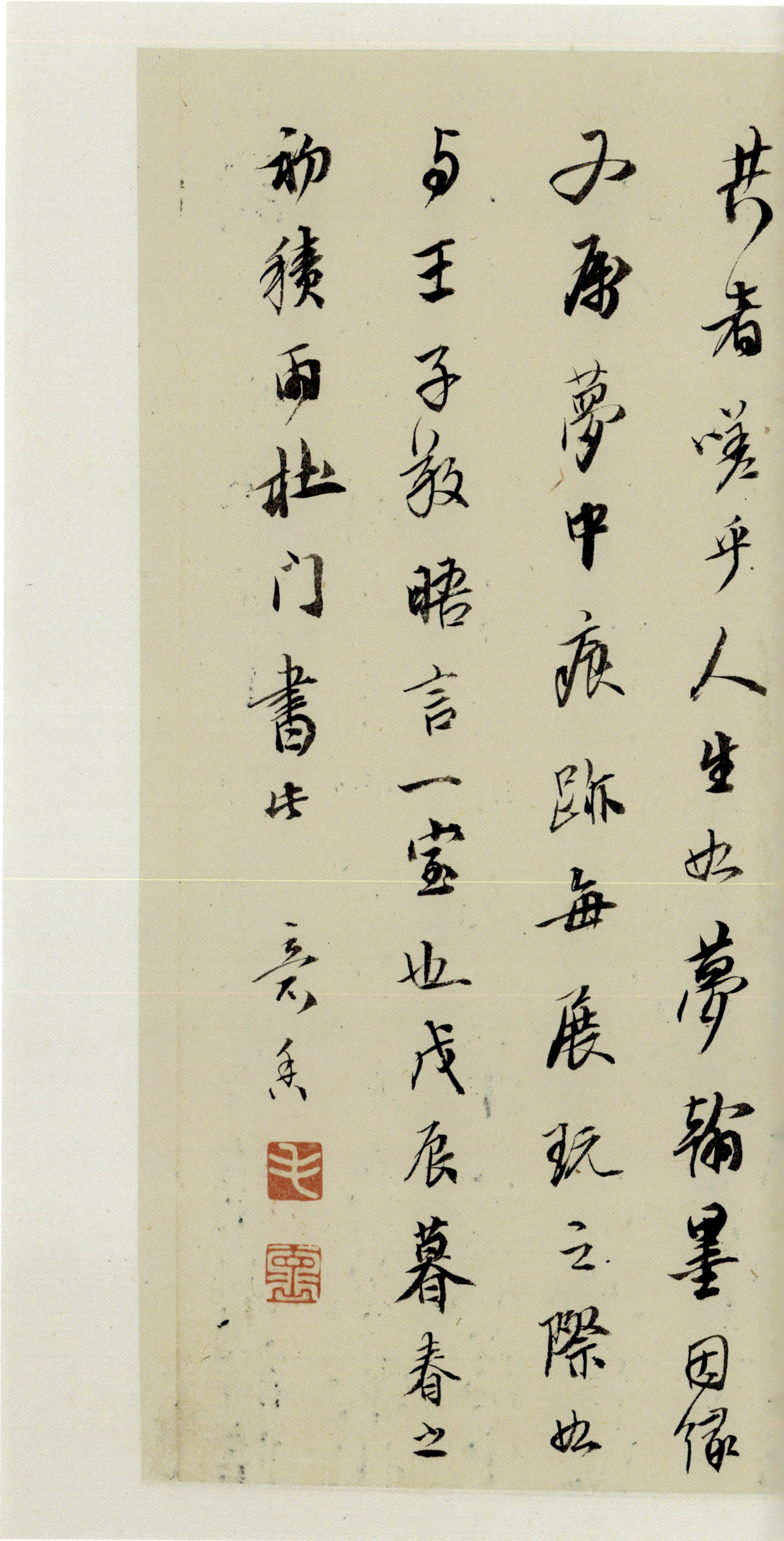

共者。嗟乎！人生如夢，翰墨因緣，又屬夢中痕迹。每展玩之際，如與王子敬晤言一室也。戊辰暮春之初，積雨杜門，書此。意香。

鈐印：毛子、毛、褱

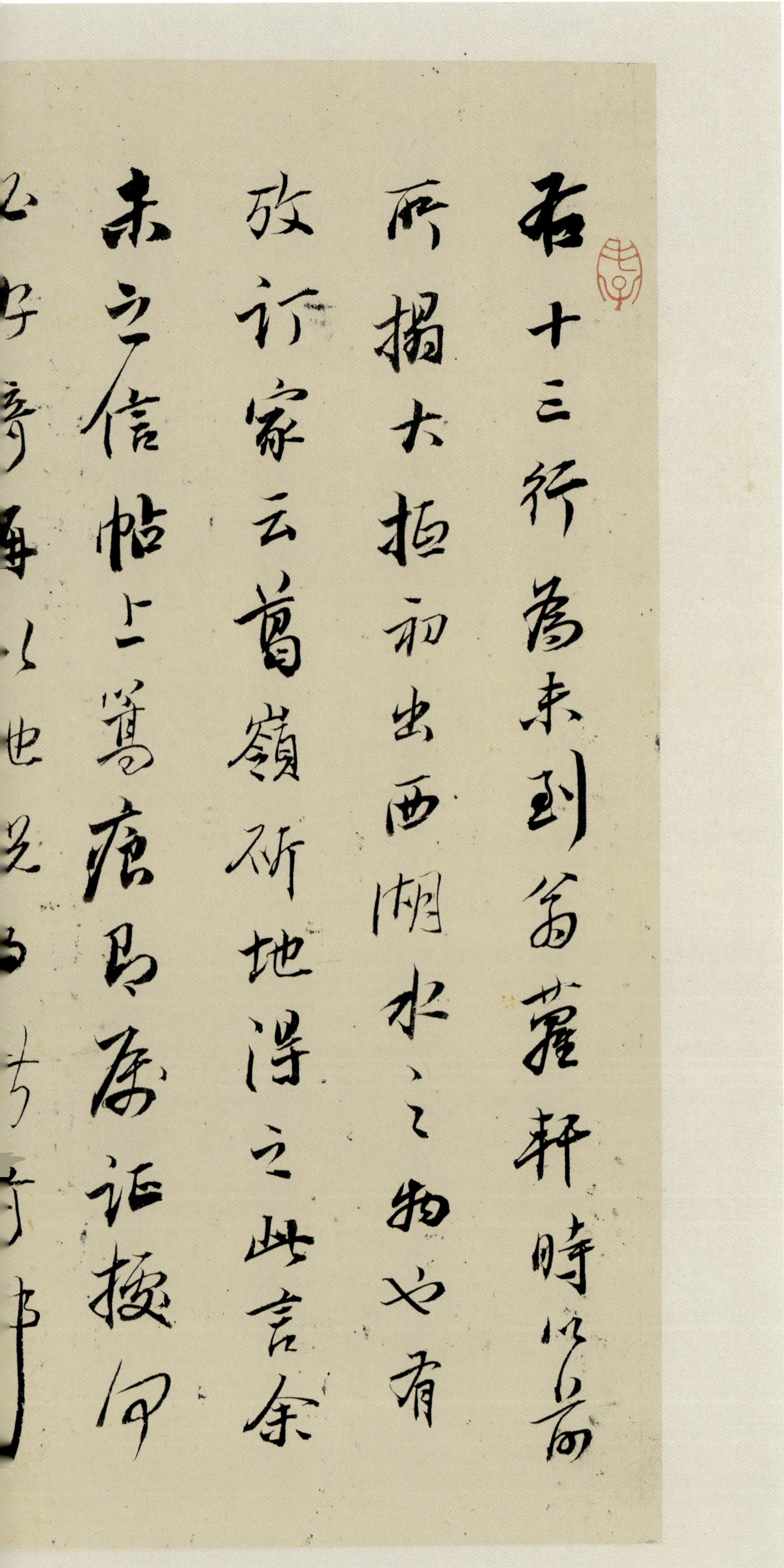

釋文：右《十三行》爲未到翁蘿軒時以前所拓，大抵初出西湖水之物也，有考訂家云葛嶺斫地得之，此言余未之信，帖上篙痕即屬證據，何必好奇再以他說爲新奇耶。

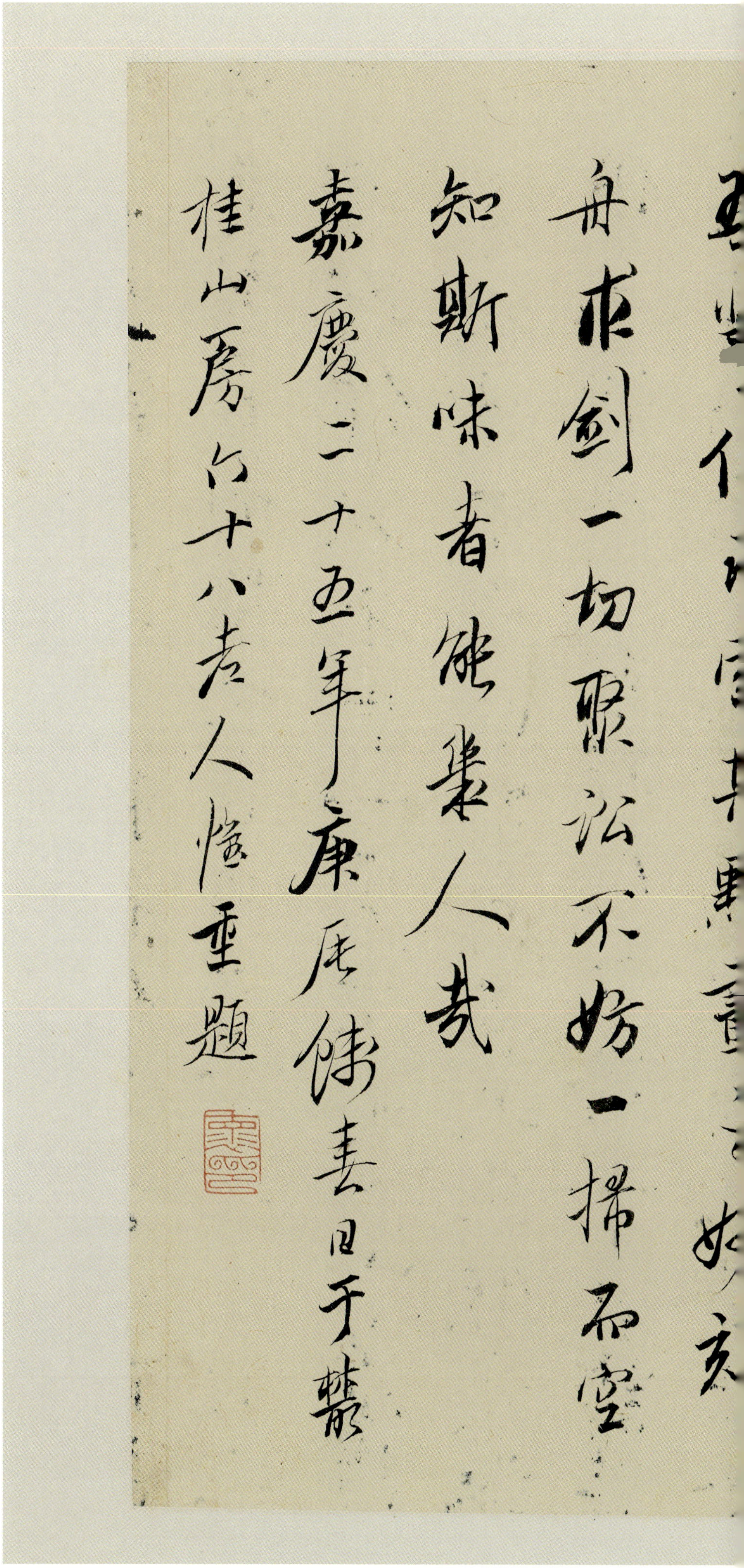

吾輩但玩索其點畫之妙，刻舟求劍，一切聚訟，不妨一掃而空。知斯味者，能幾人哉。嘉慶二十五年庚辰餞春日于叢桂山房。六十八老人懷重題。

鈐印：毛子、裒印

題跋出處：魏晉小楷八種（張廷濟藏本）

館藏號：55B2197

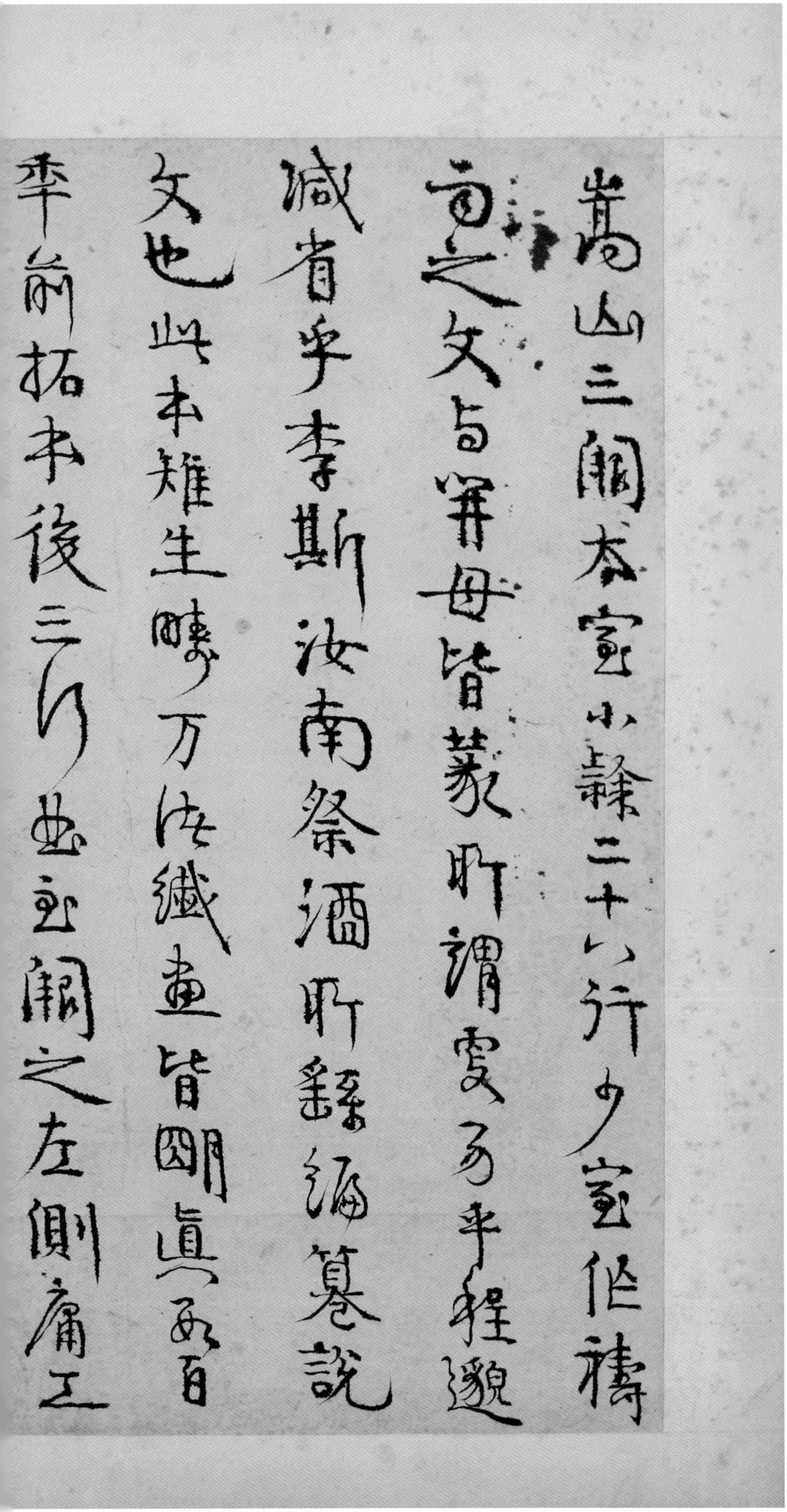

伊秉綬

年代：1754—1815

字號：字組似，號墨卿、默庵、東鄰叟、南泉、秋水、西湖長

籍貫：福建寧化

釋文：《嵩山三闕》《太室》小隸二十八行，《少室》作禱雨之文，與《開母》皆篆，所謂更易乎程邈，減省乎李斯，汝南祭酒所繇編纂《說文》也。此本『雉、生、疇、萬、緒』纖畫皆明，真數百年前拓本。後三行曲至闕之左側，庸工

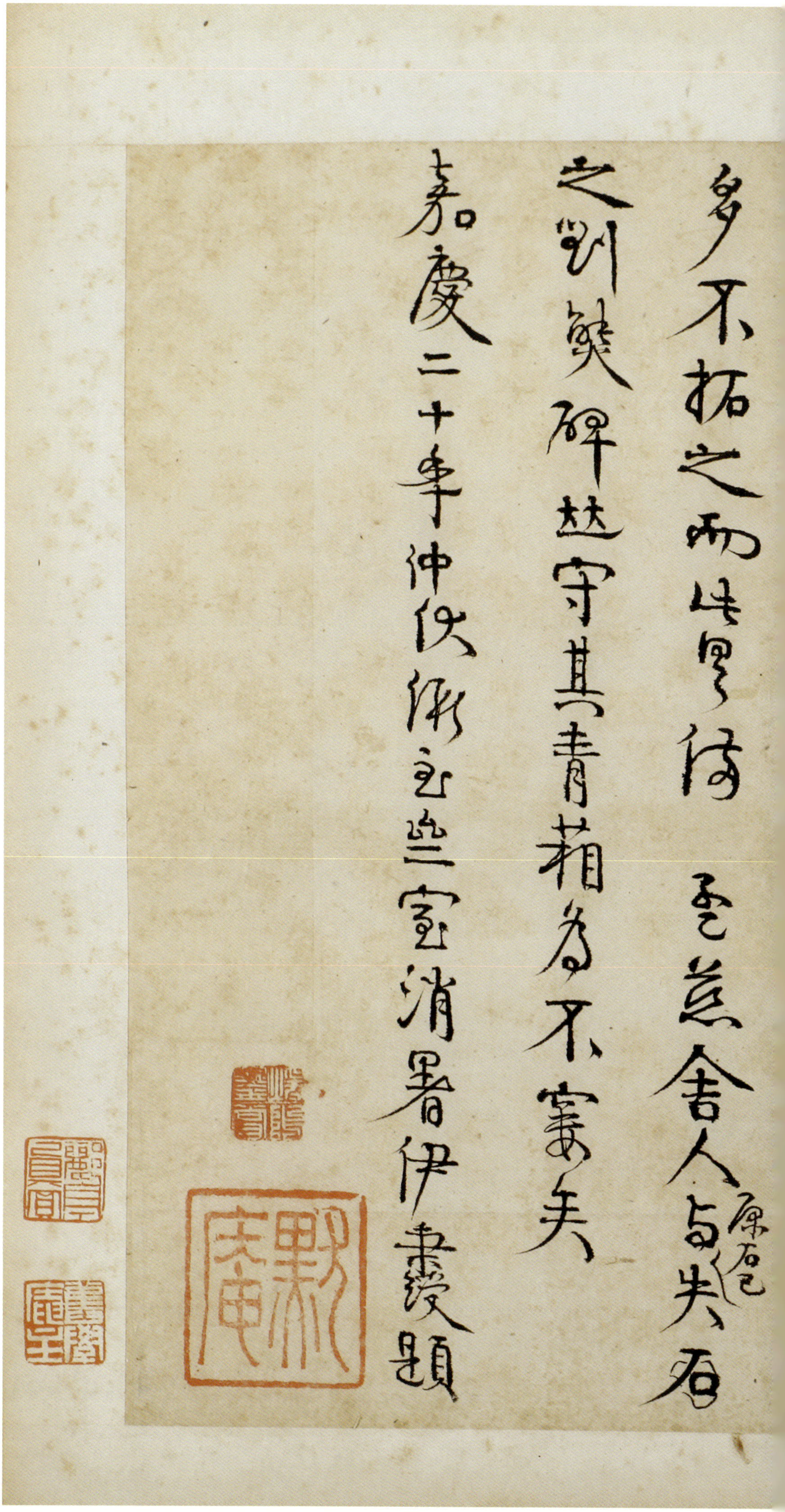

多不拓之，而此具備。孟慈舍人與原石已失之《劉熊碑》并守，其青箱爲不窶矣。嘉慶二十年仲伏，假至齋室消暑，伊秉綬題。

鈐印：默庵

題跋出處：漢開母闕石闕銘（李葆恂藏本）

館藏號：19A360

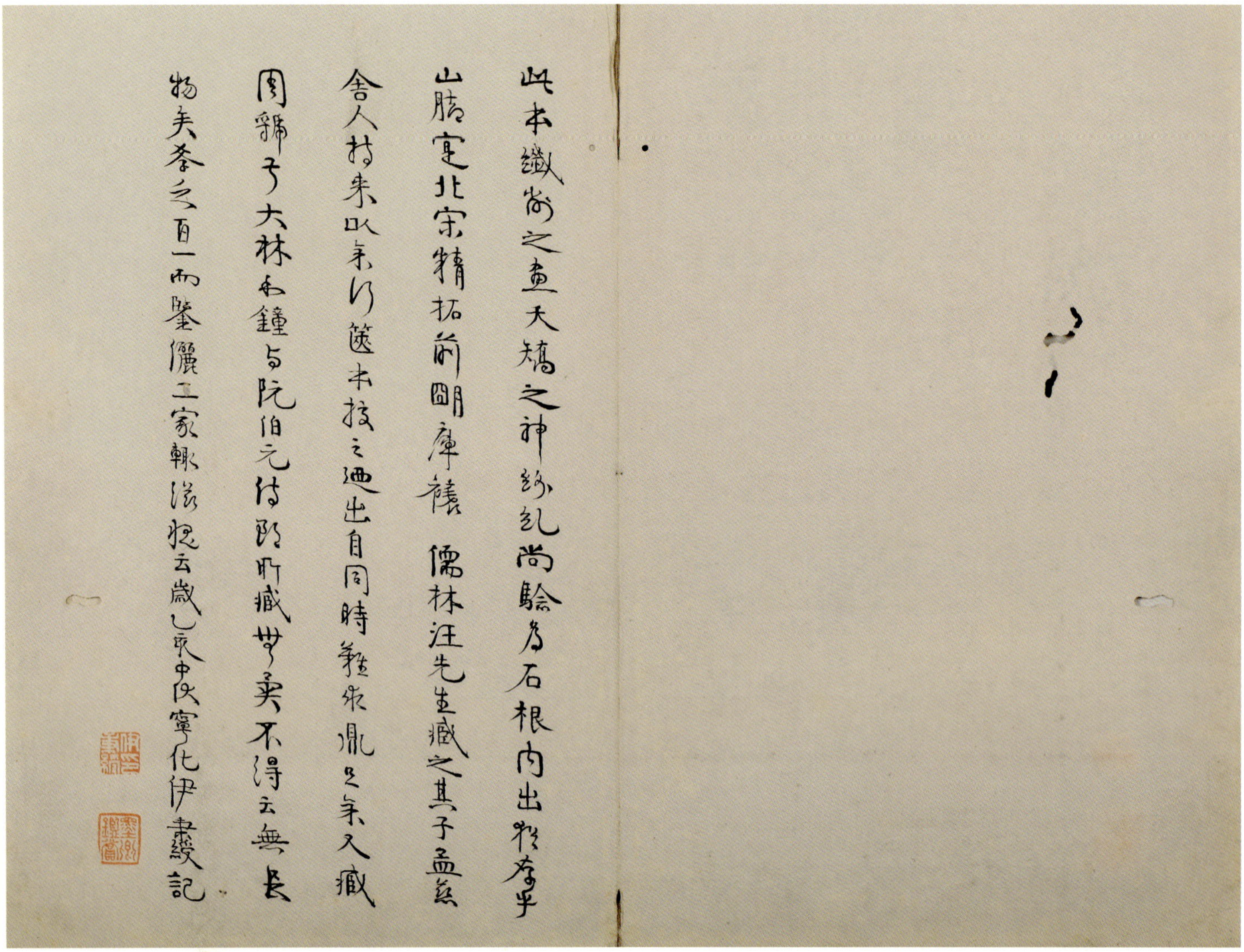

釋文：此本纖削之畫，夭矯之神紛糾，尚驗爲石根内出，猶存乎山脚，實北宋精拓，前明庫裱。儒林汪先生藏之，其子孟慈舍人持來，以余行篋本校之，乃出自同時，難求鼎足。余又藏周虢子大林和鐘，與阮伯元侍郎所藏無異，不得云無長物矣。學乏百一，而鑒儷二家，輒滋愧云。歲乙亥中秋，寧化伊秉綬記。

鈐印：伊秉綬印、墨卿鑑賞

題跋出處：集王聖教序（張應召藏本）

館藏號：18A352

此本纖毫之畫天矯之神紛亂尚驗為石根內出於孝乎
山腰定北宋精拓前明庫儀　儒林汪先生藏之其子孟慈
舍人持來以余行篋本較之逈出自同時雖依鼎足余又藏
周雝于大林和鐘與阮伯元侍郎所藏世莫不得云無長
物矣參之百一而鑒賞二家輒從恨云歲乙亥中秋寧化伊秉綬記

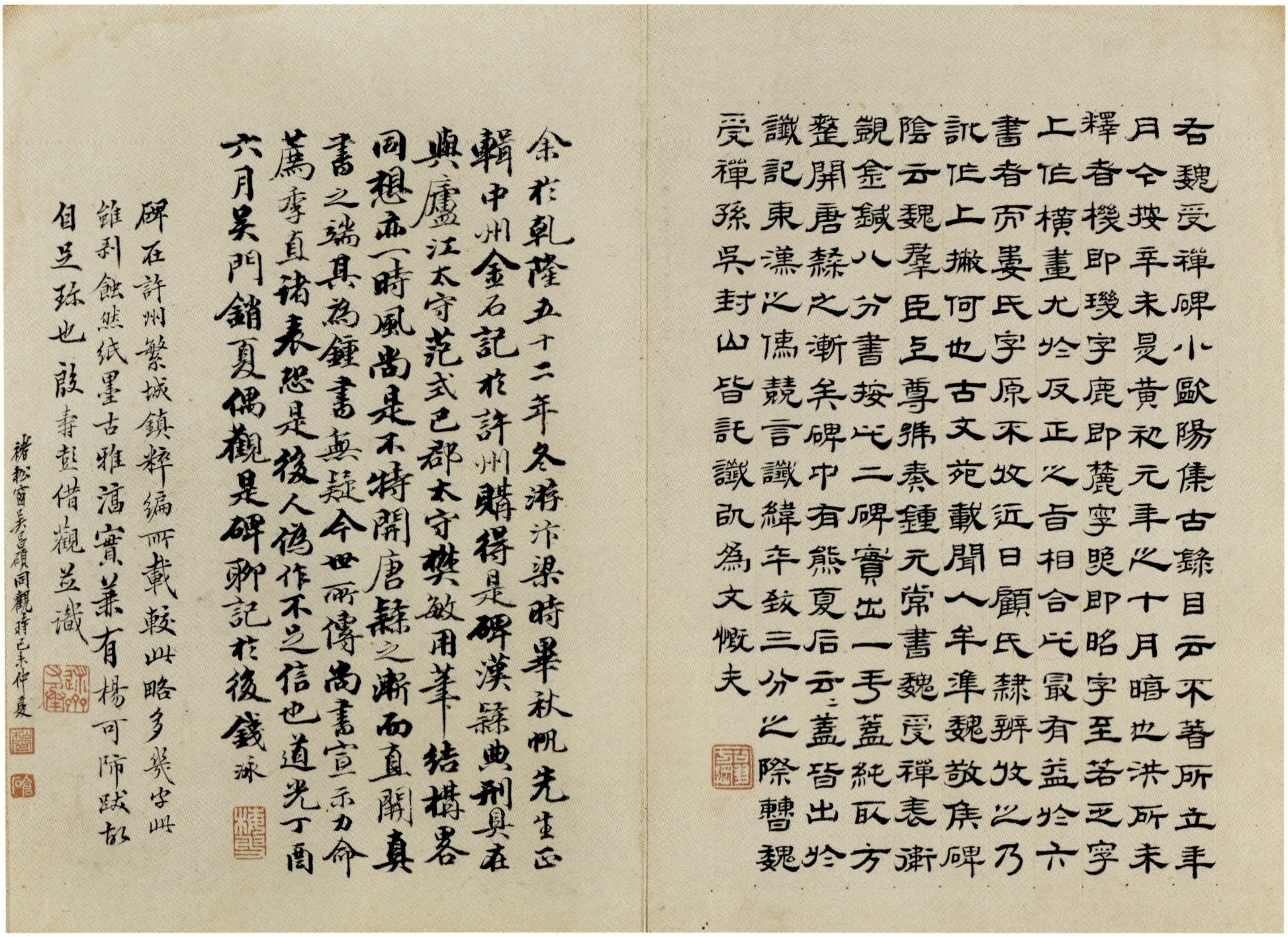

錢泳

年代：1759—1844

字號：原名錢鶴，字立群，號臺僊、梅溪居士

籍貫：江蘇金匱

釋文：余於乾隆五十二年冬游汴梁時，畢秋帆先生正輯《中州金石記》，於許州購得是碑，漢隸典刑具在，與《盧江太守范式》《巴郡太守樊敏》用筆結構略同，想亦一時風尚，是不特開唐隸之漸，而直開真書之端，其爲鍾書無疑。今世所傳《尚書宣示》《力命》《薦季直》諸表恐是後人僞作，不足信也。道光丁酉六月，吴門銷夏，偶觀是碑，聊記於後，錢泳。

鈐印：梅叟

題跋出處：受禪表（王楠藏本）

館藏號：S2194

余於乾隆五十二年冬游汴梁時畢秋帆先生正輯中州金石記於許州購得是碑漢隸典刑具在與廬江太守范式巴郡太守樊敏用筆結構略同想亦一時風尚是不特開唐隸之漸而直開真書之端其為鍾書無疑今世所傳尚書宣示力命薦季直諸表恐是後人偽作不足信也道光丁酉六月吳門銷夏偶觀是碑聊記於後錢泳

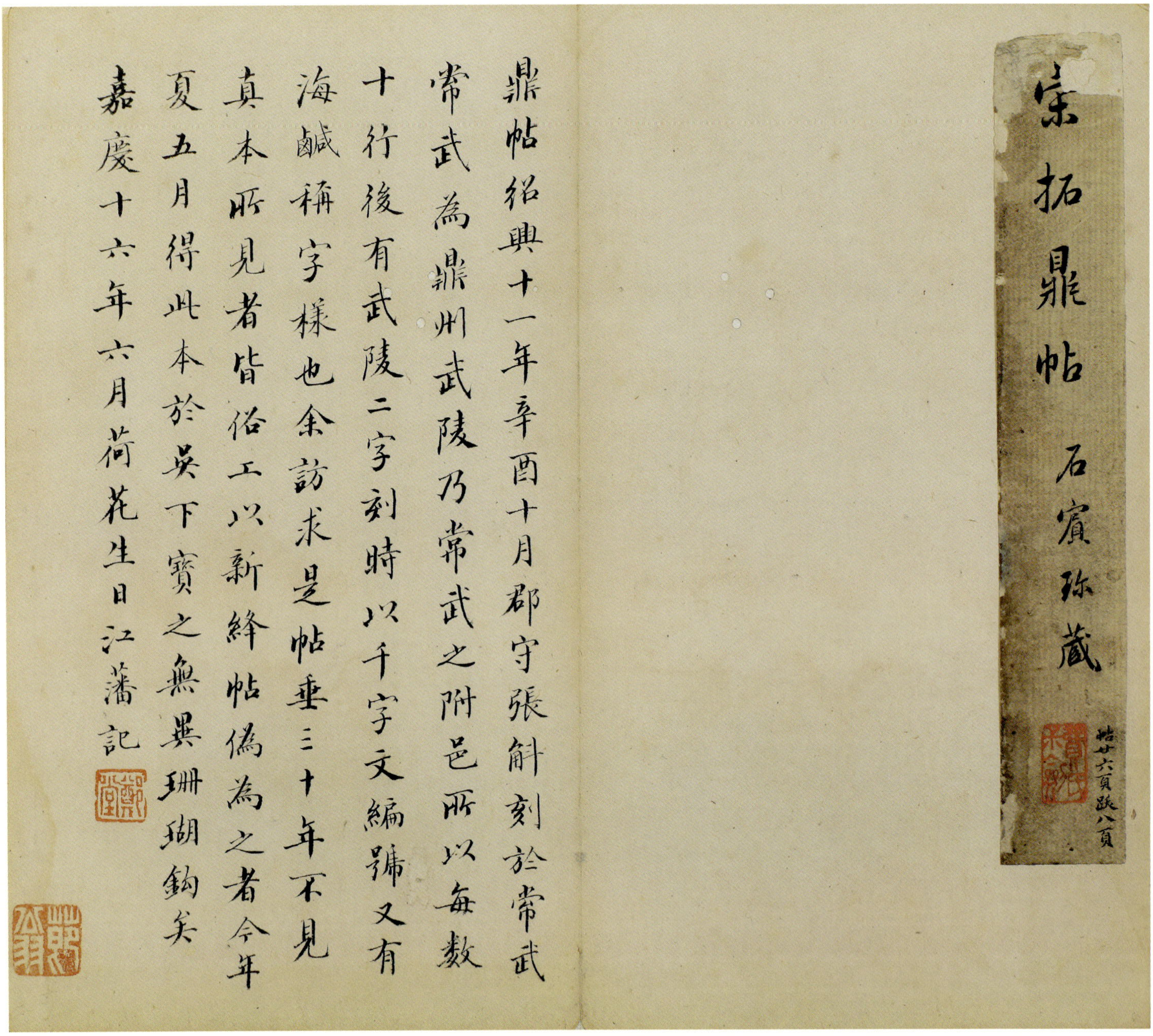

江藩

年代：1761—1830

字號：字子屏，號節甫、鄭堂、節翁、水翁、竹西詞客

籍貫：江蘇甘泉

釋文：《鼎帖》紹興十一年辛酉十月郡守張斛刻於常武，常武爲鼎州，武陵乃常武之附邑，所以每數十行後有『武陵』二字，刻時以《千字文》編號，又有『海、鹹、稱』字樣也。余訪求是帖垂三十年，不見真本，所見者皆俗工以新《絳帖》僞爲之者。今年夏五月得此本於吴下，寶之無異珊瑚鈎矣。嘉慶十六年六月荷花生日，江藩記。

鈐印：鄭堂、節翁

題跋出處：鼎帖（翁方綱藏本）

館藏號：18A355

鼎帖紹興十一年辛酉十月郡守張斛刻於常武常武為鼎州武陵乃常武之附邑所以每數十行後有武陵二字刻時以千字文編號又有海鹹稱字樣也余訪求是帖垂三十年不見真本所見者皆俗工以新絳帖偽為之者今年夏五月得此本於吳下寶之無異珊瑚鉤矣

嘉慶十六年六月荷花生日江藩記

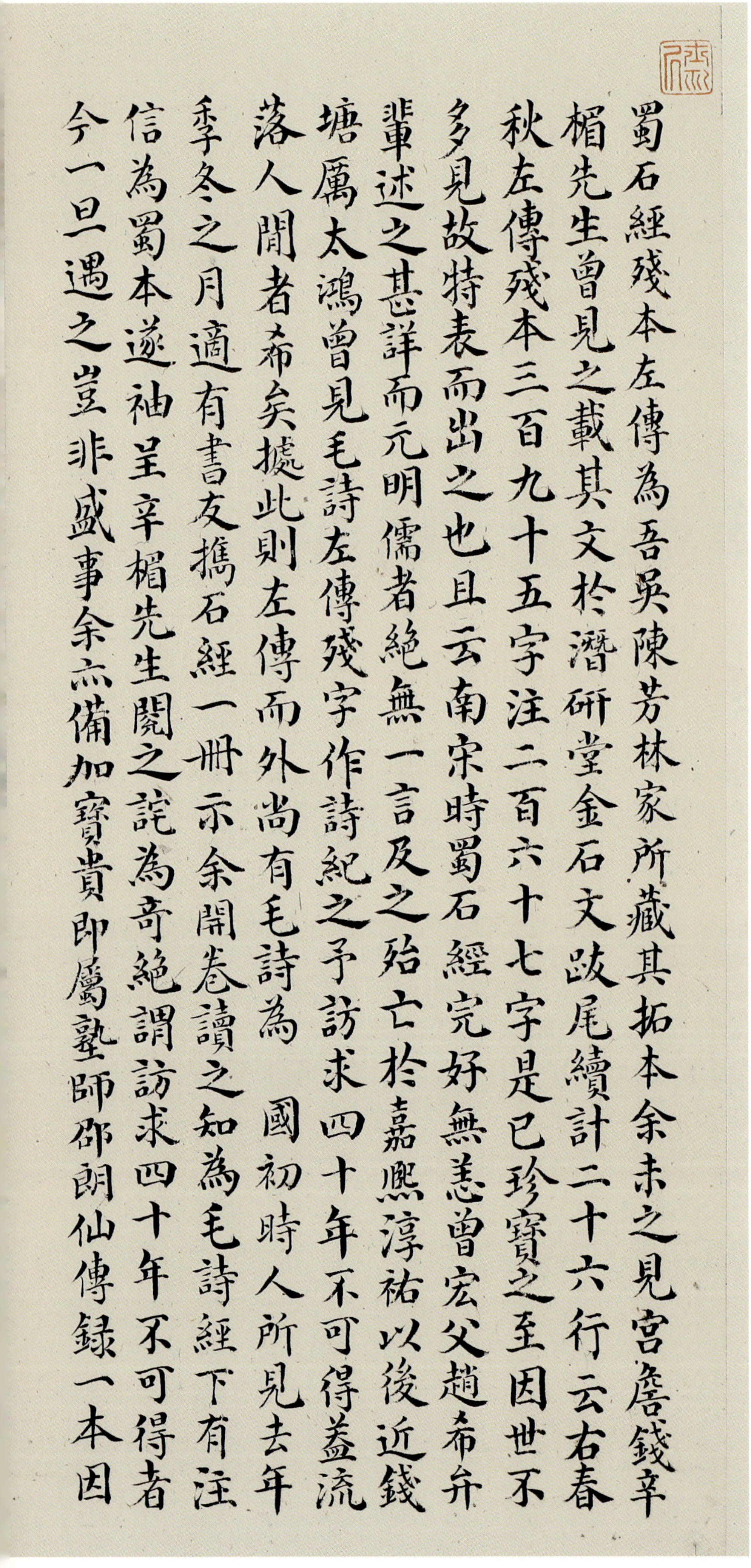
蜀石經殘本左傳為吾吳陳芳林家所藏其拓本余未之見宮詹錢辛
楣先生曾見之載其文於潛研堂金石文跋尾續計二十六行云右春
秋左傳殘本三百九十五字注二百六十七字是已珍寶之至因世不
多見故特表而出之也且云南宋時蜀石經完好無恙曾宏父趙希弁
輩述之甚詳而元明儒者絕無一言及之殆亡於嘉熙淳祐以後近錢
塘厲太鴻曾見毛詩左傳殘字作詩紀之予訪求四十年不可得蓋流
落人間者希矣據此則左傳而外尚有毛詩為
國初時人所見去年
季冬之月適有書友攜石經一冊示余開卷讀之知為毛詩經下有注
信為蜀本遂袖呈辛楣先生閱之詫為奇絕謂訪求四十年不可得者
今一旦遇之豈非盛事余亦備加寶貴即屬塾師邵朗仙傳錄一本因

黃丕烈

年代：1763—1825

字號：字紹武，一字紹甫，號蕘圃、蕘翁、蕘夫、復翁、佞宋主人、宋廛一翁、求古居士、讀未見書齋主人

籍貫：江蘇長洲

釋文：蜀石經殘本《左傳》爲吾吳陳芳林家所藏，其拓本余未之見，宮詹錢辛楣先生曾見之，載其文於《潛研堂金石文跋尾續》，計二十六行。云右《春秋左傳》殘本三百九十五字，注二百六十七字，是已珍寶之至，因世不多見，故特表而出之也。且云南宋時蜀石經完好無恙，曾宏父、趙希弁輩述之甚詳，而元明儒者絕無一言及之，殆亡於嘉熙、淳祐以後。近錢塘厲太鴻曾見《毛詩》《左傳》殘字，作詩紀之，予訪求四十年不可得，蓋流落人間者希矣。據此則《左傳》而外，尚有《毛詩》爲國初時人所見。去年季冬之月，適有書友携石經一册示余。開卷讀之，知爲《毛詩》，經下有注，信爲蜀本，遂袖呈辛楣先生閲之，詫爲奇絕，謂訪求四十年不可得者，今一旦遇之，豈非盛事。余亦備加寶貴，即屬塾師邵朗僊傳録一本，因

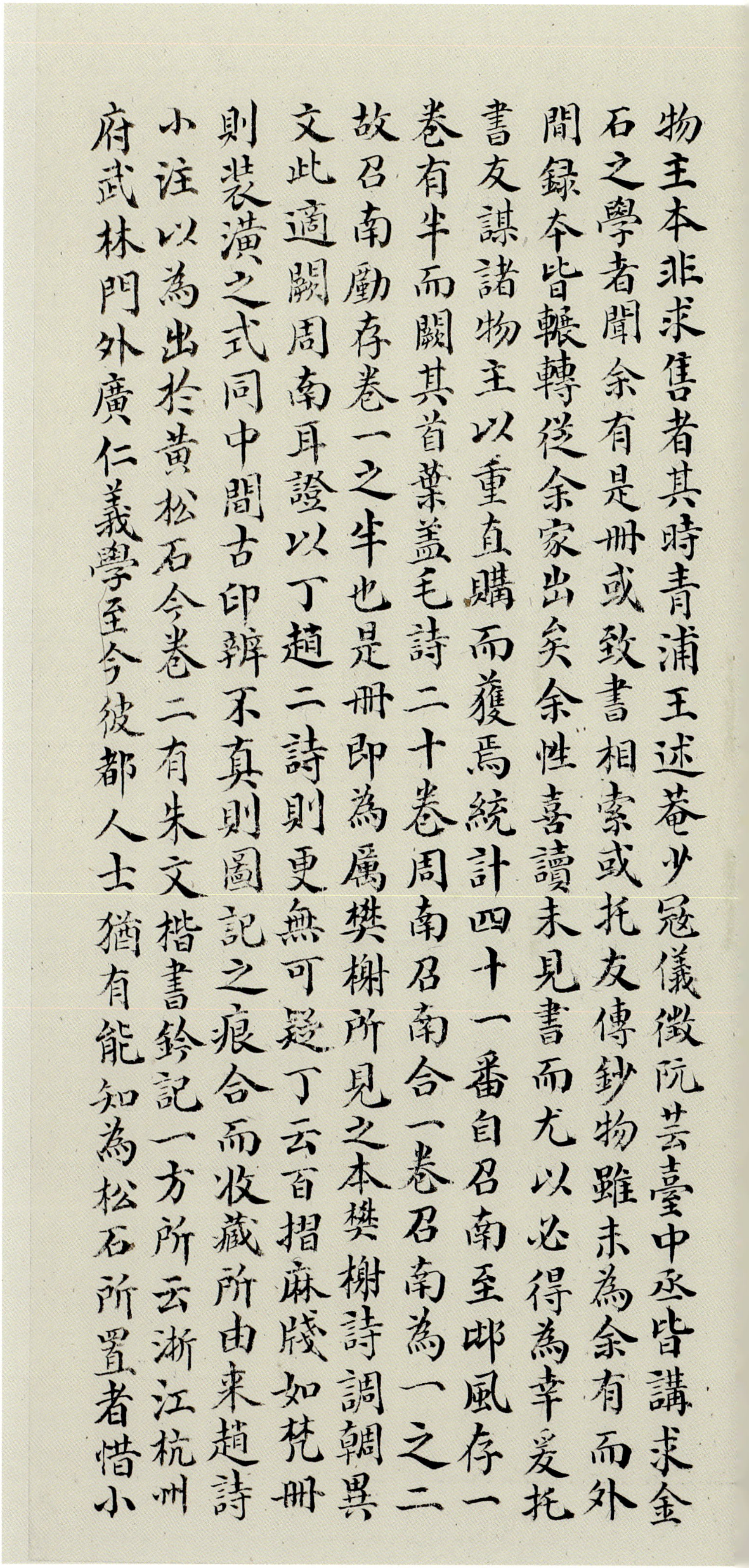

物主本非求售者。其時青浦王述庵少寇、儀徵阮芸臺中丞皆講求金石之學者，聞余有是册，或致書相索，或托友傳鈔，物雖未爲余有而外間録本皆輾轉從余家出矣。余性喜讀未見書，而尤以必得爲幸，爰托書友謀諸物主，以重值購而獲焉。統計四十一番，自《召南》至《邶風》存一卷有半而闕其首葉。蓋《毛詩》二十卷，《周南》《召南》合一卷，《召南》爲一之二，故《召南》僅存卷一之半也。是册即爲厲樊榭所見之本，樊榭詩『調』『輖』異文，此適闕《周南》耳，證以丁、趙二詩，則更無可疑。丁云『百折麻牋如梵册』則裝潢之式同，『中間古印辨不真』則圖記之痕合。而收藏所由來，趙詩小注以爲出於黄松石，今卷二有朱文楷書鈐記一方，所云浙江杭州府武林門外廣仁義學，至今彼都人士猶有能知爲松石所置者。惜小

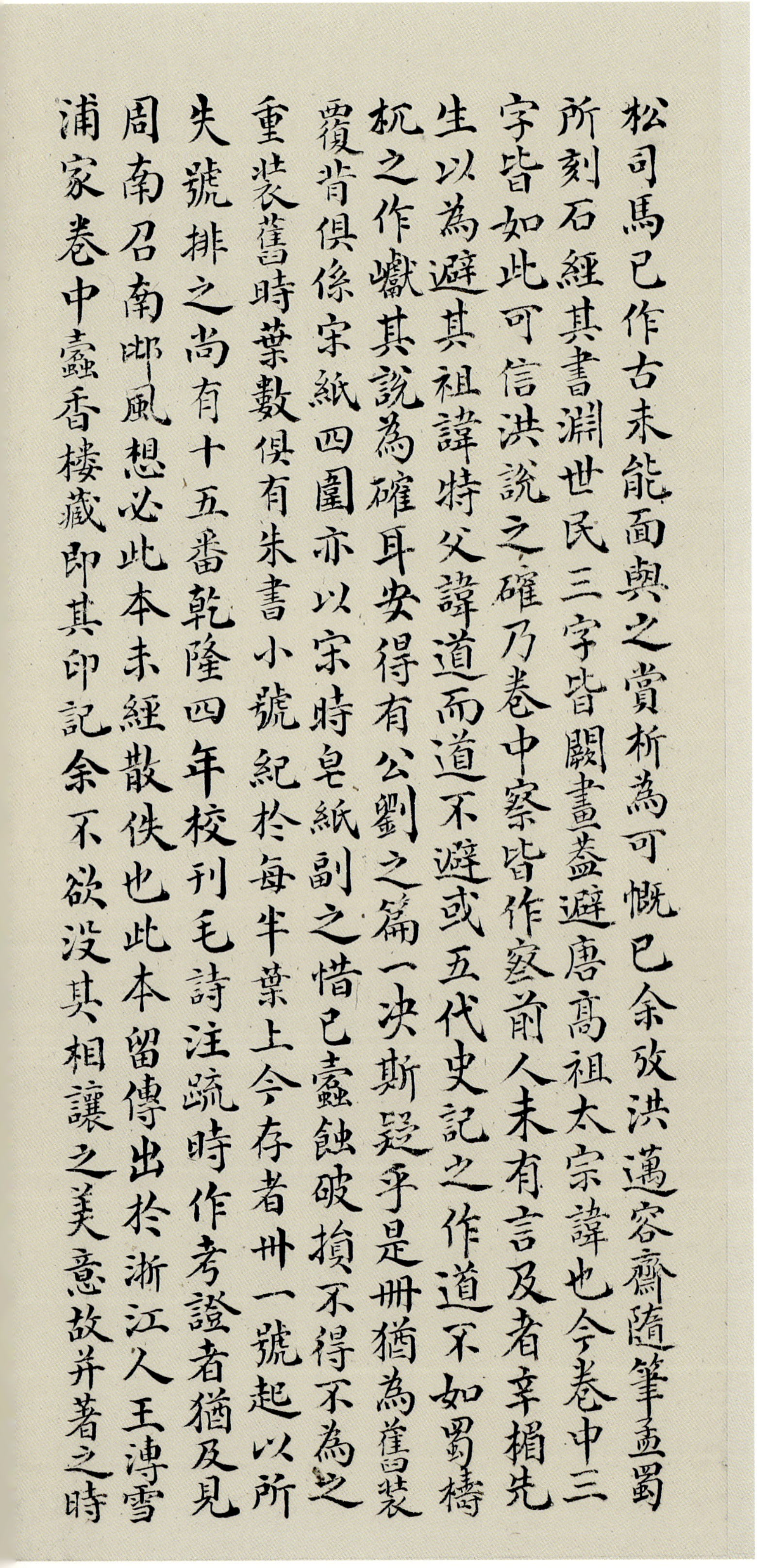

松司馬已作古，未能面與之賞析，爲可慨已。余考洪邁《容齋隨筆》孟蜀所刻石經，其書『淵、世、民』三字皆闕畫，蓋避唐高祖、太宗諱也。今卷中三字皆如此，可信洪説之確。乃卷中『察』皆作『𥦗』，前人未有言及者，辛楣先生以爲避其祖諱，特父諱道，而『道』不避，或五代史記之作『道』，不如《蜀檮杌》之作『巘』其説爲確耳，安得有《公劉》之篇一决斯疑乎？是册猶爲舊裝，覆背俱係宋紙，四圍亦以宋時皂紙副之，惜已蠹蝕破損，不得不爲之重裝。舊時葉數俱有朱書小號，紀於每半葉上，今存者卅一號起，以所失號排之，尚有十五番。乾隆四年校刊《毛詩注疏》時作考證者猶及見《周南》《召南》《邶風》，想必此本未經散佚也。此本留傳出於浙江人王溥雪浦家，卷中『蠹香樓藏』即其印記，余不欲没其相讓之美意，故并著之。時

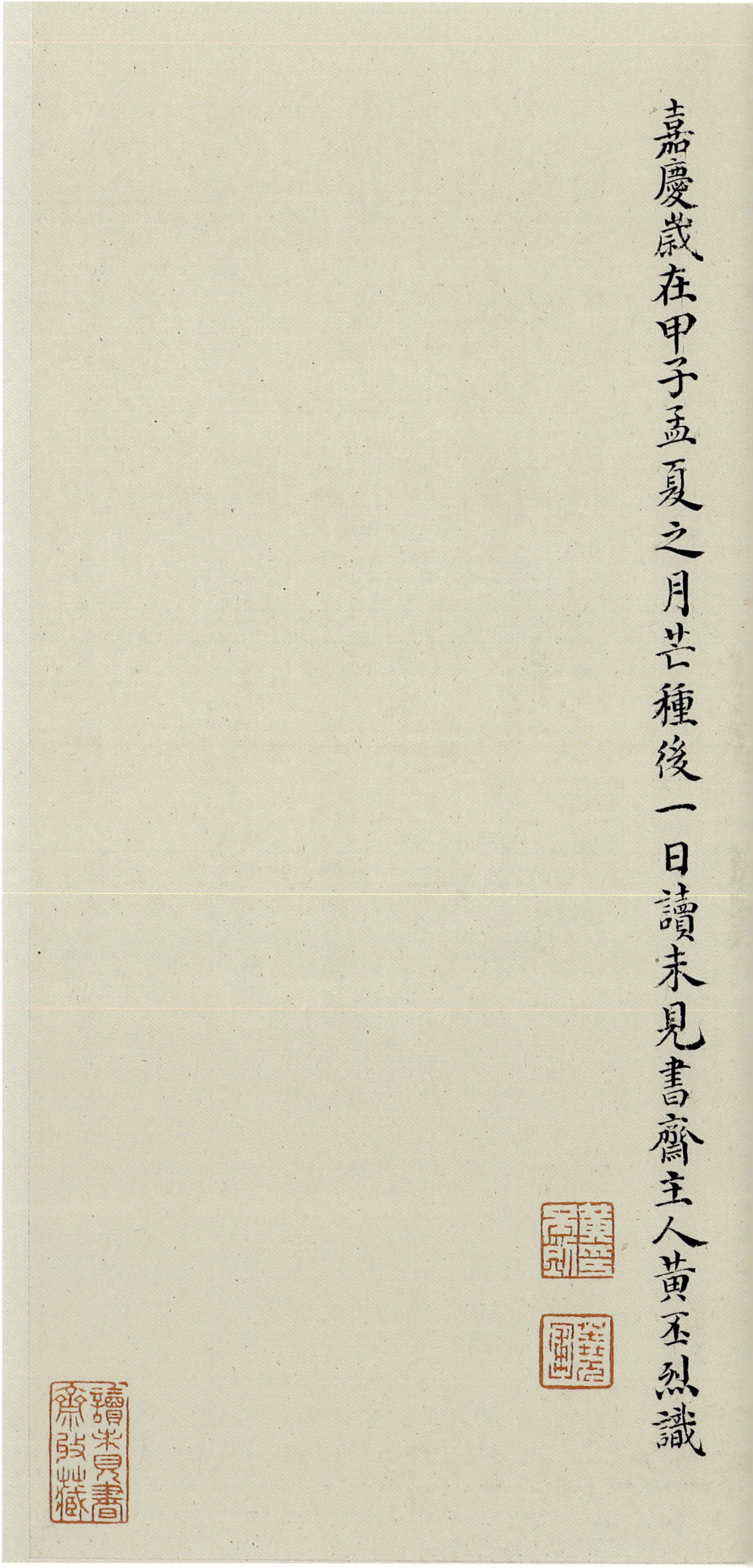
嘉慶歲在甲子孟夏之月芒種後一日讀未見書齋主人黃丕烈識

嘉慶歲在甲子孟夏之月芒種後一日，讀未見書齋主人黃丕烈識。

鈐印：士禮居、黃丕烈印、蕘圃、讀未見書齋收藏

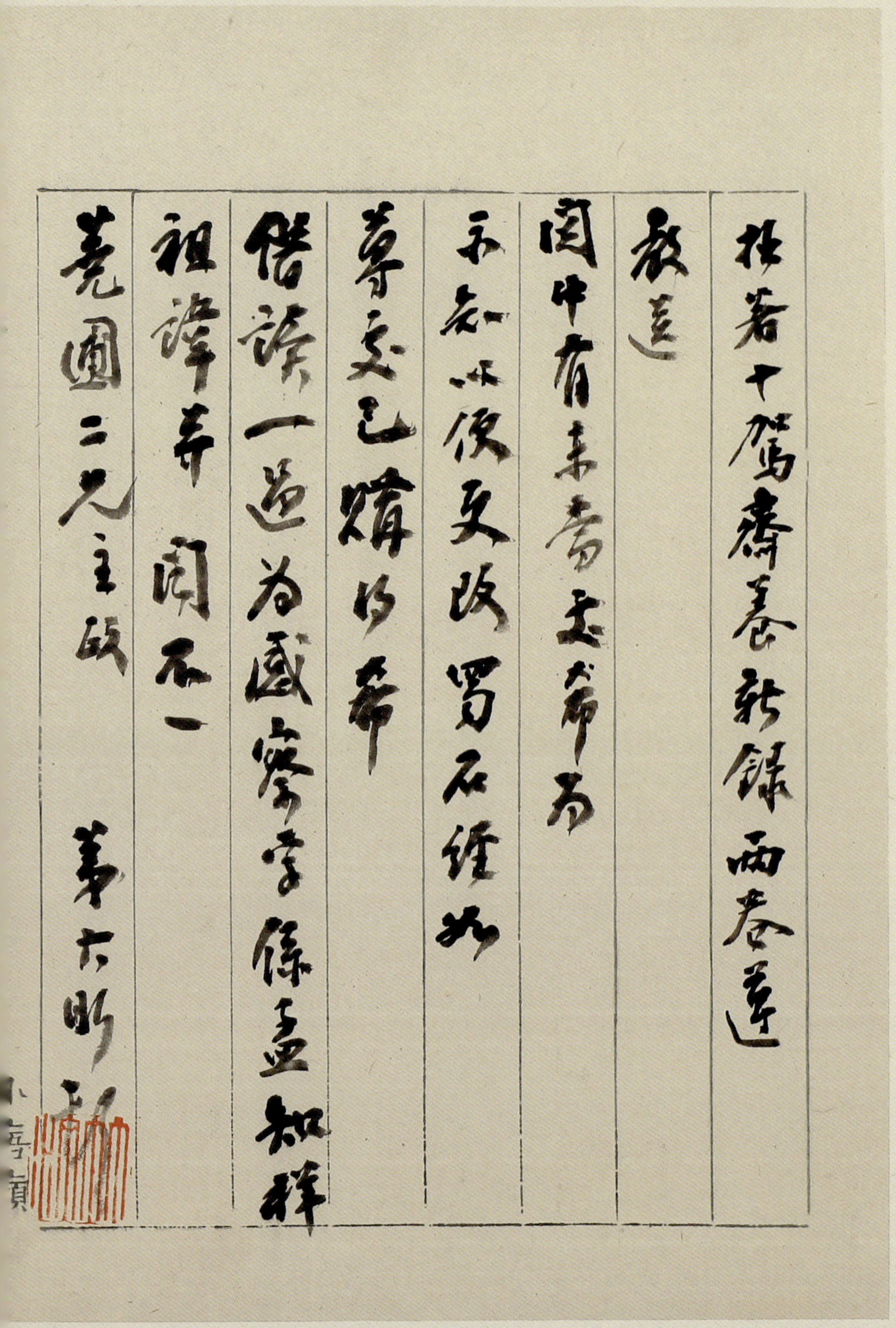
拙著十駕齋養新錄兩本奉送
教正
閣中有未妥之處希為
示知以便更改買石經如
尊處已購亦希
借讀一過為感寄字條盡知祥
祖譚并　閱　不一
莞圃二兄主政　弟大昕頓

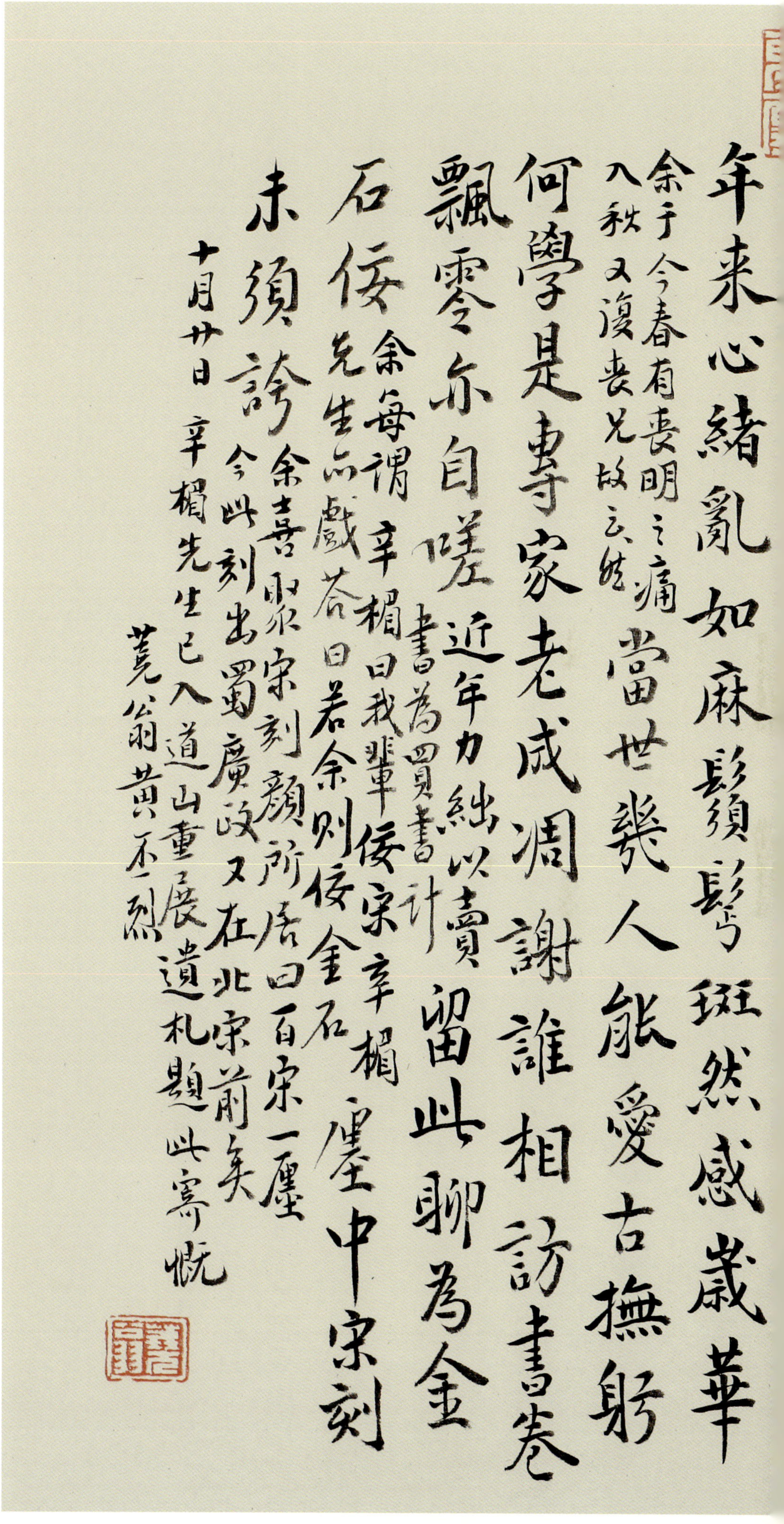

釋文：年來心緒亂如麻，鬢髩斑然感歲華（余于今春有喪明之痛，入秋又復喪兄，故云然）。當世幾人能愛古，撫躬何學是專家。老成凋謝誰相訪，書卷飄零亦自嗟（近年力絀，以賣書爲買書計）。留此聊爲金石佞（余每謂辛楣曰我輩佞宋，辛楣先生亦戲答曰若余則佞金石），奩中宋刻未須誇（余喜聚宋刻，顔所居曰百宋一廛，今此刻出蜀廣政，又在北宋前矣）。十月廿日，辛楣先生已入道山，重展遺札，題此寄慨。蕘翁黄丕烈。

鈐印：蕘翁

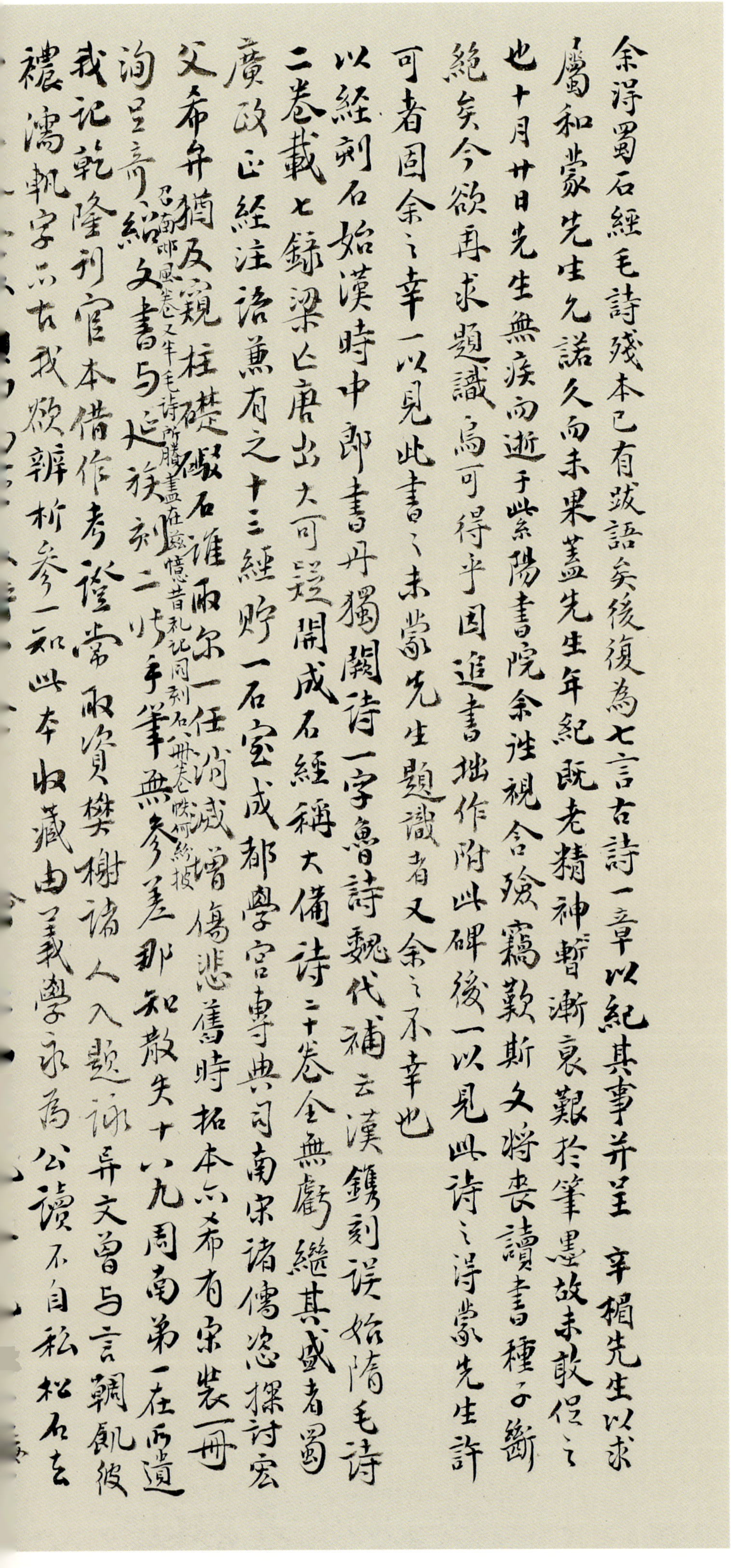

釋文：余得蜀石經《毛詩》殘本，已有跋語矣，後復爲七言古詩一章，以紀其事，并呈辛楣先生以求屬和。蒙先生允諾，久而未果，蓋先生年紀既老，精神漸衰，艱於筆墨，故未敢促之也。十月廿日，先生無疾而逝于紫陽書院，余往視含殮，竊嘆斯文將喪，讀書種子斷絶矣，今欲再求題識，烏可得乎？因追書拙作，附此碑後，一以見此詩之得蒙先生許可者，固余之幸，一以見此書之未蒙先生題識者，又余之不幸也。以經刻石始漢時，中郎書丹獨闕詩。一字魯詩魏代補，云漢鐫刻誤始隋。毛詩二卷載七録，梁亡唐出大可疑。開成石經稱大備，詩二十卷全無虧。繼其盛者蜀廣政，正經注語兼有之。

十三經貯一石室，成都學宮專典司。南宋諸儒恣探討，宏父希弁猶及窺。柱礎礉石誰取爾，一任消滅增傷悲。舊時拓本亦希有，宋裝一册洵足奇。《召南》《邶風》卷又半，毛詩所剩盡在茲。憶昔《禮記》同刻石，八册卷帙何紛披。紹文書與延族刻，二張手筆無參差。那知散失十八九，《周南》弟一在所遺。我記乾隆刊官本，借作考證常取資。樊樹諸人入題詠，異文曾與言『輖飢』。彼『禯濡軓』字亦古，我欲辨析參一知。此本收藏由義學，永爲公讀不自私。松石去後復流落，終賴神物謹護持。曾入市廛牙儈手，不爲覆瓿已可危。蝨香樓中

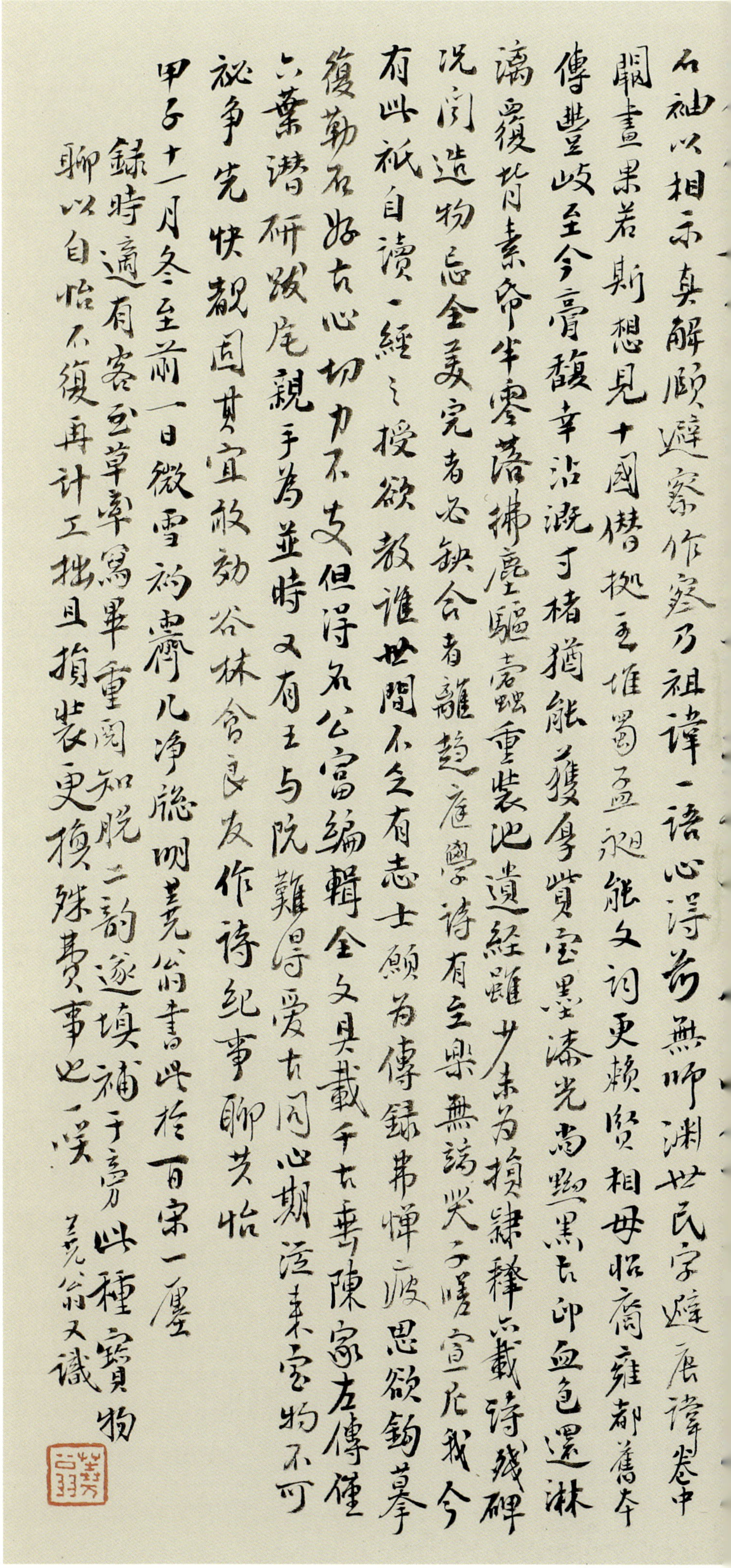

亦偶得，我一見之勞夢思。出金相易務欲獲，書魔自笑何其癡。竹汀居士愛金石，袖以相示真解頤。避『察』作『𡨄』乃祖諱，一語心得前無師。『淵世民』字避唐諱，卷中闕畫果若斯。想見十國僭拠主，惟蜀孟昶能文詞。更賴賢相毋昭裔，雍都舊本傳豐岐。至今膏馥幸沾溉，寸楮猶能獲厚貲。寶墨漆光尚黝黑，古印血色還淋漓。覆背素紙半零落，拂塵驅蠹重裝池。遺經雖少未爲損，《隸釋》亦載詩殘碑。況聞造物忌全美，完者必缺合者離。趨庭學詩有至樂，無端哭子嗟宣尼。我今有此祇自讀，一經之授欲教誰。世間不乏有志士，願爲傳録弗憚疲。思欲鈎摹復勒石，好古心切力不支。但得名公富編輯，全文具載千古垂。陳家《左傳》僅六葉，《潛研跋尾》親手爲。并時又有王與阮，難得愛古同心期。從來寶物不可秘，爭先快覩固其宜。敢效谷林會良友，作詩紀事聊共怡。甲子十一月冬至前一日，微雪初霽，几净窗明，蕘翁書此於百宋一廛。録時適有客至，草率寫畢。重閲知脱二韵，遂填補于旁。此種寶物，聊以自怡，不復再計工拙，且損裝更换，殊費事也，一笑。蕘翁又識。

鈐印：蕘翁

題跋出處：蜀石經毛詩（黃丕烈藏本）

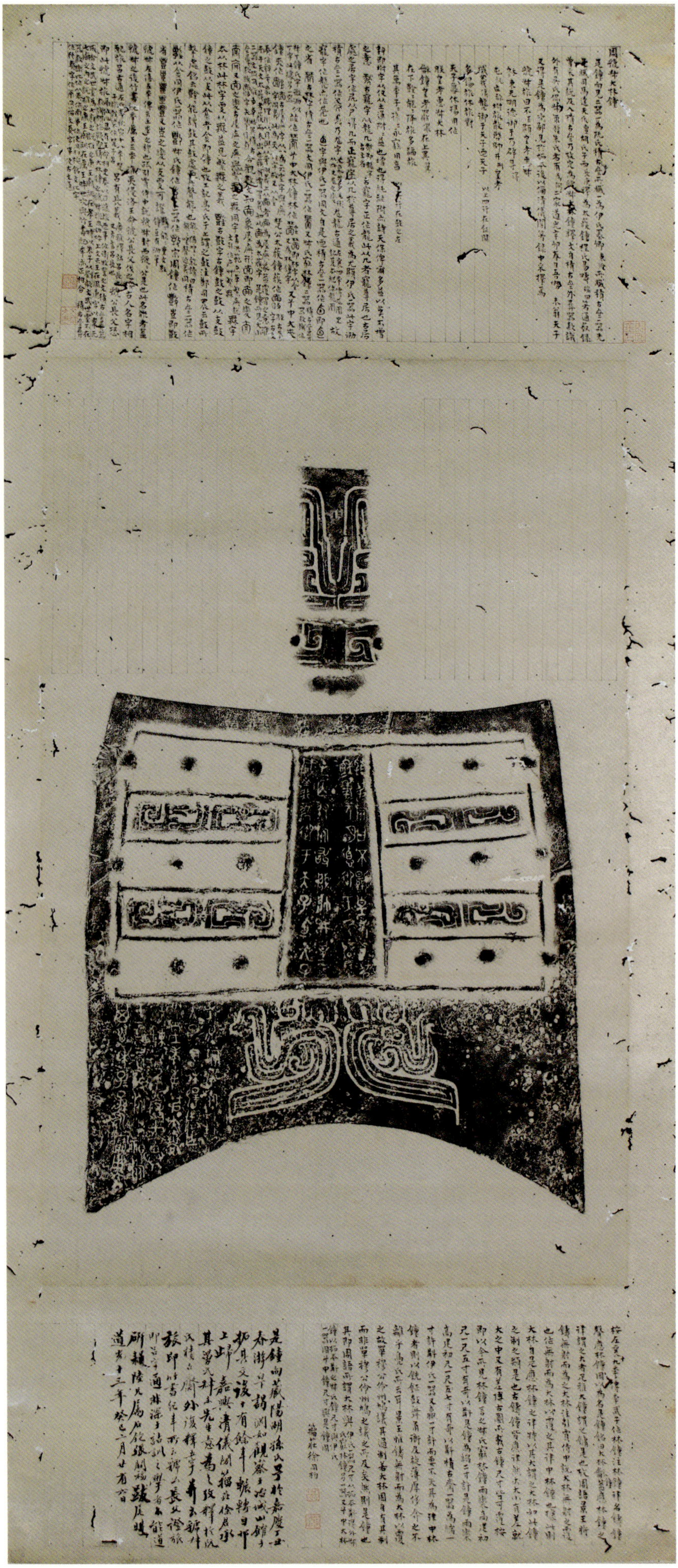

張開福

年代：1763—？

字號：字質民，號石匏，晚號太華歸雲叟

籍貫：浙江海鹽

釋文：是鐘向藏陽湖孫氏，予於嘉慶丁丑春游白下，謁淵如觀察于冶城山館，手拓其文，後十有餘年輾轉自邗上歸嘉興清儀閣。籀莊徐君承其舅氏叔未先生意爲之考釋，於阮氏積古齋外，復釋五字，并云虢叔旅即《竹書紀年》所云虢公長父，證『旅』即『吕』字通，非深于詁訓之學者不能道。研耘陸兄屬石匏張開福跋尾，時道光十三年癸巳二月廿有六日。

題跋出處：虢叔旅鐘乙（徐同柏跋本）

館藏號：Z1423

是鍾向藏陽湖孫氏子於嘉慶丁丑
春游皖謁淵如觀察于冶城山館手
抄其文後十有餘年輾轉歸邗
上歸嘉興清儀閣籀莊徐君承
其舅氏叔未先生意為之攷釋於阮
氏積古齋外復釋五字并云鐈鼎
旅即所書紀年所云鐈出長安證旅
即呂字通非深于詁訓之學者不能道
所頼陸兄屬石能張闟福跋尾時
道光十三年癸巳二月廿有六日

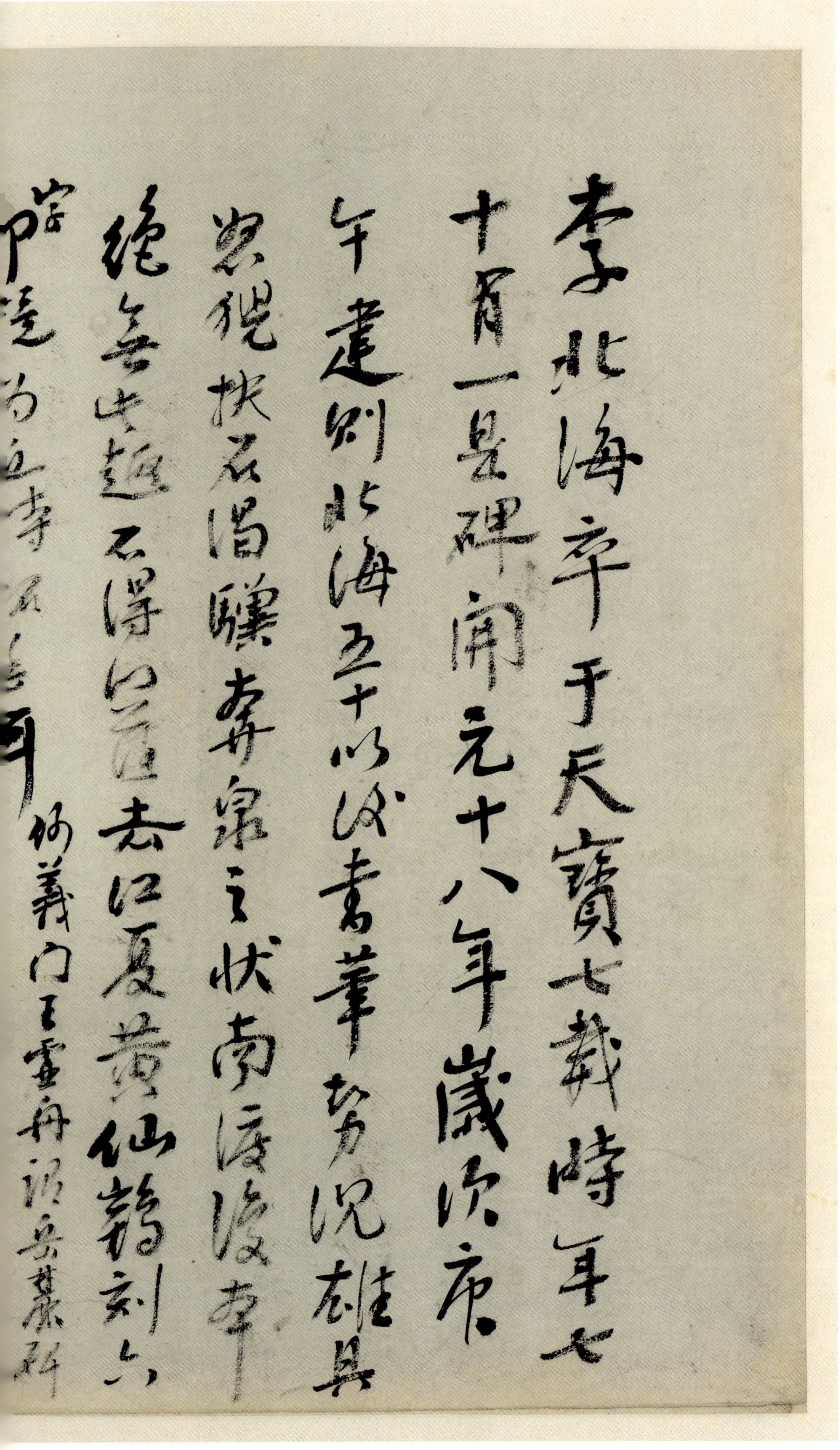

阮元

年代：1764—1849

字號：字伯元，號芸臺、雷塘庵主、頤性老人、揅經老人

籍貫：江蘇儀徵

釋文：李北海卒于天寶七載，時年七十有一。是碑開元十八年歲次庚午建，則北海五十以後書，筆勢沉雄，具怒猊抉石、渴驥奔泉之狀。南渡後本絶無此趣，不得以落去『江夏黄仙鶴刻』六字，即疑爲近時拓手耳。何義門、王虛舟謂《岳麓碑》有『黄仙鶴刻』者爲宋拓，否則

元明拓本。不知此六字爲郃陽車聘賢打去，非宋時剥蝕也。頤性老人審定題字。

鈐印：頤性老人

釋文：岳麓書法出于大令，較大令尤爲發露無餘，米襄陽、趙吴興、董華亭各以書雄一代，皆從是碑得法。昔人謂臨大令則發露，可爲學《岳麓》者誦之。頤性老人又識。

鈐印：怡志林泉

題跋出處：麓山寺碑（徐嵩峻藏本）

館藏號：S2919

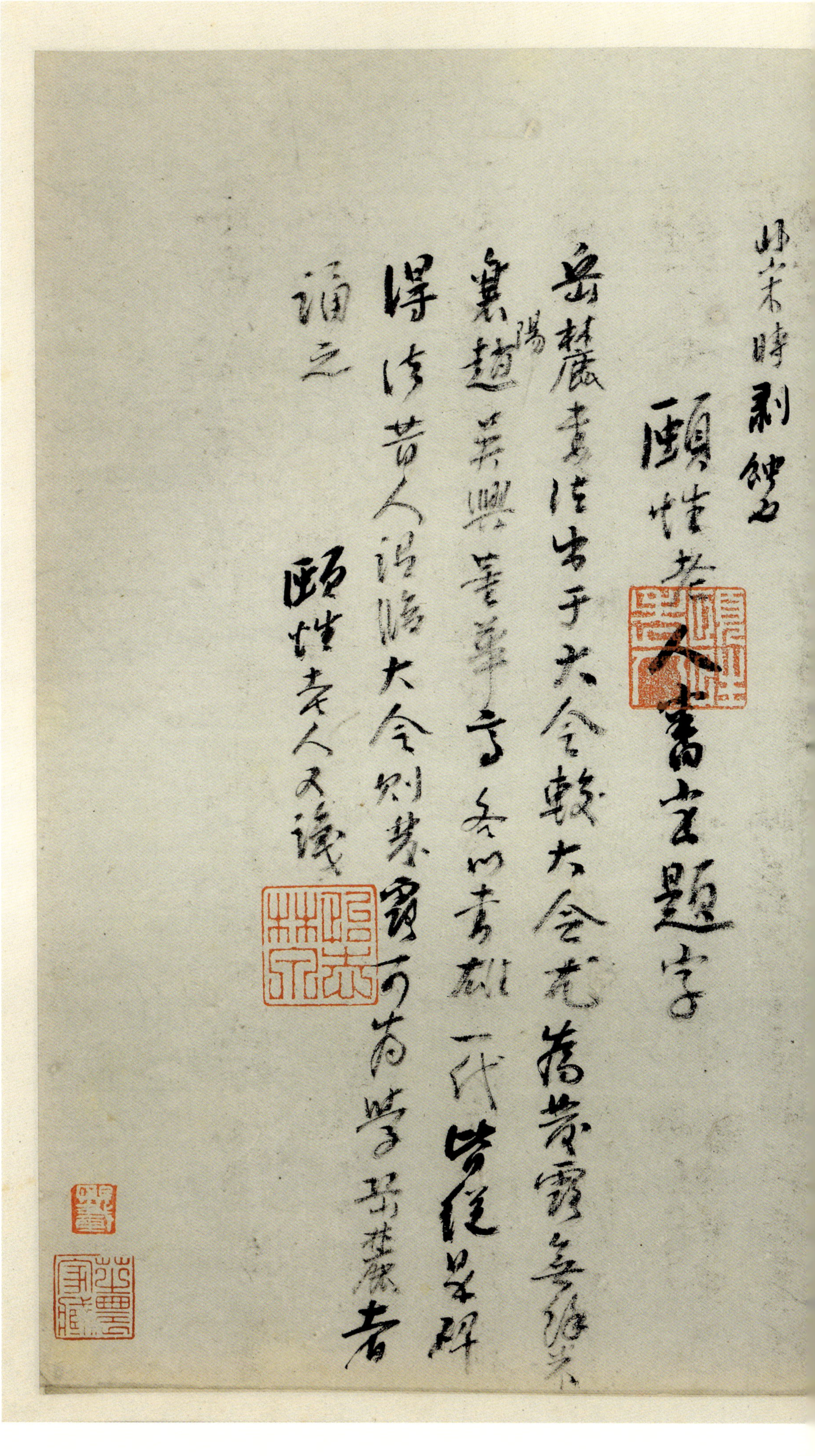

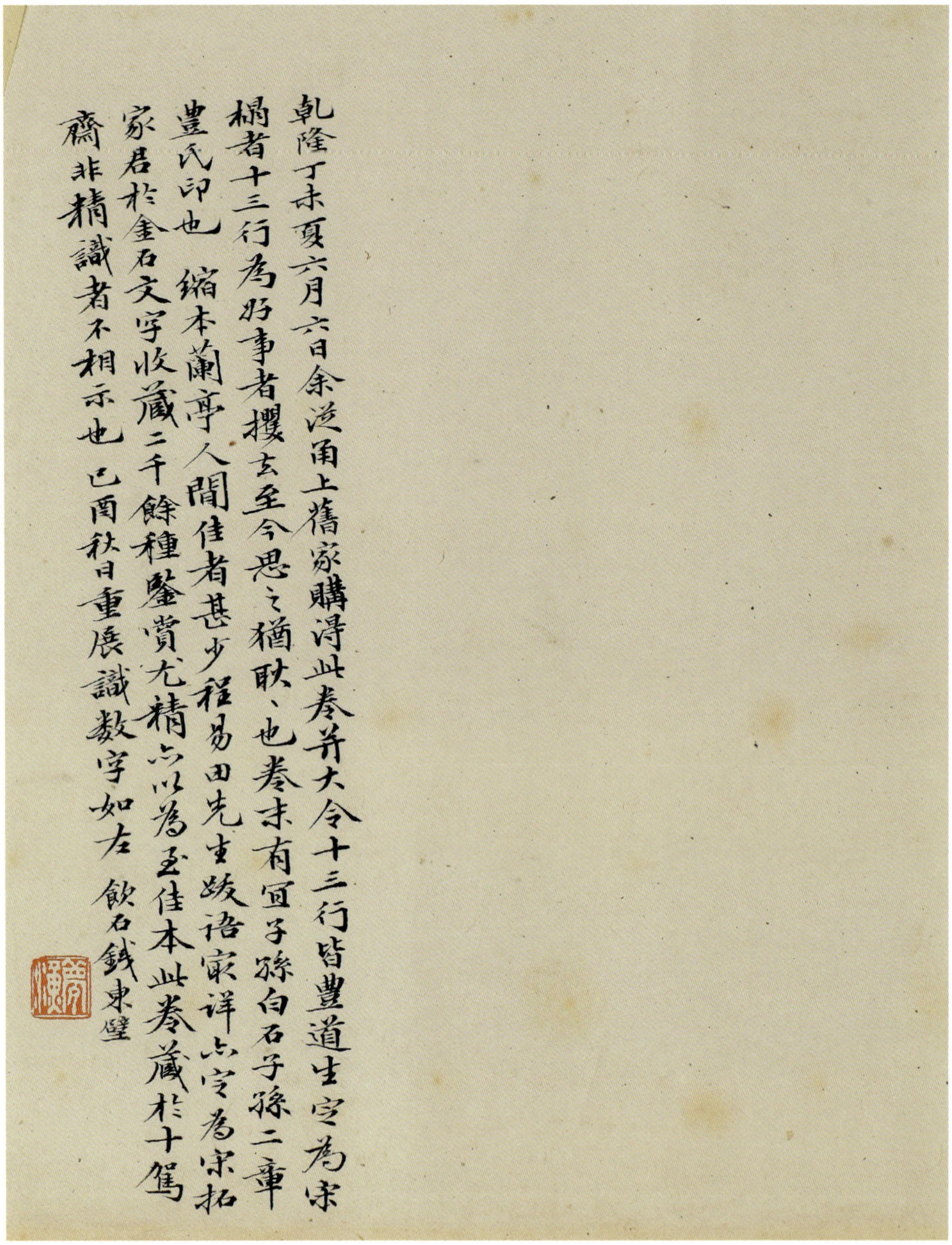

錢東壁

年代：1766—1818

字號：字星伯，號飲石、夢漁、三休亭長

籍貫：江蘇嘉定

釋文：乾隆丁未夏六月六日，余從甬上舊家購得此卷并《大令十三行》，皆豐道生定爲宋拓者。《十三行》爲好事者攫去，至今思之猶耿耿也。卷末有『宜子孫』『白石子孫』二章，豐氏印也。縮本《蘭亭》人間佳者甚少，程易田先生跋語最詳，亦定爲宋拓。家君於金石文字收藏二千餘種，鑒賞尤精，亦以爲至佳本。此卷藏於十駕齋，非精識者不相示也。己酉秋日重展，識數字如左。飲石錢東壁。

鈐印：夢漁

題跋出處：玉枕蘭亭（豐坊藏本）

館藏號：19A382

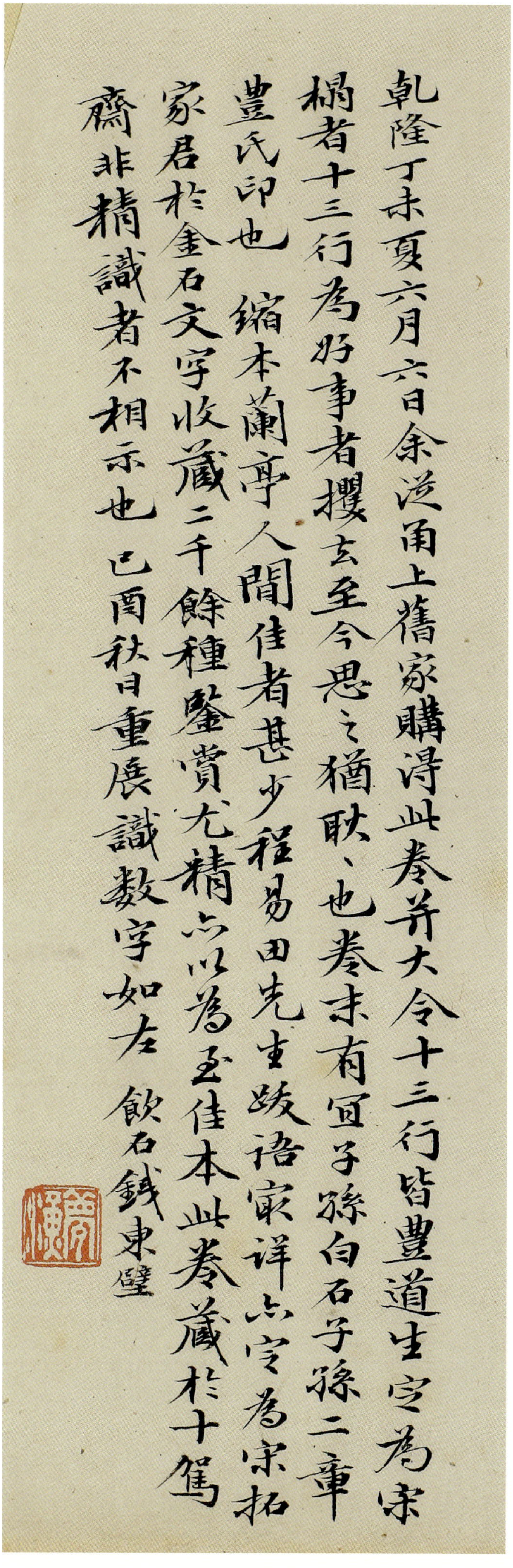
乾隆丁未夏六月六日余從甬上舊家購得此卷并大令十三行皆豐道生定為宋
榻者十三行為好事者攫去至今思之猶耿耿也卷末有宜子孫白石子孫二章
豐氏印也 縮本蘭亭人間佳者甚少程易田先生跋語審詳亦定為宋拓
家君於金石文字收藏二千餘種鑒賞尤精亦以為至佳本此卷藏於十駕
齋非精識者不相示也 己酉秋日重展識數字如右 飲石錢東壁

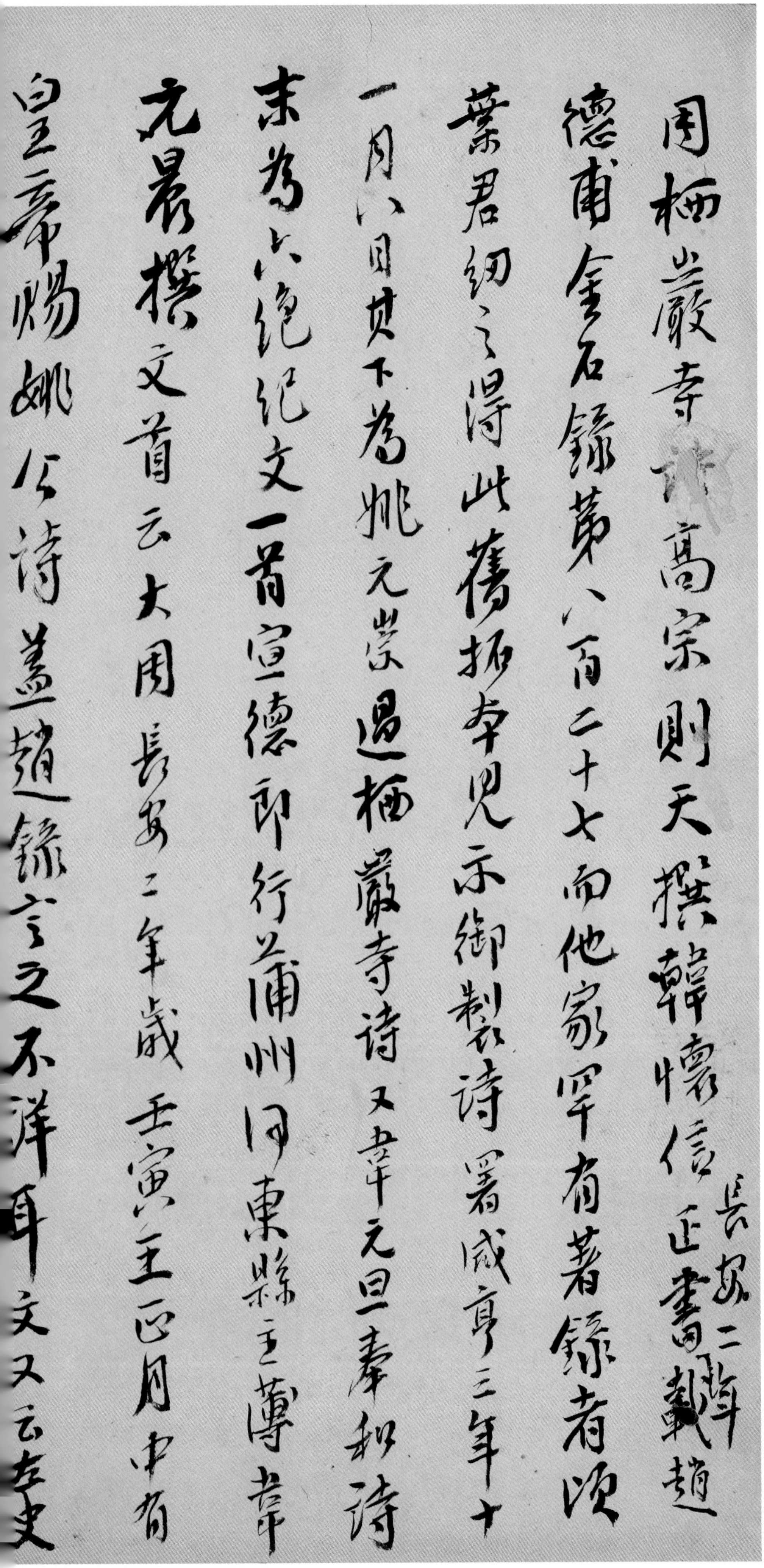

顧千里

年代：1766—1839

字號：名廣圻，以字行，號澗薲、鑒平、思適居士、一雲散人、澗蘋

籍貫：江蘇元和

釋文：周栖岩寺詩，高宗則天撰，韓懷信長安二年正書，載趙德甫《金石録》第八百二十七，而他家罕有著録者。頃葉君紉之得此舊拓本見示，御製詩署咸亨三年十一月八日，其下爲姚元崇過栖岩寺詩，又韋元旦奉和詩，末爲六絶紀文一首，宣德郎行蒲州河東縣主簿韋元晨撰文，首云『大周長安二年歲壬寅王正月』，中有皇帝賜姚公詩，蓋趙録言之不詳耳。文又云『左史

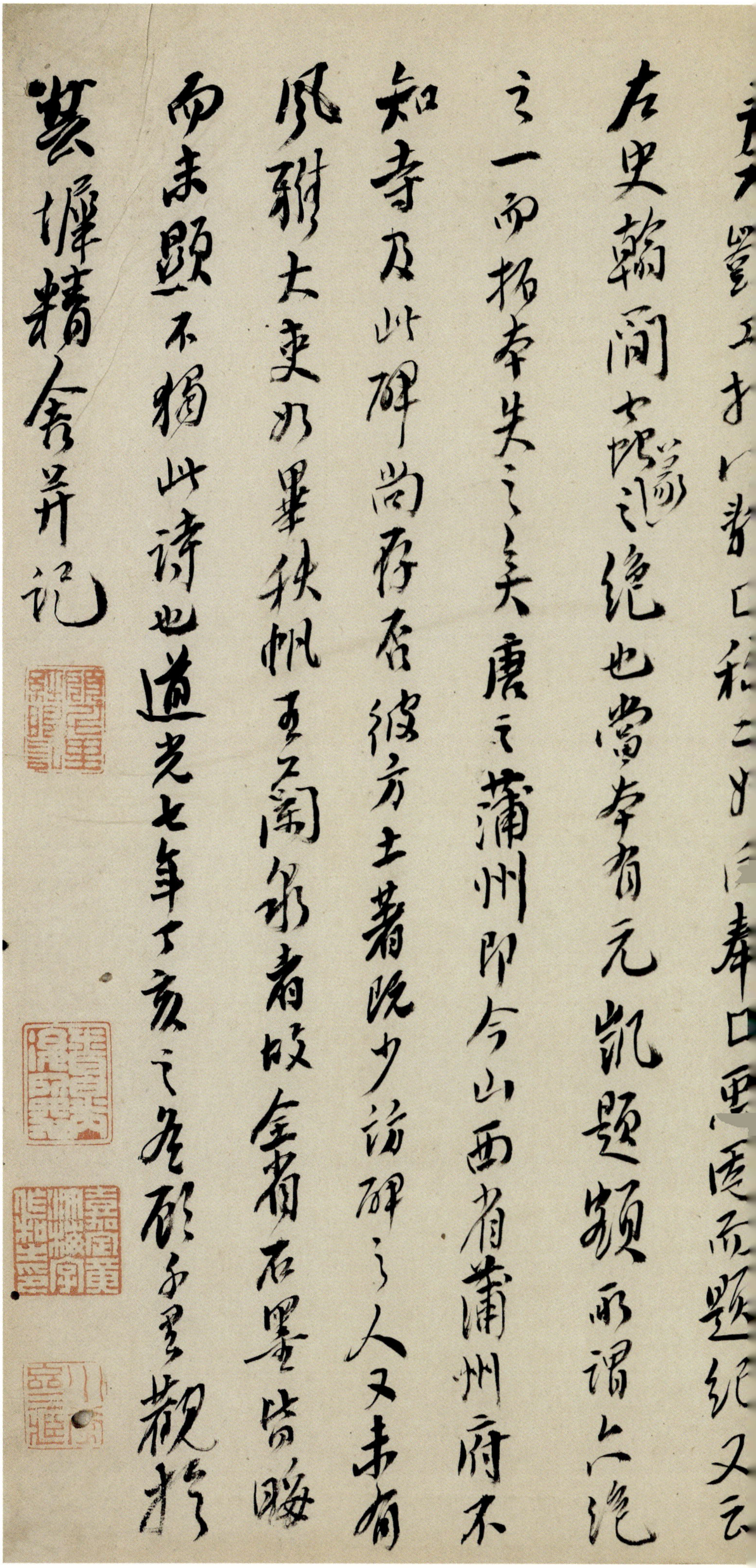

尹元凱工於八體□稱二妙同奉□忠因而題紀』，又云『左史翰簡蟲篆之絕也』，當本有元凱題額所謂六絕之一，而拓本失之矣。唐之蒲州即今山西省蒲州府，不知寺及此碑尚存否。彼方土著既少訪碑之人，又未有風雅大吏如畢秋帆、王蘭泉者，故全省石墨皆晦而未顯，不獨此詩也。道光七年丁亥之冬，顧千里觀於芸墀精舍并記。

鈐印：顧千里經眼記

題跋出處：棲岩寺詩刻（葉汝蘭藏本）

館藏號：S2933

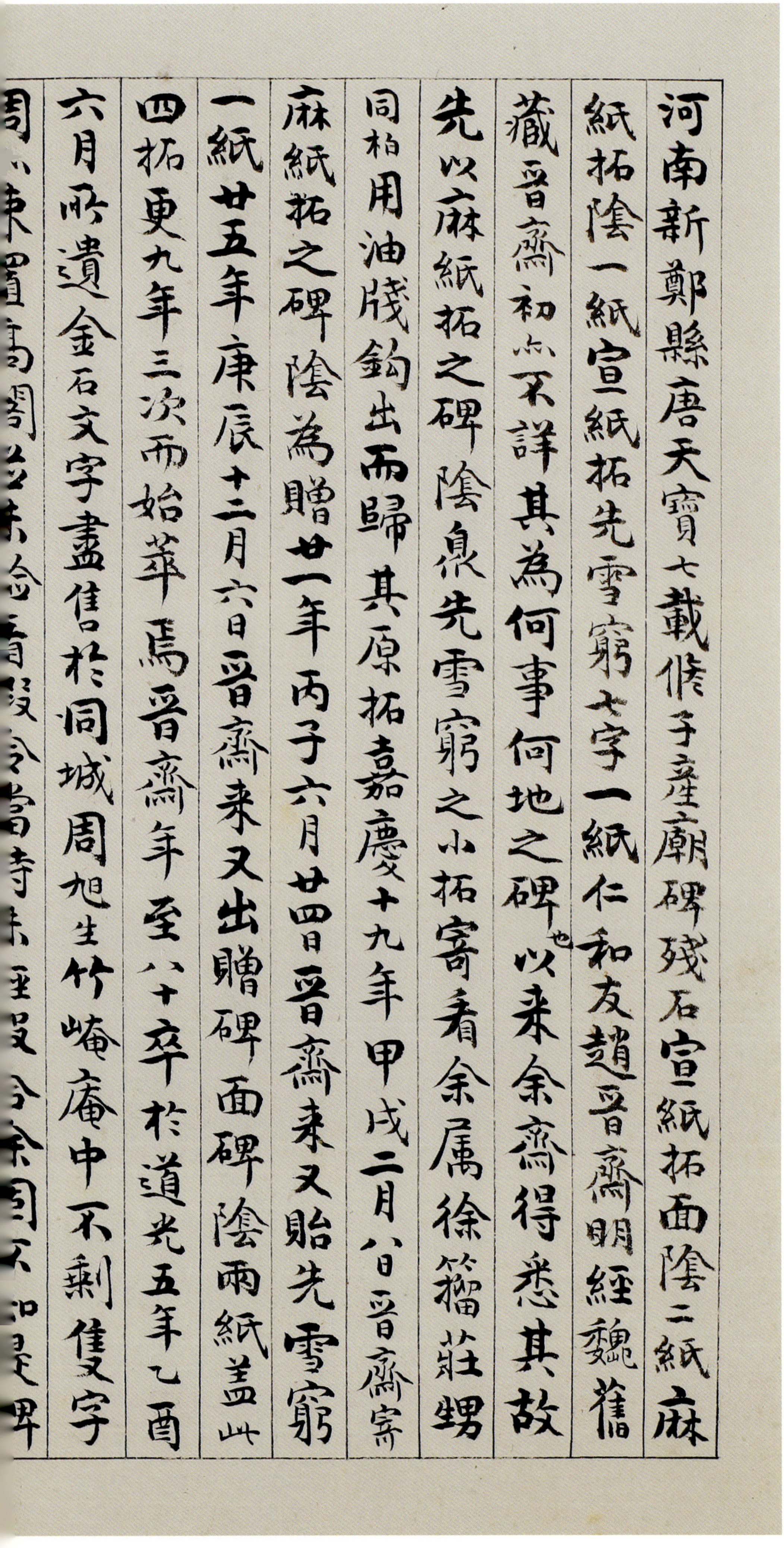
河南新鄭縣唐天寶七載脩子産廟碑殘石宣紙拓面陰二紙麻
紙拓陰一紙宣紙拓先雪窮七字一紙仁和友趙晉齋明經魏舊
藏晉齋初亦不詳其爲何事何地之碑也以来余齋得悉其故
先以麻紙拓之碑陰泉先雪窮之小拓寄看余屬徐籀莊甥
同柏用油牋鈎出而歸其原拓嘉慶十九年甲戌二月八日晉齋寄
麻紙拓之碑陰爲贈廿一年丙子六月廿四日晉齋来又貽先雪窮
一紙廿五年庚辰十二月六日晉齋来又出贈碑面碑陰兩紙盖此
四拓更九年三次而始萃焉晉齋年至八十卒於道光五年乙酉
六月所遺金石文字盡售於同城周旭生竹崦庵中不剩隻字
周亦束置高閣并未檢看假令當時未經投合余固不知是碑

張廷濟

年代：1768—1848

字號：字説舟、叔未，號順安、竹田、眉壽老人、亭橋墓祠守者、海岳庵門下弟子

籍貫：浙江嘉興

釋文：河南新鄭縣唐天寶七載《修子産廟碑》殘石，宣紙拓面陰二紙，麻紙拓陰一紙，宣紙拓『先雪窮』七字一紙，仁和友趙晉齋明經魏舊藏。晉齋初亦不詳其爲何事何地之碑也，以來余齋，得悉其故，先以麻紙拓之碑陰泉『先雪窮』之小拓寄看。余屬徐籀莊甥同柏用油牋鈎出，而歸其原拓。嘉慶十九年甲戌二月八日，晉齋寄麻紙拓之碑陰爲贈。廿一年丙子六月廿四日晉齋來，又貽『先雪窮』一紙。廿五年庚辰十二月六日晉齋來，又出贈碑面碑陰兩紙。蓋此四拓，更九年三次而始萃焉。晉齋年至八十，卒於道光五年乙酉六月，所遺金石文字盡售於同城周旭生，竹崦庵中不剩隻字。周亦束置高閣，并未檢看。假令當時未經投合，余固不知是碑

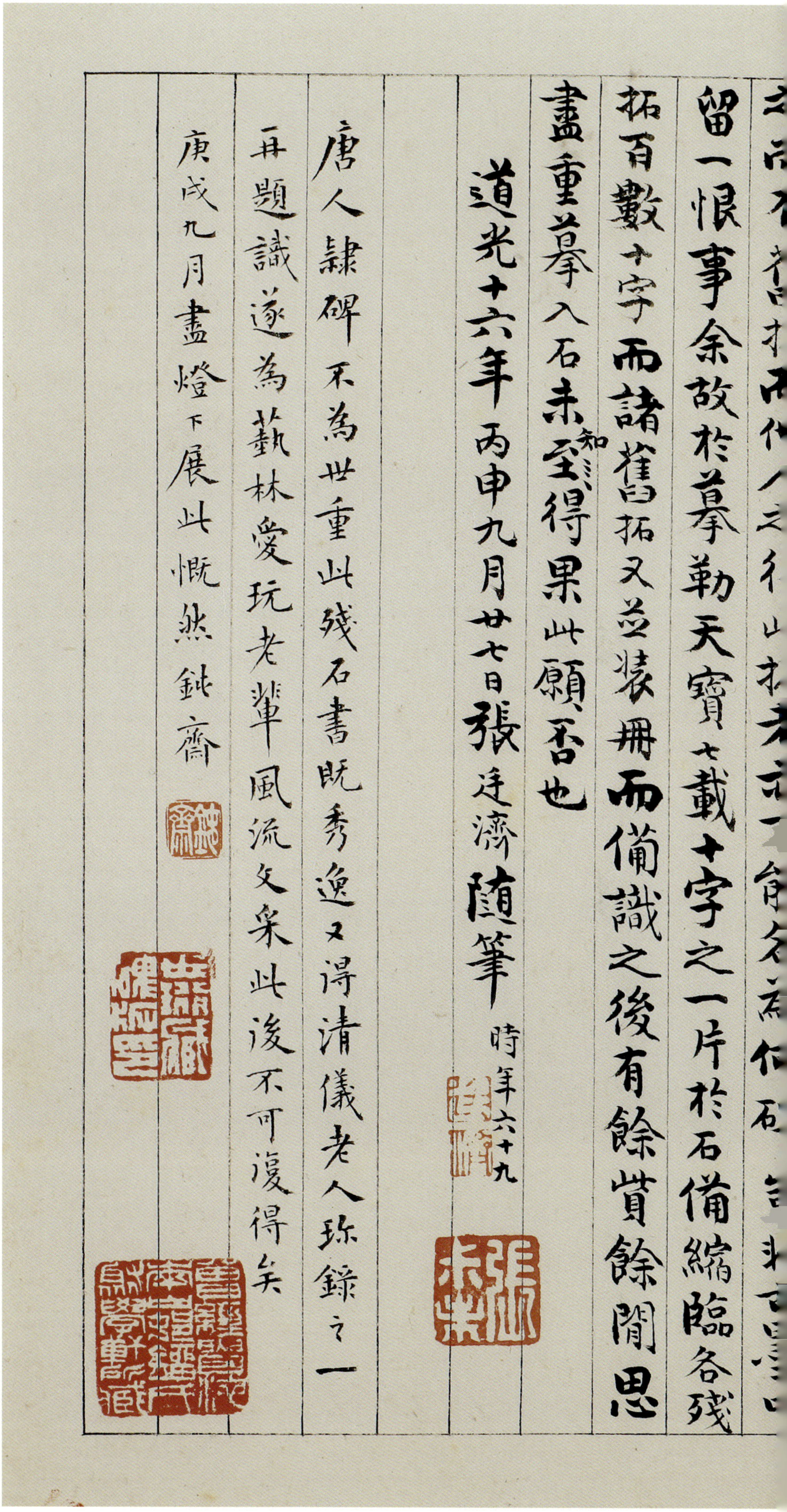
留一恨事余故於摹勒天寶七載十字之一片於石備縮臨各殘
拓百數十字而諸舊拓又并裝冊而備識之後有餘貲餘閒思
盡重摹入石未知得果此願否也
道光十六年丙申九月廿七日張廷濟隨筆 時年六十九
唐人隸碑不為世重此殘石書既秀逸又得清儀老人珍錄之一
再題識遂為藝林愛玩老輩風流文采此後不可復得矣
庚戌九月盡燈下展此慨然鈍齋

之尚有舊拓，而他人之得此拓者，亦不能名爲何碑，豈非古墨中留一恨事？余故於摹勒『天寶七載』十字之一片於石，備縮臨各殘拓百數十字，而諸舊拓又并裝册而備識之。後有餘貲餘閑，思盡重摹入石，未知得果此願否也。道光十六年丙申九月廿七日，張廷濟隨筆，時年六十九。

鈐印：廷、濟、張尗未

題跋出處：唐修公孫僑廟碑殘石（張廷濟藏本）

館藏號：48B838

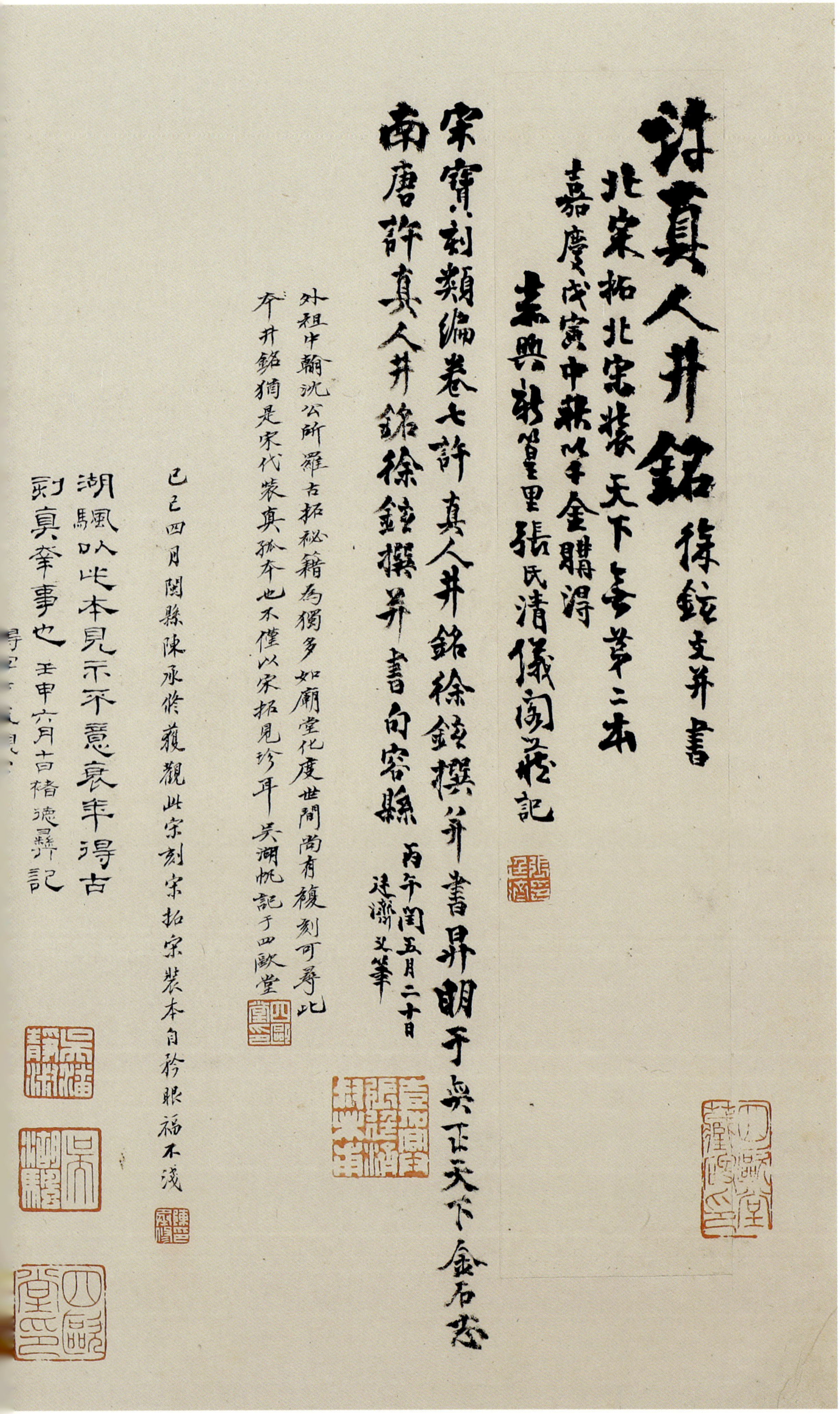

釋文：《許真人井銘》，徐鉉文并書。北宋拓北宋裝，天下無第二本，嘉慶戊寅中秋，以千金購得。嘉興新篁里張氏清儀閣藏記。

鈐印：張廷濟印

釋文：宋《寶刻類編》卷七：《許真人井銘》，徐鉉撰并書。昇明于奕正《天下金石志》：南唐《許真人井銘》，徐鉉撰并書，句容縣。丙午閏五月二十日，廷濟又筆。

鈐印：嘉興張廷濟叔未甫

釋文：《許真人井銘》，徐鉉文并書。長史含道，棲神九天。人非邑改，丹井存焉。射茲谷鮒，洌彼寒泉。分甘玉液，流潤芷田。我來自西，尋真紫陽。若愛邵樹，如升魯堂。敬刊翠琰，永識銀床。噫嗟後學，挹此餘光。右篆書七十四字。道副孫文德，焚修道士成廷昭。右正書兩行，共十二字。真北宋拓本，且係宋時原裝，鑒古家希有之品，仁和故友趙晋齋魏歸來。嘉興張廷濟隨筆。道光癸卯春月廿八日，時年七十六。

鈐印：張尗未

題跋出處：許真人井銘（吴湖帆藏本）

館藏號：18A351

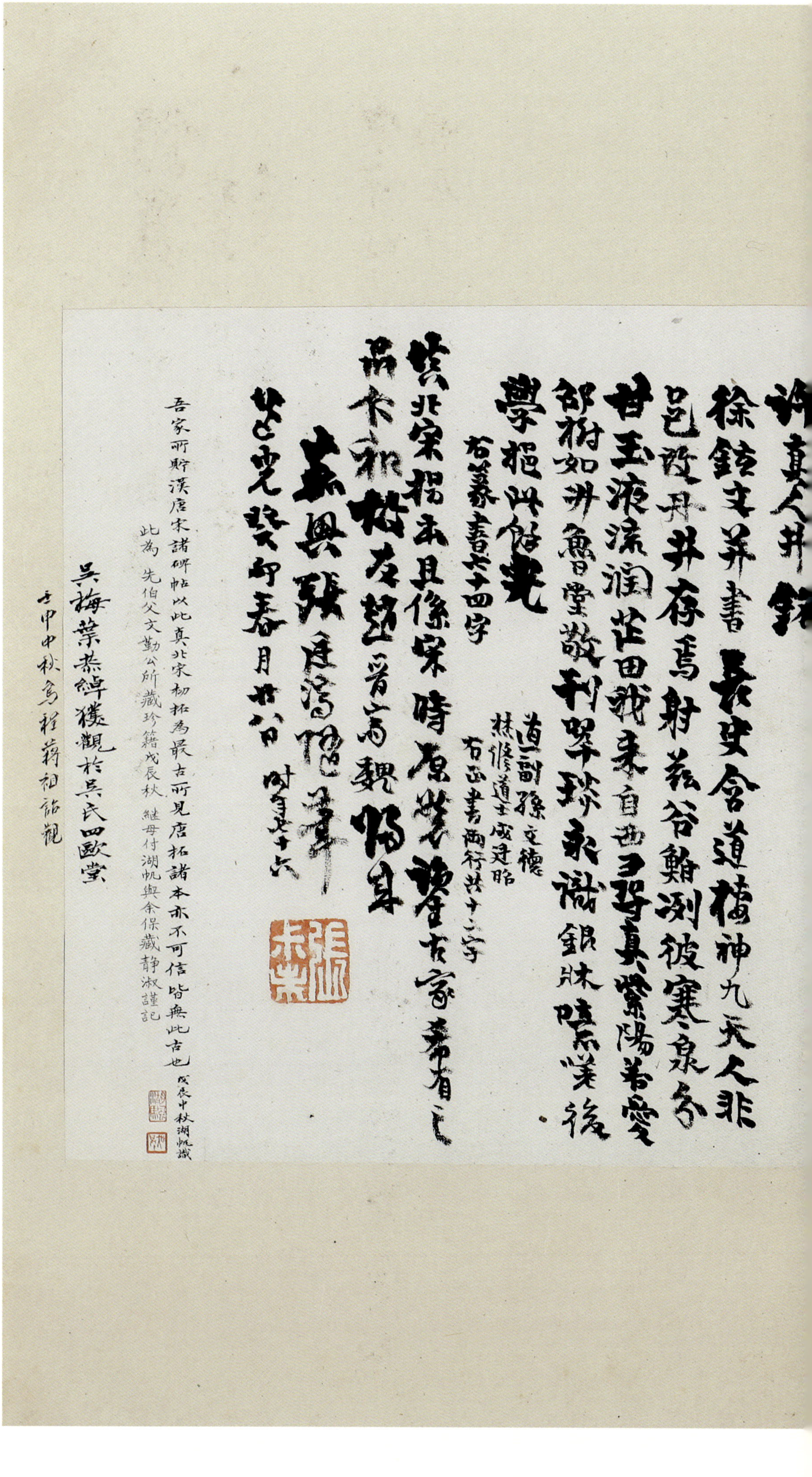

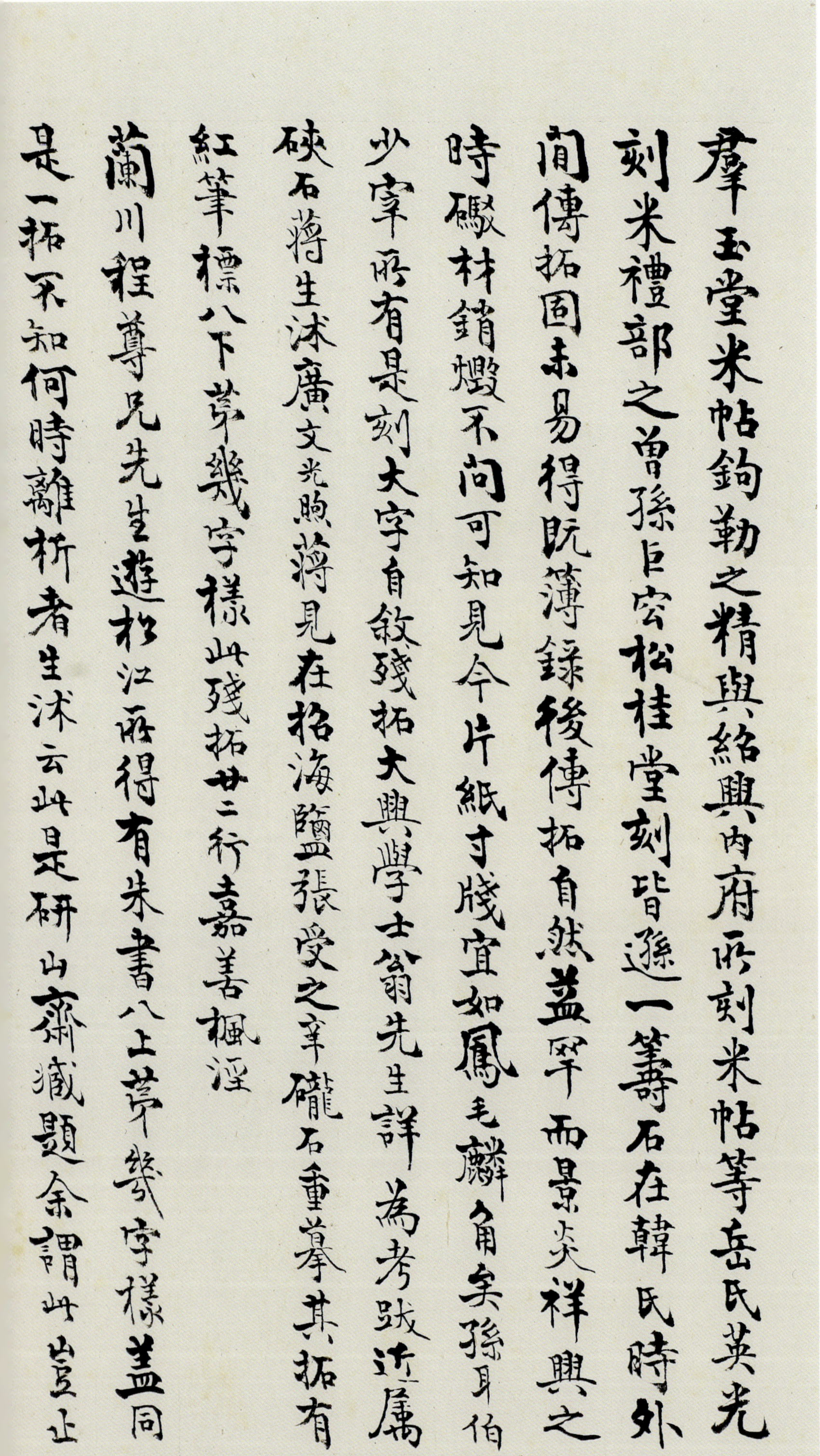

釋文：《群玉堂米帖》鈎勒之精，與紹興内府所刻《米帖》等，岳氏《英光》刻、米禮部之曾孫巨宊《松桂堂》刻皆遜一籌。石在韓氏時，外間傳拓固未易得，既薄録後，傳拓自然益罕。而景炎、祥興之時，炮材銷燬，不問可知，見今片紙寸牋，宜如鳳毛麟角矣。孫耳伯少宰所有是刻大字《自叙》殘拓，大興學士翁先生詳爲考跋，近屬硤石蔣生沐廣文光煦，蔣見在招海鹽張受之辛礱石重摹，其拓有紅筆標八下第幾字樣。此殘拓廿二行嘉善楓涇蘭川程尊兄先生游松江所得，有朱書八上第幾字樣，蓋同是一拓，不知何時離析者。生沐云此是研山齋藏題，余謂此豈止

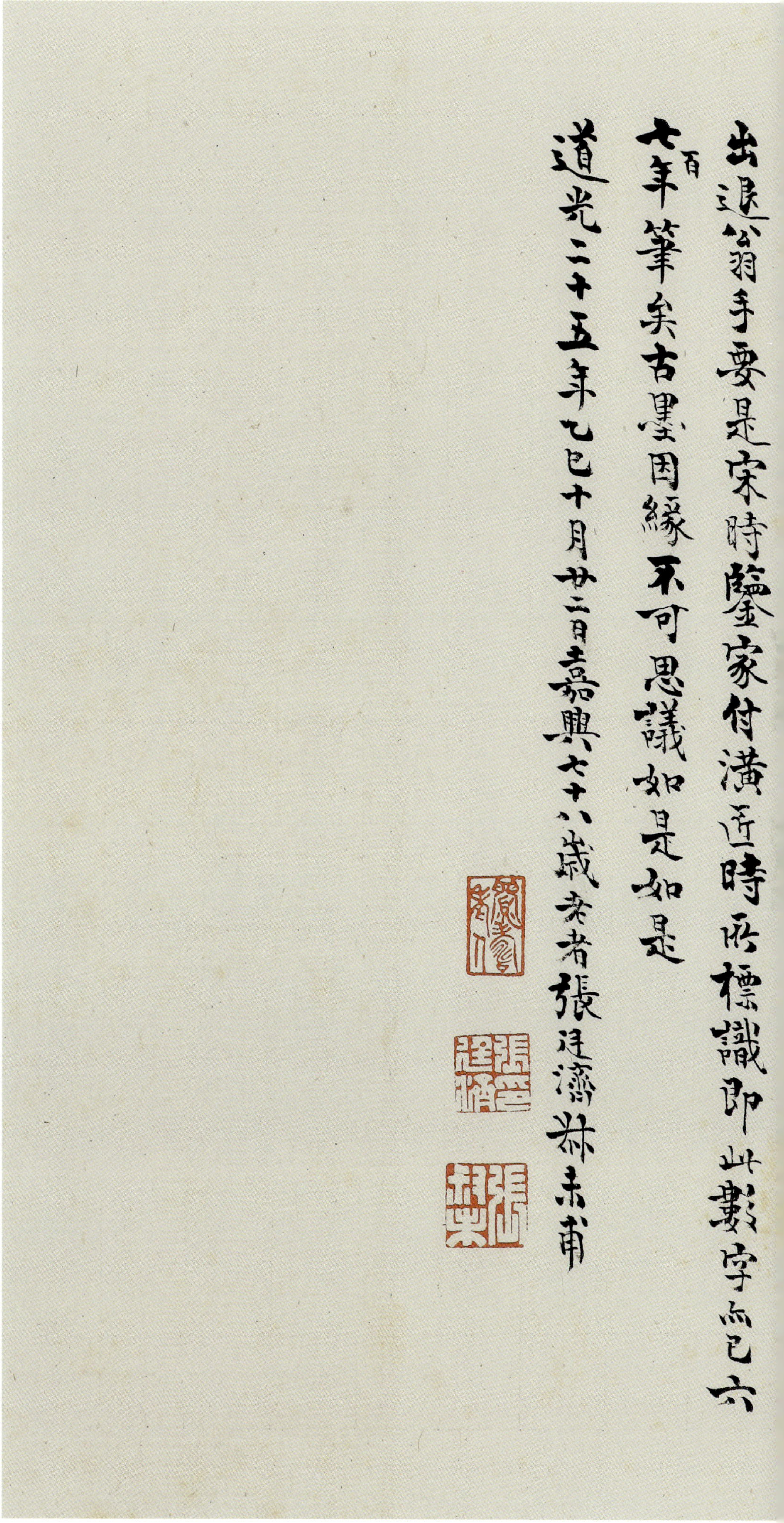

出退翁手，要是宋時鑒家付潢匠時所標識，即此數字亦已六七百年筆矣，古墨因緣，不可思議，如是如是。道光二十五年乙巳十月廿二日，嘉興七十八歲老者張廷濟叔未甫。

鈐印：眉壽老人、張廷濟印、張叔未

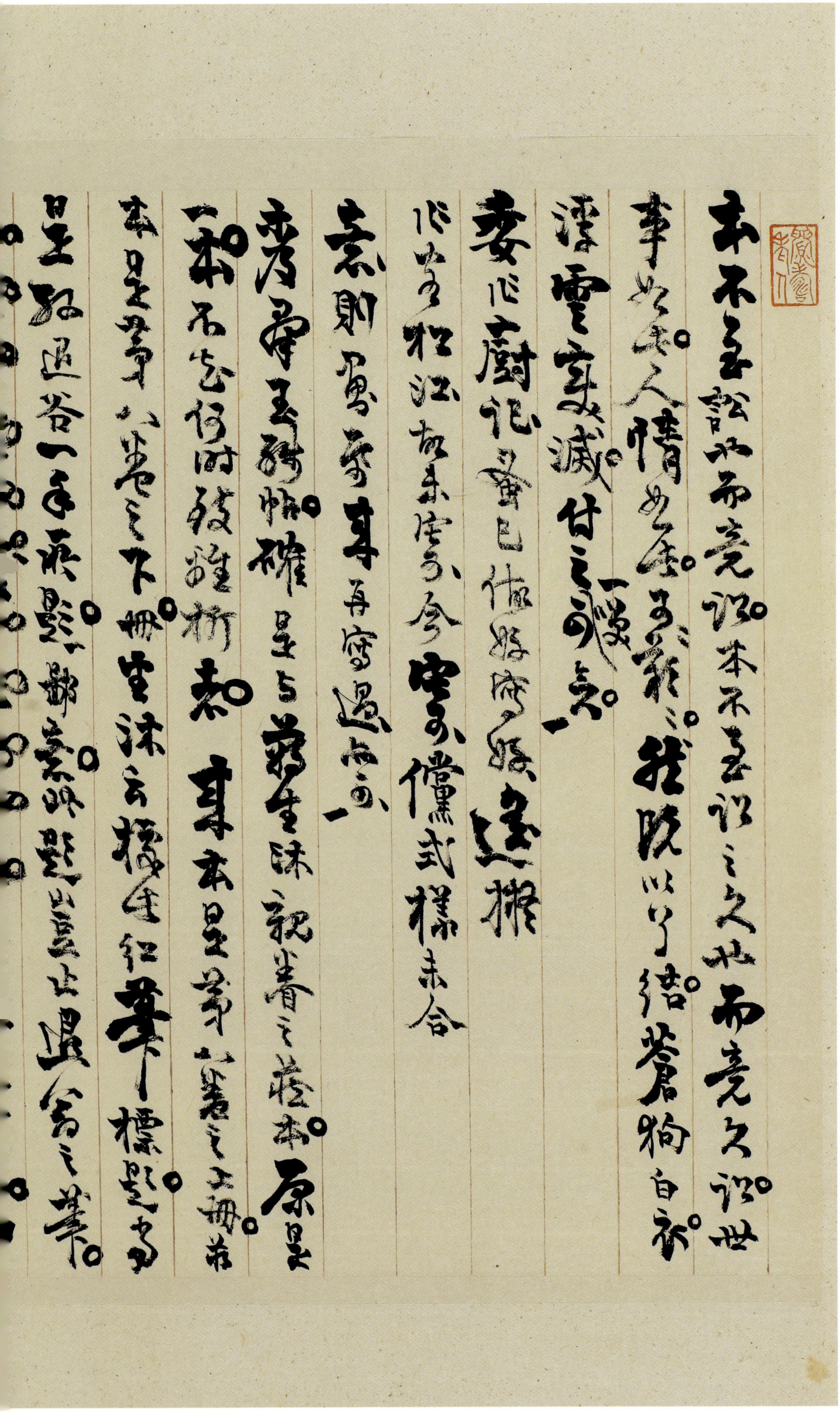

釋文：本不至訟也而竟訟，本不至訟之久也而竟久訟。世事如此，人情如此，可嘆可嘆。然既以了結，蒼狗白衣，浮雲變滅，付之一嘆可矣。委作《厨記》，蚤已做好寫好，遥擬作客松江，故未寄。今寄，儻式樣未合意，則劃紙來再寫過亦可。示及《群玉殘帖》，確是與蔣生沐親眷之藏本原是一本，不知何時致離析者。來本是第八卷之上册，蔣本是第八卷之下册，生沐云據此紅筆標題當是孫退谷一手所題，鄙意此題豈止退翁之筆，當尚是宋時藏家所編所裝，若在退翁手，則

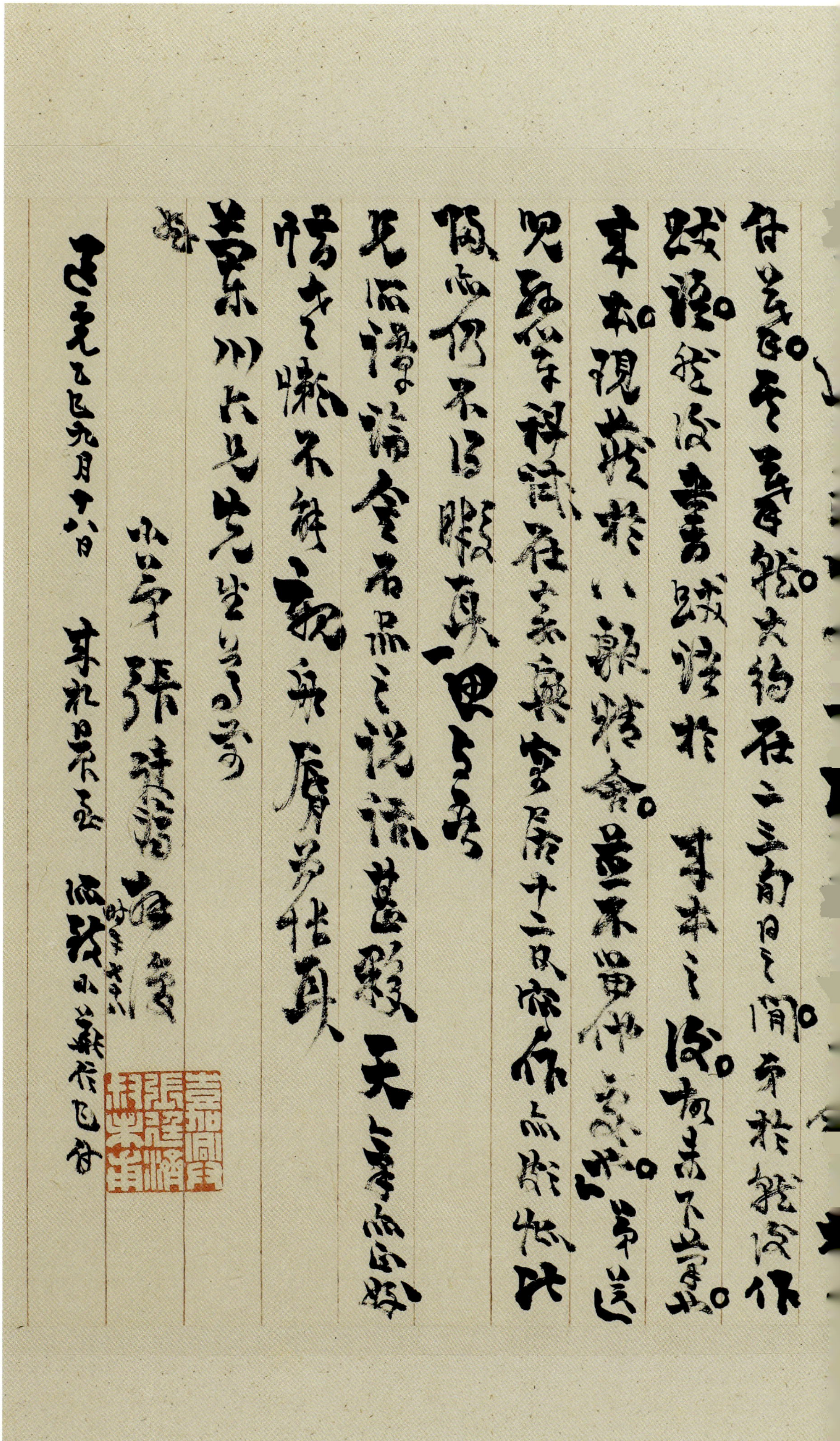

不至遽分爲兩處耳。蔣已將來本鈎去，擬亦付摹，其摹就大約在二三旬日之間。弟於就後作跋語，然後書跋語於來本之後，故未下筆也。來本現藏於八甎精舍，并不留他處也。弟送兒孫輩科試，在嘉興寄居十二日，寫作亦頗忙，比歸亦仍不得暇耳。一思與吾兄所譚論金石品之説話甚夥，天氣亦正好，惜老懶不能親船唇爲悵耳。

蘭川六兄先生尊前、姪。小弟張廷濟拜復，時年七十八。道光乙巳九月十八日，來札晨至，所致小華信已付。

鈐印：嘉興張廷濟叔未甫

題跋出處：群玉堂帖卷八（程文榮藏本）

館藏號：18A339

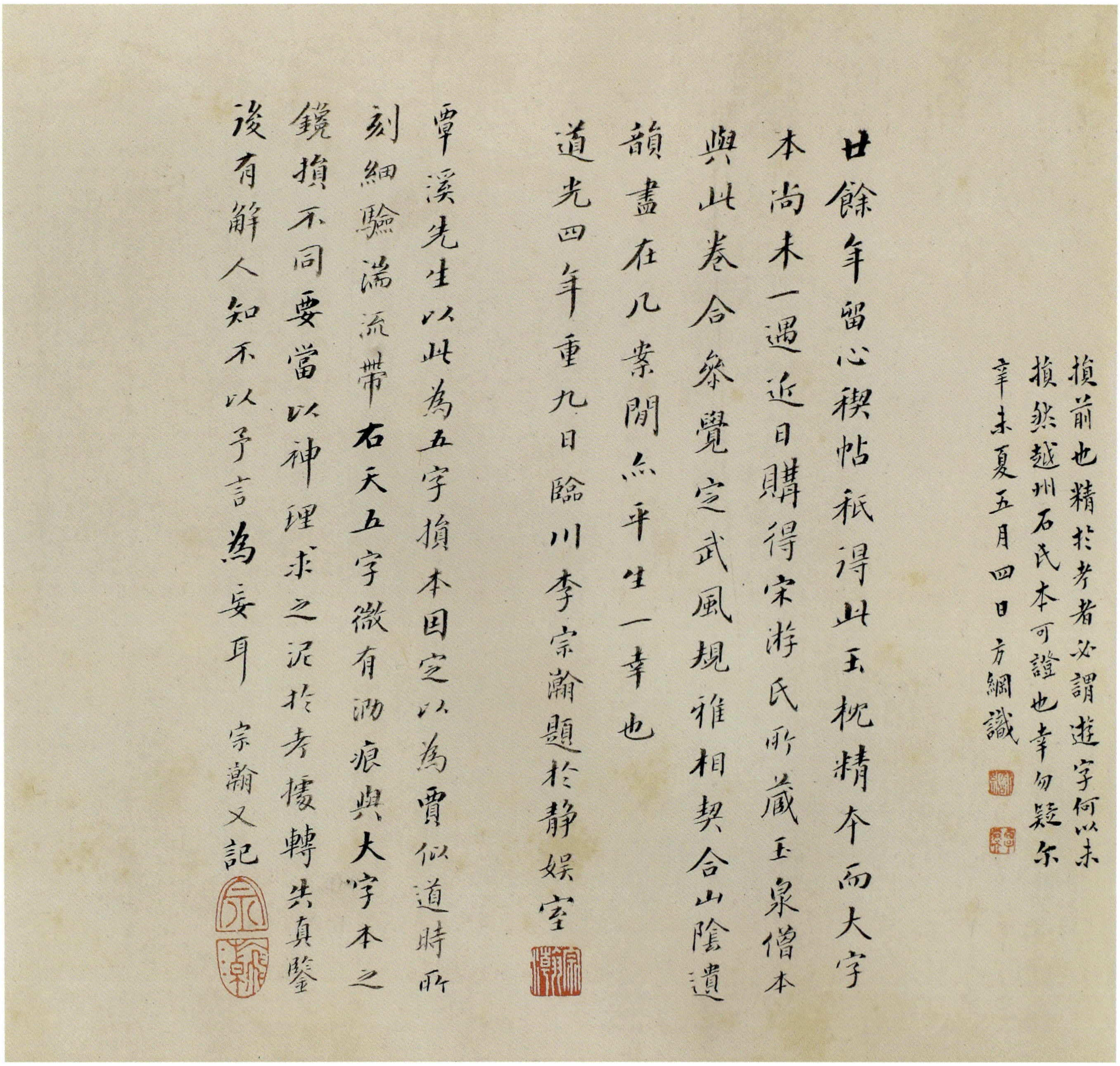

損前也精於考者必謂造字何以未
損然越州石氏本可證也幸勿疑尔
辛未夏五月四日方綱識

李宗瀚

年代：1769—1831

字號：字北溟，一字公博，號春湖

籍貫：江西臨川

釋文：廿餘年留心《稧帖》，祇得此玉枕精本，而大字本尚未一遇。近日購得宋游氏所藏玉泉僧本，與此卷合參，覺定武風規雅相契合，山陰遺韻盡在几案間，亦平生一幸也。道光四年重九日，臨川李宗瀚題於静娛室。

鈐印：宗瀚

釋文：覃溪先生以此爲五字損本，因定以爲賈似道時所刻，細驗『湍』『流』『帶』『右』『天』五字微有泐痕，與大字本之鑱損不同，要當以神理求之，泥於考據，轉失真鑒，後有解人，知不以予言爲妄耳。宗瀚又記。

鈐印：宗瀚

題跋出處：玉枕蘭亭（式古堂藏本）

館藏號：18A346

廿餘年留心禊帖秪得此玉枕精本而大字本尚未一遇近日購得宋游氏所藏玉泉僧本與此卷合參覺定武風規雅相契合山陰遺韻盡在几案閒亦平生一幸也

道光四年重九日臨川李宗瀚題於靜娛室

覃溪先生以此爲五字損本因定以爲賈似道時所刻細驗端流帶右天五字微有泐痕與大字本之鑱損不同要當以神理求之泥於考據轉失真鑒後有解人知不以予言爲妄耳

宗瀚又記

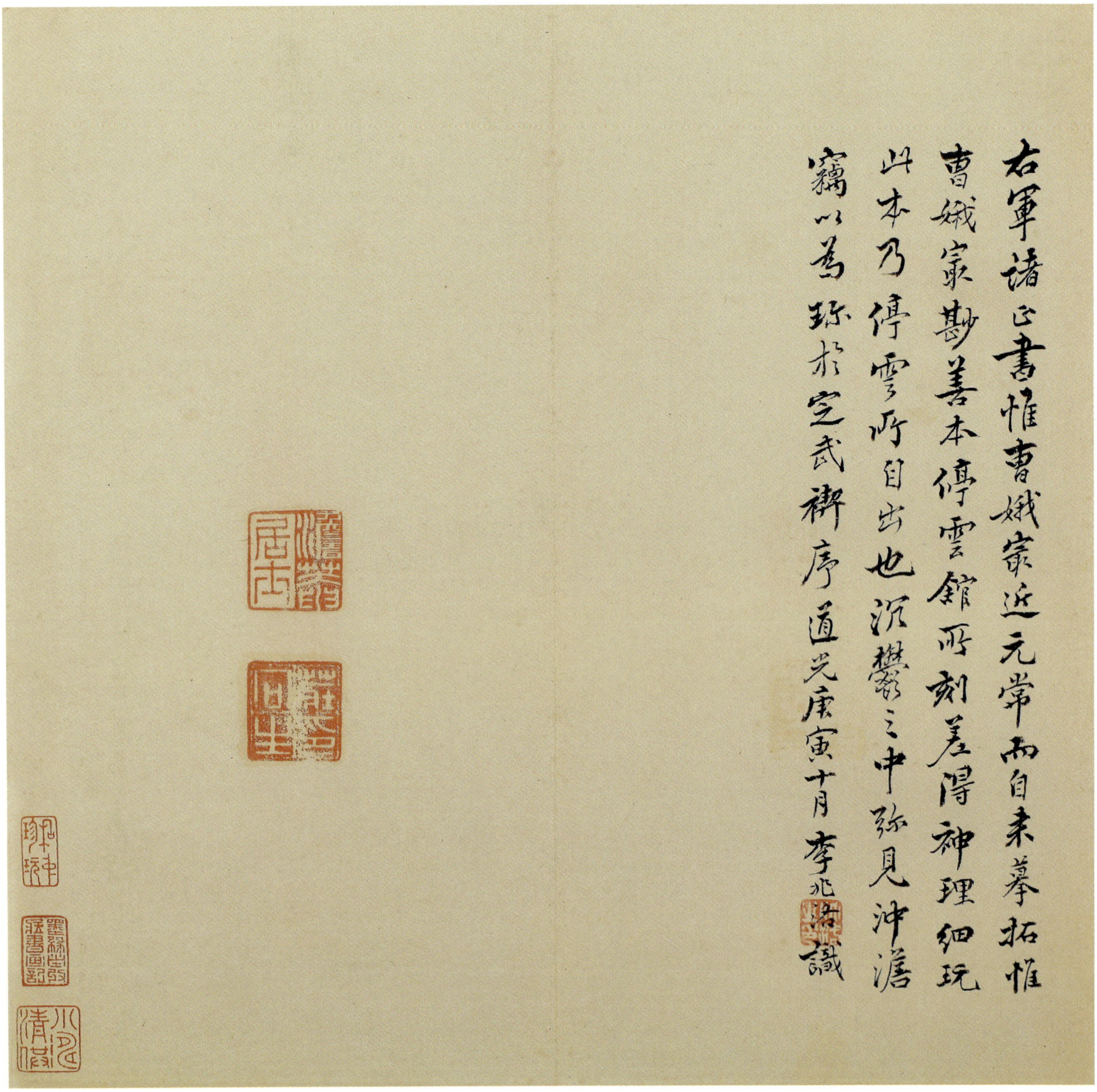
右軍諸正書惟曹娥最近元常而自來摹拓惟
曹娥最尠善本停雲館所刻差得神理細玩
此本乃停雲所自出也沉鬱之中弥見沖澹
竊以爲珍於定武禊序道光庚寅十月李兆洛識

李兆洛

年代：1769—1841

字號：字申耆，號養一老人

籍貫：江蘇陽湖

釋文：右軍諸正書惟《曹娥》最近元常，而自來摹拓，惟《曹娥》最尠善本。《停雲館》所刻差得神理，細玩此本，乃《停雲》所自出也。沉鬱之中，弥見沖澹。竊以爲珍於定武《禊序》。道光庚寅十月，李兆洛識。

鈐印：兆洛之印

題跋出處：曹娥碑（趙懷玉藏本）

館藏號：81A661

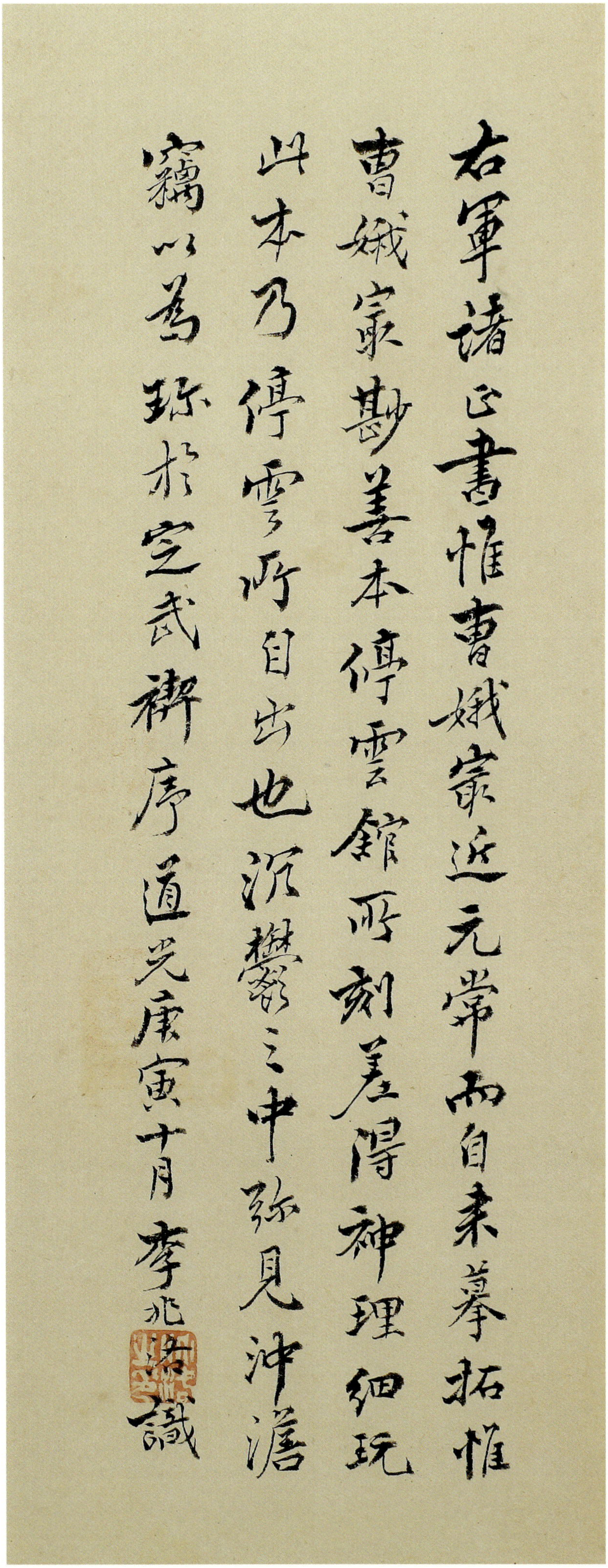
右軍諸正書惟曹娥家近元常而自來摹拓惟曹娥家勘善本停雲館所刻差得神理細玩此本乃停雲所自出也沉鬱之中彌見沖澹竊以為珍於定武禊序 道光庚寅十月李兆洛識

瞿中溶

年代：1769—1842

字號：字鏡濤、安槎，號木父、木夫、萇生、空空子、空空叟、木居士、老木

籍貫：江蘇嘉定

釋文：（題跋照片共計七頁，選三頁）

馬懷素見《唐書·儒學傳》，云潤州丹徒人，客居江都，而未詳其郡望先世。據此墓誌言本原扶風，其先自伯翳馬服，具諸史載，暨漢南郡太守融，命代大儒，公即其後也。十壹代祖機，抗直不撓，晉御史中丞，扈元帝渡江，家南徐州丹徒，故今爲郡人。考《廣韵》言馬姓，扶風人，本自伯益（與翳古通）之裔。趙奢封馬服君，後遂氏焉。秦滅趙，徙奢孫興於咸陽，爲右内史，遂爲扶風人。《宰相世系表》言興徙咸陽後子孫又徙扶風茂陵。《元和姓纂》載馬氏有扶風茂陵一望，云後魏平州刺史馬榮之狀稱南郡太守融後，又别出廣陵之望，即舉懷素，不知其爲晉御史中丞機始居於丹徒也。墓誌言其高祖涓，仕陳爲奉朝請。曾祖法雄，陳横埜將軍。祖果願，即學士樞之從父兄，陳本州文學從事。父文超，檢校江州尋陽丞，棄官從好，寓居廣陵，則馬氏有望廣陵者當溯懷素之父，不當言懷素。而機與涓、法雄、果願、文超之名，并不見於晉、陳、唐諸史，惟其祖之從父弟樞《陳史》有傳，但言其祖靈慶，齊竟陵王録事參軍。樞數歲而父母俱喪。又言梁邵陵王綸爲南徐州刺史，素聞其名，引爲學士。然則樞之先必亦出於晉御史中丞機之後，而居南徐州，故爲南徐州刺史官也，與誌所言合。誌又歷叙其起家累官及卒贈年月窆葬之地，始舉孝廉，對策乙科，尉郿。丁太夫人憂，服闋，授麟臺正字少監、左鷹揚衛、兵曹參軍、咸陽尉、左拾遺、左臺監察御史，歷殿中詹尹丞、禮部員外郎、十道按察考功員外郎、修文館直學士、中書舍人、檢校吏部侍郎、大理少卿、虢州刺史、太子少詹事判刑部侍郎、加銀青光禄大夫、兼判禮部正、除刑部轉户部侍郎、左散騎常侍、秘書監加兼昭文館學士侍讀。又言開元六年七月廿七日終河南毓財里第，春秋六十。後又稱制詔於侍讀，下言其勳爵云上柱國常山縣開國公贈使持節潤州諸軍事潤州刺史，其爲麟臺正字少監、左鷹揚衛、兵曹參軍、咸陽尉、左拾遺、左臺監察御史、歷殿中詹尹丞，當皆在武后時。而《唐書·百官志》言詹事府龍朔二年曰端尹府，詹事曰端尹，少詹事曰少尹。武后光宅元年改曰宫尹府，詹事曰宫尹，少詹事曰少尹。詹事有丞二，而皆云詹尹丞，當是少詹事之丞也。不云少尹而云詹尹，可知武后既改詹事爲宫尹，又改少詹事爲詹尹，必不仍稱少尹，蓋少尹實詹尹之誤。可据誌以正之也。而史傳于郿尉之下止云積勞遷左臺監察御史，其後則云轉禮部員外郎十道使，遷考工，擢中書舍人内供奉，爲修文館學士。開元初爲户部侍郎，封常山縣公，進兼昭文館學士，卒。其餘官多闕略不書，并誤叙中書舍人於修文館學士之上。又据誌云字貞規，且文中明言京兆韋元直以公既及冠禮，未嘗立字，遂大署飛白云懷素，字貞規，扶封之學士也，封以相遺。而傳乃云字惟白，并不及字貞規之事。又傳言會卒，帝舉哀洛陽南城門，贈潤州刺史，謚曰文，給輿還鄉里，喪事官辦。今据誌言卒後皇上輟朝二日，舉哀乃下制詔贈官，又贈物三百廿段、米粟三百廿碩，喪葬所須并令官給，以其年十月十三日窆于洛陽古城北五里雙樂村之原。則懷素乃卒葬洛陽，其喪并未還鄉里，亦未嘗謚文，明矣。傳言種種舛錯不符，皆當據墓誌爲可憑，以正史傳之譌繆者也。又唐制，郡王之子襲爵封國公從一品、食邑三千户，而開國縣公從二品、食邑千五百户，則誌言懷素封常山縣開國公，傳云常山縣公，亦非。傳又言其長安中大夫魏元忠爲張易之構譖嶺表，太僕崔貞慎等祖道，易之怒，使人上急變，告貞慎等與元忠謀反。武后詔懷素案之。及宰相李迥秀藉易之勢，斂賕骫法，懷素劾罷之。二事誌皆不言，惟於其歷殿中御史下以彈糾不避强禦一語括之，豈因其爲則天時事，有所諱而不言耶。尚書毛喜、學士周宏直，《陳書》有傳。盧懷慎、李傑、李乂，

馬懷素見唐書儒學傳云潤州丹徒人寓居
江都而未詳其郡望先世據此墓志言本原扶風
其先自伯翳賜馬服是諸史載暨漢南郡太守
融命代大儒子即其後也十一代祖攄抗直不撓
晉御史中丞應元帝渡江家于徐州丹徒故
今為郡人按廣韻云馬姓扶風人本自伯益 与翳古通
之裔趙奢封馬服君後遂氏焉秦滅趙遷奢
孫興於咸陽為右內史遂為扶風人宰相世系
表言興遷咸陽後子孫又遷扶風茂陵之秋姓
皆著載馬氏有扶風茂陵一望云唐貞觀平州刺

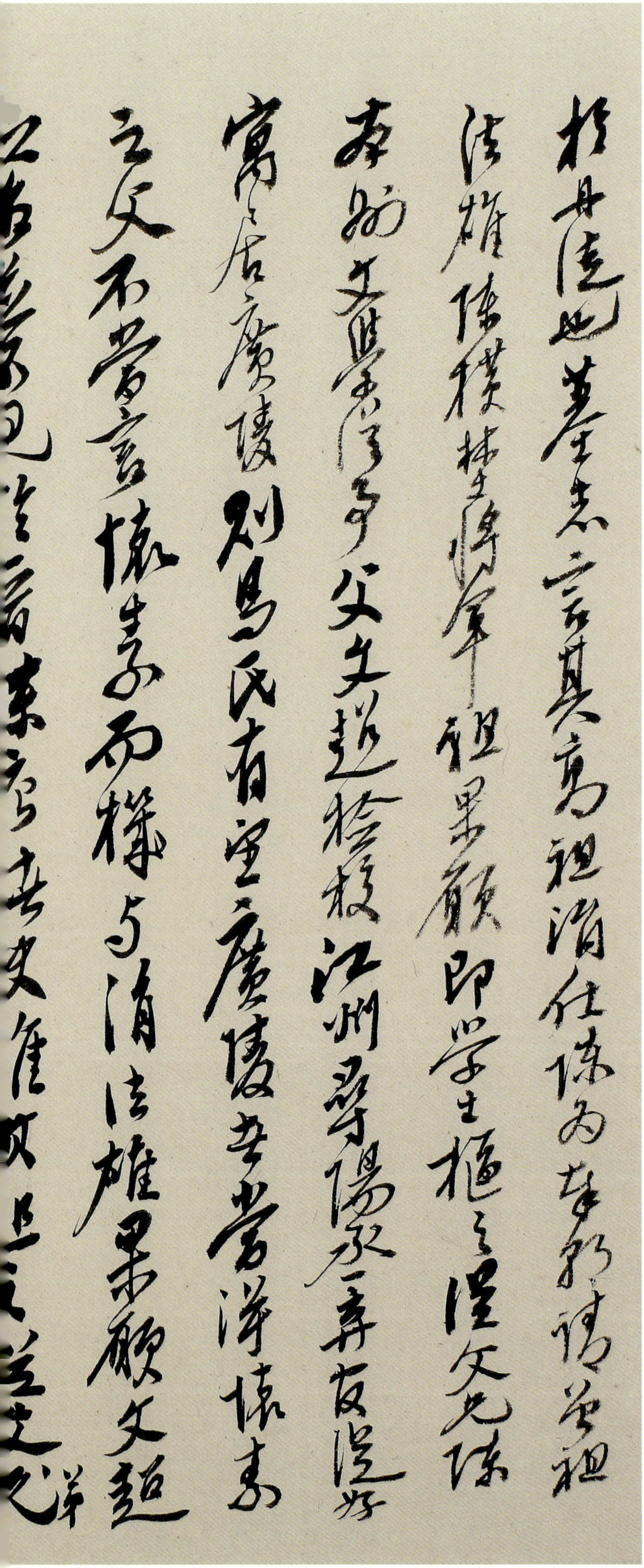

《唐書》亦皆有傳。諸無量亦見《儒學傳》，右散騎常侍，傳誤『右』爲『左』。韋方直、裴琰之，并見《宰相世系表》，京兆韋方直係東眷韋氏彭城公房之後，官郎中，乃武后時相方質之弟也。尚書倉部郎中裴琰之係南來吴裴之後，《表》下無注，前有瑾之一人，似其兄，有注云倉部郎中。今據誌疑刊本誤以其注錯入前名下也。本傳又未詳懷素之子，而誌言有子巽等。《元和郡縣志》乃言懷素生觀，觀生繼，而不及巽名，又稱之曰常山文公，與《傳》言謚曰文同，皆未知所本。此誌當出於河南洛陽，然近代金石家無著録者。此本猶是明末所拓，爲吴中顧云美所藏，册首尾有其圖記及兩手跋。静軒吴君嗜古好學，留心金石文字，購得此本，寶藏有年。昨出以相賞，并索予題，爰爲詳考，以表出之。今之鎮江府唐宋皆稱潤州，懷素既葬洛陽，則本貫丹徒必無冢墓。修志乘者如據史傳給輿還鄉里之語，而欲於丹徒揚州求其冢墓，豈不繆哉。此皆於文獻有關之事，故金石之文爲可貴。孫淵如觀察作《續古文苑》，恐即據此本録入，却删去末三十八字，則歸葬明文無從決知，其非猶賴拓本尚存於世，予得見之耳。此誌撰書人皆不題名姓，然其文叙事簡明，書法隸體亦秀勁不苟，惟『優贍』『贍給』之『贍』，皆誤少兩點作『瞻』，『佇材』之『佇』誤作『侍』，又『轝』字下誤『車』爲『木』。《續古文苑》刊本誤『顓學禮經』之『顓』亦作上之『願』字，『充堂何郁』之『郁』誤作『那』，而『太夫人』下『周氏』二字及『小槷』上之『乘』字，拓本猶可辨識，皆當據此拓本補而正之者也。時道光十七年歲在丁酉仲夏廿又六日雨窗，嘐城老木中溶書於古泉山行館。

鈐印：瞿萇生

題跋出處：馬懷素墓誌銘（顧苓藏本）

館藏號：48B837

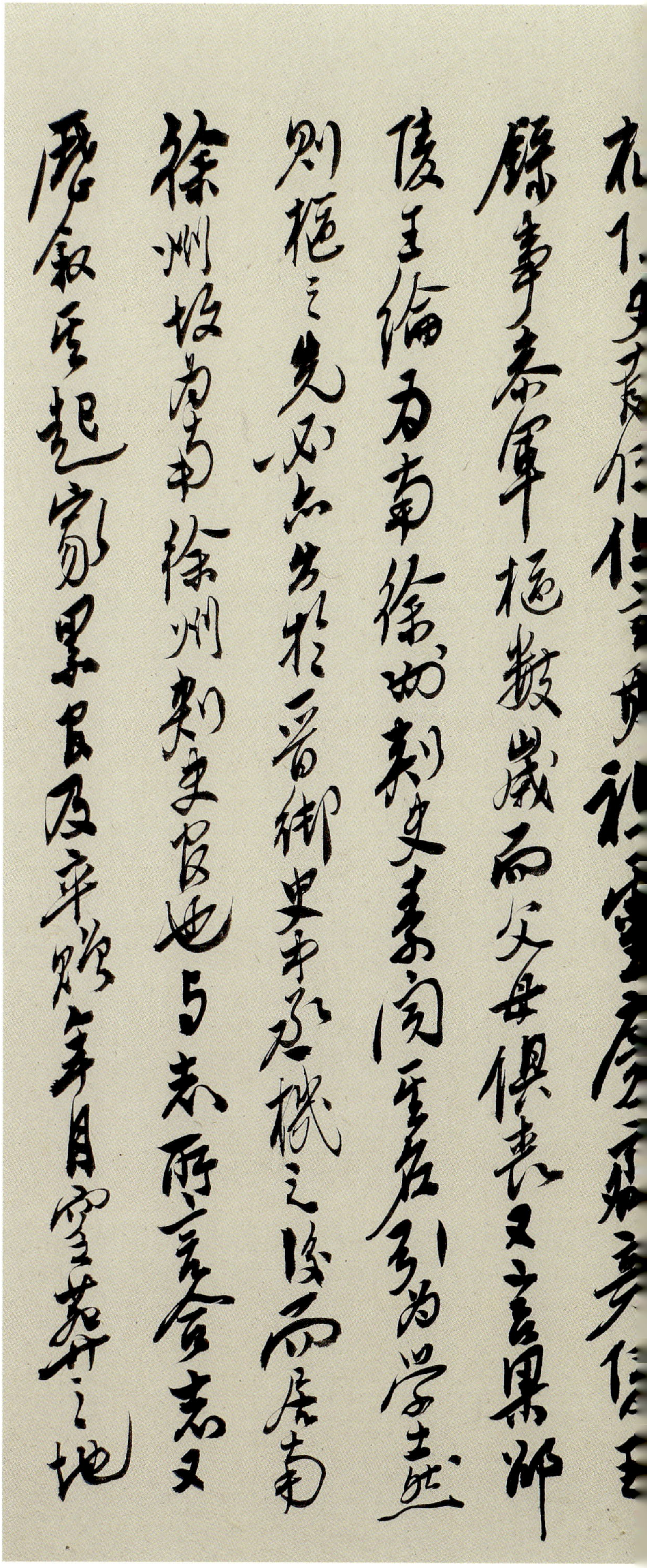
縣事泰寧極數歲而父母俱喪又言果鄉
後王倫為南徐州刺史素聞其名引為學士既
則柂之先必出於晉御史中丞機之後而居南
徐州故為南徐州刺史官也與志所言合志又
歷叙其起家累官及卒贈年月窆葬之地

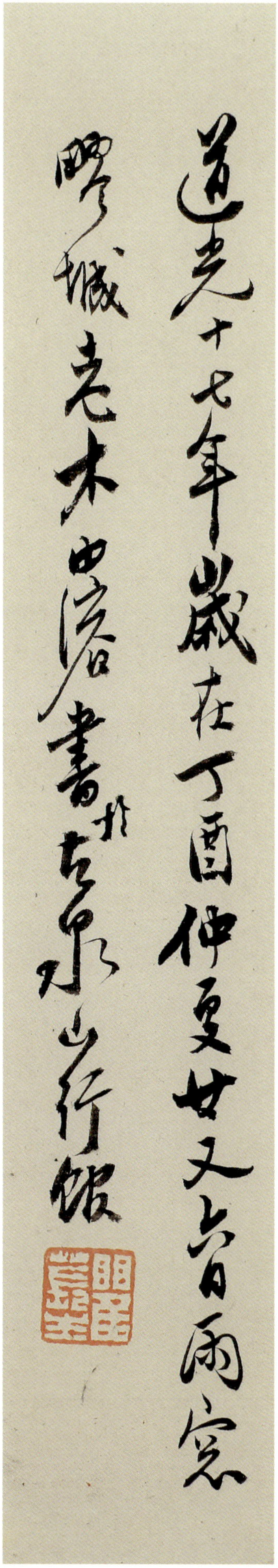
道光十七年歲在丁酉仲夏廿又一日雨窗
跋識　老木田居書於京水山行館

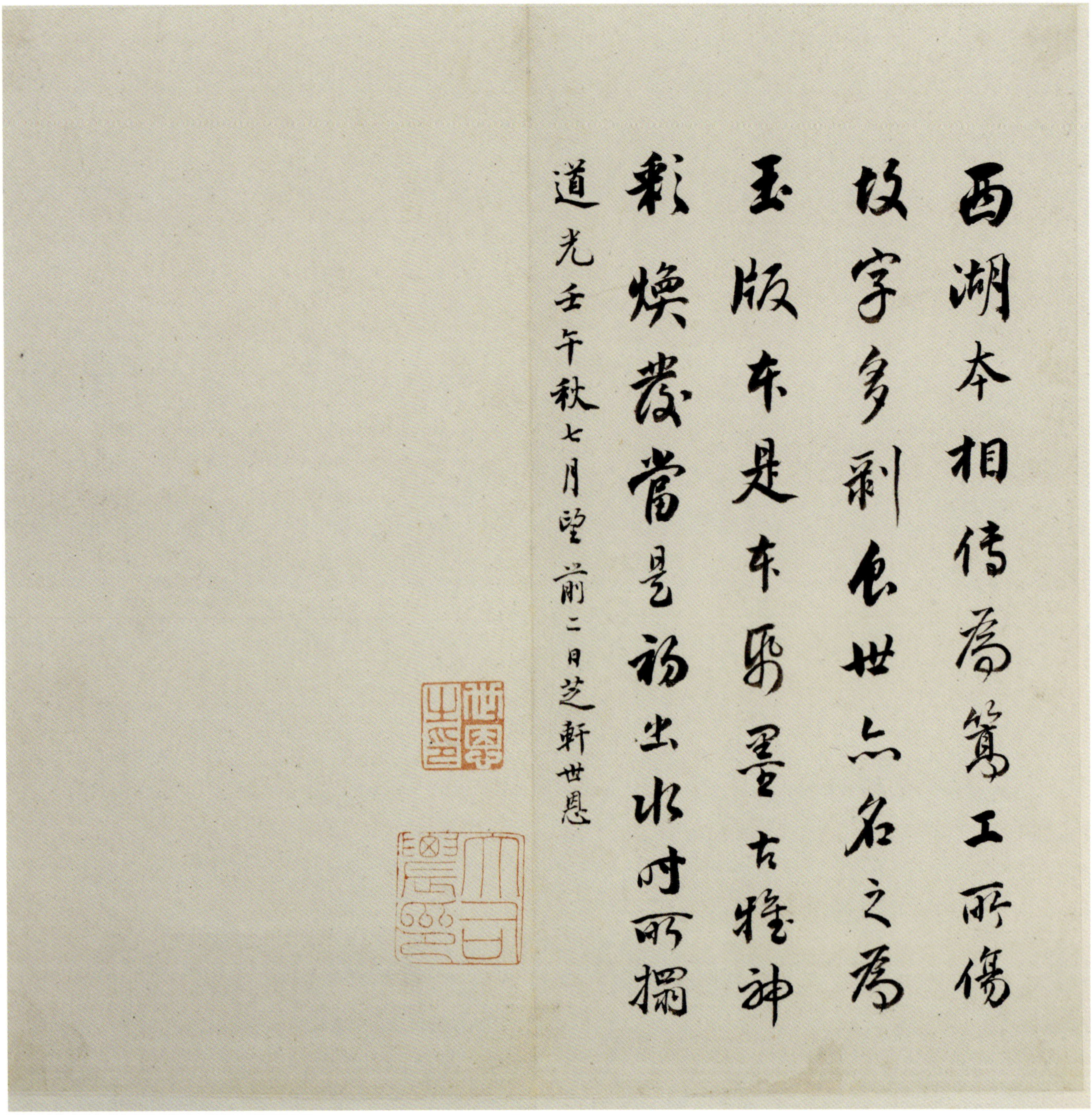

潘世恩

年代：1769—1854

字號：初名世輔，小字日麟，字槐堂，一作槐庭，號芝軒、思補老人

籍貫：江蘇吴縣

釋文：西湖本相傳爲篙工所傷，故字多剥食，世亦名之爲『玉版本』。是本紙墨古雅，神彩焕發，當是初出水時所拓。道光壬午秋七月望前二日，芝軒世恩。

鈐印：世恩之印、大司農印

題跋出處：魏晋小楷八種（張廷濟藏本）

館藏號：55B2197

西湖本相傳爲篆工所傷
故字多剥蝕世亦名之爲
玉版東是東坡墨古雅神
彩煥發當是初出水時所搨
道光壬午秋七月望前二日芝軒世恩

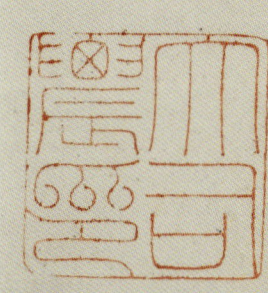

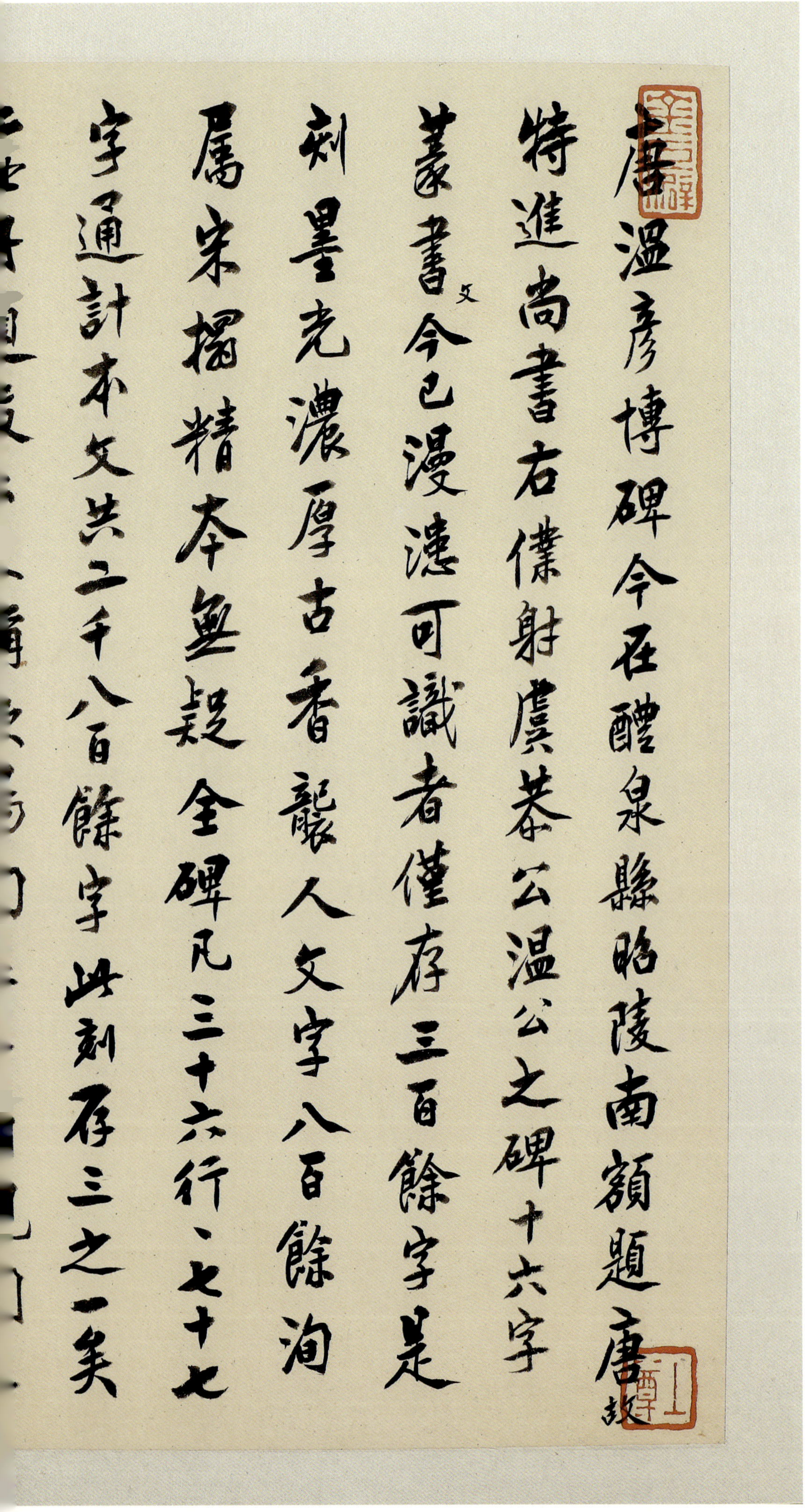
唐温彦博碑今在醴泉縣昭陵南額題唐故
特進尚書右僕射虞恭公温公之碑十六字
篆書文今已漫漶可識者僅存三百餘字是
刻墨光濃厚古香襲人文字八百餘洵
屬宋拓精本無疑全碑凡三十六行七十七
字通計本文共二千八百餘字此刻存三之一矣

江鳳彝

年代：生卒年不詳，活躍于清代嘉道年間

字號：字秬香，號上尊、盥道老人

籍貫：浙江錢塘

釋文：唐《温彦博碑》今在醴泉縣昭陵南，額題『唐故特進尚書右僕射虞恭公温公之碑』十六字篆書，文今已漫漶，可識者僅存三百餘字。是刻墨光濃厚，古香襲人，文字八百餘，洵屬宋拓精本無疑。全碑凡三十六行，行七十七字，通計本文共二千八百餘字，此刻存三之一矣。虛舟題跋云史稱歐陽詢卒于貞觀間，年

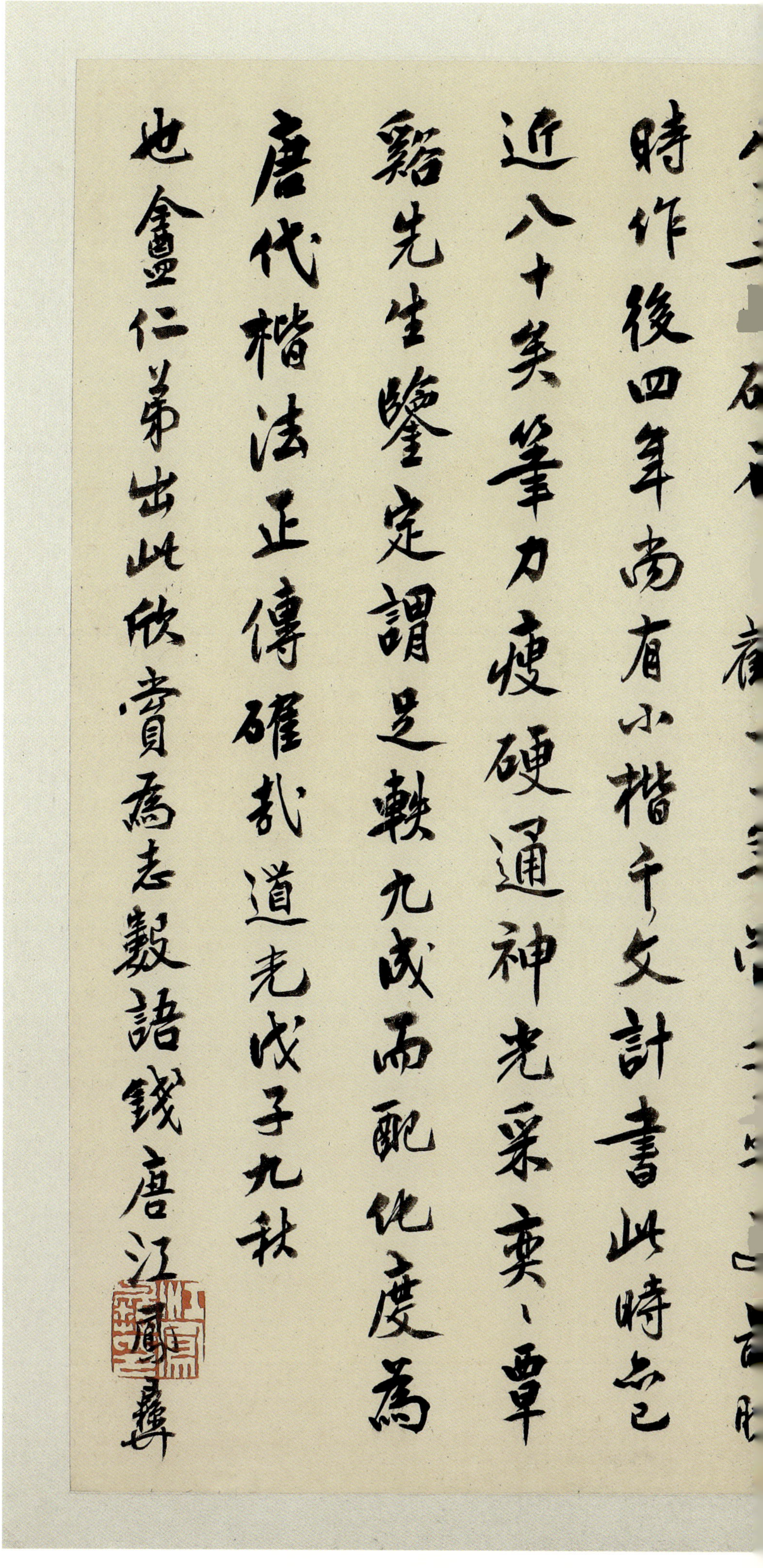

八十五，此碑在貞觀十一年，當是率更最晚時作，後四年尚有小楷《千文》，計書此時亦已近八十矣。筆力瘦硬通神，光采奕奕，覃谿先生鑒定謂足軼《九成》而配《化度》，爲唐代楷法正傳，確哉。道光戊子九秋，也盦仁弟出此欣賞，爲志數語。錢唐江鳳彝。

鈐印：金石癖、上尊、江鳳彝印

題跋出處：虞恭公温彦博碑（吴湖帆四歐堂本）

館藏號：19A376

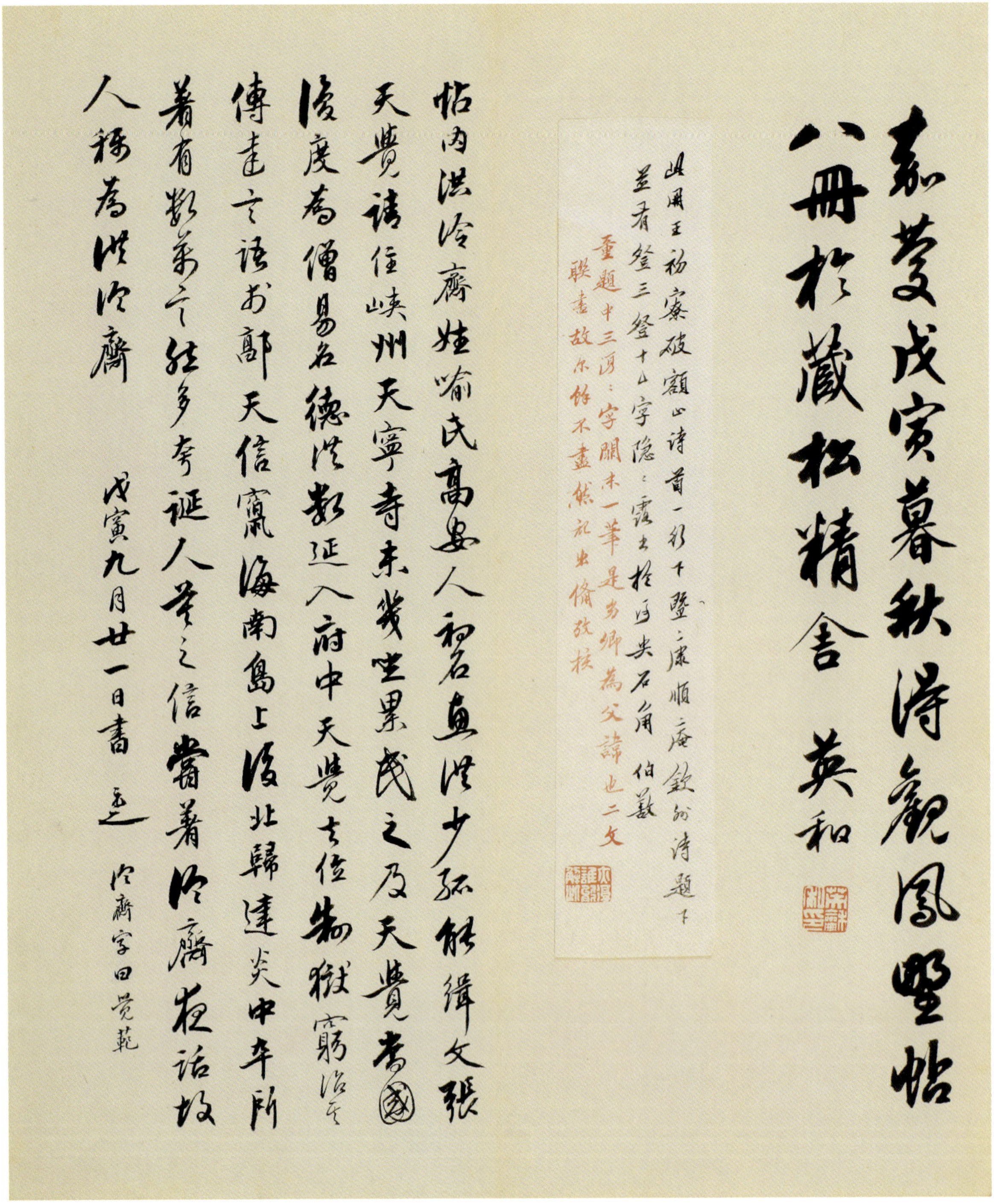

英和

年代：1771—1840

字號：幼名石桐，字樹琴，一字定圃，
號煦齋、粵溪生、夢禪居士，
索綽絡氏

籍貫：滿洲正白旗

釋文：嘉慶戊寅暮秋，得觀《鳳墅帖》
八冊於藏松精舍。英和。

鈐印：英龢私印

題跋出處：鳳墅帖（梁清標、張伯英
藏本）

館藏號：19A380

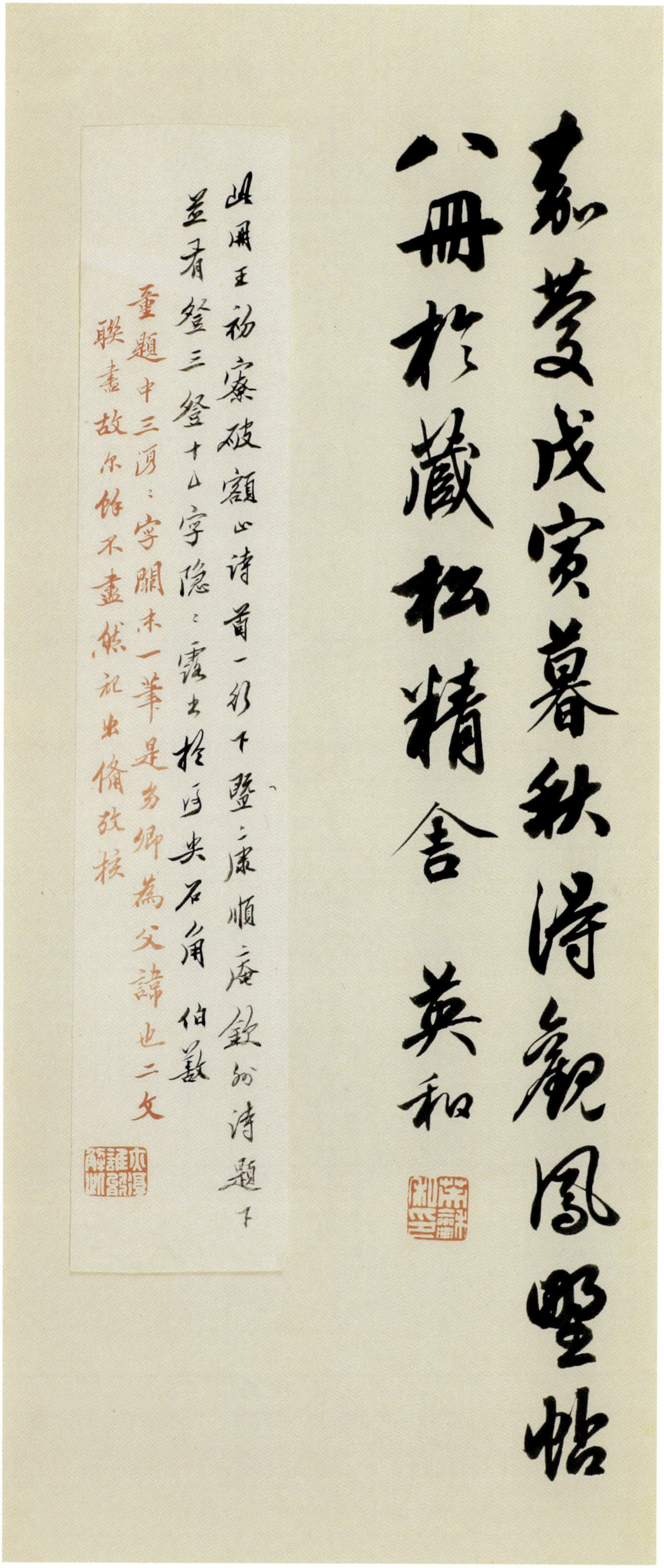
嘉慶戊寅暮秋得觀風壑帖
八冊於藏松精舍 英和

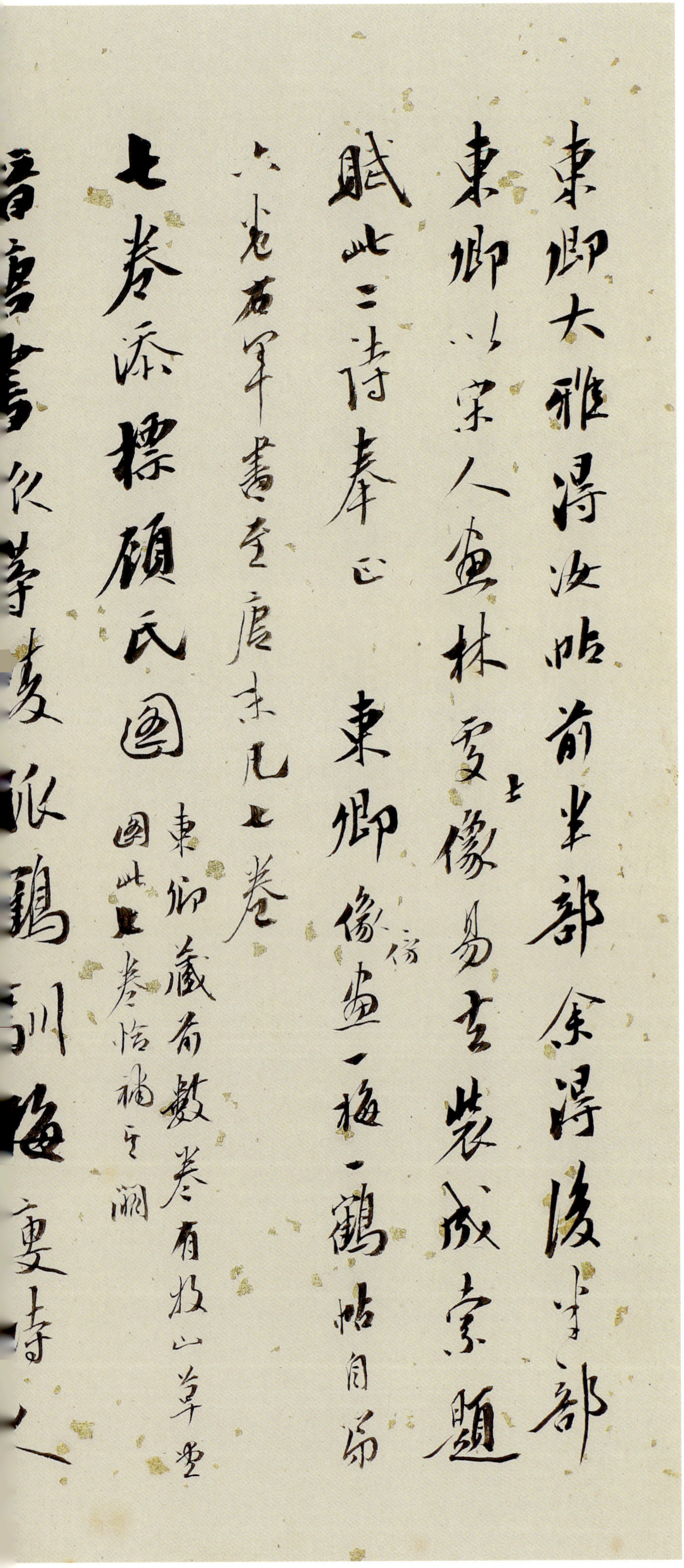

吴榮光

年代：1773—1843

字號：原名燎光，字殿垣、伯榮，號荷屋、石雲山人、可庵、拜經老人、白雲山人

籍貫：廣東南海

釋文：東卿大雅得《汝帖》前半部，余得後半部。東卿以宋人畫《林處士像》易去，裝成索題，賦此二詩奉正。東卿像傍畫一梅一鶴，帖自第六卷右軍書至唐末凡七卷。七卷添標顧氏圖（東卿藏前數卷，有牧山草堂圖，此七卷恰補其闕），晉唐書派等稜觚。鶴馴梅瘦詩人

老，得似山陰筆格無。汝州賓館秋風冷（七卷乃元明間拓，實在范觀察搜訪馬廄壍石之前），孤嶼僊盧夜月荒。珍重人書各零落，墨緣同向枕中藏。嘉慶辛未十一月廿有五日，吴榮光未定藁。

鈐印：寶墨滿家無馬骨雅士今日有美裘

釋文：幅末即用山尊、東卿合贈印，慚悚慚悚。榮光再識。

題跋出處：汝帖（李國松藏本）

館藏號：60（報）B204

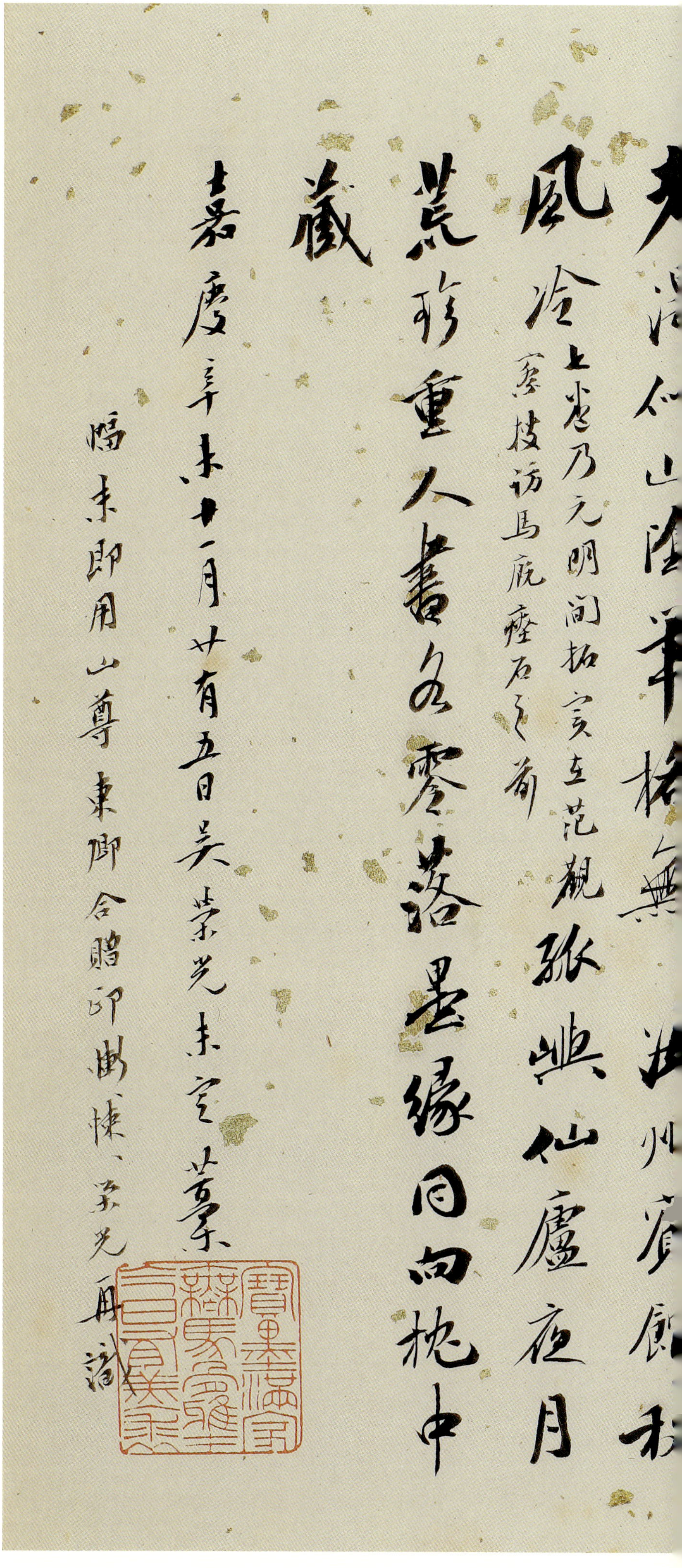

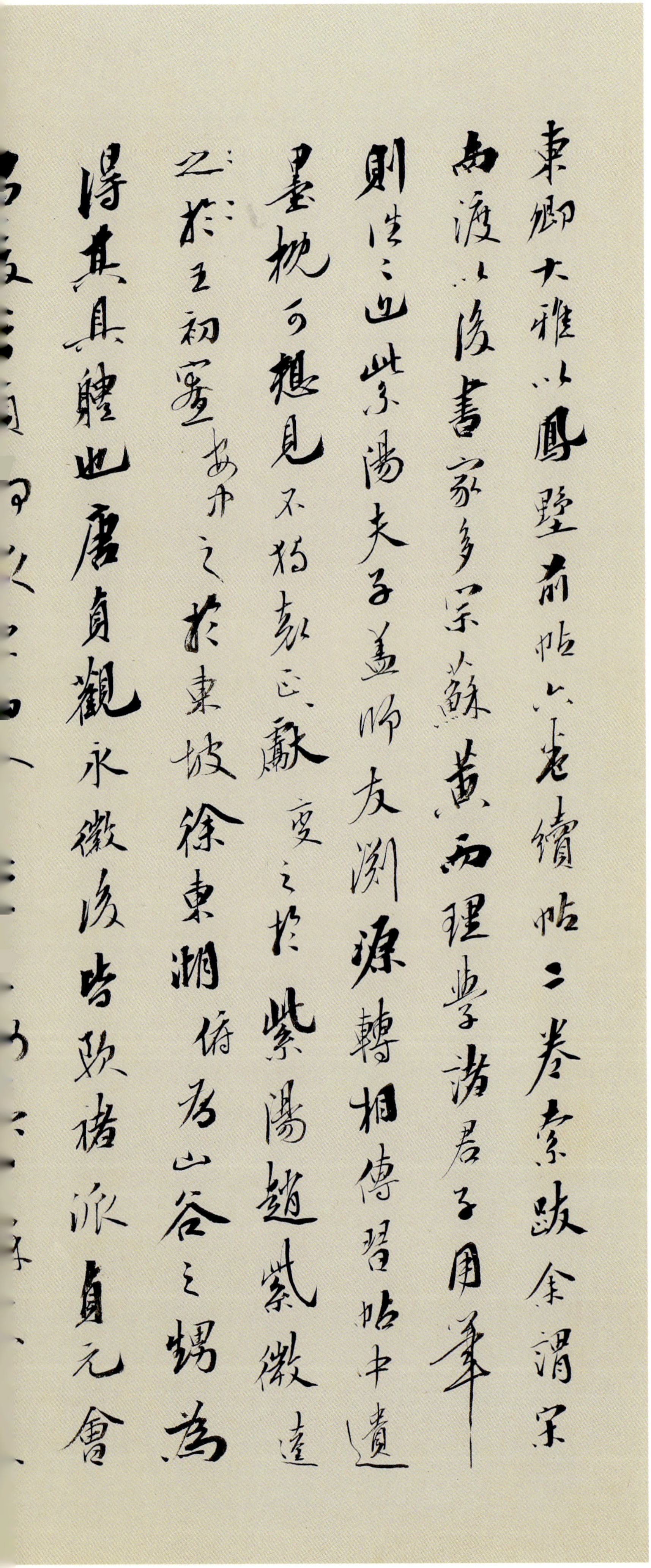

釋文：

東卿大雅以《鳳墅》前帖六卷、續帖二卷索跋。余謂宋南渡以後，書家多宗蘇、黃。而理學諸君子用筆則往往近紫陽夫子，蓋師友淵源，轉相傳習。帖中遺墨，概可想見。不獨袁正獻燮之於紫陽，趙紫微逵、王初寮安中之於東坡。徐東湖俯爲山谷之甥，爲得其具體也。唐貞觀、永徽後皆歐、褚派，貞元、會昌後皆顏、柳派。宋初人多學李西臺，蘇、黃、米、蔡四家出，風氣始變。而南渡書人學蘇、黃者多，米、蔡者少。東坡之學直至金元人猶宗之。趙魏公出，風氣又一變。蓋自李唐以後分門立户，不善學者或墮惡趣。然則書雖小道，而提倡宗風、矜式後學者，可不知所謹哉。帖存第三、第五、十五、六、七、八；續帖第十、十一，凡八卷，皆宋拓也。吴榮光附識於第十八卷末，時嘉慶辛未十一月廿有五日。

鈐印：吴榮光印、拜經日生

題跋出處：鳳墅帖（梁清標藏本）

館藏號：19A380

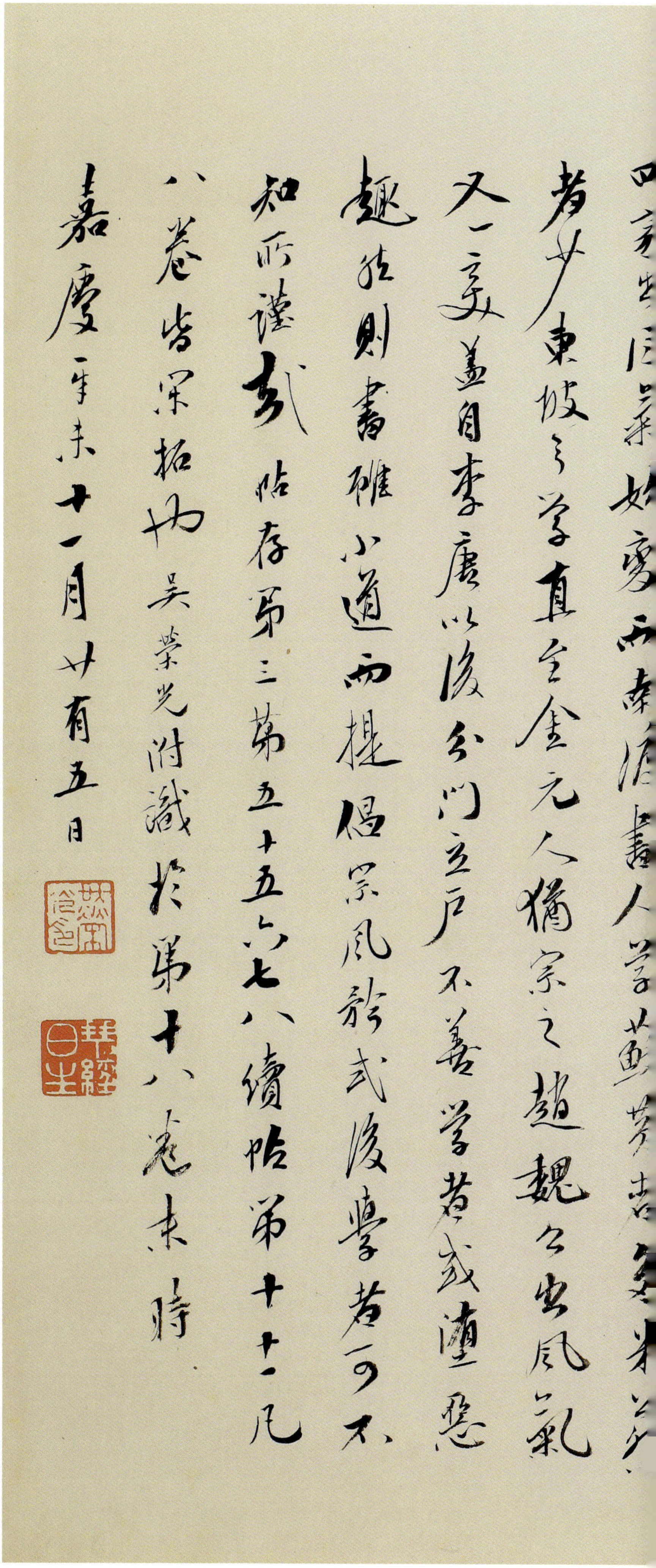

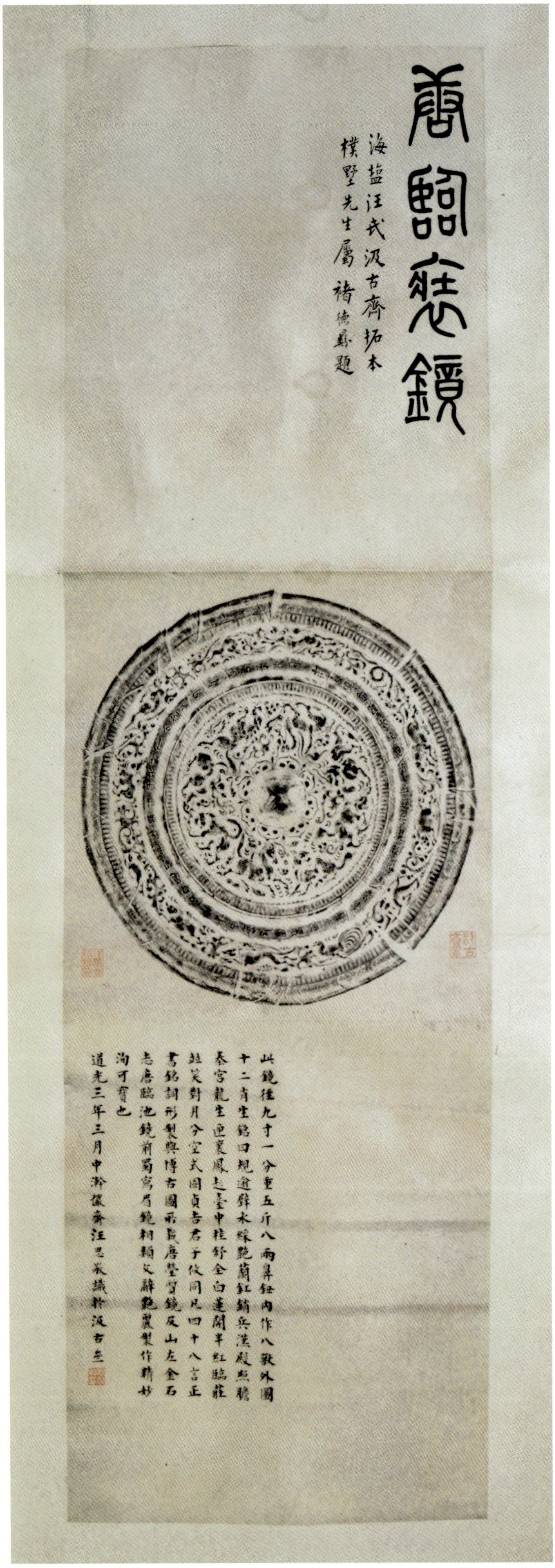

汪思敬

年代：生卒年不詳，活躍于清代嘉道年間

字號：字式欽，號儼齋

籍貫：浙江海鹽

釋文：此鏡徑九寸一分，重五斤八兩，鼻鈕內作八獸，外圖十二肖生，銘曰：

『規逾璧水，彩艷蘭釭。銷兵漢殿，照膽秦宮。龍生匣裏，鳳起臺中。桂舒全白，蓮開半紅。臨莊并笑，對月分空。式固貞吉，君子攸同。』

凡四十八言，正書，銘詞形制與《博古圖》所載《唐瑩質鏡》及《山左金石志》《唐臨池鏡》《前蜀寫眉鏡》相類，文辭艷麗，製作精妙，洵可寶也。道光三年三月中澣，儼齋汪思敬識於汲古齋。

鈐印：思敬私印

題跋出處：唐臨裝鏡拓片（汪思敬跋本）

館藏號：S1872

唐臨裝鏡

海鹽汪式汲古齋拓本
橫墅先生屬 褚德彝題

此鏡徑九寸一分重五斤八兩鼻鈕內作八獸外圖十二肖生銘曰規逾璧水綵艷蘭釭銷兵漢殿照膽秦宮龍生匣裏鳳起臺中桂舒全白蓮開半紅臨莊並笑對月分空式固貞吉君子攸同凡四十八言正書銘詞形制與博古圖所載唐瑩質鏡及山左金石志唐臨池鏡前蜀寫眉鏡相類文辭艷麗製作精妙洵可寶也
道光三年三月中澣儼齋汪思敬識於汲古齋

此鏡徑九寸一分重五斤八兩鼻鈕內作八獸外圖
十二肖生銘曰規逾辟水綵艷蘭釭銷兵漢殿照膽
秦宮龍生匣裏鳳起臺中桂舒全白蓮開半紅臨莊
並笑對月分空式固貞吉君子攸同凡四十八言正
書銘詞形製與博古圖所載唐瑩質鏡及山左金石
志唐臨池鏡前蜀寫眉鏡相類文辭艷麗製作精妙
洵可寶也
道光三年三月中澣儼齋汪思敬識於汲古坐

舊搨漢故宛令益州刺史南郡襄陽李孟初神祠之碑
香南精舍所藏
李嘉賓獲觀因題

梁章鉅

年代：1775—1849

字號：字茝中、閎林，號茝鄰、茝林、退庵

籍貫：福建長樂

釋文：李孟初由孝廉而官至益州刺史，及其卒於官也，吏民追思德化立祠建碑，足見漢代之重循吏矣。碑前標題大字二行，文十三行，乃漢碑之奇式，其下截字亦失去，碑中穿一大圓孔處署曰：『永興二年六月朔十日。』『年』字中一直畫垂筆極長，與《楊君石門頌》『命』字相若，以其出土稍晚，故歐陽、趙、洪諸鑒家皆未得目覩。此拓紙墨極舊，字畫較清，後來拓本遠不如矣。因題數語，以誌珍重。道光二十五年歲在旃蒙大荒落季冬朔日，福州梁章鉅。

鈐印：茝林

題跋出處：李孟初碑（崇恩藏本）

館藏號：J0069

癸亥十二
月廣陵
李汝鈞拜觀
李孟初由孝廉而官至益州刺
史及其卒於官也吏民追思
德化立祠建碑足見漢代
之重循吏矣碑前標題大
字二行文十三行廼漢碑之奇
式其下截字亦失去碑中穿一
大圓孔處署曰永興二年六月
朔十日年字中一直畫垂筆極
長與楊君石門頌命字相若
以其出土稍晚故歐陽趙洪諸鑒
家皆未得目睹此拓紙墨
極舊字畫較清後來拓本遠
不如矣因題數語以誌珍重
道光二十五年歲在旃蒙
大荒落季冬朔日
福州梁章鉅

徐同柏

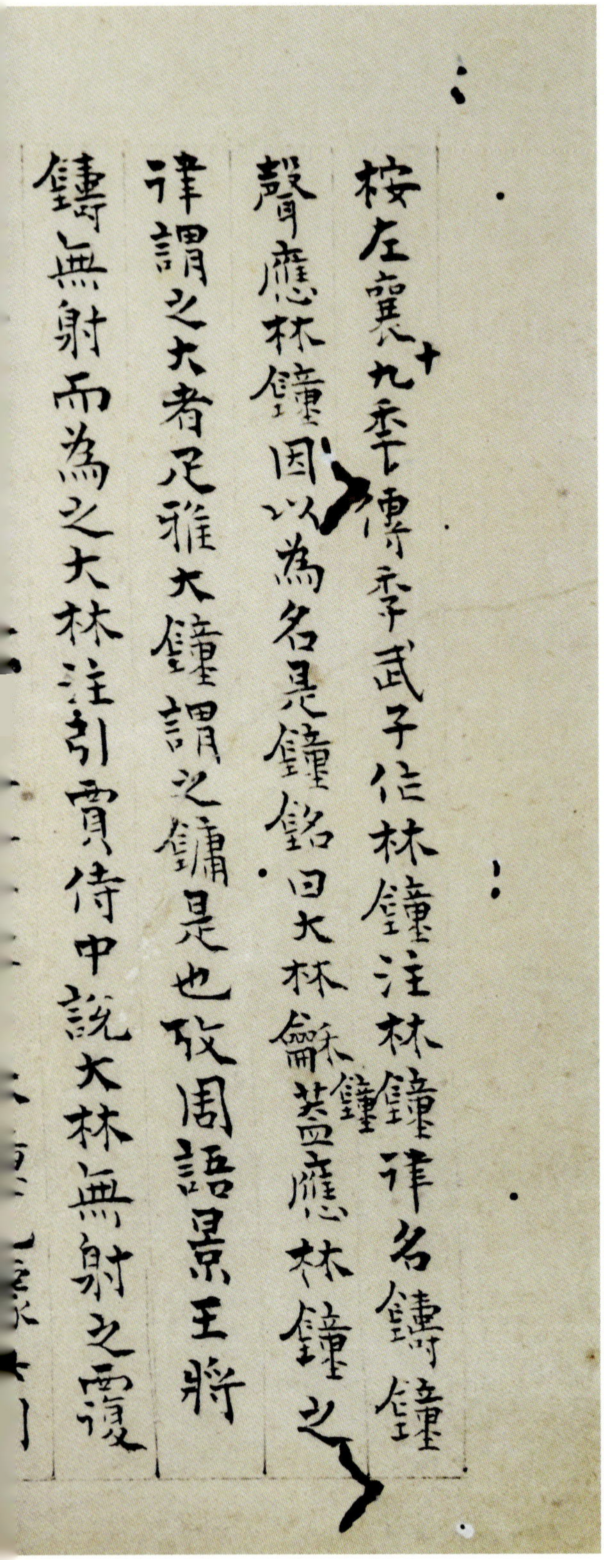

年代：1775—1854

字號：初名大椿，字壽藏，號籀莊、春甫

籍貫：浙江海鹽

釋文：按：左襄十九年傳季武子作林鐘。注：林鐘律名，鑄鐘聲應林鐘，因以爲名。是鐘銘曰『大林龢鐘』，蓋應林鐘之律，謂之大者，《爾雅》大鐘謂之鏞是也。考《周語》景王將鑄無射，而爲之大林，注引賈侍中説大林無射之覆也，作無射，而爲大林以覆之，其律中林鐘也。據此則大林自是應林鐘之律，特以其大謂之大林，如此鐘之制之類是也。古鑄鐘皆應律，然亦大小有差，就大之中又有差。《博古圖》所載，古鐘尺寸皆可覆。按，即以今所見林鐘言之，叔氏寶林鐘兩欒高建初尺一尺五寸有奇，以斠是鐘爲縮二寸許，是鐘兩欒高建初尺一尺七寸有奇，以斠積古齋一器爲縮一寸許，斠伊氏一器又贏一寸許，而要不失其爲律中林鐘者。則以銑、鉦、鼓、舞、甬、衡及旋薄厚侈弇之不離乎梟氏所云耳。景王惟鑄無射而爲大林以覆之，故單穆公伶州鳩議其過制，若大林固自有其制，而非單穆公伶州鳩之議之所及矣。然則是鐘也，其即《周語》所謂大林與（伊氏一器，尺寸從拓本斠得外，叔氏寶林鐘，另一器又今中大林鐘，以拓本斠之，叔氏鐘尺寸與伊氏一器同，今中鐘尺寸與是鐘同）。籀莊徐同柏。

鈐印：徐同柏印、籀莊

題跋出處：虢叔旅鐘乙（徐同柏跋本）

館藏號：Z1423

之制之類是也古鑄鐘皆應律然大小有差就大之中又有差博古圖所載古鐘尺寸皆可覆按即以今所見林鐘言之淅氏寶林鐘兩欒高建初尺一尺五寸有奇以斠是鐘為縮二寸許是鐘兩欒高建初尺一尺五分七寸有奇以斠積古齋一器為縮一寸許斠伊氏一器又高腳一寸許而要不失其為律中林鐘者則以銑鉦鼓舞甬衡及旋薄厚侈弇之不離乎鳧氏所云耳景王惟鑄無射而為大林以覆之故單穆公伶州鳩議其過制若大林固自有其制而非單穆公伶州鳩之議之所及矣然則是鐘也其即周語所謂大林與（伊氏一器尺寸以拓本斠得外淅氏寶林鐘另一器又乎中大林鐘以拓本斠之淅氏鐘尺寸與伊氏一器同乎中鐘尺寸與是鐘同）

籀莊徐同柏

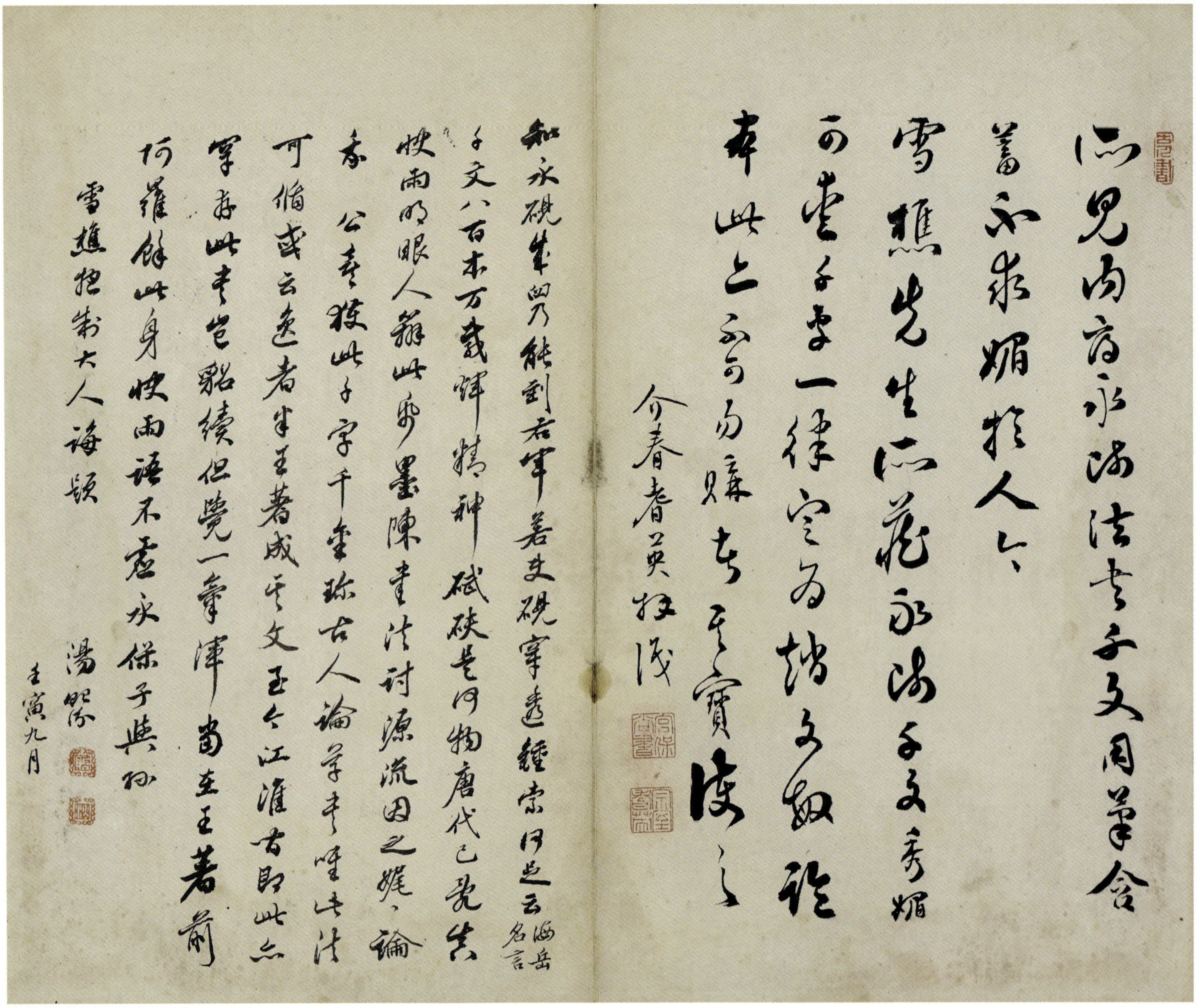

湯貽汾

年代：1778—1853

字號：字若儀，號雨生、琴隱、粥翁、山外山人

籍貫：江蘇武進

釋文：知永硯成臼，乃能到右軍。若使硯穿透，鍾索何足云。《海岳名言》。千文八百本，萬載輝精神。碔砆是何物，唐代已亂真。快雨明眼人，辨此紙墨陳。書法討源流，因之娓娓論。我公喜獲此，千字千金珍。古人論草書，唯此法可循。或云逸者半，王著成其文。至今江淮間，即此亦罕存。此書豈貂續，但覺一氣渾。當在王著前，何羅餘此身。快雨語不虛，永保子與孫。雪樵總制大人誨題。湯貽汾。壬寅九月。

鈐印：貽、汾

題跋出處：智永真草千字文（牛鑒藏本）

館藏號：19A381

知永硯成臼乃能到右軍若夫硯穿透鍾索同邁云海岳名言

千文八百本萬載鮮精神碔砆是何物唐代已覺矣

快雨明眼人雖此處墨陳書法討源流因之娓娓論

永公奉按此千字千金珍古人論筆本唯法

可備或云逸者半生著成千文至今江淮古即此亦

筆存此本尚貂續但覺一筆津當在王著前

何羅解此身快雨語不虛永保子與孫

雪樵抱翁大人誨題

湯賢

壬寅九月

徐楙

年代：1779—1839

字號：字仲繇，號問蘧、問渠、問年道人、子勉父

籍貫：浙江錢塘

釋文：右《唐秘書監馬懷素墓誌銘》，文見孫氏《續古文苑》。《續苑》少末段卅八字，而『顓學禮經』句乃誤『顓』爲『顧』，『主上』句失『主』字，『時尚書倉部郎』句失『時』字，『棄舉』之『棄』闕而弗釋，皆可以據此正彼。文述制中語稱馬懷素爲馬素，亦猶銘中稱井大春爲井

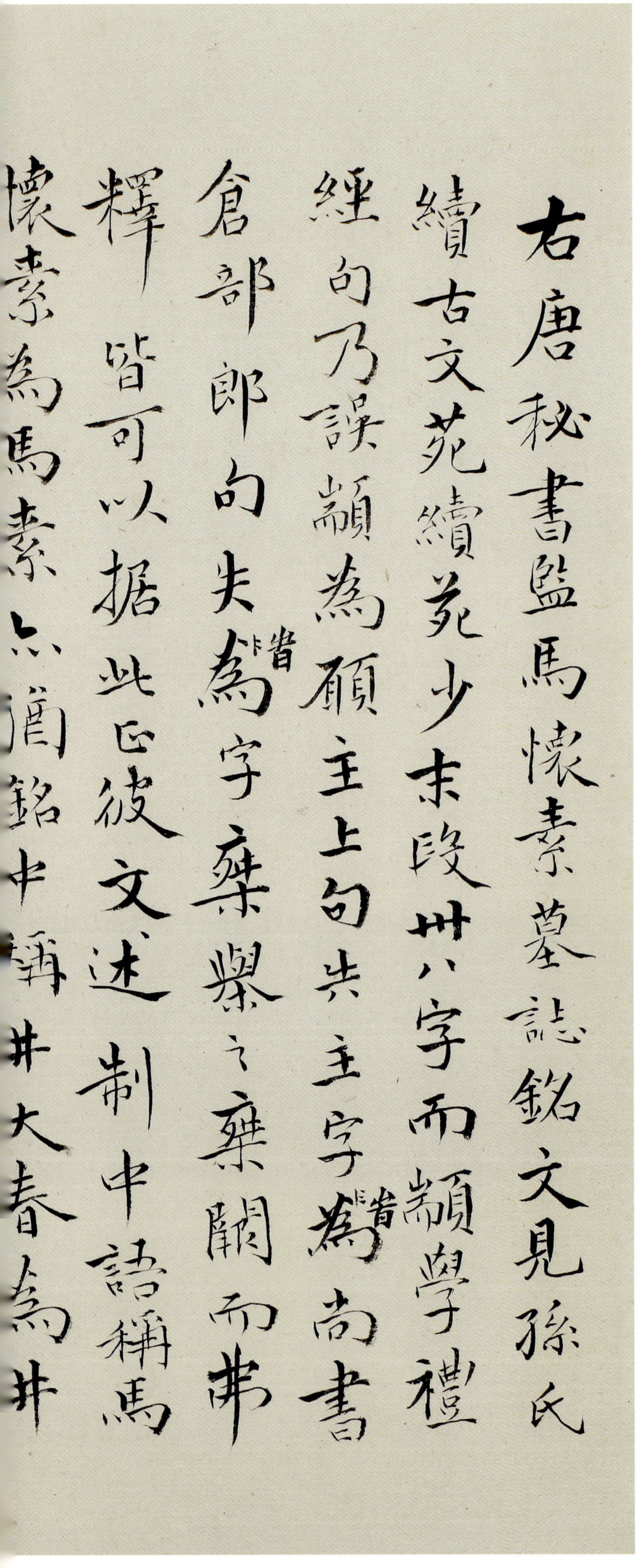

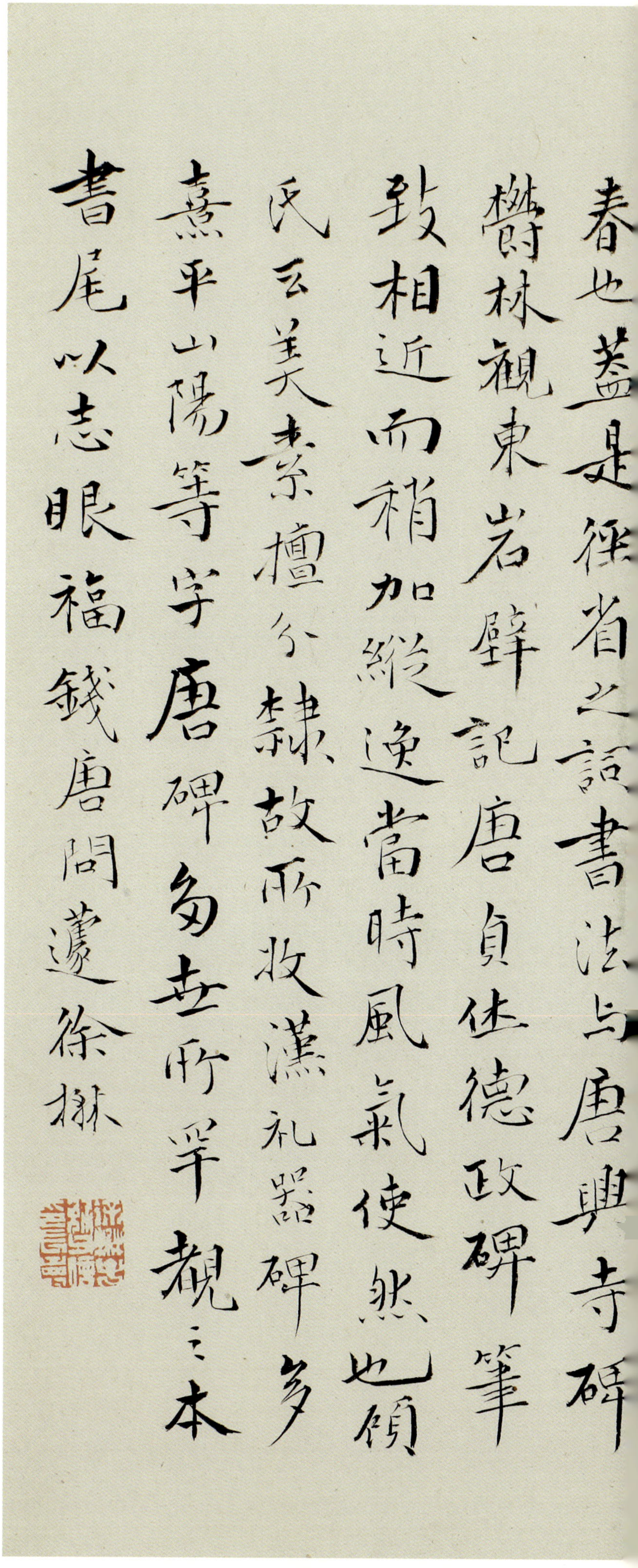

春也。蓋是徑省之詞，書法與《唐興寺碑》《鬱林觀東岩壁記》《唐貞休德政碑》筆致相近，而稍加縱逸，當時風氣使然也。顧氏云美素擅分隸，故所收漢《禮器碑》，多『熹平』『山陽』等字。唐碑多世所罕覯之本，書尾以志眼福。錢唐問蘧徐楙。

鈐印：徐楙子勉父信印長壽

題跋出處：馬懷素墓誌（顧苓藏本）

館藏號：48B837

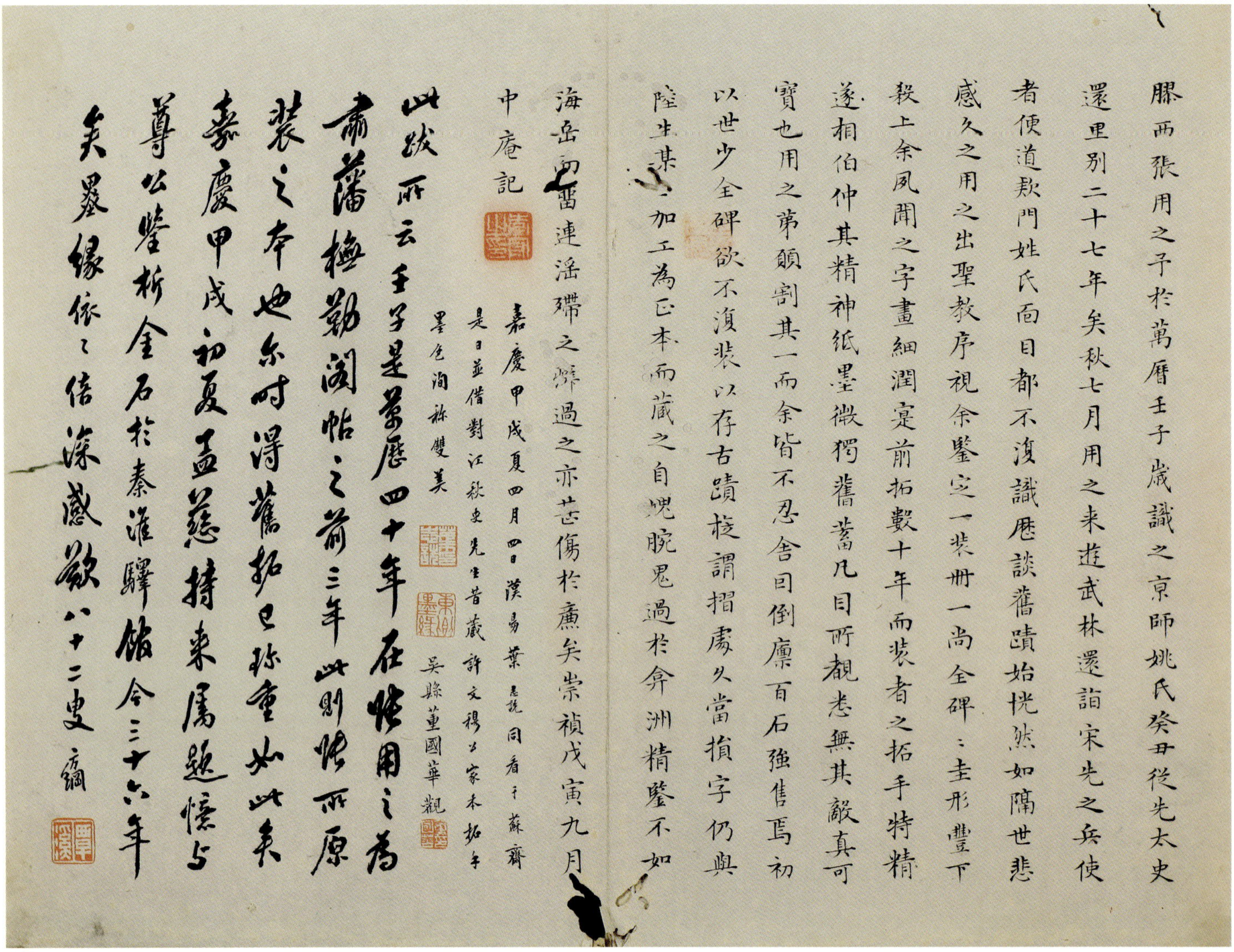
膠西張用之子於萬曆壬子歲識之京師姚氏癸丑從先太史
還里別二十七年矣秋七月用之來遊武林還詣宋先之兵使
者便道款門姓氏面目都不復識歷談舊蹟始恍然如隔世悲
感久之用之出聖教序視余鑒定一裝冊一尚全碑：圭形豐下
殺上余夙聞之字畫細潤定前拓數十年而裝者之拓手特精
遂相伯仲其精神紙墨徵獨舊蓄几目所覩悉無其敵真可
寶也用之弟頗割其一而余皆不忍含同倒廩百石強售焉初
以世少全碑欲不復裝以存古蹟校謂摺處久當損字仍與
陸生某加工為正本而藏之自愧腕鬼過於弇洲精鑒不如
海岳初留連淫繯之癖過之亦芯傷於廉矣崇禎戊寅九月
中庵記
嘉慶甲戌夏四月四日漢陽葉志詵同看于蘇齋
是日並借對江秋史先生昔藏許文穆公家本拓手
墨色洵稱雙美
吳縣董國華觀
此跋所云壬子是萬曆四十年在用之為
肅藩極勤閱帖之前三年此則用所原
裝之本也余時得舊拓已珍重如此矣
嘉慶甲戌初夏孟慈持來屬題憬与
尊公鑒析金石於秦淮驛館今三十六年
矣墨緣依依倍深感歎八十二叟

葉志詵

年代：1779—1863

字號：字東卿、廷芳，晚號遂翁

籍貫：湖北漢陽

釋文：嘉慶甲戌夏四月四日，漢陽葉志詵同看于蘇齋。是日并借對江秋史先生昔藏許文穆公家本，拓手墨色，洵稱雙美。

鈐印：葉志詵印、東卿墨緣

題跋出處：集王聖教序（張應召藏本）

館藏號：18A352

海岳畱連滛[illegible]之癖過之亦甚傷於廉矣崇禎戊寅九月
中庵記

嘉慶甲戌夏四月四日漢昜葉志詵同看于蘇齋
是日並借對江秋史先生昔藏許文穆公家本拓本
墨色洵稱雙美

吳縣董國華觀

此跋所云壬子是萬曆四十年在性用之為
肅藩極勤閣帖之前三年此則性所原
裝之本也尔时得舊拓已珎重如此矣
嘉慶甲戌初夏孟慈持來屬題懷与
尊公鑒析金石於秦淮驛館今三十六年
矣墨緣依依信深感歎八十二叟方綱

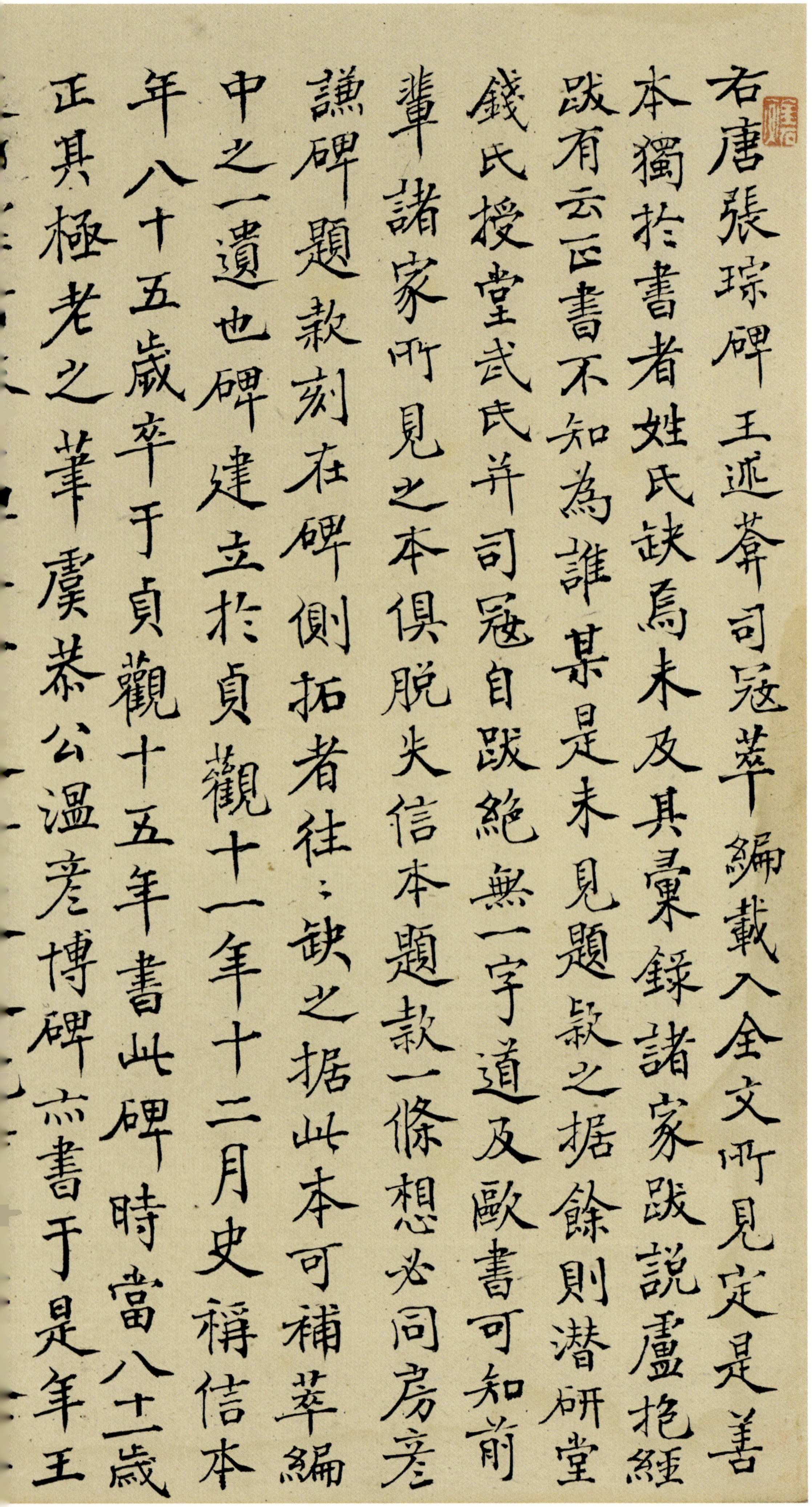

右唐張琮碑王述菴司寇萃編載入全文所見定是善
本獨於書者姓氏缺焉未及其彙録諸家跋説盧抱經
跋有云正書不知為誰某是未見題款之據餘則潛研堂
錢氏授堂武氏并司寇自跋絶無一字道及歐書可知前
輩諸家所見之本俱脱失信本題款一條想必同房彦
謙碑題款刻在碑側拓者往往缺之據此本可補萃編
中之一遺也碑建立於貞觀十一年十二月史稱信本
年八十五歲卒于貞觀十五年書此碑時當八十一歲
正其極老之筆虞恭公溫彦博碑亦書于是年王

楊澥

年代：1781—1851

字號：原名海，字竹唐、龍石，號野航、聾道人、石公山人、子翁、楊風子

籍貫：江蘇吴江

釋文：右唐《張琮碑》，王述菴司寇《萃編》載入全文，所見定是善本，獨於書者姓氏缺焉未及。其彙録諸家跋説，盧抱經跋有云，正書不知爲誰某，是未見題款之據。餘則潛研堂錢氏、授堂武氏并司寇自跋，絶無一字道及歐書。可知前輩諸家所見之本，俱脱失信本題款一條，想必同《房彦謙碑》題款刻在碑側，拓者往往缺之，據此本可補《萃編》中之一遺也。碑建立於貞觀十一年十二月，史稱信本年八十五歲，卒于貞觀十五年，書此碑時當八十一歲，正其極老之筆，《虞恭公》《溫彦博碑》亦書于是年。王吏部虛舟跋《虞碑》云，當是率更最晚時所作，後四年

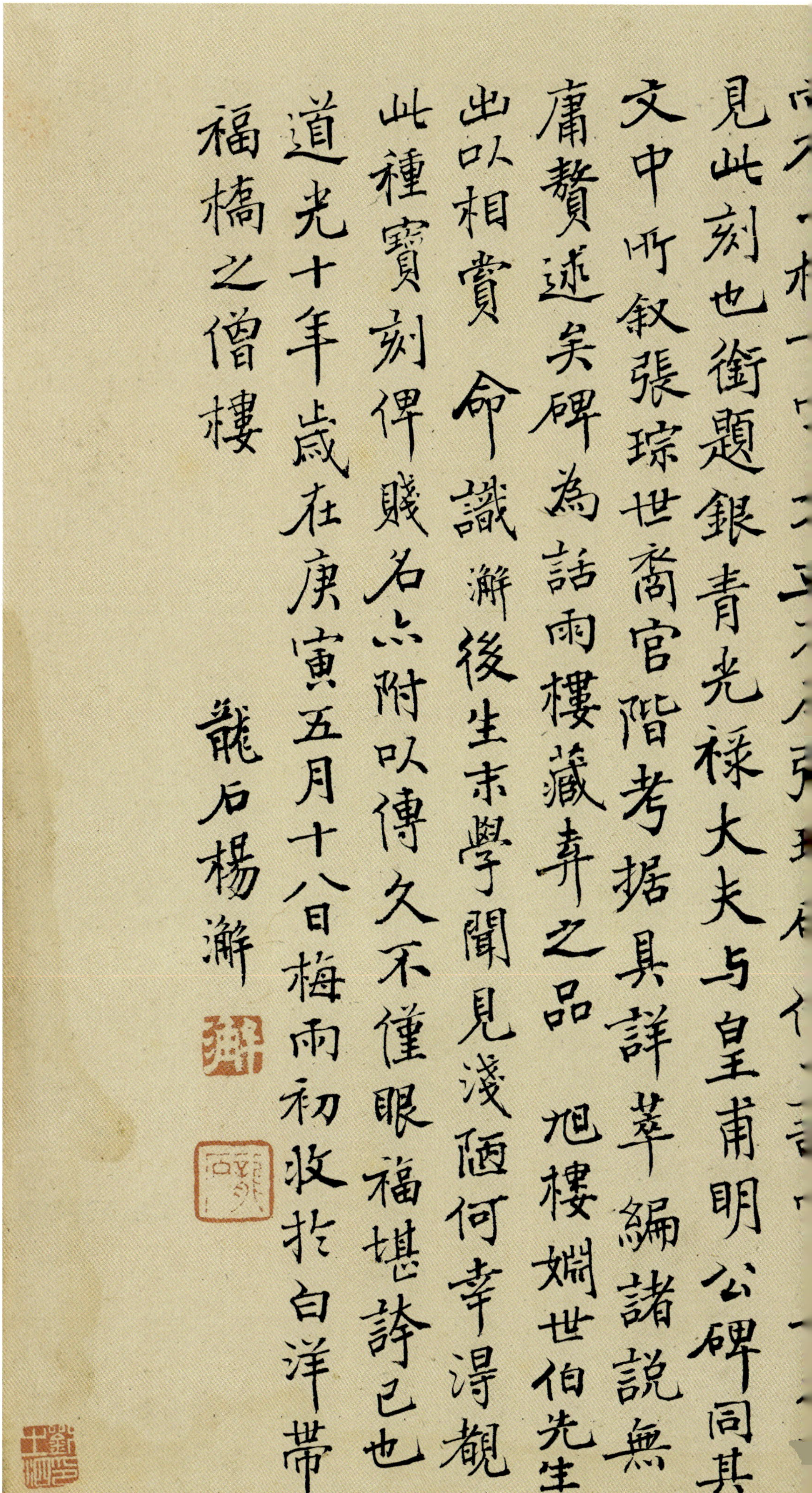
見此刻也衡題銀青光禄大夫与皇甫明公碑同其文中所叙張琮世裔官階考据具詳萃編諸說無庸贅述矣碑為話雨樓藏弆之品 旭樓嫺世伯先生出以相賞命識 澥後生末學聞見淺陋何幸得覩此種寶刻俾賤名亦附以傳久不僅眼福堪詩已也 道光十年歲在庚寅五月十八日梅雨初收於白洋帯福橋之僧樓 龍石楊澥

尚有小楷《千字文》，并不及《張琮碑》，似吏部當日亦未曾見此刻也。衡題『銀青光禄大夫』，與《皇甫明公碑》同。其文中所叙張琮世裔官階，考據具詳《萃編》諸說，無庸贅述矣。碑爲話雨樓藏弆之品。旭樓嫺世伯先生出以相賞，命識。澥後生末學，聞見淺陋，何幸得覩此種寶刻，俾賤名亦附以傳久，不僅眼福堪詩已也。道光十年歲在庚寅五月十八日，梅雨初收，於白洋帶福橋之僧樓。龍石楊澥。

鈐印：金石交、澥、龍石

題跋出處：張琮碑（王楠藏本）

館藏號：48B829

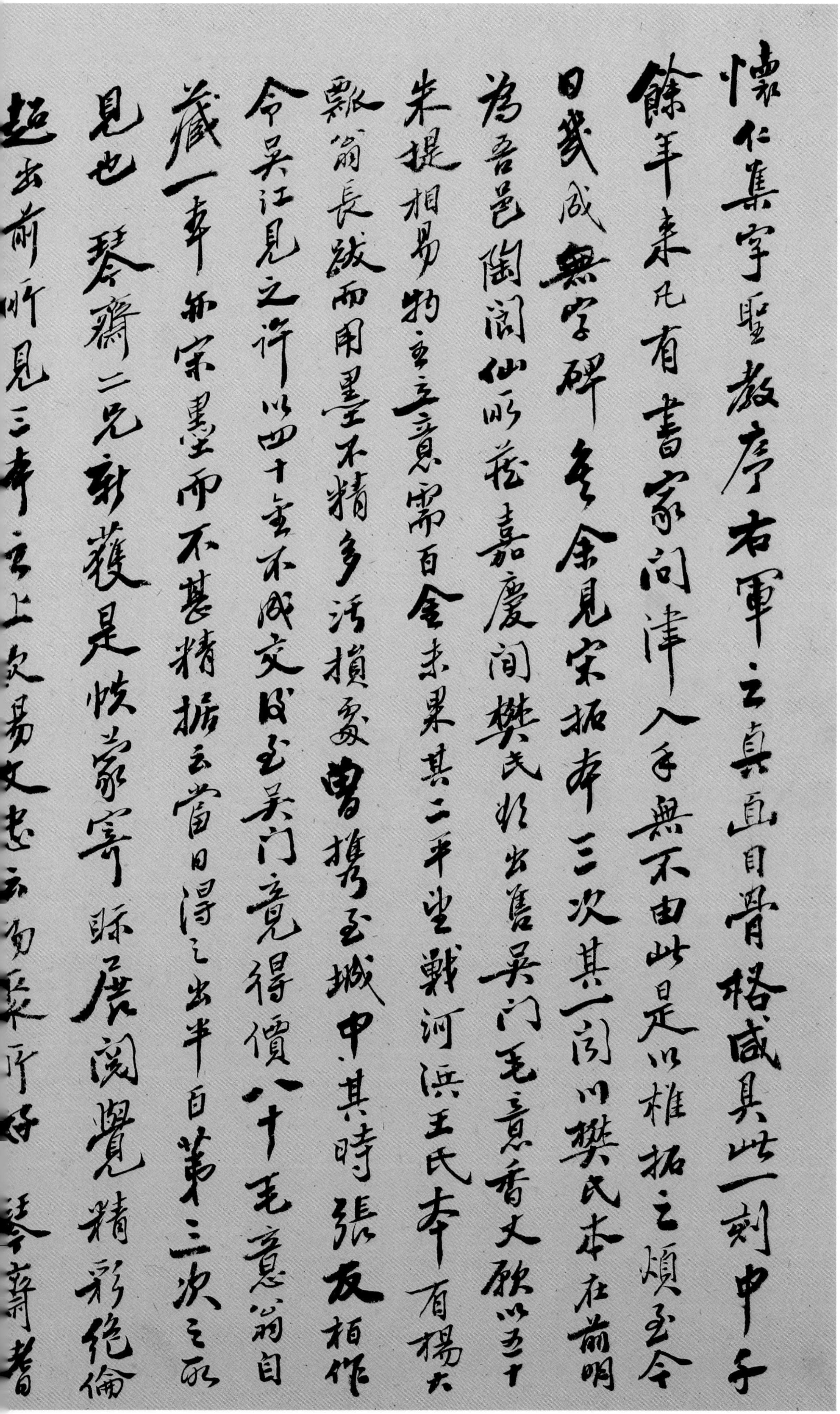

釋文：《懷仁集字聖教序》，右軍之真面目，骨格咸具此一刻中。千餘年來，凡有書家問津，入手無不由此，是以椎拓之煩，至今日幾成無字碑矣。余見宋拓本三次，其一閶川樊氏本，在前明爲吾邑陶閬僊所藏，嘉慶間樊氏欲出售，吴門毛意香丈願以五十朱提相易，物主立意需百金，未果。其二平望戰河浜王氏本，有楊大瓢翁長跋，而用墨不精，多污損處。曾携至城中，其時張友柏作令吴江，見之許以四十金，不成交，後至吴門，竟得價八十。毛意翁自藏一本，亦宋墨而不甚精。據云當日得之出半百，第三次之所見也。琴齋二兄新獲是帖，蒙寄視，展閱覺精彩絶倫，超出前所見三本之上。歐陽文忠云物聚所好，琴齋嗜

古碑若飢渴，世間尤物，宜其歸之，可欽可羨。乙巳九月廿日，六十五病者楊澥識。

鈐印：子翁、楊風子

題跋出處：集王書三藏聖教序（顧文彬藏本）

館藏號：17A330

顧篪

年代：？—1805
字號：字敷展，號韵庭
籍貫：江蘇無錫
釋文：乙巳春，余學書於施少谷師，課餘出宋拓《九成宮醴泉銘》示余，余好之不能忘。後撿舊篋中得此本，蓋大父所藏者，携質於師，定爲宋季所拓，簽識於首，謂是不可多得者，其寶之。後於蘭陵繆氏觀其所藏宋拓本，與此無異，惟墨色稍潤，末有大瓢、虚舟二跋，大瓢以爲元拓，虚舟定爲南宋本，并極言大瓢目力之短。虚舟先生精於鑒賞，

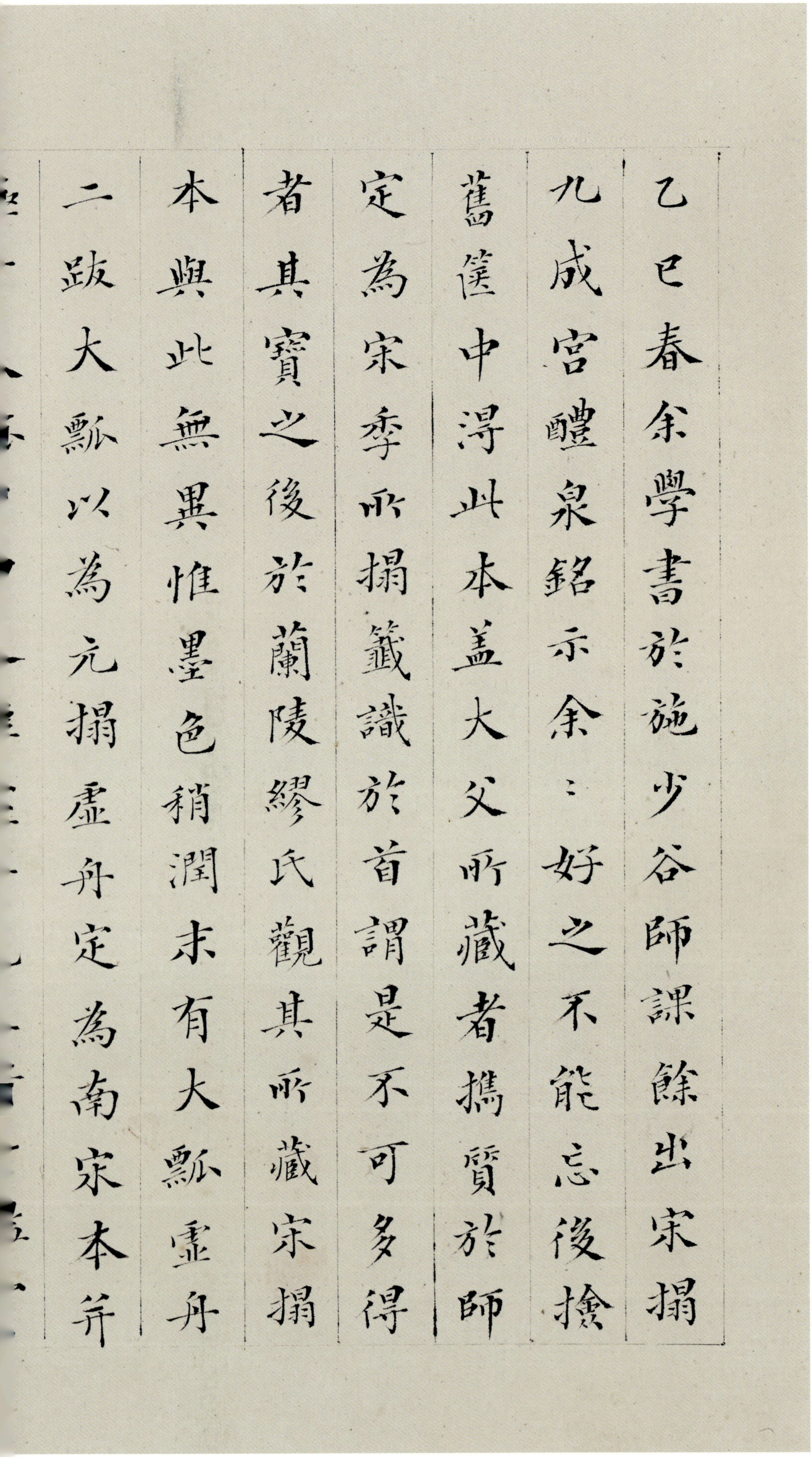

乙巳春余學書於施少谷師課餘出宋搨
九成宮醴泉銘示余余好之不能忘後撿
舊篋中得此本蓋大父所藏者携質於師
定為宋季所搨籤識於首謂是不可多得
者其寶之後於蘭陵繆氏觀其所藏宋搨
本與此無異惟墨色稍潤末有大瓢虛舟
二跋大瓢以為元搨虛舟定為南宋本并

本亦可藉虛舟之考訂而益信吾師之說

良有以夫

乾隆五十三年九月望日顧𦫳識

其說必不謬也。繆氏本因虛舟而定，余此本亦可藉虛舟之考訂，而益信吾師之說良有以夫。乾隆五十三年九月望日，顧𦫳識。

鈐印：敷、展

題跋出處：九成宮醴泉銘（費念慈藏本）

館藏號：81A663

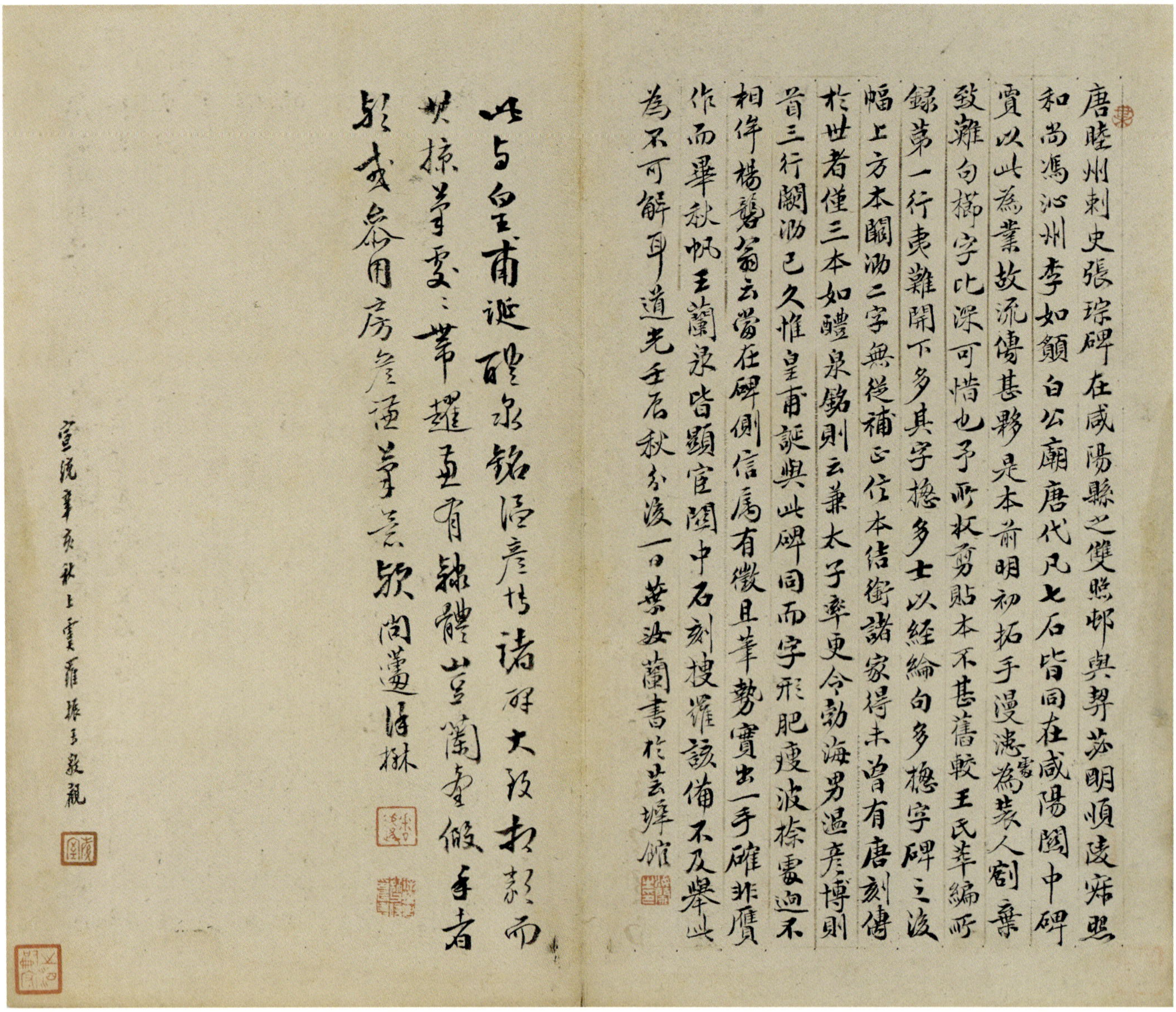

葉汝蘭

年代：生卒年不詳，活躍于清代道光年間

字號：字香浦，號紉之、退庵

籍貫：河北滄州

釋文：《唐睦州刺史張琮碑》在咸陽縣之雙照邨，與契苾明、順陵、寂照和尚、馮沁州、李如願、白公廟，唐代凡七石，皆同在咸陽，關中碑賈以此爲業，故流傳甚夥。是本前明初拓手，漫漶處爲裝人割棄，致難句櫛字比，深可惜也。予所收剪貼本不甚舊，較王氏《萃編》所録第一行『夷難開』下多『其』字，『揔多士以經綸』句多『揔』字，碑之後幅上方本闕泐二字，無從補正。信本結銜，諸家得未曾有。唐刻傳於世者僅三本，如《醴泉銘》則云兼太子率更令勃海男，《温彦博》則首三行闕泐已久，惟《皇甫誕》與此碑同，而字形肥瘦波捺處迥不相侔，楊讋翁云當在碑側，信屬有徵，且筆勢實出一手，確非贋作。而畢秋帆、王蘭泉皆顯宦，關中石刻搜羅該備，不及舉此，爲不可解耳。道光壬辰秋分後一日，葉汝蘭書於芸墀館。

鈐印：葉、汝蘭之印

題跋出處：張琮碑（王楠藏本）

館藏號：48B829

唐睦州刺史張琮碑在咸陽縣之雙照邨與契苾明順陵寐思和尚馮沁州李如顗白公廟唐代凡七石皆同在咸陽閣中碑賈以此為業故流傳甚夥是本前明初拓手漫漶處為裝人割棄致難句櫛字比深可惜也予所收剪貼本不甚舊較王氏萃編所錄第一行衷難開下多其字摠多士以經綸句多摠字碑之後幅上方本闕泐二字無從補正仿本借衡諸家得未曾有唐刻傳於世者僅三本如醴泉銘則云兼太子率更令渤海男溫彥博則首三行闕泐已久惟皇甫誕與此碑同而字形肥瘦波捺處迥不相侔楊龍翁云當在碑側信屬有徵且筆勢實出一手確非贗作而畢秋帆王蘭泉皆題官閣中石刻搜羅該備不及舉此為不可解耳道光壬辰秋分後一日葉汝蘭書於芸埠館

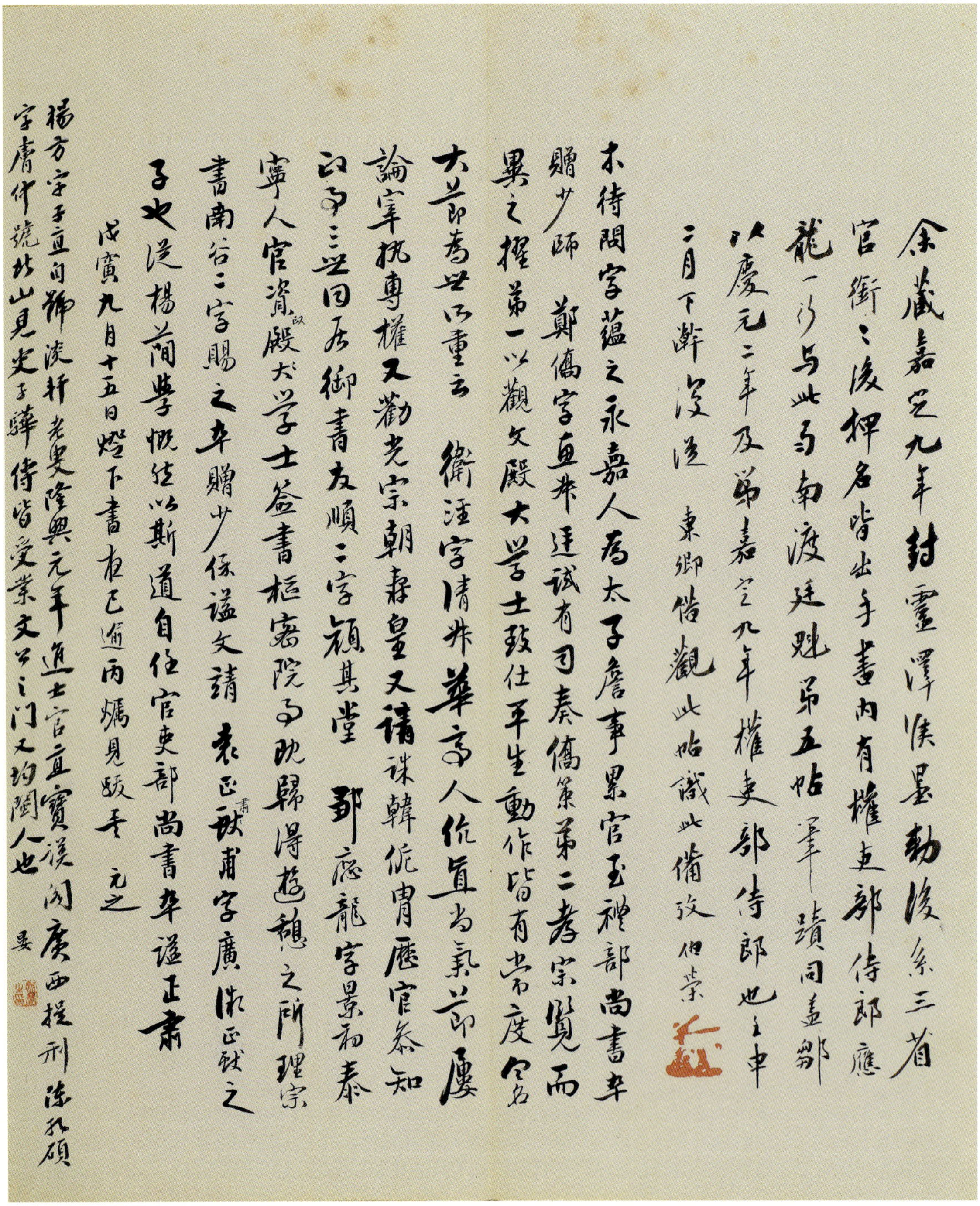

姚元之

年代：1783—1852

字號：字伯昂，號薦青、竹葉亭生、五不翁

籍貫：安徽桐城

釋文：木待問字蘊之，永嘉人。爲太子詹事，累官至禮部尚書，卒贈少師。鄭僑字惠叔，廷試有司奏僑策弟二，孝宗覽而異之，擢第一。以觀文殿大學士致仕。平生動作皆有常度，令名大節爲世所重云。衛涇字清叔，華亭人。伉直尚氣節，屢論宰執專權，又勸光宗朝壽皇，又請誅韓侂胄，歷官參知政事。三世同居，御書『友順』二字顔其堂。鄒應龍字景初，泰寧人。官資政殿學士、簽書樞密院事。既歸，得游憩之所。理宗書『南谷』二字賜之。卒贈少保，謚文靖。袁正肅甫字廣微，正獻之子也。從楊簡學，慨然以斯道自任。官吏部尚書。卒謚正肅。戊寅九月十五日，燈下書。夜已逾丙，燭見跋矣。元之。

題跋出處：鳳墅帖（梁清標藏本）

館藏號：19A380

未待問字蘊之永嘉人為太子詹事累官至禮部尚書卒
贈少師　鄭僑字惠叔廷試有司奏僑策第二孝宗覽而
異之擢第一以觀文殿大學士致仕平生動作皆有常度令名
大節為世所重云　衛涇字清叔華亭人伉直尚氣節屢
論宰執專權又劾光宗朝壽皇又請誅韓侂胄歷官參知
政事三世因奉御書友順二字額其堂　鄭應龍字景和泰
寧人官資[政]殿大學士簽書樞密院事致歸得趨憩之所理宗
書南谷二字賜之卒贈少保謚文靖　袁正獻[肅]甫字廣微正獻之
子也從楊簡學慨然以斯道自任官吏部尚書卒謚正肅
戊寅九月十五日燈下書　夜已逾丙嫣見跋手　元之

苗夔

年代：1783—1857

字號：初名學植，字先麓、僊露，號僊麓

籍貫：河北肅寧

釋文：縣城東南十餘里，有漢河間舊基址。

河間城内縣武垣，新莽名亭曰垣翰。

自魏歷唐猶可考，蕭陵時復訛爲小。

蕭陵宋改曰肅寧，蕭字省筆陵傳聲。

縣移西北府東北，此維剩漢河間國。

遥遥二千載有餘，行人猶指漢獻王所都。

當年曾築日華宫，客館二十高連空。

我來尋訪無遺迹，但見霜華染樹燕支紅。

鈎戈坡前珠玉碎，烏桓壘畔走荒穢。

近前拾得一古磚，依稀上有君子字。

漢隸巍然手撫摩，力追程邈誇蕭何。

土華暈碧蒼苔窠，花紋龜背旁駢羅。

六朝五代無此製，遑論柴汝官定哥。

今人好古難遇古，晋磚酬唱何其多。

吾想毛貫爲博士，賢王隆禮能招致。

河間舊有君子館，金史曾編地里志。

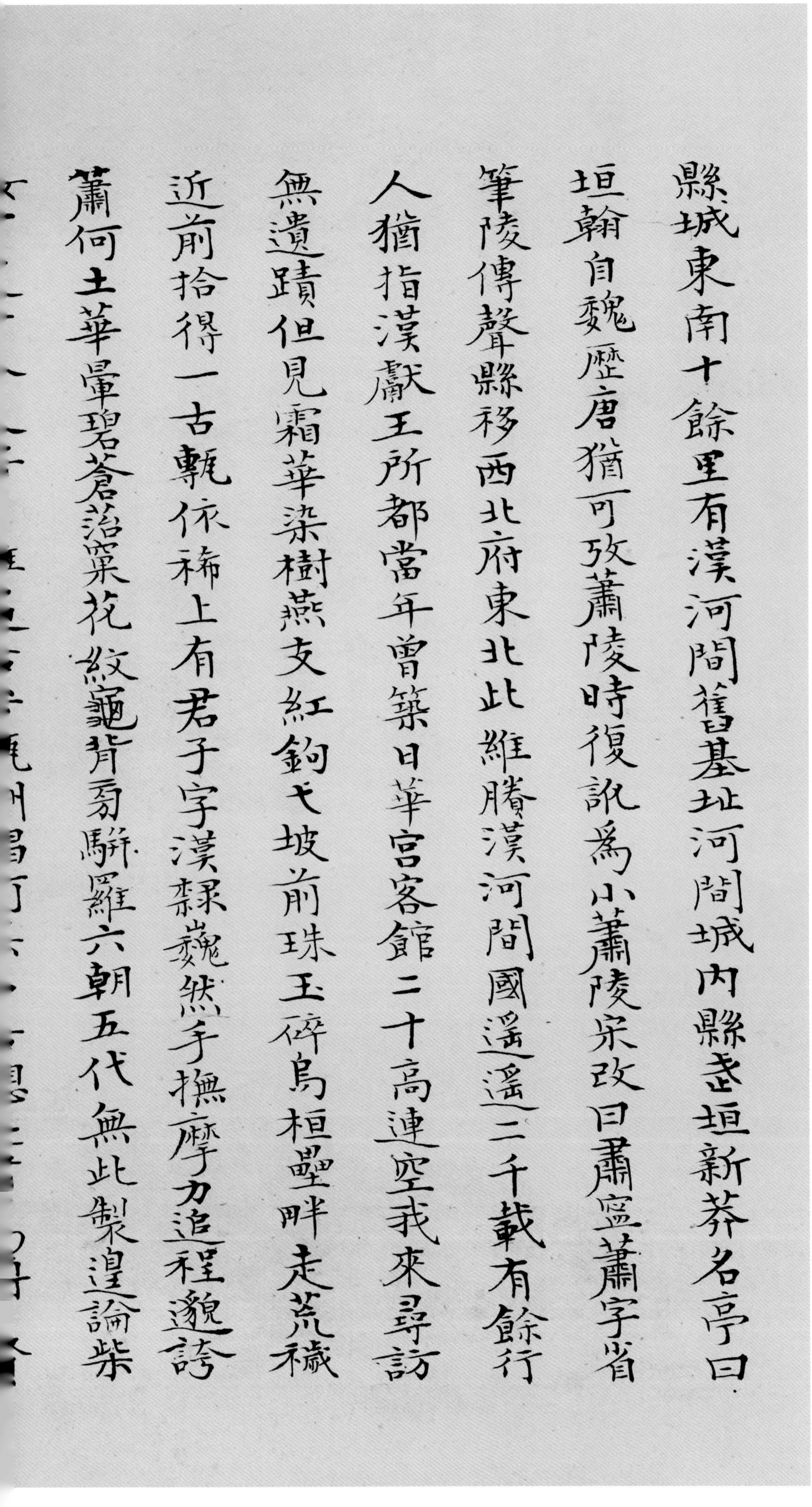

縣城東南十餘里有漢河間舊基址河間城内縣武垣新莽名亭曰
垣翰自魏歷唐猶可考蕭陵時復訛爲小蕭陵宋改曰肅寧蕭字省
筆陵傳聲縣移西北府東北此維賸漢河間國遥遥二千載有餘行
人猶指漢獻王所都當年曾築日華宫客館二十高連空我來尋訪
無遺蹟但見霜華染樹燕支紅鉤弋坡前珠玉碎烏桓壘畔走荒穢
近前拾得一古甎依稀上有君子字漢隸巍然手撫摩力追程邈誇
蕭何土華暈碧蒼苔窠花紋龜背旁駢羅六朝五代無此製遑論柴

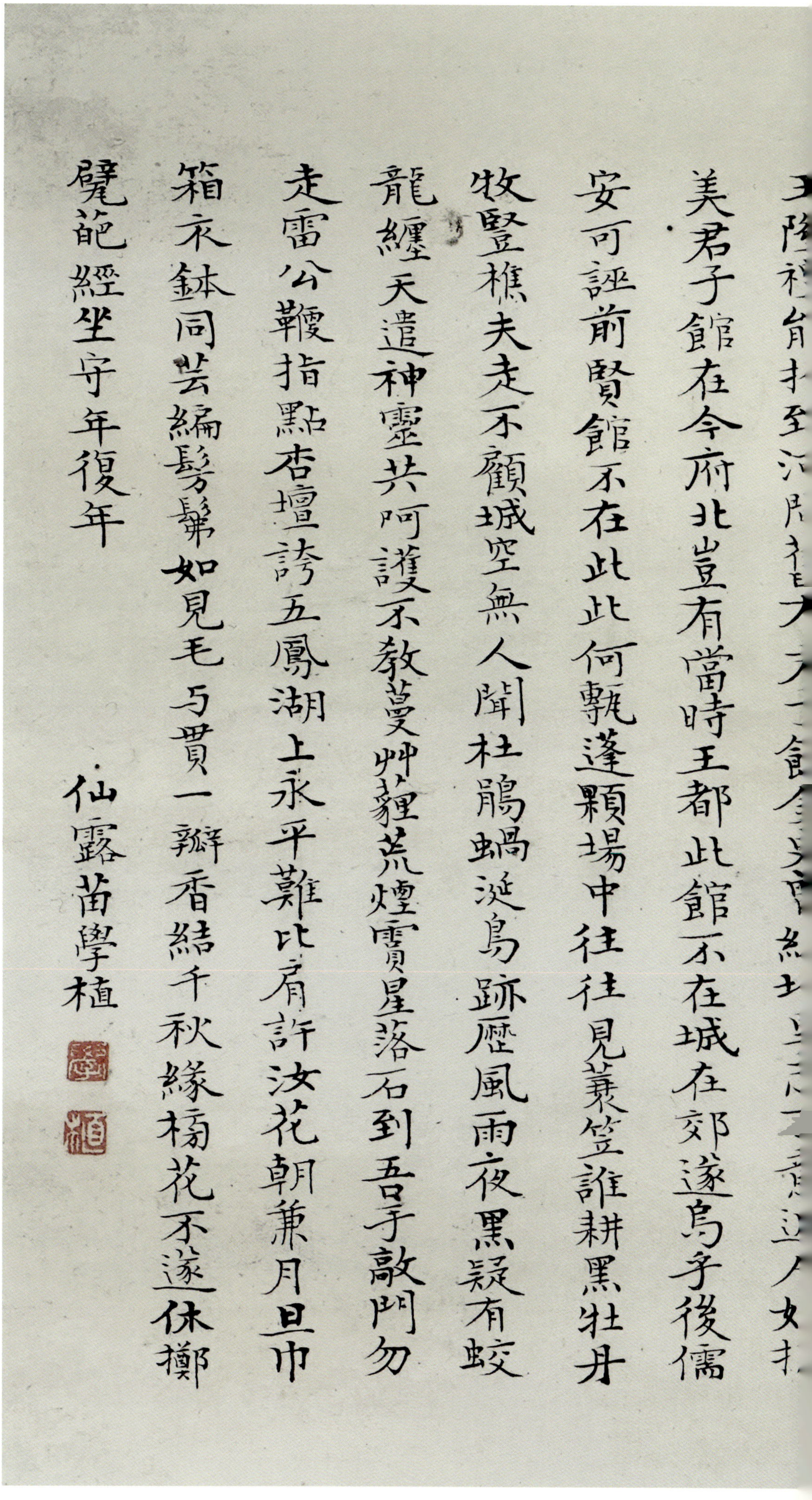

不意近人好掠美，君子館在今府北。
豈有當時王都此，館不在城在郊遂。烏乎！
後儒安可誣前賢，館不在此此何磚。
蓬顆場中往往見，蓑笠誰耕黑牡丹。
牧豎樵夫走不顧，城空無人聞杜鵑。
蝸涎鳥迹歷風雨，夜黑疑有蛟龍纏。
天譴神靈共呵護，不教蔓草蘿荒煙。
隕星落石到吾手，敲門勿走雷公鞭。
指點杏壇誇五鳳，湖上永平難比肩。
許汝花朝兼月旦，巾箱衣鉢同芸編。
仿佛如見毛與貫，一瓣香結千秋緣。
榜花不遂休擲甓，葩經坐守年復年。

僊露苗學植。

鈐印：學、植

題跋出處：河間君子館磚拓片（苗夔藏本）

館藏號：J5799

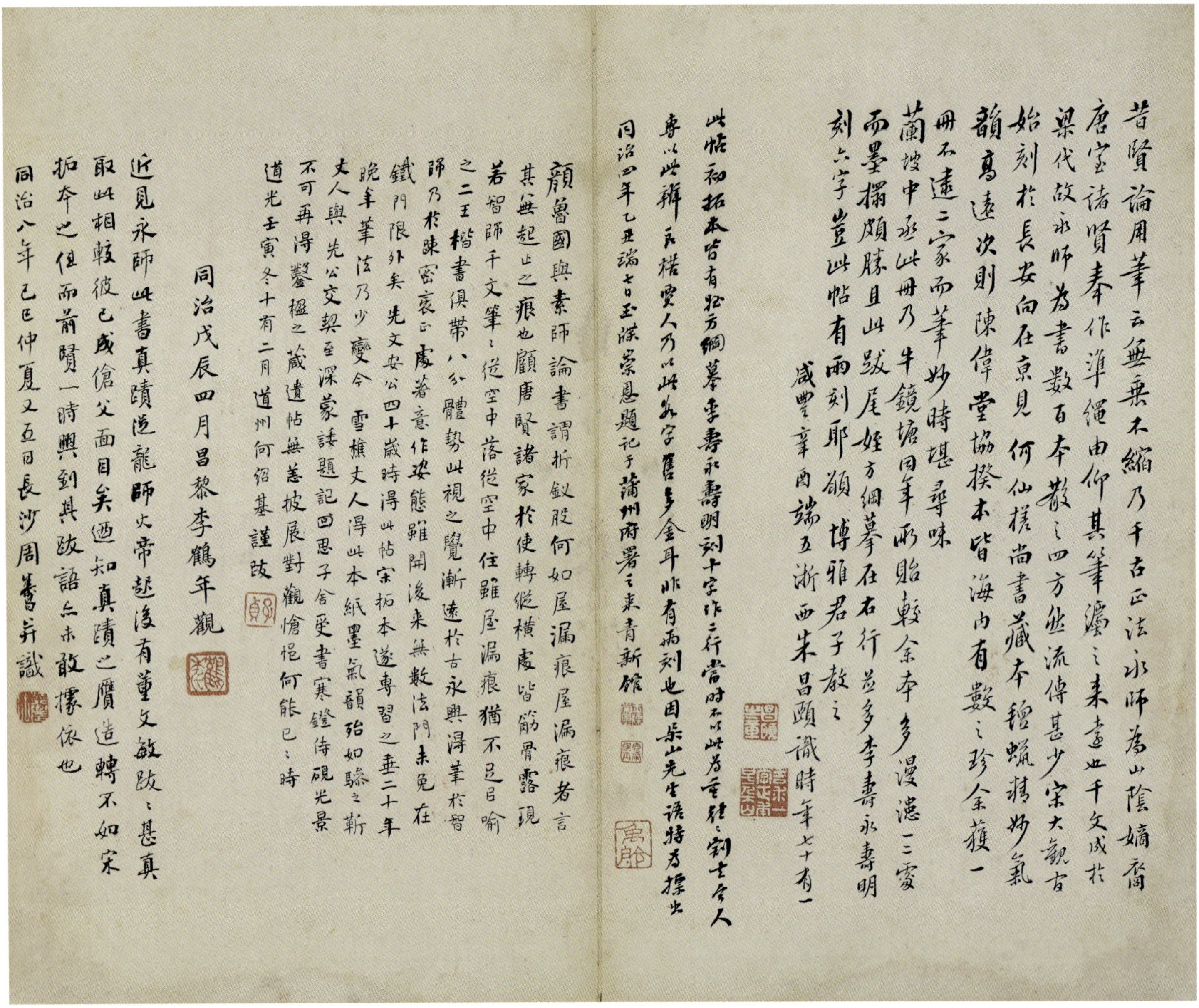

朱昌頤

年代：1784—1855

字號：字吉求，一字正甫，號朵山

籍貫：浙江海鹽

釋文：昔賢論用筆云，無垂不縮，乃千古正法。永師爲山陰嫡裔，唐室諸賢，奉作準繩，由仰其筆法之來遠也。《千文》成於梁代，故永師爲書數百本，散之四方，然流傳甚少。宋大觀間始刻於長安。向在京見何僊槎尚書藏本，氈蠟精妙，氣韵高遠，次則陳偉堂協揆本，皆海内有數之珍。余獲一册，不逮二家，而筆妙時堪尋味。蘭坡中丞此册，乃牛鏡塘同年所貽，較余本多漫漶一二處，而墨拓頗勝。且此跋尾『侄方綱摹』在右行，并多『李壽永壽明刻』六字，豈此帖有兩刻耶？願博雅君子教之。咸豐辛酉端五，浙西朱昌頤識，時年七十有一。

鈐印：昌頤之章、吉求一字正甫號朵山

題跋出處：智永真草千字文（牛鑒藏本）

館藏號：19A381

昔賢論用筆云無垂不縮乃千古正法永師爲山陰嫡裔唐宋諸賢奉作準繩由仰其筆澤之来遠也千文成於梁代故永師爲書數百本散之四方然流傳甚少宋大觀古始刻於長安向在京見何仙槎尚書藏本鎦蠟精妙氣韻高遠次則陳偉堂協揆本皆海内有數之珍余獲一册不遠二家而筆妙時堪尋味

蘭坡中丞此册乃牛鏡塘同年所貽較余本多漫漶一二處而墨搨頗勝且此跋尾姪方綱摹在右行並多李壽永壽明刻六字豈此帖有兩刻耶願博雅君子教之

咸豐辛酉端五浙西朱昌頤識時年七十有一

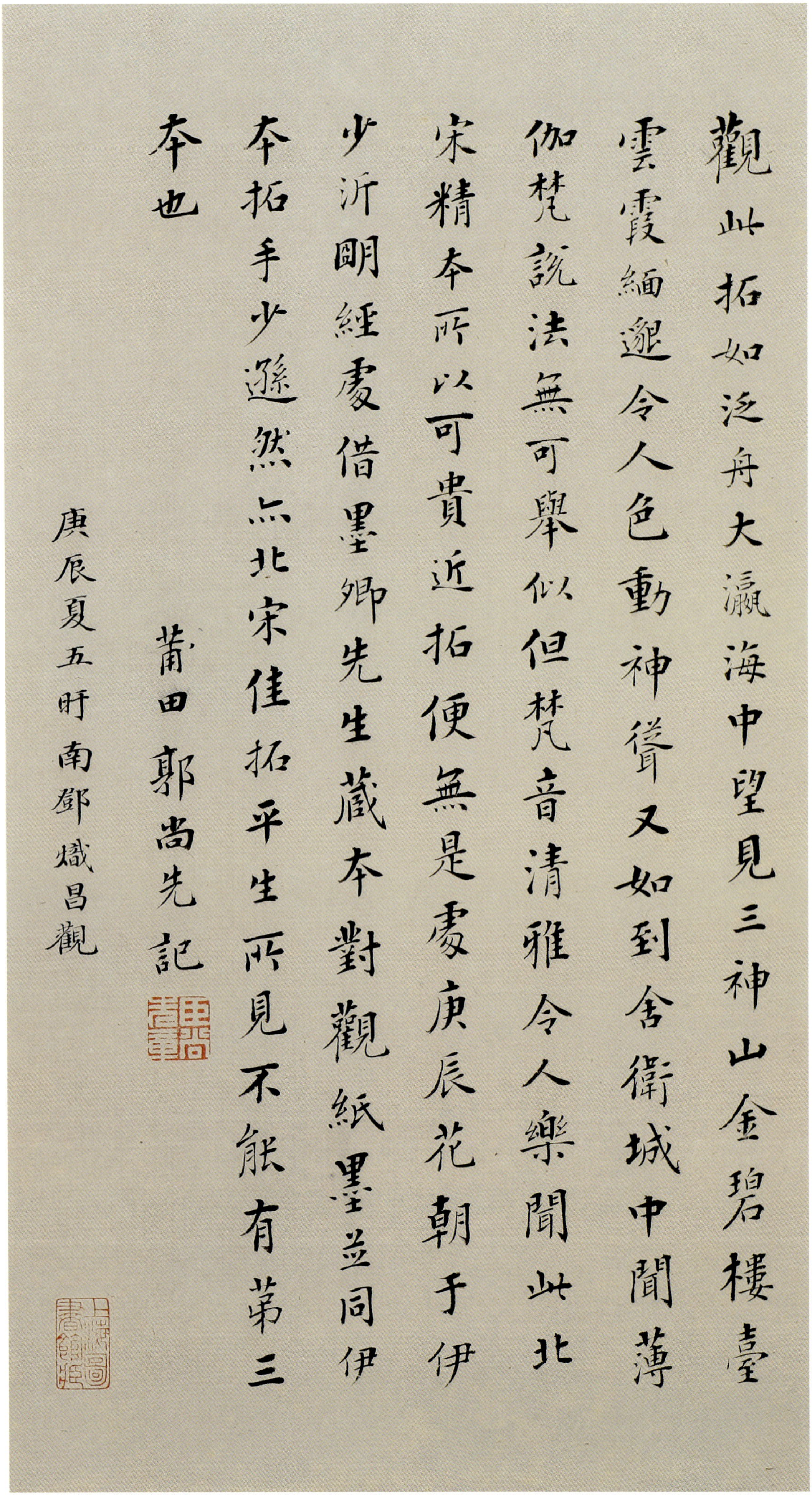

郭尚先

年代：1785—1832

字號：字元聞，又字蘭石

籍貫：福建莆田

釋文：觀此拓如泛舟大瀛海中，望見三神山，金碧樓臺，雲霞緬邈，令人色動神聳。又如到舍衛城中，聞薄伽梵說法，無可舉似，但梵音清雅，令人樂聞。此北宋精本所以可貴，近拓便無是處。庚辰花朝，于伊少沂明經處借墨卿先生藏本對觀，紙墨并同，伊本拓手少遜，然亦北宋佳拓，平生所見不能有第三本也。莆田郭尚先記。

鈐印：臣尚先章

題跋出處：集王書三藏聖教序（張應召藏本）　館藏號：18A352

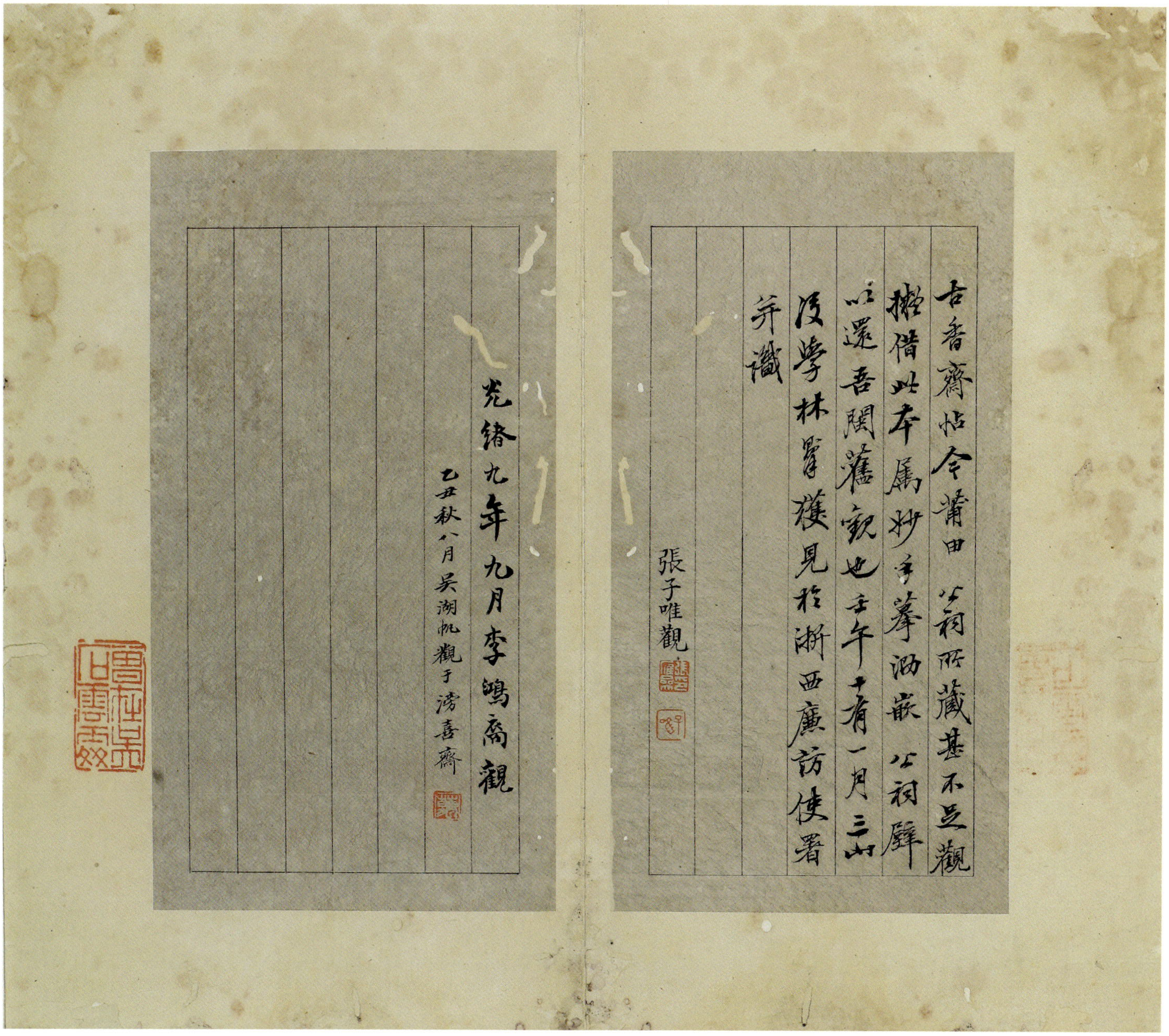
古香齋帖令莆田 公祠所藏甚不足觀
擬借此本屬妙手摹泐嵌 公祠壁
以還吾閩舊觀也壬午十有一月三山
後學林則徐獲見於浙西廣訪使署
并識
張子唯觀
光緒九年九月李鴻裔觀
乙丑秋八月吳湖帆觀于滂喜齋

林則徐

年代：1785—1850

字號：字少穆、石麟、元撫，號竢村老人、竢村退叟、七十二峰退叟、瓶泉居士、櫟社散人

籍貫：福建侯官

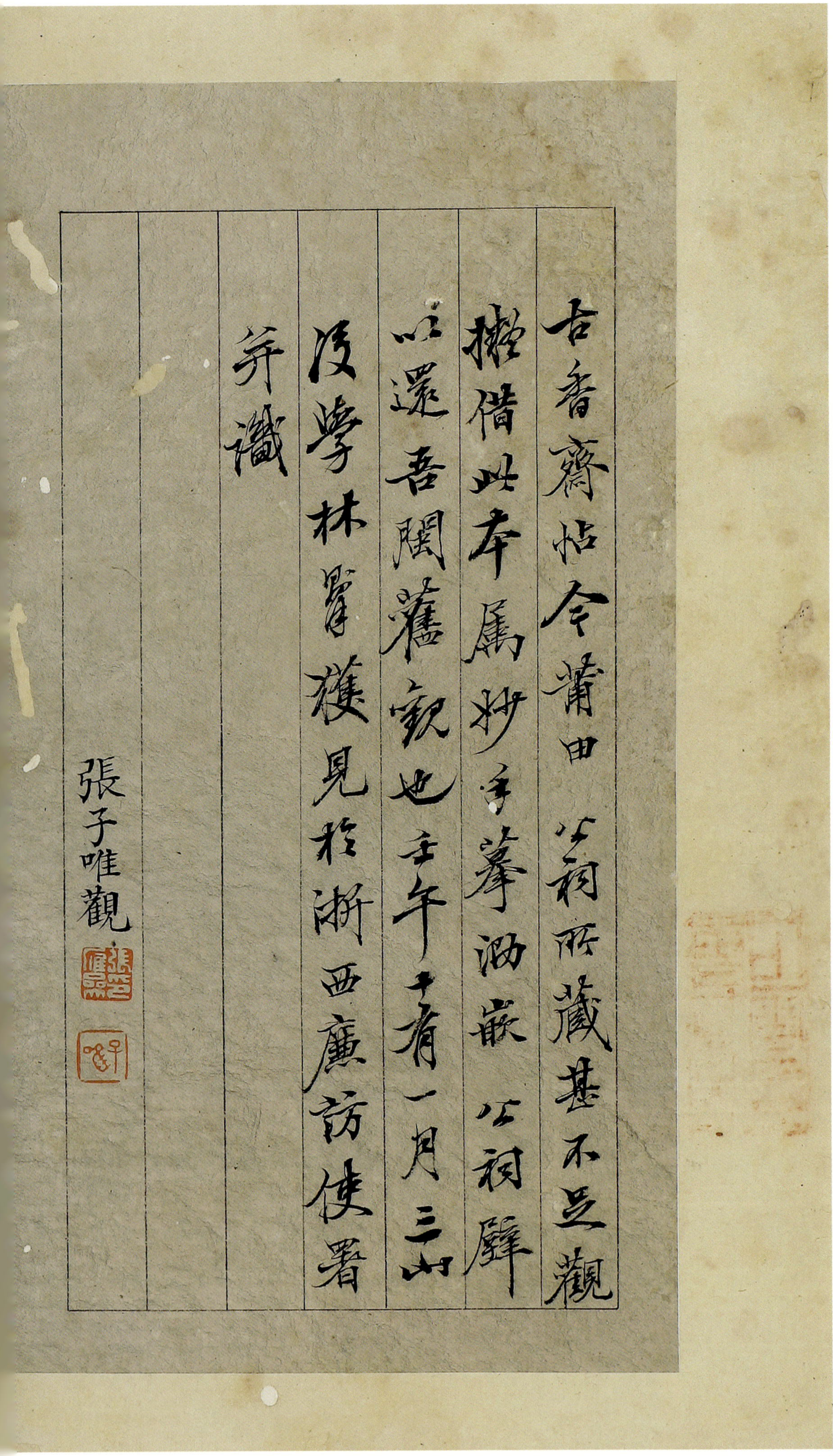
古香齋帖今莆田公祠所藏甚不足觀
擬借此本屬妙手摹泐嵌公祠壁
以還吾閩舊觀也壬午十有一月三山
後學林則徐獲見於浙西廉訪使署
并識
張子唯觀

釋文：《古香齋帖》今莆田公祠所藏，甚不足觀。擬借此本屬妙手摹泐嵌公祠壁，以還吾閩舊觀也。壬午十有一月，三山後學林則徐獲見於浙西廉訪使署并識。

題跋出處：茶録（吴榮光藏本）

館藏號：19A365

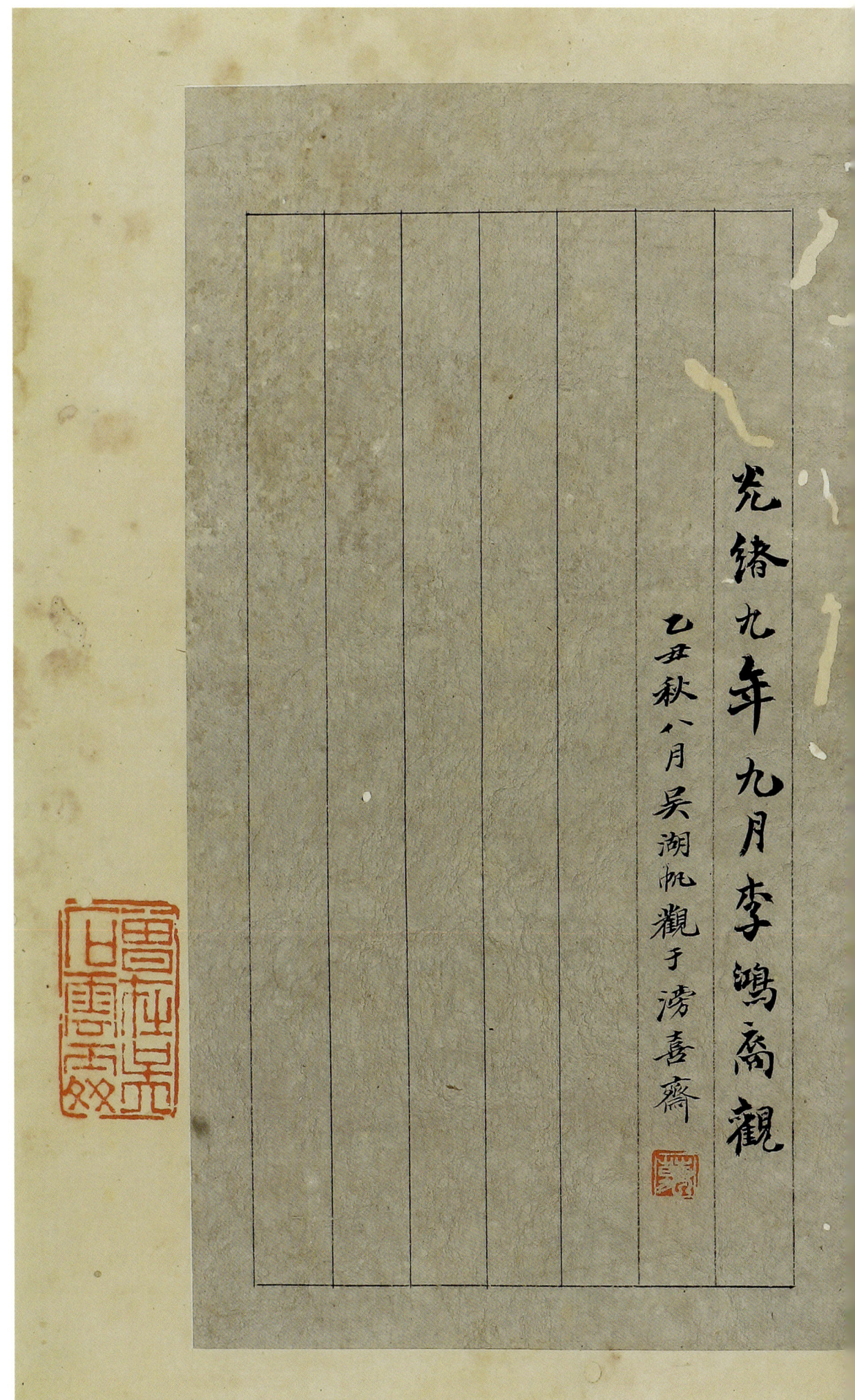

光緒九年九月李鴻裔觀

乙丑秋八月吳湖帆觀于滂喜齋

耆英

年代：1787—1858

字號：愛新覺羅氏，字介春

籍貫：滿洲正藍旗

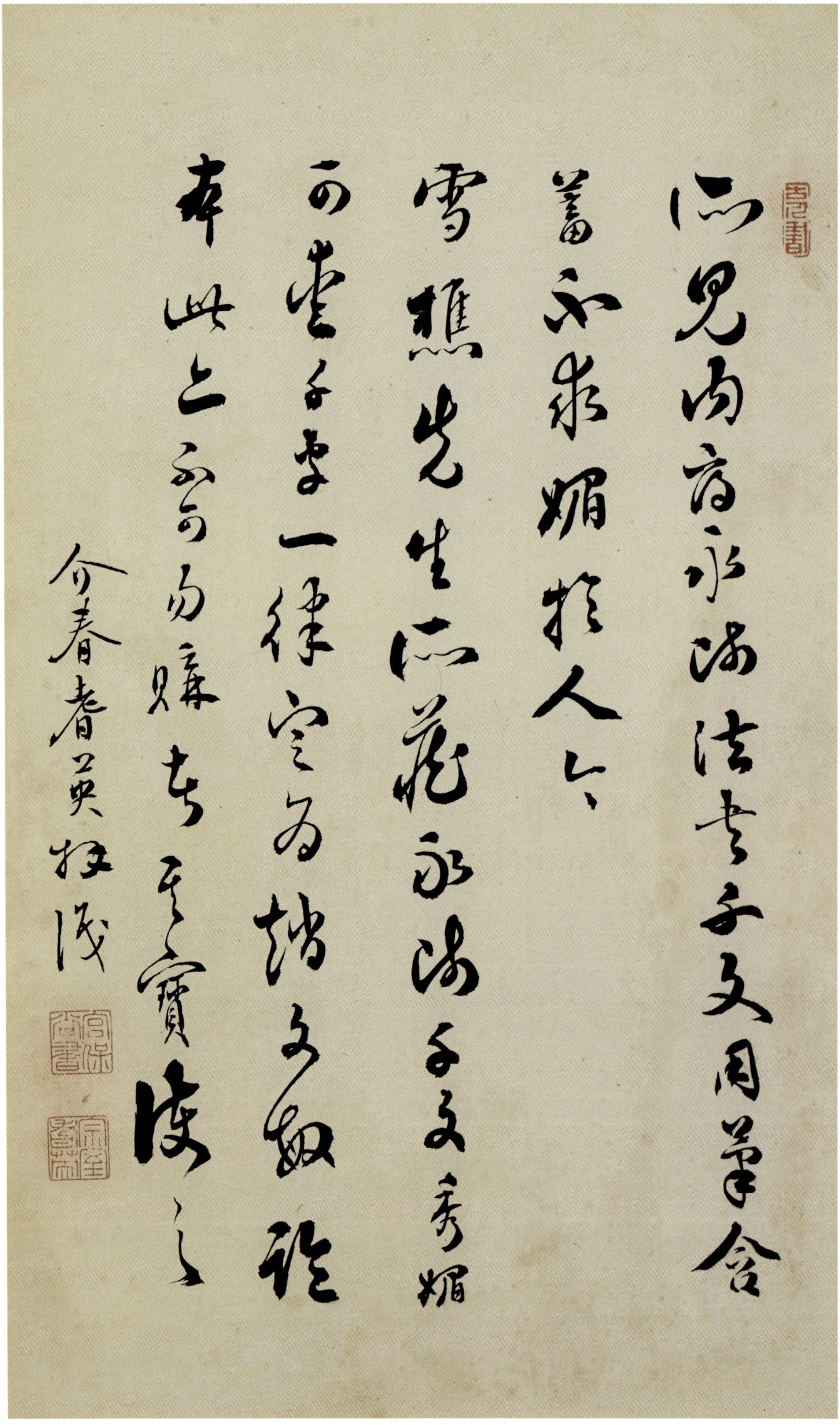

釋文：所見内府永師法書《千文》，用筆含蓄，不求媚於人。今雪樵先生所藏永師《千字》，秀媚可愛，千字一律，定爲趙文敏臨本，此亦不可易購者，其寶護之。介春耆英拜識。

鈐印：古人書、宫保尚書、宗室耆英

題跋出處：智永真草千字文（牛鑒藏本）　館藏號：19A381

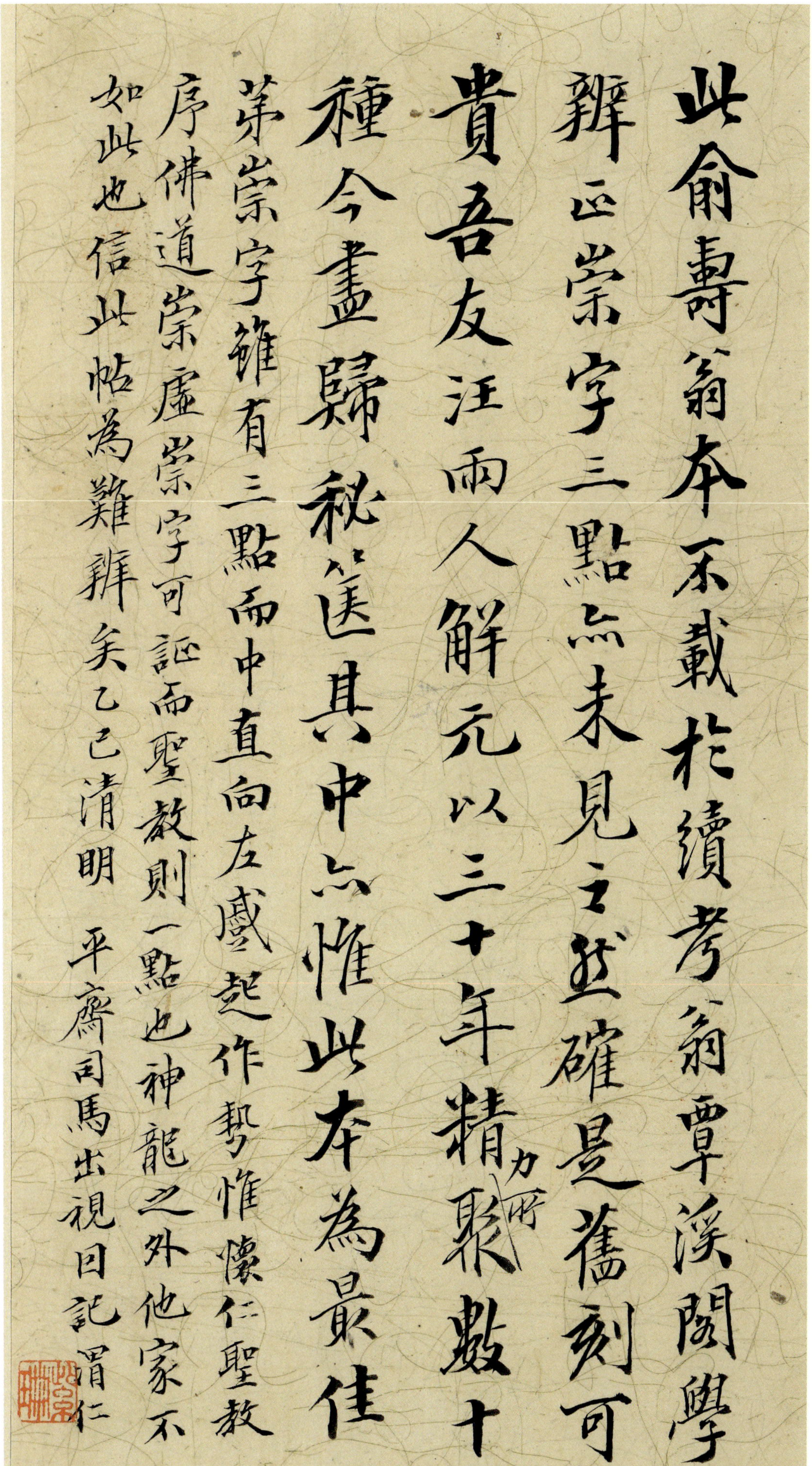

徐渭仁

年代：1788—1855

字號：字文臺，號紫珊、子山、不寐居士、隋軒

籍貫：江蘇上海

釋文：此俞壽翁本，不載於《續考》，翁覃溪閣學辨正『崇』字三點，亦未見之，然確是舊刻，可貴。吾友汪雨人解元以三十年精力所聚數十種，今盡歸秘篋，其中亦惟此本爲最佳。第『崇』字雖有三點，而中直向左蹷起作勢，惟懷仁《聖教序》『佛道崇虛』『崇』字可証，而《聖教》則一點也。神龍之外，他家不如此也。信此帖爲難辨矣。乙巳清明，平齋司馬出視因記，渭仁。

鈐印：紫珊

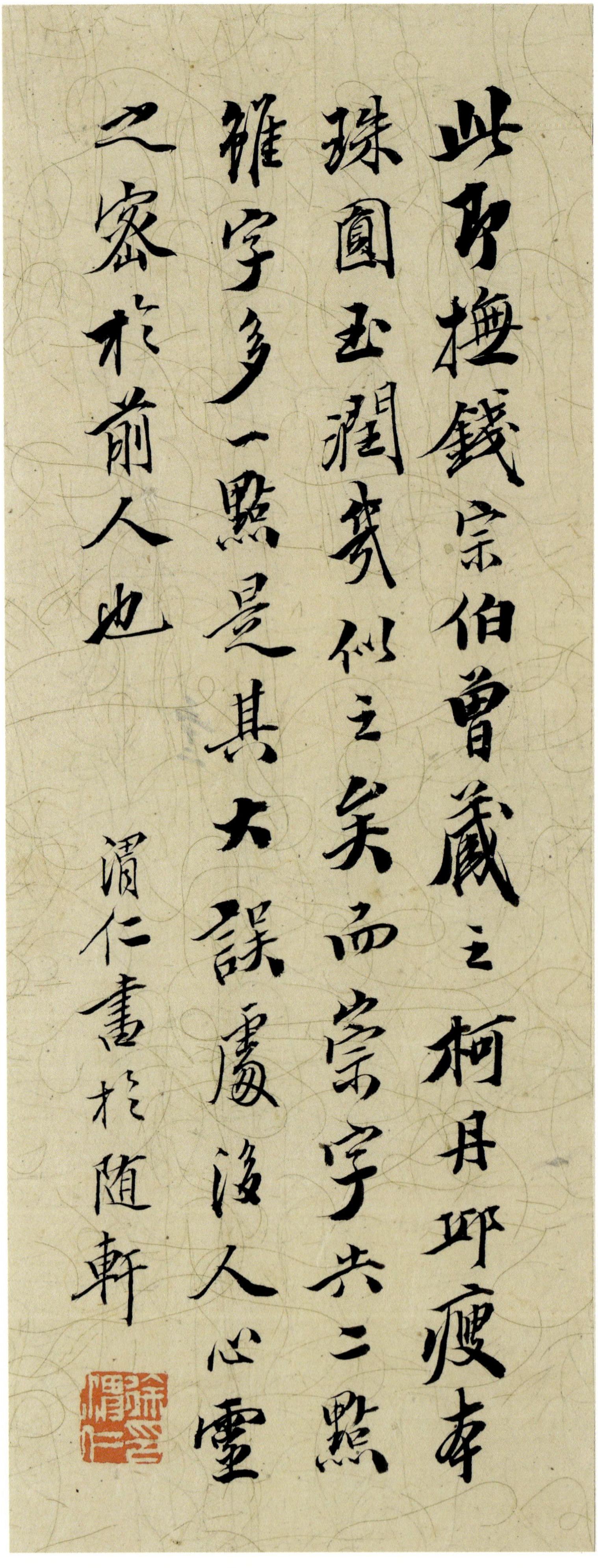
此即撫錢宗伯曾藏之柯丹邱瘦本
珠圓玉潤幾似之矣而崇字失二點
雖字多一點是其大誤處後人心靈
之密於前人也
渭仁書於隨軒

釋文：此即撫錢宗伯曾藏之柯丹邱瘦本，珠圓玉潤，幾似之矣。而『崇』字失二點，『雖』字多一點，是其大誤處。後人心靈之密於前人也。渭仁書於隨軒。

鈐印：徐渭仁印

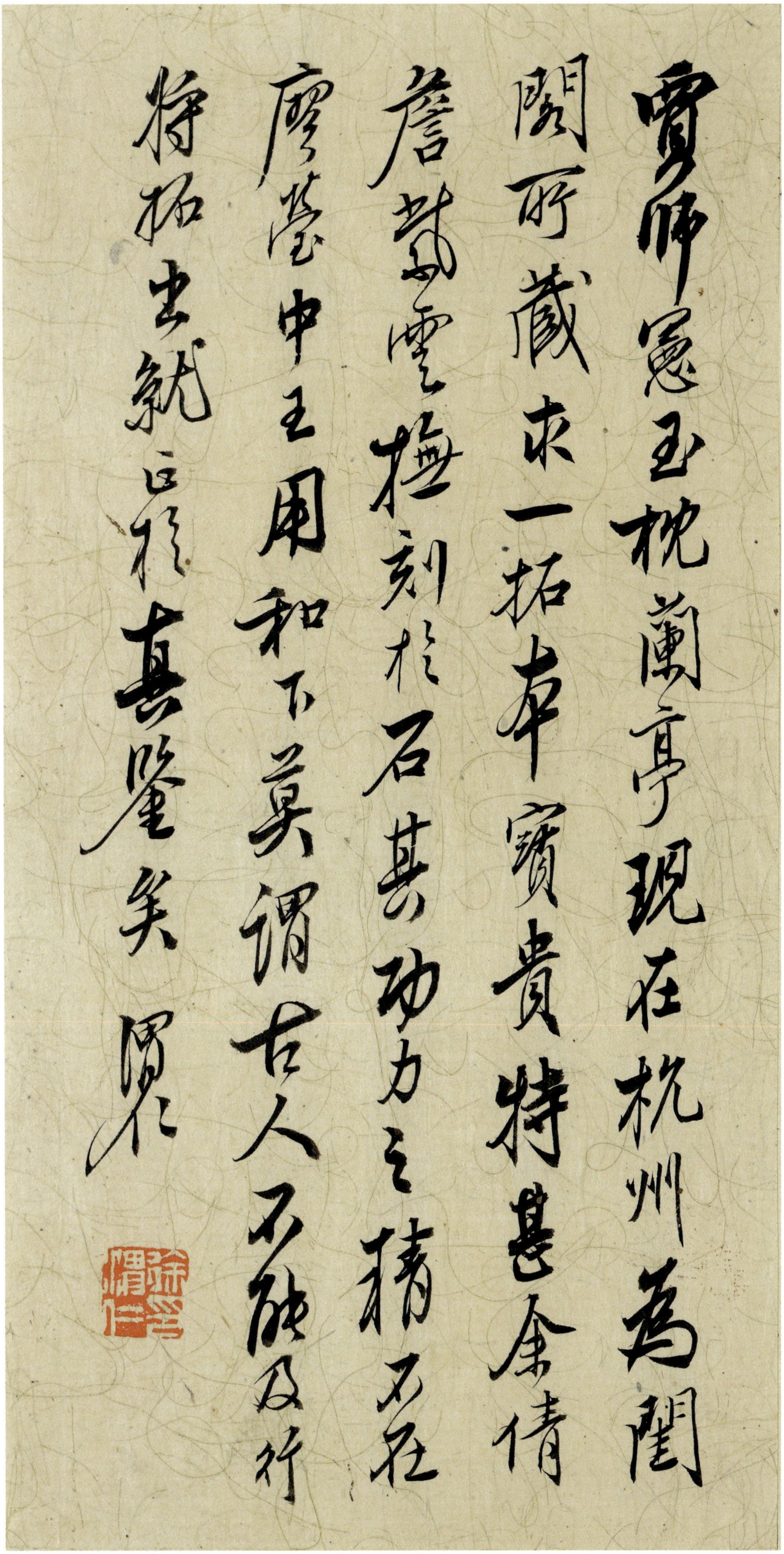

釋文：賈師憲玉枕《蘭亭》現在杭州，爲閨閣所藏，求一拓本寶貴特甚。余倩詹紫雲撫刻於石，其功力之精不在廖瑩中、王用和下，莫謂古人不能及，行將拓出，就正於真鑒矣。渭仁。

鈐印：徐渭仁印

題跋出處：蘭亭三種（吴雲藏本）

館藏號：S2992

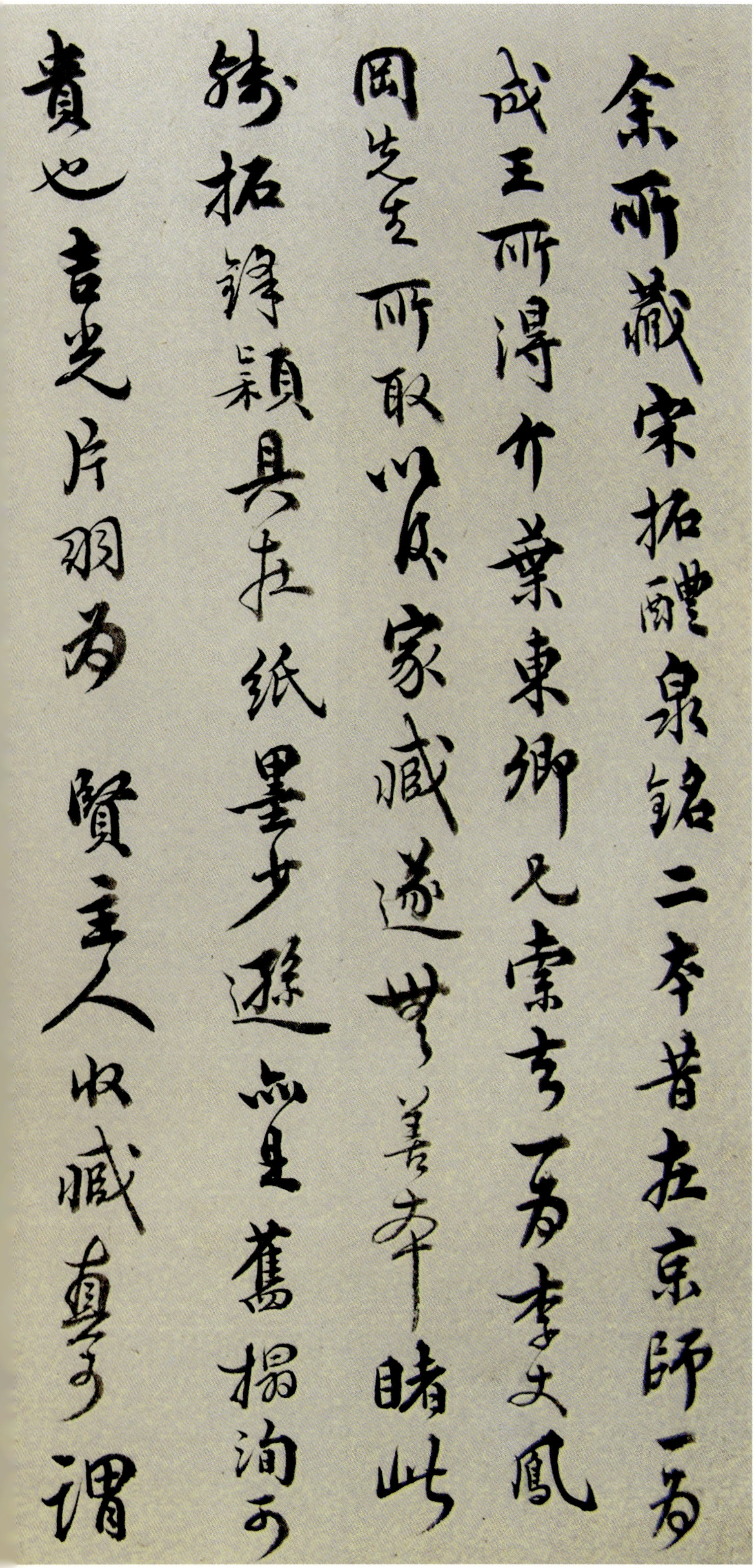

伊念曾

年代：1790—1861

字號：字少沂，號梅石、銘谷

籍貫：福建寧化

釋文：余所藏宋拓《醴泉銘》二本，昔在京師，一爲成王所得，介葉東卿兄索去；一爲李丈鳳岡先生所取，以後家臧遂無善本。睹此殘拓，鋒穎具在，紙墨少遜，亦是舊拓，洵可貴也。吉光片羽爲賢主人收臧真可謂

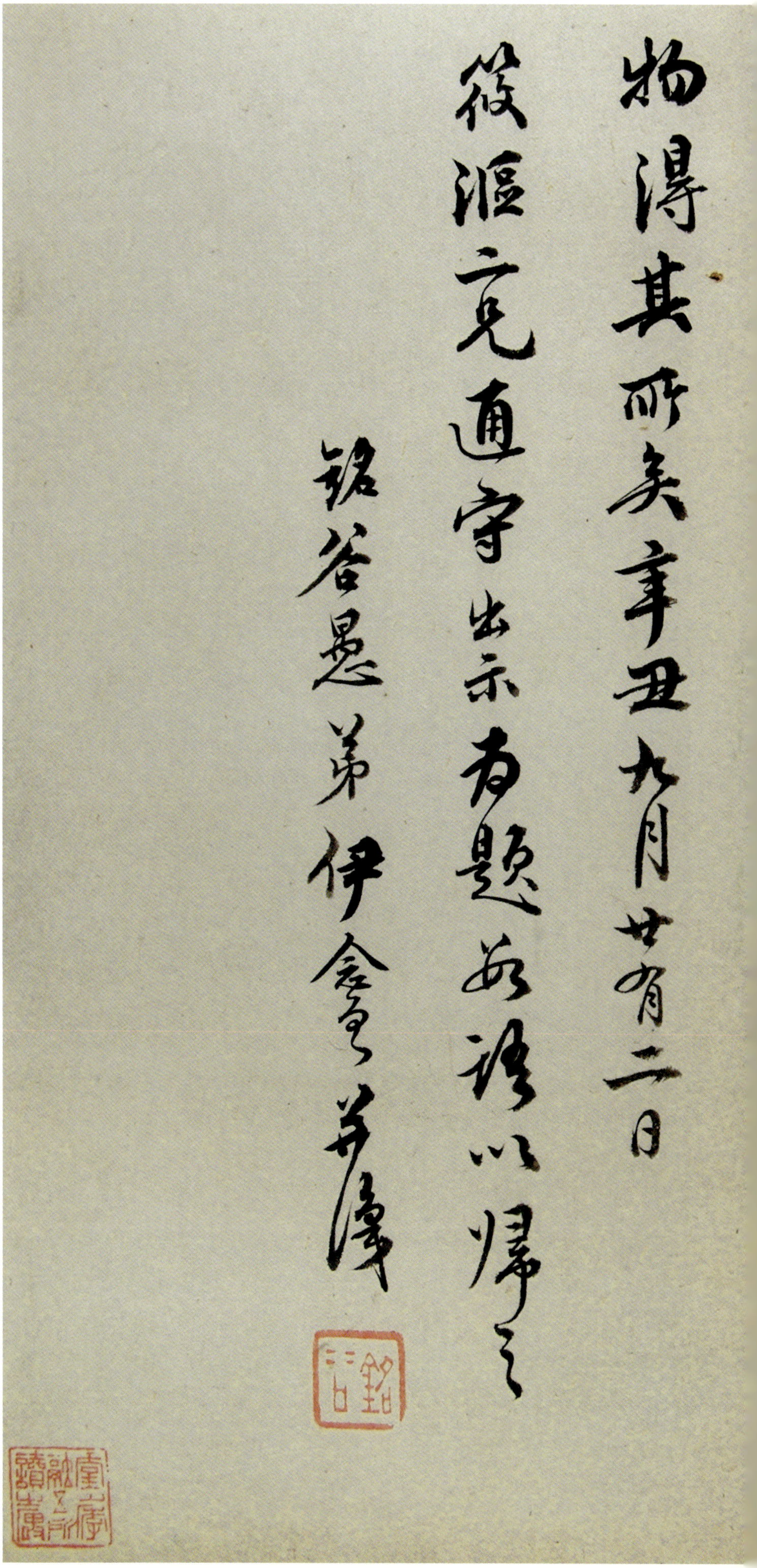

物得其所矣。辛丑九月廿有二日，筱漚二兄通守出示爲題數語以歸之。銘谷愚弟伊念曾并識。

鈐印：銘谷

題跋出處：九成宮醴泉銘（朱鈞藏本）

館藏號：21A404

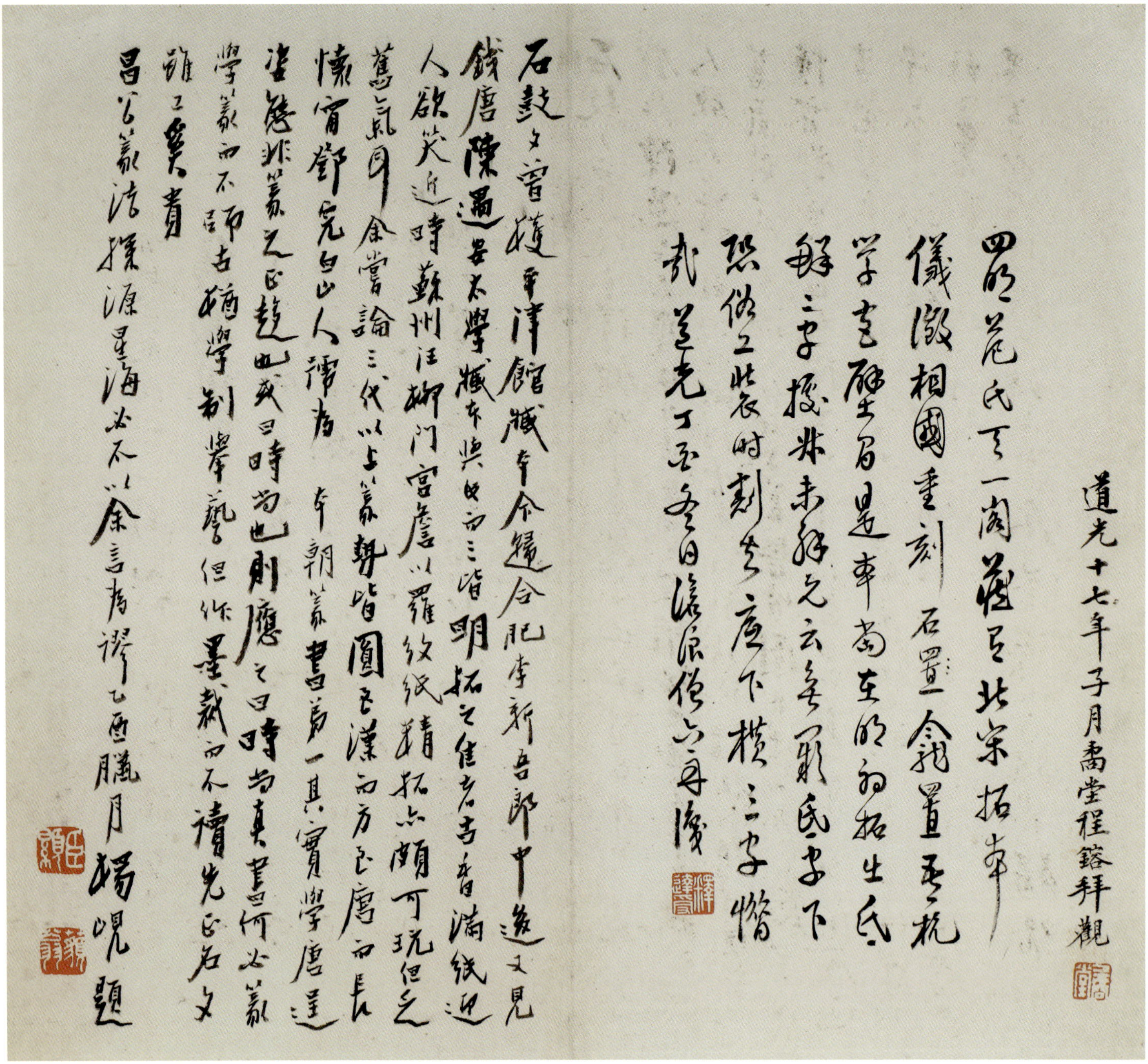

達受

年代：1791—1858

字號：字六舟，又字秋楫，號萬峰退叟、際仁、滄浪僧、小綠天僧、南屏退叟、海昌僧，俗姓姚氏

籍貫：浙江海寧

釋文：四明范氏天一閣藏有北宋拓本，儀徵相國重刻石龕置吾杭學宫壁間。是本當在明初拓出，『氏鮮』二字據叔未解元云無闕，『氏』字下恐俗工裝時割去底下横三字，惜哉。道光丁酉冬日，滄浪僧六舟識。

鈐印：釋達受

題跋出處：石鼓文（王楠藏本）

館藏號：S2504

四明范氏天一閣藏北宋拓本
儀徵相國重刻石置杭
州學宮壁間是本爲翰林生氏
解二字據非來釋之云每郁氏字下
恐係工裝時割去庭下橫二字脩
哉道光丁丑冬日題跋

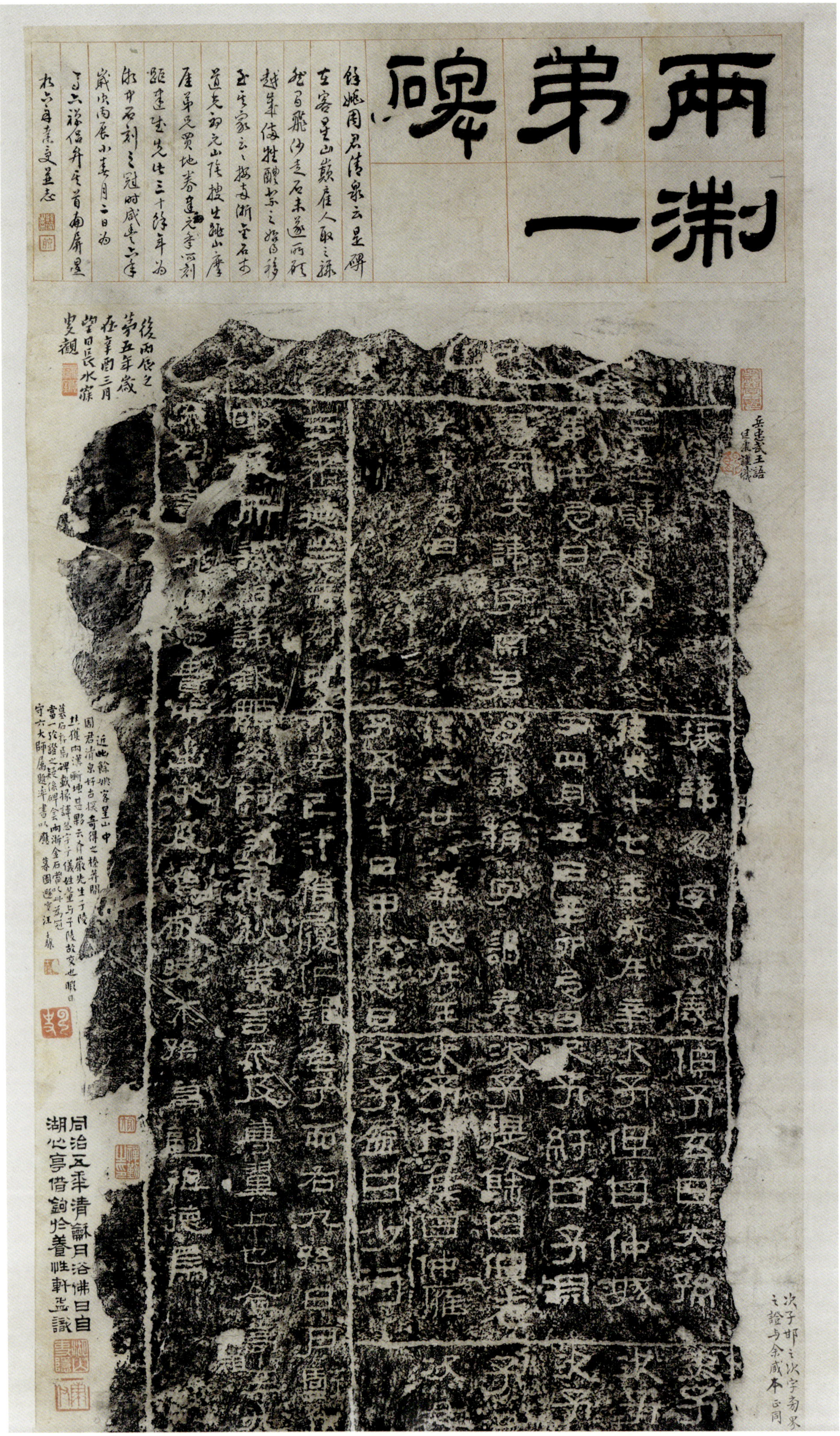
兩漢第一碑
後丙辰之第五年歲在辛酉三月望日長水嶽雯觀
同治五年清龢月浴佛日自湖心亭借觀於養性軒並識

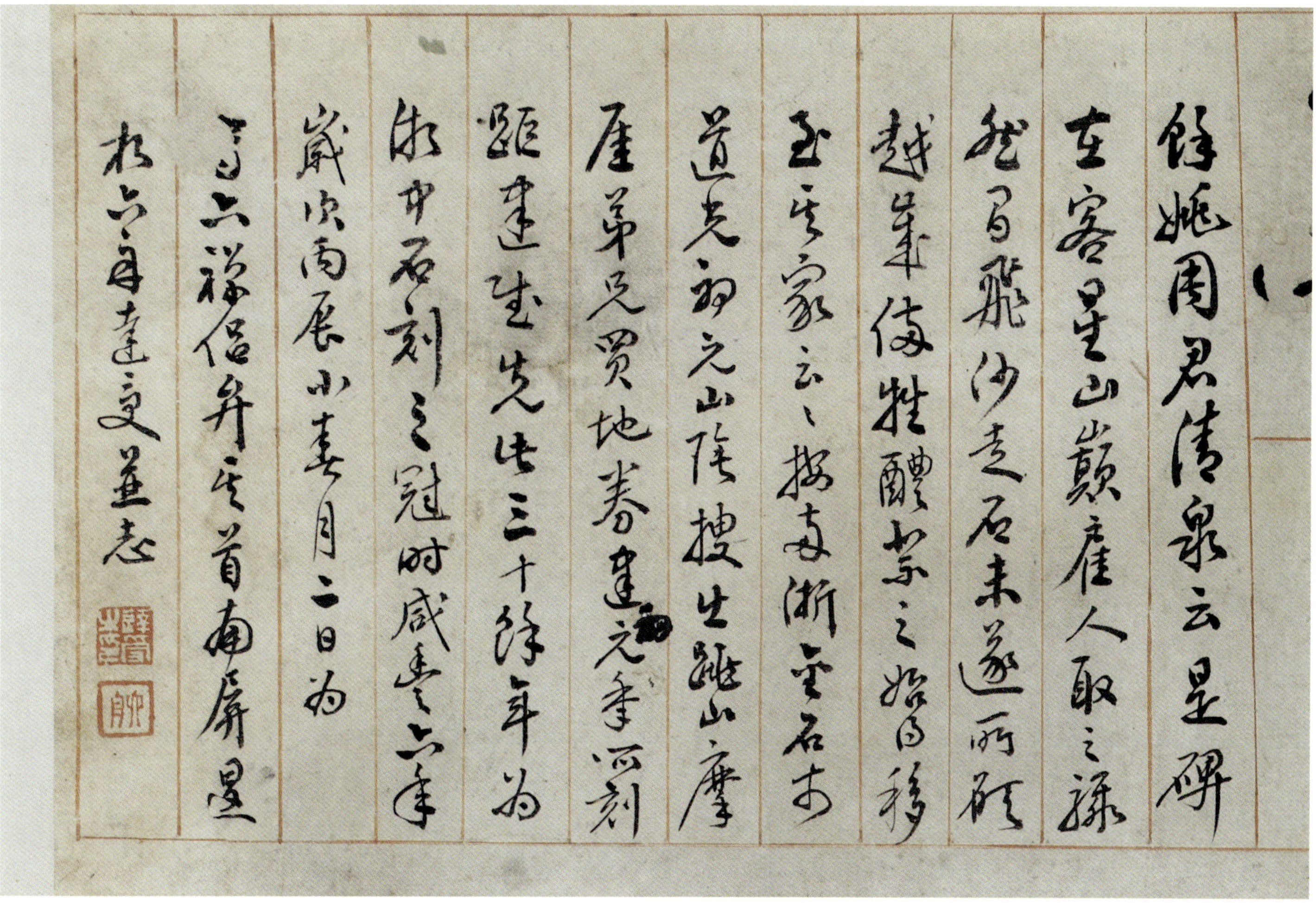

釋文：兩浙弟一碑。餘姚周君清泉云：是碑在客星山巔，雇人取之，驟然間飛沙走石，未遂所願。越歲備牲醴祭之，始得移至其家云云。按，《兩浙金石》，於道光初元山陰搜出跳山摩崖弟兄買地劵，建初元年所刻，距建武先此三十餘年，爲浙中石刻之冠。時咸豐六年歲次丙辰小春月二日，爲守六禪侶弁其首，南屏退朽六舟達受并志。

鈐印：達受之印、六舟

題跋出處：三老諱字忌日碑（達受跋本）

館藏號：J1586

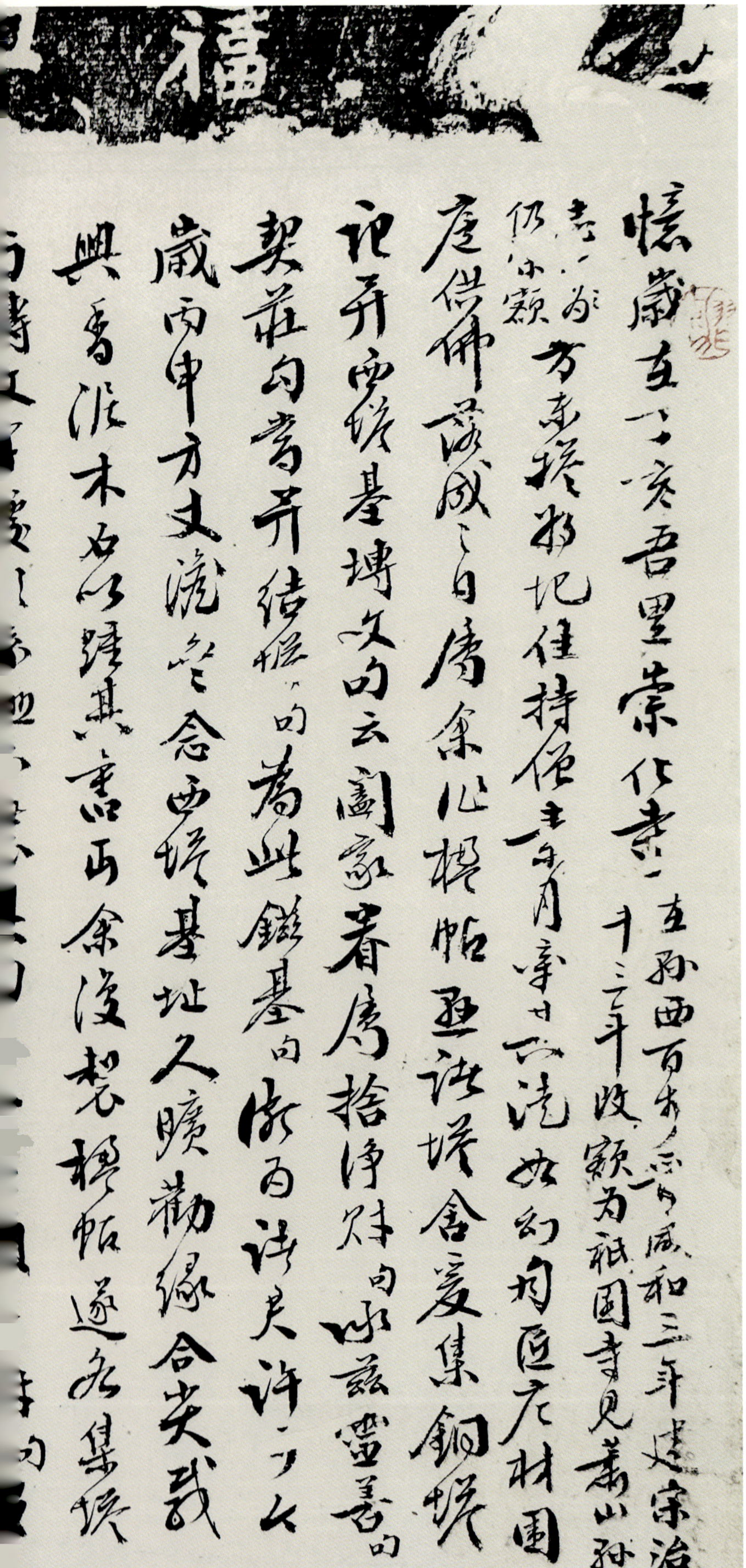

蔡名衡

年代：生卒年不詳，活躍于清代道光年間

字號：字陸士，號仿翁，詩船、絲禪、齏臼庵主

籍貫：浙江蕭山

釋文：憶歲在丁亥，吾里崇化寺（在縣西百步，晋咸和三年建，宋治平三年，改額爲祇園寺，見《蕭山縣志》一仍宋額）方東塔將圮，住持僧素月率其徒如幻勾匠庀材圍爐供佛。落成之日，屬余作楹帖懸諸塔舍，爰集銅塔記并西塔基磚文句云：『闔家眷屬捨净財，承兹靈善。契莊勾當并結塔，爲此鎡基。』頗爲諸君許可。今歲丙申，方丈澹參念西塔基址久曠，勸緣合尖載興香泥木石，以踵其舊，丐余復製楹帖，遂各集塔與磚文字，據形系聯，不襲其句。文云：『靈顯善財，多日往生承净業。基崇元塔，延年勸化結香緣。』未審有當不也。吾友桐城吴康甫酷好金石文字，蒐羅不遺餘力，命武林張肯堂東渡之江皦居凝緑僧寮，精打數百本，分餉同好，有足多者。余每往來蕭寺，與維那善作方外游，茶半香初，藉以摩挲故物，結貞石吉金之緣，皆大歡喜，以手嘆法，因記其大略如此。是日立夏，絲禪居士蔡名衡運八萬四千母陀羅臂，書於佛影園之西窗下，時在座者山陰詩僧卍香、海昌畫禪六舟也。

按，乾隆丙申至道光丙申，甲一周矣。前丙申廢，後丙申興，天緣會和，非人力所能强也。譯塔記有□日製爲請無疑也云云，亦是前定之數。絲禪子再筆。

鈐印：弄筆斜行小草、衡

題跋出處：夏承厚金塗塔（奚萼銘藏本）

館藏號：J6346

來書者言不如吾友相識胡吳康甫酷好金石文字蒐羅不遺餘力命工林佳肯堂東渡之江僦居凝綠僧寮精打數百本分餉同好者且多出金易佳本蕭寺與維那言以方敦湖茶半斤易和藥以摩崖故物結良石吉金之緣諸大檀吾以手歎法因記其大略如此是日立夏吳釋唐士蔡名衡匯八萬四千母陀羅尼於佛園影之西窗下時在唐出山陰詩僧巴南海昌畫禪六舟也

按敦隆丙申至道光丙申甲一周矣余丙申廢後丙申興天緣會合非人力所能強也譯塔記有不日製為詩者將也云云亦是前之一數

巳淳子再筆

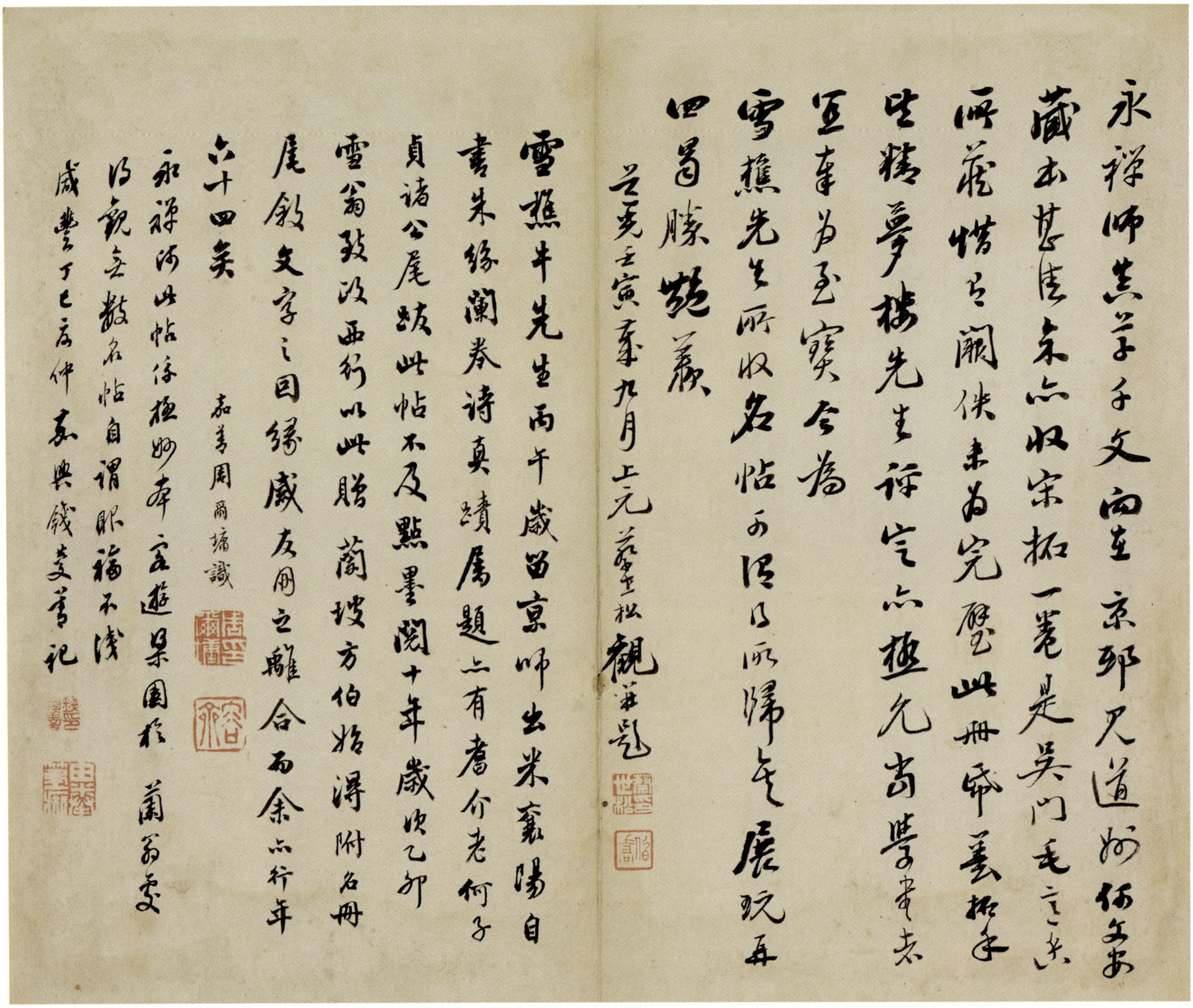

周爾墉

年代：1792—？

字號：號容齋、贅士、贅叟

籍貫：浙江嘉善

釋文：雪樵牛先生丙午歲留京師，出米襄陽自書朱絲闌卷詩真迹屬題，亦有耆介老、何子貞諸公尾跋，此帖不及點墨。閲十年，歲次乙卯，雪翁致政西行，以此贈蘭坡方伯，始得附名册尾，叙文字之因緣，感友朋之離合，而余亦行年六十四矣。嘉善周爾墉識。

鈐印：周爾墉印、容齋

題跋出處：智永真草千字文（牛鑒藏本）

館藏號：19A381

雪樵中先生丙午歲留京師出米襄陽自
書朱絲闌卷詩真蹟屬題上有詹介老何子
貞諸公尾跋此帖不及點墨閱十年歲次乙卯
雪翁致没西行以此貽蘭坡方伯始得附名册
尾敘文字之因緣感友朋之離合而余亦行年
六十四矣

嘉善周爾墉識

太過

従申書法出二王而與李北海仿佛昔人評其
書獨步江外此碑在芽山蓋唐行書之得名
者

雍正甲寅花朝日書

此碑名甚重自明時賞
鑑諸公而已然今日石亡
更爲搨本增價矣其實
司直書品僅在李
北海張增之間唐人可
與伯仲者尚多特勝蘇
靈芝一籌耳

定庵乙品厨

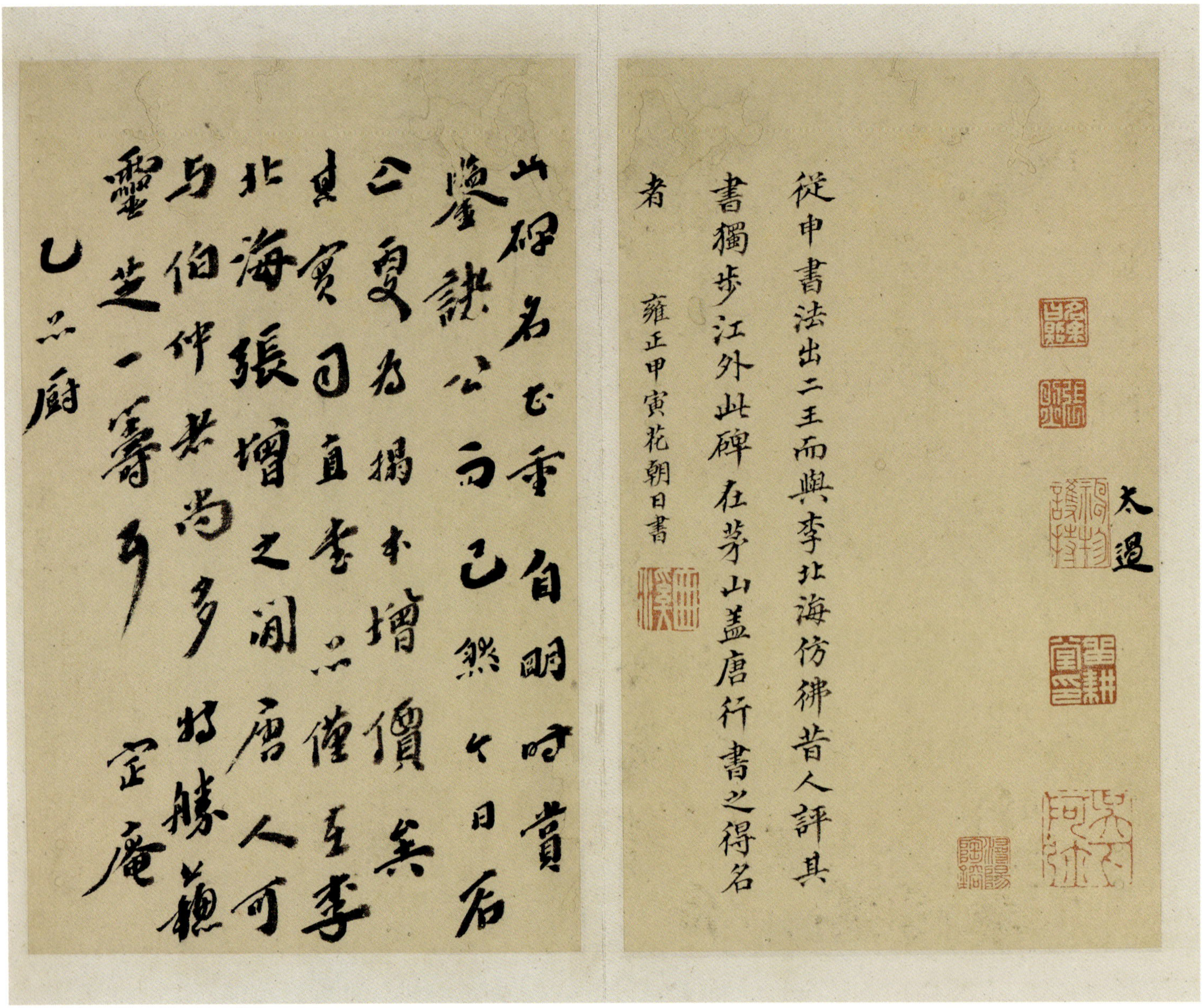

龔自珍

年代：1792—1841

字號：字爾玉，又字璱人，更名易簡、鞏祚，號定庵、
羽琌山人

籍貫：浙江仁和

釋文：此碑名甚重，自明時賞鑑諸公而已然。今日石亡，
更爲拓本增價矣。其實司直書品僅在李北海、
張增之間，唐人可與伯仲者尚多，特勝蘇靈芝
一籌耳。定庵。乙品厨。

題跋出處：張從申書李玄靖碑（龔自珍藏本）

館藏號：S2856

此碑名世重自明時貴石
鑒識公而已然今日
公更爲搨本增價矣
其實因直書只僅至李
北海張增之間唐人可
与伯仲者尚多好勝藏
靈芝一壽耳　定庵
乙亥廚

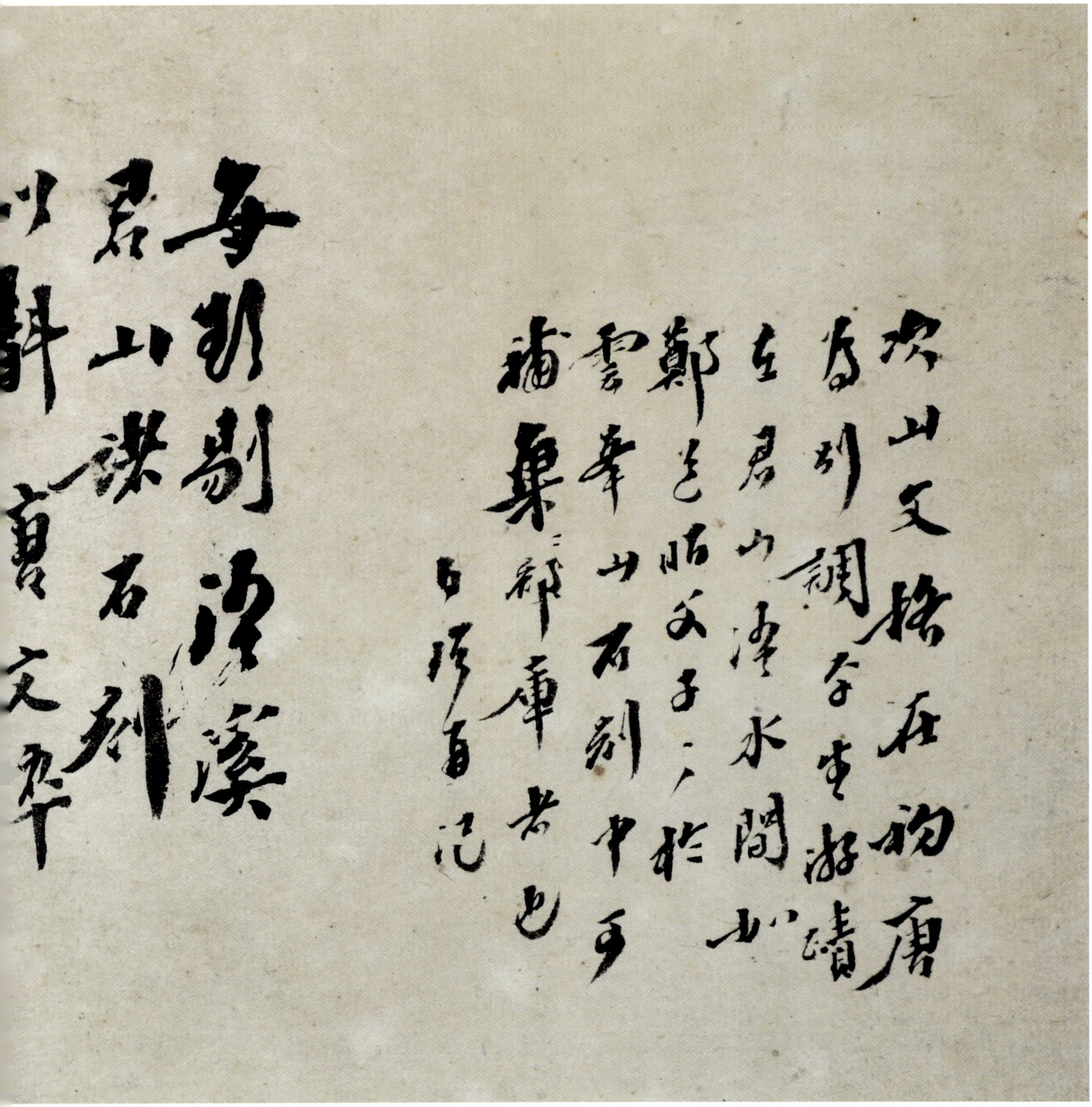

釋文：每欲剔浯溪君山諸石刻，以斠《唐文粹》之誤，而無好拓本，安得精好悉如此拓本耶。又平生未見《浯廎銘》，不知與《峿臺》篆書結體同異何似也，牽連記。庚子小除夕龔自珍記。

鈐印：羽琌山人

釋文：次山文格在初唐爲別調，平生游迹在君山浯水間，如鄭道昭父子之於雲峰山，石刻中可補集部庫者也。自珍再記。

題跋出處：浯溪題名殘石（龔自珍跋本）

館藏號：J4571

龍□修記 連記頂子小除夕 同具何似事 □書結體 顧銘石刻与碑 又字畫未見海 惹如此拓本郡 余又清猪毋 高

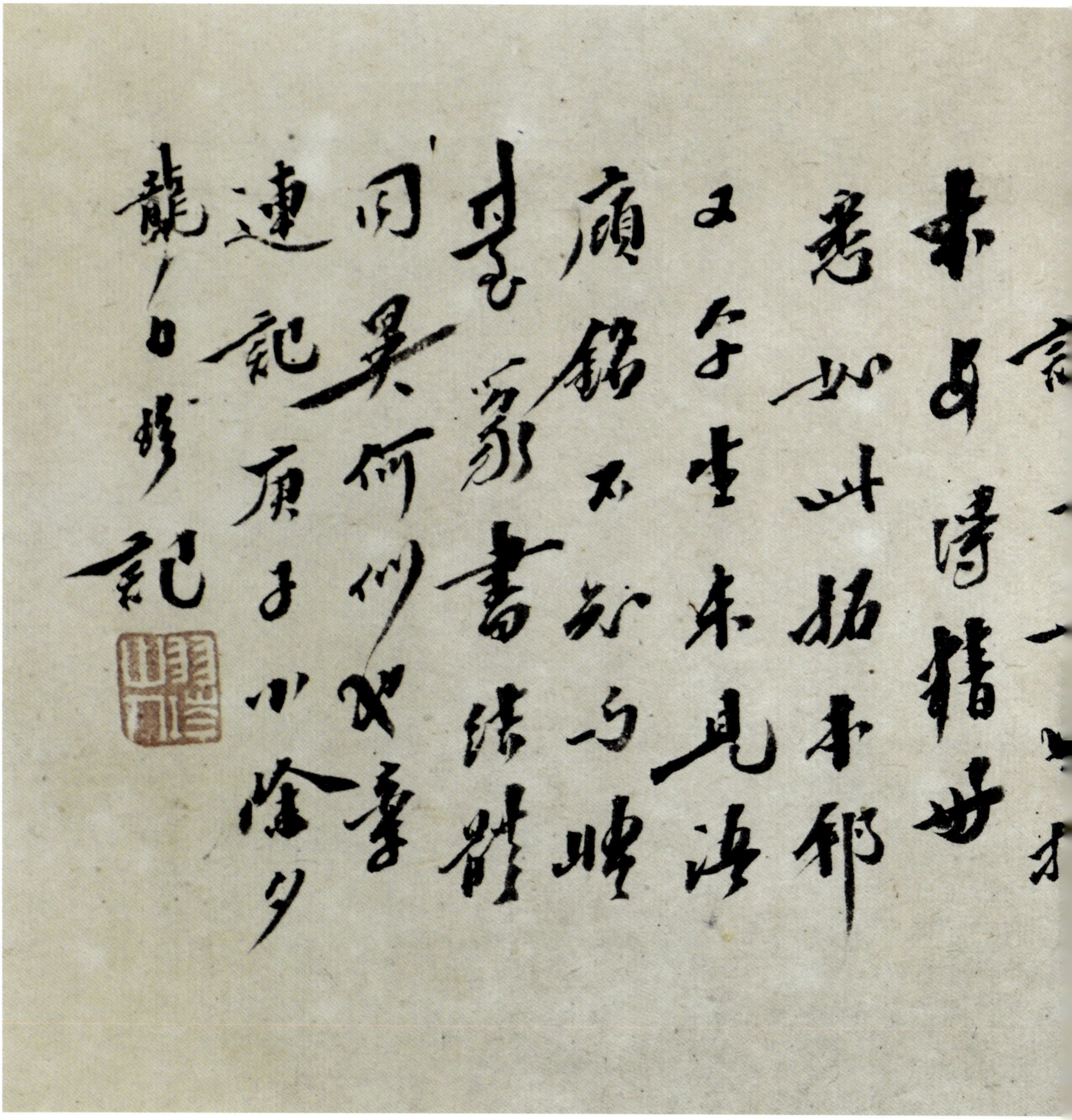

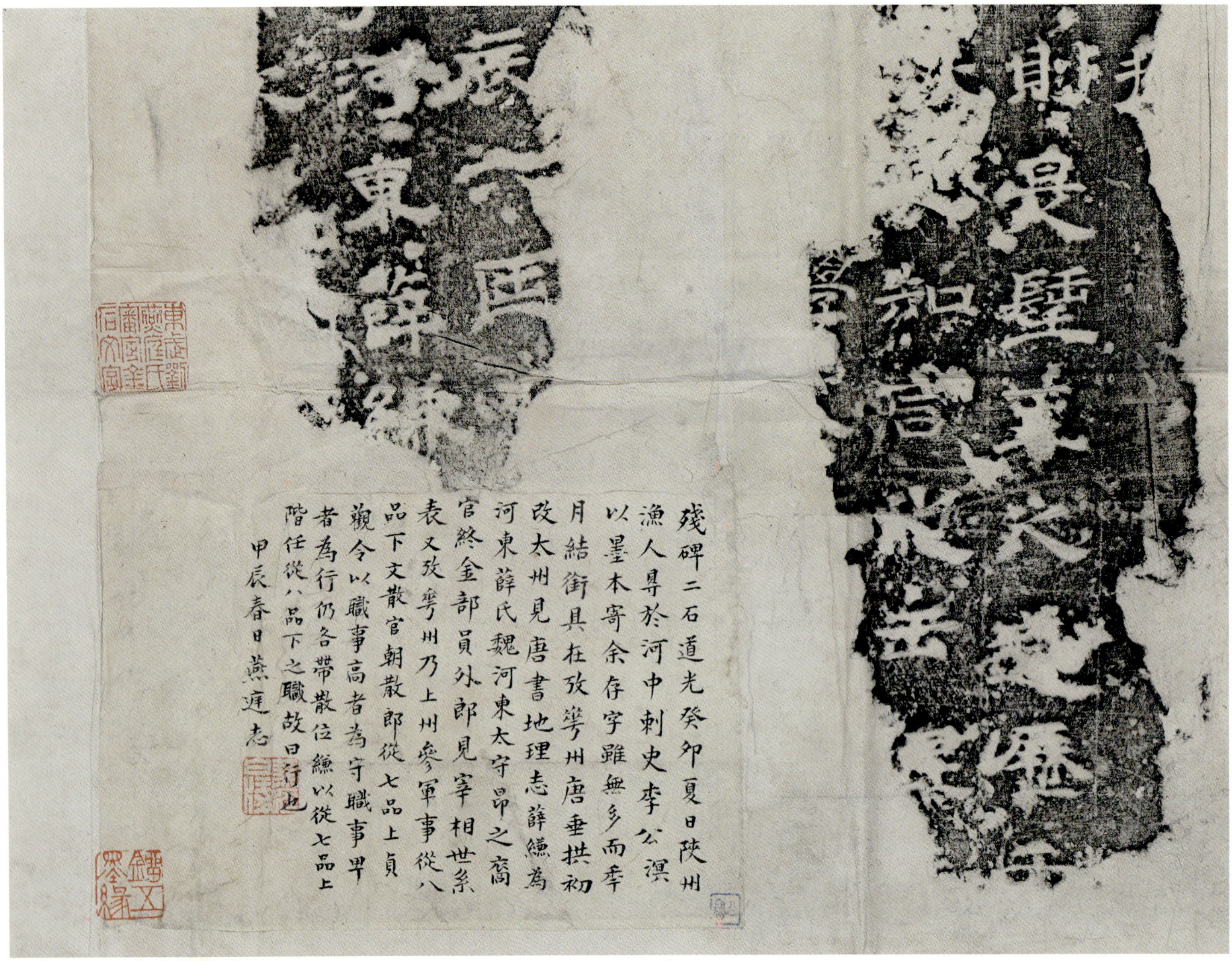

劉喜海

年代：1793—1852

字號：字燕庭，又字吉甫，號硯庭、三巴子

籍貫：山東諸城

釋文：殘碑二石，道光癸卯夏日陝州漁人得於河中，刺史李公滇以墨本寄余，存字雖無多，而年月結銜具在。考華州唐垂拱初改太州，見《唐書·地理志》，薛縑爲河東薛氏，魏河東太守昂之裔，官終金部員外郎，見《宰相世系表》。又考華州乃上州，參軍事從八品下，文散官朝散郎，從七品上。貞觀令以職事高者爲守職事，卑者爲行，仍各帶散位，縑以從七品上階任從八品下之職，故曰行也。甲辰春日，燕庭志。

鈐印：燕庭白牋

題跋出處：薛縑殘石（劉世珩藏本）

館藏號：S3068

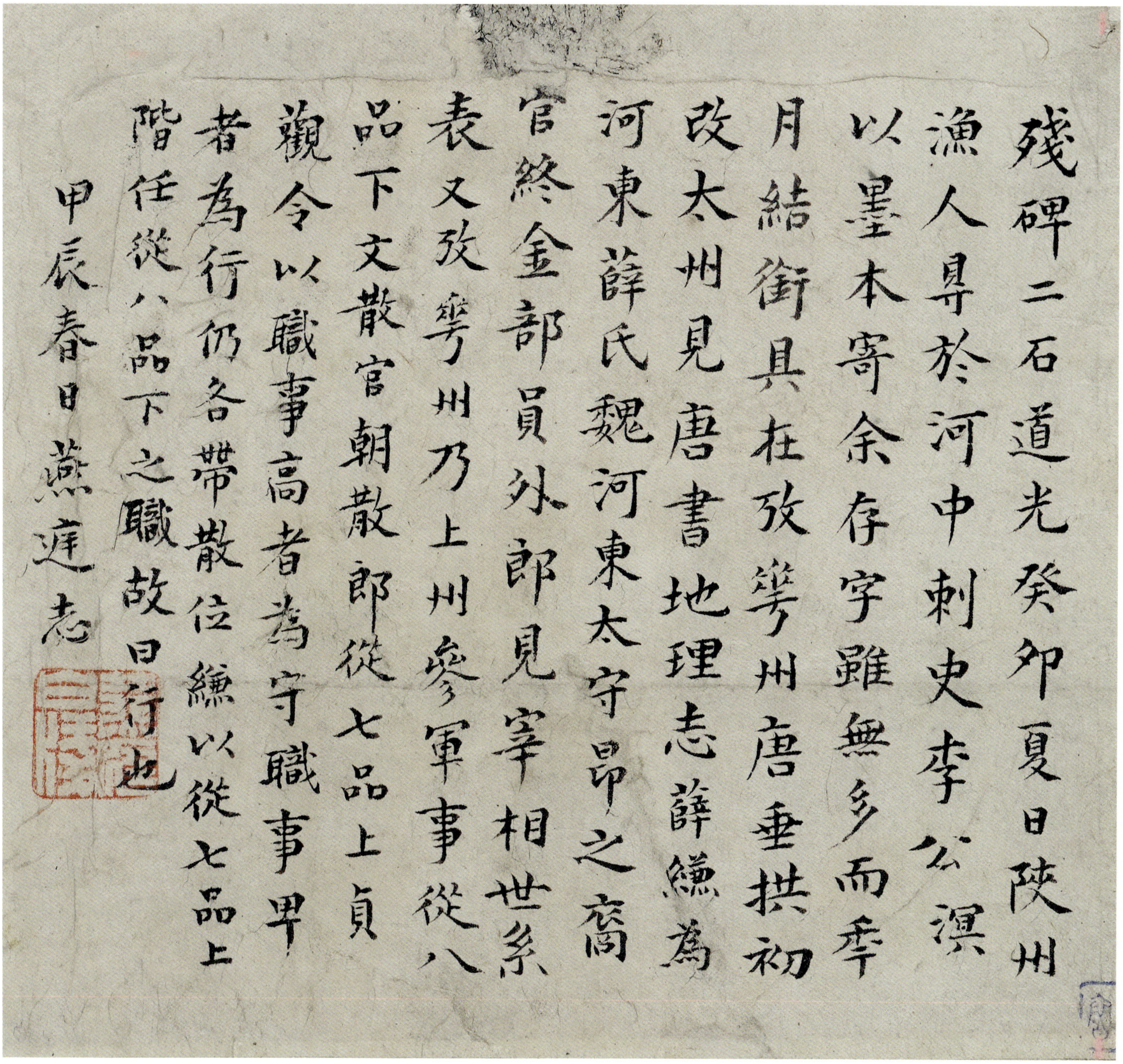

殘碑二石道光癸卯夏日陝州
漁人得於河中刺史李公溟
以墨本寄余存字雖無多而年
月結銜具在攷夔州唐垂拱初
改太州見唐書地理志薛纁為
河東薛氏魏河東太守昂之裔
官終金部員外郎見宰相世系
表又攷夔州乃上州參軍事從八
品下文散官朝散郎從七品上貞
觀令以職事高者為守職事卑
者為行仍各帶散位纁以從七品上
階任從八品下之職故曰行也
甲辰春日燕庭志

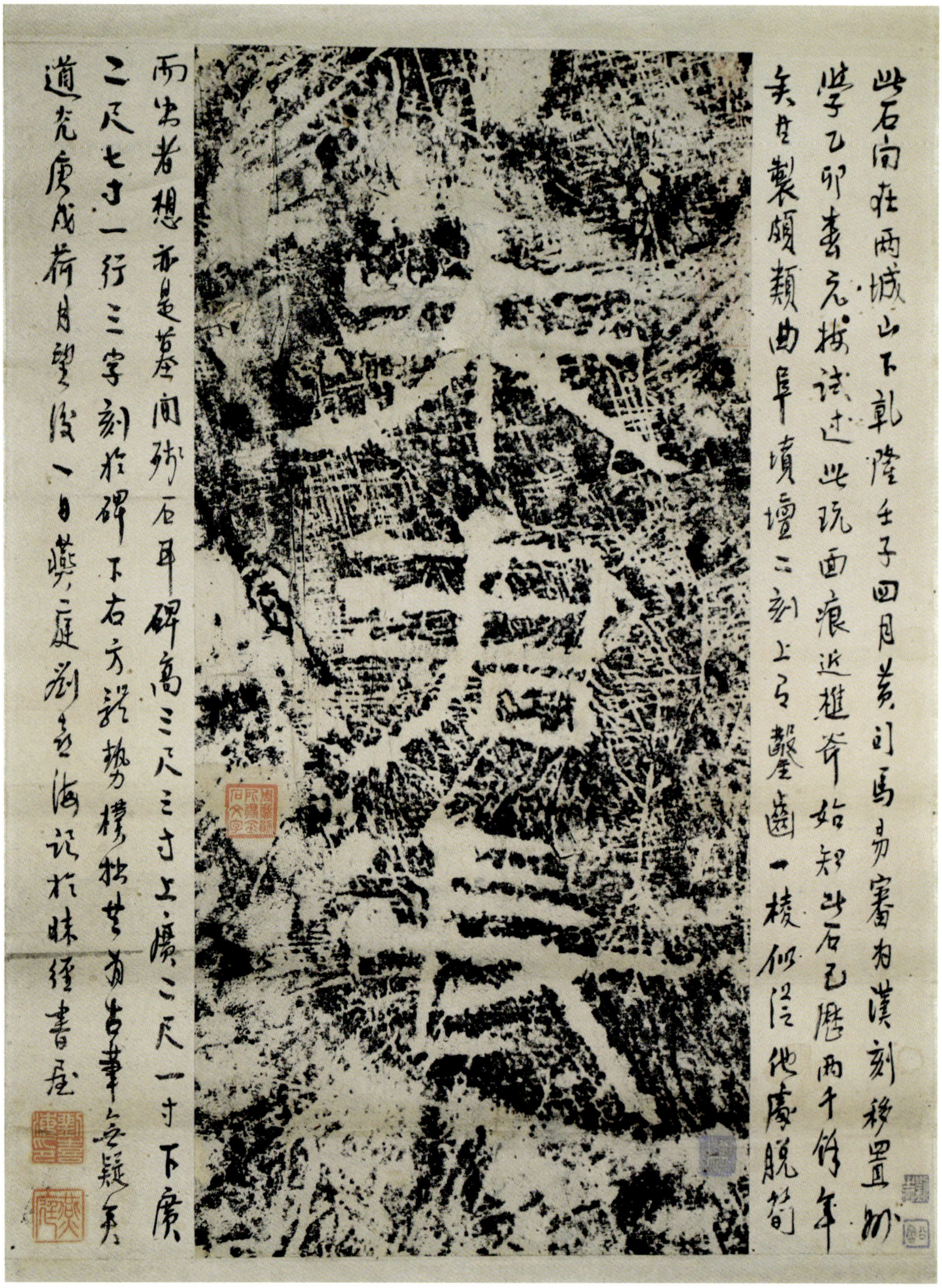

釋文：此石向在兩城山下，乾隆壬子四月，黄司馬易審爲漢刻，移置州學，乙卯春元，按試過此玩，面痕近樵斧，始知此石已歷兩千餘年矣。其製頗類曲阜墳壇二刻，上有鑿齒一棱，似從他處脱筍而出者，想亦是墓間殘石耳。碑高三尺三寸，上廣二尺一寸，下廣二尺七寸，一行三字刻於碑下右方，體勢樸拙，其爲古筆無疑矣。道光庚戌荷月望後一日，燕庭劉喜海記於昧經書屋。

鈐印：劉喜海印、燕庭

題跋出處：朱君長刻石（劉喜海跋本）

館藏號：J2300

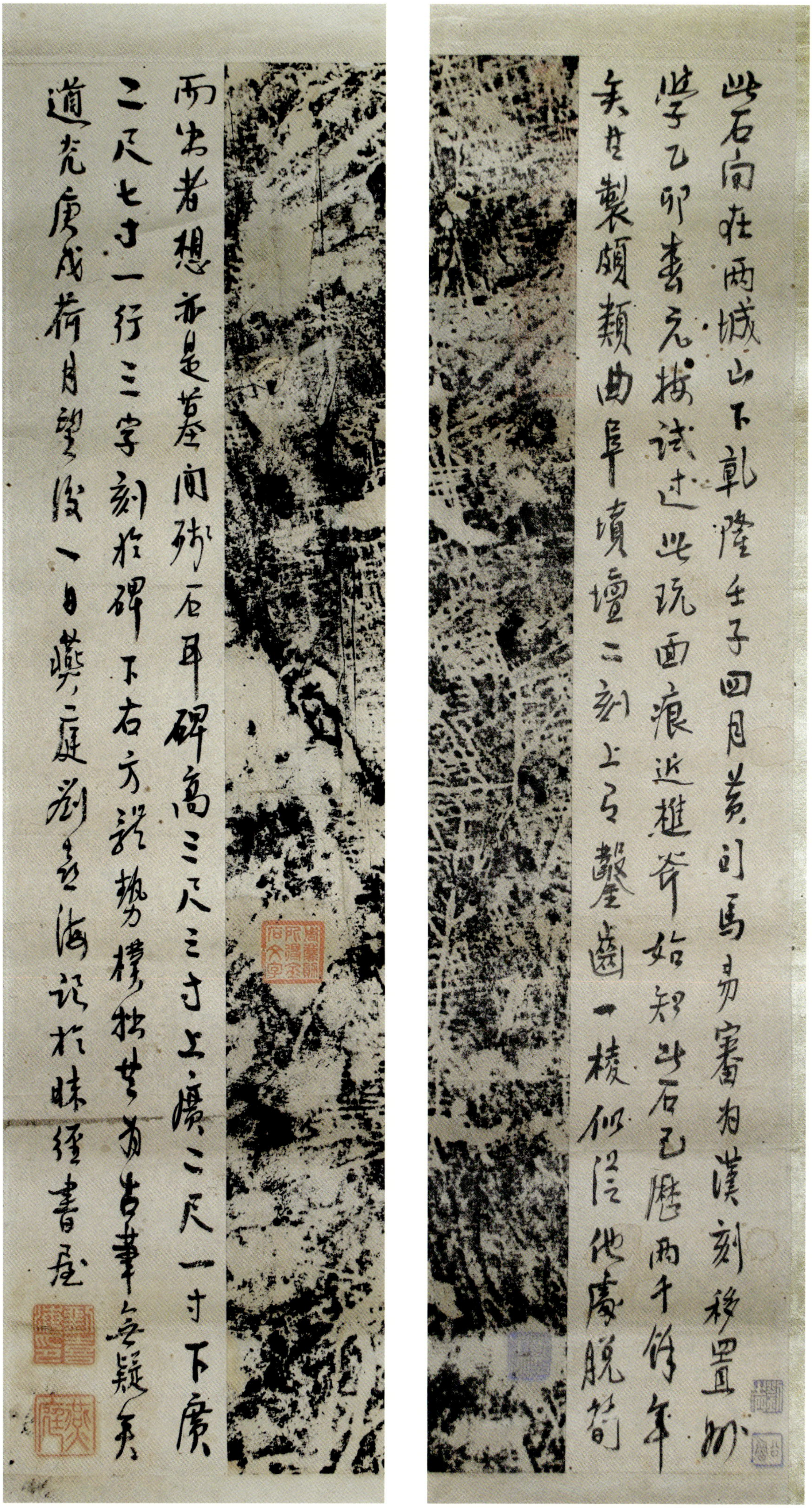
此石向在西城山下乾隆壬子四月黄司马易審为漢刻移置州
学乙卯春元按试过此玩西痕迯椎斧始知此石已歷两千餘年
矣其製頗類曲阜墳壇二刻上已鑿齒一棱似经他處脱落
而出者想亦是墓间物石耳碑高三尺三寸上廣二尺一寸下廣
二尺七寸一行三字刻於碑下右方號勢樸拙其为古華無疑矣
道光庚戌荷月望後一日樊之庭劉喜海記於昧經書屋

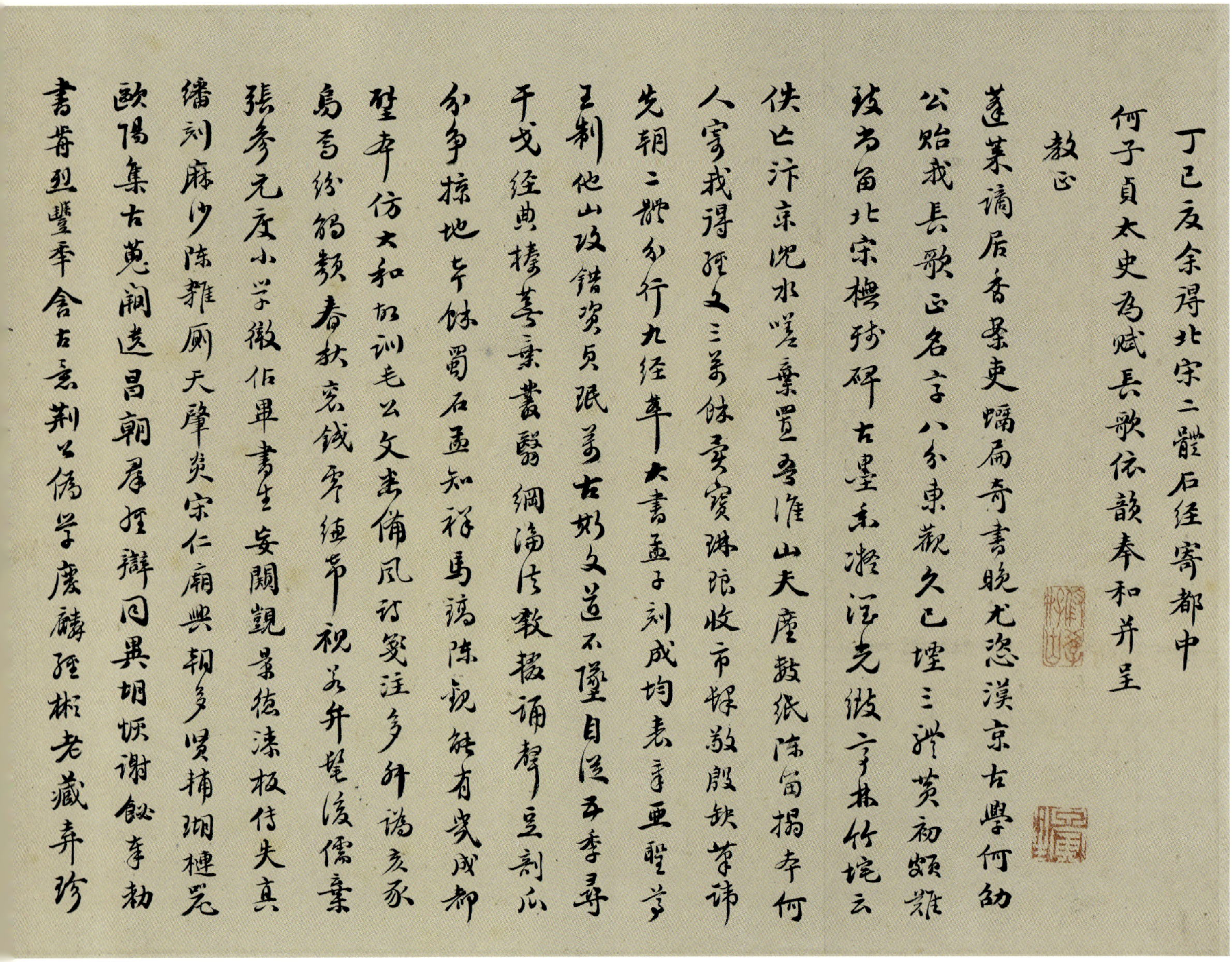

丁晏

年代：1794—1875

字號：字儉卿，號柘堂、石亭居士

籍貫：江蘇山陽

釋文：丁巳夏，余得《北宋二體石經》寄都中，何子貞太史爲賦長歌，依韵奉和，并呈教正。

蓬萊謫居香案吏，蜾扁奇書晚尤恣。漢京古學何劭公，貽我長歌正名字。八分東觀久已堙，三體黄初頗難致。尚留北宋橅殘碑，古墨香凝潤光緻。亭林、竹垞云佚亡，汴京沉水嗟棄置。吾淮山夫僅數紙，陳留拓本何人寄。我得經文三萬餘，異寶琳琅收市肆。敬、殷缺筆諱先朝，二體分行九經萃。大書《孟子》刻成均，表章亞聖尊王制。他山攻錯資貞珉，萬古斯文道不墜。自從五季尋干戈，經典榛蕪棄叢翳。綱淪法斁輟誦聲，豆剖瓜分争掠地。幸餘蜀石孟知祥，馬鎬陳觀能有幾。成都壁本仿大和，故訓毛公文悉備。風詩箋注多舛譌，亥豕烏焉紛觸類。春秋袞鉞零縑希，視若弁髦後儒棄。張參元度小學微，佔畢書生妄闚覬。景德漆板傳失真，繙刻麻沙陳雜厠。天肇炎宋仁廟興，朝多賢輔瑚槤器。歐陽集古蒐闕遺，昌朝群經辯同異。胡恢謝餞奉勑書，前烈豐年含古意。荆公僞學廢麟經，彬老藏弆珍釋例。玉筯篆體仿《嶧山》，上泝斯、冰傳嫡裔。宗漢乃有克

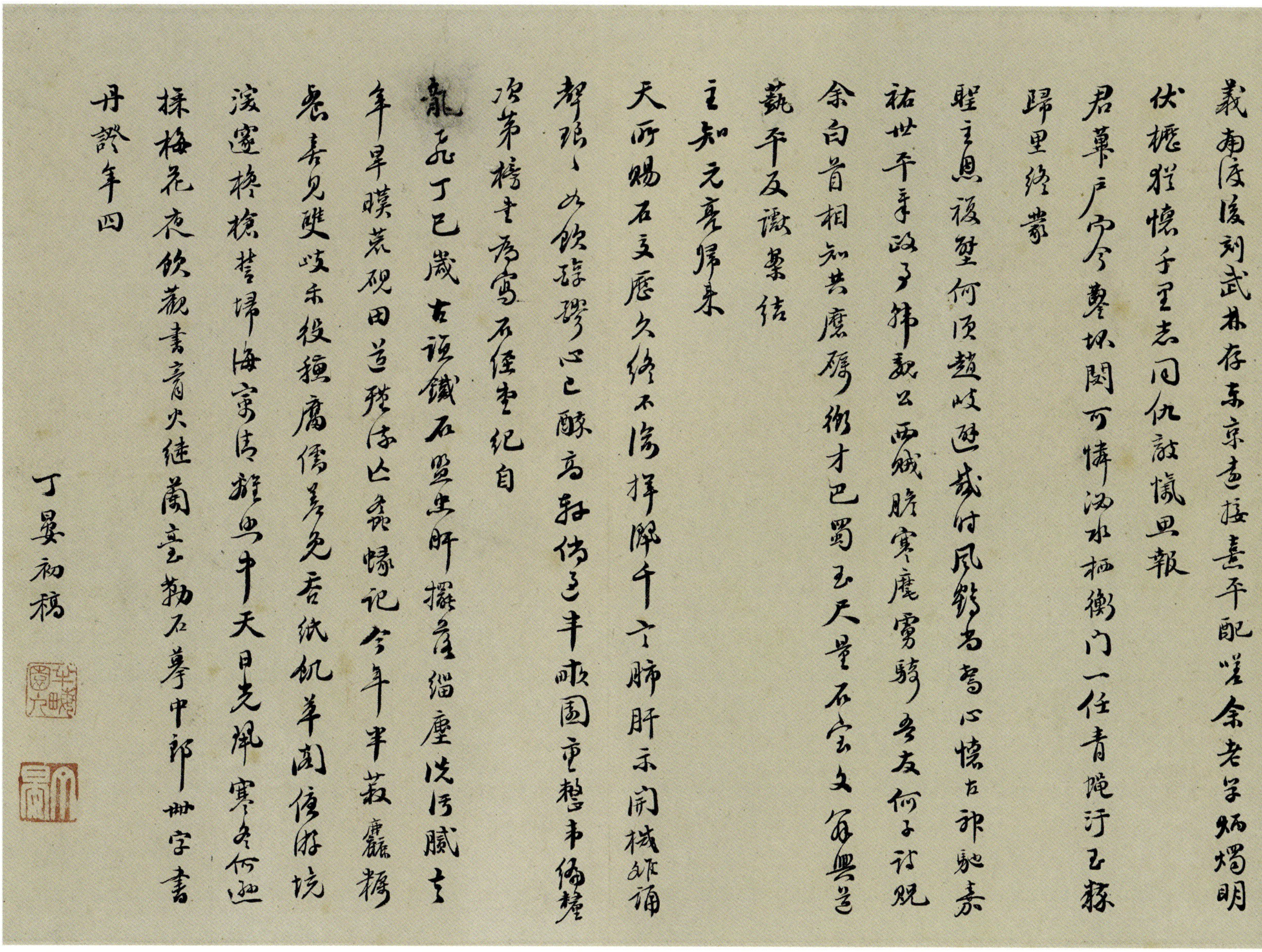

繼名，僊源趙宋天家侍。柴望黃戊祛俗書，鴻範哲
書非哲義。南渡後刻武林存，東京遠接熹平配。嗟
余老學炳燭明，伏櫪猶懷千里志。同仇敵愾思報君，
華户而今鑿坏閟。可憐泌水栖衡門，一任青蠅汙玉粹。
歸里終蒙聖主恩，複壁何須趙岐避。感時風鶴尚驚心，
懷古神馳嘉祐世。平章政事韓魏公，西賊膽寒麾虜騎。
吾友何子詩睨余，白首相知共磨礪。衡才巴蜀玉尺量，
石室文辭興道藝。平反讞案結主知，元亮歸來天所賜。
石交歷久終不渝，揮灑千言肺肝示。開械雒誦聲琅琅，
如飲醇醪心已醉。高軒倘過半畝園，重整韋編釐次第。
榜書爲寫石經堂，紀自龍飛丁巳歲。古誼鐵石盟忠肝，
擺落緇塵洗污膩。去年旱嘆荒硯田，道殣流亡龕蜍記。
今年半菽粗糲餐，喜見雙岐禾役穗。腐儒差免吞紙飢，
草閣優游境深邃。搀搶彗埽海寓清，離照中天日光麗。
寒冬何遜采梅花，夜飲觀書膏火繼。蘭臺勒石摹中郎，
冊字書丹證年四。丁晏初稿。

鈐印：半畮園主人、丁晏、修學好古、甲寅生

題跋出處：嘉祐石經卷（瞿鴻禨藏本）

館藏號：49B839

丁巳夏余得北宋二體石經寄都中
何子貞太史為賦長歌依韻奉和并呈
教正
蓬萊謫居香案吏蟠屈奇書晚尤恣漢京古學何劬
公貽我長歌正名字八分東觀久已堙三體黃初頗難
玫尤留北宋樓殘碑古墨未滲淫光微亭林竹垞云
佚亡汴京沈水嗟棄置吾淮山夫麈鼓紙陳留搨本何
人家我得經文三萬餘真寶珠琅收市攤敬殷缺筆諱
先朝二體分行九經畢大書孟子刻成均表章亞聖學

帮琨琨如飲瑇瑁心已酥高敲傳之半畝園重想未編權
次第榜書爲寫石經堂紀自
龍泓丁巳歲古頑鐵石照生肝擬從缁塵洗污臟去
年旱膜荒硯田道殘字亡蟲蝕記今年半萩鹿爛精
去春見壁岐禾役種腐儒羞免吞紙飢草閣使游坑
滾邃榛檐彗埽海宴清雖無中天日光風寒冬何妨
採梅花夜飲觀書膏火繼蘭臺勒石摹中郎冊字書
丹詩年四

丁晏初稿

趙光

年代：1797—1865

字號：字仲明，號蓉舫、退庵

籍貫：雲南昆明

釋文：是銘宋拓已不可得，此爲明代錫山秦氏重摹善本，字體完好，洵足寶藏也。光記。有客自江南無錫來，攜此碑二，余購其一，一爲蘭石師購去。近日坊中罕見此種，蓋猶是秦氏初拓耳。歐陽公書各擅勝概，此碑氣象高華，神采煥發，左規右矩，真臨池家大乘法寶也。

鈐印：子俊

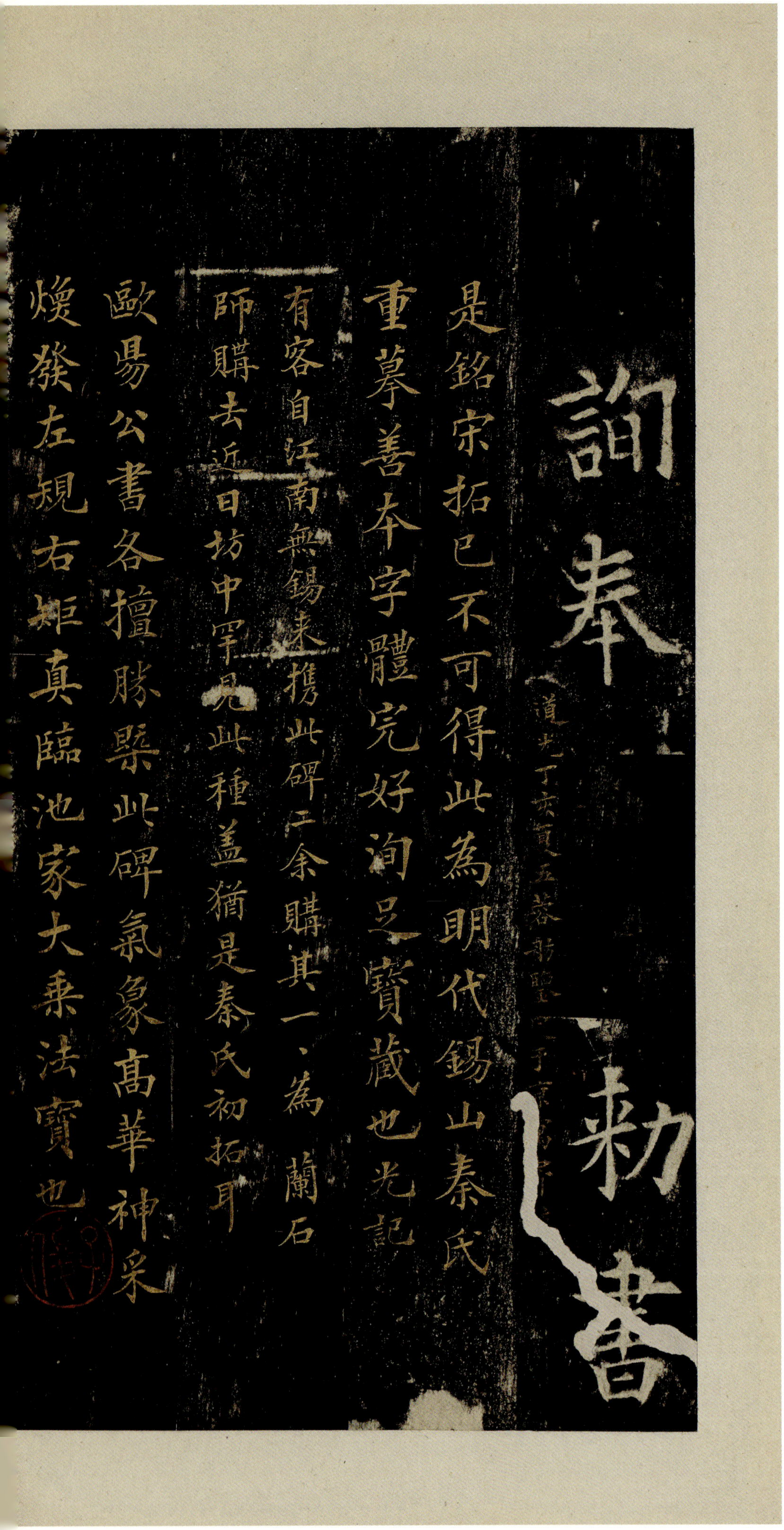

釋文：是本重此三字（注：『勑』『書』『寶』三字），因附裝于後。

昔人謂歐陽書如金剛瞋目，力士揮拳，又如草裏蛇驚，雲間電發，皆未得其蘊也。米漫士跋《度尚帖》云真到内史，斯爲得之。蓉舫記。

鈐印：蓉舫

釋文：歐陽公《温大臨》《皇甫碑》皆爲真書極則，而宋人多推重此銘者，以結體平正也。學書不先從此築基，必不結實。書家繩墨，斯爲正宗。

趙光再記。

鈐印：趙氏蓉舫珍臧之印

題跋出處：九成宫醴泉銘（秦刻本）

館藏號：L3184

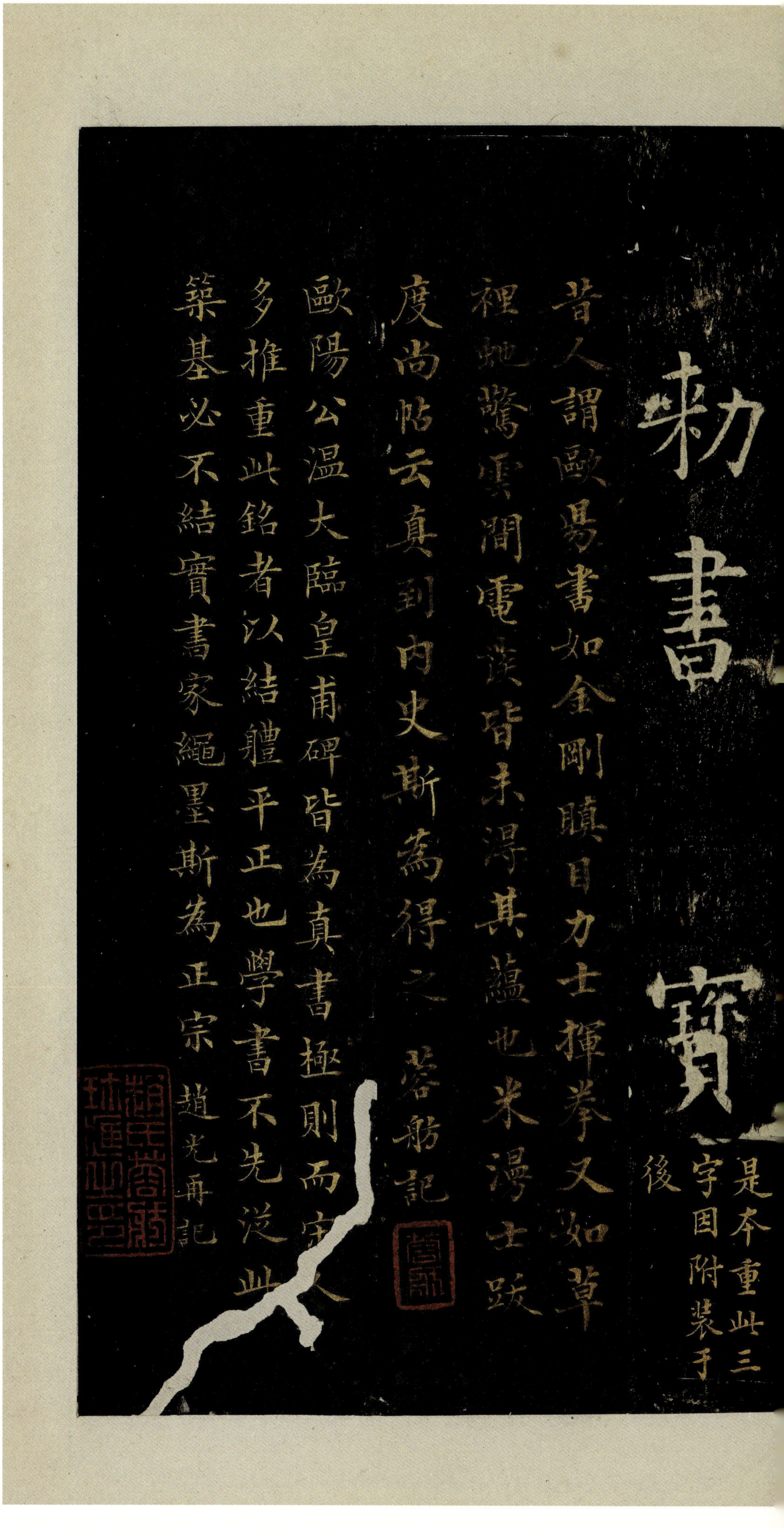

程文榮

年代：？—1853

字號：字魚石，號蘭川、南邨

籍貫：浙江嘉善

釋文：宋高宗紹興辛酉裒集元章墨迹爲法帖十卷，刻石禁中，人間拓本殆亦如官法帖之不易得，故流傳比他米刻更少。國初姜二酉得弟三卷乃擘窠書，元袁清容稱有楷書《周官》，今見此册，知十卷所刻諸體皆備，不獨真、行、草書矣。王虛舟云紹興間奉詔以米芾行草書勒石，凡四卷，明時板臧内府，順治初廢爲階砌，今所存止一片有半，余曾見之。榮按，石刻之毁於何時？他書都未論及，固未敢决以爲非。然其所著《虛舟》《竹雲》二題跋中論《潭》《絳》諸條，其僞皆不能辨，即此帖明係十卷（見董史《宋書録》、袁《清容集》），有篆隸書，乃誤十爲四，又衹稱行草書，則其所云要亦未可盡信耳。道光乙巳四月，蘭川程文榮。

鈐印：程文榮、程蘭川

釋文：此册尚係宋時裝手未經後人重表者，帖心朱標數目即裝潢家所記，凡五十八幅、二十九葉，逐幅文義亦相連屬，文安跋稱六十四幅，或一時筆誤。

釋文：前閲馮涿州三米帖跋，獨《紹興米帖跋》有另題『米芾篆隸弟九』一行，榮固疑涿州所臧不止一本。昨遣人至吴氏問及，據其家人云，從前《米帖》共有四本，三本久已易主，所存一本，其式亦長方而大，前年有人以錢七萬文買去矣。榮謂此必《紹興米帖》，弟不知爲弟幾卷耳。老伯聞之，定亦神往，代索《群玉》重摹本，佇望佇望。敬請台安，不備。未翁老伯大人尊前。侄程文榮頓首。十一月初三日。

鈐印：病目不能手寫

釋文：頃蘇州碑賈携《紹興米帖》弟二册來售，前後標題却不割裝，帖文亦與他《米帖》不同，惟楮色頗新，難定爲紹興真刻。此石據虛舟《帖考》，明時板臧内府，至順治初始廢爲階砌，則此本爲明時所拓亦未可知。榮所疑者不疑出坊賈之手，而恐陸謹庭同時人有重摹之本耳。若世間必無翻刻，則此爲宋刻無疑，潘、王題記目痛不能諦視，亦莫能辨其真僞。因專人持上，并令來船留半日，拜求詳加考辨，爲我决之。初三日一信想已到。敬請未翁老伯大人台安。侄程文榮頓首。十一月初六日二鼓。

鈐印：病目不能手寫

題跋出處：紹興米帖（張廷濟藏本）

館藏號：18A340

宋高宗紹興辛酉裒集元章墨跡為法帖十卷刻石禁中人間搨本殆亦如官法帖之不易得故流傳比他本刻更少 國初姜二酉得第三卷乃摹稾書元袁清容稱有楷書周官令見此冊知十卷所刻諸體皆備不獨真行草書矣王厓舟云紹興間奉詔以米芾行草書勒石凡四卷明時板藏內府順治初廢為階砌今所存止一片有半余曾見之榮按石刻之毀於何時他書都未論及固未敢決以為非然其所著厓舟竹雲二題跋中論潭絳諸帖其偽皆不能辨即此帖明係十卷(見董史宋書錄袁清容集)有篆隸書乃誤十為四又祇稱行草書則其所云要亦未可盡信耳道光乙巳四月蘭川程文榮

此冊尚係宋時裝手未經後人重表者帖心朱標數目即裝潢家所記凡五十八幅二十九葉逐幅文義亦相連屬文安跋稱六十四幅或一時筆誤

前閲馮涿州三米帖後獨紹興米帖後有另題米芾篆
隸第九一行榮固疑涿州所藏不止一本昨遣人至吳氏
詢及據其家人云從前米帖共有四本三本久已易主
所存一本其式亦長方而大前年有人以錢七万文買去
矣榮謂此必紹興米帖第不知爲第幾卷耳
老伯閲之定亦神往
代索羣玉重摹本佇望敬請
台安不備
未翁老伯大人尊前
姪程文榮頓首 十一月初三日

頃蘊州碑賈攜銘與朱臨第二冊來售，前後標題亦不
割裂，帖文亦與他本帖不同，惟楮已頗新，難定為銘真
真刻。此石據孟舟帖考明時板藏內府，至順治初始廢
為階砌，則此本為明時所拓亦未可知。崇一所推者不推出坊
賈之手，而恐陸謹庭同時人有重摹之本耳。若世間
必無翻刻，則無為宋刻無疑。潘王題記，目痛不能諦視，
亦莫能辨其真偽，因專人持去，并無本取留，半日即求
詳加考辨，為我決之。初三日丁信想已到。敬請
朱翁老伯大人台安

姪程文榮頓首 十二月初六日二鼓

江天暮雪

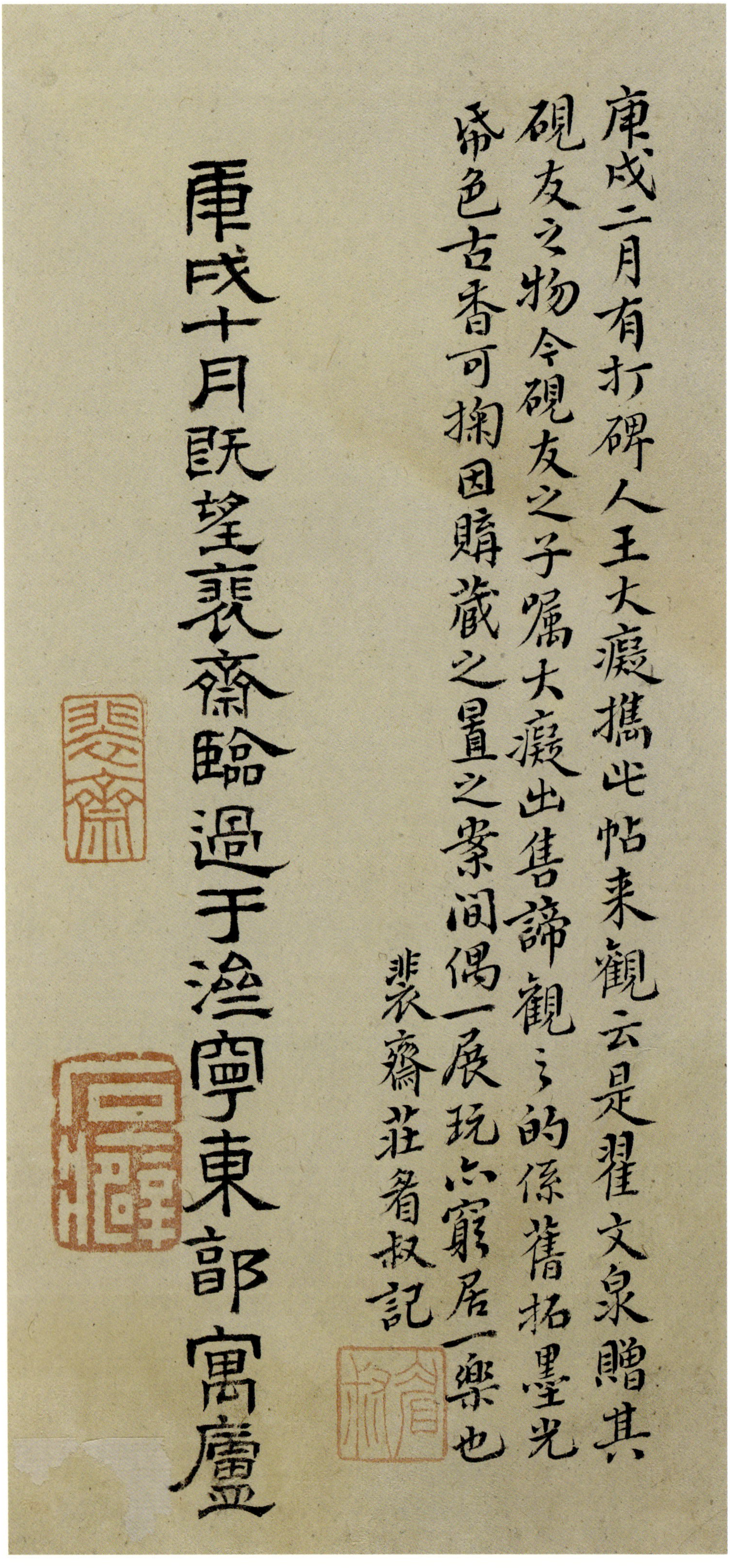

莊縉度

年代：1799—1852

字號：字眉叔，一字景裴，號黄雁山人、伯邕、裴齋

籍貫：江蘇武進

釋文：庚戌二月，有打碑人王大癡携此帖來觀，云是翟文泉贈其硯友之物，今硯友之子囑大癡出售。諦觀之，的係舊拓，墨光紙色，古香可掬，因購藏之。置之案間，偶一展玩，亦窮居一樂也。裴齋莊眉叔記。

鈐印：眉叔

釋文：庚戌十月既望，裴齋臨過，于濟寧東郭寓廬。

鈐印：裴齋、石癖

題跋出處：孔宙碑（莊縉度藏本）

館藏號：S2656

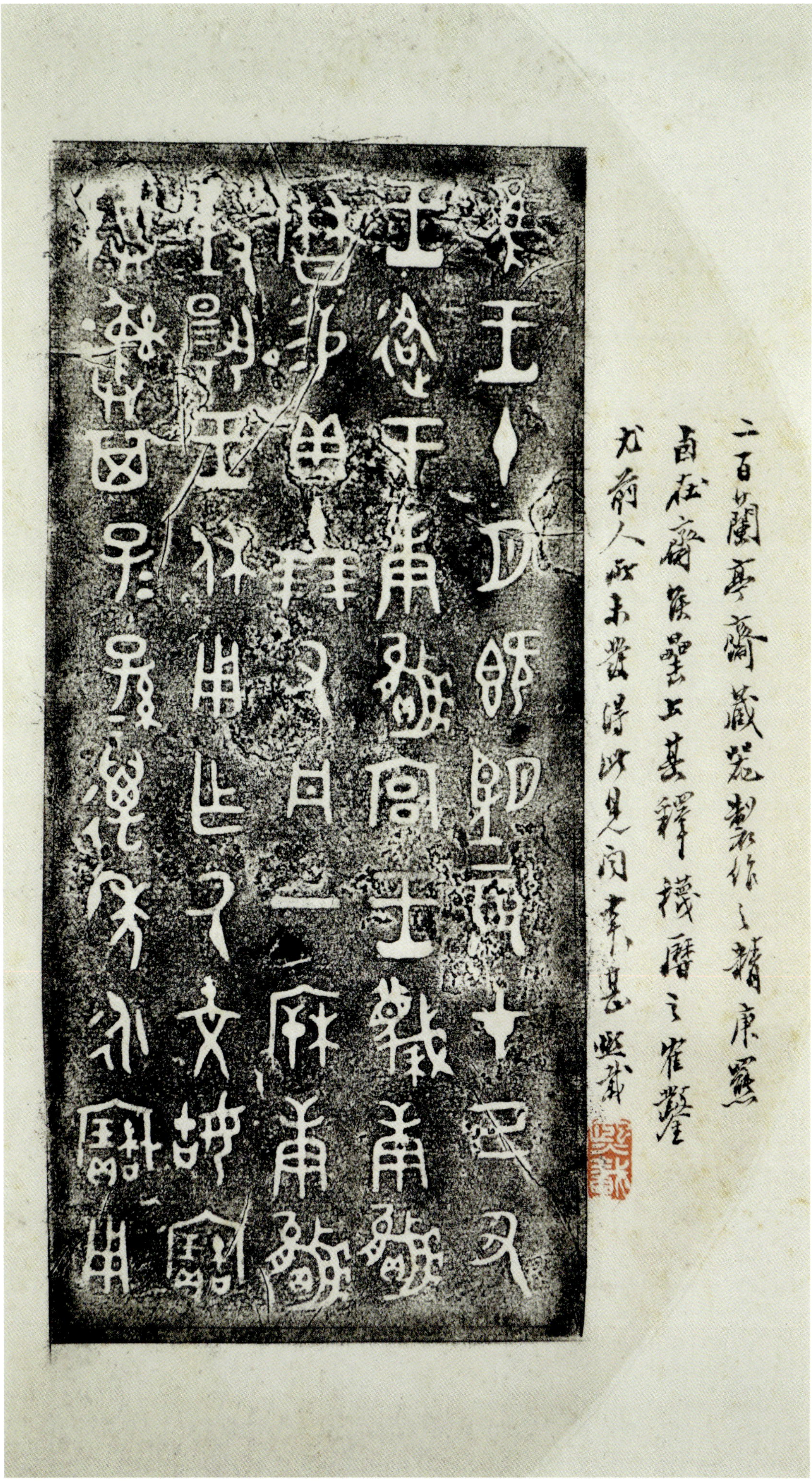

吴熙載

年代：1799—1870

字號：原名廷颺，字熙載，後以字行，改字讓之、攘之，號讓翁、晚學居士、方竹丈人

籍貫：江蘇儀徵

釋文：二百蘭亭齋藏器，製作之精，《庚羆卣》在《齊侯罍》上。其釋『禨曆』之確鑿，尤前人所未發。得此見聞，幸甚。熙載。

鈐印：熙載

題跋出處：金石拓本團扇（吴熙載跋本）

館藏號：Z1211—12

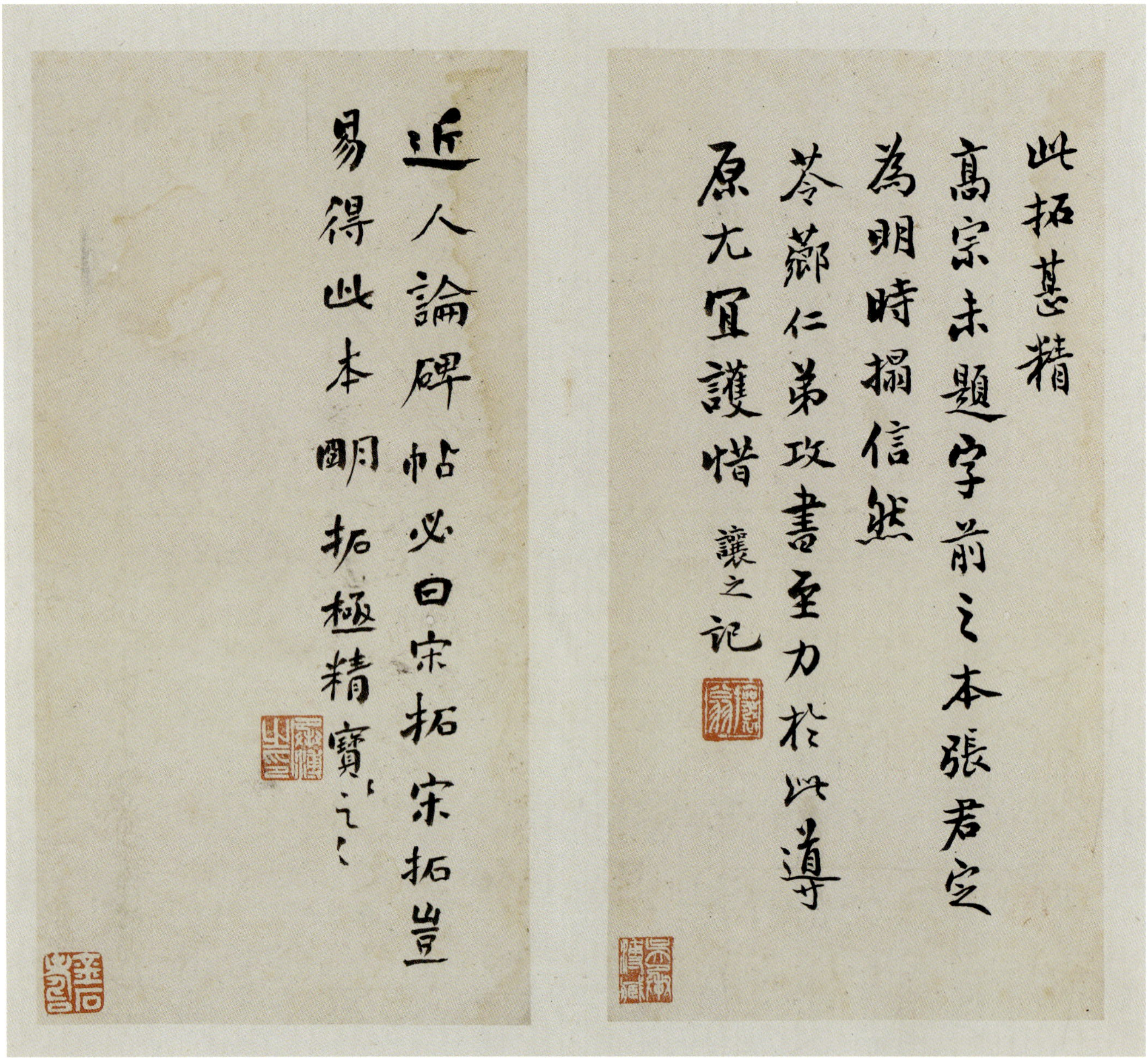
此拓甚精
高宗未題字前之本張君定
為明時搨信然
苓鄰仁弟攻書至力於此導
原尤宜護惜
讓之記
近人論碑帖必曰宋拓宋拓豈
易得此本明拓極精
寶之

釋文：此拓甚精，高宗未題字前之本，張君定爲明時拓，信然。苓鄰仁弟攻書至力，於此導原，尤宜護惜。讓之記。

鈐印：攘翁

題跋出處：石鼓文（姚廣平藏本）

館藏號：S2192

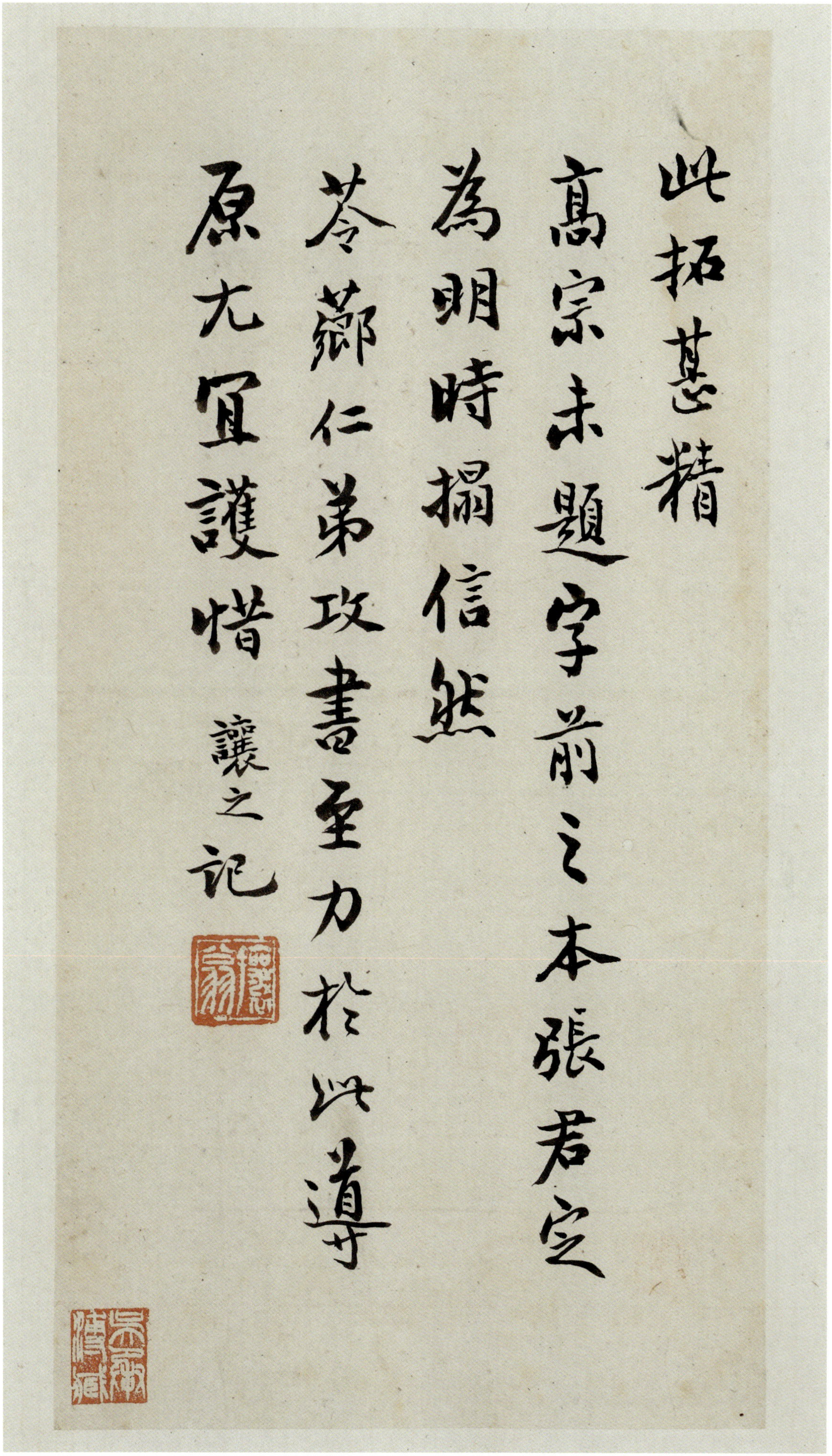
此拓甚精
高宗未題字前之本張君定
為明時搨信然
苓鄰仁弟攻書至力於此導
原尤宜護惜
讓之記

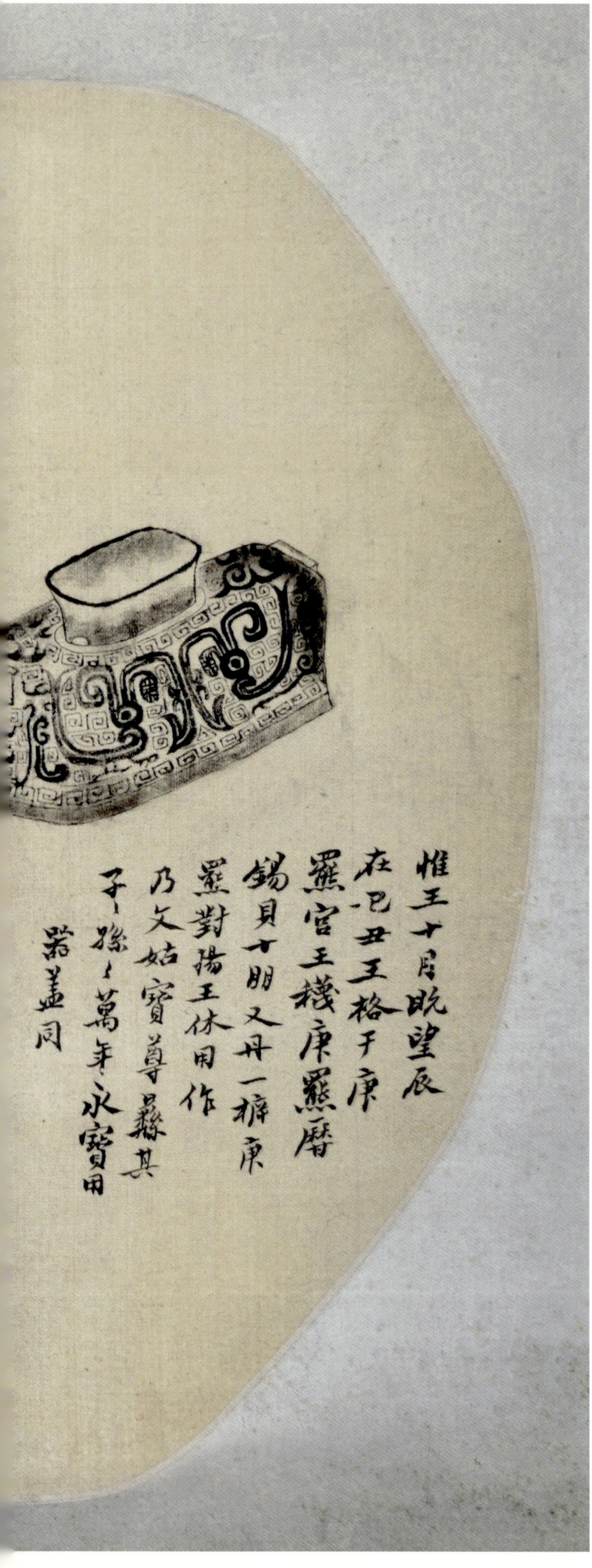

釋文：二百蘭亭齋釋文，余曾依《説文》引申『禨曆』之義，又引諸器銘文，皆當如此讀，承許可附刻。潤甫世兄傳家學，愛不釋手，拓本入紈素，殊有奇致。丁巳立秋後五日，獲觀新製故記之。讓之弟熙載。

鈐印：吴攘之

題跋出處：金石拓本團扇（吴熙載跋本）

館藏號：Z1211-12

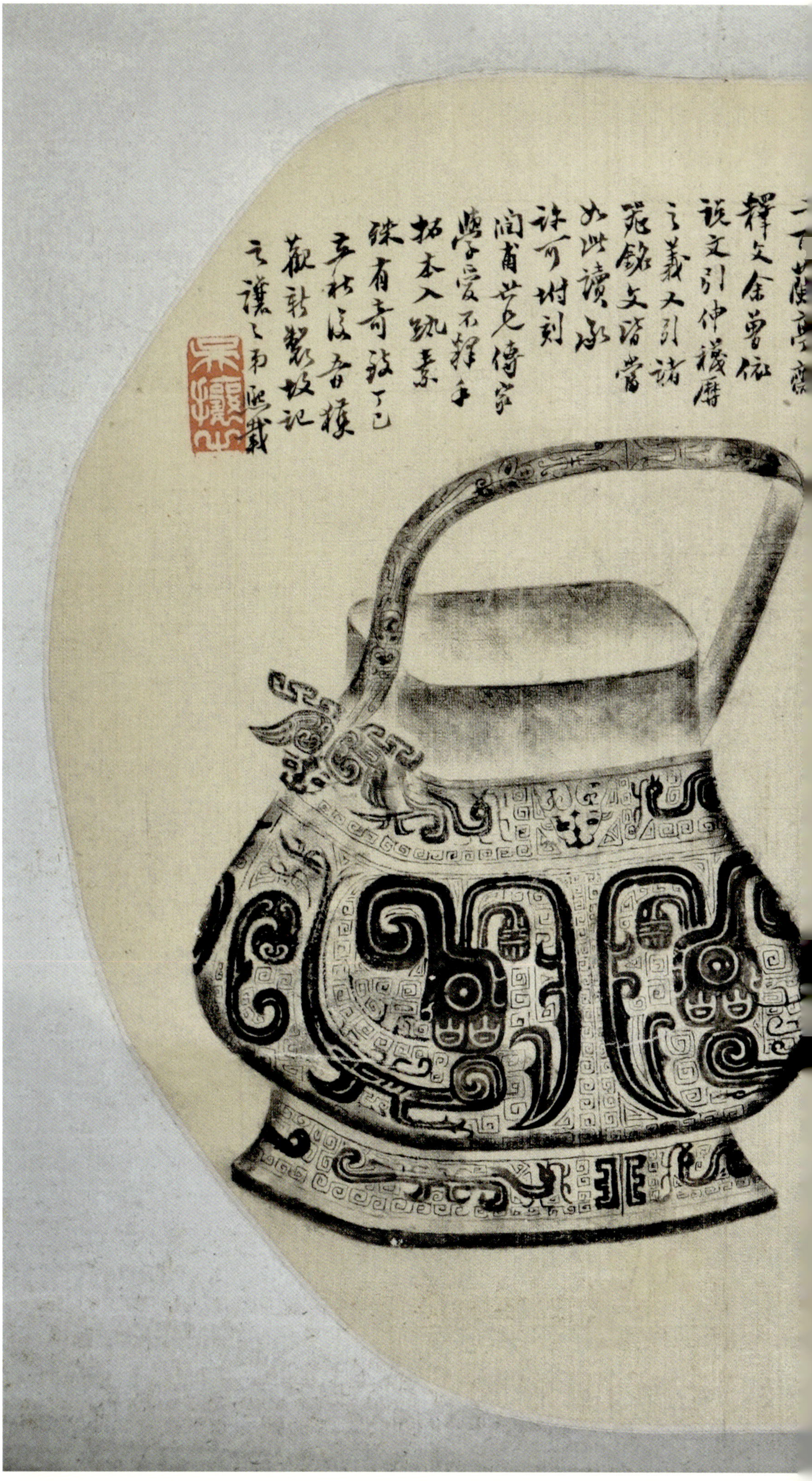

何紹基

年代：1799—1873

字號：字子貞，號東洲、東洲居士、閩黔粵蜀使者，晚號蝯叟

籍貫：湖南道州

釋文：是碑題額曰『麓山寺碑』，碑文云『麓山寺』者，知俗稱『嶽麓寺』者誤也。《水經注》及少陵詩皆稱麓山，不云嶽麓，以其多林麓而名麓山，猶谷山以多岩谷得名，故麓山與谷山相連。如云是南嶽之麓，則衡山至此三百里，不必仍係嶽爲名也。玉水布飛，石林雲起，乃麓山真景，水石之奇，不必是《水經注》湘水『徑錫口戍北，又西北流，屈而東北注玉水』也。

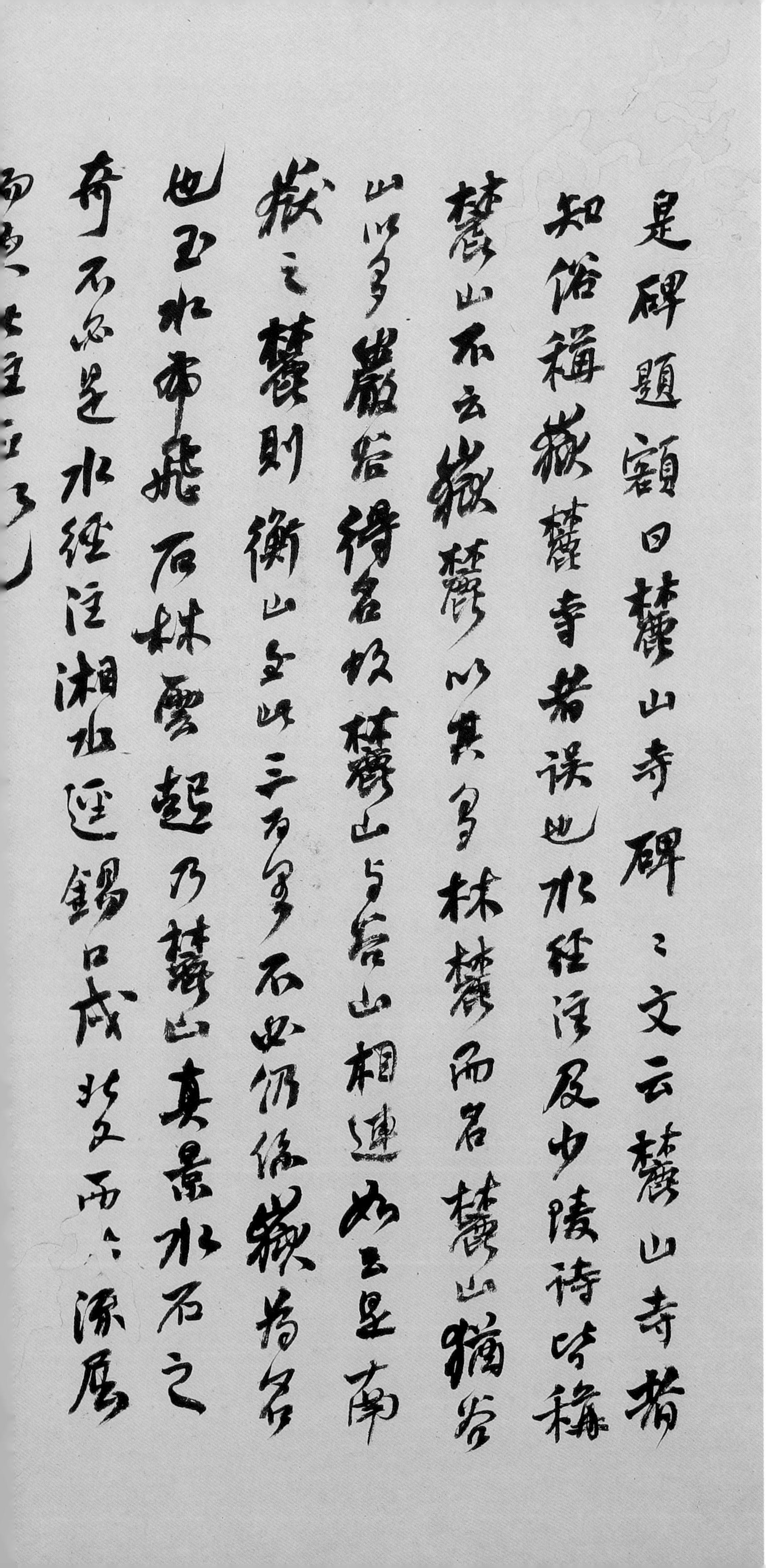

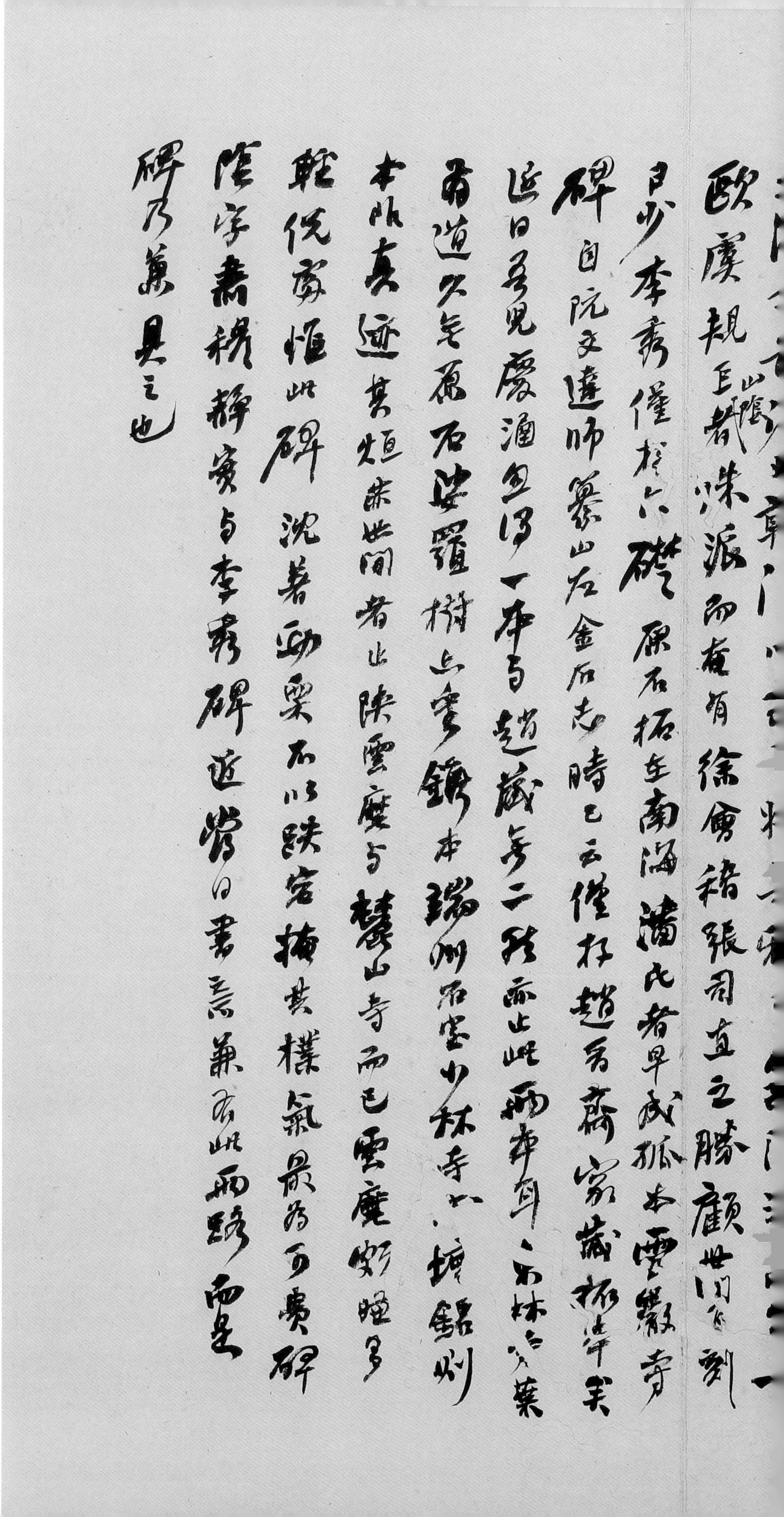

北海書發源北朝，復以其干將、莫邪之氣決盪而出，與歐、虞規矩山陰者殊派，而奄有徐會稽、張司直之勝。顧世間石刻日少，《李秀》僅存六礎，原石拓在南海潘氏者，早成孤本。《靈岩寺碑》自阮文達師纂《山左金石志》時，已云僅存趙晋齋家藏拓本矣。近日吾兒慶涵忽得一本，與趙藏無二，然亦止此兩本耳。《東林寺》《葉有道》久無原石，《婆羅樹》亦重鎸本，《端州石室》《少林寺戒壇銘》則本非真迹，其煊赫世間者止陝《雲麾》與《麓山寺》而已。《雲麾》頗嫌多輕佻處，惟此碑沉著勁栗，不以跌宕掩其樸氣，最爲可貴。碑陰字肅穆静實，與《李秀碑》近，當日書意兼有此兩路，而是碑乃兼具之也。

李祕監書《麓山寺碑》，今在嶽麓書院門外之右，昔人作亭嵌碑之後，止有碑面可拓，其碑陰及兩側俱在壁中，不可復拓。故乾嘉諸老爲石墨之學者於是碑罕及其陰，述庵司寇《萃編》所録僅據武虛谷《授堂跋語》輯入，亦未親覩拓本也。余於庚子秋，舟泊泲寧，曾於郭氏購得黄小松所藏宋拓《麓山碑》并陰，有小松及覃谿、瘦銅諸題記甚精。隔宿乃爲中途人奪去，意甚悔惜。兒慶涵復再訪

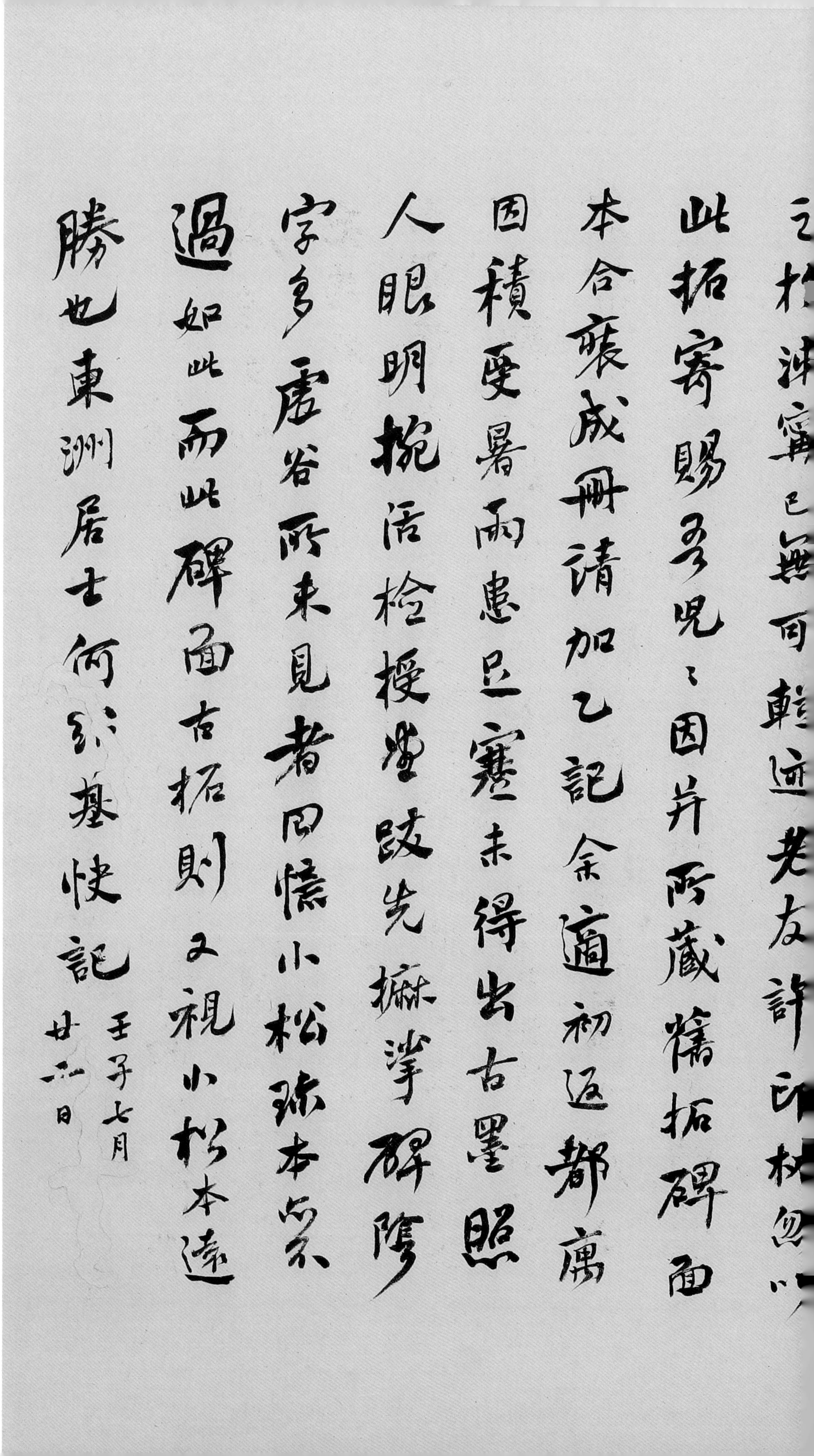

之於泲寧，已無可蹤迹。老友許印林忽以此拓寄賜吾兒，兒因并所藏舊拓碑面本合裝成册，請加乙記。余適初返都寓，因積受暑雨患足蹇未得出。古墨照人，眼明捥活，檢《授堂跋》，先摩挲碑陰，字多虛谷所未見者，回憶小松珍本亦不過如此，而此碑面古拓則又視小松本遠勝也。東洲居士何紹基快記，壬子七月廿二日。

題跋出處：麓山寺碑（何紹基藏本）

館藏號：17A333

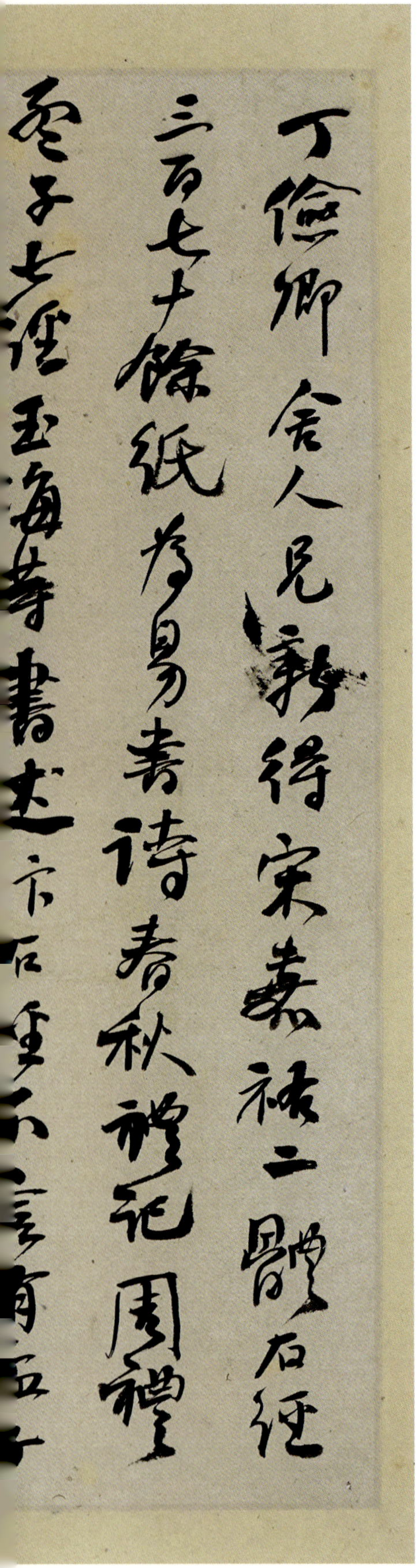

釋文：丁儉卿舍人兄新得《宋嘉祐二體石經》三百七十餘紙，爲《易》《書》《詩》《春秋》《禮記》《周禮》《孟子》七經。《玉海》等書述《汴石經》不言有《孟子》，表章亞聖自此刻始，是足補史志之闕。吴山夫嘗見四册於吴門薄自崑家，乃《尚書》《周禮》《禮記》《孟子》。吴山夫自得五碑，止有《易》《書》《周禮》。顧亭林、朱竹垞皆謂《汴經》久佚，拓本之富，未有如今日所得者。既黏綴爲四大册，有重出者卅餘片，另爲一册，寄京師付賢郎頤伯兄弟。頤伯來飲余齋，持册丏題。余因憶祥符、陳留兩處《二體石經》，余皆曾尋獲摩賞，行路匆匆，未及詳討，不知汴中堙匿者尚有幾碑，亭林、竹垞謂其全佚者非也。太宗表章《説文》，仁宗特刻《二體石經》，右文稽古，前代所無，而有宋一朝篆學荒蕪特甚，深可慨嘆。酒後縱筆成詩奉柬儉老，俟南游時訪六藝堂，當獲飽觀快訂也。

昔軍南北隨計吏，訪古尋碑劇閑恣。祥符、陳留兩縣學，諦觀《二體石經》字。當時單車急馳走，氈蠟無緣自携致。數紙雖從帖賈收，未由手拓窮精緻。三十年來成老夢，百年荒凉從棄置。今宵忽枉故人子，翠墨持示而翁寄。三百七十有餘幅，得自淮安破書肆。《易》《書》《詩》《禮》《春秋》經，附庸《孟子》七經萃。溯惟宣聖定《六經》，古文特秉周公制。中興籀史屏不録，魯國儒書賴弗墜。臣斯敢以秦革周，倉雅茫茫委荒翳。慘到焚書萬古無，三代斯文真墜地。桃源俎豆無處問，孔壁金絲定餘幾。何怪中郎校石經，止寫八分不求備。先時汶長正六書，博采通人理群類。上通古籀成大宗，李相秦文多割棄（秦刻石多與許不合，知叔重自云合以古籀即刊落秦文也）。黄初三體果嗜奇，本邯鄲淳及衛覬。惜哉入石止兩經，肊船科文相雜厠（《三體石經》止有《尚書》《春秋》），其古文特依科斗形造出）。五胡擾擾紛謬體，有唐巍巍握神器。昭陵繭紙寶俗書，開成石壁斠同異。雖然事有本末岐，要知俱遠篆分意。後蜀刊石兼傳注，翔實一更前代例。莫嗤閏位孟知祥，賢哉僕射毋昭裔。右文崛起宋雍熙，應時果有徐常侍。遠從祭酒續遺緒，特斥陽冰出新義。傳及仁廟崇正學，首重篆文真楷配。七經朗朗列黌序，二體森森標職志。無如講義忽鬱興，坐使奇文墮幽閟。歐、蘇文筆騁雄駿，周、程學術真淵粹。不聞論據到石經，神物嗟從何處避。許氏遺書幸已傳，徐家繫傳孤行世。茲經寥闃少人窺，豈待渡江落胡騎。打本都如鳳羽稀，貞珉那免牛角礪。先生微尚在高密，焠掌鏤心擘六藝。精誠所感經有神，祕奥來逢天所賜。零瓊碎璧不肯舍，緘付賢郎勤誨示。賢郎懇懇敬父執，手編來破蝯翁醉。蝯翁經畬久不鋤，粗識蜾扁迷次弟。舊學温尋四十年，靈光想象三千歲（『四目靈光』，見《倉頡碑》）。其箕云雲與於烏（即此册中篆書，其作箕，云作雲，於作烏，古氣可掬），觸手摩挲古芬膩。頗望時髦略識字，休競詞華忘典記。幾時去泊淮浦舟，與君細翦寒鐙穗。金石重探錢阮遺，觚彝遠索商周邃。江上烽煙當漸息，中天日月還重麗。古篆不毀聖不死，禮樂可興經可繼。莫驚此語迂且夸，請讀山陽丁氏新裝巨册四。咸豐丁巳中秋，道州蝯叟何紹基未定草。時在京師米市胡同寓齋。

題跋出處：嘉祐石經卷（瞿鴻禨藏本）

館藏號：49B839

吳山夫嘗見四冊於吳門蔣自眞家
乃尚書周禮禮記孟子山夫自得五碑
止有易書周禮顧亭林朱竹垞
皆謂泝繼久佚拓本之富未有如今
日所得者既黏綴為四大冊有全
出者冊餘傳寫為一冊寄京師付
賢郎頤伯兄弟頤伯來飲余齋
持冊乞題余因憶祥符陳留飛愛
二體石經余皆曾尋獲摩挲行

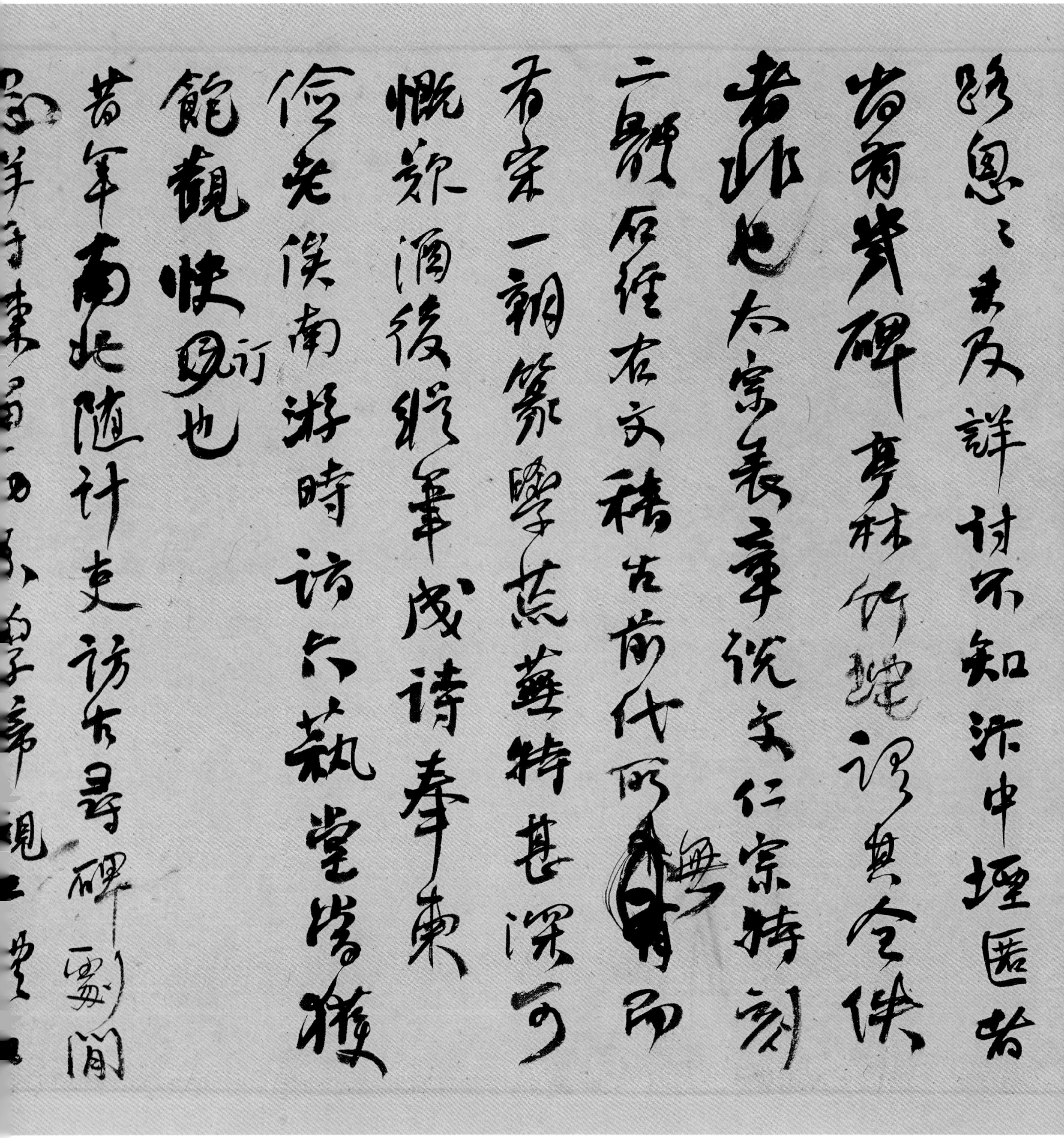

路息之未及詳討不知沂中埋匿者
尚有幾碑亭林竹垞諸公俟
者非也太宗表章說文仁宗特刻
二體石經右文稽古前代所無
有宋一朝篆學荒蕪特甚深可
慨歎酒後綴筆成詩奉柬
倫先侯南游時訪六藝堂搜獲
館觀快覧也
昔年南北隨計吏訪古尋碑雲間

結字嘗時筆專急射庭鍾蝌無後
自攜致敎寫維從帖覓收未由手拓窮
精微三十年未成老尊百年焉源從棄
置何容忽杜故人子解墨持示而窮寫
三百七十有餘幅得自淮安殘書肆
易書詩疏春秋經附庸孟子上經革
湖作宣聖定六經古文特秉周公制中
興籀史屏不録異國儒者頗排墜
臣斯敢以秦革周倉雅法之毒焉隳
慘到楚書苦古無三代斷文多墜地
桃源想望無覓問孔辭金石之室餘幾

桃源想至無窮問孔鏻金丝空餘幾
何施中郎校石經止寫八分不兼備
先時浚長正六書博采通人理摹類
上通古籀成大宗李相秦文多割棄
（秦刻石多与許不合知非全自云今以古籀印刊落秦文也）
黃初三體果誰奇字邯鄲淳及衛覬悟紙入石止兩經
肌膳科文相雜廁
（三體石經止有尚書春秋其古文特依科斗形也）
五胡擾擾紛說戰有唐山龍下擾神器
昭陵蘭紙寶俗書開成石闢斷同
異、維先事有本來山岐要知俱遠覽

前代例美歎向位孟知群賢執漢
射每昭商君文峰絶宋雍熙祖時
果有徐常侍遂從祭酒續遺緒特
斥陽冰出新義傳及仁廟崇西學首
重篆文兼楷既七經朝朝列黌序二
體森森標職志無如講義輿
坐使奇文墮幽閣歐蘇文筆騁雄
駿周程學術真純淵粹分間論據
刻石經神物曉從何處避許氏遺書
幸已傳徐家繫傳孤行世推經寧

言何俗易得便孤介也誰經寮
聞少人窺豈待渡江流胡騎打來
鄰女鳳羽稀負瓩那免牛角磨
先生年微為杜高密蜂
掌錯心擘六穀精識所感經有神
神興來逢天所賜要領所愛不
肩合織付賢郎勤誨示賢郎懶亡
敬天耕手編來破螺翁醉螺翁
經宿久不鋤粗識蠲偏進次第備
野漫尋四十年要先想象三千歲
先見處世莫其云要云言高即此冊中篆書廿八字

[illegible]古腹[illegible]晓鬓晚识
字休说词华点典记我时去泊淮浒
舟与君细剪寒镫合后重探钱
阮遗醉舞远家扇同遥江上烽烟
皆澈息中天月还重觅古气不
贱遭不死被桀于兴继可继并
豫此语近日参请读山阳丁氏新
裱五册四
咸丰丁巳中秋旋州螺叟何绍基
来定草时杜泉师
米市胡同寓斋

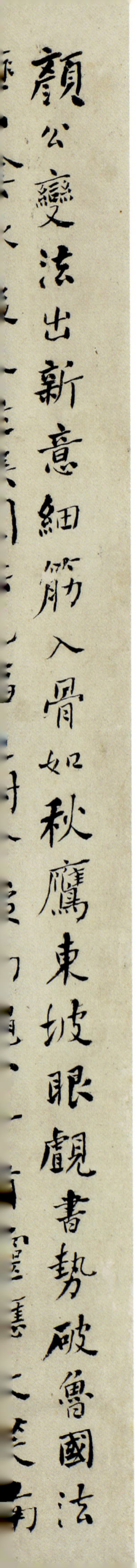

釋文：

顔公變法出新意，細筋入骨如秋鷹。東坡眼覷書勢破，魯國法匪山陰承。後人迷誤囿所見，偪迫附會從鈎繩。公乎有靈應大笑，南北殊派本代興。長史口傳十二意，漏痕釵脚聞素僧。典型雖云有前矩，浩氣獨出無同能。安師文家坐位稿，奇特首遇坡翁稱。當時所見乃墨迹，先豊牒紙厚勝繒。後來安氏始入石，髯也定許聞登登。手拓數本書大進，清容是語宜有徵。奇哉肖神不肖貌，特標韵勝裹鋒棱。自出新意處不少（東坡自謂語），又從顔法謝依憑。忠義同符貫日月，楮豪争長空薛滕。一可畏敬一可愛，或起頑懦或平矜。大節不奪乃不俗，涪叟語透千百層。顔蘇書意正如此，源流同異何淄澠。涪叟能言亦能踐，一生困踣心堅凝。筆端縱遜雪堂厚，亦伸勁鐵蟠枯藤。自米趙來何瑣瑣，苦從棐几求傳鐙。千年此道遂晦昧，萬手成法相因仍。試看蘭亭兩派後，坐位覆刻方紛騰。得千錢本便可習，求一筆是夫誰曾。香南居士詩字格，於眉陽叟最服膺。因於顔行極戀嫪，想見胸次能峻嶒。我書汎濫不嫥壹，居士許爲同志朋。近者涼風到亭院，快與破研驅蚊蠅。獲窺珍秘怕臨仿，每一展觀生戰兢。顧念時艱盤錯甚，賴有健者擔荷勝。日染麝煤疲點歎，年來鬢髮漸鬅鬙。學書不成真細事，感懷身世如春冰。

雨舲先生世大人見示宋拓《争坐位帖》，愛玩多日，敬題一詩，議論成篇，自抒肊見，不足爲外人道也，幸知我者剴定之。咸豐戊午七月之望，道州蝯叟何紹基脱稿於濼源書院之聽書聲館。

鈐印：何紹基印、蝯、閩黔粵蜀使者

題跋出處：争座位帖（李國松藏本）

館藏號：19A379

前矩浩氣默出無同能安師文家坐位稿奇特首遇坡翁稱當
時所見乃墨迹先豐縣紙摩勝繒後来安氏始入石髯也定許闕
登：手搨數本書大進清容是語宜有徵奇哉肖神不肖貌特
標韻勝襄鋒稜自出新意處不少 東坡自謂 又從顏法謝依憑忠
義同符貫日月楮豪爭長空薛滕一可畏敬一可愛或起頑懦或
平於大節不奪乃不俗語變語透千百層顏蘇書意正如此源流
同異何淄澠涪叟能言亦能踐一生困踣心堅凝筆端縱邈雪堂
摩亦伸勁鐵蟠枯藤自来趙来何瑣：苦從棐几求傳鐙千年此
道遂晦昧萬手成洽相因仍試看蘭亭兩派後坐位覆刻方紛
騰得千錢本便可習求一筆是夫誰曾香南居士詩字格於眉
陽叟寂冣厮因於顏行極戀嫪想見胸次能崚嶒我書汎濫不婷
壹居士許為同志朋近者涼風引冷究快與破研驅蚊蠅獲竊
手祝怕臨仿每一展觀生戰兢顧念時艱盤錯甚賴有仔
荷勝學書不成真細事感懷身世如春冰（日染癖棋痰點黯年来鬢髮漸鬖鬖）
雨舲先生世大人見示宋拓爭坐位帖愛玩多日敬題一詩議論成篇自拧肌見不足
為外人道也章 如我者劉完之咸豐戊午七月之望道州蝯叟何紹基脫稿於濼源書
院之聽書聲館

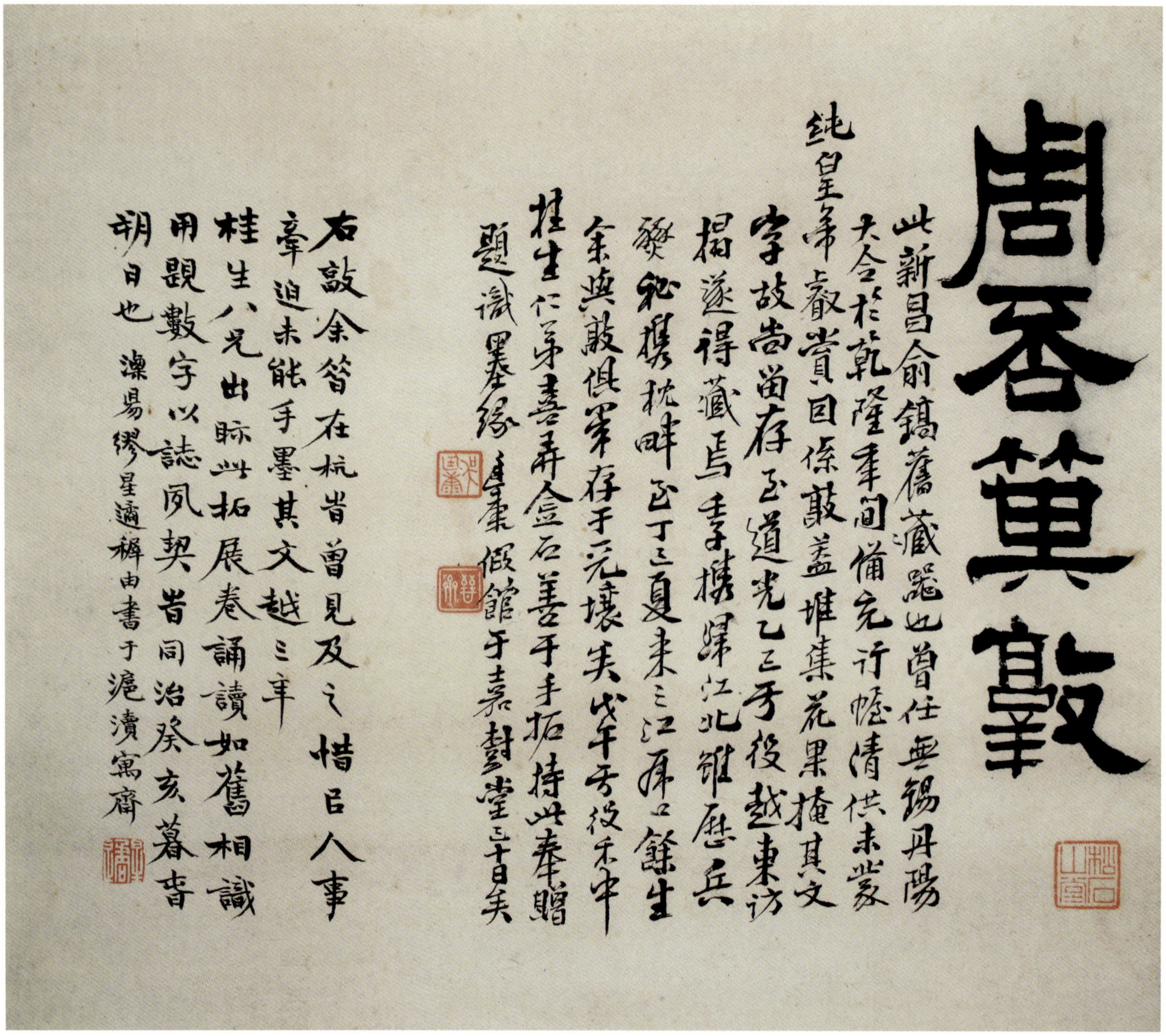

吴廷康

年代：1799—？

字號：字元生，號康甫、贊甫、贊府、晋齋、茹芝、湖山吏隱

籍貫：安徽桐城

釋文：周否箕敦。此新昌俞鎬舊藏器也。曾任無錫丹陽大令，於乾隆年間備充行幄清供，未蒙純皇帝叡賞，因係敦蓋，堆集花果，掩其文字，故尚留存。至道光乙巳于役越東訪拓，遂得藏焉。壬子携歸江北，雖歷兵燹，秘携枕畔，至丁巳夏來三江，虎口餘生，余與敦俱常存于天壤矣。戊午于役禾中，桂生仁弟喜弄金石，善于手拓，持此奉贈，題識墨緣。廷康假館于嘉樹堂已十日矣。

鈐印：吴廷康、晋齋

題跋出處：不嬰簠蓋（吴廷康跋本）

館藏號：Z1190

周吾華敦

此新昌俞鎮舊藏器也曾任無錫丹陽大令於乾隆年間備充行幄清供未蒙純皇帝叡賞因係敦蓋堆集花果掩其文字故尚留存至道光乙巳予役越東訪搨遂得藏焉季樵歸江北離歷兵燹秘携枕畔至丁巳夏來江拜繇生余與敦俱幸存于元壞矣戊午予役禾中桂生仁弟喜拜金石善于手拓持此奉贈題識墨緣 季秋假館于嘉尌堂之十日矣

顧大昌

年代：生卒年不詳，活躍于清代道光同治年間

字號：字子長，號棱伽山民

籍貫：江蘇吴縣

釋文：惟天但茫茫，惟山自蒼蒼。上下幾千年，周秦倏漢唐。篆隸兼正草，世代歷精詳。前賢精核實，考據著文章。後人欣瞻仰，東壁炳煌煌。傳留豈偶爾，金石託久長。塊然此十鼓，閲世幾更張。棱伽山民又書。

鈐印：顧子長

題跋出處：石鼓文（顧大昌藏本）

館藏號：S2622

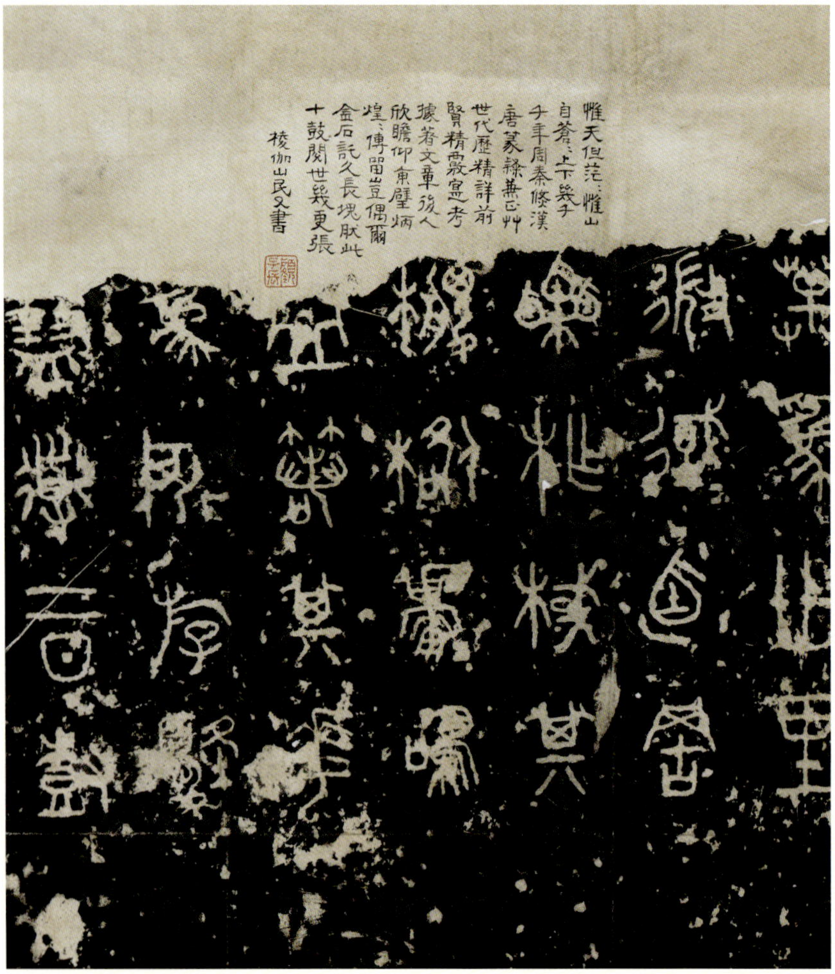

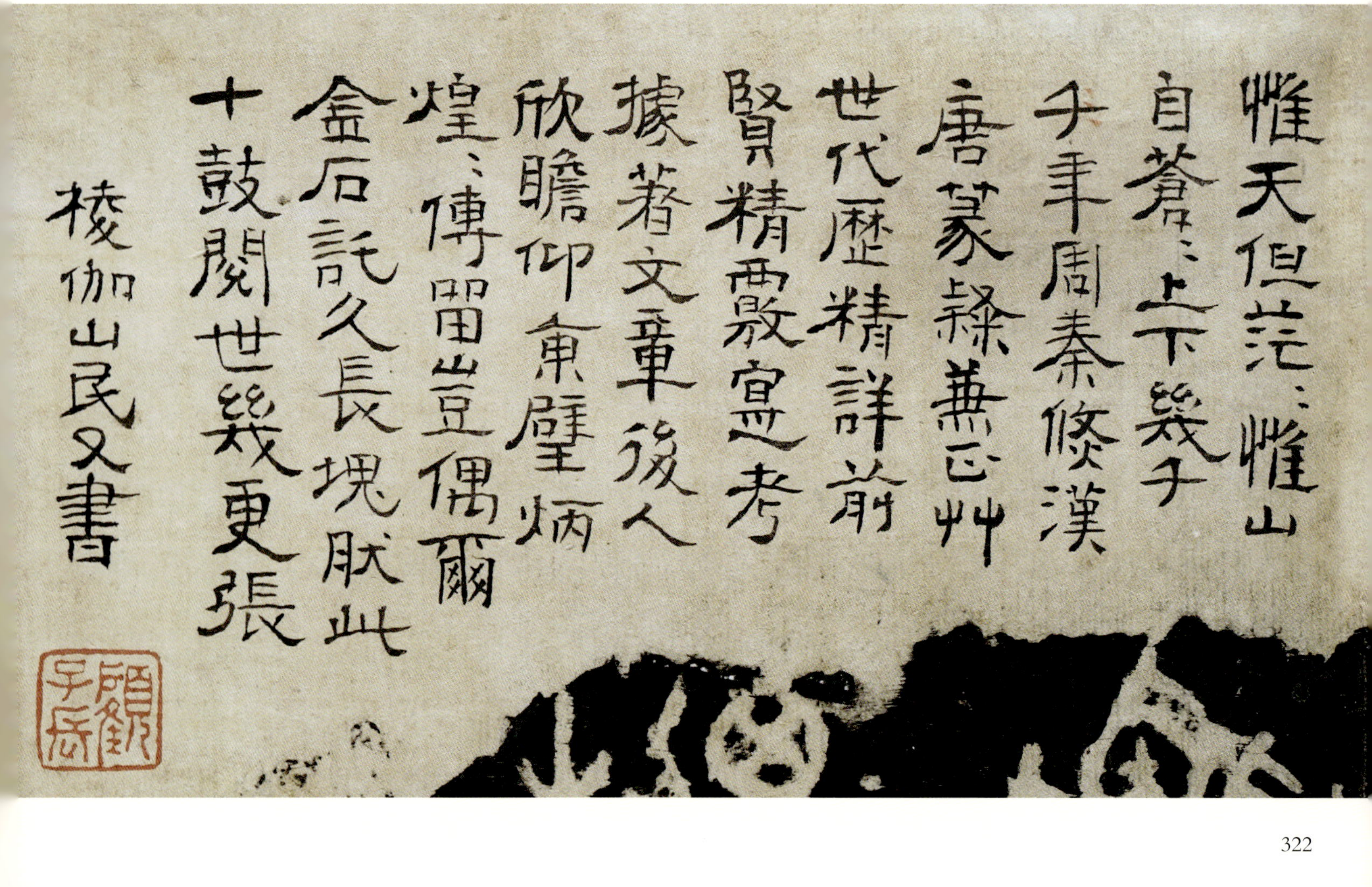

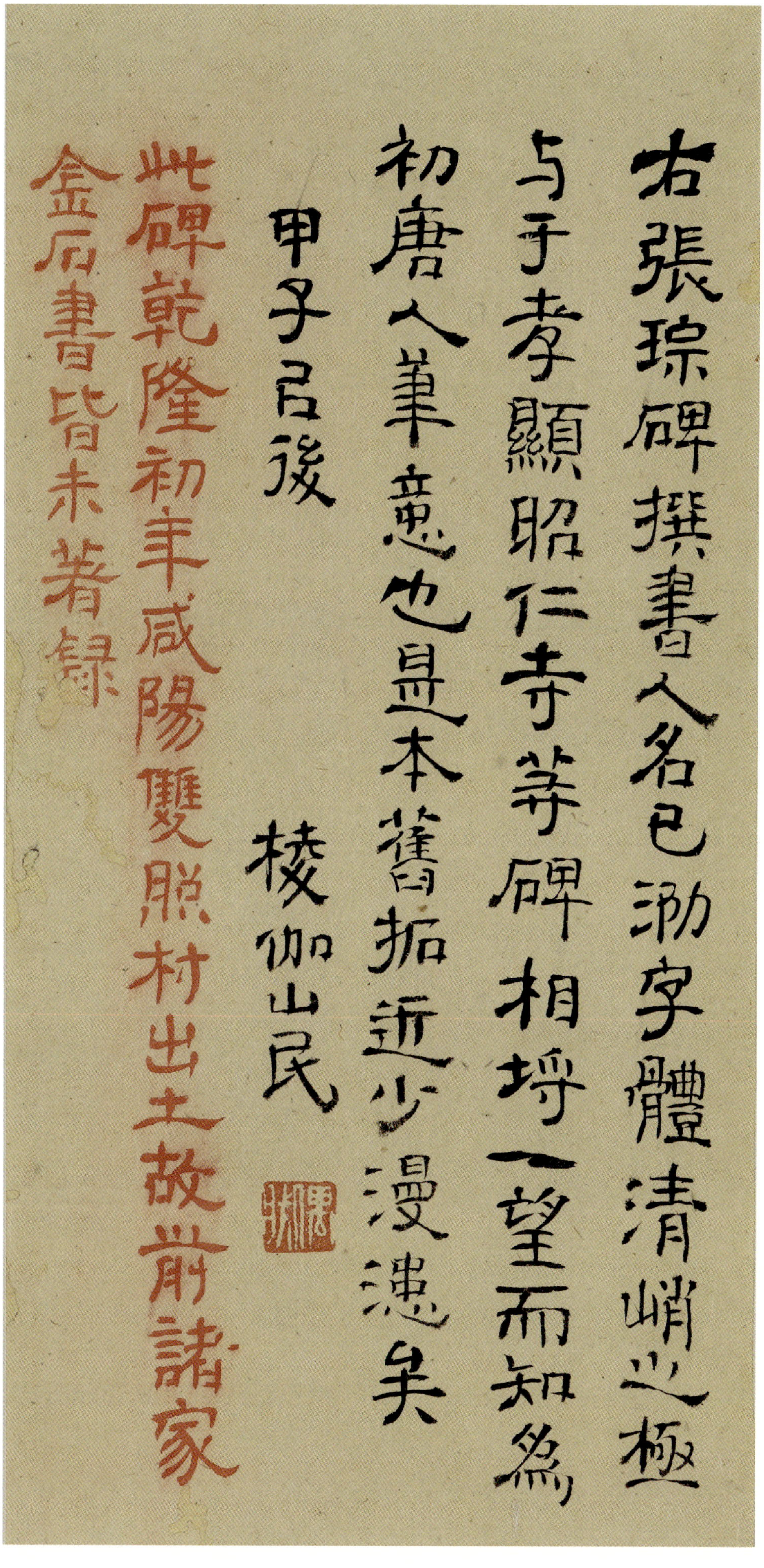
右張琮碑撰書人名已泐字體清峭之極
与于孝顯昭仁寺等碑相埒一望而知為
初唐人筆意也是本舊拓近少漫漶矣
甲子呂後
楞伽山民
此碑乾隆初年咸陽雙照村出土故前諸家
金石書皆未著録

釋文：右《張琮碑》撰書人名已泐，字體清峭之極，與《于孝顯》《昭仁寺》等碑相埒，一望而知爲初唐人筆意也。是本舊拓，近少漫漶矣。甲子以後，棱伽山民。

鈐印：偶然

題跋出處：張琮碑（顧大昌藏本）

館藏號：S2949

馬起鳳

年代：1800—1862
字號：原名馬宗默，字傅岩，號山父、夢舟
籍貫：浙江嘉興
釋文：三吴古磚硯。道光丁酉重陽日，傅岩馬起鳳手拓并題。
鈐印：傅巖、原名宗默改曰起鳳
釋文：按：《文道十書》景帝名休，字子烈，太祖第六子，初封琅邪王，太平三年戊寅十月，爲孫綝所立，改元永安，在位七年，甲申七月殂，年三十，葬定陵。改元一永安。咸豐己未夏午，傅岩馬起鳳時年六十。
鈐印：起鳳
題跋出處：永安琴硯（馬起鳳拓本）
館藏號：J4169

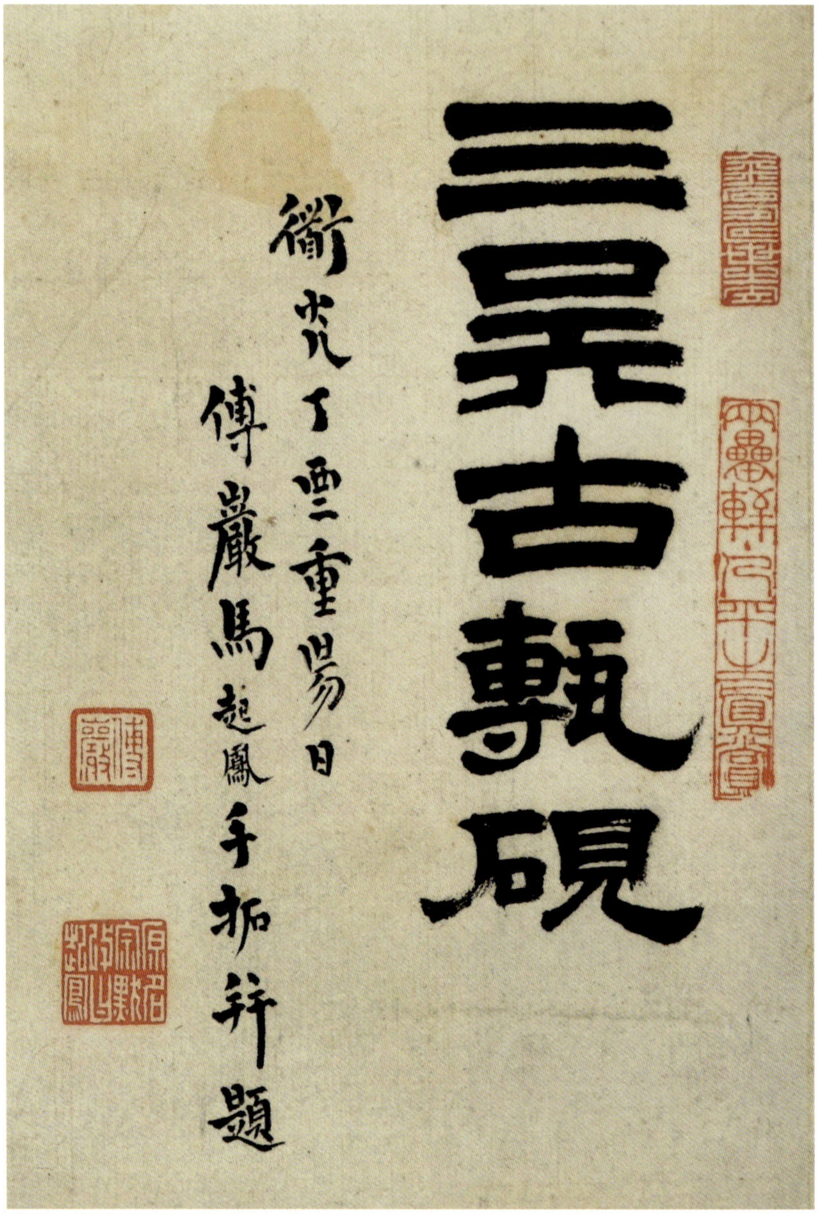

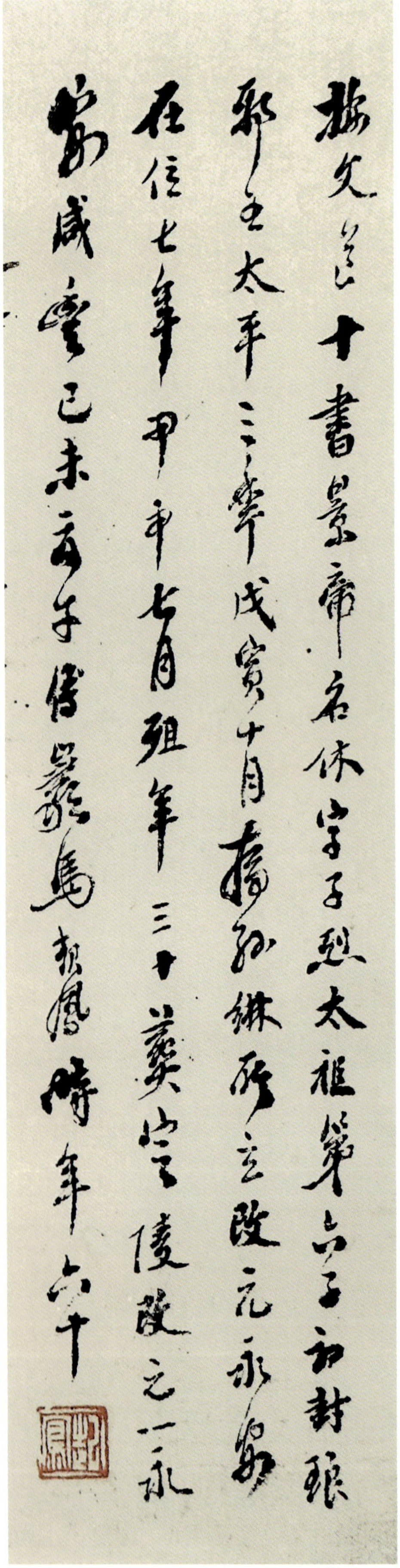

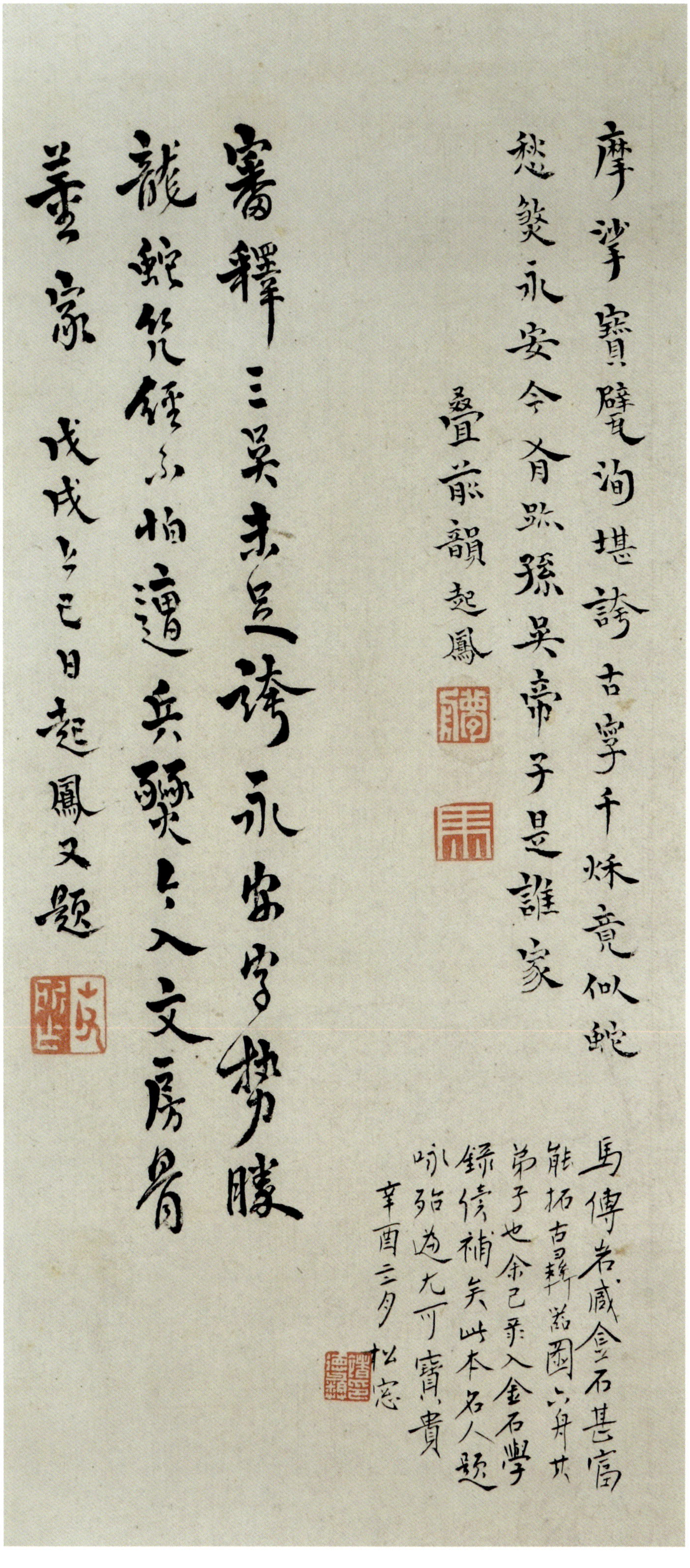

釋文：摩挲寶甓洵堪誇，古字千秋竟似蛇。愁煞永安今有迹，孫吴帝子是誰家。叠前韵，起鳳。

鈐印：夢舟、馬

釋文：審釋三吴未足誇，永安字勢勝龍蛇。幾經不怕遭兵燹，今入文房骨董家。戊戌上巳日，起鳳又題。

鈐印：山父所作

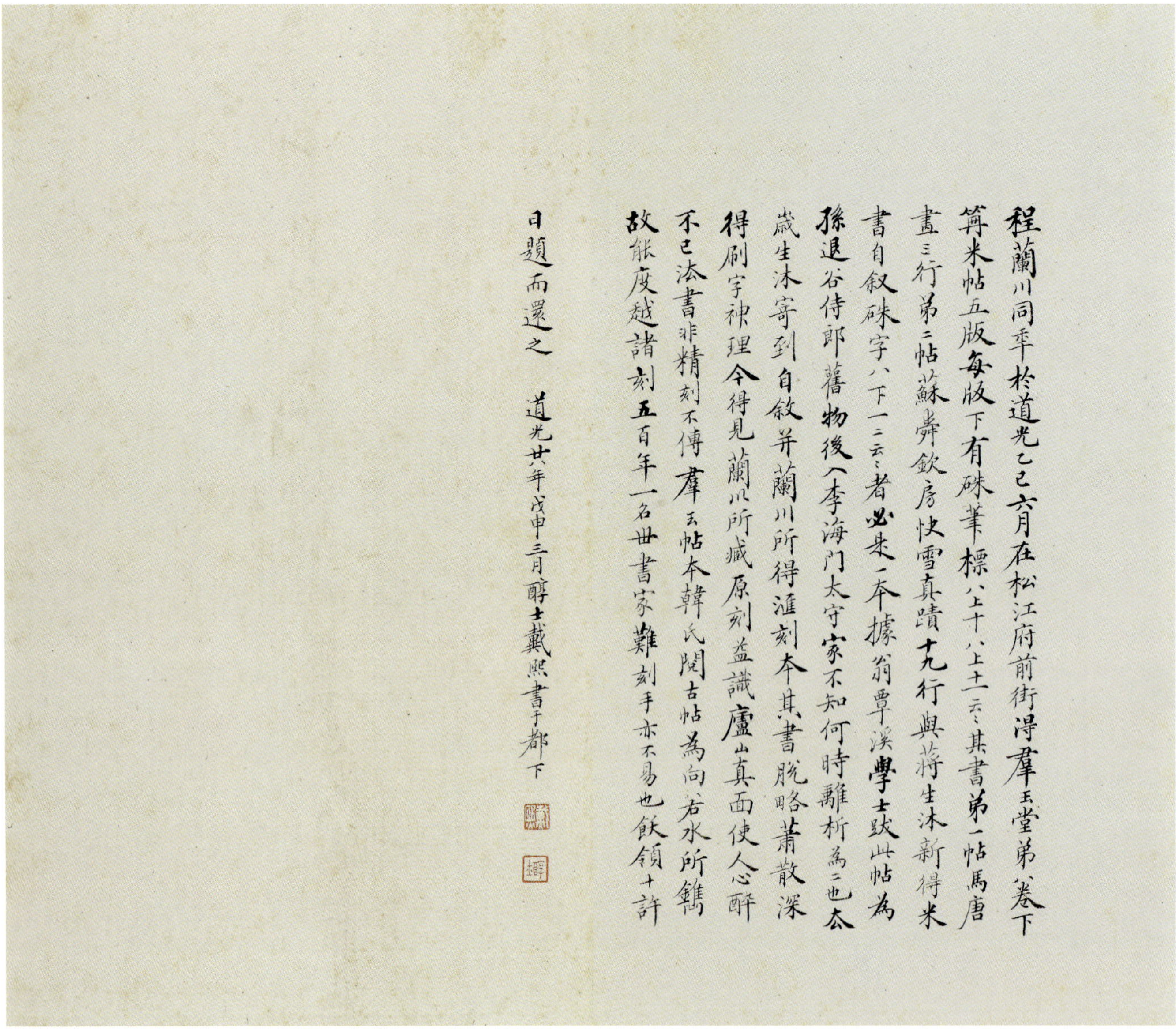

戴熙

年代：1801—1860

字號：字醇士，號榆庵、松屏、井東居士、鹿床居士

籍貫：浙江錢塘

釋文：程蘭川同年於道光乙巳六月在松江府前街得《群玉堂》弟八卷下册米帖五版，每版下有硃筆標『八上十』『八上十一』云云。其書弟一帖《馬唐畫》三行，弟二帖《蘇舜欽房快雪真迹》十九行，與蔣生沐新得米書《自叙》硃字『八下一二』云云者必是一本。據翁覃溪學士跋，此帖爲孫退谷侍郎舊物，後入李海門太守家，不知何時離析爲二也。去歲生沐寄到《自叙》并蘭川所得匯刻本，其書脱略蕭散，深得刷字神理。今得見蘭川所臧原刻，益識盧山真面，使人心醉不已。法書非精刻不傳。《群玉帖》本韓氏《閲古帖》，爲向若水所鐫，故能度越諸刻，五百年一名世書家難，刻手亦不易也。飫領十許日，題而還之。道光廿八年戊申三月，醇士戴熙書于都下。

鈐印：戴熙、醇士

題跋出處：群玉堂帖卷八（程文榮藏本）

館藏號：17A337

程蘭川同年於道光乙巳六月在松江府前街得羣玉堂弟八卷下
篇米帖五版每版下有硃筆標八上十八上十一云云其書弟一帖馬唐
畫三行弟二帖蘇舜欽房快雪真蹟十九行與蔣生沐新得米
書自敘硃字八下一二云云者必是一本據翁覃溪學士跋此帖為
孫退谷侍郎舊物後入李海門太守家不知何時離析為二也去
歲生沐寄到自敘并蘭川所得滙刻本其書脫略蕭散深
得刷字神理今得見蘭川所藏原刻益識廬山真面使人心醉
不已法書非精刻不傳羣玉帖本韓氏閱古帖為向若水所鐫
故能度越諸刻五百年一名世書家難刻手亦不易也飫領十許
日題而還之　道光廿八年戊申三月醇士戴熙書于都下

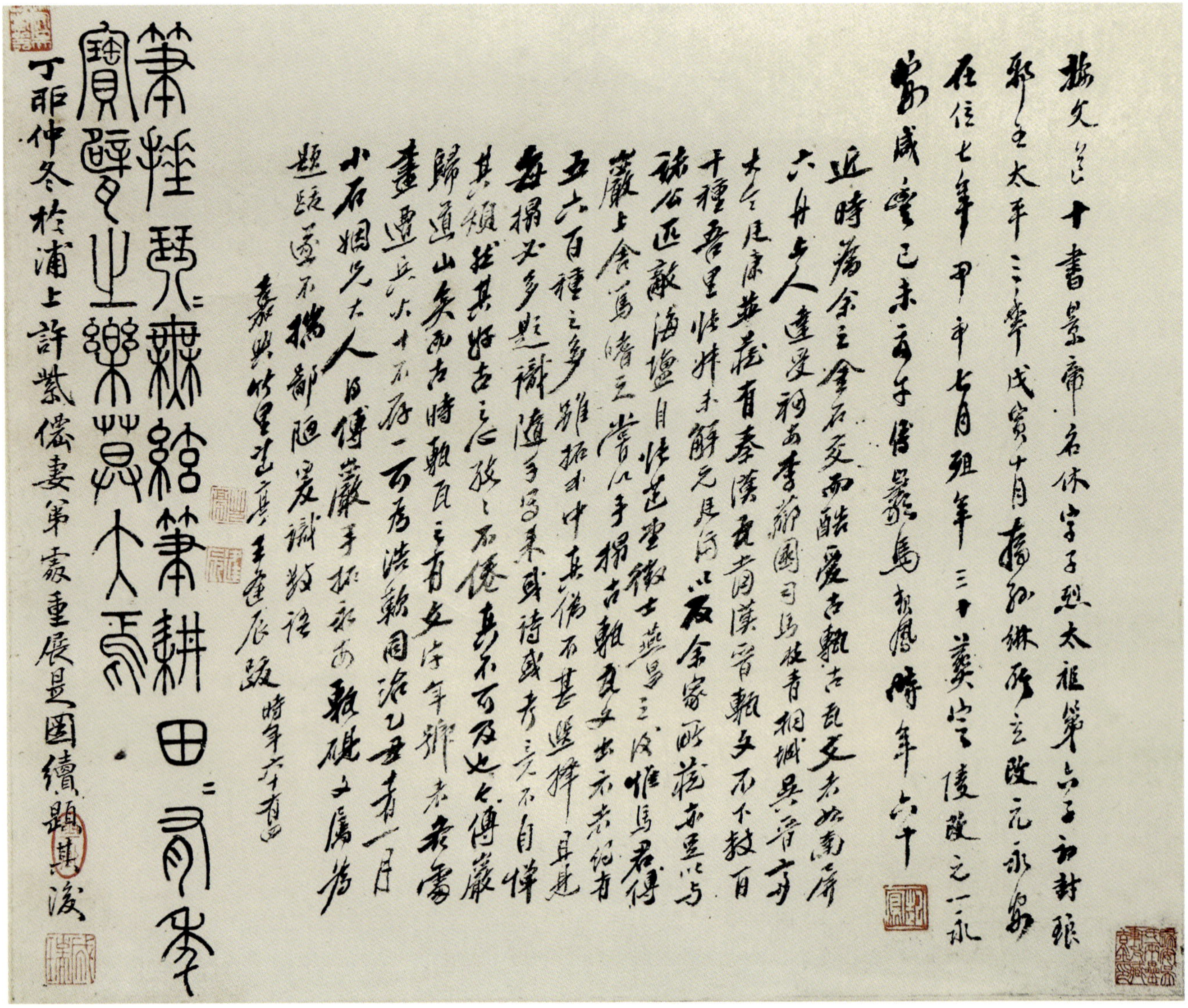

王逢辰

年代：1802—1870

字號：字玉蔭，號芑亭

籍貫：浙江嘉興

釋文：近時爲余之金石交，而酷愛古磚古瓦文者，如南屏六舟上人達受、福安李薌園司馬枝青、桐城吳晉齋大令廷康，并藏有秦漢瓦當、漢晉磚文不下數百十種，吾里張叔未解元廷濟以及余家所藏，亦足以與諸公匹敵。海鹽自張芑堂徵士燕昌之後，唯馬君傅岩上舍篤嗜之，嘗以手拓古磚瓦文出示者，約有五六百種之多。雖拓本中真僞不甚選擇，且見每拓必多題識，隨手寫來，或詩或考，竟不自憚其煩，然其好古之心孜孜不倦，真不可及也。今傅岩歸道山矣，而古時磚瓦之有文字年號者，各處盡遭兵火，十不存一，可爲浩嘆。同治乙丑十有一月，小石姻兄大人得傅岩手拓永安磚硯文屬爲題跋，遂不揣鄙陋，爰識數語。嘉興竹里芑亭王逢辰跋，時年六十有四。

鈐印：芑亭、逢辰

題跋出處：永安琴硯（馬起鳳拓本）

館藏號：J4169

近時為金石交而酷愛古甎古瓦者如南屏
六舟上人達受福山李勢園司馬枝青桐城吳晉亭
大令廷康並蒐有秦漢晉六朝甎文不下數百
十種吾里怪翁未解元廷以及余家所藏亦足以与
張公匹敵海鹽自怡芝室徵士燕昌之後惟馬君傳
巖上舍篤嗜之嘗以手搨古甎文出示者紙有
五六百種之多雖拓本中真偽不甚選擇且是
每搨必多題識隨手得來或詩或考亦不自惜
其煩然其好古之忱孜孜不倦真不可及也乃傳巖
歸道山矣而古時甎瓦之有文字年號者尤處
盡遭兵火十不存一可為浩歎同治乙丑春一月
小石桐兄大人以傳巖手拓本屬甎硯文屬為
題跋遂不揣鄙陋隨筆及識數語
嘉興竹里生六真王逢辰跋 時年六十有四

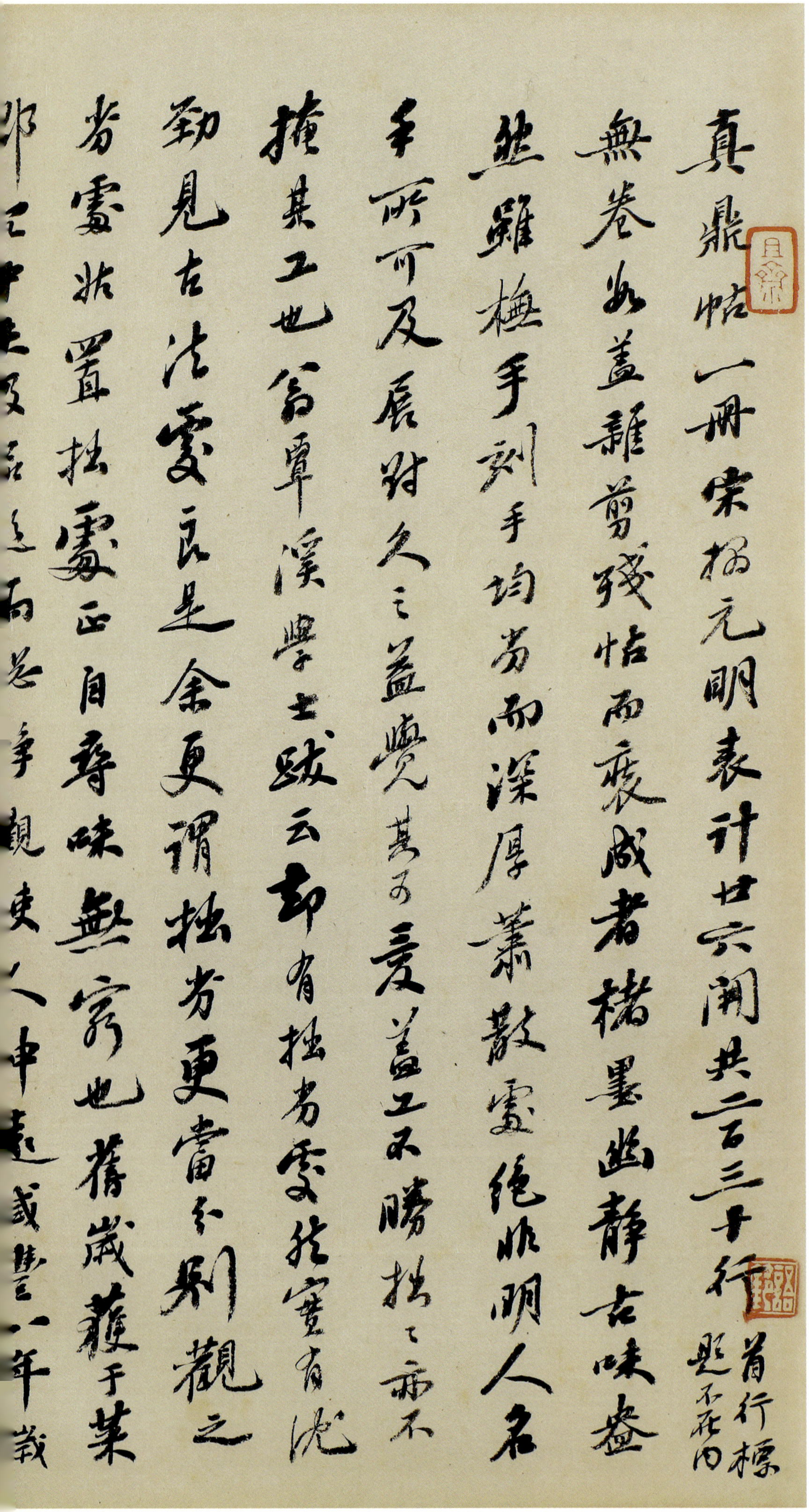

崇恩

年代：1803—1878

字號：愛新覺羅氏，字仰之，號禹舲、敔鈴、香南居士、語鈴道人、雨舲

籍貫：滿洲正紅旗

釋文：真《鼎帖》一册，宋拓元明表，計廿六開，共二百三十行（首行標題不在内）。無卷數，蓋雜剪殘帖而裝成者，楮墨幽静，古味盎然。雖樵手、刻手均劣，而深厚蕭散處絶非明人名手所可及，展對久之，益覺其可愛。蓋工不勝拙，拙亦不掩其工也。翁覃溪學士跋云『却有拙劣處，然實有沉勁見古法處』，良是。余更謂拙劣更當分别觀之，劣處姑置，拙處正自尋味無窮也。舊歲獲于萊郡，冗中未及品題，雨窗静觀，使人神遠。咸豐八年歲

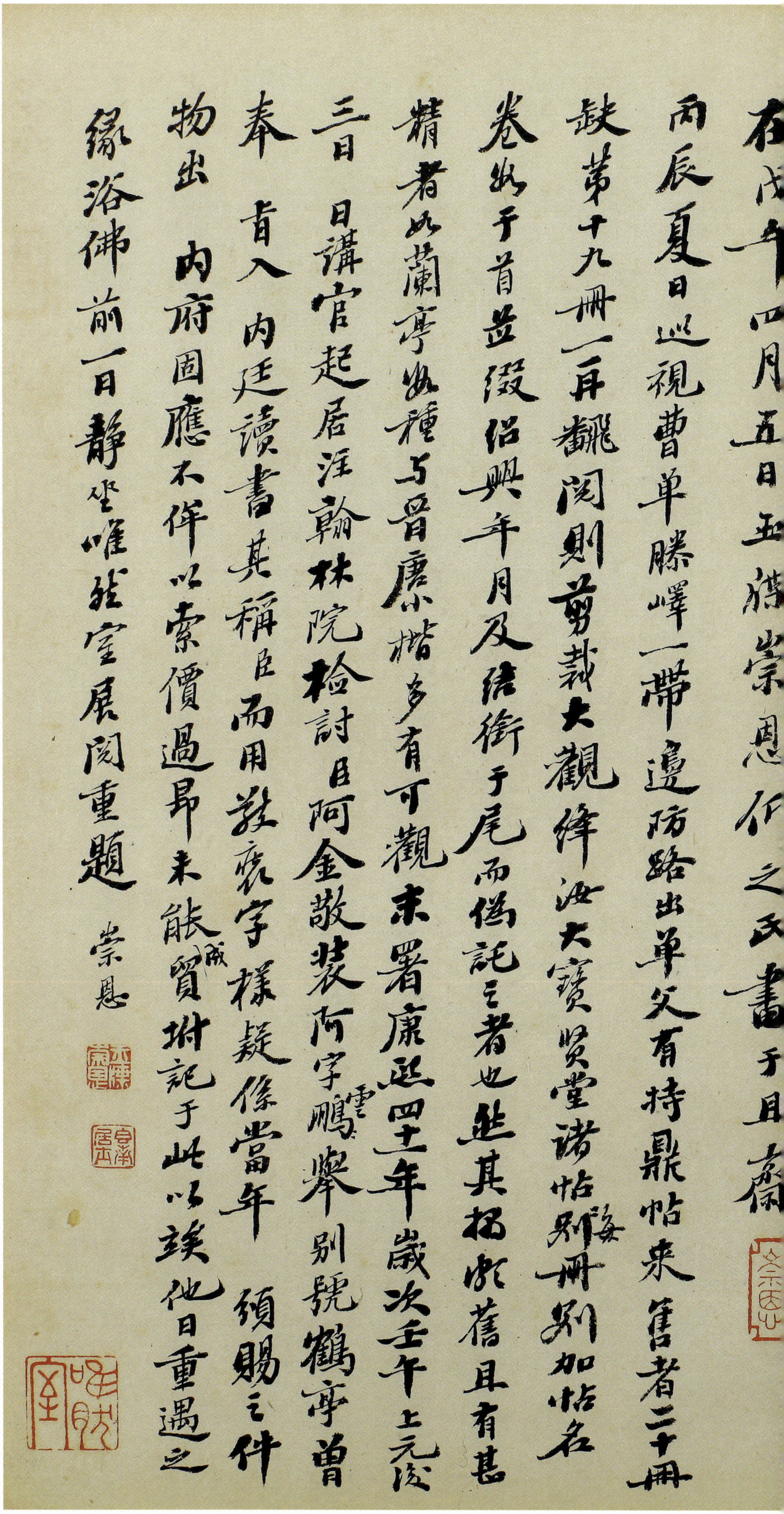

在戊午四月五日，玉牒崇恩仰之氏書于且齋。

鈐印：且齋、語鈐、崇恩

釋文：丙辰夏日，巡視曹單滕嶧一帶邊防，路出單父，有持《鼎帖》來售者，二十册缺第十九册，一再翻閱，則剪裁《大觀》《絳》《汝》《大寶賢堂》諸帖，每册别加帖名、卷數于首，并綴紹興年月及結銜于尾而僞託之者也。然其拓頗舊，且有甚精者如《蘭亭》數種，與晋唐小楷多有可觀，末署『康熙四十一年歲次壬午上元後三日，日講官起居注翰林院檢討臣阿金敬裝』。阿字雲舉，别號鶴亭，曾奉旨入内廷讀書，其稱臣而用『敬裝』字樣，疑係當年頒賜之件，物出内府，固應不侔。以索價過昂，未能成貿，附記于此，以竢他日重遇之緣。浴佛前一日，静坐唯然室，展閲重題，崇恩。

鈐印：玉牒崇恩、香南居士、唯然室

題跋出處：鼎帖（翁方綱藏本）

館藏號：18A355

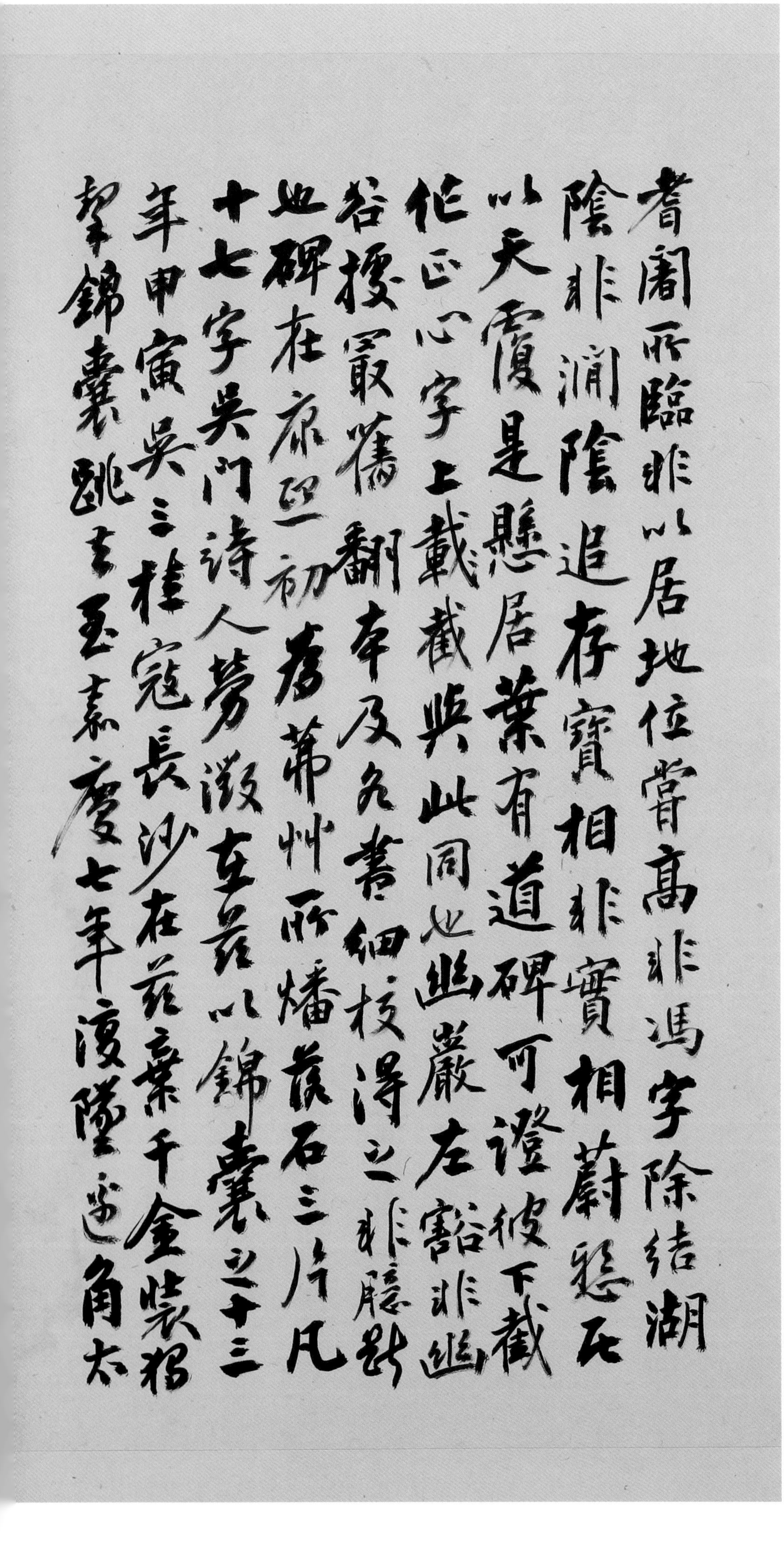

羅汝懷

年代：1804—1880

字號：字彥生、研生、念生，號梅根居士

籍貫：湖南湘潭

釋文：『耆闍所臨』非『以居』，『地位嘗高』非『馮』字，『除結湖陰』非『澗陰』，『追存寶相』非『實相』，『蔚懸居以天覆』是『懸居』，《葉有道碑》可證，彼下截作正心字，上截與此同也。『幽岩左豁』非『幽谷』，據最舊翻本及各書細校得之，非臆斷也。碑在康熙初爲苐草所燔，落石三片，凡十七字，吳門詩人勞澂在茲以錦囊之。十三年甲寅，吳三桂寇長沙，在茲棄千金裝，獨挈錦囊跳去。至嘉慶七年，復墜邊角，太

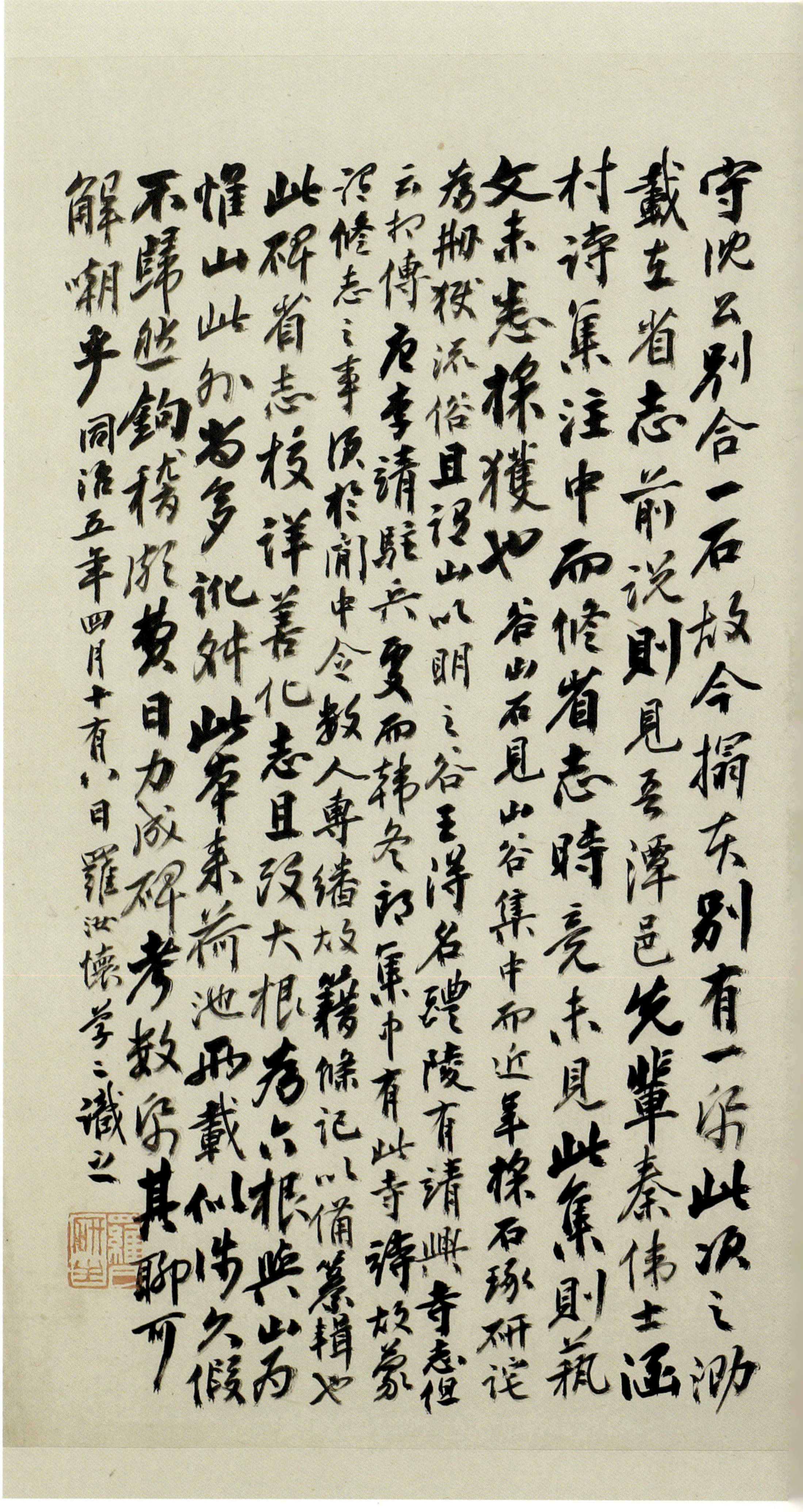

守沈公别合一石，故今拓本别有一紙。此次之泐載在《省志》，前説則見吾潭邑先輩秦偉士《涵村詩集》注中，而修《省志》時竟未見此集，則藝文未悉采獲也。谷山石見《山谷集》中，而近年采石琢研，詫爲創獲，流俗且謂山以明之谷王得名，醴陵有《靖興寺志》，但云相傳唐李靖駐兵處，而《韓冬郎集》中有此寺詩，故蒙詔修志之事，須於閑中令數人專繙故籍條記以備纂輯也。此碑《省志》校詳，《善化志》且改『大根』爲『六根』，『與山』爲『惟山』，此外尚多訛舛。此本來荷池兩載，似涉久假不歸，然鈎稽頗費日力，成碑考數紙，其聊可解嘲乎。同治五年四月十有八日，羅汝懷草草識之。

鈐印：羅氏研生

題跋出處：麓山寺碑（何紹基藏本）

館藏號：17A333

惠兆壬

年代：生卒年不詳，活躍于清代道光咸豐年間

字號：原名惠潤，字秋韶

籍貫：浙江仁和

釋文：右王羲之《蘭亭序》唐朝命馮承素、諸葛正之流於真迹上雙鈎摹當日賜本，紹興八年十二月十二日臣米友仁審定恭題。繭紙入昭陵，世不復見，雖有當時拓賜本，傳刻又多不同，皇朝諸名公始以定武古刻號爲善本，然亦莫考。其實今獲此帖乃米老平生所寶者，前後題識可信不誣，且書史登載尤詳，真希世之珍也，於是命工精加橅勒，鐫之堅珉，以示同好。時嘉熙庚子歲端午日，西秦張澂清叔書。

文皇始得《蘭亭》真迹，命湯普徹、馮承素、諸葛貞、趙模各臨拓

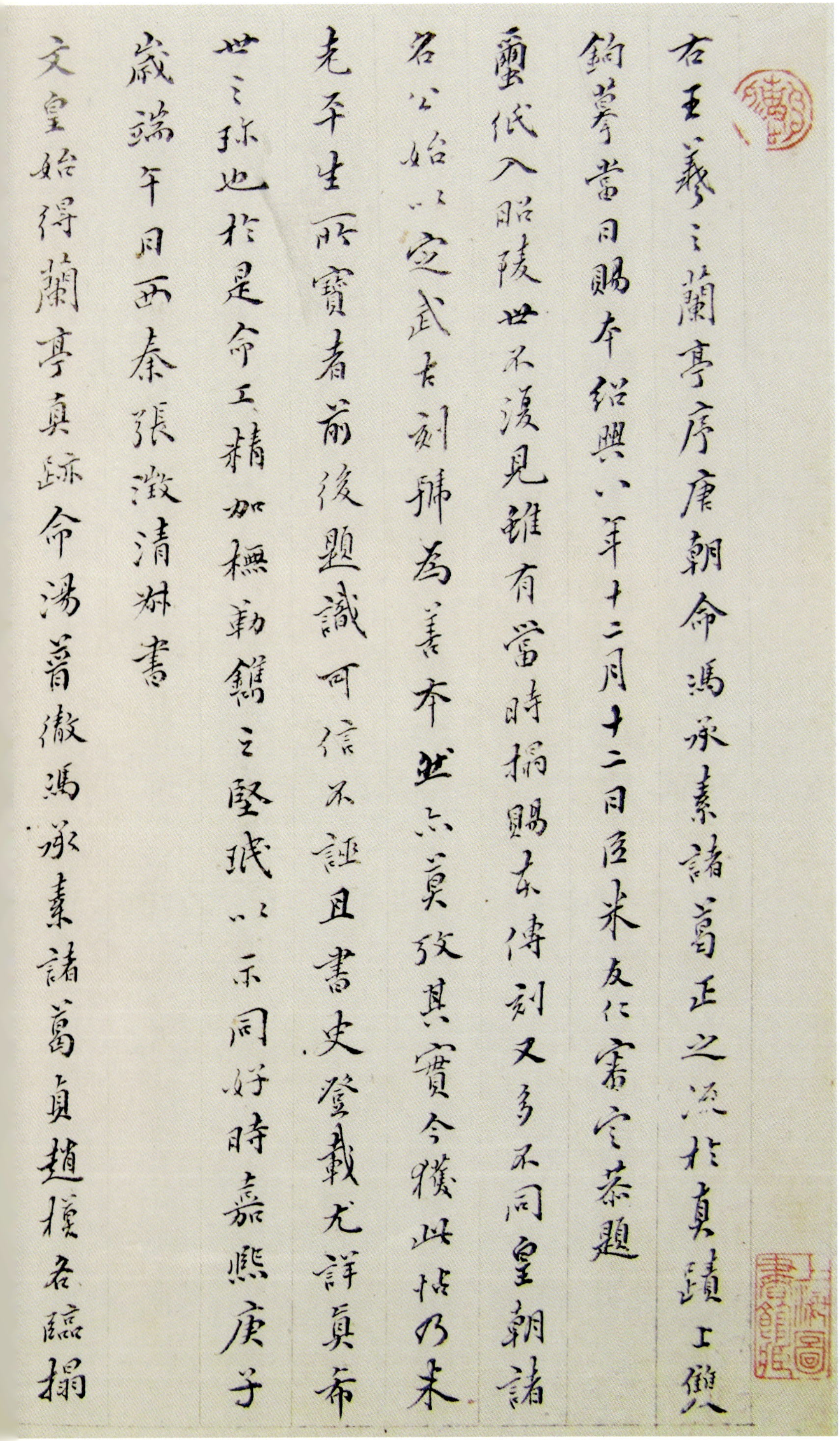

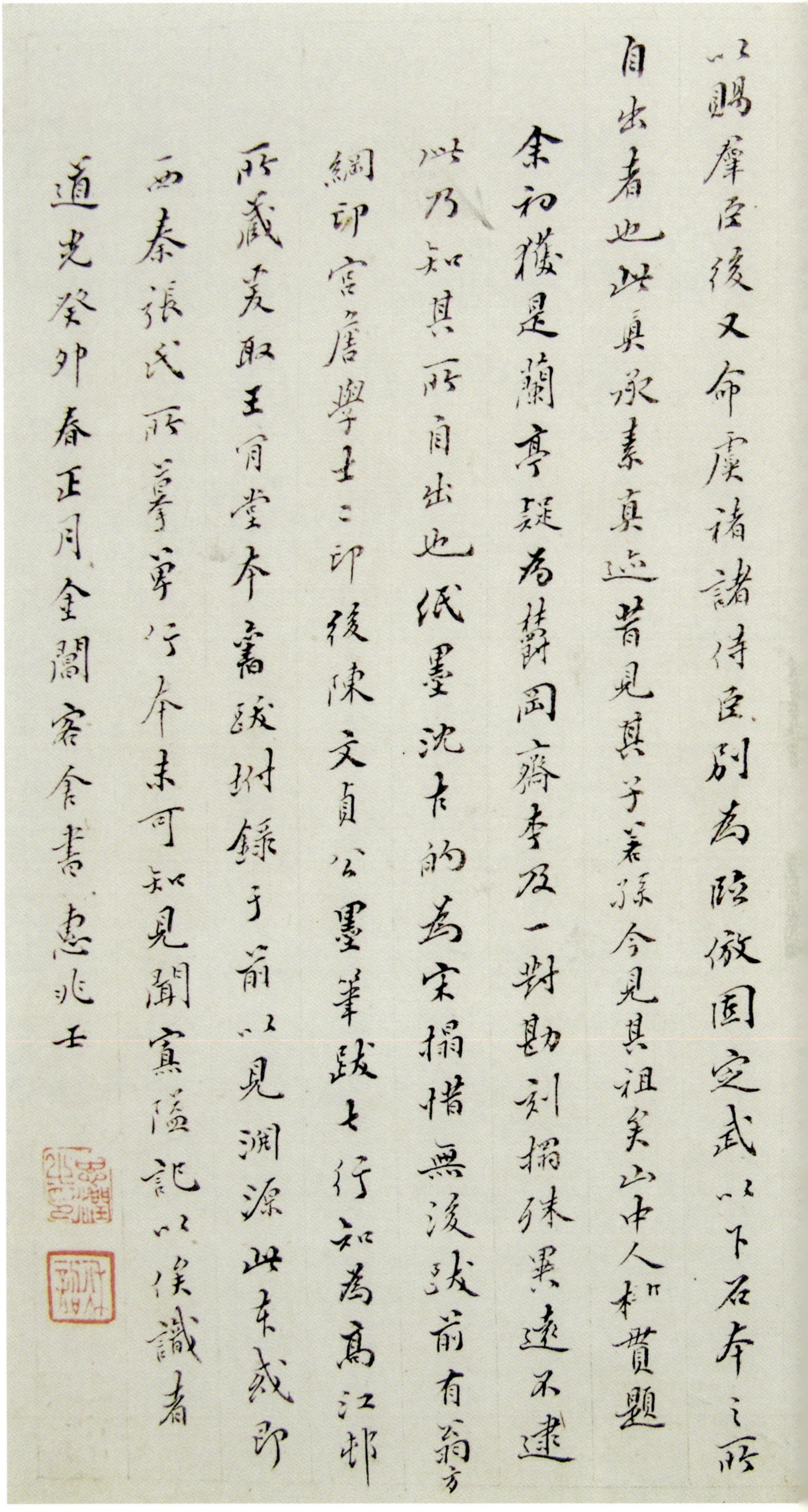
以賜羣臣後又命虞褚諸侍臣别為臨倣固定武以下石本之所
自出者也此真承素真迹昔見其子若孫今見其祖矣山中人柳貫題
余初獲是蘭亭疑為鬱岡齋本及一對勘刻搨殊異遠不逮
此乃知其所自出也紙墨沈古的為宋搨惜無後跋前有翁方
綱印宫詹學士二印後陳文貞公墨筆跋七行知為高江邨
所藏爰取王肯堂本舊跋附録于前以見淵源此本或即
西秦張氏所摹單行本未可知見聞寡陋記以俟識者
道光癸卯春正月金閶客舍書 惠兆壬

以賜群臣，後又命虞、褚、諸侍臣別爲臨仿，固定武以下石本之所自出者也。此真承素真迹，昔見其子若孫，今見其祖矣。山中人柳貫題。

余初獲是蘭亭，疑爲鬱岡齋本，及一對勘，刻拓殊異，遠不逮此，乃知其所自出也。紙墨沈古，的爲宋拓，惜無後跋，前有翁方綱印、宫詹學士二印，後陳文貞公墨筆跋七行，知爲高江村所藏，爰取王肯堂本舊跋附録于前，以見淵源。此本或即西秦張氏所摹單行本未可知，見聞寡陋，記以俟識者。

道光癸卯春正月，金閶客舍書，惠兆壬。

鈐印：惠潤之印、秋韶

題跋出處：游絲蘭亭序（惠兆壬藏本）

館藏號：S2477

葉道芬

年代：生卒年不詳，活躍于清代道光咸豐年間

字號：字君蘭，號香士、衆香居士

籍貫：江蘇吴縣

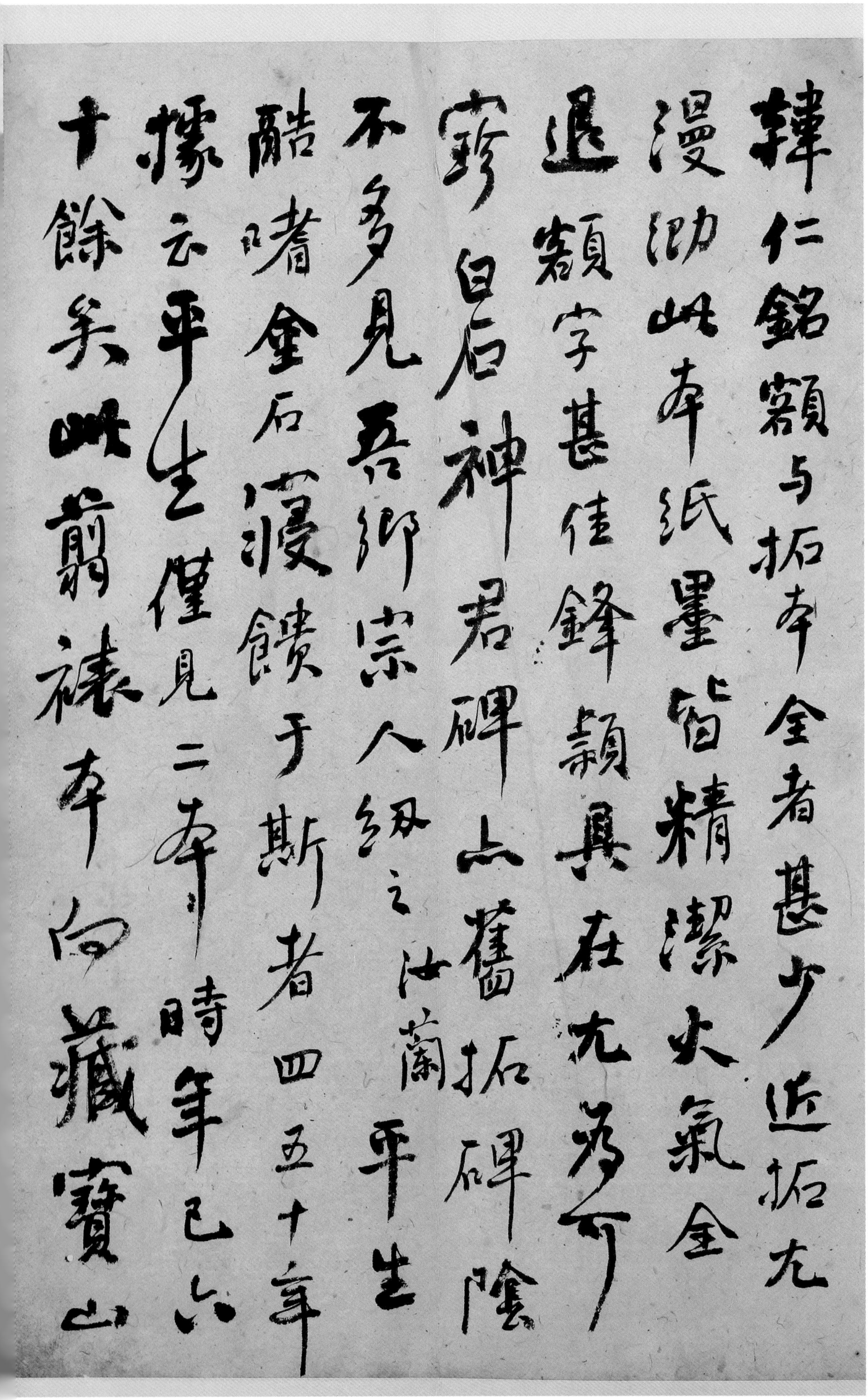

釋文：《韓仁銘》額與拓本全者甚少，近拓尤漫泐。此本紙墨皆精潔，火氣全退，額字甚佳，鋒穎具在，尤爲可寶。《白石神君碑》亦舊拓，碑陰不多見。吾鄉宗人紉之汝蘭平生酷嗜金石，寢饋于斯者四五十年。據云平生僅見二本，時年已六十餘矣。此翦裱本向藏寶山

印印川丈康祚鷗天閣。丈僑居蘇州閶門外上津橋西萬勝街，今歿已十七年，藏物盡已散亡。丈家三世皆有古癖，收藏金石書畫圖籍甚夥，丈歿而盡同銀杯之化。古人重有賢子孫，豈不然歟？道芬生有

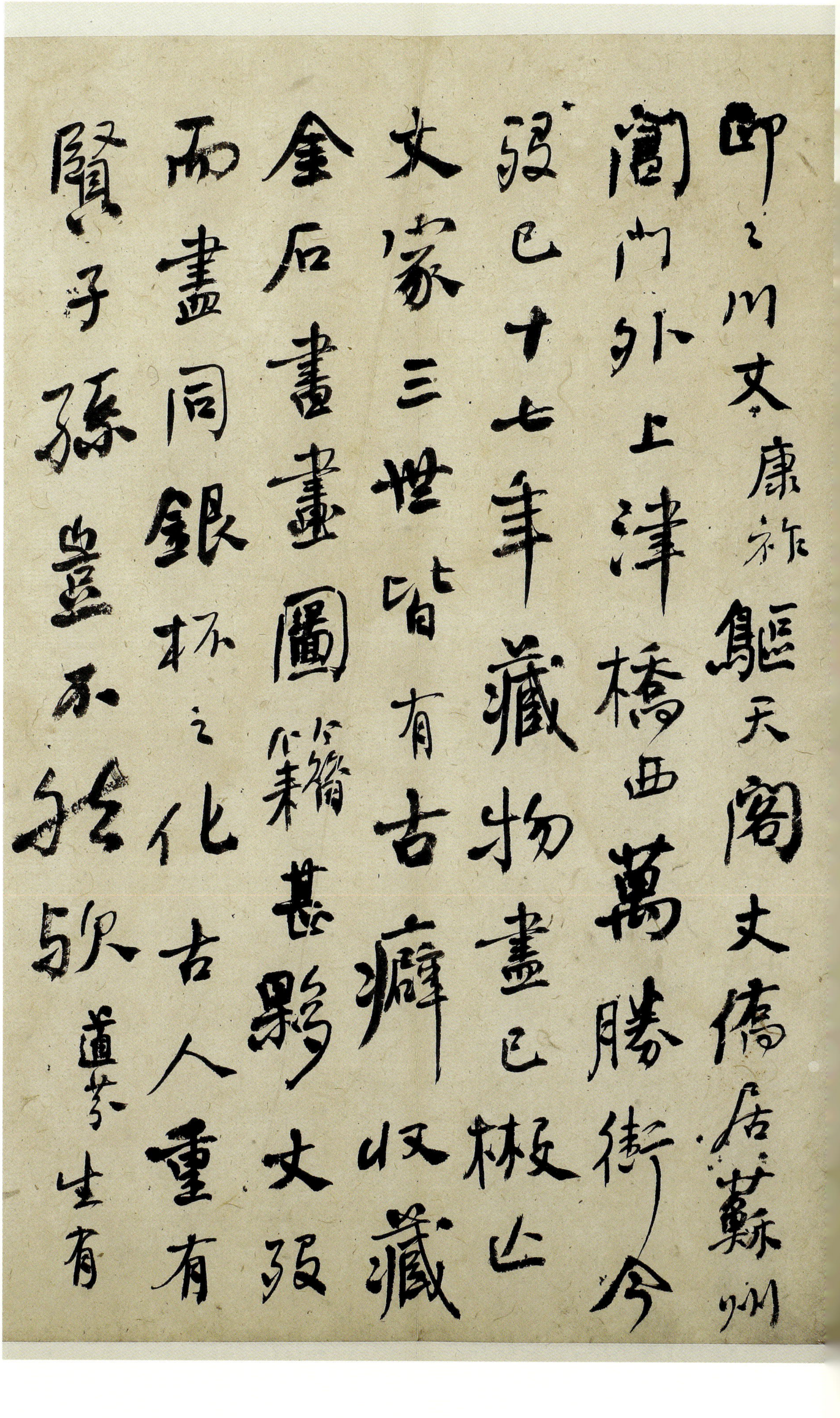

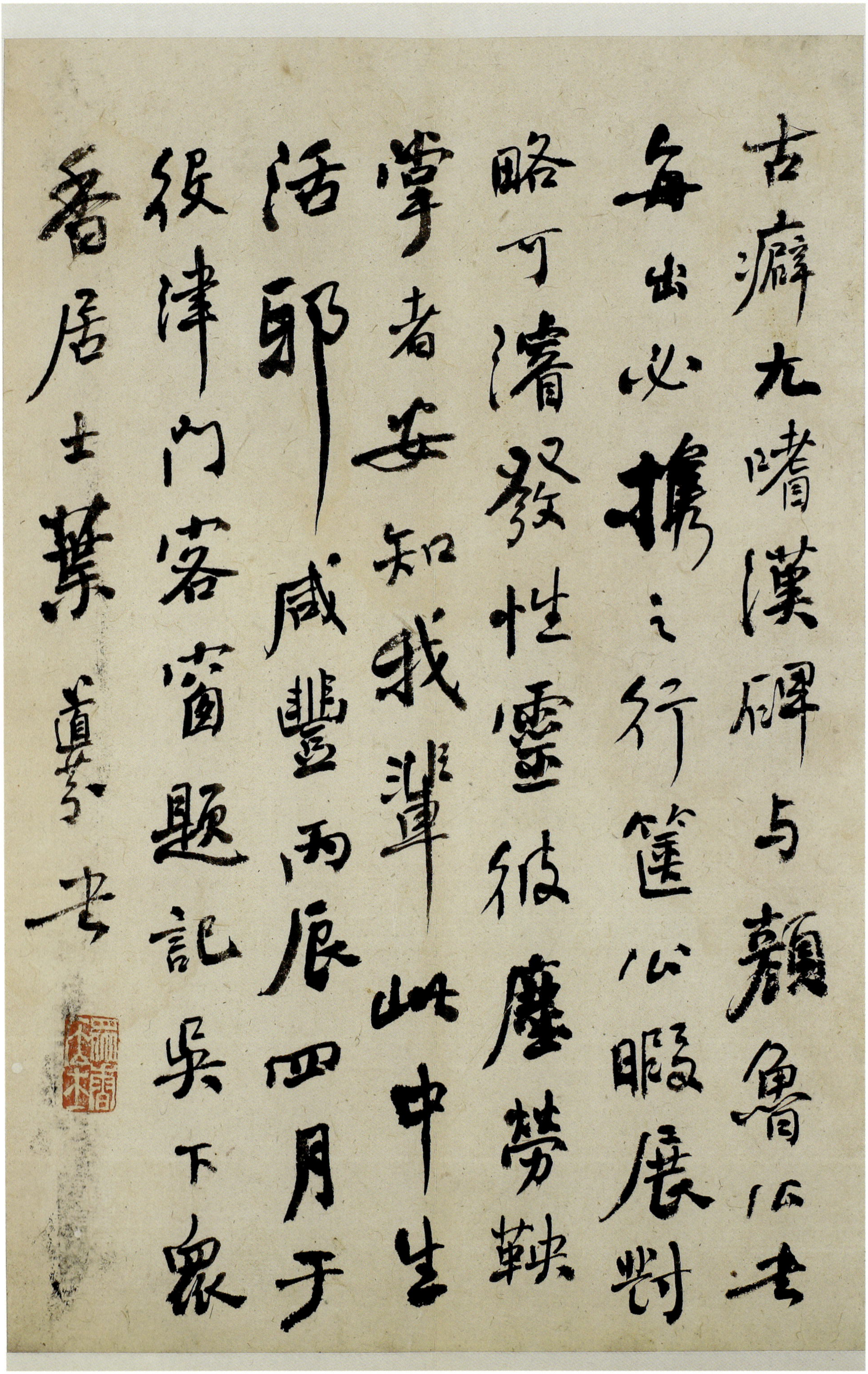

古癖，尤嗜漢碑與顔魯公書，每出必携之行篋，公暇展對，略可濬發性靈，彼塵勞鞅掌者安知我輩此中生活耶？咸豐丙辰四月，于役津門，客窗題記。吴下衆香居士葉道芬書。

鈐印：衆香居士

題跋出處：韓仁銘（龔心釗藏本）

館藏號：48B821

葉名澧

年代：1811—1859

字號：字潤臣，號翰源

籍貫：湖北漢陽

釋文：儉卿封翁於淮安書肆得《北宋汴學石經》殘字一束，裝爲四大册，內有《孟子》三十七紙，郵寄以示名澧。考汴學刊石奉詔於宋仁宗至和元年，畢工於嘉祐六年，凡九經。李燾《續資治通鑒長編》：嘉祐六年六月庚申，賜草澤章友直銀百兩、絹百匹，以篆國子監《石經》成，除試將作監主簿，不理選限，辭不受，故有是賜。是當時寫經者，不僅趙克繼、楊南仲諸人也。王氏昶《金石萃編》未著録；錢氏大昕《金石文跋尾續》、畢氏沅《中州金石記》所見惟殘本《周禮》一種。畢氏嘗詢之開封學官，是刻修學時已作瓴甓，僅存《周禮》卷一至卷五數石於陳留耳。《宋史》及《玉海》言書寫諸經皆無《孟子》。吴氏玉搢《金石存》云嘗見四大册於吴門薄氏，乃《尚書》《周禮》《禮記》《孟子》。文辨『挾太山以超北海』，書『超』爲『起』之誤，不言某經若干卷。元時有修復《汴梁石經》之舉，翟氏灝《四書考異》引李師聖《記》云：『汴梁舊有《六經》，《論語》《孝經》石本殘缺漫剥。參政也先帖木兒慨然以爲己任，不數月復還舊觀。《孟子》七篇猶闕，然欲增置而期會拘迫，有司請爲後圖。』據此，汴學初刊諸石，即有《孟子》在內。《宋史》《玉海》不之及者，其時亡佚已久，王伯厚及修史諸公不復知有此石，蓋其疏也。李師聖所舉《六經》之外有《論語》《孝經》，是《九經》尚屬未備。宋以《孟子》升經，并《論語》《孝經》爲『三小經』，正《玉海》所云《六經》之外增置三經，是以得有《九經》之名。周密《癸辛雜識》『太學《九經》石版堆積如山』，乃其明證矣。蓋宋自大中祥符間命孫奭作《音義》，爲尊信《孟子》之始。厥後仁宗刊石立學，表章之功更大。至晁公武《郡齋讀書志》，謂宣和中席旦知成都刊《孟子》，以補《孟蜀石經》之闕，殆因汴學而踵行之者歟。此本紙墨精善，其爲北宋所拓無疑。李師聖既未修復完具，終元之世又不聞增置之議，王伯厚徵引亦不及此，則宋南渡後蓋已鮮有流傳者。碎玉零璣，幸而獲存，可寶也夫。咸豐八年歲在戊午立夏前一日，漢陽葉名澧記。

鈐印：葉名澧、潤臣草稿

題跋出處：嘉祐石經卷（瞿鴻禨藏本）　館藏號：49B839

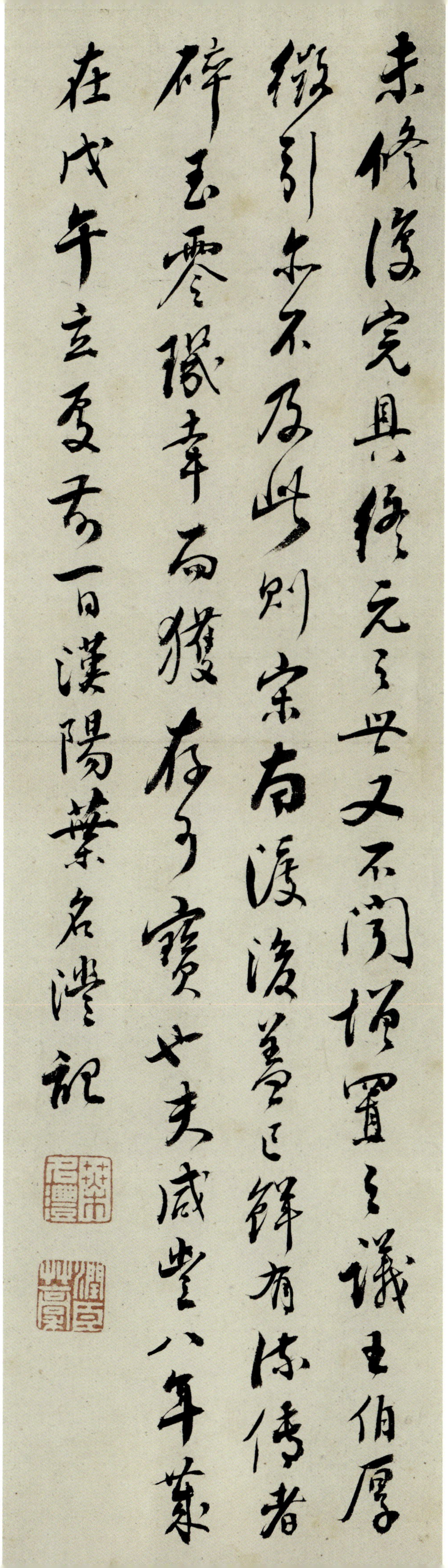

徐鄉封翁於淮安書肆得北宋汴學石經殘
字一束裝為四大冊內有孟子三十七紙鄭寄以宋石濟
考汴學刊石事始於宋仁宗至和元年畢工於嘉
祐六年凡九經李燾續資治通鑑長編嘉祐六年
六月庚申賜草澤章友直銀百兩絹百疋以篆國子監
石經成除試將作監主簿不赴選限辭不受故有是賜
是當時寫經者不僅趙克繼楊南仲諸人也王氏昶
金石萃編未著錄錢氏大昕金石文跋尾續畢氏沅中
州金石記所見惟殘本周禮一種畢氏嘗詢之開封學
官是刻脩學時已作飯碾僅存周禮卷一至卷五數
石於陳簡耳宋史及玉海只書寫諸經皆無孟子吳
氏玉搢金石存亦嘗見四大冊於吳門蔣氏乃尚書周禮禮
記孟子又謂摹太山以趙北海書趙為起之誤不言
某經若干卷元時有修復汴梁石經之舉瞿氏灝四
書考異引李師聖記云汴梁憲事六經論語孝經
石本殘缺漫剝參政也先帖木兒慨然以為己任不

朴近本云云沿南於此汴學初刊諸石即有孟子在内宋史玉海不之及者其時已佚已久王伯厚及修史諸公不復知有去石蓋其號也李師聖所舉六經之外孟子論語孝經是九經尚屬未備宋以孟子升經並論語孝經為之小經正玉海所云六經之外增置之經是以得有九經之名周密癸辛雜識太學九經石版堆積如山乃其明證矣蓋宋自大中祥符間命孫奭作音義為首作孟子之始厥後仁宗刊石立學表章之功更大晁公武郡齋讀書志謂宣和中席旦知成都刊孟子以補蜀石經之闕殆因汴學而踵行之者歟此本紙墨精善其為北宋原拓無疑李師聖既未修復完具經元之世又不聞增置之議王伯厚徵引亦不及此則宋南渡後舊已鮮有流傳者碎玉零璣幸而獲存可寶也夫咸豐八年歲在戊午立夏前一日漢陽葉名澧記

莫友芝

年代：1811—1871

字號：字子偲，號郘亭、紫泉、眲叟

籍貫：貴州獨山

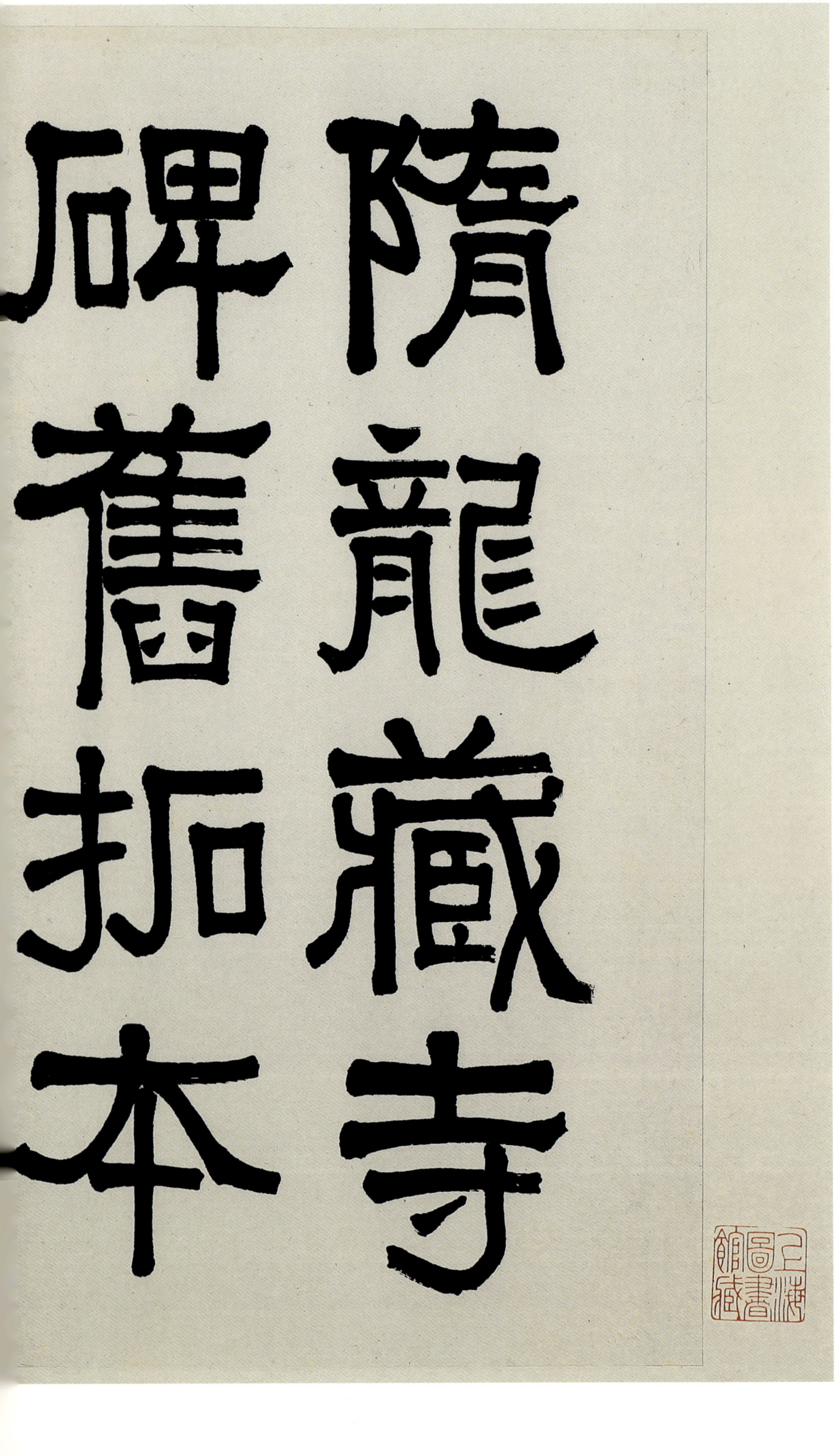

釋文：隋龍藏寺碑舊拓本。真書至初唐極盛，而初唐諸家精詣，北朝無不具有，至開皇、大業間，即初唐矣。此碑置諸登善諸石中，直無以別，知即所從出也。前乎此武平六年《道興造象記》，後乎登善《王居士磚塔銘》，皆是一家眷屬。前輩至謂《塼塔》乃集此碑字爲

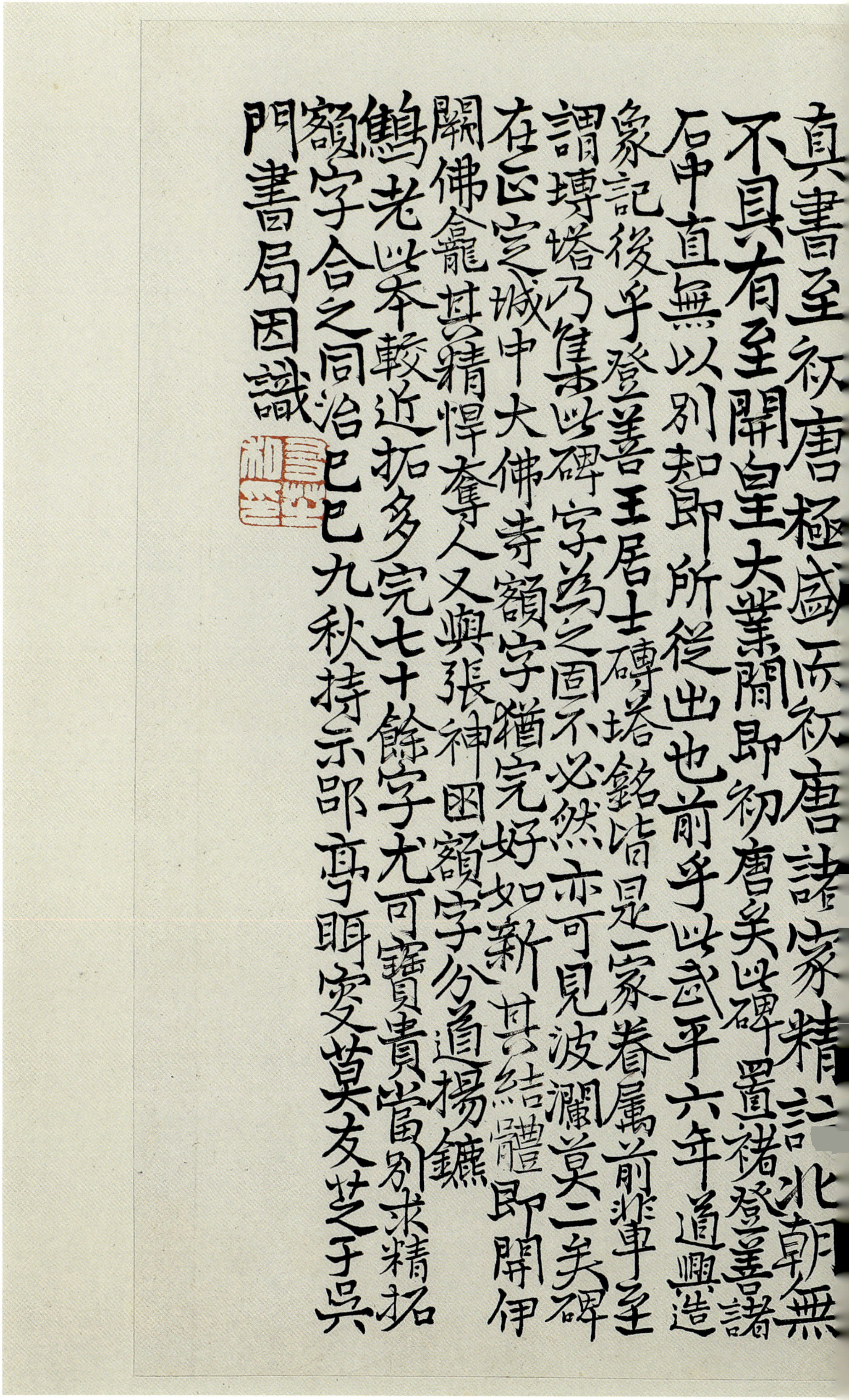

之，固不必然，亦可見波瀾莫二矣。碑在正定城中大佛寺，額字猶完好如新，其結體即開《伊闕佛龕》，其精悍奪人又與《張神囧》額字分道揚鑣。鵠老此本較近拓多完七十餘字，尤可寶貴，當別求精拓額字合之。同治己巳九秋，持示郘亭眲叟莫友芝于吳門書局，因識。

鈐印：友芝私印

題跋出處：龍藏寺碑（唐翰題藏本）

館藏號：18A342

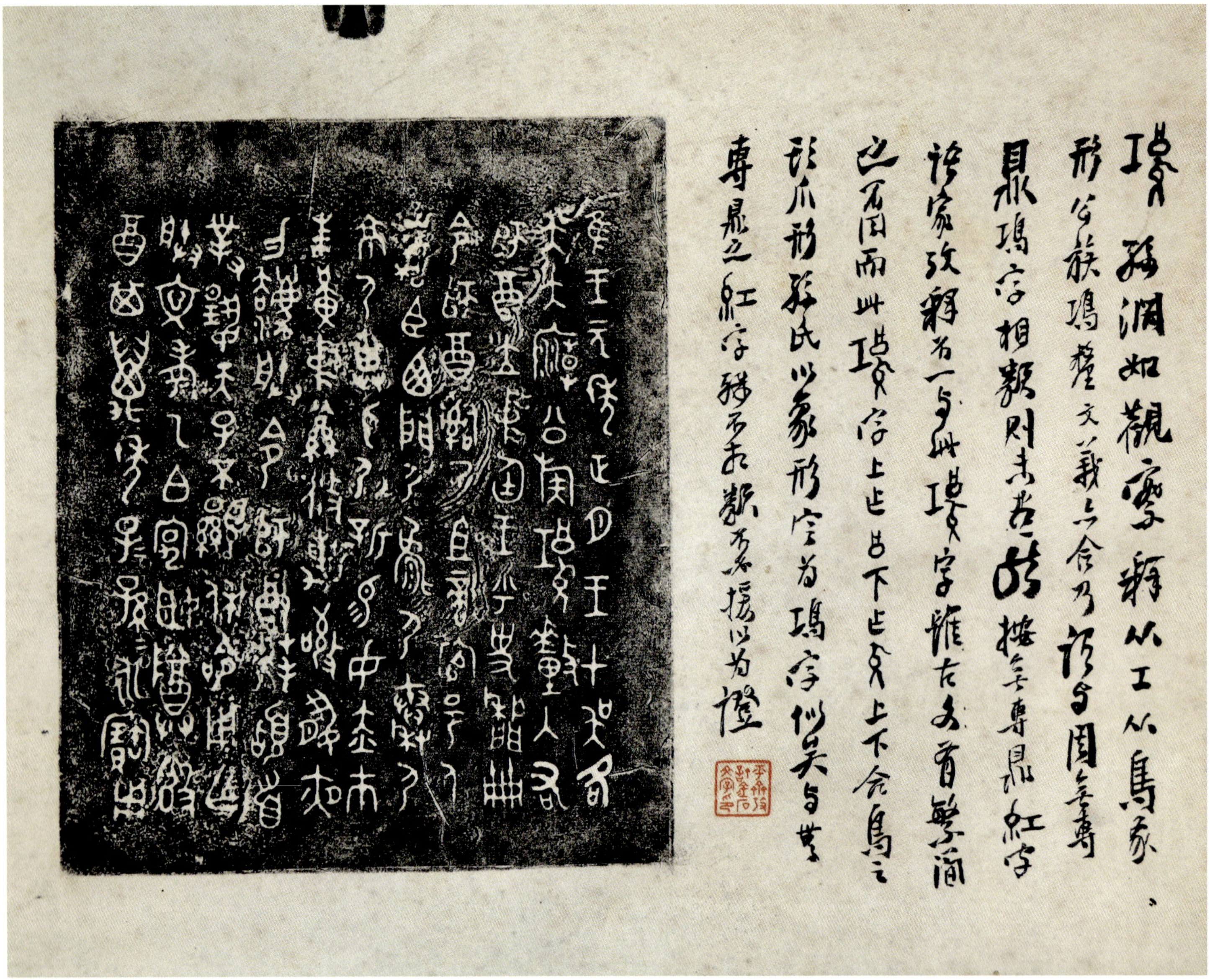

吴雲

年代：1811—1883

字號：字少甫，號平齋、抱罍子、退樓、愉庭

籍貫：浙江歸安

釋文：『□』孫淵如觀察釋从『工』从『鳥』象形，公族鳿鳘，文義亦合，乃謂與周《無專鼎》『鳿』字相類，則未盡然。按：《無專鼎》『紅』字，諸家考釋名一與此『□』字，雖古文有繁簡之不同，而此『□』字，上作『□』，下作『□』，上下合鳥之頭爪形，孫氏以象形定爲『鳿』字似矣。與《無專鼎》之『紅』字殊不相類，不必援以爲證。

鈐印：平齋考訂金石文字印

瑂珛潤如觀寧辮以工以鳥象

形宇雖獲瑪聲文戈二合乃諧含圓含尋

鼎瑪容相敦則未嘗的擦二尋鼎紅字

諸家攷釋若一与此瑪字雖在为首釁简

之乃圀而此瑪容上比下比交上下含鳥三

张爪形张氏以象形宇为瑪字似吳旦世

專鼎之紅字殊多而數者不接以为燈

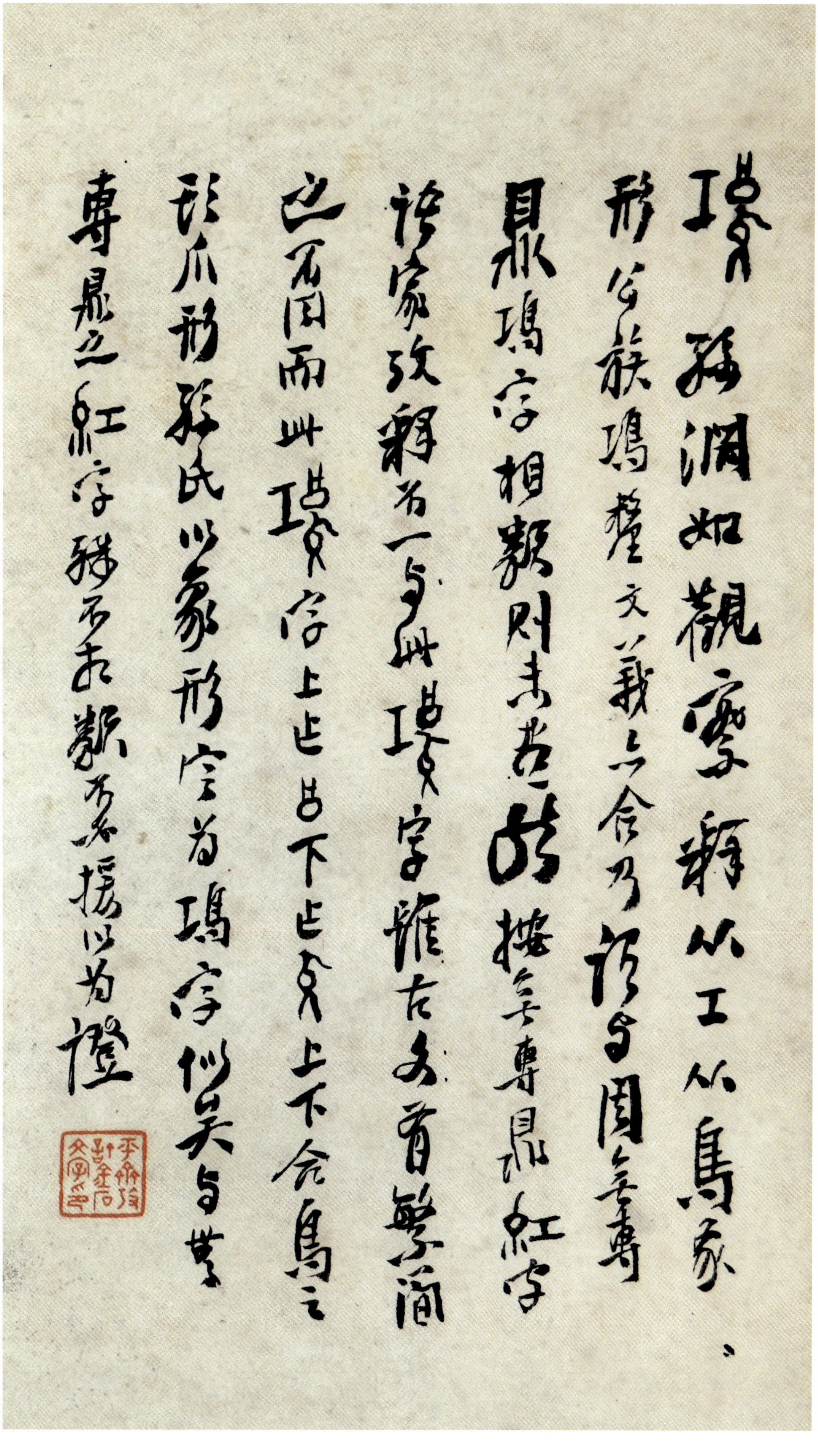

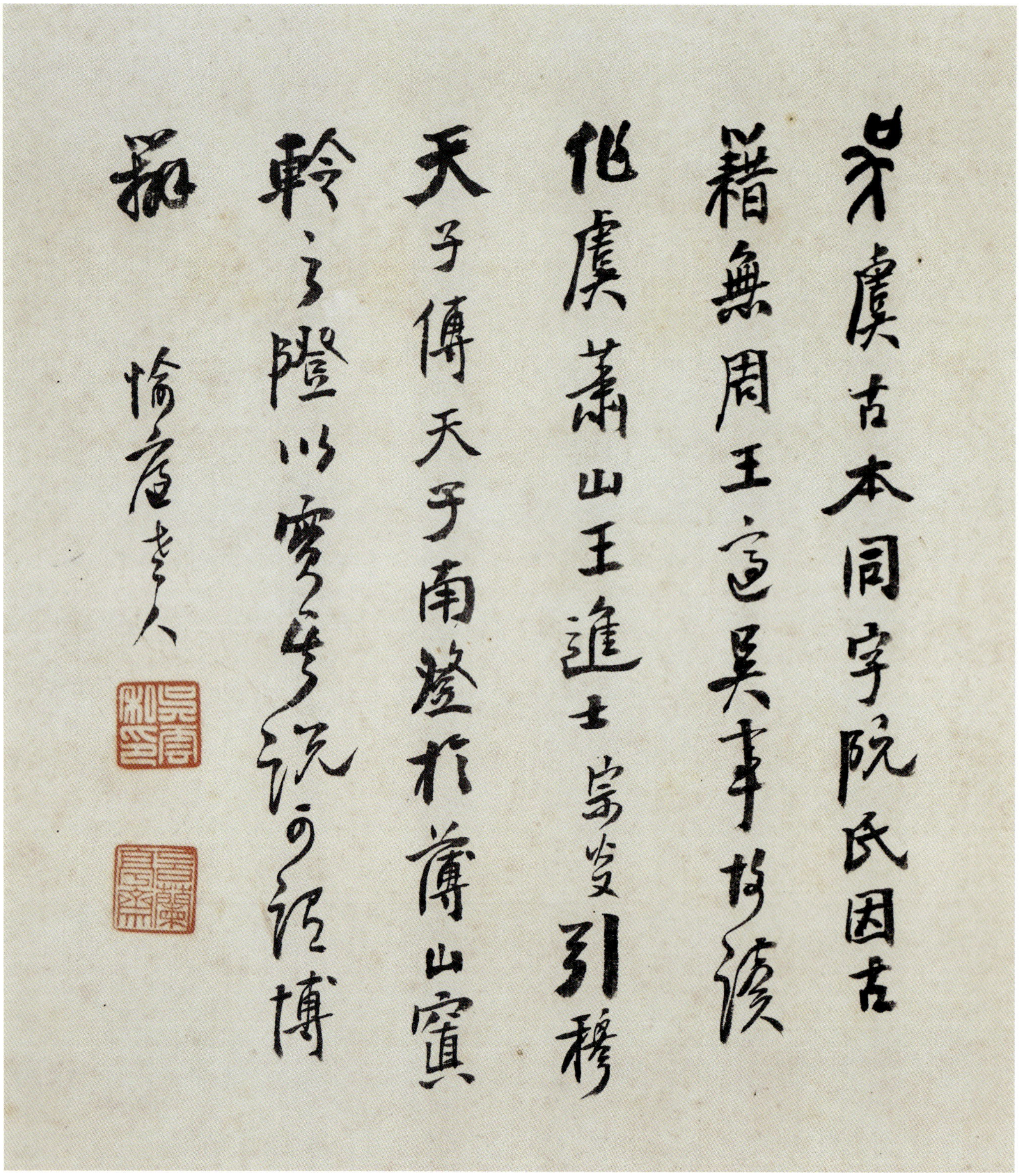

釋文：『吳』『虞』古本同字，阮氏因古籍無周王適吳事，故讀作『虞』，蕭山王進士宗炎引《穆天子傳》『天子南登於薄山窴軨之隥』以實其說，可謂博辨。愉庭老人。

鈐印：吳雲私印、二百蘭亭齋

題跋出處：師酉簋阮元藏器乙（吳雲跋本）

館藏號：Z2262

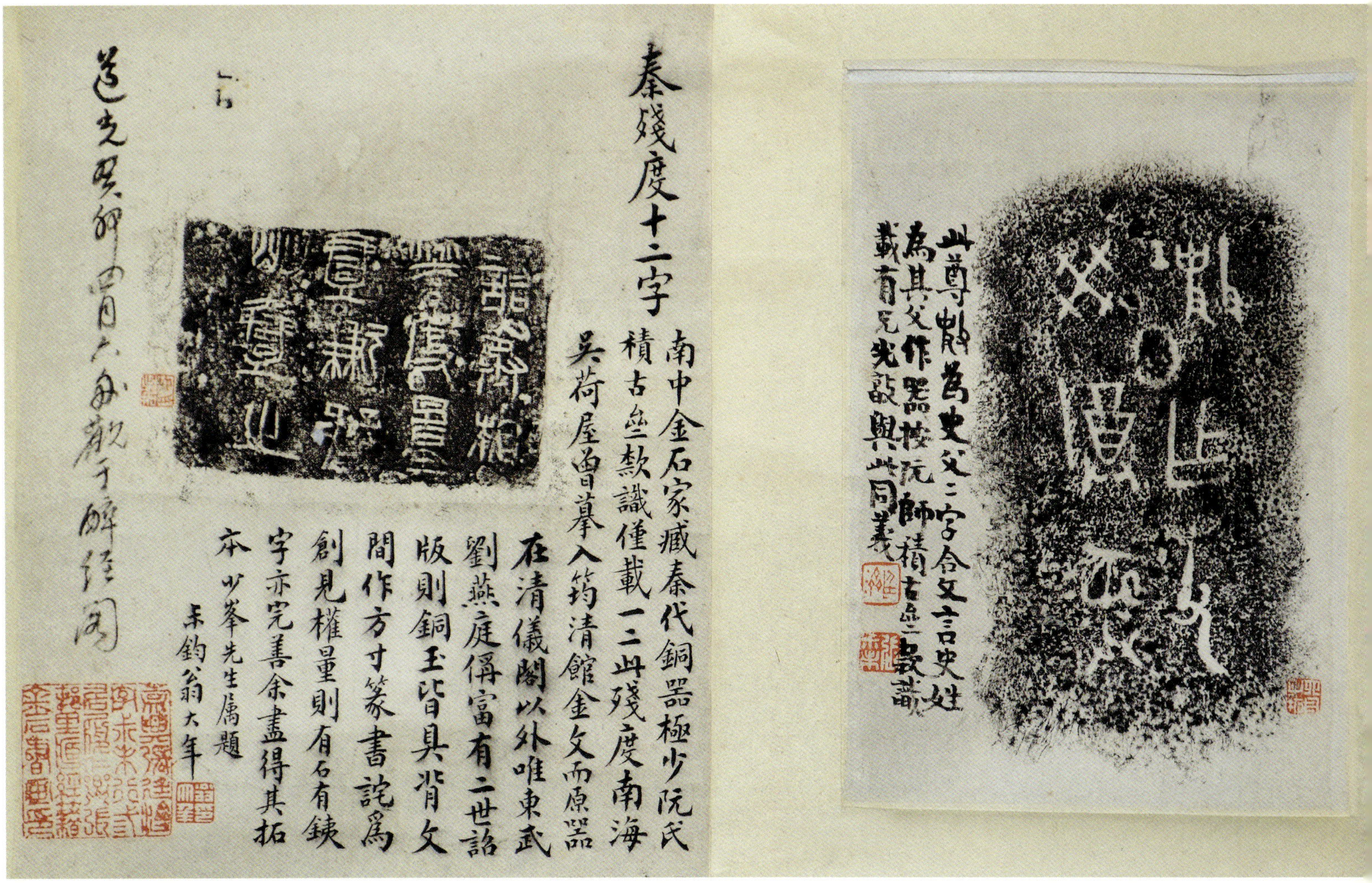

翁大年

年代：1811—1890

字號：初名鴻，字叔鈞，又字叔均，號陶齋

籍貫：江蘇吴江

釋文：秦殘度十二字。南中金石家藏秦代銅器極少，阮氏《積古齋款識》僅載一二。此殘度南海吴荷屋曾摹入《筠清館金文》，而原器在清儀閣，以外唯東武劉燕庭稱富有，二世詔版則銅玉皆具，背文間作方寸篆書，詫爲創見，權量則有石有鐵，字亦完善，余盡得其拓本。少峰先生屬題。叔鈞翁大年。

鈐印：翁大年印

題跋出處：鼎彝款識四軸（張廷濟跋本）

館藏號：Z1670

秦殘度十二字

南中金石家藏秦代銅器極少阮氏積古齋款識僅載一二此殘度南海吳荷屋曾摹入筠清館金文而原器在清儀閣以外唯東武劉燕庭偁富有二世詔版則銅玉皆具背文間作方寸篆書詫爲創見權量則有石有鐵字亦完善余盡得其拓本 少峯先生屬題

叔鈞翁大年

楊沂孫

年代：1813—1881

字號：字子與，號詠春、泳春、濠叟、觀濠居士、老吃

籍貫：江蘇常熟

釋文：咸豐庚申，常邑亂後，同人多寄食滬上，趙君次矦得此善本，雖於艱窘之中，亦遂其嗜古之念，同寓通州時，曾爲詠之。越八年辛未夏，重裝池，屬沂孫記之。

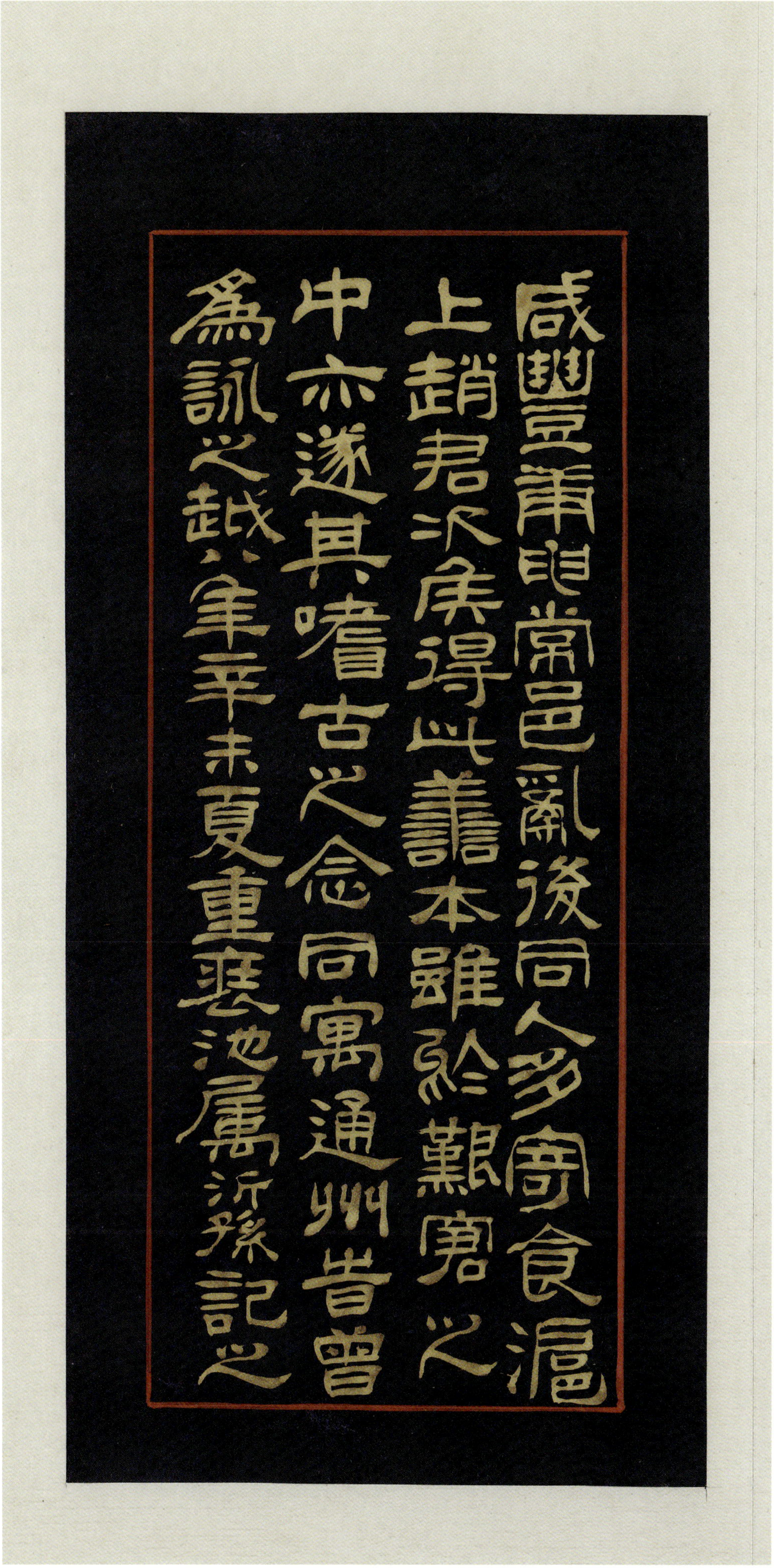
咸豐庚申常邑亂後同人多寄食滬
上趙君次矦得此善本雖於艱窘之
中亦遂其嗜古之念同寓通州時曾
爲詠之越八年辛未夏重裝池屬
沂孫記之

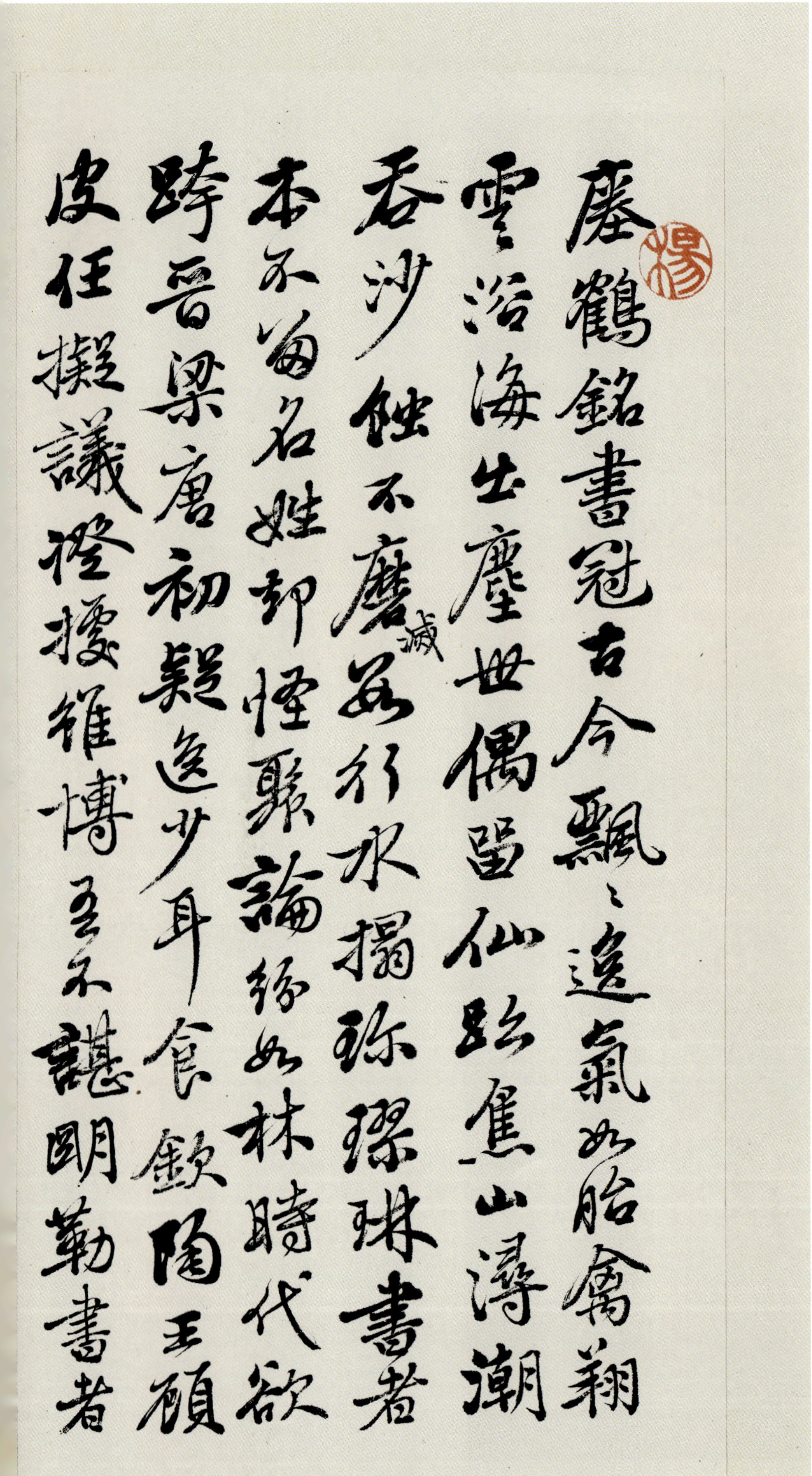

釋文：

《瘞鶴銘》書冠古今，飄飄逸氣如胎禽。翔雲浴海出塵世，偶留僊迹焦山潯。潮吞沙蝕不磨滅，數行水拓珍璆琳。書者本不留名姓，却怪聚論紛如林。時代欲跨晉梁唐，初疑逸少耳食欽。陶王顧皮任擬議，證據雖博吾不諶。明勒書者上皇樵，何必舍此重追尋。撰銘首列華陽逸，後署立石三人參。夆山徵君丹陽尉，江陰真宰力共任。韵事奇文久不朽，一時隱逸能同心。即今浩劫江南北，招隱能得幾斷金。唱予和汝調格磔，孤鶴一聲空在陰。浮玉樓臺罹烽火，焦山林木

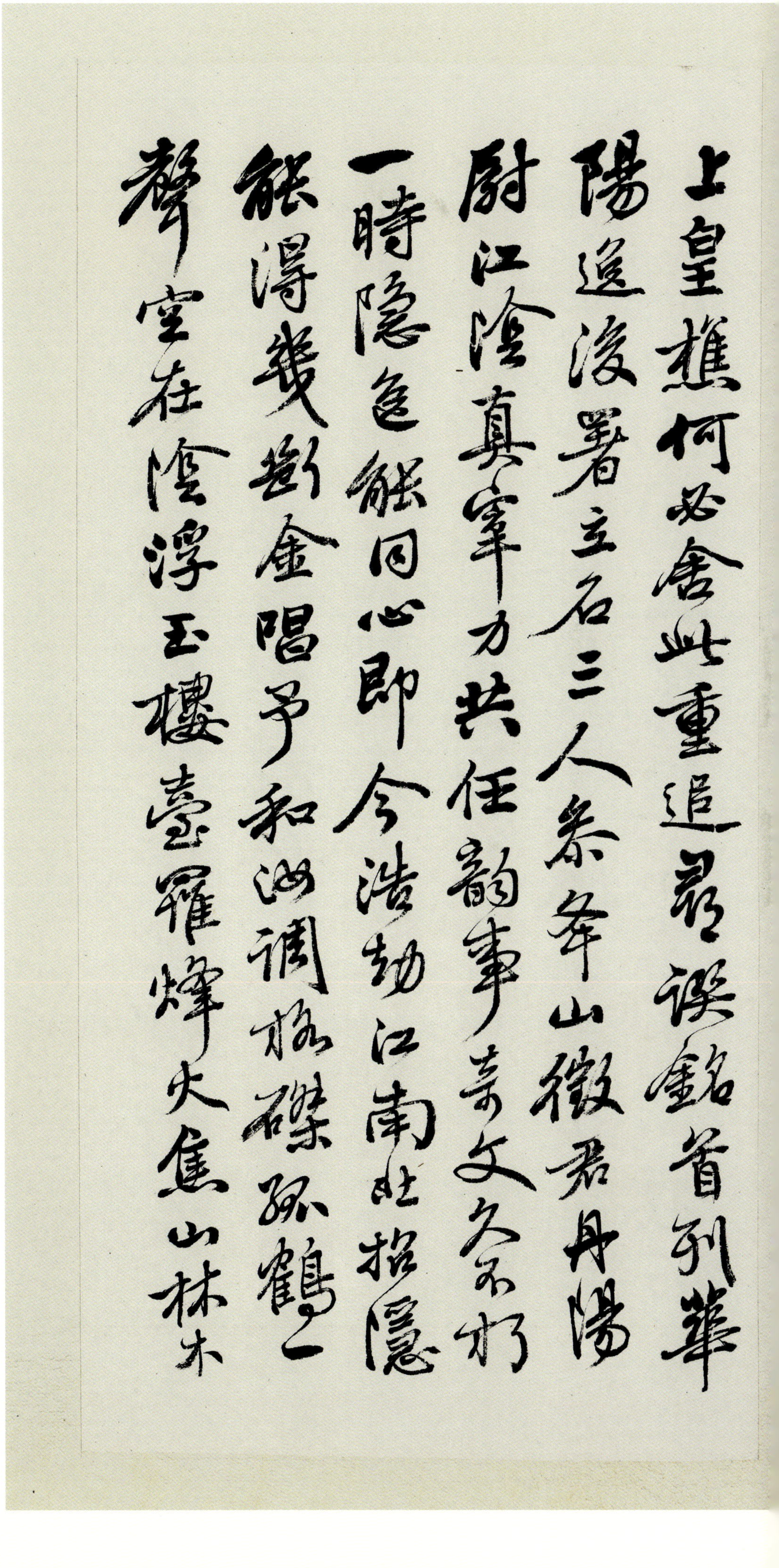
上皇樵何必舍此重追尋撰銘首列華
陽逸後署立石三人參夆山徵君丹陽
尉江陰真宰力共任韵事奇文久不朽
一時隱逸能同心即今浩劫江南北招隱
能得幾斷金唱予和汝調格磔孤鶴一
聲空在陰浮玉樓臺羅烽火焦山林木

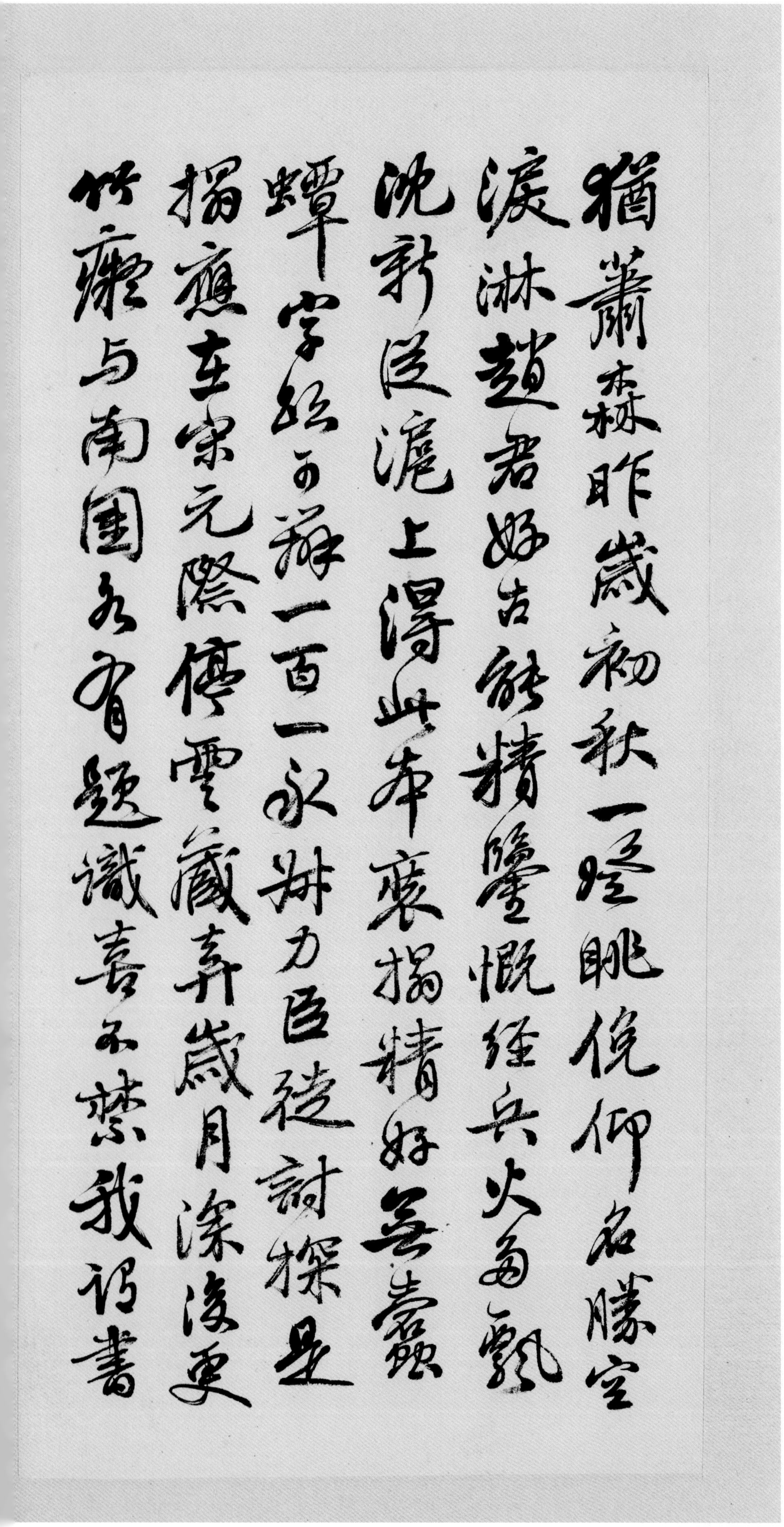

猶蕭森。昨歲初秋一登眺，俛仰名勝空淚淋。趙君好古能精鑒，
慨經兵火多飄沈。新從滬上得此本，裝拓精好無蠹蟫。字迹可辨
一百一，永叔力臣徒討探。是拓應在宋元際，停雲藏弆歲月深。後
更竹癡與南園，各有題識喜不禁。我謂書

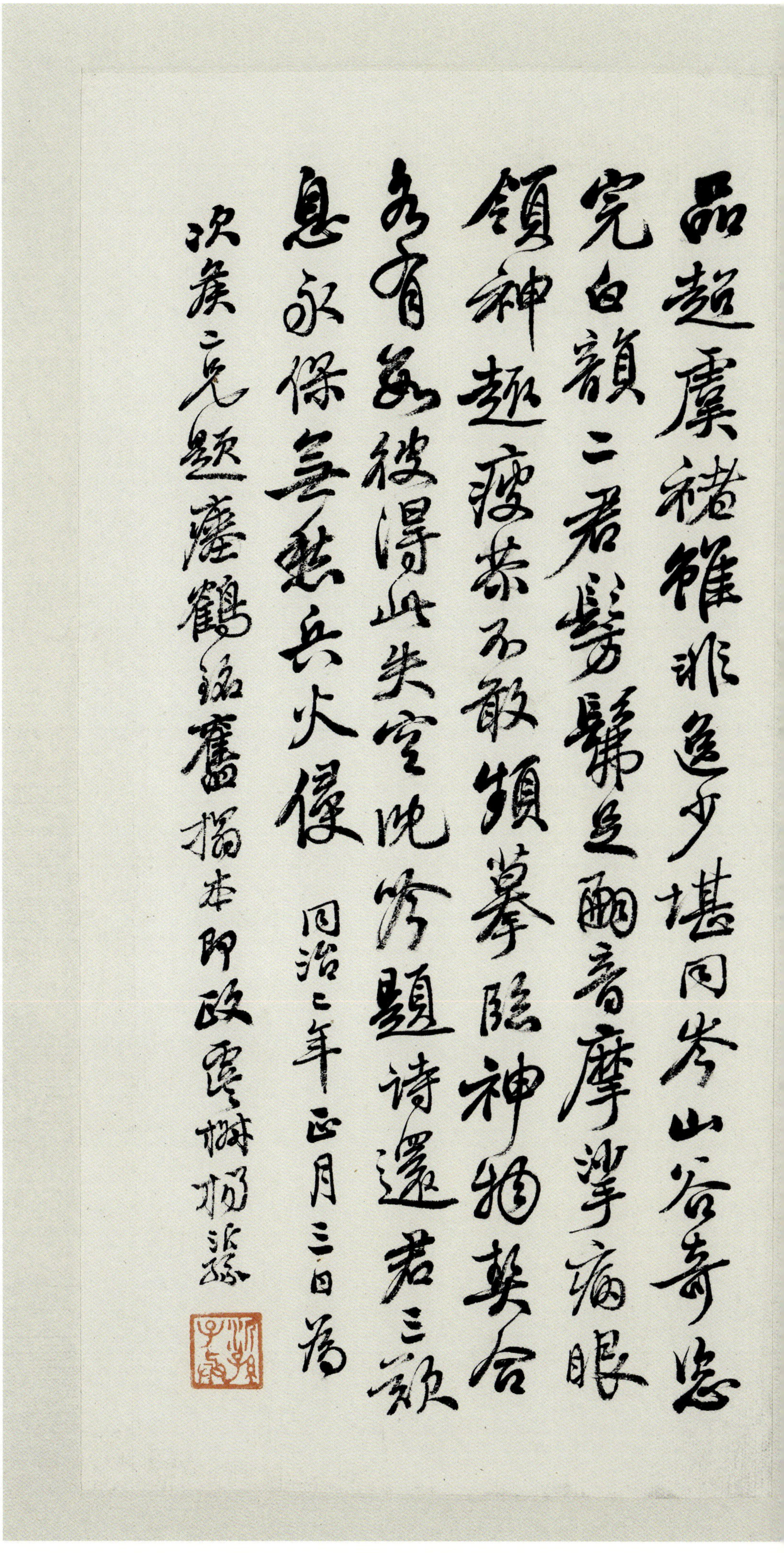
品超虞褚雖非逸少堪同岑山谷奇恣
完白韵二君髣髴足嗣音摩挲病眼
領神趣疲恭不敢頻摹臨神物契合
各有數彼得此失空沈吟題詩還君三歎
息永保無愁兵火侵
同治二年正月三日爲
次矦二兄題瘞鶴銘舊拓本即政虞椒楊沂孫

品超虞褚，雖非逸少堪同岑。山谷奇恣完白韵，二君仿佛足嗣音。摩挲病眼領神趣，疲恭不敢頻摹臨。神物契合各有數，彼得此失空沈吟。題詩還君三嘆息，永保無愁兵火侵。同治二年正月三日，爲次矦二兄題《瘞鶴銘》舊拓本，即政。虞椒楊沂孫。

鈐印：楊、沂孫子與

題跋出處：瘞鶴銘（趙宗建藏本）

館藏號：S3071

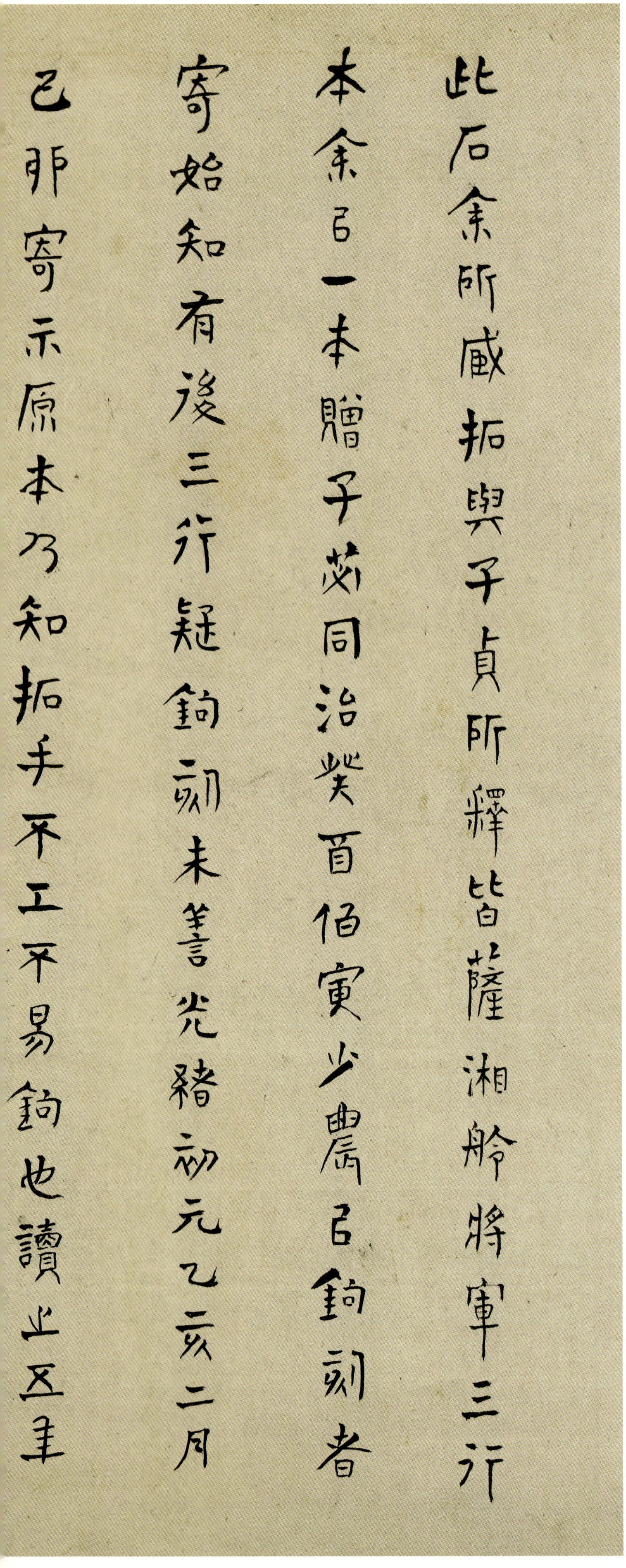

陳介祺

年代：1813—1884

字號：字壽卿，號簠齋、海濱病史、齊東陶父

籍貫：山東濰縣

釋文：此石余所臧拓與子貞所釋皆薩湘舲將軍三行本，余以一本贈子苾。同治癸酉伯寅少農以鈎刻者寄，始知有後三行，疑鈎刻未善，光緒初元乙亥二月己卯寄示原本，乃知拓手不工不易鈎也。讀之『五年』

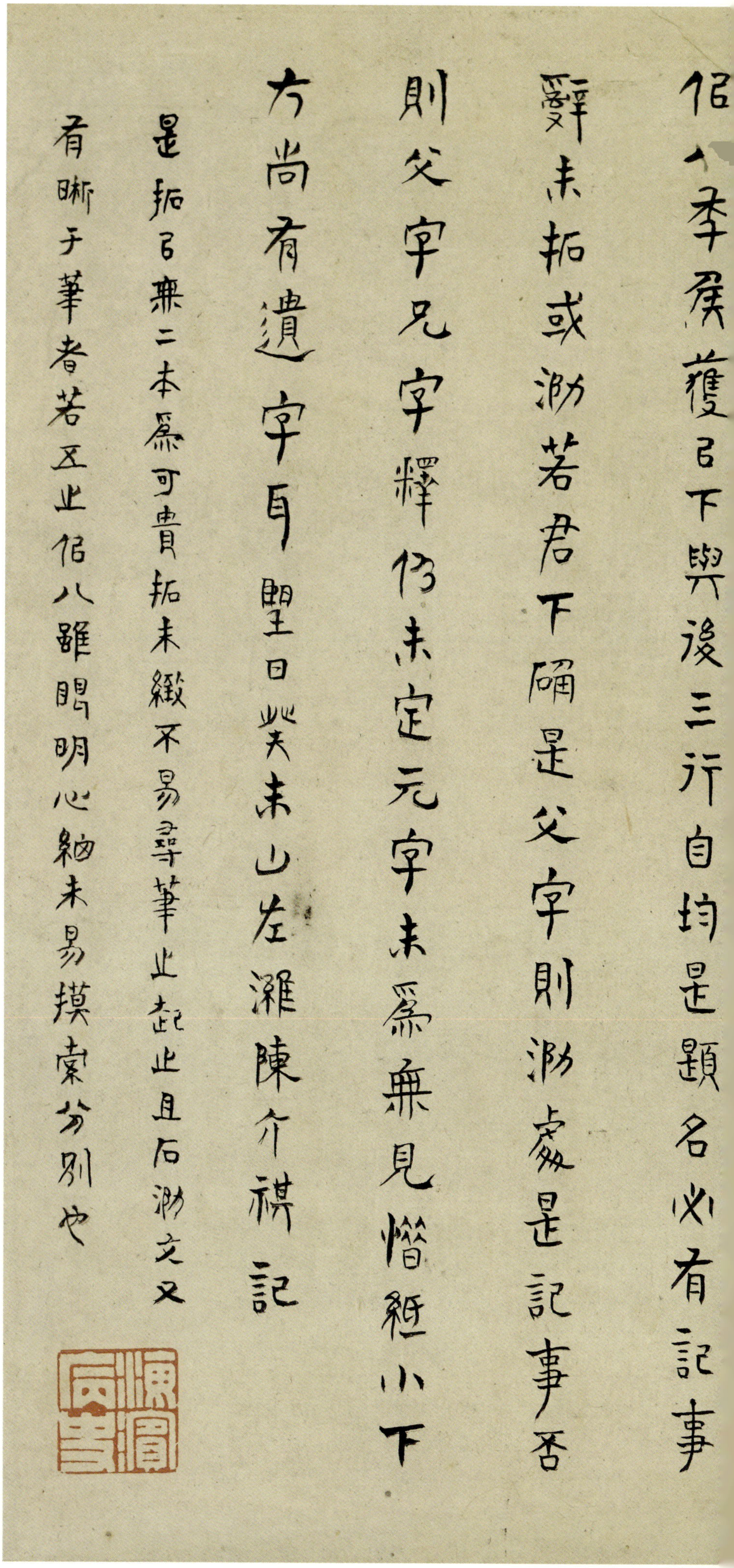

似『八年』，『侯獲』以下與後三行自均是題名，必有記事辭未拓或泐。若『君』下確是『父』字，則泐處是記事，否則『父』字、『兄』字釋仍未定。『元』字未爲無見，惜紙小，下方尚有遺字耳。望日癸未山左濰陳介祺記。是拓已無二本，爲可貴，拓未緻，不易尋筆之起止，且石泐文又有晰于筆者，若『五』之似『八』，雖眼明心細未易摸索分別也。

鈐印：海濱病史

題跋出處：沙南侯獲碑（吴湖帆藏本）

館藏號：S1202

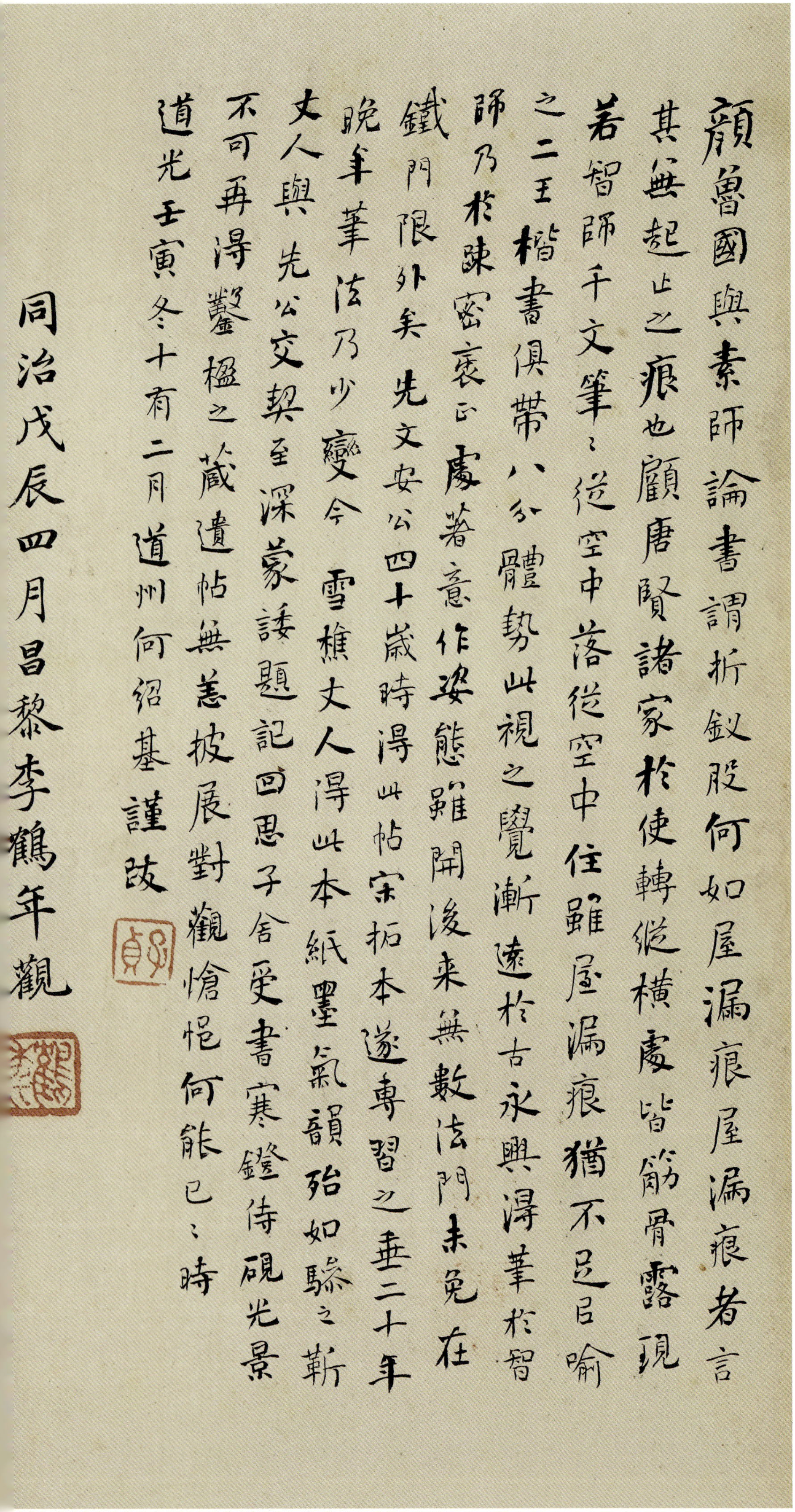

顔魯國與素師論書，謂折釵股何如屋漏痕，屋漏痕者，言其無起止之痕也。顧唐賢諸家於使轉縱横處皆筋骨露現，若智師千文筆筆從空中落，從空中住，雖屋漏痕猶不足以喻之。二王楷書俱帶八分體勢，此視之覺漸遠於古。永興得筆於智師，乃於疎密衺正處著意作姿態，雖開後來無數法門，未免在鐵門限外矣。先文安公四十歲時得此帖宋拓本，遂專習之，垂二十年，晚年筆法乃少變。今雪樵丈人得此本，紙墨氣韻殆如驂之靳。丈人與先公交契至深，蒙誘題記，回思子舍受書、寒鐙侍硯光景，不可再得。鑿楹之藏，遺帖無恙，披展對觀，愴悒何能已已。時道光壬寅冬十有二月，道州何紹基謹跋

同治戊辰四月昌黎李鶴年觀

周壽昌

年代：1814—1884

字號：字應甫，一字荇農，號友生、介福、自庵

籍貫：湖南長沙

釋文：近見永師此書真迹，從『龍師火帝』起，後有董文敏跋，跋甚真，取此相較，彼已成傖父面目矣。乃知真迹之贋造，轉不如宋拓本之佳。而前賢一時興到，其跋語亦未敢據依也。同治八年己巳仲夏又五日，長沙周壽昌并識。

鈐印：荇農氏

題跋出處：智永真草千字文（牛鑒藏本）

館藏號：19A381

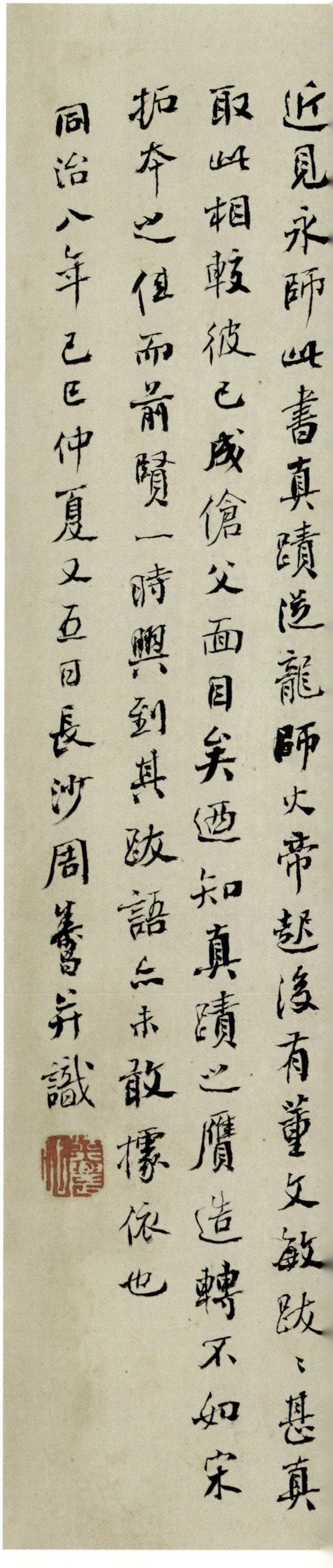
近見永師此書真蹟從龍師火帝題後有董文敏跋〻甚真
取此相較彼已成傖父面目矣迺知真蹟之贗造轉不如宋
拓本也但前賢一時興到其跋語亦未敢據依也
同治八年己巳仲夏又五日長沙周壽昌識

何瑗玉

年代：1815—1889

字號：字叔子，號蘧盦、蓮身居士

籍貫：廣東高要

釋文：瑗於舊拓古碑版法帖研究已三十年之久，寤寐寢饋以之，寒暑舟車，未嘗相間也。惟琅邪臺秦篆乃今日所存石刻之最古者，余二十一歲時即得吴荷屋中丞舊藏本，亦僅存中間字十行耳。吴藏於粵已將到百年，後人亦不甚愛惜，致多蠹蝕。正如百戰老將，幾無全膚矣。吴本所拓亦用淡墨，雄厚處實遠不及此，乃是明拓，其字口更剜泐模糊，似當後此數百年所拓。夫捶拓既多，筆畫圓滑，不及此宋拓字口尚有方勁雄渾之氣，此宋拓之所以足寶貴也。非余自少及壯日日能與秦篆相對，神游其一筆一畫之妙至三十年之久者，實亦無由而知此本之妙處有如此也。世之鑒賞家研究數年，即以自信，亦豈可同日而語哉。蓋賞鑒工夫，不能躐等，愈老愈到。阮文達公曾命人拓秦篆，是又後於吴本所拓二三百年耳。然字畫則又經風雨苔莓之所剥蝕，其石迹較吴本復剥去一層，字畫已覺瘦弱，字口更覺圓滑，雄渾之氣由此更減。同治十二年秋，伯瑜長兄親至琅邪臺，挖秦瓦，及仿阮法精拓此刻，較阮拓又相去百年，是以其字更薄弱，骨韵復失。余日日得懸諸本於小齋以相較對，偶一覩此，恍如無缺損之一字乃知善。讀者今日覩此，以較吴、阮之本，不啻當日刻石人之覩斯翁墨迹矣，可不寶諸。光緒十八年歲在壬辰四月十八日，小園荷花將開，高要蘧盦何瑗玉題於多寶畔榭。

鈐印：庚子生、籧盦

題跋出處：瑯琊臺刻石（何瑗玉藏本）

館藏號：J1232

瑗於舊搨古研版法帖研究已三十年之久寤寐寢饋以之寒暑舟車
未嘗相間也惟琅邪臺秦篆乃今日所存石刻之最古者余二十一歲時即得吳荷
屋中丞舊藏本亦僅存中間字十行耳吳藏於粵已將到百年後入
亦不甚愛惜致多蠹蝕正如百戰老將幾無全膚矣吳本所搨亦用淡
墨雄厚處實遠不及此乃是明搨其字口更刓泐模糊似當後此數百
年所搨夫捶搨既多筆畫圓滑不及此宋拓字口尚有方勁雄渾之氣此宋
搨之所以足寶貴也非余自少及壯日日能與秦篆相對神游其一筆一畫之妙
至三十年之久者實亦無由而知此本之妙處有如此也世之鑒賞家研究數
年即以自信亦豈可同日而語哉蓋賞鑒工夫不能躐等愈老愈到阮文
達公曾命人搨秦篆是又後於吳本所搨二三百年耳然字畫則又經風雨
苔蘚之所剝蝕其石迹較吳本復剝去一層字畫已覺瘦弱字口更覺圓
滑雄渾之氣由此更減同治十二年秋伯瑜長兄親至琅邪臺搨秦瓦及仿阮
法精搨此刻較阮搨又相去百年是以其字更薾弱骨韻復失余日日浮
懸諸本於小齋以相校對偶一覲此恍如無缺損之一字乃知善讀者今日
覲此以較吳阮之本不啻當日刻石人之覲斯翁墨迹矣可不寶諸
光緒十八年歲在壬辰四月十八日小園荷花將開高要蘧盦何瑗玉題於多寶畔榭

唐翰題

年代：1816—？

字號：初名寶衡，字子冰、鷦安，號蕉庵、新豐鄉人、文伯

籍貫：浙江嘉興

釋文：宋高宗篤好元章書，紹興辛酉刻于禁中，當時已不易得，況迄今又七百餘年耶！此爲國初時姜二酉所藏，二酉河莊孫石雲外孫也，孫氏世擅鑒賞，宅相淵源有自來也。所藏尚有《紹興米帖》弟三卷，得于袁褱中者，皆擘窠書，著録于《韵石齋筆談》，不知尚在人間否？安得與此三種作延津之合也，書以待訪。同治七年戊辰七月，卧病無聊，輒檢篋中所携金石書畫以自遣，越二月重陽後三日，始試筆記之。翰題書。

鈐印：鷦安平生真賞、質肅公孫翰題印長壽

題跋出處：紹興米帖殘卷（姜紹書藏本）

館藏號：17A336

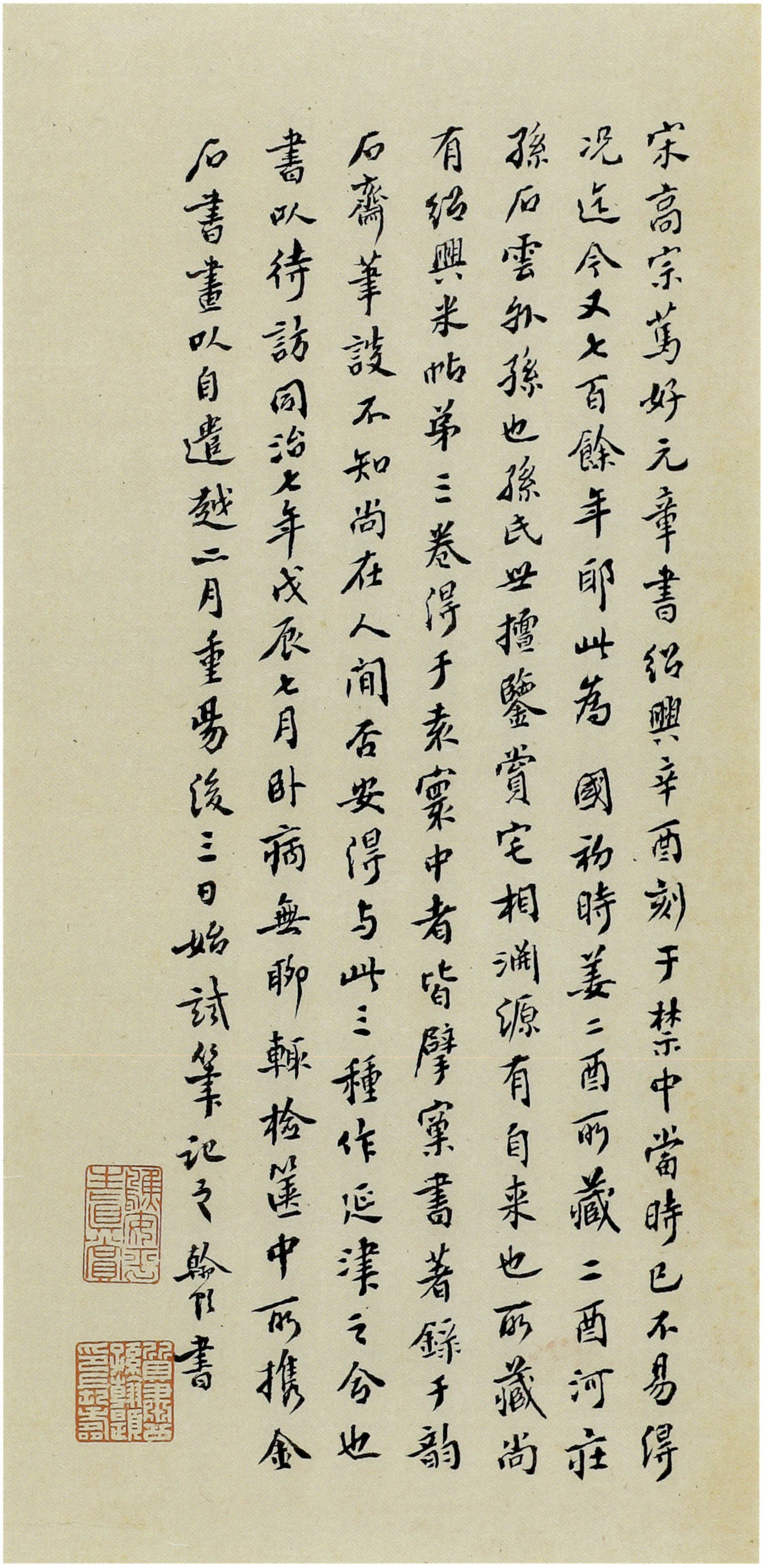

汪鋆

年代：1816—1886

字號：字研山、硯山

籍貫：江蘇儀徵

釋文：周子刄鼎。右鼎以建初尺度之，高九寸，徑八寸七分，足高四寸，兩耳高二寸，準永元權重十一斤有奇。銘五字：『子刄鼎銘彝。』『刄』《説文》作『刃』，刀堅也，象刀有刃之形。薛書載『子孫父丁鼎二』，前上一字作持刀之狀者，孫也，其與子執弓，子執戈之義同。又云：凡祭享之器，著云刀戈戟者，蓋銘其有武功也。此銘子刄之義，當以此下一盟字，或如襄公九年子駟之要盟，抑即哀公九年吴之尋盟會盟之際，不盡玉帛，率皆有武意存乎其間，故曰子刄鼎盟彝。商尚質，凡物皆象形，而茲鼎文之以篆，所以知爲周器無疑。汪鋆釋并媵之小詩。

鈐印：硯山題記

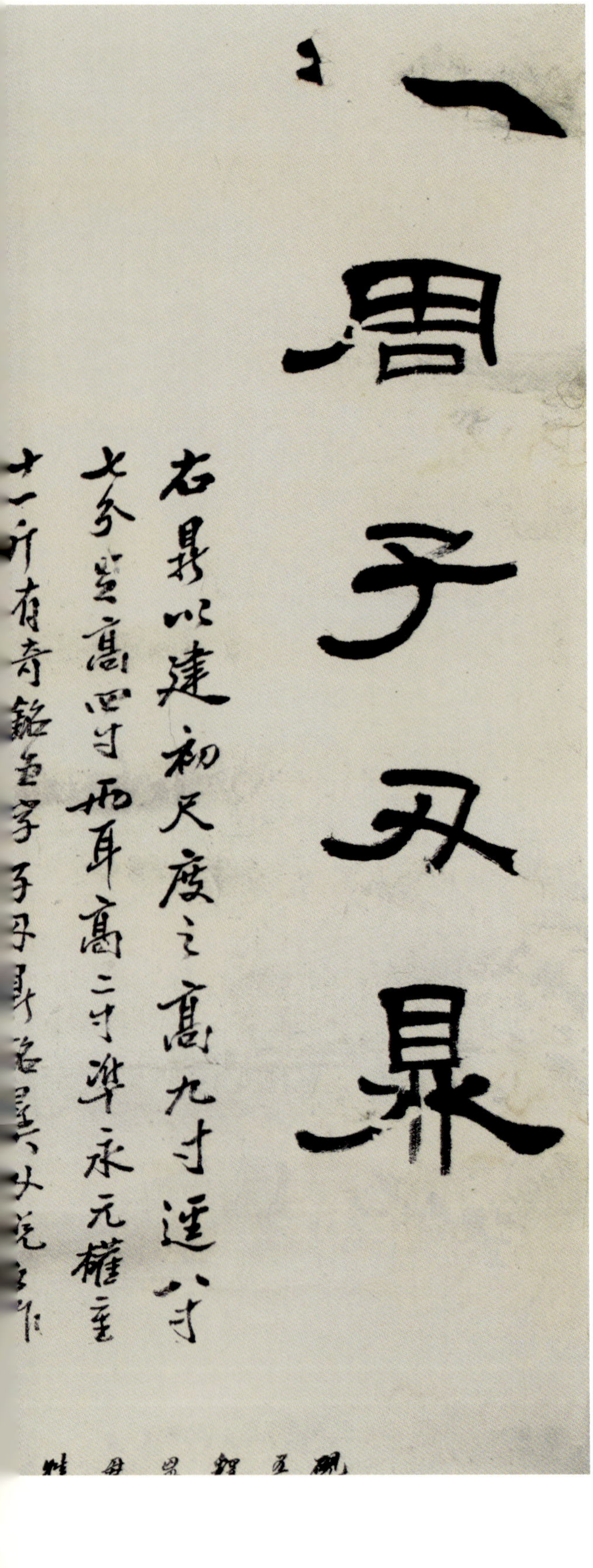

釋文：汾陰得鼎祥紀年，銅花飛出供吉蠲。不必敞辨憲拜手，蔚爲美瑞隆豆邊。銘著於史煥萬古，丕顯休命天子前。富有四海且爲寶，矧乃古物歸青氈。細加諦釋證蝌蚪，僥倖五字能識全。不外商家象形義，似爲銘武戈止鋋。一刄一盟詳叔重，説文參校非茫然。雷回匜帀在鼎口，跗蕚銜結蟬相聯。色黝光閟氣特古，□比清緑洩外緣。訂爲周器以篆勢，尚功積古同徵焉。暮齡得此自爲壽，吉金焜耀光高懸。奇物到手若天錫，渴懷我慰言難宣。合似梁石鶴銘字（家藏《鶴銘》四殘字），貫虹直似至末顛。平生金石抱痼癖，不貪早令金銀捐。摩挲且喜自忘老，會教終日參銅僊。

鈐印：硯山手稿

題跋出處：子鼎（汪鋆拓本）

館藏號：Z1121

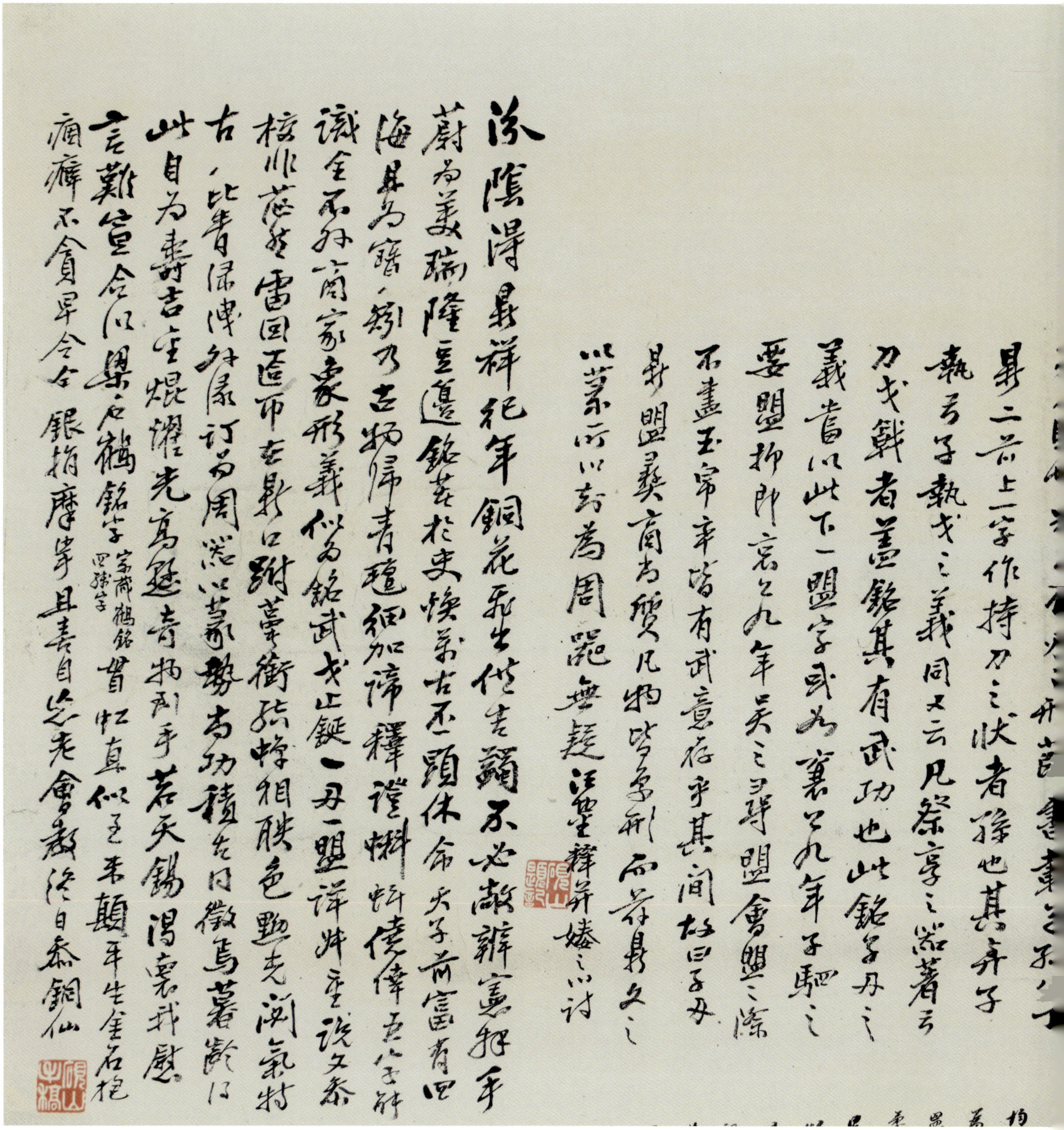

鼎二呂上一字作持刀之狀者猶也其弁子
執弓子執戈之義同又云凡祭享之器著弓
刀戈戟者蓋銘其有武功也此銘字丹之
義旨以此下一盟字或為襄公九年子駟之
要盟抑即定公九年吴之尋盟會盟之際
不盡玉帛率皆有武意存乎其間故曰子丹
鼎盟彝商為質凡物皆象形而彝鼎尤之
以篆所以斷為周器無疑汪墨生釋并媵之以詩

漢陰得鼎祥祀年銅花飛出從古謫不必敲辨塞拜手
蔚為美瑞隆豆籩銘著於史燦前古不愿頭休命天子前富有四
海昇為窖窖終乃古物歸青氈細加磨釋謹斠妍傳立心字
識金不孖商家象形義似為銘武戈止鉞一丹一盟詳此垩說文參
校川蓬莱雷回匯市古鼎口附篆銜弦蟬相朕色黝光潤氣特
古古比青緑肆外緣訂為周器以篆勢為功積先日徵鳥篆敬以
此自為壽吉金焜耀光高懸奇物到手苔天錫渴裏我慰
言鄰宣令以墨古鶴銘字家藏鶴銘四猶字曾扛鼎似之來題平生金石抱
痼癖不食貝早令令 銀指摩挲且喜自足老會敲絲白黍銅仙

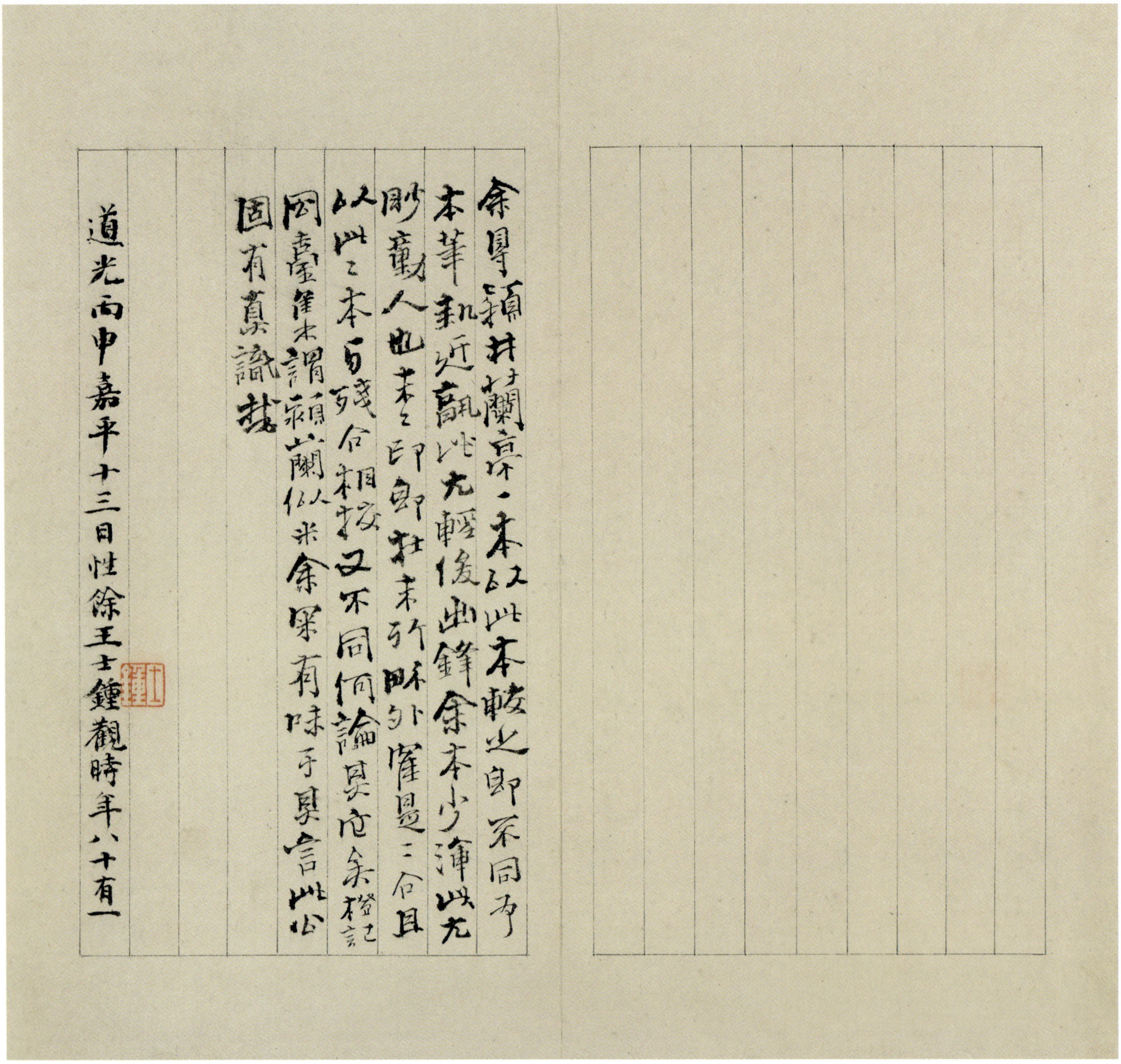

龔橙

年代：1817—1870

字號：字公襄，號石匏、孝琪、孝拱、昌匏，別號半倫

籍貫：浙江仁和

釋文：余得《穎井蘭亭》一本，以此本較之即不同。予本筆勢近熟，此尤輕俊出鋒；余本少渾，此尤眇動人也。末二印即在末行界外，確是二石，且以此二本與殘石相校又不同，何論其它矣。橙記。《容臺集》謂《穎蘭》似米，余深有味于其言，此公固有真識哉。

題跋出處：思古齋黄庭經、潁上蘭亭序合册（張廷濟藏本）

館藏號：S2500

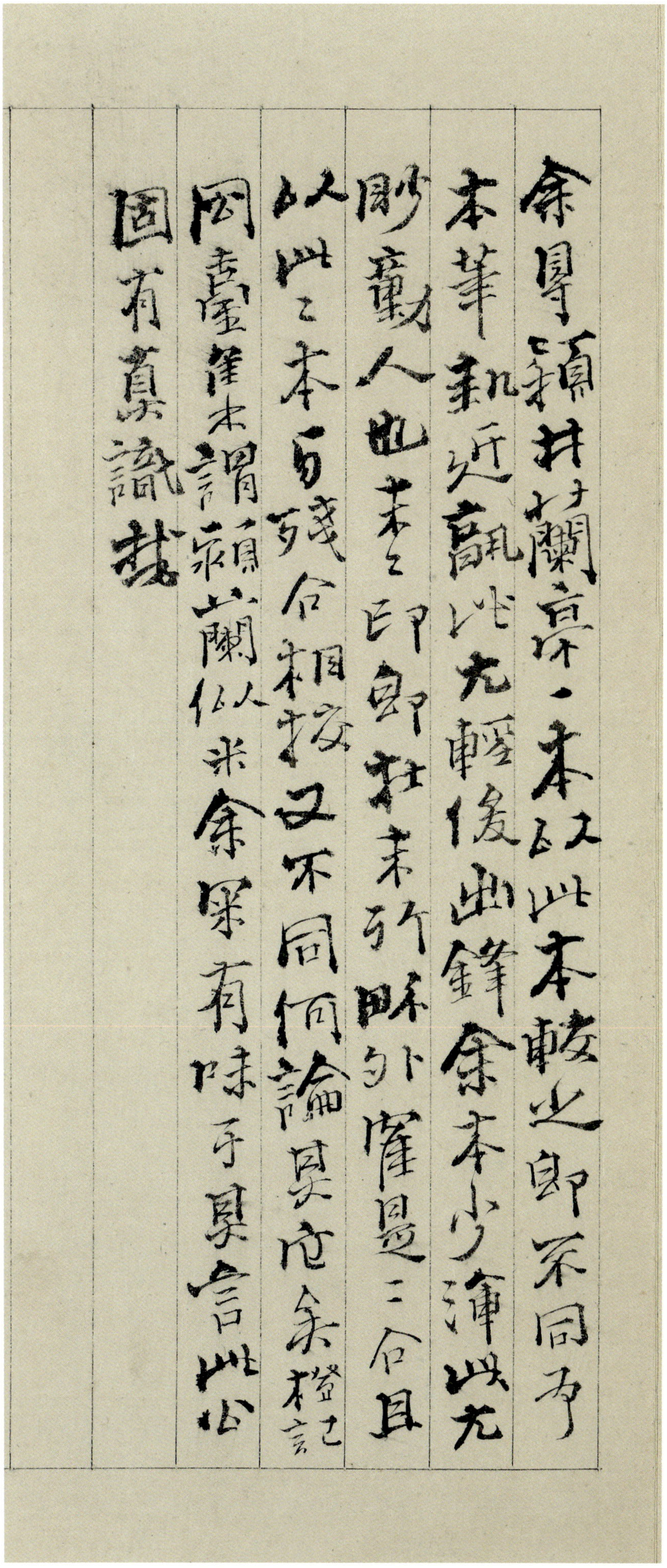

陸增祥

年代：1818—1882

字號：字魁仲，號星農、莘農、莘星

籍貫：江蘇太倉

釋文：右銅信圭款識陽文，文云：『西洋映天湖四圍千餘里，深數十丈，甲年，月映湖心，即浮寶銅一片，光□五夜。此銅祥瑞之物，即造乾坤信圭一合，可止水火，亦延壽回年，可爲至寶。兵大夫記。』上鐫一『周』字，一面刻四篆文，曰『龍飛一統』，上有雲日形。考歷代官制，唯北周大司馬屬有兵部中大夫，小兵部下大夫之稱。此言『兵大夫』蓋即兵部中大夫也。『回年』猶言返童，『映天湖』未詳所在，『五夜』上似是『彩』字，姑從蓋闕。北周保定四年，建德三年太歲皆在甲，此云『甲年』，莫定爲甲申、甲午矣。己巳十月從芝岑方伯假觀三日，手拓此本，并書數語以質之。陸增祥。

鈐印：陸增祥印

釋文：文云『乾坤信圭一合』，則尚有一圭也，但不審留存天地間否？

鈐印：增祥

題跋出處：龍飛一統銅信圭拓本（陸增祥藏本）

館藏號：J2222

右銅信圭款識易文文云西洋映天湖四圍千餘里深數十丈甲年月映湖心即浮寶銅一片光□五夜此銅祥瑞之物即造乾坤信圭一合可止水火六延壽回年可為至寶兵大夫記上鐫一周字一面刻四篆文曰龍飛一統上有雲日形改歷代官制惟北周大司馬屬有兵部中大夫小兵部下大夫之稱此言兵大夫蓋即兵部中大夫也回年猶言返童映天湖未詳所在五夜上似是彩字姑從蓋闕北周保定四年建德三年太歲皆在甲此云甲年莫定為甲申甲午矣巳巳十月從芝巻方伯假觀三日手搨此本並書數語以質之 陸增祥

文云乾坤信圭一合則尚有一圭也但不審猶存天地間否

國家古籍整理出版專項經費資助項目

中國金石家題跋圖典

（下册）

仲 威◆著

文物出版社

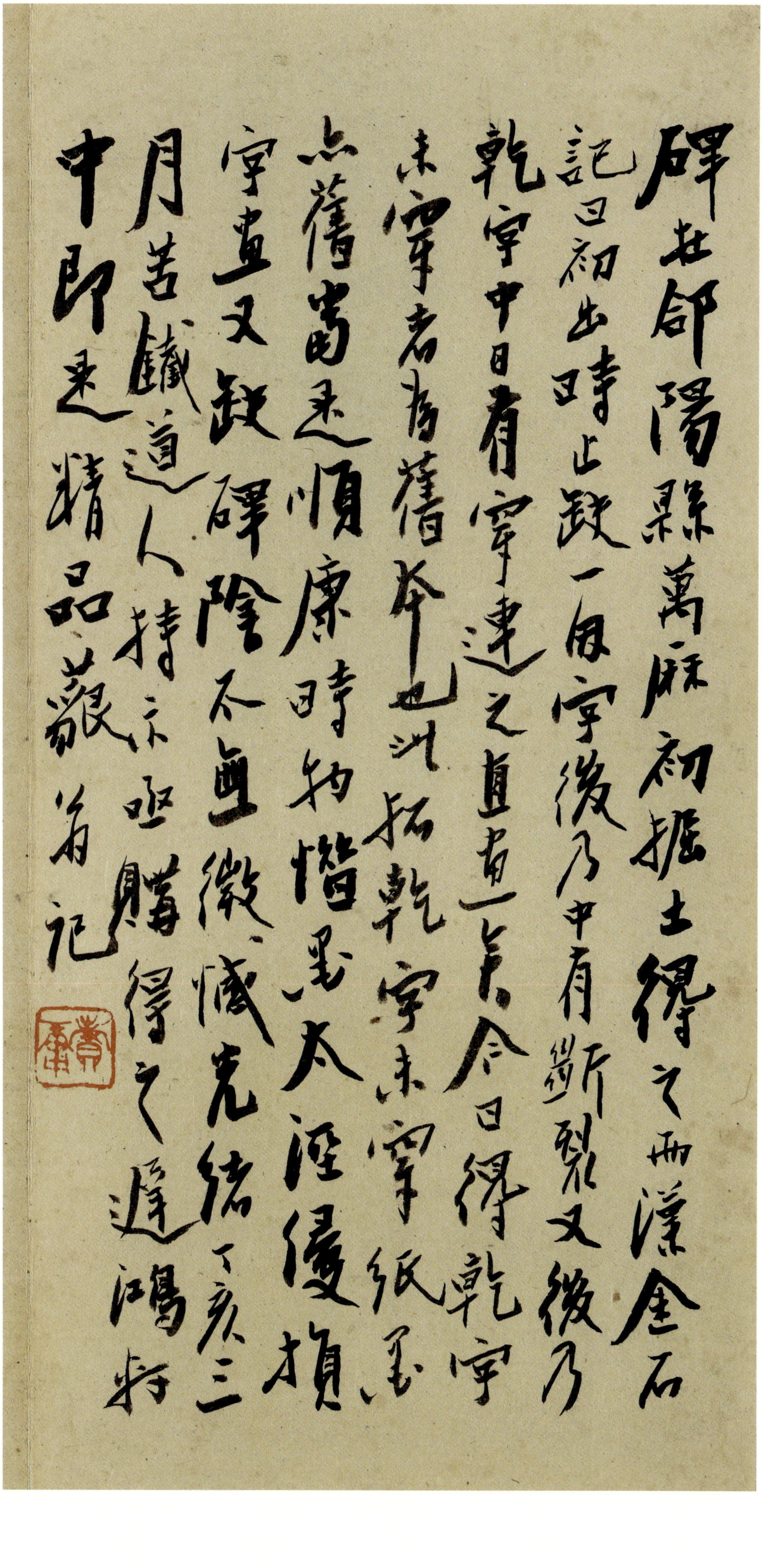

楊峴

年代：1819—1896

字號：字季述，一字見山，號庸齋、藐叟、藐翁、遲鴻殘叟

籍貫：浙江歸安

釋文：碑在郃陽縣，萬曆初掘土得之。《兩漢金石記》曰：初出時止缺一『因』字，後乃中有斷裂，又後乃『乾』字中『日』有穿連之直畫矣。

今日得『乾』字未穿者，爲舊本也。此拓『乾』字未穿，紙墨亦舊，當是順康時物。惜墨太濕，侵損字畫，又缺碑陰，不無微憾。光緒丁亥三月，苦鐵道人持示，亟購得之。遲鴻軒中即是精品。藐翁記。

鈐印：賞庸

題跋出處：曹全碑（楊峴藏本）

館藏號：S2680

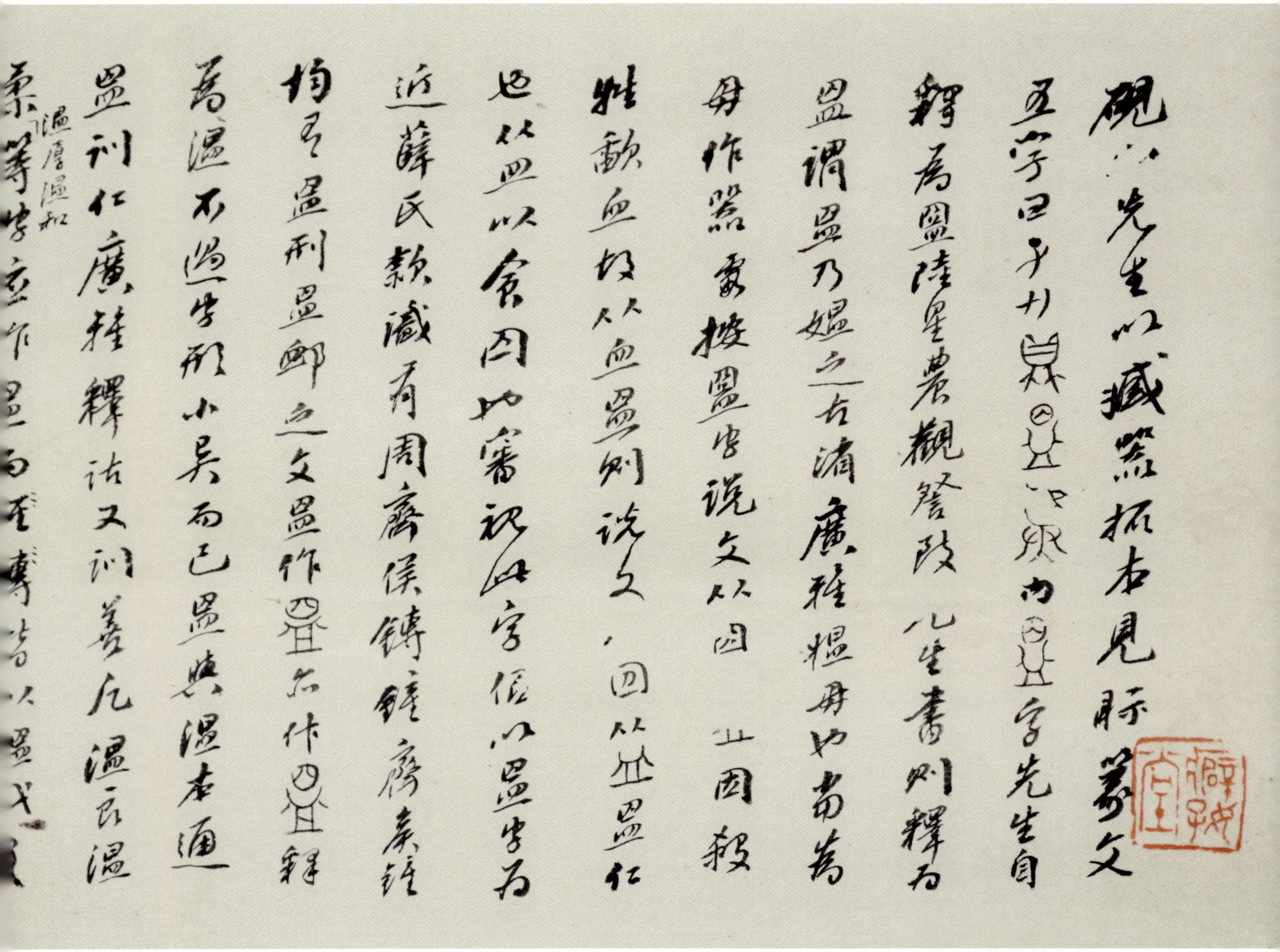

凌霞

年代：1820—1890

字號：一名瑕，字子輿，號病鶴、樂石野叟、塵遺

籍貫：浙江歸安

釋文：硯山先生以臧器拓本見視，篆文五字曰：「子刃□」，内「□」字先生自釋爲「盟」，陸星農觀察致先生書則釋爲「昷」，謂「昷」乃「媪」之古省，《廣雅》媪，母也。當爲母作器。霞按，「盟」字《説文》从「囧」「皿」，因殺牲歃血，故从「血」。「昷」則《説文》从「□」从「□」，仁也，从「皿」，以食囚也。審視此字似以「昷」字爲近。《薛氏款識》有《周齊侯鎛鐘》《齊侯鐘》，均有「昷刑昷卹」之文，「昷」作「□」，亦作「□」，釋爲「温」，不過字形小異而已。「昷」與「温」本通，昷訓仁，《廣雅·釋詁》又訓善，凡温良、温柔、温厚、温和等字應作「昷」而皆以「温」代之，

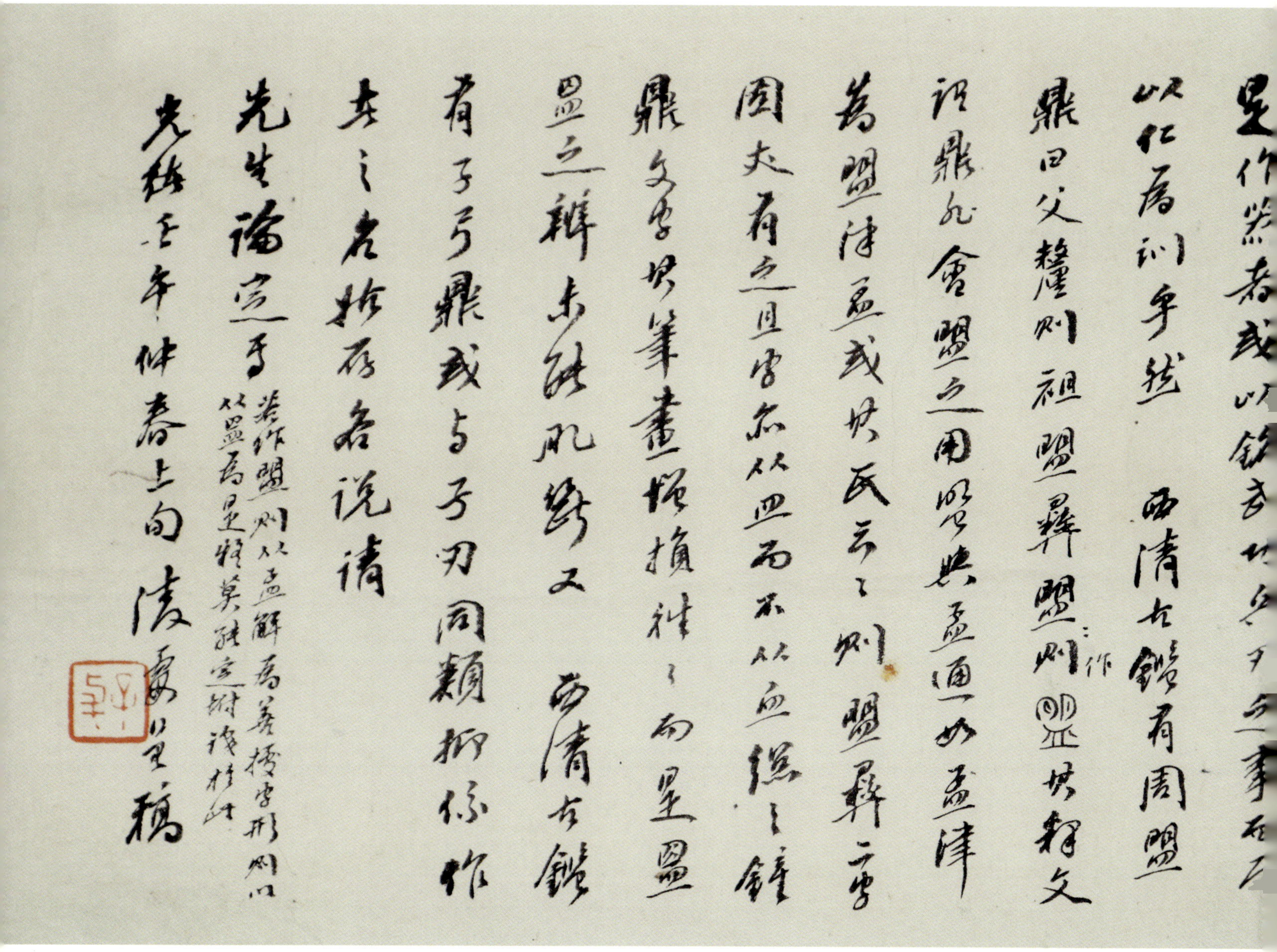

是作器者或以銘武功兵刃之事而反以仁爲訓乎？然《西清古鑒》有《周盟鼎》，曰『父薹則祖盟彝』，『盟』作『𥂴』，其釋文謂鼎非會盟之用，『盟』與『盂』通，如『盂津』爲『盟津』，『盂』或其氏云云。則『盟彝』二字固亦有之，且字亦从『皿』而不从『血』。總之，鐘鼎文字其筆畫增損往往而是，『𥁰』『𥁑』之辨未能臆斷。又《西清古鑒》有《子弓鼎》，或與《子刃》同類，抑係作者之名，姑存各説，請先生論定焉（若作『盟』則从『盂』解爲善，據字形則以从『皿』爲是，疑莫能定，附識於此）。光緒壬午仲春上旬凌霞呈稿。

鈐印：子輿、癖好堂

題跋出處：子鼎（汪鋆拓本）

館藏號：Z1121

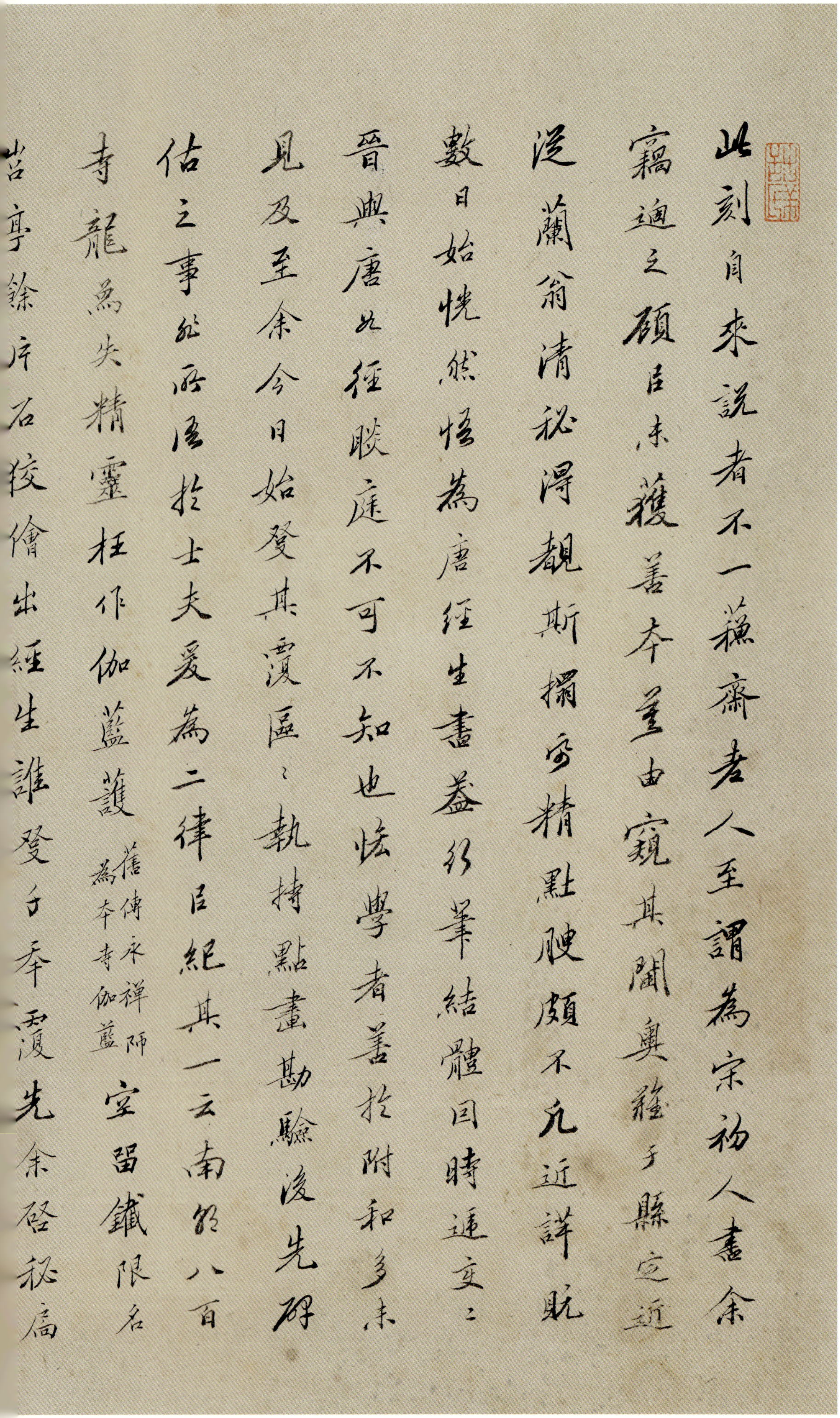

楊繼震

年代：1820—1901

字號：字幼雲、又雲，號蓮公、右翁、伯敭、二泉山人、修龕、半緣道人、又翁、江南第一風流公子

籍貫：江蘇陽湖

釋文：此刻自來説者不一，蘇齋老人至謂爲宋初人書，余竊迥之，顧以未獲善本，莫由窺其閫奧，難于懸定。近從蘭翁清秘得覩斯拓，紙精墨腴，頗不凡近。詳玩數日，始恍然悟爲唐經生書，蓋行筆結體，因時遞變，變晉與唐，如徑睒庭，不可不知也。吝學者善於附和，多未見及，至余今日始發其覆。區區執持點畫，勘驗後先，碑估之事，非所語於士夫，爰爲二律以紀。其一云：南朝八百寺，龍爲失精靈。枉作伽藍護（舊傳永禪師爲本寺伽藍），空留鐵限名。岜亭餘片石，狡儈出經生。誰發千年覆，先余啓秘扃。

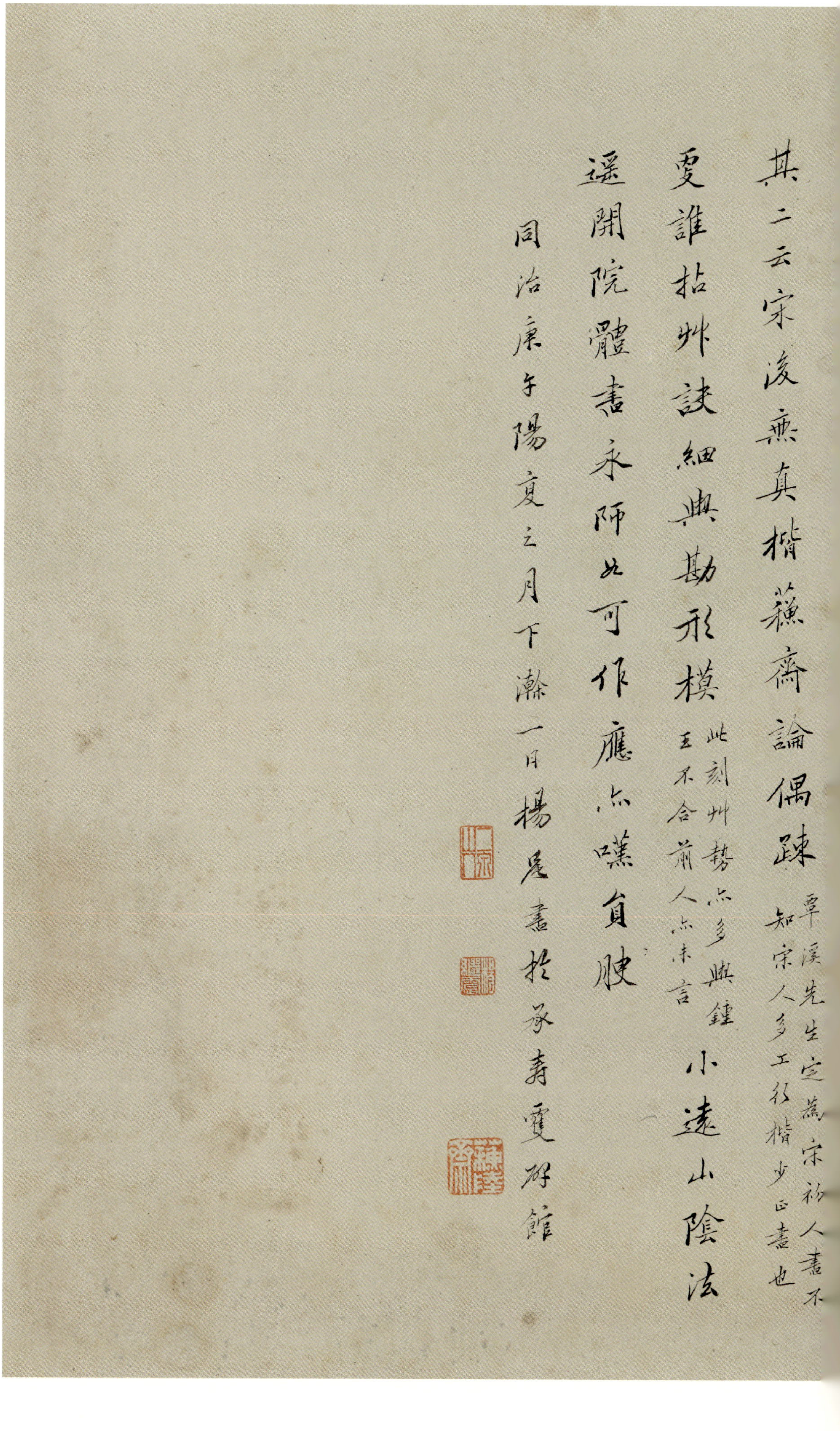
其二云宋後無真楷蘇齋論偶疎覃溪先生定為宋初人書不知宋人多工行楷少正書也更誰拈艸訣細與勘形模此刻艸勢亦多與鍾王不合前人亦未言小遠山陰法遥開院體書永師如可作應亦嘆負朕同治庚午陽夏之月下澣一日楊繼震書於承壽雙碑館

其二云：宋後無真楷，蘇齋論偶疎（覃溪先生定爲宋初人書，不知宋人多工行楷，少正書也）。更誰拈草訣，細與勘形模（此刻草勢亦多與鍾王不合，前人亦未言）。小遠山陰法，遥開院體書。永師如可作，應亦嘆負朕。同治庚午陽夏之月下澣一日，楊繼震書於承壽雙碑館。

鈐印：二泉山人、楊繼震、蘇陸齋、古羊舌氏

題跋出處：智永真草千字文（牛鑒藏本）

館藏號：19A381

方鼎録

年代：生卒年不詳，活躍于清代同治光緒年間

字號：字元仲，號劍漁、悟齋、董龕

籍貫：江蘇儀徵

釋文：《醴泉銘》石刻在前明已漫漶不可多識，近今幾成没字碑矣。其拓本宋拓固不可得，即元明拓本亦不易見。録宧關中二十年，僅見韓城王少珊觀察家藏本，尚係元拓。蒲城王氏亦有藏本，惜未之見。屢屬邑紳代爲訪購善本，竟未有得，其翻刻木版，帖鋪尚有之，然多瘦本，摹刻全無神韵。此本的係秦氏刻本，由宋拓本摹出者。

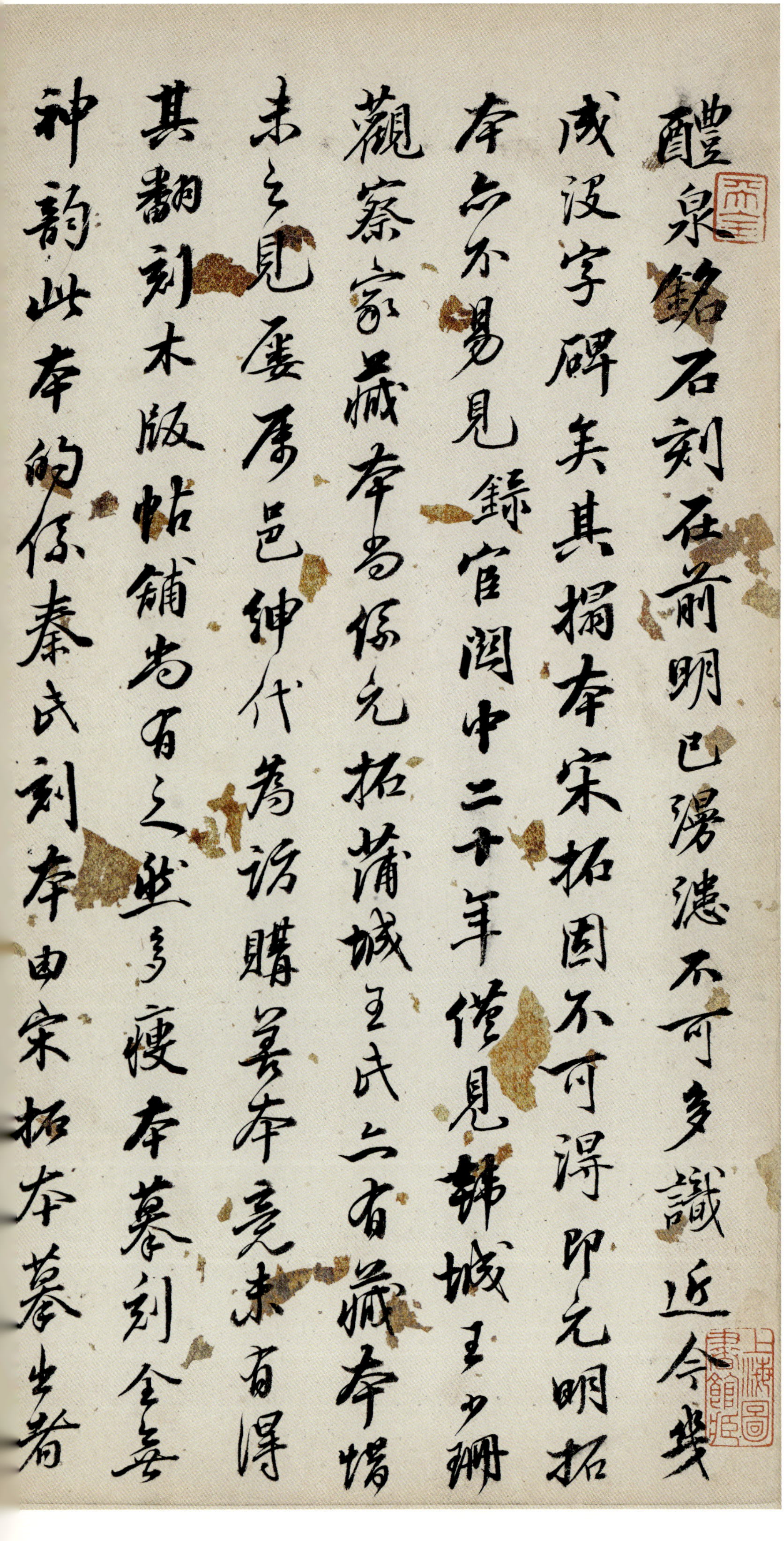
醴泉銘石刻在前明已漫漶不可多識近今幾
成没字碑矣其搨本宋拓固不可得即元明拓
本亦不易見録宧關中二十年僅見韓城王少珊
觀察家藏本尚係元拓蒲城王氏亦有藏本惜
未之見屢屬邑紳代爲訪購善本竟未有得
其翻刻木版帖舖尚有之然多瘦本摹刻全無
神韵此本的係秦氏刻本由宋拓本摹出者

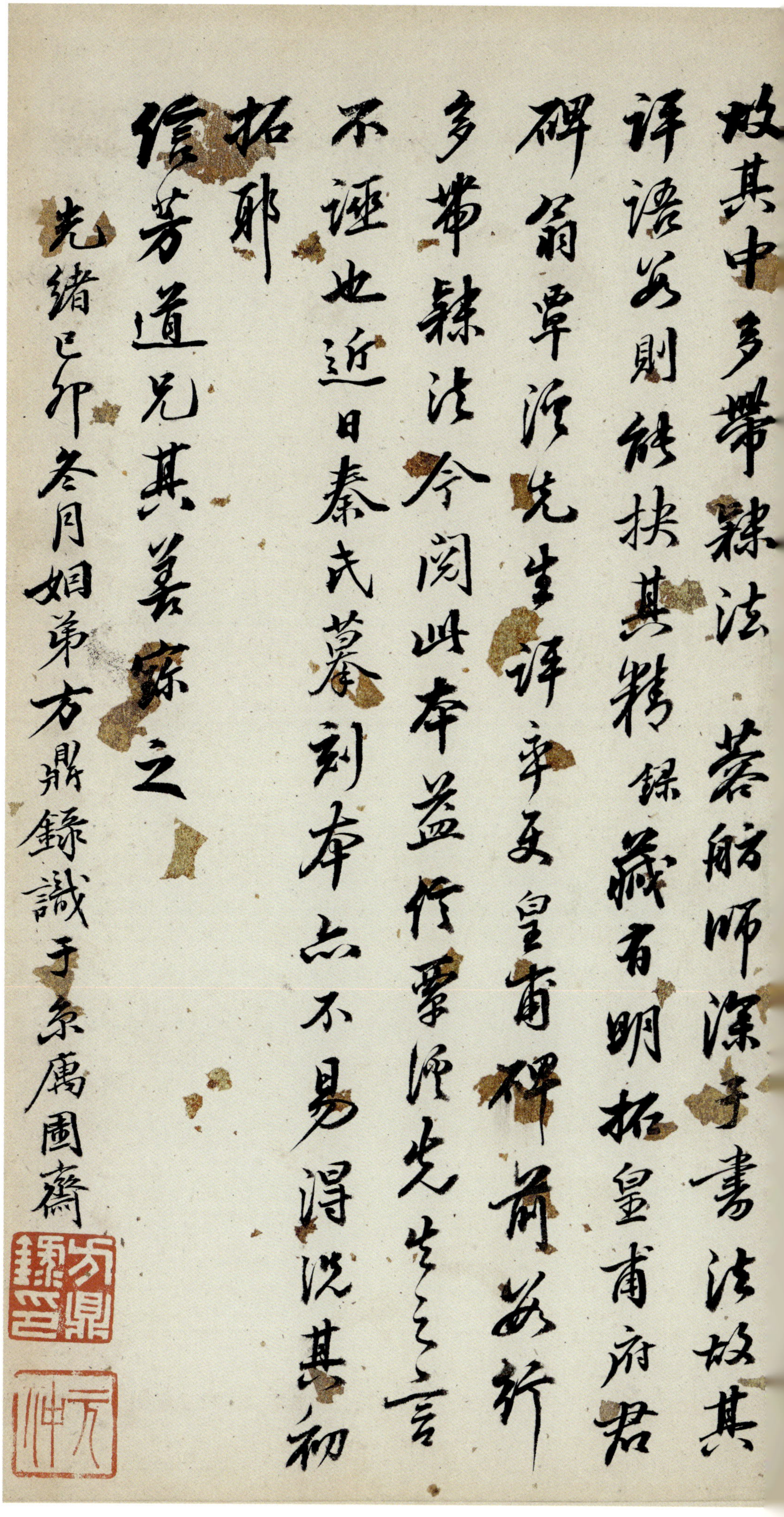
故其中多帶隸法蓉舫師深于書法故其
評語數則能抉其精録藏有明拓皇甫府君
碑翁覃溪先生評率更皇甫碑前數行
多帶隸法今閱此本益信覃溪先生之言
不誣也近日秦氏摹刻本亦不易得况其初
拓耶
信芳道兄其善寶之
光緒己卯冬月姻弟方鼎録識于京廣園齋
方鼎録印
元仲

故其中多帶隸法。蓉舫師深于書法，故其評語數則能抉其精。録藏有明拓《皇甫府君碑》，翁覃溪先生評率更《皇甫碑》前數行多帶隸法。今閱此本，益信覃溪先生之言不誣也。近日秦氏摹刻本亦不易得，况其初拓耶。信芳道兄其善寶之。光緒己卯冬月，姻弟方鼎録識于京廣園齋。

鈐印：天全、方鼎録印、元仲

題跋出處：九成宮醴泉銘（秦刻本）

館藏號：L3184

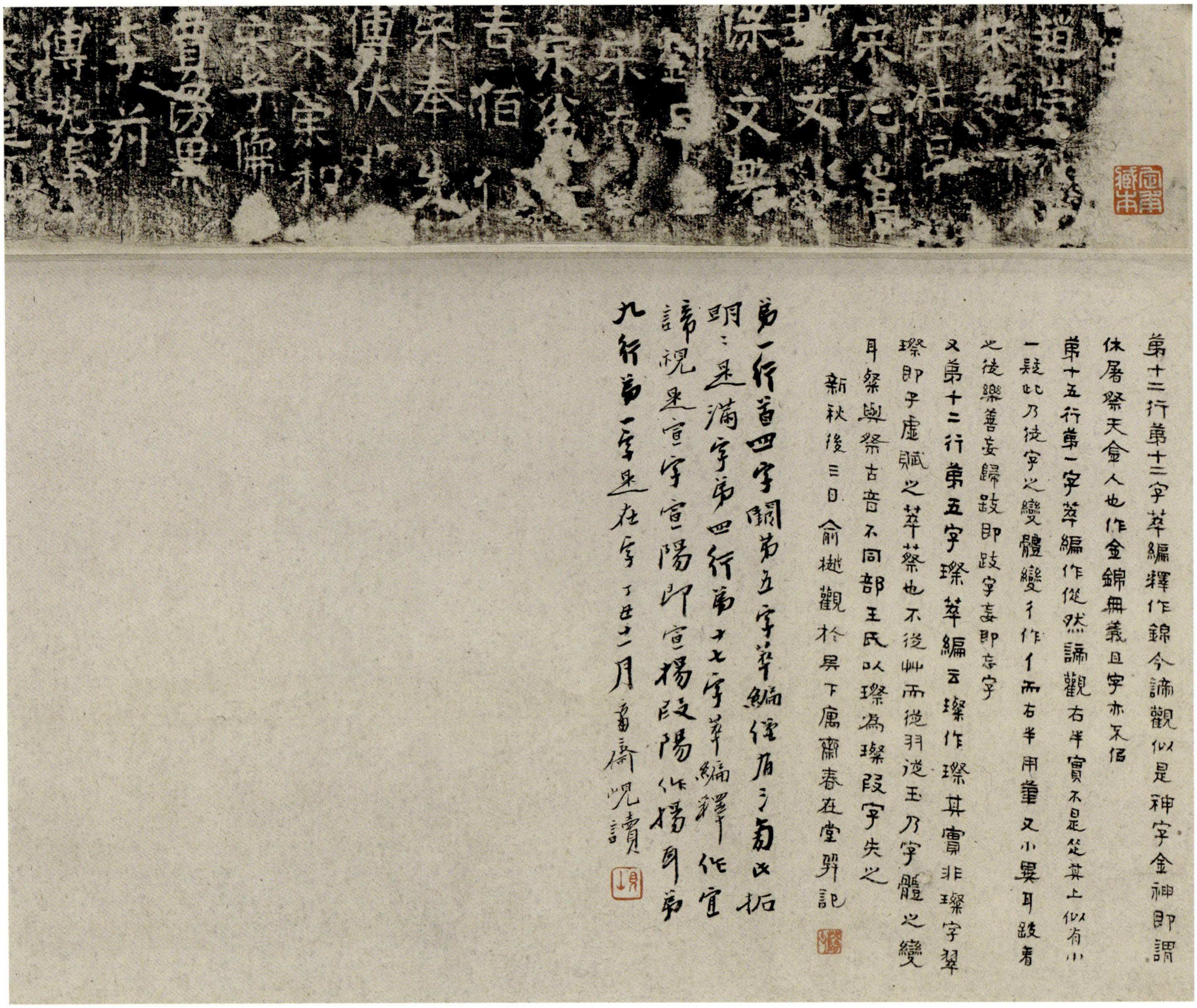

俞樾

年代：1821—1907

字號：字蔭甫，自號曲園居士

籍貫：浙江德清

釋文：第十二行第十二字《萃編》釋作『錦』，今諦觀似是『神』字。金神即謂休屠祭天金人也。作『金錦』無義，且字亦不似。

第十五行第一字《萃編》作『從』，然諦觀右半實不是『⿱从止』，其上似有小『一』，疑此乃『徒』字之變體。變『彳』作『亻』，而右半用筆又小異耳。『跂看之徒樂善妄歸』，『跂』即『跂』字，『妄』即『忘』字。

又第十二行第五字『⿰王祭』，《萃編》云：『璨』作『⿰王祭』，其實非『璨』字，『翠⿰王祭』即《子虛賦》之『萃蔡』也，不從『艸』而從『羽』從『玉』，乃字體之變耳。『粲』與『祭』古音不同部，王氏以『⿰王祭』爲『璨』假字，失之。新秋後三日，俞樾觀於吴下廡齋春在堂并記。

鈐印：蔭父

題跋出處：宋買等二十二人造像題記（俞樾跋本）

館藏號：S294

第十二行第十二字萃編釋作錦今諦觀似是神字金神即謂
休屠祭天金人也作金錦無義且字亦不似
第十五行第一字萃編作從然諦觀右半實不足從其上似有小
一疑此乃徒字之變體變彳作亻而右半用筆又小異耳跋者
之徒樂善妄歸跋即跋字妄即忘字
又第十二行第五字璪萃編云璪作璪其實非璪字翠
璪即子虛賦之萃蔡也不從艸而從羽從玉乃字體之變
耳粲與蔡古音不同部王氏以璪為璪段字失之
新秋後三日俞樾觀於吳下寓齋春在堂并記

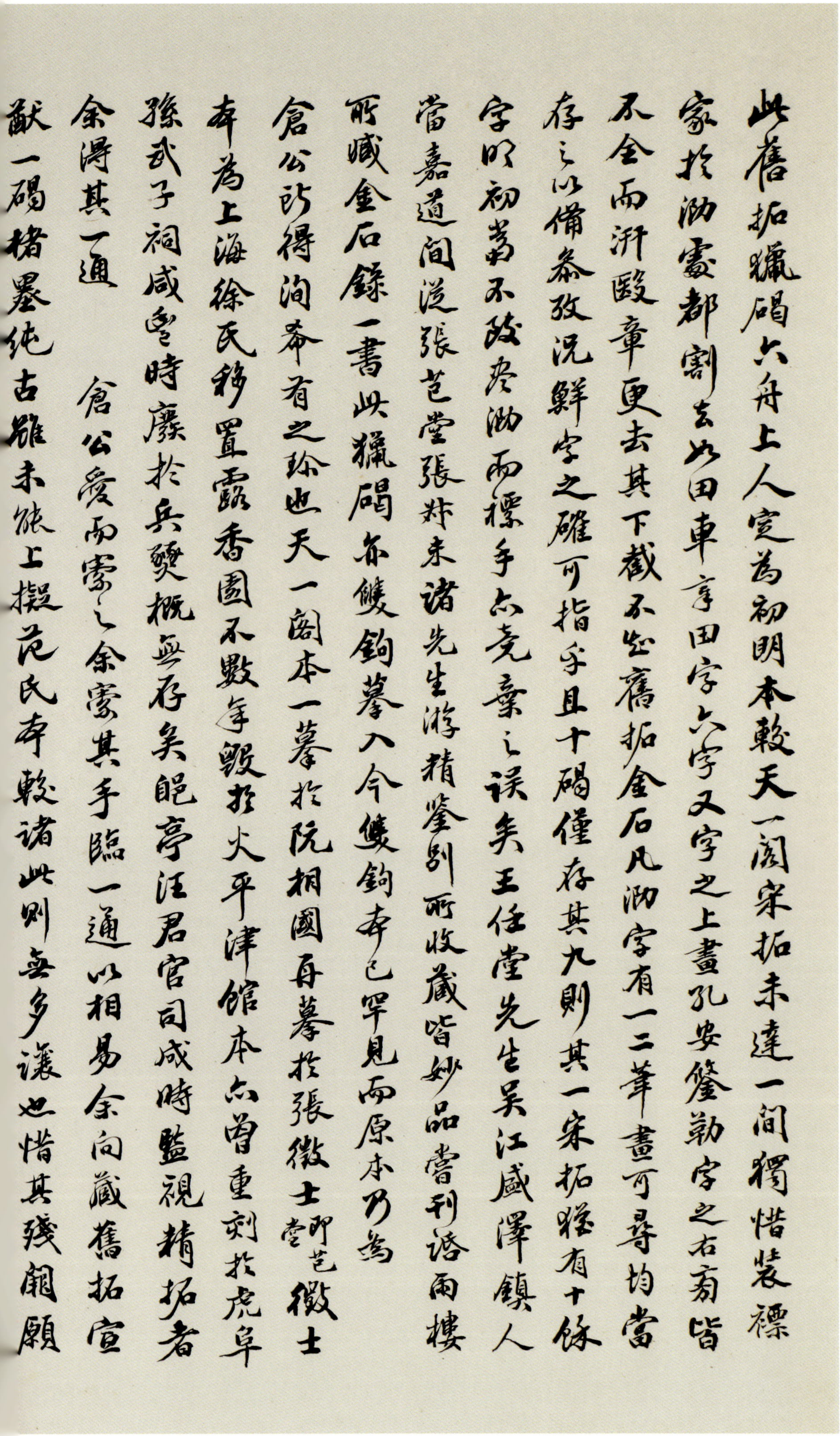

潘鍾瑞

年代：1823—1890

字號：原名振生，字圜雲，又字麟生、麟孫，號近僧、瘦羊、香禪

籍貫：江蘇吳縣

釋文：此舊拓獵碣，六舟上人定爲初明本，較天一閣宋拓未達一間，獨惜裝褾家於泐處都割去。如《田車》章『田』字、『六』字、『又』字之上畫，『孔安鋆勒』字之右旁皆不全，而《汧殹》章更去其下截，不知舊拓金石凡泐字有一二筆畫可尋，均當存之以備參考，况『鮮』字之確可指乎。且十碣僅存其九，則其一宋拓猶有十餘字，明初當不致盡泐，而褾手亦竟棄之，誤矣。王任堂先生，吳江盛澤鎮人，當嘉道間從張芑堂、張叔未諸先生游，精鑒别，所收藏皆妙品，嘗

刊《話雨樓所藏金石録》一書，此獵碣亦雙鈎摹入。今雙鈎本已罕見，而原本乃爲倉公所得，洵希有之珍也。天一閣本一摹於阮相國，再摹於張徵士（即芑堂），徵士本爲上海徐氏移置露香園，不數年毁於火，平津館本亦曾重刻於虎阜孫武子祠，咸豐時廢於兵燹，概無存矣。郎亭汪君官司成時監視精拓者，余得其一通，倉公愛而索之，余索其手臨一通以相易。余向藏舊拓《宣猷》一碣，楮墨純古，雖未能上擬范氏本，較諸此則無多讓也，惜其殘闕，願與倉公共寶之。承屬綴言，因并記此爲獵碣掌故焉。光緒十有二年丙戌夏五，長洲潘鍾瑞題於雙鳳雙虎專硯齋。

鈐印：鍾瑞題誌、七專簃

題跋出處：石鼓文（王楠藏本）

館藏號：S2504

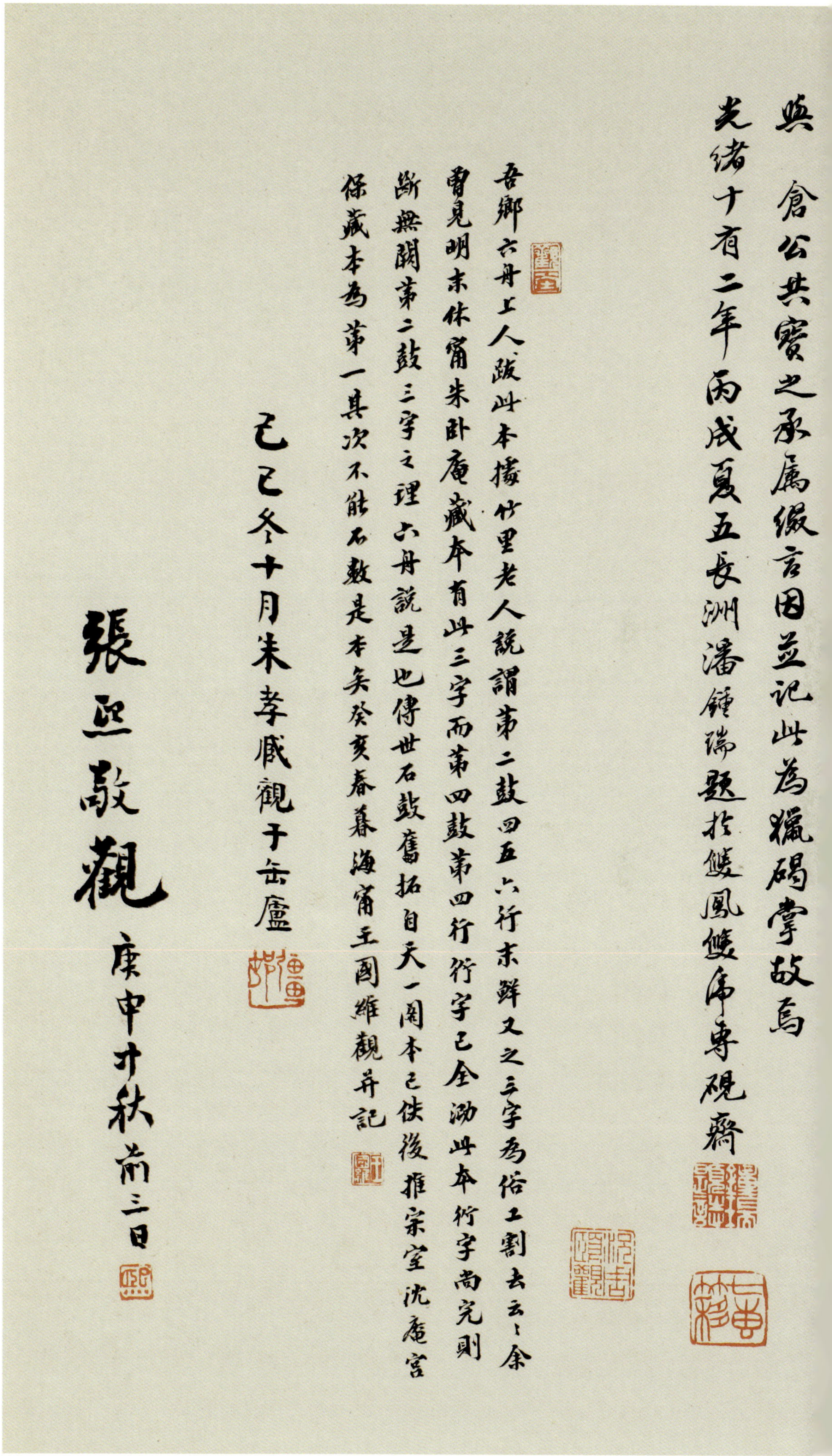

與倉公共寶之承屬綴言因并記此爲獵碣掌故焉
光緒十有二年丙戌夏五長洲潘鍾瑞題於雙鳳雙虎專硯齋
吾鄉六舟上人跋此本據竹里老人說謂第二鼓四五六行末麟文之三字爲俗工剗去云云余曾見明末休甯朱卧庵藏本有此三字而第四鼓第四行衍字已全泐此本衍字尚完則斷無闕第二鼓三字之理六舟說是也傳世石鼓舊拓自天一閣本已佚後推宋室保藏本爲第一其次不能不數是本矣癸亥春暮海甯王國維觀并記
己巳冬十月朱孝臧觀于缶廬
張巠敬觀
庚申廿秋前三日

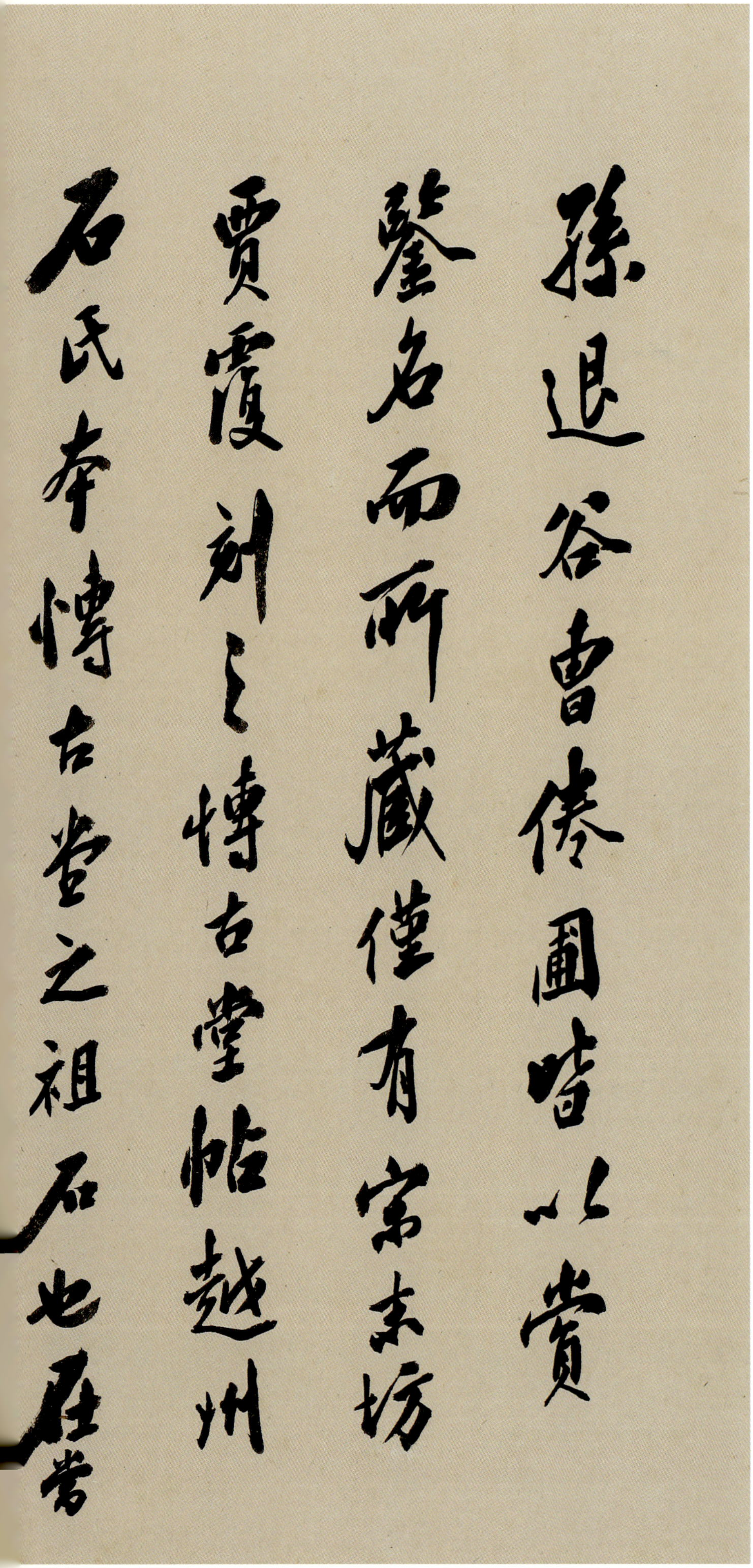

李鴻章

年代：1823—1901

字號：本名章桐，字漸甫、子黻，號少荃、少泉、儀叟、省心

籍貫：安徽合肥

釋文：孫退谷、曹倦圃皆以賞鑒名，而所藏僅有宋末坊賈覆刻之《博古堂帖》。越州石氏本，《博古堂》之祖石也，在當時已稱難覯，況今日耶。新吾侄好古勤蒐，訪得此本，洵可寶也。庚辰七月，鴻章。

鈐印：少荃

題跋出處：陰符經、護命經、度人經（孫多巘藏本）

館藏號：81A660

時已稱難觀況今日耶新吾
姪好古勤蒐訪得此本洵可
寶也
庚辰七月鴻章

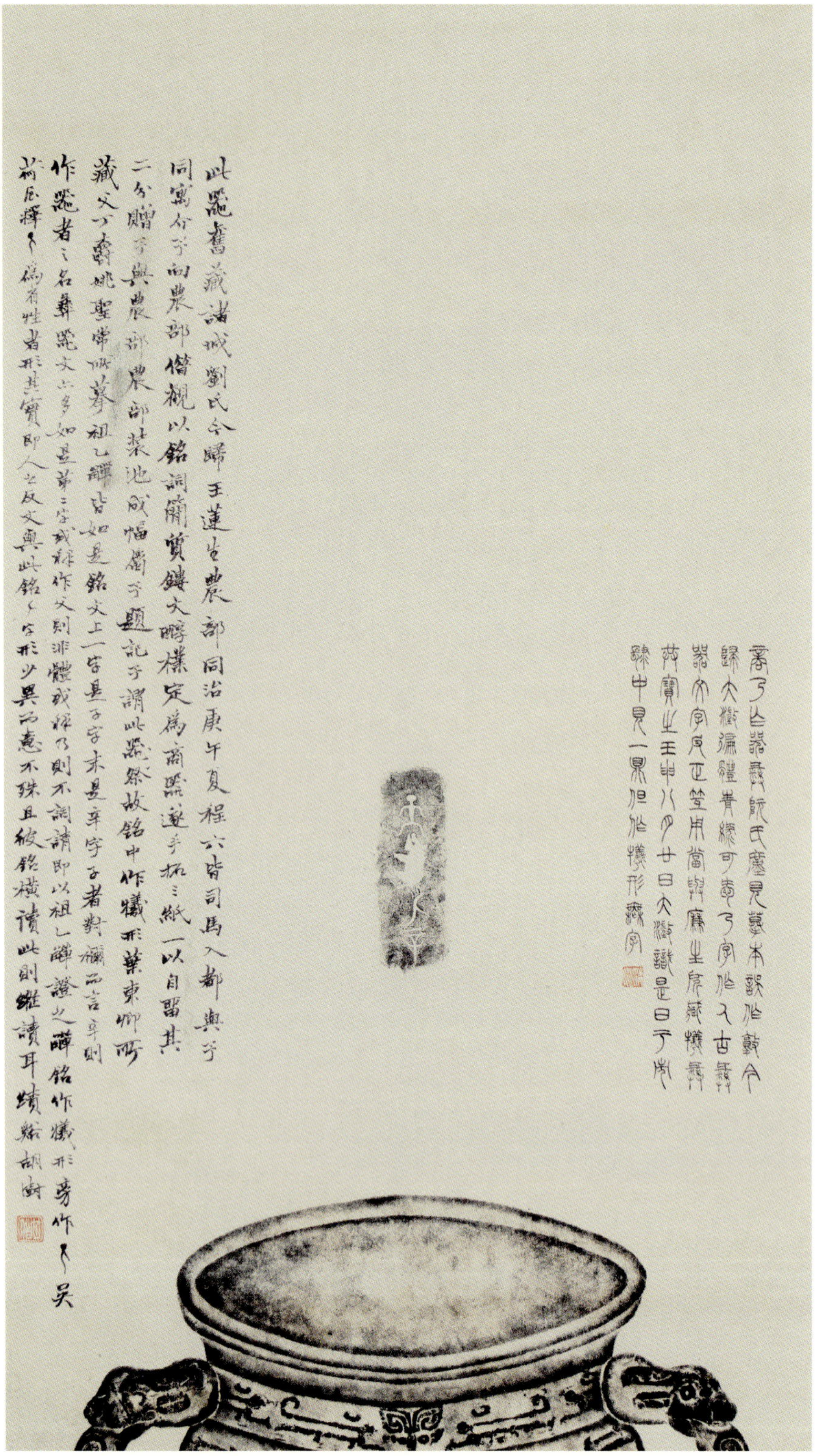

胡澍

年代：1825—1872

字號：字荄甫，一字甘伯，號石生

籍貫：安徽績溪

釋文：此器舊藏諸城劉氏，今歸王蓮生農部。同治庚午夏，程六皆司馬入都，與予同寓，介予向農部借觀，以銘詞簡質，鏤文醇樸，定爲商器，遂手拓三紙，一以自留，其二分贈予與農部。農部裝池成幅，屬予題記。予謂此祭器，故銘中作犧形。葉東卿所藏《父丁爵》，姚聖常所摹《祖乙觶》皆如是。銘文上一字是『子』字，末是『辛』字，子者對禰而言，辛則作器者之名，彝器文亦多如是；第二字或釋作『父』，則非體，或釋『乃』，則不詞，請即以《祖乙觶》證之。觶銘作犧形，旁作『□』，吴荷屋釋『□』爲省牲者形，其實即『人』之反文，與此銘『□』字形少異而意不殊，且彼銘横讀，此則縱讀耳。績溪胡澍。

鈐印：甘伯

題跋出處：天豖姚辛簋（吴大澂藏本）

館藏號：Z2055

此器舊藏諸城劉氏今歸王蓮生農部同治庚午夏程
同寓介予向農部借觀以銘詞簡質鑄文醇樸定爲商器遂
二分贈予與農部農部裝池成幅屬予題記予謂此器祭故銘
藏父丁彝姚聖常所摹祖乙彝皆如是銘文上一字是子字末是辛
作器者之名彝器文亦多如是第二字或釋作父則非體或釋乃則不詞請
荷屋釋人人爲有姓者形其實即人之反文與此銘人字形少異而意不殊且

同治庚午夏程六皆司馬入都與予
樸定爲商器遂手拓三紙一以自留其
記予謂此器祭故銘中作犧形葉東卿所
字是子字末是辛字子者對彌而言辛則
非體或釋乃則不詞請即以祖乙彝證之彝銘作犧形旁作人人吳
形少異而意不殊且彼銘橫讀此則縱讀耳　續谿胡澍

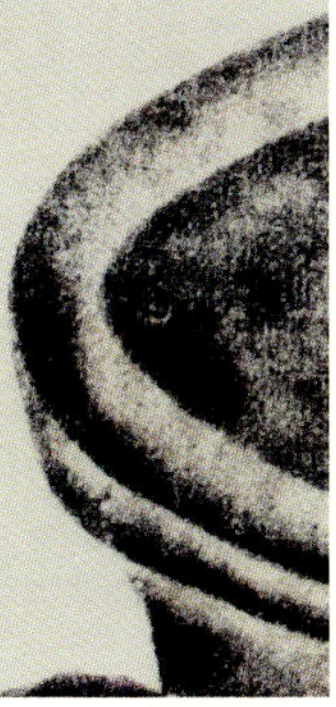

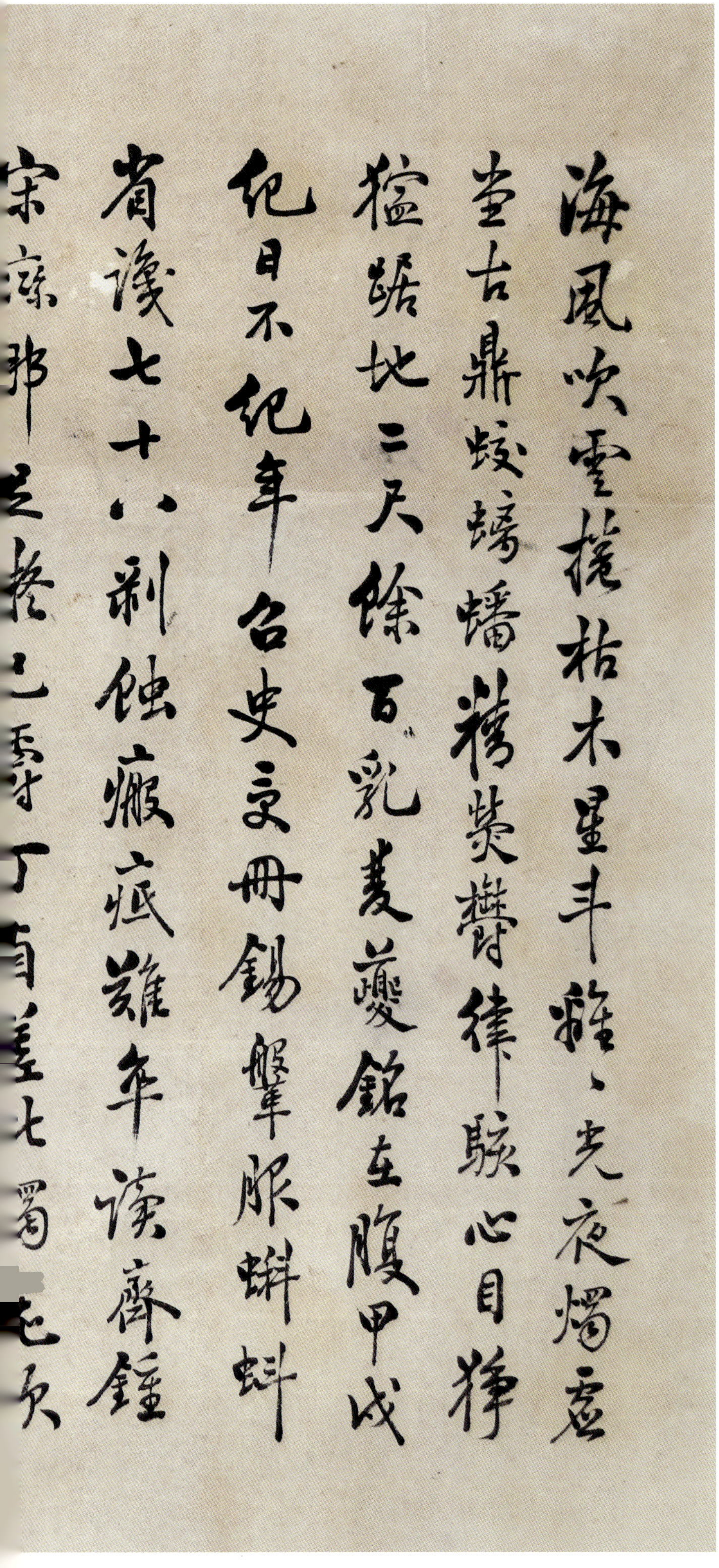

趙佑宸

年代：1827—？

字號：原名有淳，字粹甫，號蕊史

籍貫：浙江鄞縣

釋文：海風吹雲捲枯木，星斗離離光夜燭。
虛堂古鼎蛟螭蟠，精瑩鬱律駭心目。
猙獰踞地二尺餘，百乳雙夔銘在腹。
甲戌紀日不紀年，召史受册錫鞶服。
蝌蚪省識七十八，剥蝕瘢痕難卒讀。
齊鐘宋鑾那足擬，己爵丁卣差比蠲。
器款未入宣和圖，奇文遺我金石録。
當時收藏好古家，青詞相國恣貪黷。
一朝攫取渡江水，江濤晝黑神鬼哭。
寶物耻爲饕餮用，過眼須臾覆公餗。
此鼎復溯江流回，棲託僧寮氣肅穆。
春風霽（日暎）珠瓔，秋雨澄波對松菊。
吁嗟，鈐山已蕪萼山枯，椒山石峙焦山麓。
年年古鼎壓驚濤，江峰千載無傾覆。
《張京江相國焦山古鼎歌》（第十一行『霽』字下脱『日暎』二字），同治壬申二月粹甫趙佑宸。

鈐印：趙佑宸印、管領金焦

題跋出處：焦山無叀鼎（趙佑宸跋本）

館藏號：Z2450

未入宣和圖奇文遺我金石録趙氏收
藏好古家書詞相國恣貪黷一朝攫
取渡江水江濤畫黑神鬼哭寶物恥
爲饕餮用過眼須臾霞公餘此鼎復
瀾江流回極託僧寮氣角稜春風霽
珠瓔秋雨澄波對松菊吁嗟鈴山已
荒蕪山枯樹山石峙焦山林麓年年古
鼎獻驚濤江峯千載無傾覆

張泉江相國焦山古鼎歌 第十一行霽字下脫日暎二字

同治壬申二月粹甫趙昭宸

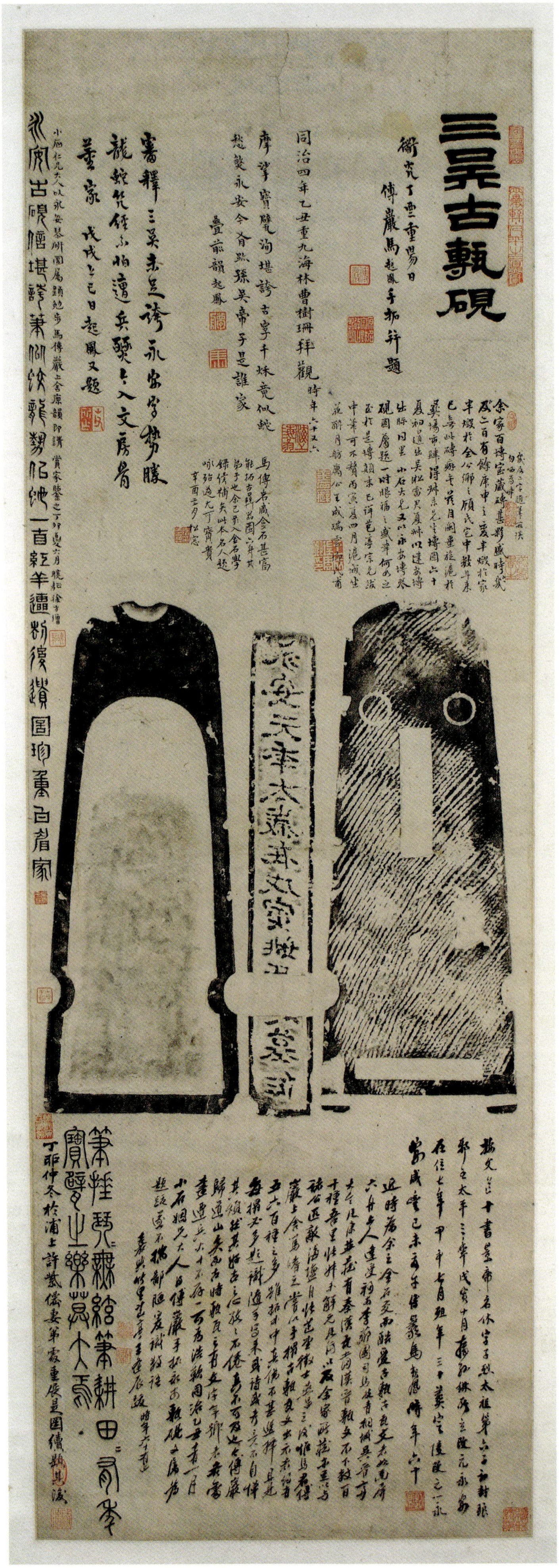

王成瑞

年代：1828—1899

字號：字雲卿

籍貫：浙江平湖

釋文：余家百磚室藏磚甚夥，盛時二百有餘，庚申之變，半燬於家，半燬於全公鄉之顧氏宅中，數年來已無此磚癖矣。茲自閩畺旋滬，於彝場市肆得叔未先生磚圖六十。夏初，道出吴淞，雷君夏叔以建安磚出視，同里小石大兄又以永安磚琴硯圖屬題，一時眼福之盛，幸何如之。至於是磚顛末已詳芑亭宗兄跋中，筆可不贅。丙寅夏四月，滬城坐花醉月舫寓公王成瑞雲卿氏甫。

鈐印：吟芳僊館、金石膏肓、戎馬書生、金石癖、王成瑞雲卿印

題跋出處：永安琴硯（馬起鳳拓本）

館藏號：J4169

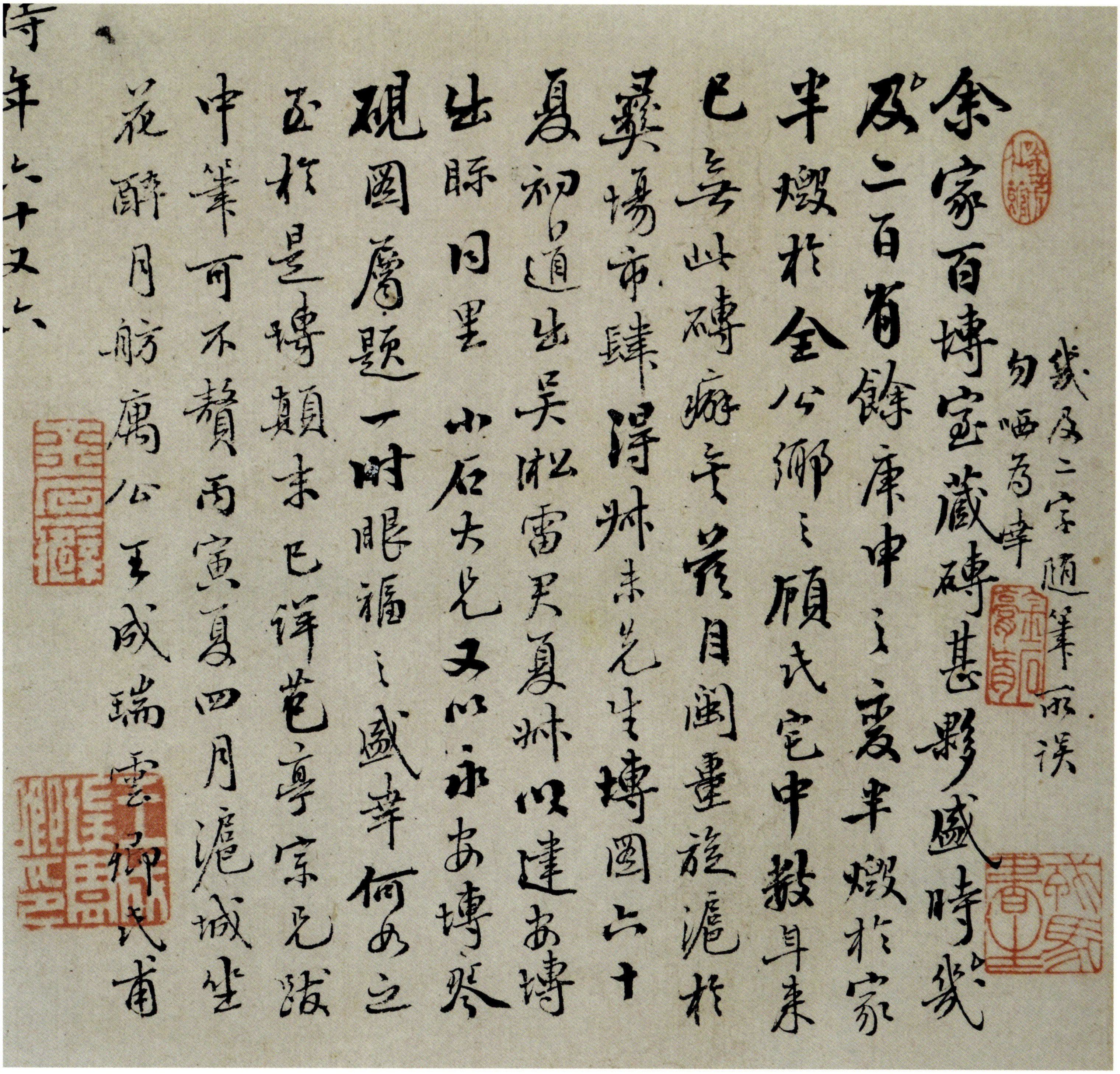

余家百塼室藏磚甚夥盛時幾
幾及二字隨筆而誤勿哂爲幸
及二百有餘庚申之變半燬於家
半燬於全公鄉之顧氏宅中數年來
已無此磚癖矣花月閒畫旋滬於
𦒿場市肆得琳未先生塼圖六十
夏初道出吳淞雷君夏琳以建安塼
出眎同里小石大兄又以永安塼琴
硯圖屬題一時眼福之盛幸何如之
丞於是塼顛末已詳范亭宗兄跋
中筆可不贅丙寅夏四月滬城坐
花醉月舫萬公王成瑞雲卿氏甫
時年六十又六

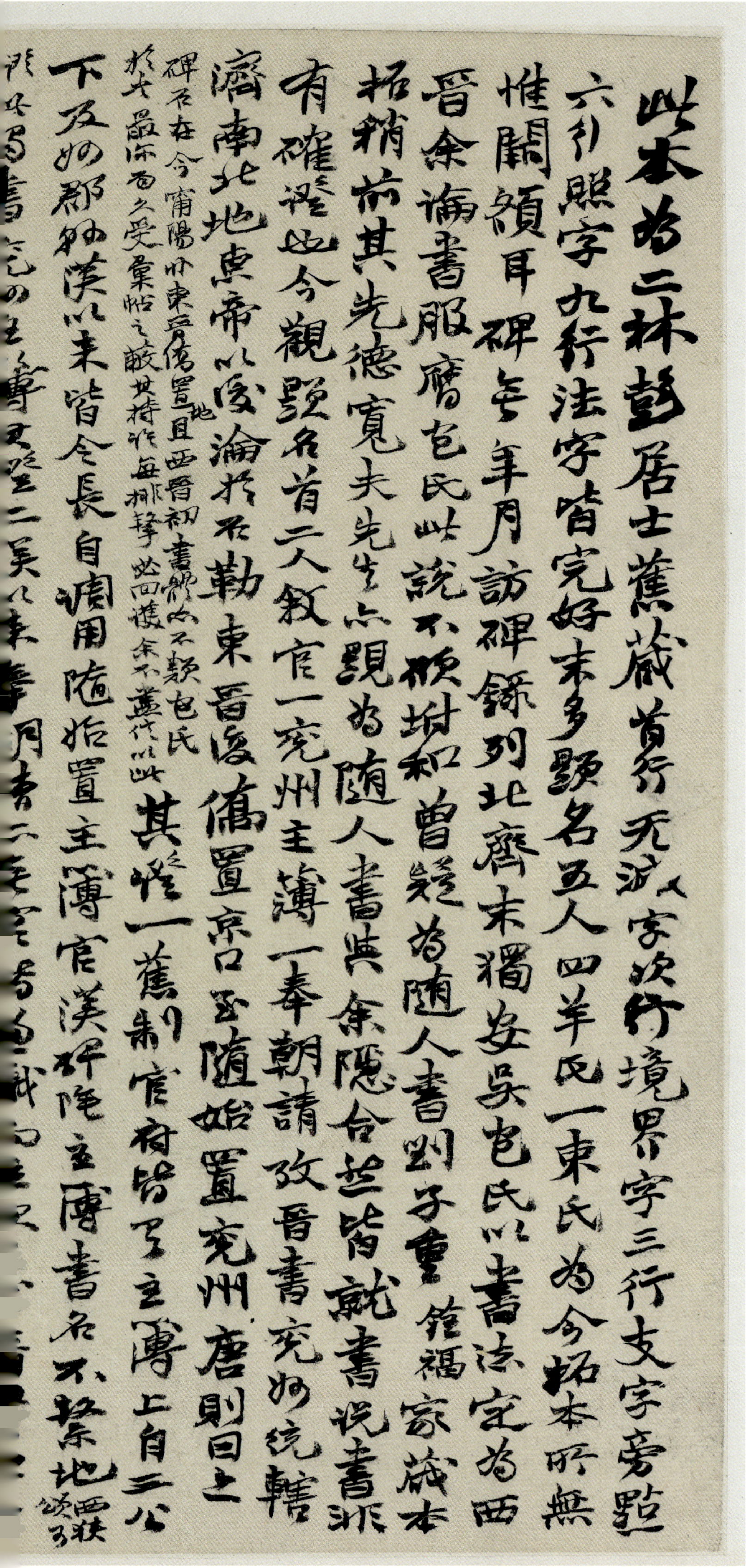

趙之謙

年代：1829—1884

字號：字撝叔，號悲庵、梅庵、無悶、冷君、孺卿、思悲翁、益甫、鐵三

籍貫：浙江會稽

釋文：此本爲二林彭居士舊藏，首行『無滅』字，次行『境界』字，三行『支』字旁點，六行『照』字，九行『法』字皆完好，末多題名五人，四羊氏，一束氏，爲今拓本所無，惟闕額耳。碑無年月，《訪碑録》列北齊末，獨安吴包氏以書法定爲西晉。余論書服膺包氏，此説不欲附和，曾疑爲隨人書，劉子重銓福家藏本拓稍前，其先德寬夫先生亦題爲隨人書，與余隱合，然皆就書説書，非有確證也。今觀題名首二人叙官，一兖州主簿，一奉朝請。考《晉書》兖州統轄濟南北地，惠帝以後淪於石勒，東晉復僑置京口，至隨始置兖州，唐則因之（碑石在今寧陽非東晉僑置地，且西晉初書體亦不類，包氏於書最深尚久受彙帖之蔽，其持論每排擊，必回護，余不盡信以此），其證一。舊制官府皆有主簿，上自三公，下及州郡縣，漢以來皆令長自調用，隨始置主簿官。漢碑陰主簿書名不繫地（《西狹頌》可證也），此獨書兖州主簿，其證二。漢以來奉朝請亦無官，皆兼職，而位次三公，晉世兼三公，

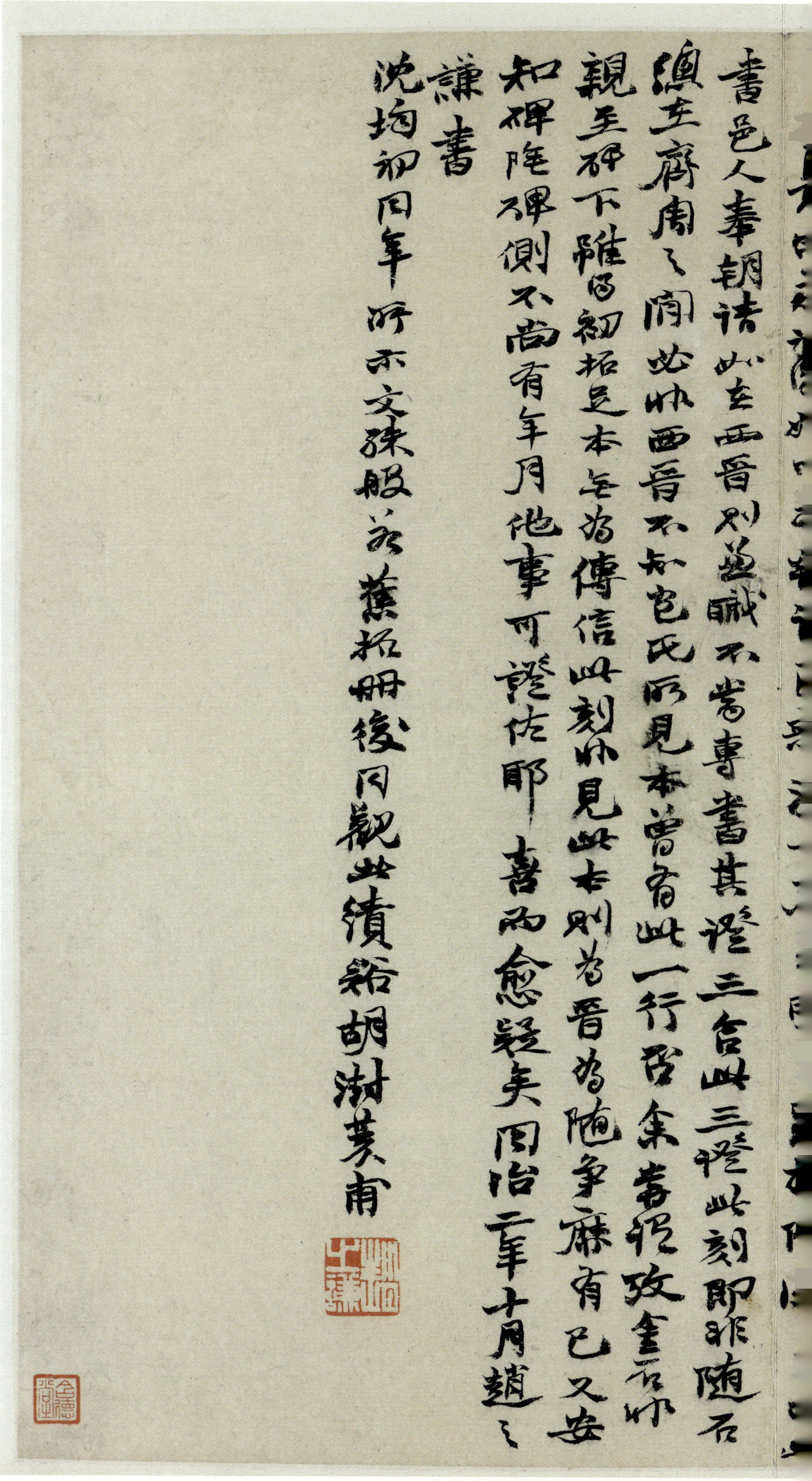

甚尊貴，宋永初後始以奉朝請選，雜濫于齊永明中，罷於随開皇中。此書邑人奉朝請，如在西晋則兼職不當專書，其證三。合此三證，此刻即非随石，總在齊周之間，必非西晋，不知包氏所見本曾有此一行否？余嘗謂，考金石非親至碑下，雖得初拓足本無爲傳信。此刻非見此本，則爲晋爲随争靡有已，又安知碑陰、碑側不尚有年月他事可證佐耶！喜而愈疑矣。同治二年十月趙之謙書。沈均初同年所示《文殊般若》舊拓册後，同觀此績谿胡澍荄甫。

鈐印：趙之謙

題跋出處：水牛山文殊般若經碑（沈樹鏞藏本）

館藏號：S2807

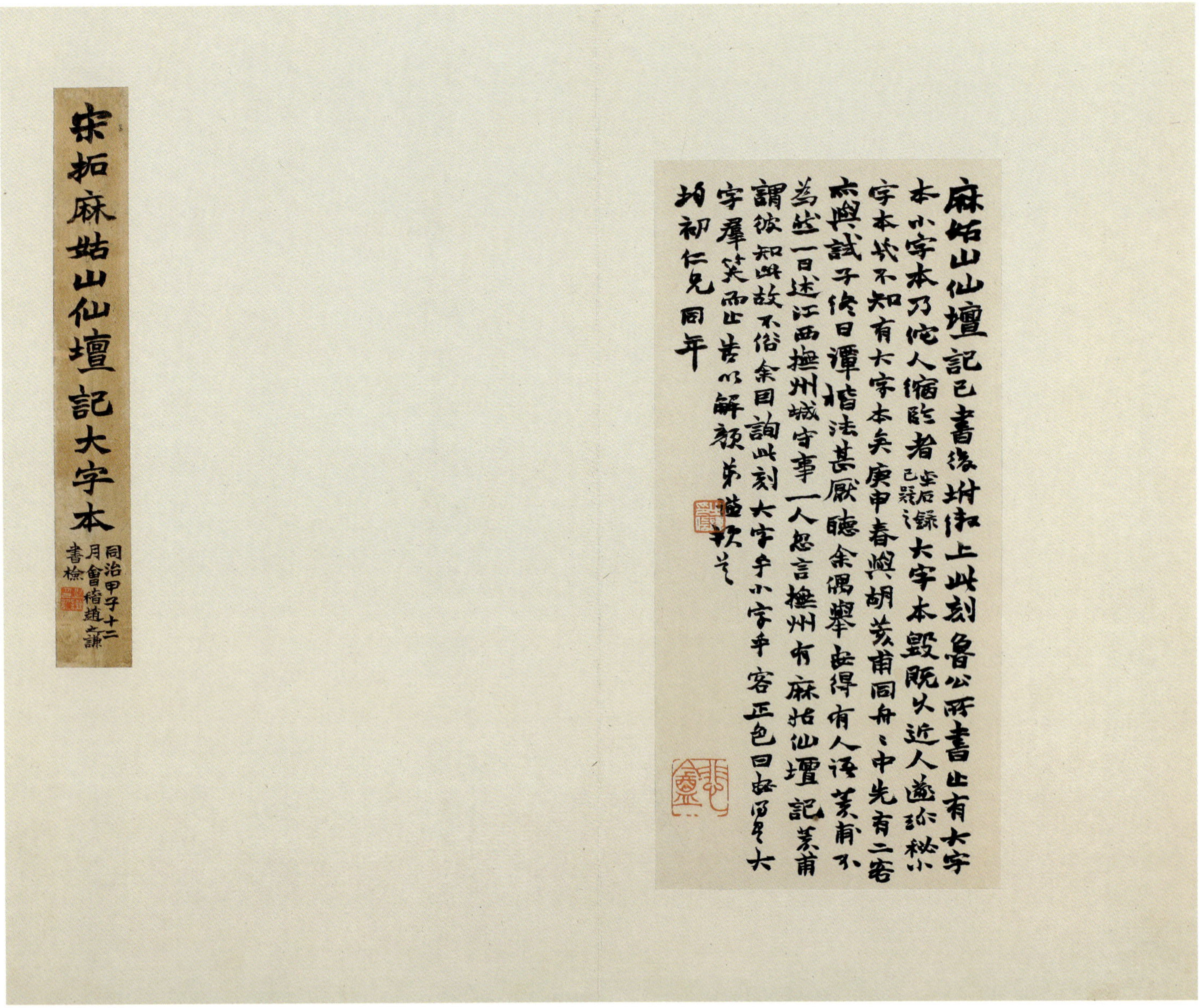
宋拓麻姑山仙壇記大字本
同治甲子十二月會稽趙之謙書檢

釋文：《麻姑山仙壇記》已書後附繳上。此刻魯公所書，止有大字本，小字本乃他人縮臨者（《金石録》已疑之）。大字本毀既久，近人遂珍秘小字本，幾不知有大字本矣。庚申春與胡荄甫同舟，舟中先有二客，亦與試子，終日譚楷法，甚厭聽，余偶舉安得有人語，荄甫不爲然。一日述江西撫州城守事，一人忽言撫州有《麻姑仙壇記》，荄甫謂彼知此，故不俗，余因詢：『此刻大字乎？小字乎？』客正色曰：『安得有大字！』群笑而止，告以解顔。弟謙頓首，均初仁兄同年。

鈐印：之謙印信、悲盦

麻姑山仙壇記已書後坿和上此刻魯公所書止有大字本小字本乃他人縮臨者（金石錄已疑之）大字本毀既久近人遂珍秘小字本我不知有大字本矣庚申春與胡荄甫同舟々中先有二客亦與試子終日譚楷法甚厭聽余偶舉安得有人語荄甫不為然一日述江西撫州城守事一人忽言撫州有麻姑仙壇記荄甫謂彼知此故不俗余因詢此刻大字乎小字乎客正色曰如所見是大字羣笑而止書以解顏弟謙又

胡初仁兄同年

釋文：唐麻姑山仙壇記大字本。宋拓神品，均初珍玩。撝叔題眉。

鈐印：趙之謙印

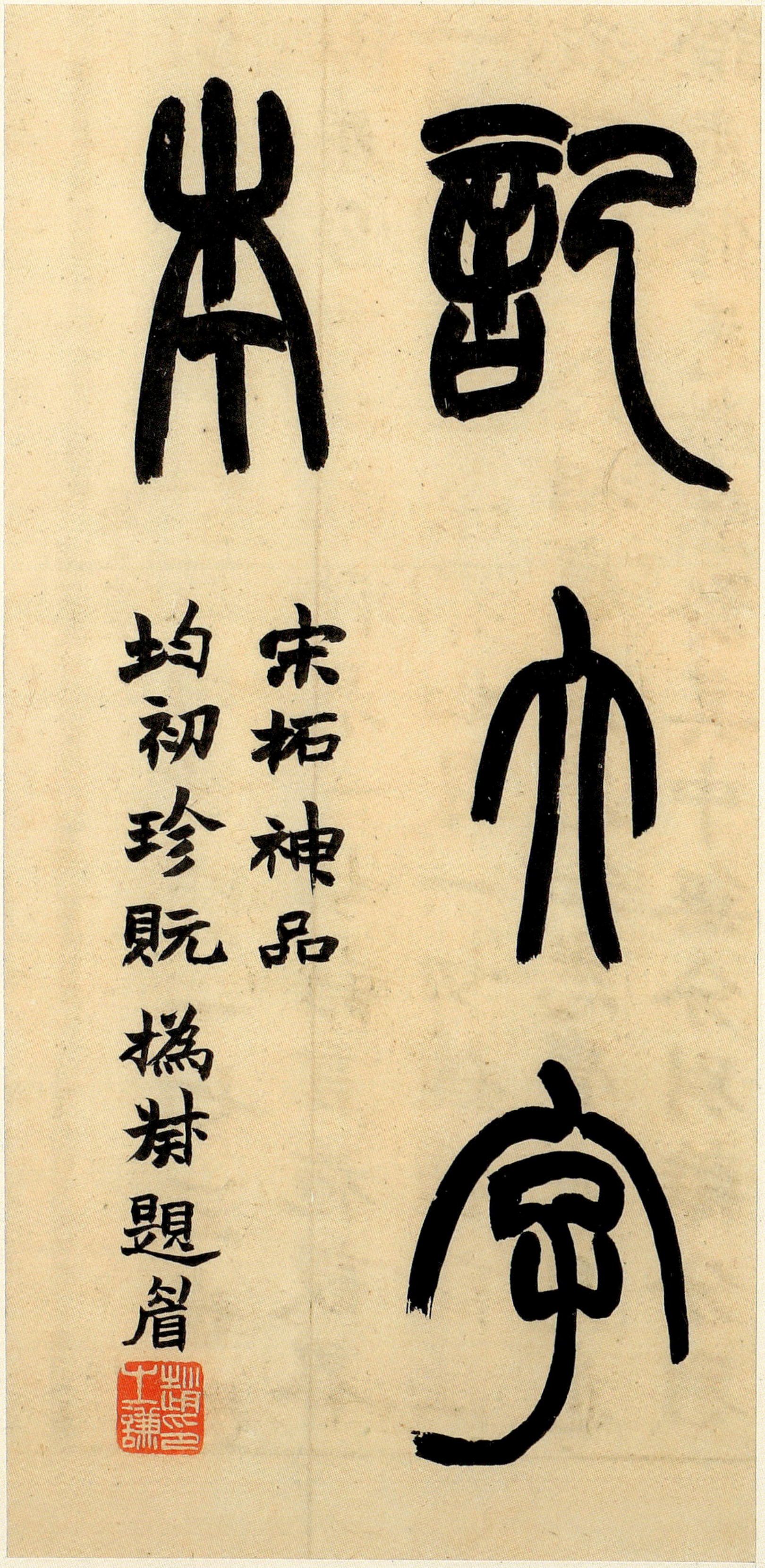
宋拓神品
均初珍貺
撝叔題眉

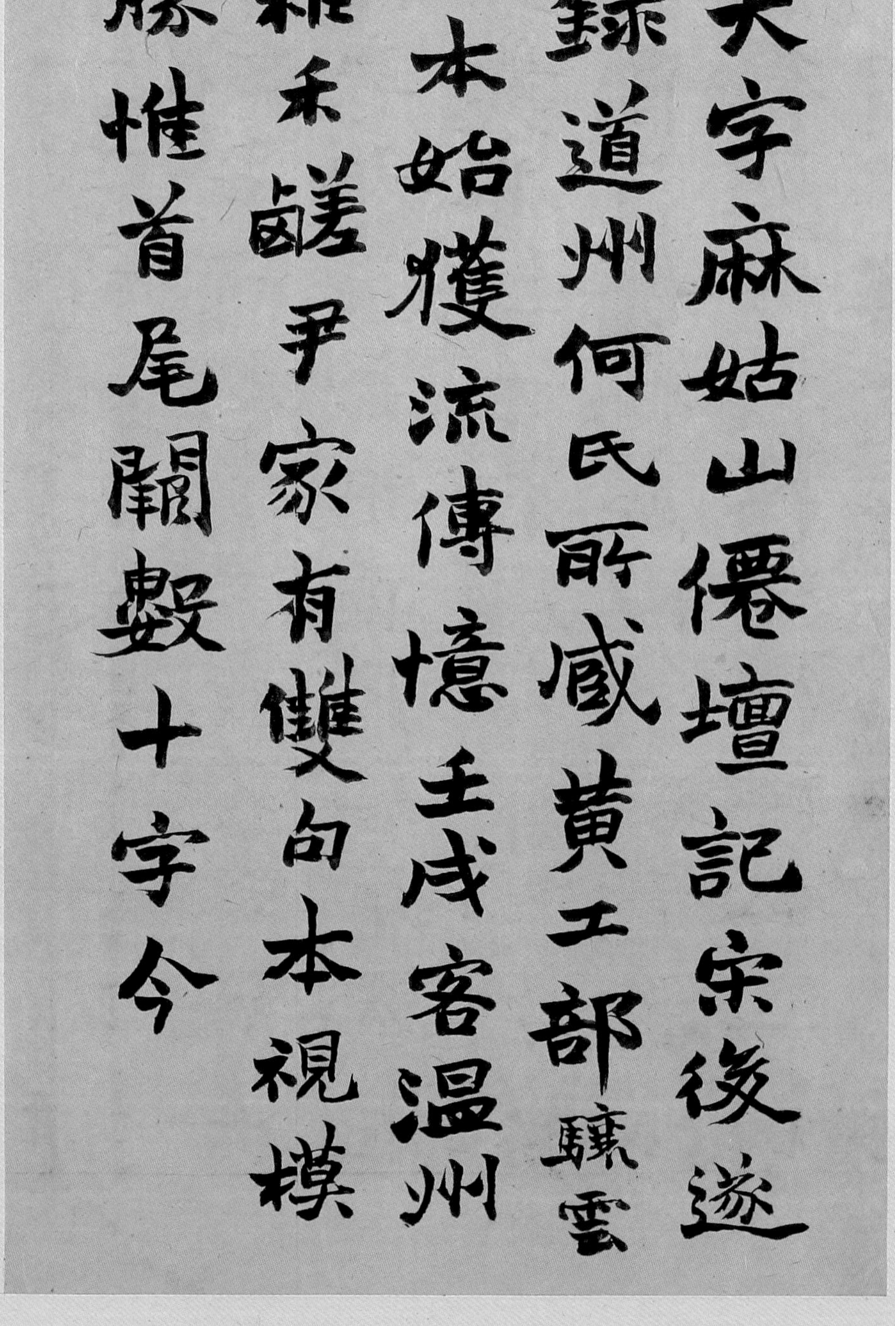

釋文：魯公《大字麻姑山仙壇記》宋後遂無箸録，道州何氏所臧，黃工部驤雲重模一本，始獲流傳。憶壬戌客温州，見范稚禾鹺尹家有雙句本，視模本遠勝，惟首尾闕數十字。今均初同年以重價購此相示，乃得見是刻真面目，詫嘆累日。舊褾翦貼，已失七十八字，疑即范氏雙句祖本，惜遠閡五千里，不能取以校證也。同治甲子十二月，會稽趙之謙審定記。

鈐印：趙撝叔

題跋出處：大字麻姑山仙壇記（龔心釗藏本）

館藏號：18A354

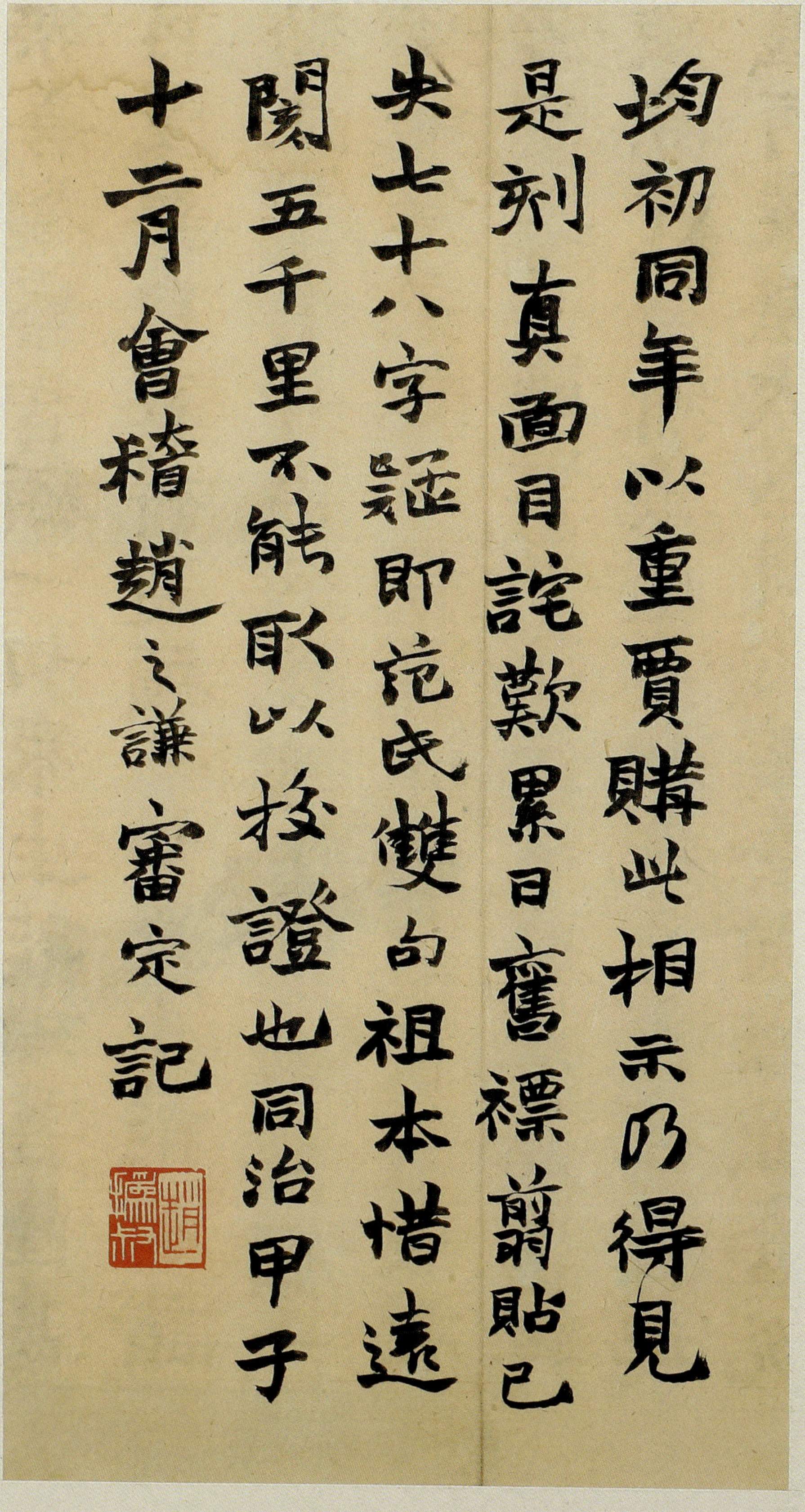

均初同年以重賈購此相示乃得見
是刻真面目詫歎累日舊褾翦貼已
失七十八字疑即范氏雙句祖本惜遠
閡五千里不能取以校證也同治甲子
十二月會稽趙之謙審定記

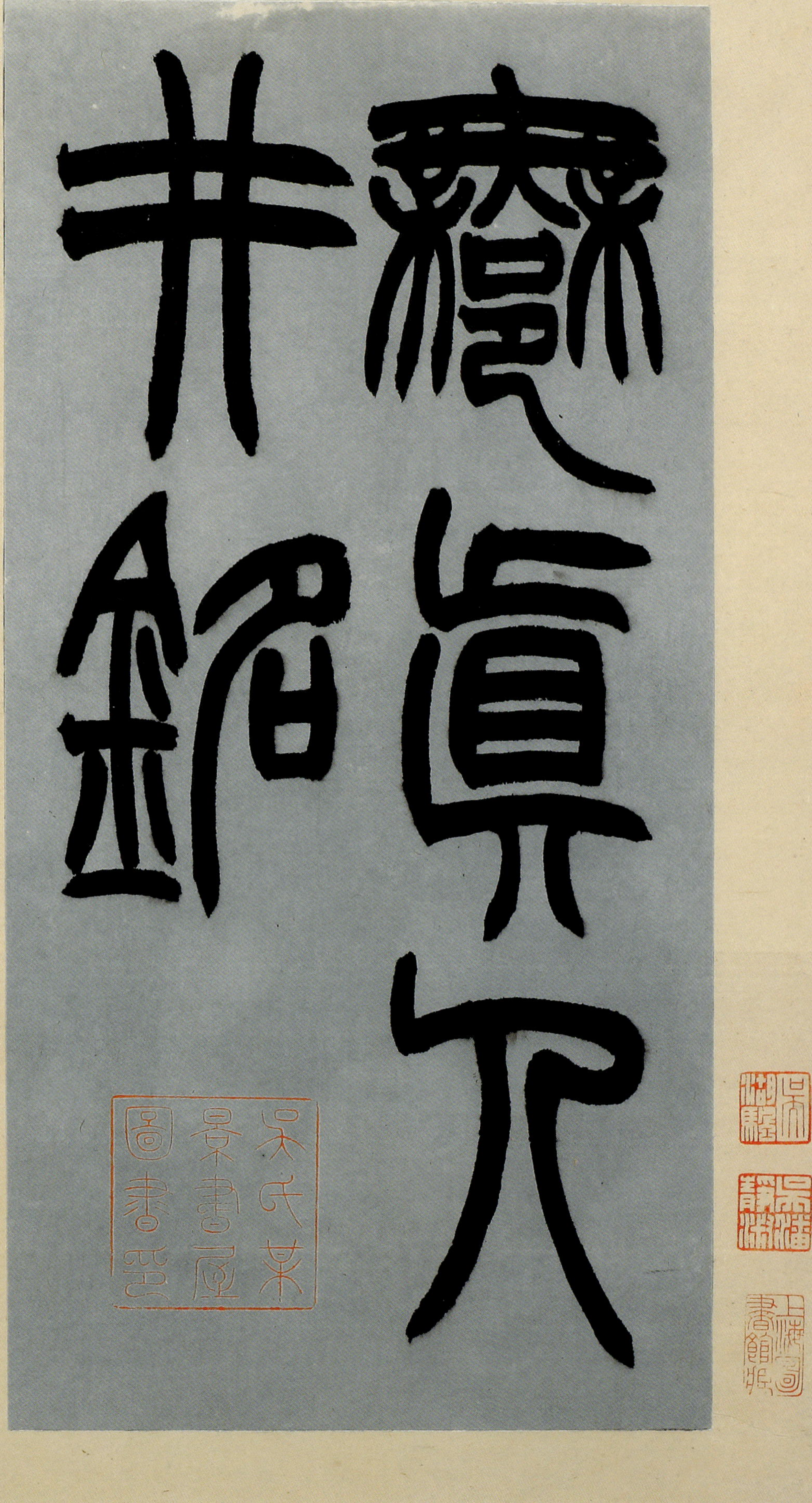

釋文：許真人井銘。宋拓孤本。舊歸嘉興張氏清儀閣，同治乙丑夏六月鄭齋從鮑少筠得之，屬爲題記。之謙。

鈐印：趙之謙、趙撝叔

題跋出處：許真人井銘（吴湖帆藏本）

館藏號：18A351

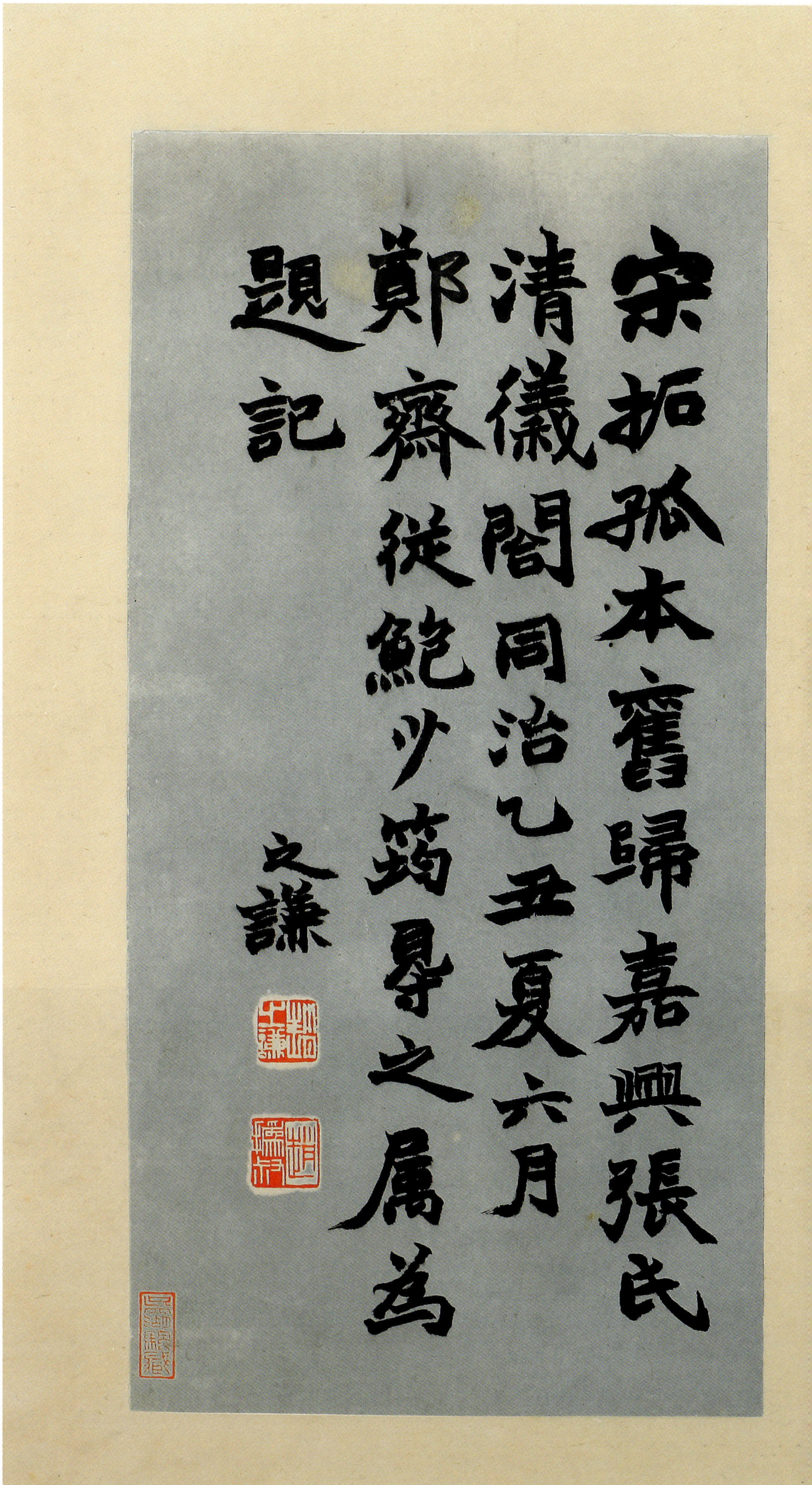
宋拓孤本舊歸嘉興張氏
清儀閣同治乙丑夏六月
鄭齋從鮑少筠尋之屬爲
題記
之謙

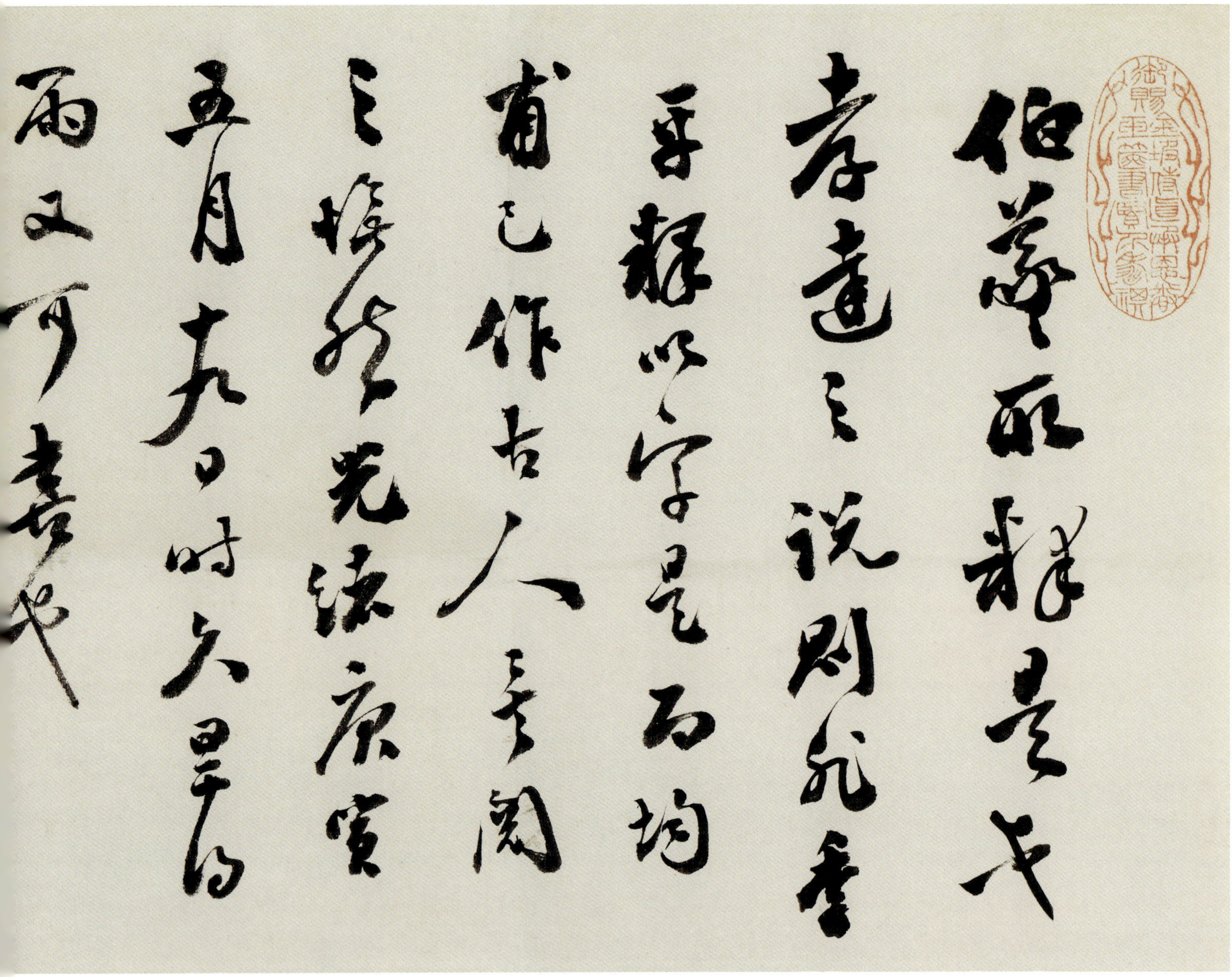

潘祖蔭

年代：1830—1890

字號：字東鏞，小字鳳笙，號伯寅、少棠、鄭盦

籍貫：江蘇吴縣

釋文：伯羲所釋是也，孝達之説則非。季平釋『以』字是，而均甫已作古人矣，閲之憮然。光緒庚寅五月十九日，時久旱得雨，又可喜也。廉生太史仁弟屬題。潘祖蔭。

鈐印：御賜金坡侍直承恩眷玉篋書賢介壽祺、潘祖蔭印

釋文：沙南碑後面字較前面多十餘行，且清晰。傖父以『焕采溝』三大字鑱其上，可辨者寥寥無幾，可恨也。伯寅附識。

鈐印：伯寅

題跋出處：劉平國摩崖（王懿榮藏本）

館藏號：S38

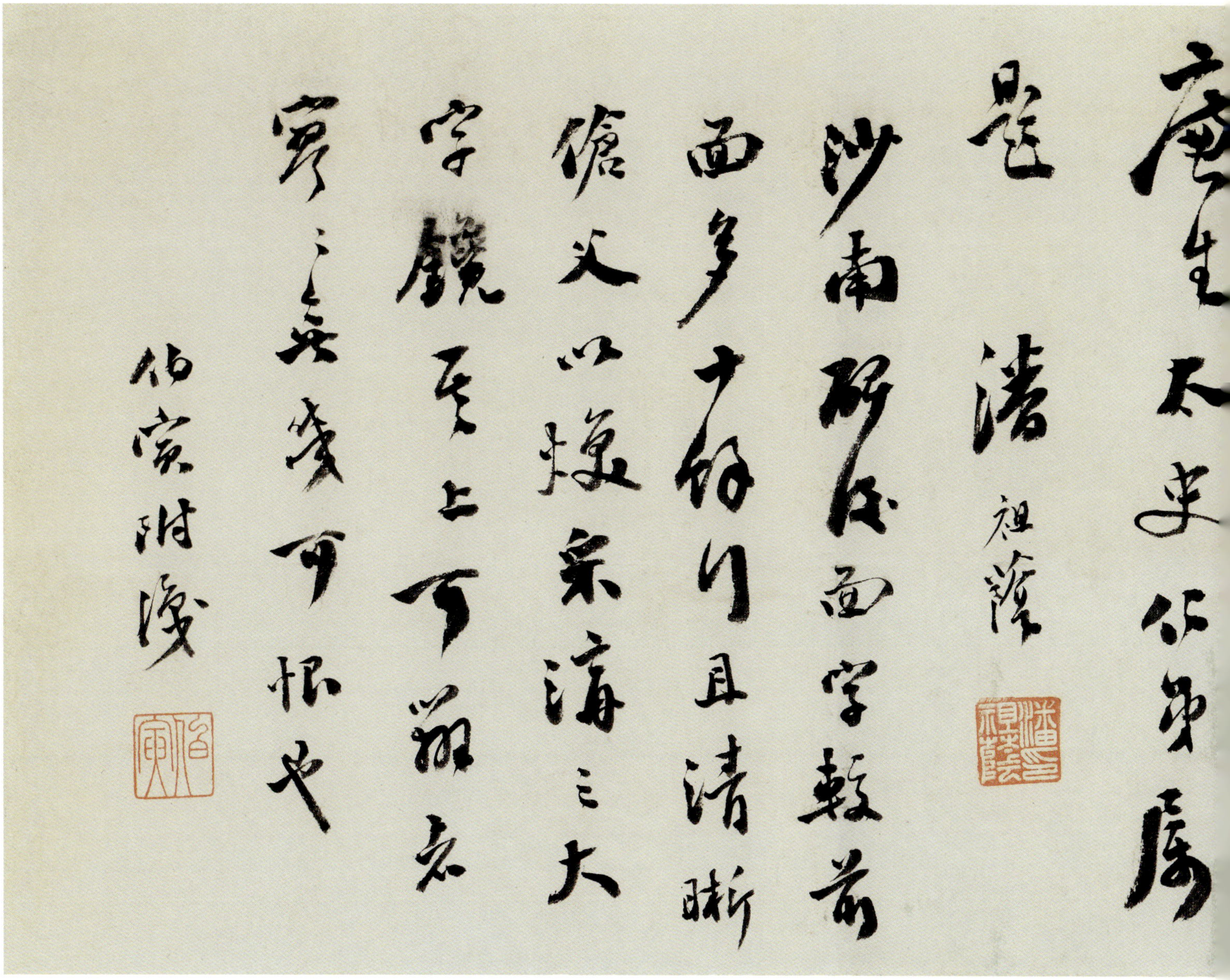
庵先生太史如見属
題清 祖蔭
沙南所作面字較前
面多十餘行且清晰
脩又以模糊之大
字鏡面上下難辨
寫之矣實可恨也
伯寅附識

翁同龢

年代：1830—1904

字號：字叔平、聲甫，號松禪、訒夫、瓶生、瓶廬居士、井眉居士、天放閑人

籍貫：江蘇常熟

釋文：元祐四年蘇公以翰林學士出知杭州，史稱爲當軸所不容，其實公之得罪在迩英進讀時也。公三月被命，此碑之刻在四月，則將出國門時矣。是時臺章積不付下，公欲陳辨而不得，碑言仁宗朝重諫官之選，蓋隱有所指也。吾友

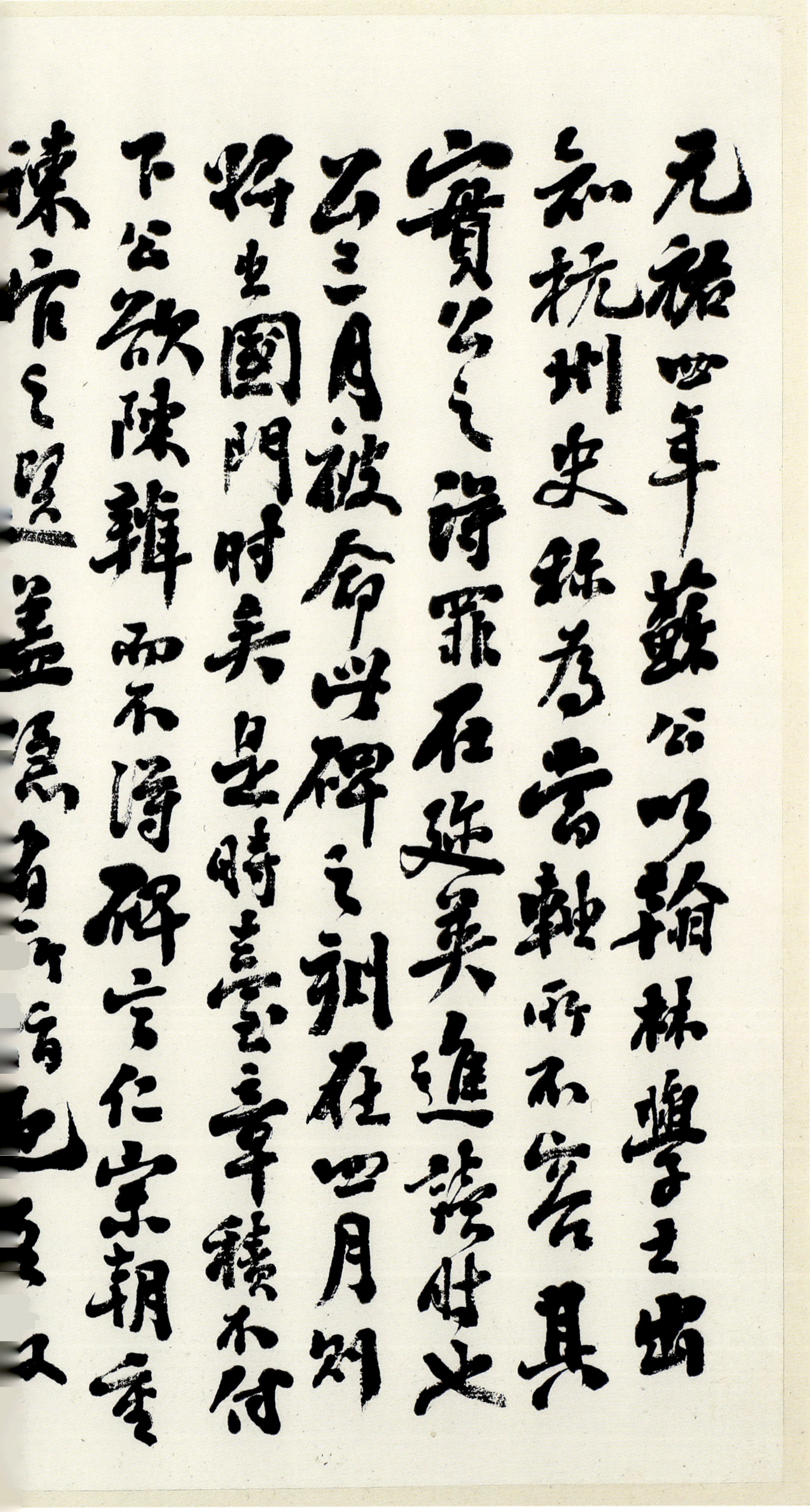

元祐四年蘇公以翰林學士出
知杭州史稱為當軸所不容其
實公之得罪在迩英進讀時也
公三月被命此碑之刻在四月則
將出國門時矣是時臺章積不付
下公欲陳辨而不得碑言仁宗朝重
諫官之選蓋隱有所指也吾友

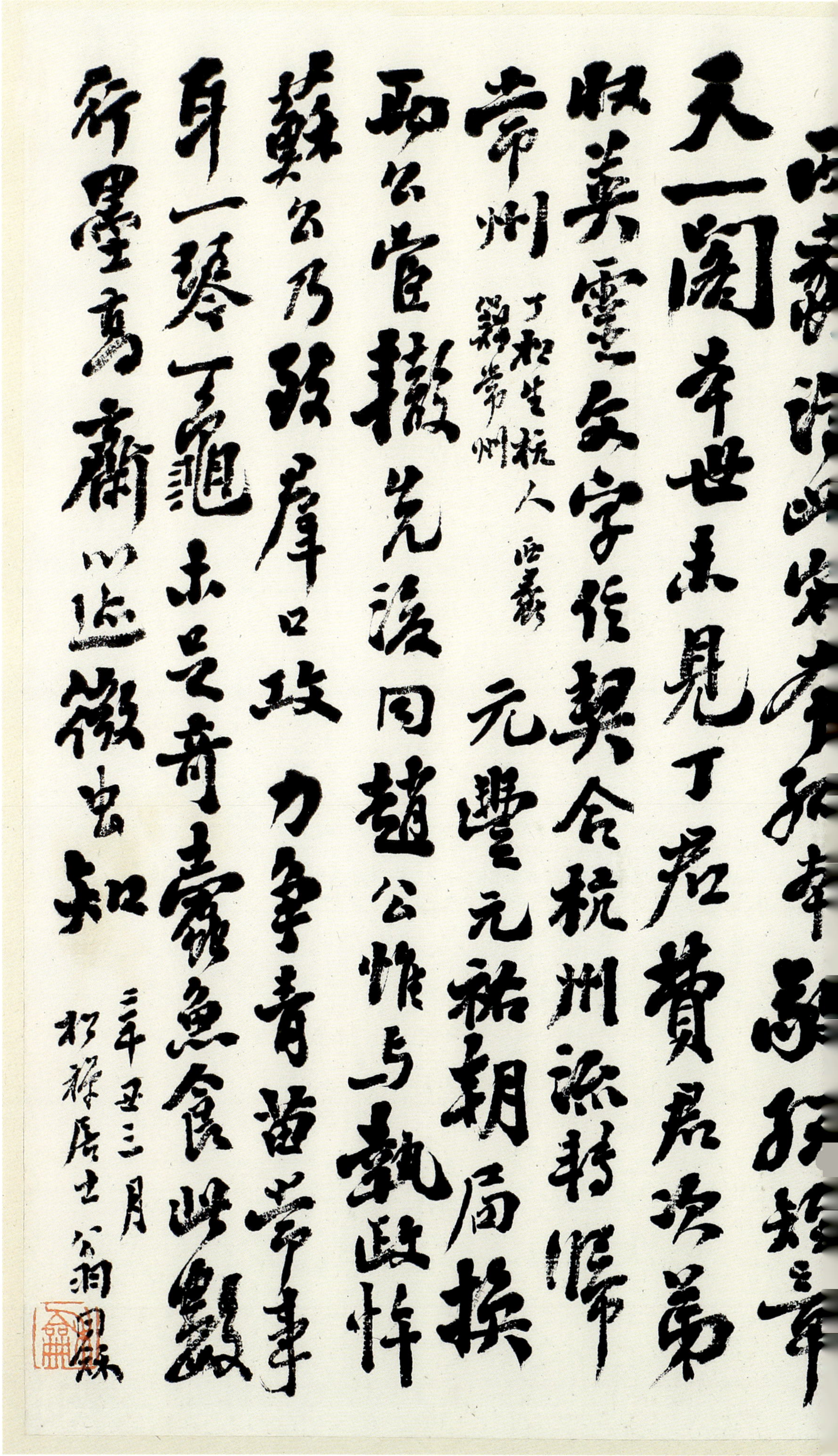

西蠡得此宋拓孤本，敬綴短章。天一閣本世未見，丁君費君次弟收。英靈文字信契合，杭州流轉歸常州（丁松生杭人，西蠡籍常州）。元豐元祐朝局換，兩公宦轍先後同。趙公惟與執政忤，蘇公乃致群口攻。力争青苗常事耳，一琴一龜未足奇。蠹魚食此數行墨，高齋心迹微虫知。辛丑三月，松禪居士翁同龢。

鈐印：龢

題跋出處：趙清獻公碑（費念慈藏本）

館藏號：18A344

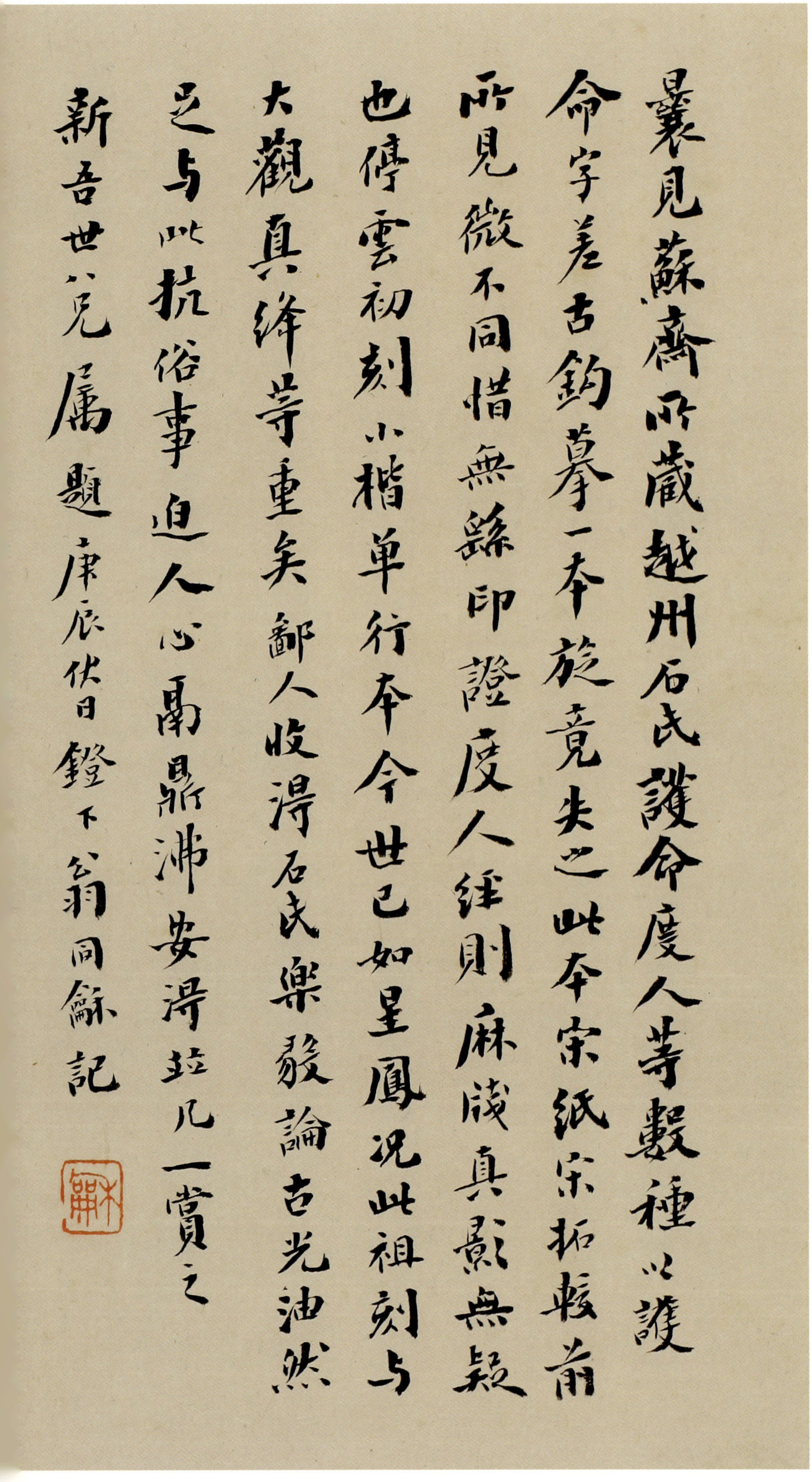

釋文：曩見蘇齋所藏越州石氏《護命》《度人》等數種，以《護命》字差古，鈎摹一本，旋竟失之。此本宋紙宋拓，較前所見微不同，惜無蕬印證。《度人經》則麻牋真影無疑也。《停雲》初刻小楷單行本，今世已如星鳳，况此祖刻與《大觀》、真《絳》等重矣。鄙人收得石氏《樂毅論》，古光油然，足與此抗。俗事迫人，心鬲鼎沸，安得并几一賞之。新吾世八兄屬題。庚辰伏日鐙下，翁同龢記。

鈐印：龢

題跋出處：陰符經、護命經、度人經（孫多巘藏本）

館藏號：81A660

趙之謙藏越州石氏護命度人等數種
曾於友人之齋頭見錄本以二十年前事
想遺失矣今年晤
新吾郎中出示此本以函度對勘楷帖
紙色墨色靈動宋拓無疑不意此世眼
見也壽樣

庚辰秋楊峴題記

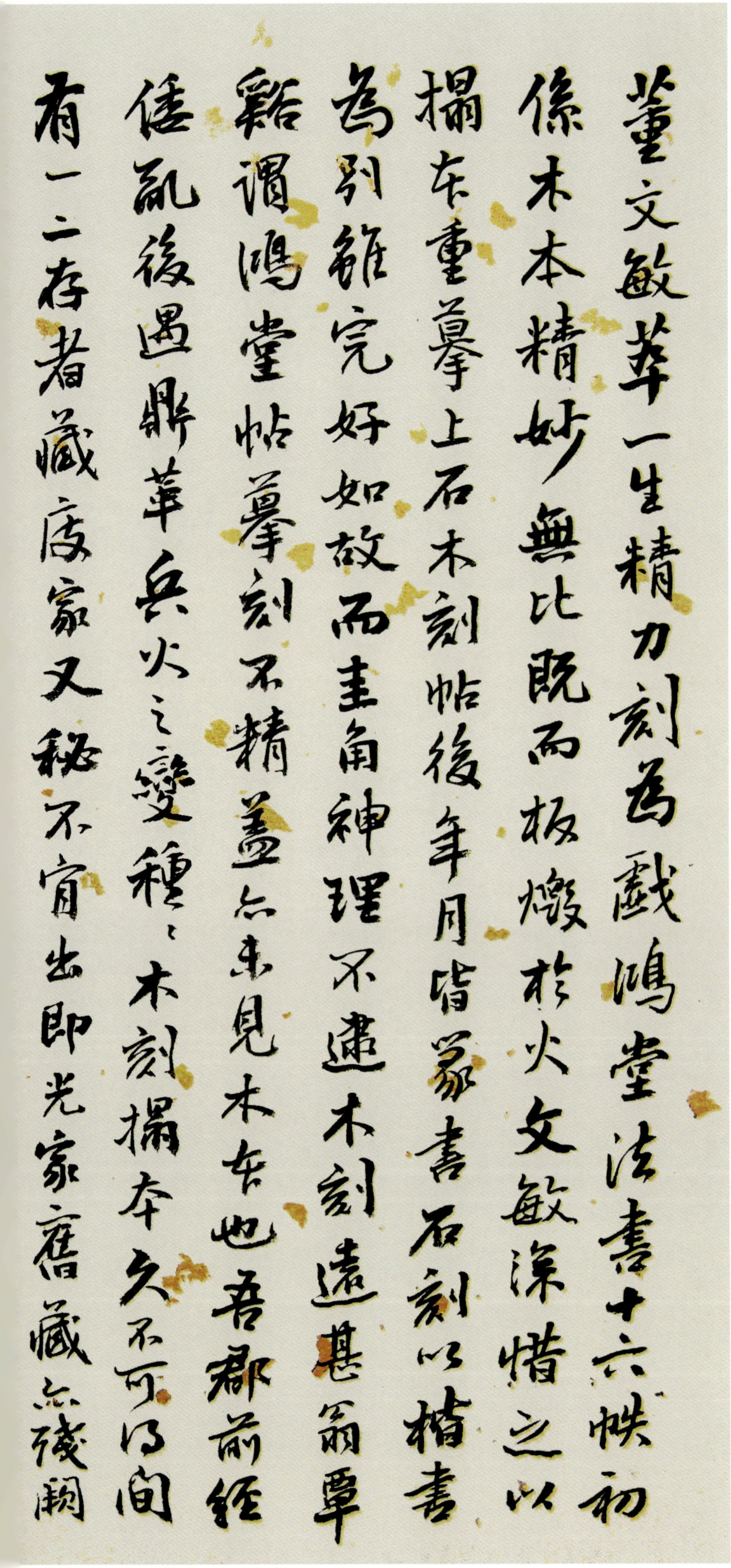

楊葆光

年代：1830—1912

字號：字古醖，號蘇庵、紅豆詞人

籍貫：江蘇婁縣

釋文：董文敏萃一生精力刻爲《戲鴻堂法書》十六帙，初係木本，精妙無比，既而板燬於火，文敏深惜之，以拓本重摹上石。木刻帖後年月皆篆書，石刻以楷書爲別，雖完好如故，而圭角神理不逮木刻遠甚。翁覃溪謂鴻堂帖摹刻不精，蓋亦未見木本也。吾郡前經倭亂，後遇鼎革兵火之變種種，木刻拓本久不可得，間有一二存者，藏庋家又秘不肯出，即光家舊藏亦殘闕

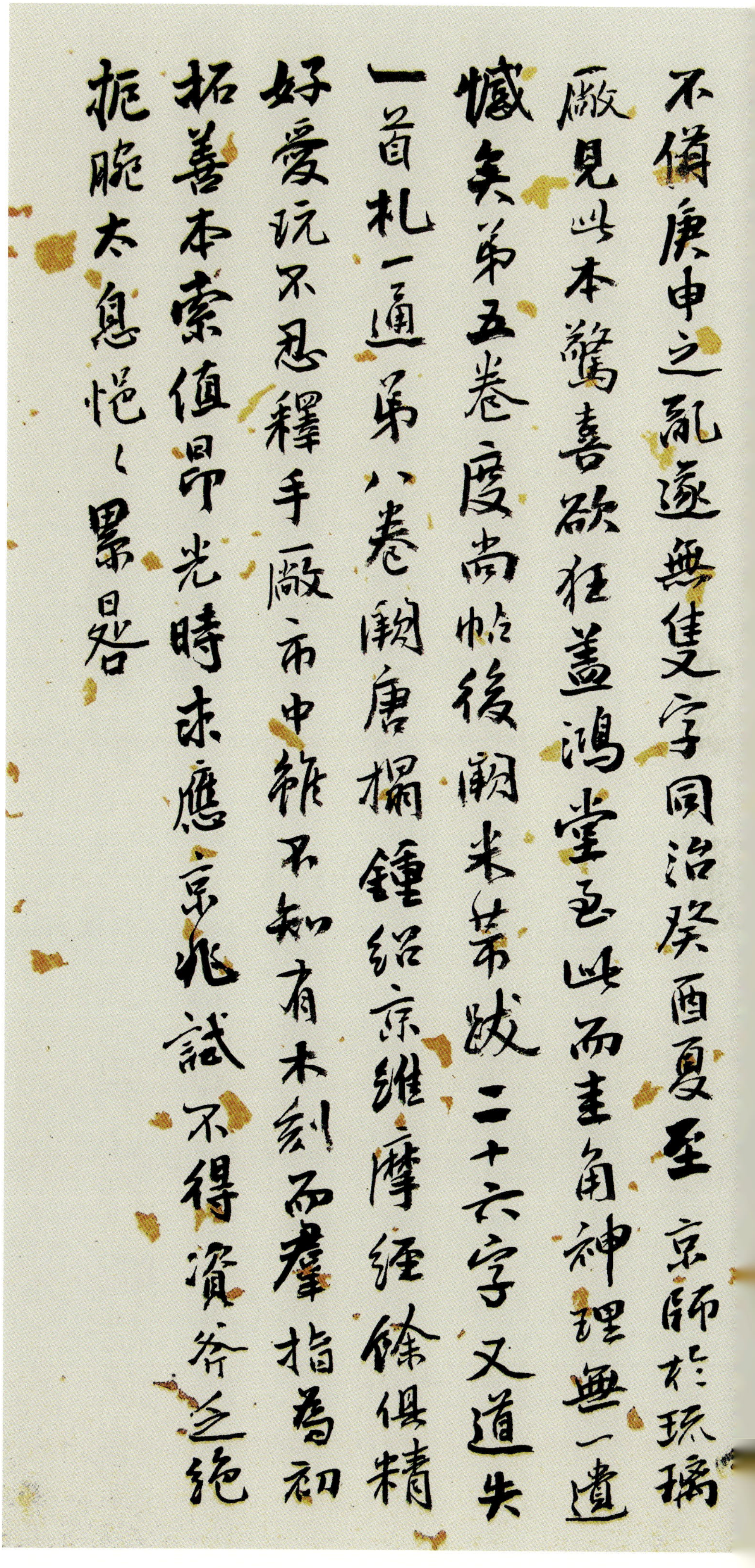

不備，庚申之亂，遂無隻字。同治癸酉夏至京師於琉璃廠見此本，驚喜欲狂，蓋鴻堂至此而圭角神理無一遺憾矣。第五卷《度尚帖》後闕米芾跋二十六字，又道失一首札一通，弟八卷闕唐拓鍾紹京《維摩經》，餘俱精好，愛玩不忍釋手，廠市中雖不知有木刻而群指爲初拓善本，索值昂，光時求應京兆試不得，資斧乏絕，扼腕太息，悒悒累晷。

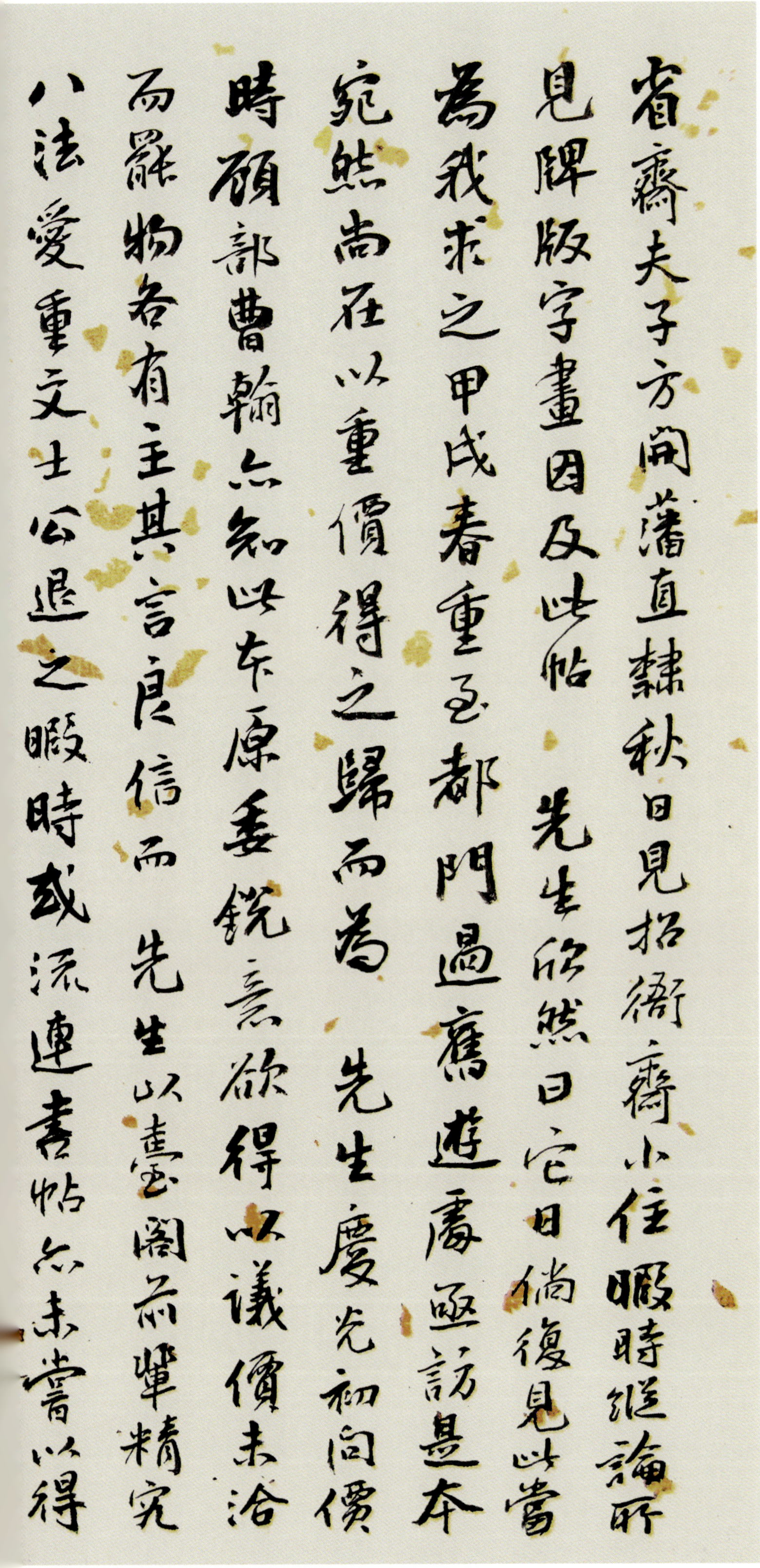

省齋夫子方開藩直隸，秋日見招銜齋小住，暇時縱論所見碑版字畫，因及此帖。先生欣然曰：它日倘復見此當爲我求之。甲戌春，重至都門，過舊游處，亟訪是本，宛然尚在，以重價得之，歸而爲先生慶。光初問價時，顧部曹翰亦知此本原委，銳意欲得，以議價未洽而罷。物各有主，其言良信，而先生以臺閣前輩精究八法，愛重文士，公退之暇時，或流連書帖，亦未嘗以得

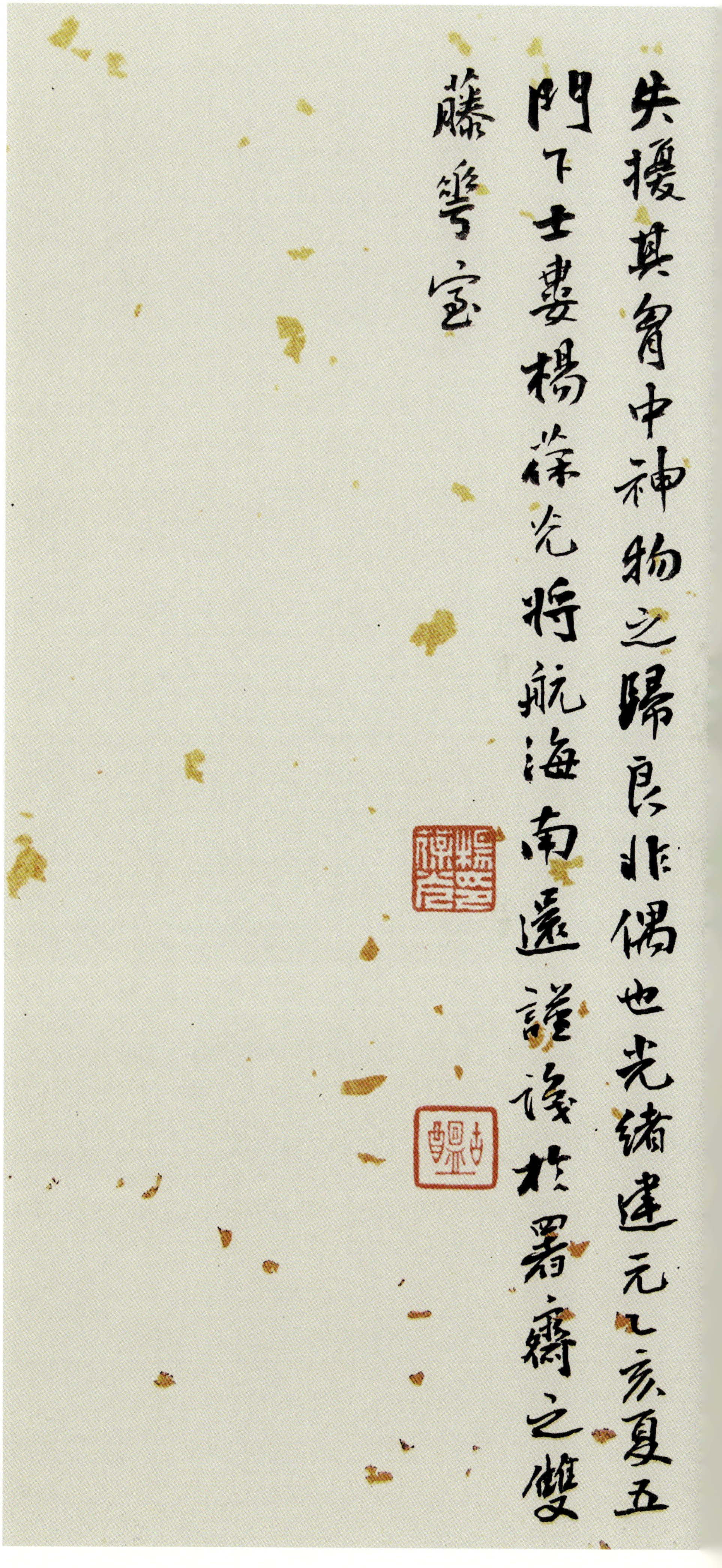

失擾其胸中，神物之歸，良非偶也。光緒建元乙亥夏五，門下士婁楊葆光將航海南還，謹識於署齋之雙藤華室。

鈐印：楊葆光印、古醞

題跋出處：戲鴻堂法帖（楊葆光跋本）

館藏號：49B847

李鴻裔

年代：1831—1885

字號：字眉生，號香嚴、蘇鄰、麋僊

籍貫：四川中江

釋文：有明一代分書大都不出黃初諸碑，文待詔開之於先，王奉常繼起於後，吴越操觚家遂相沿以成風氣。國初一變，舍典刑而趨鄭谷口，意殊涸涸。至乾嘉間，桂、翁、伊、黃諸鉅手始闢康莊，奉闕里諸碑以爲正軌，而鄧山人完白臨樵《孔羨》至一百遍，常自謂『篆書不逮李陽冰，而八分則不減於梁孟皇』，

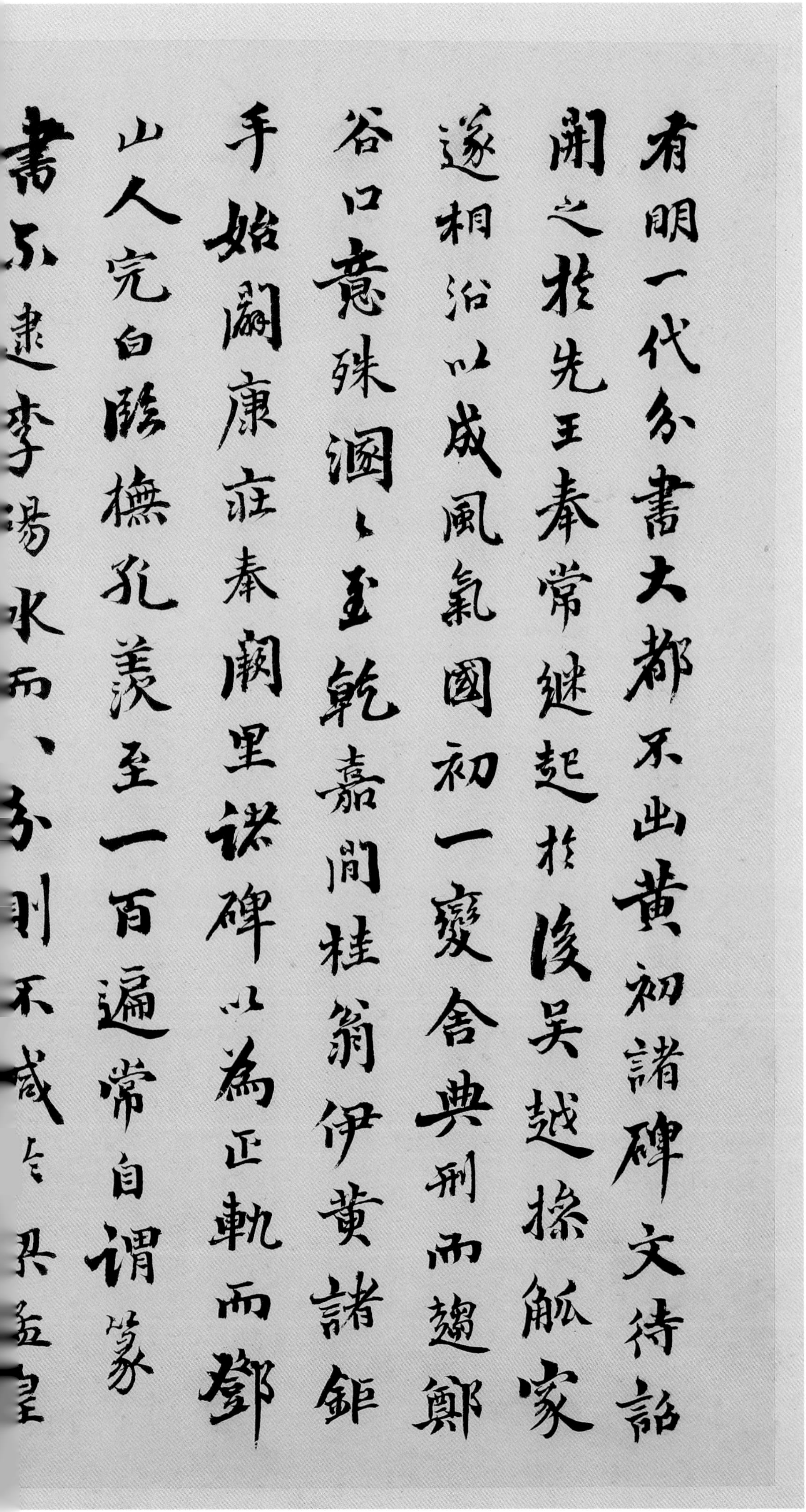

有明一代分書大都不出黃初諸碑文待詔
開之於先王奉常繼起於後吳越操觚家
遂相沿以成風氣國初一變舍典刑而趨鄭
谷口意殊涸涸至乾嘉間桂翁伊黃諸鉅
手始闢康莊奉闕里諸碑以為正軌而鄧
山人完白臨樵孔羨至一百遍常自謂篆
書不逮李陽冰而八分則不減於梁孟皇

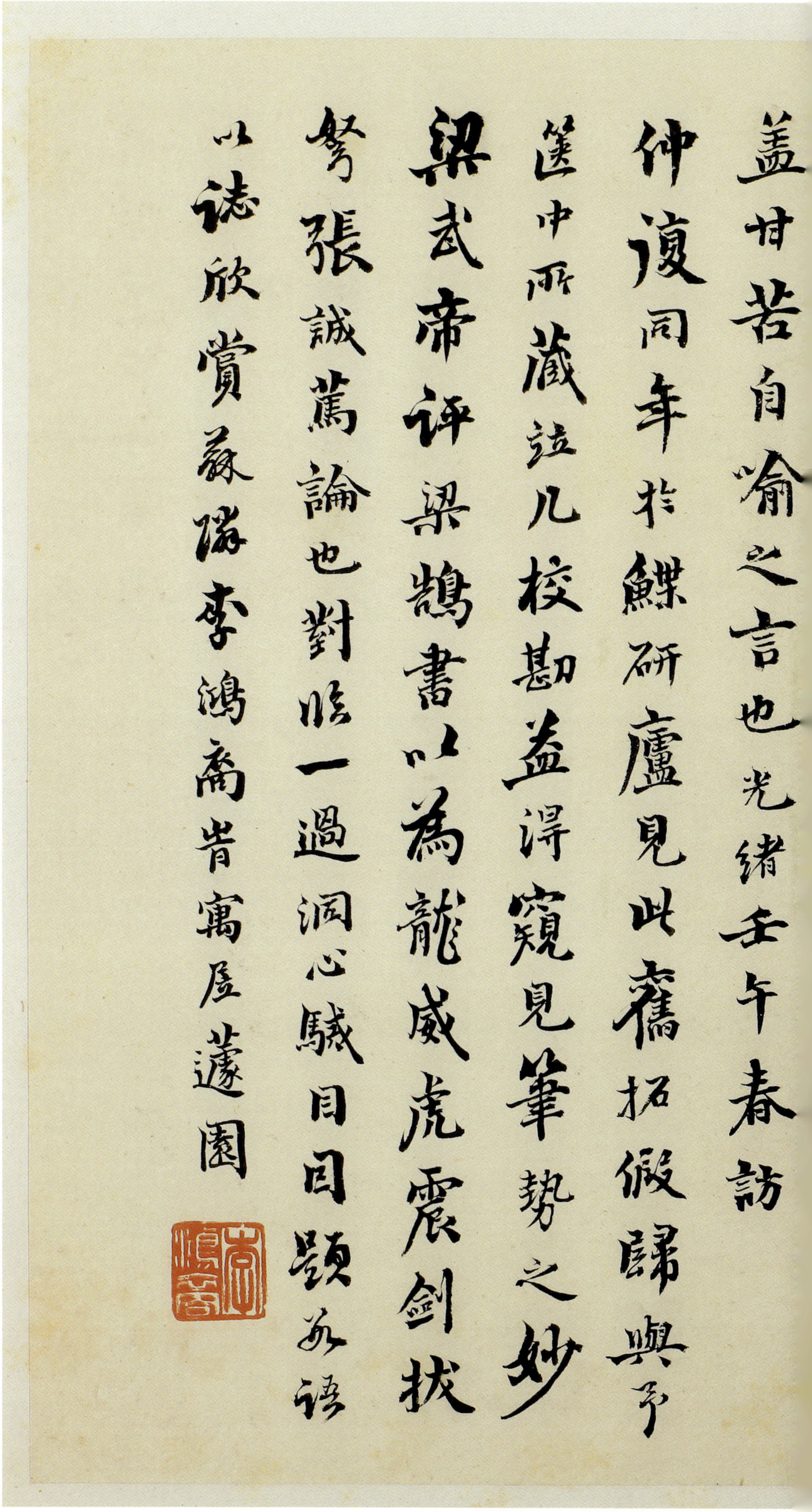

蓋甘苦自喻之言也。光緒壬午春，訪仲復同年於鰈研廬，見此舊拓假歸，與予篋中所藏并几校勘，益得窺見筆勢之妙，梁武帝評梁鵠書以爲龍威虎震、劍拔弩張，誠篤論也。對臨一過，洞心駭目，因題數語，以志欣賞。蘇鄰李鴻裔，時寓居蘧園。

鈐印：李鴻裔

題跋出處：孔羨碑（奚岡藏本）

館藏號：48B824

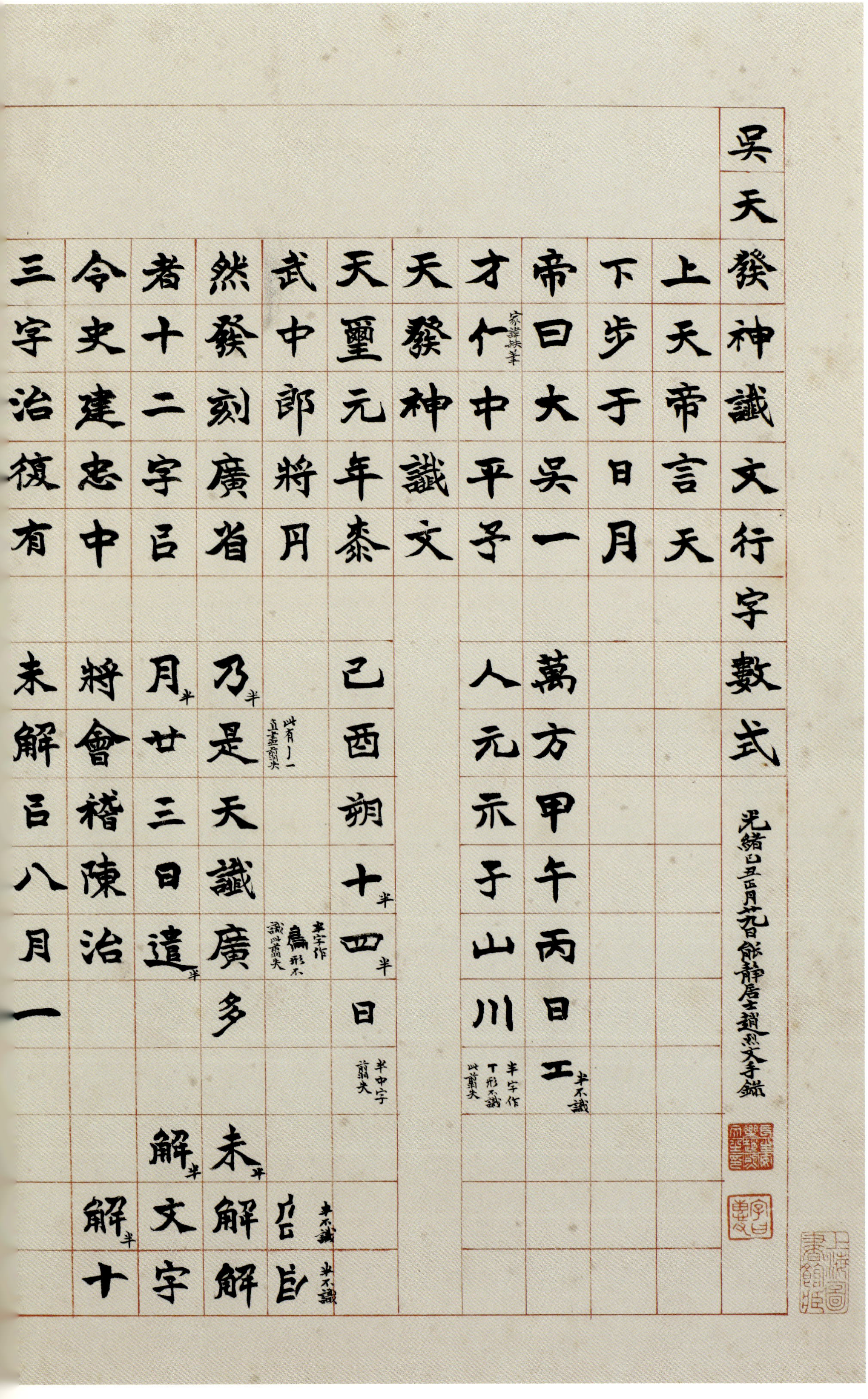

趙烈文

年代：1832—1893

字號：字惠父、惠甫，號能靜居士、能靜

籍貫：江蘇陽湖

釋文：光緒己丑正月廿九日，能靜居士趙烈文手録。

鈐印：長生安樂趙烈文之印、字曰惠父

詔遣中書郎行
將軍裨將軍關內
江
費宇行視吏
卌二字合五十泰
宇與
西部校尉姜
給典校皋儀備
梅
章咸李楷賀
吳寵建業丞許
蕃約
等十二人吏從
竝共觀視深甄歷
尉
永歸
大吳上天宣命昭
太平文字炳服而
在諸
石上故就
刊銘敷垂億
蘭臺東觀令
吳郡
巧工九江朱
工東
功東海夏侯
三段都二百廿一字 翦失五字不計
上段存完字百有七 半字一
中段存完字七十七 半字可知者十二 不可知者二
下段存完字十六 半字可知者四 不可知者二

釋文：三段都二百廿一字，翦失五字不計，上段存完字百有七，半字一。中段存完字七十七，半字可知者十二，不可知者二。下段存完字十六，半字可知者四，不可知者二。

鈐印：白雲谿、能靜居

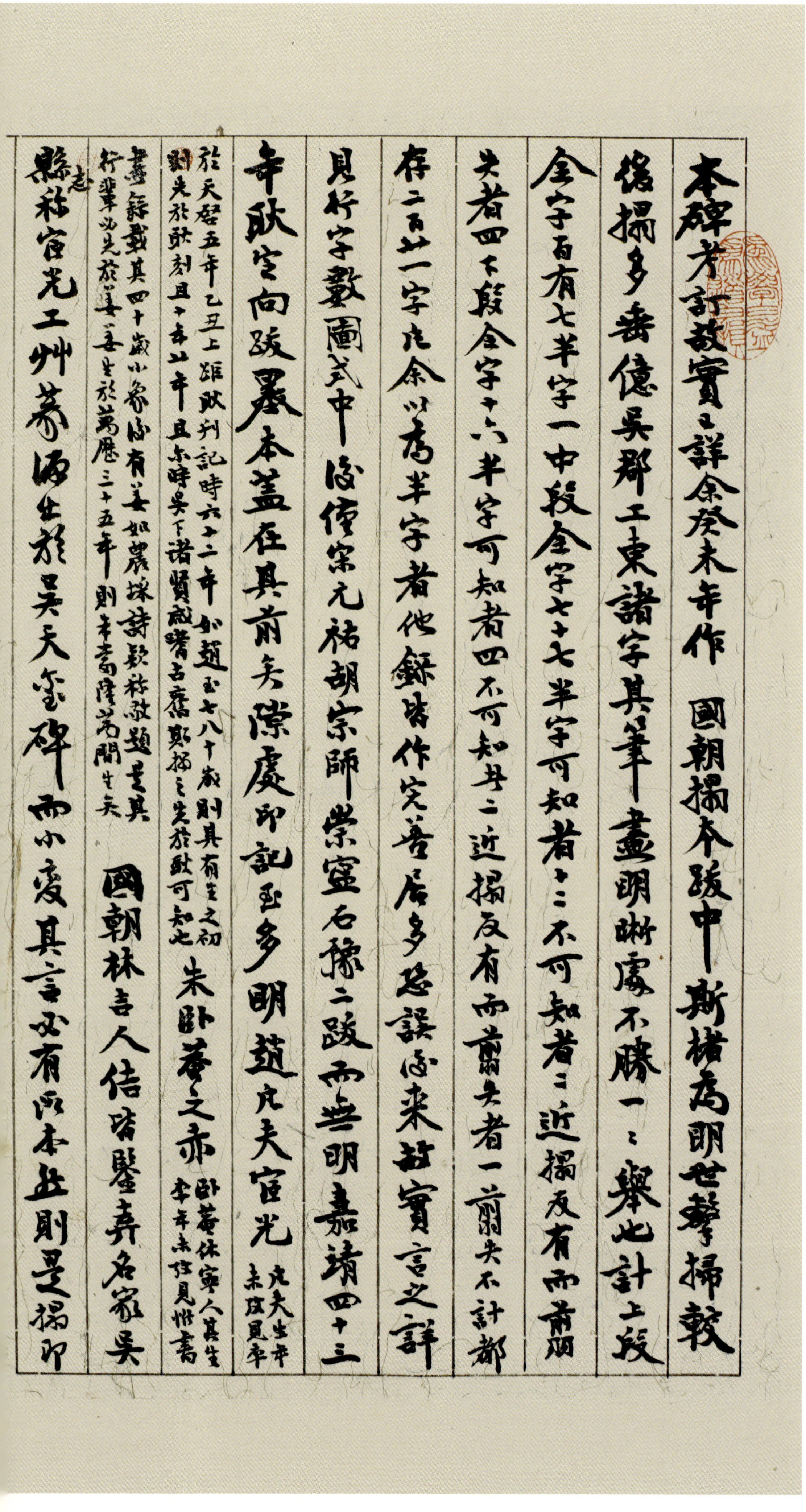

釋文：本碑考訂故實已詳，余癸未年作國朝拓本跋中斯楮爲明世擊掃，較後拓多『垂億』『吴郡』『工東』諸字，其筆畫明晰處不勝一一舉也。計上段全字百有七，半字一，中段全字七十七，半字可知者十二，不可知者二，近拓反有而翦失者四，下段全字十六，半字可知者四，不可知者二，近拓反有而翦失者一，翦失不計，都存二百廿一字。凡余以爲半字者，他録皆作完善居多，恐誤後來，故實言之，詳見《行字數圖式》中。後僅宋元祐胡宗師、崇寧石豫二跋，而無明嘉靖四十三年耿定向跋，墨本蓋在其前矣。隙處印記至多，明趙凡夫宧光（凡夫生年未考見，卒於天啓五年乙丑，上距耿刊記時六十二年，如趙至七八十歲，則其有生之初則先於耿刻且十年廿年，且爾時吴下諸賢咸嗜古舊，斯拓之先於耿可知也）、朱卧庵之赤（卧庵休寧人，其生卒年未考見，惟《書畫録》載其四十歲小象後有姜如農埰詩，欵稱敬題，是其行輩必先於姜，姜生於萬曆三十五年，則朱當隆萬間生矣）、國朝林吉人佶，皆鑒弄名家。《吴縣志》稱宧光工艸篆，源出於《吴天璽碑》而小變，其言必有所本，然則是拓即

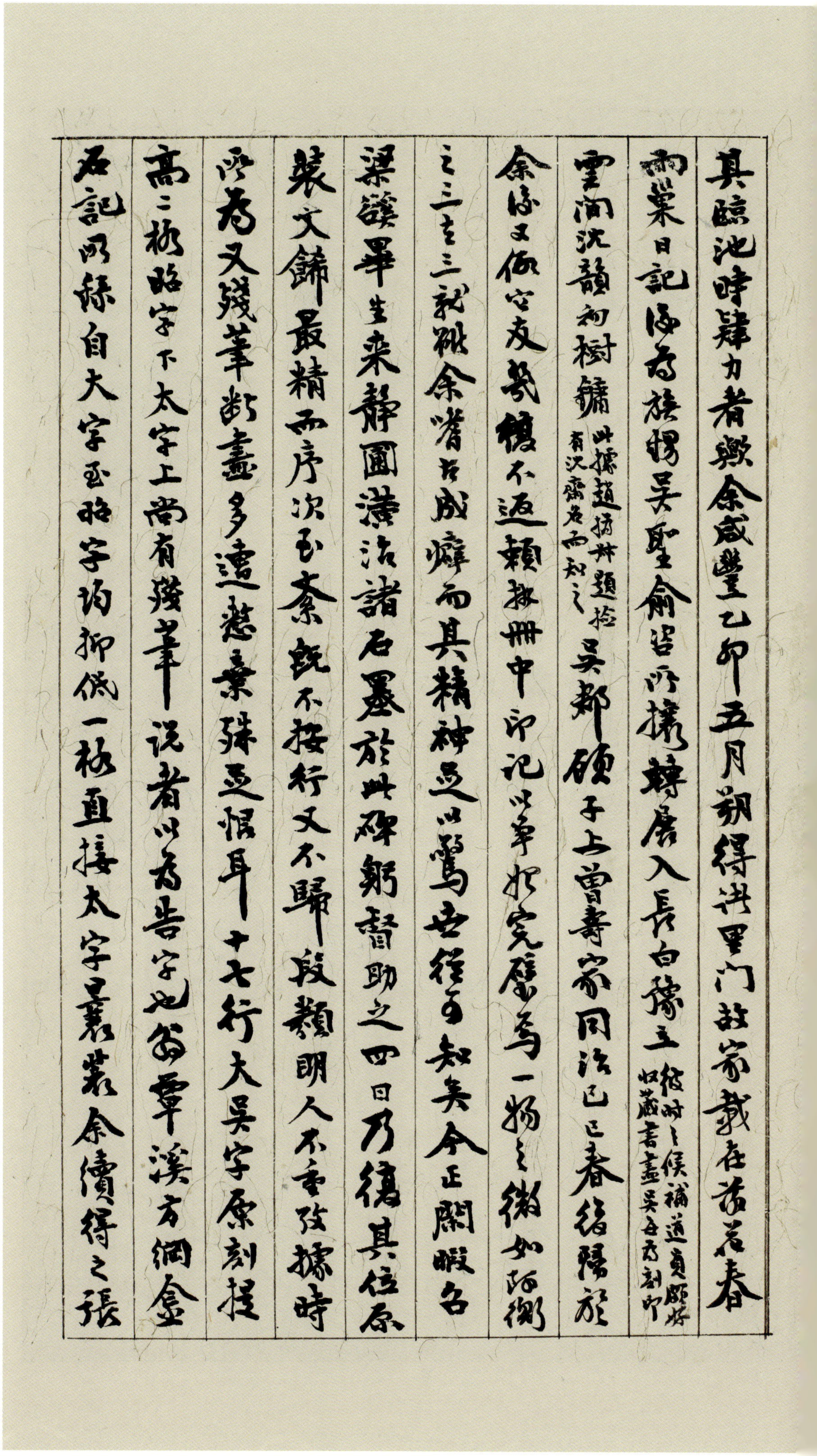

其臨池時肆力者歟。余咸豐乙卯五月朔得諸里門故家，載在《落花春雨巢日記》，後爲族甥吴聖俞咨所攘，轉展入長白豫立（彼時之候補道員，頗好收藏書畫，吴每爲刻印）、雲間沈韵初樹鏞（此據趙撝叔題檢有沈齋名而知之）、吴郡顧子上曾壽家。同治己巳春復歸於余，後又假它友，幾復不返，賴執册中印記以争，始完璧焉。一物之微如阿衡之三去三就，雖余嗜古成癖，而其精神足以驚世，從可知矣。今正閑暇，召梁谿畢生來静圃潢治諸石墨，於此碑躬督助之，四日乃復其位，原装文飾最精而序次至紊，既不按行，又不歸段，類明人不重考據時所爲，又殘筆斷畫多遭愸棄，殊足恨耳。十七行『大吴』字，原刻提高二格，『昭』字下『太』字上尚有殘筆，説者以爲『告』字也。翁覃溪方綱《金石記》所録，自『大』字至『昭』字均抑低一格，直接『太』字。曩装余續得之張

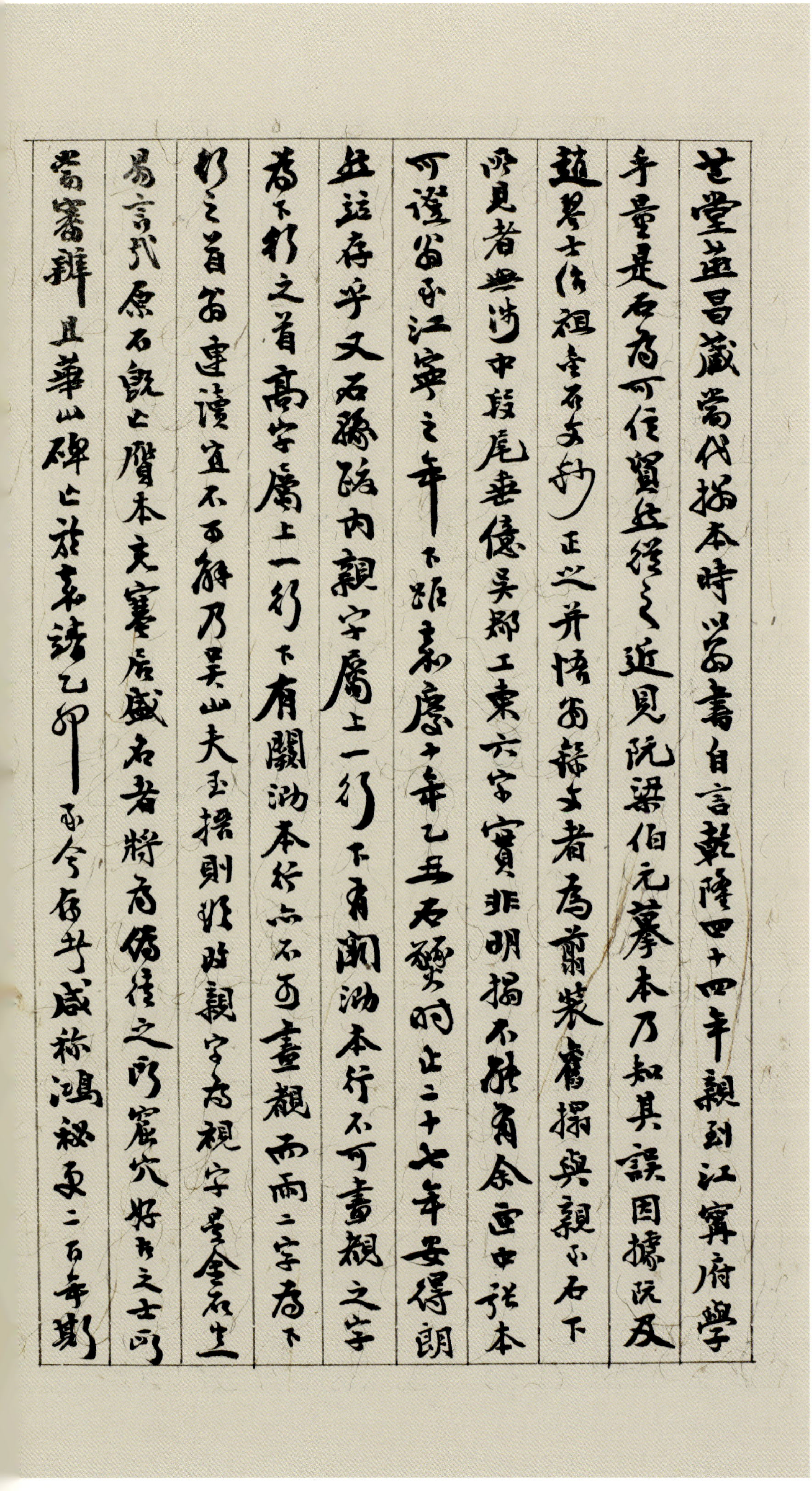

芑堂燕昌藏當代拓本時，以翁書自言乾隆四十四年親到江寧府學手量是石爲可信，貿然從之，近見阮梁伯元摹本乃知其誤。因據阮及趙琴士紹祖《金石文鈔》正之，并悟翁録文者爲翦裝舊拓，與親至石下所見者無涉。中段尾『垂億』『吴郡』『工東』六字，實非明拓不能有，余匣中張本可證。翁至江寧之年，下距嘉慶十年乙丑石燹時止二十七年，安得朗然并存乎？又石豫跋内『親』字屬上一行，下有闕泐，本行不可盡覩之字爲下行之首。『高』字屬上一行，下有闕泐，本行亦不可盡覩。『而兩』二字爲下行之首，翁連讀，宜不可解，乃吴山夫玉搢則欲改『親』字爲『視』字，是金石豈易言哉！原石既亡，贋本充塞，居盛名者，將爲僞徒之所窟穴，好古之士所當審辨。且《華山碑》亡於嘉靖乙卯，至今存者，咸稱鴻秘，更二百年，斯

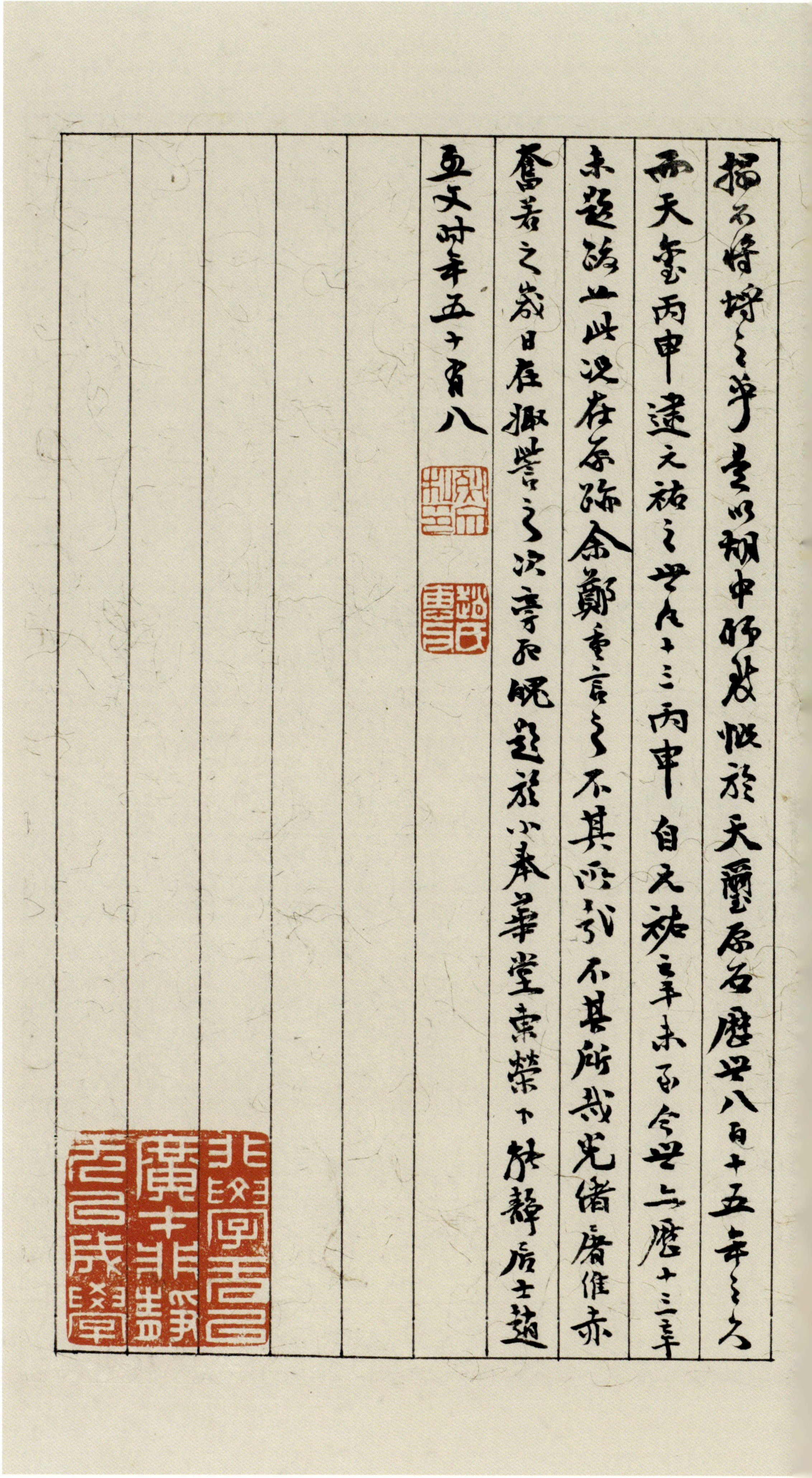

拓不將埒之乎。是以胡中師致慨於天璽原石歷世八百十五年之久，而天璽丙申逮元祐之世，凡十三丙申，自元祐辛未至今世，亦歷十三辛未，題跋如此，況在原迹。余鄭重言之，不其所哉，不其所哉。光緒屠維赤奮若之歲，日在娵訾之次旁死魄，題於小奉華堂東桊下，能靜居士趙烈文時年五十有八。

鈐印：爲學日益爲道日損、烈文私印、趙氏惠文、非學無以廣才非靜無以成學

題跋出處：天發神讖碑（趙烈文藏本）

館藏號：48B827

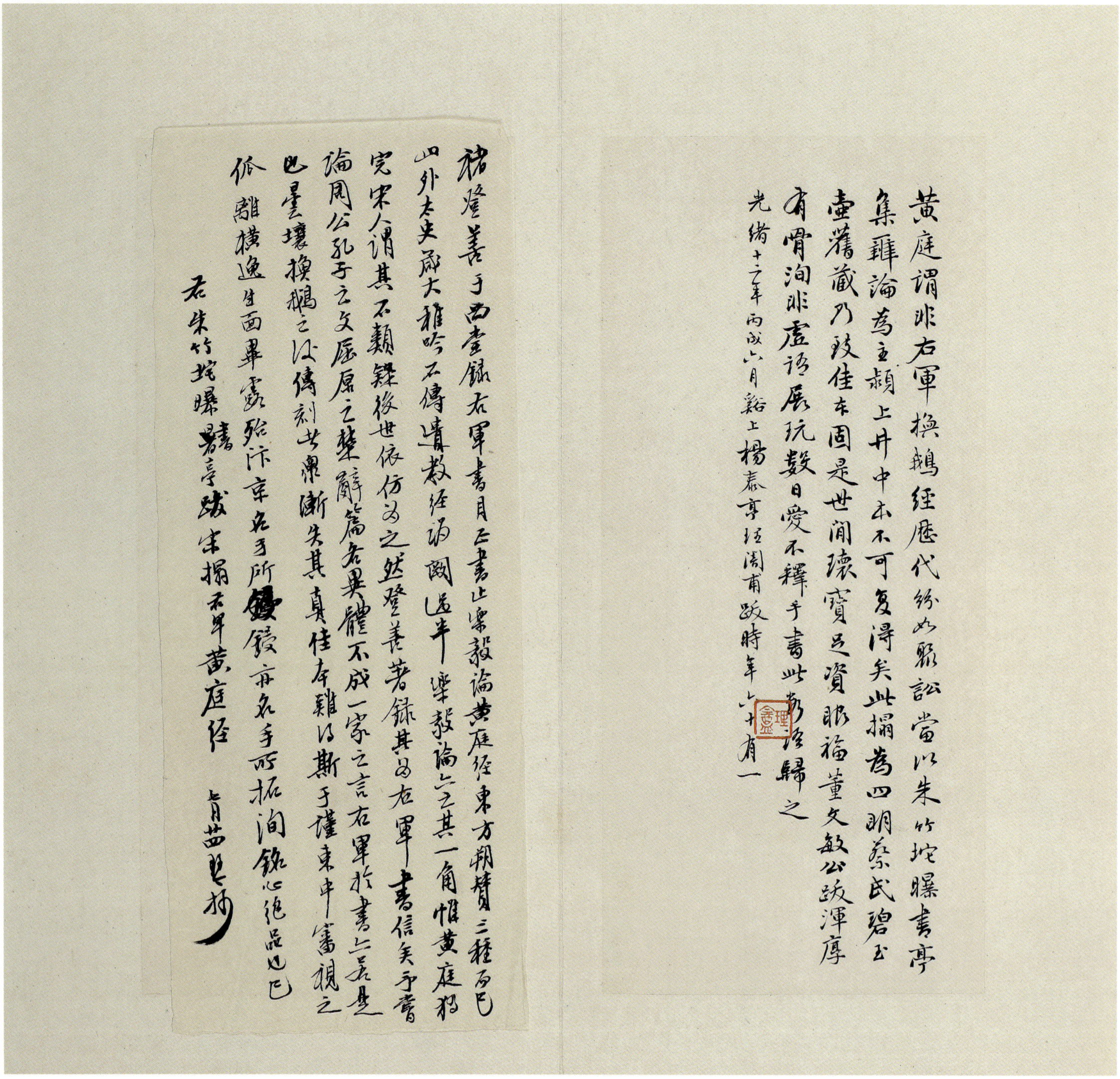

楊泰亨

年代：1832—1894

字號：字問衢，號理庵、履安、鐵珊

籍貫：浙江慈溪

釋文：《黃庭》謂非右軍換鵝經，歷代紛如聚訟，當以朱竹垞《曝書亭集》辨論爲主，潁上井中本不可復得矣。此拓爲四明蔡氏碧玉壺舊藏，乃致佳本，固是世間瓌寶，足資眼福。董文敏公跋渾厚有骨，洵非虛語。展玩數日，愛不釋手，書此數語歸之。光緒十二年丙戌六月，溪上楊泰亨理闇甫跋，時年六十有一。

鈐印：理盦

題跋出處：黃庭經（蔡仲藏本）

館藏號：19A357

黃庭謂非右軍換鵝經歷代紛如聚訟當以朱竹垞曝書亭
集辨論爲主潁上卅中本不可復得矣此搨爲四明蔡氏碧玉
壺舊藏乃致佳本固是世間瓌寶足資眼福董文敏公跋渾厚
有骨洵非虛語展玩數日愛不釋手書此[illegible][illegible]歸之
光緒十二年丙戌六月谿上楊泰亨廷潤甫跋時年六十有一

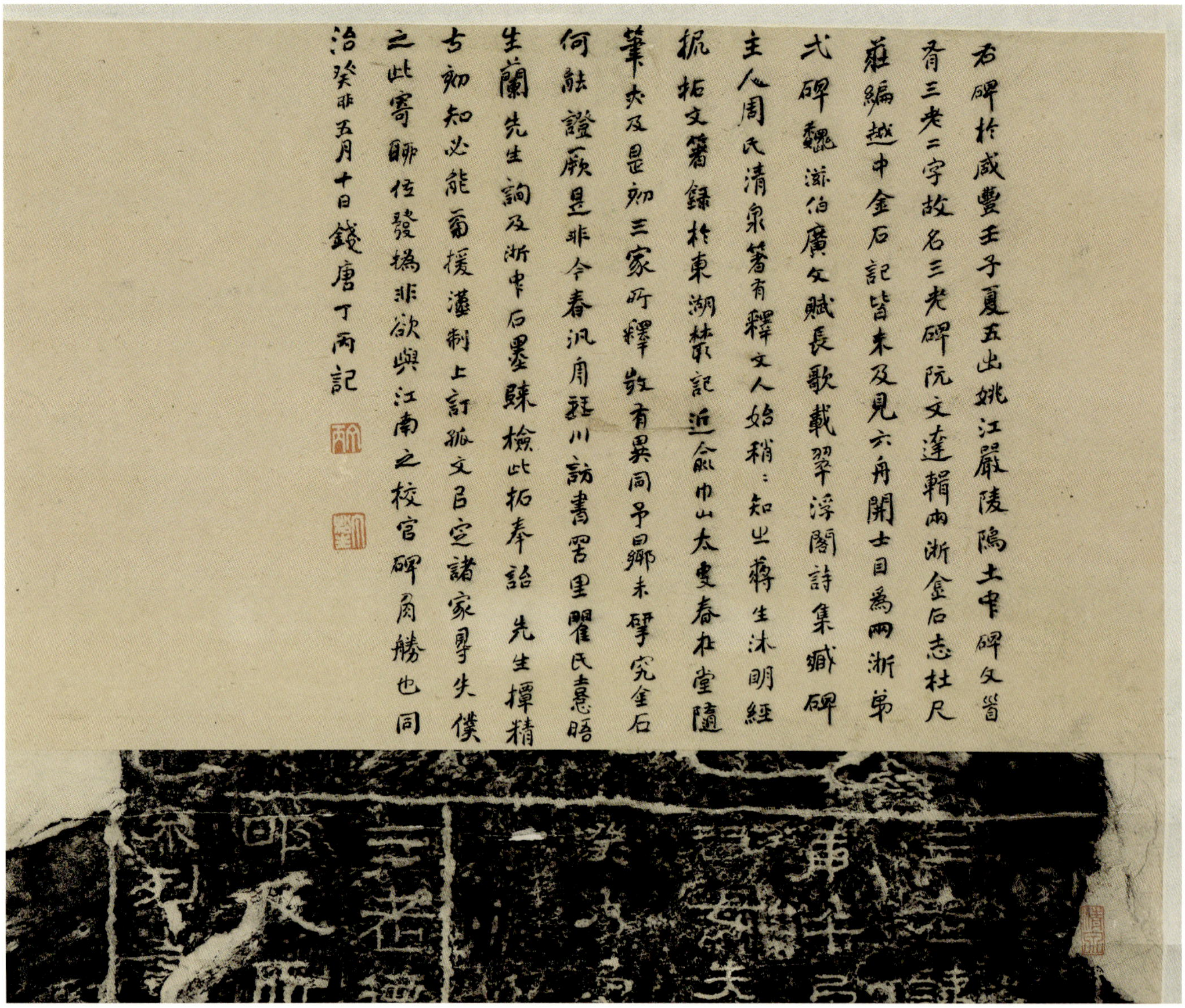

丁丙

年代：1832—1899

字號：字嘉魚，一字松生，晚號松存、書庫抱殘生

籍貫：浙江錢塘

釋文：右碑於咸豐壬子夏五，出姚江嚴陵隖土中，碑文首有『三老』二字，故名《三老碑》。阮文達輯《兩浙金石志》，杜尺莊編《越中金石記》，皆未及見。六舟開士目爲兩浙弟一碑。魏滋伯廣文賦長歌，載《翠浮閣詩集》，臧碑主人周氏清泉著有釋文，人始稍稍知之。蔣生沐明經據拓文箸録於《東湖叢記》，近俞巾山太史《春在堂隨筆》亦及是刻。三家所釋微有異同。予鄙未研究金石，何能證厥是非。今春泛舟琴川，訪書罟里瞿氏，憙晤生蘭先生，詢及浙中石墨，歸檢此拓奉詒。先生撢精古刻，知必能旁援漢制，上訂孤文，以定諸家得失。僕之此寄，聊佐發撝，非欲與江南之《校官碑》角勝也。同治癸酉五月十日，錢唐丁丙記。

鈐印：丁丙、丁松生

題跋出處：三老諱字忌日刻石（丁丙跋本）

館藏號：J1026

右碑於咸豐壬子夏五出姚江嚴陵隝土中碑文皆
胥三老二字故名三老碑阮文達輯兩浙金石志杜尺
莊編越中金石記皆未及見六舟開士目為兩浙第
弌碑魏滋伯廣文賦長歌載翠浮閣詩集藏碑
主人周氏清泉篆有釋文人始稍稍知出蔣生沐明經
抓拓文箸錄於東湖叢記近俞巾山太史春在堂隨
筆亦及是刻三家所釋敚有異同予曰鄉未擘究金石
何能證厥是非今春汎甬經川訪書罟里瞿氏憙晤
生蘭先生詢及浙中石墨賺檢此拓奉詒先生撢精
古刻知必能爰援瀎制上訂孤文呂定諸家學失僕
之此寄聊佐發撝非欲與江南之校官碑爭勝也同
治癸亥五月十日錢唐丁丙記

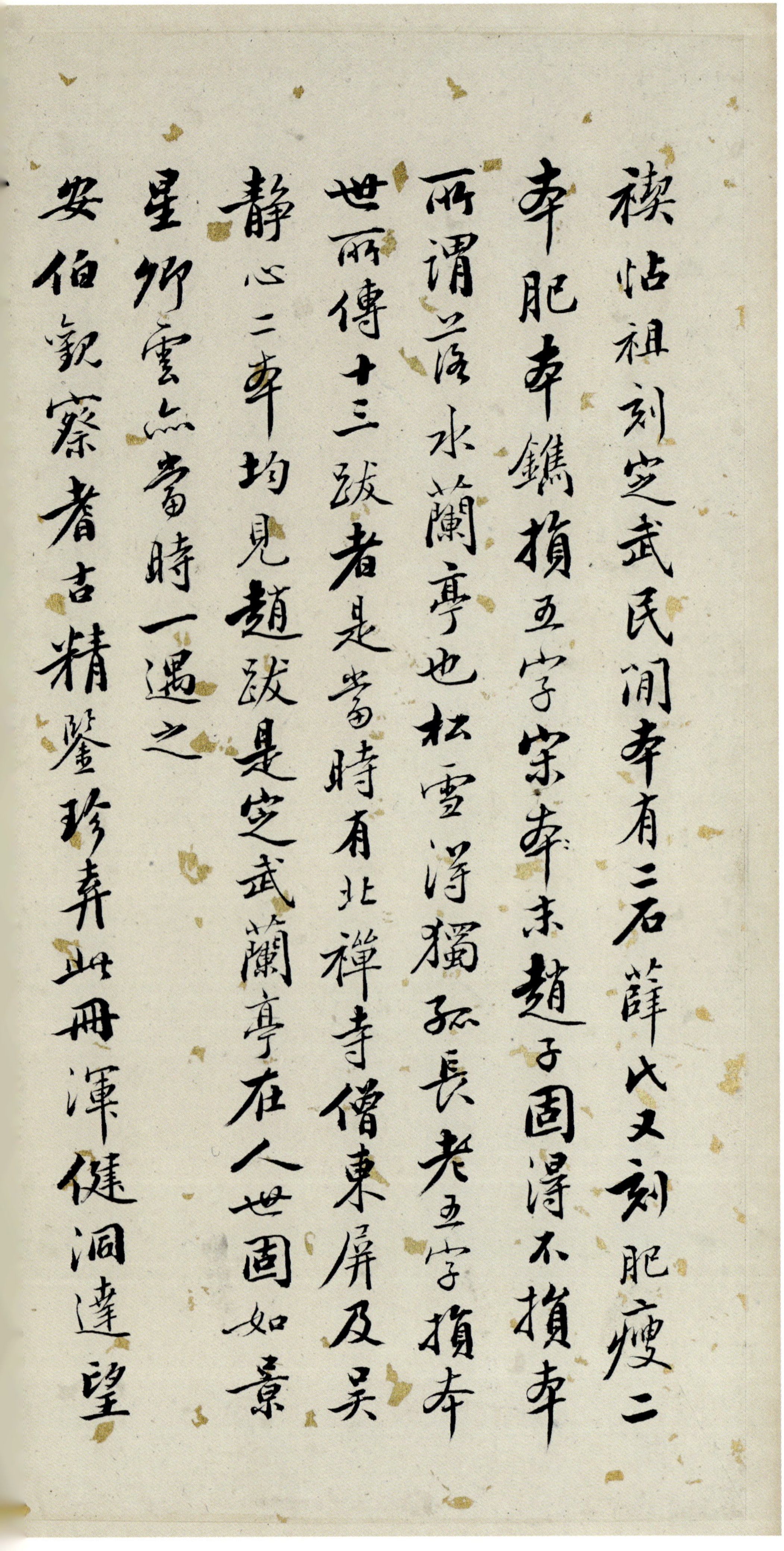
禊帖祖刻定武民間本有二石薛氏又刻肥瘦二
本肥本鐫損五字宋本末趙子固得不損本
所謂落水蘭亭也松雪得獨孤長老五字損本
世所傳十三跋者是當時有北禪寺僧東屏及吴
静心二本均見趙跋是定武蘭亭在人世固如景
星卿雲亦當時一遇之
安伯觀察耆古精鑒珍弆此册渾健洞達望

譚獻

年代：1832—1901

字號：初名廷獻，字仲修，一字滌生，號復堂、麇月樓主、仲儀

籍貫：浙江仁和

釋文：《禊帖》祖刻定武，民間本有二石，薛氏又刻肥瘦二本，肥本鐫損五字，宋末趙子固得不損本，所謂落水《蘭亭》也。松雪得獨孤長老五字損本，世所傳十三跋者，是當時有北禪寺僧東屏及吴静心二本，均見趙跋。是定武《蘭亭》在人世固如景星卿雲，亦當時一遇之。安伯觀察嗜古精鑒，珍弆此册，渾健洞達，望

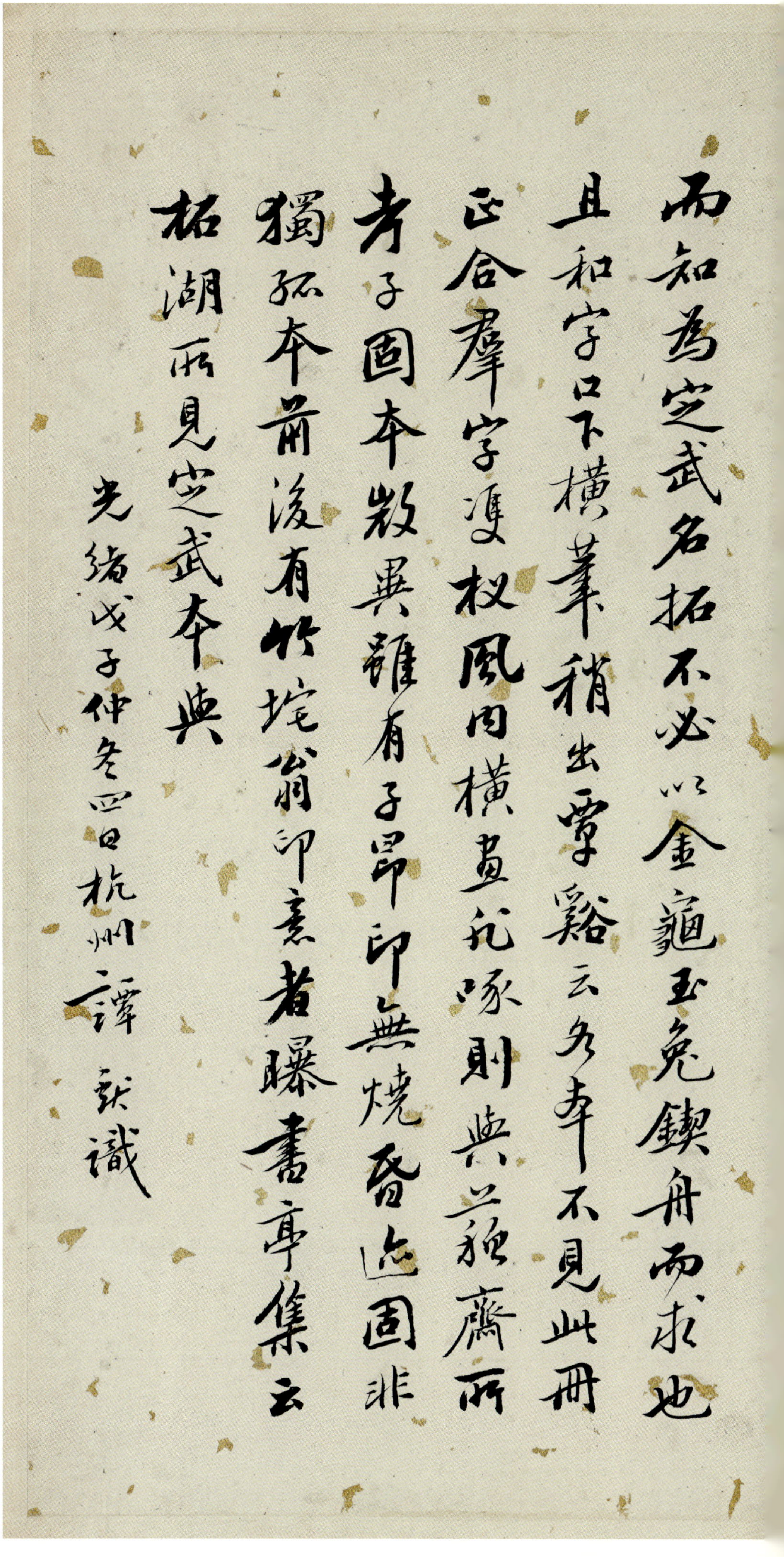
而知爲定武名拓不必以金龜玉兔鍥舟而求也
且和字口下横筆稍出覃谿云各本不見此册
正合羣字雙杈風内横畫非啄則與蘇齋所
考子固本微異雖有子昂印無燒昏迹固非
獨孤本前後有竹垞翁印意者曝書亭集云
柘湖所見定武本歟
光緒戊子仲冬四日杭州譚獻識

而知爲定武名拓，不必以金龜玉兔鍥舟而求也。且『和』字『口』下横筆稍出，覃谿云各本不見，此册正合。『羣』字雙杈、『風』内横畫非啄，則與蘇齋所考子固本微異，雖有子昂印，無燒昏迹，固非獨孤本。前後有竹垞翁印，意者《曝書亭集》云柘湖所見定武本歟？光緒戊子仲冬四日，杭州譚獻識。

題跋出處：蘭亭兩種（定武、神龍）

館藏號：81A662

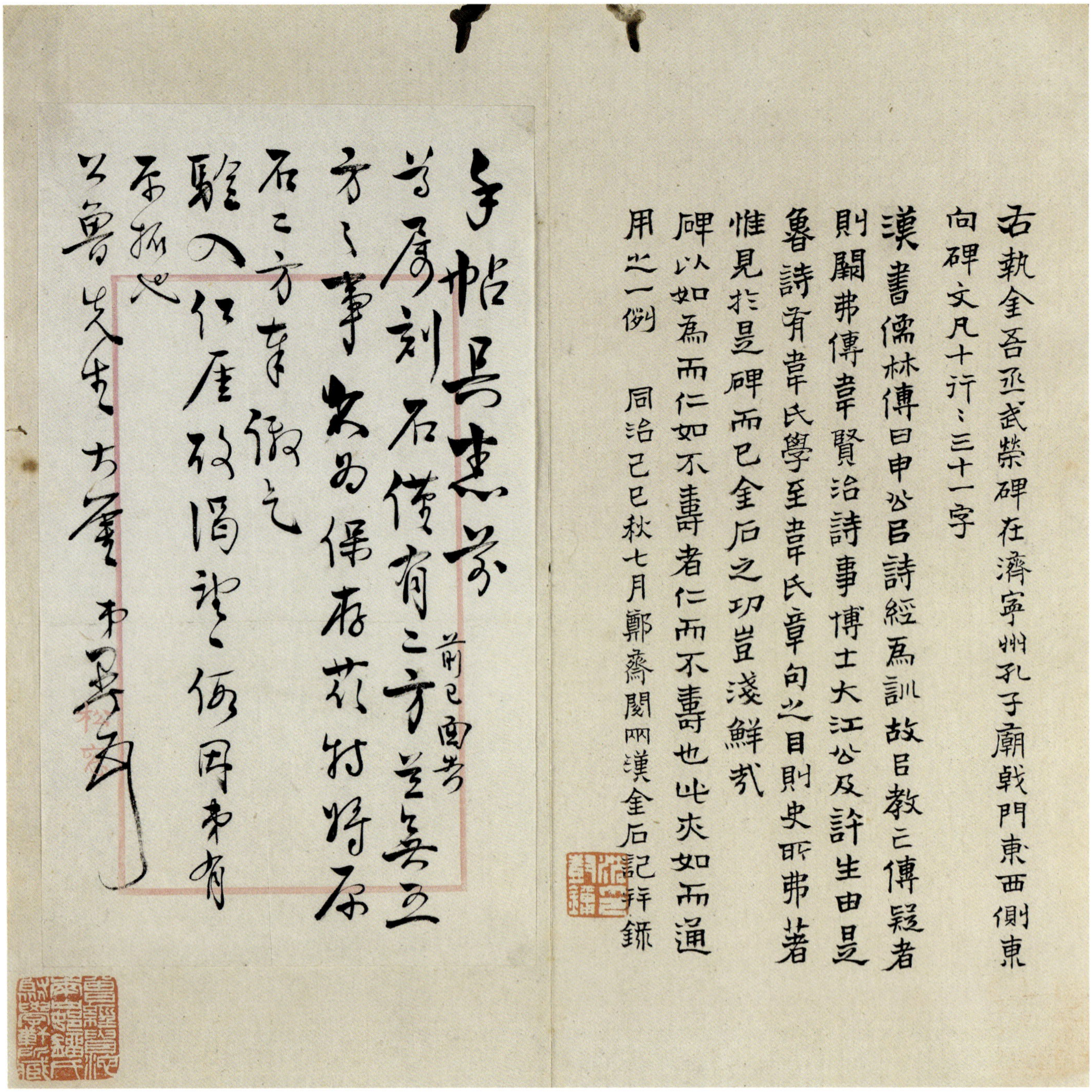

沈樹鏞

年代：1833—1873

字號：字韻初、均初，號鄭齋

籍貫：江蘇南匯

釋文：右《執金吾丞武榮碑》，在濟寧州孔子廟戟門西側東嚮，碑文凡十行，行三十一字。《漢書·儒林傳》曰，申公以《詩經》爲訓故以教，亡傳，疑者則闕弗傳。韋賢治《詩》，事博士大江公及許生，由是《魯詩》有韋氏學，至韋氏章句之目，則史所弗著，惟見於是碑而已。金石之功，豈淺鮮哉。碑以『如』爲『而』『仁如不壽』者，『仁而不壽』也，此亦『如』『而』通用之一例。同治己巳秋七月，鄭齋閲《兩漢金石記》并録。

鈐印：沈樹鏞印

題跋出處：武榮碑（沈樹鏞藏本）

館藏號：S1280

右執金吾丞武榮碑在濟寧州孔子廟戟門東西側東
向碑文凡十行〻三十一字
漢書儒林傳曰申公以詩經為訓故以教〻傳疑者
則闕弗傳韋賢治詩事博士大江公及許生由是
魯詩有韋氏學至韋氏章句之目則史所弗著
惟見於是碑而已金石之功豈淺鮮哉
碑以如為而仁如不壽者仁而不壽也此亦如而通
用之一例
同治己巳秋七月鄭齋閲兩漢金石記并錄

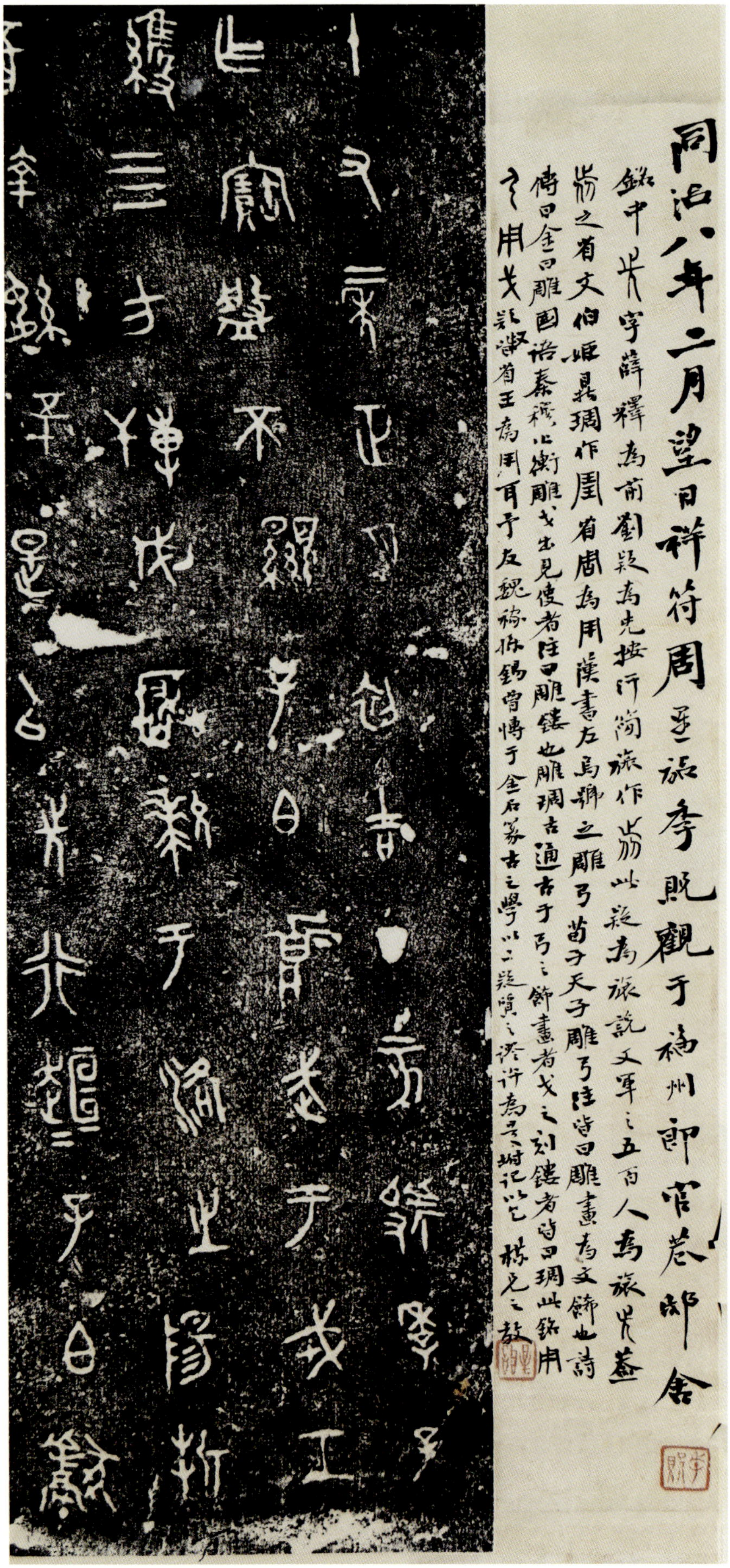

周星詒

年代：1833—1904

字號：字季貺，號窳櫎、窳翁、癸巳人、詒安山人

籍貫：河南祥符

釋文：同治八年二月望日祥符周星詒季貺觀于福州郎官巷邸舍。

銘中『[illegible]』字，薛釋爲『前』，劉疑爲『旡』，按，汉簡『旅』作『[illegible]』，此疑爲『旅』，《説文》『軍之五百人爲旅』。『[illegible]』蓋『[illegible]』之省文，《伯姬鼎》『琱』作『[illegible]』，省『周』爲『用』。《漢書》『左烏號之雕弓』，《荀子》『天子雕弓』，注皆曰『雕畫爲文飾也』。《詩傳》曰『金曰雕』。《國語》『秦穆公衡雕戈出見使者』，注曰『雕鏤也』。『雕』『琱』古通，古于弓之飾畫者，戈之刻鏤者，皆曰『琱』。此銘『用弓用戈』，疑又省『王』爲『[illegible]』耳。予友魏稼孫錫曾博于金石篆古之學，以二疑質之，謬許爲是。附記以乞梅兄之教。

鈐印：季貺、星詒

題跋出處：虢季子白盤（徐星鈐藏本）

館藏號：Z1699

同治八年二月望日祥符周亞旅李明

鍬中光字薛釋為前劉歆為先按行簡旅作此物之省文伯姬吳玥琱作閨省宙為用漢書左烏鄉之琱二周傳曰金曰琱國語秦穡此衡雕戈出見使者侄曰雕鏤也雕琱琚古通其用戈米澈省王庽周耳于友魏穡係錫曾博于金石篆古之

三旅李既觀于福州郎官巷邸舍

兩旅作此凝為旅說文軍之五百人為旅先葢石烏鄉之琱二周弓菌子天子雕弓陸皆曰琱晝為文飾也詩也雕琱琚古通古于弓之飾晝者戈之刻鏤者皆曰琱此銘用兩于金石篆古之學以二疑頎之諸許為号埘記之林兄之教

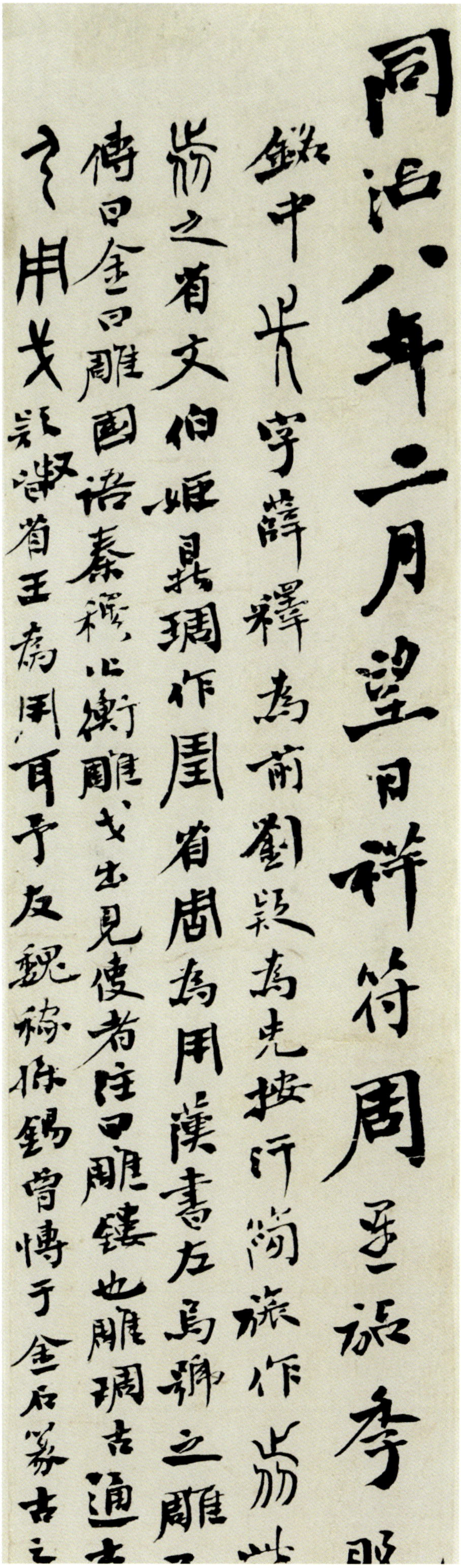

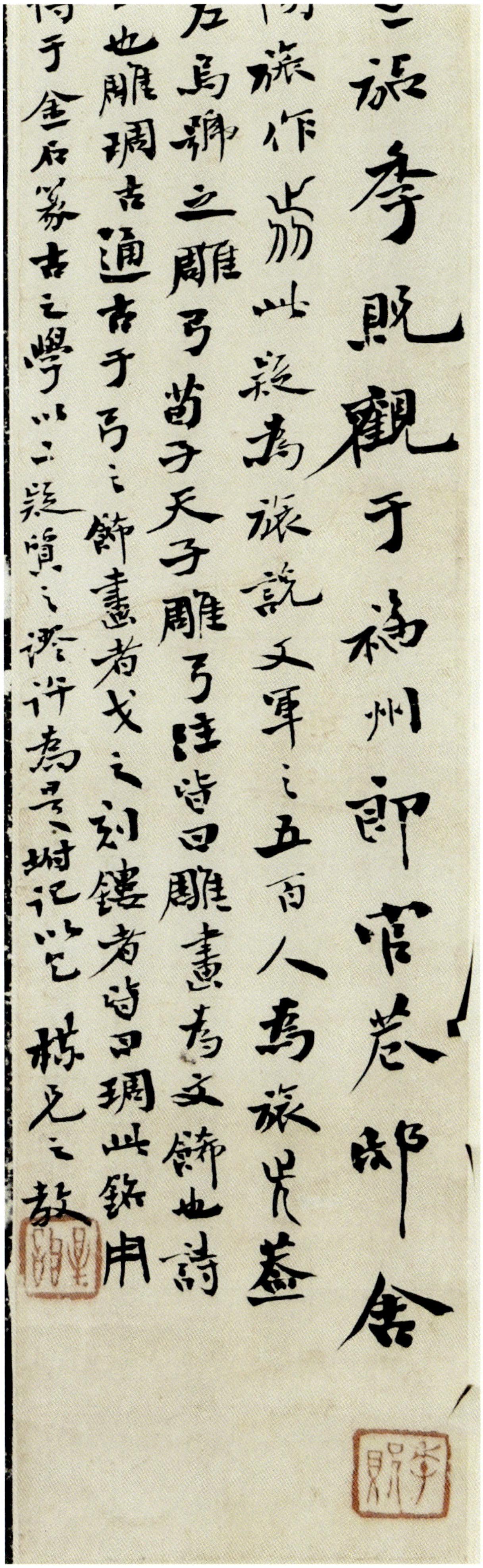

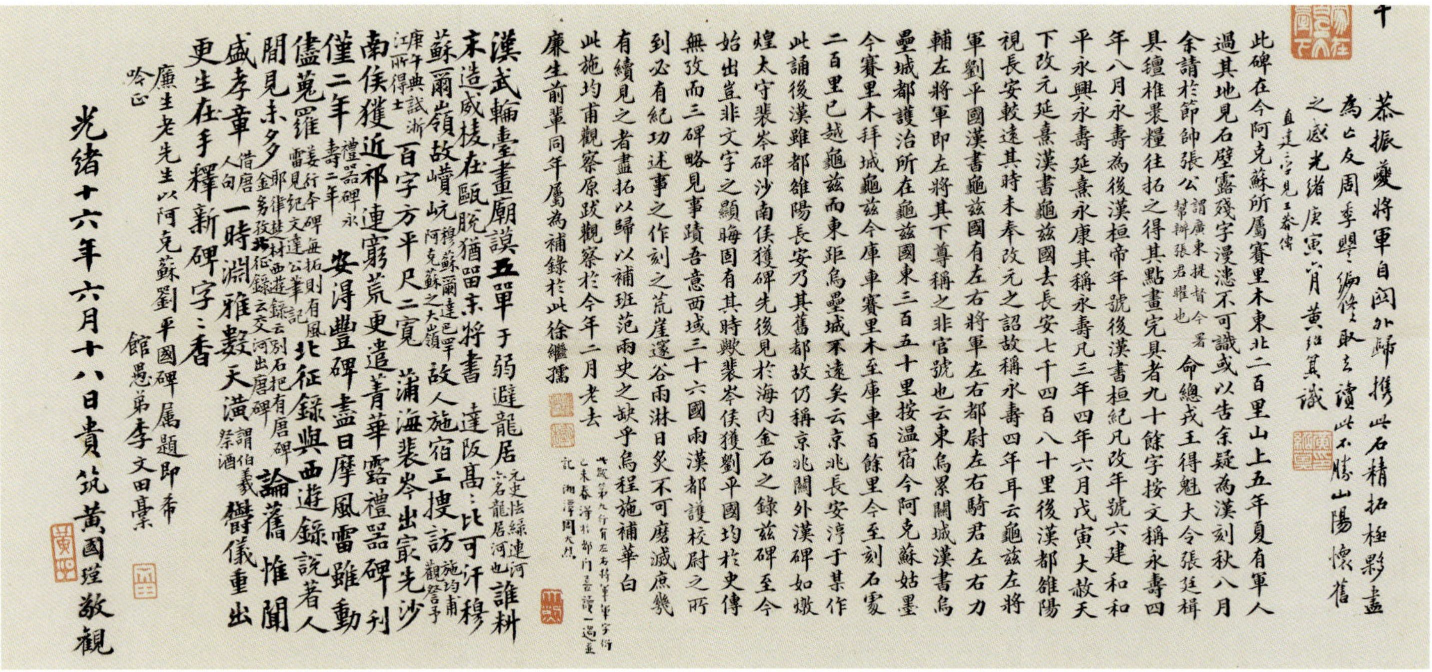

李文田

年代：1834—1895

字號：字畬光，號若農、芍農、仲約、雙溪醉隱、一癡道人

籍貫：廣東順德

釋文：漢武輪臺畫廟謨，五單于弱避龍居（《元史》怯緑連河亦名龍居河也）。誰料未造威棱在，甌脱猶留末將書。達阪高高比可汗，穆蘇爾嶺故巑岏（穆蘇爾達巴罕，阿克蘇之大嶺）。故人施宿工搜訪（施均甫觀察，予庚午典試浙江所得士），百字方平尺二寬。蒲海裴岑出最先，沙南侯獲近祁連。窮荒更遣菁華露，禮器碑刊僅二年（《禮器碑》永壽二年）。安得豐碑盡日摩，風雷雖動儘蒐羅（《姜行本碑》每拓則有風雷，見紀文達公《筆記》）。北征録與西游録，説著人間見未多（耶律楚材《西游録》云别石把有唐碑，金幼孜《北征録》云交河出唐碑）。論舊惟聞盛孝章（借唐人句），一時淵雅數天潢（謂伯羲祭酒）。鬱儀重出更生在，手釋新碑字字香。廉生老先生以阿克蘇《劉平國碑》屬題，即希吟正。館愚弟李文田稿。

鈐印：文田

題跋出處：劉平國摩崖（王懿榮藏本）

館藏號：S38

漢武輪臺畫廟謨，五單于弱避龍居（元史怯綠連河亦名龍居河也）。誰料宋造成棱在，甌脫猶留宋將書。達阪高高比可汗，穆蘇爾嶺故蹟屹（穆蘇爾達巴罕，阿克蘇之大山嶺）。故人施宿工搜訪（施均甫觀察，予庚午典試浙江所得士），百字方平尺二寬。蒲海裴岑出冢先，沙南侯獲近祁連。竄荒更遺青華露，禮器碑刊僅二年（禮器碑永壽二年）。安得豐碑盡日摩，風雷雖動盡蒐羅（姜行本碑每拓則有風雷，見紀文達公筆記）。北征錄與西遊錄，說著人間見未多（耶律楚材西遊錄云別石把有唐碑，金幼孜北征錄云交河出唐碑）。論舊惟聞盛孝章（借唐人句），一時淵雅數天滿（謂伯羲祭酒）。鬱儀重出更生在，手釋新碑字字香。

廉生老先生以阿克蘇劉平國碑屬題，即希吟正。

館愚弟李文田稾

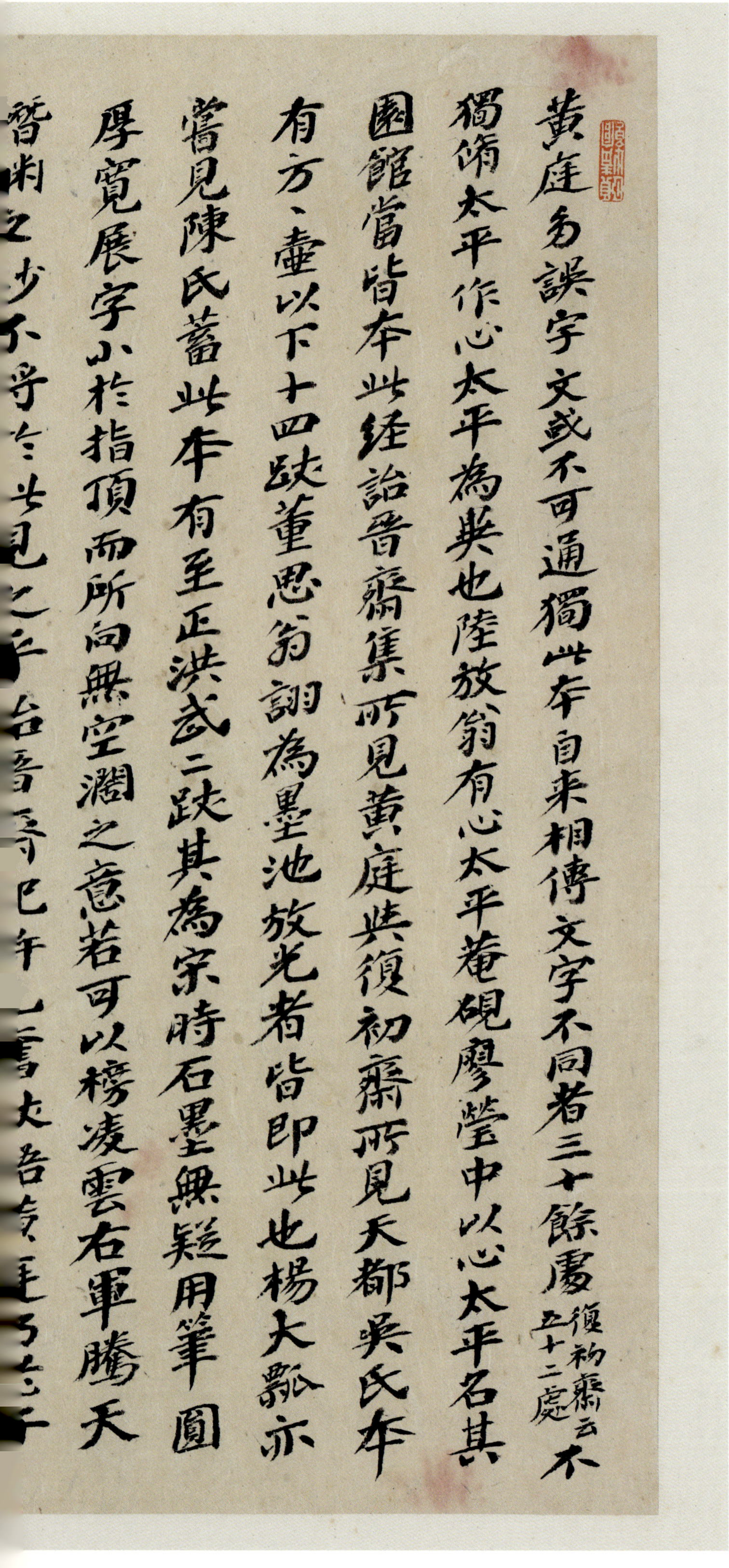

宗源瀚

年代：1834—1897

字號：字湘文，號子岱

籍貫：江蘇上元

釋文：《黄庭》多誤字，文或不可通，獨此本自來相傳文字不同者三十餘處（復初齋云五十二處），不獨『修太平』作『心太平』爲異也。陸放翁有心太平庵硯，廖瑩中以『心太平』名其園館，當皆本此經。《詒晋齋集》所見《黄庭》與復初齋所見天都吴氏本有方方壺以下十四跋，董思翁詡爲墨池放光者，皆即此也。楊大瓢亦嘗見陳氏蓄此本，有至正、洪武二跋，其爲宋時石墨無疑。用筆圓厚寬展，字小於指頂，而所向無空濶之意，若可以榜凌雲右軍騰天潛淵之妙，不將於此見之乎？詒晋齋記許元奮跋語，《黄庭》乃老子

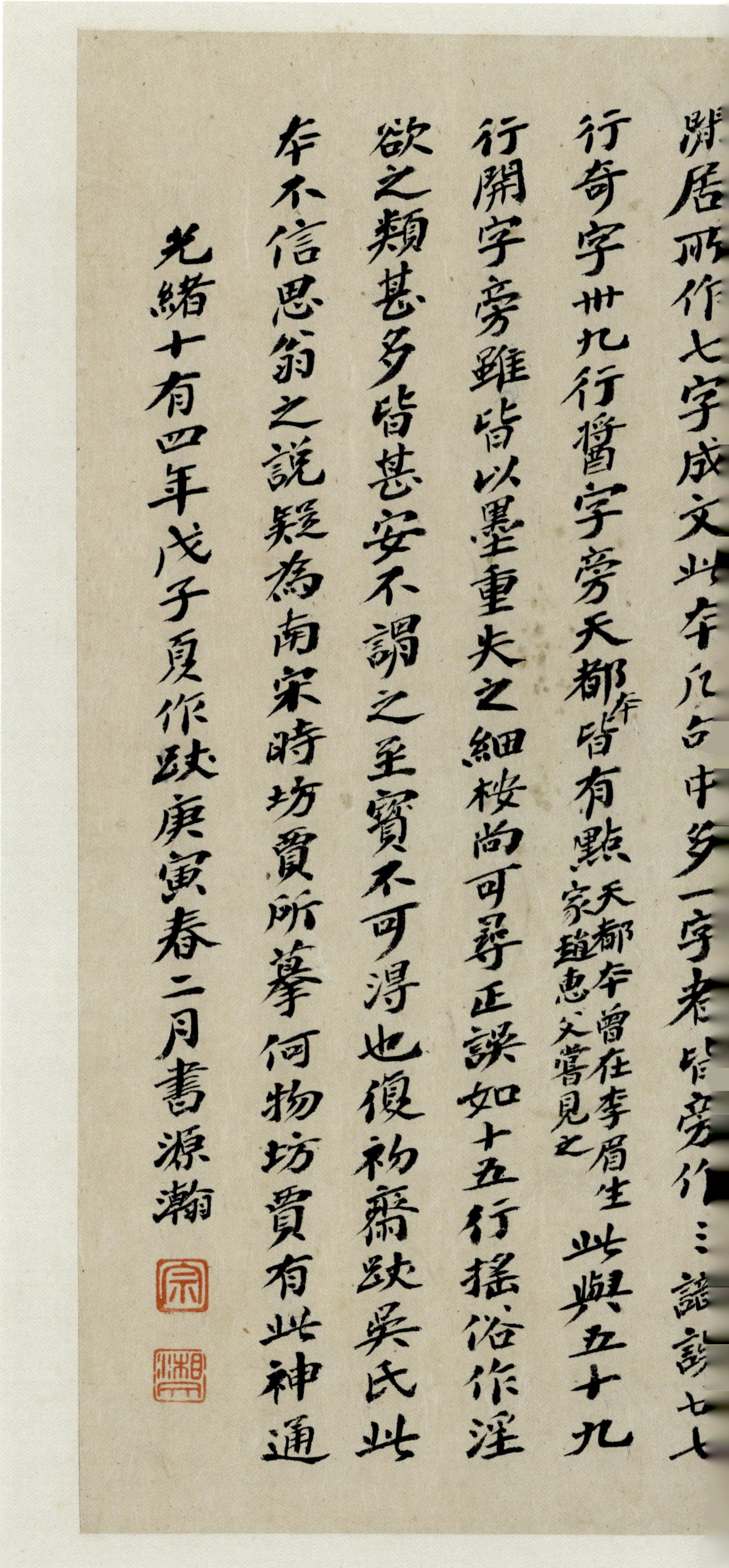

閑居所作，七字成文。此本凡句中多一字者，皆旁作『⁝』識誤，廿七行『奇』字，卅九行『醬』字旁，天都本皆有點（天都本曾在李眉生家，趙惠父嘗見之）。此與五十九行『開』字旁，雖皆以墨重失之，細桉尚可尋正誤，如十五行『搖俗』作『淫欲』之類甚多，皆甚安，不謂之至寶不可得也。復初齋跋吳氏此本，不信思翁之說，疑爲南宋時坊賈所摹，何物坊賈有此神通。光緒十有四年戊子夏作跋，庚寅春二月書，源瀚。

鈐印：頤情館、宗、湘文

題跋出處：黃庭經心太平本（宗源瀚藏本）

館藏號：S2971

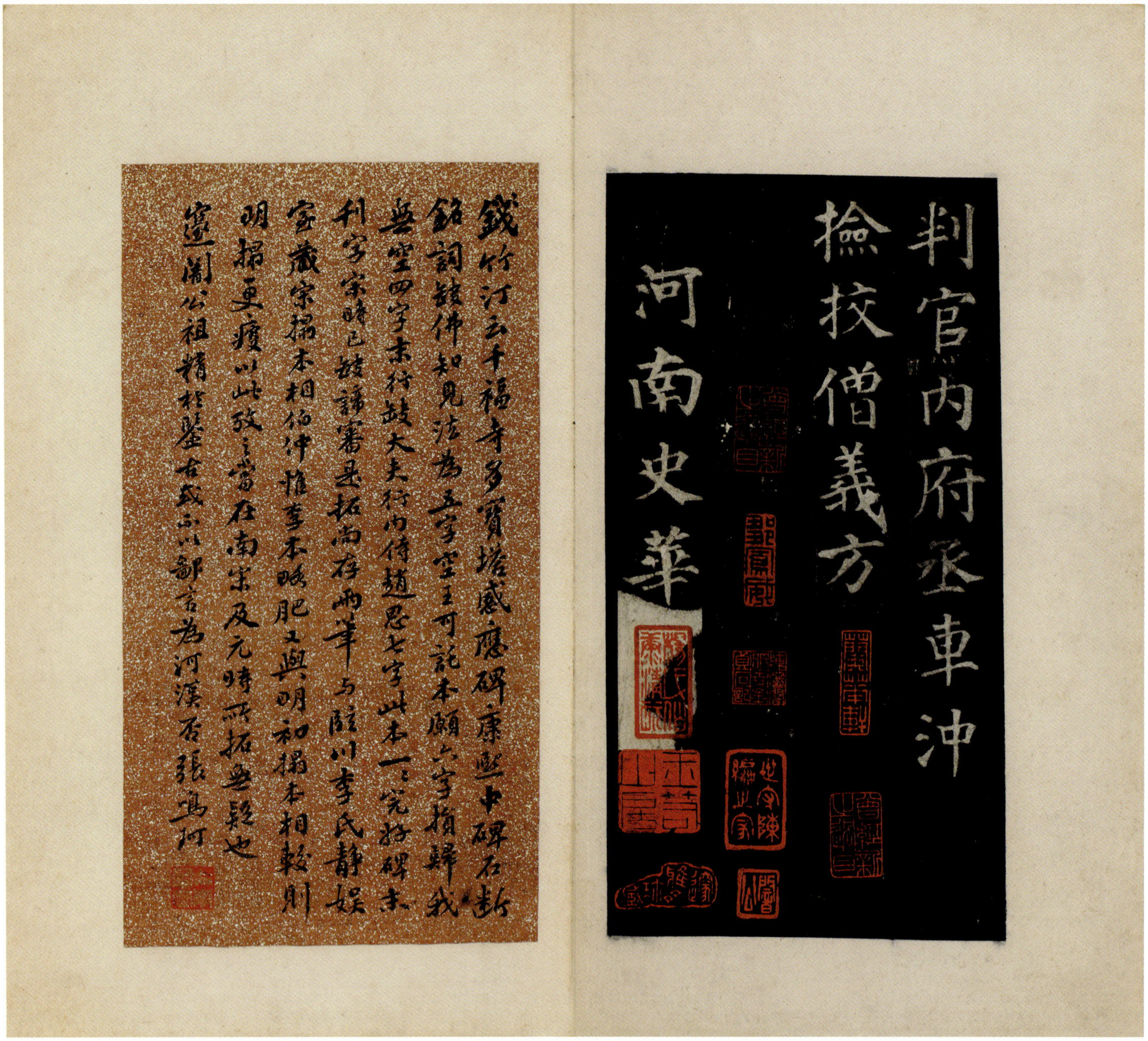

張鳴珂

年代：1834—1908

字號：原名國檢，字公束，號玉珊、玉山、寒松老人、窳翁

籍貫：浙江嘉興

釋文：錢竹汀云《千福寺多寶塔感應碑》康熙中碑石斷，銘詞缺『佛知見法爲』五字，『空王可託本願』六字，損『歸我無空』四字，末行缺『大夫行内侍趙思』七字。此本一一完好，碑末刊字宋時已缺，諦審是拓，尚存兩筆，與臨川李氏静娱室藏宋拓本相伯仲，惟李本略肥。又與明初拓本相較，則明拓更瘦。以此考之，當在南宋及元時所拓無疑也。邃闇公祖精於鑒古，或不以鄙言爲河漢否。張鳴珂。

鈐印：公束審定

題跋出處：多寶塔碑（楊典誥藏本）

館藏號：87B2677

錢竹汀云千福寺多寶塔感應碑康熙中碑石斷
銘詞缺佛知見法為五字空王可託本願六字損歸我
無空四字末行缺大夫行內侍趙思七字此本一一完好碑末
刊字宋時已缺諦審是拓尚存兩筆与臨川李氏靜娛
室藏宋搨本相伯仲惟李本略肥又與明初搨本相較則
明搨更瘦以此致之當在南宋及元時所拓無疑也
邃閣公祖精於鑒古試示以鄙言為河漢否張鳴珂

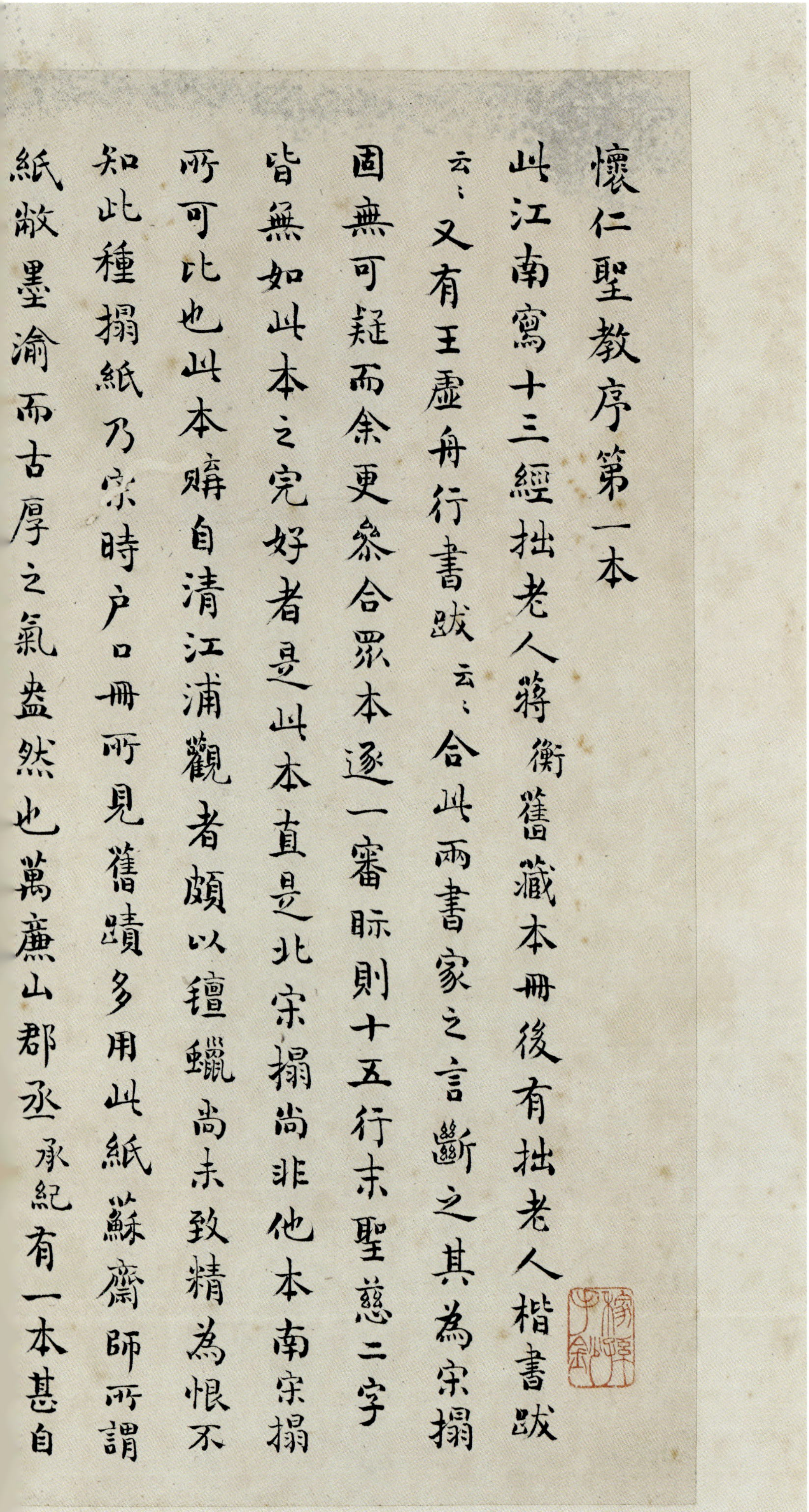
懷仁聖教序第一本
此江南寫十三經拙老人蔣衡舊藏本冊後有拙老人楷書跋
云云又有王虛舟行書跋云云合此兩書家之言斷之其為宋搨
固無可疑而余更參合眾本逐一審眎則十五行末聖慈二字
皆無如此本之完好者是此本直是北宋搨尚非他本南宋搨
所可比也此本購自清江浦觀者頗以氈蠟尚未致精為恨不
知此種搨紙乃宋時戶口冊所見舊蹟多用此紙蘇齋師所謂
紙敝墨渝而古厚之氣盎然也萬廉山郡丞承紀有一本甚自

魏錫曾

年代：？—1882

字號：字稼孫，號印奴、鶴廬

籍貫：浙江仁和

釋文：懷仁聖教序第一本。

此江南寫十三經拙老人蔣衡舊藏本，册後有拙老人楷書跋云云，又有王虛舟行書跋云云。合此兩書家之言斷之，其爲宋拓固無可疑。而余更參合衆本，逐一審視，則十五行末『聖慈』二字，皆無如此本之完好者，是此本直是北宋拓，尚非他本南宋拓所可比也。此本購自清江浦，觀者頗以氈蠟尚未致精爲恨，不知此種拓紙乃宋時户口册，所見舊迹多用此紙。蘇齋師所謂紙敝墨渝，而古厚之氣盎然也。萬廉山郡丞承紀有一本，甚自矜祕，聞余得此本，乃携來署齋，意欲角勝，再三審視，自覺瞠乎後塵，乃合袁浦各收藏家如黎湛溪河帥、袁小野郡丞、王容齋、蒙泉兄弟及廉山之弟荔畇郡倅各一佳本，於霜降後大會於廉山署齋，以長几群相對勘，亦咸推此拓爲冠場。逾年携至京師，郭蘭石一見即讚嘆不絶聲，跋語有『古香滿紙，轉折毫芒備盡，信爲可寶』云云，而林少穆但附一觀款於後，并無一語闡揚，然於册首拙老人所題『雲裏神龍』四字，則拍案驚奇，頫首至地，亦可謂相賞於牝牡驪黃之

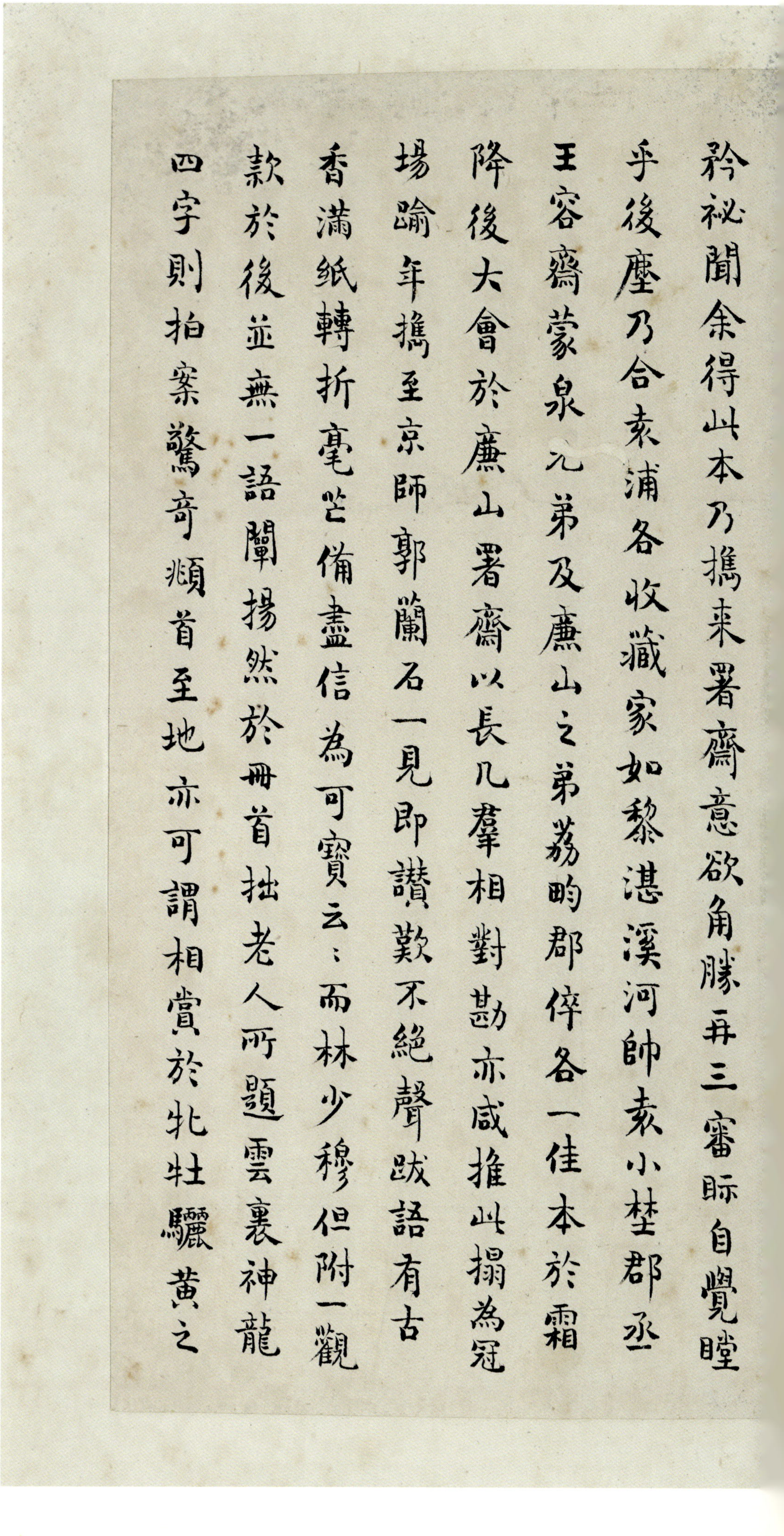
矜祕聞余得此本乃攜来署齋意欲角勝再三審眎自覺瞠
乎後塵乃合袁浦各收藏家如黎湛溪河帥袁小埜郡丞
王容齋蒙泉兄弟及廉山之弟荔畇郡倅各一佳本於霜
降後大會於廉山署齋以長几羣相對勘亦咸推此搨為冠
場踰年攜至京師郭蘭石一見即讚歎不絕聲跋語有古
香滿紙轉折毫芒備盡信為可寶云云而林少穆但附一觀
款於後並無一語闡揚然於冊首拙老人所題雲裏神龍
四字則拍案驚奇頫首至地亦可謂相賞於牝牡驪黃之

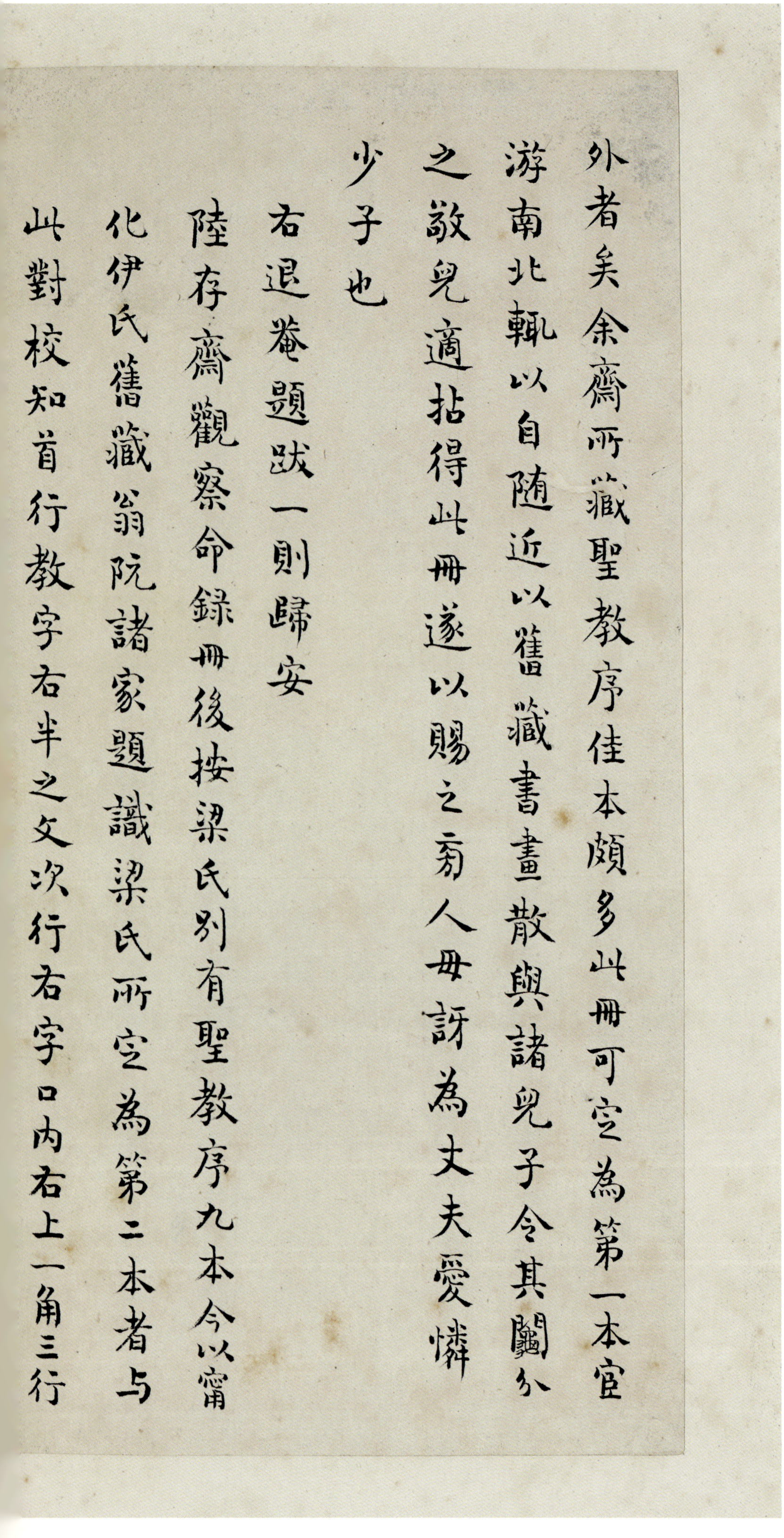

外者矣。余齋所藏《聖教序》佳本頗多，此册可定爲第一本，宦游南北，輒以自隨。近以舊藏書畫散與諸兒子，令其鬮分之，敬兒適拈得此册，遂以賜之，旁人毋訝爲丈夫愛憐少子也。右退庵題跋一則，歸安陸存齋觀察命録册後。按，梁氏别有《聖教序》九本，今以寧化伊氏舊藏翁、阮諸家題識，梁氏所定爲第二本者，與此對校，知首行『教』字右半之『文』，次行『右』字『口』内右上一角，三行

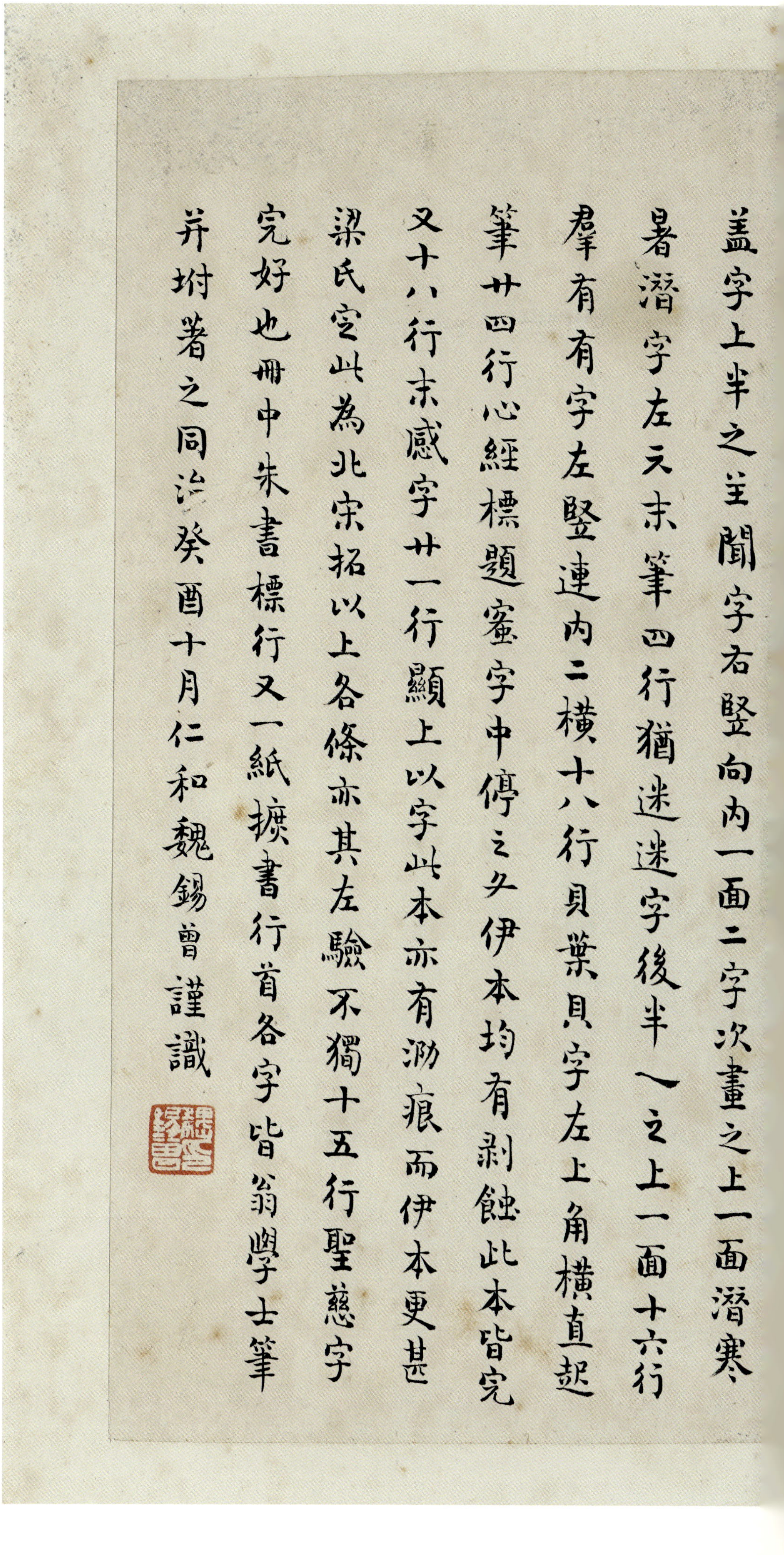
盖字上半之𦍌聞字右竪向内一面二字次畫之上一面潛寒
暑潛字左元末筆四行猶迷迷字後半乀之上一面十六行
羣有字左竪連内二横十八行貝葉貝字左上角横直起
筆廿四行心經標題蜜字中停之夂伊本均有剥蝕此本皆完
又十八行末感字廿一行顯上以字此本亦有泐痕而伊本更甚
梁氏定此為北宋拓以上各條亦其左驗不獨十五行聖慈字
完好也冊中朱書標行又一紙擫書行首各字皆翁學士筆
并坿著之同治癸酉十月仁和魏錫曾謹識

『盖』字上半之『𦍌』、『聞』字右竪向内一面、『二』字次畫之上一面、『潛寒暑』『潛』字左『元』末筆、四行『猶迷』『迷』字後半『乀』之上一面、十六行『羣有』『有』字左竪連内二横、十八行『貝葉』『貝』字左上角横直起筆、廿四行《心經》標題『蜜』字中停之『夊』，伊本均有剥蝕，此本皆完。又十八行末『感』字、廿一行『顯』上『以』字，此本亦有泐痕，而伊本更甚。梁氏定此爲北宋拓，以上各條亦其左驗，不獨十五行『聖慈』字完好也。冊中朱書標行，又一紙擫書行首各字，皆翁學士筆，并附著之。同治癸酉十月，仁和魏錫曾謹識。

鈐印：稼孫手鈔、魏錫曾印

題跋出處：集王聖教序（蔣衡藏本）

館藏號：17A329

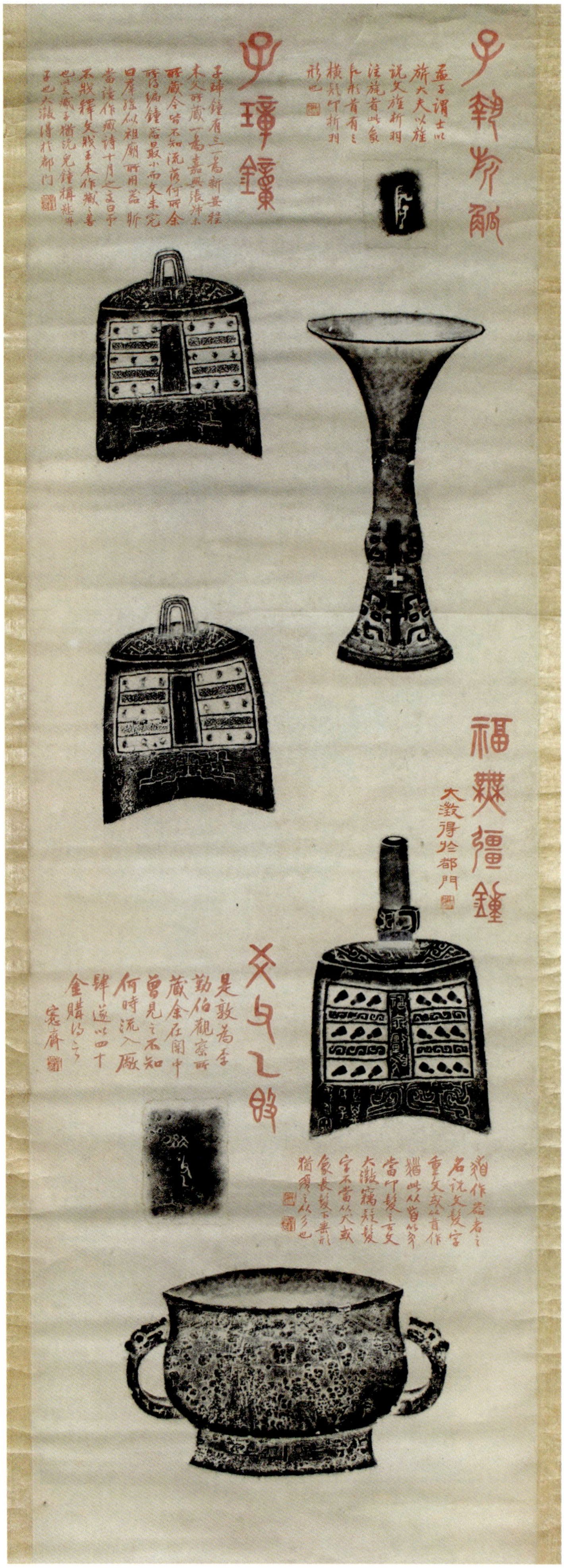

吴大澂

年代：1835—1902

字號：字清卿，號恒軒、愙齋、二田居士、白雲山樵、延陵仲子

籍貫：江蘇吴縣

釋文：子璋鐘。子璋鐘有三，一爲新安程木父所藏，一爲嘉興張叔未所藏，今皆不知流落何所。余所得編鐘器最小而文未完，曰『群孫』，似祖廟所用器。『**斨**』當讀作『臧』，《詩》《十月之交》『曰，予不戕』，釋文『戕』，王本作『臧』，臧善也。此云臧子，猶《沅兒鐘》稱[illegible]淑子也。大澂得於都門。

鈐印：延陵仲子

題跋出處：吴大澂題鼎彝八軸之一（吴湖帆藏本）

館藏號：Z1257

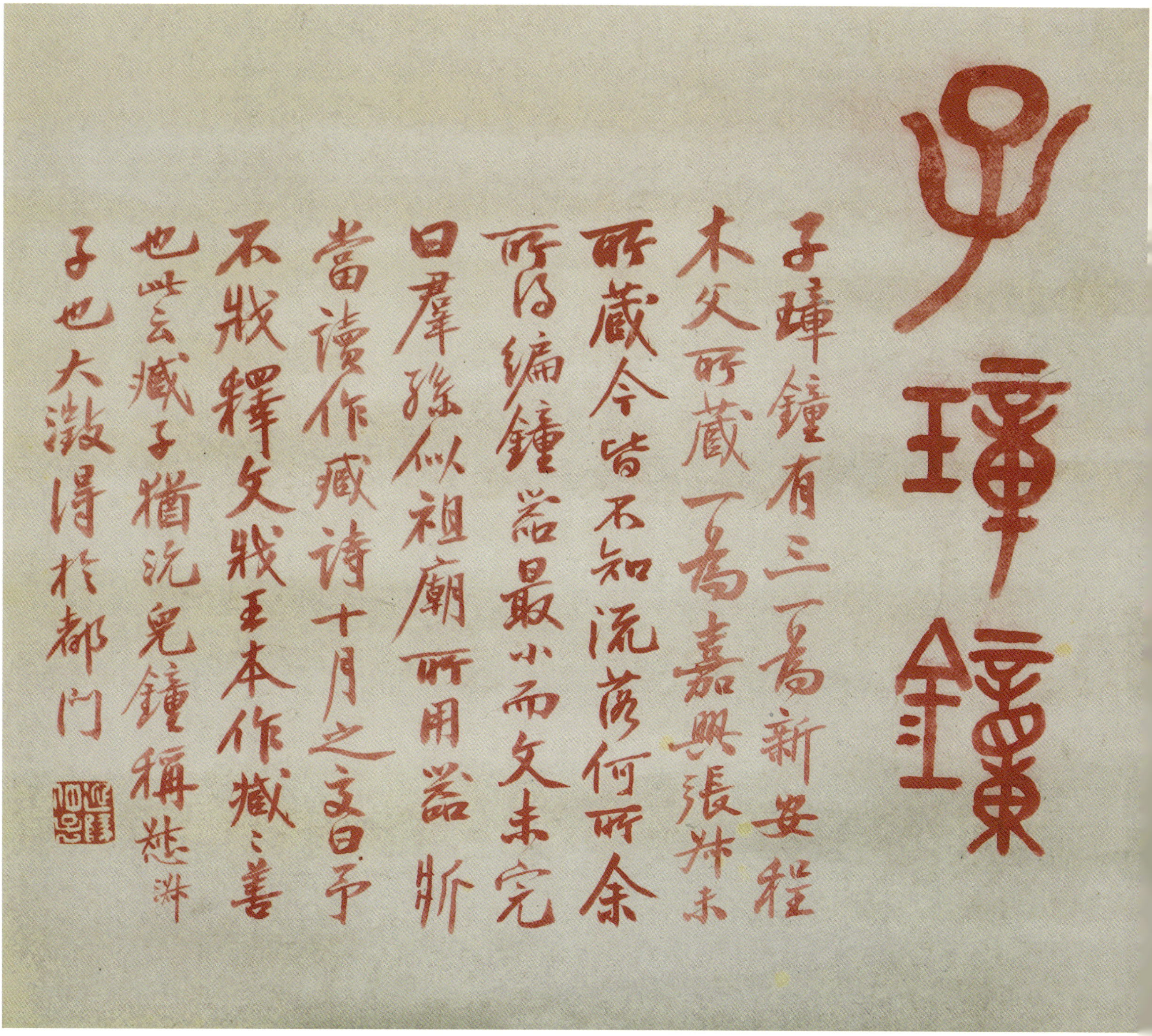
子璋鐘
子璋鐘有三一爲新安程
木父所藏一爲嘉興張叔未
所藏今皆不知流落何所余
所得編鐘器最小而文未完
曰羣孫似祖廟所用器斯
當讀作藏詩十月之交曰予
不戕釋文戕王本作臧臧善
也世云臧子猶況兒鐘稱慈洲
子也大澂得於都门

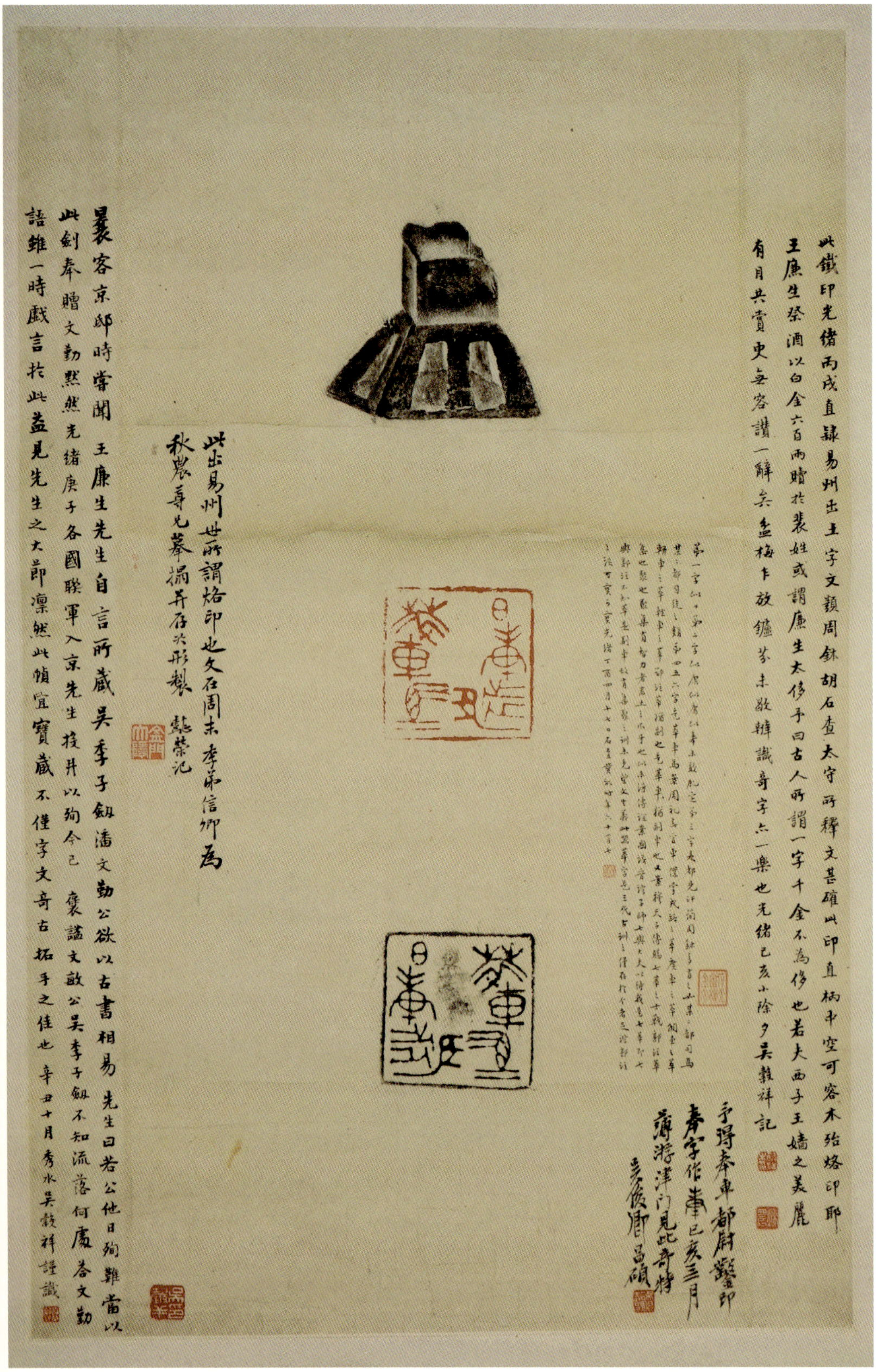

胡義贊

年代：1835—1902

字號：字叔襄，一字牨甫，號石槎、石查，晚號煙視翁

籍貫：河南光山

釋文：第一字似『日』。第二字似『康』，似『庸』，似『奉』，未敢臆定。第三字是『都』，見汗簡周鉢多有之，如某某都司馬，某某都司徒之類。第四、五、六字是『萃車馬』。案，《周禮・春官》，車僕掌戎路之萃、廣車之萃、闕車之萃、駢車之萃、輕車之萃。鄭注：萃，猶副也。是萃車，猶副車也。又案，《穆天子傳》賜七萃之士戰。郭注：萃，集也，聚也。聚集有智力者爲王之爪牙也，似未得傳誼。案，《國語・晉語》，子帥七輿大夫以待我，是七萃即七輿。郭注不知萃是副車，故有集聚之訓，未免望文生義。此器萃字是三代古訓之僅存於今者，足證郭注之誤，可寶可寶。光緒丁酉四月十七日石查贊記，時年六十有七。

鈐印：石查審釋金文、石查

題跋出處：日庚都萃車馬璽（吳縠祥藏本）

館藏號：J6340

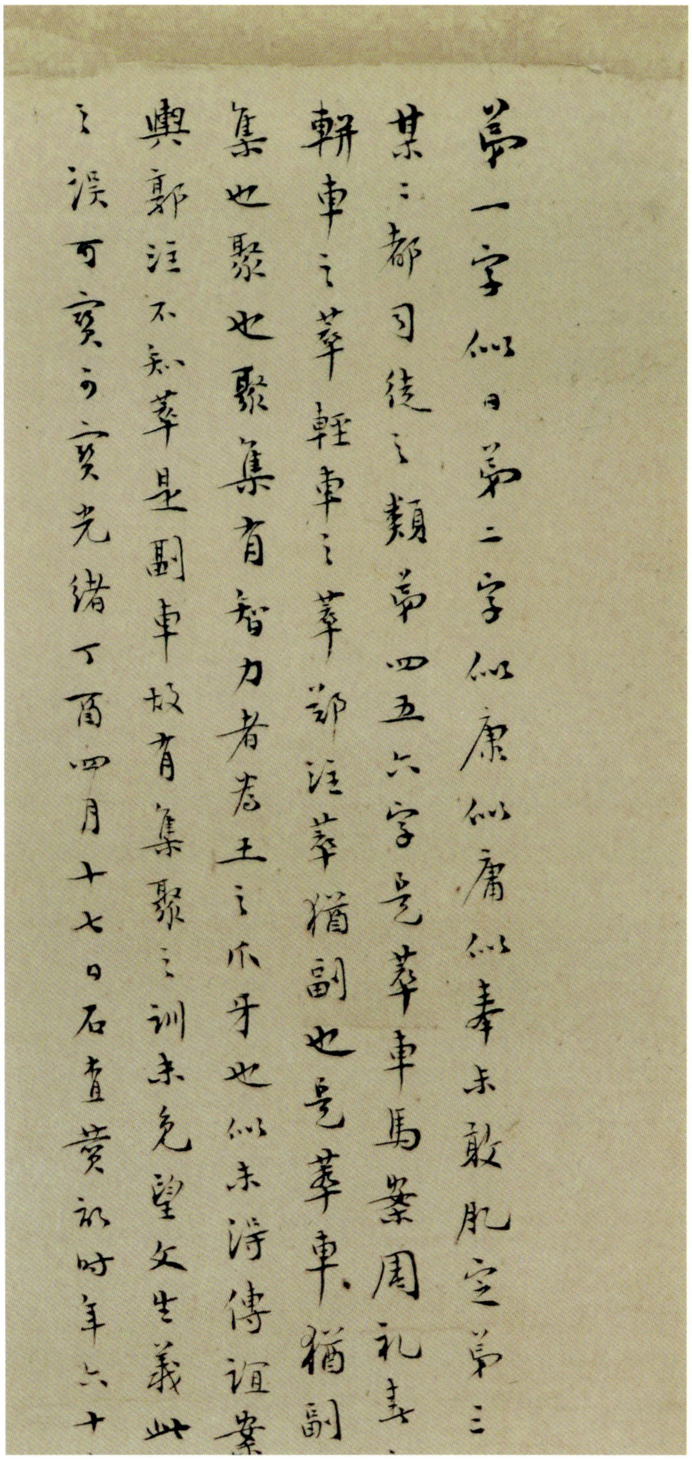
第一字似日第二字似康似庸似奉未敢肌定第三
某某都司徒之類第四五六字是萃車馬案周禮春
軒車之萃輕車之萃鄭注萃猶副也是萃車、猶副
集也聚也聚集有智力者老土之爪牙也似未得傳誼案
與鄭注不知萃是副車故有集聚之訓未免望文生義此
之誤可寶之寶光緒丁酉四月十七日石查貴記時年六十

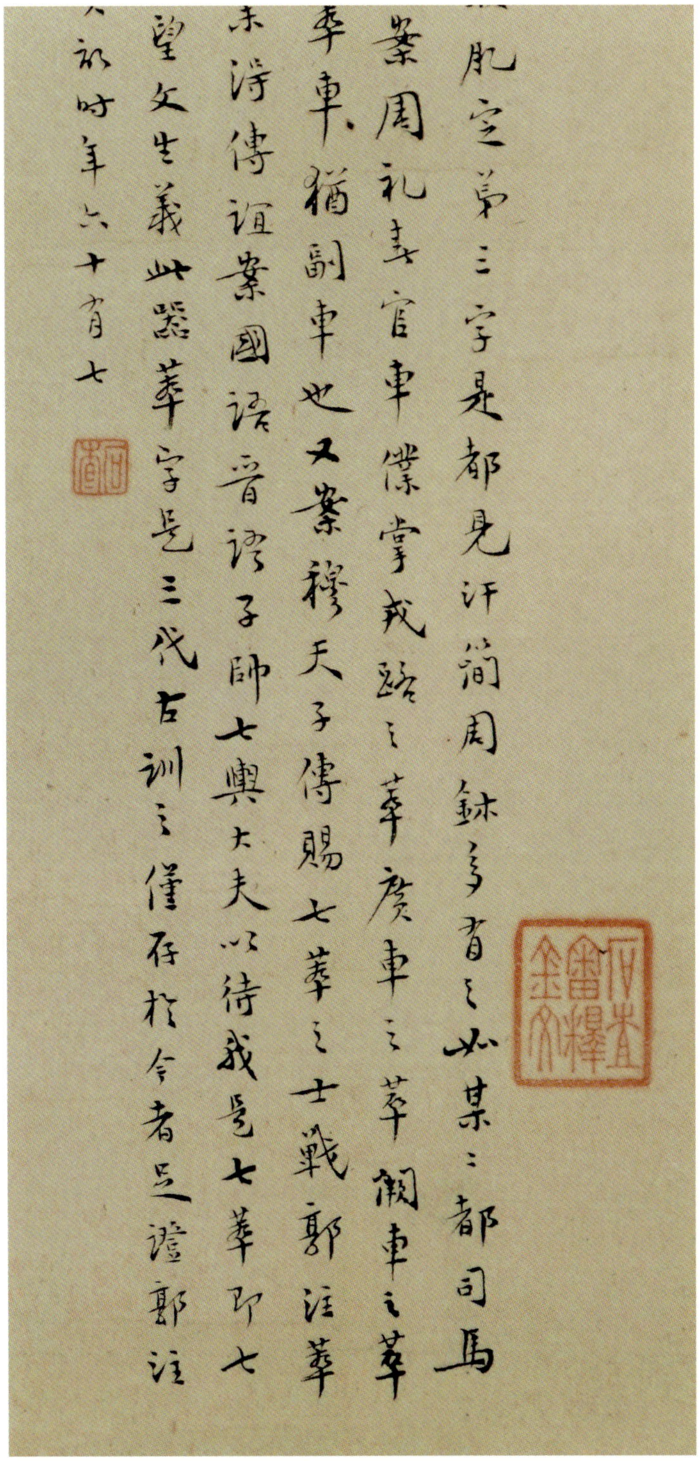
肌定第三字是都見汗簡周鉢多有之如某某都司馬
案周禮春官車僕掌戎路之萃廣車之萃闕車之萃
萃車、猶副車也又案穆天子傳賜七萃之士戰鄭注萃
未得傳誼案國語晉語子師七輿大夫以待我是七萃即七
望文生義此器萃字是三代古訓之僅存於今者足證鄭注
記時年六十有七

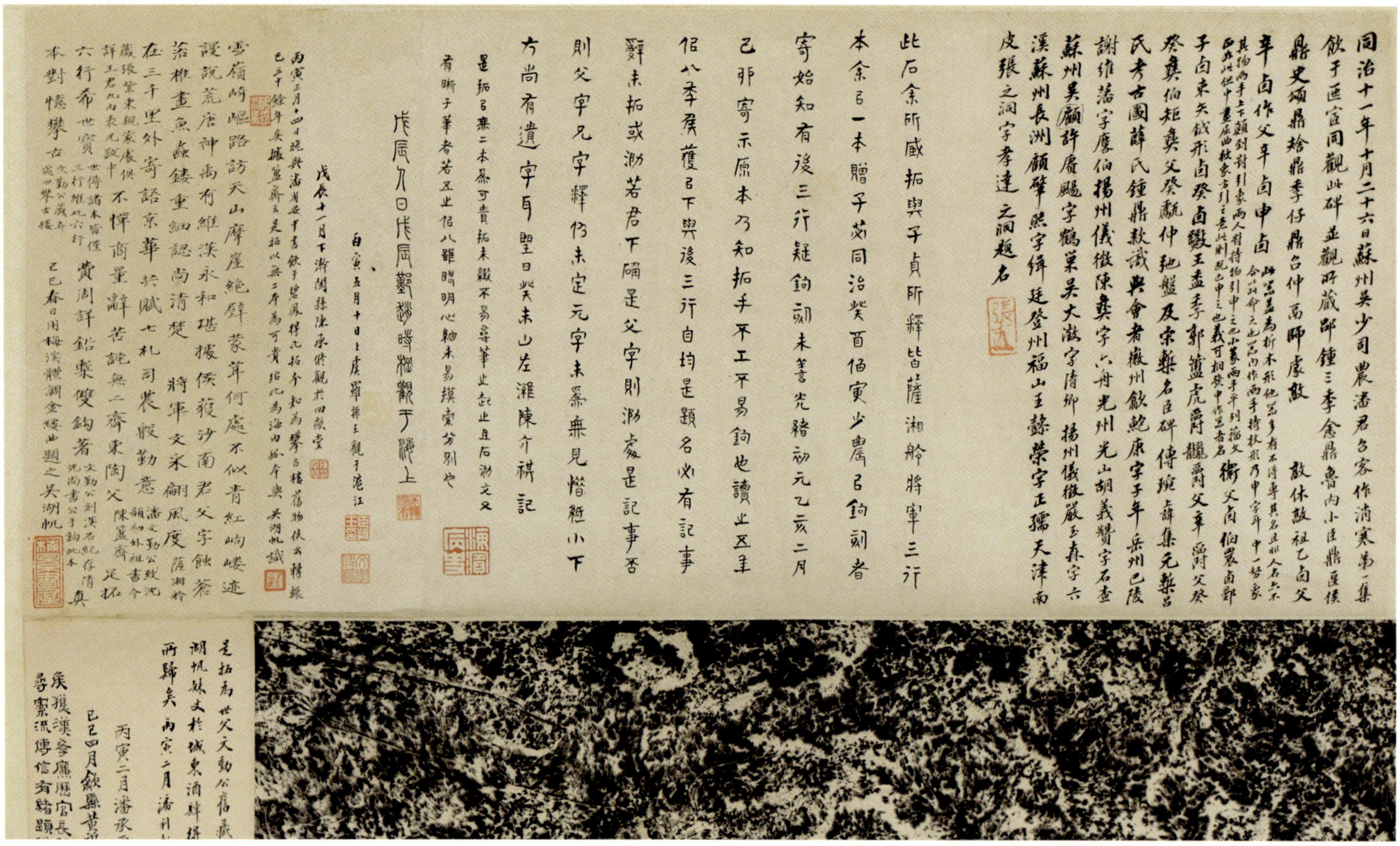

張之洞

年代：1837—1909

字號：字孝達，一字香濤，號香岩、壺公、無競居士、抱冰

籍貫：河北南皮

釋文：同治十一年十月二十六日蘇州吴少司農潘君召客作消寒第一集飲于匜宧，同觀此碑，并觀所藏邵鍾三、季悆鼎、魯内小臣鼎、匽侯鼎、史頌鼎、趫鼎、季仔鼎、召仲鬲、師虘敦、敦休敦、祖乙卣、父辛卣、作父辛卣、申卣（此器蓋爲折木形，他器多有，不得專其名，且非人名亦不合以此命之也。器内作兩手持杖形，乃『申』字耳，中一努象其物，兩手上下顛到對引，象兩人對持物引申之也。小篆兩手平列，籀文正如此，但中畫屈曲，彼象方引之意，此則既已申之也。義可相發申作器者名）、衛父卣、伯畏卣、鄦子卣、束矢鉞形卣、癸卣、𩰫王盉、季郭簠、虎爵、龖爵、父辛爵、父癸癸彝、伯矩彝、父癸甗、仲弛盤及宋槧《名臣碑傳琬上諱集》、元槧《吕氏考古圖》《薛氏鍾鼎款識》。與會者徽州歙鮑康字子年、岳州巴陵謝維藩字麐伯、揚州儀徵陳彝字六舟、光州光山胡義贊字石查、蘇州吴許賡颺字鶴巢、吴大澂字清卿、揚州儀徵嚴玉森字六溪、蘇州長洲顧肇熙字緝廷、登州福山王懿榮字正孺、天津南皮張之洞字孝達。之洞題名。

鈐印：張押

同治十一年十月二十六日蘇州吳少司農潘君召客作消寒第一集
飲于匜宧同觀此碑並觀所藏邵鐘三季念鼎魯内小臣鼎匽侯
鼎史頌鼎㝬鼎季仔鼎旨仲鬲師虘敦 敔休敦祖乙卣父
辛卣作父辛卣申卣
此器蓋為析木形他器多有不得專其名且非人名亦不
合以此命之也器内作兩手持杖形乃申字耳申一努象
其物兩手上下顛到對引象兩人對持物引申之也小篆兩手平列籀文
正如此但申畫屈曲紋象方引之者此則既已申之也義可相發申作器者名
衛父卣伯睘卣鄦
子卣東矢鉞形卣癸卣𧓍王盉季鄦簠虎𩰫龖𩰫父辛𩰫父癸
癸彝伯矩彝父癸甗仲𪑤盤及宗彝名臣碑傳琬上諱集元彝呂
氏考古圖薛氏鐘鼎款識與會者徽州歙鮑康字子年岳州巴陵
謝維藩字麐伯揚州儀徵陳彝字六舟光州光山胡義贊字石查
蘇州吳顧許賡颺字鶴巢吳大澂字清卿 揚州儀徵嚴玉森字六
溪蘇州長洲顧肇熙字緝廷登州福山王懿榮字正孺天津南
皮張之洞字孝達 之洞題名

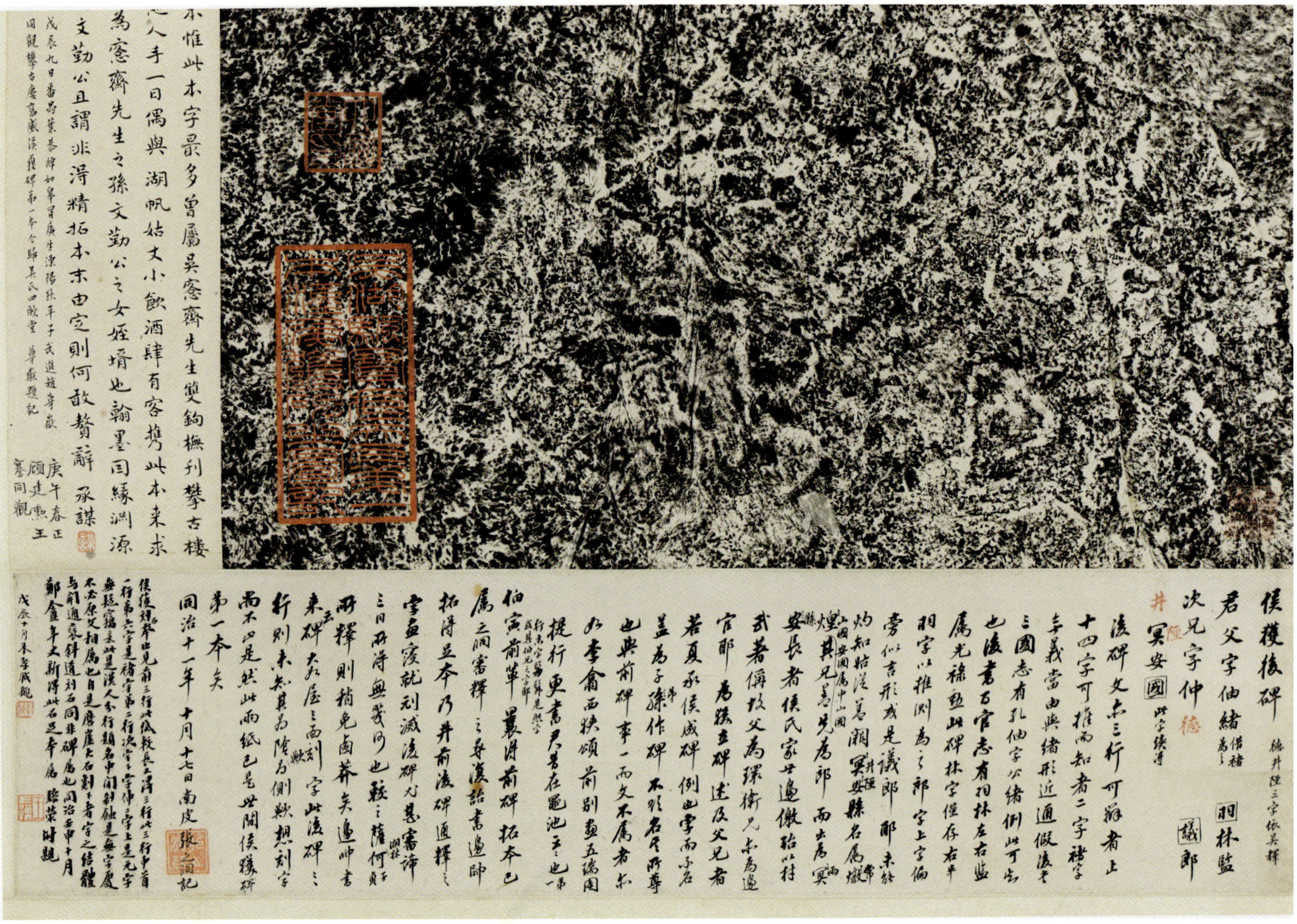

釋文：後碑文亦三行，可辨者止十四字，可推而知者二字。『褚』字無義，當由與『緒』形近通假，《後書》《三國志》有孔伷字公緒，例此可知也。《後書·百官志》有羽林左右監，屬光禄勳，此碑『林』字僅存右半，『羽』字以推測爲之。『郎』字上字偏旁似『言』形，或是議郎耶，未能灼知，姑從蓋闕。井陘縣名屬常山國，安國屬中山國，其兄蓋先爲郎，而出爲兩縣長者。侯氏家世邊徼，殆以材武著稱，故父爲環衛，兄亦爲邊官耶。爲獲立碑，述及父兄者，若《夏承》《侯成》碑例也。字而不名，蓋爲子弟作碑，不欲名其所尊也。與前碑事一而文不屬者，亦如《李翕西狹頌》前别畫五瑞圖，提行更書『君昔在黽池』云云也（第一行末字仿佛是『熙』字，或其伯兄之字耶）。伯寅前輩曩得前碑拓本，已屬之洞審釋之，尋復詒書邊帥，拓得足本，乃并前後碑通釋之。字畫寖就刓滅，後碑尤甚，審諦三日，所得無幾，何也？較之薩湘林、何子貞所釋，則稍免鹵莽矣。邊帥書來云碑大如屋，三面刻字，此後碑三行則未知其爲陰歟？爲側歟？想刻字尚不止是，然此兩紙已是世間《侯獲碑》弟一本矣。同治十一年十月十七日，南皮張之洞記。

鈐印：張之洞印

題跋出處：沙南侯獲碑（吳湖帆藏本）

館藏號：S997

後碑文亦三行可辯者上
十四字可推而知者二字褚字
年義當由與緒形近通假後書
三國志有孔伷字公緒例此可證
也後書百官志有羽林左右監
屬光祿勳此碑林字僅存右半
羽字以推測爲之郎字上字偏
旁似言形或是議郎郎未能
灼知殆從邑闕冥（井陘）安縣名屬燉（常）
煌（山國安國屬中山國）其兄某爲郎而出爲冥（酒）（縣）
安長者侯氏家世邊敷治江汁

灼知始從善淵冥安縣名屬燉（并陘）（常）
煌縣（山國安國屬中山國）其兄善光為郎而出為冥（酒）
安長者侯氏家世邊徼始以材
武著偁故父為環衛兄亦為邊
官耶為勝立碑述及父兄者
若夏承侯成碑例也字而不名
蓋為子孫（弟）作碑不將名其所尊
也與前碑事一而文不屬者亦
如李翕西狹頌前別畫五瑞圖
提行更書君昔在黽池五也（第一）
行末字縣縣是縣字
或其伯兄之字耶

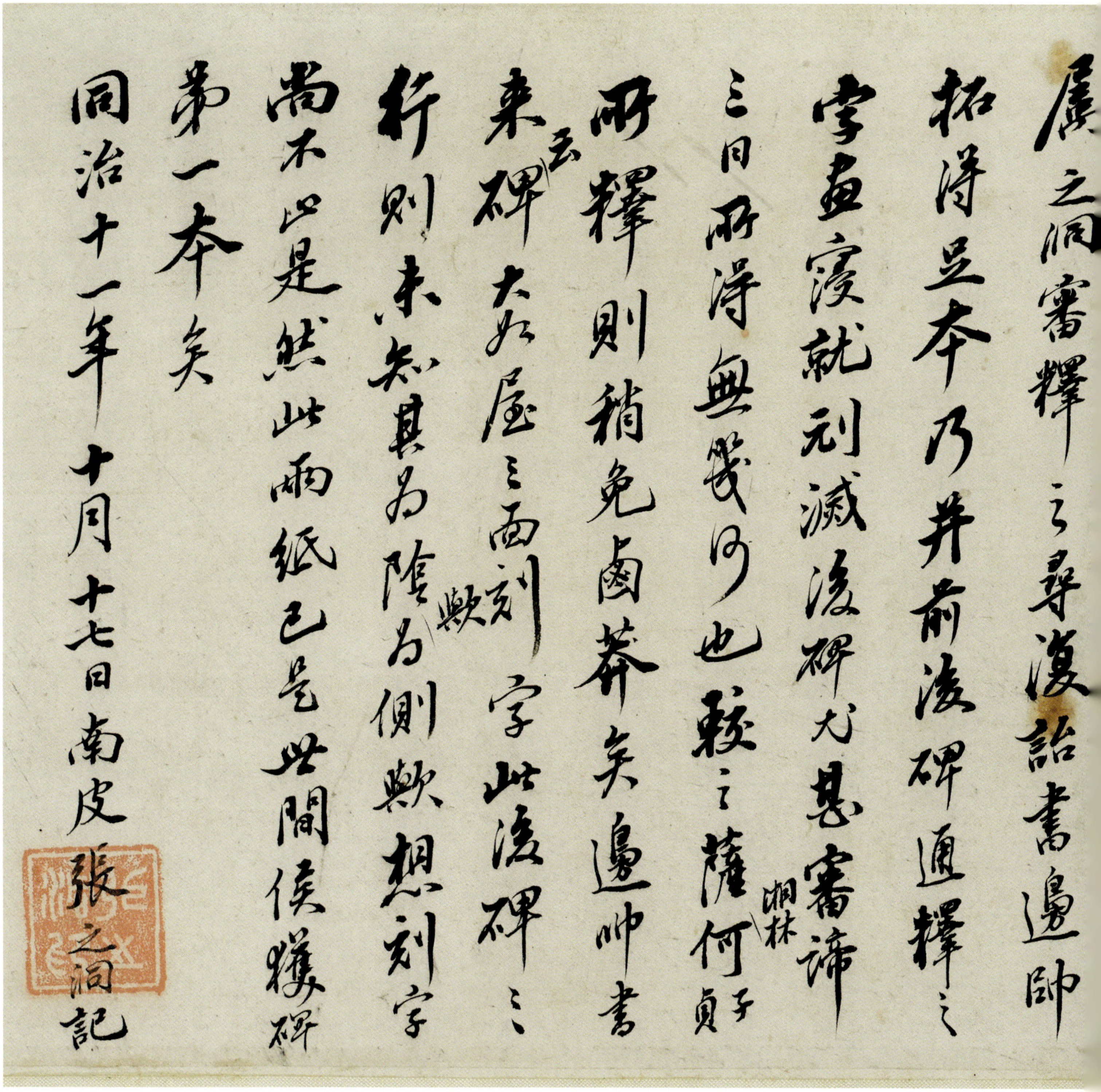

屢之洞審釋之尋復詒書邊帥拓得足本乃并前後碑通釋之字畫寖就剜滅後碑尤甚審諦三日所得無幾何也較之薩湘林何子貞所釋則稍免鹵莽矣邊帥書來云碑太好屢屢面刻字此後碑之斯則未知其為陰歟為側歟想刻字尚不止是然此兩紙已是世間僅襆碑第一本矣

同治十一年十月十七日南皮張之洞記

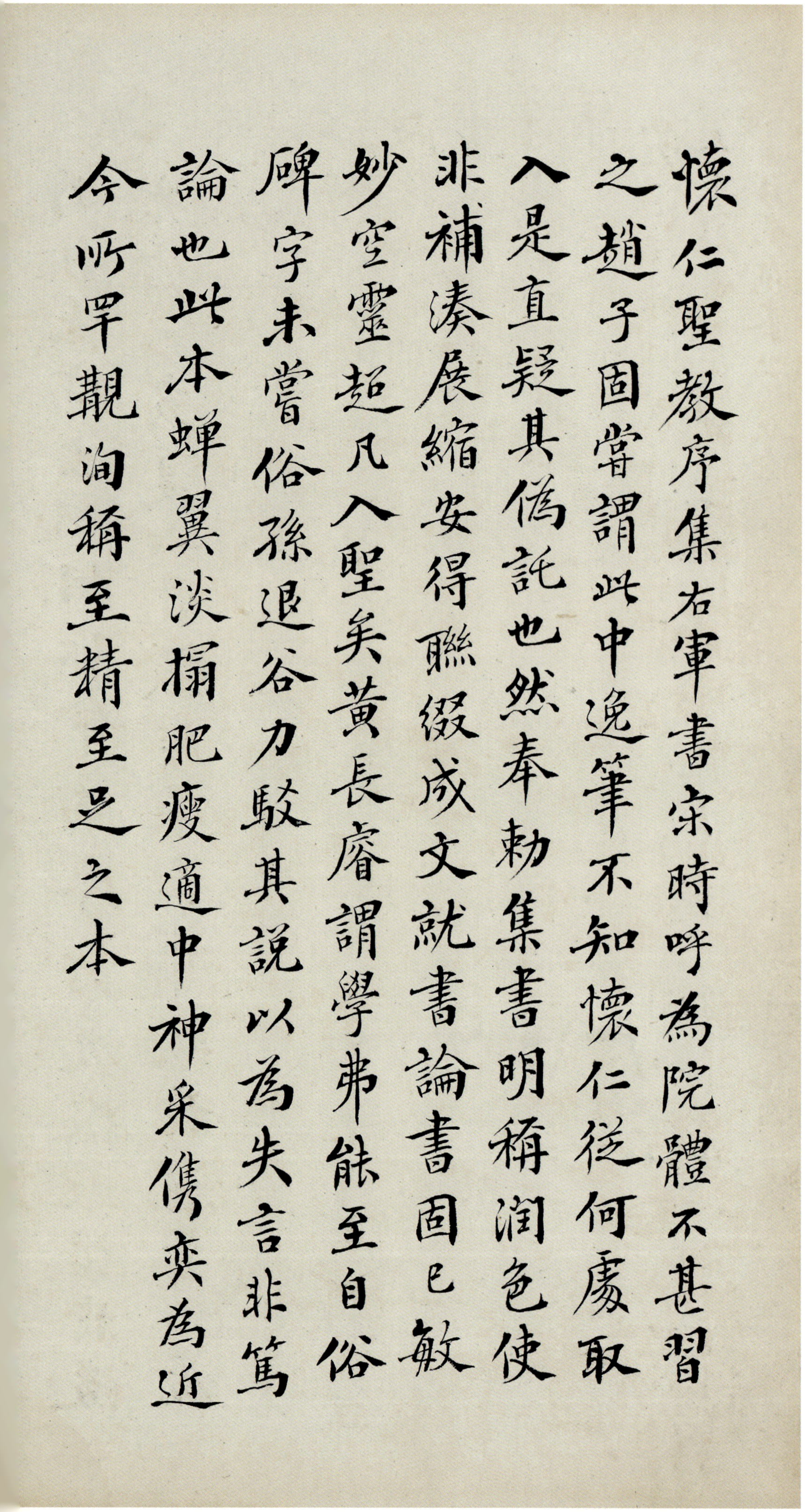
懷仁聖教序集右軍書宋時呼為院體不甚習
之趙子固嘗謂此中逸筆不知懷仁從何處取
入是直疑其僞託也然奉勅集書明稱潤色使
非補湊展縮安得聯綴成文就書論書固已敏
妙空靈超凡入聖矣黄長睿謂學弗能至自俗
碑字未嘗俗孫退谷力駁其說以為失言非篤
論也此本蟬翼淡搨肥瘦適中神采儁奕為近
今所罕覯洵稱至精至足之本

張景祁

年代：1838—1899

字號：原名左鉞，字孝威，後字蘩甫、蘩父，號韵梅、蘊梅、新蘅、樊圃

籍貫：浙江錢塘

釋文：懷仁《聖教序》集右軍書，宋時呼爲院體，不甚習之。趙子固嘗謂此中逸筆不知懷仁從何處取入。是直疑其僞託也。然奉勅集書，明稱潤色，使非補凑展縮，安得聯綴成文。就書論書，固已敏妙空靈，超凡入聖矣。黄長睿謂學弗能至，自俗，碑字未嘗俗。孫退谷力駁其説，以爲失言，非篤論也。此本蟬翼淡拓，肥瘦適中，神采儁奕，爲近今所罕覯，洵稱至精至足之本。

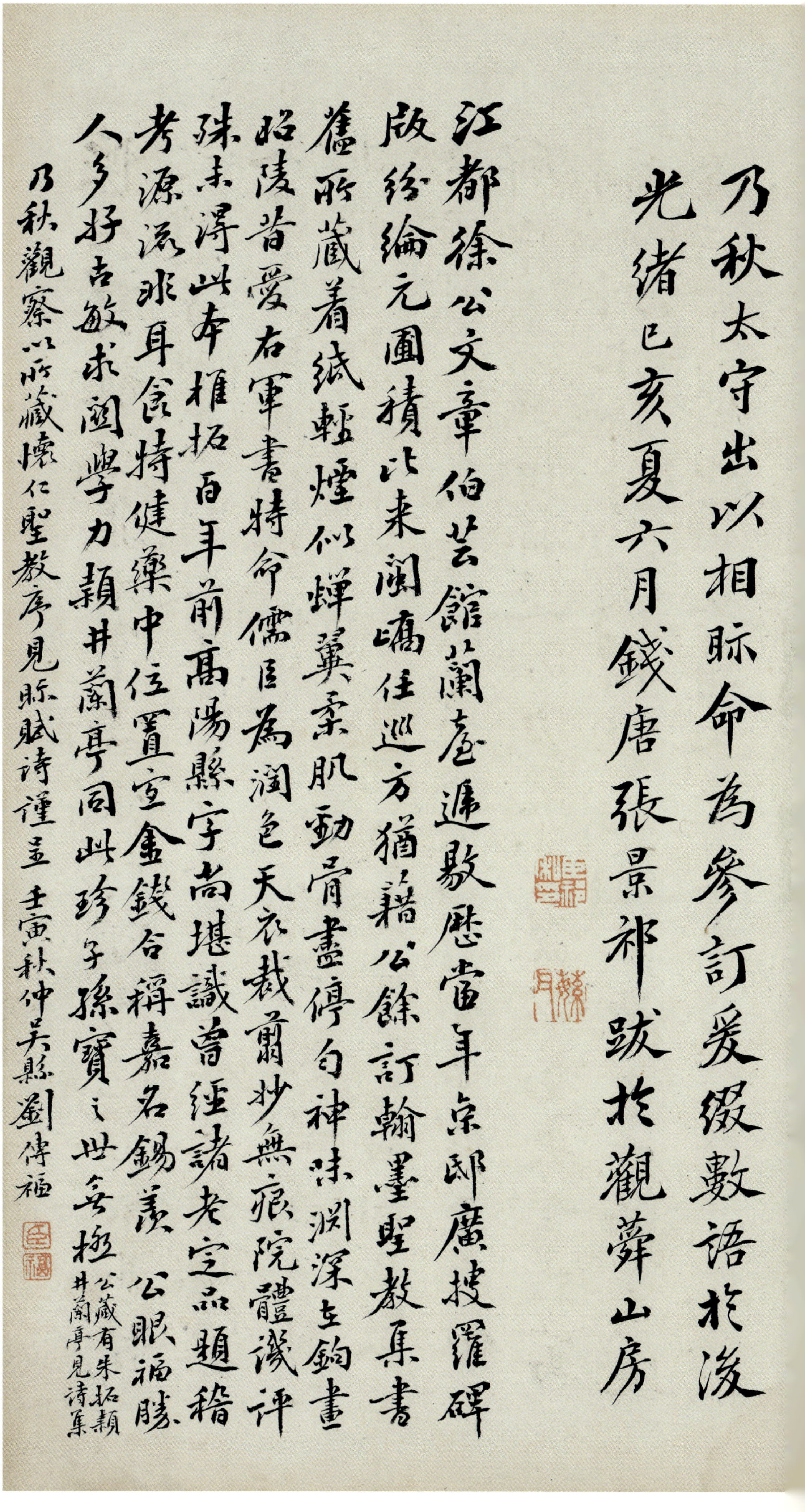

乃秋太守出以相視，命爲參訂，爰綴數語於後。光緒己亥夏六月，
錢唐張景祁跋於觀蕣山房。

鈐印：臣祁私印、蘩父
題跋出處：集王聖教序（崇禮藏本）
館藏號：S2893

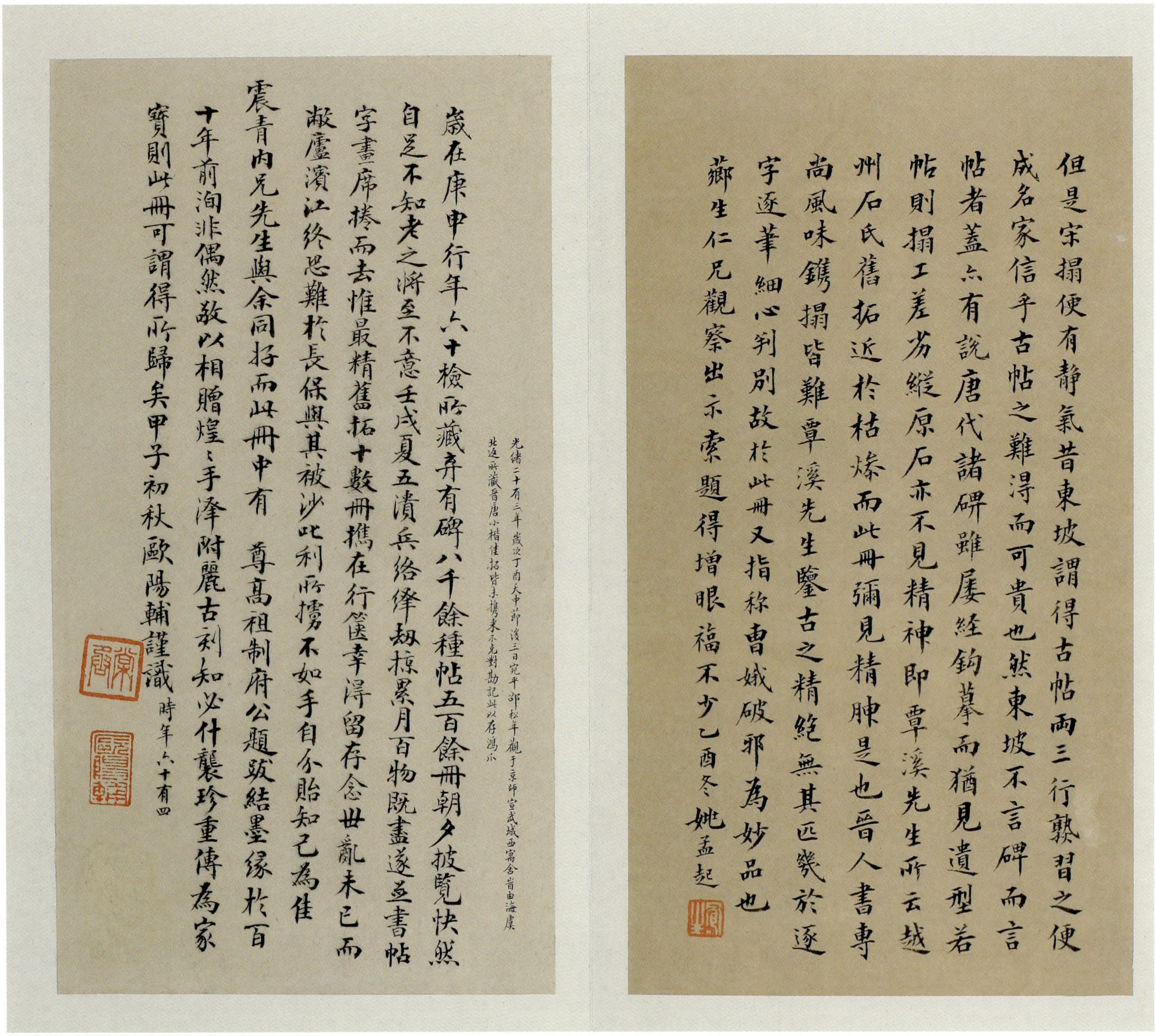

但是宋搨便有靜氣昔東坡謂得古帖兩三行孰習之便成名家信乎古帖之難得而可貴也然東坡不言碑而言帖者蓋亦有説唐代諸碑雖屢經鉤摹而猶見遺型若帖則搨工差劣縱原石亦不見精神即覃溪先生所云越州石氏舊拓近於枯燥而此冊彌見精腴是也晉人書專尚風味鐫搨皆難覃溪先生鑒古之精絶無其匹幾於逐字逐筆細心判別故於此冊又指稱曹娥破邪為妙品也薌生仁兄觀察出示索題得增眼福不少乙酉冬 姚孟起

歲在庚申行年六十檢所藏弆有碑八千餘種帖五百餘冊朝夕披覽怏然自足不知老之將至不意壬戌夏五潰兵俗肇劫掠累月百物既盡遂並書帖字畫席捲而去惟最精舊拓十數冊攜在行篋幸得留存念世亂未已而澂盧濱江終恐難於長保與其被沙叱利所擄不如手自分貽知己為佳震青内兄先生與余同好而此冊中有 尊高祖制府公題跋結墨緣於百十年前洵非偶然敬以相贈煌煌手澤附麗古刻知必什襲珍重傳為家寶則此冊可謂得所歸矣甲子初秋歐陽輔謹識 時年六十有四

光緒二十有三年歲次丁酉天中節後三日宛平郎松年觀于京師宣武城西寓舍旹由海虞北返所藏晉唐小楷佳拓皆未攜來不克對勘記此以存鴻爪

姚孟起

年代：1838—？

字號：字鳳生，一作鳳笙，號悶溪、棲梧

籍貫：江蘇吴縣

釋文：但是宋拓，便有静氣。昔東坡謂得古帖兩三行熟習之，便成名家，信乎！古帖之難得而可貴也。然東坡不言碑而言帖者，蓋亦有説。唐代諸碑雖屢經鈎摹，而猶見遺型。若帖則拓工差劣，縱原石亦不見精神，即覃溪先生所云越州石氏舊拓近於枯燥，而此册彌見精腴是也。晋人書專尚風味，鎸拓皆難。覃溪先生鑒古之精絶無其匹，幾於逐字逐筆，細心判别，故於此册又指稱《曹娥》《破邪》爲妙品也。薌生仁兄觀察出示索題，得增眼福不少。乙酉冬，姚孟起。

鈐印：鳳生

題跋出處：晋唐小楷九種（鐵保藏本）

館藏號：81A657

但是宋搨便有靜氣昔東坡謂得古帖兩三行熟習之便成名家信手古帖之難得而可貴也然東坡不言碑而言帖者蓋亦有說唐代諸碑雖屢經鉤摹而猶見遺型若帖則搨工差劣縱原石亦不見精神即覃溪先生所云越州石氏舊拓近於枯燥而此冊彌見精神是也晉人書專尚風味鐫搨皆難覃溪先生鑒古之精絕無其匹幾於逐字逐筆細心判別故於此冊又指稱曹娥破邪為妙品也

薌生仁兄觀察出示索題得增眼福不少乙酉冬　姚孟起

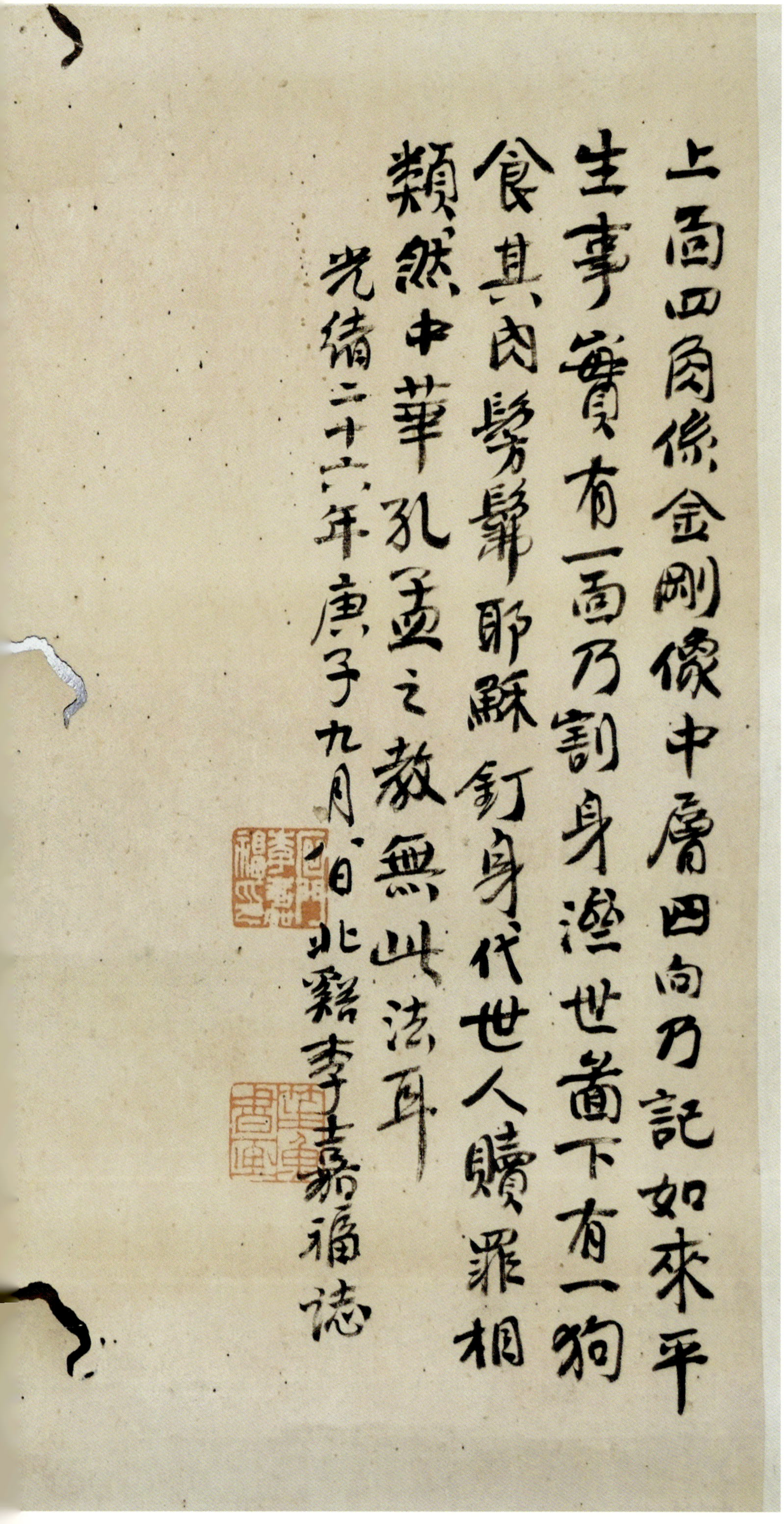
上面四角係金剛像中層四向乃記如來平
生事實有一面乃割身濟世圖下有一狗
食其肉髣髴耶穌釘身代世人贖罪相
類然中華孔孟之教無此法耳
光緒二十六年庚子九月八日北溪李嘉福誌

李嘉福

年代：1839—1904

字號：字麓苹，號笙魚、北溪、石佛庵主、語溪老民

籍貫：浙江石門

釋文：上面四角係金剛像，中層四向，乃記如來平生事實。有一面乃割身濟世，圖下有一狗食其肉，仿佛耶穌釘身代世人贖罪相類，然中華孔孟之教無此法耳。光緒二十六年庚子九月八日，北溪李嘉福誌。

鈐印：石門李嘉福印、笙魚書畫

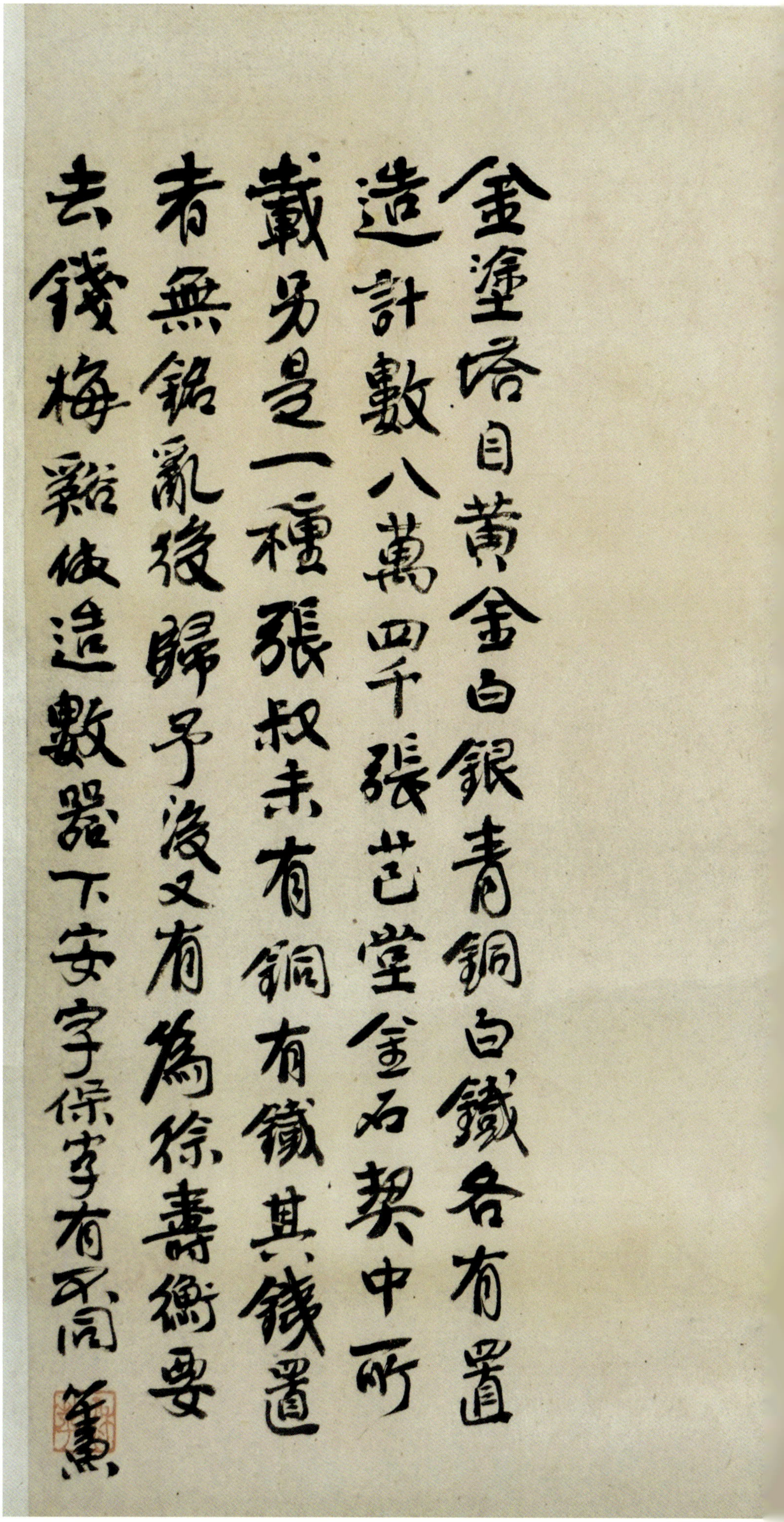

釋文：金塗塔自黃金、白銀、青銅、白鐵各有置造，計數八萬四千。張芑堂《金石契》中所載另是一種。張叔未有銅有鐵，其鐵置者無銘，亂後歸予，後又有爲徐壽衡要去。錢梅溪仿造數器，下『安』字、『保』字有不同。笙魚。

鈐印：麓苹

題跋出處：吳越王金塗塔（李嘉福跋本）

館藏號：J3908

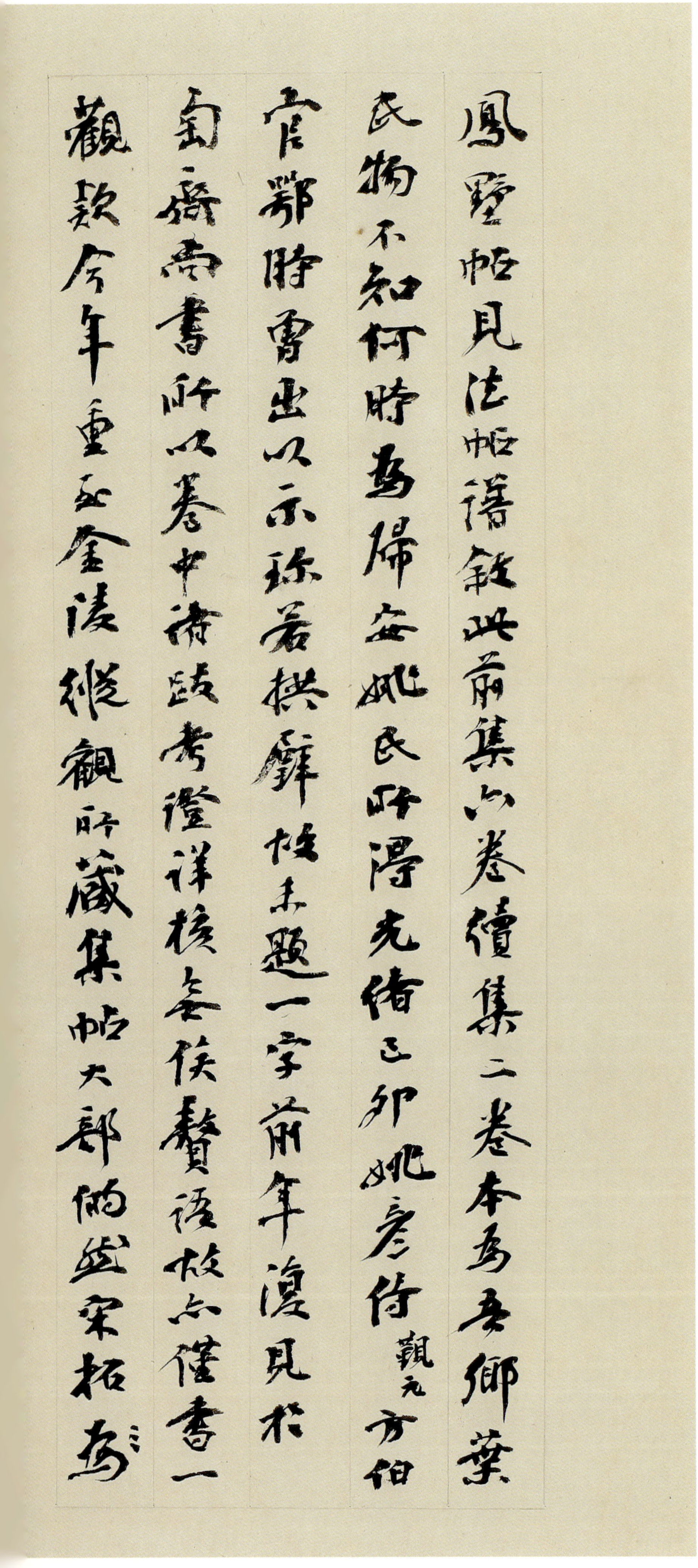

楊守敬

年代：1839—1915

字號：字惺吾，號鄰蘇、激素、鄰蘇老人

籍貫：湖北宜都

釋文：《鳳墅帖》見《法帖譜叙》。此前集六卷，續集二卷，本爲吾鄉葉氏物，不知何時爲歸安姚氏所得。光緒己卯，姚彥侍觀元方伯官鄂時，曾出以示，珍若拱璧，故未題一字。前年復見於匋齋尚書所，以卷中諸跋考證詳核，無俟贅語，故亦僅書一觀款。今年重至金陵，縱觀所藏集帖，大部的然宋拓，

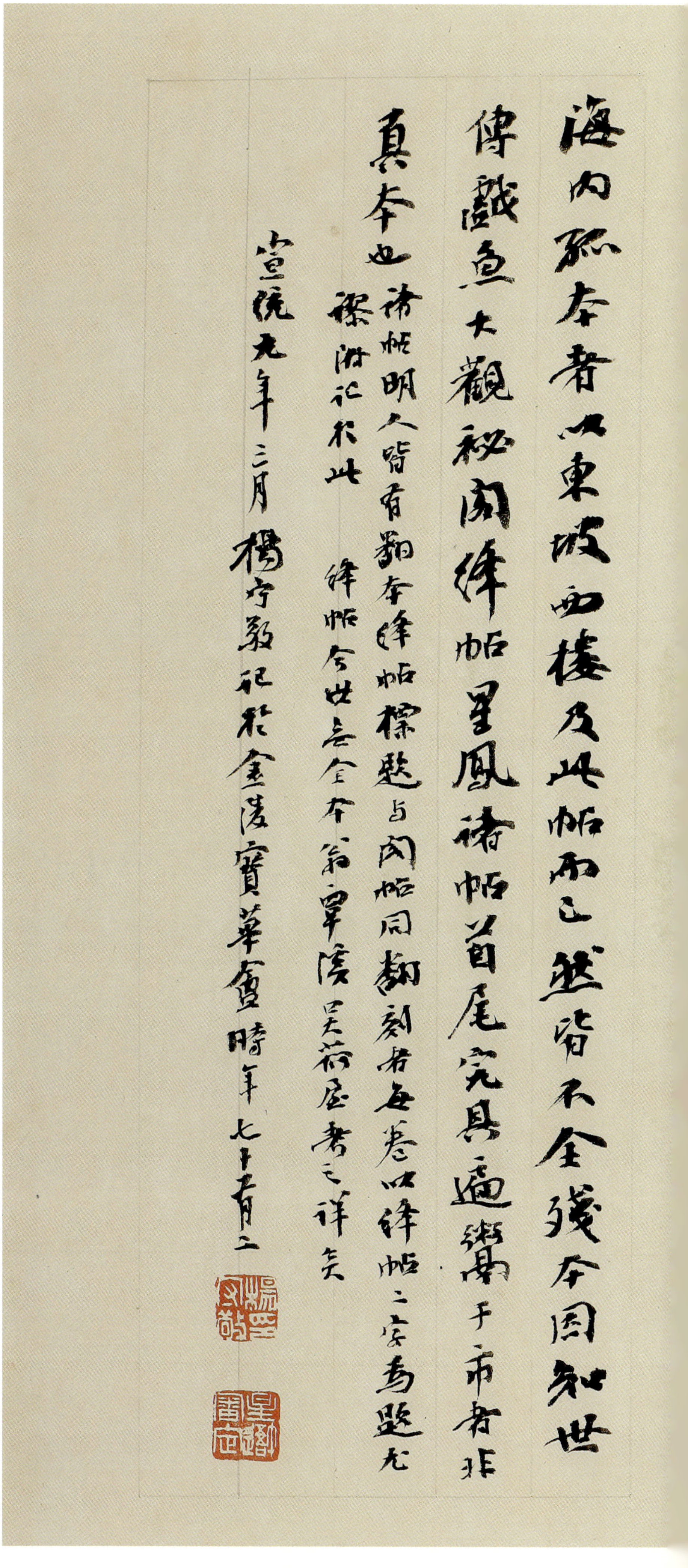

海内孤本者以東坡《西樓》及此帖而已，然皆不全殘本。因知世傳《戲魚》《大觀》《秘閣》《絳帖》《星鳳》諸帖首尾完具遍鬻于市者非真本也。諸帖明人皆有翻本，《絳帖》標題與《閣帖》同，翻刻者每卷以『絳帖』二字爲題，尤謬。附記於此。《絳帖》今世無全本，翁覃溪、吴荷屋考之詳矣。宣統元年三月，楊守敬記於金陵寶華盦，時年七十有二。

鈐印：楊守敬印、星吾審定

題跋出處：鳳墅帖（梁清標、張伯英藏本）

館藏號：19A380

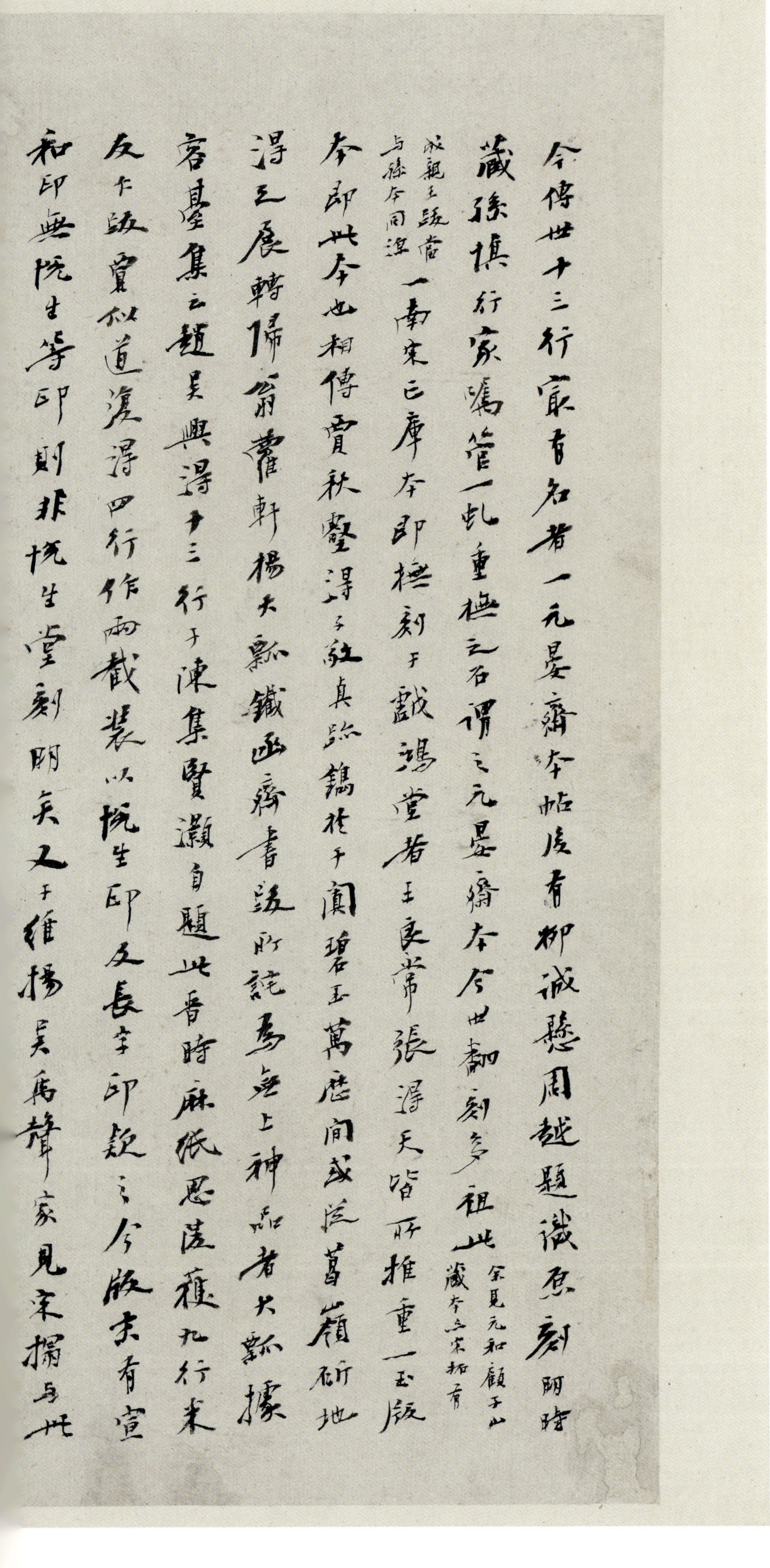

釋文：今傳世《十三行》最有名者，一元晏齋本，帖後有柳誠懸、周越題識，原刻明時藏孫慎行家，囑管一虬重橅之石，謂之元晏齋本，今世翻刻多祖此（余見元和顧子山藏本亦宋拓，有成親王跋，當與孫本同源）；一南宋正庫本，即橅刻于《戲鴻堂》者，王良常、張得天皆所推重；一玉版本，即此本也，相傳賈秋壑得子敬真迹，鎸於于闐碧玉，萬歷間或從葛嶺斫地得之，展轉歸翁蘿軒，楊大瓢《鐵函齋書跋》所詫爲無上神品者。大瓢據《容臺集》云趙吴興得十三行于陳集賢灝，自題此晋時麻紙，思陵獲九行，米友仁跋，賈似道復得四行，作兩截裝，以『悅生』印及長字印款之，今版末有『宣和』印，無『悅生』等印，則非悅生堂刻明矣。又于維揚吴禹聲家見宋拓，與此

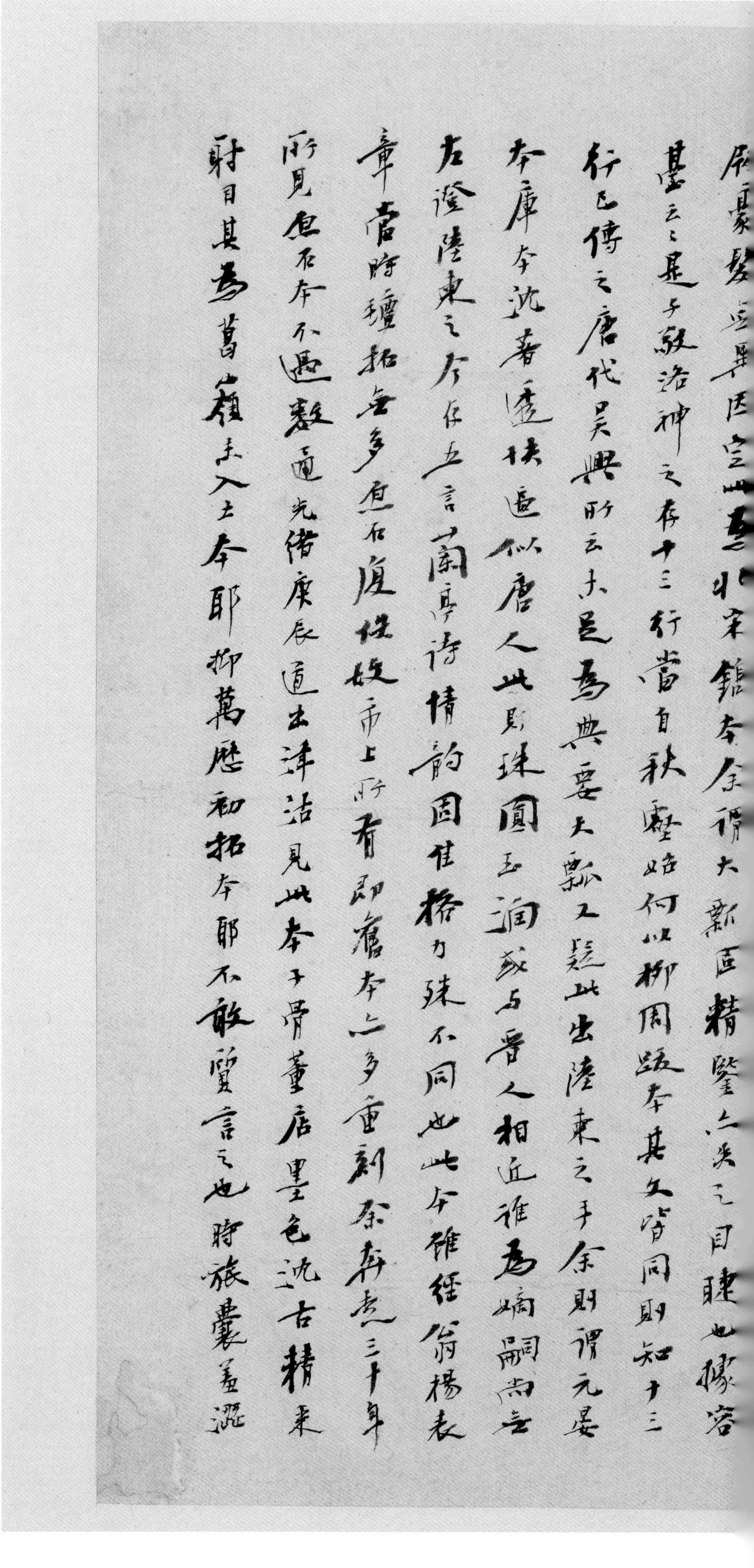

版豪髮無異，因定此爲北宋鐫本。余謂大瓢固精鑒，亦失之目睫也。據《容臺》云云，是子敬《洛神》之存十三行當自秋壑始，何以柳、周跋本其文皆同？則知《十三行》已傳之唐代，吴興所云未足爲典要。大瓢又疑此出陸柬之手，余則謂元晏本、庫本沉著透快，逼似唐人，此則珠圓玉潤，或與晋人相近。誰爲嫡嗣，尚無左證。陸柬之今存五言《蘭亭詩》，情韵固佳，格力殊不同也。此本雖經翁、楊表章，當時氈拓無多，原石復佚，故市上所有即舊本，亦多重刻。余奔走三十年所見原石本不過數通。光緒庚辰道出津沽，見此本于骨董店，墨色沈古，精采射目，其爲葛嶺未入土本耶？抑萬歷初拓本耶？不敢質言之也。時旅囊羞澀，

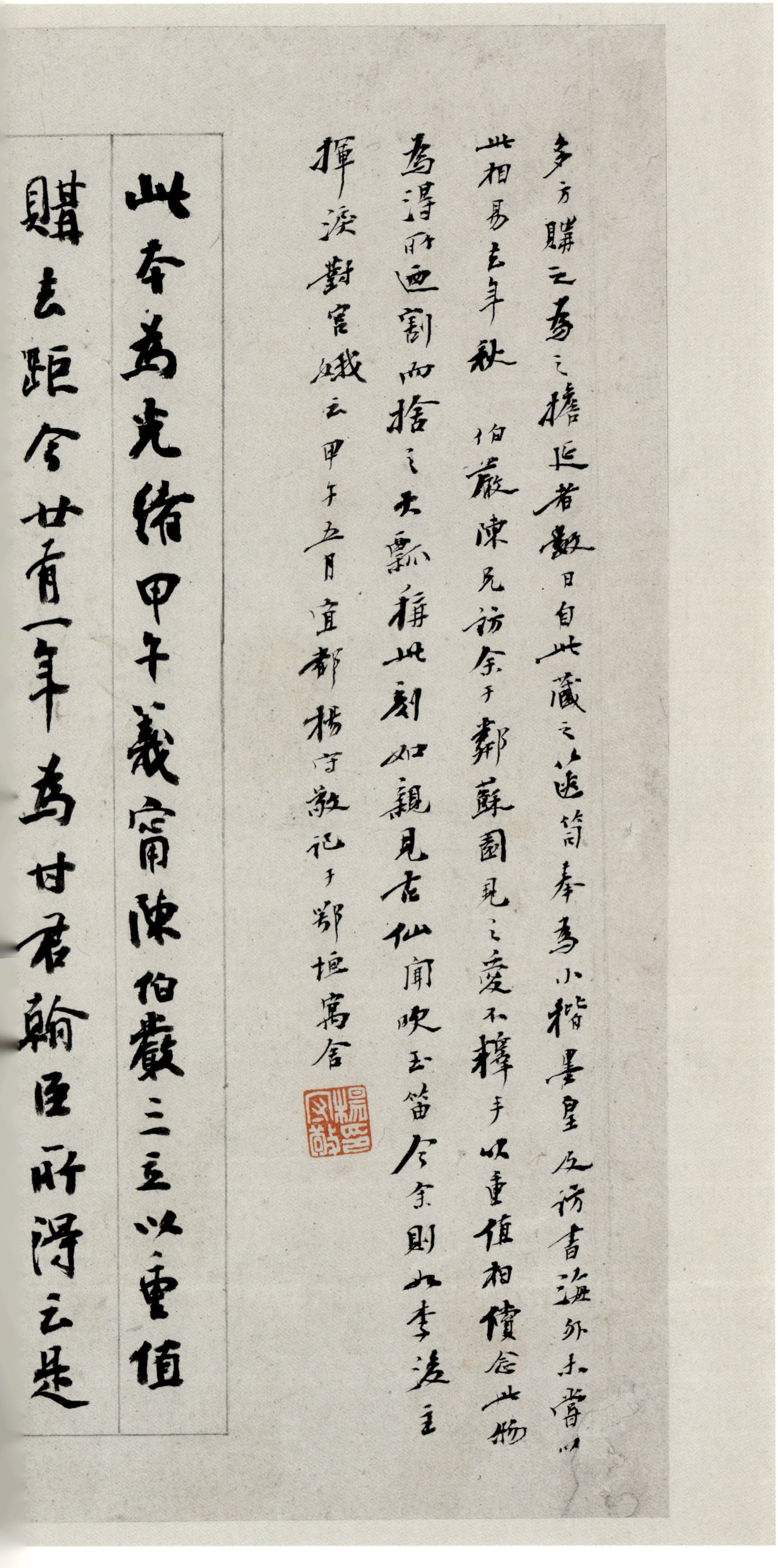

多方購之，爲之擔延者數日。自此藏之篋笥，奉爲小楷墨皇。及訪書海外，未嘗以此相易。去年秋，伯嚴陳兄訪余于鄰蘇園，見之愛不釋手，以重值相償。念此物爲得所，乃割而捨之。大瓢稱此刻如親見古僊，聞吹玉笛，今余則如李後主揮淚對宮娥云。甲午五月，宜都楊守敬記于鄂垣寓舍。

鈐印：楊守敬印

釋文：此本爲光緒甲午義寧陳伯嚴三立以重值購去，距今廿有一年，爲甘君翰臣所得，云是杭州人持來求售者，以視余，獨念伯嚴今亦避居滬上，豈以經濟困難隱其名求售耶？抑爲竊去展轉至杭州耶？惟余則如同隔世，如復見亡子，爲之憮然。甲寅春仲，鄭蘇老人重記於上海寓廬，時年七十有六。

鈐印：楊守敬印

題跋出處：玉版十三行兩種合册（甘翰臣藏本）

館藏號：S2974

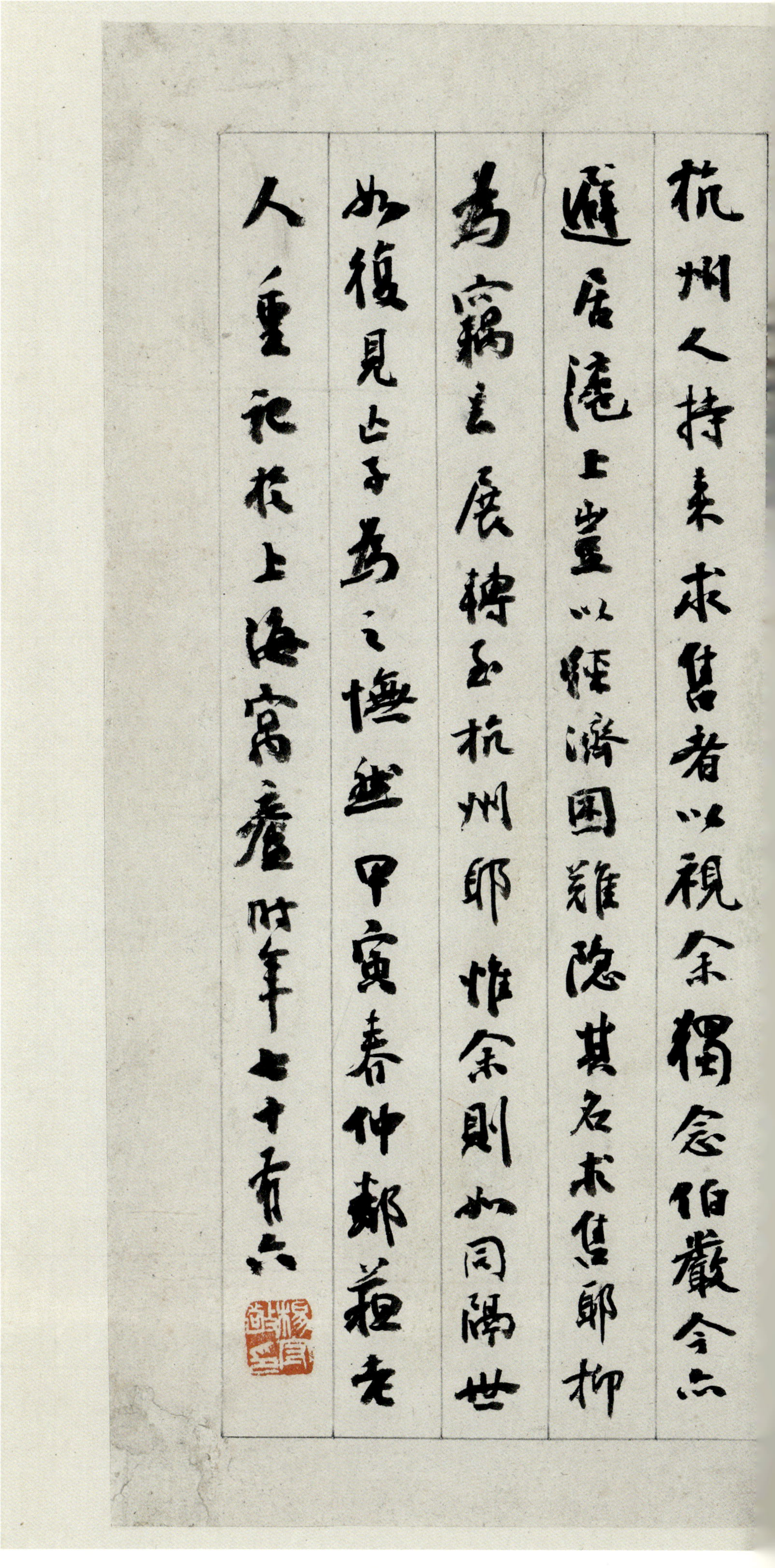

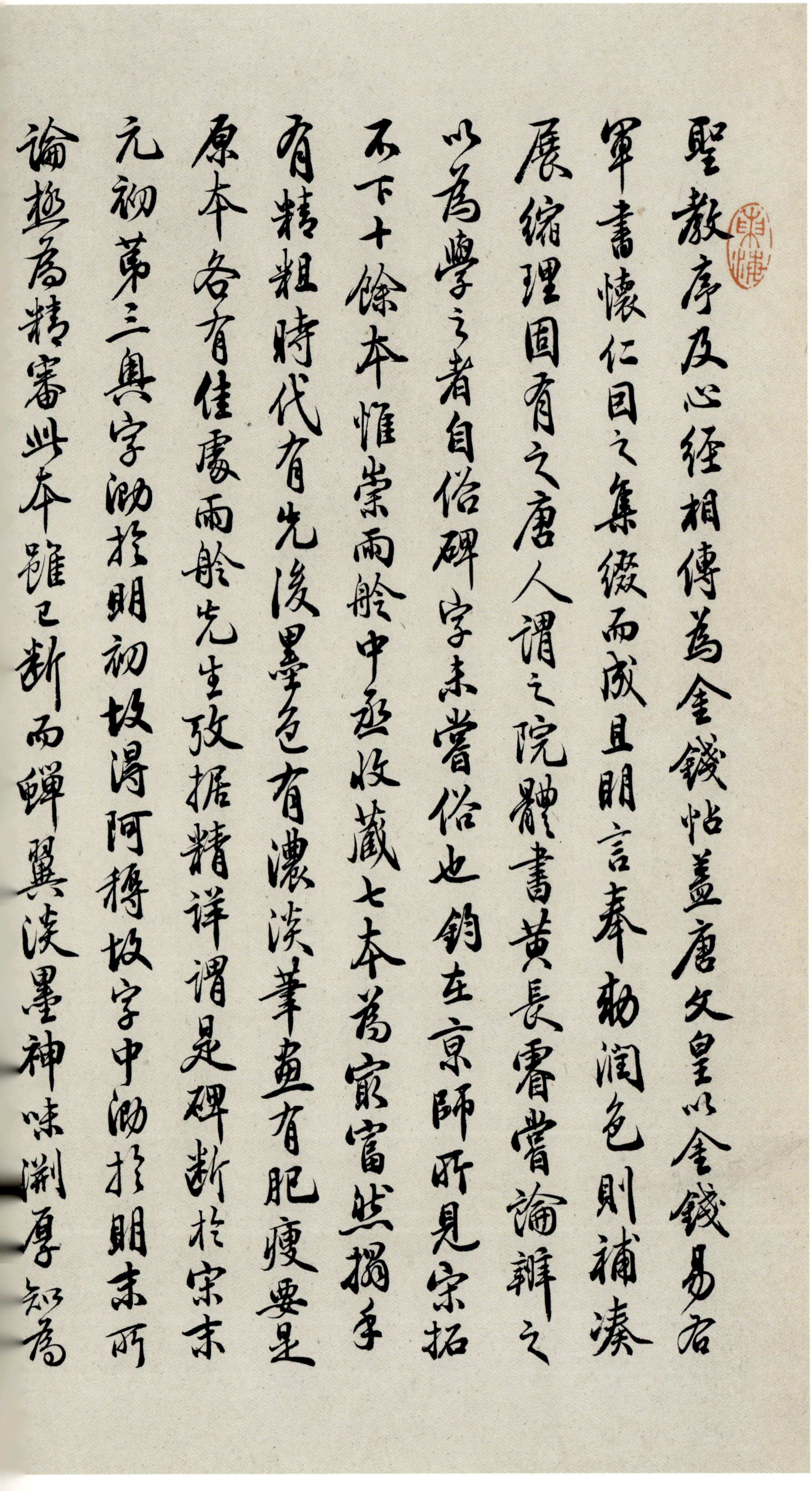
聖教序及心經相傳爲金錢帖蓋唐文皇以金錢易右
軍書懷仁因之集綴而成且明言奉勑潤色則補湊
展縮理固有之唐人謂之院體書黄長睿嘗論辨之
以爲學之者自俗碑字未嘗俗也鈞在京師所見宋拓
不下十餘本惟崇雨舲中丞收藏七本爲最富然搨手
有精粗時代有先後墨色有濃淡筆畫有肥瘦要是
原本各有佳處雨舲先生考據精詳謂是碑斷於宋末
元初第三奥字泐於明初故得阿㝵故字中泐於明末所
論極爲精審此本雖已斷而蟬翼淡墨神味淵厚知爲

徐樹鈞

年代：1842—1910

字號：字衡士，號叔鴻

籍貫：湖南長沙

釋文：《聖教序》及《心經》相傳爲金錢帖，蓋唐文皇以金錢易右軍書，懷仁因之集綴而成。且明言奉敕潤色，則補湊展縮，理固有之。唐人謂之院體書，黄長睿嘗論辨之，以爲學之者自俗，碑字未嘗俗也。鈞在京師所見宋拓不下十餘本，惟崇雨舲中丞收藏七本爲最富，然拓手有精粗，時代有先後，墨色有濃淡，筆畫有肥瘦，要是原本，各有佳處。雨舲先生考據精詳，謂是碑斷於宋末元初，第三『奥』字泐於明初，『故得阿㝵』『故』字中泐於明末，所論極爲精審。此本雖已斷，而蟬翼淡墨，神味淵厚，知爲

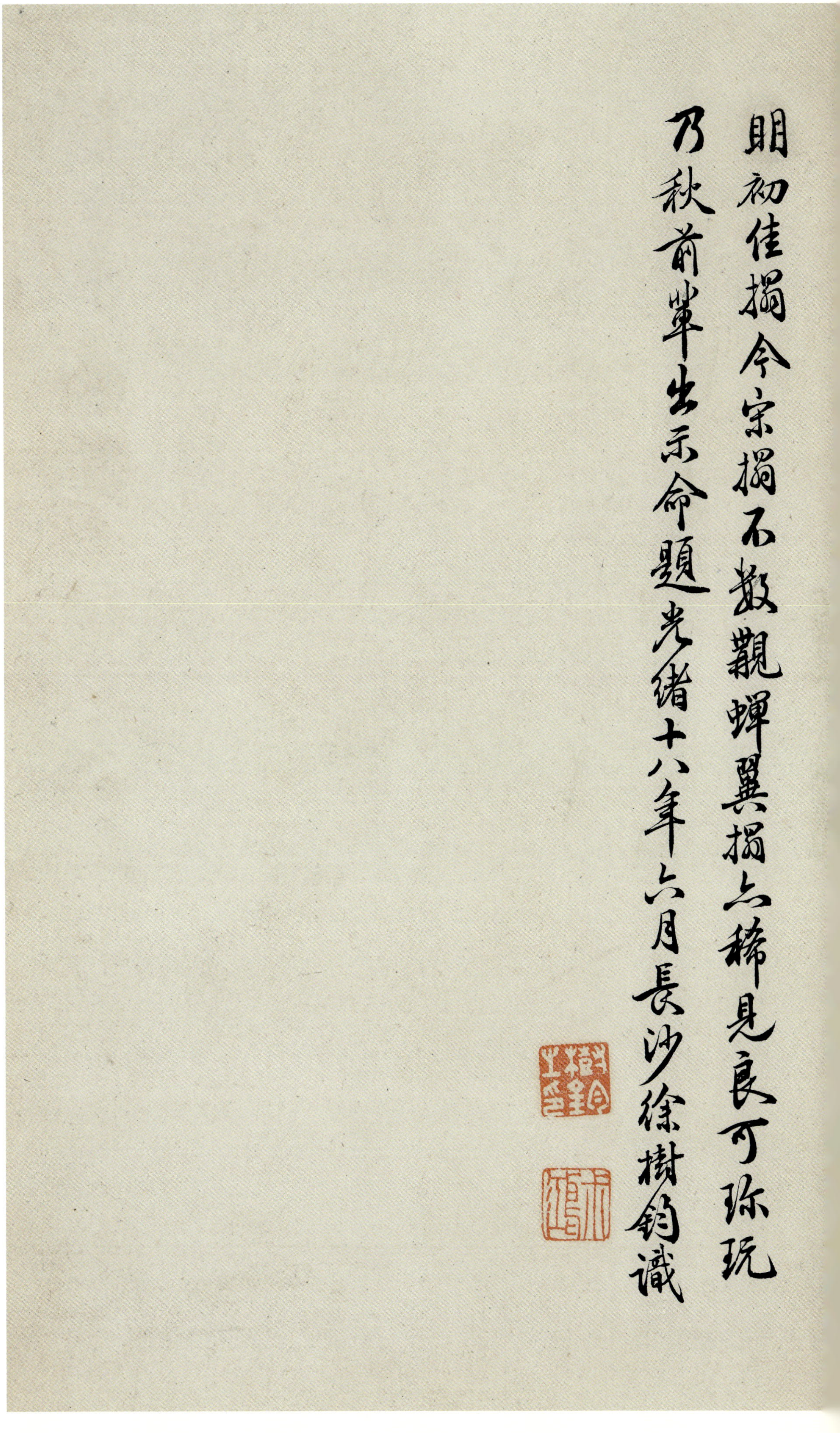
明初佳搨今宋搨不數覯蟬翼搨亦稀見良可珍玩
乃秋前輩出示命題光緒十八年六月長沙徐樹鈞識

明初佳拓。今宋拓不數覯，蟬翼拓亦稀見，良可珍玩。乃秋前輩出示命題。光緒十八年六月，長沙徐樹鈞識。

鈐印：東海、樹鈞之印、𣎴鴻

題跋出處：集王聖教序（崇禮藏本）

館藏號：S2893

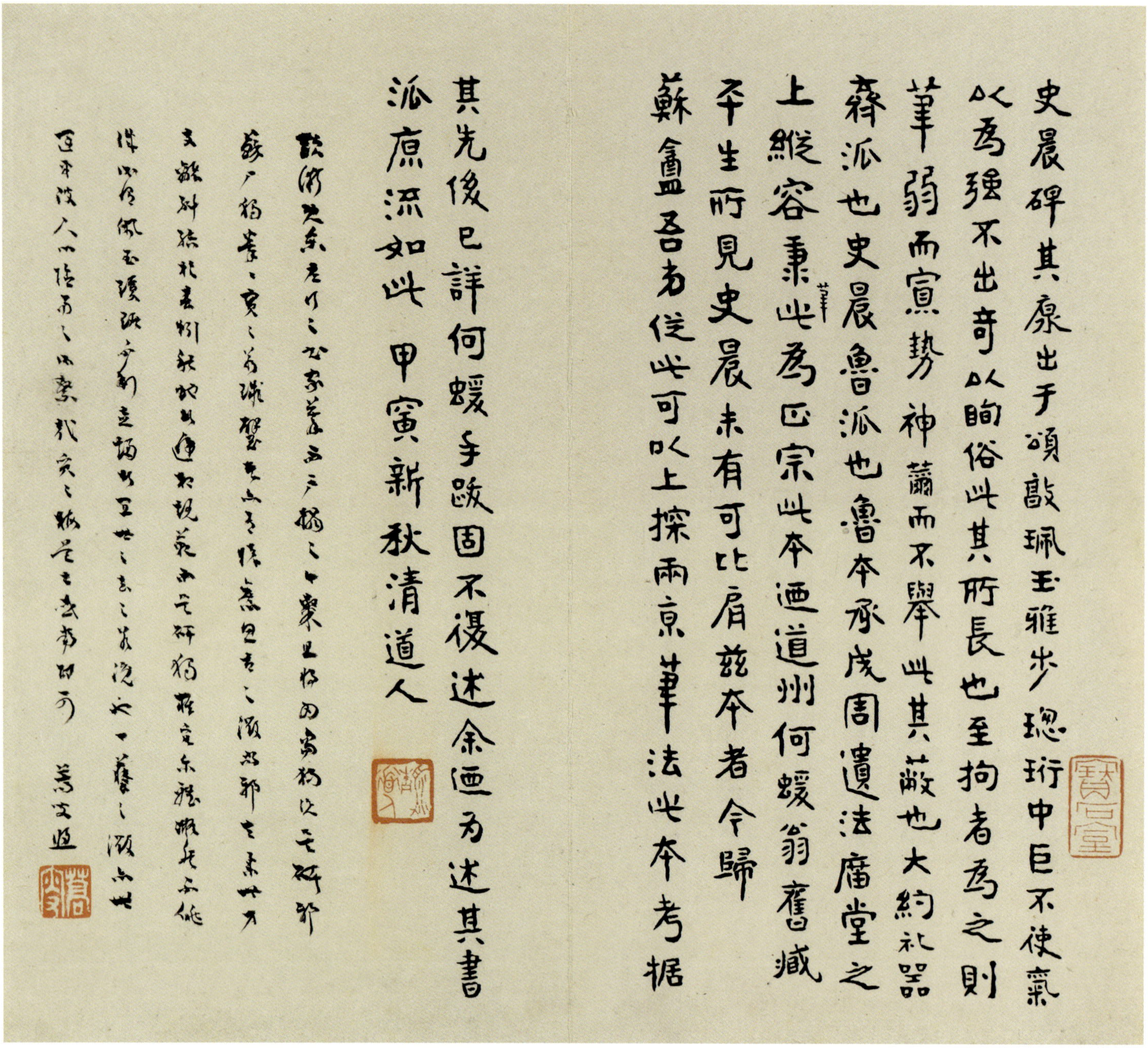

馮煦

年代：1842—1927

字號：原名馮熙，字夢華，號蒿庵，晚號蒿叟、蒿隱

籍貫：江蘇金壇

釋文：歐術既東，左行之書，家摹而户拓之，今隸且將爲刍狗，况是碑邪。蘇厂獨拳拳寶之若球璧矣，亦有懷舊思古之微尚邪。夫舉世方支離糾結於春蚓秋蛇者，遞相規範，而是碑獨雍容爾雅，凝然不佻。誠所謂佩玉瓊琚不利走趨者，宜世之去之若浼也。一藝之微亦世運乎，彼人心險易之所繫哉。質之梅，是書或當印可。蒿叟煦。

鈐印：蒿叟

題跋出處：史晨後碑（何紹基藏本）

館藏號：S2708

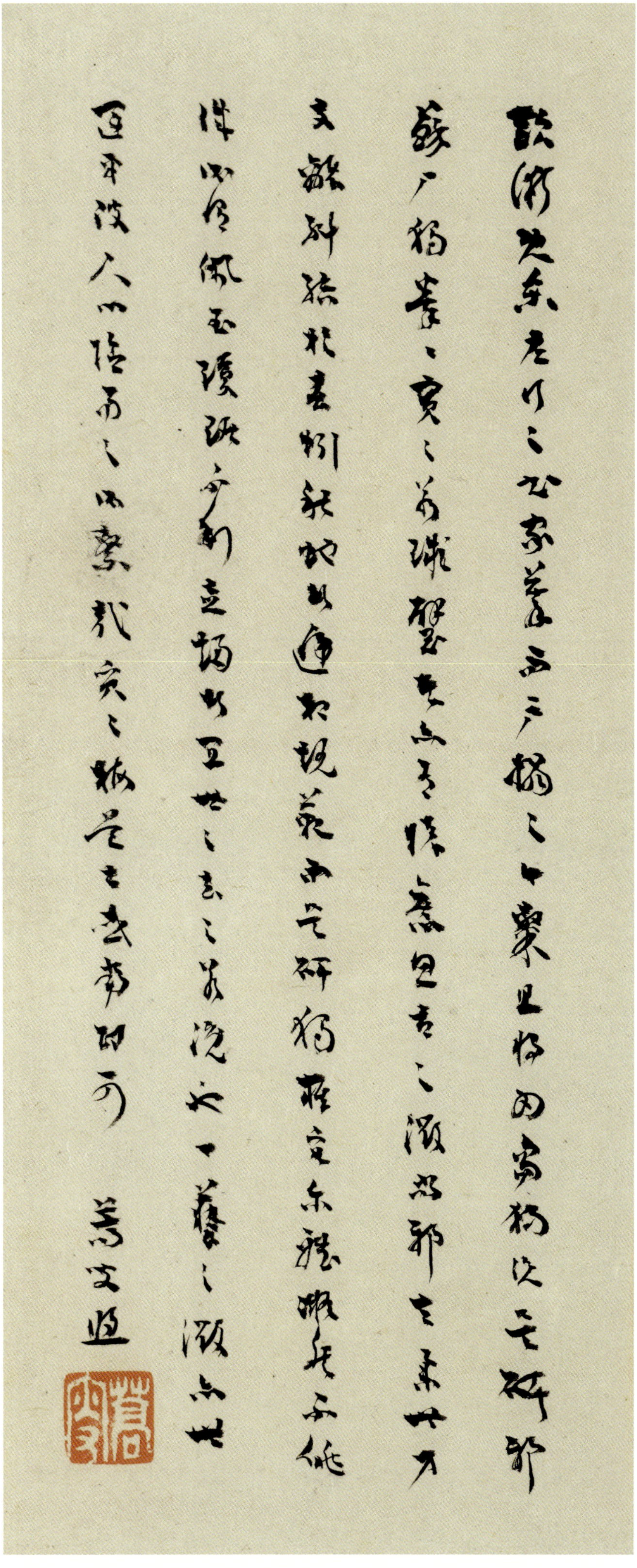

繆荃孫

年代：1844—1919

字號：字炎之，號筱珊、小山、藝風

籍貫：江蘇江陰

釋文：《道安禪師碑》在嵩山，明萬曆時雷震成兩截，今祇存下截，《萃編》所録不足六百字。荃孫得小雁宕館宋拓本，全文三十行，行六十二字，共一千六百餘字。此本較《萃編》開卷『曠劫』上存

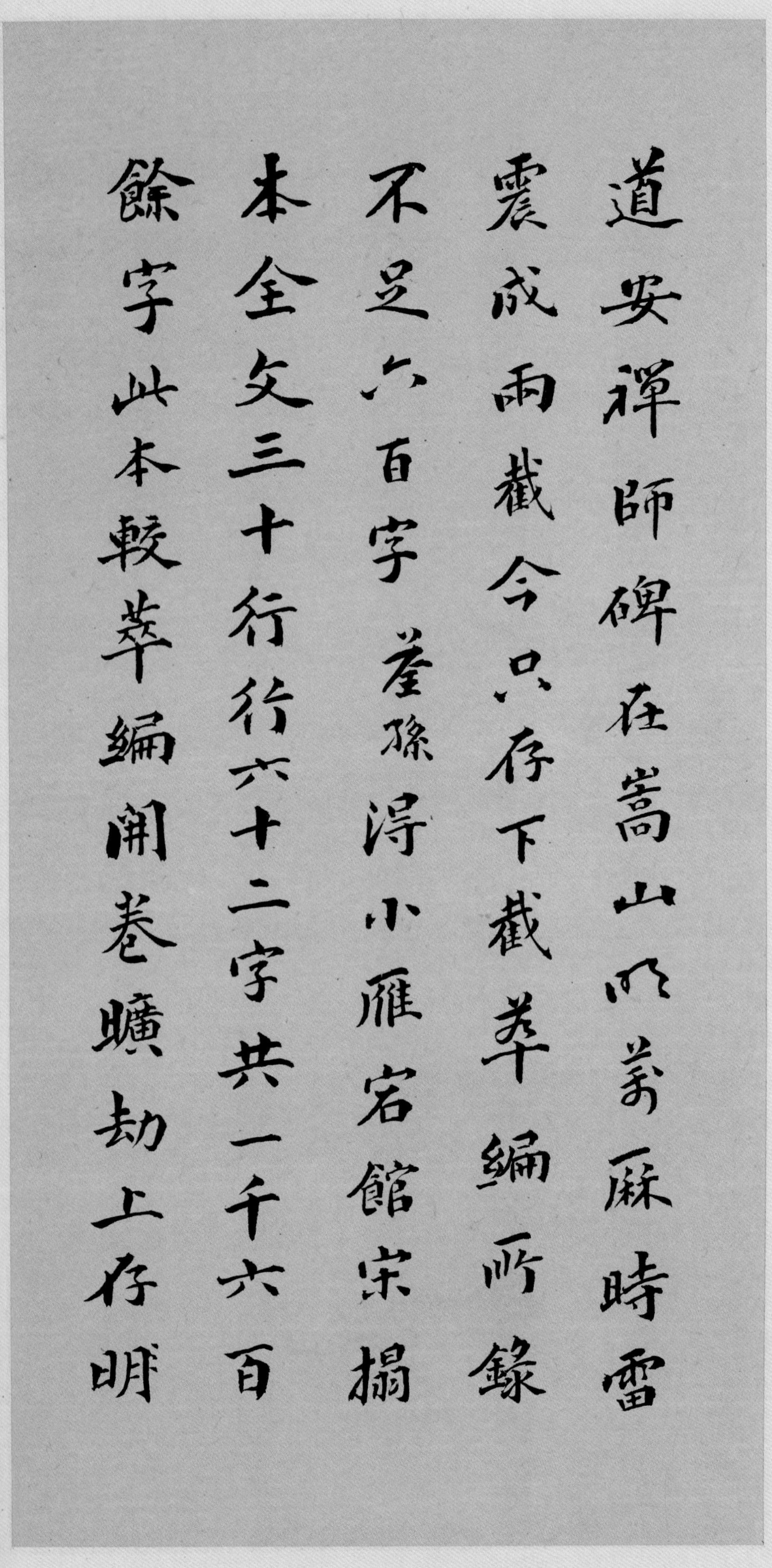
道安禪師碑在嵩山明萬曆時雷
震成兩截今只存下截萃編所録
不足六百字荃孫得小雁宕館宋搨
本全文三十行行六十二字共一千六百
餘字此本較萃編開卷曠劫上存明

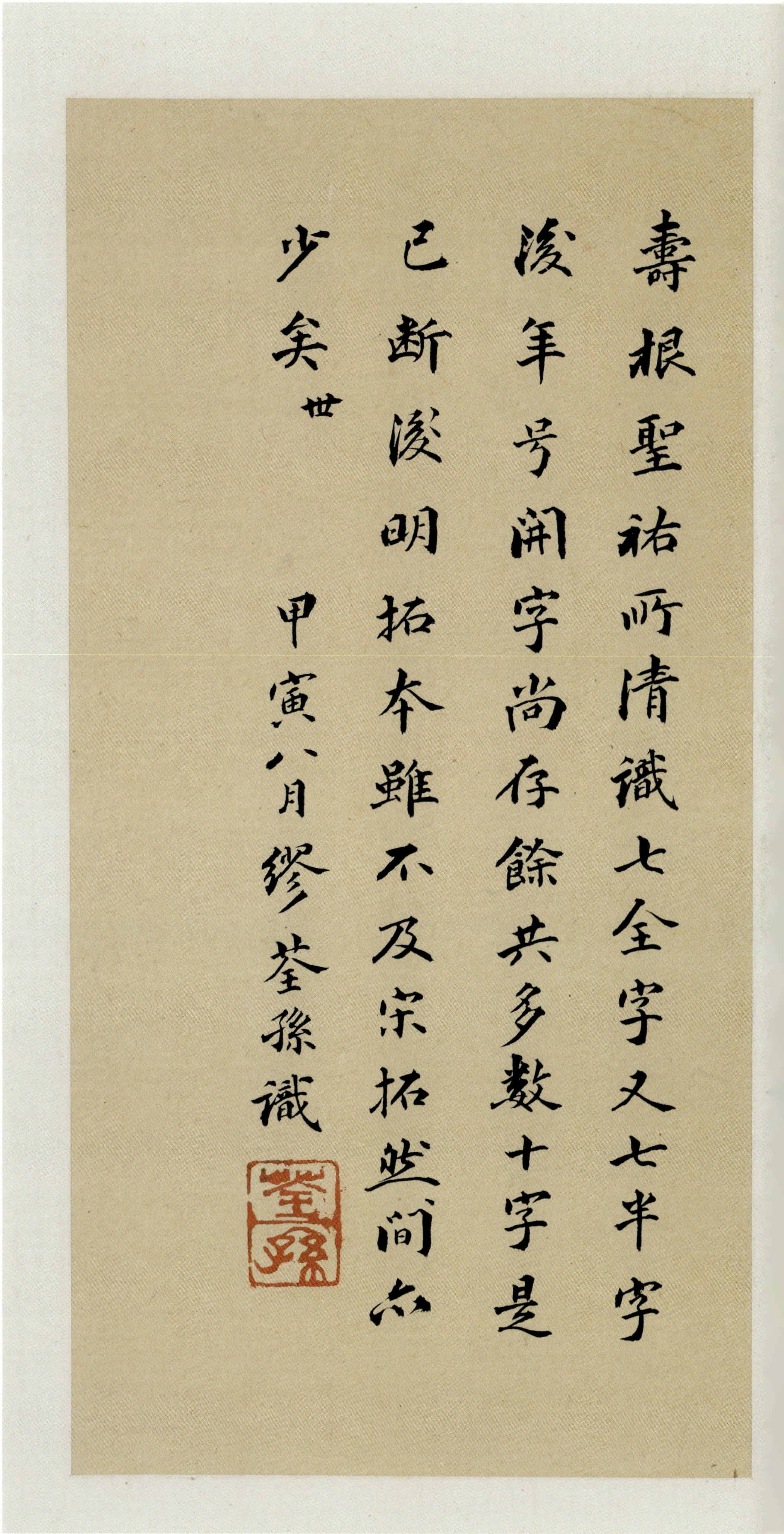
壽根聖祐所清識七全字又七半字
後年号開字尚存餘共多數十字是
已斷後明拓本雖不及宋拓然間亦
少矣世
甲寅八月繆荃孫識
荃孫

『壽根聖祐所清識』七全字，又七半字，後年號『開』字尚存，餘共多數十字。是已斷後明拓本，雖不及宋拓，然世亦少矣。甲寅八月，繆荃孫識。

鈐印：荃孫

題跋出處：會善寺道安禪師碑（張增熙藏本）

館藏號：S3065

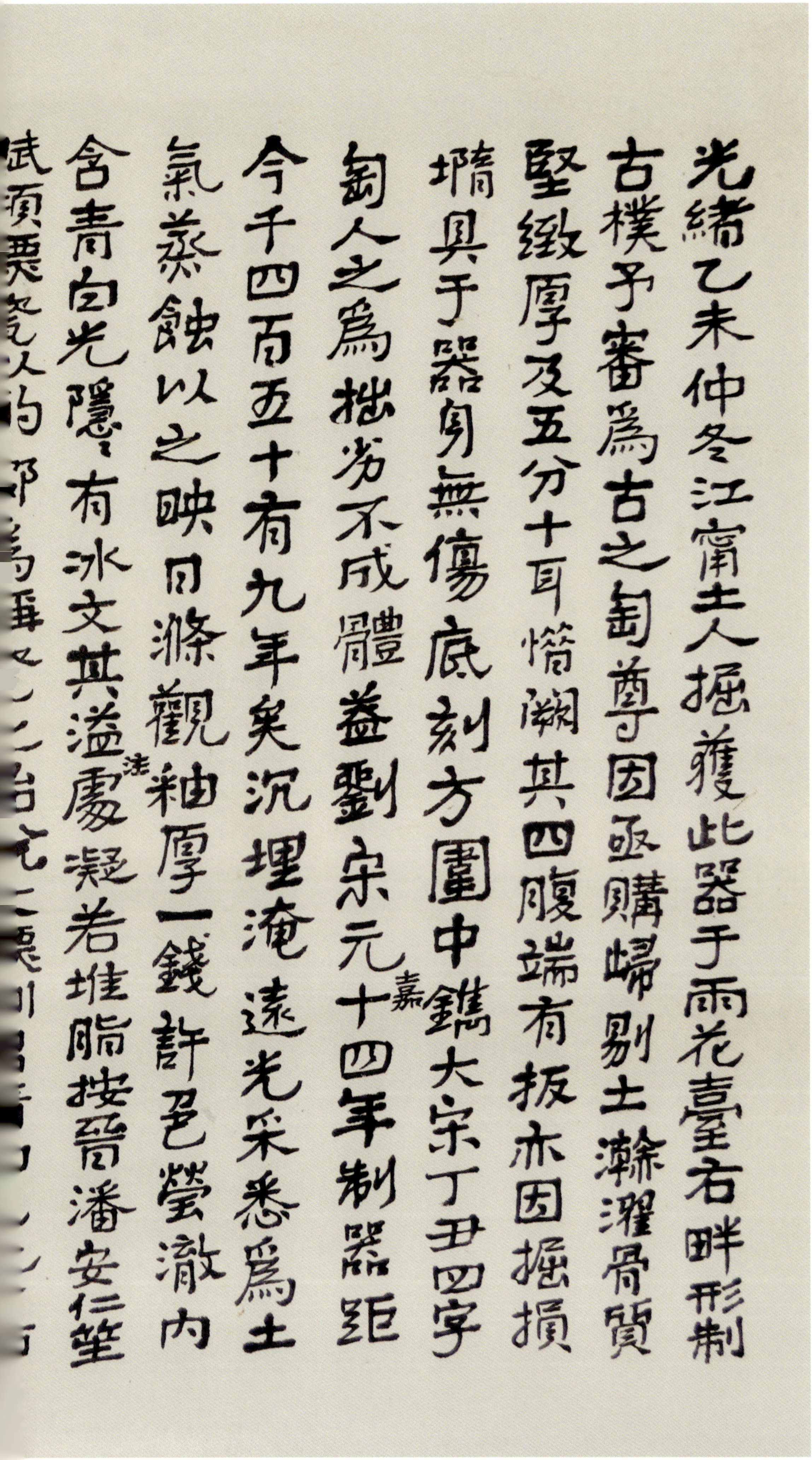

莫繩孫

年代：1844—1919

字號：字仲武，號省教

籍貫：貴州獨山

釋文：光緒乙未仲冬，江寧土人掘獲此器于雨花臺右畔，形制古樸，予審爲古之匋尊，因亟購歸。剔土瀚濯，骨質堅緻，厚及五分，十耳惜闕其四，腹端有扳，亦因掘損，墒具于器身無傷。底刻方圍中鐫『大宋丁丑』四字。匋人之爲，拙劣不成體，蓋劉宋元嘉十四年制器，距今千四百五十有九年矣。沉埋淹遠，光采悉爲土氣蒸蝕，以之映日滌觀釉厚一錢許，色瑩澈，内含青白光，隱隱有冰文，其溢注處，凝若堆脂。按，晉潘安仁《笙賦》『傾縹瓷以酌酃』，爲稱瓷之始。《說文》『縹訓帛，青白色』。元嘉去晋僅十數年，是尊釉色間白青，確爲縹瓷無可疑議，實瓷祖也。海鹽朱桐川氏《陶説》謂，潘《賦》舉縹瓷，知當時即以淺青相尚，已開後來峰翠、天青之先。高氏淡人謂：『近人得柴窑碎片，皆以裝飾玩具，爲其難得而可貴也。』寶兹瓷祖世所矜言之，唐越州吴越秘色矜尚之，周柴，宋定、汝、官、哥、均諸窑皆耳孫矣。曩獲是器時，聚卿五兄觀察曾共審視，閲五年，索寄拓本，因書舊考，希是正之。庚子仲春世，小弟獨山莫繩孫識。

鈐印：莫繩孫印

題跋出處：瓷祖陶尊拓本（莫繩孫跋本）

館藏號：Z1559

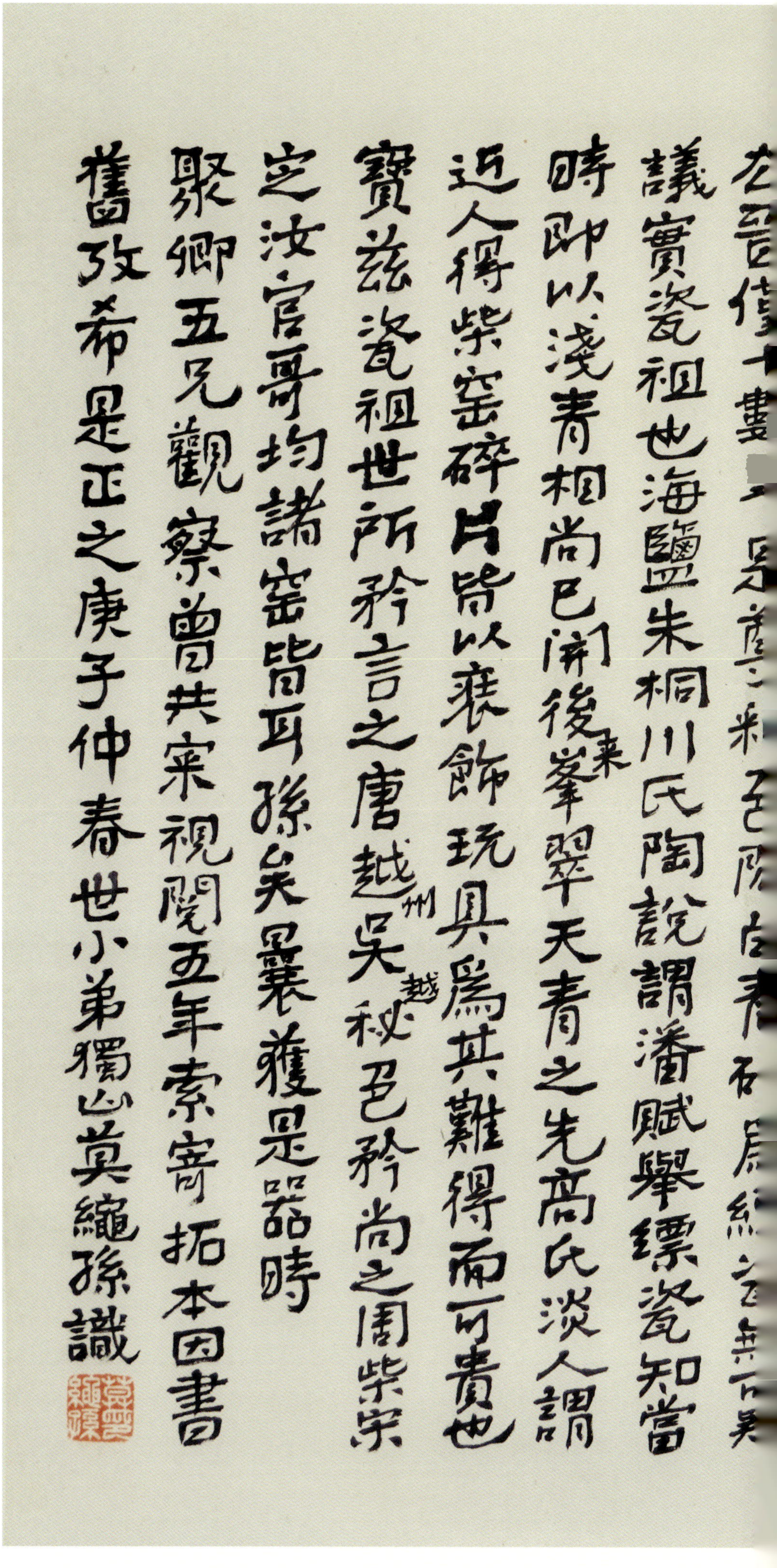

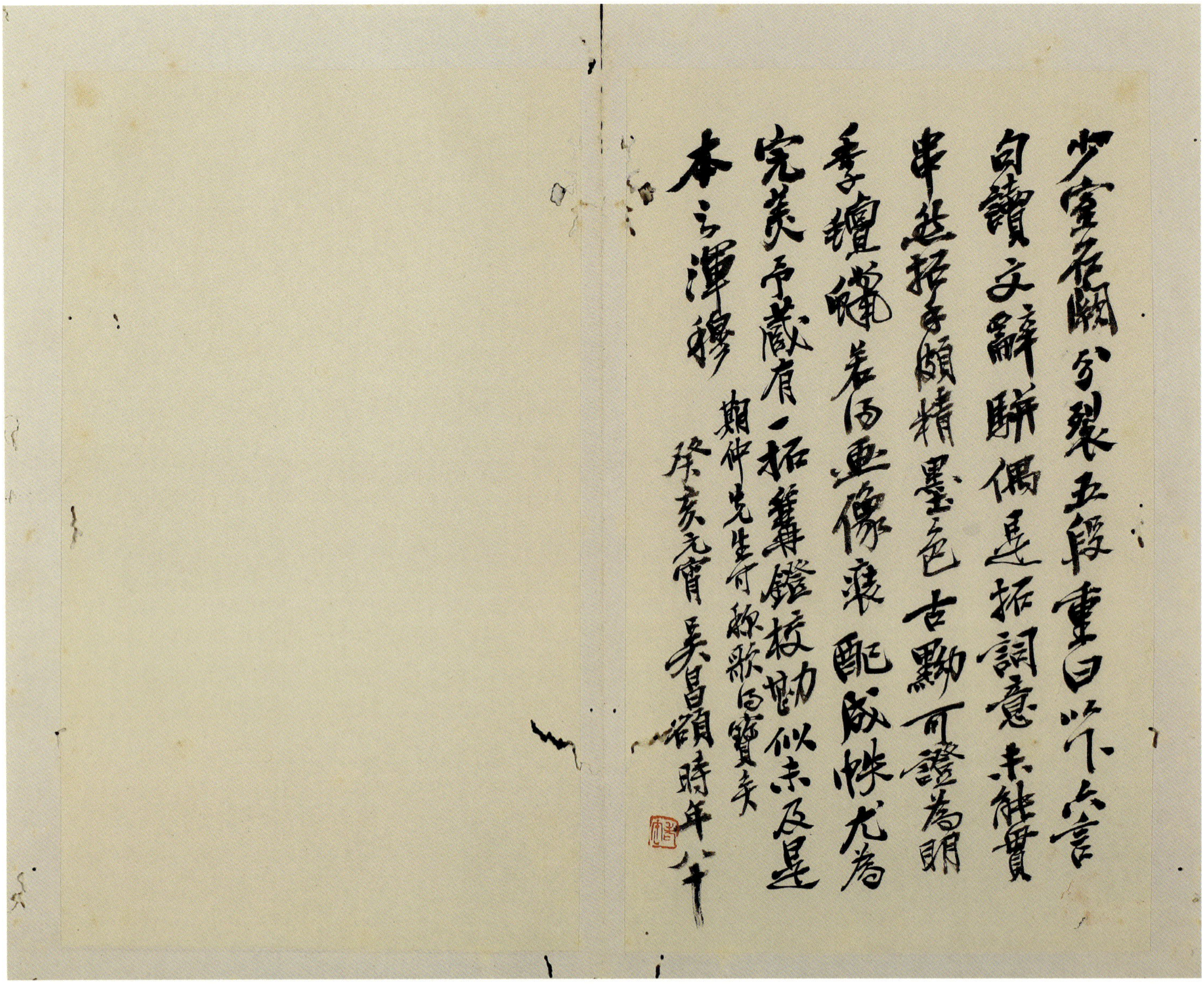

吴昌碩

年代：1844—1924

字號：初名俊，又名俊卿，字昌碩，號倉石、蒼石、倉碩、老蒼、老缶、苦鐵、大聾、石尊者

籍貫：浙江安吉

釋文：少室石闕分裂五段，『重曰』以下六言句讀，文辭駢偶，是拓詞意未能貫串，然拓手頗精，墨色古黝，可證爲明季氈蠟。若得畫像裝配成帙，尤爲完美。予藏有一拓，篝鐙校勘，似未及是本之渾穆。期仲先生可稱歌得寶矣。癸亥元宵，吴昌碩時年八十。

鈐印：老缶

題跋出處：開母廟石闕銘（味古齋藏本）

館藏號：48B813

少室夜闕分裂五段重日以下六言
句讀文辭聯偶是拓詞意未能貫
串甚拓手頗精墨色古黝可證為明
季氊蠟若同畫像裒配成帙尤為
完美予藏有一拓龔鑑校勘似未及是
本之渾穆

朝仲先生付稱歌為寶矣

癸亥元宵 吳昌碩 時年八十

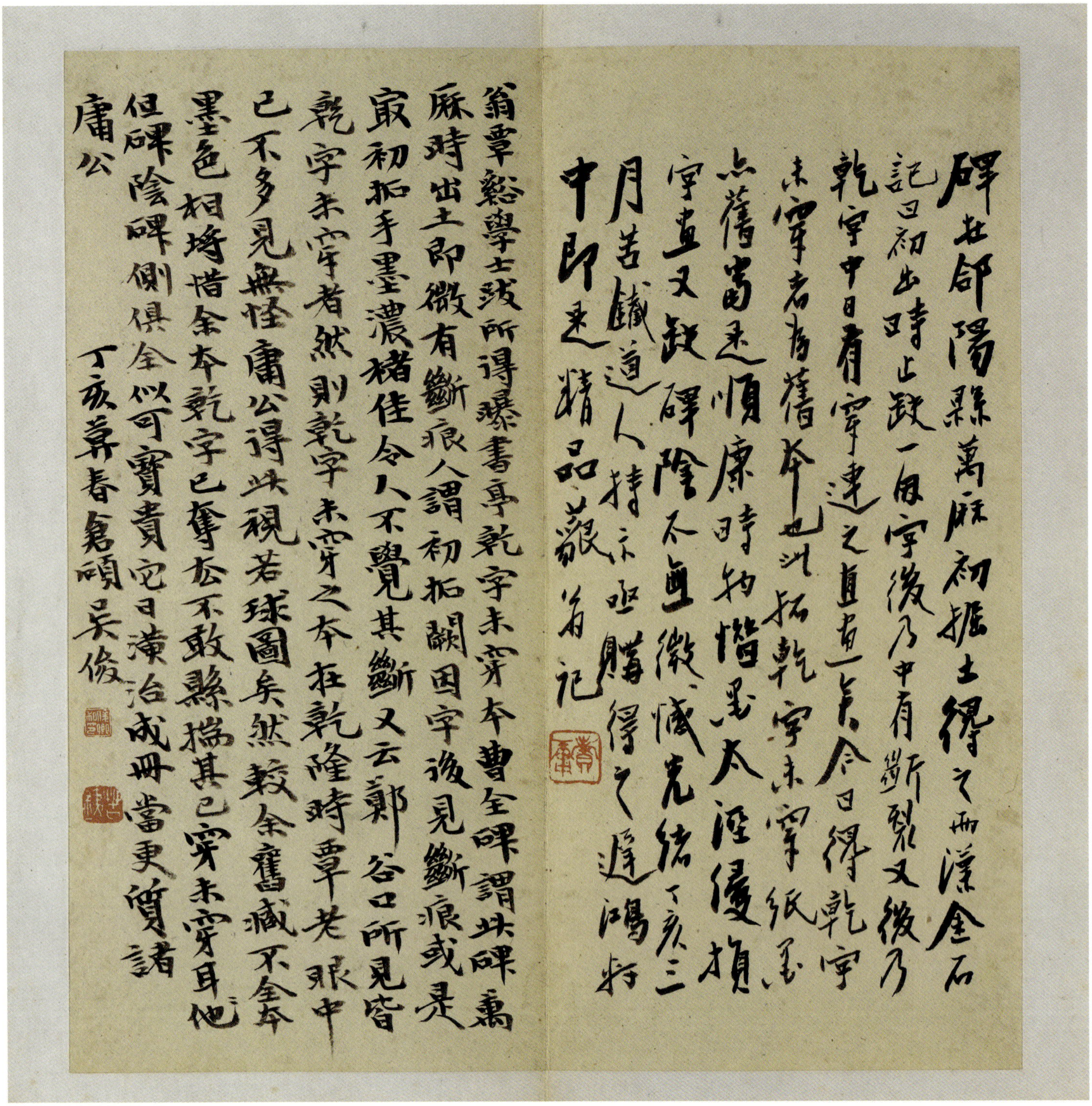

釋文：翁覃溪學士跋所得曝書亭『乾』字未穿本《曹全碑》，謂此碑萬曆時出土即微有斷痕，人謂初拓，闕『因』字。後見斷痕，或是最初拓手，墨濃楮佳，令人不覺其斷。又云鄭谷口所見，皆『乾』字未穿者。然則『乾』字未穿之本，在乾隆時覃老眼中已不多見，無怪庸公得此，視若球圖矣。然較余舊藏不全本，墨色相埒，惜余本『乾』字已奪去，不敢懸揣其已穿未穿耳。但碑陰碑側俱全，似可寶貴，它日潢治成冊，當更質諸庸公。丁亥暮春，倉碩吳俊。

鈐印：俊卿私印、苦鐵

題跋出處：曹全碑（楊峴藏本）

館藏號：S2680

翁覃谿學士跋所得曝書亭乾字未穿本曹全碑謂此碑萬
曆時出土即微有斷痕人謂初拓初闕因字後見斷痕或是
最初拓手墨濃楮佳令人不覺見其斷又云郭谷口所見皆
乾字未穿者然則乾字未穿之本在乾隆時覃老眼中
已不多見無怪庸公得此視若球圖矣然較余舊藏不全本
墨色相埒惜余本乾字已奪去不敢懸揣其已穿未穿耳他
但碑陰碑側俱全似可寶貴它日潢治成冊當更質諸
庸公
丁亥暮春倉碩吳俊

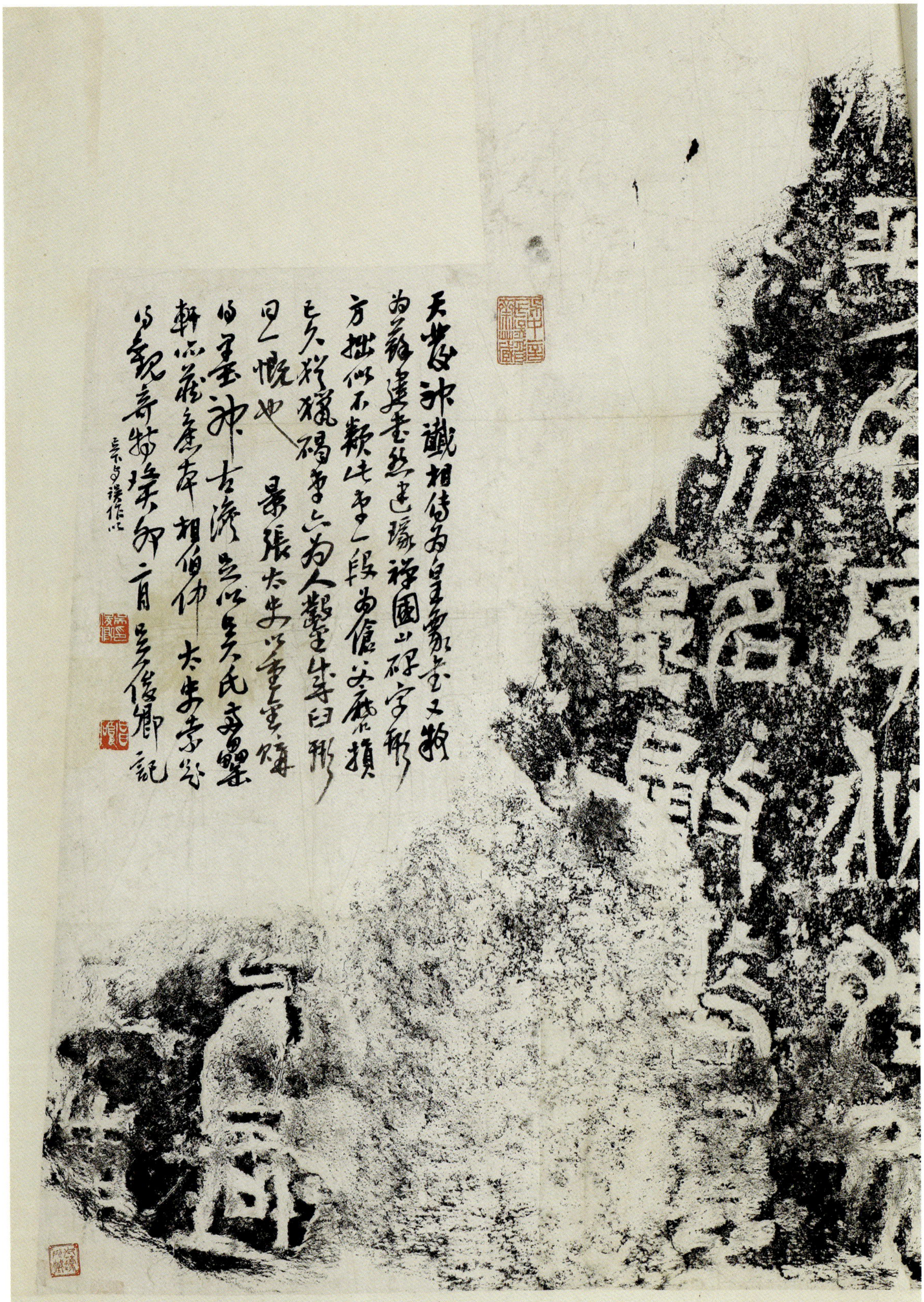

釋文：《天發神讖》相傳爲皇象書，又疑爲蘇建書。然建瑑《禪國山碑》字形方拙，似不類此。第一段爲傖父磨損已久，猶獵碣第六爲人鑿成臼形，同一慨也。景張太史以重金購得，墨神古澹，足以吴氏兩罍軒所藏舊本相伯仲。太史索題，得觀奇特。癸卯二月，吴俊卿記。

『足』下『與』誤作『以』。

鈐印：吴俊卿印、昌碩

題跋出處：天發神讖碑（龔心釗藏本）

館藏號：88B2678

天發神讖相傳為皇象書又謂

為蘇建書然皆遠矣禪國山碑字形

方拙似不類此而又一段勁偉尤應損

長於獵碣之為人磨掌尤多白形

已懓也 晃張太史以書畫偉

自署冲古濟忌然吳氏奇畫

轩你花為本相伯仲 太史宗矣

為觀奇特煥卯首吳俊卿記

吳兴吴讓復心

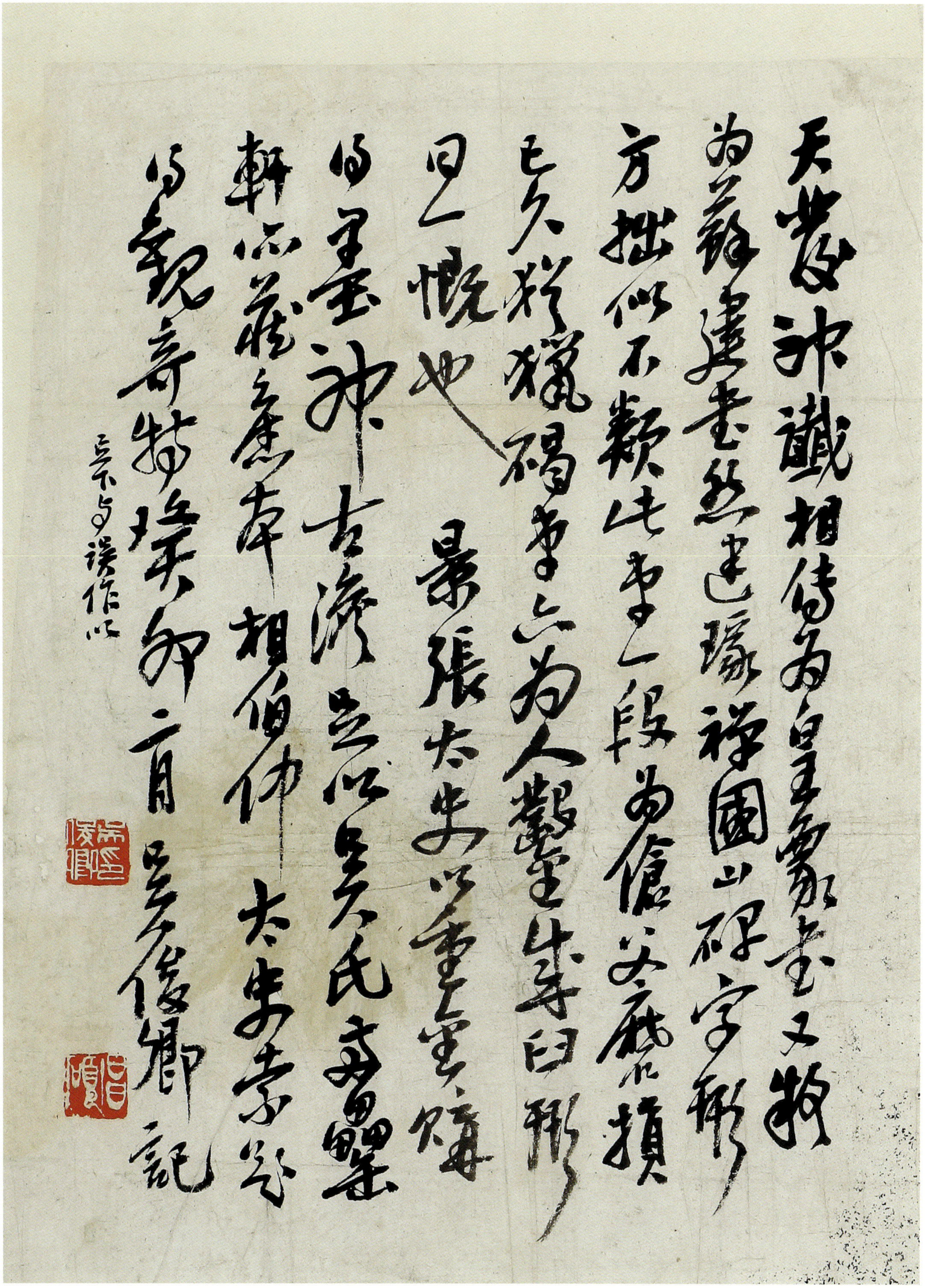

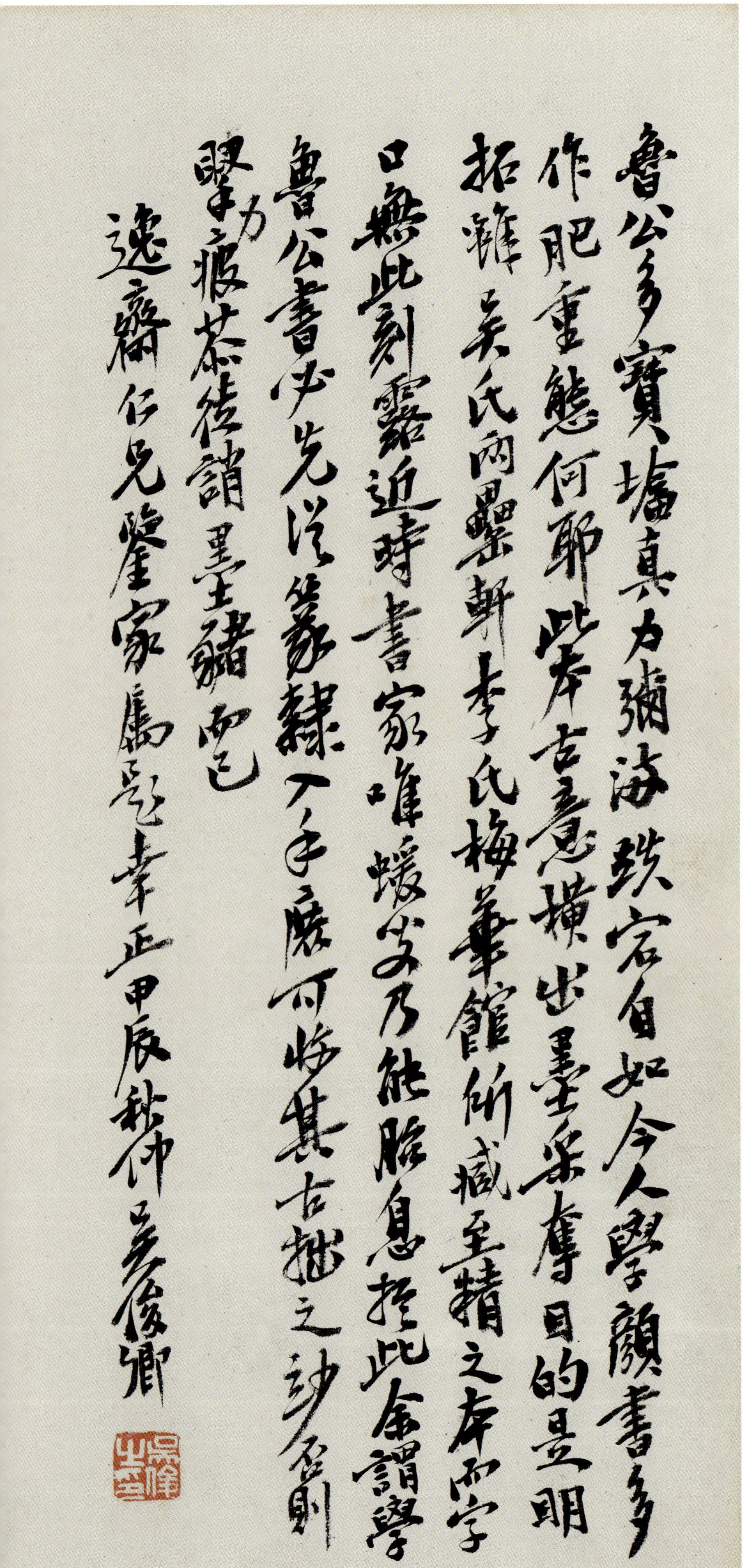

釋文：魯公《多寶塔》真力彌滿，跌宕自如，今人學顏書多作肥重態，何耶？此本古意横出，墨采奪目，的是明拓。雖吴氏兩罍軒、李氏梅華館所藏至精之本，而字口無此刻露。近時書家，唯蝯叟乃能胎息於此。余謂學魯公書，必先從篆隸入手，庶可收其古拙之妙。否則腕力疲茶，徒誚墨猪而已。逸齋仁兄鑒家屬題，幸正。甲辰秋仲，吴俊卿。

鈐印：吴俊之印

題跋出處：多寶塔感應碑（逸齋藏本）

館藏號：S2860

魯公此碑是守家法與唐初[illegible]古[illegible]石實

同筆勢後來諸碑隨時變換而可攀附者當以

是碑為的予曾見北宋拓本已倩善雙鉤者鉤

一本存篋中姑勿論鑒字清楚其點畫轉折處

筆絲皆見固僅有之物也今得見此本雖不逮北宋

而魯公一段精粹之氣猶未磨滅且墨色又復黝黑

然則是本之為明拓可無疑矣　逸齋仁兄知恢

有碑癖因舉以相示即直書所見就正　甲辰十月陸恢

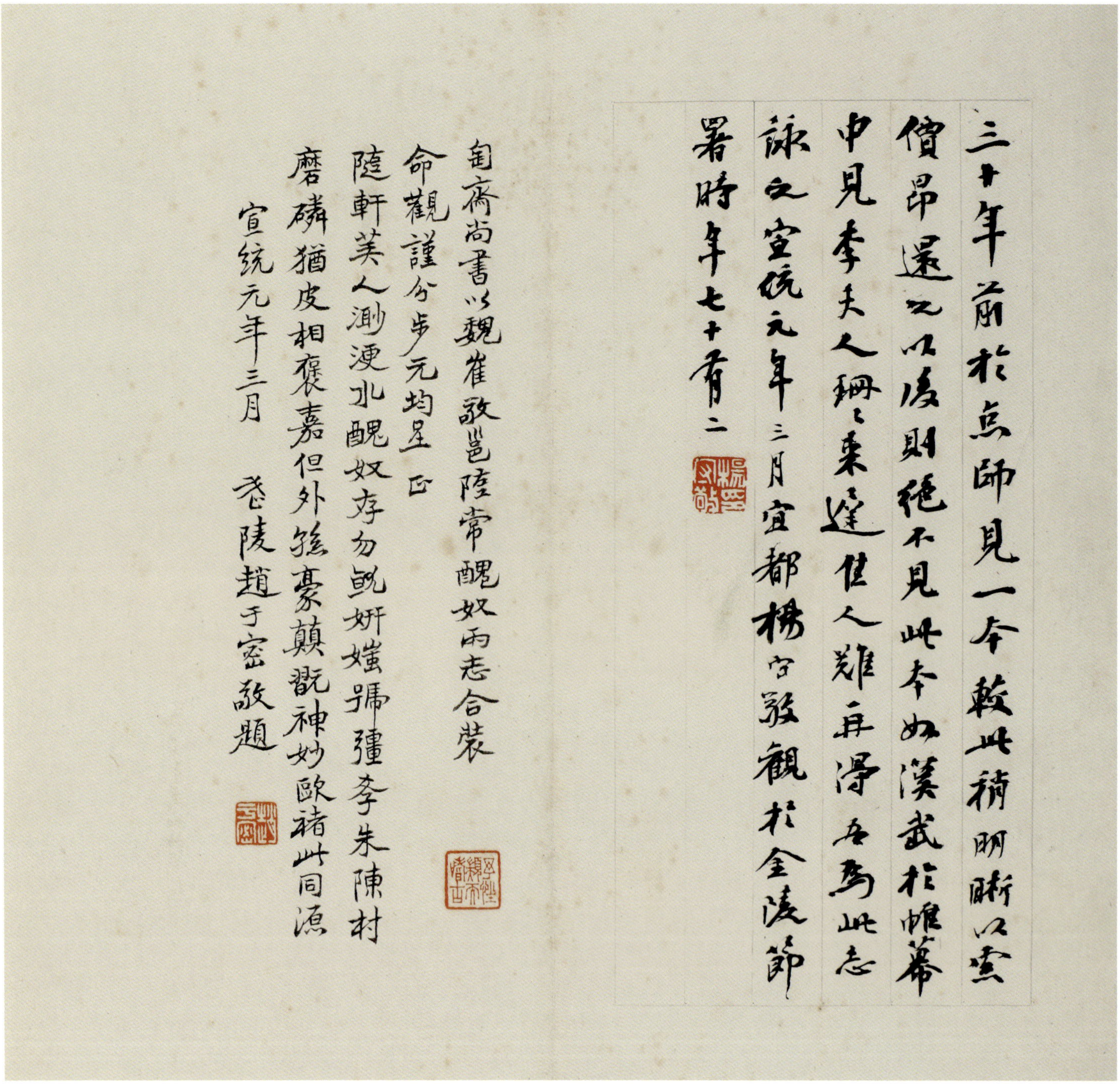

三十年前於京師見一本，較此精明晰，以雲價昂還之，以後則絕不見此本，如漢武於帷幕中見李夫人姍姍來遲，佳人難再得，吾為此志詠之。宣統元年三月宜都楊守敬觀於金陵節署，時年七十有二

趙于密

年代：1845—？

字號：字疏盦、伯臧

籍貫：湖南武陵

釋文：匋齋尚書以魏《崔敬邕》、隋《常醜奴》兩誌合裝命觀，謹分步元均呈正：隨軒美人渺，湮水醜奴存。勿就妍媸號，彊學朱陳村。磨礲猶皮相，褒嘉但外孫。豪顛玩神妙，歐褚此同源。宣統元年三月，武陵趙于密敬題。

鈐印：趙于密、予性顛而嗜古

題跋出處：常醜奴墓誌（端方藏本）

館藏號：19A359

匋齋尚書以魏崔敬邕陸常醜奴兩志合裝

命觀謹分步元均呈正

隨軒美人渺湮北醜奴存勿既妍媸歸彊李朱陳村

磨礲猶皮相褒嘉但外貌豪顛戳神妙歐褚此同源

宣統元年三月 金陵趙于密敬題

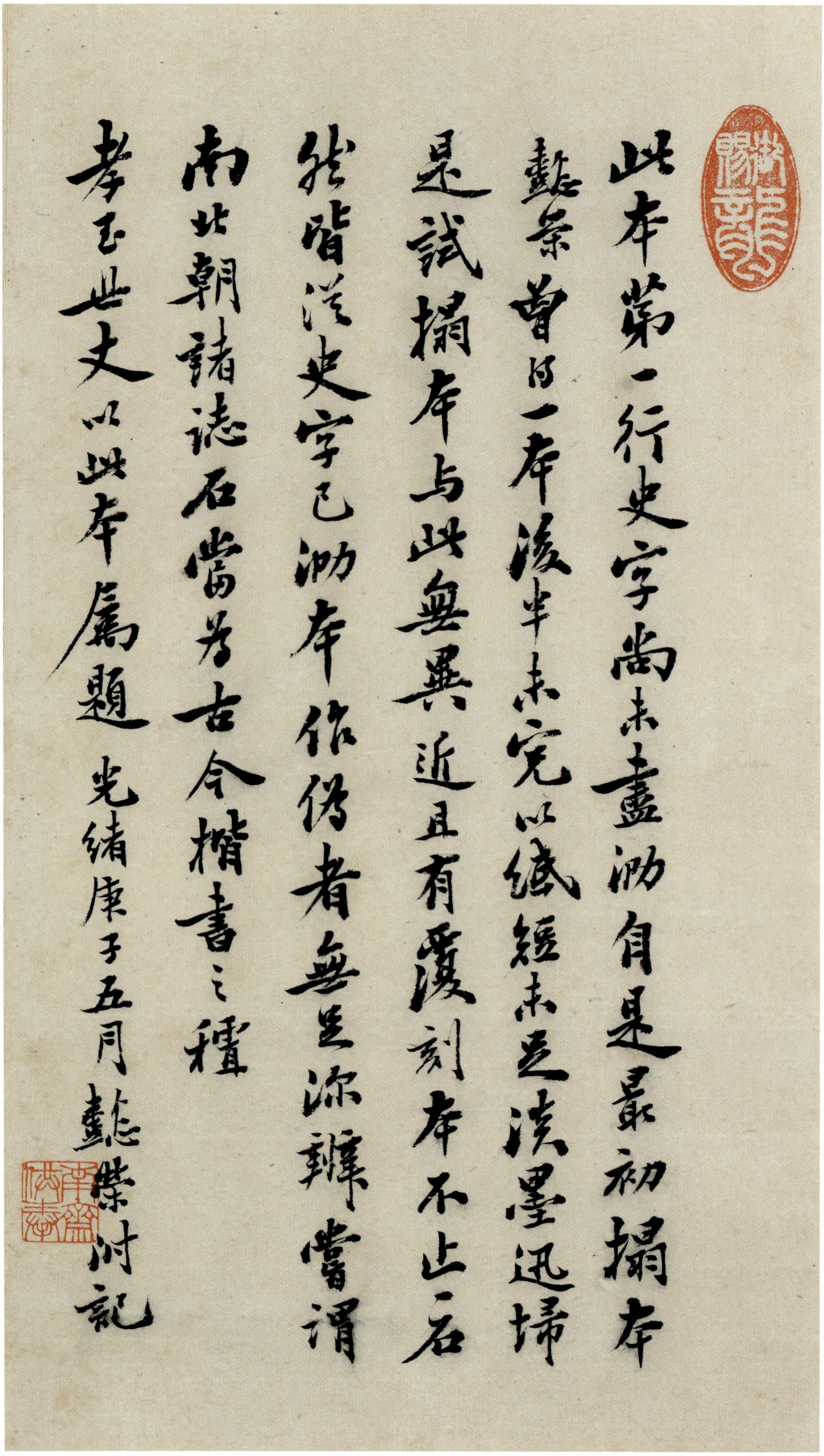

王懿榮

年代：1845—1900

字號：字正孺，號廉生、蓮生、濂生

籍貫：山東福山

釋文：此本第一行『史』字尚未盡泐，自是最初拓本。懿榮曾得一本，後半未完，以紙短未足，淡墨迅掃，是試拓本，與此無異。近且有覆刻本，不止一石，然皆從『史』字已泐本作僞者，無足深辨。嘗謂南北朝諸誌石，當爲古今楷書之禮。孝玉世丈以此本屬題，光緒庚子五月，懿榮附記。

鈐印：御賜龍、南齋供奉

題跋出處：劉懿墓誌（王瓘藏本）　館藏號：S759

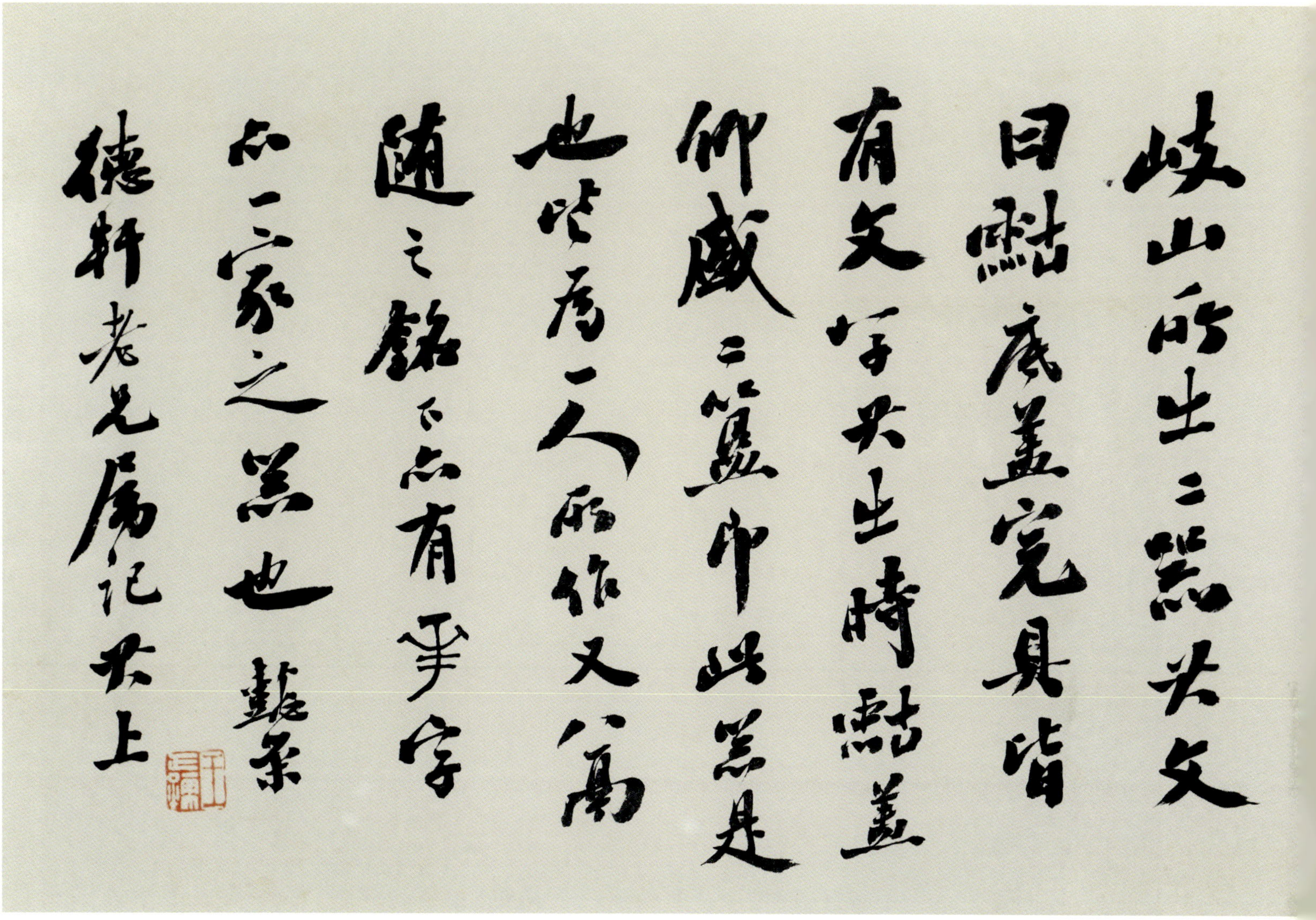

釋文：岐山所出二器，其文曰『黹』，底蓋完具，皆有文字，其出時黹蓋仰盛二簋，即此器是也，皆爲一人所作。又八鬲隨之，銘下亦有『華』字，亦一家之器也。懿棨。德軒老兄屬記其上。

鈐印：王正孺

題跋出處：右戲仲夏父鬲、仲義父盨合軸（盛昱藏本）

館藏號：Z2364

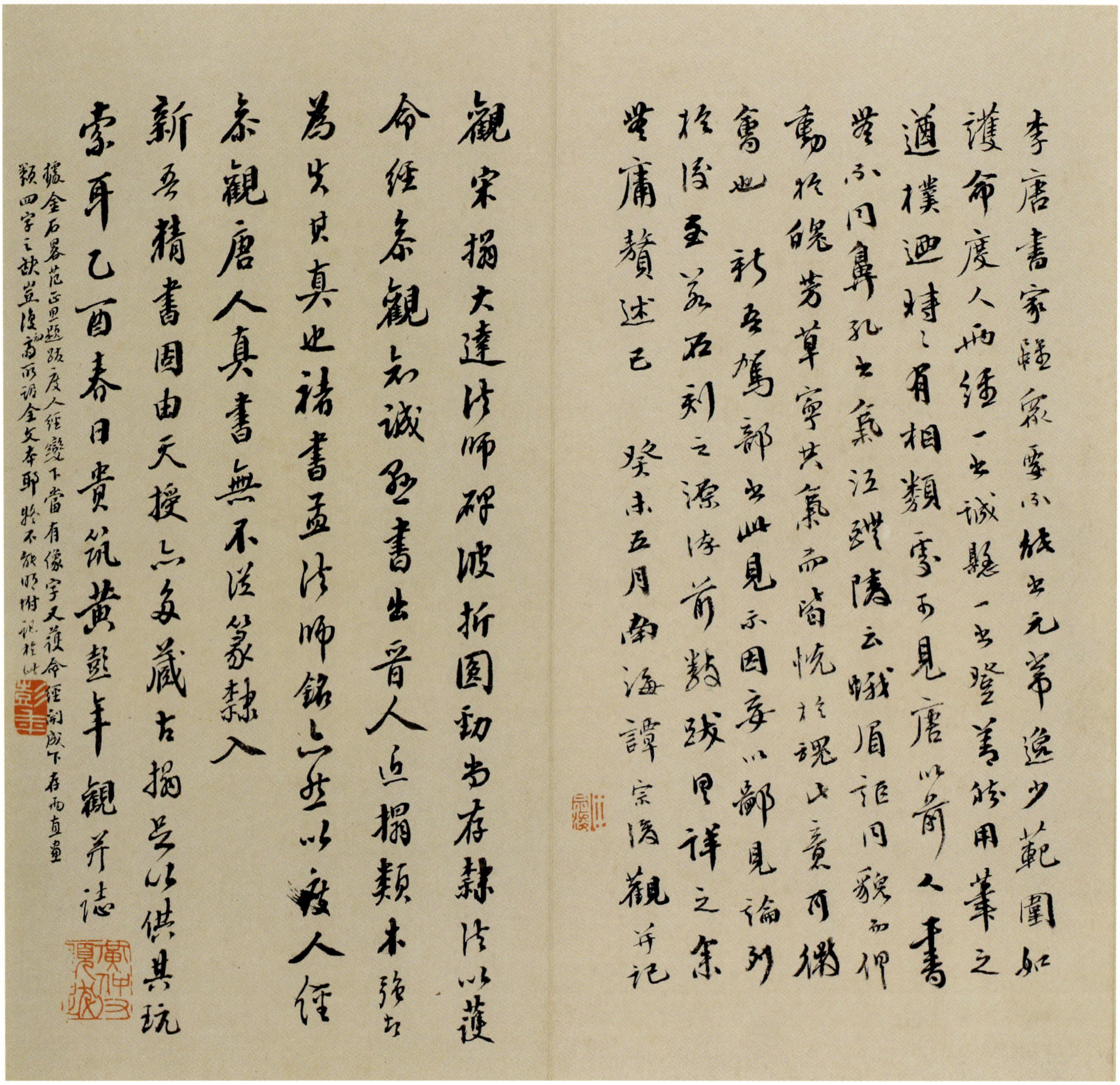

譚宗浚

年代：1846—1888

字號：原名懋安，字叔裕

籍貫：廣東南海

釋文：李唐書家雖衆，要不能出元常、逸少範圍，如《護命》《度人》兩經，一出誠懸，一出登善。然用筆之道樸，乃時時有相類處，可見唐以前人書無不同鼻孔出氣。江醴陵云：『峨眉詎同貌，而俱動於魄；芳草寧共氣，而皆悦於魂。』此意可微會也。新吾駕部出此見示，因妄以鄙見論列於後。至若石刻之源流，前數跋具詳之，余無庸贅述已。癸未五月，南海譚宗浚觀并記。

鈐印：臣宗浚

題跋出處：陰符經、護命經、度人經（孫多巘藏本）

館藏號：81A660

李唐書家雖眾要亦能出元常逸少範圍如
護命度人兩經一出誠懸一出登善於用筆之
道樸遒肆肆有相類處可見唐以前人書
無不同鼻孔出氣江醴陵云蛾眉詎同貌而俱
動於魄芳草寧共氣而皆悅於魂此意可備
會也 新安雋部出此見示因為以鄙見論列
於後至篆石刻之源流前數跋見詳之矣
無庸贅述已

癸未五月南海譚宗浚觀并記

陶濬宣

年代：1846—1912

字號：原名祖望，字文冲，號心雲、東湖居士、稷山居士

籍貫：浙江會稽

釋文：何蝯叟喜學《張公方碑》，曾文正公稱其中年每日臨池，不下數百過。漢隸中用筆之最遒麗者，北朝諸書多宗此派。包安吴分爲兩宗，此即梁宗也。篆額尤渾勁。是拓紙墨黝古，『潤』字猶見大半，百年前脱本也。光緒癸卯秋七月，與石潜吴君同客滬上，出此索題。摩挲竟日并記之。稷山居士陶濬宣。

鈐印：陶押、陶濬宣

題跋出處：張遷碑（吴隱藏本）

館藏號：S1861

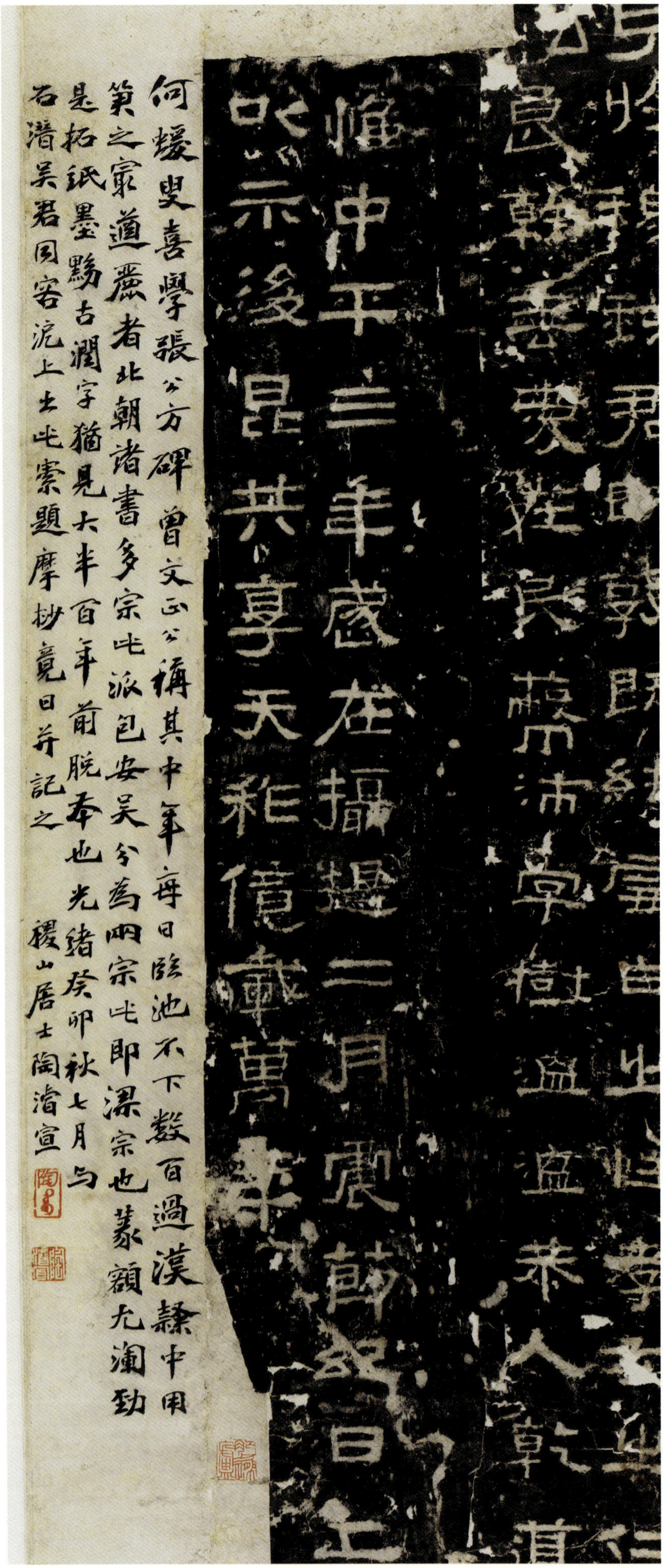

何蝯叟喜學張公方碑曾文正公稱其中
策之家道歷者北朝諸書多宗之派包安
是拓紙墨黝古潤字猶見大半百年前脫
石潛吳君同客滬上之索題摩挱竟日并記

其中年每日臨池不下數百過漢隸中用
包安吳分為兩宗之即渠宗也篆額尤瀾勁
前脫本也光緒癸卯秋七月與
日并記之

稷山居士陶濬宣

樊增祥

年代：1846—1931

字號：字嘉父，別字樊山，號雲門、天琴老人

籍貫：湖北恩施

釋文：穹碑首署左將軍，誰遣龜茲善八分。終是漢家聲教遠，一時西域總同文。卷中師友半寒煙，倚燭看碑輒泫然。珍重儒林雙祭酒（兼謂伯羲同年），周宣獵碣共長年。光緒丁酉秋，引覲入都。廉生十三兄祭酒出此索題，卷中題者如潘文勤師、李仲鈞侍郎、施均父觀察、黃再同編修俱已委化，所朝夕游處者，獨君與伯羲耳。寒夜挑燈，取碑中長壽億年之意，以寓頌禱，即希正之。十一月望前一日，弟樊山樊增祥拜題并識。

鈐印：蘿溪

題跋出處：劉平國摩崖（王懿榮藏本）

館藏號：S38

穹碑首
署左將軍誰
遣畫茲蓋八分
終是漢家聲教遠
一時西域總同文 卷
中師發半寒煙倚燭看碑軌
淦然珍重儒林雙祭酒 兼謂伯羲同年 周
宣獨碣共長年 光緒丁酉秋引覲入都
廉生十三兄祭酒出此索題卷中題者如江 潘文勤師
李仲約侍郎施均父觀察黃再同編修俱已委化所朝夕
遊處者獨 君與伯羲耳寒夜挑燈取碑中長壽億年之意
以寓頌禱即希正之十一月望前一日弟樊山樊增祥拜題併識

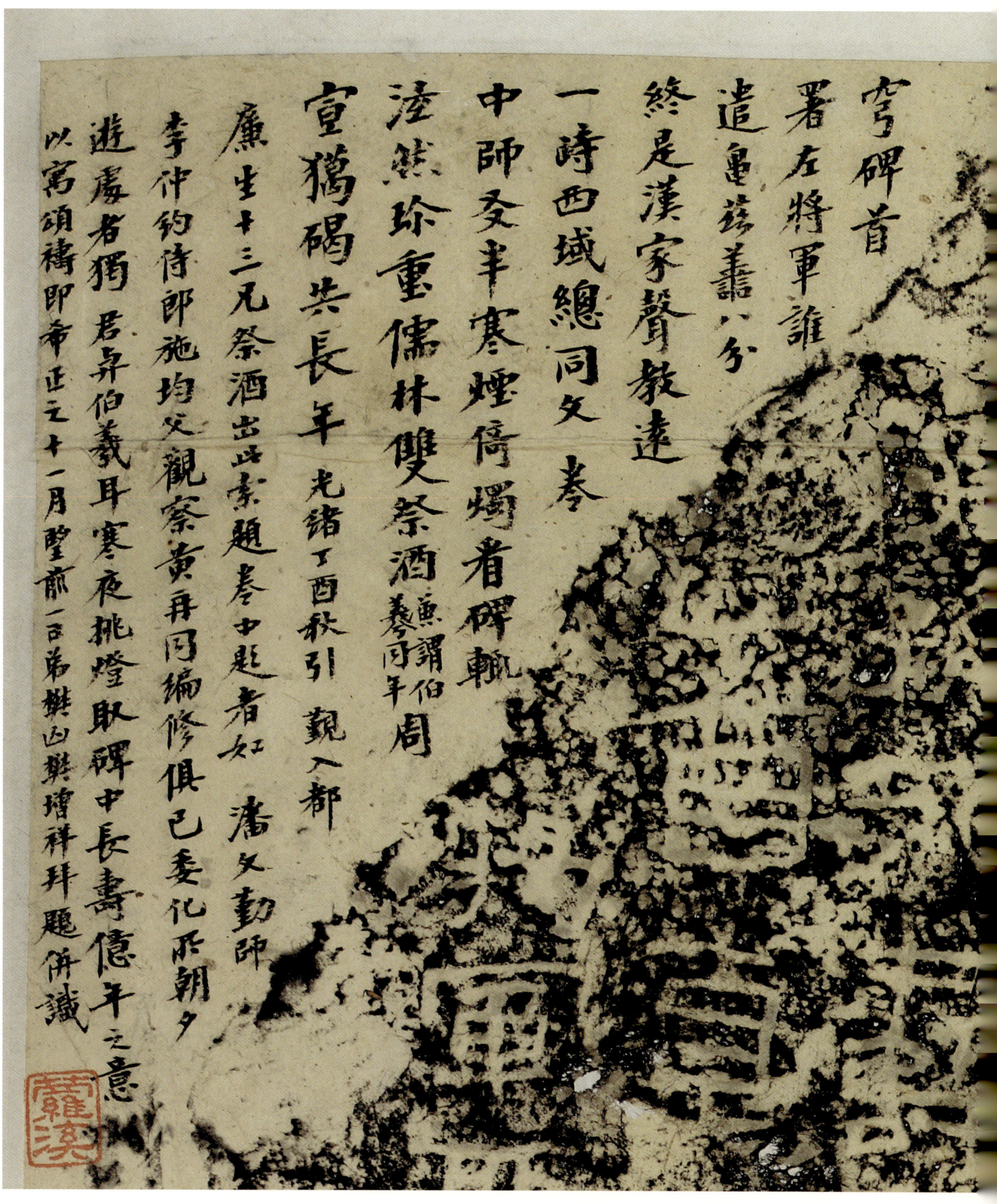

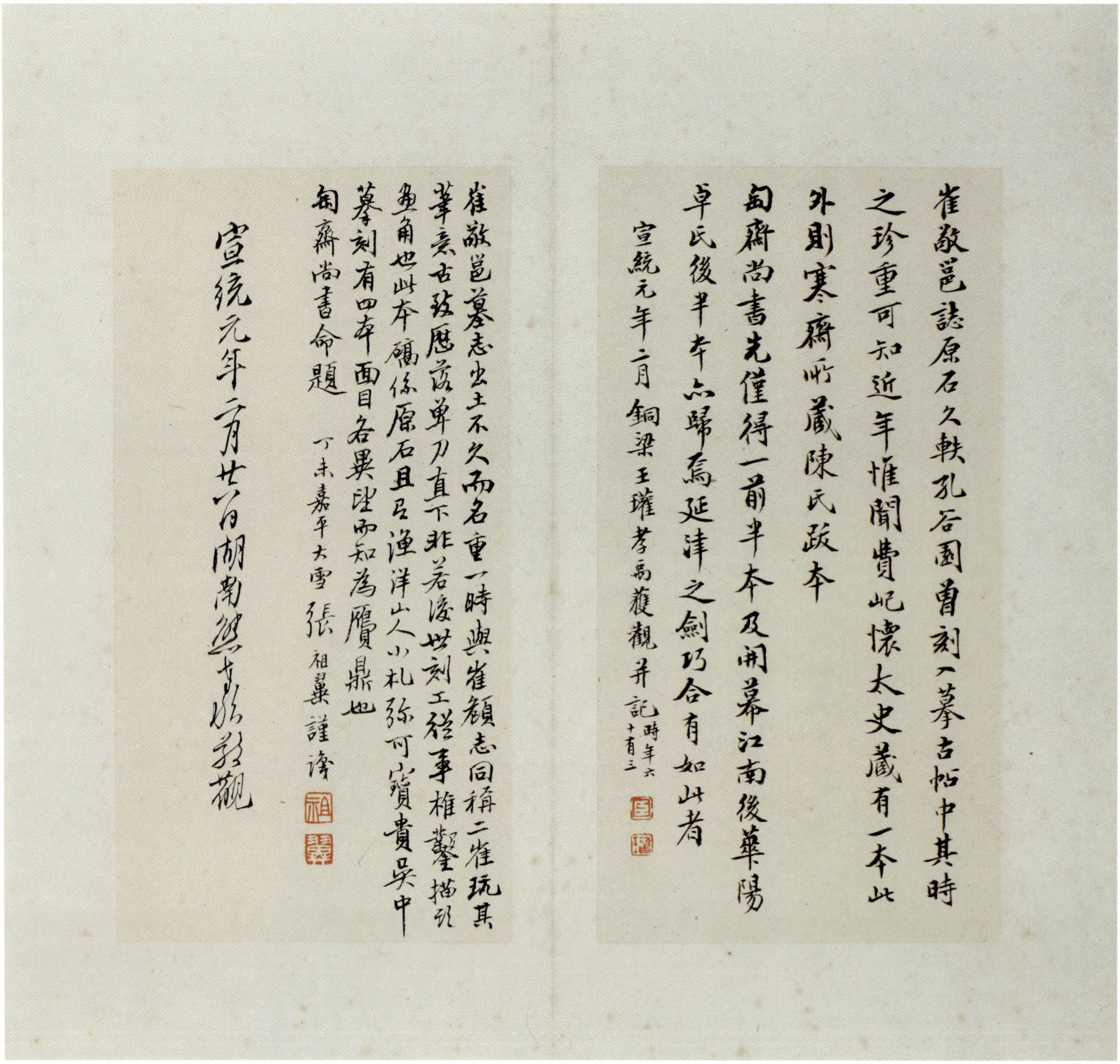

王瓘

年代：1847—1911

字號：字孝禹、孝玉，號遯庵

籍貫：四川銅梁

釋文：《崔敬邕誌》原石久軼，孔谷園曾刻入《摹古帖》中，其時之珍重可知。近年惟聞費屺懷太史藏有一本，此外則寒齋所藏陳氏跋本。匋齋尚書先僅得一前半本，及開幕江南後，華陽卓氏後半本亦歸焉，延津之劍巧合有如此者。宣統元年二月，銅梁王瓘孝禹獲觀并記，時年六十有三。

鈐印：臣、瓘

題跋出處：崔敬邕墓誌（端方藏本）

館藏號：19A358

崔敬邕誌原石久軼孔谷園曾刻入摹古帖中其時之珍重可知近年惟閩費屺懷太史藏有一本此外則寒齋所藏陳氏跋本

匋齋尚書先僅得一前半本及開幕江南後華陽卓氏後半本亦歸爲延津之劍巧合有如此者

宣統元年二月 銅梁王瓘孝禹獲觀并記 時年六十有三

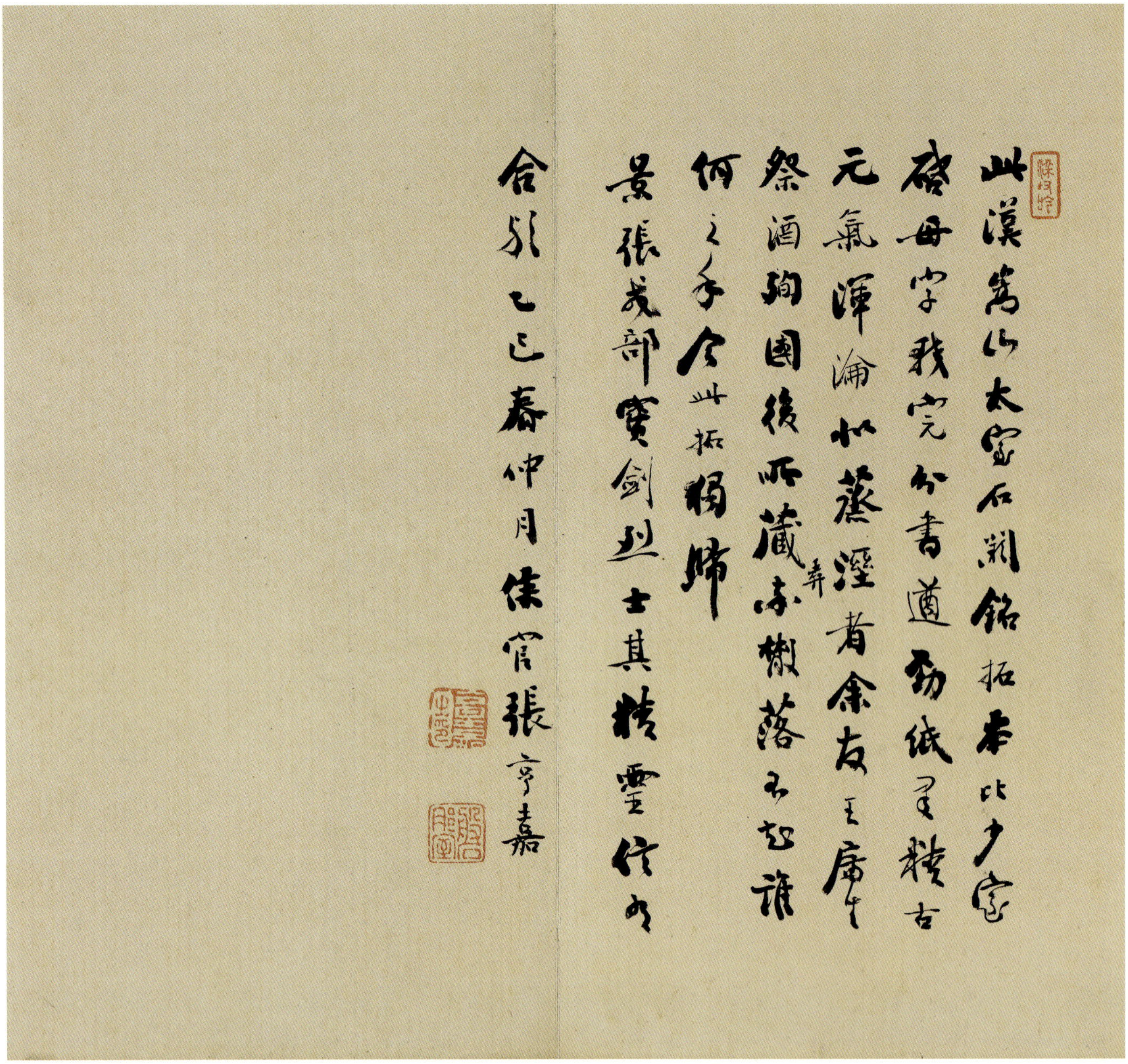

張亨嘉

年代：1847—1911

字號：字燮鈞、燮君，號鐵君、鐵軍

籍貫：福建侯官

釋文：此漢嵩山太室石闕銘拓本，比少室啓母字較完，分書道勁，紙墨精古，元氣渾淪，似蒸濕者。余友王廉生祭酒殉國後，所藏弆率散落不知誰何之手，今此拓獨歸景張戎部，寶劍烈士，其精靈信有合歟。乙巳春仲月，侯官張亨嘉。

鈐印：梁父吟、亨嘉之印、磐那室

題跋出處：太室石闕銘（王懿榮藏本）

館藏號：S1228

此漢篆太室石闕銘拓本北少室碑母字我完分書道勁紙墨精古元氣渾淪似蔡經者余友王康生祭酒詢園後所藏弆亦散落不知誰何之手今此拓獨歸景張戎部寶劍烈士其精靈符契合矣

乙巳春仲月侯官張亨嘉

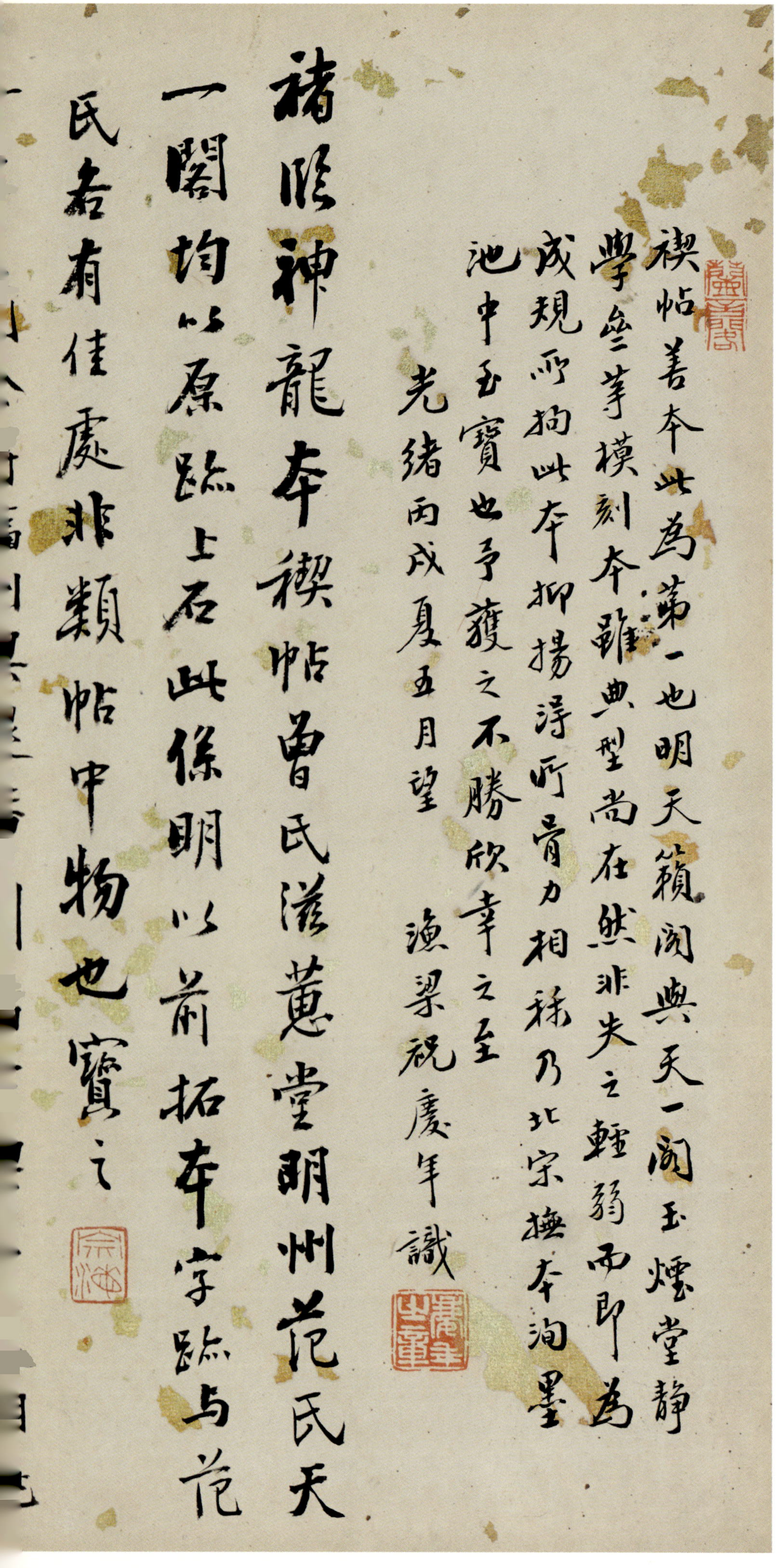
褚臨神龍本禊帖曾氏滋蕙堂明州范氏天
一閣均以原跡上石此係明以前拓本字跡与范
氏各有佳處非類帖中物也寶之

俞宗海

年代：1847—1930

字號：字粟廬，號韜盦

籍貫：江蘇婁縣

釋文：褚臨神龍本《禊帖》，曾氏滋蕙堂、明州范氏天一閣，均以原迹上石。此係明以前拓本，字迹與范氏各有佳處，非類帖中物也，寶之。

鈐印：宗海

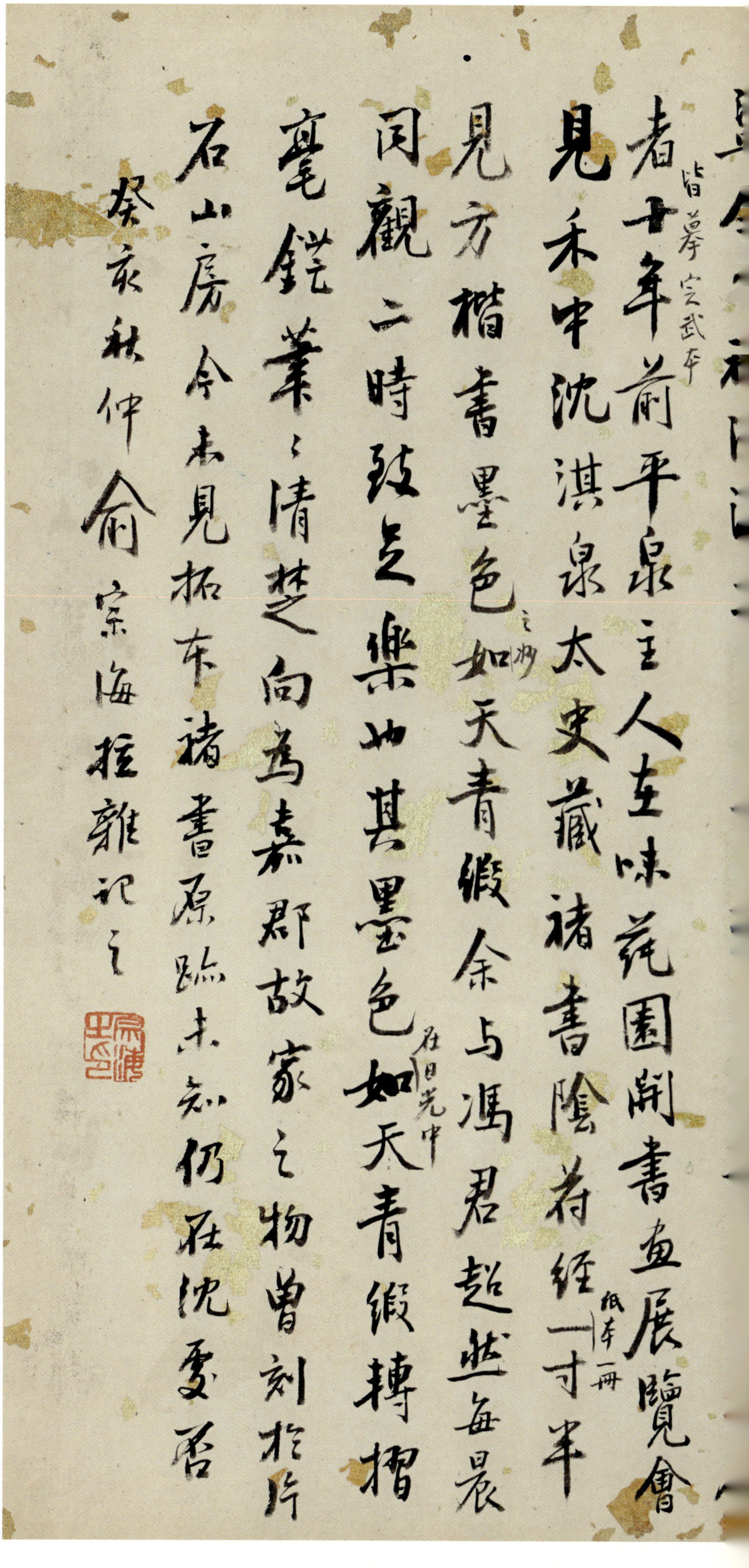

釋文：十年前，余得福州梁退庵刻褚書《禊序》，飛翔跳盪，全是褚法，洵爲至佳。又見洛陽宮本賜高士廉者，皆摹定武本。十年前，平泉主人在味蒓園開書畫展覽會，見禾中沈淇泉太史藏褚書《陰符經》紙本一册，一寸半見方楷書，墨色之妙，如天青緞。余與馮君超然每晨同觀二時，致足樂也。其墨色在日光中如天青緞，轉折毫鋩，筆筆清楚，向爲嘉郡故家之物，曾刻於片石山房，今未見拓本。褚書原迹未知仍在沈處否？癸亥秋仲，俞宗海拉雜記之。

鈐印：宗海之印

題跋出處：蘭亭兩種（定武、神龍）

館藏號：81A662

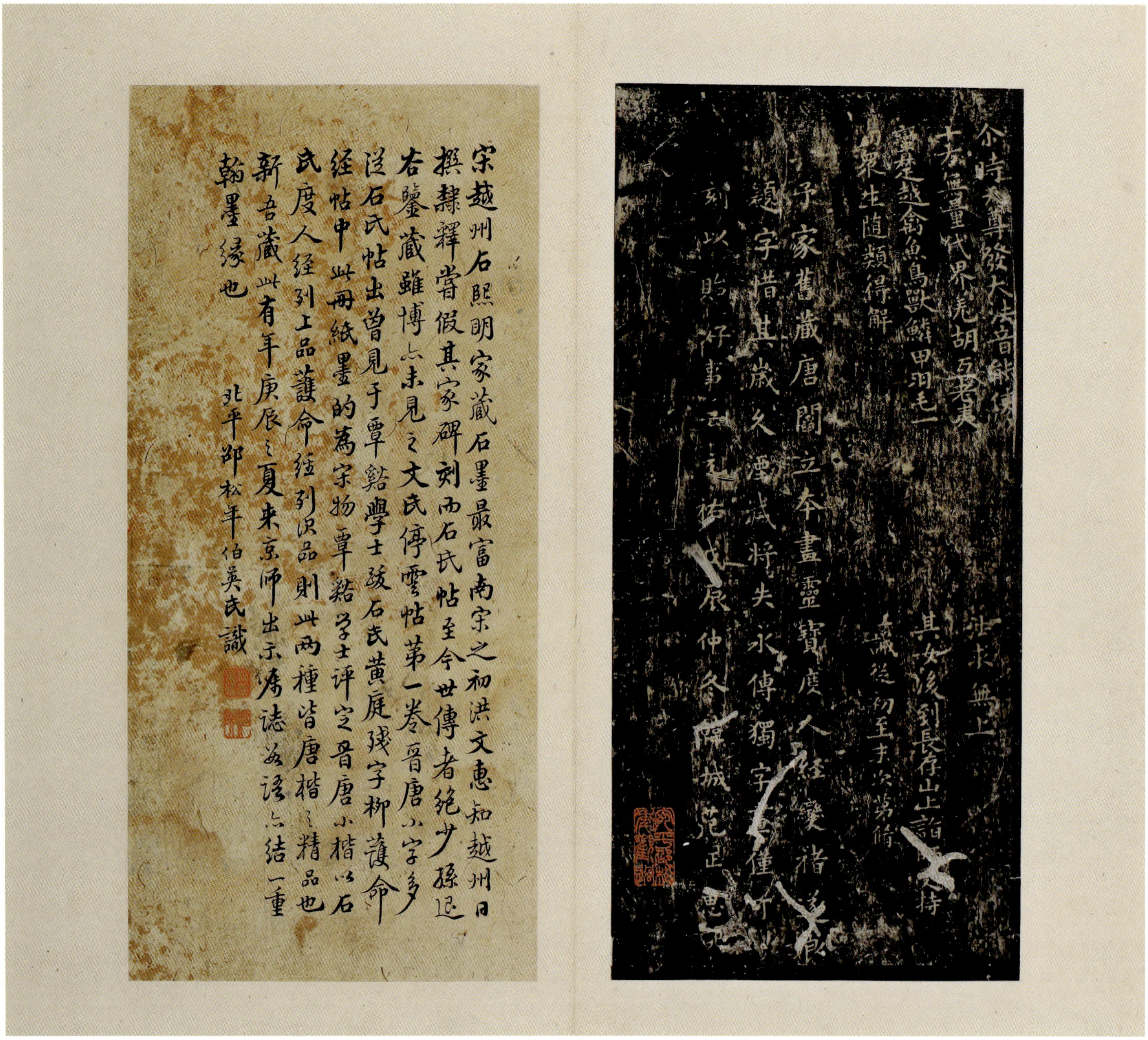

邵松年

年代：1848—1923

字號：字伯英，號息盦

籍貫：順天宛平

釋文：宋越州石熙明家藏石墨最富。南宋之初，洪文惠知越州日，撰《隸釋》，嘗假其家碑刻，而石氏帖至今世傳者絕少，孫退谷鑒藏雖博，亦未見之。文氏《停雲帖》第一卷晉唐小字多從石氏帖出，曾見于覃谿學士跋石氏《黄庭》殘字、柳《護命經》帖中。此册紙墨的爲宋物，覃谿學士評定晉唐小楷，以石氏《度人經》列上品，《護命經》列次品，則此兩種皆唐楷之精品也。新吾藏此有年，庚辰之夏來京師，出示囑誌數語，亦結一重翰墨緣也。北平邵松年伯英氏識。

鈐印：松年印信、伯英

題跋出處：陰符經、護命經、度人經（孫多巘藏本）

館藏號：81A660

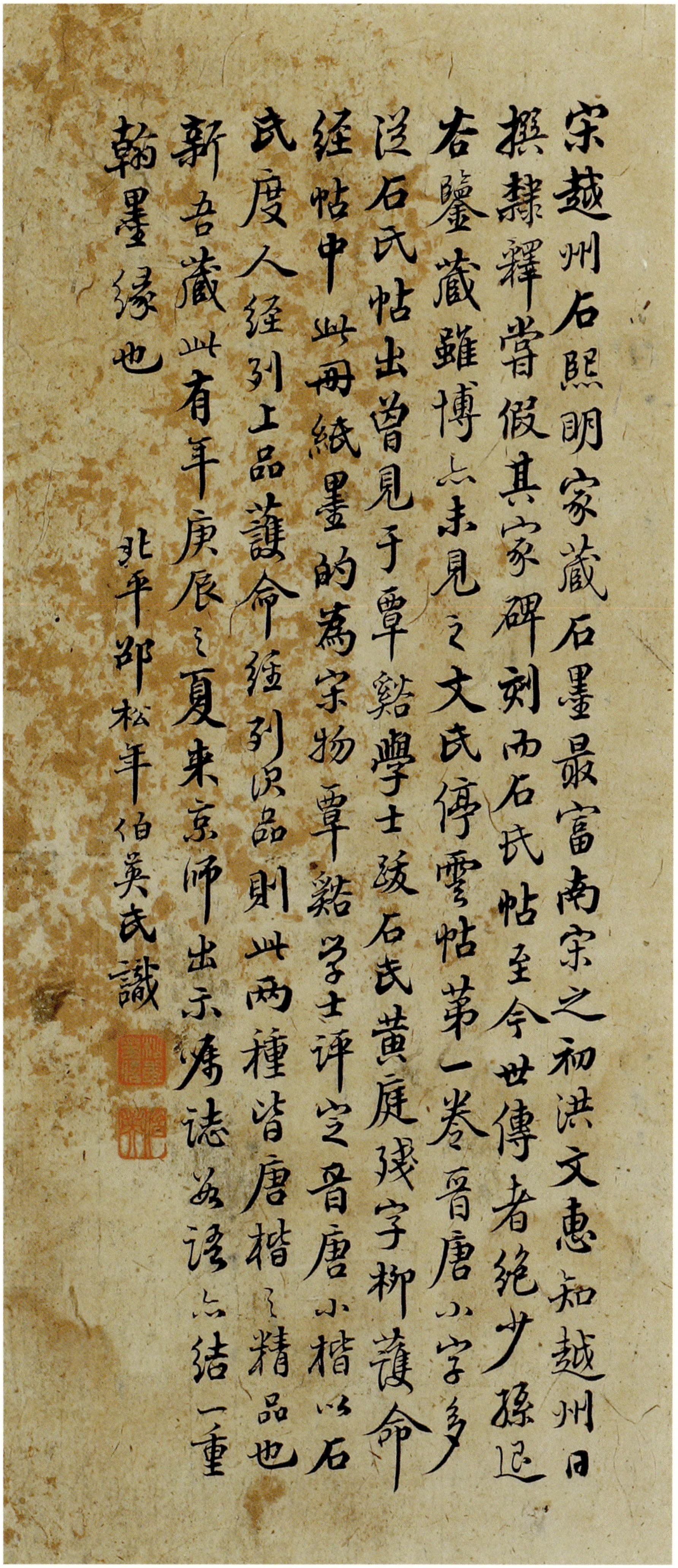
宋越州石熙明家藏石墨最富南宋之初洪文惠知越州日撰隸釋嘗假其家碑刻而石氏帖至今世傳者絶少孫退谷鑒藏雖博亦未見之文氏停雲帖第一卷晉唐小字多從石氏帖出曾見于覃谿學士跋石氏黄庭殘字柳護命經帖中此冊紙墨的為宋物覃谿學士評定晉唐小楷以石氏度人經列上品護命經列次品則此兩種皆唐楷之精品也新吾藏此有年庚辰之夏來京師出示屬誌數語亦結一重翰墨緣也

北平邵松年伯英氏識

潘志萬

年代：1849—1899

字號：原名似谷，字子俣，號碩庭、笏庵、曶莽

籍貫：江蘇吴縣

釋文：是拓得之故家廢紙堆中，紙墨極舊，圭角猶未全失也。惟學之頗不易，當於篆隸筆意互參之。乙酉正月十六日燈下，笏記。

鈐印：笵齋

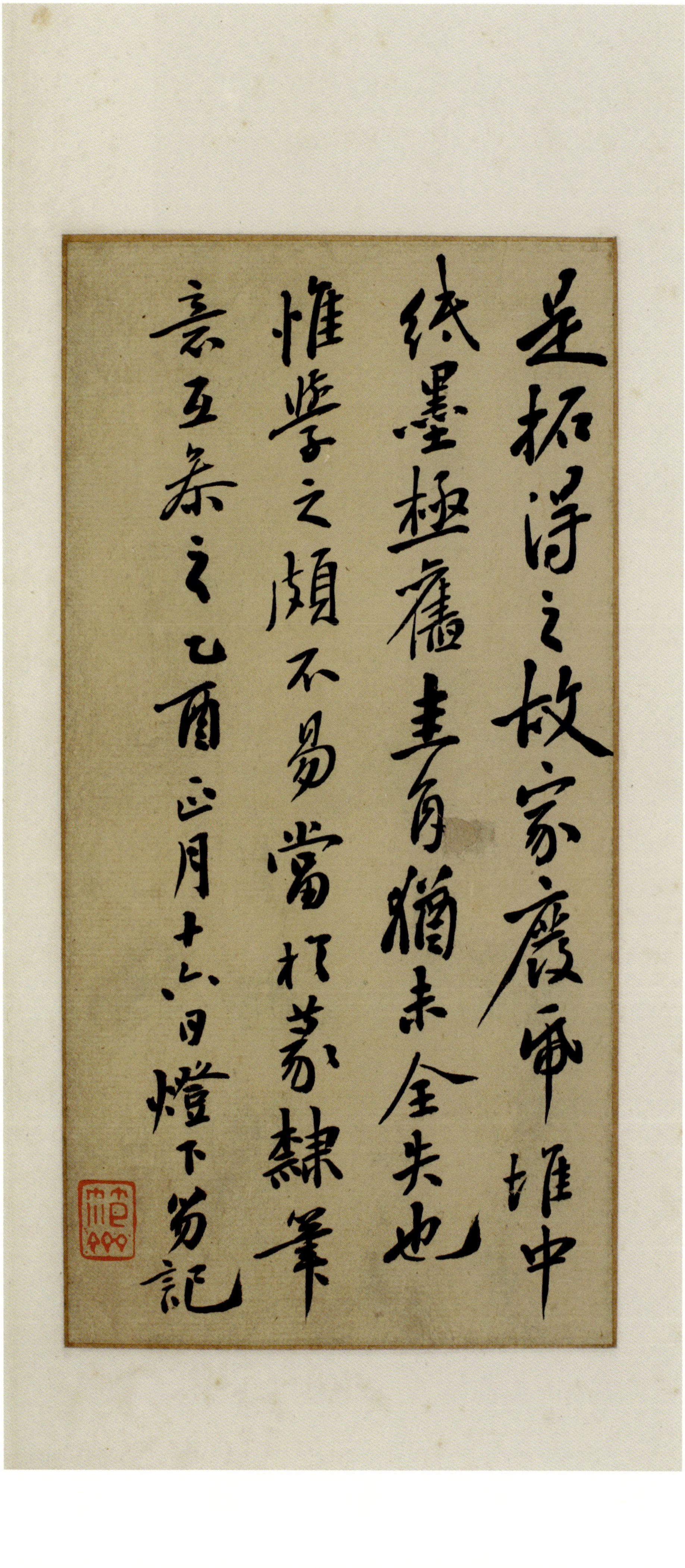

釋文：臨橅是帖，不可祇學其劍拔弩張之勢，沈厚遒勁正其絶妙處也。聞道州何子貞太史臨此廿餘年，亦未能盡其妙，可知仿古非可以一蹴幾也，不下苦功，終難純詣。丁亥長至節，笏庵。

鈐印：缾廬

臨禊是帖不可只學其劍拔
弩張之勢沉厚遒勁正其絕
妙處也聞道州何子貞太史臨

此廿餘年亦未能盡其妙可云
仿古而可以一蹴幾也不下苦功
殊難純詣丁亥長至節筠庵

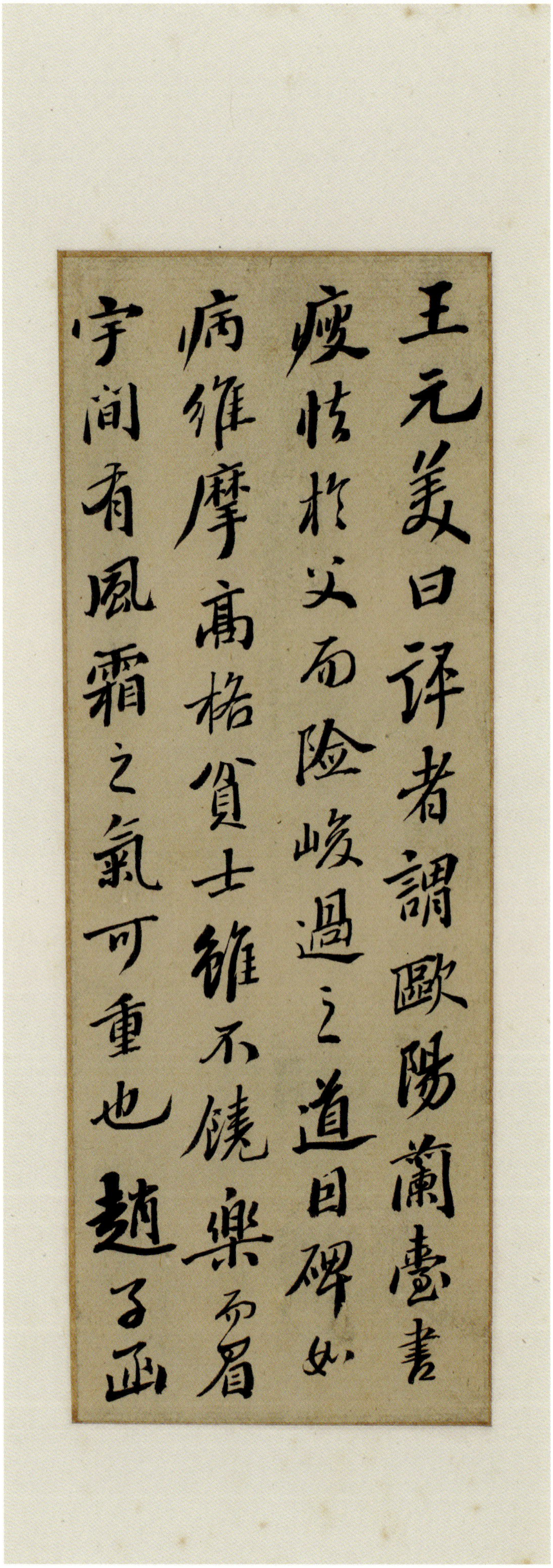

王元美曰評者謂歐陽蘭臺書瘦怯於父而險峻過之道因碑如病維摩高格貧士雖不饒樂而眉宇間有風霜之氣可重也趙子函

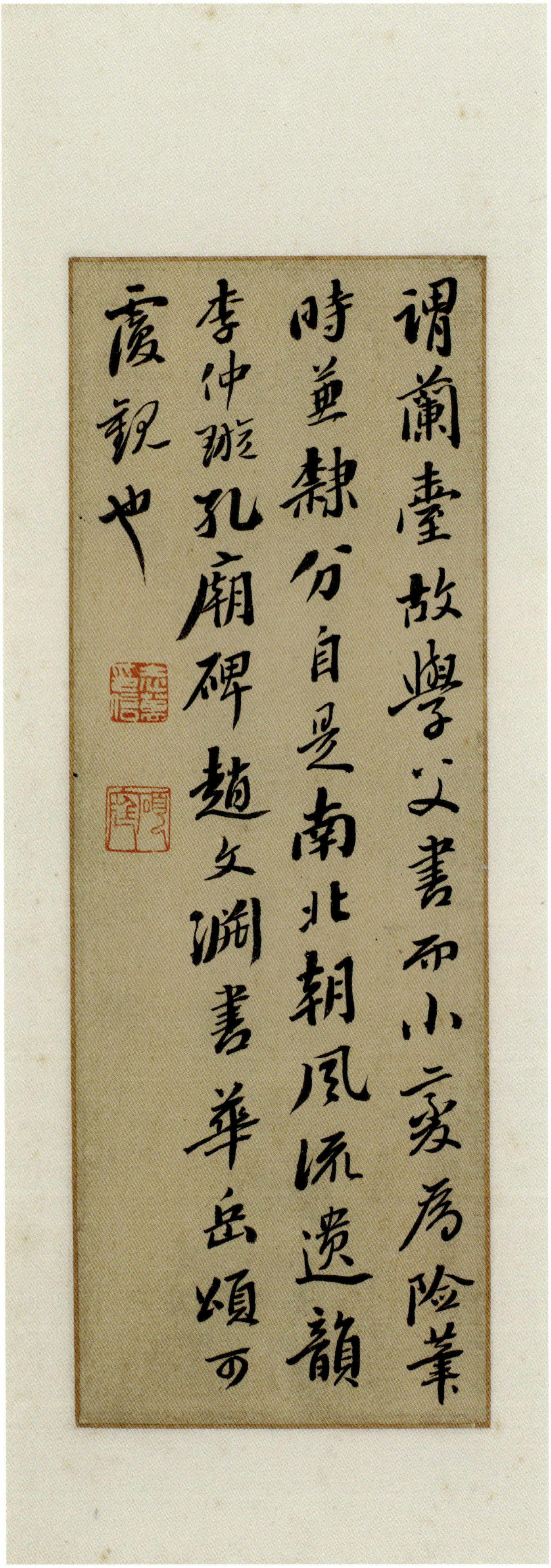

謂蘭臺故學父書而小變為險筆時兼隸分自是南北朝風流遺韻李仲璇孔廟碑趙文淵書華岳頌可處觀也

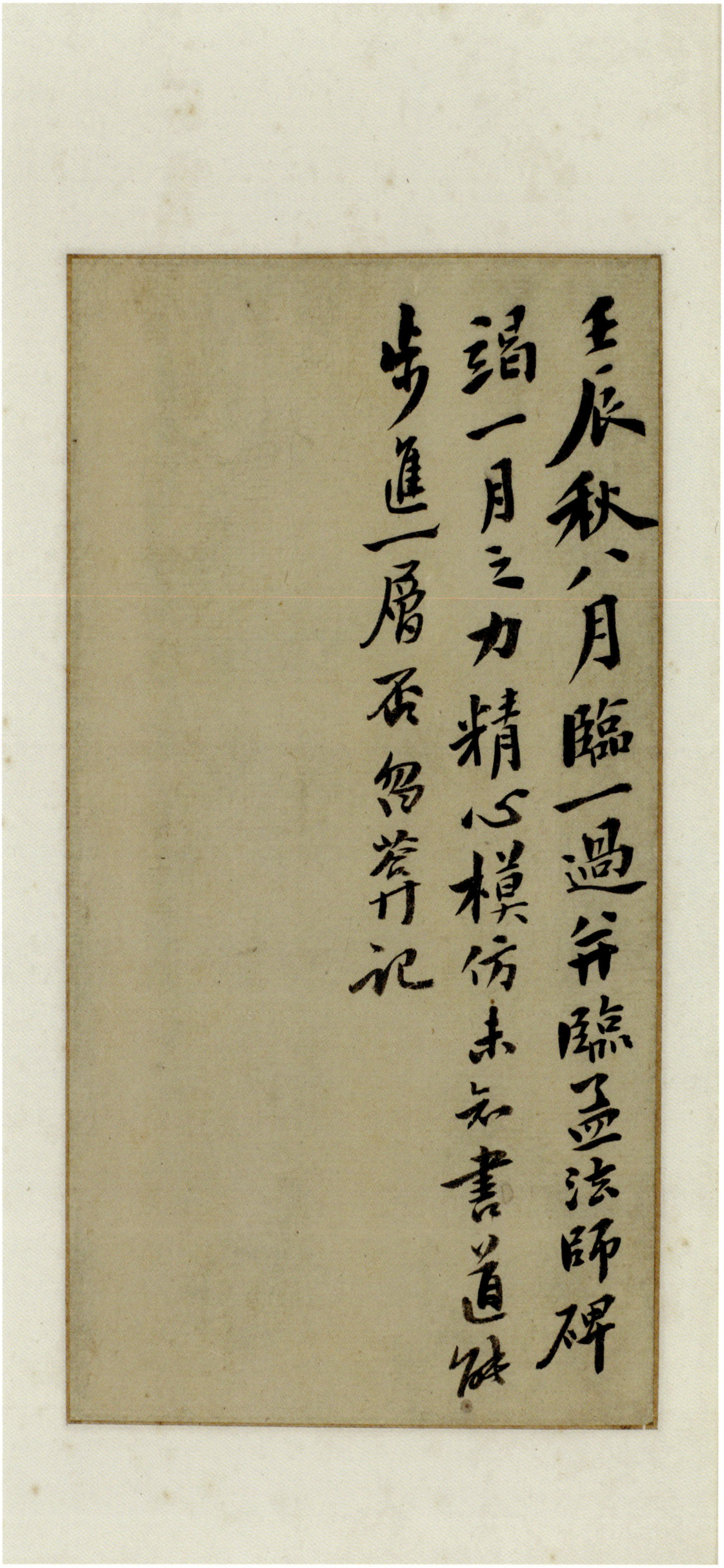
壬辰秋八月臨一過并臨孟法師碑
竭一月之力精心模仿未知書道能
步進一層否　智莽記

釋文：王元美曰：『評者謂歐陽蘭臺書瘦怯於父，而險峻過之。《道因碑》如病維摩，高格貧士，雖不饒樂，而眉宇間有風霜之氣，可重也。』趙子函謂：『蘭臺故學父書而小變爲險筆，時兼隸分，自是南北朝風流遺韵。李仲璇《孔廟碑》、趙文淵書《華岳頌》可覆觀也。』

鈐印：志萬印信、碩庭

釋文：壬辰秋八月臨一過，并臨《孟法師碑》，竭一月之力，精心模仿，未知書道能步進一層否？智莽記。

題跋出處：道因法師碑（潘志萬藏本）

館藏號：22A421

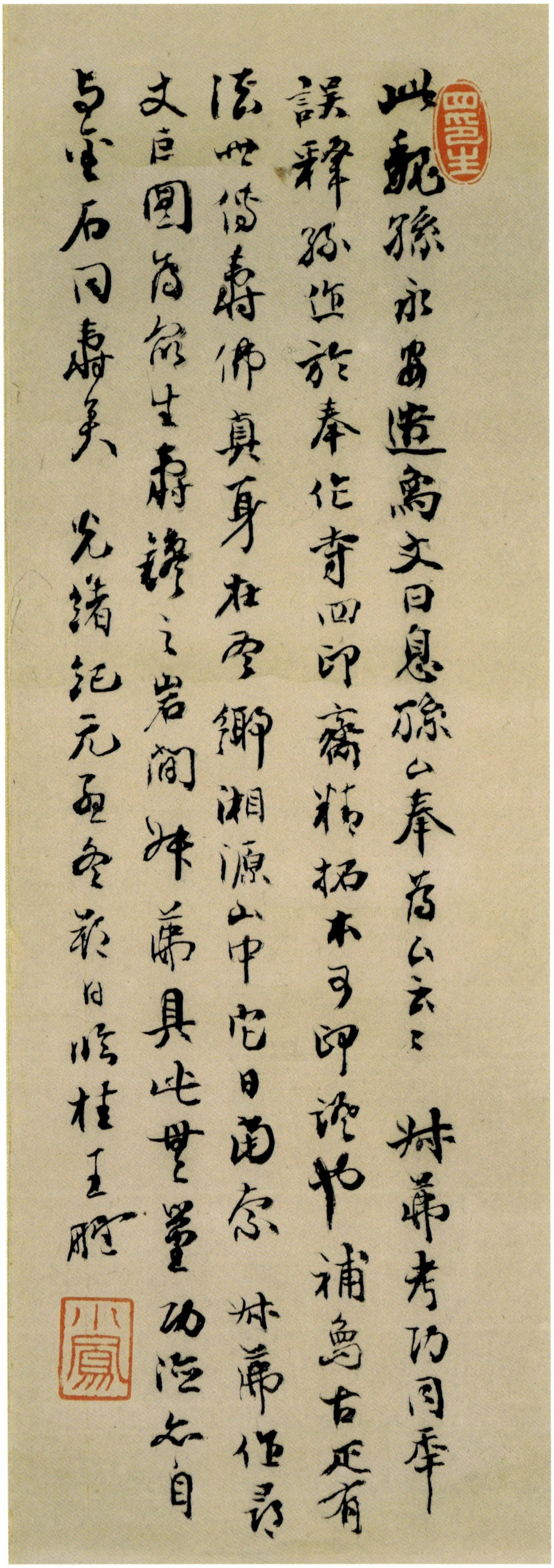

王鵬運

年代：1849—1904

字號：字佑遐，一字幼霞，號小鳳、半塘僧鶩、四印生、半塘老人

籍貫：廣西臨桂

釋文：此魏孫永安造像，文曰『息孫某奉爲某』云云。叔苐考功同年誤釋『孫』作『於』，『奉』作『寺』。四印齋精拓本，可印證也。補象古疋有法，世傳壽佛真身在吾鄉湘源山中，它日當索叔苐作尋丈巨圖，爲衆生壽，鐫之岩間，叔苐具此無量功德，亦自與金石同壽矣。

光緒紀元孟冬朔日，臨桂王鵬運。

鈐印：四印生、小鳳

題跋出處：孫永安造像（孫禄增藏本）

館藏號：J2559

按此龕內當有爲其爲拓工遺
去抑是石爲殘缺俱未可知
同治十二年中憲大夫孫祿增以

孫祿增

年代：生卒年不詳，活躍于清代光緒年間

字號：字叔苐，號鏡江

籍貫：浙江歸安

按此龕内當有為其為拓工遺
去抑是石為殘缺俱未可知
同治十二年中憲大夫孫祿增以

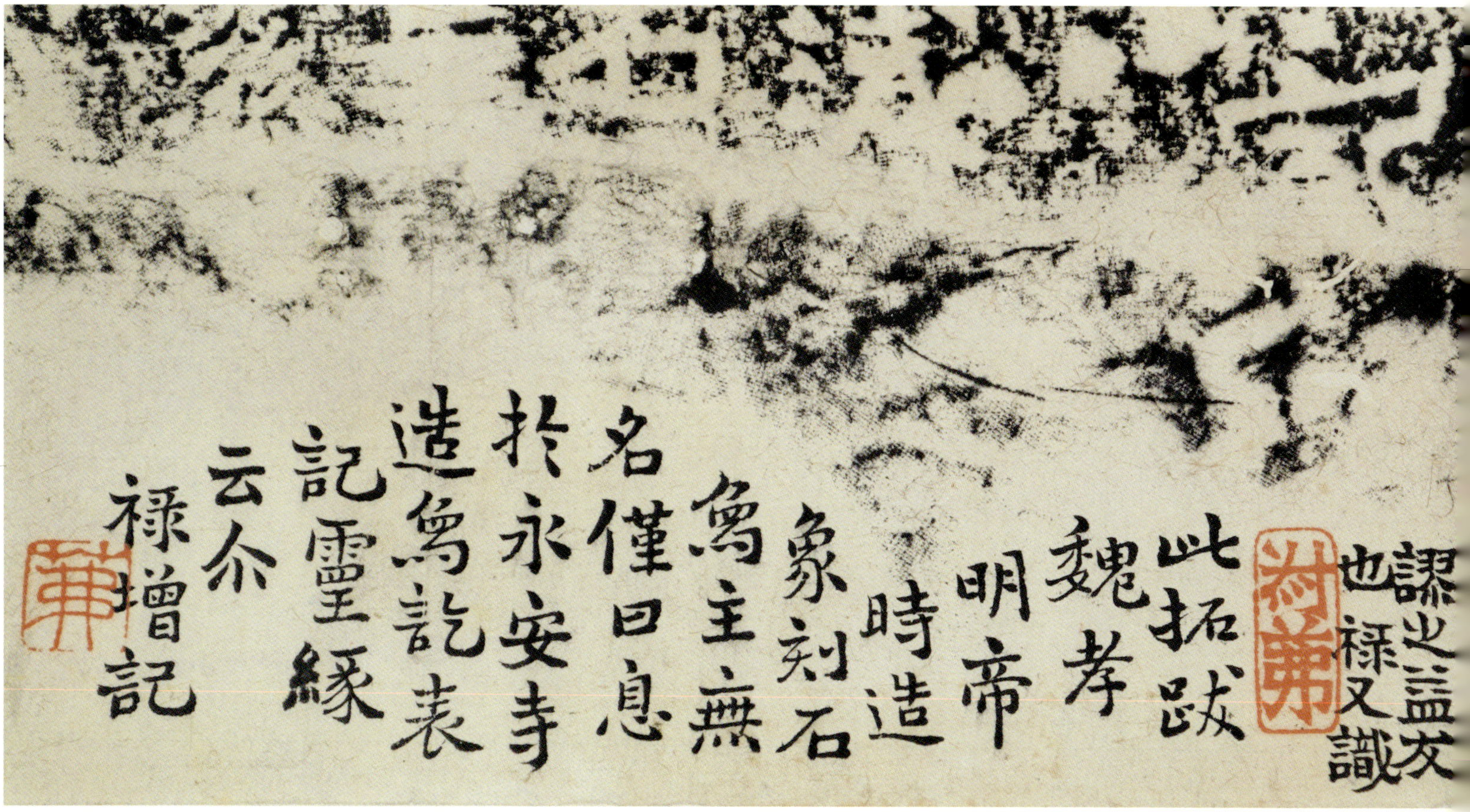

釋文：按，此龕内當有象，其爲拓工遺去，抑是石象殘缺，俱未可知。同治十一年中憲大夫孫禄增以意私淑金壽門先生也。

鈐印：禄

釋文：觀臨桂王氏一跋，吾跋過矣。王郎真匡謬之益友也。禄又識。

鈐印：叔苐

釋文：此拓跋魏孝明帝時造象刻石，象主無名，僅曰『息於永安寺造象迄表記靈緣』云爾。禄增記。

鈐印：苐

題跋出處：孫永安造像（孫禄增藏本）

館藏號：J2559

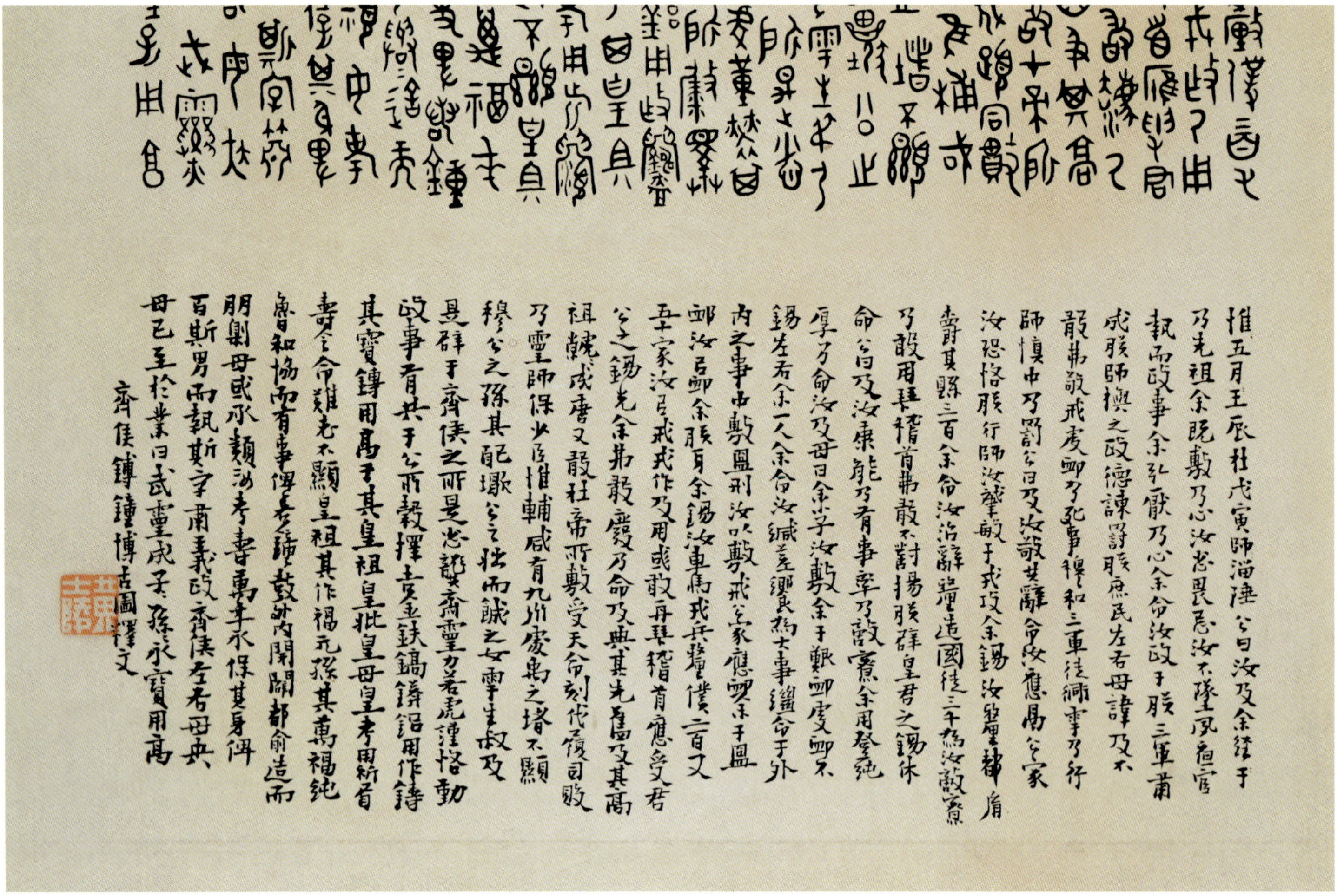

黃士陵

年代：1849—1909

字號：字牧甫、穆甫、穆父，號黟山人、牧父、倦叟、黟山病叟、倦游窠主

籍貫：安徽黟縣

釋文：抄録《博古圖》之《齐侯鎛》釋文，兹不贅録。

鈐印：黃士陵

題跋出處：黃士陵博古圖八軸

館藏號：Z1621-1634

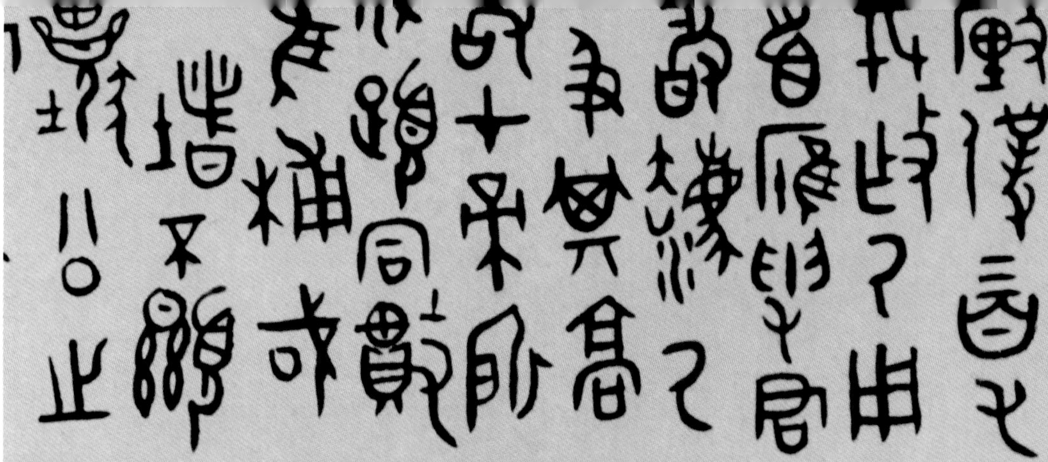

推五月王辰杜戊寅師淄陲公曰汝及余经于
乃先祖余既敷乃心汝恣畏忌汝不墜夙夜宦
執而政事余弘猒乃心余命汝政于朕三軍肅
成朕師旟之政德諫罰朕庶民左右毋諱及不
敢弗敬戒虔卹乃死事穆和三軍徒旃雩乃行
師慎中乃罰公曰及汝敬共辭命汝應鬲公家
汝恐恪朕行師汝肇敏于戎攻余錫汝釐都肩
爵其縣三百余命汝治辭釐造國徒三千為汝敵寮
乃敢用拜稽首弗敢不對揚朕辟皇君之錫休
命公曰及汝康能乃有事率乃敵寮余用登純

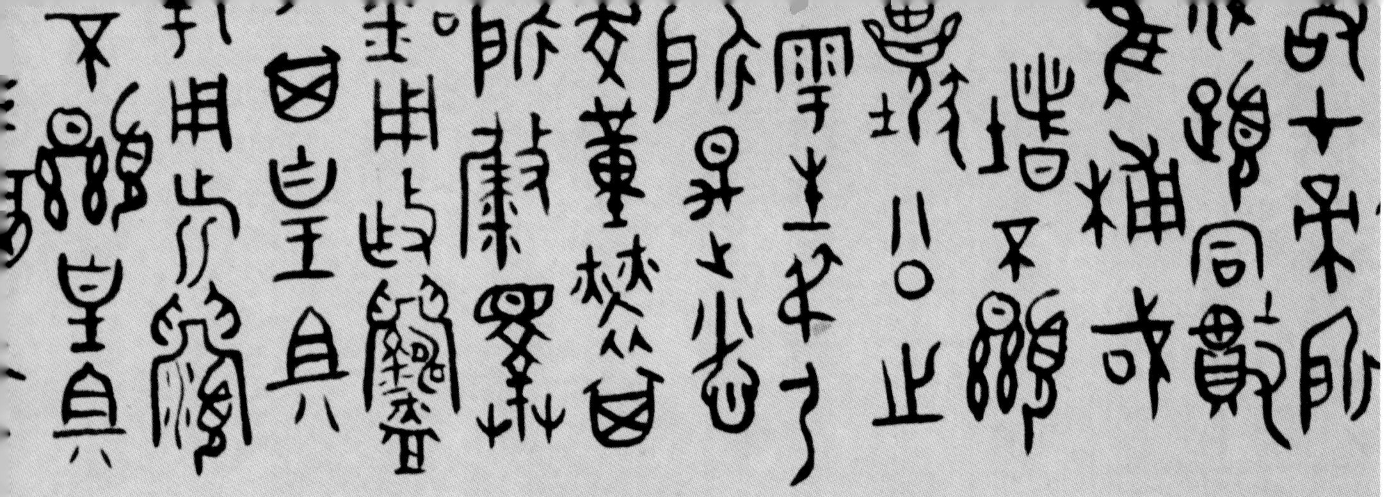

師慎中乃罰公曰及汝敬共辭命汝應鬲公家
汝恐恪朕行師汝肇敏于戎攻余錫汝釐都肩
劇其縣三百余命汝沿辭釐造國徒三千為汝敵寮
乃敢用拜稽首弗敢不對揚朕辟皇君之錫休
命公曰及汝康能乃有事率乃敵寮余用登純
厚乃命汝及毋曰余小子汝敷余于艱卹虔卹不
錫左右余一人余命汝緘差卿為大事繼命于外
内之事中敷盟刑汝以敷戒公家應卹余于盟
卹汝以卹余朕身余錫汝車馬戎兵釐僕二百又
五十家汝以戒戎作乃用或敢再拜稽首應受君
公之錫光余弗敢廢乃命及典其先舊及其高
祖虩虩成唐又敢社帝所敷受天命刻伐夏司敗
乃靈師保少臣惟輔咸有九州處禹之堵不顯

政事有共于公所穀擇吉金鈇鎬鐈鋁用作鑄
其寶鎛用高于其皇祖皇妣皇母皇考用祈眉
壽令命難老丕顯皇祖其作福元孫其萬福純
魯和協而有事俾若鐘鼓外內闓闢都俞造而
朋剶毋或承類汝考壽萬年永保其身俾
百斯男而埶斯字肅肅義政齊侯左右毋疾
毋已至於業曰武靈成子孫永寶用高
齊侯鎛鐘博古圖釋文

王存善

年代：1849—1916

字號：字子展

籍貫：浙江仁和

釋文：此碑弟十一行『冰釋』『冰』字未漫漶，『釋』字右上首未損，弟十三行『善逝』二字未損，弟二十八行『銜哀』之『哀』字以下與二十九行『蠲邪』『蠲』字下『皿』未泐者，則宋拓本也。《校碑隨筆》。

存善按：此拓本除三十三行『義』字下泐兩字半外，餘無乙字泐者，不特《隨筆》所舉之數字，其爲北宋拓本無疑。丙辰正月校記。此碑闕乙開，『哀蠲』二字適在闕處。

翁正三學士題吴荷屋中丞所臧《道因碑》，今在敝篋中，是元明間拓本。吴本已泐此本未泐者百餘字，記於左方。碑有横格界綫，吴本已不可見，此則具存。潘仲寧紹興人，收臧碑版，冠于江左（此趙味辛舍人言，見拙臧《邕禪師塔銘》海内弟一本），謂爲宋拓，無可疑也。昔嘗鋭意求大歐宋拓《皇甫誕碑》（綫斷本所見不下數十，皆明拓耳）不可得。世無右軍，安得不寶大令也耶！光緒二十八年壬寅三月，存善記。碑凡三十四行，行七十三字，大都二千三百三十六字，在西安府學。

鈐印：王押

釋文：王存善校碑圖表（兹不贅録）。

此碑三十四行，每行五六字下字體收小，八九字又漸放大，每行皆然，自來未言及此是何故也？

題跋出處：道因法師碑（王存善藏本）

館藏號：17A331

此碑第十一行冰釋冰字未漫漶釋字右上首未損第十三行善逝二字未損第二十八行銜哀之哀字以下与二十九行蠲邪蠲字下四未泐者則宋拓本也 校碑隨筆

存善按此拓本除三十三行義字下泐而字半外餘無乙字泐者不特隨筆所舉之數字其為北宋拓本无疑 丙辰正月校記

此碑闕乙開哀蠲二字適在闕處

翁正三學士題吳荷屋中丞所藏道因碑今在敝篋中是元明間拓本吳本已泐此本未泐者百餘字記於左方碑有橫格界線吳本已不可見此則具存潘仲寍紹興人收藏碑版冠于江左此趙味辛舍人言見拙藏邕禪師塔銘海內第一本謂為宋拓無可疑也昔嘗銳意求大歐宋拓皇甫誕碑綫斷本所見不下數十皆明拓耳不可得世無右軍安得不寶大令也耶

光緒二十八年壬寅三月存善記

碑凡三十四行行七十三字大都二千三百十六字在西安府學

首頁 第五行 思（吳本泐，下同） 製 七 臺 十 象

四頁 第三行 騫 鶩 五 師 六 道 因

七頁 第一行 極 二 而 八 虵

二頁 第一行 籍 二 之 四 勞 五 蠢 豈 厭 七 經

五頁 第二行 芳 三 冠 四 冀 長 五 瑒 第六行 錫 十 覃

八頁 第二行 齒 七 株

三頁 第二 道 四 濁 七 稅 岸

六頁 第一行 歲 二 姿 三 慾 六 絕 粒

九頁 第七行 法 八 夏 雖 九 獨 十 論

十三頁	十六頁	十九二十二十一頁	二十五頁	二十八二十九頁	
第一行 具（第十三下横三泐） 四 靈（二） 五 是（十） 六 居（ノ） 七 斬（乚） 十 啓（フ） 聖（土） 乘（土）	第五行 庸（丨） 八 闡（门） 九 和（丿）	第二行 龍（月） 第一行 傳（㠯） 第七行 士（士） 九 暮（乀）	第一行 仍（乃） 二 疏（丁） 八 喪（乀） 纏（丿）	第四行 暢（丁） 六 松之（之） 第四行 踐（㐅）	
十四頁	十七頁	二十三頁	二十六頁	三十頁	
第一行 導（之） 二 闕（丁） 三 重（里） 五 筵（乚） 先（乚） 九 英（口） 十行 學（六）	第一行 同（口） 二 疇（寸） 六 安（夕） 七 慨（忄） 字下有泐痕	第五行 是（一）	自二月八日至追思靡及八十字原闕	第四行 盡（皿） 侵（一）中有痕 六 演（氵） 七 彦（立） 十 遽（辶）	
十五頁	十八頁	二十四頁	二十七頁	三十一三十二頁	
第二行 弥（乚） 三 容（口） 九 史（乀） 十 盧（ㄱ）	第二行 叅（厸） 四 列（丨）	第二行 而（丨） 四 亮之（之） 七 品（吉） 八 等（寸）	第二行 斯（丨） 九 遠（夕）	泐處与吳本同	

頁 五 六 七 聲 禪 枝 ……

頁 八 善 述 ……

此碑三十四行每行五六字下字體收小八九字又漸放大每行皆然自来本皆及此是何故也

自五行鄭堅粒起前四行不然也

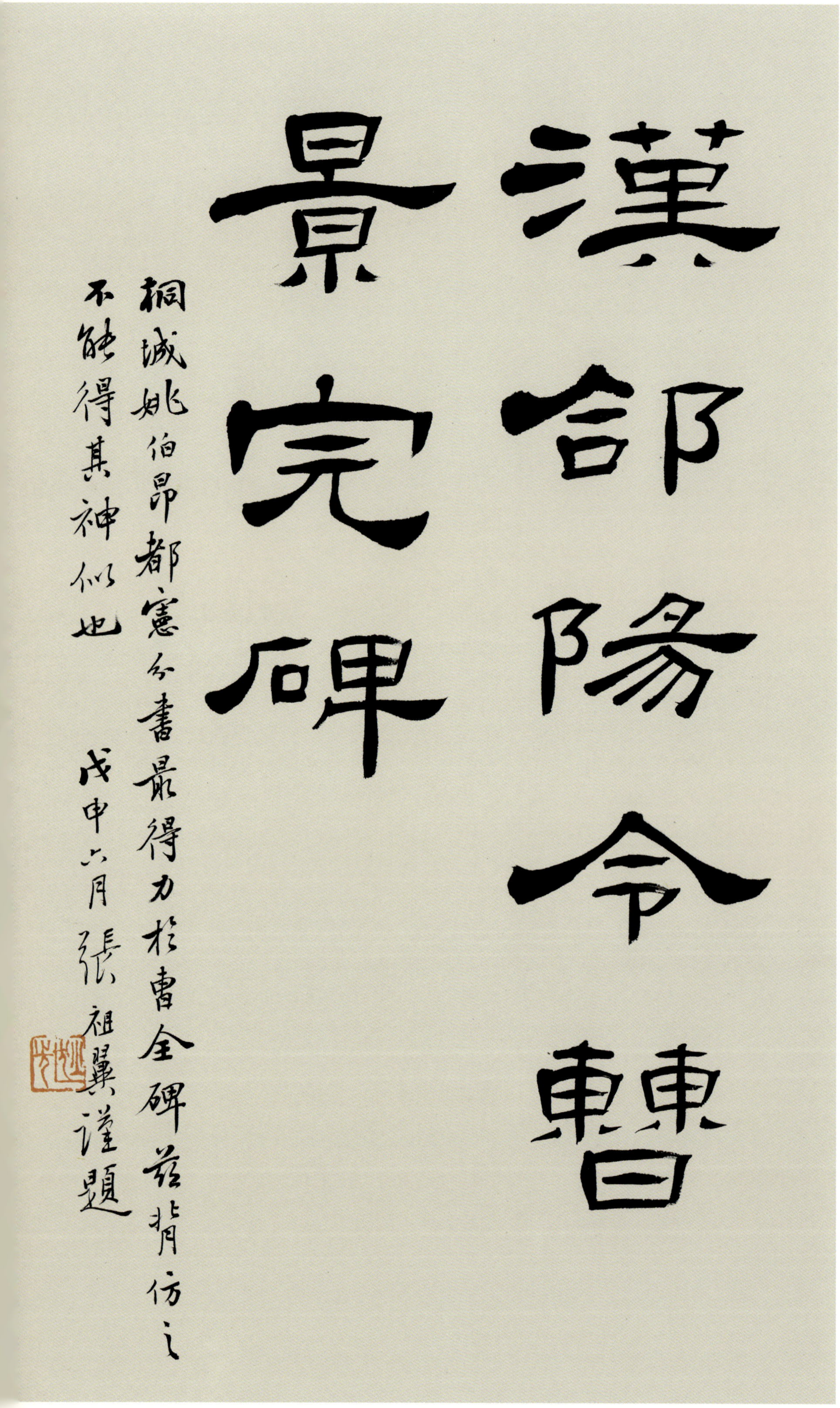
漢郃陽令曹
景完碑
桐城姚伯昂都憲分書最得力於曹全碑茲背仿之
不能得其神似也
戊申六月張祖翼謹題

張祖翼

年代：1849—1917

字號：字狄先，號磊盦、坐觀老人

籍貫：安徽桐城

釋文：漢郃陽令曹景完碑。桐城姚伯昂都憲分書最得力於《曹全碑》，茲背仿之，不能得其神似也。戊申六月，張祖翼謹題。

鈐印：逖先

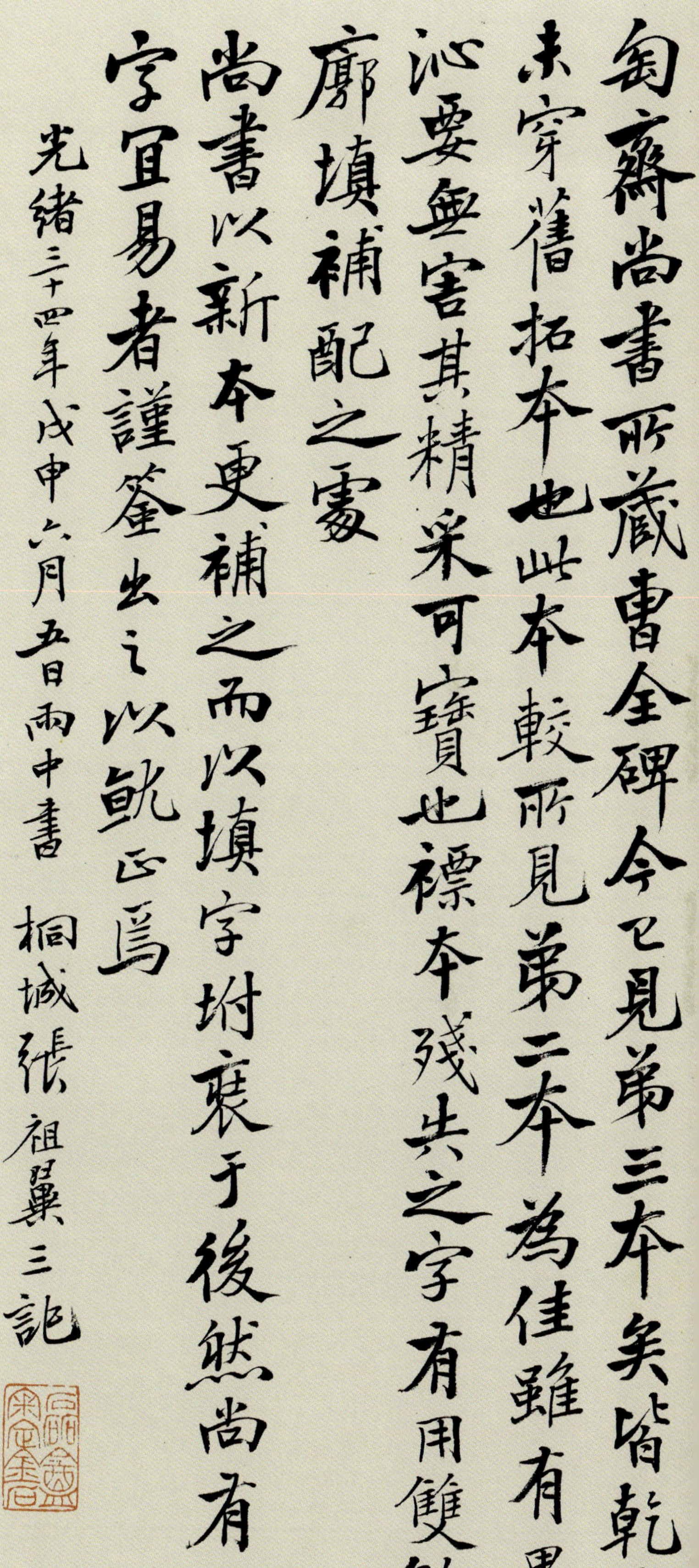
匋齋尚書所藏曹全碑今已見弟三本矣皆乾字
未穿舊拓本也此本較所見弟二本爲佳雖有墨
沁要無害其精采可寶也褾本殘失之字有用雙鈎
廓填補配之處
尚書以新本更補之而以填字坿裝于後然尚有六
字宜易者謹簽出之以就正焉
光緒三十四年戊申六月五日雨中書 桐城張祖翼三記

釋文：匋齋尚書所藏《曹全碑》，今已見弟三本矣，皆『乾』字未穿舊拓本也。此本較所見弟二本爲佳，雖有墨沁，要無害其精采，可寶也。褾本殘失之字，有用雙鈎廓填補配之處。尚書以新本更補之，而以填字附裝于後，然尚有六字宜易者，謹簽出之以就正焉。光緒三十四年戊申六月五日雨中書，桐城張祖翼三記。

鈐印：磊盦審定金石

題跋出處：曹全碑（端方藏本）

館藏號：S2690

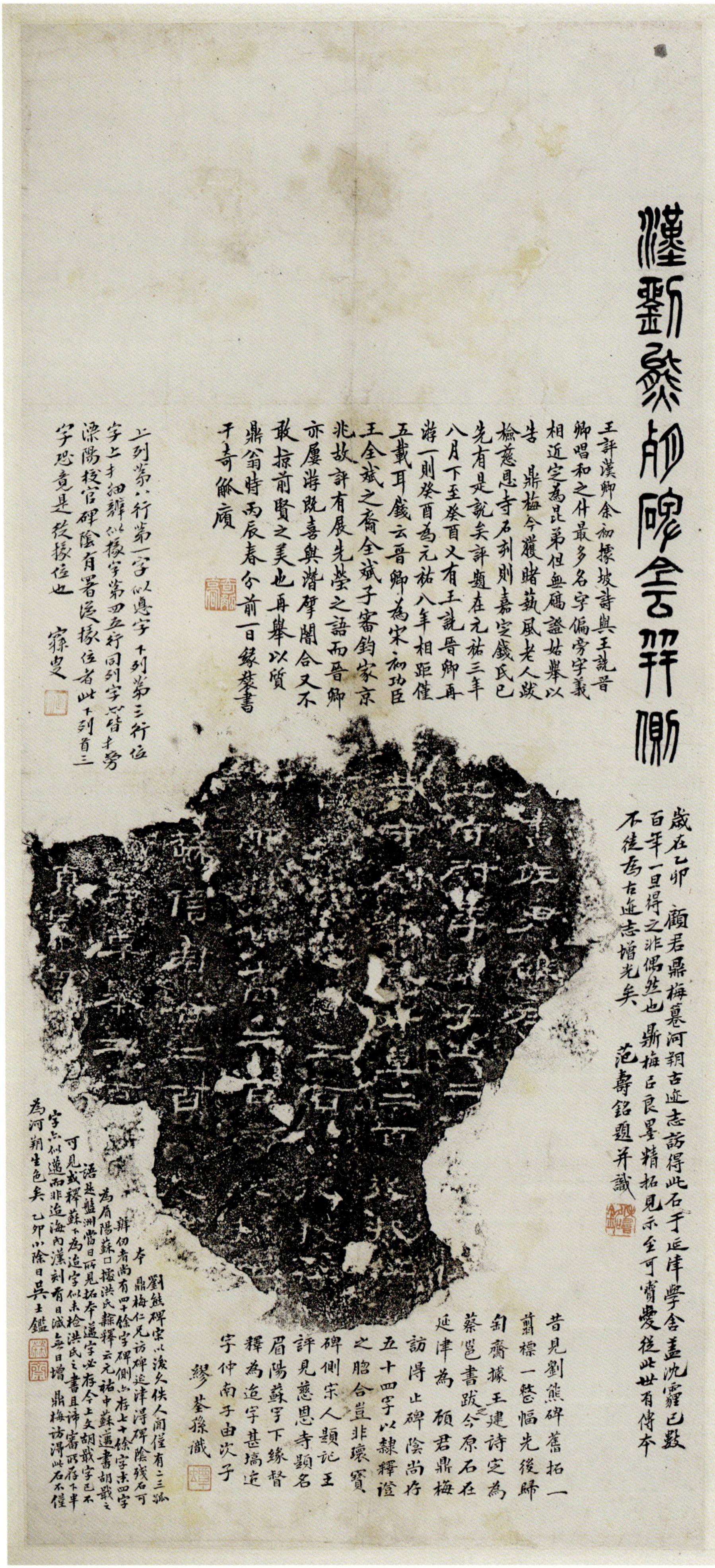

葉昌熾

年代：1849—1917

字號：字菊裳，又字鞠裳、鞠常，號歇後翁、幾希野叟、緣裻廬主人

籍貫：江蘇長洲

釋文：王評漢卿，余初據坡詩，與王詵晉卿唱和之什最多，名字偏旁字義相近，定爲昆弟，但無確證，姑舉以告鼎梅。今獲睹藝風老人跋，檢慈恩寺石刻，則嘉定錢氏已先有是説矣。評題在元祐三年八月下，至癸酉又有王詵晉卿再游一則。癸酉爲元祐八年，相距僅五載耳。錢云晉卿爲宋初功臣王全斌之裔，全斌子審鈞家京兆，故評有展先塋之語，而晉卿亦屢游。既喜與潛揅闇合，又不敢掠前賢之美也，再舉以質鼎翁。時丙辰春分前一日，緣裻書于奇觚廎。

鈐印：奇觚高

題跋出處：劉熊殘碑（顧燮光藏本）

館藏號：S1780

王許漢卿余初據坡詩與王詵晉
卿唱和之什最多名字偏旁字義
相近定為昆弟但無碻證姑舉以
告　鼎梅今獲睹藕風老人跋
檢慈恩寺石刻則嘉定錢氏已
先有是説矣許題在元祐三年
八月下至癸酉又有王詵晉卿再
游一則癸酉為元祐八年相距僅
五載耳錢云晉卿為宋初功臣
王全斌之裔全斌子審鈞家京
兆故許有展先塋之語而晉卿
亦屢游既喜與潛揅闇合又不
敢掠前賢之美也再舉以質
鼎翁時丙辰春分前一日緣裳書
于奇觚廎

盛昱

年代：1850—1899

字號：姓愛新覺羅，字伯熙、伯兮、伯羲、伯希，號韵莳、伯蘊

籍貫：滿洲鑲白旗人

釋文：（硃絲欄碑文釋文略）去年冬，施均甫同年來京師，余與廉生各出均甫所贈《劉平國刻石》，屬其題記。余偶爲釋文，廉生以爲當屬録左方，匆匆未果。今年夏，於鄭盦師處見張總督之洞釋文，以『斲』字爲『斷』，『孔』字爲『此』，『建』字爲『連』，皆與鄙説不合。『斲孔』即『鑿空』，見《漢書》顔注，『直建』是當時常語，《國志》高貴鄉公自叙可證。均甫今年二月還泲南，未久訃至。廉生珍其遺墨，重屬補完，因記。盛昱。

鈐印：玉牒盛昱

題跋出處：劉平國摩崖（王懿榮藏本）　館藏號：S38

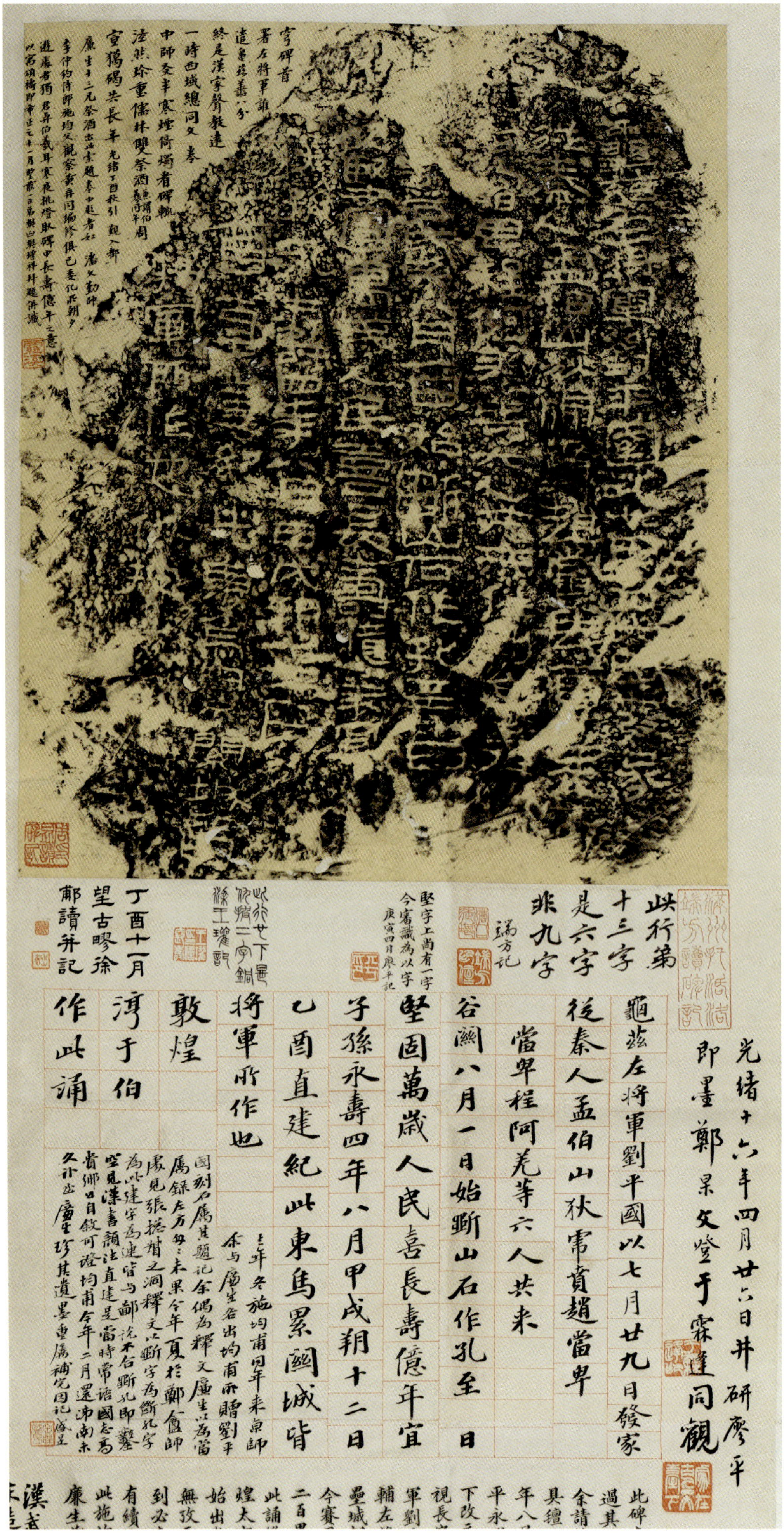

堅固萬歲人民喜長壽億年宜
子孫永壽四年八月甲戌朔十二日
乙酉直建紀此東烏累關城皆
將軍所作也
敦煌
淳于伯
作此誦

去年冬施均甫同年來京師
余與廣生者出均甫所贈劉平
國刻石屬其題記余偶爲釋文廣生以爲當
屬錄左方每每未果今年夏於鄭盦師
處見張撼背之洞釋文以斵字爲斷孔字
爲此建字爲連皆與鄭說不合斵孔即鑿
空見漢書顏注直建是當時常語國志高
貴鄉公自敘可證均甫今年二月還滇南未
久下世廣生珍其遺墨重屬補完因記 盛昱

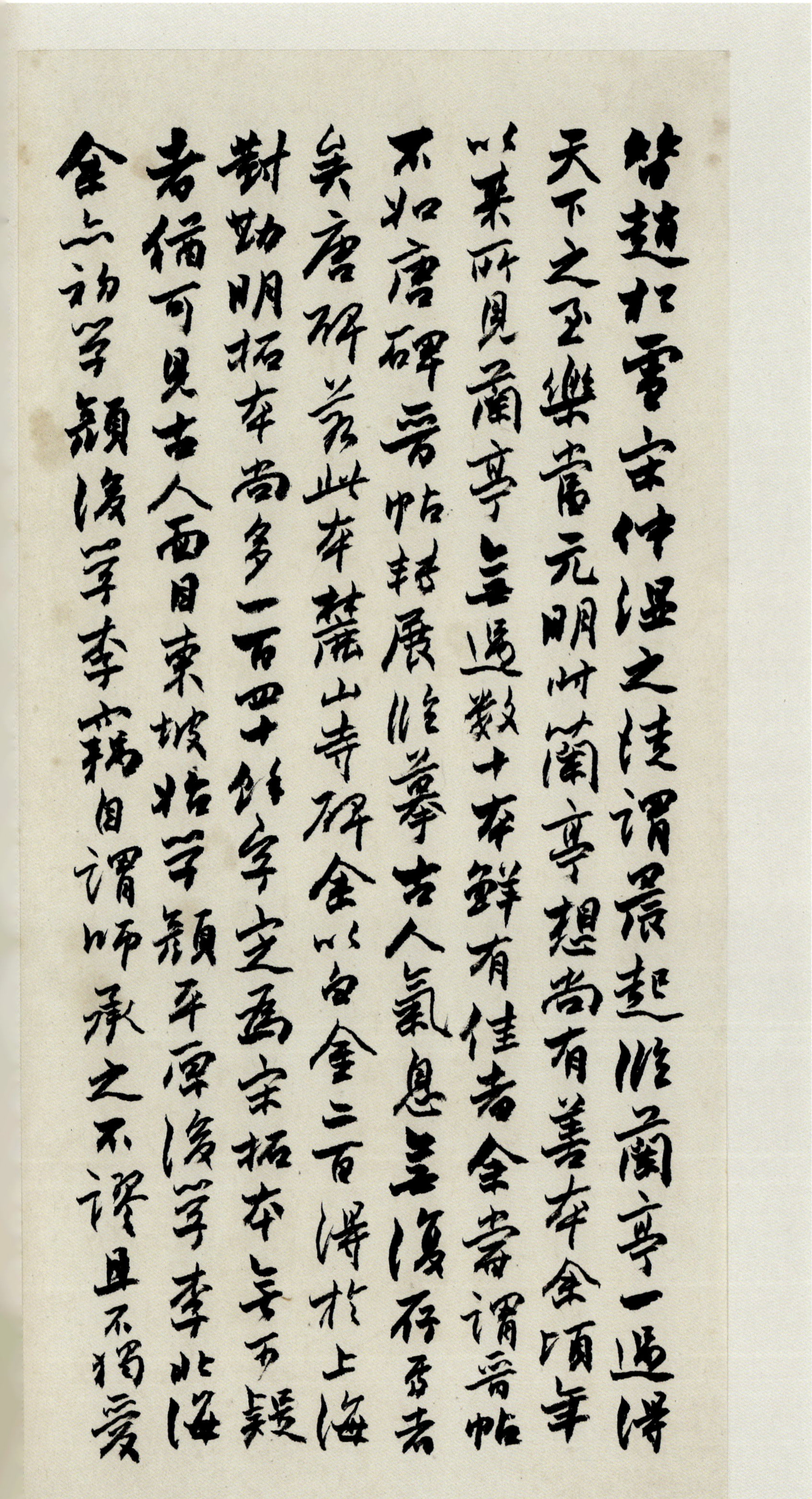

高邕

年代：1850—1921

字號：字邕之，號李盦、苦李、孟悔、聾公、赤岸山民、清人高子、中原書丐、西泠字丐

籍貫：浙江仁和

釋文：昔趙松雪、宋仲温之徒，謂晨起臨《蘭亭》一過，得天下之至樂。當元明時，《蘭亭》想尚有善本。余頃年以來所見《蘭亭》，無過數十本，鮮有佳者。余嘗謂晉帖不如唐碑，晉帖轉展臨摹，古人氣息無復存焉者矣。唐碑若此本《麓山寺碑》，余以白金二百得於上海，對勘明拓本，尚多一百四十餘字，定爲宋拓本無可疑者，猶可見古人面目。東坡始學顏平原，後學李北海。余亦初學顏，後學李，竊自謂師承之不謬，且不獨愛

其書而已。顏公當開元、天寶之際，以平原起兵，祿山不敢直闚潼關，以公與杲卿躡其後卒也，蹈忠義而死。李公當武后朝，面折二張，卒爲林甫所陷。二公風節載在史册，可考而知。余日臨摹其遺迹，即以寓高山景行之思，倘得稍具饘粥之資，風雨一廬，讀書寫字，日與古人相對，亦自謂極天下之至樂也。嗚呼！此願不知何日償哉。己巳立秋後一日，書於泰山殘石樓鐙下，時蟲聲四壁，凉月在天。孟悔高邕。

鈐印：邕、高邕之

題跋出處：麓山寺碑（張廷濟藏本）

館藏號：S2437

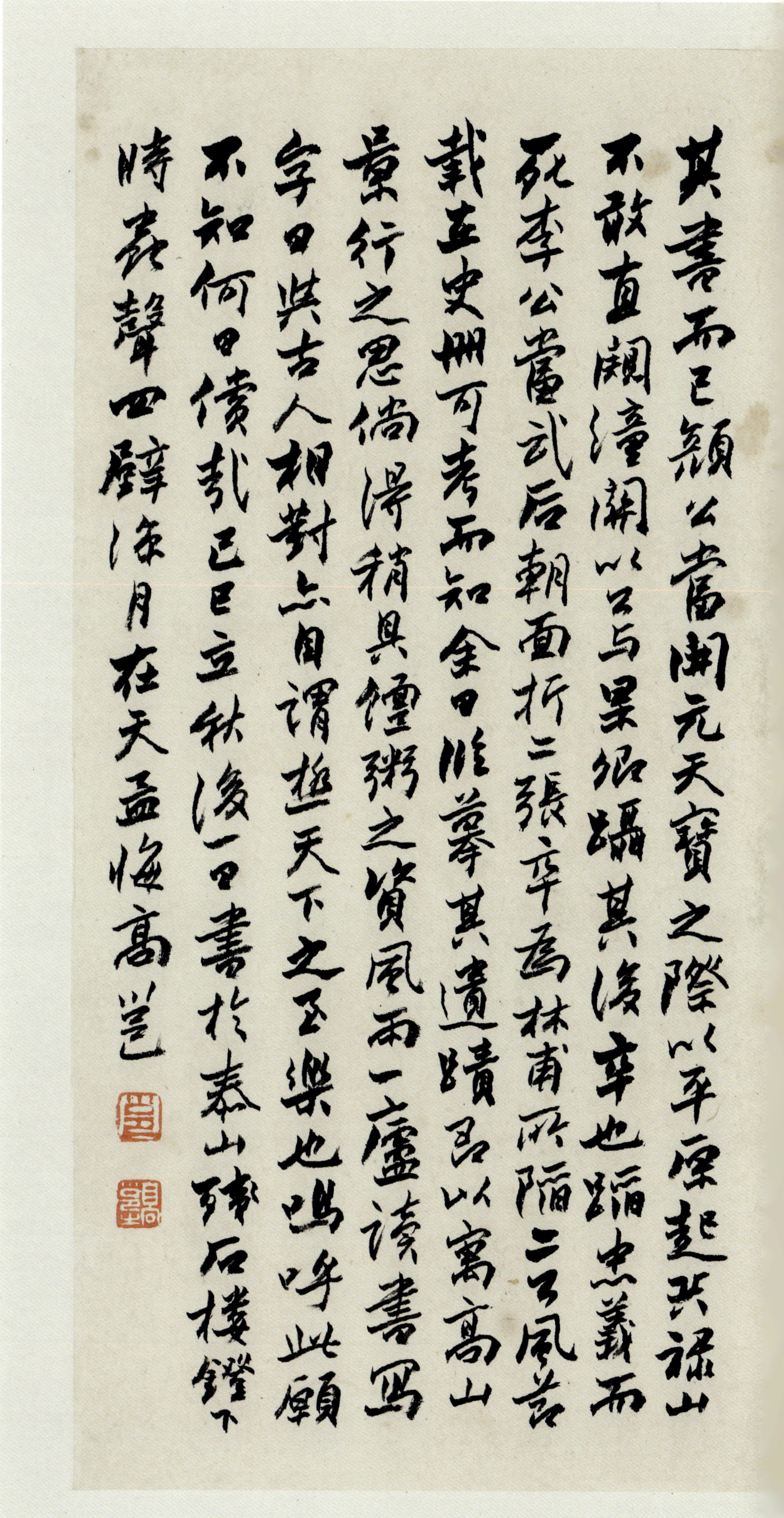

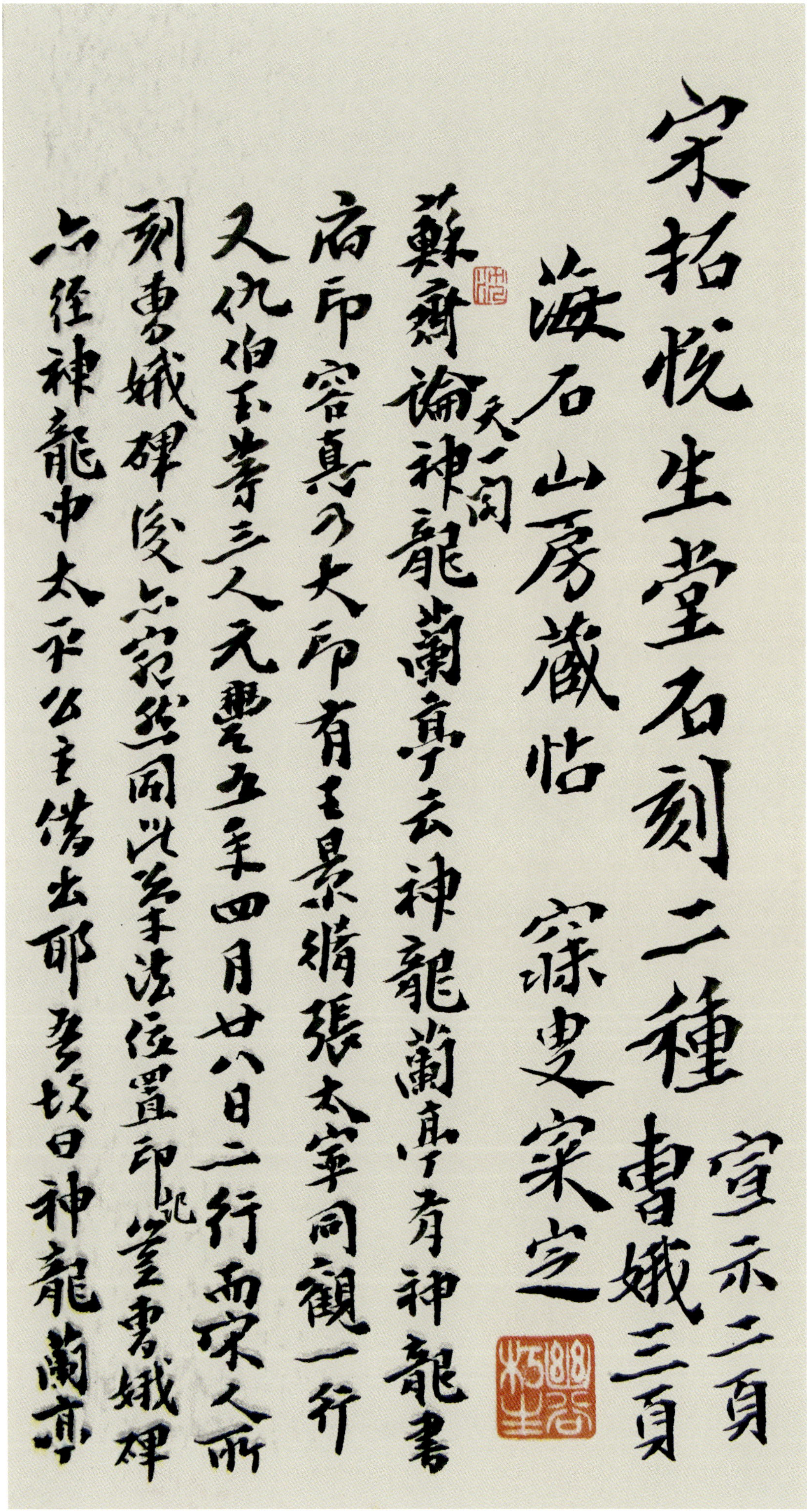

沈曾植

年代：1850—1922

字號：字子培，號巽齋、乙盦、寐翁，別署東軒居士、遜齋居士、持卿、乙僧、睡翁、東軒支離叟、守平居士、持卿

籍貫：浙江嘉興

釋文：宋拓悅生堂石刻二種，《宣示》二頁，《曹娥》三頁，海石山房藏帖，寐叟審定。

鈐印：幽谷朽生

釋文：蘇齋論天一閣《神龍蘭亭》云：《神龍蘭亭》有神龍書府印、容德乃大印，有王景修、張太寧同觀一行，又仇伯玉等三人元豐五年四月廿八日二行。而宋人所刻《曹娥碑》後亦宛然同此筆法、位置、印記，豈《曹娥碑》亦經神龍中太平公主借出耶？吾故曰《神龍蘭亭》

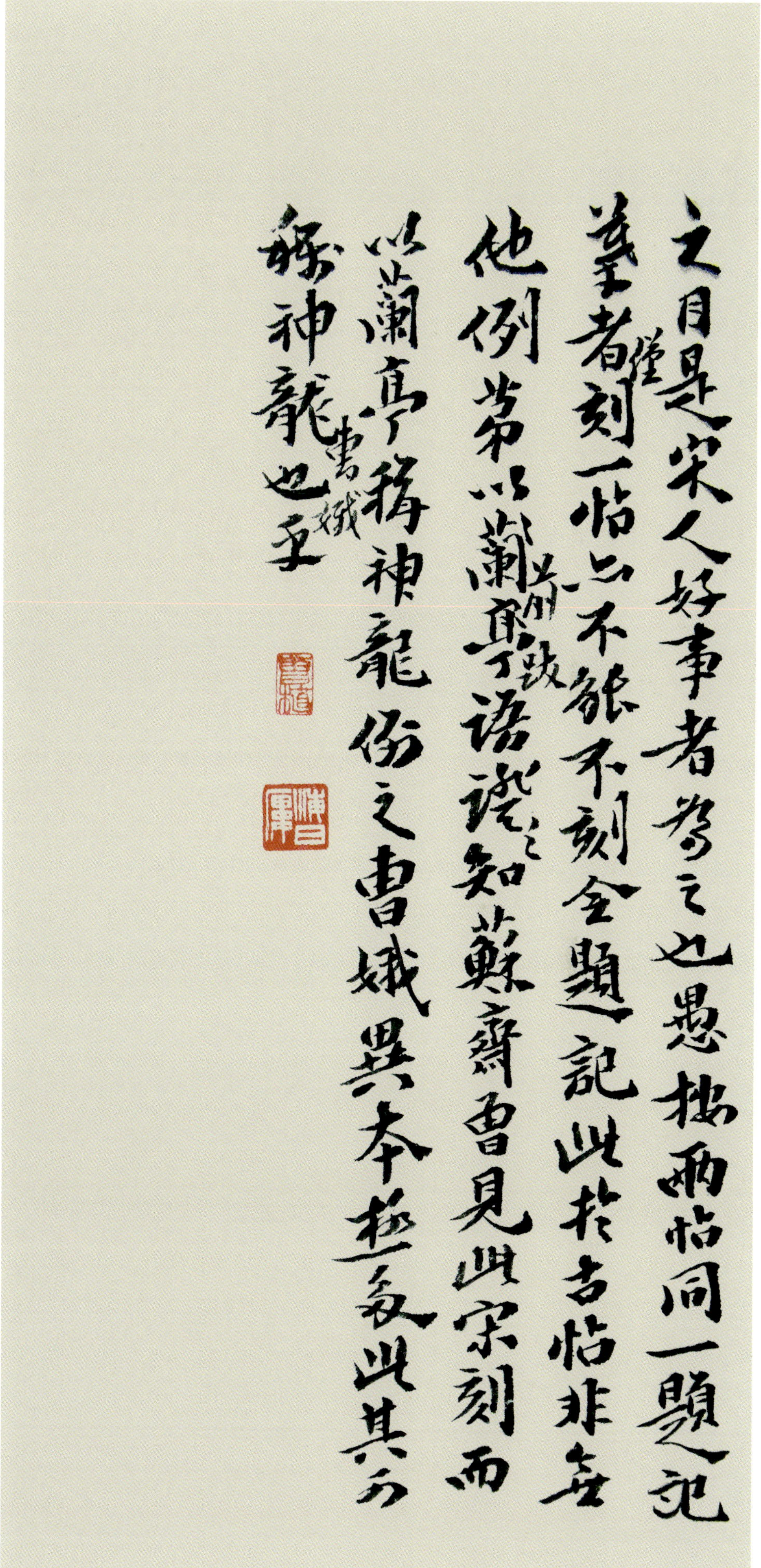

之目是宋人好事者爲之也。愚按兩帖同一題記，摹者僅刻一帖，亦不能不刻全題記，此於古帖非無他例，第以前跋語證之，知蘇齋曾見此宋刻而以《蘭亭》稱『神龍』例之，《曹娥》異本極多，此其可稱『神龍曹娥』也乎？

鈐印：曾植、海日樓

釋文：修内司《十七帖》見欽定《閣帖釋文》，天府所藏，人間著録未嘗有也。此殘本雖不足二分之一，要爲奇物書報薛宦河南本二惠競爽矣。宣統丙辰八月秋分日，寐叟。

鈐印：海日樓

釋文：檢玩此帖忽悟吴興草法全規此出，殆與近日天潢書派不能出詒晋範圍，古今同例也。《淳化》意象超曠處似太宗，《大觀》秀美似徽宗，此則冲和流美，純然思陵風習矣。

鈐印：寐翁

題跋出處：十七帖、宣示表、曹娥碑合册（沈曾植藏本）

館藏號：S3009

釋文：光緒壬寅見竹垞所藏宋拓《蘭亭》於廠肆，有査夏重、魏水村諸君題字。竹垞自題稱得之項氏，是南宋御府所刻云云。借置齋中十餘日，以余所蓄秘閣本校之正同，僅十三行裂處校余本稍狹，『室之内』三字未損，『放浪形骸』四字尚存半體耳。同時有游丞相藏趙孟林原裝之宣城本并几同觀，覺宣城以古穆勝，而竹垞本以豊麗勝，尹邢同時兩無愧色，章甓庵同年藏桂未谷所集《蘭亭》中有宋拓十餘均不能望此二本肩背也，終以價昂不可得而罷，而不能不時時來往於胸中。後見梁芷林家别本《趙子固落水蘭亭》則即是此石之未裂者，於是益知朱本之貴，而余所舊蓄亦因之敝帚自珍，聲價滋重矣。甲寅冬見此帖於滬上，比竹垞本雖少『室之内』三字，比余舊本則多『放浪形』三字，『骸』右上一點亦尚可見，因亟收之。平生福力單微，不敢望得人間第一等鴻寶，此在季孟之間，庶可免巧偷豪奪也乎。宣統丁巳清明後三日，海日樓題，寐叟。

鈐印：沈、丁巳、寐叟日利

題跋出處：蘭亭鼎帖本（沈曾植藏本）

館藏號：S2993

終內司十七帖見　欽定閣帖釋文　天府所
藏人間箸錄未嘗有也此殘本雖不及二分之
一要為奇物書報蘖宿河南本二惠褒爽
矣　宣統丙辰八月秋分日　寐叟
撿玩此帖忽悟吳興草法全規此出殆與近
日天潢書派不能出詒晉範圍古今同例也
淳化意象超曠處似太宗太觀秀美似徽
宗此則沖和深美純然思陵風習矣

光緒壬寅見竹垞所藏宋拓蘭亭於廠肆有查
夏重魏水邨諸君題字竹垞自題稱之項
氏是南宋御府所刻云云借置齋中十餘日以
余所蓄秘閣本校之正同僅十三行裂處校余
本稍狹寶之內三字未損放浪形骸四字尚
在存半體耳同時有游丞相藏趙孟林原裝
之宣城本並几同觀覺宣城以古穆勝而竹
垞本以豐縟勝尹邢同時兩無愧色章甓
庵同年藏桂未谷所集蘭亭中有宋拓十餘

[illegible]
家中別本趙子固落水蘭亭則即是此石
之未裂者於是益知朱本之貴而余所藏
亦因之敝帚自珍聲價滋重矣甲寅冬見此拓
於滬上比竹垞亦雖少室之內三字比余舊本則
多放浪形三字歇右上一點亦尚可見曰無收
之年生福力單微不敢望得人間第一等鴻
寶此在季孟之間庶可免巧偷豪奪也乎宣
統丁巳清明後三日海日樓題　寐叟

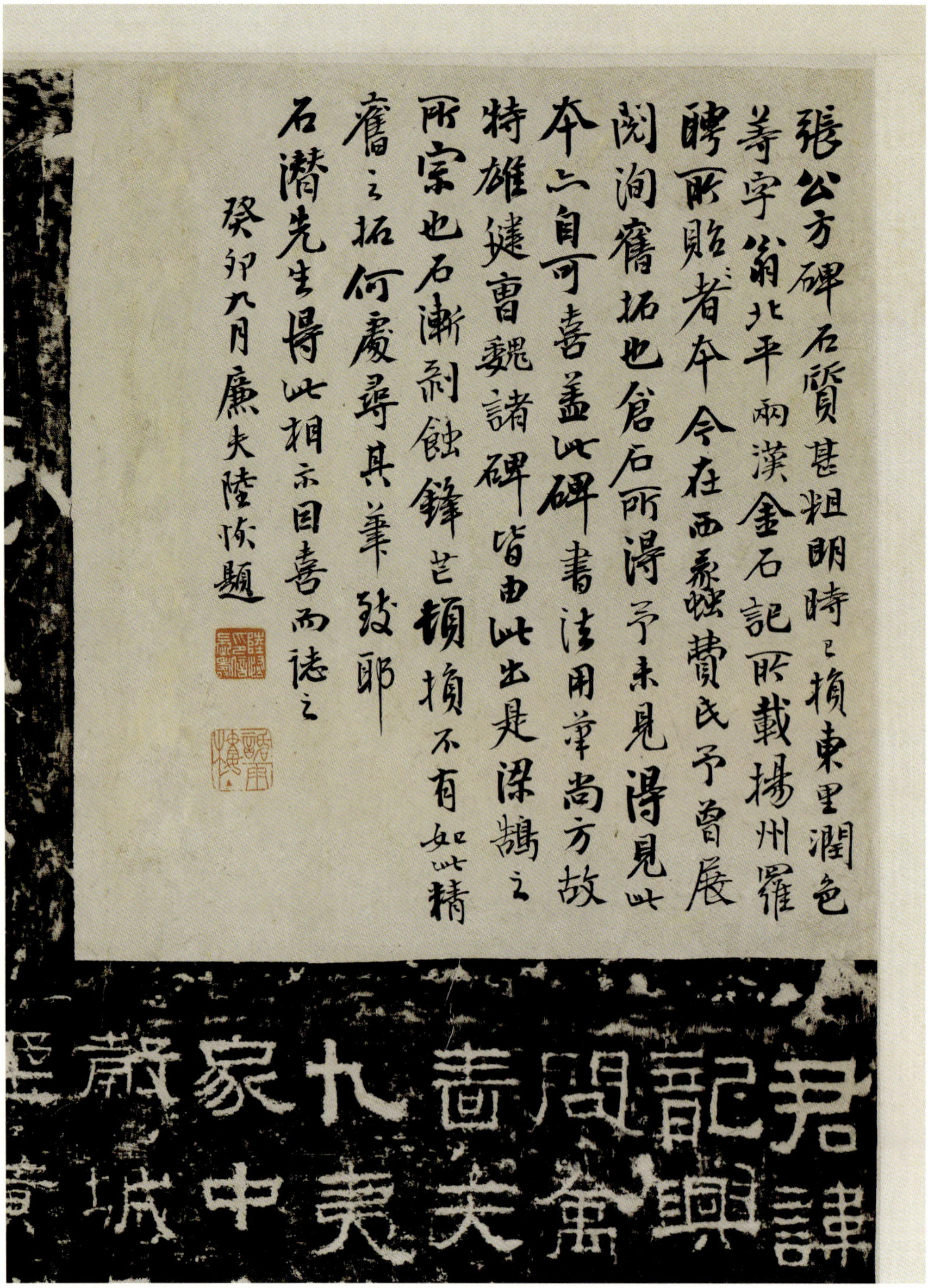

陸恢

年代：1851—1920

字號：字廉夫，號狷叟，一字狷盦，號井南舊客、話雨樓主、醜奴盦主、破佛盦主

籍貫：江蘇吳江

釋文：《張公方碑》石質甚粗，明時已損『東里潤色』等字。翁北平《兩漢金石記》所載揚州羅聘所貽本，今在西蠡費氏，予曾展閱，洵舊拓也。倉石所得予未見，得見此本，亦自可喜。蓋此碑書法，用筆尚方，故特雄健，曹魏諸碑皆由此出，是梁鵠之所宗也。石漸剥蝕，鋒芒頓損，不有如此精舊之拓，何處尋其筆致耶。石潛先生得此相示，因喜而誌之。癸卯九月，廉夫陸恢題。

鈐印：陸恢印信長壽、話雨樓主

題跋出處：張遷碑（吴隱藏本）

館藏號：S1861

張公方碑石質甚粗明時已損東里潤色等字翁北平兩漢金石記所載揚州羅聘所貽者本今在西蠡費氏予曾展閱洵舊拓也倉石所得予未見得見此本亦自可喜蓋此碑書法用筆尚方故特雄健曹魏諸碑皆由此出是梁鵠之所宗也石漸剝蝕鋒芒頓損不有如此精舊之拓何處尋其筆致耶

石潛先生得此相示因喜而誌之

癸卯九月廉夫陸恢題

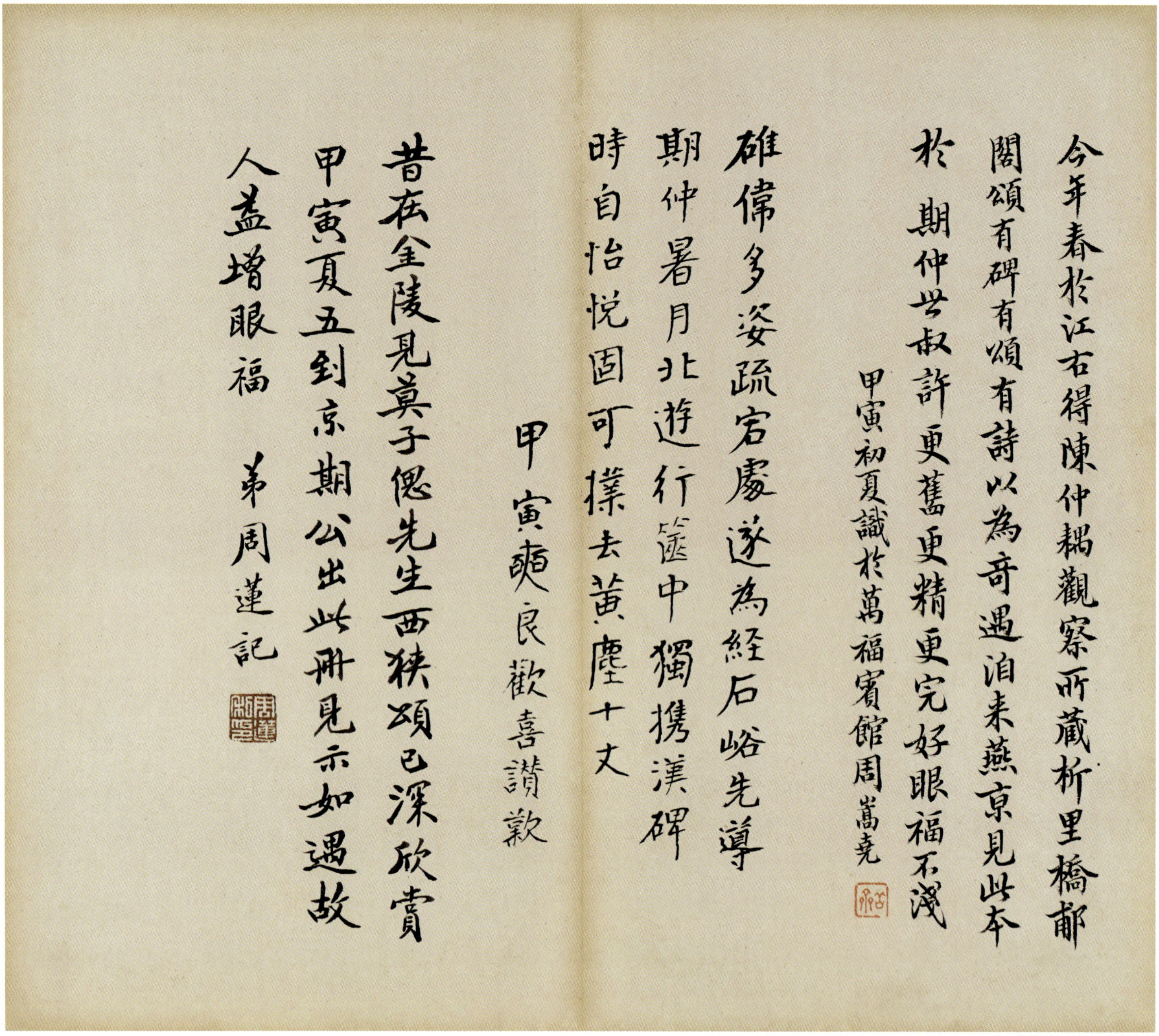
今年春於江右得陳仲耦觀察所藏析里橋郙
閣頌有碑有頌有詩以為奇遇洎来燕京見此本
於期仲世叔許更舊更精更完好眼福不淺
甲寅初夏識於萬福賓館周嵩堯
雄偉多姿疏宕處遂為經石峪先導
期仲暑月北遊行篋中獨携漢碑
時自怡悦固可撲去黃塵十丈
甲寅爽良歡喜讚歎
昔在金陵見莫子偲先生西狹頌已深欣賞
甲寅夏五到京期公出此册見示如遇故
人益增眼福
弟周蓮記

爽良

年代：1851—1930

字號：姓裕瑚魯氏，字召南

籍貫：滿洲鑲黃旗人

釋文：雄偉多姿疏宕處，遂爲經石峪先導。期仲暑月北游，行篋中獨携漢碑，時自怡悦，固可撲去黃塵十丈。甲寅爽良歡喜讚歎。

題跋出處：西狹頌（沈佺藏本）

館藏號：76B1741

雄偉多姿疏宕處遂為經石峪先導
期仲暑月北遊行篋中獨携漢碑
時自怡悦固可撲去黃塵十丈
甲寅夏良歡喜讚歎

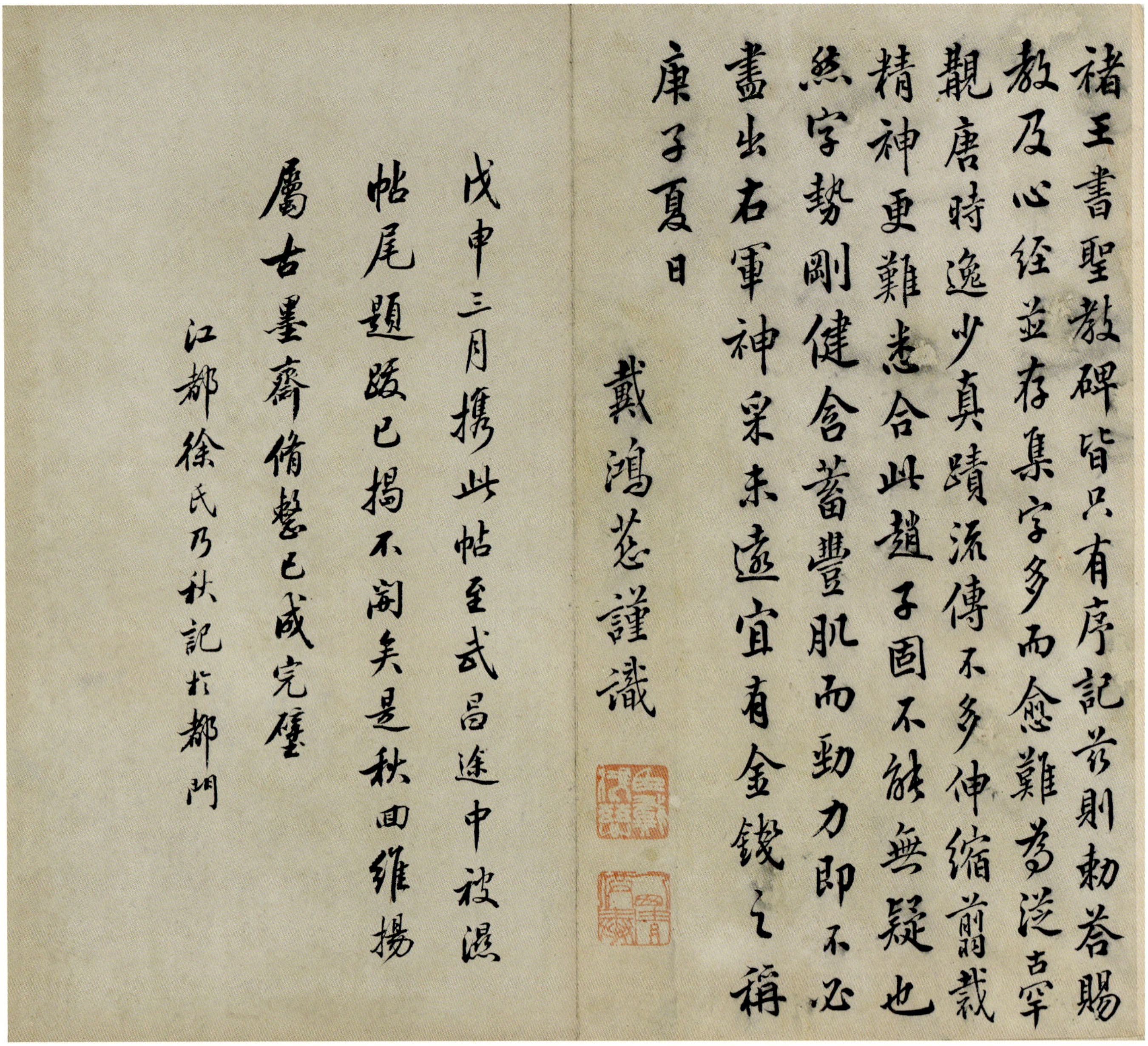
褚王書聖教碑皆只有序記茲則勅答賜
教及心經並存集字多而愈難爲從古罕
覯唐時逸少真蹟流傳不多伸縮翦裁
精神更難悉合此趙子固不能無疑也
然字勢剛健含蓄豐肌而勁力即不必
盡出右軍神采未遠宜有金錢之稱
庚子夏日
戴鴻慈謹識
戊申三月攜此帖至武昌途中被濕
帖尾題跋已揭不閱矣是秋回維揚
屬古墨齋脩整已成完璧
江都徐氏乃秋記於都門

戴鴻慈

年代：1853—1910

字號：字光孺，號少懷、毅庵、韵波

籍貫：廣東南海

釋文：褚王書《聖教碑》，皆祇有序記，茲則勅答賜教及《心經》并存。集字多而愈難，爲從古罕覯。唐時逸少真迹流傳不多，伸縮翦裁，精神更難悉合，此趙子固不能無疑也。然字勢剛健含蓄，豐肌而勁力，即不必盡出右軍，神采未遠，宜有金錢之稱。庚子夏日，戴鴻慈謹識。

鈐印：臣戴鴻慈、西清供奉

題跋出處：集王聖教序（崇禮藏本）

館藏號：S2893

褚王書聖教碑皆只有序記前則勅荅賜
教及心經並存集字多而愈難為從古罕
覯唐時逸少真蹟流傳不多伸縮翦裁
精神更難悉合此趙子固不能無疑也
然字勢剛健含蓄豐肌而勁力即不必
盡出右軍神采未遠宜有金鍼之穪
庚子夏日
戴鴻慈謹識

張謇

年代：1853—1926

字號：字季直，號嗇庵

籍貫：江蘇南通

釋文：余自丙戌至壬辰，四應禮部試，自到京迄報罷，旅費粗足自給，苟有餘，輒量購碑籍書畫一二，以自慰其場屋之辛苦。丙戌場後，沈乙盦同年忽謂余頃得一舊拓《禮器碑》絶佳，亟索觀，則較余所有者多二十餘字。乙盦曰若進士及第，當讓以爲賀耳。數日報罷，乙盦遣僕持牋并碑至。牋曰：昔期

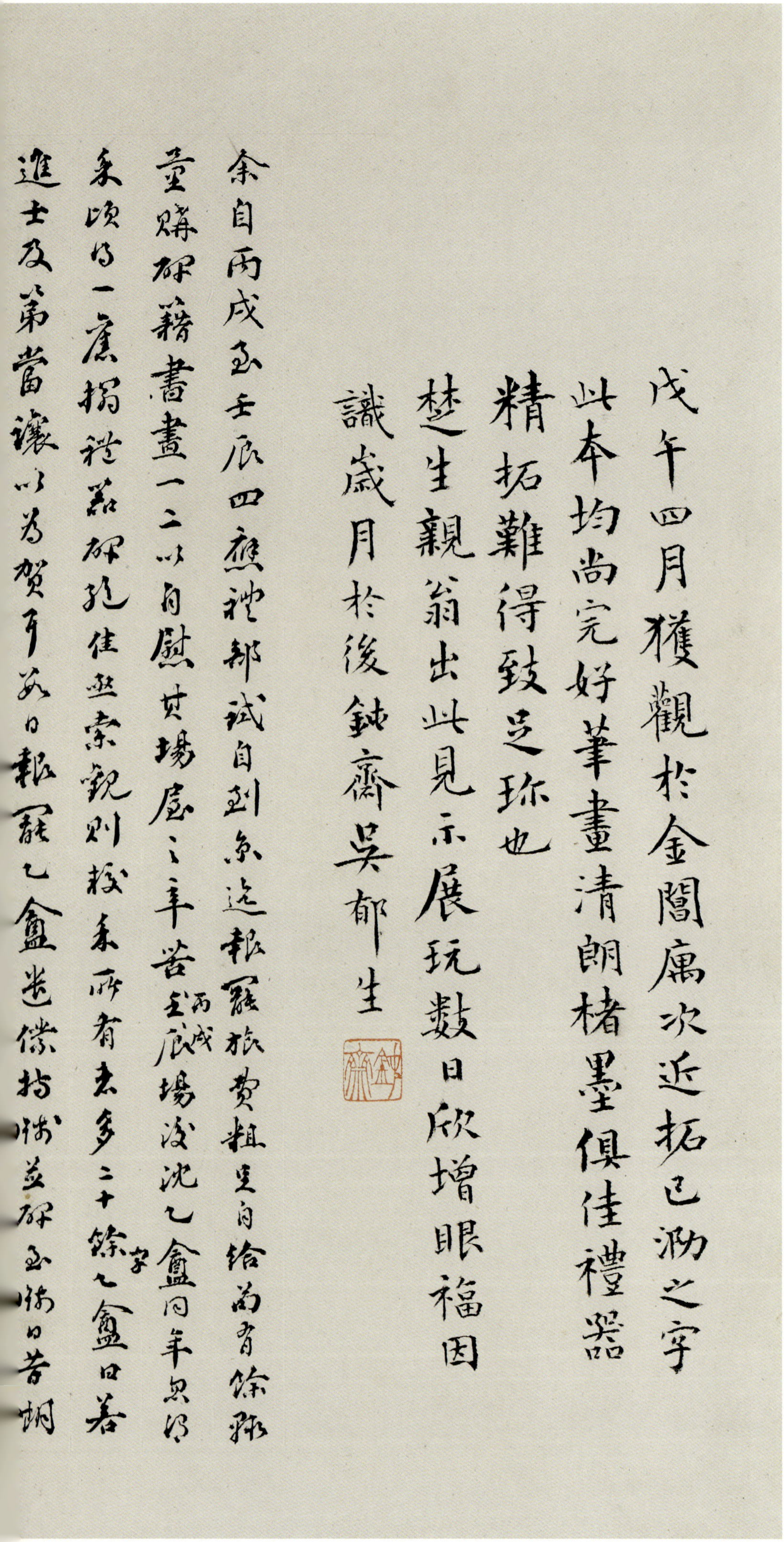
戊午四月獲觀於金閶廡次近拓已泐之字
此本均尚完好筆畫清朗楮墨俱佳禮器
精拓難得致足珎也
楚生親翁出此見示展玩數日欣增眼福因
識歲月於後鈍齋吳郁生
余自丙戌至壬辰四應禮部試自到京迄報罷旅費粗足自給苟有餘
輒量購碑籍書畫一二以自慰其場屋之辛苦丙戌場後沈乙盦同年忽謂
余頃得一舊拓禮器碑絶佳亟索觀則較余所有者多二十餘字乙盦曰若
進士及第當讓以爲賀耳數日報罷乙盦遣僕持牋并碑至牋曰昔期

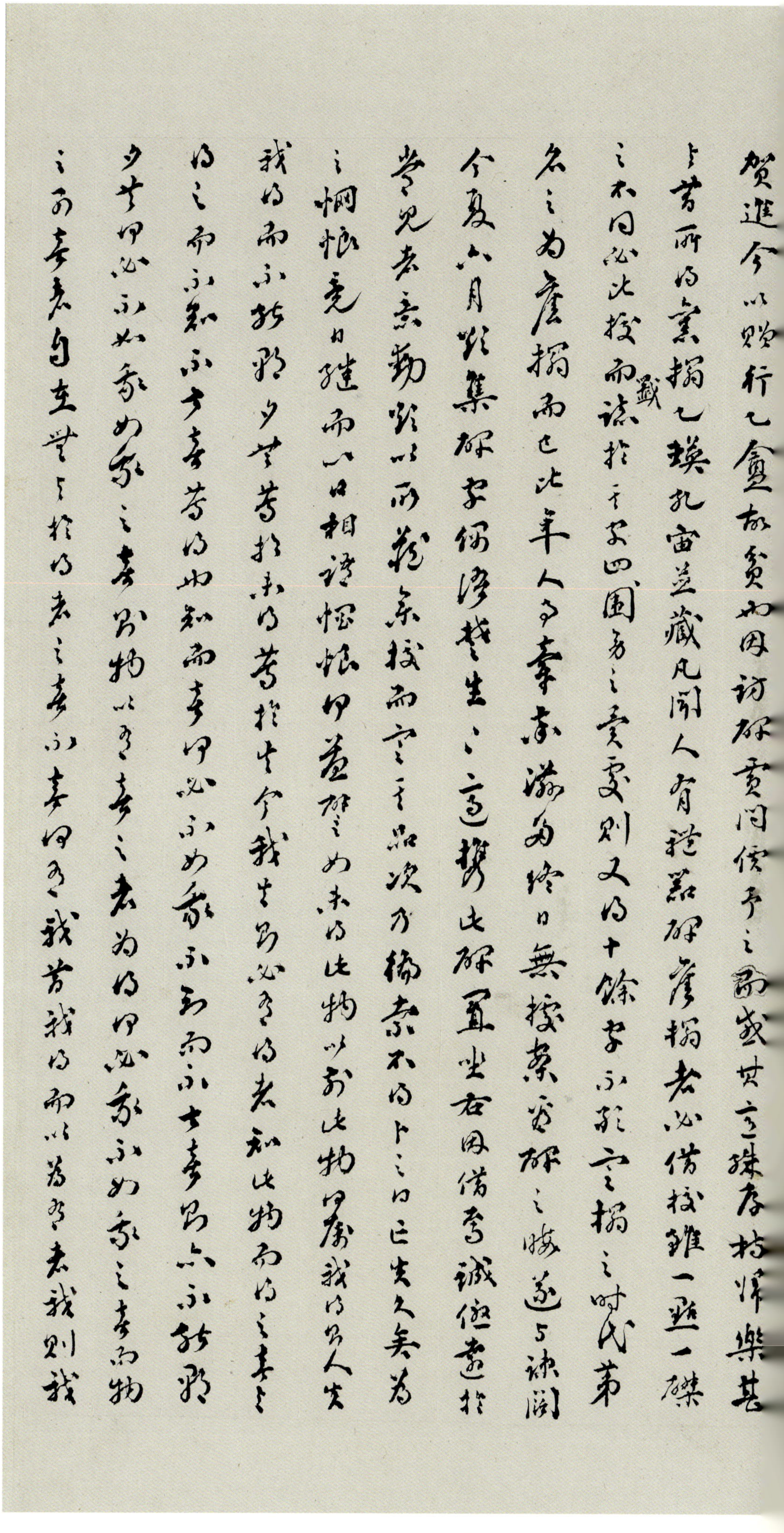

賀進，今以贈行。乙龕故貧也，因訪碑賈問價而欲予之，則已給。感其意殊厚，持歸樂甚。與昔所得舊拓《乙瑛》《孔宙》并藏。凡聞人有《禮器碑》舊拓者，必借校，雖一點一磔之不同，必比較而箋誌於其字四旁之異處，則又得十餘字。不敢定拓之時代，第名之爲舊拓而已。比年人事牽率滋多，終日無據案看碑之暇，遂與疏闊。今夏六月欲集碑字，偶語楚生，楚生適携此碑置坐右，因借焉，誠優遠於常見者。意動，欲以所藏參校而定其品次。乃徧索不得，卜之曰：亡失久矣。爲之惘悵竟日，繼而心口相語，惘悵何益，譬如未得此物以前，此物何屬，我得則人失，我得而不能朝夕共，等於未得，等於失。今我失則必有得者，知此物而得之喜，與得之而不知不甚喜，等得也。知而喜，何必不如我。不知而不甚喜，則亦不能朝夕共，何必不如我。如我之喜，則物以有喜之者爲得，何必我。不如我之喜，而物之可喜者自在，無與於得者之喜不喜，何有我。昔我得而以爲有者我，則我

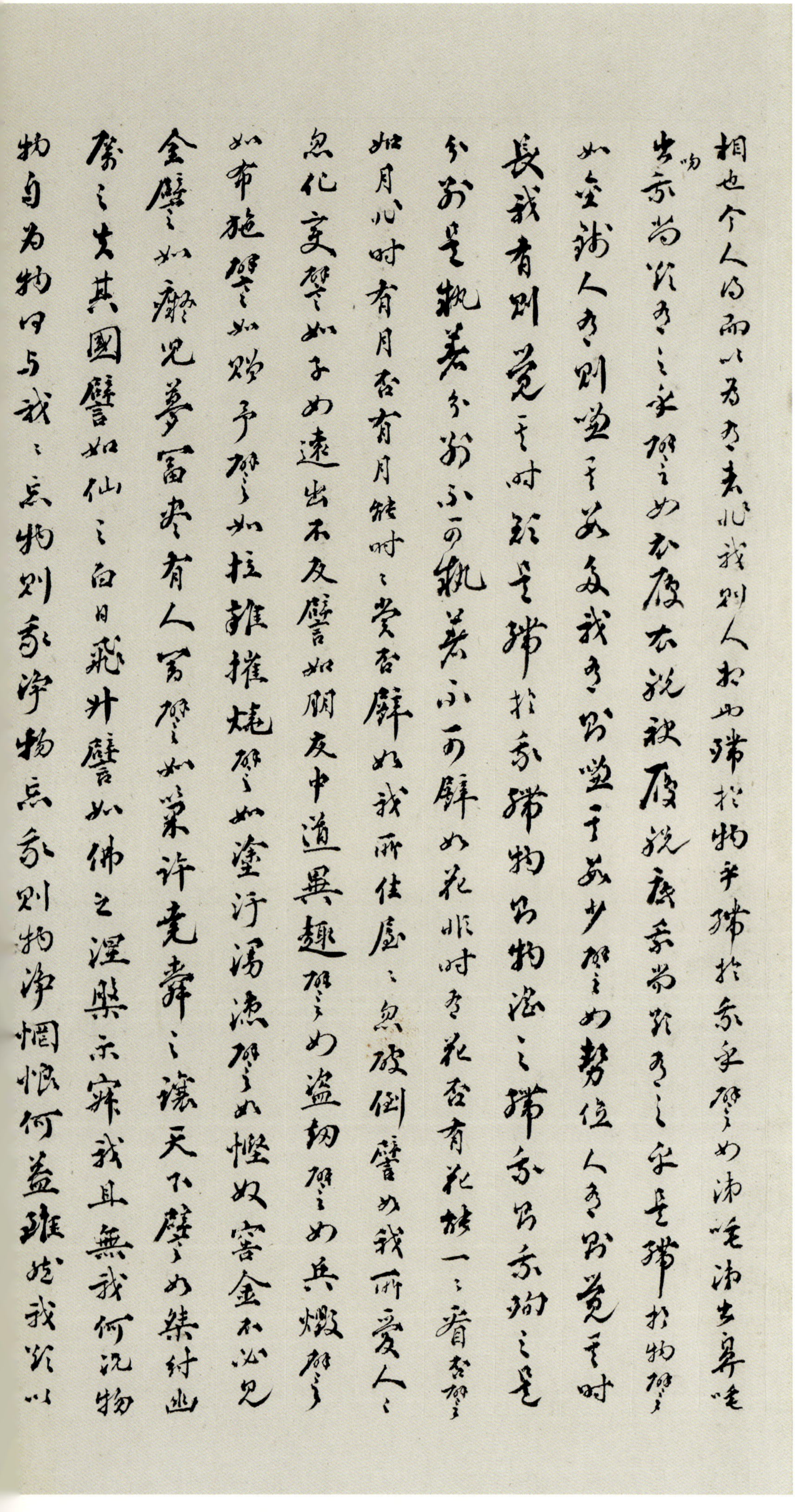

相也。今人得而以爲有者非我，則人相也。殢於物乎？殢於我乎？譬如涕唾，涕出鼻，唾出吻，我尚欲有之乎？譬如衣履，衣脱袂，履脱底，我尚欲有之乎？是殢於物，譬如金錢，人有則嗛其數多，我有則嗛其數少。譬如勢位，人有則覺其時長，我有則覺其時短。是殢於我。殢物則物淫之，殢我則我殉之，是分別，是執著，分別不可，執著不可。譬如花，非時有花否，有花能一一看否。譬如月，非時有月否，有月能時時賞否。譬如我所住屋，屋忽破倒。譬如我

所愛人，人忽化變。譬如子女遠出不反，譬如朋友中道異趣，譬如盜劫，譬如兵燬，譬如布施，譬如贈予，譬如拉雜摧燒，譬如塗汙漫漶。譬如慳奴窖金，不必見金。譬如癡兒夢富，盡有人富。譬如巢許堯舜之讓天下，譬如桀紂幽厲之失其國。譬如僊之白日飛升，譬如佛之涅槃示寂。我且無我何况物，物自爲物何與我。我忘物則我凈，物忘我則物凈。惘恨何益。雖然，我欲以

與楚生所有參校者，彼此乃如參商之不相見，不相見則品次何由而定。夫世界之大，物之至不齊，齊物之言之河漢而無極，不定何礙，而我猶爲是辭費以自解脱，其愛根之未斷歟？抑結習之未忘歟？天女之花，維摩之室，一朵飛來，我其迦葉。失碑書銅井文房《禮器碑》後。楚生賢弟。乙丑七月二日，張謇嗇庵。

鈐印：嗇翁

釋文：右説既寫竟，遂以碑還楚生，甫還，兒子告失碑已得，蓋戚某從我濠南别業假去，已七八年，當日初未見告。武進吴生伯喬嘗至戚某家見之，記於日記，適晤兒子，聞失碑事，與文舉前見以告，兒子恍然，乃從索回。復從楚生借其本校焉。我本昔與濂亭先師所藏褚千峰拓校，尚下一等。今楚生本點畫明晰之字，彷彿尚多於褚，其爲明拓何疑。莫氏子孫，其知寶愛哉。四日，謇又題。時腕尚震。

鈐印：張季

題跋出處：禮器碑（莫棠藏本）

館藏號：S2642

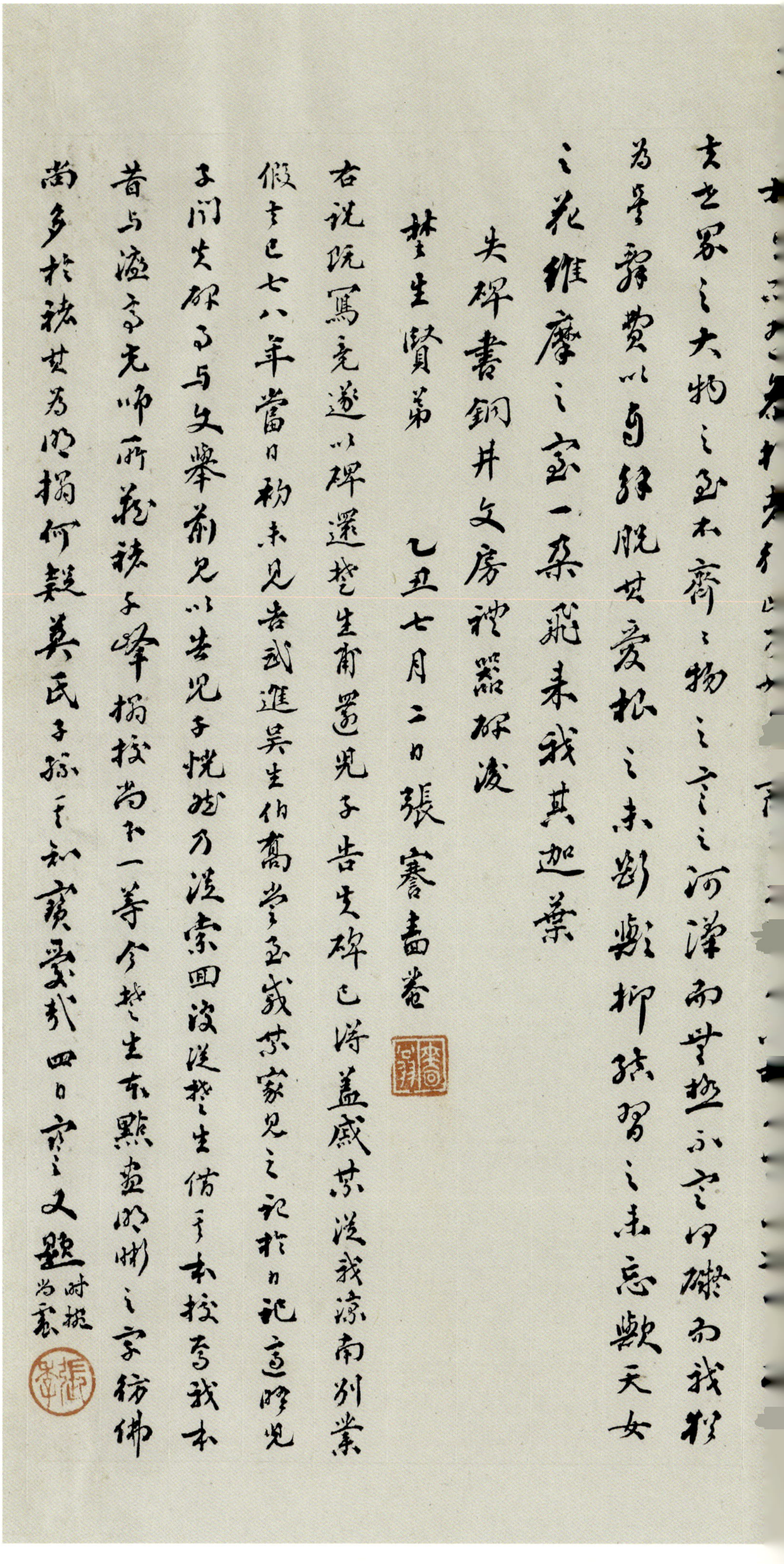

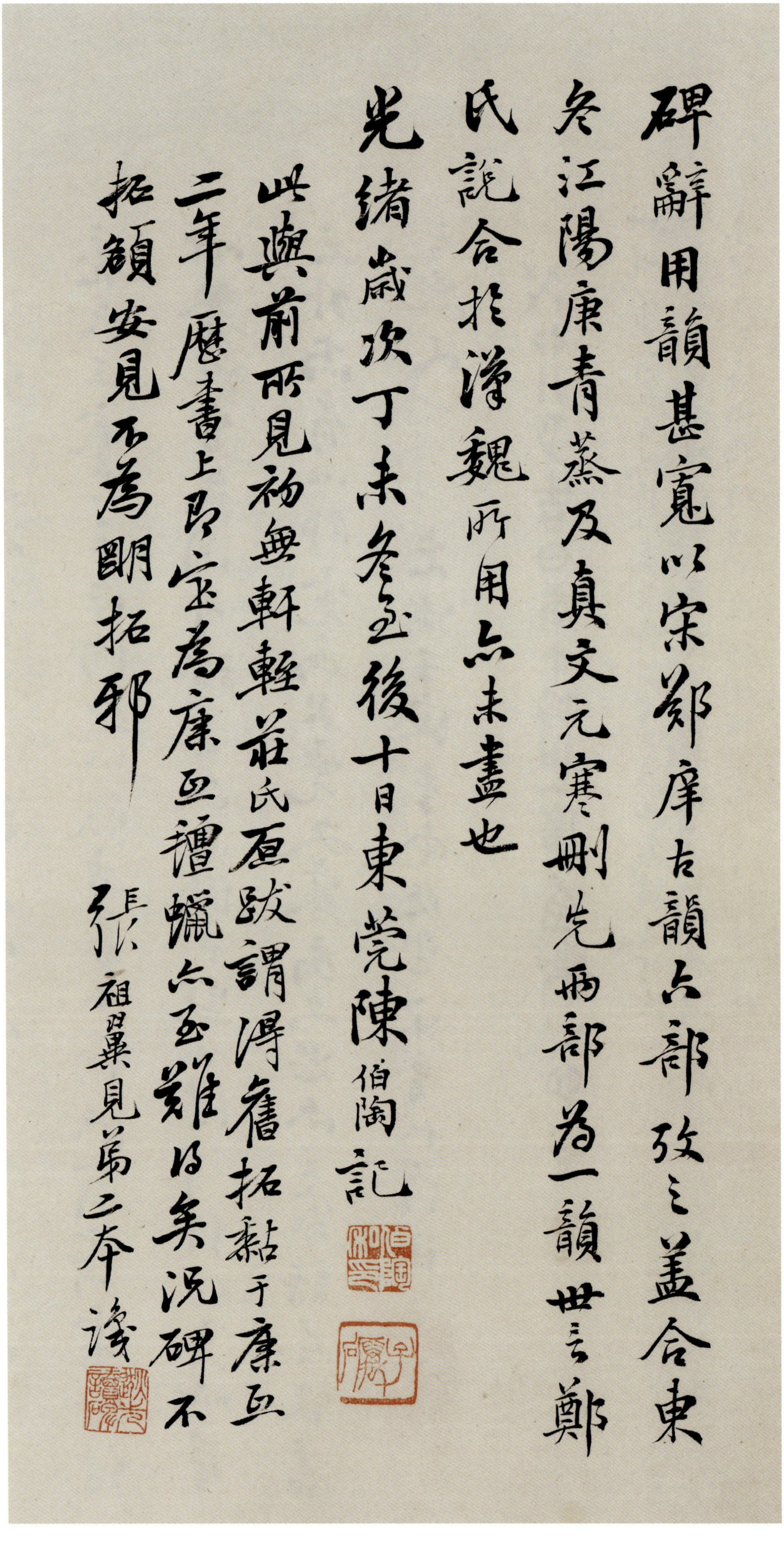
碑辭用韻甚寬以宋鄭庠古韻六部攷之蓋合東
冬江陽庚青蒸及真文元寒刪先兩部為一韻世言鄭
氏説合於漢魏所用亦未盡也
光緒歲次丁未冬至後十日東莞陳伯陶記

陳伯陶

年代：1854—1930

字號：字象華，號子礪，晚年更名永燾，又號九龍真逸，別署萬年青

籍貫：廣東東莞

釋文：碑辭用韻甚寬，以宋鄭庠古韻六部考之，蓋合『東冬』『江陽』『庚青』『蒸及』『真文』『元寒』『刪先』，兩部爲一韻，世言鄭氏説合於漢魏所用，亦未盡也。光緒歲次丁未冬至後十日，東莞陳伯陶記。

鈐印：伯陶私印、子礪

題跋出處：衡方碑（端方藏本）

館藏號：48B817

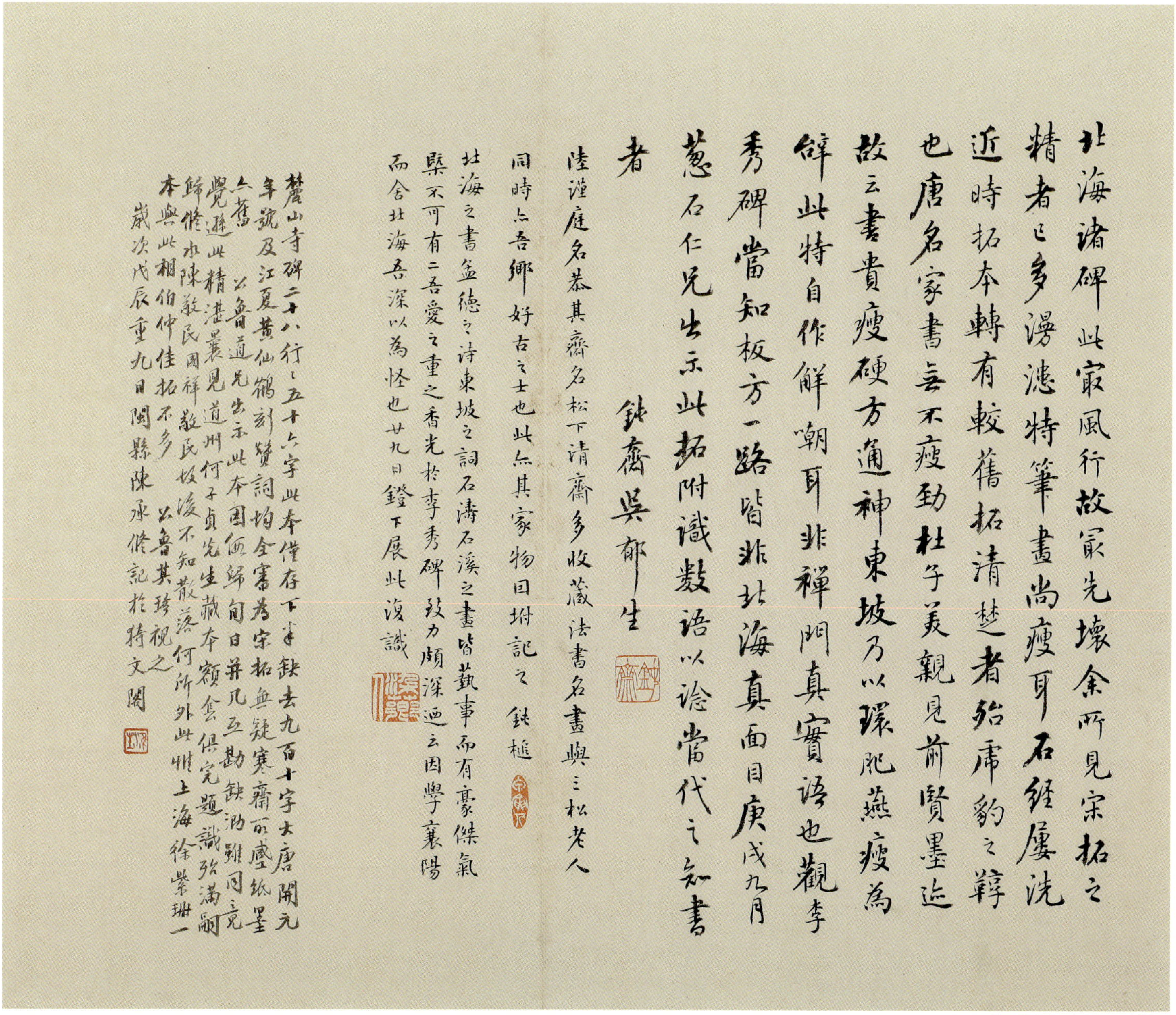

吴郁生

年代：1854—1940

字號：字伯唐，號蔚若、尉若、鈍齋、鈍叟、鈍樵

籍貫：江蘇元和

釋文：北海諸碑此最風行，故最先壞。余所見宋拓之精者已多漫漶，特筆畫尚瘦耳。石經屢洗，近時拓本轉有較舊拓清楚者，殆虎豹之鞟也。唐名家書無不瘦勁，杜子美親見前賢墨迹，故云『書貴瘦硬方通神』，東坡乃以『環肥燕瘦』爲辭，此特自作解嘲耳，非禪門真實語也。觀《李秀碑》，當知板方一路皆非北海真面目。庚戌九月，葱石仁兄出示此拓，附識數語，以諗當代之知書者。鈍齋吴郁生。

鈐印：鈍齋

釋文：陸謹庭名恭，其齋名松下清齋，多收藏法書名畫，與三松老人同時，亦吾鄉好古之士也。此亦其家物，因附記之。鈍樵。

鈐印：甲寅人

釋文：北海之書、孟德之詩、東坡之詞、石濤石溪之畫，皆藝事而有豪傑氣概，不可有二，吾愛之重之。香光於《李秀碑》致力頗深，乃云因學襄陽而舍北海，吾深以爲怪也。廿九日鐙下展此復識。

鈐印：梁鄉人

題跋出處：麓山寺碑（陸恭藏本）

館藏號：88B2683

北海諸碑此家風行故冢先壞余所見宋拓之
精者已多漫漶特筆畫尚瘦耳石經屢洗
近時拓本轉有較舊拓清楚者殆虎豹之鞟
也唐名家書無不瘦勁杜子美親見前賢墨迹
故云書貴瘦硬方通神東坡乃以環肥燕瘦為
辭此特自作解嘲耳非禪門真實語也觀李
秀碑當知板方一路皆非北海真面目庚戌九月
蕙石仁兄出示此拓附識數語以諗當代之知書
者

鈍齋吳郁生

北海之書孟德之詩東坡之詞石濤石溪之畫皆藝事而有豪傑氣
槩不可有二吾愛之重之香光於李秀碑致力頗深迺云因學襄陽
而含北海吾深以為怪也廿九日鐙下展此復識

麓山寺碑二十八行行五十六字此本僅存下半缺去九百十字大唐開元
年號及江夏黃仙鶴刻贊詞均全當為宋拓無疑寒齋所藏紙墨
亦舊　公魯道兄出示此本因偕歸旬日并几互勘缺泐雖同竟
覺遜此精湛曩見道州何子貞先生藏本額含俱完題識殆滿嗣
歸脩水陳散原國祥敬民叔後不知散落何所外此卅上海徐紫珊一
本與此相伯仲佳拓不多　公魯其珍視之
歲次戊辰重九日閩縣陳承修記於持文閣

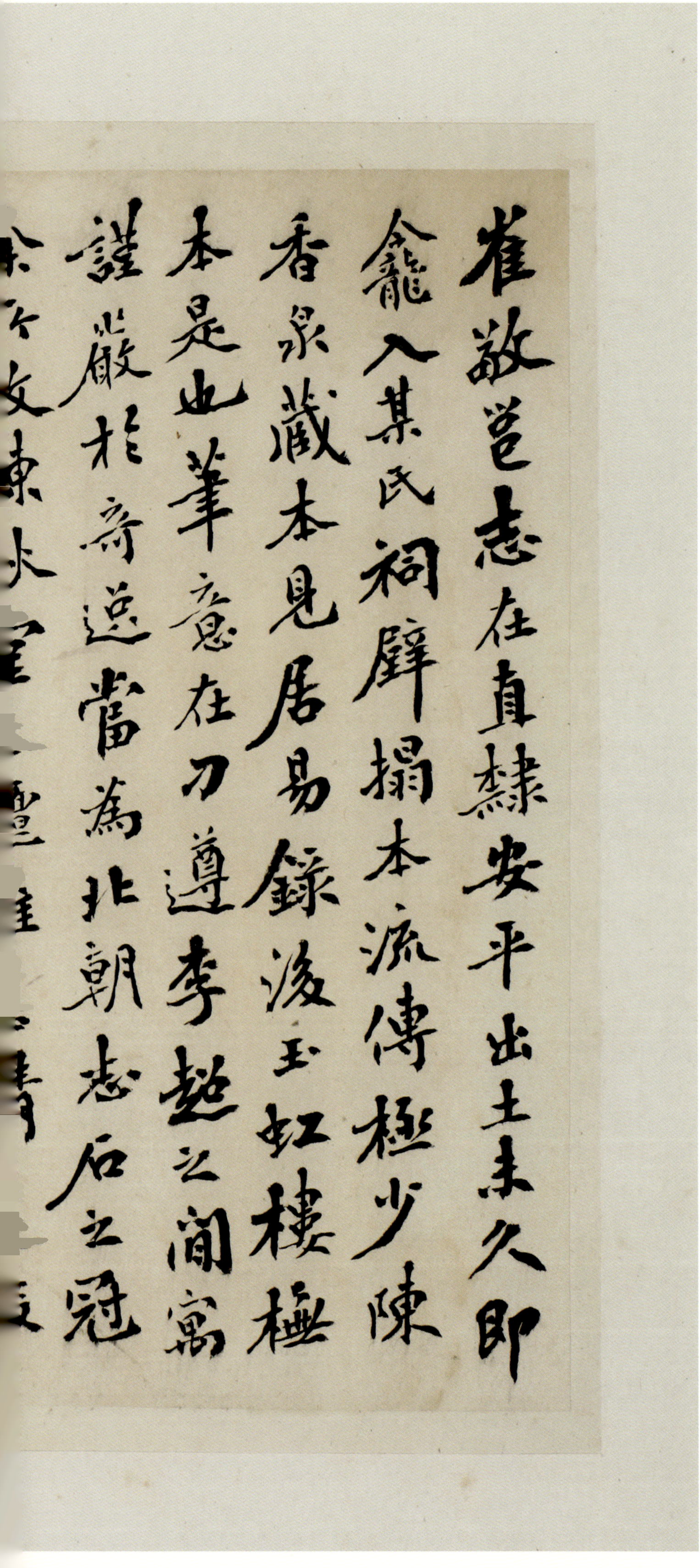

費念慈

年代：1855—1905

字號：字屺懷，號西蠡、君直、趛齋、藝風老人、歸牧散人

籍貫：江蘇武進

釋文：《崔敬邕誌》在直隸安平，出土未久即龕入某氏祠壁，拓本流傳極少。陳香泉藏本見《居易録》，後玉虹樓橅本是也。筆意在《刁遵》《李超》之間，寓謹嚴於奇逸，當爲北朝誌石之冠。余所收陳秋堂本氈椎甚精。建霞

同年於長沙收舊書得一本，馳書告余，詫爲奇遇。建霞殁，遂入市兒手，甲辰冬轉入健之仁兄秘笈，惜闕失百許字。出示徵題，回憶靈鶼閣談藝時，不禁惘惘也。乙巳寒食病起記，費念慈。

鈐印：趛齋

題跋出處：崔敬邕墓誌（端方藏本）

館藏號：19A358

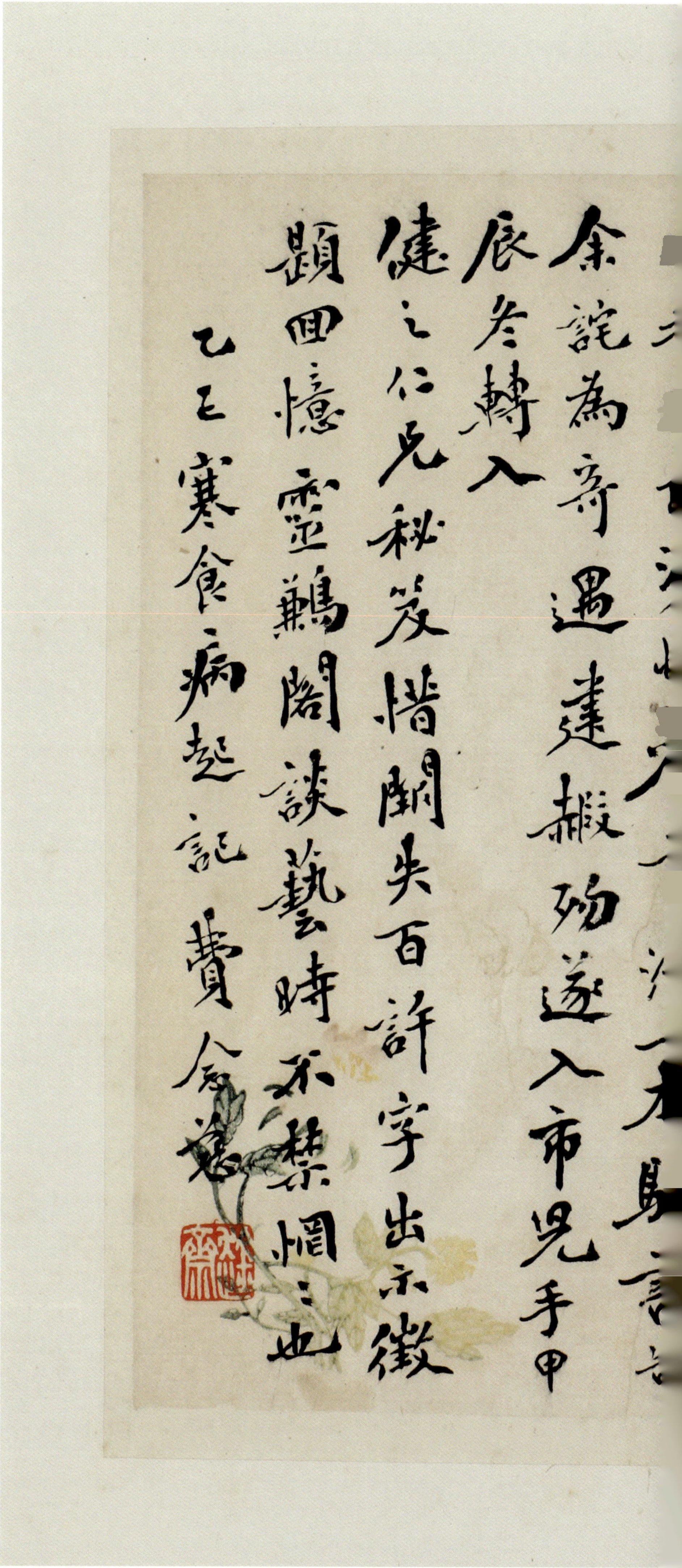

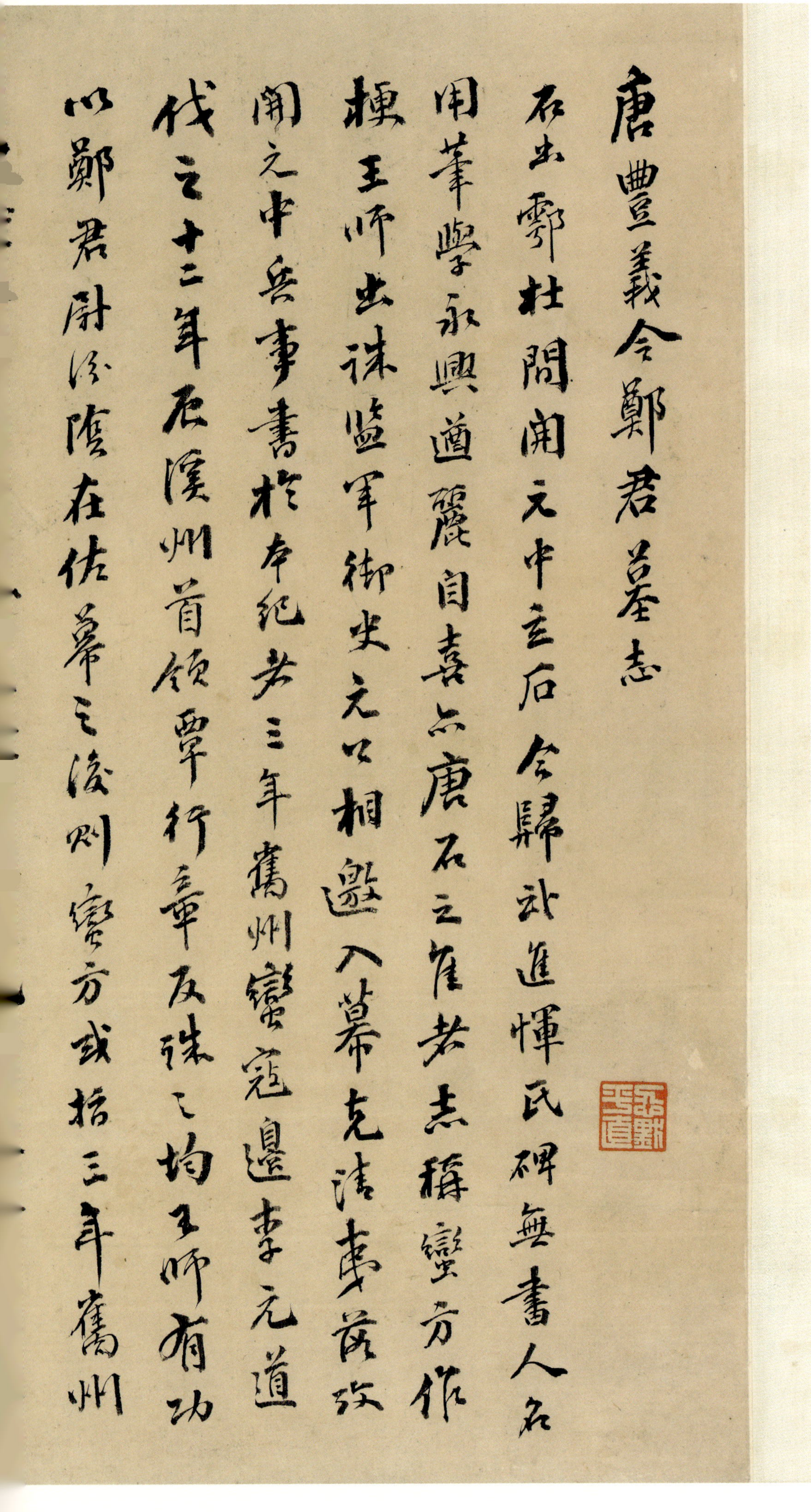

金蓉鏡

年代：1855—1929

字號：又名金殿丞、金伯子，字學範，號殿臣、甸丞、香嚴居士、闇伯

籍貫：浙江嘉興

釋文：唐豐義令鄭君墓誌。石出鄠杜間，開元中立石，今歸武進惲氏。碑無書人名，用筆學永興，道麗自喜，亦唐石之佳者。誌稱『蠻方作梗，王師出誅，監軍御史元公相邀入幕，克清夷落』，考開元中兵事書於本紀者，三年嶲州蠻寇邊，李元道伐之，十二年辰溪州首領覃行章反，誅之，均王師有功，以鄭君尉汾陰，在佐幕之後，則蠻方或指三年嶲州之役。然史無元公事，究未審在何年也。豐義析置在

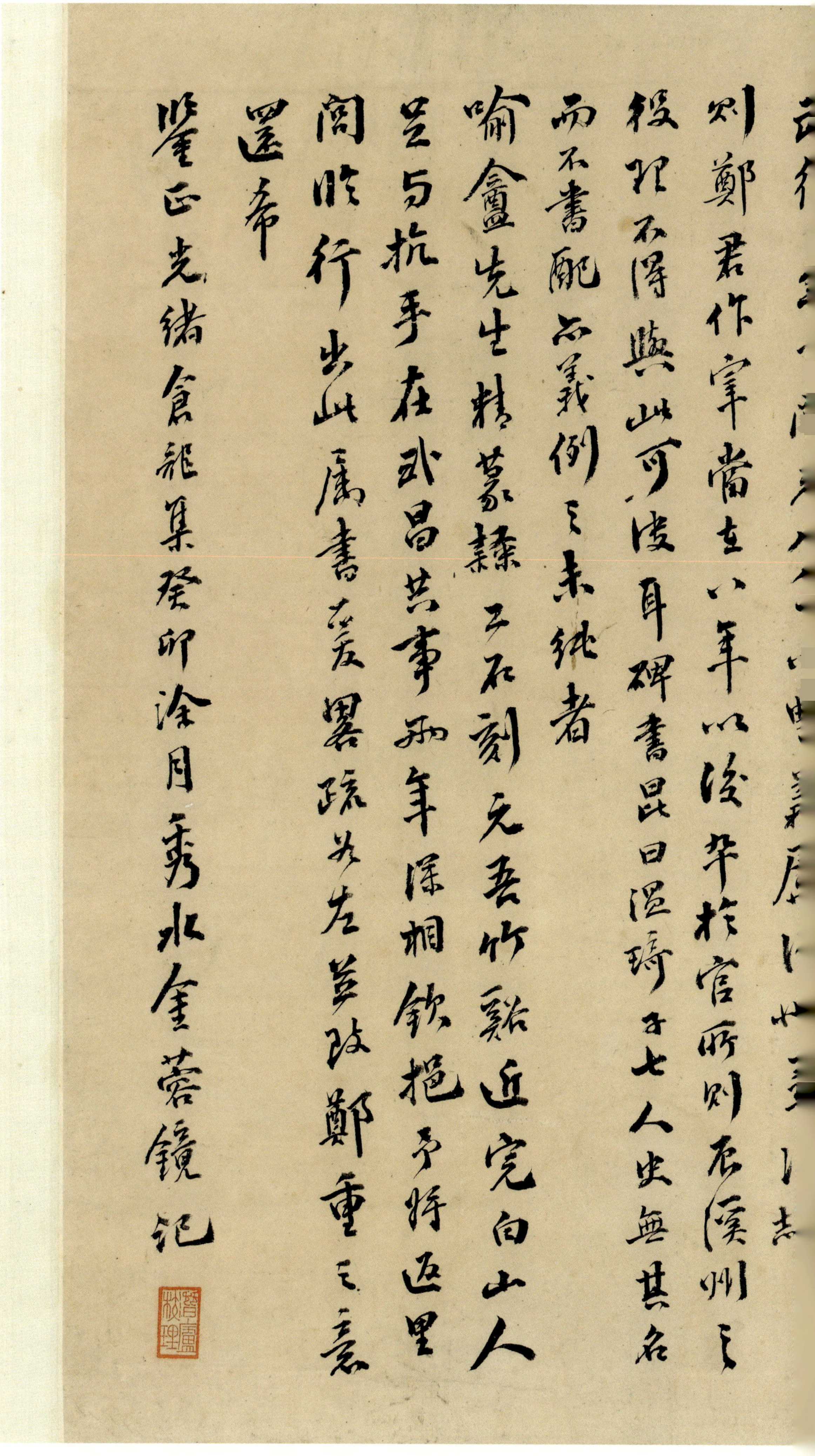

武德二年，至開元八年，以豐義屬涇州，尋復（《唐書·地理志》），則鄭君作宰，當在八年以後，卒於官所，則辰溪州之役，理不得與，此可决耳。碑書昆曰温琦，子七人，史無其名，而不書配，亦義例之未純者。喻龕先生精篆隸，工石刻，元吾竹谿、近完白山人足與抗手。在武昌共事兩年，深相欽挹。予將返里閭，臨行出此屬書，爰略疏如左，并致鄭重之意，還希鑒正。光緒倉龍集癸卯涂月，秀水金蓉鏡記。

鈐印：忍默平直、潛盧校理

題跋出處：鄭温球墓誌（史久望藏本）

館藏號：J684

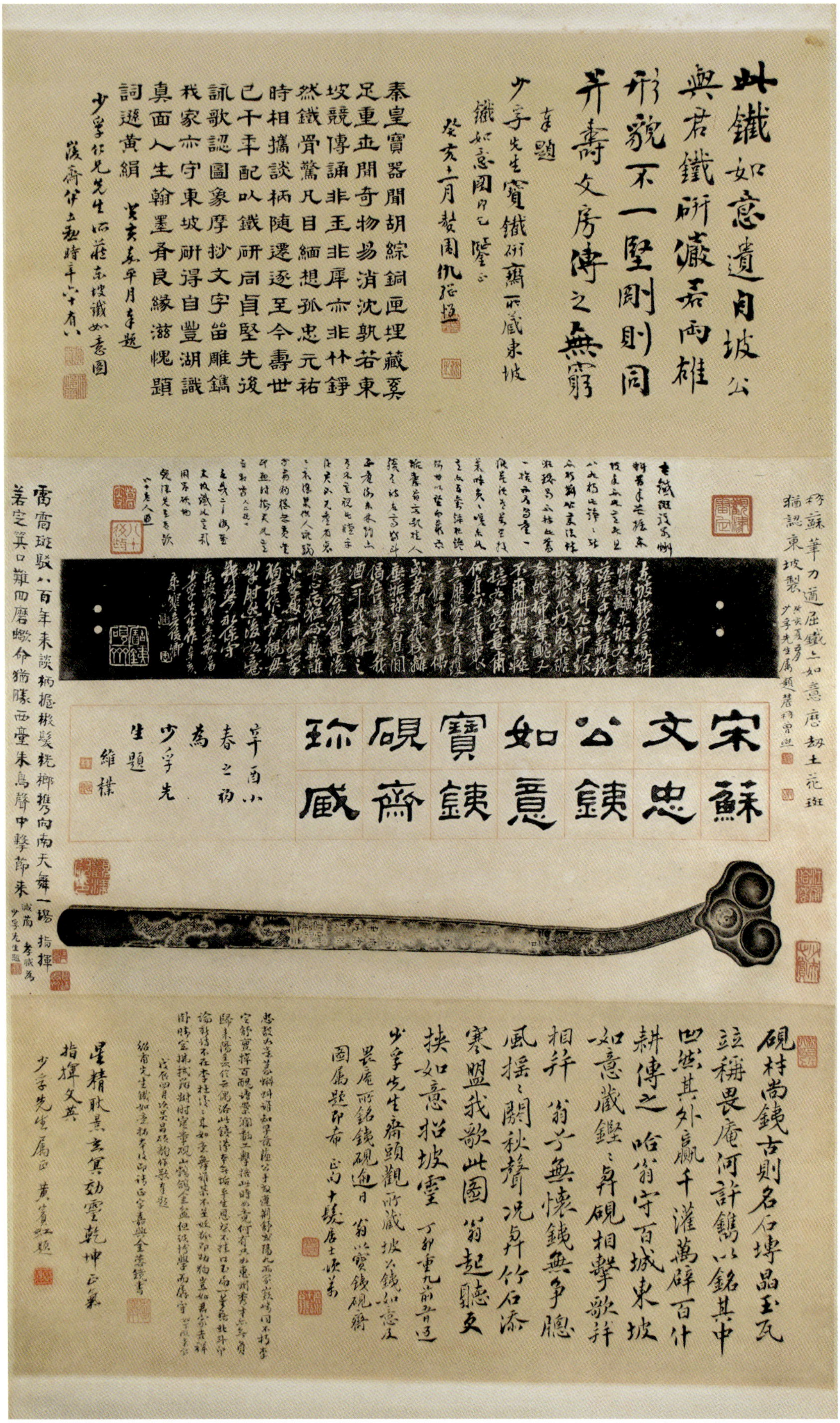

仇繼恒

年代：1855—1935

字號：字涑之，號贅園、贅叟

籍貫：江蘇上元

釋文：此鐵如意，遺自坡公。與君鐵研，儼若兩雄。形貌不一，堅剛則同。并壽文房，傳之無窮。奉題少孚先生寶鐵研齋所藏《東坡鐵如意圖》，即乞鑒正。癸亥十一月，贅園仇繼恒。

鈐印：仇繼恒印、涑之

題跋出處：坡公鐵如意全形拓（哈少甫藏本）

館藏號：Z2439

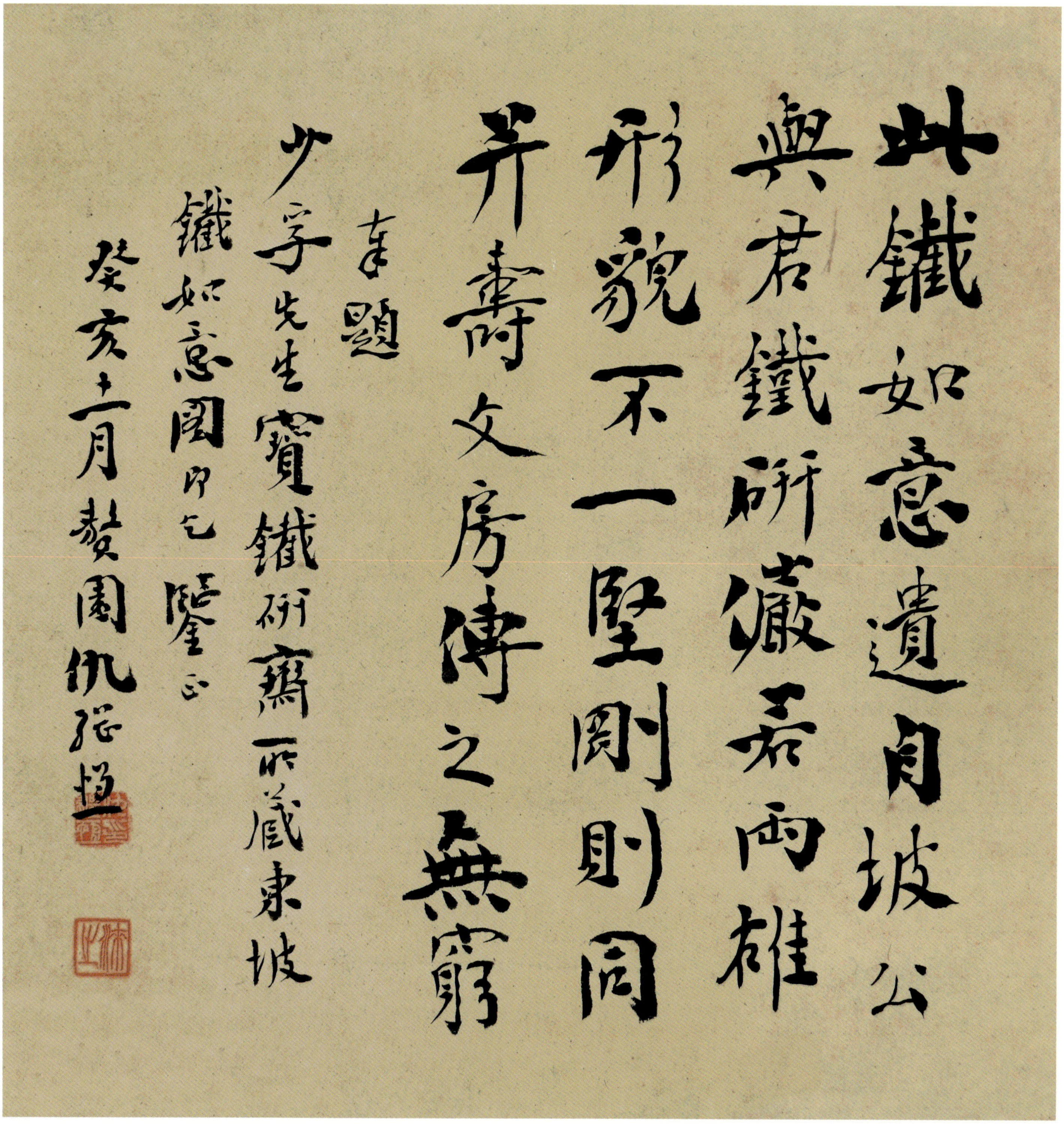
此鐵如意遺自坡公
與君鐵研藏若兩雄
形貌不一堅剛則同
并壽文房傳之無窮
奉題
少孚先生寶鐵研齋所藏東坡
鐵如意圖即乞 鑒正
癸亥十一月鞠園仇埰題

王同愈

年代：1855—1941

字號：字文若，號勝之、栩緣、栩園

籍貫：江蘇元和

釋文：晋人書不可得見，南北朝碑刻雖多，猶襲分書餘烈，至隨而分體漸殺，至唐而楷法大備，故論楷書當斷自唐，而尤以歐、虞爲楷法之祖，自兹以降，古法寖微，顔、徐出而古法蕩然矣，然猶能以高曾之短矱爲孫子之箕裘（謂其結體匀整耳，用筆則全失古法矣）。世争以别樹一幟、不傍門户爲顔、柳重，而不知其妙處正在不失先民規則也。

唐以前書論用筆，歐、虞究筆法，兼究結體，向所謂楷書至顔、柳而古法蕩然者，就用筆言之也。宋人書用筆皆寬放，而米尤甚，放而且肆矣。歐、虞用筆皆遒斂，不令一筆鬆散，是從二王得來。宋人不於此致力，宜其論書多涉張皇，鮮能精到。

何屺瞻先生跋魯公《多寶塔》内府本云：『書至陳隋，如智永、丁道護漸趨匀整，入唐而歐、虞加之嚴肅，非天下由分裂而之太平魄兆於人文者乎。褚公趁姿媚而少跌宕，然永徽之後又可覩矣。顔出于褚而仍還匀整，不可謂之不善變也。况豐碑與小字不同，上下左右必如造淩雲臺，稱平衆木，使輕重無錙銖偏負，乃成章法耶。米顛横議至云：公真書便入俗品，自歐、虞以下悉謂其安排費工。由是恣爲傾欹，楷法蕩盡。』節録《義門題跋》。

先生所云與余説正合，余嘗謂觀山谷論書，於唐推徐少師甚，至永興、率更宜不爲所齒。至米老又創爲『一筆四面』之説，謂『歐、虞、褚、顔、柳皆一筆書也，安排費工，豈能垂世』，又謂『善書者皆祗有一筆，獨我有四面』，其誣古欺世，一至於此。蓋宋人學書無内心，一見歐、虞碑刻無一字一筆非從寧静壹志經營締造而成，便不耐煩，委爲安排費工，其無内心，不啻自畫供招。余故謂唐以後無復有工作楷書者，至松雪翁而其風始稍稍振，非過言也（『凝神』誤『寧静』）。

鈐印：王同愈、勝之

釋文：宋人論書之失，其病根在無内心，故其用筆多乖古法，而又薄間架而不爲，斯乃無一是處。宋之書家赫赫在人耳目間者，蔡、蘇、黄、米，其孰能於規矩準繩中見其真實力量耶？

鈐印：勝之

題跋出處：皇甫誕碑（吴湖帆四歐堂藏本）

館藏號：19A377

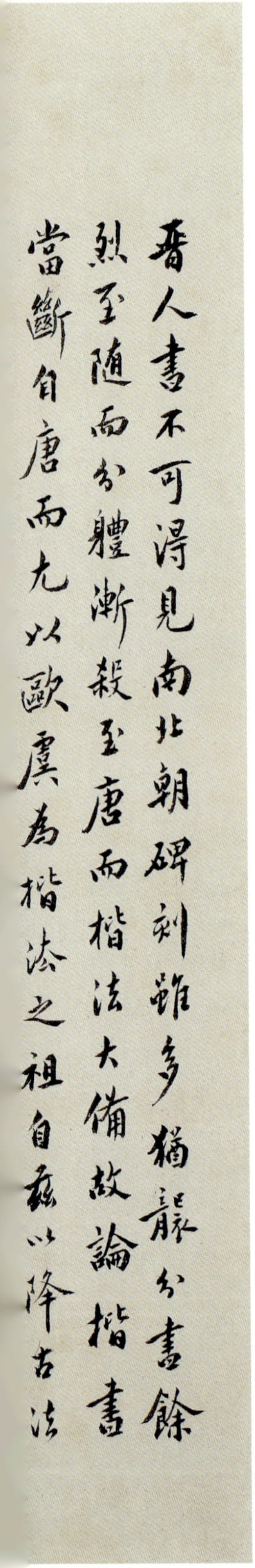

不倚門户為顔柳重而不知其妙處正在不失先
民規則也

唐以前書論用筆歐虞究筆法兼究結體
而所謂楷書至顔柳而古法蕩然者就用筆
言之也宋人書用筆皆寬放而米尤甚放而且
肆矣歐虞用筆皆（此）遒歛不令一筆鬆散是從
二王得來宋人不於此致力宜其論書多涉張
皇鮮能精到

何屺瞻先生跋魯公多寶塔內府本云書至陳隋如智永丁道護漸趨
匀整入唐而歐虞加之嚴肅非天下由分裂而之太平睍兆於人文者乎
褚公趁姿媚而少跌宕然永徽之後又可覩矣顔出于褚而仍還匀整不
可謂之不可善變也況豊碑與小字不同上下左右必如造淩雲臺稱平衆
木使輕重無錙銖偏負乃成章法耶米顛横議至云公真書便入俗
品自歐虞以下悉謂其安排費工由是惡為傾欹楷法蕩盡 節錄義門題跋

先生所云與余說正合余嘗謂觀山谷論書於唐推徐少師甚至永興率更
宜不為所齒至米老又創為一筆四面之說謂歐虞褚顔柳皆一筆書也
安排費工豈能垂世又謂善書者皆只有一筆獨我有四面其誣古欺世一
至於此蓋宋人學書無內心一見歐虞碑刻無一字一筆非從甯靜壹志經
營締造而成便不耐煩妄為安排費工其無內心不嘗自盡供招余故謂唐以
後無復有工作楷書者至松雪翁而其風始稍々振非過言也 凝神談甯靜

宋人論書々失其病根在無內心故其用筆多乖
古法而又薄間架而不為斯乃無一是處宋々之書
家共々在人耳目間者蔡蘇黄米其孰能於規矩
準繩中見其實真宣力量耶

晉人書不可得見南北朝碑刻雖多猶隸分書餘烈至隋而分體漸殺至唐而楷法大備故論楷書當斷自唐而尤以歐虞為楷法之祖自茲以降古法寖微顏徐出而古法蕩然矣然猶能以高曾之矩矱為孫子之箕裘（謂其結體匀整耳用筆則全失古法矣）世爭以別樹一幟不倚門戶為顏柳重而不知其妙處正在不失先民規則也

唐以前書論用筆歐虞究筆法兼究結體而所謂楷書至顏柳而古法蕩然者就用筆言之也宋人書用筆皆寬放而米尤甚放而且肆矣歐虞用筆皆遒歛不令一筆鬆散是從二王得來宋人不於此致力宜其論書多涉張

匀整入唐而歐虞加之嚴肅非天下由分裂而之太平睨此於人文者乎褚公趁姿媚而少跌宕於永徽之後又可覘矣顏出于褚而仍還匀整不可謂之不可善變也況豐碑與小字不同上下左右必如造凌雲臺稱平衆木使輕重無錙銖偏負乃成章法耶米顛橫議至云公真書便入俗品自歐虞以下悉謂其安排費工由是忽為傾欹楷法蕩盡 節錄義門題跋

先生所云與余說正合余嘗謂觀山谷論書於唐推徐少師甚至永興率更自不為所齒至米老又創為一筆四面之說謂歐虞褚顏柳皆一筆書也安排費工豈能垂世又謂善書者皆只有一筆獨我有四面其誣古欺世一至於此蓋宋人學書無內心一見歐虞碑刻無一字一筆非從甯靜壹志經營締造而成便不耐煩妄為安排費工其無內心不曾自畫供招余故謂唐以後無復有工作楷書者至松雪翁而其風始稍稍振非過言也 凝神誤甯靜

宋人論書書失其病根在無內心故其用筆多乖古法而又薄間架而不為斯乃無一是處宋宋之書家共共在人耳目間者蔡蘇黃米其孰能於規矩準繩中見其實真實力量耶

鄭文焯

年代：1856—1918

字號：字俊臣，號小坡、叔問、瘦碧、大鶴山人、鶴道人、冷紅詞客、石芝崦主、江南退士

籍貫：山東高密

釋文：昔何蝯叟論漢碑隸勢，當以《蕩陰令》及《白石神君》兩碑爲八分之極則，蓋以其體意方勁古拙，絕無蔡中郎所謂纖波穠點錯落其間也。顧《白石神君碑》舊拓絕鮮，此拓爲崇敬舲中丞舊藏，世所傳明拓精本者。戊戌之春，余以計偕，九上公車，偶得之廠肆訪古齋，其值四十金。嘗持以示老友王廉生、盛伯希兩祭酒，相與嗟賞不置。惜碑陰不完爲遺憾。伯希謂生平所見宋拓碑本往往如是，且無一整裝者，此正爲明拓之證。盖自

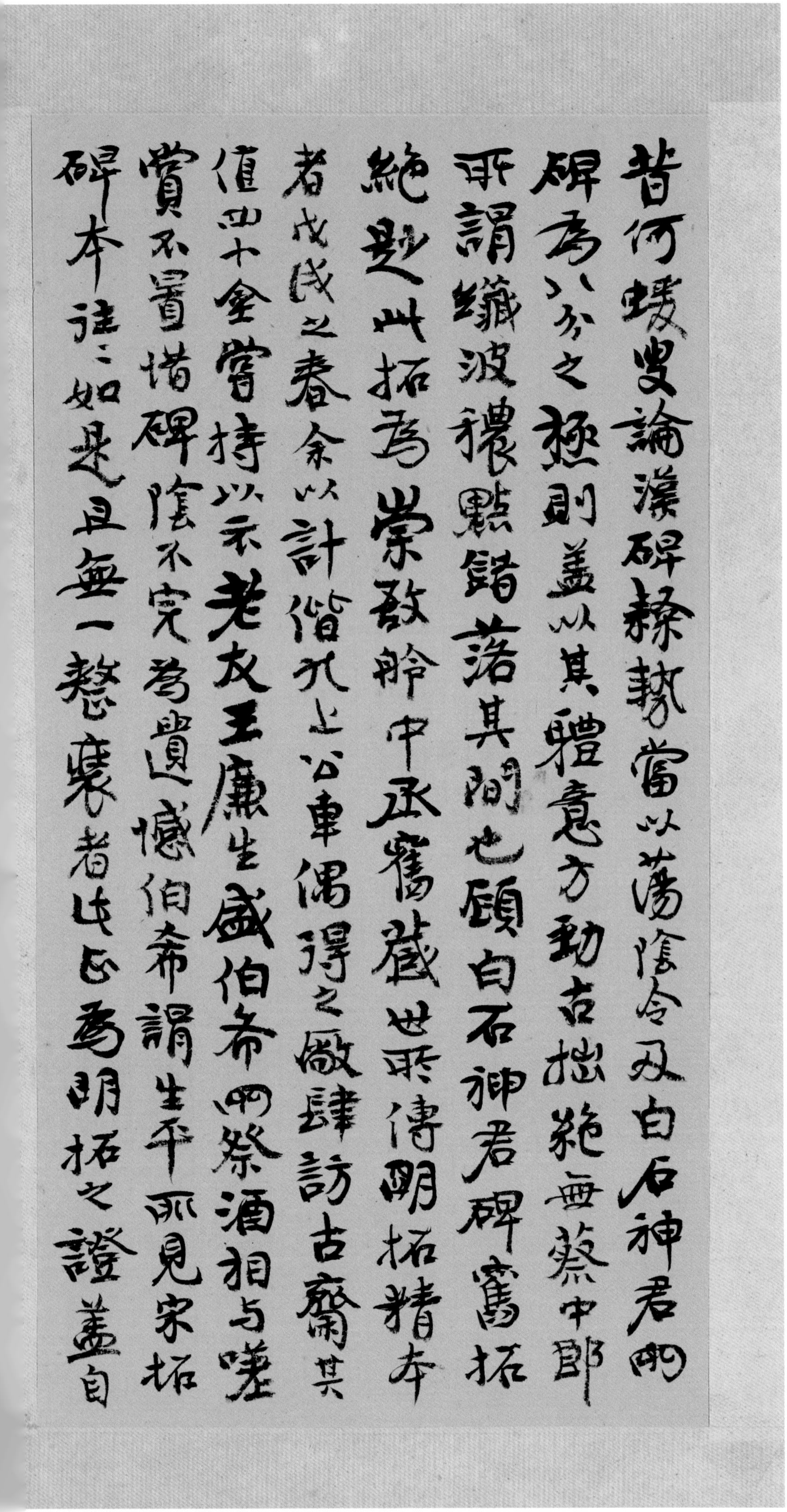

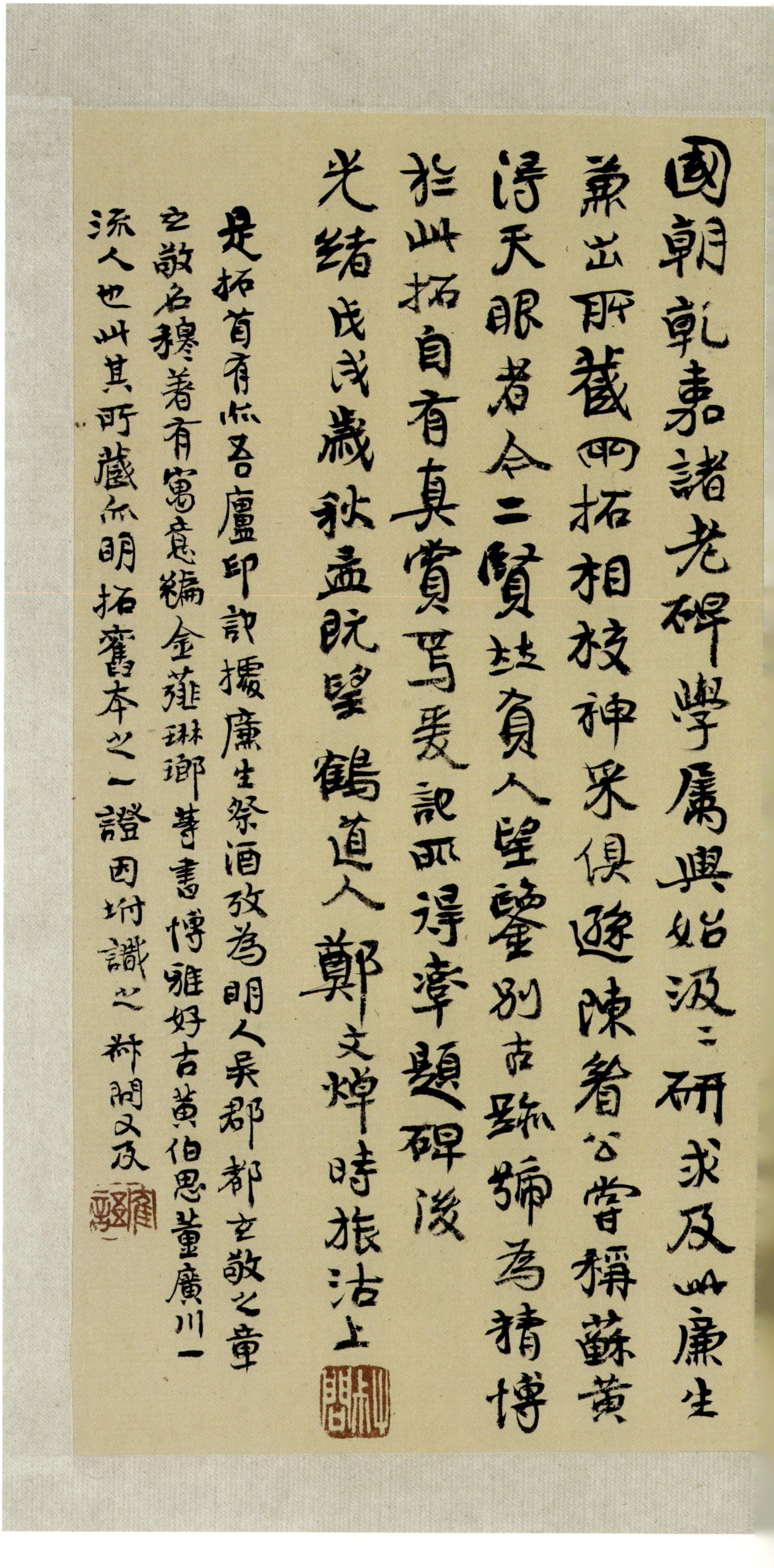

國朝乾嘉諸老，碑學屬興，始汲汲研求及此。廉生兼出所藏兩拓相校，神采俱遜。陳眉公嘗稱蘇黄得天眼者，今二賢并負人望，鑒别古迹，號爲精博，於此拓自有真賞焉。爰記所得，率題碑後。光緒戊戌歲秋孟既望，鶴道人鄭文焯，時旅沽上。

鈐印：叔問

釋文：是拓首有『亦吾廬』印記，據廉生祭酒考爲明人吴郡都玄敬之章。玄敬名穆，著有《寓意編》《金薤琳瑯》等書，博雅好古，黄伯思、董廣川一流人也。此其所藏，亦明拓舊本之一證，因附識之。叔問又及。

鈐印：寉語

題跋出處：白石神君碑（鄭文焯藏本）

館藏號：S2648

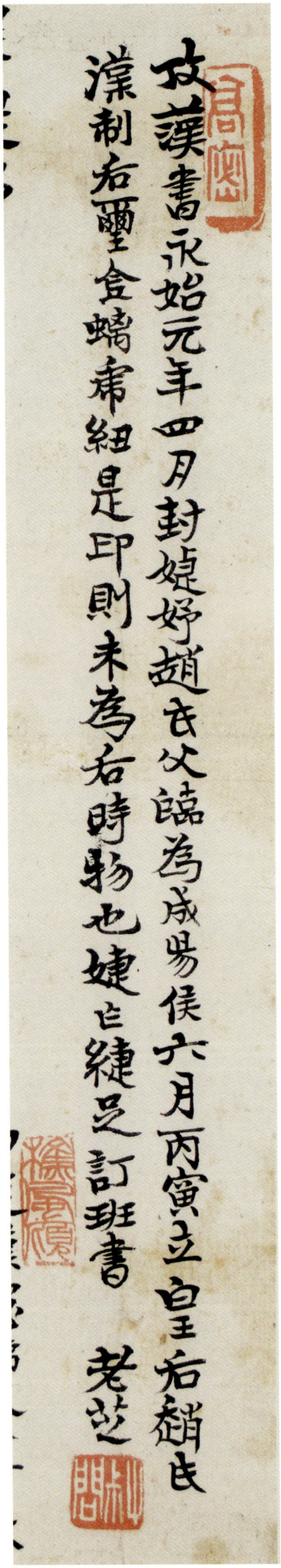

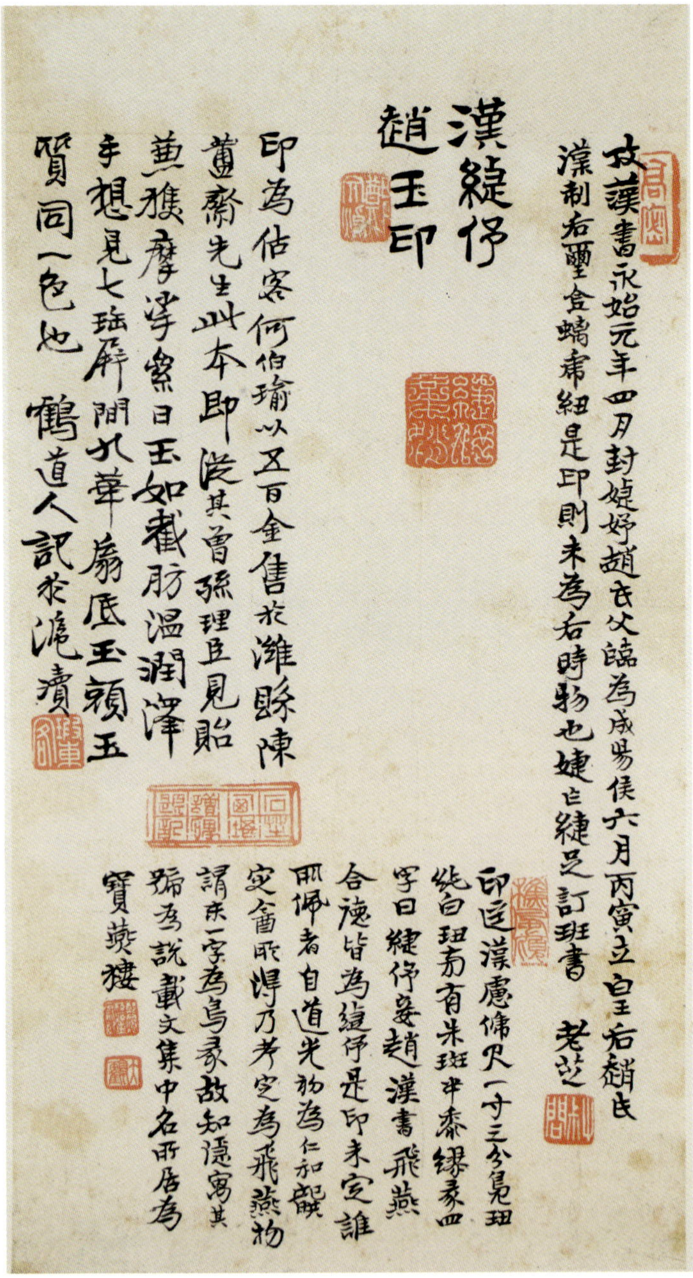

釋文：考《漢書》永始元年四月封婕妤趙氏父臨爲成陽侯，六月丙寅立皇后趙氏。漢制后璽金螭虎紐，是印則未爲后時物也。『婕』作『緁』，足訂班書。老芝。

鈐印：高密、叔問

釋文：漢緁伃趙玉印。

鈐印：鄭文焯、緁伃燕趙

釋文：印爲估客何伯瑜以五百金售於濰縣陳簠齋先生，此本即從其曾孫理臣見貽，兼獲摩挲累日。玉如截肪，温潤澤手，想見七寶屏間九華扇底玉顔玉質，同一色也。鶴道人記於滬瀆。

鈐印：瑕東客、石芝西堪讀碑題記

釋文：印徑漢慮俿尺一寸三分，鳧鈕純白，鈕旁有朱斑半黍，繆篆四字曰『緁伃妾趙』。《漢書》飛燕、合德皆爲婕伃，是印未定誰所佩者。自道光初，爲仁和龔定庵所得，乃考定爲飛燕物，謂末一字爲鳥篆，故知隱寓其號，爲説載文集中，名所居爲『寶燕樓』。

鈐印：鄭文焯校藏金石刻記、大鶴、樵風廎

題跋出處：趙飛燕玉印鈐本（鄭文焯跋本）

館藏號：J2008

漢緹伃
趙玉印

印為估客何伯瑜以五百金售於濰縣陳
簠齋先生此本即從其曾孫理臣見貽
兼獲摩挲累日玉如截肪溫潤澤
手想見七弦屏開九華扇底玉顏玉
質同一色也 鶴道人記於滬瀆

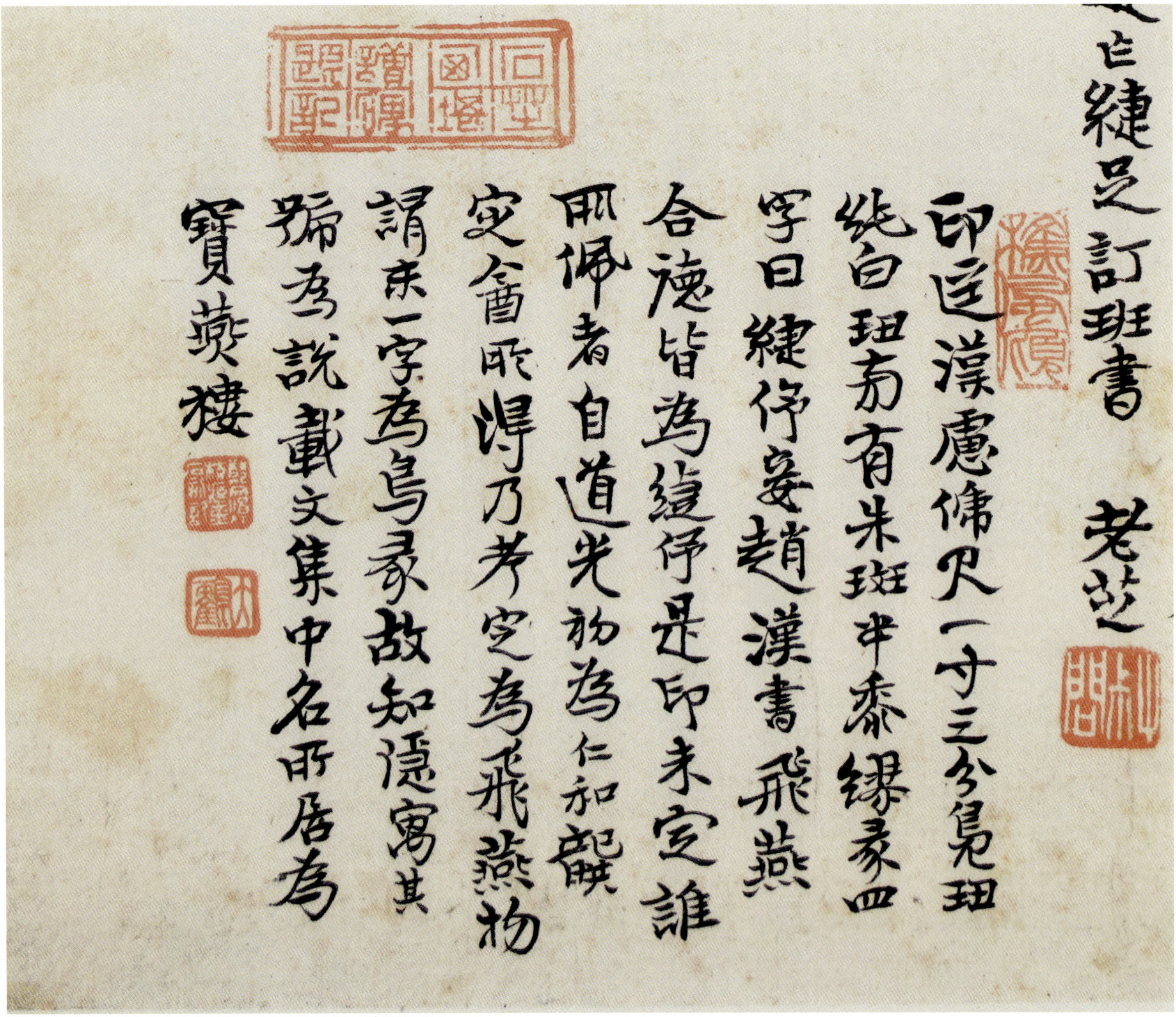
縺足訂班書 老芝
印從漢慮俿尺一寸三分見方
純白玉有朱斑半黍繆篆四
字曰緹伃妾趙漢書飛燕
合德皆為緹伃是印未定誰
所佩者自道光初為仁和龔
定盦所得乃考定為飛燕物
謂末一字為烏篆故知遠寫其
號為說載文集中名所居為
寶燕樓

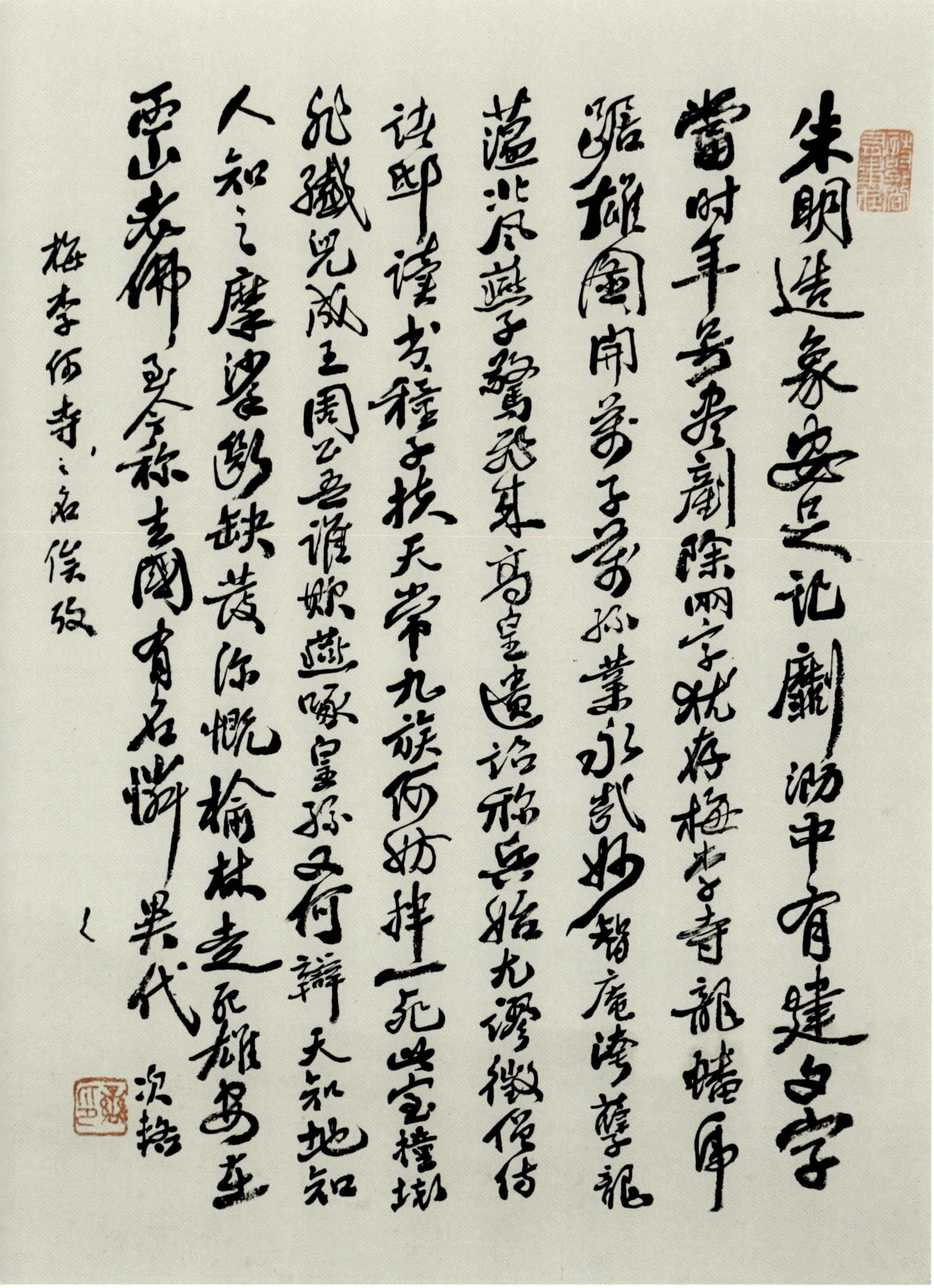

俞鍾鑾

年代：1856—1926

字號：字金門、荆門，又字次輅，號養詻

籍貫：江蘇常熟

釋文：朱明造象安足記，剷沏中有建文字。

當時年號盡剷除，兩字猶存梅李寺。
龍蟠虎踞雄圖開，萬子萬孫業永哉。
妙智庵涔孽龍濫，北風燕子驚飛來。
高皇遺詔稱兵始，尤謬徵僧侍諸邸。
讀書種子扶天常，九族何妨拌一死。
此室撞壞非纖兒，成王周公吾誰欺。
燕啄皇孫又何辯，天知地知人知之。
摩挲斷缺發深慨，榆林走死雄安在。
西山老佛至今稱，去國有名憐異代。
次輅。

鈐印：詩外尚有事在、鑾印

題跋出處：建文造像（吴昌碩跋本）　館藏號：S1882

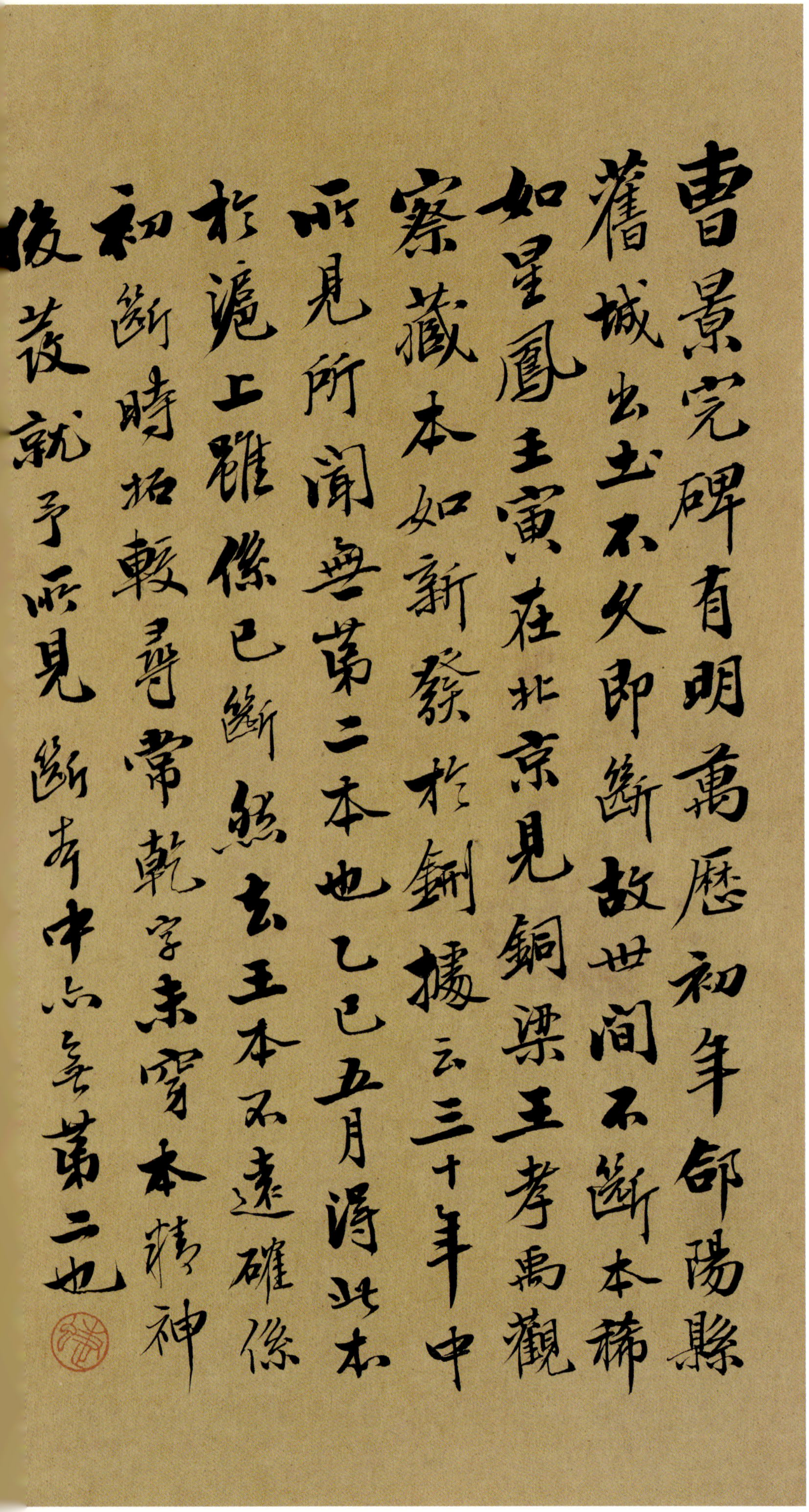

劉鶚

年代：1857—1909

字號：原名孟鵬，字雲摶、公約，後更名鶚，字鐵雲，號老殘、洪都百鍊生、如來最小弟子、蝶翁

籍貫：江蘇丹徒

釋文：《曹景完碑》，有明萬曆初年郃陽縣舊城出土，不久即斷，故世間不斷本稀如星鳳。壬寅在北京見銅梁王孝禹觀察藏本，如新發於鉶。據云三十年中所見所聞無第二本也。乙巳五月，得此本於滬上，雖係已斷，然去王本不遠，確係初斷時拓，較尋常『乾』字未穿本精神俊發。就予所見斷本中亦無第二也。

鈐印：蝶

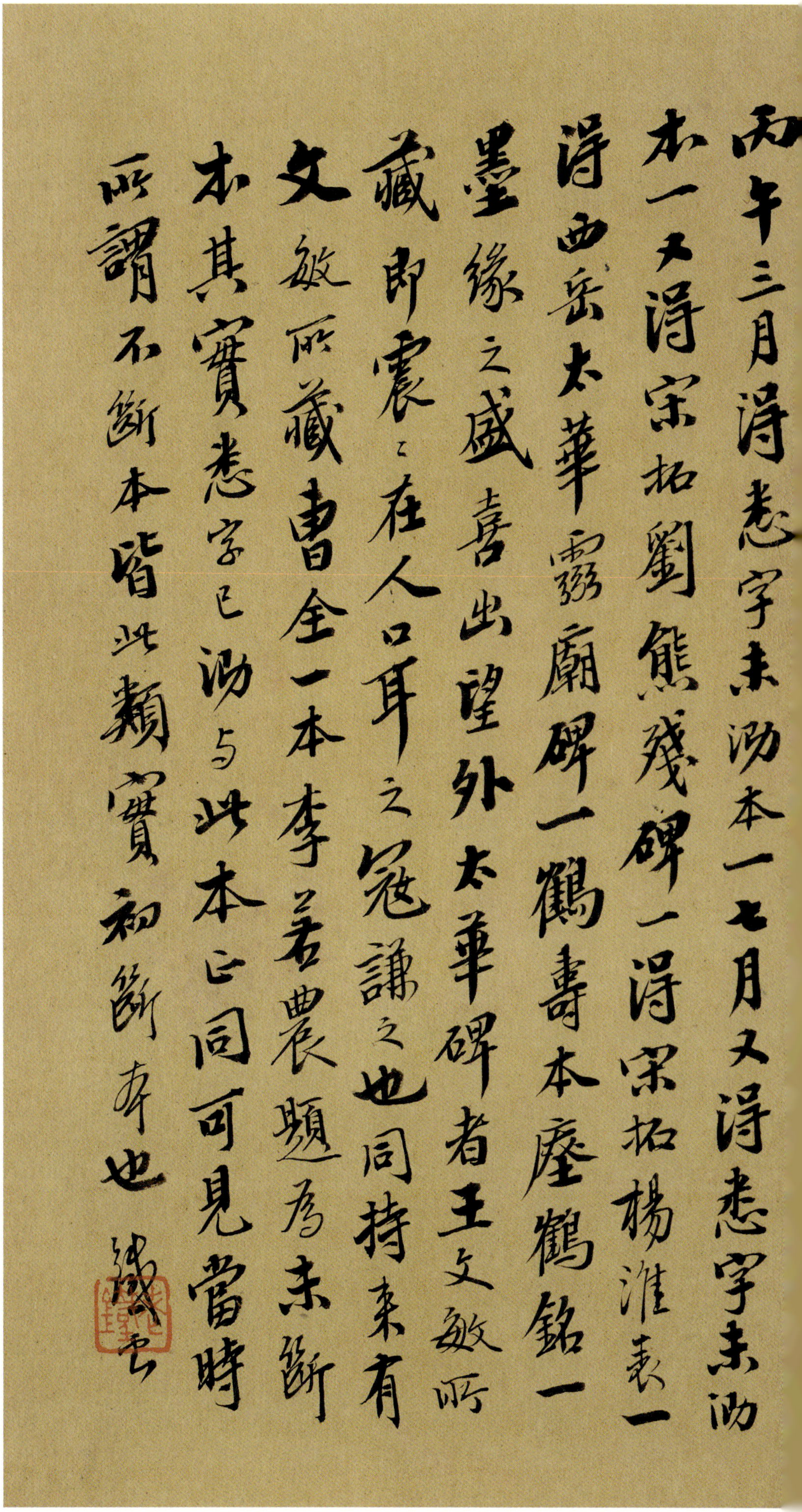
丙午三月得悉字未泐本一七月又得悉字未泐
本一又得宋拓劉熊殘碑一得宋拓楊淮表一
得西岳太華靈廟碑一鶴壽本瘞鶴銘一
墨緣之盛喜出望外太華碑者王文敏所
藏即震震在人口耳之寇謙之也同持來有
文敏所藏曹全一本李若農題爲未斷
本其實悉字已泐與此本正同可見當時
所謂不斷本皆此類實初斷本也 鐵雲

釋文：丙午三月，得『悉』字未泐本一。七月，又得『悉』字未泐本一。又得宋拓《劉熊殘碑》一，得宋拓《楊淮表》一，得《西岳太華靈廟碑》一，鶴壽本《瘞鶴銘》一。墨緣之盛，喜出望外。《太華碑》者，王文敏所藏，即震震在人口耳之寇謙之也。同持來有文敏所藏《曹全》一本，李若農題爲未斷本，其實『悉』字已泐，與此本正同。可見當時所謂不斷本皆此類，實初斷本也。鐵雲。

鈐印：老鐵

題跋出處：曹全碑（劉鶚藏本）

館藏號：S2686

王祖錫

年代：1858—1908

字號：字二朗，號夢齡、惕庵、惕安

籍貫：浙江嘉興

釋文：魏齊州刺史高湛墓誌銘初拓本。

此碑正書，每字界方格，文字完善，其損者僅詔語中『高子澄』之『澄』字耳。筆法秀勁，爲唐虞、褚諸家所本。末句『離長』二字倒書，碑未改正。庚子元宵後二日，志于古金佛庵。

鈐印：惕安

釋文：石高尺有六寸，廣尺有五寸七分，二十五行，行二十七字，正書。乾隆己巳秋，德州衛弟三屯運河決東岸，岸崩得此石。初在德州封氏家，今藏濰縣陳氏。弟一至弟三行首一字，今拓已殘缺。光緒二十又六年庚子正月元宵，惕庵志。

鈐印：惕安金石同壽、祖錫所得石墨

題跋出處：高湛墓誌（王祖錫藏本）　館藏號：J294

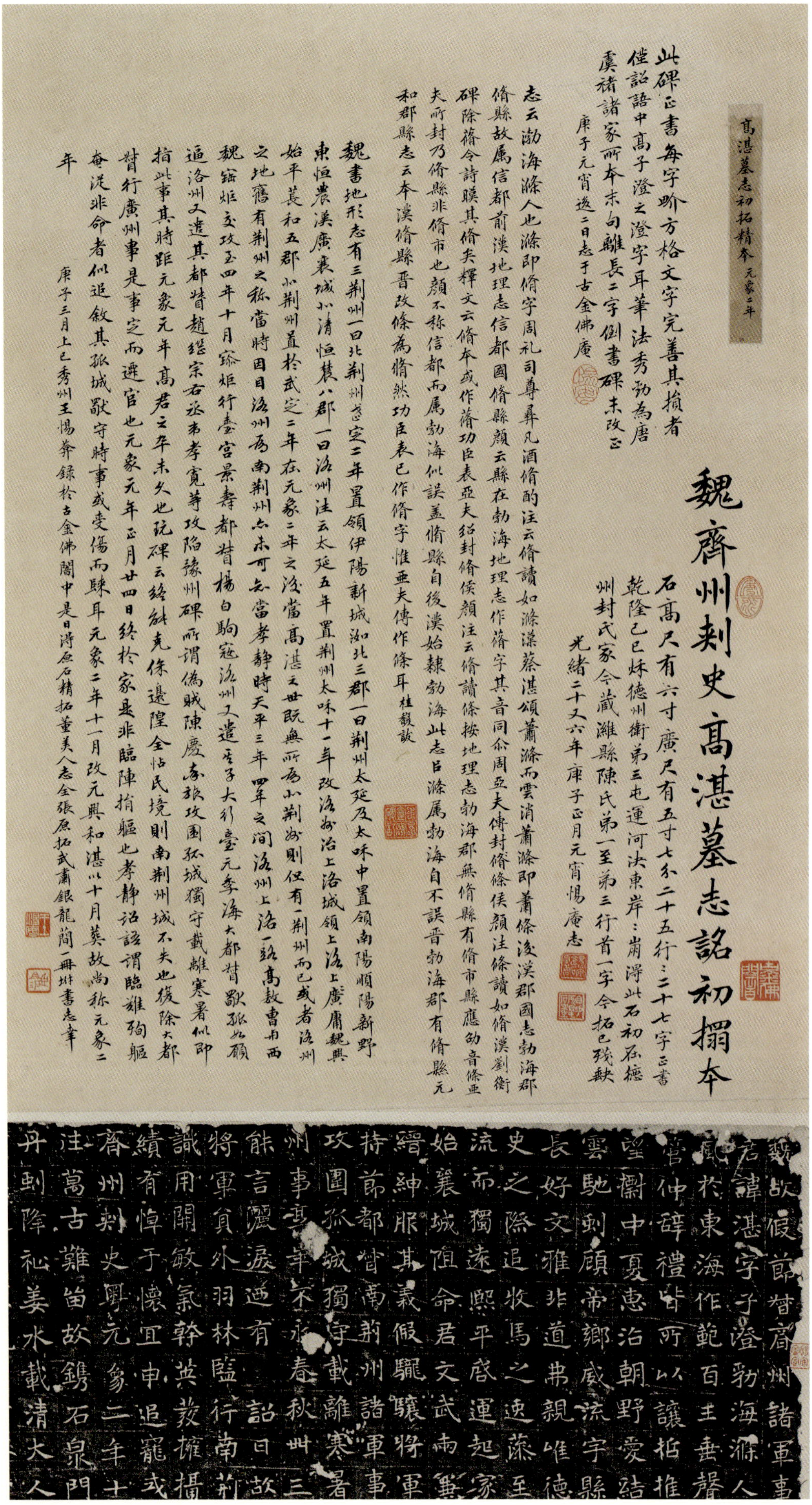

魏齊州刺史高湛墓誌初搨本

此碑正書每字畍方格文字完善其損者
僅諂語中高子澄之澄字耳筆法秀勁為唐
虞褚諸家所本末句離長二字倒書碑末改正

庚子元宵後二日志于古金佛庵

石高尺有六寸廣尺有五寸七分二十五行々二十七字正書
乾隆己巳好德州衛弟三屯運河決東岸々崩淂此石初在德
州封氏家今藏濰縣陳氏弟一至弟三行首一字今拓已殘缺

光緒二十又六年庚子正月元宵惕庵志

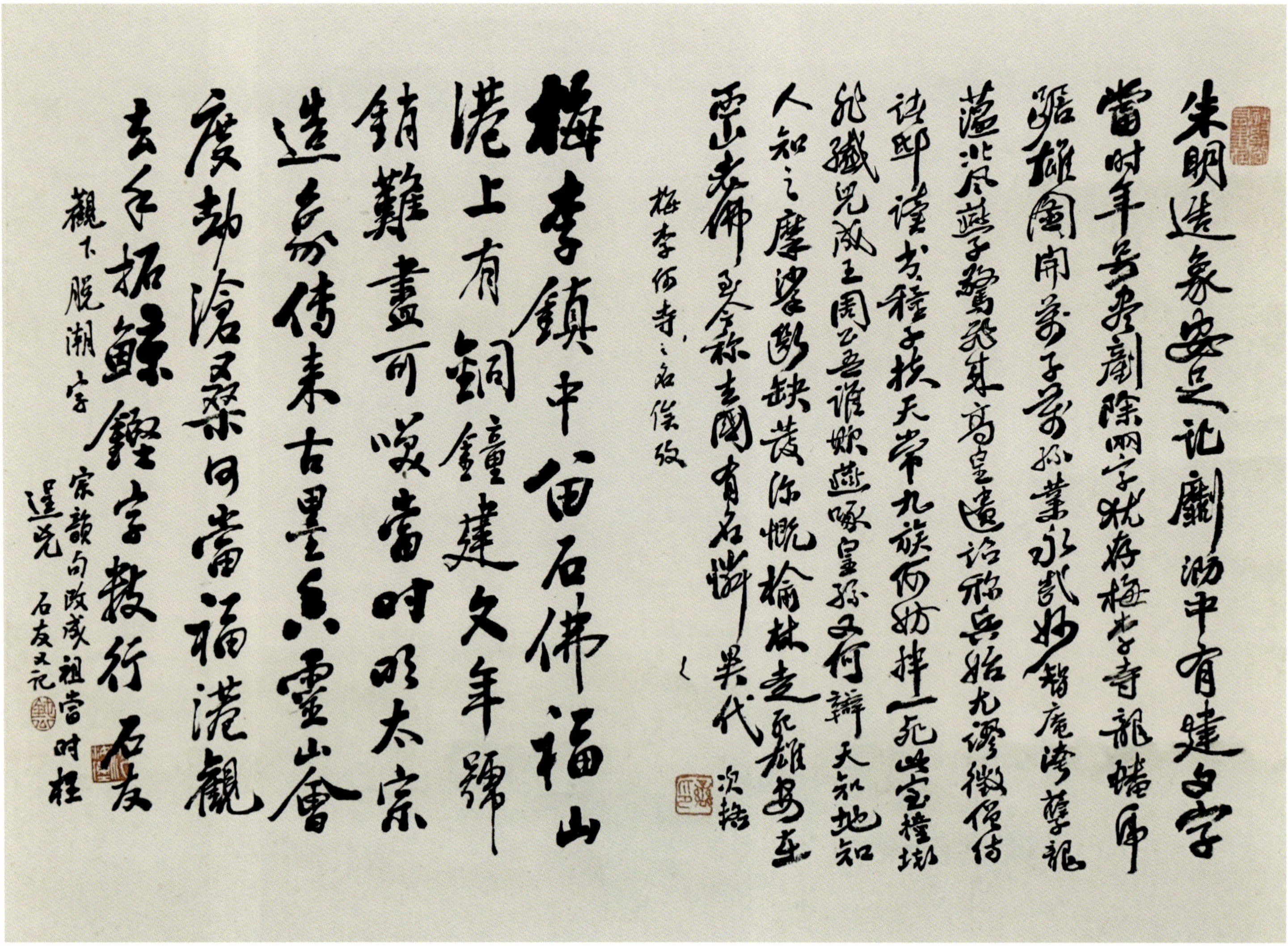

沈汝瑾

年代：1858—1917

字號：字公周，號石友、鈍公、鈍居士、聽松亭長

籍貫：江蘇常熟

釋文：梅李鎮中留石佛，福山港上有銅鐘。
建文年號銷難盡，可笑當時明太宗。
造象傳來古墨香，靈山會度劫滄桑。
何當福港觀（潮）去，手拓鯨鏗字數行。
石友。觀下脱潮字。

鈐印：沈汝瑾

釋文：宗韵句改『成祖當時枉逞兇』。石友又記。

鈐印：鈍公

題跋出處：建文造像（吴昌碩跋本）

館藏號：S1882

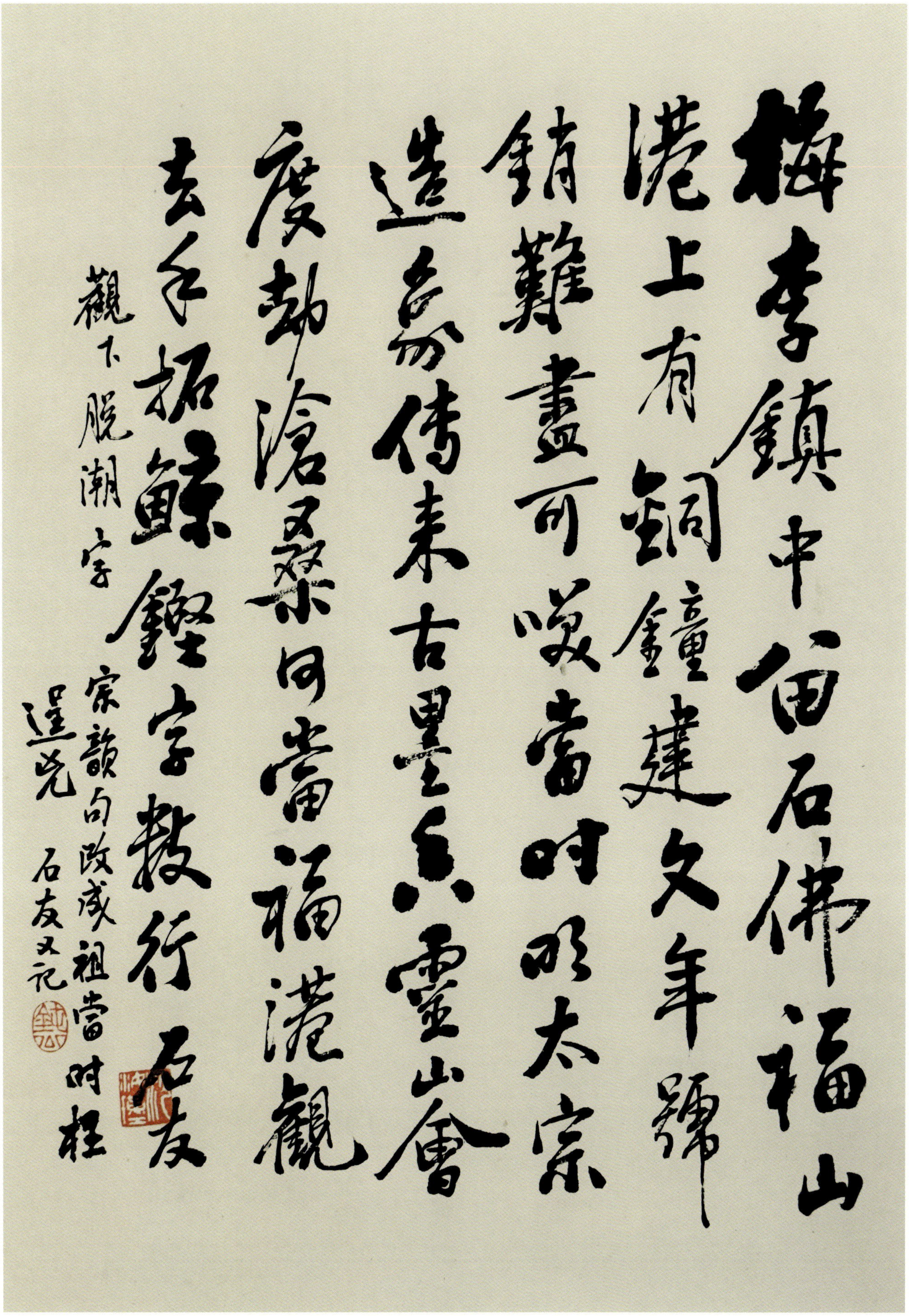
梅李鎮中西石佛福山
港上有銅鐘建久年歸
銷難盡可嘆當时明太宗
造爲傳來古墨点靈山會
度劫滄桑同當福港觀
去千招鯨鐵字教行石友
觀下脫潮字
宗韻句改成祖當时程
石友又記

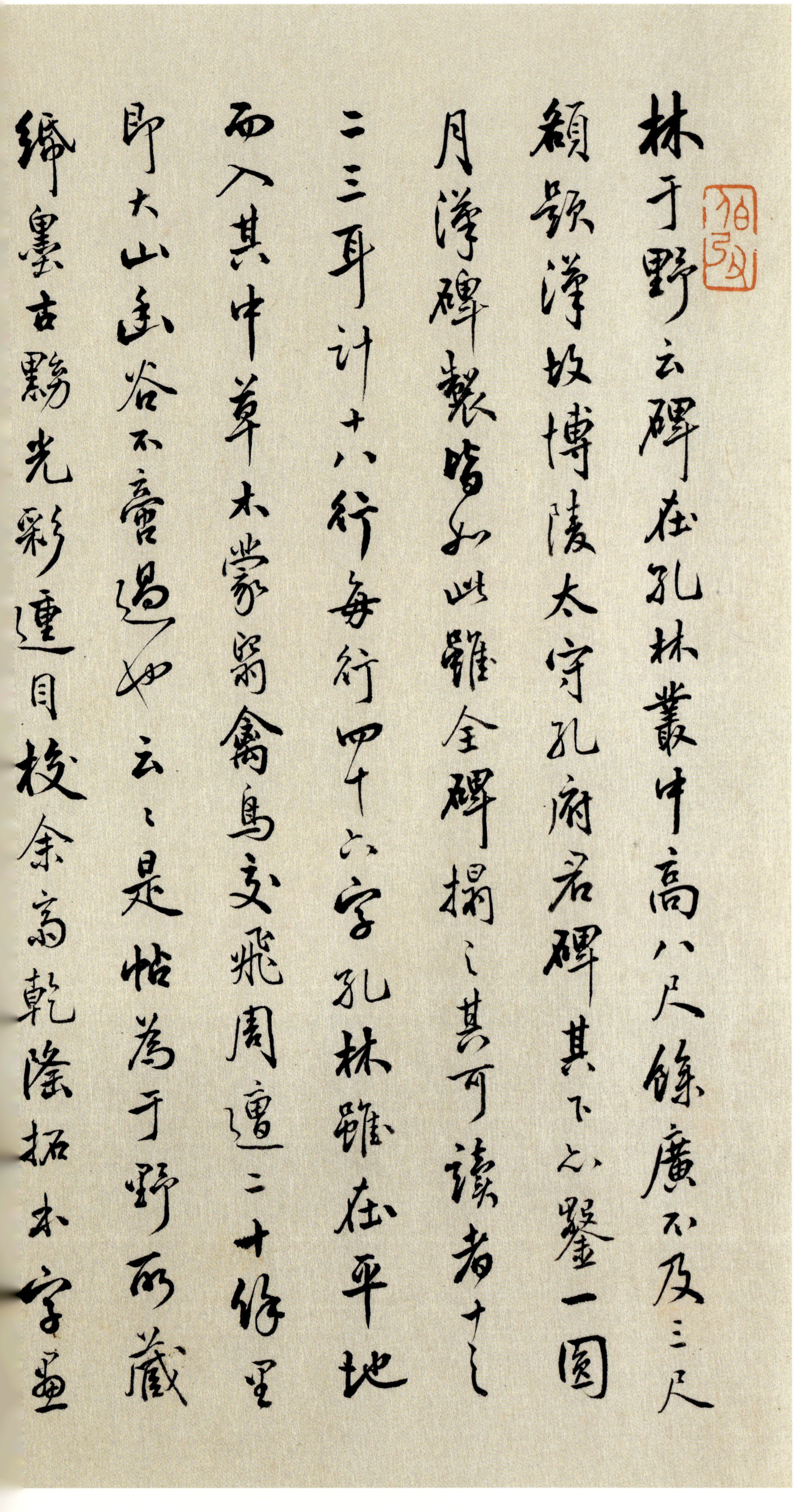

王儀鄭

年代：1858—1921

字號：原名錫鬯，字伯恭、伯弓，號公潛、公之僑、都梁詞客

籍貫：安徽盱眙

釋文：林于野云碑在孔林叢中，高八尺餘，廣不及三尺，額題『漢故博陵太守孔府君碑』，其下亦鑿一圓月，漢碑製皆如此。雖全碑拓之，其可讀者十之二三耳。計十八行，每行四十六字。孔林雖在平地，而入其中，草木蒙翳，禽鳥交飛，周遭二十餘里即大山，幽谷不啻過也云云。是帖爲于野所藏，紙墨古黝，光彩動目，校余齋乾隆拓本字畫

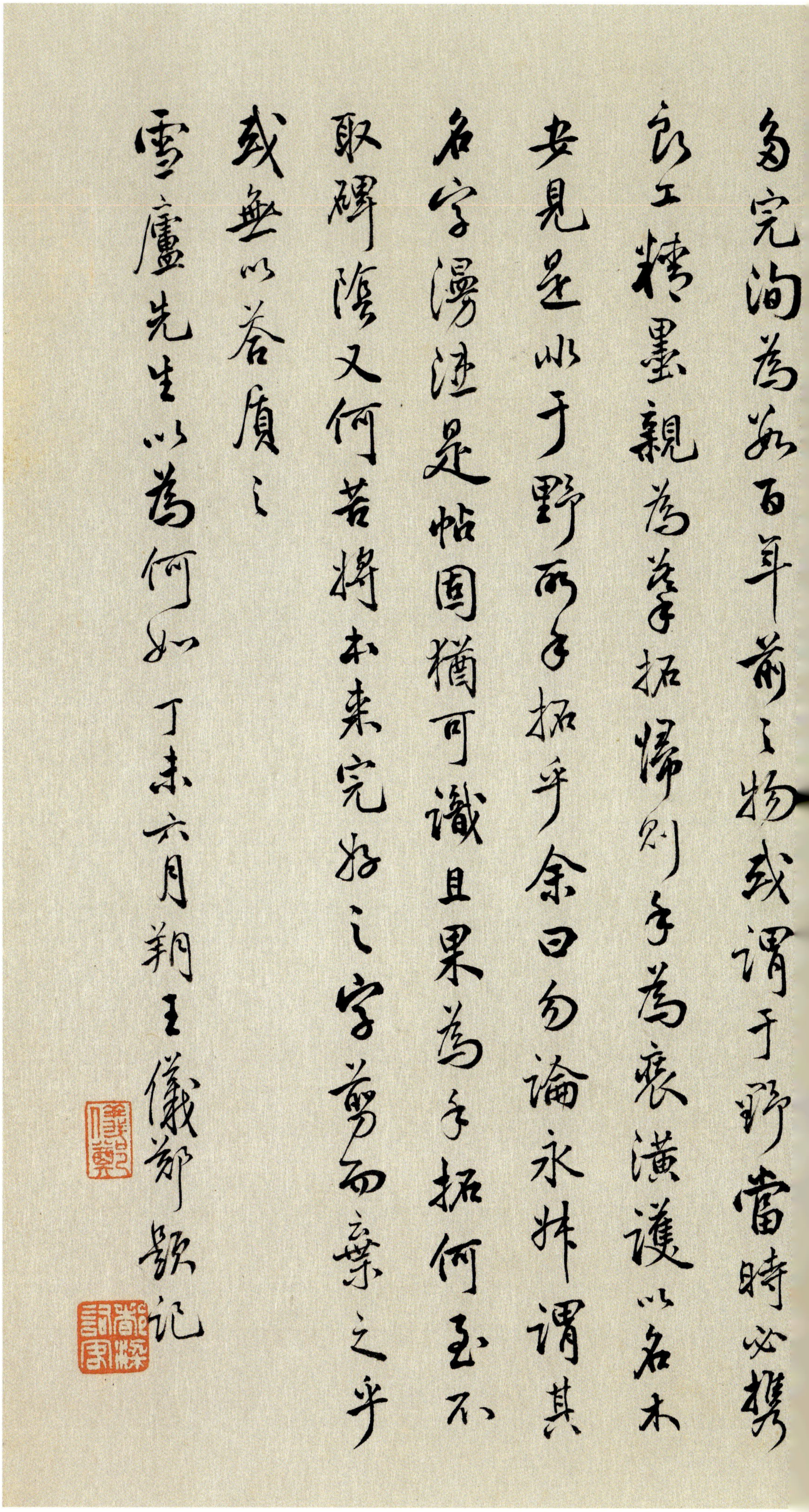

多完，洵爲數百年前之物。或謂于野當時必携良工精墨，親爲摹拓，歸則手爲裝潢，護以名木，安見是非于野所手拓乎？余曰勿論永叔謂其名字漫漶，是帖固猶可識，且果爲手拓，何至不取碑陰，又何苦將本來完好之字剪而弃之乎？或無以答，質之雪廬先生，以爲何如？丁未六月朔，王儀鄭題記。

鈐印：伯弓父、儀鄭、都梁詞客

題跋出處：孔彪碑（王儀鄭藏本）

館藏號：S2700

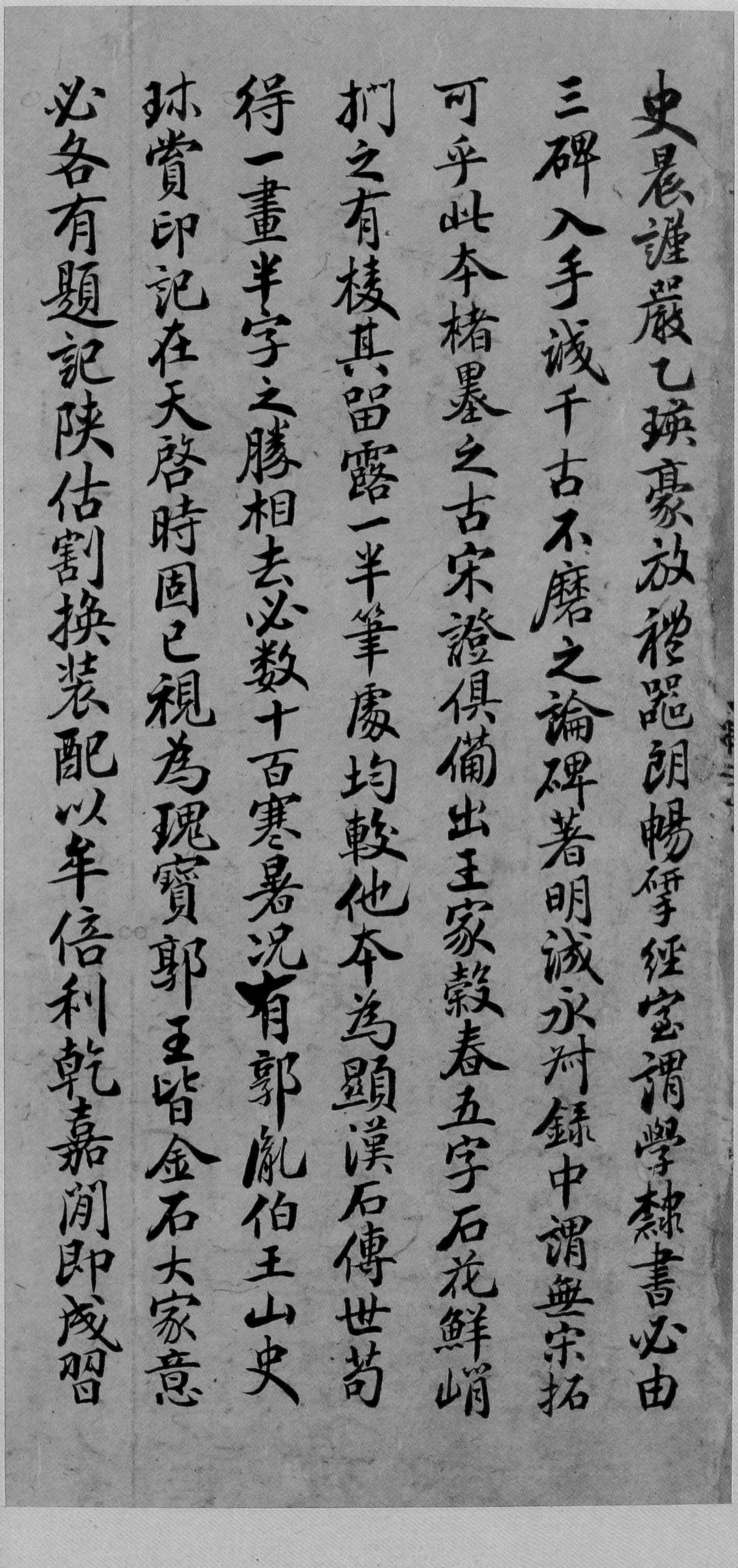

李經畬

年代：1858—1935

字號：字伯雄，號新吾、滈叟、希呂、滈洲

籍貫：安徽合肥

釋文：《史晨》謹嚴，《乙瑛》豪放，《禮器》朗暢，孶經室謂學隸書必由三碑入手，誠千古不磨之論。碑著明誠、永叔録中，謂無宋拓可乎？此本楮墨之古，宋證俱備。『出王家穀春』五字石花鮮峭，捫之有棱，其留露一半筆處，均較他本爲顯。漢石傳世苟得一畫半字之勝，相去必數十百寒暑，況有郭胤伯、王山史珍賞印記，在天啓時固已視爲瑰寶。郭、王皆金石大家，意必各有題記，陝估割換裝配，以牟倍利，乾嘉間即成習

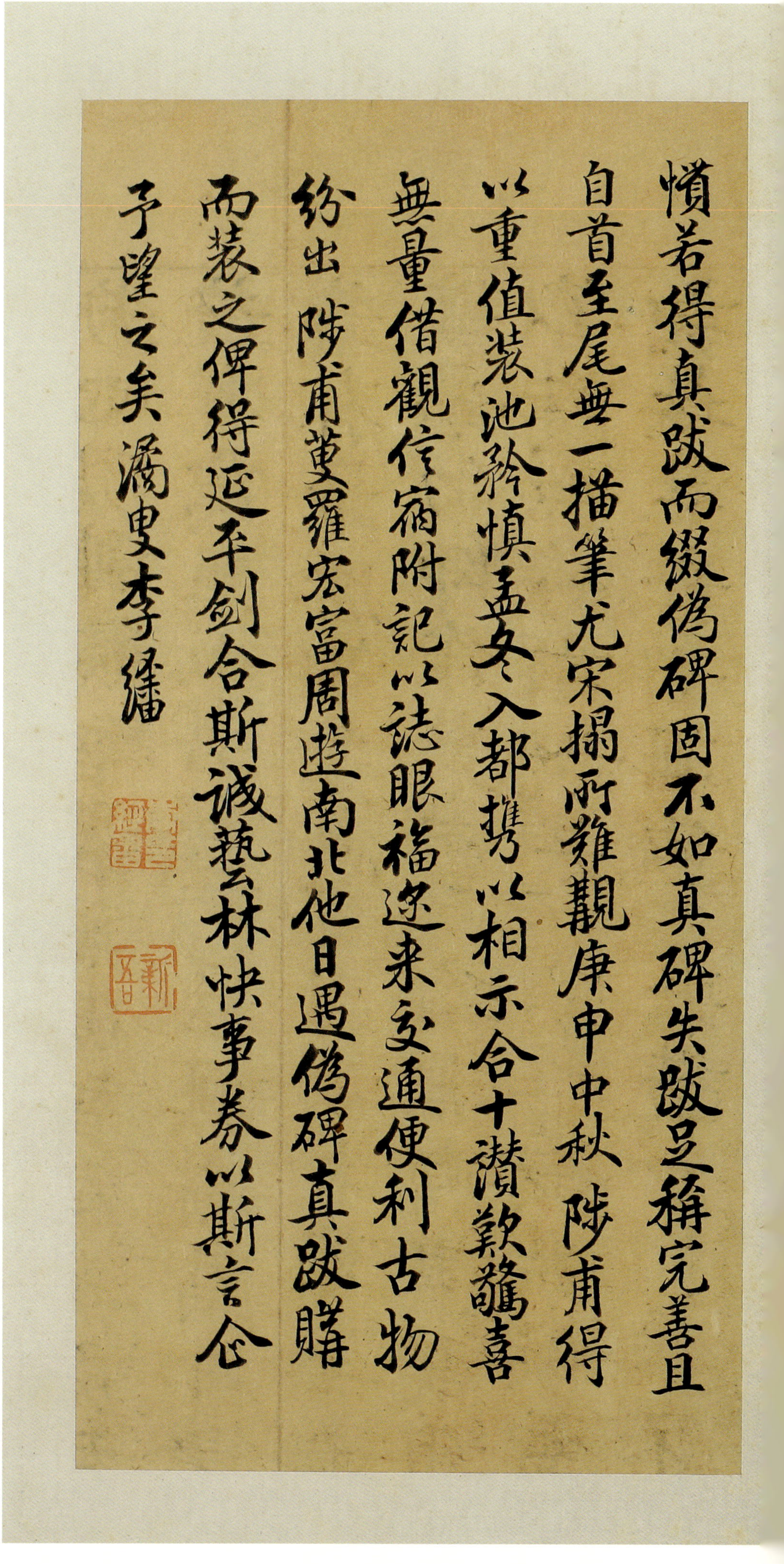

慣。若得真跋而綴僞碑，固不如真碑失跋足稱完善。且自首至尾無一描筆，尤宋拓所難覯。庚申中秋，陟甫得以重值，裝池矜慎，孟冬入都，携以相示，合十讚歎，驚喜無量，借觀信宿，附記以誌眼福。迩來交通便利，古物紛出。陟甫蒐羅宏富，周游南北，他日遇僞碑真跋，購而裝之，俾得延平劍合，斯誠藝林快事，券以斯言，企予望之矣。潏叟李經畬。

鈐印：李經畬印、新吾

題跋出處：史晨碑（孫多巘藏本）

館藏號：19A363

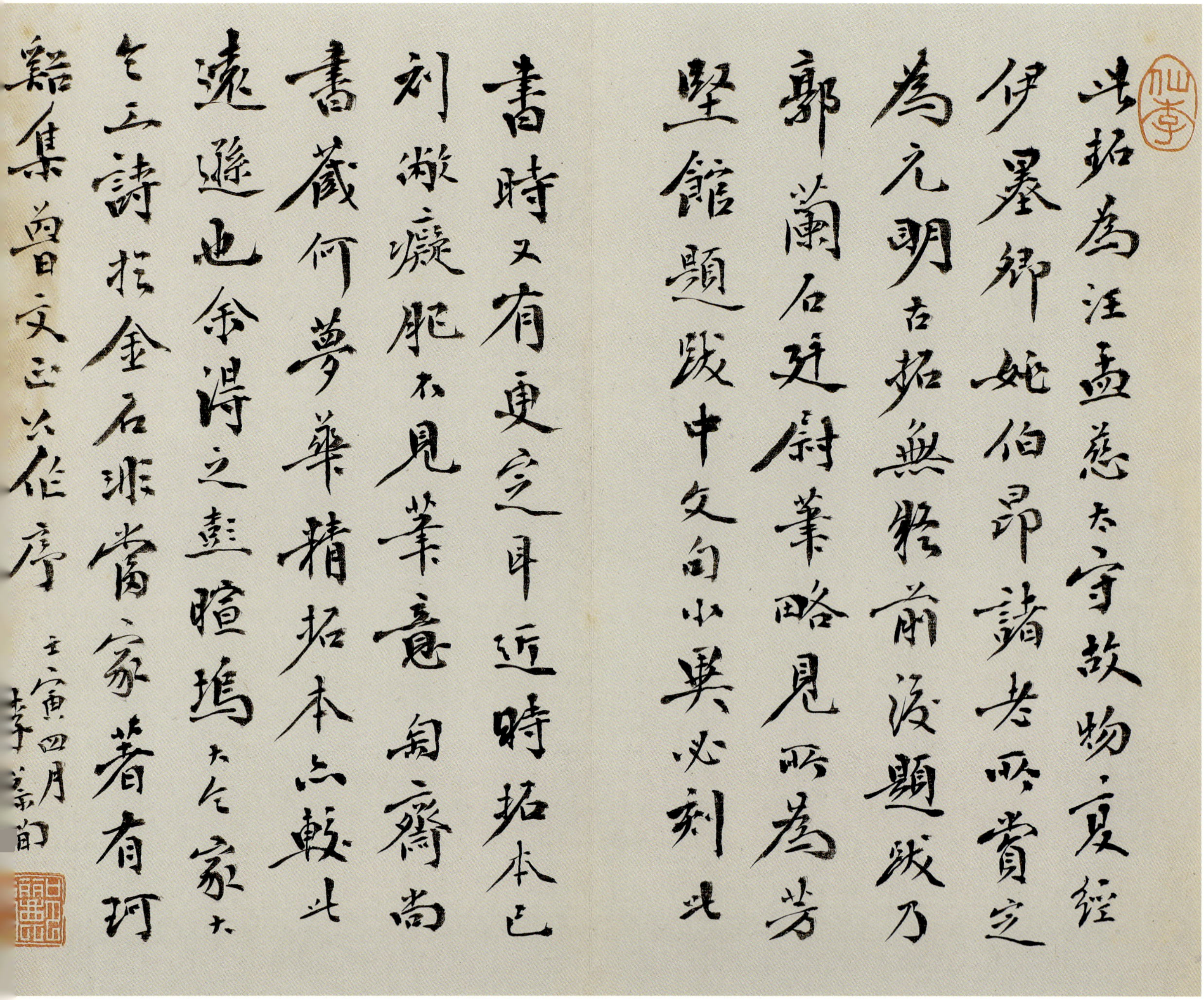

李葆恂

年代：1859—1915

字號：原名恂，字寶卿，號文石、叔默、僊李、戒甚、鄺亭、猛庵、紅螺山人、皃翁、熙怡叟、孤笑老人

籍貫：奉天義州

釋文：此拓爲汪孟慈太守故物，复經伊墨卿、姚伯昂諸老所賞定，爲元明古拓無疑。前後題跋乃郭蘭石廷尉筆，略見所爲《芳堅館題跋》中，文句小異，必刻此書時又有更定耳。近時拓本已剜敝，癡肥不見筆意，匋齋尚書藏何夢華精拓本亦較此遠遜也。余得之彭暄塢大令家，大令工詩，於金石非當家，著有《珂溪集》，曾文正公作序。壬寅四月，李葆恂。

鈐印：僊李、鄺亭

題跋出處：開母廟石闕銘（李葆恂藏本）

館藏號：19A360

釋文：《李苞潘宗伯治閣道前後題名摩崖》在褒城縣石門南崖，『泰』字下一字不可辨，或曰『和』，或曰『始』，翁覃溪學士定爲『始』，或不謬。咸豐初石爲山水冲激墮深澗中，吴愙齋中丞視學關中時曾懸金募人縋險求之，卒不可得，自此墨本艱如星鳳矣。匋齋尚書藏此刻整幅翦貼各十餘本，每閲一通，爲之神觀灑然。光緒壬寅六月十二日，李葆恂揮汗記。

鈐印：義州、默公審釋金石文字記

題跋出處：潘宗伯韓仲元李苞閣道摩崖題名（端方藏本）

館藏號：S1153

季邕潘宗伯以閣道前後題名摩厓
在褒城雞石門南崖春字下一字不可辨或
曰和或曰始筠溪學士定爲始或不深
咸豐初石爲山水沖兩墮深澗中矣其
高中丞視學陝中時曾懸金募人縋險
求之卒不可得自此墨本罕如星鳳矣
南齋尚書藏此刻整幅兼帖多十餘本
每閱一過爲之神觀灑然
光緒壬寅六月十二日李葆恂揮汗記

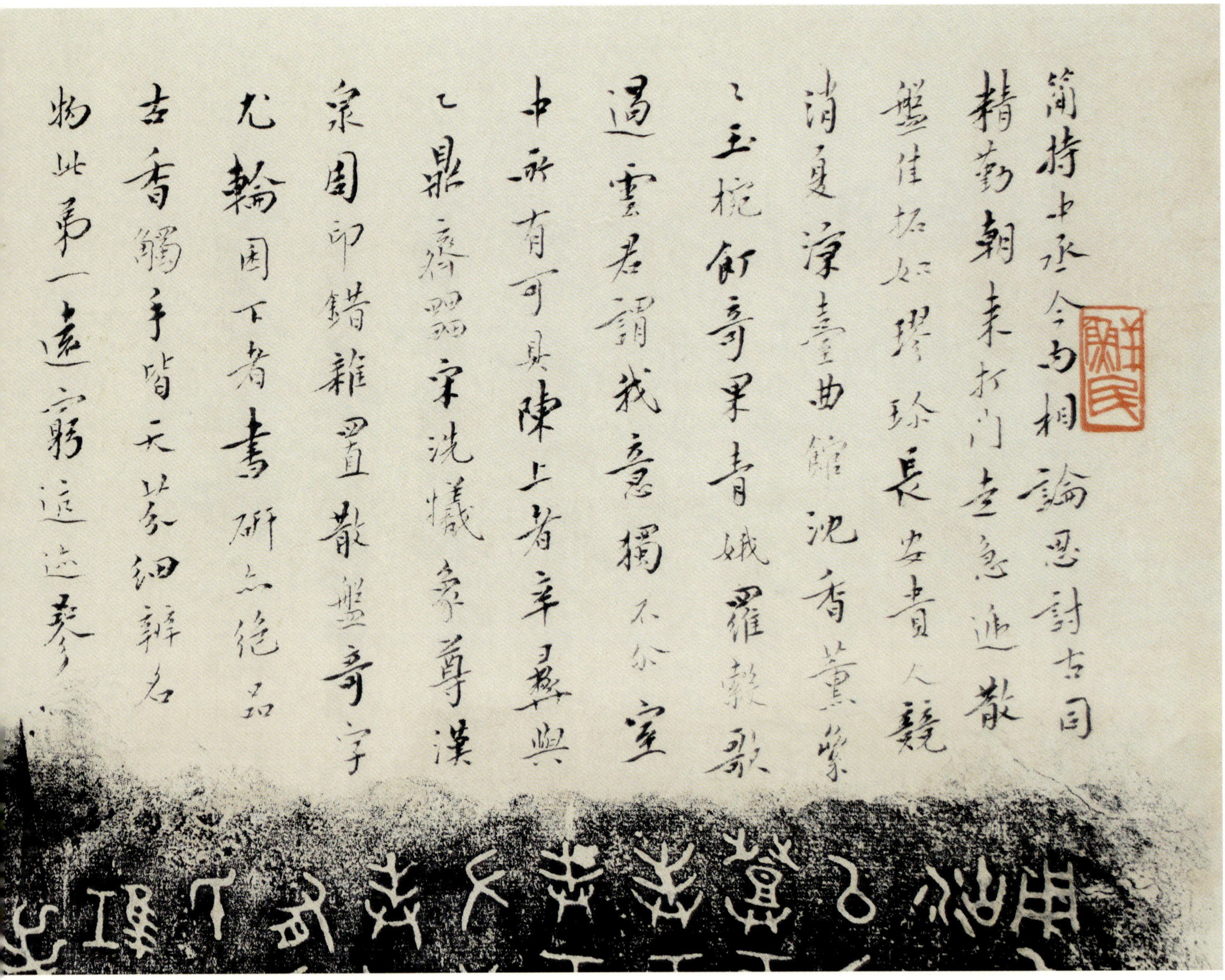

梁鼎芬

年代：1859—1919

字號：字星海，一字心海，又字伯烈，號節庵、不回山民、孤庵、病翁、浪游詞客、葵霜、藏山、藏叟、鮮民

籍貫：廣東番禺

釋文：簡持中丞今内相，論思討古同精勤。朝來打門走急遞，散盤佳拓如璆珍。長安貴人競消夏，凉臺曲館沈香薰。累累玉碗飣奇果，青娥羅縠歌遏雲。君謂我意獨不佘，室中所有可具陳。上者辛彝與乙鼎，齊罍宋洗犧象尊。漢泉周印錯雜置，散盤奇字尤輪囷。下者書研亦絶品，古香觸手皆天芬。細辨名物此弟一，遠窮迒迹參籀文。趙洪失色王薛沮，吾桂墨屎錢毛嗔。朝回駐車輒閲市，一鼎不惜錢千緡。貨郎倚擔與諧價，駱市持貂時質人。麝螺萬紙入瑶笈，牙簽百部排錦純。偶烹佳茗數晨夕，麈尾一拂雲繽紛。散盤是爲希世寶，寸幅真足張吾軍。

鈐印：鮮民、剛腸、病翁呻吟

釋文：己丑十月，簡持我兄得散盤真拓見示，相與摩挲，嘆賞於一簣亭下，更賦長句以記事。鼎芬。同觀者有慶笙伯君兄弟，時將去大梁也。

鈐印：鼎芬、節庵

題跋出處：散氏盤（陳昭常藏本）

館藏號：Z1289

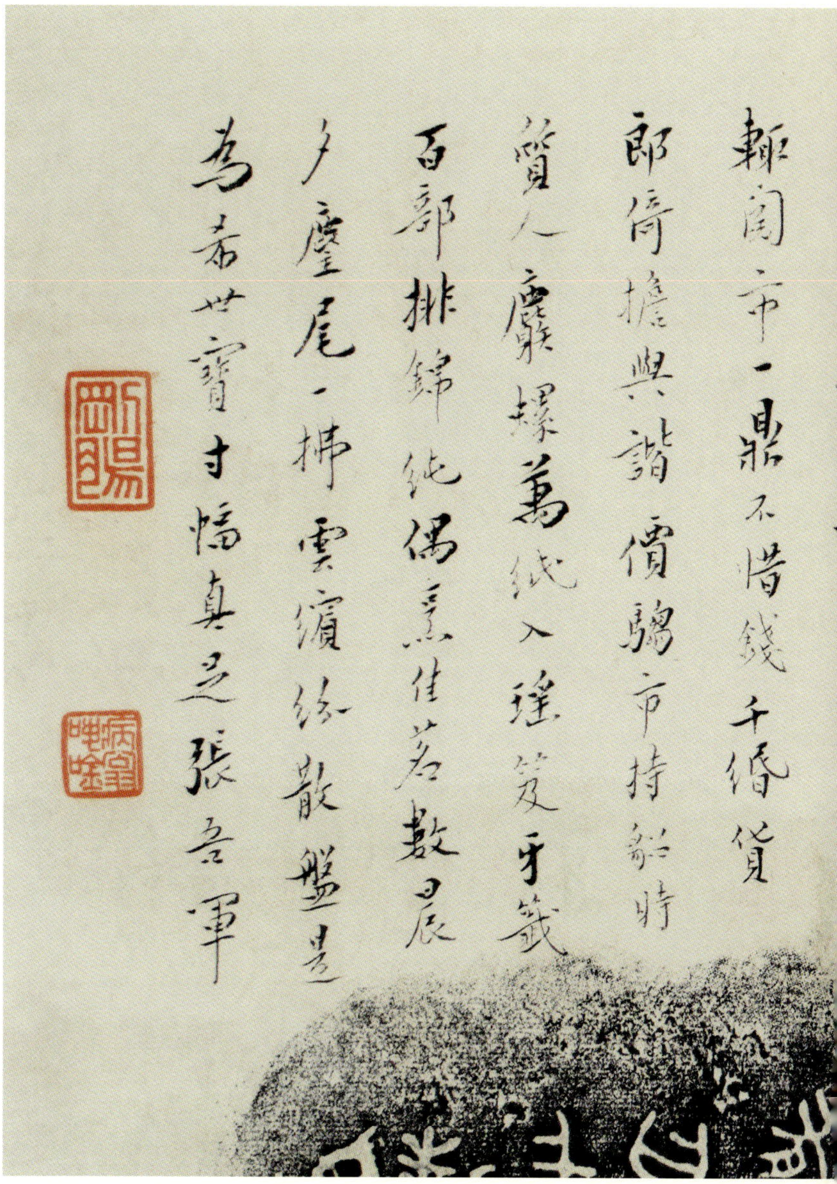
軟闠市一鼎不惜錢千緡貿
郎倚擔與諧價騶市持歸時
質人麤螺萬紙入瑤笈手箋
百部排錦純偶然佳茗數晨
夕麈尾一拂雲縷絲散盤是
為希世寶寸幅真足張吾軍

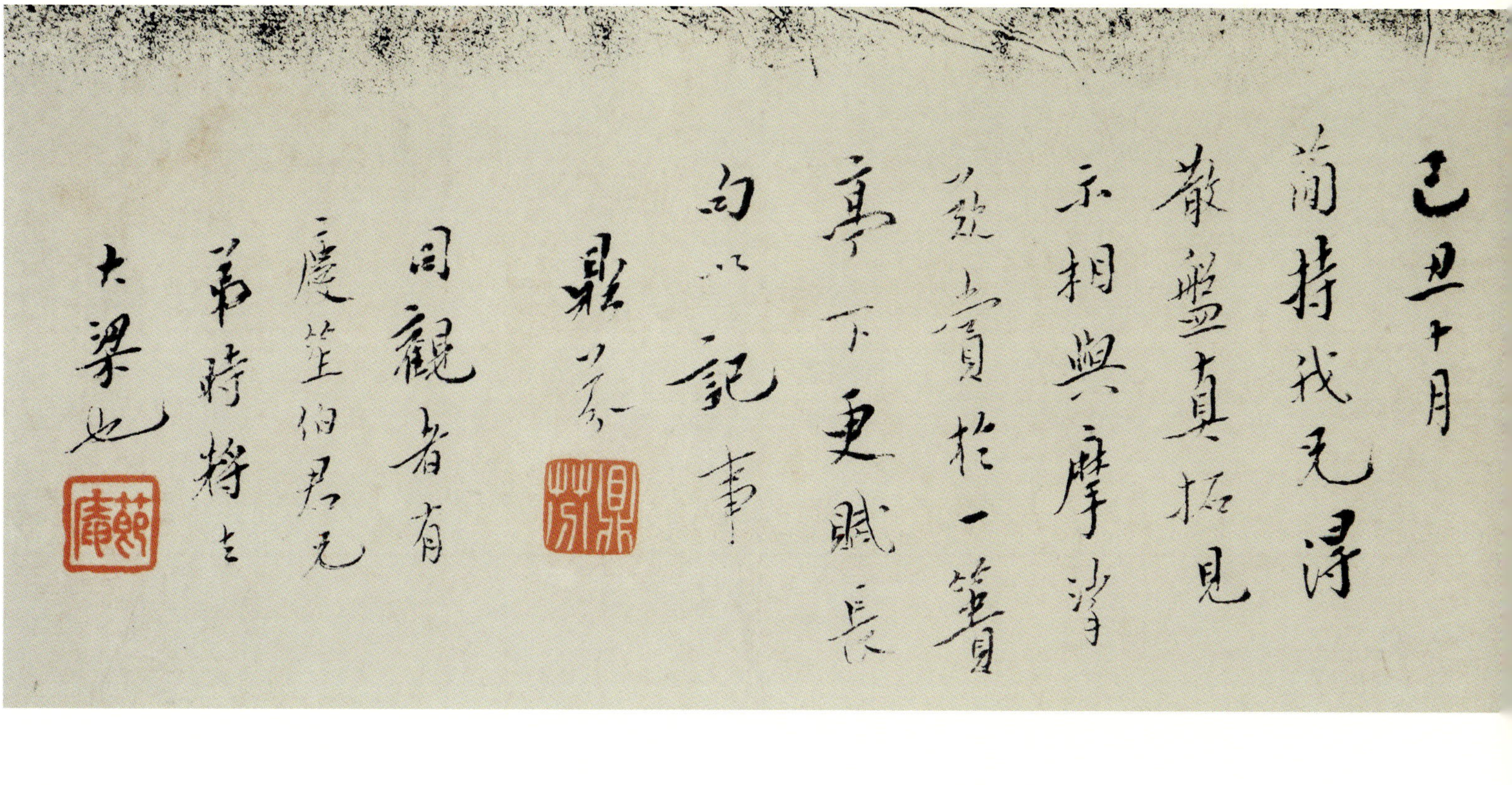
己丑十月
蒲持我兄得
散盤真拓見
示相與摩挲
欣賞於一箸
亭下更賦長
句以記事
鼎以芬
同觀者有
慶笙伯君兄
弟特將之
大梁也

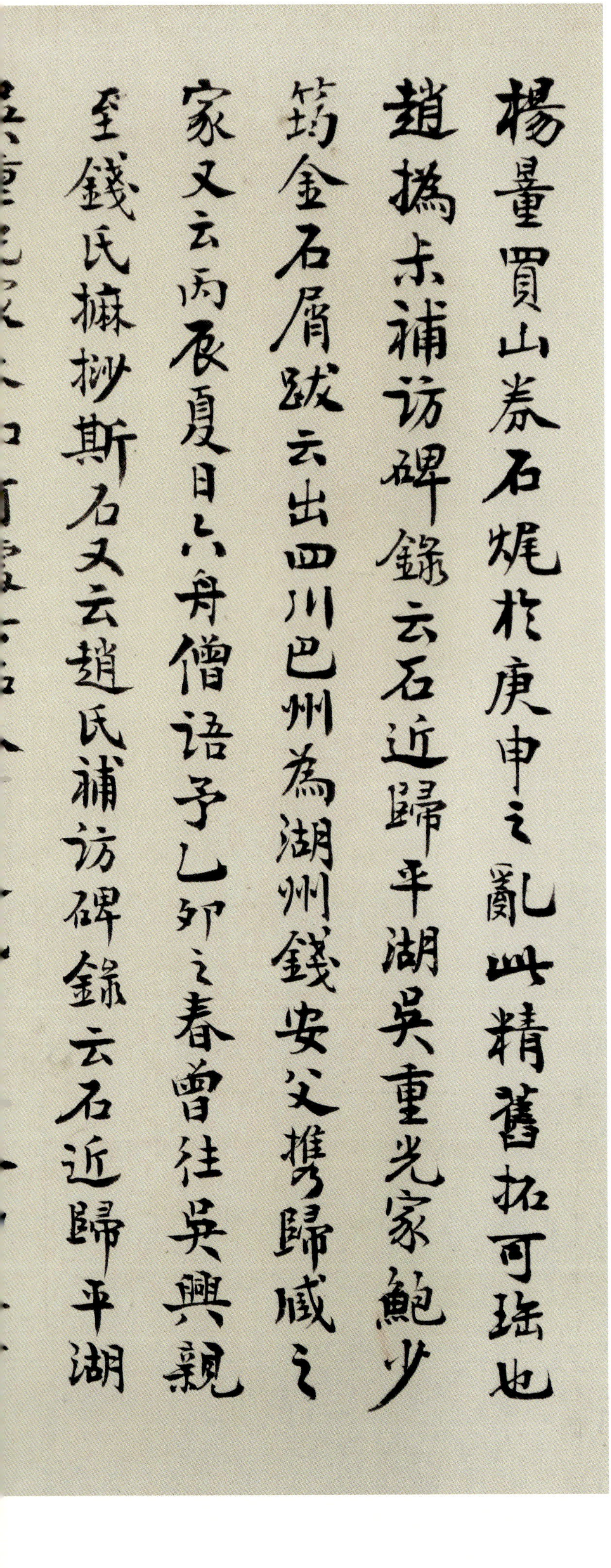
楊量買山券石娓於庚申之亂此精舊拓可珤也
趙撝叔補訪碑錄云石近歸平湖吳重光家鮑少
筠金石屑跋云出四川巴州為湖州錢安父携歸臧之
家又云丙辰夏日六舟僧語予乙卯之春曾往吳興親
至錢氏摩挲斯石又云趙氏補訪碑錄云石近歸平湖

況周頤

年代：1859—1926

字號：原名周儀，後改周頤，字夔笙，一字揆孫，號玉梅詞人、玉梅詞隱、蕙風詞隱

籍貫：廣西臨桂

釋文：《楊量買山券》石燬於庚申之亂。此精舊拓，可寶也。趙撝叔《補訪碑録》云：『石近歸平湖吳重光家。』鮑少筠《金石屑》跋云：『出四川巴州，爲湖州錢安父携歸臧之家。』又云：『丙辰夏日，六舟僧語予，乙卯之春，曾往吳興親至錢氏，摩挲斯石。』又云趙氏《補訪碑録》云，石近歸平湖吳重光家，未知何據？此拓本有道光廿三年癸卯吳重光釋文并題記，足爲趙録佐證，唯鮑跋所云乙卯乃咸豐五年，吳氏題記在乙卯之前十二年。詎斯石先歸吳，後歸錢耶？趙録成於同治初年，乃云石近歸吳，并不云歸錢，而《金石屑》所樵拓本，又確有錢安父臧印。錢、吳臧石孰先孰後，石佚世易，不可得而詳矣。據鮑跋，云六舟摩挲斯石時，後二行漫漶處已有裂紋，而所樵拓本無之。此拓本細視亦無裂紋，其爲初拓一也。券文『永保』之『保』，方氏朔《枕經堂題跋》、汪氏鋆《十二硯齋金石經眼録》并誤作『寶』，蓋皆未見拓本，其流傳絶尠可知。光緒丙申首春上沐臨桂況周儀題於金陵賃廡。

鈐印：況周儀印、受天雅性生不雜玩

題跋出處：楊量買山券（吳重光跋本）

館藏號：J5458

豐五年吳氏題記在乙卯之前十二年距斯石先歸吳後歸錢耶趙錄成於同治初年乃云石近歸吳並不云歸錢而金石屑所橅拓本又碻有錢安父臧印錢吳臧石孰先孰後石佚世易不可得而詳矣據鮑跋云六舟擴拓斯石時後二行漫漶處已有裂紋而所橅拓本無之此拓本細睇亦無裂紋其為初拓一也券文永保之保方氏朔枕經堂題跋汪氏璧十二硯齋金石經眼錄並誤作寶蓋皆未見拓本其流傳絕尠可知光緒丙申首春上沐臨桂況周儀題於金陵賃廡

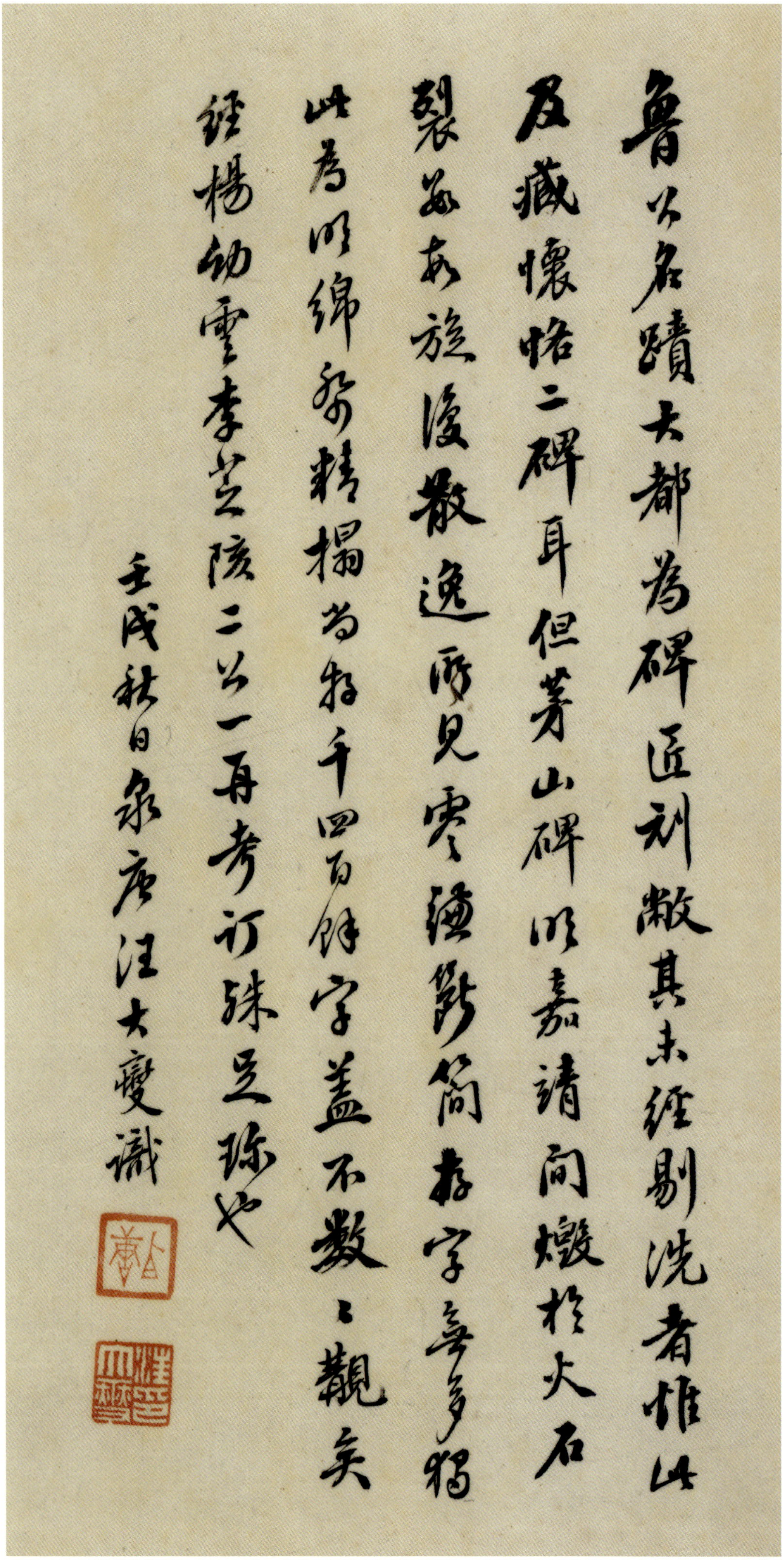

汪大燮

年代：1859—1929

字號：原名堯俞，字伯唐，一字伯棠，號録翁

籍貫：浙江錢塘

釋文：魯公名迹大都爲碑匠刓敝，其未經剔洗者，惟此及《臧懷恪》二碑耳。但《茅山碑》明嘉靖間燬於火，石裂數段，旋復散逸，所見零縑斷簡，存字無多，獨此爲明綿紙精拓，尚存千四百餘字，蓋不數數覯矣。經楊幼雲、李芝陔二公一再考訂，殊足珍也。壬戌秋日，泉唐汪大燮識。

鈐印：伯唐、汪大燮印

題跋出處：顔真卿書李含光碑（楊繼震藏本）

館藏號：S2507

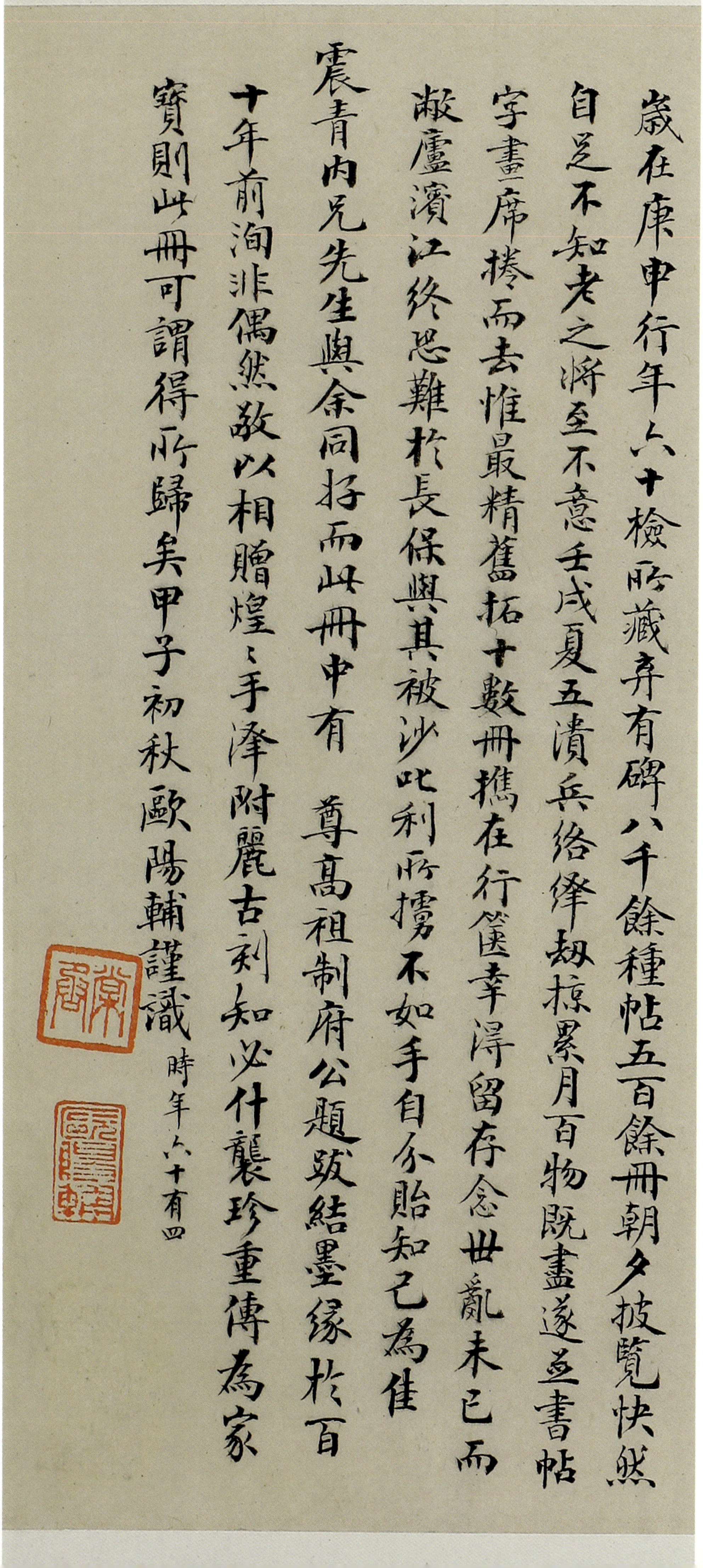
歲在庚申行年六十檢所藏弃有碑八千餘種帖五百餘冊朝夕披覽快然
自足不知老之將至不意壬戌夏五潰兵絡繹刼掠累月百物既盡遂并書帖
字畫席捲而去惟最精舊拓十數冊携在行篋幸得留存念世亂未已而
敝廬濱江終恐難於長保與其被沙叱利所擄不如手自分貽知己為佳
震青內兄先生與余同好而此冊中有 尊高祖制府公題跋結墨緣於百
十年前洵非偶然敬以相贈煌煌手澤附麗古刻知必什襲珍重傳為家
寶則此冊可謂得所歸矣甲子初秋歐陽輔謹識 時年六十有四

歐陽輔

年代：1860—1939

字號：字棠丞

籍貫：江西泰和

釋文：歲在庚申，行年六十，檢所藏弆，有碑八千餘種，帖五百餘册，朝夕披覽，快然自足，不知老之將至。不意壬戌夏五，潰兵絡繹，劫掠累月，百物既盡，遂并書帖字畫席捲而去，惟最精舊拓十數册携在行篋，幸得留存。念世亂未已，而敝廬濱江，終恐難於長保，與其被沙叱利所擄，不如手自分貽知己爲佳。震青内兄先生與余同好，而此册中有尊高祖制府公題跋，結墨緣於百十年前，洵非偶然，敬以相贈。煌煌手澤，附麗古刻，知必什襲珍重，傳爲家寶，則此册可謂得所歸矣。甲子初秋，歐陽輔謹識，時年六十有四。

鈐印：棠丞、歐陽輔

題跋出處：晉唐小楷九種（鐵保藏本）

館藏號：81A657

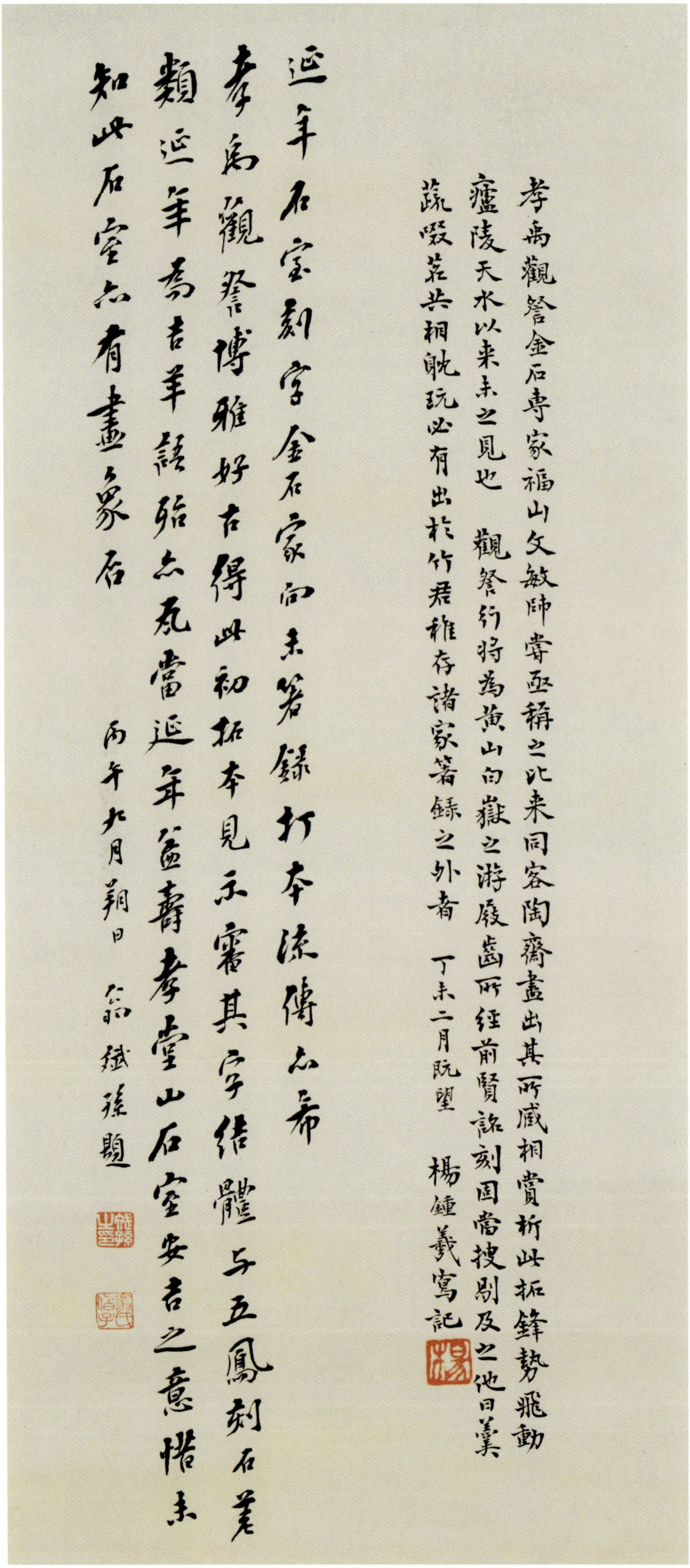

翁斌孫

年代：1860—1922

字號：字弢夫，一字韜夫，號人豪、簡齋、笏庵、冰楞、笏居士

籍貫：江蘇常熟

釋文：《延年石室刻字》金石家向未箸録，打本流傳亦希。孝禹觀察博雅好古，得此初拓本見示。審其字結體與《五鳳刻石》差類，延年爲吉羊語，殆亦瓦當延年益壽，孝堂山石室安吉之意。惜未知此石室亦有畫象否？丙午九月朔日，翁斌孫題。

鈐印：斌孫之印、翁氏伯子

題跋出處：延年石室題字（王瓘藏本）

館藏號：J3964

延年石室刻字金石家向未著錄
孝禹觀察博雅好古得此初拓本
類延年為吉羊語殆亦瓦當延年
知此石室亦有畫象否　丙午

錄打本流傳亦希
本見示審其字結體與五鳳刻石差
年益壽孝堂山石室安吉之意惜未
午九月朔日　六翁　鐵孫題

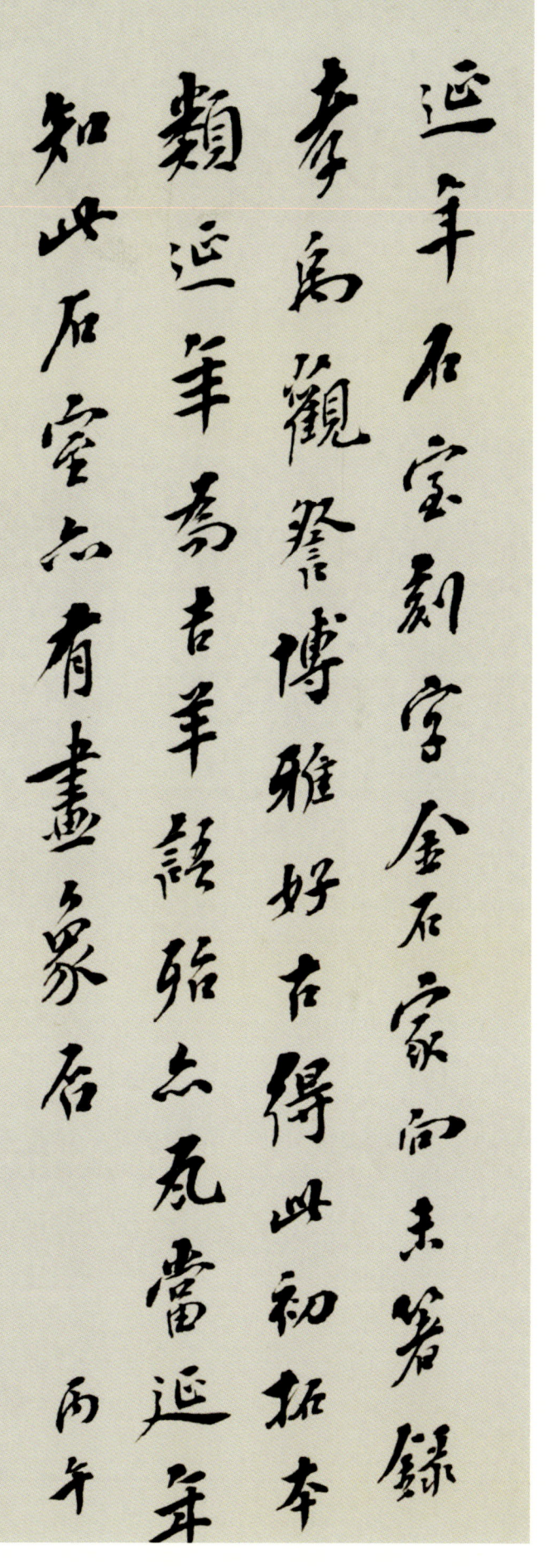

端方

年代：1861—1911

字號：托活洛氏，字午橋、午樵，悟樵，號匋齋、浭陽陶父

籍貫：滿洲正白旗

釋文：文石三丈出示《嵩山啓母石闕銘》，審其紙墨皭然，明拓無疑也。方所臧勝國及我聖清順治康熙間所拓之漢魏碑，無慮數百種，獨三闕僅得明

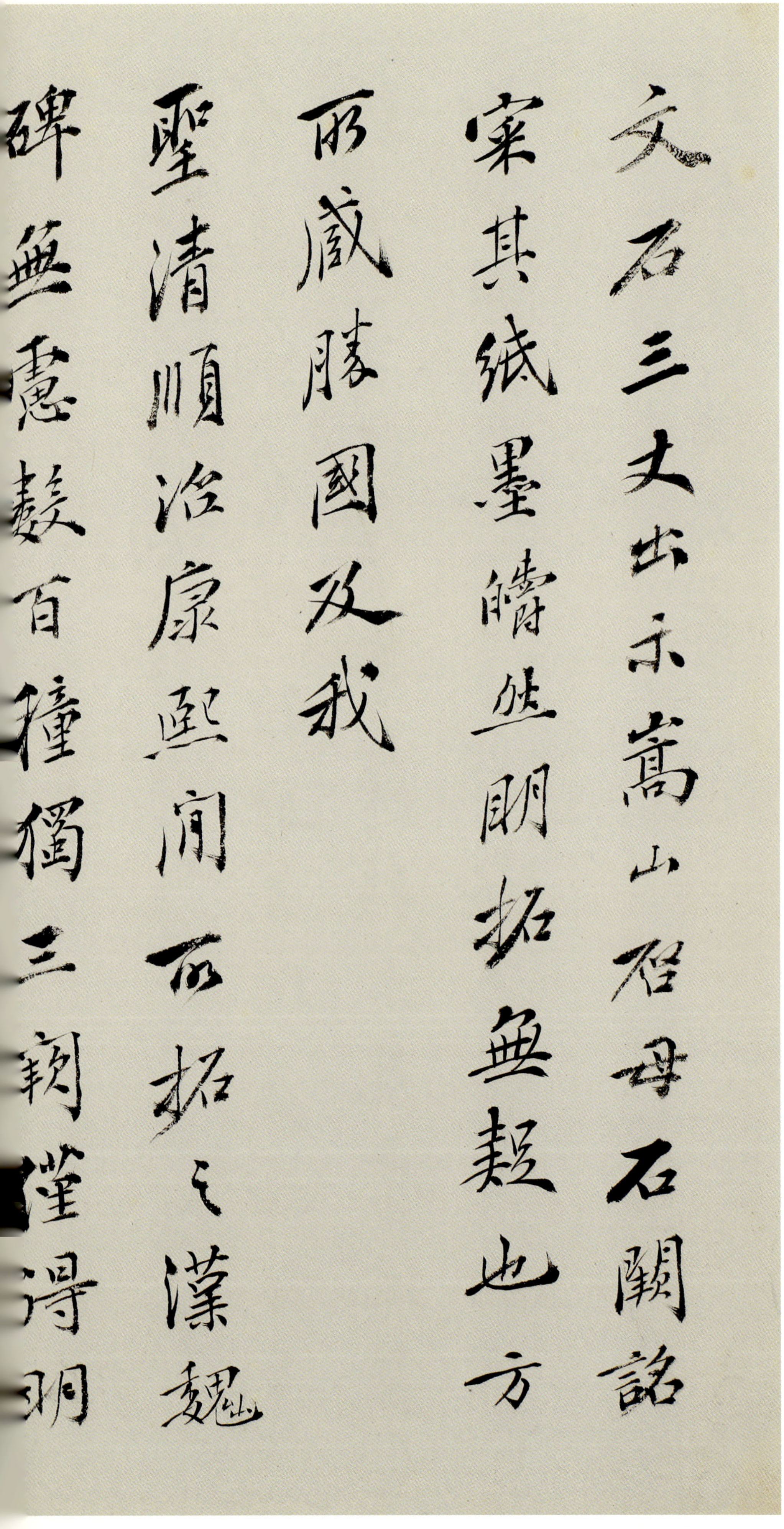

文石三丈出示嵩山啓母石闕銘
審其紙墨皭然明拓無疑也方
所臧勝國及我
聖清順治康熙間所拓之漢魏
碑無慮數百種獨三闕僅得明

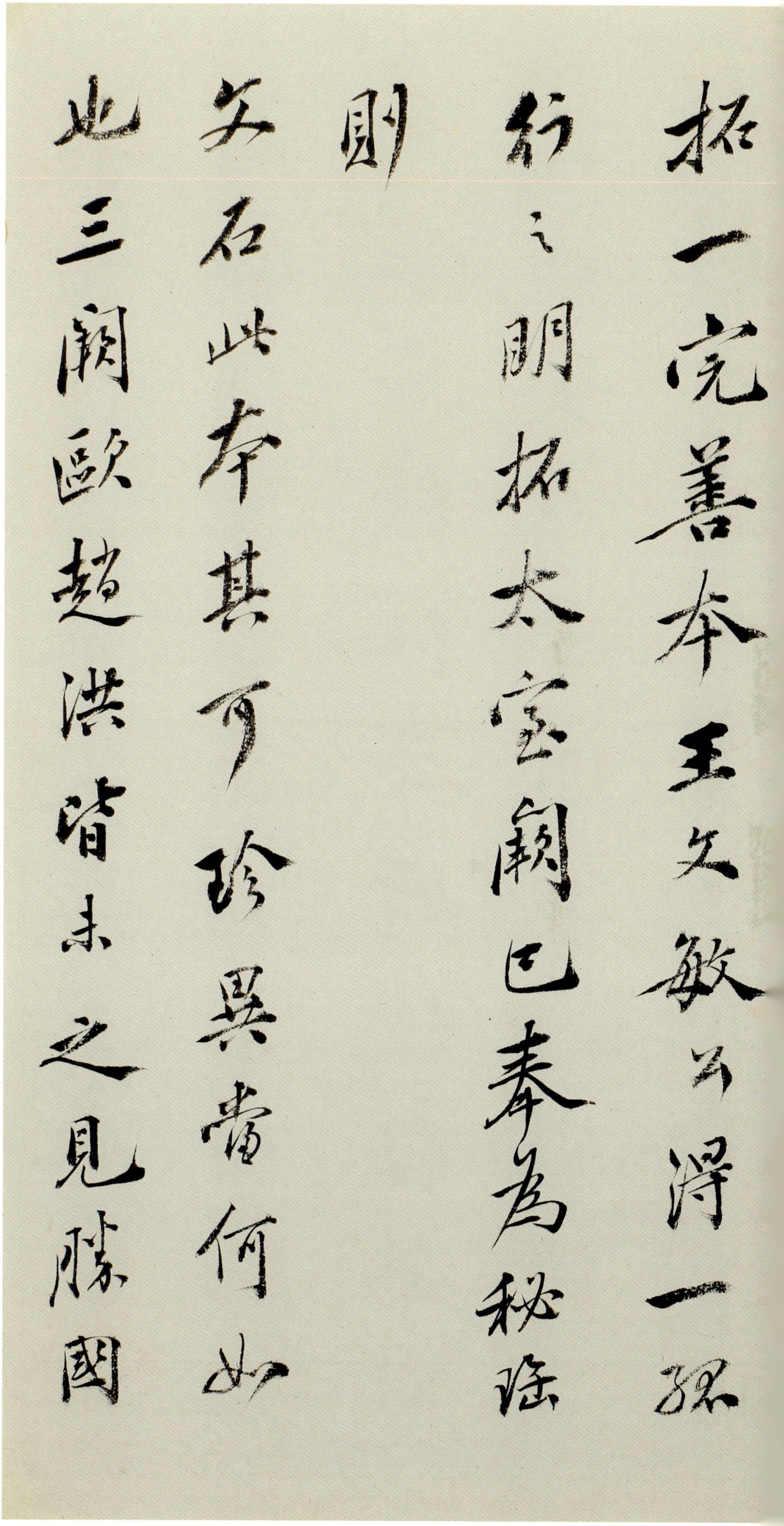

拓一完善本，王文敏公得一孤行之明拓《太室闕》，已奉爲秘寶，則文石此本其可珍異，當何如也。三闕歐、趙、洪皆未之見，勝國

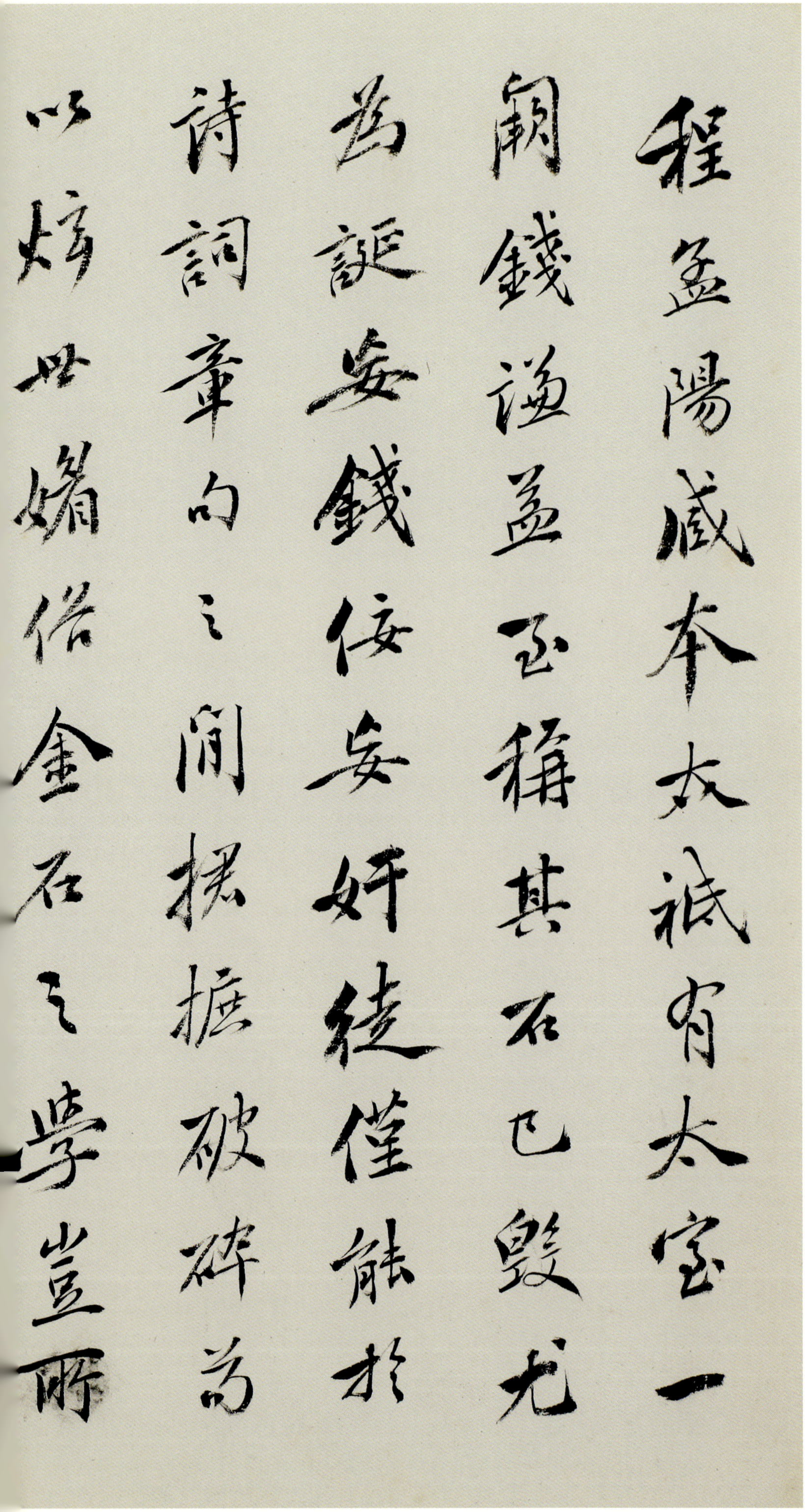
程孟陽藏本亦衹有太室一闋錢謙益至稱其石已毁尤爲誕妄錢佞安奸徒僅能於詩詞章句之間捃摭破碎苟以炫世媚俗金石之學豈所

程孟陽藏本亦衹有《太室》一闋，錢謙益至稱其石已毁，尤爲誕妄。錢佞安奸徒，僅能於詩詞章句之間捃摭破碎，苟以炫世媚俗，金石之學，豈所

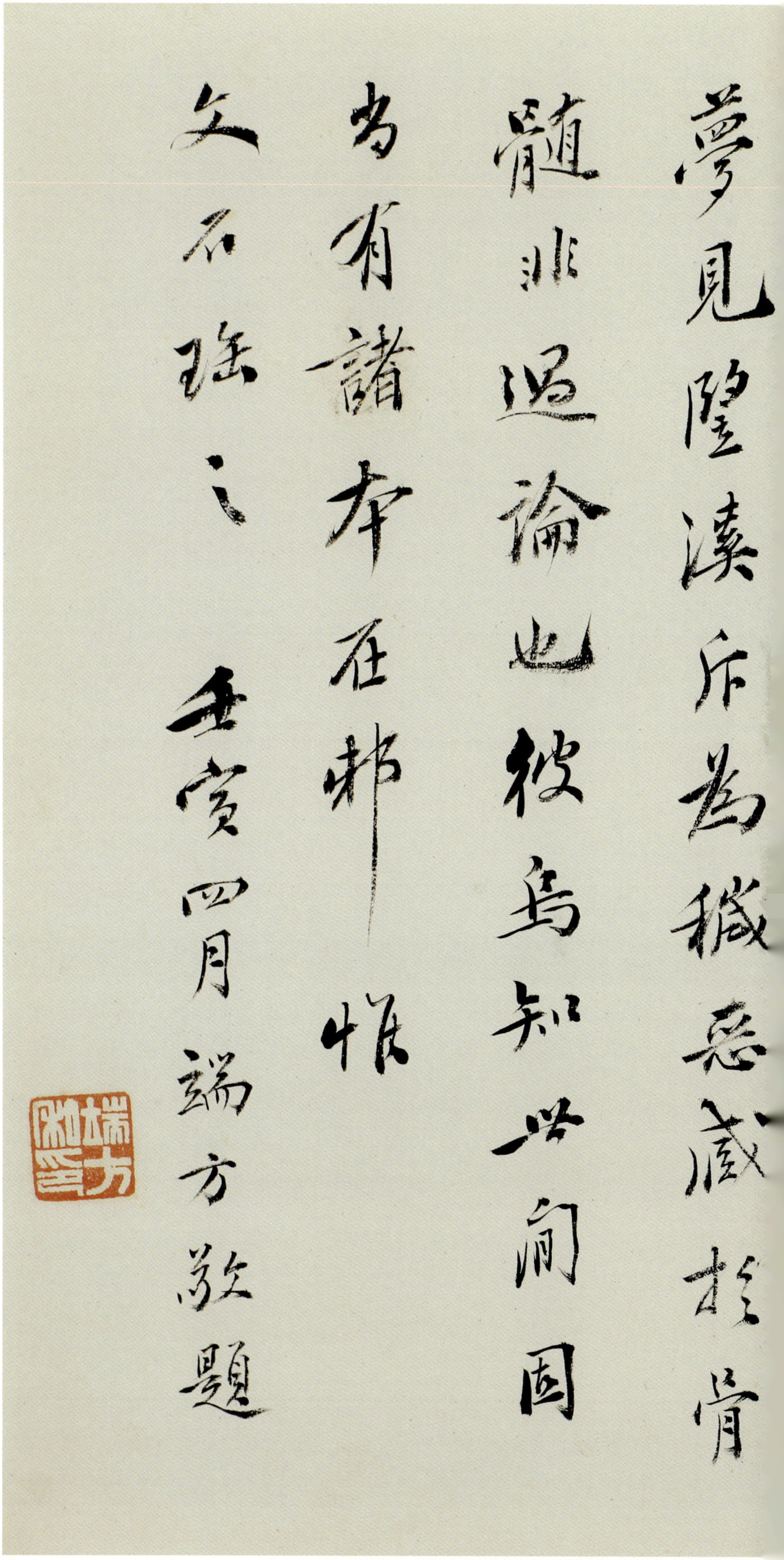

夢見！望溪斥爲穢惡臧於骨髓，非過論也。彼烏知世間固尚有諸本在耶？惟文石寶之。壬寅四月，端方敬題。

鈐印：端方私印

題跋出處：開母廟石闕銘（李葆恂藏本）

館藏號：19A360

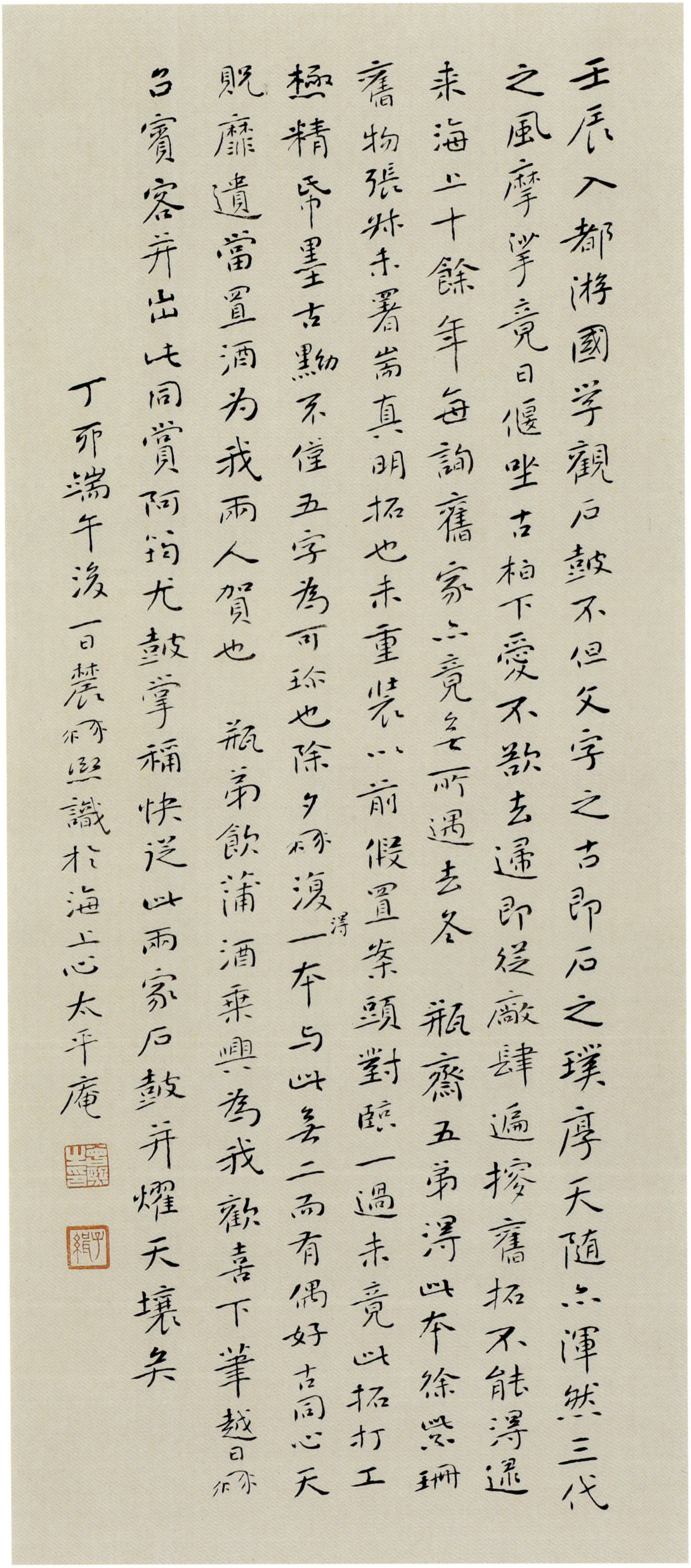

曾熙

年代：1861—1930

字號：字季子，又字嗣元，更字子緝，號俟園、農髯、龍髯

籍貫：湖南衡陽

釋文：壬辰入都，游國學觀石鼓，不但文字之古，即石之璞厚天隨，亦渾然三代之風。摩挲竟日，偃坐古柏下，愛不欲去。歸即從廠肆遍搜舊拓，不能得。逯來海上十餘年，每詢舊家，亦竟無所遇。去冬瓶齋五弟得此本，徐紫珊舊物，張叔未署耑，真明拓也。未重裝以前，假置案頭，對臨一過未竟。此拓打工極精，紙墨古黝，不僅五字爲可珍也。除夕髯復得一本，與此無二而有偶，好古同心，天貺靡遺，當置酒爲我兩人賀也。瓶弟飲蒲酒，乘興爲我歡喜下筆。越日髯召賓客，并出此同賞，阿筠尤鼓掌稱快，從此兩家石鼓并燿天壤矣。丁酉端午後一日，農髯熙識於海上心太平庵。

鈐印：曾熙之印、子緝

題跋出處：石鼓文（徐渭仁藏本）

館藏號：48B812

壬辰入都游國學觀石鼓不但文字之古即
之風摩挲竟日偃坐古柏下愛不欲去遂即
來海上十餘年每詢舊家亦竟無所遇去冬
舊物張猗未署嵩真明拓也未重裝以前假置
極精密墨古黝不僅五字為可珍也除夕孫復一得
既靡遺當置酒為我兩人賀也　瓶菊飲蒲酒
召賓客并出此同賞阿翁尤鼓掌稱快從此雨
丁卯端午後一日蕽孫熙識於海上

不但文字之古即石之璞厚天隨亦渾然三代
不愛不欲去遂即從廠肆遍搜舊拓不能得還
亦竟無所遇去冬　瓶齋五弟得此本徐紫珊
所重裝以前假置案頭對臨一過未竟此拓打工
尚可珍也除夕髯復得一本與此無二而有偶好古同心天
寶也　瓶弟飲蒲酒乘興為我歡喜下筆越日髯作
兄鼓掌稱快從此兩家石鼓并耀天壤矣
一日農髯熙識於海上心太平庵

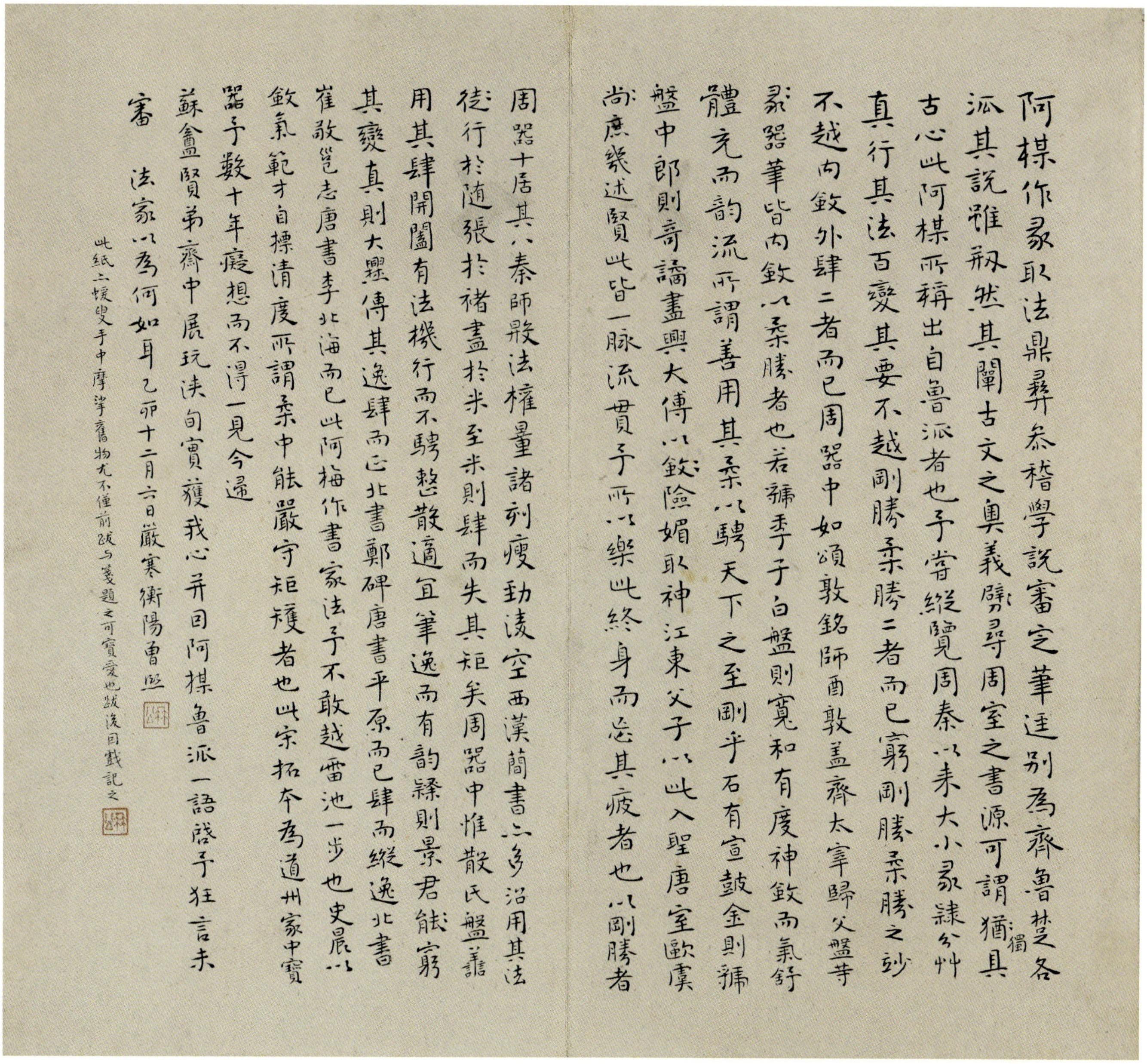

釋文：阿梅作篆，取法鼎彝，參稽學説，審定筆徑，别爲齊魯楚各派，其説雖創，然其闡古文之奥義，尋周室之書源，可謂獨具古心，此阿梅所稱出自魯派者也。予嘗縱覽周秦以來大小篆隸分草真行，其法百變，其要不越剛勝柔勝二者而已，窮剛勝柔勝之妙，不越内斂外肆二者而已。周器中如頌敦銘、師酉敦蓋、齊太宰歸父盤等器，筆皆内斂，以柔勝者也。若虢季子白盤，則寬和有度，神斂而氣舒，體充而韵流，所謂善用其柔以騁天下之至剛乎。石有宣鼓，金則虢盤，中郎則奇譎盡興，大傅以險媚取神，江東父子以此入聖，唐室歐虞庶幾述賢，此皆一脉流貫，予所以樂此終身而忘其疲者也。以剛勝者，周器十居其八，秦師殷法，權量諸刻瘦勁凌空，西漢簡書亦多沿用，其法行於隨，張於褚，盡於米，至米則肆而失其矩矣。周器中惟《散氏盤》善用其肆，開闔有法，機行而不騁，整散適宜，筆逸而有韵。隸則《景君》窮其變，真則《大爨》傳其逸。肆而正，北書鄭碑、唐書平原而已。肆而縱逸，北書《崔敬邕志》，唐書李北海而已。此阿梅作書家法，予不敢越雷池一步也。《史晨》以斂氣範才自標清度，所謂柔中能嚴守矩矱者也。此宋拓本爲道州家中寶器，予數十年癡想而不得一見，今歸蘇龕賢弟齋中，展玩浹旬，實獲我心，并因阿梅魯派一語啓予狂言，未審法家以爲何如耳。乙酉十二月六日嚴寒，衡陽曾熙。

鈐印：髯公

釋文：此紙亦蝯叟手中摩挲舊物，尤不僅前跋與箋題之可寶愛也，跋後因戲記之。

鈐印：髯公

題跋出處：史晨後碑（何紹基藏本）

館藏號：S2708

阿楳作篆取法鼎彝參稽學説審定筆運別爲齊魯楚各派其説雖殊然其闡古文之奥義辟尋周室之書源可謂猶（獨）具古心此阿楳所稱出自魯派者也予嘗縱覽周秦以來大小篆隸分艸真行其法百變其要不越剛勝柔勝二者而已窮剛勝柔勝之妙不越内斂外肆二者而已周器中如頌敦銘師酉敦蓋齊太宰歸父盤等篆器筆皆内斂以柔勝者也若虢季子白盤則寬和有度神斂而氣舒體充而韵流所謂善用其柔以騁天下之至剛乎石有宣鼓金則虢盤中郎則奇譎盡興大傳以斂險媚取神江東父子以此入聖唐室歐虞尚庶幾述賢此皆一脉流貫予所以樂此終身而忘其疲者也以剛勝者

周器十居其八秦師殺法權量諸刻瘦勁淩空西漢簡書亦多沿用其法徒徒行於隨張於褚盡於米至米則肆而失其矩矣周器中惟散氏盤善諳用其肆開闔有法機行而不驕整散適宜筆逸而有韻隸則景君能窮其變真則大爨傳其逸肆而正北書鄭碑唐書平原而已肆而縱逸北書崔敬邕志唐書李北海而已此阿梅作書家法予不敢越雷池一步也史晨以斂氣範才自標清度所謂柔中能嚴守矩矱者也此宋拓本為道州家中寶器予數十年寤想而不得一見今遇蘇盦賢弟齋中展玩浹旬實獲我心并因阿棋魯派一語啓予狂言未審法家以為何如耳乙卯十二月六日嚴寒衡陽曾熙

此紙亦蝯叟手中摩挲舊物尤不僅前跋與簽題之可寶愛也跋後因戲記之

汪兆鏞

年代：1861—1939

字號：字伯序，號憬吾、景吾、今吾、慵叟、清溪漁隱、羅浮覺道士、微尚居士

籍貫：廣東番禺

釋文：按：陳散騎侍郎劉猛進墓銘，光緒三十二年丙午廣州城北黄鷹塘村人墾地得之，度以工部營造尺，高二尺五寸，廣一尺一寸，首圓趾方，左右有垂花紋，無撰書人名氏。文刻於前後兩面，前刻十七行，後刻十六行，文稱『穸乎南海郡西北朝亭東一里半』，《大清一統志》朝亭在廣州城西十里戙船澳南。《宋書·羊玄保傳》泰始四年，

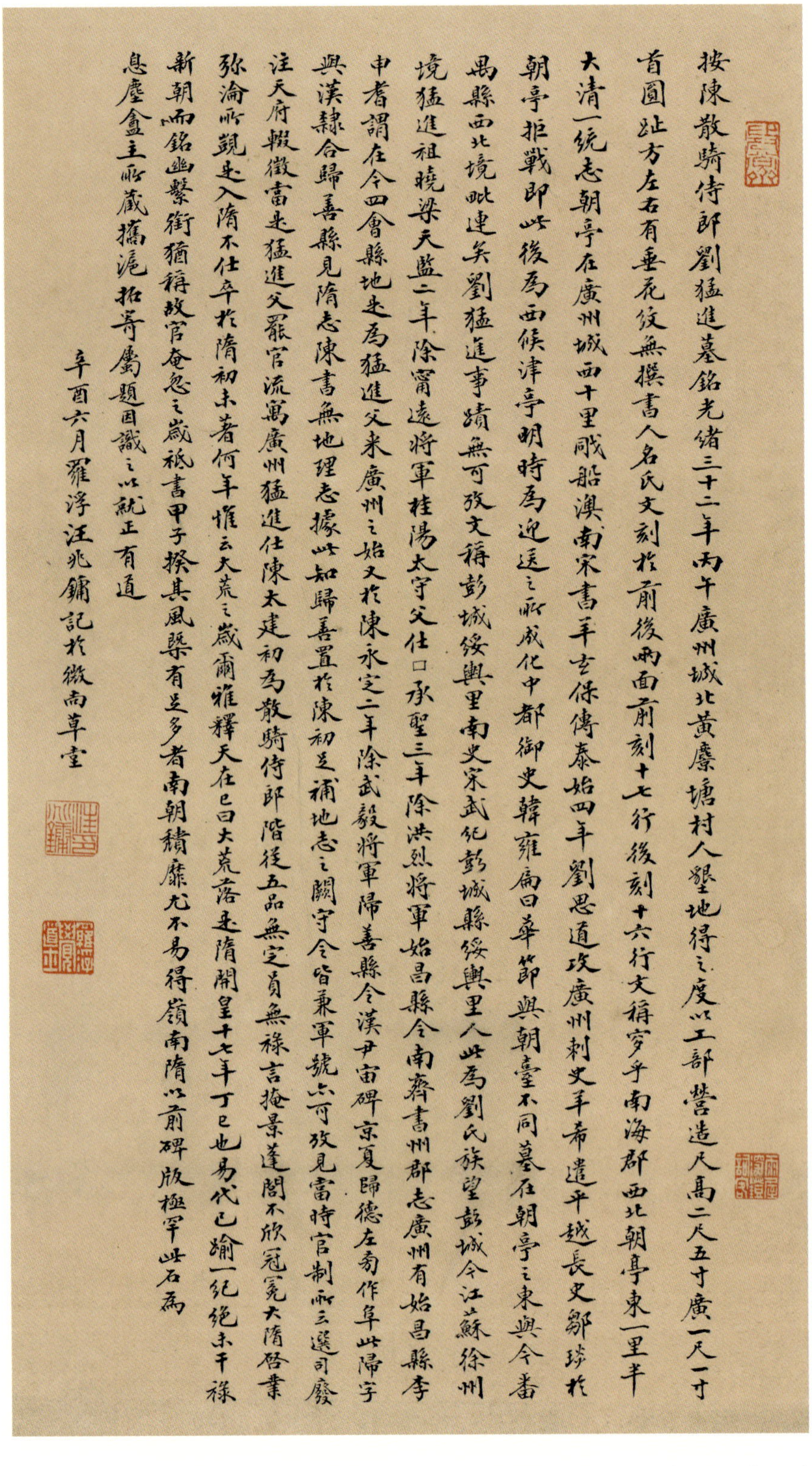

劉思道攻廣州，刺史羊希遣平越長史鄒琰於朝亭拒戰，即此。後爲西候津亭。明時爲迎送之所，成化中都御史韓雍扁曰華節，與朝臺不同。墓在朝亭之東，與今番禺縣西北境毗連矣。劉猛進事迹無可考，文稱彭城綏輿里。《南史·宋武紀》彭城綏輿里人，此爲劉氏族望。彭城今江蘇徐州境。猛進祖曉，梁天監二年除寧遠將軍桂陽太守，父仕□，承聖三年除洪烈將軍始昌縣令。《南齊書·州郡志》廣州有始昌縣，李申耆謂在今四會縣地，是爲猛進父來廣州之始。又於陳永定二年除武毅將軍陽善縣令。漢《尹宙碑》『京夏歸德』，左旁作『阜』，此『陽』字與漢隸合。歸善縣見《隋志》，《陳書》無地理志，據此知歸善置於陳初，足補地志之闕。守、令皆兼軍號，亦可考見當時官制。所云『選司廢注，天府輟徵』，當是猛進父罷官，流寓廣州，猛進仕陳，太建初爲散騎侍郎，階從五品，無定員，無禄，言『掩景蓬閭，不欣冠冕，大隋啓業，弥淪所覬』，是入隋不仕，卒於隋初，未著何年，惟云大荒之歲。《爾雅·釋天》『在巳曰大荒落』，是隋開皇十七年丁巳也。易代已逾一紀，絶未干禄新朝，而銘幽繫銜，猶稱故官。奄忽之歲，祇書甲子。揆其風概，有足多者。南朝頹靡，尤不易得。嶺南隋以前碑版極罕，此石爲息塵盦主所藏，携滬拓寄屬題，因識之以就正有道。辛酉六月，羅浮汪兆鏞記於微尚草堂。

鈐印：雨屋深鐙詞客、微尚齋、汪兆鏞印、羅浮覺道士

題跋出處：劉猛進墓誌（王秉恩藏本）

按陳散騎侍郎劉猛進墓銘光緒三十二年丙午廣州城北黄麖塘村人墾地
首圓趾方左右有垂花紋無撰書人名氏文刻於前後兩面前刻十七行後刻十
大清一統志朝亭在廣州城西十里戙船澳南宋書羊玄保傳泰始四年劉思
朝亭拒戰即此後為西候津亭明時為迎送之所成化中都御史韓雍扁曰
禺縣西北境毗連矣劉猛進事蹟無可攷文稱彭城綏輿里南史宋武紀彭城
境猛進祖曉梁天監二年除甯遠將軍桂陽太守父仕□承聖三年除洪烈將
中者謂在今四會縣地也為猛進父來廣州之始又於陳永定二年除武毅將軍歸
興漢隸合歸善縣見隋志陳書無地理志據此知歸善置於陳初足補地志之闕
注天府輟徵當是猛進父罷官流寓廣州猛進仕陳太建初為散騎侍郎階從五品
弥淪所覩是入隋不仕卒於隋初未著何年惟云大荒之歲爾雅釋天在巳曰大荒落
新朝而銘幽繫銜猶稱故官奄忽之歲祇書甲子揆其風槩有足多者南朝積靡尤
息塵盦主所藏攜滬拓寄屬題因識之以就正有道

辛酉六月羅浮汪兆鏞記於微尚草堂

丙午廣州城北黃鸝塘村人墾地得之度以工部營造尺高二尺五寸廣一尺一寸
刻於前後兩面前刻十七行後刻十六行文稱穸于南海郡西北朝亭東一里半
南宋書羊玄保傳泰始四年劉思道攻廣州刺史羊希遣平越長史鄒琰於
送之所成化中都御史韓雍扁曰華節與朝臺不同墓在朝亭之東與今番
稱彭城綏輿里南史宋武紀彭城縣綏輿里人此爲劉氏族望彭城今江蘇徐州
陽太守父仕□承聖三年除洪烈將軍始昌縣令南齊書州郡志廣州有始昌縣李
始又於陳永定二年除武毅將軍歸善縣令漢尹宙碑京夏歸德左旁作阜此歸字
此知歸善置於陳初足補地志之闕守令皆兼軍號亦可攷見當時官制而三選司廢
任陳太建初爲散騎侍郎階從五品無定員無祿言掩景蓬閣不欣冠冕大隋啓業
云大荒之歲爾雅釋天在巳曰大荒落是隋開皇十七年丁巳也易代已踰一紀絕未干祿
揆其風槩有足多者南朝積靡尤不易得嶺南隋以前碑版極罕此石爲
有道
汪兆鏞記於微尚草堂

惲毓鼎

年代：1862—1917

字號：字薇孫，一字伯銘，號澄齋

籍貫：順天大興

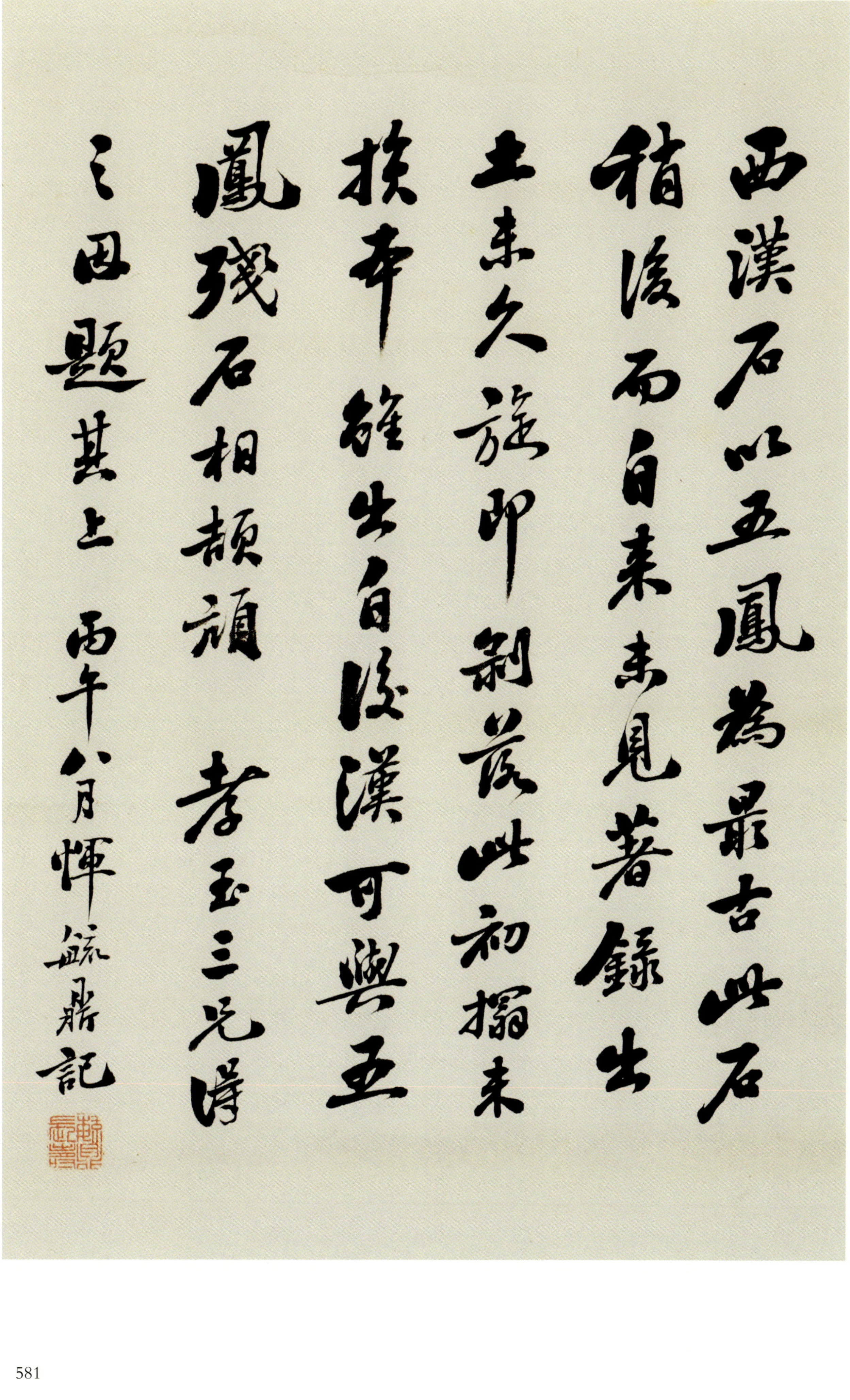
西漢石以五鳳爲最古此石
稍後而自來未見著録出
土未久旋即剥落此初拓未
損本雖出自後漢可與五
鳳殘石相頡頏 孝玉三兄得
之因題其上 丙午八月惲毓鼎記

釋文：西漢石以《五鳳》爲最古，此石稍後而自來未見著録，出土未久旋即剥落，此初拓未損本。雖出自後漢，可與《五鳳殘石》相頡頏。孝玉三兄得之因題其上。丙午八月惲毓鼎記。

鈐印：毓鼎長壽

題跋出處：延年石室題字（王瓘藏本） 館藏號：J3964

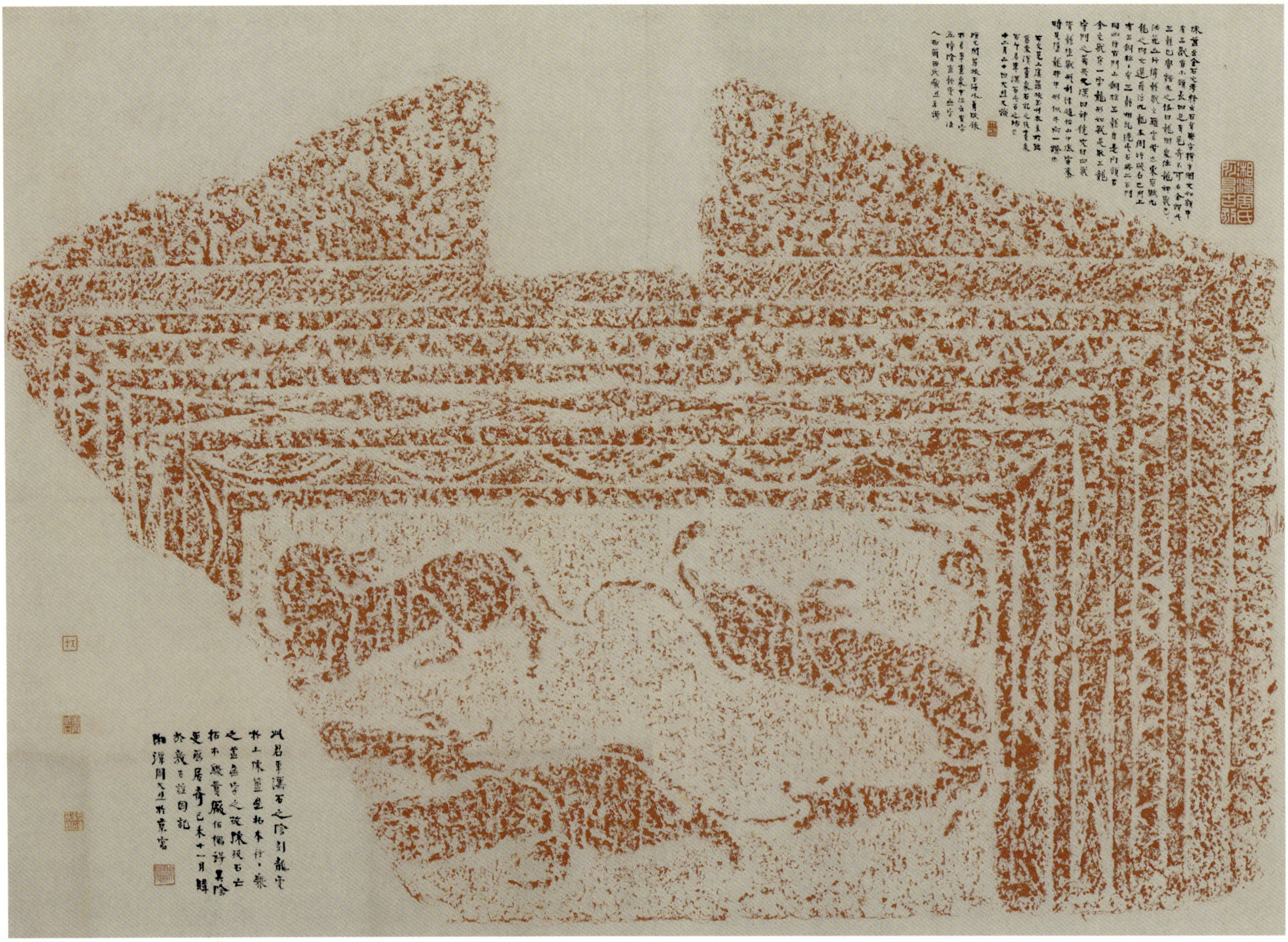

周大烈

年代：1862—1934

字號：字印昆

籍貫：湖南湘潭

釋文：此君車漢石之陰，刻龍虎於上，陳簠齋拓本往往無之，蓋無字之故。陳歿石亡，拓本驟貴，廠估偶得其陰更爲居奇。己未十一月，購於敦古誼因記。湘潭周大烈於京寓。

鈐印：周大烈印昆父

題跋出處：漢君車畫像石（陰面）

館藏號：L183747

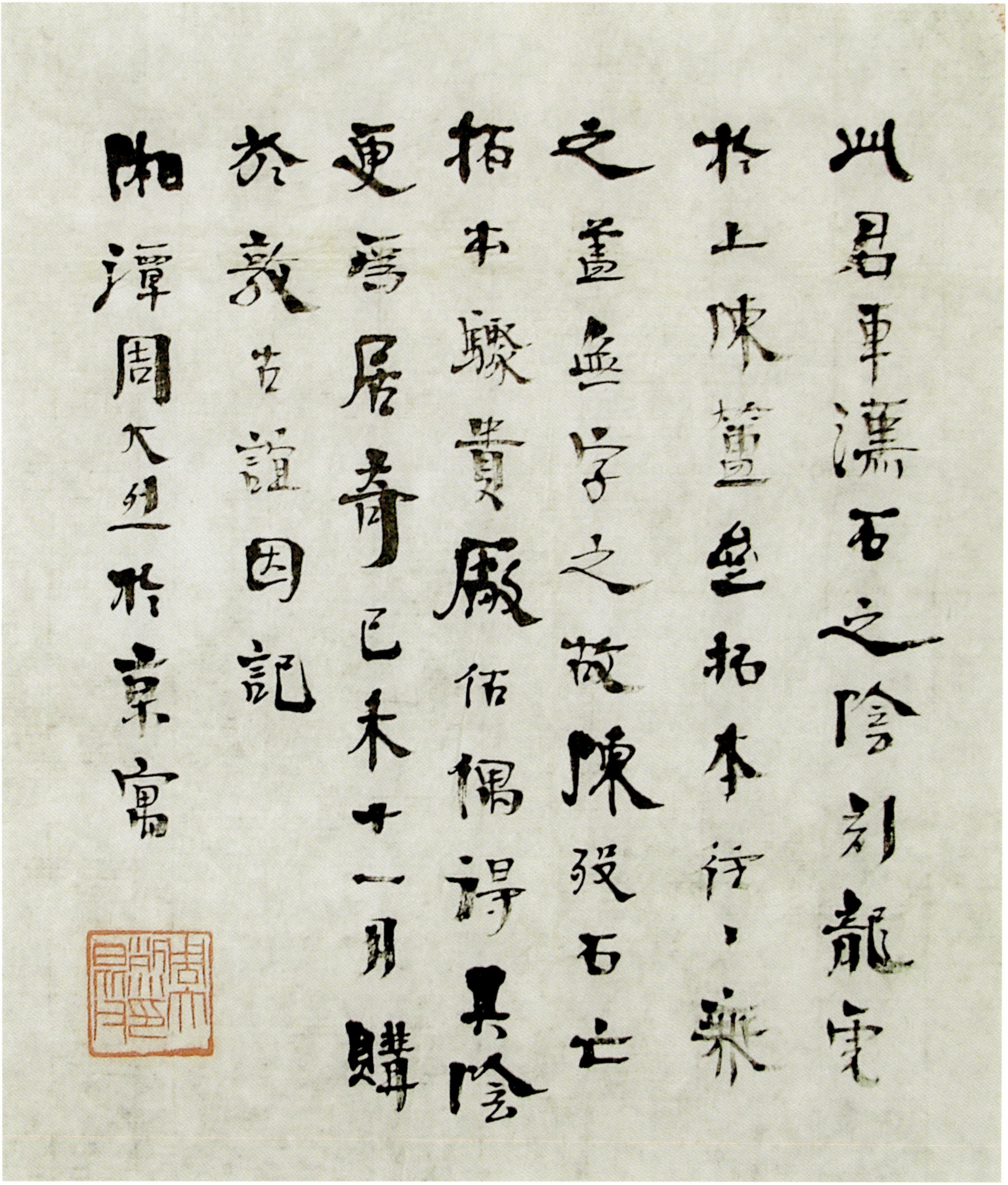
此君車漢石之陰刻龍虎於上陳簠齋拓本往々棄之蓋無字之故陳殁石亡拓本驟貴廠估偶得其陰更爲居奇乙未十一月購於敦古誼因記湘潭周大烈於京寓

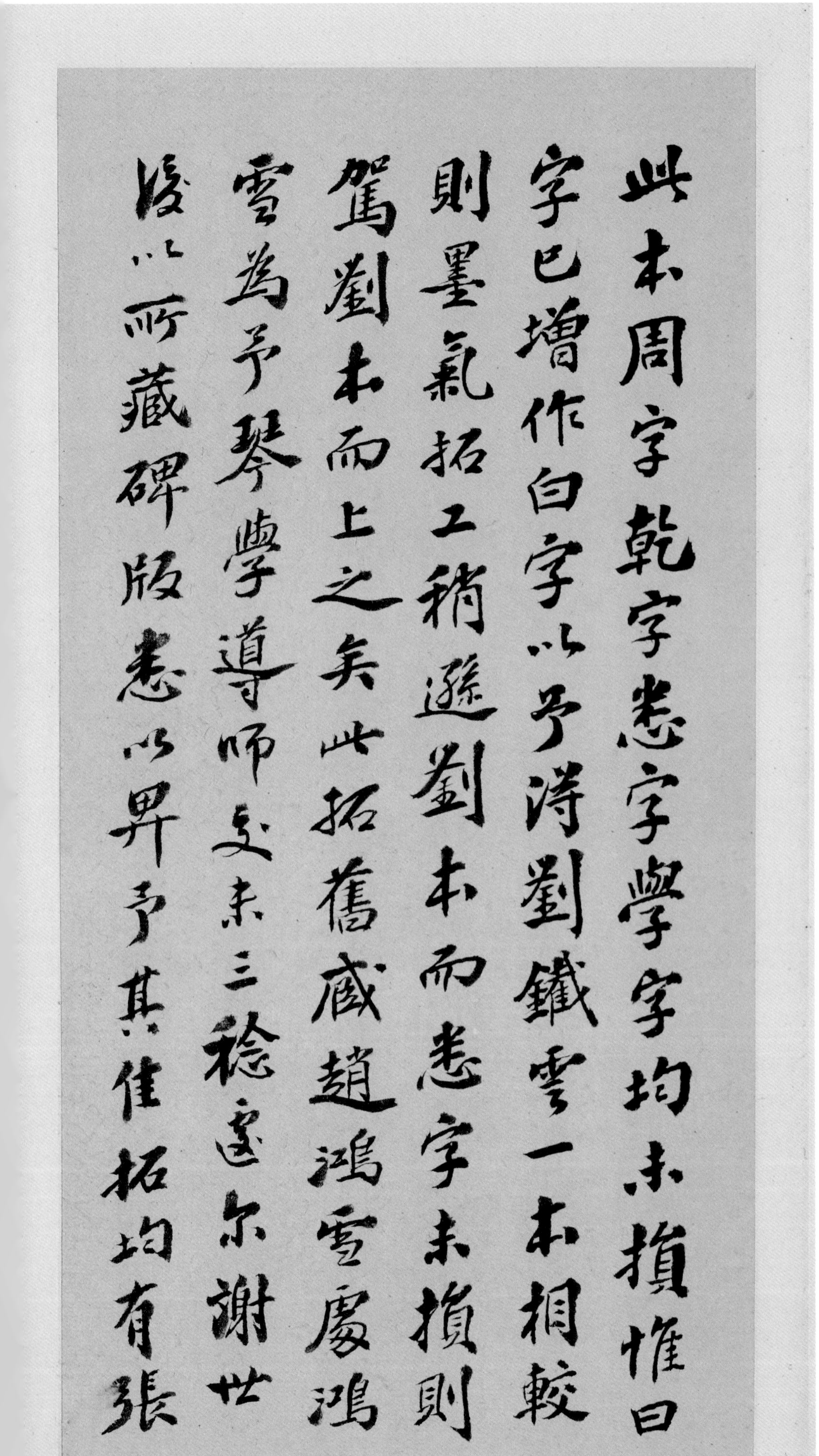

周慶雲

年代：1864—1933

字號：字景星、逢吉，號湘舲，別號夢坡

籍貫：浙江南潯

釋文：此本『周』字、『乾』字、『悉』字、『學』字均未損，惟『曰』字已增作『白』字，以予得劉鐵雲一本相較，則墨氣拓工稍遜劉本，而『悉』字未損則駕劉本而上之矣。此拓舊臧趙鴻雪處，鴻雪爲予琴學導師，交未三稔，遽爾謝世。後以所藏碑版悉以畀予，其佳拓均有張

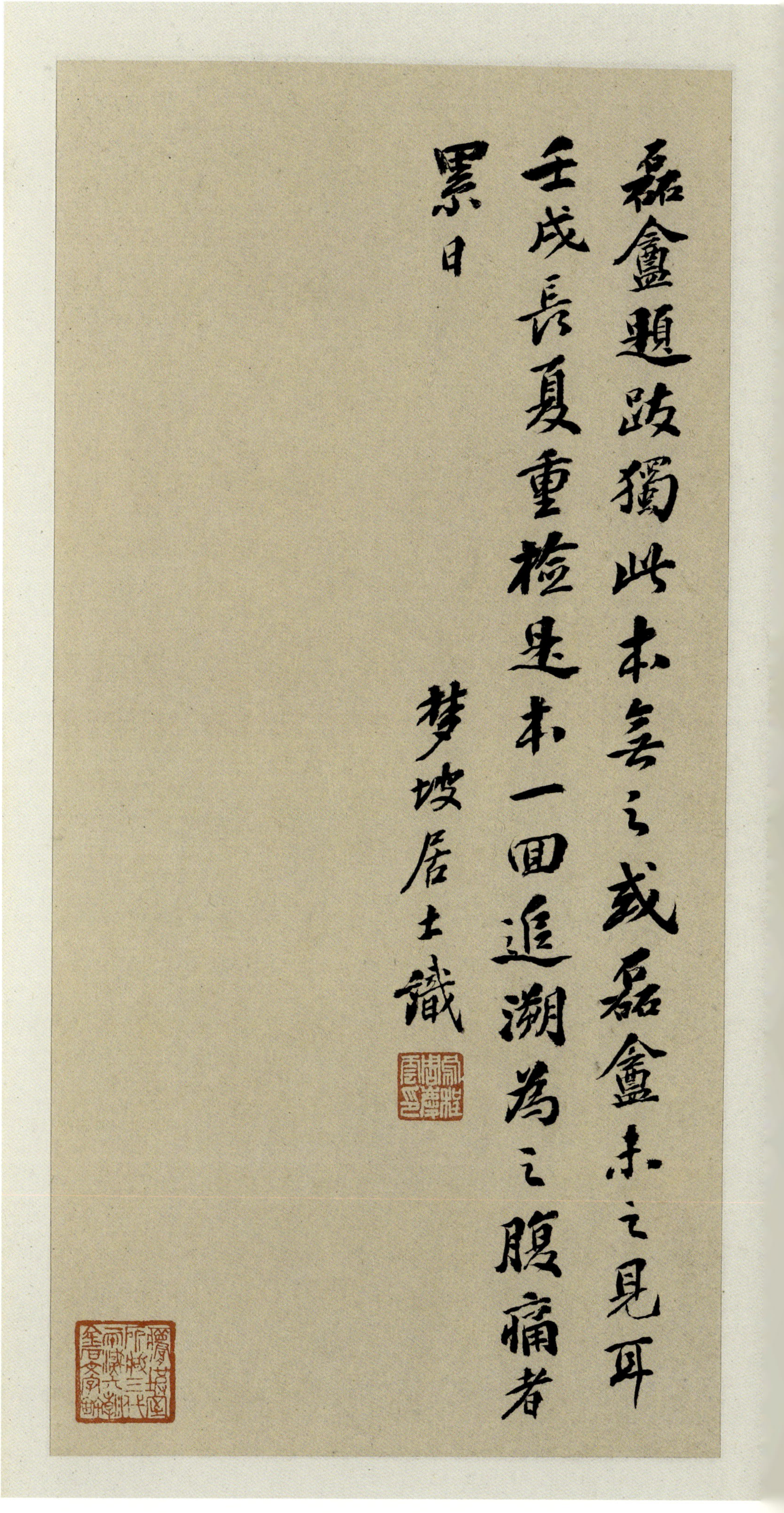

磊盦題跋，獨此本無之，或磊盦未之見耳。壬戌長夏，重檢是本，一回追溯，爲之腹痛者累日。夢坡居士識。

鈐印：烏程周慶雲印、夢坡室所臧三代兩漢六朝金石文字鉨

題跋出處：曹全碑（周慶雲藏本）

館藏號：S2685

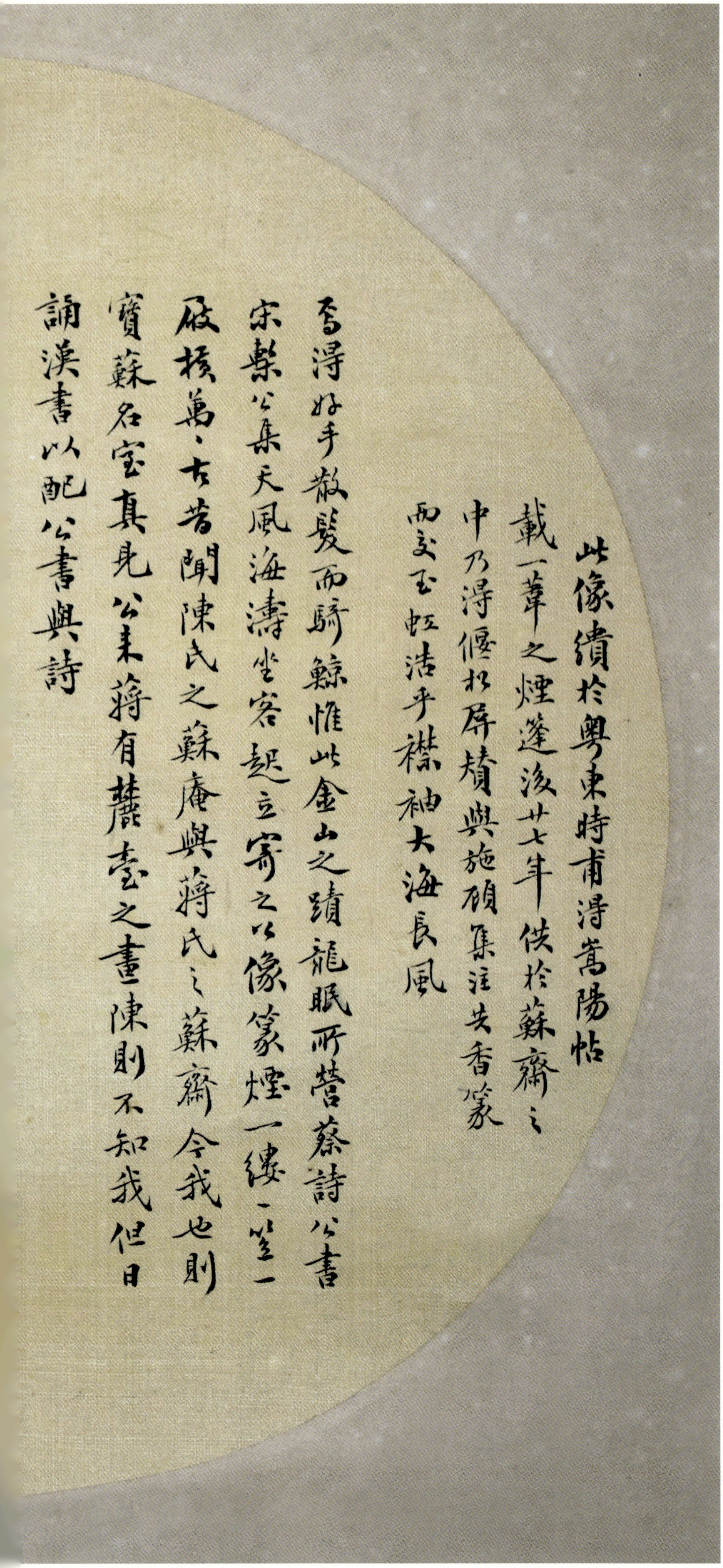

章鈺

年代：1864—1937

字號：字式之、堅孟，號茗簃、汝玉，別號蟄存、負翁、北池逸老、霜根老人

籍貫：江蘇長洲

釋文：此像繢於粵東，時甫得《嵩陽帖》，載一葦之煙篷。後廿七年，供於蘇齋之中，乃得《偃松屏贊》與《施顧集注》。共香篆而交玉虹，浩乎襟袖，大海長風。

焉得好手散髮而騎鯨，惟此金山之迹，龍眠所營，蔡詩公書，宋槧公集，天風海濤，坐客起立，寄之公像，篆煙一縷，一笠一屐，横萬萬古。昔聞陳氏之『蘇庵』與蔣氏之『蘇齋』，今我也則『寶蘇』名室，真見公來。蔣有麓臺之畫，陳則不知我，但日誦《漢書》以配公書與詩。

翩然乘風，爲誰而來。草堂月下，人静簾開。公眸炯炯，注視徘徊。其有所指，顧耶喜補。注之寫懷，王施顧查。而後誰許，訂爲同儕。是以題自寶蘇之室，而供于踵息之齋。黎鄉載酒之東坡，即玉堂制草之東坡。秋影盦中之東坡，即詩境龕間之東坡。嗚呼，奎躔月午星斗森羅，乞公墨瀋而不克肖也。我勞如何。

昔於湖口記石鐘山，噌吰鏜鞳響激人寰，後七百年有奉公像者焉。嗚呼，心耳之微，口不能傳，萬竅于喁，即此坐間。

覃溪坡公五贊，己酉四月喜雨爲耿吾先生書，長洲章鈺記。

鈐印：章鈺

題跋出處：揚州三賢祠宋刻蘇軾遺像拓片（章鈺跋本）

館藏號：J2539

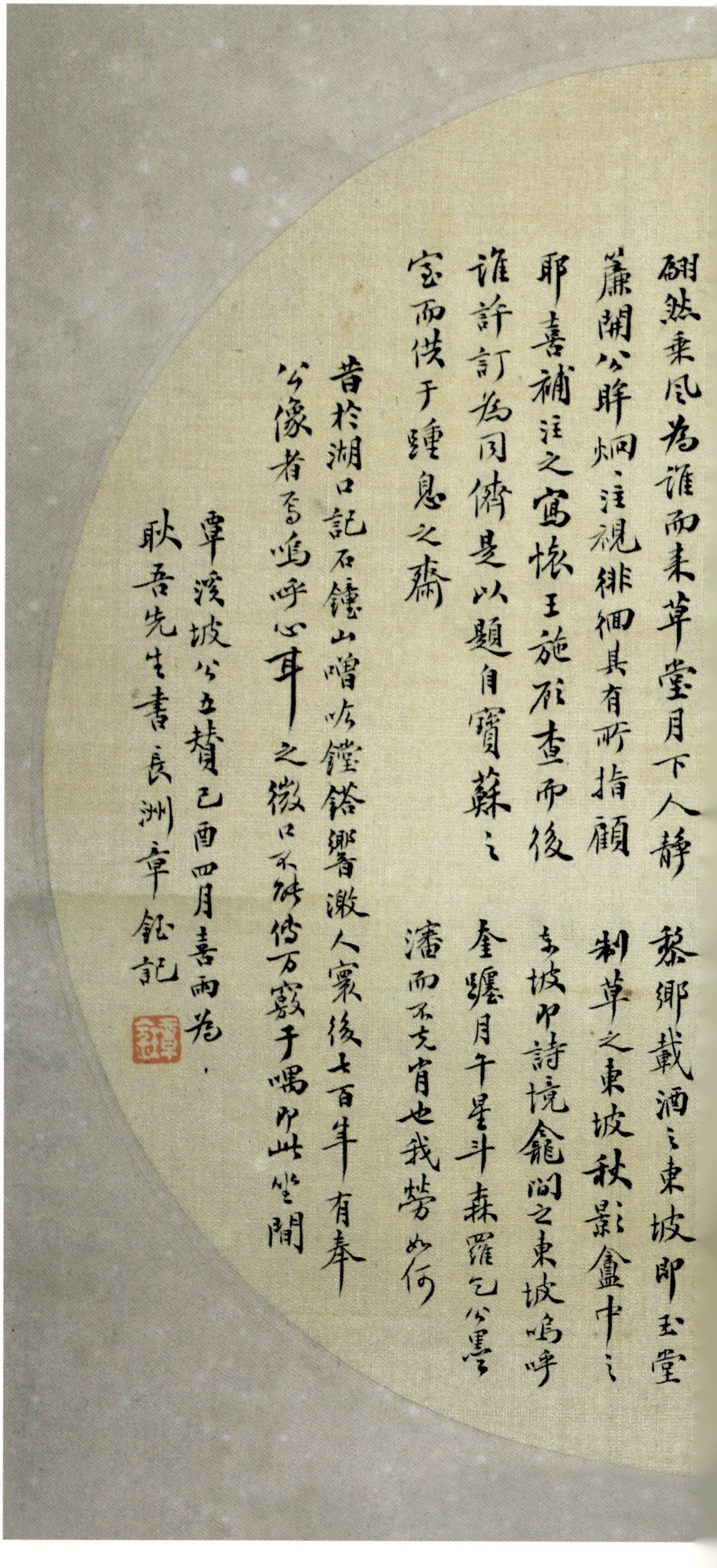

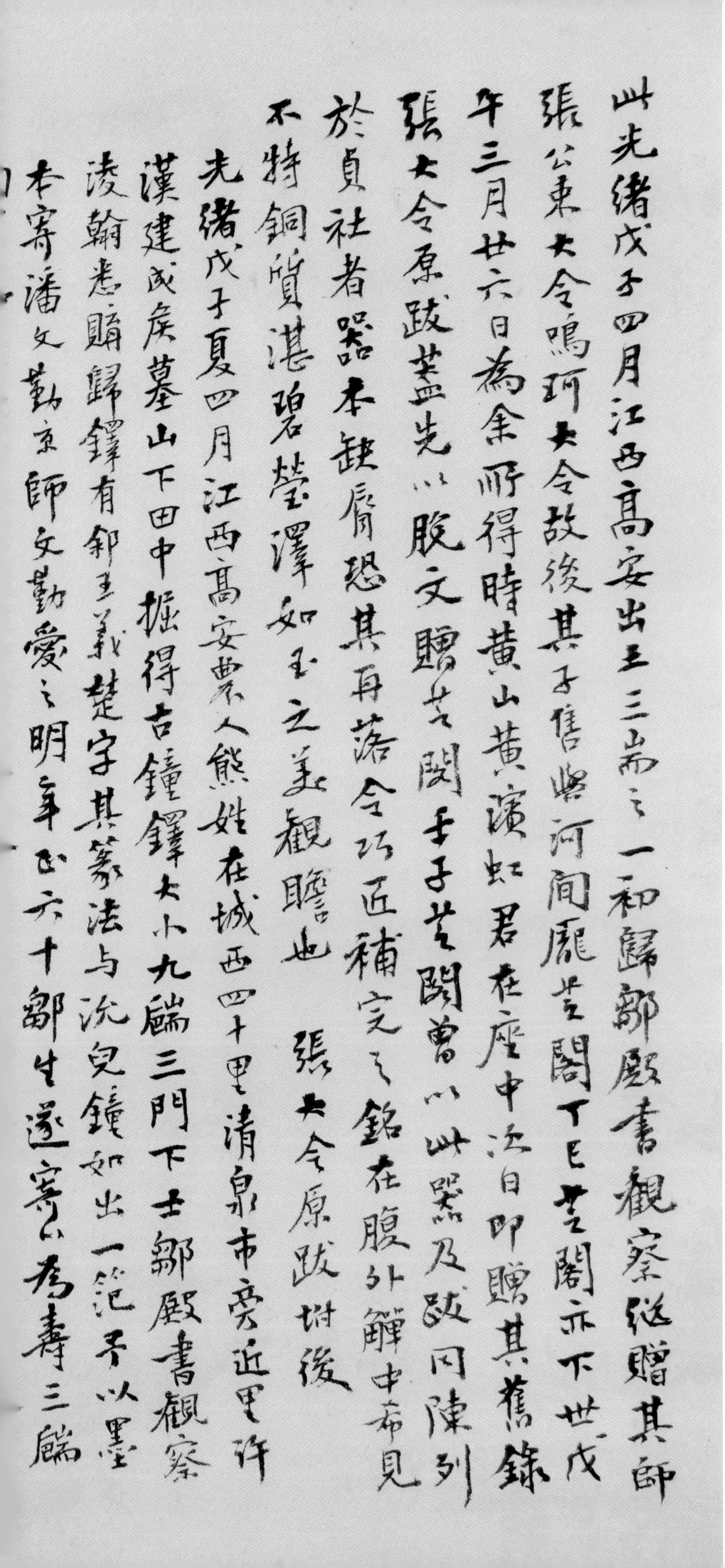

此光緒戊子四月江西高安出土三耑之一初歸鄒殿書觀察繼贈其師
張公東大令鳴珂大令故後其子售與河間龐芝閣丁巳芝閣亦下世戊
午三月廿六日爲余所得時黃山黃濱虹君在座中次日即贈其舊録
張大令原跋蓋先以脱文贈芝閣壬子芝閣曾以此器及跋同陳列
於貞社者器本缺脣恐其再落令巧匠補完之銘在腹外觶中希見
不特銅質湛碧瑩澤如玉之美觀瞻也　張大令原跋坿後
光緒戊子夏四月江西高安農人熊姓在城西四十里清泉市旁近里許
漢建成侯墓山下田中掘得古鐘鐸大小九耑三門下士鄒殿書觀察
淩翰悉購歸鐸有郐王義楚字其篆法与沇兒鐘如出一笵予以墨
本寄潘文勤京師文勤愛之明年正六十鄒生遂寄以爲壽三耑

鄒安

年代：1864—1940

字號：字壽祺，一字景叔，號適廬

籍貫：浙江杭縣

釋文：此光緒戊子四月江西高安出土三耑之一。初歸鄒殿書觀察，繼贈其師張公東大令鳴珂，大令故後，其子售與河間龐芝閣。丁巳芝閣亦下世，戊午三月廿六日爲余所得。時黃山黃濱虹君在座中，次日即贈其舊録張大令原跋，蓋先以脱文贈芝閣，壬子芝閣曾以此器及跋同陳列於貞社者。器本缺唇，恐其再落，令巧匠補完之。銘在腹外，觶中希見，不特銅質湛碧，瑩澤如玉之美觀瞻也。張大令原跋附後：

光緒戊子夏四月，江西高安農人熊姓在城西四十里清泉市旁近里許漢建成侯墓山下田中掘得古鐘鐸大小九耑。三門下士鄒殿書觀察淩翰悉購歸。鐸有『郐王義楚』字，其篆法與《沇兒鐘》如出一笵。予以墨本寄潘文勤，京師文勤愛之，明年正六十，鄒生遂寄以爲壽。三耑銅質湛碧，瑩澤如玉，一曰『郐王戊父』，一曰『郐王義楚』，又一缺唇，文曰

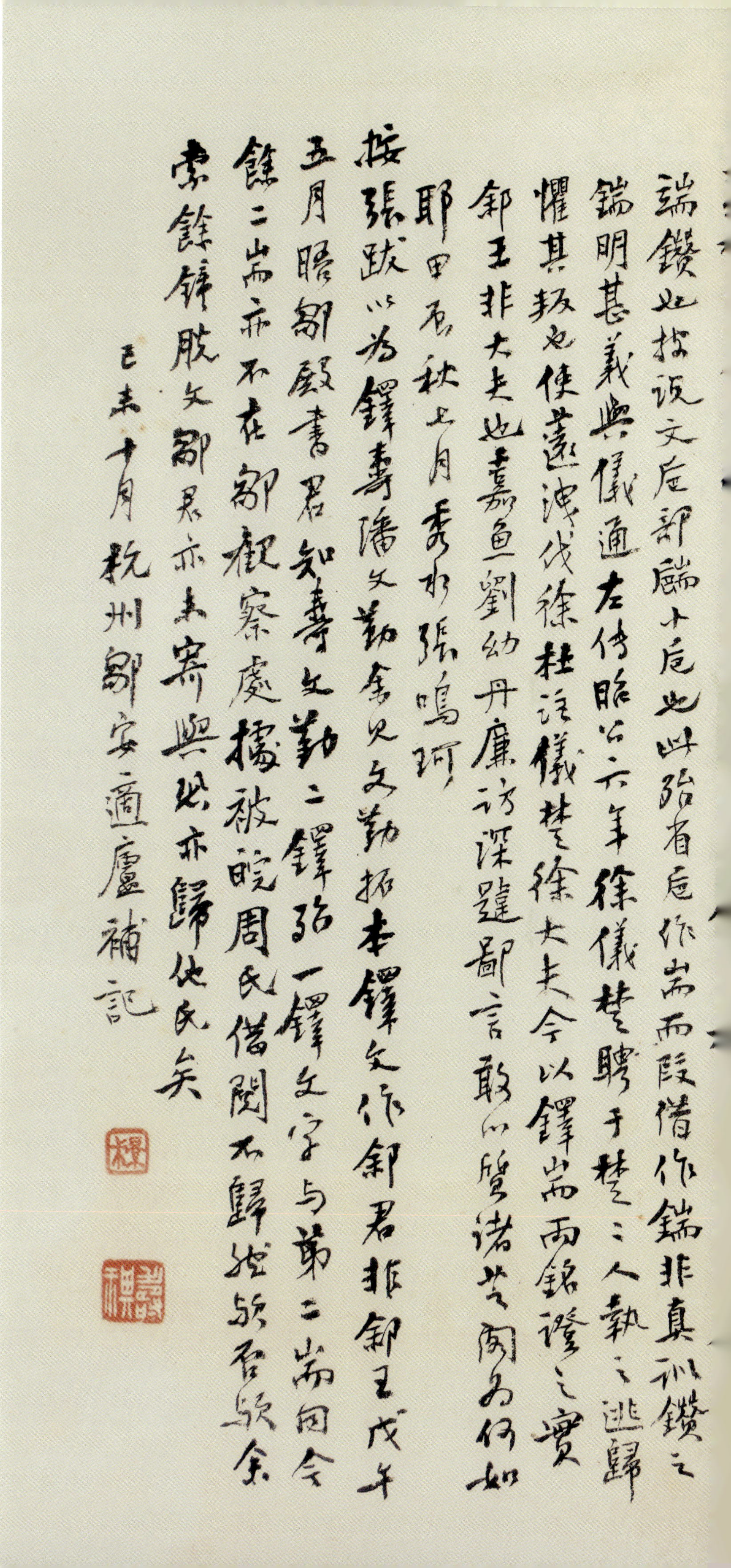

『義楚之祭耑』，鄒生即以奉余，予用銅管櫬合之。『耑』亦作『鍴』，鍴音端，鑽也。按，《説文·卮部》『⿰卮耑』，小卮也，此殆省『卮』作『耑』，而假借作『鍴』，非真訓鑽之鍴明甚。『義』與『儀』通，《左傳》昭公六年，徐儀楚聘于楚，楚人執之，逃歸，懼其叛也，使薳洩伐徐。杜注：儀楚徐大夫，今以鐸耑兩銘證之，實郐王非大夫也，嘉魚劉幼丹廉訪深韙鄙言，敢以質諸芝閣爲何如耶。甲辰秋七月，秀水張鳴珂。

按，張跋以爲鐸壽潘文勤，余見文勤拓本鐸文作『郐君』非『郐王』，戊午五月晤鄒殿書君，知壽文勤二鐸，殆一鐸文字與第二耑同，今餘二耑亦不在鄒觀察處，據被皖周氏借閲不歸，然歟否歟。余索餘鐸脱文，鄒君亦未寄與，恐亦歸他氏矣。己未十月，杭州鄒安適廬補記。

鈐印：景尗、壽祺

題跋出處：義楚觶（鄒安藏本）

館藏號：Z1491

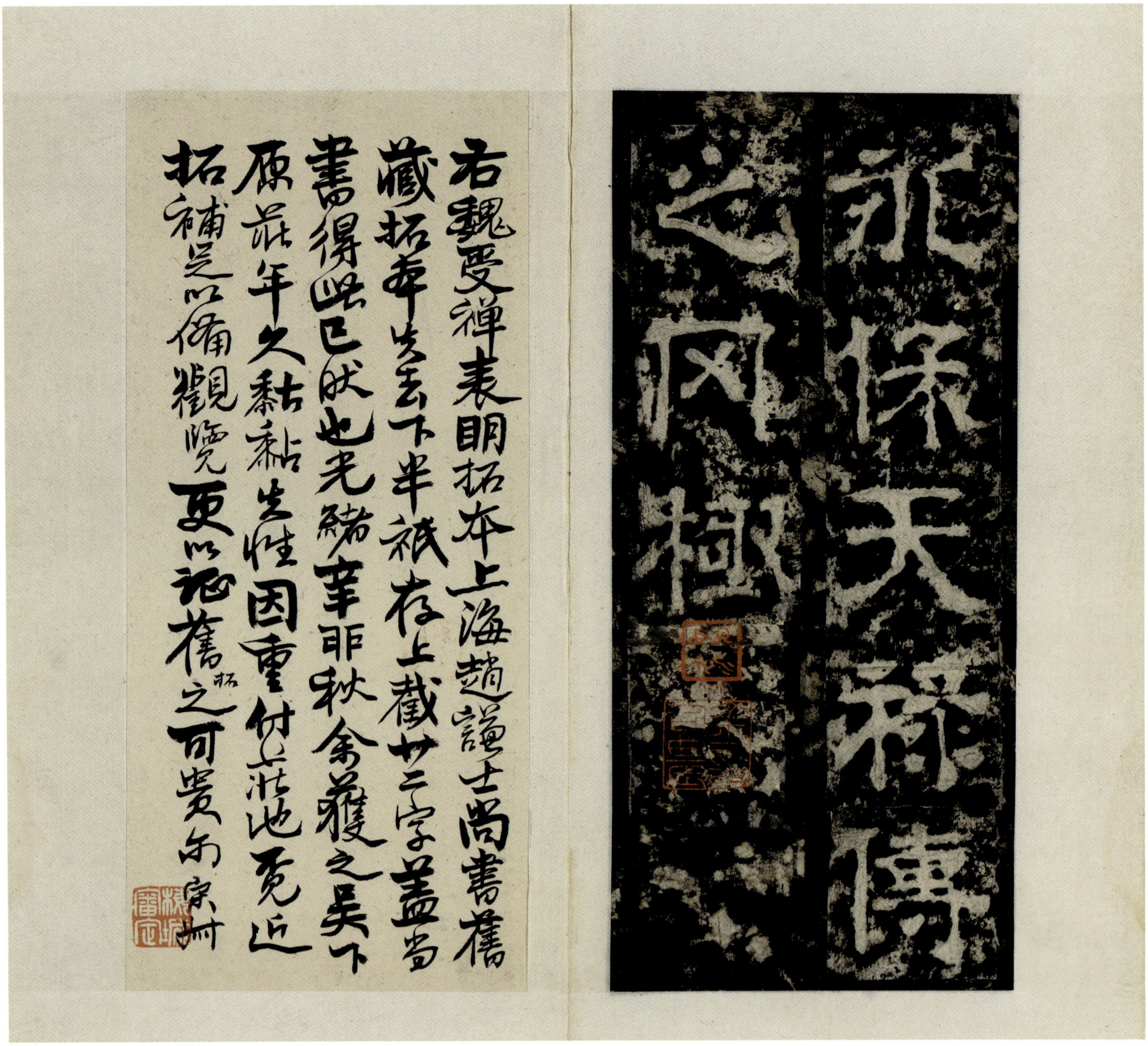

莫祁

年代：生卒年不詳，莫棠（1865—1929）之兄

字號：號梅城、宋叔

籍貫：貴州獨山

釋文：右魏《受禪表》明拓本，上海趙謙士尚書舊藏，拓本失去下半，祇存上截廿二字，蓋尚書得此已然也。光緒辛卯秋，余獲之吴下，原裝年久，黏黏失性，因重付裝池，覓近拓補足，以備觀覽，更以證舊拓之可貴爾。宋叔。

鈐印：梅城審定

題跋出處：受禪表（莫祁藏本）

館藏號：S2758

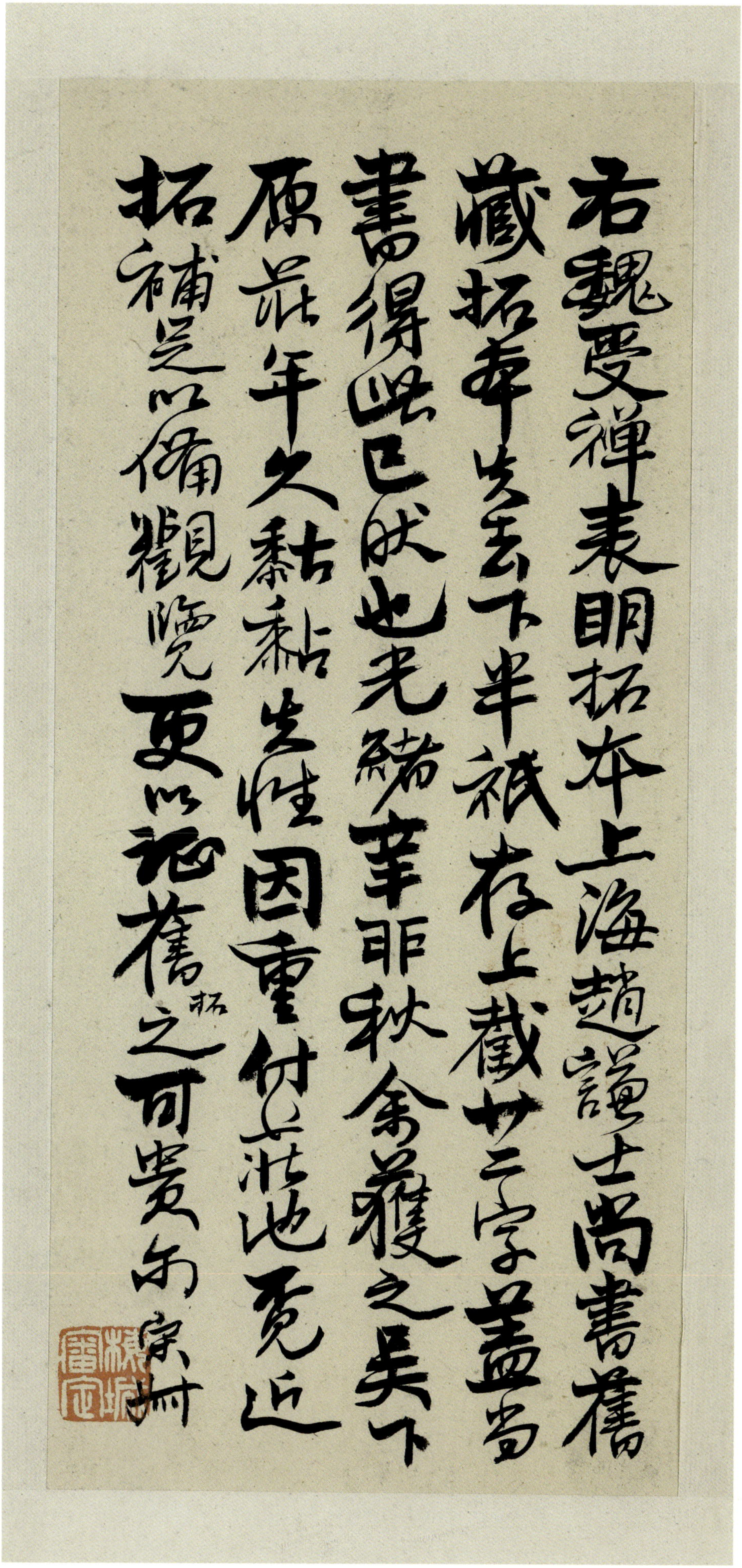
右魏受禪表明拓本上海趙謳士尚書舊
藏拓本先去下半紙存上截廿二字蓋當
書得時已然也光緒辛丑秋余獲之吳下
原裝年久黏黏失性因重付裝池覔近
拓補足以備觀覽更以祕舊拓之可貴爾 宗樹

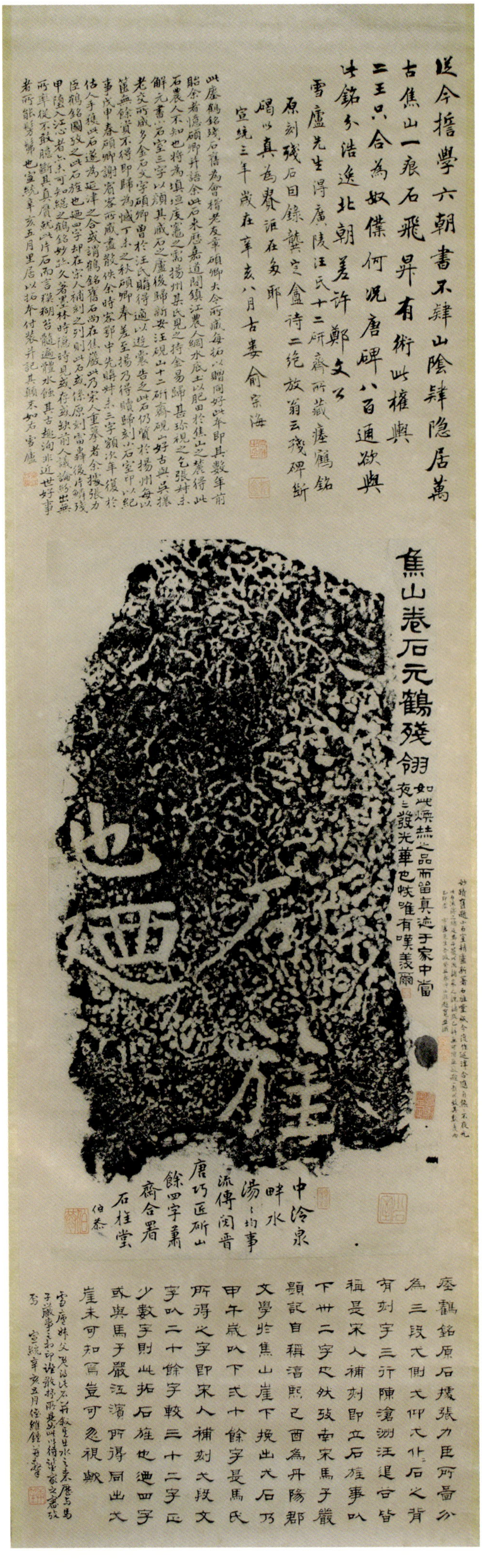

沈塘

年代：1865—1921

字號：字蓮舫，號雪廬

籍貫：江蘇吴江

釋文：此《瘞鶴銘》殘石，舊爲會稽老友章碩卿大令所臧，每拓以贈同好。此本即其數年前貽余者，憶碩卿并語余此石來歷。嘉道間鎮江農人網水底土以肥田，於焦山之麓得此石。農人不知也，將爲填垣庋灶之需。揚州某氏見之，持金易歸，甚珍視之，乞張叔未解元書『小石室』三字以顔其臧石之廬。後歸新安汪硯山十二研齋，硯山好古，與吴攘老交，所臧多金石文字。碩卿曾於汪氏購得，適以游囊告乏，此石仍質於揚州，每以篋無餘資不得即歸爲憾。丁未之秋，碩卿奉差至揚，乃得贖歸，刻『小石室』印以紀事。戊申春碩卿謝賓客，所臧盡散佚。余時客鄂中，先購叔未三字額，次年復於估人手獲此石，遂爲延津之合。或謂《鶴銘》舊石尚在焦岩，此乃宋人重摹者。余據張力臣《鶴銘圖》考之，此『石旌也𨗨』四字，却在宋人補刻之列，則此石或係原刻雷轟後片鱗殘甲墮入江心者，亦未可知。總之《鶴銘》妙迹久著墨林時隱時見，或存或缺，前人議論紛出，無所率從，不敢臆斷其真贋。就此片石而言，模糊苔髓，遍體水蝕，其古趣洵非近世好事者所能仿佛也。宣統辛亥五月里居，以拓本付裝并記其顛末如右。雪廬。

鈐印：吴江沈唐

題跋出處：瘞鶴銘殘字（沈塘藏本）

館藏號：J2819

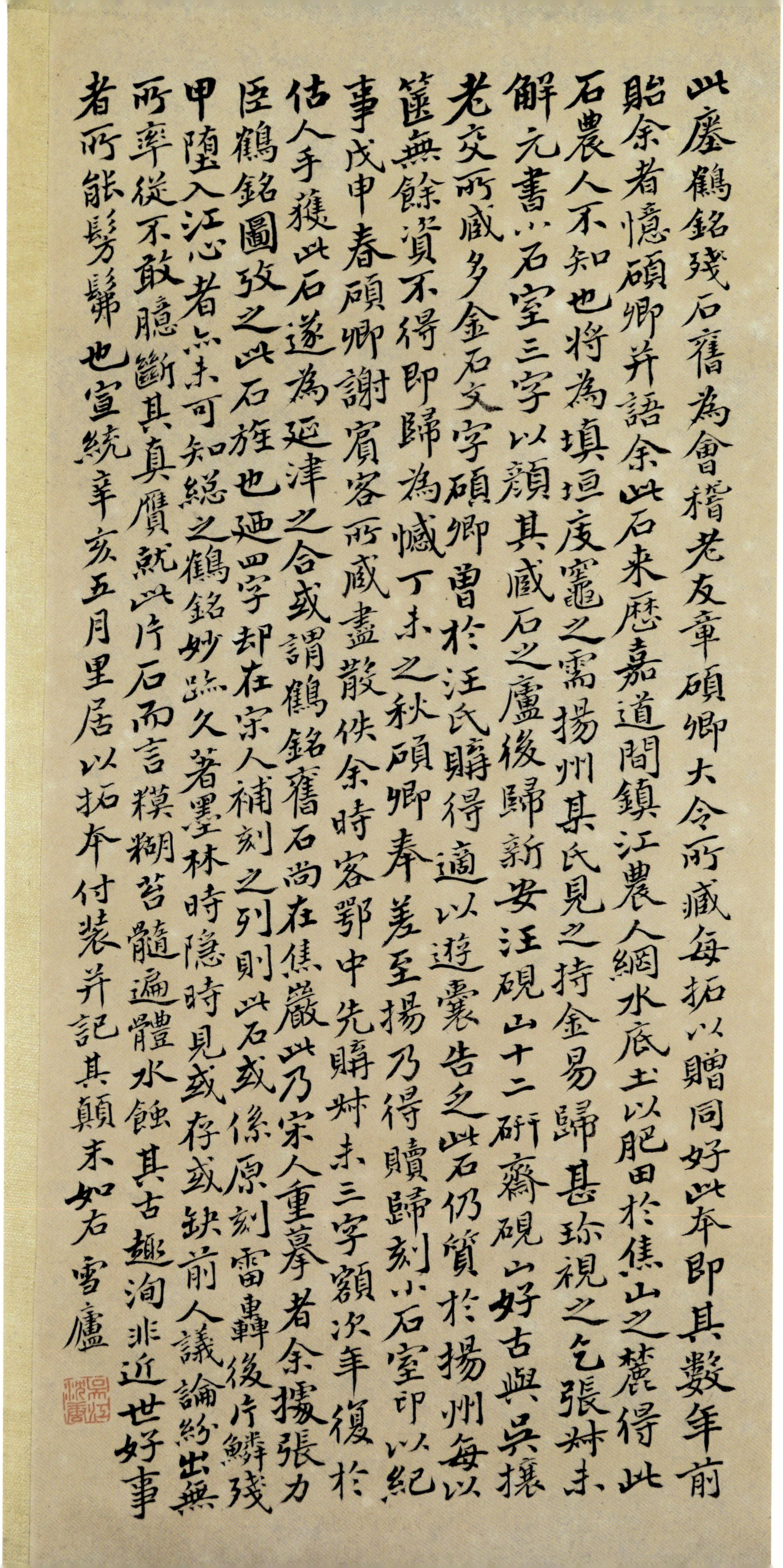

此瘞鶴銘殘石舊為會稽老友章碩卿大令所藏每拓以贈同好此本即其數年前貽余者憶碩卿并語余此石來歷嘉道間鎮江農人網水底土以肥田於焦山之麓得此石農人不知也將為填垣庋竈之需揚州某氏見之持金易歸甚珍視之乞張叔未解元書小石室三字以顏其藏石之廬後歸新安汪硯山十二研齋硯山好古與吳攘老交所藏多金石文字碩卿曾於汪氏購得適以遊囊告乏此石仍質於揚州每以篋無餘資不得即歸為憾丁未之秋碩卿奉差至揚乃得贖歸刻小石室印以紀事戊申春碩卿謝賓客所藏盡散佚余時客鄂中先購叔未三字額次年復於估人手獲此石遂為延津之合或謂鶴銘舊石尚在焦巖此乃宋人重摹者余據張力臣鶴銘圖攷之此石旌也廼四字却在宋人補刻之列則此石或係原刻雷轟後片鱗殘甲墮入江心者亦未可知總之鶴銘妙跡久著墨林時隱時見或存或缺前人議論紛出無所牽從不敢臆斷其真贋就此片石而言模糊苔髓遍體水蝕其古趣洵非近世好事者所能髣髴也宣統辛亥五月里居以拓本付裝并記其顛末如右 雪廬

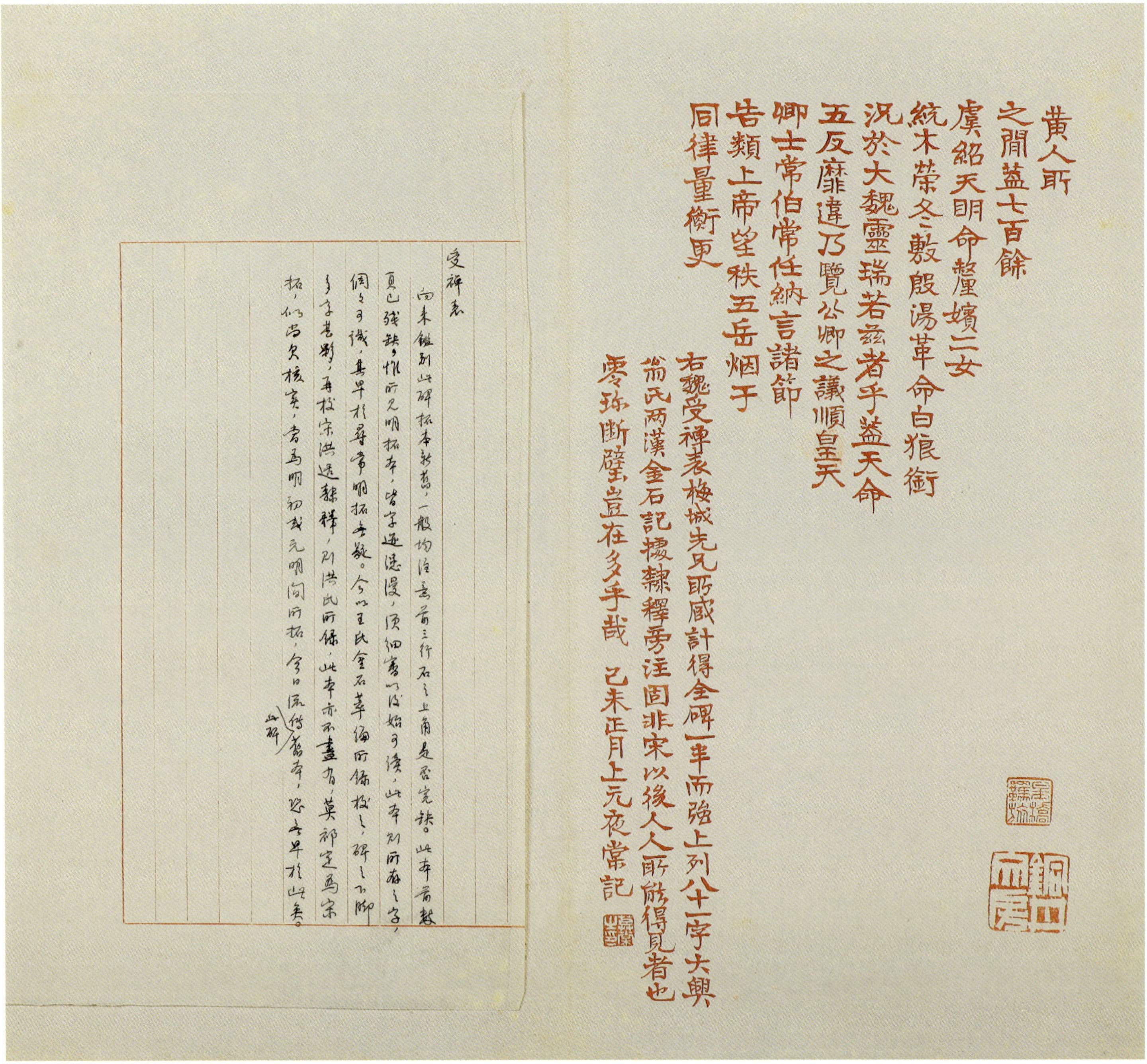

莫棠

年代：1865—1929

字號：字楚孫、楚生

籍貫：貴州獨山

釋文：右魏《受禪表》，梅城先兄所藏，計得全碑一半而强，上列八十一字，大興翁氏《兩漢金石記》據《隸釋》旁注，固非宋以後人人所能得見者也。零珍斷璧，豈在多乎哉。己未正月上元夜，棠記。

鈐印：銅井文房、莫棠之印

題跋出處：受禪表（莫棠藏本）

館藏號：48B823

黃人所
之閒蓋七百餘
虞紹天明命釐嬪二女
統木榮冬〻斁殷湯革命白狼銜
況於大魏靈瑞若茲者乎蓋天命
五反靡違乃覽公卿之議順皇天
卿士常伯常任納言諸節
告類上帝望秩五岳烟于
同律量衡更

右魏受禪表梅城先兄所臧計得全碑一半而強上列八十一字大興尚氏兩漢金石記據隸釋旁注固非宋以後人人所能得見者也零珠斷璧豈在多乎哉　己未正月上元夜棠記

龔心銘

年代：1865—1931

字號：字景張、伯新，號渠生、湯泉山人

籍貫：安徽合肥

釋文：《圭峰碑》余所見無慮數十百本，『同』字無不損者，此尚全美，宋拓無疑。光緒壬寅于河間龐君獲覩至寶，厚幸厚幸。重陽日，合肥龔景張誌。

題跋出處：圭峰定慧禪師碑（龐澤鑾藏本）

館藏號：S1805

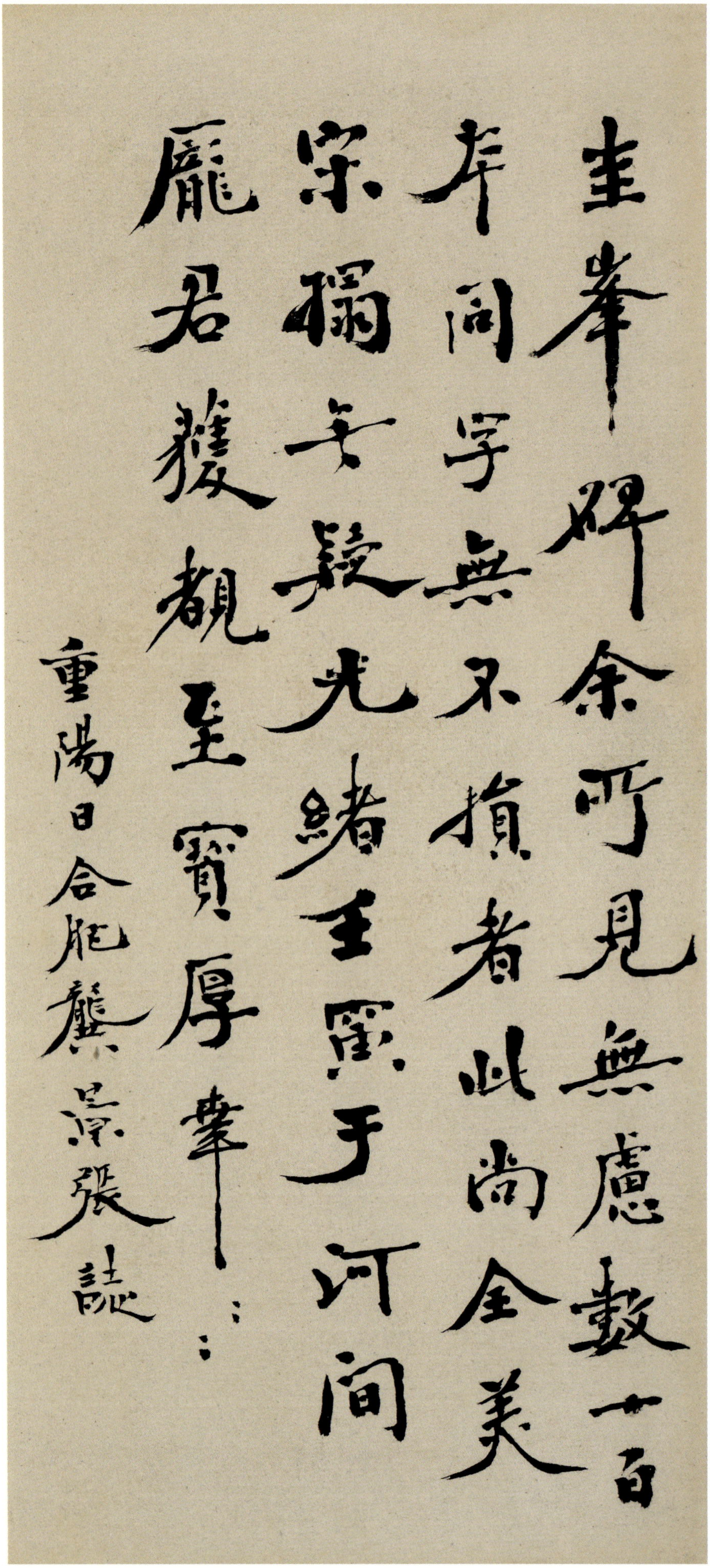

釋文：此拓確爲宋代氈蠟，以文考之，當係《醉翁亭》原石，與現在滁州之石迥異，知後人摹刻失之遠矣。丁卯嘉平除夕，以三十番銀餅易得于濟南。景張記。

鈐印：湯泉山人

題跋出處：醉翁亭記殘字（龔心釗藏本）

館藏號：17A335

此搨確為宋代氊蠟以文攷之當係醉翁亭石与現在滁州之石迥異知後人摹刻失之遠矣丁卯嘉平除夕以三十番銀餅易得于濟南

景張記

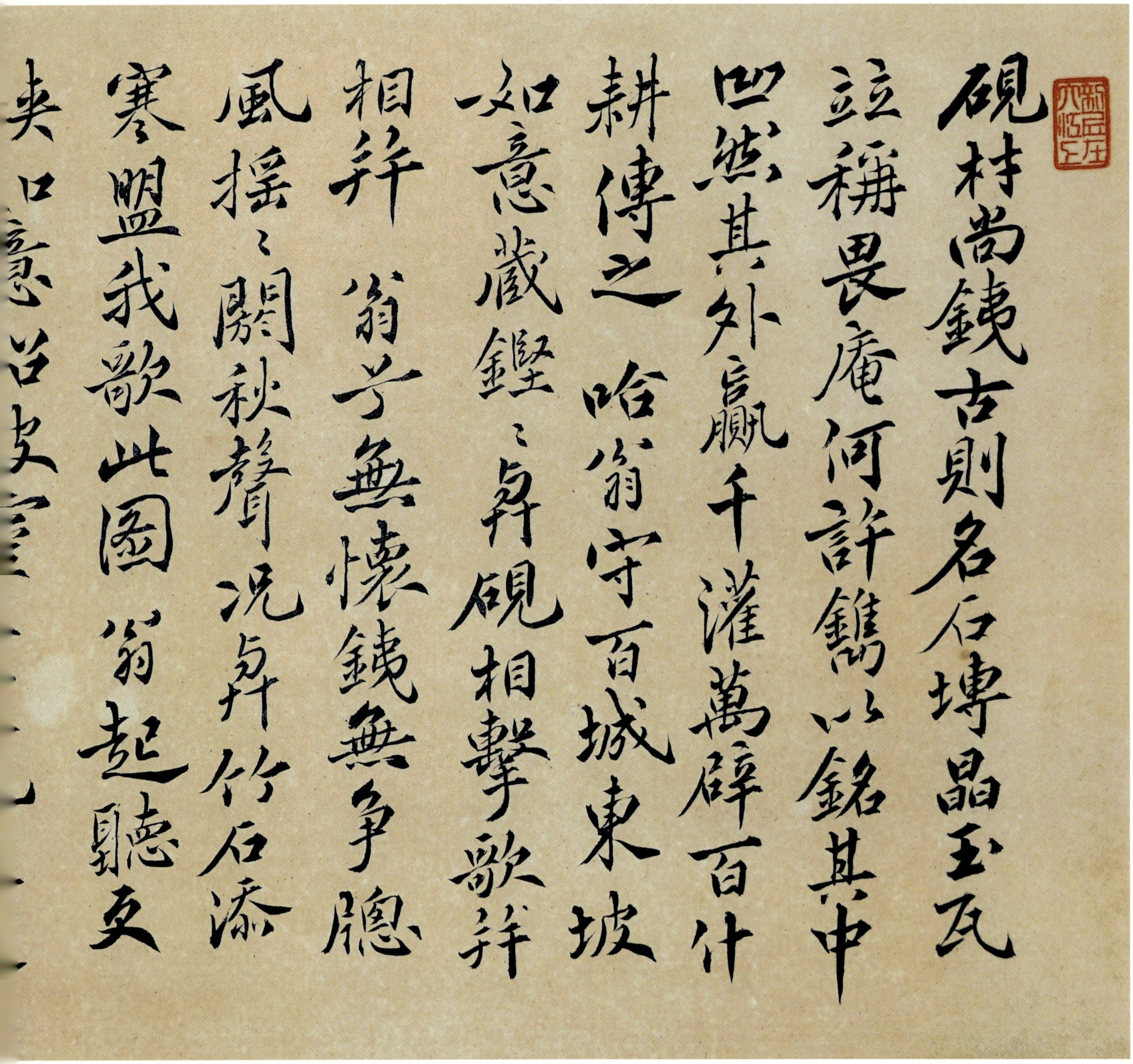

程頌萬

年代：1865—1932

字號：字子大，一字鹿川，號十髮居士

籍貫：湖南寧鄉

釋文：硯材尚鐵古則名，石磚晶玉瓦并稱。畏庵何許鑄以銘，其中凹然其外贏。千灌萬辟百什耕，傳之哈翁守百城。東坡如意藏鏗鏗，與硯相擊歌相并。翁兮無懷鐵無爭，窗風搖搖閧秋聲。況與竹石添寒盟，我歌此圖翁起聽，更挾如意招坡靈。丁卯重九前五日，過少孚先生齋頭觀所藏坡公鐵如意及畏庵所銘鐵硯逾日，翁以《寶鐵硯齋圖》屬題，即希正句。十髮居士頌萬。

鈐印：程頌萬印、鹿川十髮翁、新居在大江上

題跋出處：坡公鐵如意全形拓（哈少甫藏本）

館藏號：Z2439

楊鍾羲

年代：1865—1940

字號：姓尼堪氏，原名鍾廣，戊戌政變後改爲鍾羲，冠姓楊，字子勤，號留垞、雪橋、雪樵、聖遺留垞、止廎、廎等

籍貫：漢軍正黃旗

釋文：光緒甲辰乙巳間與叔桐道兄同客武昌，以此拓本屬題，旋攝襄陽移安陸，置之行笈，未能展讀。丙午秋來白門，叔桐相繼至，歡然道故，爲言酉宋舊

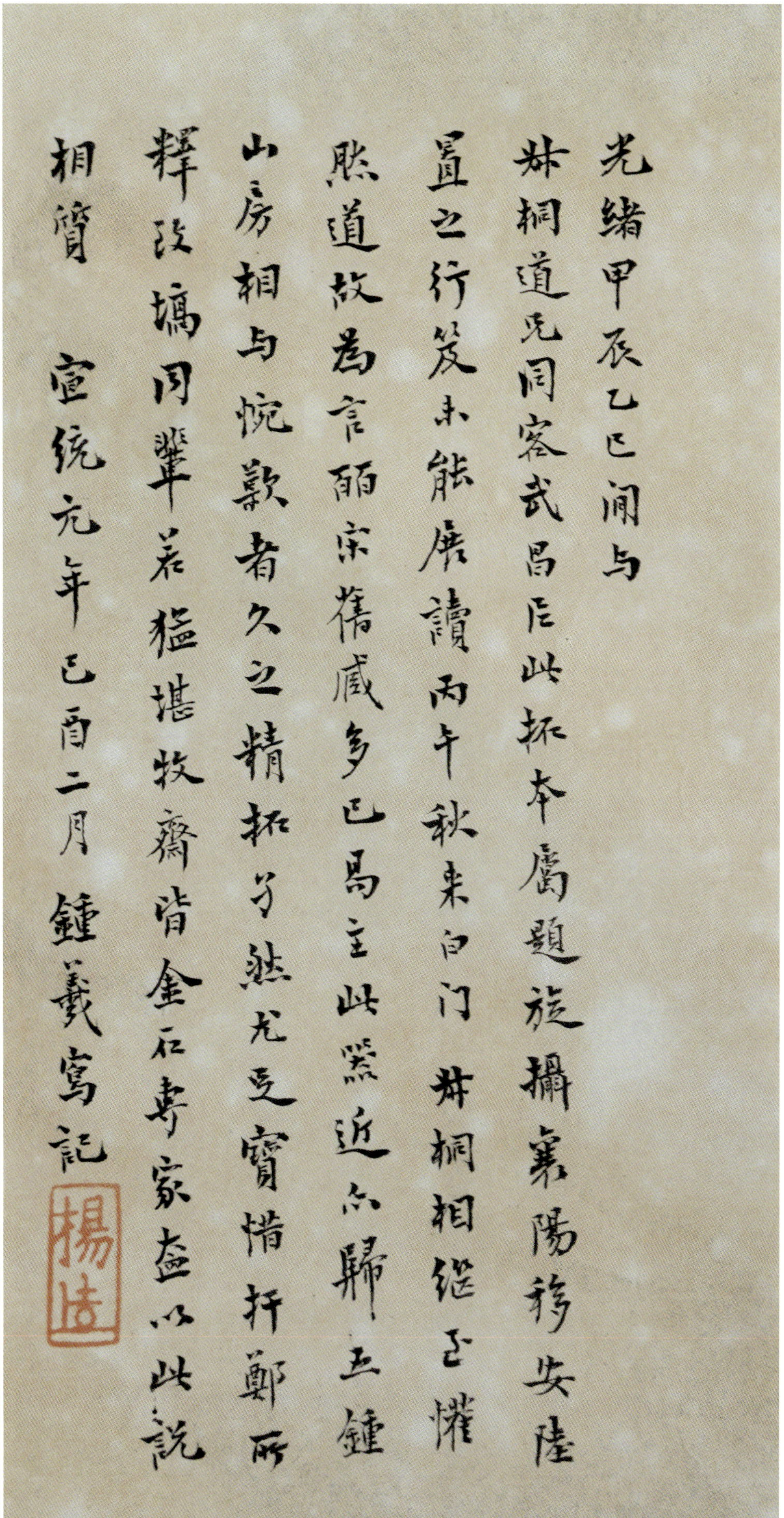

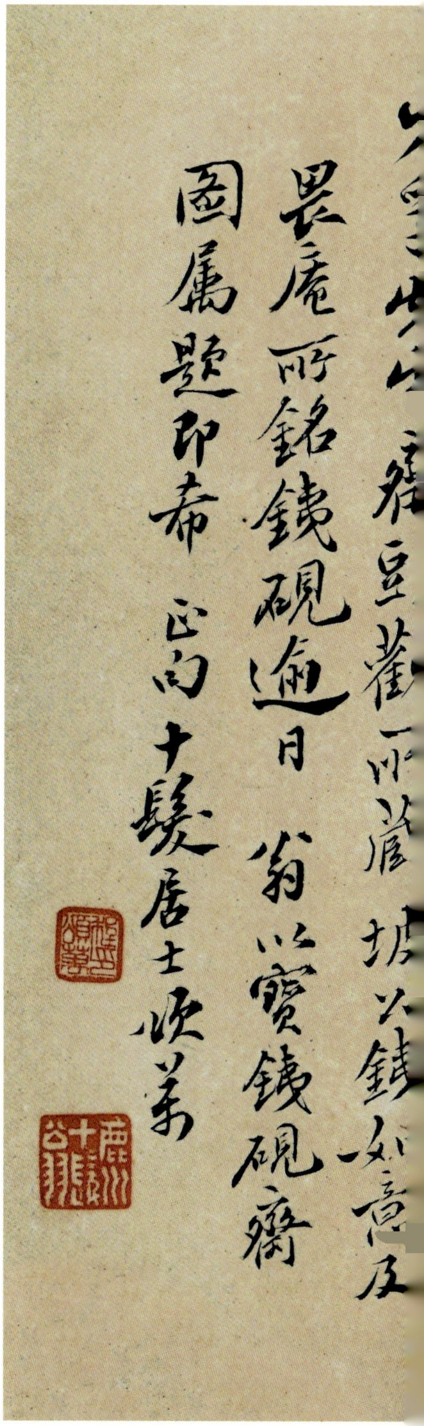

藏多已易主，此器近亦歸五鍾山房，相與惋嘆者久之。精拓子然，尤足寶惜，扞鄭所釋致確，同輩若猛堪、牧齋皆金石專家，盍以此說相質。宣統元年己酉二月，鍾義寫記。

鈐印：楊押

題跋出處：鬲比鼎（陸樹聲拓本）

館藏號：S1899

黄賓虹

年代：1865—1955

字號：原名質，字樸存、樸丞、樸人，號予向、虹廬、虹叟，中年更字賓虹

籍貫：安徽歙縣

釋文：近年來六朝墓誌出土者頗多，而精美若此恒寡。斯石已爲好而有力者取去，聞右角亦不完，是拓無一字缺少，可寶也。蘭公屬黄質題。

鈐印：黄質

題跋出處：崔玉墓誌（潘飛聲藏本）

館藏號：J184

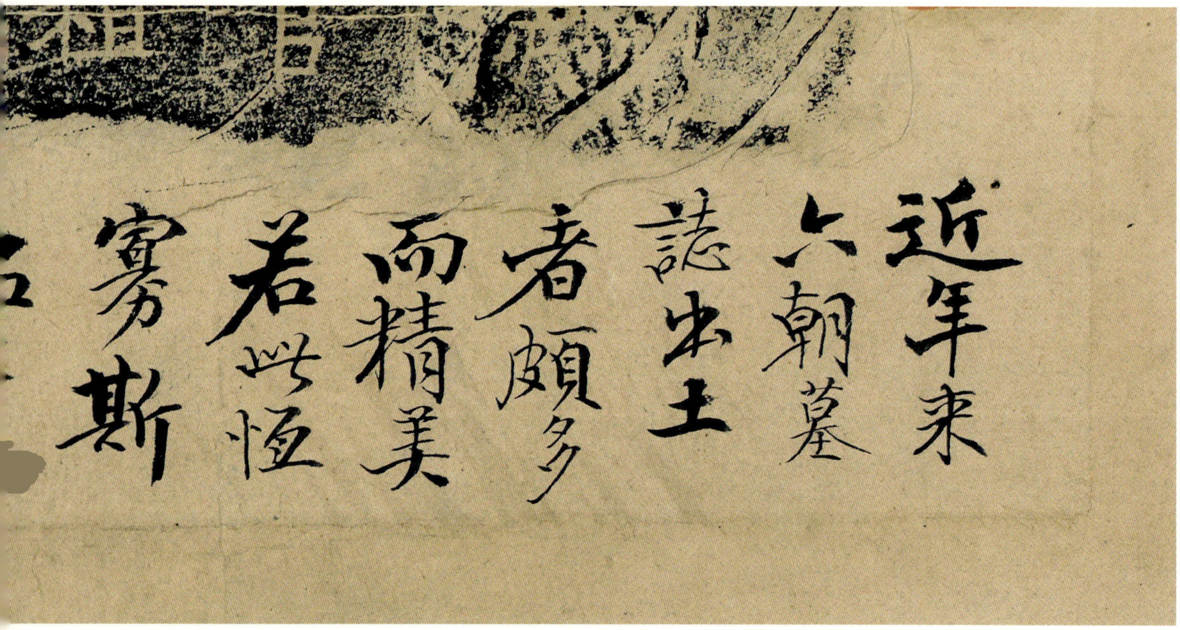
近年来
六朝墓
誌出土
者頗多
而精美
若此恒
寡斯

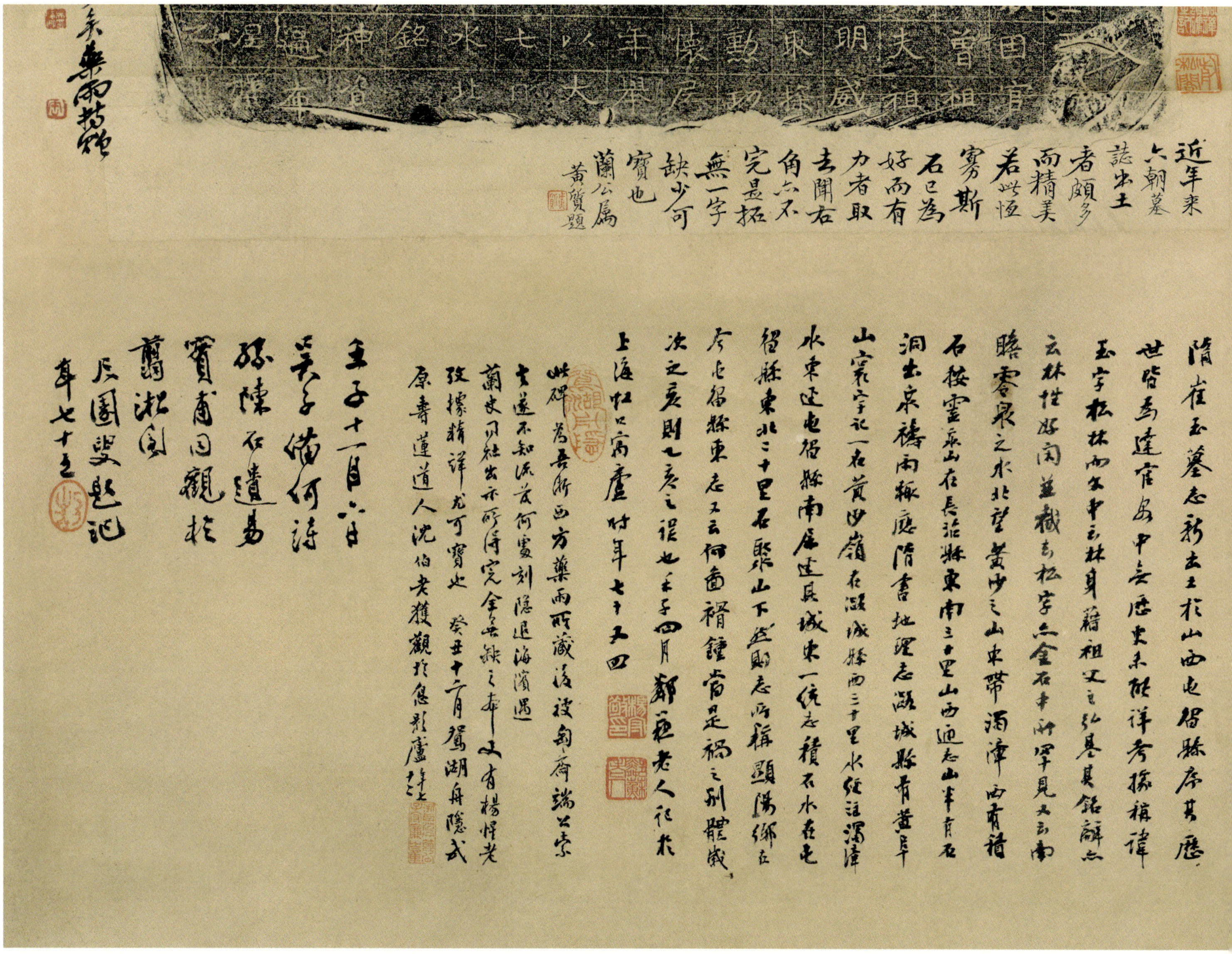

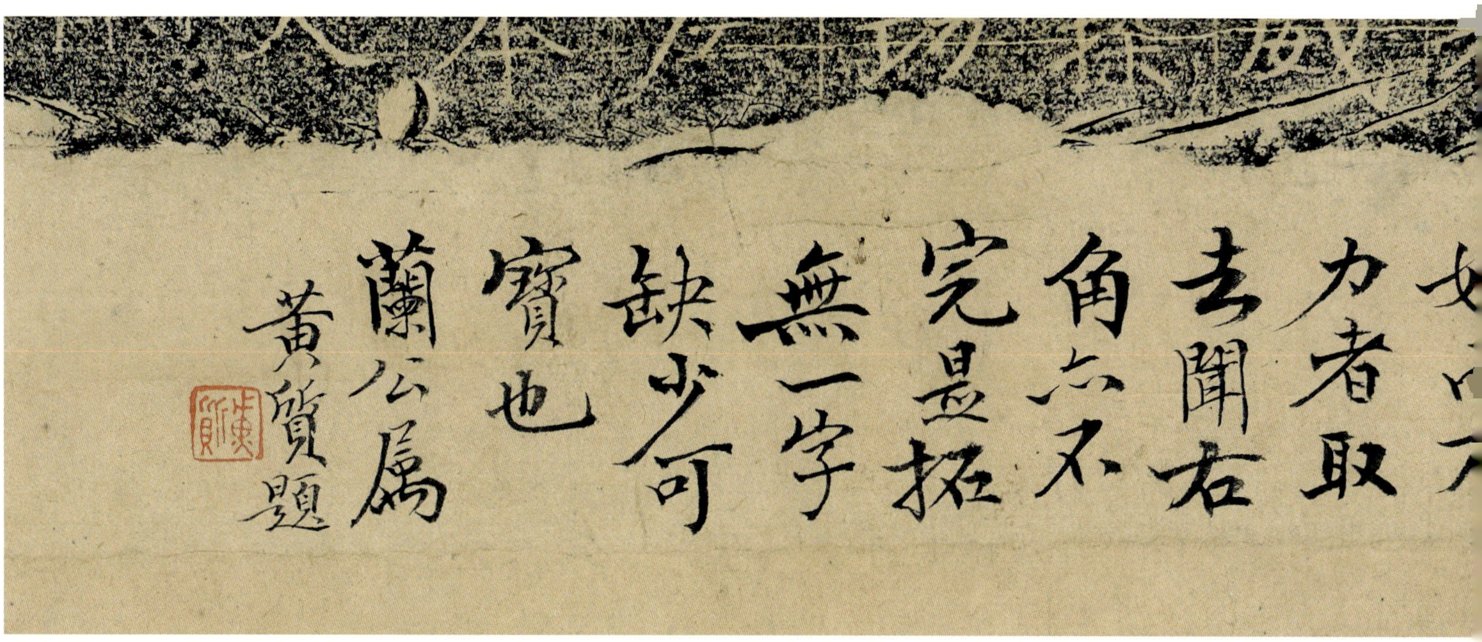
力者取
去開右
角亦不
完是拓
無一字
缺少可
寶也
蘭公屬
黄質題

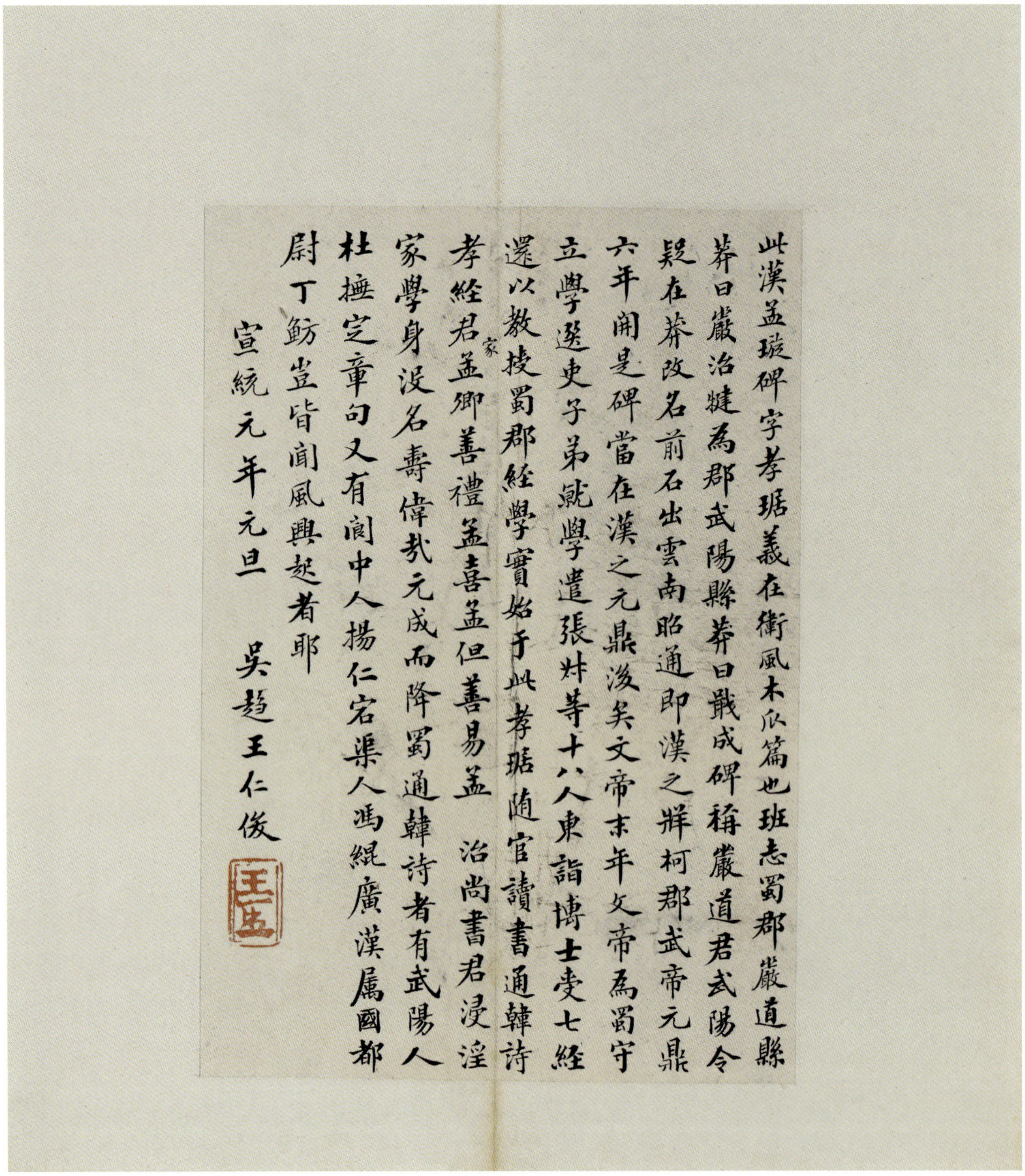

王仁俊

年代：1866—1913

字號：字捍鄭、幹臣，號籀許

籍貫：江蘇吴縣

釋文：此漢《孟璇碑》，字孝琚，義在《衛風·木瓜》篇也。班《志》蜀郡嚴道縣，莽曰嚴治；犍爲郡武陽縣，莽曰戢成。碑稱嚴道君、武陽令，疑在莽改名前。石出雲南昭通，即漢之牂柯郡，武帝元鼎六年開，是碑當在漢之元鼎後矣。文帝末年，文帝爲蜀守，立學，選吏子弟就學，遣張叔等十八人東詣博士，受七經，還以教授，蜀郡經學實始于此。孝琚隨官讀書，通《韓詩》《孝經》。君家孟卿善《禮》，孟喜、孟但善《易》，孟□治《尚書》。君浸淫家學，身没名壽，偉哉。元成而降，蜀通《韓詩》者有武陽人杜撫，定章句，又有閬中人楊仁，宕渠人馮緄，廣漢屬國都尉丁魴，豈皆聞風興起者耶。宣統元年元旦，吴趨王仁俊。

鈐印：王押

題跋出處：孟璇残碑（黄膺藏本）

館藏號：S2731

此漢孟琁碑字孝琚義在衛風木瓜篇也班志蜀郡嚴道縣莽曰嚴治犍為郡武陽縣莽曰戢成碑稱嚴道君武陽令疑在莽改名前石出雲南昭通即漢之牂柯郡武帝元鼎六年開是碑當在漢之元鼎後矣文帝末年文帝為蜀守立學選吏子弟就學遣張叔等十八人東詣博士受七經還以教授蜀郡經學實始于此孝琚隨官讀書通韓詩孝經君家孟卿善禮孟喜孟但善易孟 治尚書君浸淫家學身沒名壽偉哉元成而降蜀通韓詩者有武陽人杜撫定章句又有閬中人楊仁宕渠人馮緄廣漢屬國都尉丁魴豈皆聞風興起者耶

宣統元年元旦　吳題王仁俊

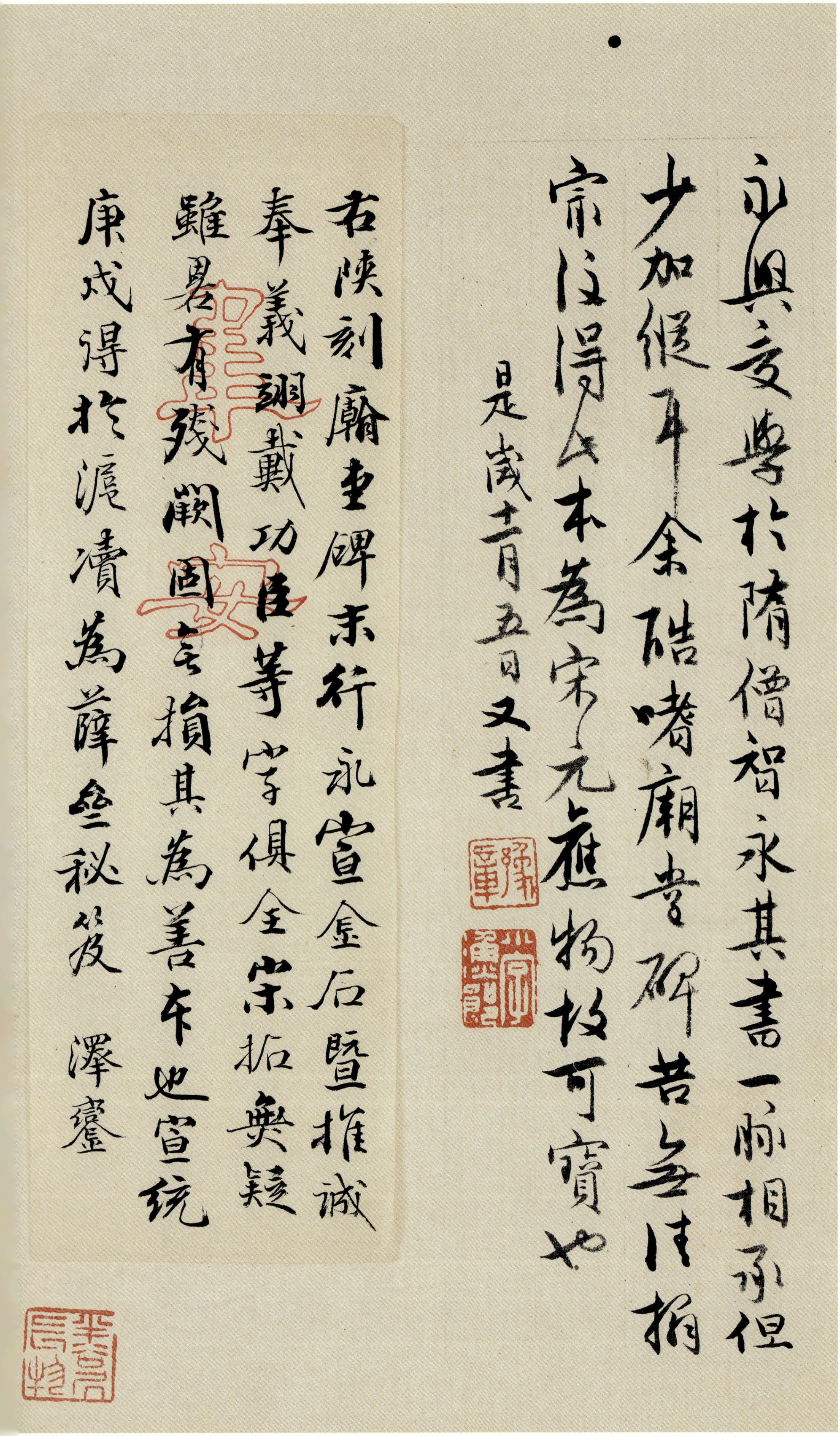

龐澤鑾

年代：1866—1916

字號：字芝閣，號薛齋、味道腴齋主人

籍貫：河北河間

釋文：右陝刻《廟堂碑》，末行『永宣金石』暨『推誠奉義翊戴功臣』等字俱全，宋拓無疑。雖略有殘闕，固無損其爲善本也。宣統庚戌得於滬瀆，爲薛齋秘笈。澤鑾。

題跋出處：孔子廟堂碑（龐澤鑾藏本）

館藏號：S2908

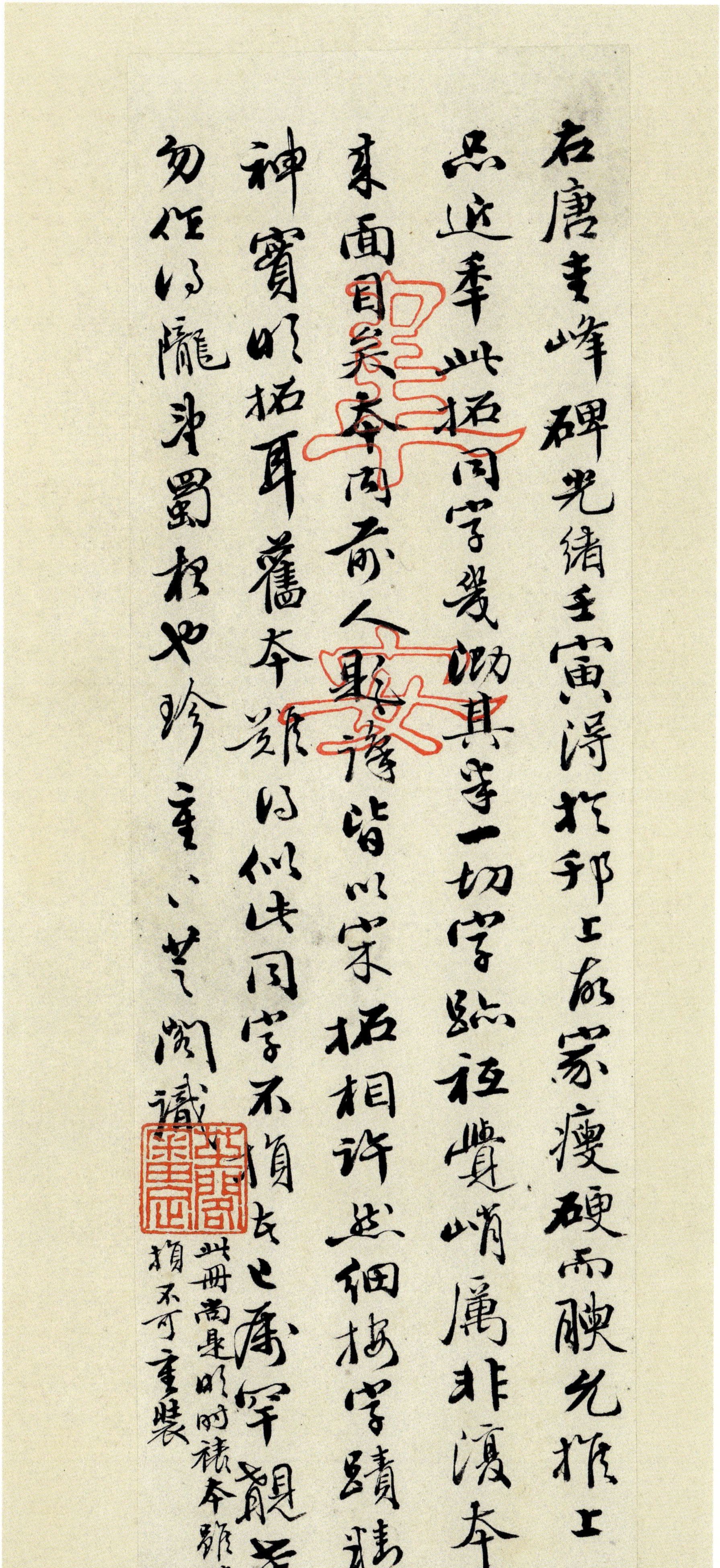

釋文：右唐《圭峰碑》，光緒壬寅得於邘上故家，瘦硬而腴，允推上品。
近年此拓『同』字幾泐其半，一切字迹，衹覺峭厲，非復本來面目
矣。本内前人題識，皆以宋拓相許，然細按字迹精神，實明拓耳。
舊本難得，似此『同』字不損者，已屬罕覯，幸勿作得隴望蜀想也。
珍重珍重。芝閣識。

鈐印：芝閣審定

此冊尚是明時裱本，雖破損，不可重裝。

題跋出處：圭峰定慧禪師碑（龐澤鑾藏本）

館藏號：S1805

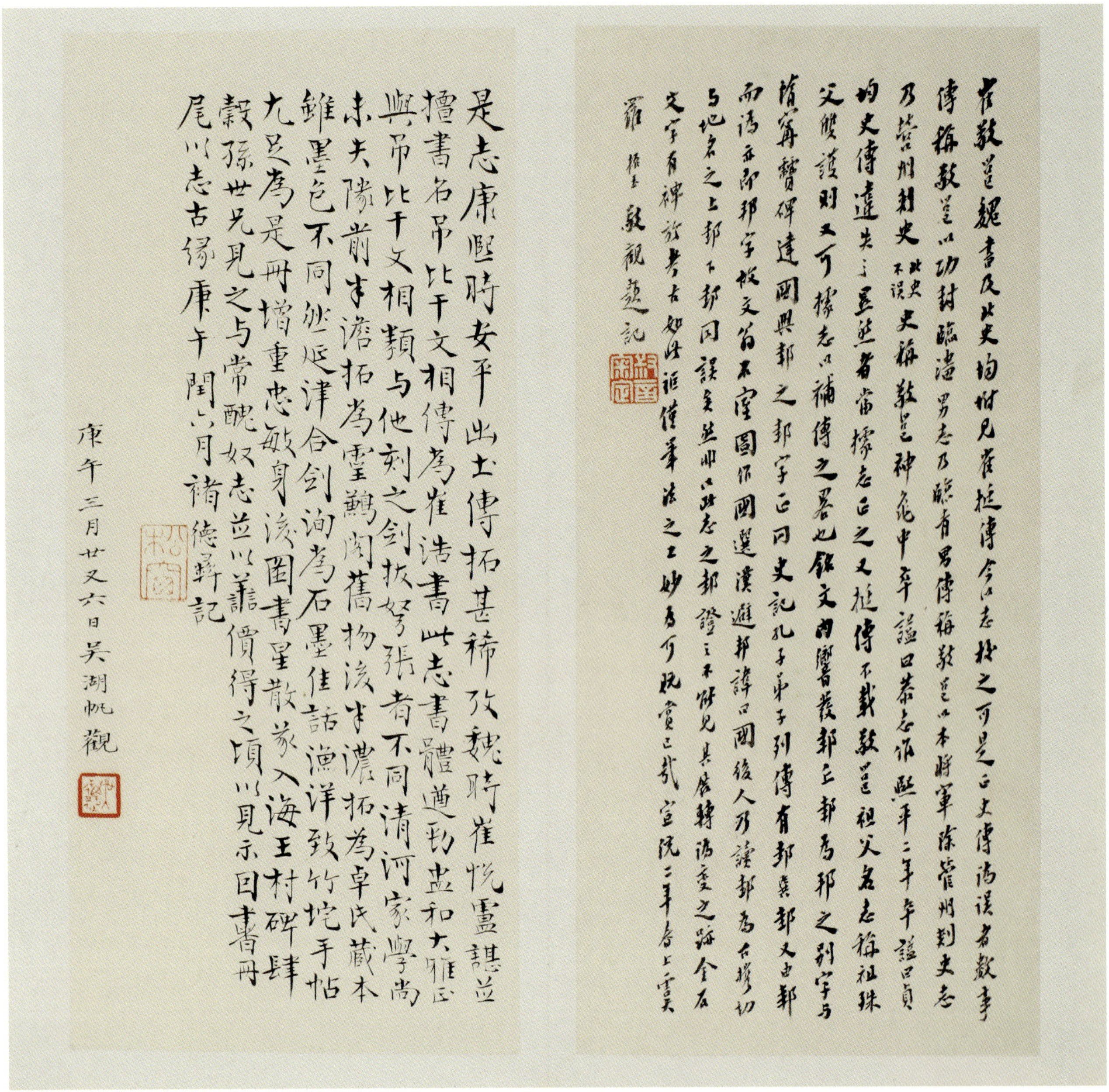

羅振玉

年代：1866—1940

字號：字叔蘊、叔言，號雪堂、松翁、雪翁、貞松老人、仇亭老民、永豐鄉人、東海愚民

籍貫：浙江上虞

釋文：『崔敬邕』，《魏書》及《北史》均附見《崔挺傳》，今以志校之，可是正史傳譌誤者數事。《傳》稱『敬邕以功封臨淄男』，《志》乃『臨青男』。《傳》稱『敬邕以本將軍除管州刺史』，《志》乃『營州刺史』（《北史》不誤）。《史》稱敬邕神龜中卒，謚曰恭，《志》作『熙平二年卒，謚曰貞』，均史傳違失之顯然者，當據《志》正之。又《挺傳》不載敬邕祖父名，《志》稱『祖殊，父雙護』，則又可據《志》以補《傳》之略也。銘文內『響發邽丘』，『邽』爲『邦』之別字，與隋《寧贙碑》『建國興邽』之『邽』字正同。《史記·孔子弟子列傳》有『邽巽』，『邽』又由『邽』而譌，亦即『邦』字，故文翁石室圖作『國選』，漢避『邦』諱曰『國』，後人乃讀『邽』爲古攜切，與地名之『上邽』『下邽』同誤矣。然非以此《志》之『邽』證之，不能見其展轉譌變之迹，金石文字有裨於考古如此，詎僅筆法之工妙爲可玩賞已哉。宣統二年春，上虞羅振玉敬觀題記。

鈐印：叔言審定

題跋出處：崔敬邕墓誌（端方藏本）

館藏號：19A358

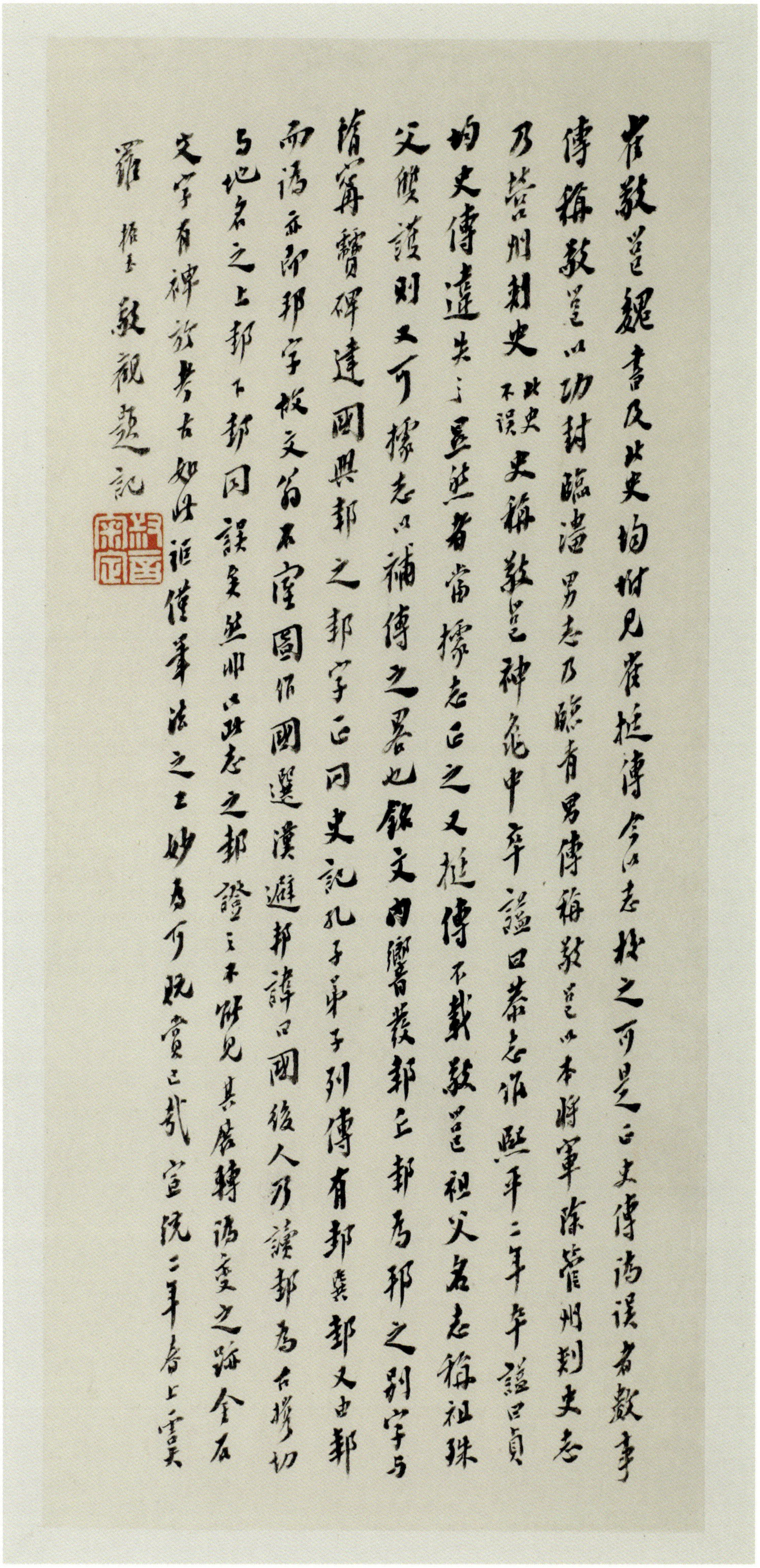
崔敬邕魏書及北史均附見崔挺傳今以志校之可是正史傳之誤者數事
傳稱敬邕以功封臨淄男志乃臨青男傳稱敬邕以本將軍除營州刺史志
乃營州刺史北史不誤史稱敬邕神龜中卒謚曰恭志作熙平二年卒謚曰貞
均史傳違失之足正者當據志正之又挺傳不載敬邕祖父名志稱祖珠
父嶷護則又可據志以補傳之略也銘文內響發邦正邦為邢之別字與
晉甯爨碑達國興邦之邦字正同史記孔子弟子列傳有邦巽邦又由邦
而誤爲那即邦字故文首不空圖作國選瀆避邦諱曰國後人乃讀邦爲古攜切
與地名之上邽下邽同誤矣然則以此志之邦證之不惟見其展轉誤變之跡金石
文字有裨於考古如此詎僅筆法之工妙爲可玩賞已哉 宣統二年春上虞
羅振玉敬觀題記

李瑞清

年代：1867—1920

字號：字仲霖，號梅癡、梅庵、玉梅花盦道士、清道人、李百蟹

籍貫：江西臨川

釋文：《史晨碑》其原出于頌敦，珮玉雅步，璁珩中巨，不使氣以爲强，不出奇以眴俗，此其所長也。至拘者爲之則筆弱而寡勢，神蕭而不舉，此其蔽也。大約《禮器》齊派也，《史晨》魯派也。魯本承成周遺法，廟堂之上，縱容秉筆，此爲正宗。此本乃道州何蝯翁舊臧，平生所見《史晨》未有可比肩茲本者，今歸蘇盦吾弟，從此可以上探兩京筆法。此本考據

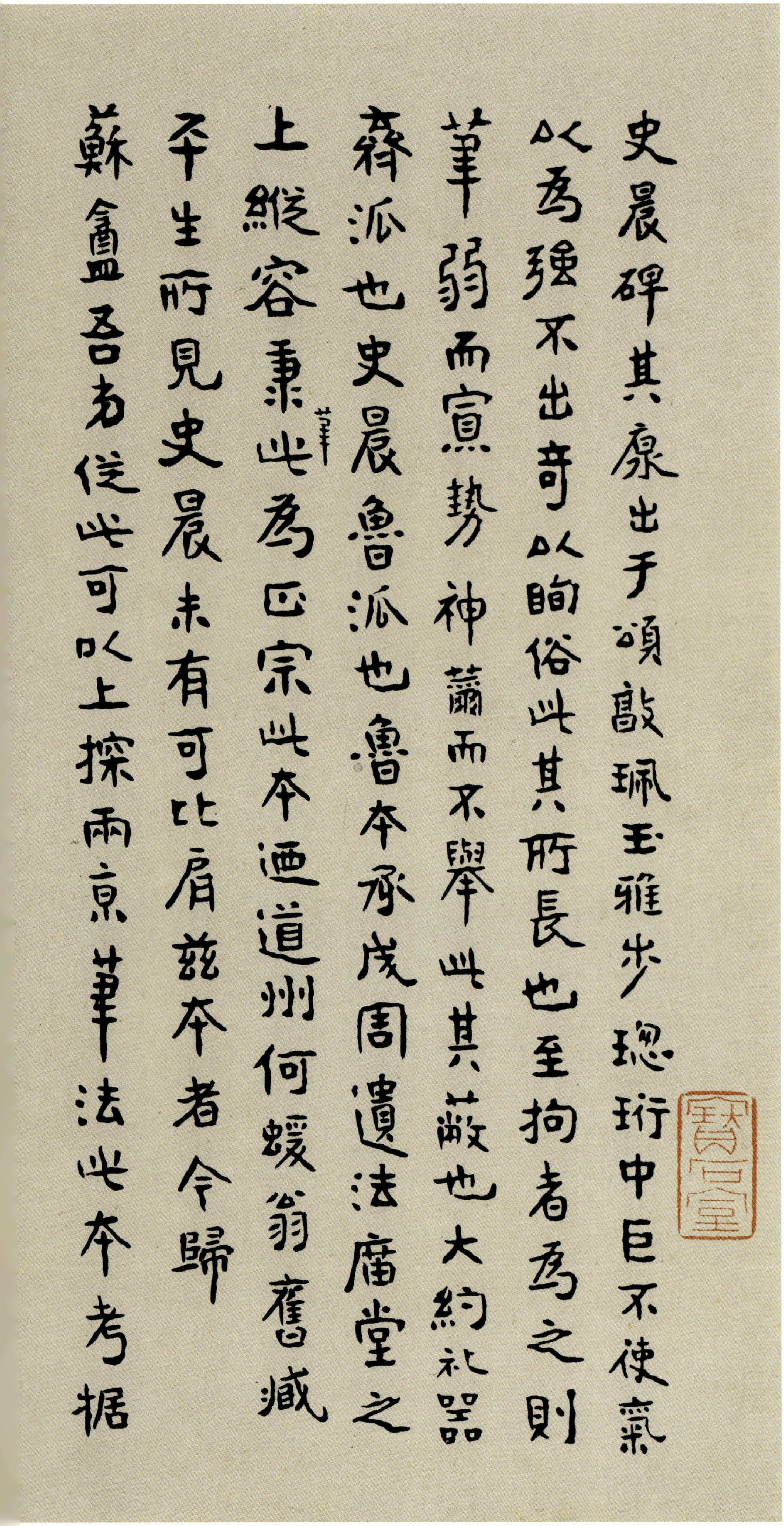

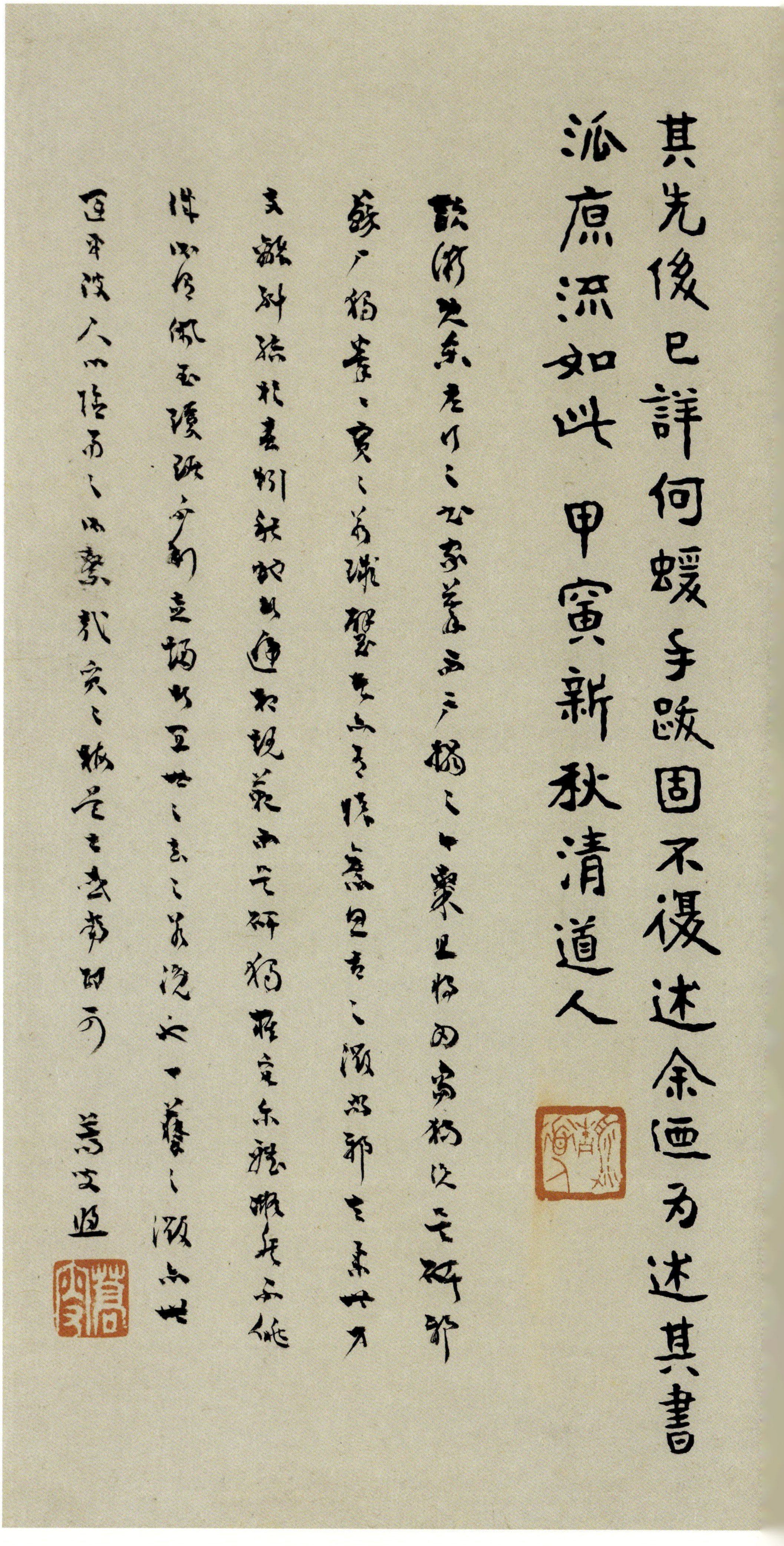

其先後已詳何蝯手跋，固不復述，余乃爲述其書派原流如此。甲寅新秋，清道人。

鈐印：清道人、寶石室

題跋出處：史晨後碑（何紹基藏本）

館藏號：S2708

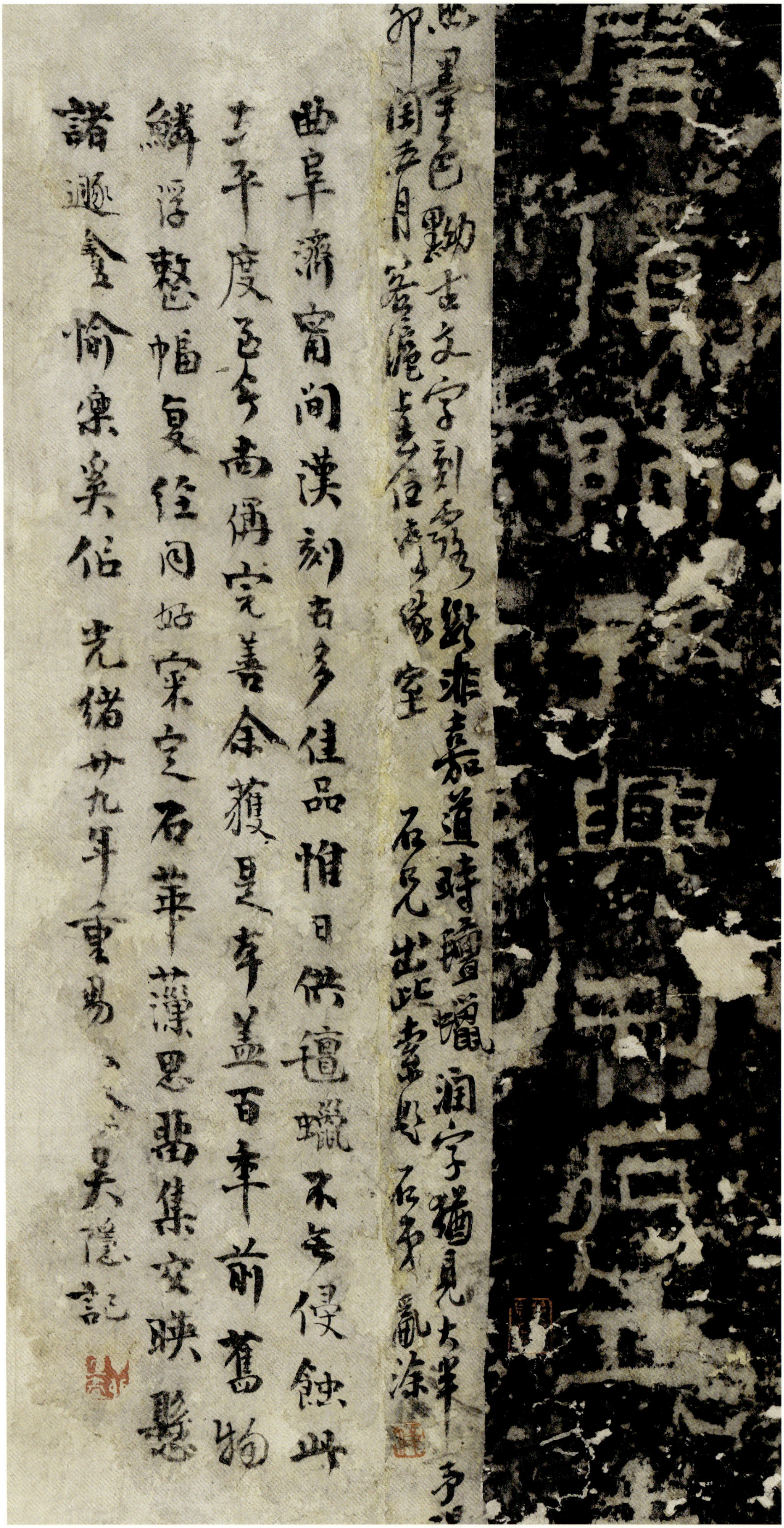

吴隱

年代：1867—1922

字號：字石潛，號遯盦，潛泉

籍貫：浙江紹興

釋文：曲阜、濟寧間，漢刻古多佳品，惟日供氈蠟，不無侵蝕。此在平度，至今尚稱完善。余獲是本，蓋百年前舊物，鱗浮整幅，復經同好審定，石華藻思，留集交暎，懸諸遯盦，愉樂奚似。光緒廿九年重陽□吴隱記。

鈐印：丁卯遯盦

題跋出處：張遷碑（吴隱藏本）

館藏號：S1861

張之綱

年代：1867—1939

字號：字文伯，號君輔，晚號謝村老民

籍貫：浙江永嘉

釋文：金文鴻寶莫尚乎是銘，典重淵懿，昔賢儗以百篇中，文侯之命所由也。曩嘗讀徐籀莊、吴子苾、吴愙齋與孫籀廎丈諸家釋文，後出者輒視前爲精審，顧撢揅既久，據所詁釋而推究其形聲時，覺尚有未盡愜者，

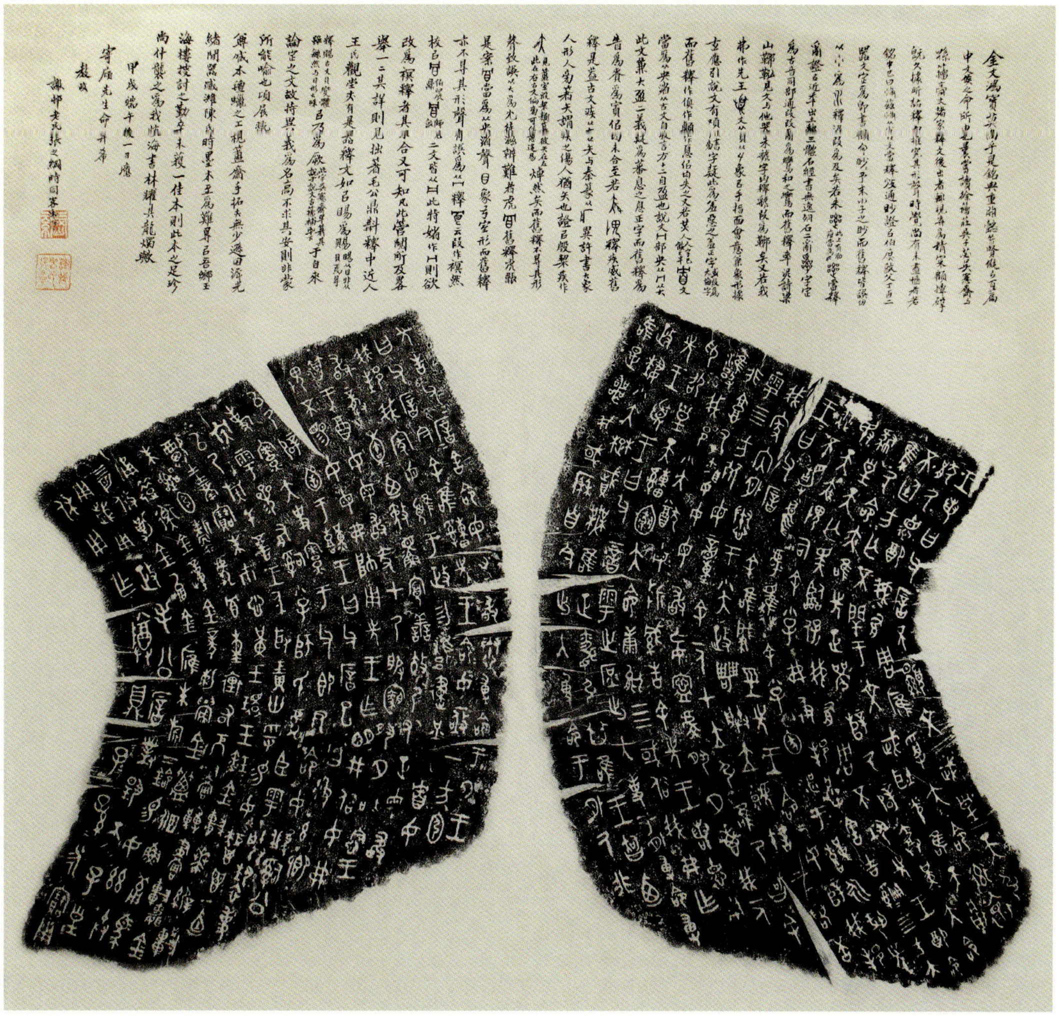

若銘中「已曰，□兹」，「□」从「少」，从「支」，當釋「□」，通「眇」，證以《伯庶敦》《父丁卣》二器文，定爲即《書·顧命》「眇眇予末小子」之「眇」，而舊釋皆誤認从「小」爲「水」，釋「汲」，假爲「及」矣。若「朱□」（此上有泐痕，當爲「□」），「□」當釋「□」，證以近年出土《魏三體石經》《書·無逸》殘石，二「□」「□」字，定爲古音同部通假，假「□」爲「鸞」，而舊釋率泥《詩》梁山鞹鞃見文，與他器「朱虢」字均釋「虢」，假爲「鞹」矣。又若「我弗作先王□」，文从「頁」，从「□」，象以手指面，會意兼象形，據《玄應》引《説文》有「□」（反書□旁）字，疑此爲「羞惡」之「羞」正字（或假爲尤「悔」字），而舊釋作「傎」、作「顛」、作「□」，似均失之。又若「□人」（人字已蝕大半）「□」文當爲从「央」，消从古文自，考言方十二自盈也，《説文》「□」部「央」从「□」从「大」，此文兼大盈二義，疑爲「蕃息」之「息」正字，而舊釋爲「眚」爲「賚」爲「賓」，似均未合。至若「□」釋「疾威」，舊釋是，蓋古文「疾」从「大」从「矢」，與秦篆从「□」異，許書「大」象人形，人旁箸矢謂「疾之傷人猶矢」也，證以殷契「疾」作「□」（見《簠室殷契類纂》），彼「矢」在左，此在右，古文偏旁可任意移易）焯然矣，而舊釋不得其形聲致誤，从「大」爲「□」，徒滋辨難者。「虎□」舊釋「虎韔」是，案「□」當爲从「央」，消聲「目」，象弓室形，而舊釋亦不得其形聲，有誤爲从「□」釋「□」云假作「□」，然校以「□」（伯晨鼎）「□」（師兑敦），二文皆从「□」，此特媘作「□」，則欲改爲「□」釋者，其不合又可知。凡此管窺所及，略舉一二，其詳則見拙著《毛公鼎斠釋》中。近人王氏觀堂亦有是器釋文，如以「□」爲「賜」（「□」从「目」，非从「貝」，焉得釋「賜」，古文「貝」變體雖繁，然與目形大殊），以「乃」爲「厥」（此字吴愙齋早箸其説于《説文古籀補》「厥」下），于自來論定之文故持異義爲名高，不求其安則非蒙所能喻也。頃展玩尊臧本，氈蠟之工，視簠齋手拓亦無少遜，回溯光緒間器臧濰陳氏時，墨本至爲難得，以吾鄉玉海樓搜討之勤，卒未獲一佳本，則此本之足珍尚什襲之，爲我歧海書林耀其龍燭歟。甲戌端午後一日，應寄廎先生命并希教政。謝村老民張之綱時同客淞濱。

鈐印：之綱、謝邨老民張伯子

題跋出處：毛公鼎（張之綱跋本）

館藏號：Z1332

金文鴻寶莫尚乎是銘典重崇懿昔賢儗以百篇中文侯之命所由也曩嘗讀徐籀莊吳子苾吳愙齋與孫籀廎文諸家釋文後出者輒視爲精審顧撢孳既久據所詁釋而推究其形聲時覺尚有未盡愜者若銘中已曰涉茲涉从步从攴當釋歧通眇證以伯晨敦父丁卣二器文宜爲即書顧命眇眇予末小子之眇而舊釋皆誤仞从小小爲𠁣釋汲段爲及矣若朱嚚此上有泐痕當爲嚚嚚當釋亂證以近年出土魏三體石經書無逸殘石二亂字定爲古音同部通[illegible]

弗作先王□文从頁从丩象以手指面會意兼象形據支應引說文有頍丩反書丩旁字疑此爲虐惡之虐正字或叚爲尤悔字而舊釋作傎作顛作𢝊佀均失之又若其人字已蝕大半□文當爲从央洎从古文自攷言方十二自盈也說文冂部央从冂大此文兼大盈二義疑爲蕃息之息正字而舊釋爲眚爲賫爲賓佀均未合至若□□釋疾威舊釋是蓋古文疾从大从矢与秦篆从疒異許書大象人形人旁著矢謂疾之傷人猶矢也證以殷契疾作□見簠室殷契類纂彼矢在左此在右古文偏旁可任意迻易焯然矣而舊釋不㝵其形

此在右古文偏旁可任意迻易炟然矣而舊釋不昇其形

聲致誤从大爲允徒滋辨難者虎冐舊釋虎虩

是案冐當爲从臾滔聲目象弓室形而舊釋

亦不昇其形聲有誤爲从冂釋冐云叚作稹然

校吕冐伯晨鼎冐師兌𣪘二文皆从冃此特娟作冃則欲

改爲稹釋者其不合又可知凡此管闚所及畧

舉一二其詳則見拙箸毛公鼎斠釋中近人

王氏觀堂未有是器釋文如吕睗爲賜睗从目非从貝焉昇

釋賜古文貝䜌體雖緐然与目形大殊吕乃爲厥此字吳愙齋早箸其說于說文古籀補序下于自來

命定之文攷寺[illegible]

所能喻也頃展觀
尊藏本氈蠟之工視簠齋手拓亦無少遜回溯光
緒間器藏濰陳氏時墨本至爲難得已吾鄉王
海樓搜討之勤卒未獲一佳本則此本之足珍
尚什襲之爲我岐海書林耀其龍燭歟
甲戌端午後一日應
寄廎先生命並希
教政
謝邨老民張之綱時同客淞濱

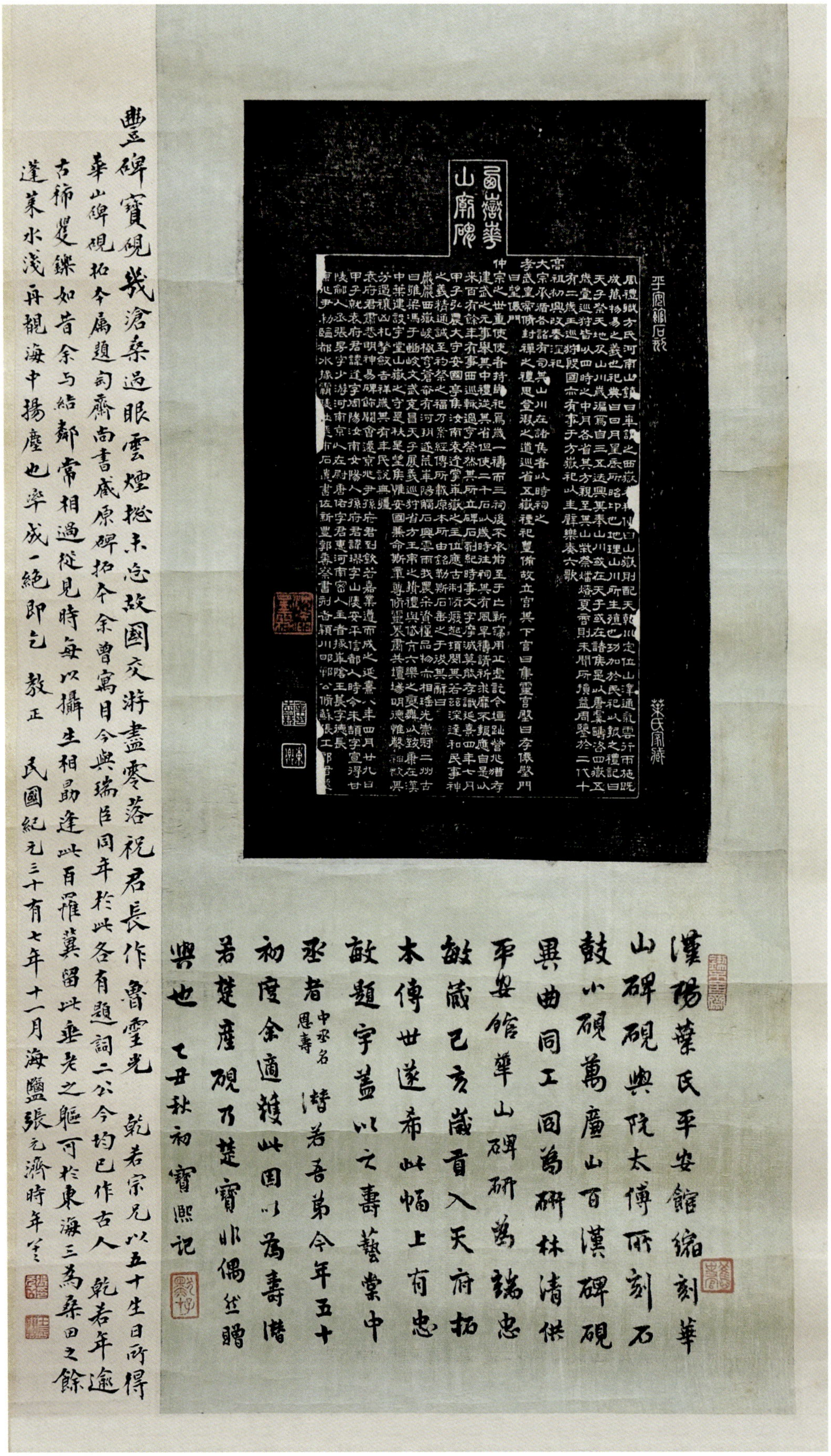

張元濟

年代：1867—1959

字號：字小齋，號菊生、筱齋

籍貫：浙江海鹽

釋文：豐碑寶硯幾滄桑，過眼雲煙總未忘。
故國交游盡零落，祝君長作魯靈光。
乾若宗兄以五十生日所得華山碑硯拓本屬題，匋齋尚書臧原碑拓本余曾寓目，今與瑞臣同年於此各有題詞，二公今均已作古人。乾若年逾古稀，矍鑠如昔，余與結鄰，常相過從，見時每以攝生相勗，逢此百罹，冀留此垂老之軀，可於東海三爲桑田之餘，蓬萊水淺再睹海中揚塵也。率成一絶，即乞教正。民國紀元三十有七年十一月，海鹽張元濟，時年八十二。

鈐印：張元濟印、壬辰翰林

題跋出處：葉志詵縮刻華山碑硯拓（端方跋本）

館藏號：J4994

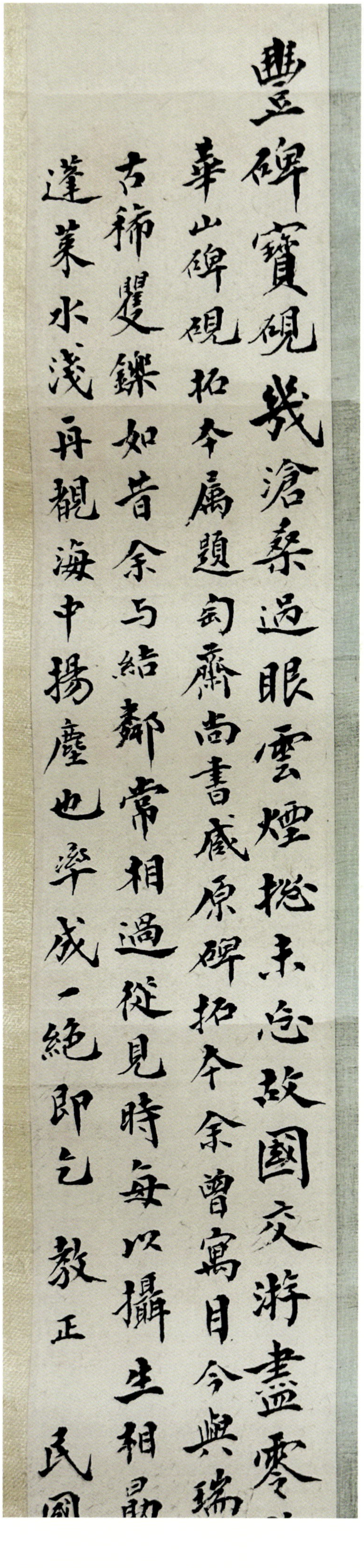
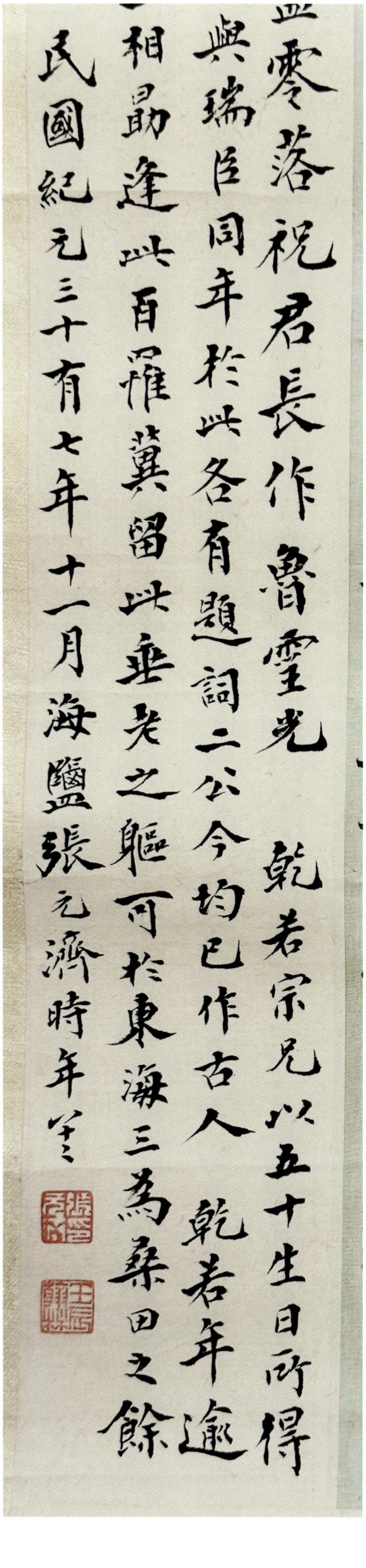

豐碑寶硯幾滄桑過眼雲煙撫未忘故國交游盡零落祝君長作魯靈光　乾若宗兄以五十生日所得
華山碑硯拓本屬題匋齋尚書藏原碑拓本余曾寓目今與瑞臣同年於此各有題詞二公今均已作古人　乾若年逾
古稀瞿鑠如昔余與結鄰常相過從見時每以攝生相勗逢此百罹冀留此垂老之軀可於東海三為桑田之餘
蓬萊水淺再覩海中揚塵也率成一絕即乞教正
民國紀元三十有七年十一月海鹽張元濟時年八十二

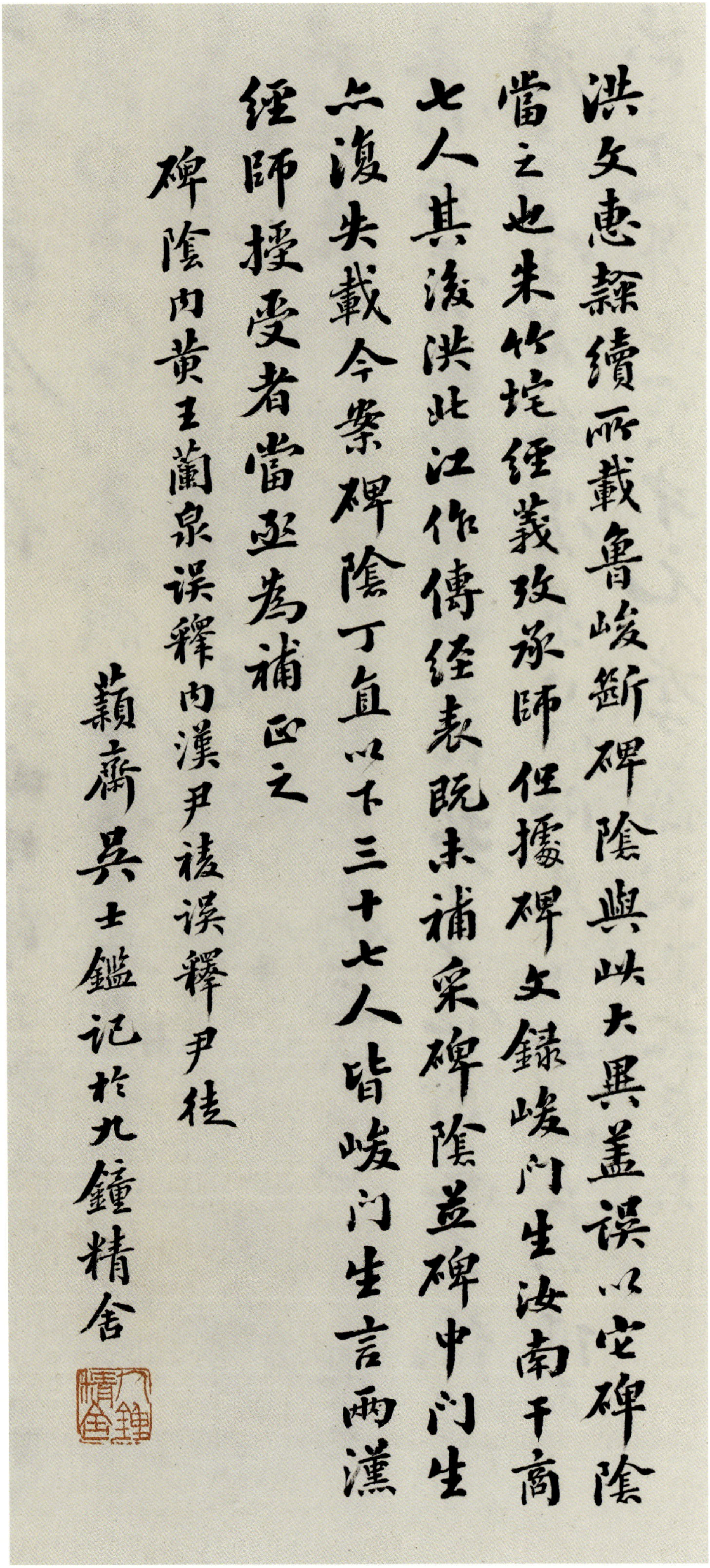
洪文惠隸續所載魯峻斷碑陰與此大異蓋誤以它碑陰
當之也朱竹垞經義攷承師但據碑文録峻門生汝南干商
七人其後洪北江作傳經表既未補采碑陰并碑中門生
亦復失載今案碑陰丁直以下三十七人皆峻門生言兩漢
經師授受者當亟為補正之
碑陰内黄王蘭泉誤釋内漢尹稜誤釋尹徒
蘋齋吳士鑑記於九鐘精舍
九鐘精舍

吳士鑒

年代：1868—1934

字號：字進思，號炯齋、公詧、含英、含嘉、式溪居士、九鐘老人

籍貫：浙江錢塘

釋文：洪文惠《隸續》所載《魯峻斷碑陰》與此大異，蓋誤以它碑陰當之也。朱竹垞《經義考》承師，但據碑文録峻門生汝南干商七人。其後洪北江作《傳經表》，既未補采碑陰，并碑中門生亦復失載。今案碑陰丁直以下三十七人皆峻門生，言兩漢經師授受者，當亟爲補正之。碑陰『内黄』王蘭泉誤釋『内漢』，『尹稜』誤釋『尹徒』。蘋齋吳士鑒記於九鐘精舍。

鈐印：九鐘精舍

題跋出處：魯峻碑（端方藏本）

館藏號：S1151

章炳麟

年代：1869—1936

字號：初名學乘，後改名絳，字枚叔，號太炎

籍貫：浙江餘杭

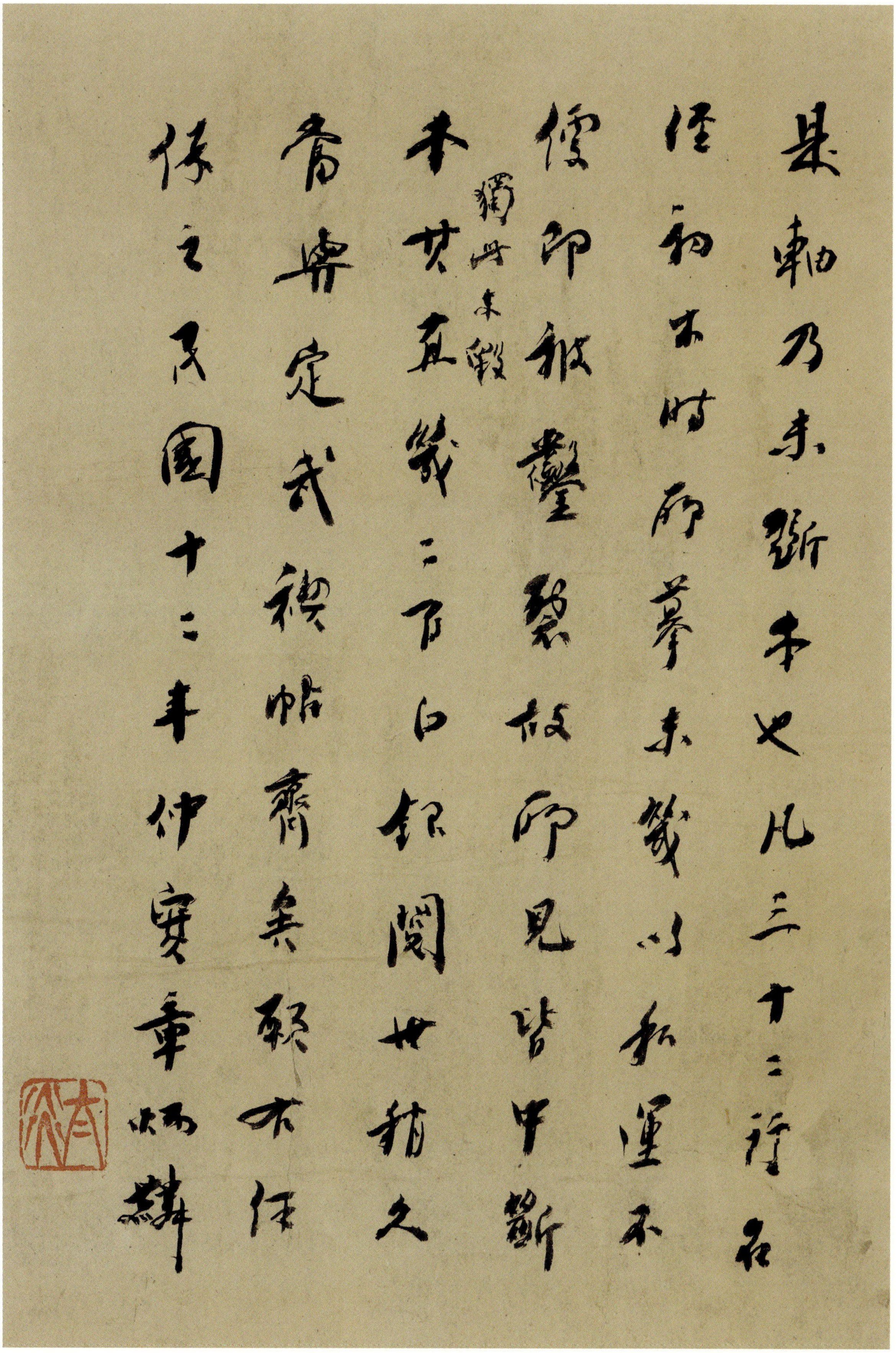

釋文：是軸乃未斲本也，凡三十二行，石經初出時所摹，未幾以私運不便，即被鑿裂，故所見皆中斷本，獨此未毀，其直幾二百白銀。閱世稍久，當與定武《禊帖》齊矣。願右任保之。民國十二年仲冬，章炳麟。

鈐印：太炎

題跋出處：正始石經（于右任藏本） 館藏號：J1358

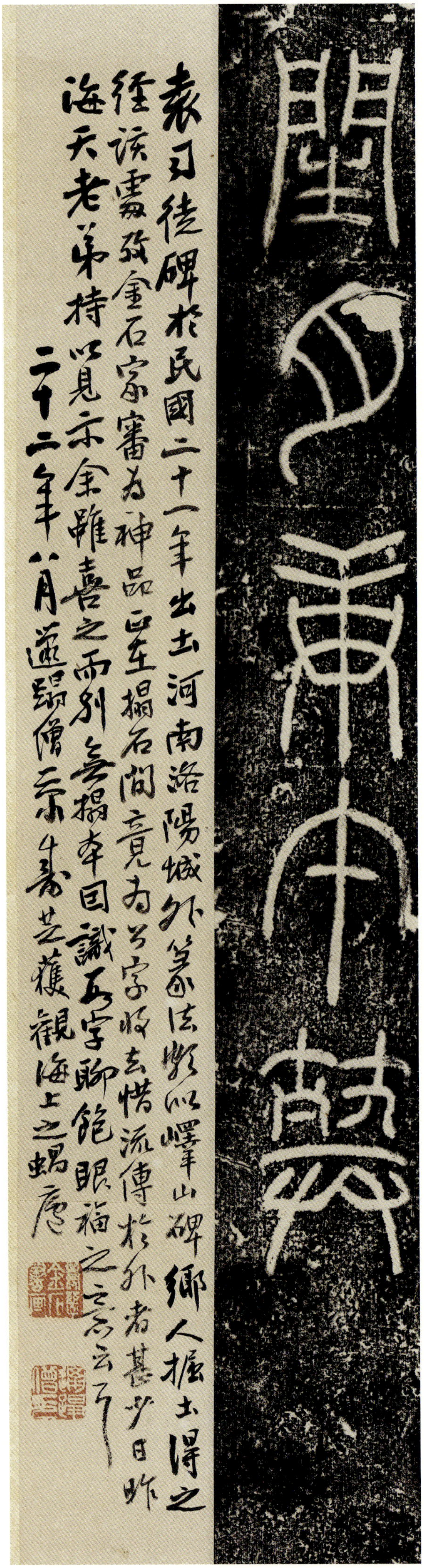

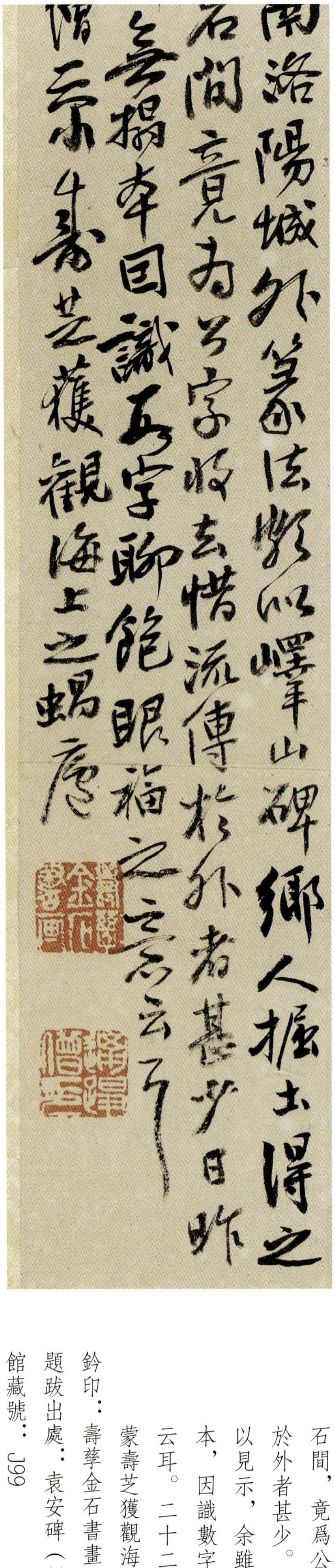

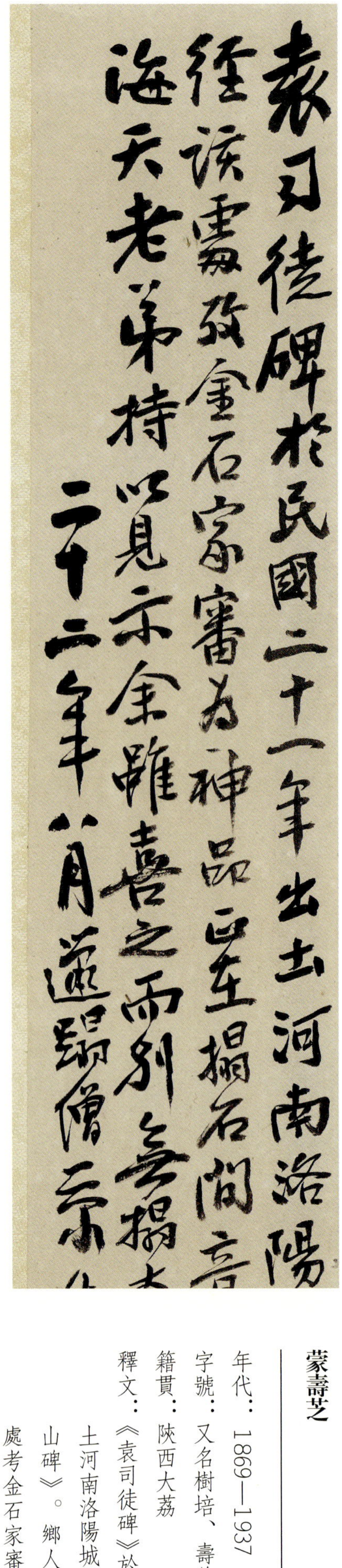

蒙壽芝

年代：1869—1937

字號：又名樹培、壽孶，號邋蹋僧

籍貫：陝西大荔

釋文：《袁司徒碑》於民國二十一年出土河南洛陽城外，篆法頗似《嶧山碑》。鄉人掘土得之，經該處考金石家審爲神品，正在拓石間，竟爲公家收去，惜流傳於外者甚少。日昨海天老弟持以見示，余雖喜之，而別無拓本，因識數字，聊飽眼福之意云耳。二十二年八月，邋蹋僧蒙壽芝獲觀海上之蝸廬。

鈐印：壽孶金石書畫、邋蹋僧印

題跋出處：袁安碑（劉海天藏本）

館藏號：J99

鄧邦述

年代：1869—1939

字號：字孝先，號雙漚、正闇、群碧翁，晚號漚夢老人

籍貫：江蘇江寧

釋文：明賢書多習鍾王小楷，或好宋之蘇黄米蔡四家帖，其他惟金石家乃一收之，而氈蠟之先後，筆畫之完泐，不深辨也。《張遷碑》以『東里潤色』四字未損本爲明最初拓，世不僅見。此拓確在其後，然審其墨采濃厚，光餤焕發，或在明季。瞿木夫、張叔未皆目爲明拓，信不誣也。余於漢石喜臨其方整寛博者，獲此遂不惜重價收之，以娱我炳燭之年也。乙亥端五，鄧邦述記。

鈐印：群碧翁

題跋出處：張遷碑（蔣氏賜書樓藏本）

館藏號：S2485

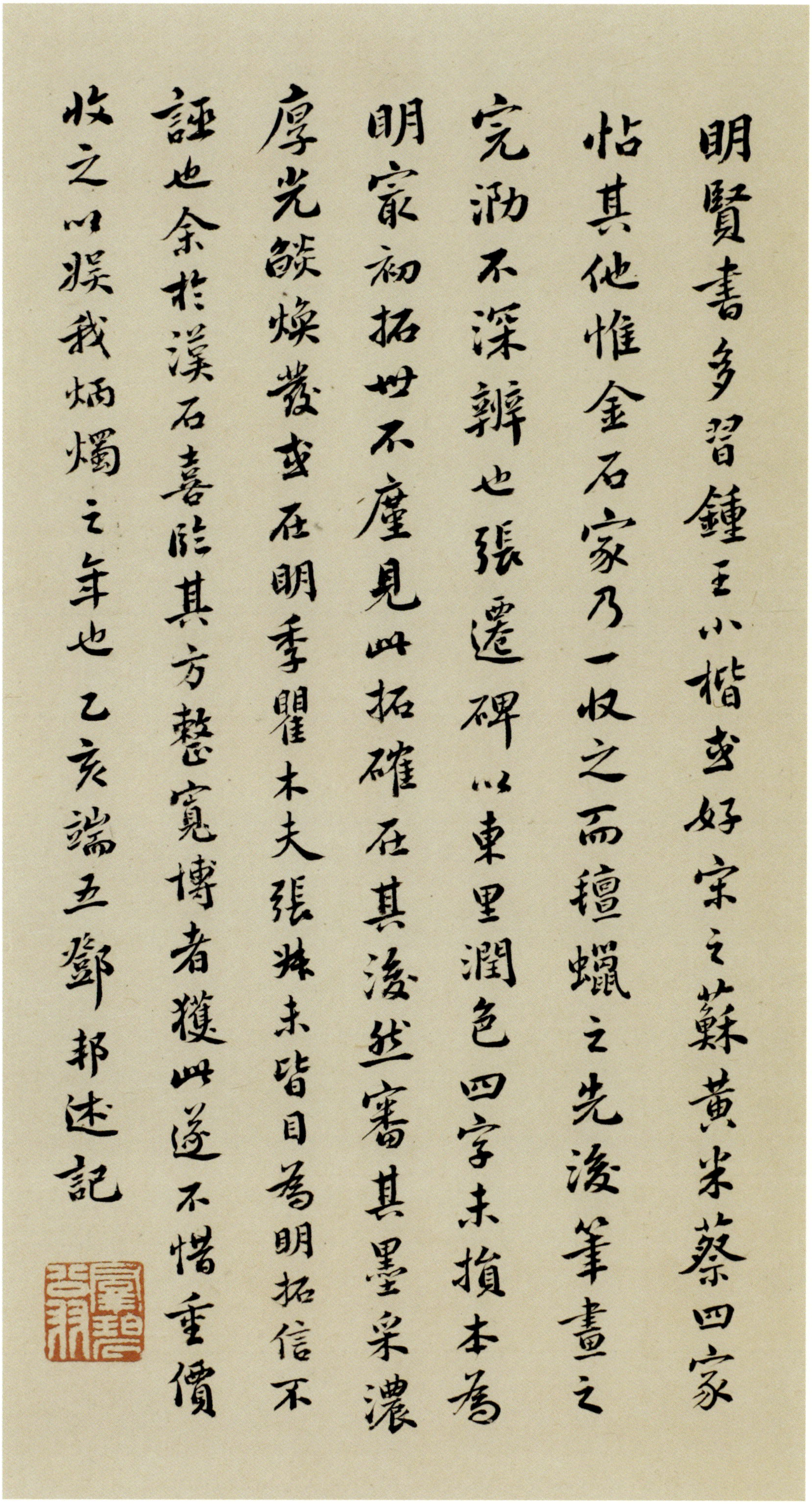

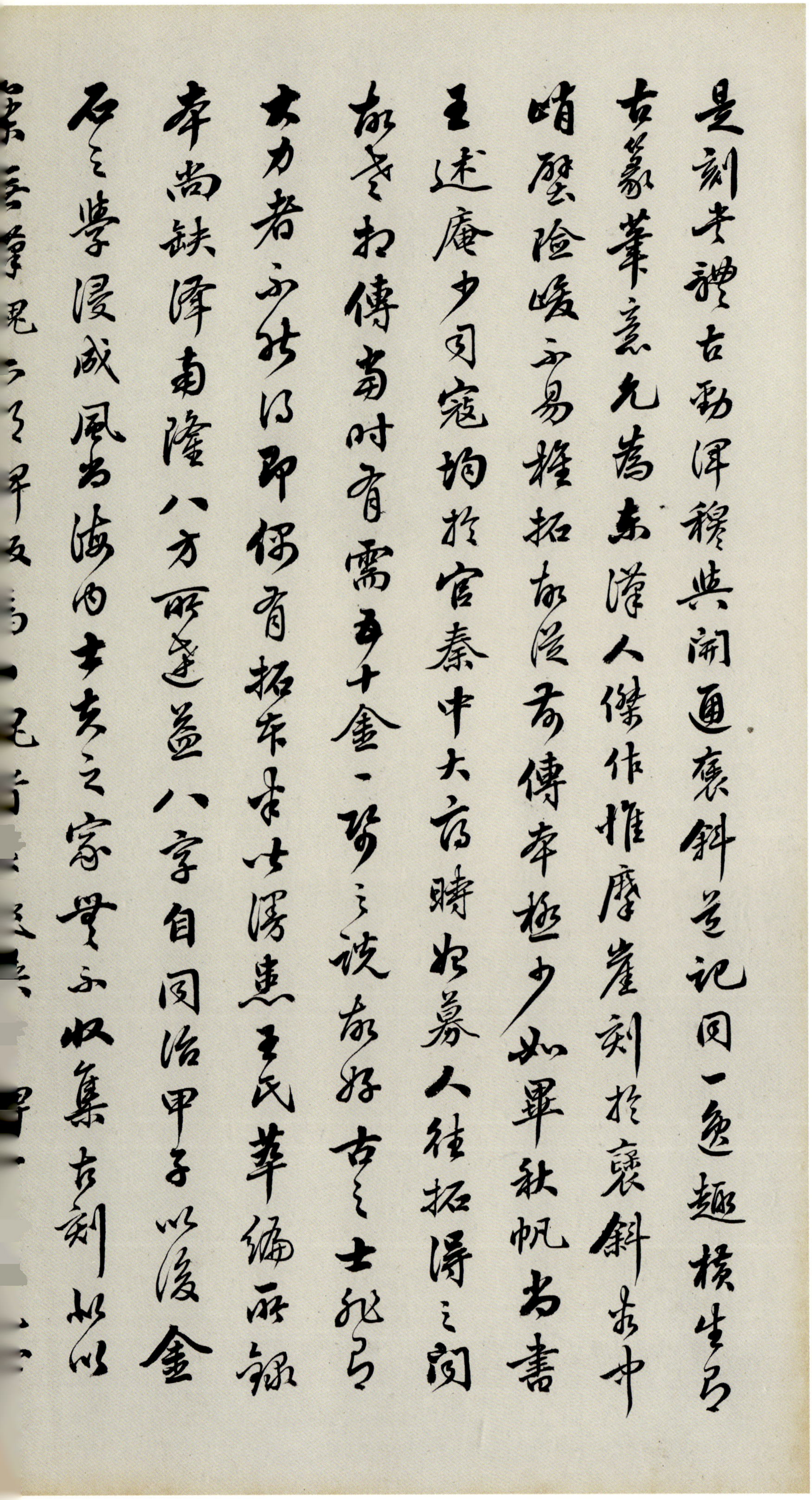

張蔭椿

年代：1869—？

字號：字硯孫，號壽薌

籍貫：浙江錢塘

釋文：是刻書體古勁渾穆，與《開通褒斜道記》同一逸趣橫生，有古篆筆意，允爲東漢人傑作。惟摩崖刻於褒斜谷中，峭壁險峻，不易椎拓，故從前傳本極少，如畢秋帆尚書、王述庵少司寇均於官秦中大府時始募人往拓得之，聞故老相傳，當時有需五十金一紙之説，故好古之士非有大力者不能得。即偶有拓本，半皆漫漶，王氏《萃編》所録本尚缺『澤南隆八方所達益』八字。自同治甲子以後，金石之學浸成風尚，海内士夫之家無不收集古刻，似以案無漢魏六朝碑版爲可愧者，於是陜中碑賈四出，凡宇

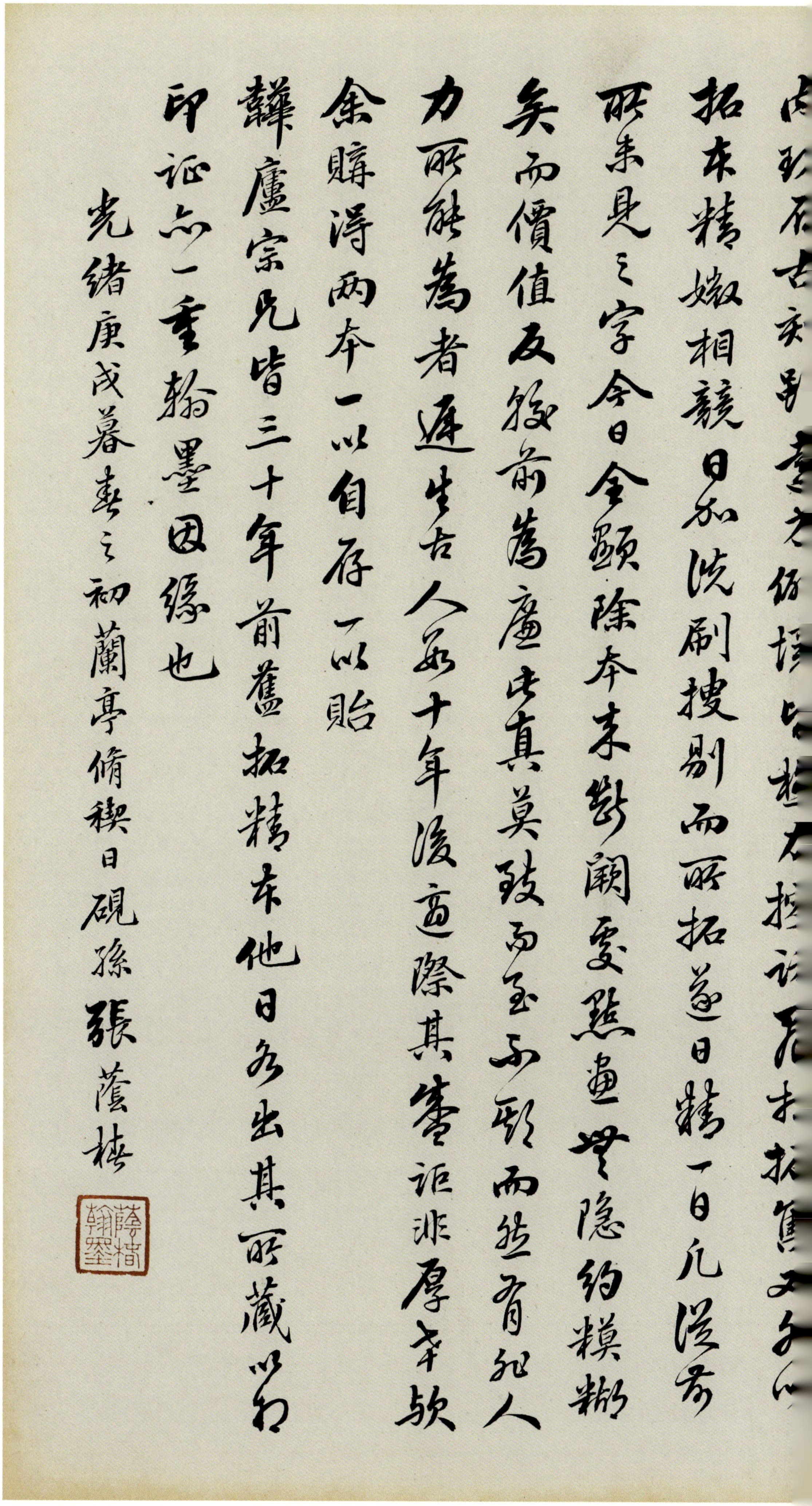

內現存古刻雖遠方僻壤皆極力搜訪群相拓售又各以
拓本精孅相競日加洗刷搜剔而所拓遂日精一日凡從前
所未見之字今日全顯除本來斷闕處點畫無隱約糢糊
矣而價值反較前為廉此真莫致而至不期而然有非人
力所能為者遲生古人數十年後適際其盛詎非厚幸歟
余購得兩本一以自存一以貽
韓盧宗兄皆三十年前舊拓精本他日各出其所藏以相
印證亦一重翰墨因緣也
光緒庚戌暮春之初蘭亭脩禊日硯孫張蔭椿

蔭椿翰墨

內現存古刻，雖遠方僻壤，皆極力搜訪，群相拓售。又各以拓本精孅相競，日加洗刷搜剔，而所拓遂日精一日，凡從前所未見之字，今日全顯，除本來斷闕處，點畫無隱約糢糊矣。而價值反較前爲廉，此真莫致而至，不期而然，有非人力所能爲者，遲生古人數十年後，適際其盛，詎非厚幸歟。余購得兩本，一以自存，一以貽韓盧宗兄，皆三十年前舊拓精本，他日各出其所藏以相印證，亦一重翰墨因緣也。光緒庚戌暮春之初蘭亭修禊日，硯孫張蔭椿。

鈐印：蔭椿翰墨

題跋出處：石門頌（張蔭椿跋本）

館藏號：S2673

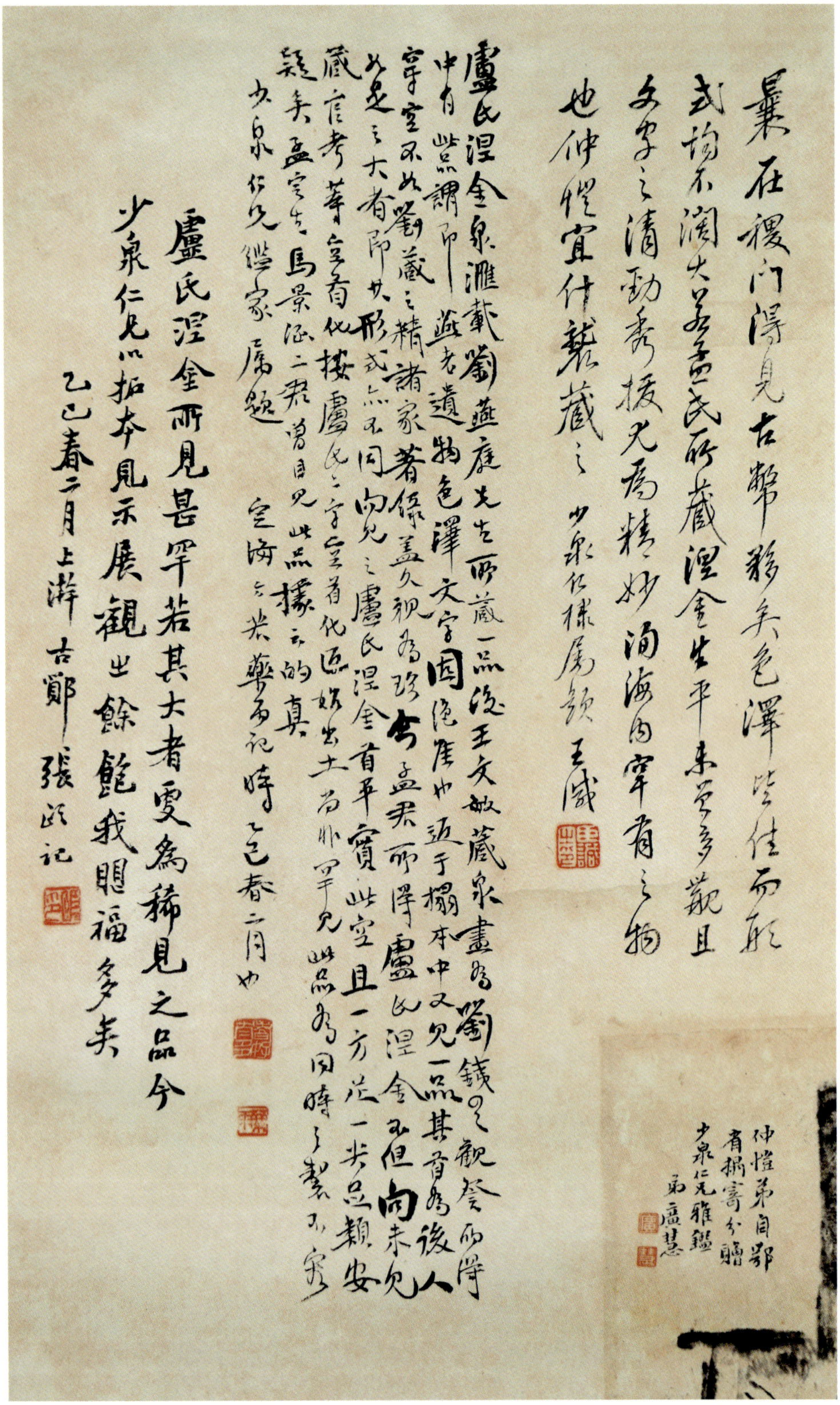

方若

年代：1869—1954

字號：原名方城，字楚卿，後字藥雨、若雨，號劬園、古貨富翁

籍貫：浙江定海

釋文：

《盧氏涅金》，《泉匯》載劉燕庭先生所藏一品，後王文敏藏泉盡爲劉鐵雲觀察所得，中有此品，謂即燕老遺物，色澤文字固絕佳也。近于拓本中又見一品，其首爲後人穿空，不如劉藏之精，諸家著録蓋久視爲珍。今孟君所得《盧氏涅金》，不但向未見如是之大者，即其形式亦不同。向見之《盧氏涅金》首平實，此空，且一方足，一尖足，類安藏官考等空首化。按，『盧氏』二字空首化，近始出土，尚非罕見。此品爲同時之製，不容疑矣。孟定生、馬景涵二君曾目見此品，據云的真。少泉仁兄鑒家屬題。定海方若藥雨記，時乙巳春二月也。

鈐印：嗜好太多、藥雨

題跋出處：盧氏涅金幣（孟廣慧藏本）　館藏號：Z2436

盧氏浑金泉潍載劉燕庭先生所藏一品後王文敏
中有紫謂即燕老遺物色澤文字圓絕雅也
字空不如劉藏之精諸家著錄蓋久視為珍古孟君
如是之大者即其形式亦不同向見之盧氏浑金首平
藏者考等金首化接盧氏二字金首化匠妙出土為
疑矣孟定生馬景涵二君曾目見此品據云的真
亦泉作久鑒家之屬題
定海方若藥雨記時

生所藏一品後王文敏藏泉畫為劉鐵雲觀察所得
澤文字圓絕雅也近于欄本中又見一品其首為後人
蓋久視為珍古孟君所得盧氏浑金但向未見
見之盧氏浑金首平實此空且一方足一尖亦頗安
金首化匠妙出土為非罕見此品為因時了製不宜
此品據云的真
海方若藥雨記時
乙巳春二月也

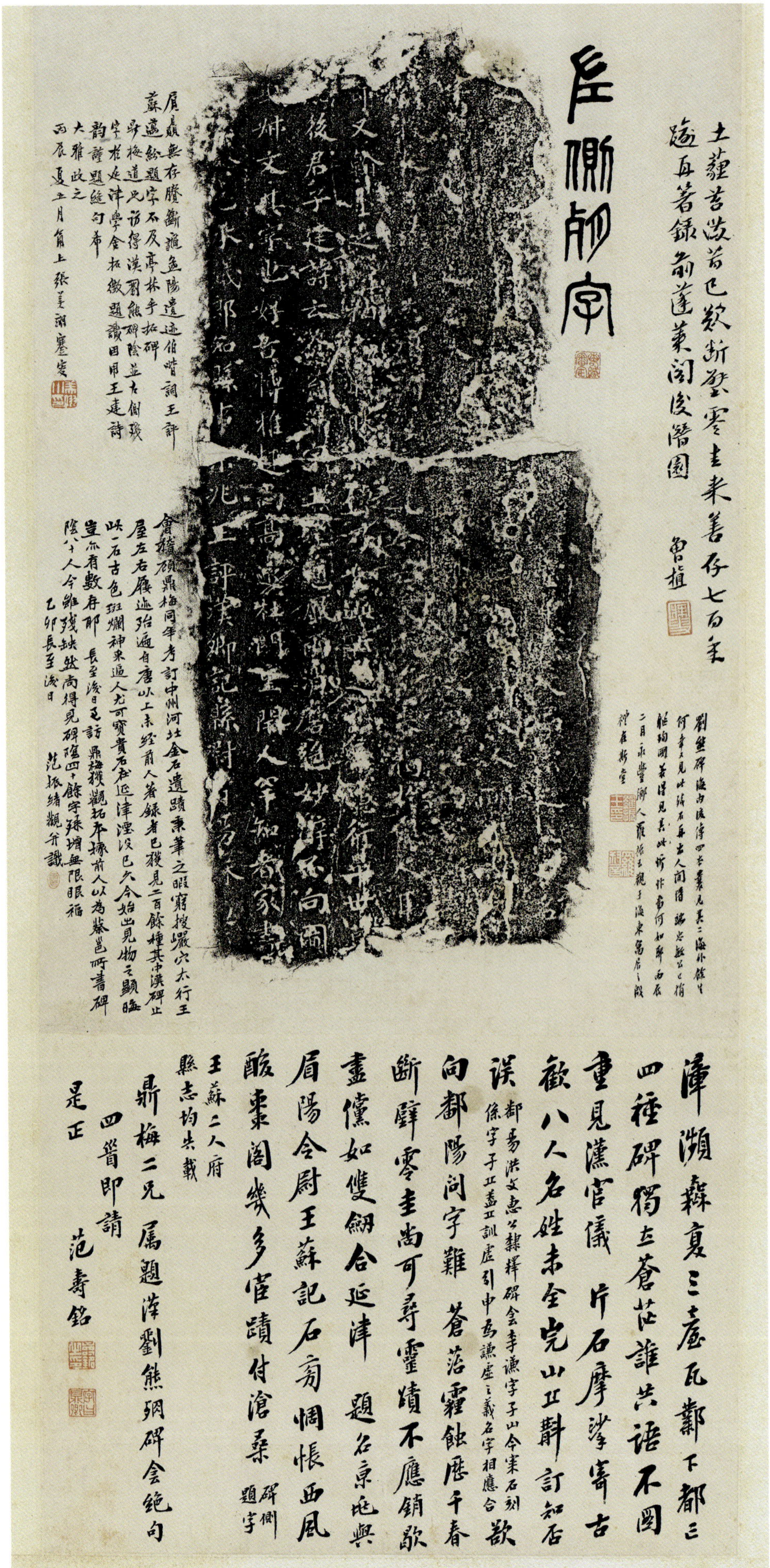

范壽銘

年代：1870—1921

字號：字鼎卿，一字若緘，號循園、鑪青

籍貫：浙江山陰

釋文：漳瀕無復三臺瓦，鄴下都亡四種碑。獨立蒼茫誰共語，不圖重見漢官儀。　片石摩挲寄古歡，八人名姓未全完。山丘斠訂知否誤（鄱陽洪文惠公《隸釋》碑陰李謙字子山，今審石刻，係字子丘，蓋丘訓虛，引申爲謙虛之義，名字相應合），欲向鄱陽問字難。　蒼茫霾蝕歷千春，斷璧零圭尚可尋。靈迹不應銷歇盡，儻如雙劍合延津。　題名京兆與眉陽，令尉王蘇記石旁。惆悵西風酸棗閣，幾多宦迹付滄桑（碑側題字王蘇二人，府縣志均失載）。　鼎梅二兄屬題漢《劉熊殘碑陰》絶句四首，即請是正。范壽銘。

鈐印：壽銘之印、字曰鼎卿

題跋出處：劉熊殘碑（顧燮光藏本）

館藏號：S1780

漳瀕森夏三臺瓦鄴下都三
四種碑獨立蒼茫誰共語不圖
重見漢官儀 片石摩挲寄古
歡八人名姓未全完山左斠訂知否
誤（鄱陽洪文惠公隸釋碑会李謙字子山今案石刻係字子左蓋左訓虛引申為謙虛之義名字相應合）歟
向鄱陽問字難 蒼落霾蝕歷千春
斷璧零圭尚可尋靈蹟不應銷歇
盡儻如雙劍合延津 題名京兆與
眉陽令尉王蘇記石旁惆悵西風
酸棗閣幾多陳蹟付滄桑（碑側題字）
王蘇二人府縣志均失載
鼎梅二兄屬題漢劉熊殘碑会絕句
四晉即請
是正
范壽銘

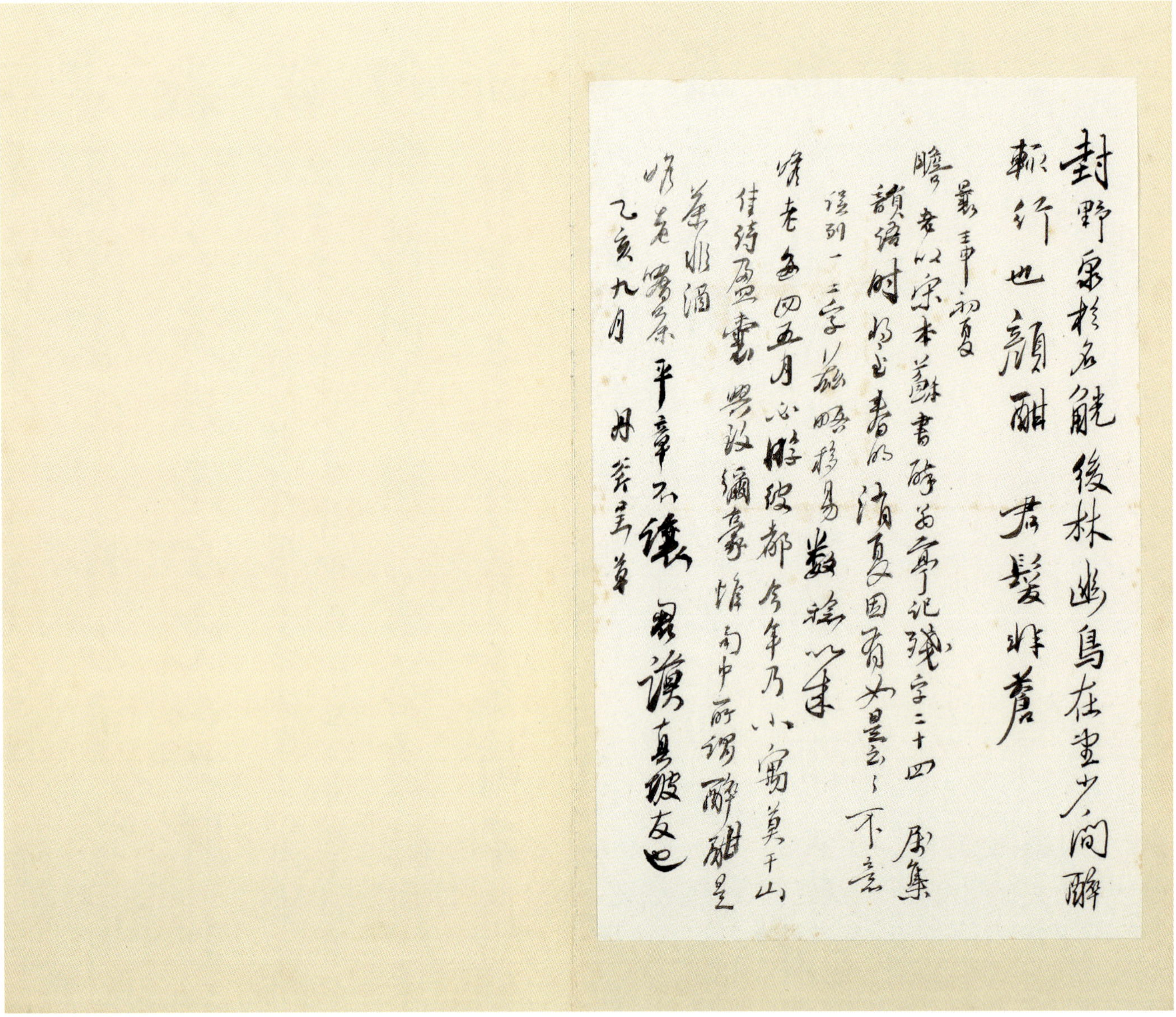

張延禮

年代：1870—1937

字號：原名宸，字丹斧，號丹甫、丹父、丹翁、無爲、後樂笑翁

籍貫：江蘇儀徵

釋文：封野泉於名觥，後林幽鳥在望。少閑醉輒行也，顏酡君髮非蒼。

囊壬申初夏，瞻老以宋本蘇書《醉翁亭記》殘字二十四屬集韵語，時將至春明消夏，因有如是云云。不意誤列一二字，兹略移易。數稔以來，瞻老每四五月必游彼都，今年乃小寓莫干山，佳詩盈囊，興致彌豪。惟句中所謂『醉酡』是茶非酒。瞻老嗜茶，平章不讓君謨，真坡友也。乙亥九月，丹斧呈草。

題跋出處：醉翁亭記殘字（龔心釗藏本）

館藏號：17A335

封野象於名能後林幽鳥在盡少人間醉
輒行也顏酣君髮非蒼
影 壬申初夏
睠老以宋本蘇書醉翁亭記殘字二十四 屬集
韻語時明也者的清夏因有如是云云 下言
證別一二字以應略移易數處以筆
睠老每四五月必游彼都今年乃小寓莫干山
佳詩爲畫與故鄉者家雖南中所謂醉翁是
葉非酒
睠老嗜蘇 平章不讓 最謂真坡友也
乙亥九月 丹斧呈草

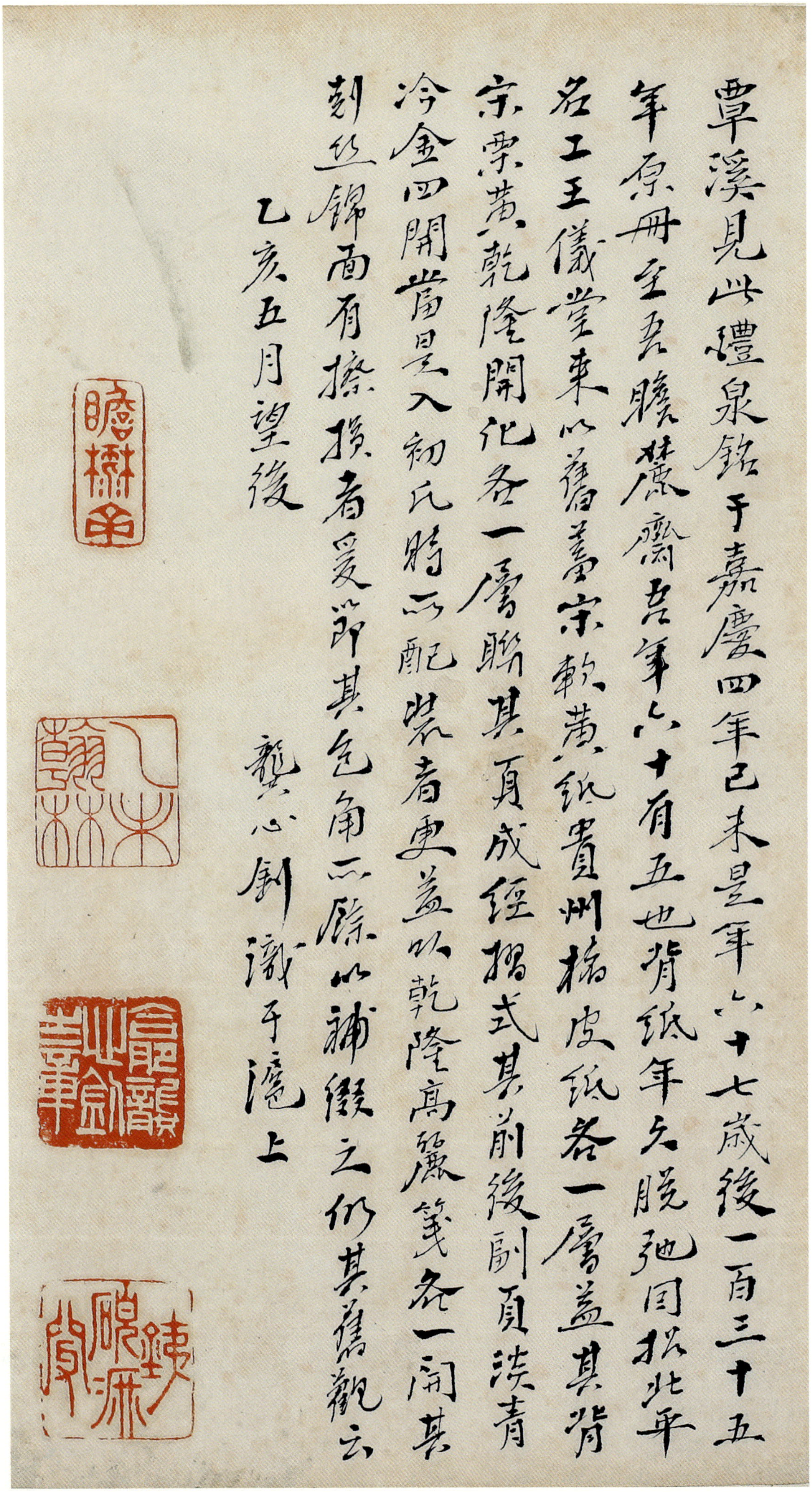

龔心釗

年代：1870—1949

字號：字仲勉，號懷希、懷西、懷熙、褱叟、瞻麓、瞻叟

籍貫：安徽合肥

釋文：覃溪見此《醴泉銘》于嘉慶四年己未，是年六十七歲，後一百三十五年，原册至吾瞻麓齋，吾年六十有五也。背紙年久脱弛，因招北平名工王儀堂來，以舊蓄宋軟黄紙、貴州楮皮紙各一層益其背，宋栗黄、乾隆開化各一層，聯其頁成經折式。其前後副頁淡青冷金四開當是入初氏時所配裝者，更益以乾隆、高麗箋各一開。其剋絲錦面有擦損者，爰節其包角所餘以補綴之，仍其舊觀云。乙亥五月望後，龔心釗識于滬上。

鈐印：瞻麓齋、乙未翰林、合肥龔心釗之章、鐵硯磨穿

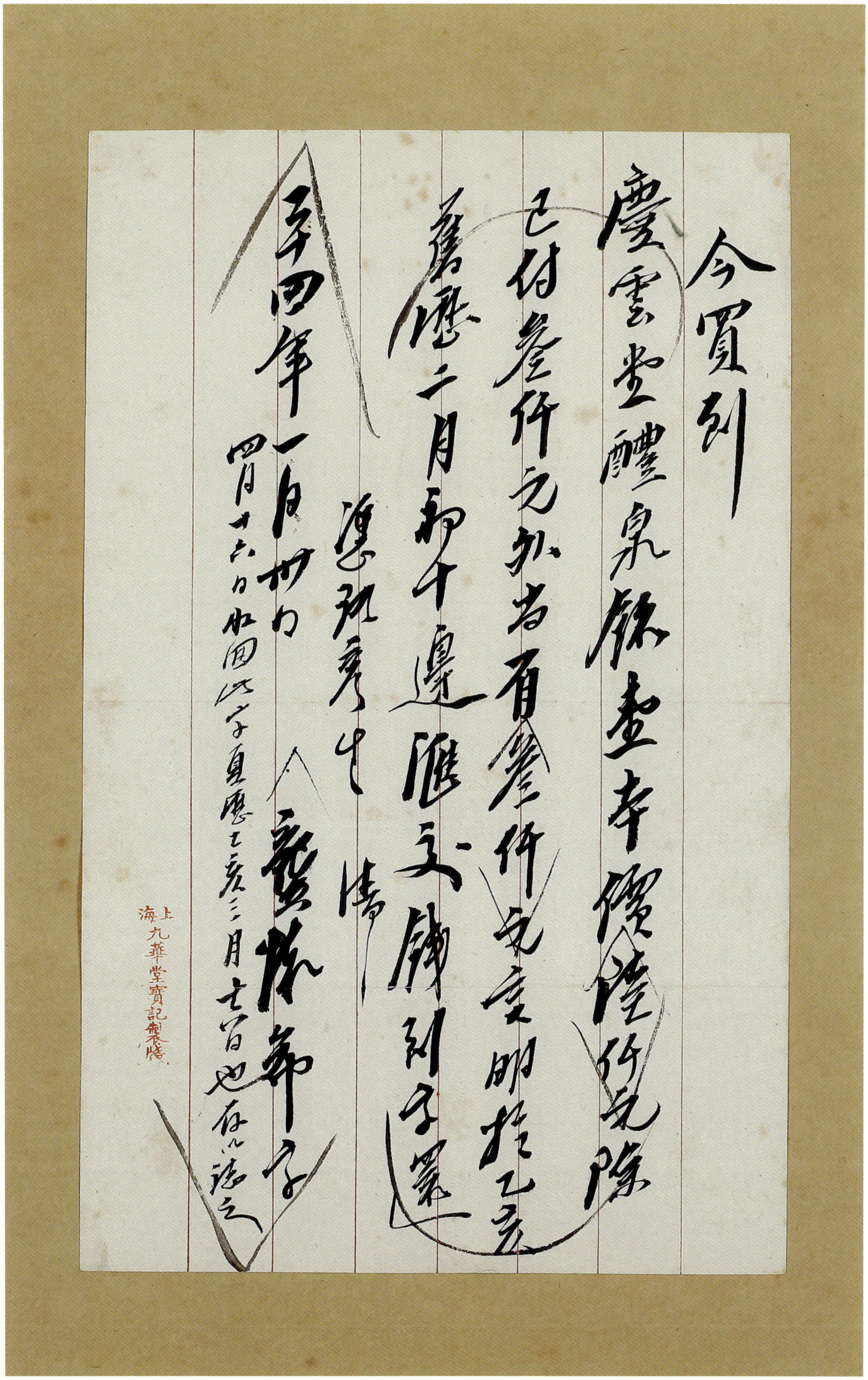

釋文：今買到慶雲堂《醴泉銘》壹本，價陸仟元，除已付叁仟元外，尚有叁仟元，言明於乙亥舊歷二月初十邊匯交錢，到字還憑。張彥生。二十四年一月卅日，龔懷希字。四月十六日收回此字，夏歷乙亥三月十六日也，存以誌之。

題跋出處：九成宮醴泉銘（龔心釗藏本）

館藏號：17A328

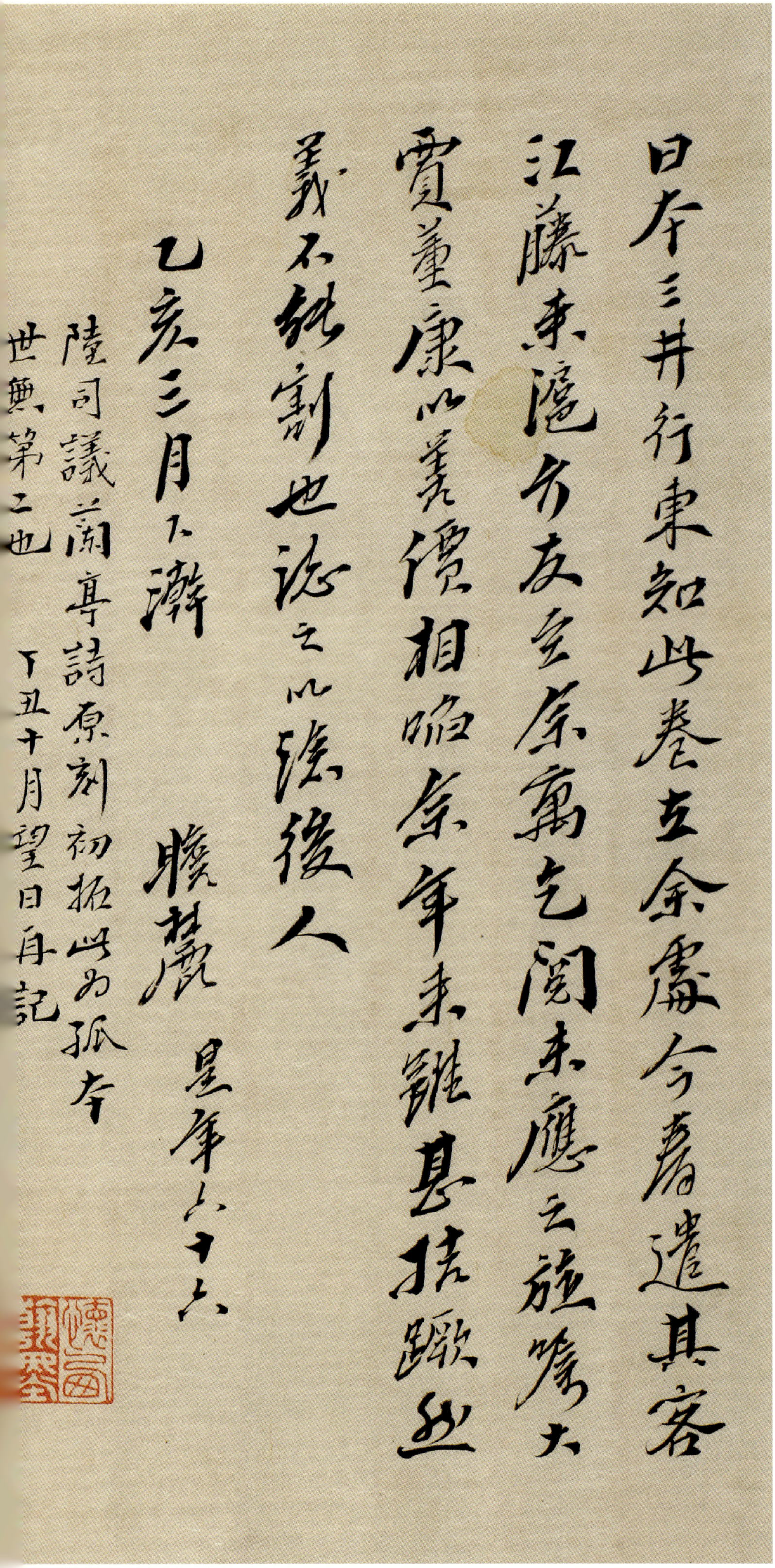

釋文：日本三井行東知此卷在余處，今春遣其客江藤來滬，介友至余寓乞閲，未應之。旋囑大賈董康以善價相啗。余年來雖甚拮蹶，然義不能割也，誌之以諗後人。乙亥三月下澣，瞻麓，是年六十六。陸司議《蘭亭詩》原刻初拓，此爲孤本，世無第二也。丁丑十月望日再記。

鈐印：懷西翰墨

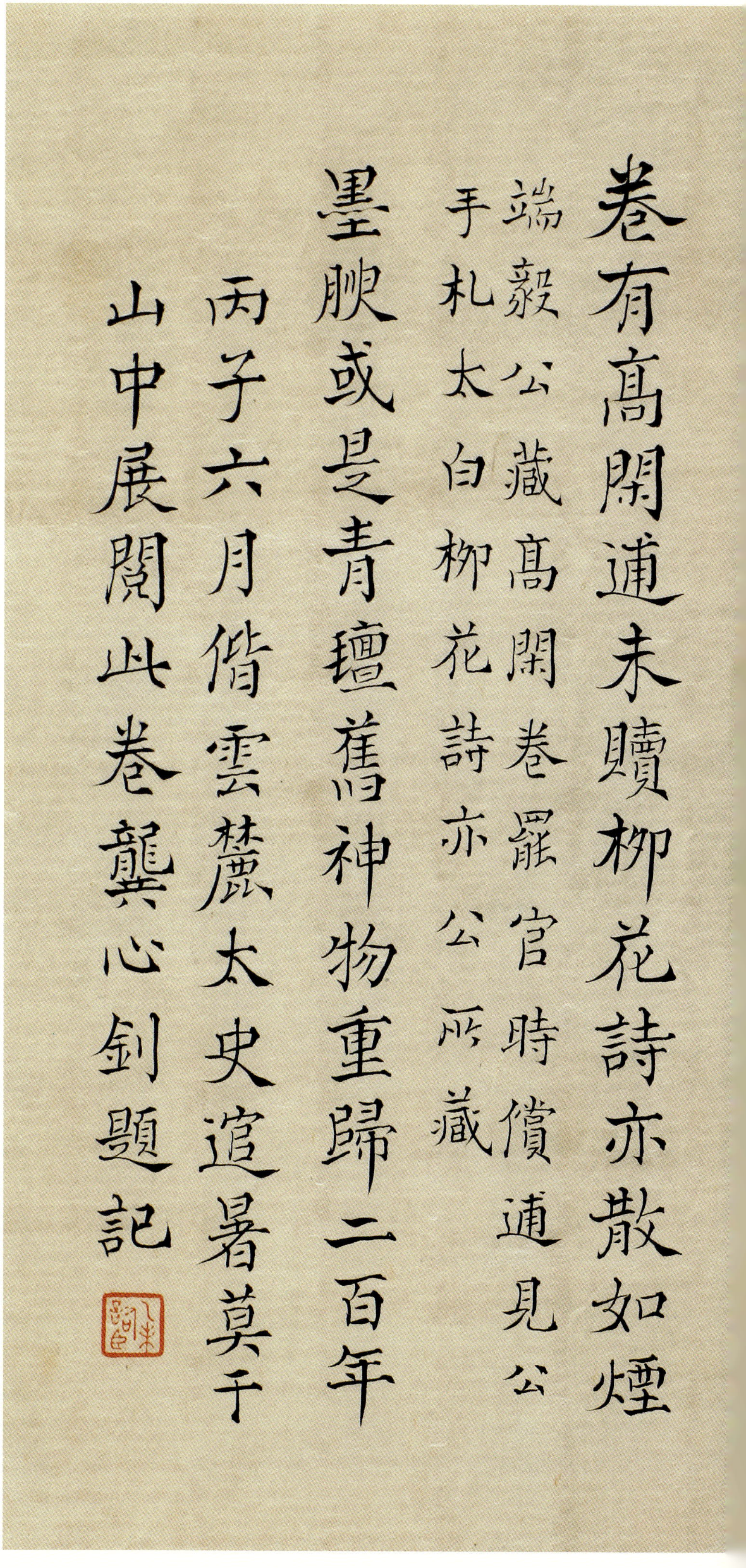
卷有高閑逋未贖柳花詩亦散如煙
端毅公藏高閑卷罷官時償逋見公
手札太白柳花詩亦公所藏
墨腴或是青氈舊神物重歸二百年
丙子六月偕雲麓太史逭暑莫干
山中展閱此卷龔心釗題記
乙未詞臣

釋文：卷有高閑逋未贖，柳花詩亦散如煙（端毅公藏《高閑卷》，罷官時償逋，見公手札，太白《柳花詩》亦公所藏）。墨腴或是青氈舊，神物重歸二百年。丙子六月，偕雲麓太史逭暑莫干山中，展閱此卷。龔心釗題記。

鈐印：乙未詞臣

題跋出處：蘭亭三種（游似藏本）

館藏號：18A245

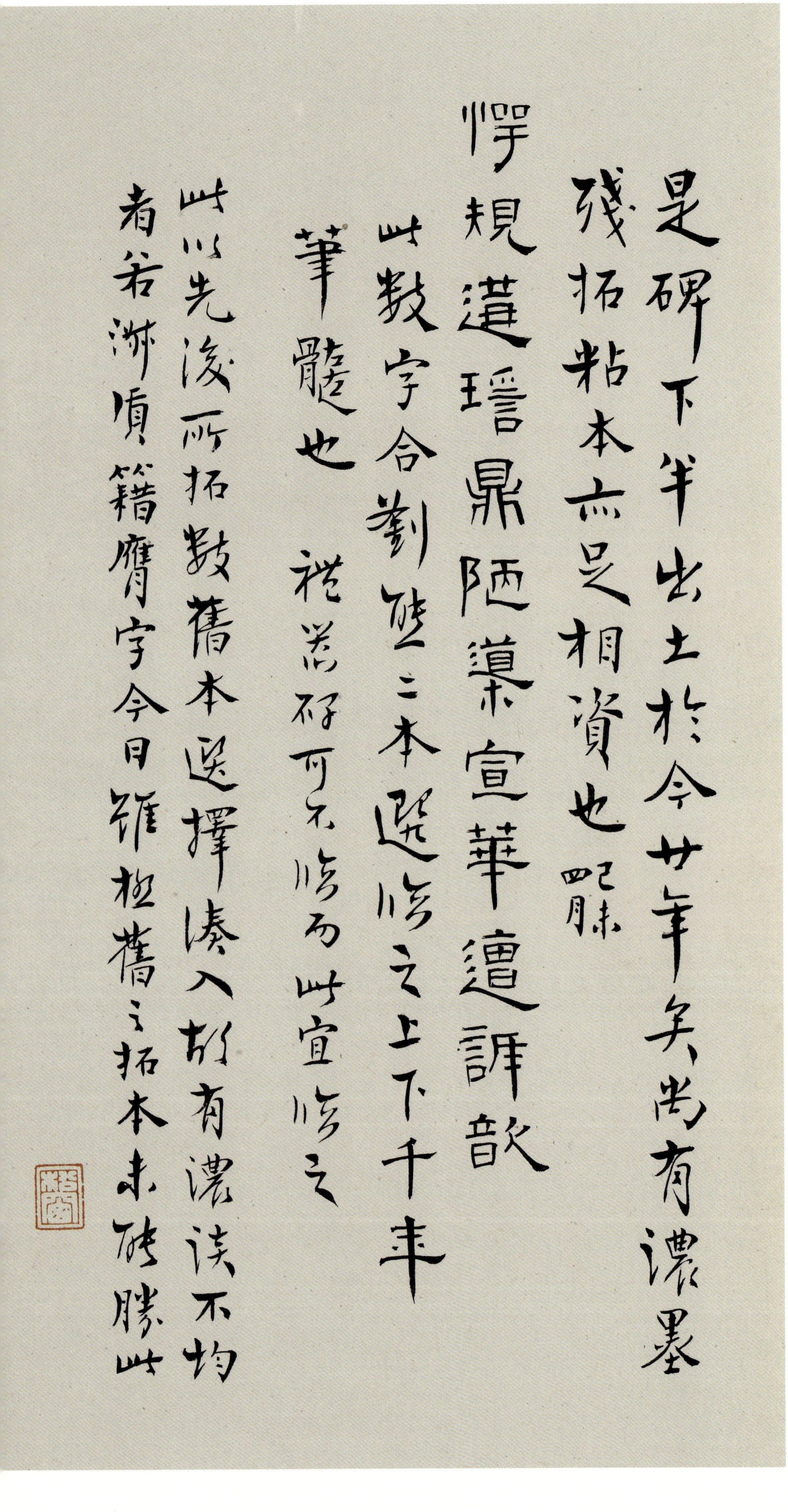

褚德彝

年代：1871—1942

字號：原名德儀，字守隅，號禮堂、里堂、漢威、籀遺、鄦堂、松窗、舟枕山人、松窗逸人

籍貫：浙江餘杭

釋文：是碑下半出土，於今廿年矣，尚有濃墨殘拓粘本，亦足相資也。己未四月。愕規遘瑶鼎陋導宣華遭訴歆。此數字合《劉熊》二本選臨之，上下千年筆髓也。《禮器碑》可不臨，而此宜臨之。此以先後所拓數舊本選擇湊入，故有濃淡不均者，若『淑』『質』『籍』『膺』字，今日雖極舊之拓本未能勝此。

鈐印：松窗

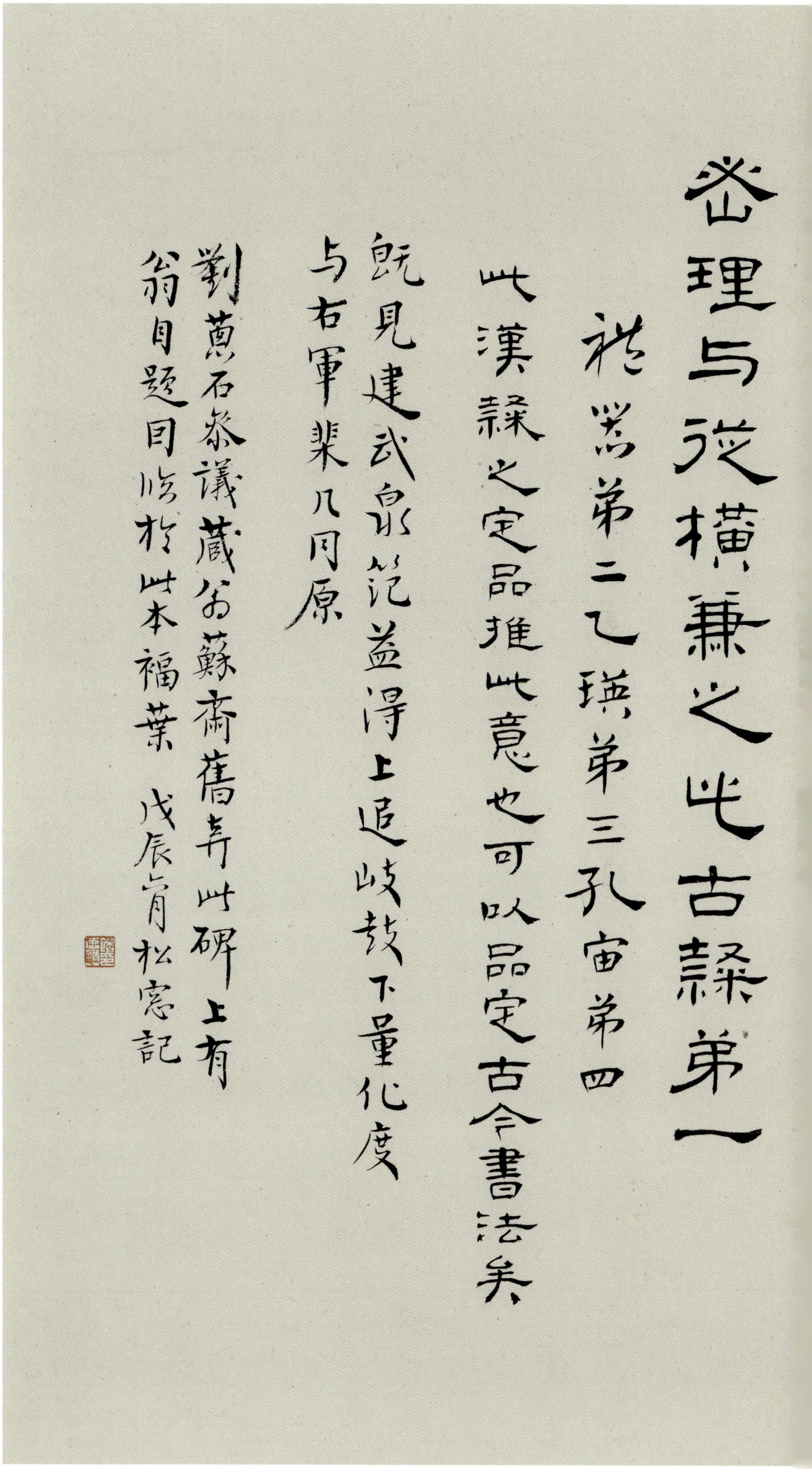

釋文：密理與從横兼之，此古隸弟一。《禮器》弟二，《乙瑛》弟三，《孔宙》弟四。

此漢隸之定品，推此意也，可以品定古今書法矣。

既見建武泉笵，益得上追《岐鼓》，下量《化度》，與右軍棐几同原。

劉蒽石叅議藏翁蘇齋舊弆此碑，上有翁自題，因臨於此本福葉。戊辰六月，松窗記。

鈐印：褚德彝印

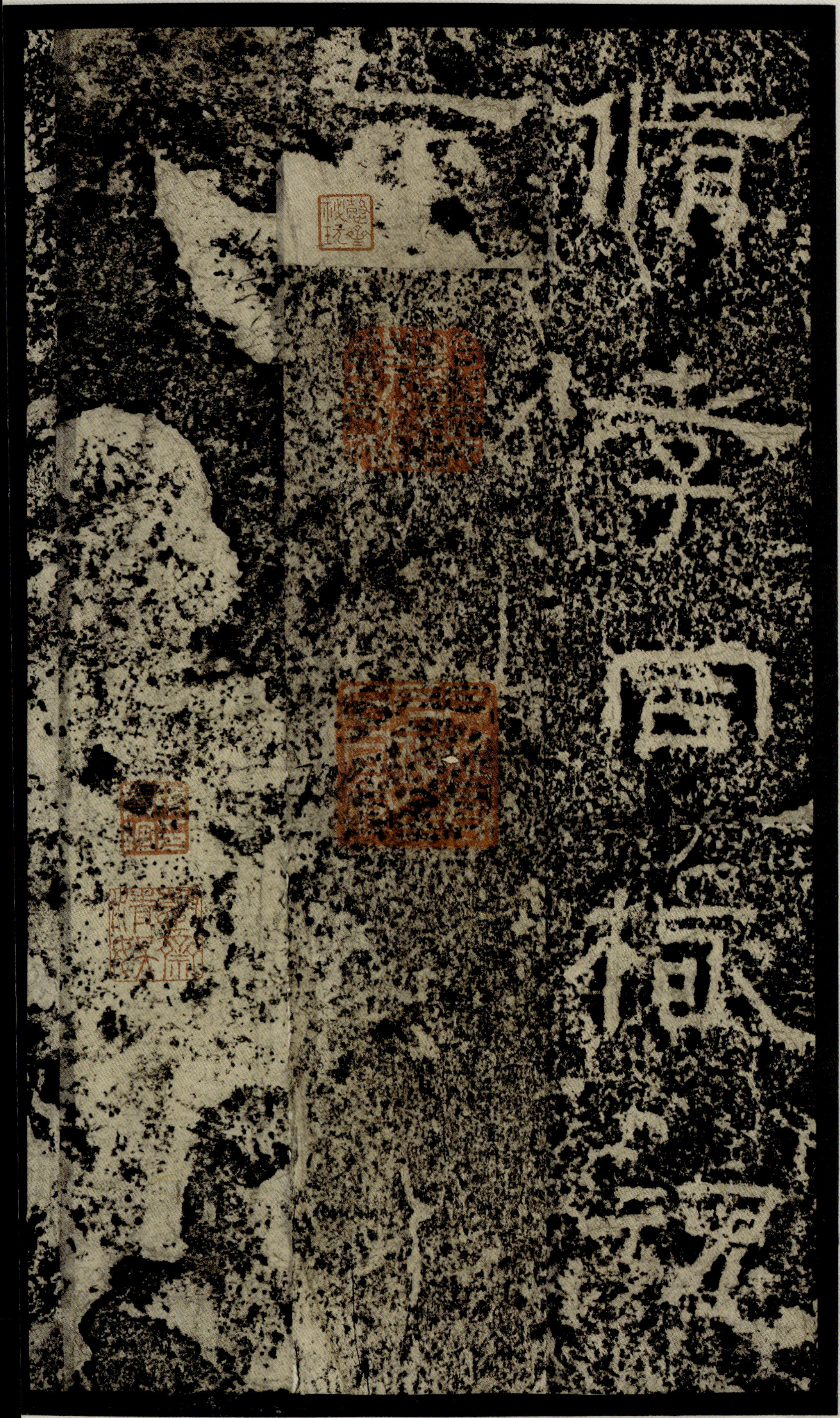

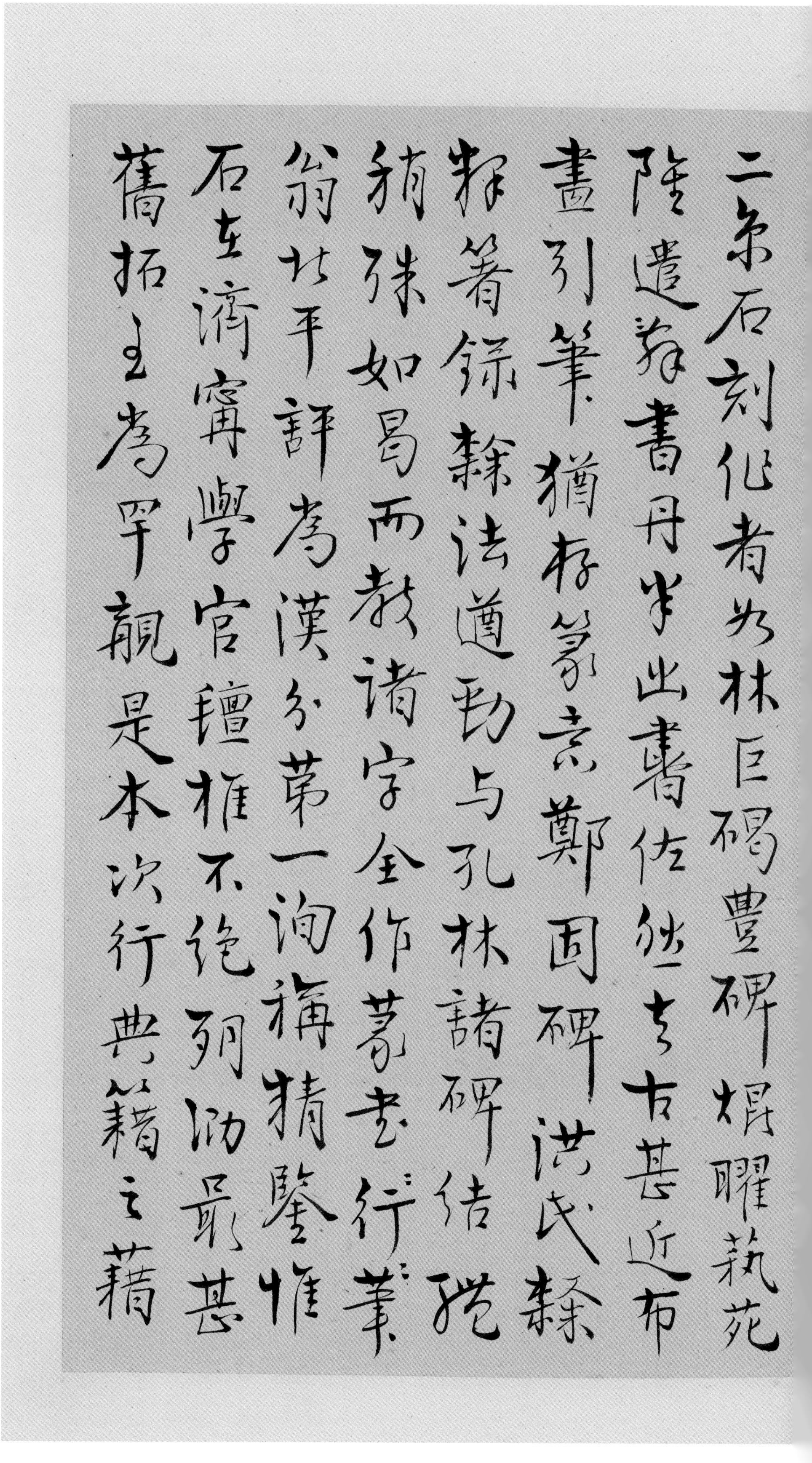

釋文：二京石刻，作者如林，巨碣豊碑，焜曜藝苑。雖遺辭書丹半出書佐，然去古甚近，布畫引筆，猶存篆意。《鄭固碑》洪氏《隸釋》箸録。隸法遒勁，與孔林諸碑結體稍殊，如『曷而教』諸字全作篆書。翁北平評爲漢分第一，洵稱精鑒。惟石在濟甯學官，氈椎不絶，殘泐最甚，舊拓至爲罕覯。是本次行『典籍』之『藉』

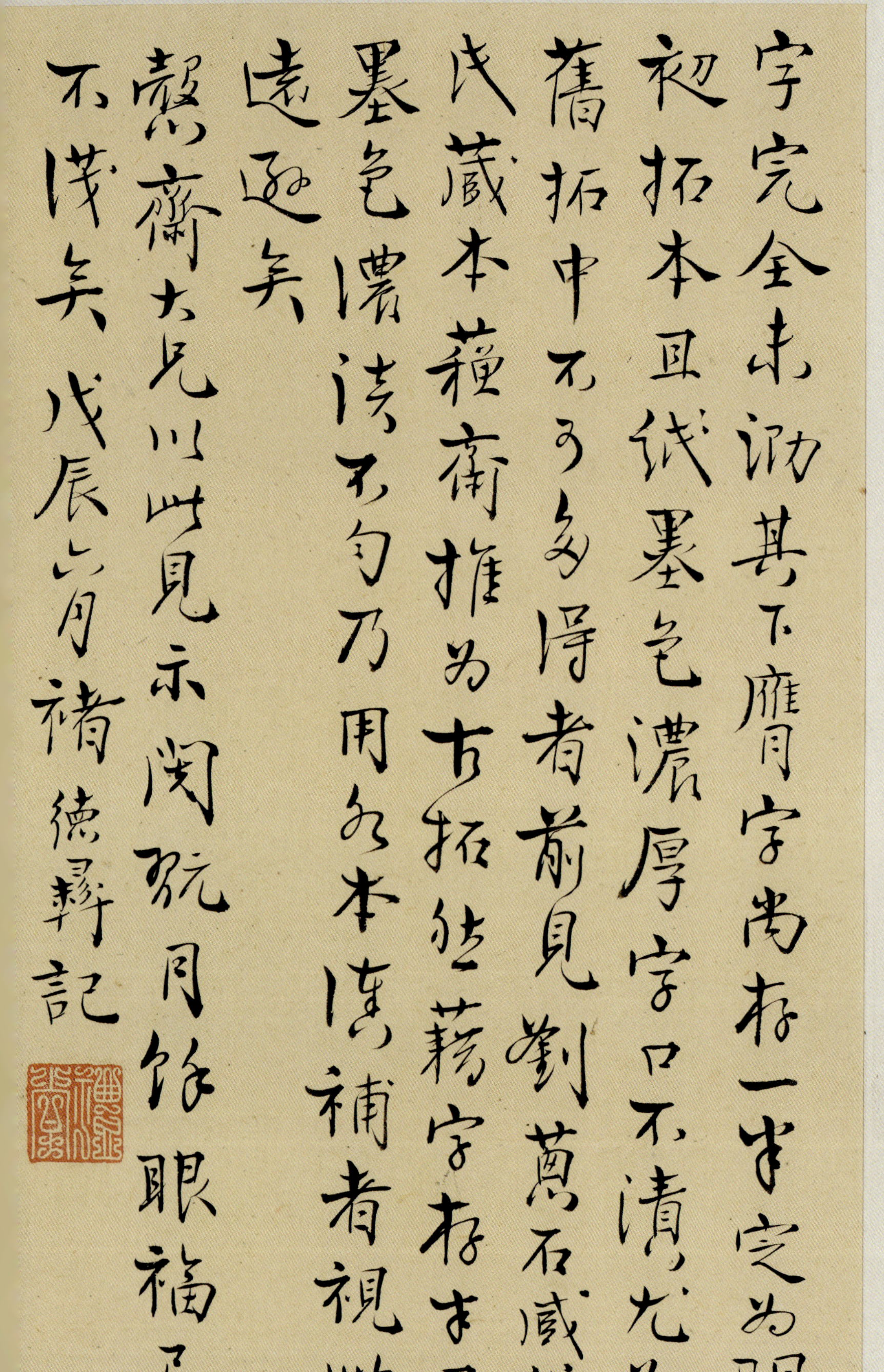

字完全未泐，其下『膺』字尚存一半，定爲明初拓本，且墨色濃厚，字口不漬，尤爲舊拓中不可多得者。前見劉蒽石臧翁氏藏本，蘇齋推爲古拓，然『藉』字存半，且墨色濃淡不匀，乃用各本凑補者，視此遠遜矣。愨齋大兄以此見示，閲玩月餘，眼福已不淺矣。戊辰六月，褚德彝記。

鈐印：禮堂

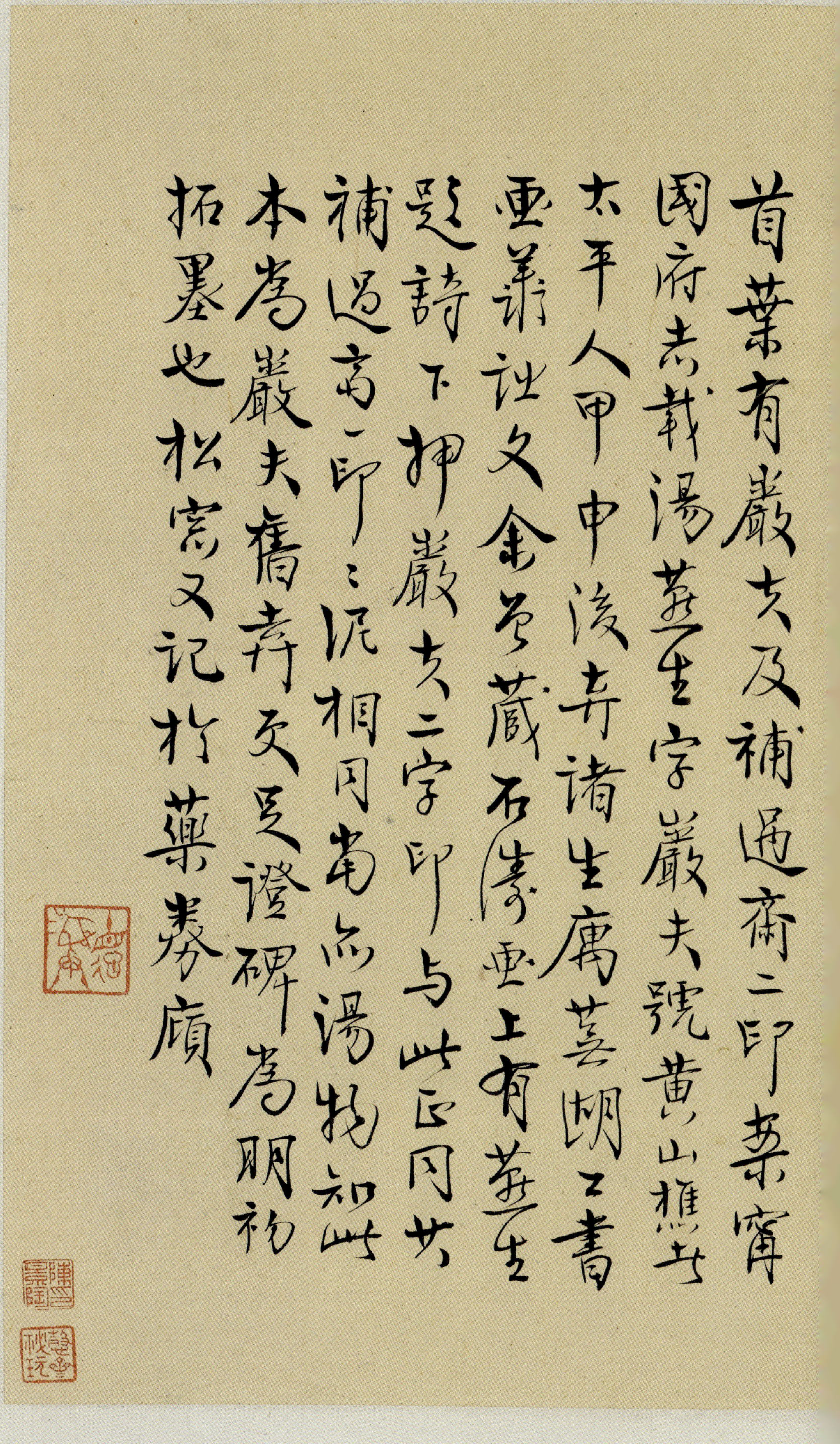
首葉有巖夫及補過齋二印案甯
國府志載湯燕生字巖夫號黃山樵者
太平人甲申後弃諸生寓蕪湖工書
畫善詩文余曾藏石濤畫上有燕生
題詩下押巖夫二字印与此正同其
補過齋二印泥相同當亦湯物知此
本爲巖夫舊弃更足證碑爲明初
拓墨也松窗又記於藥券廎

釋文：首葉有『岩夫』及『補過齋』二印。案，《甯國府志》載湯燕生字岩夫，號黃山樵者，太平人，甲申後弃諸生，寓蕪湖，工書畫，善詩文。余曾藏石濤畫，上有燕生題詩，下押『岩夫』二字印，與此正同。其『補過齋』一印印泥相同，當亦湯物，知此本爲岩夫舊弃，更足證碑爲明初拓墨也。松窗又記於藥券廎。

鈐印：德彝

題跋出處：鄭固碑（陳景陶藏本）

館藏號：S3083

右執金吾丞武榮碑在濟寧州孔子廟戟門東西側東向碑文凡十行〻三十一字

漢書儒林傳曰申公以詩經爲訓故以教亡傳疑者則闕弗傳韋賢治詩事博士大江公及許生由是魯詩有韋氏學至韋氏章句之目則史所弗著惟見於是碑而已金石之功豈淺鮮哉

碑以如爲而仁如不壽者仁而不壽也此亦如而通用之一例

同治己巳秋七月鄭齋閱兩漢金石記并錄

釋文：手帖具悉，前尊屬刻石，僅有二方，前已面告，并無五方之事，久爲保存，茲特將原石二方奉繳，乞驗入。《紅崖考》渴望一假，因弟有原拓也。公魯先生大鑒。弟彝頓首。

題跋出處：武榮碑（沈樹鏞藏本）

館藏號：S1280

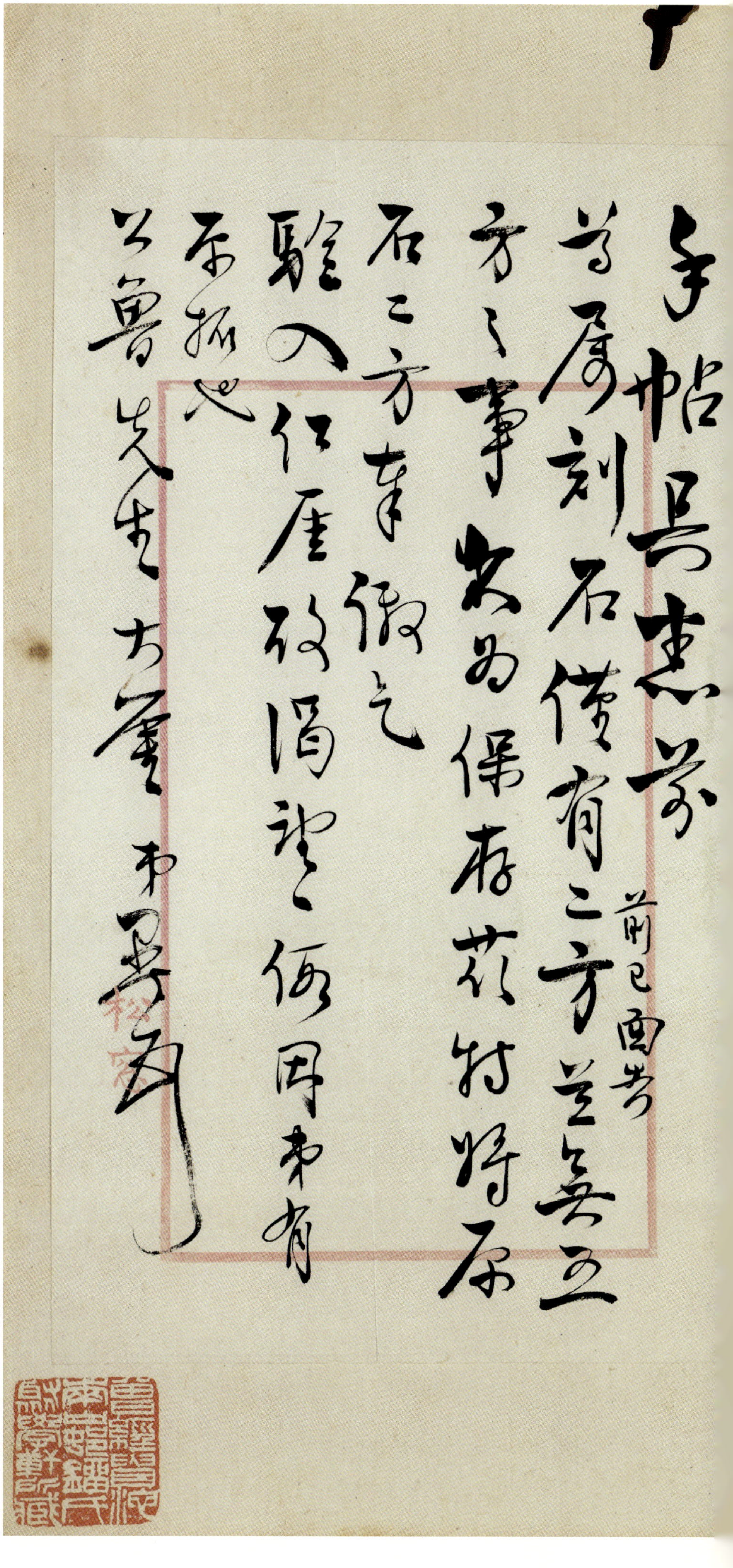

釋文：此造象石坐，畫象最精，車馬人物，衣冠節蓋，可考見當時制度。圖中有二象，匋齋謂是曹望憘夫婦二人之真，洵考古有得之言，非讕語也。六朝以前多尚畫壁，故所畫皆取謹嚴茂密。此刻畫象布置工密，與漢畫石刻存世者正同。南朝顧、陸諸遺迹，託於縑素者既不可復見，而魏齊之畫，反賴造象石刻得窺梗概，亦幸事矣。辛酉冬十一月，褚德彝記。

鈐印：褚禮堂

題跋出處：曹望憘造像記（褚德彝題跋本）

館藏號：S1443

魏轉望憘夫婦造象全圖

壬戌仲春陳方題額

此造象石生畫象完精車馬人物衣冠節蓋可考見爲時制度圖中有二象畫家記是轉望憘夫婦二人之真詢攷古有得之言非閑語也六朝以前多為畫壁故所畫皆取謹嚴茂密此刻畫象

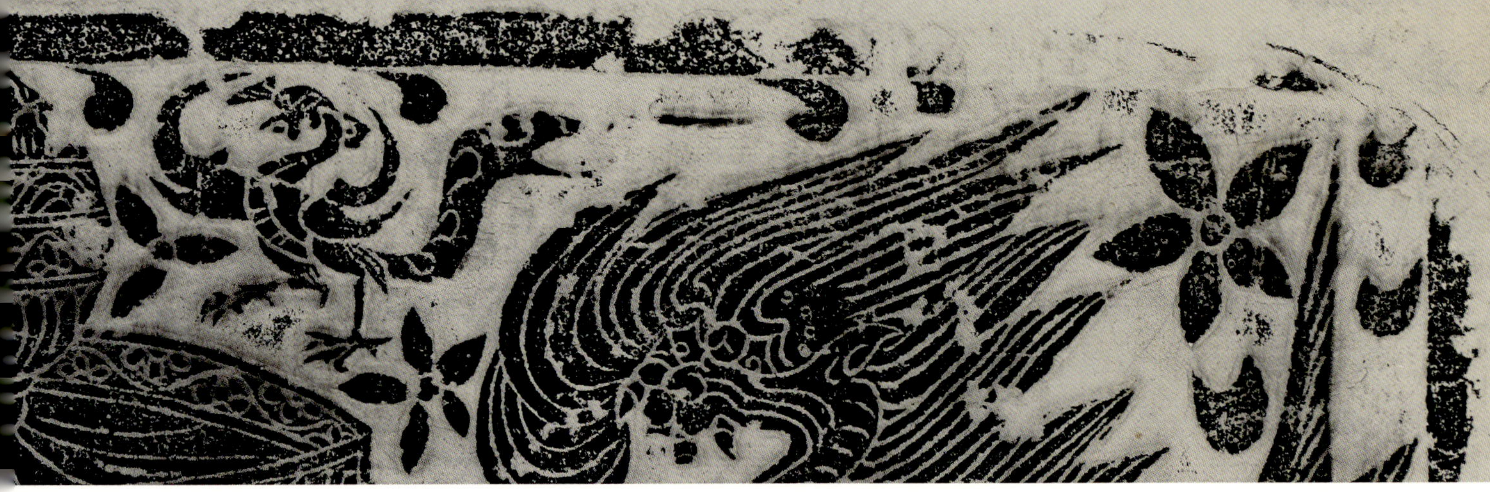

存世者已同南朝則陸探
遺蹟託於縑素者既不
可復見而魏齊之畫又賴
造象石刻得窺校槩
亦幸事矣
辛酉冬十一月
褚德彝記

此㬅望悕夫婦造象圖紙墨古黝
不同凡品經褚松窗詳註其人物節
蓋俾賞者一鑒了然尤為生色不少
松窗考覈博辨之精實今日碩果
僅存者所謂魏齊畫法亦賴造象
石刻以傳久自不刊之論按圖畫寶
鑑稱陸畫體運遒舉風力頓挫一點
一拂動筆新奇今觀此像之人健獸猛際巖
茂實之勢與所語若合符契豈
當皆畫派並無南北之分耶願請教于松窗先生一開
蒙昧為幸
壬戌仲春大荒顥於上海之隨寓安齋

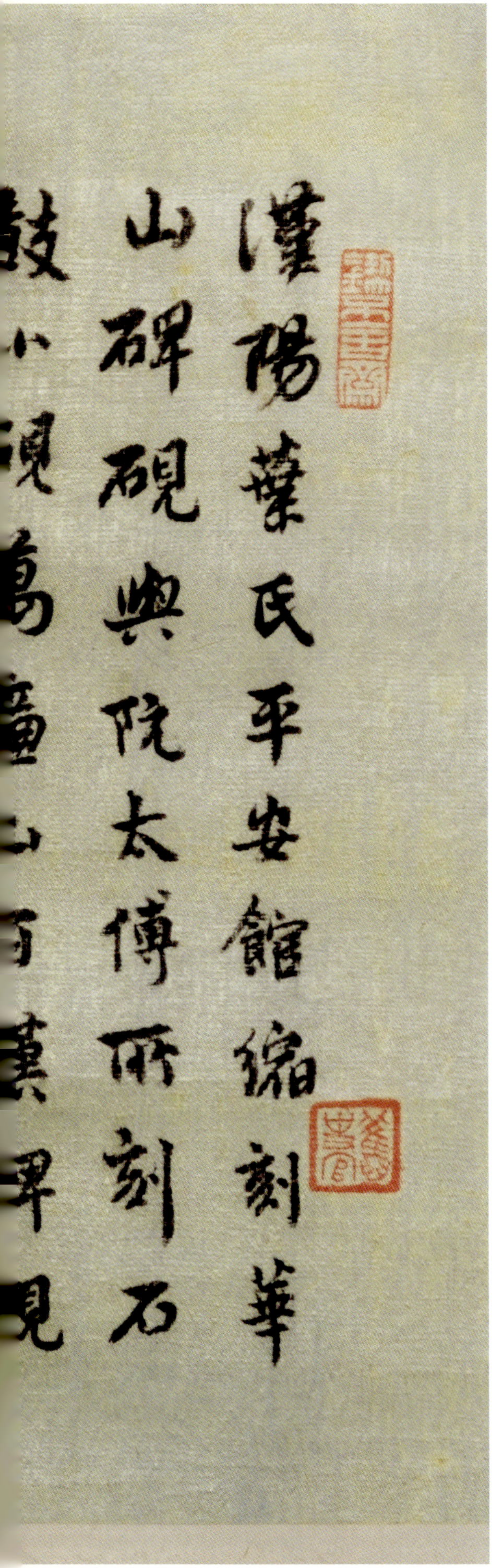

寶熙

年代：1871—1942

字號：字瑞臣，一字仲明，號沈盦、默存，清朝宗室

籍貫：滿洲正藍旗人

釋文：漢陽葉氏平安館縮刻《華山碑硯》，與阮太傅所刻《石鼓小硯》、萬廉山《百漢碑硯》異曲同工，同爲研林清供。平安館《華山碑研》爲端忠敏藏，己亥歲貢入天府，拓本傳世遂希。此幅上有忠敏題字，蓋以之壽藝棠中丞者（中丞名恩壽）。潜若吾弟今年五十初度，余適獲此，因以爲壽。潜若楚産，硯乃楚寶，非偶然贈與也。乙丑秋初，寶熙記。

鈐印：鍥不舍齋、舊史官、默存

題跋出處：葉志詵縮刻華山碑硯拓（端方跋本）

館藏號：J4994

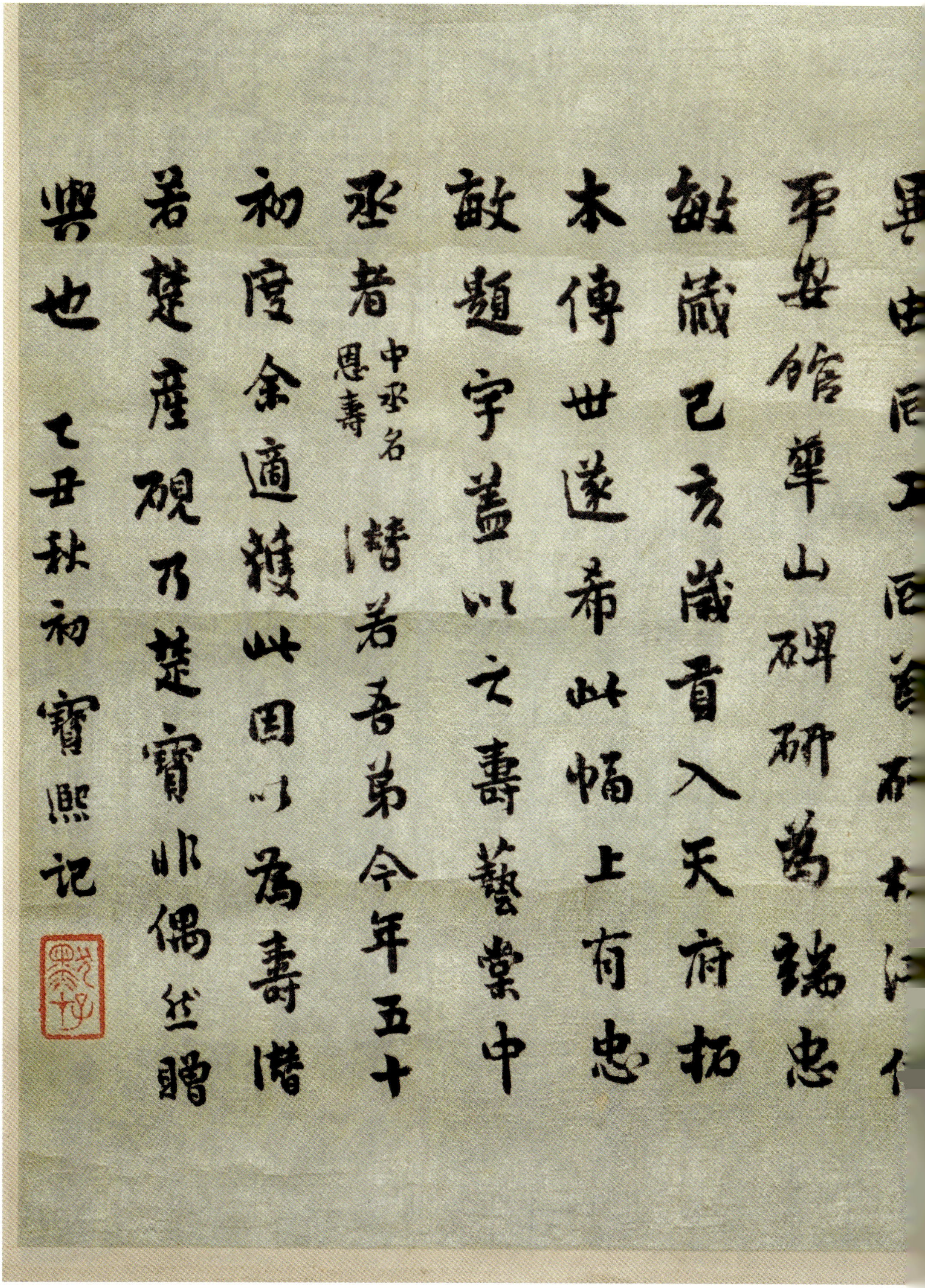
平安館華山碑研端忠
敏藏已亥歲首入天府拓
本傳世遂希此幅上有忠
敏題字蓋以之壽藝棠中
丞者中丞名恩壽潛若吾弟今年五十
初度余適獲此因以爲壽潛
若楚產硯乃楚寶非偶然贈
與也
乙丑秋初寶熙記

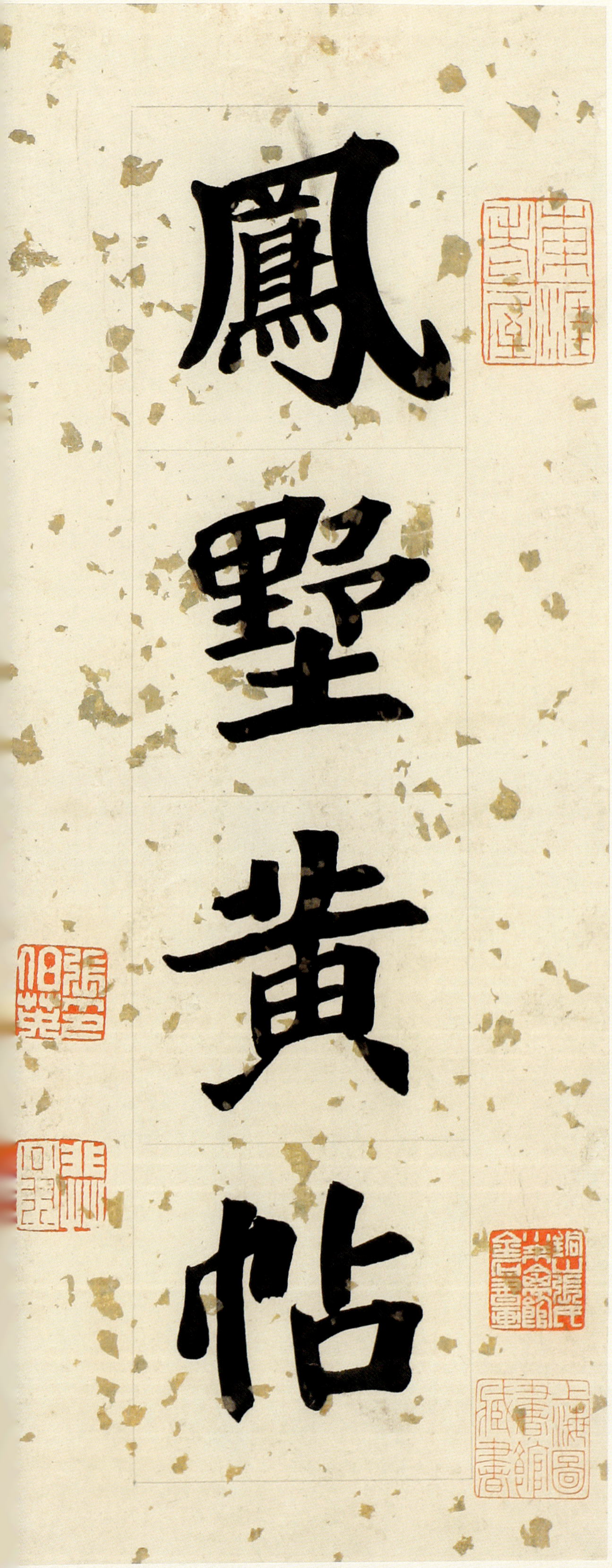

張伯英

年代：1871—1949

字號：一名白英，字勺圃、少溥，號雲龍山民、榆莊老農、東涯老人、老勺、勺叟

籍貫：江蘇銅山

釋文：鳳墅黄帖。《鳳墅帖》前後四十卷，皆宋賢書。嘉熙、淳祐間曾宏父刻石置鳳山書院，詳載於《石刻鋪敘》。傳本甚少，惟葉東卿得梁蕉林所藏八卷，錢竹汀得二卷，胥燕亭得一卷，與此不相同，今皆不知存佚。此第十一卷之山谷帖，因首尾殘缺，見者莫知爲何刻，故予得有之。明末藏睢州袁氏。張氏寶墨堂在袁之前，吾宗收藏家，不能舉其人，深慚謭陋矣。庚午秋，銅山張伯英。

鈐印：張伯英印、非草翁、少溥、東涯老屋、銅山張氏小來禽館金石書畫

題跋出處：鳳墅帖（梁清標、張伯英藏本）

館藏號：19A380

鳳墅帖前後四十卷皆宋賢書嘉熙淳祐間曾宏父刻石置鳳山書院詳載於石刻鋪敘傳本甚少惟葉東卿得梁蕉林所藏八卷錢竹汀得二卷胥燕亭得一卷與此不相同今皆不知存佚此第十一卷之山谷帖因首尾殘缺見者莫知為何刻故予得有之明末藏睢州袁氏張氏寶墨堂在袁之前吾宗收藏家不能舉其人深慙謭陋矣庚午秋銅山張伯英

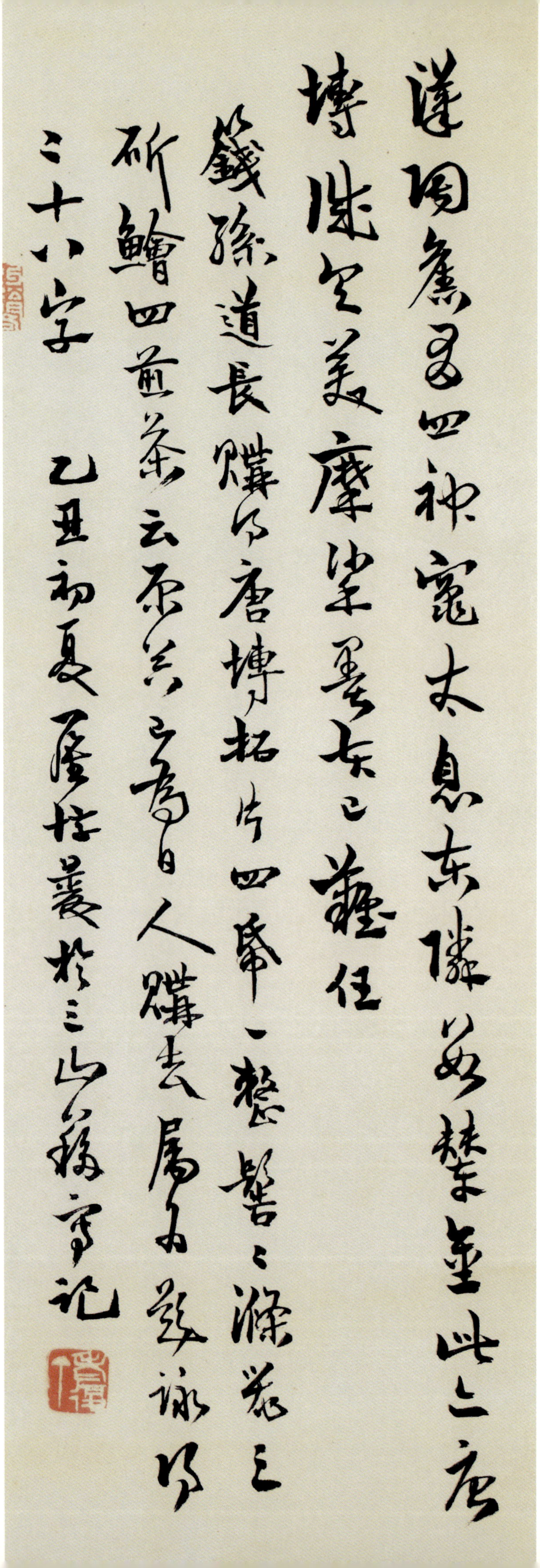

羅惇㬊

年代：1872—1954

字號：字照岩，號敷庵、復闇、復堪，老復丁、羯蒙老人

籍貫：廣東順德

釋文：漢陶舊有四神灶，太息東鄰數輦金。此亦唐磚誠具美，摩挲墨本已難任。

錢孫道長購得唐磚拓片四紙，一整磬、二滌器、三斫鱠、四煎茶。云原器已爲日人購去。屬爲題詠，得二十八字。乙丑初夏，羅惇㬊於三山簃寫記。

鈐印：老復丁

題跋出處：唐磚四美圖拓本（金兆蕃藏本）

館藏號：J2325

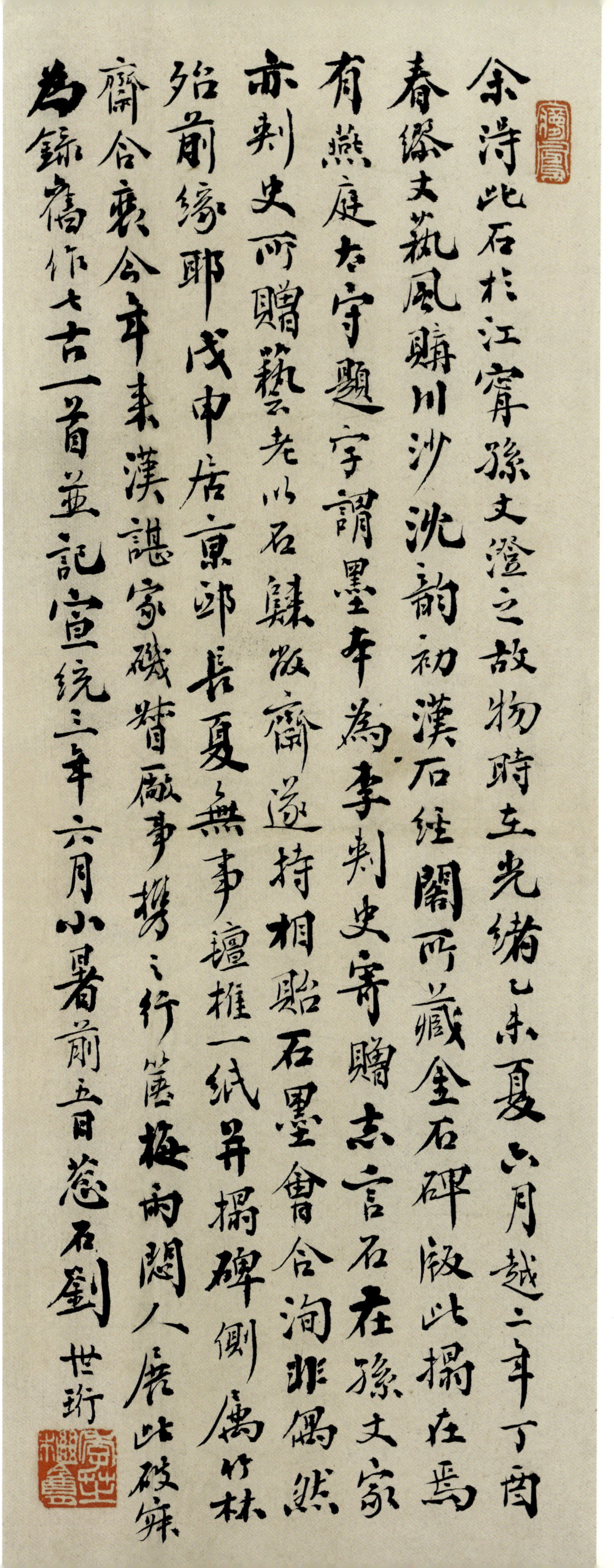

劉世珩

年代：1874—1926

字號：字聚卿，一字蕙石，號檵庵、季芝、楚園、靈田耕者、枕雷道士

籍貫：安徽貴池

釋文：余得此石於江寧，孫文澄之故物，時在光緒乙未夏六月。越二年丁酉春，繆丈藝風購川沙沈韵初漢石經閣所藏金石碑版，此拓在焉。有燕庭太守題字，謂墨本爲李刺史寄贈，志言石在孫丈家，亦刺史所贈。藝老以石歸敝齋，遂持相貽。石墨會合，洵非偶然，殆前緣耶。戊申居京邸，長夏無事，氈椎一紙，并拓碑側，屬竹林齋合裝。今年來漢諶家磯督廠事，携之行篋，梅雨悶人，展此破寂，爲録舊作七古一首并記。宣統三年六月小暑前五日，蕙石劉世珩。

鈐印：夢鳳、季芝檵盦

題跋出處：薛鎌殘石（劉世珩藏本）

館藏號：S3068

易大庵

年代：1874—1941

字號：原名廷熹，後改名孺，字季馥，號大庵、大厂、魏齋、韋齋

籍貫：廣東鶴山

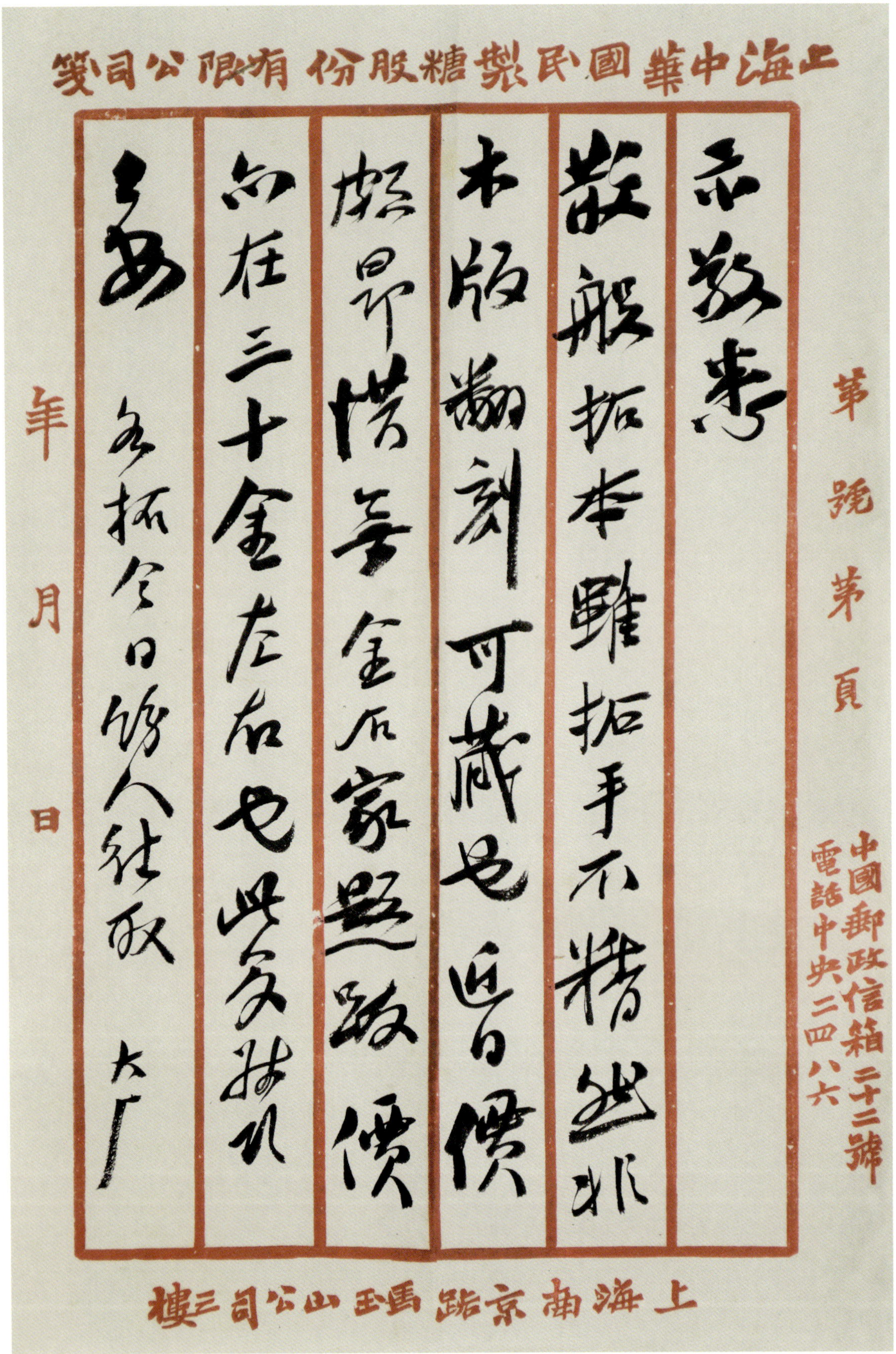
上海中華國民製糖股份有限公司箋

第　號第　頁

示敬悉

散盤拓本雖拓手不精然非

木版翻刻可藏也近日價

頗昂惜無金石家題跋價

亦在三十金左右也此復敬頌

台安　各拓今日飭人往取　大厂

年　月　日

中國郵政信箱二十二號　電話中央二四八六

上海南京路馬玉山公司三樓

釋文：示敬悉散盤拓本，雖拓手不精，然非木版翻刻，可藏也。近日價頗昂，惜無金石家題跋，價亦在三十金左右也。此復，敬頌台安。各拓今日飭人往取。大厂。

題跋出處：散氏盤（南潯劉氏藏本）

館藏號：Z1219

趙時棡

年代：1874—1945

字號：字叔孺，號紉萇、二弩老人

籍貫：浙江鄞縣

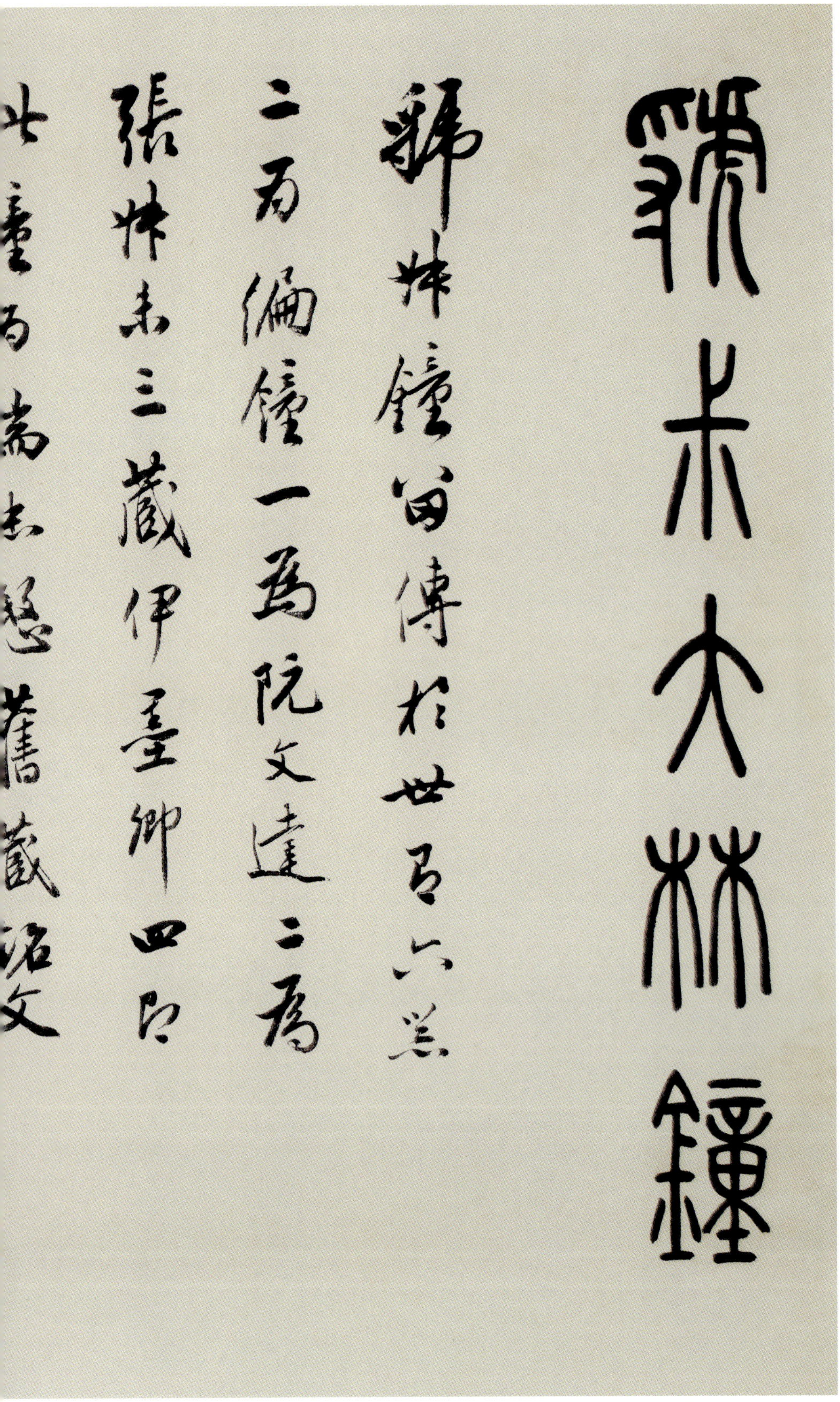

釋文：虢叔鐘留傳於世有六器，二爲編鐘。一爲阮文達，二爲張叔未，三藏伊墨卿，四即此鐘，爲端忠愍舊藏。銘文太半爲鏽所掩，拓本故不緻，今爲皖中孫君師匡所得，經其細心洗剔，文字精美，可與阮氏一器并重（阮氏一器今在吾里周氏）。孫君收藏三代法物甚富，當以此鐘爲冠。乙酉二月，趙時棡識於海上僕累盧。

鈐印：赤鄞趙氏之璽、趙時棡印

題跋出處：虢叔旅鐘丁（趙時棡跋本）

館藏號：Z2442

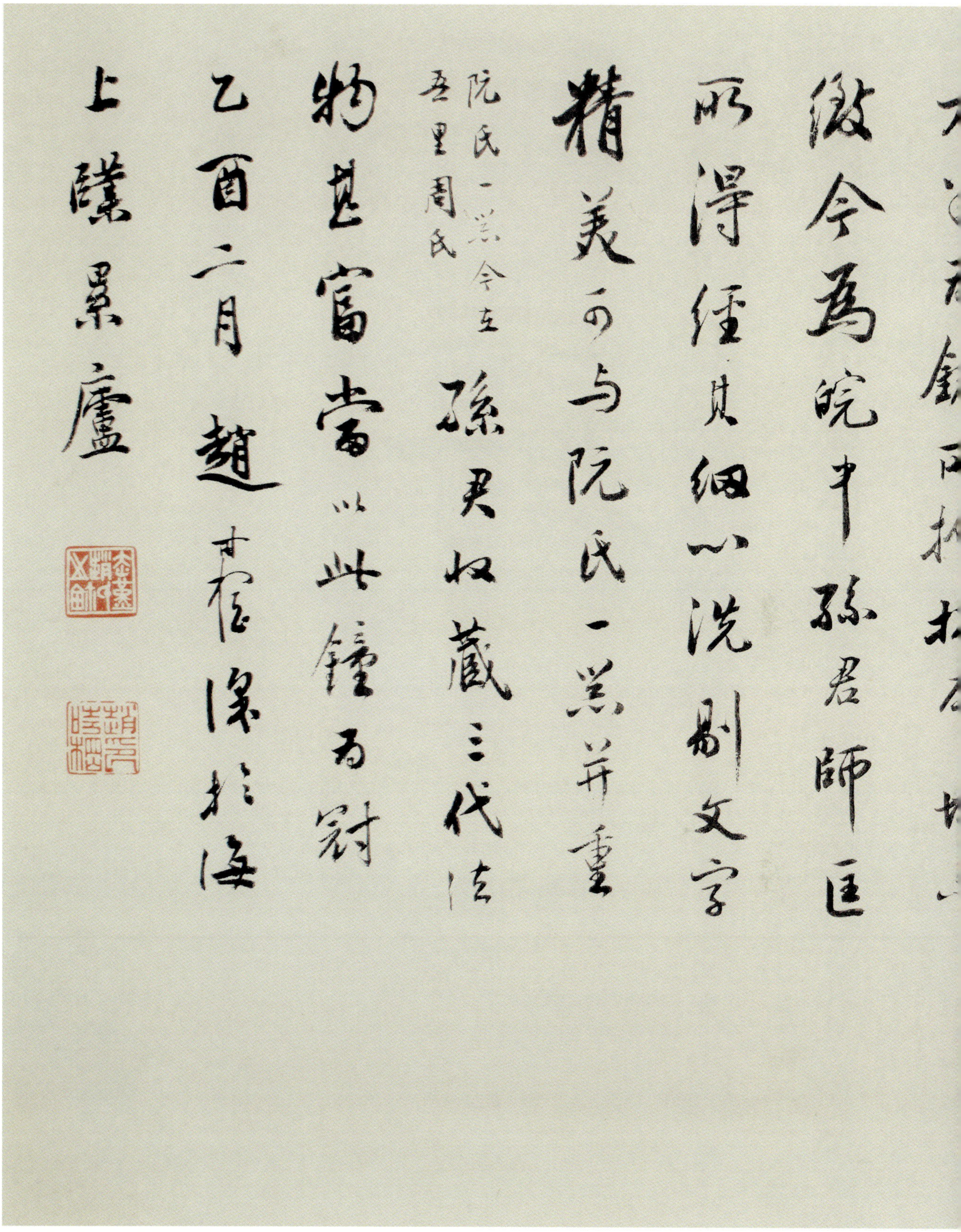
微今為皖中孫君師匡
所得經賦細心洗剔文字
精美可与阮氏一器并重
阮氏一器今在吾里周氏

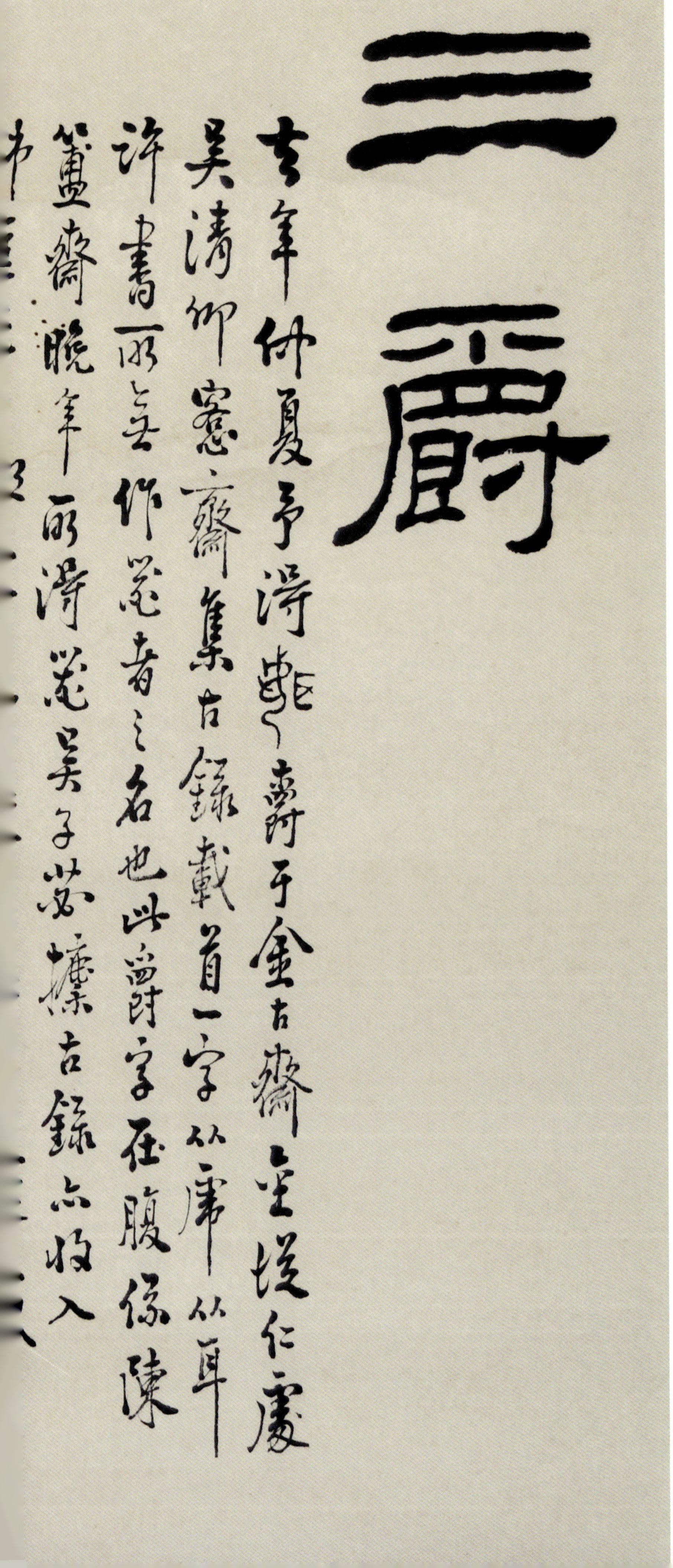

童大年

年代：1874—1955

字號：原名嵩，字醒盦，又字心安、心龕，號性涵、松君五子、金鼇十二峰松下第五童子

籍貫：上海崇明

釋文：去年仲夏，予得《□爵》于金古齋金從仁處。吴清卿《愙齋集古録》載，首一字从『虎』，从『耳』，許書所無，作器者之名也。此爵字在腹，係陳簠齋晚年所得器，吴子苾《攈古録》亦收入，師匡先生極愛之，即歸梁鼎山房。越一載，君又於金佔之從弟處得《□大爵》，文在右柱側腹內，與《□爵》在口下腹內者，方位微有不同，見羅叔言《三代吉金文存》《貞松堂集古遺文》，首一字亦不識。今歲三月，予復于通古齋居瑞祥處得《□爵》，文在鋬內，右柱有『□』二字，《集古》《攈古》二録俱載。潘伯寅藏《聿貝父辛爵》，鋬內『父辛』二字，柱上『□』二字，『聿』字、『父』字皆反文，與此正同。蓋潘爵爲父廟之第八器，此爲父廟之第三器，殆即一人所作。『父丙』二字正文，『聿』亦反文。『□』，《說文》乖也，从二臣相違，《廣韵》《集韵》音憬，人名，周穆王臣伯□。□通作囧，抑爲臣象形字，亦作器者之名歟？師匡先生倩山陰王秀仁合拓之，屬識顛末，即希鑒正。甲申秋七月，童大年年七十二書於緑雲盦。

鈐印：大年、心安

題跋出處：西周三爵（童大年跋本）

館藏號：Z2442

腹内与觶爵左口下後内去方位微有不同見羅振
玉三代吉金文存貞松堂集古遺文首一字亦不識
今春三月予復于通古齋屠瑞祥處得□爵
文在鋬内右柱有庚□二字集古攈古二錄俱載潘
伯寅藏聿貝父辛爵鋬内□辛二字柱上庚□二
字聿字父字皆反文与此正同蓋潘爵為父辛廟之第八器
此為父丁廟之弟三器殆即一人所作父丙之字正文聿亦
反文𤴓說文乖也从二臣相違廣韻集韻音懭人名周
穆王臣伯𤴓通作囧卽為臣象形字亦作器者之名歟
師遽先生倩山陰王秀仁合拓之屬識顛末以寄
鑒正甲申秋月壺時年七十二書於綠雲公盦

張增熙

年代：1875—1922

字號：又名熙，字弁群，號查客、槎客

籍貫：浙江南潯

釋文：此《阿彌陀經鐘》未見前人著録，拓本流傳亦稀若星鳳，惟羅叔言參議振玉曾搜入《金泥石屑》中，且謂器已佚矣，蓋不知尚在人間也。己未夏，余得此器於汪郎亭侍郎鳴鑾家，筆法遒勁，與大中五年優曇銅鉢若出一手。雖不著年代，僅有弟子慧先云云，而余之臆見即定爲唐人所書亦無疑義焉。槎客張熙。

鈐印：張增熙、弁山民

題跋出處：唐阿彌陀經鐘（吴昌碩跋本）

館藏號：Z1549

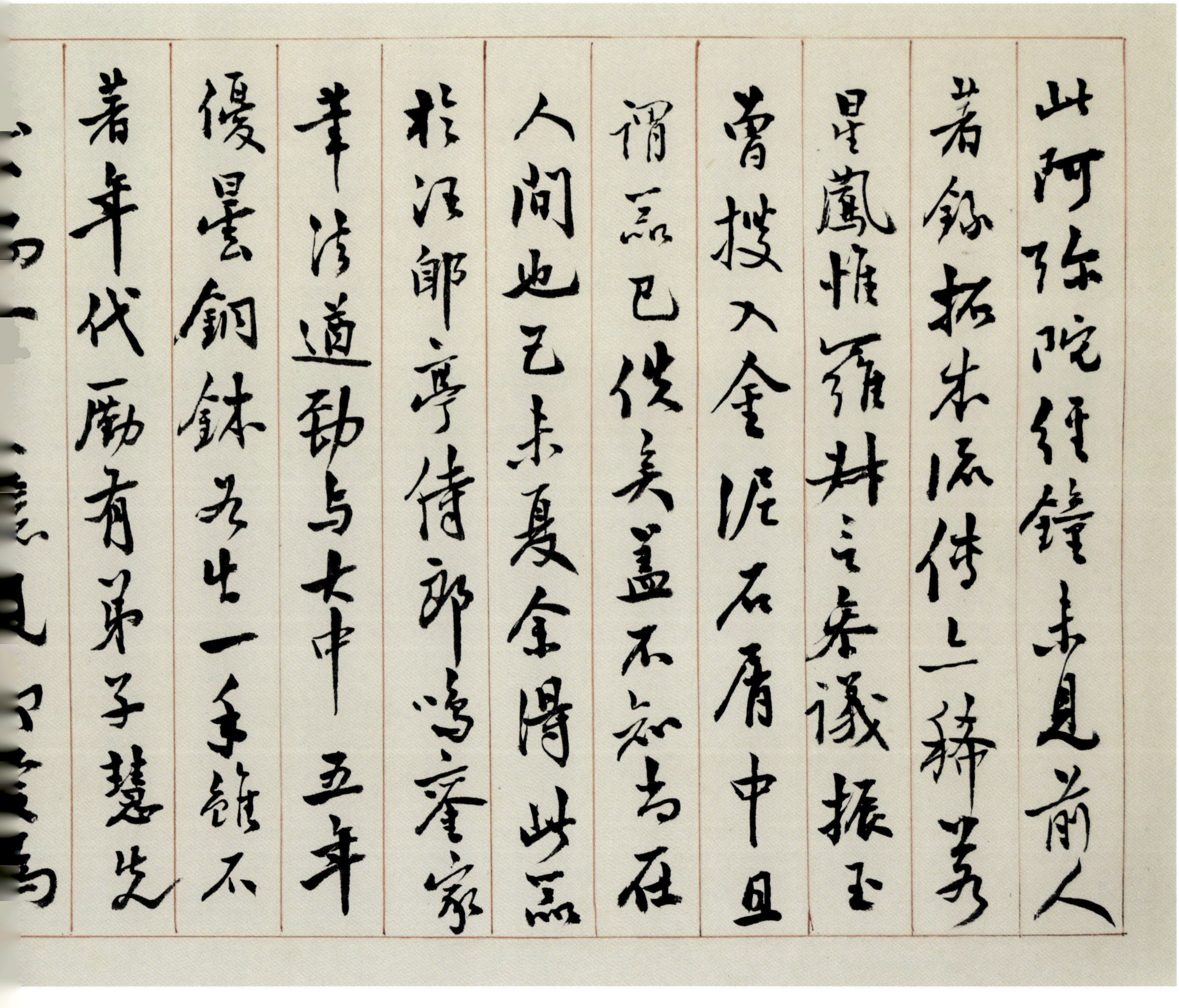

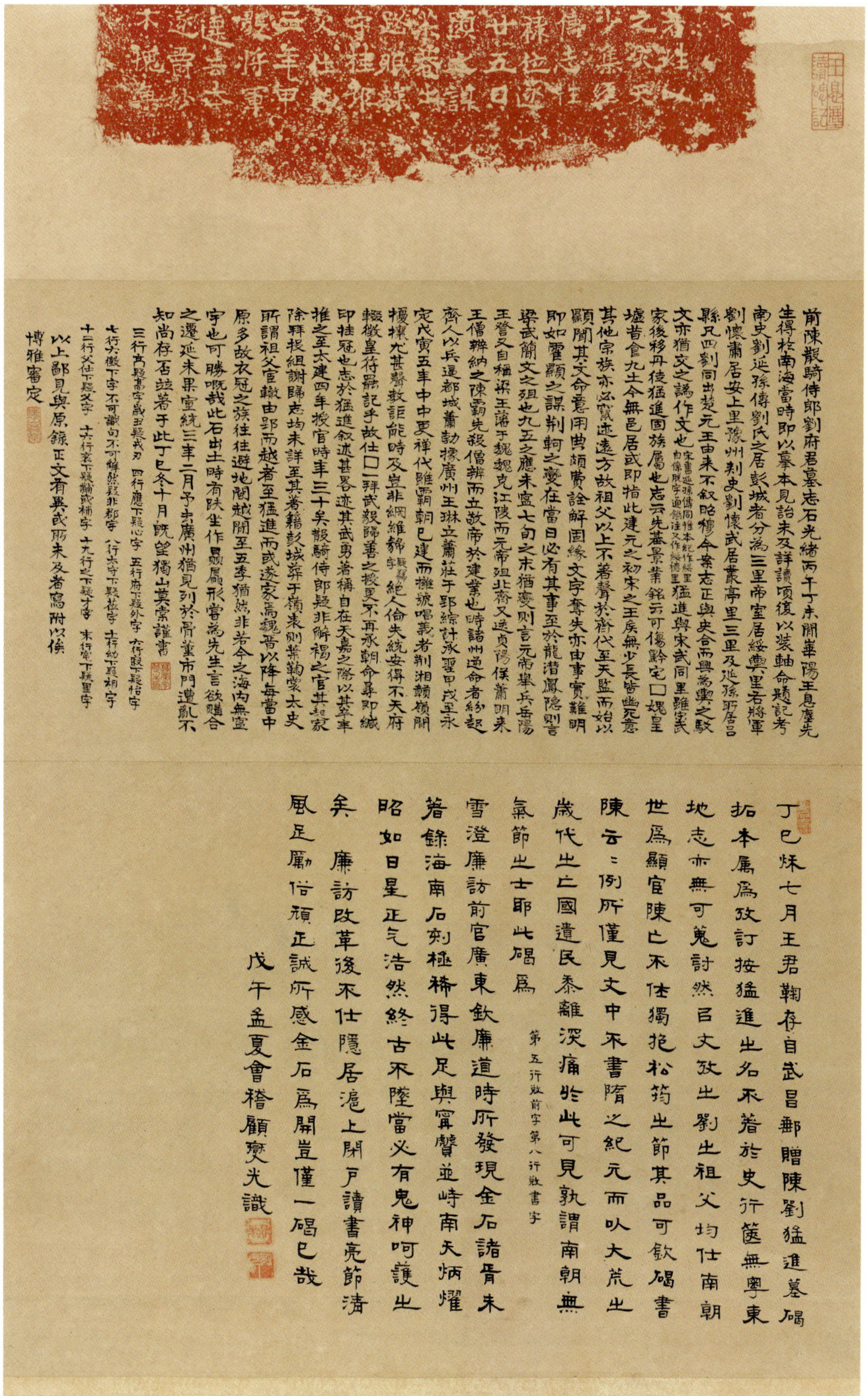

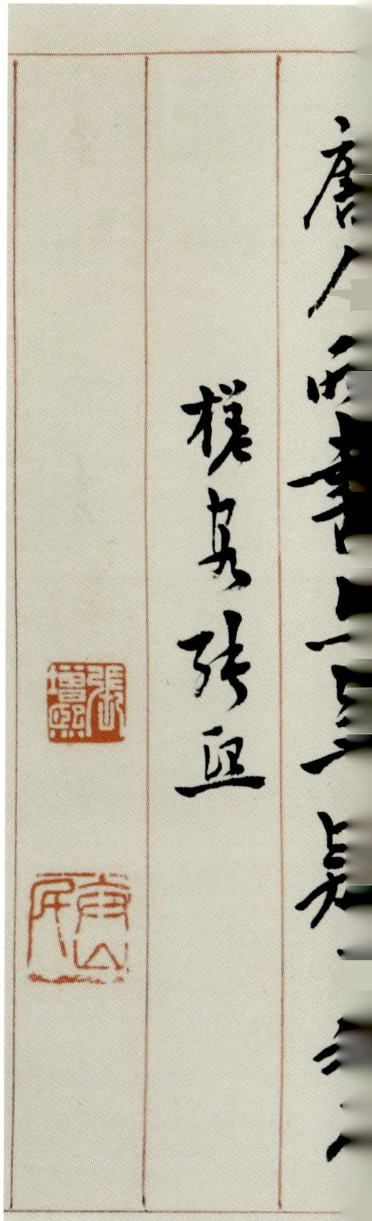

顧燮光

年代：1875—1949

字號：字鼎梅，號非儒非俠、襟瘦

籍貫：浙江會稽

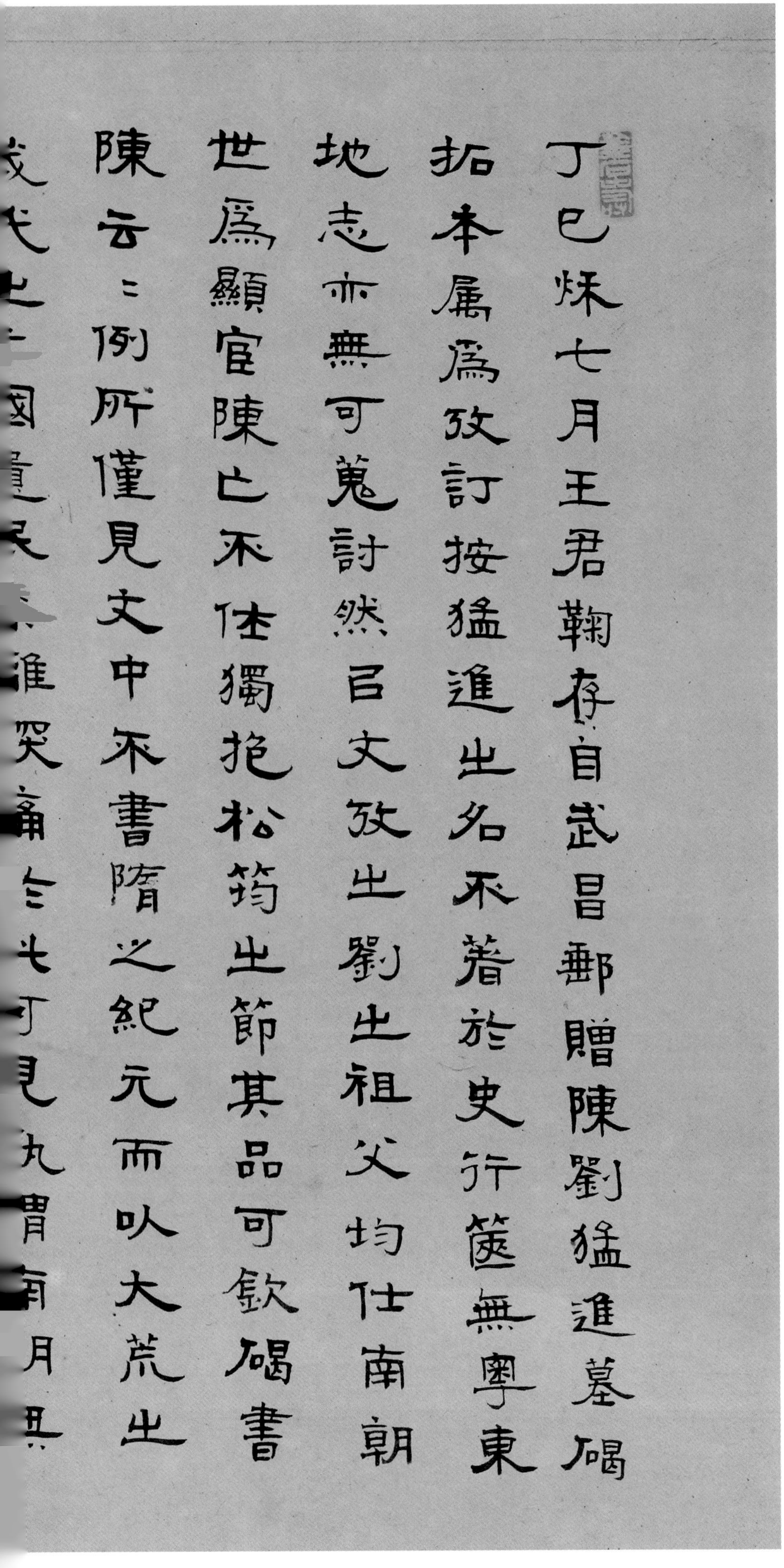
丁巳秌七月王君鞠存自武昌郵贈陳劉猛進墓碣
拓本屬爲攷訂按猛進之名不著於史行篋無粵東
地志亦無可蒐討然吕文攷之劉之祖父均仕南朝
世爲顯宦陳亡不仕獨抱松筠之節其品可欽碣書
陳云云例所僅見文中不書隋之紀元而以大荒之

釋文：丁巳秋七月，王君鞠存自武昌郵贈陳《劉猛進墓碣》拓本，屬爲考訂。按，猛進之名不著於史，行篋無粵東地志，亦無可蒐討。然以文考之，劉之祖父均仕南朝，世爲顯宦。陳亡不仕，獨抱松筠之節，其品可欽。碣書陳云云，例所僅見。文中不書隋之紀元，而以大荒之歲代之，亡國遺民，黍離深痛，於此可見，孰謂南朝無

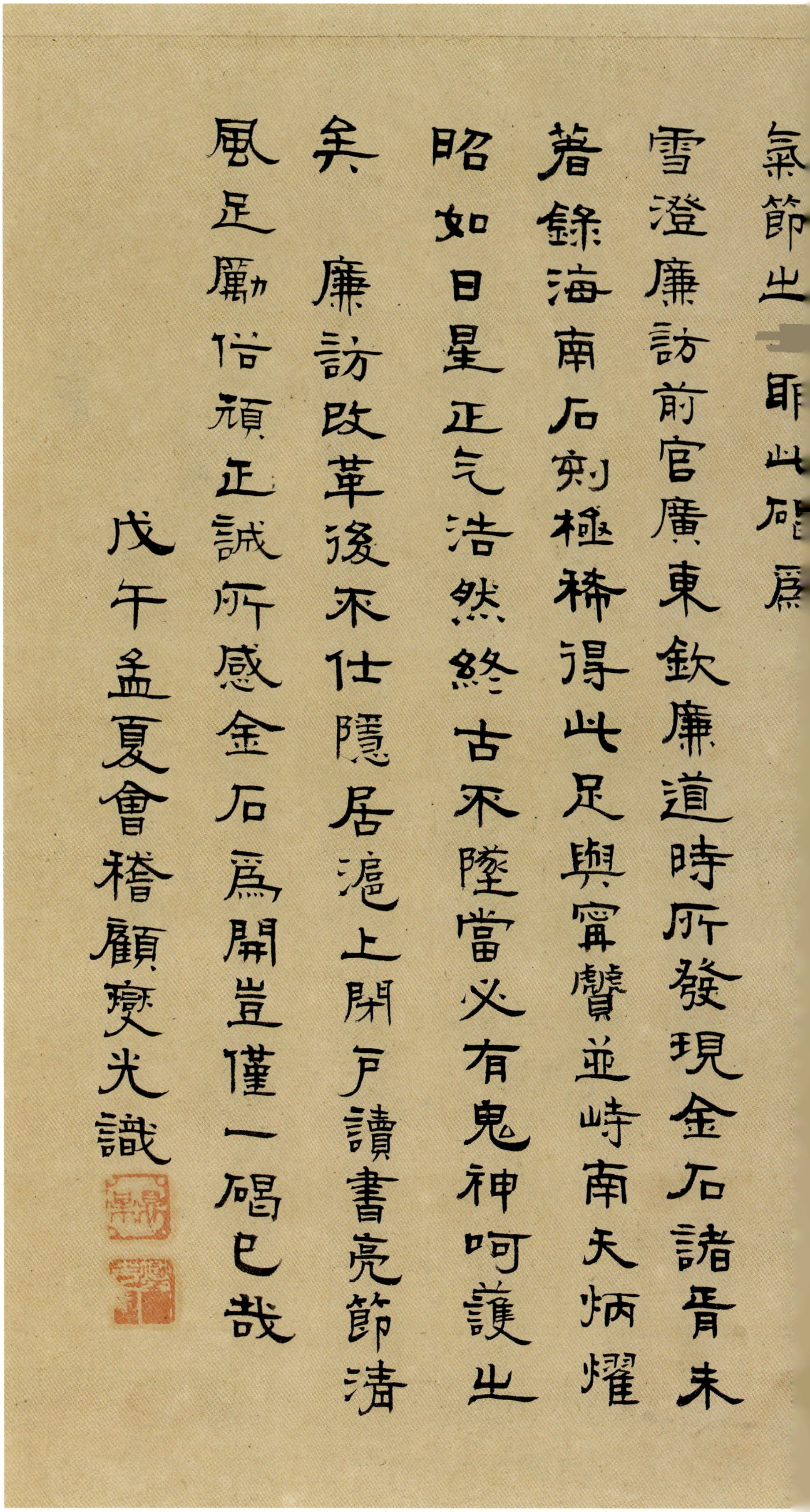
氣節之士耶此碣爲
雪澄廉訪前官廣東欽廉道時所發現金石諸胥未
著録海南石刻極稀得此足與寧贊並峙南天炳燿
昭如日星正氣浩然終古不墜當必有鬼神呵護之
矣　廉訪改革後不仕隱居滬上閉戶讀書亮節清
風足勵俗頑正誠所感金石爲開豈僅一碣已哉
戊午孟夏會稽顧燮光識

氣節之士耶。此碣爲雪澄廉訪前官廣東欽廉道時所發現，金石諸胥未著録，海南石刻極稀，得此足與《寧贊》并峙。南天炳燿，昭如日星，正氣浩然，終古不墜，當必有鬼神呵護之矣。廉訪改革後不仕，隱居滬上，閉户讀書，亮節清風，足勵俗頑，正誠所感，金石爲開，豈僅一碣已哉。戊午孟夏，會稽顧燮光識。（第五行脱『前』字，第八行脱『書』字。）

鈐印：金石壽、鼎梅、燮光

題跋出處：劉猛進墓誌（王秉恩藏本）

館藏號：JI023

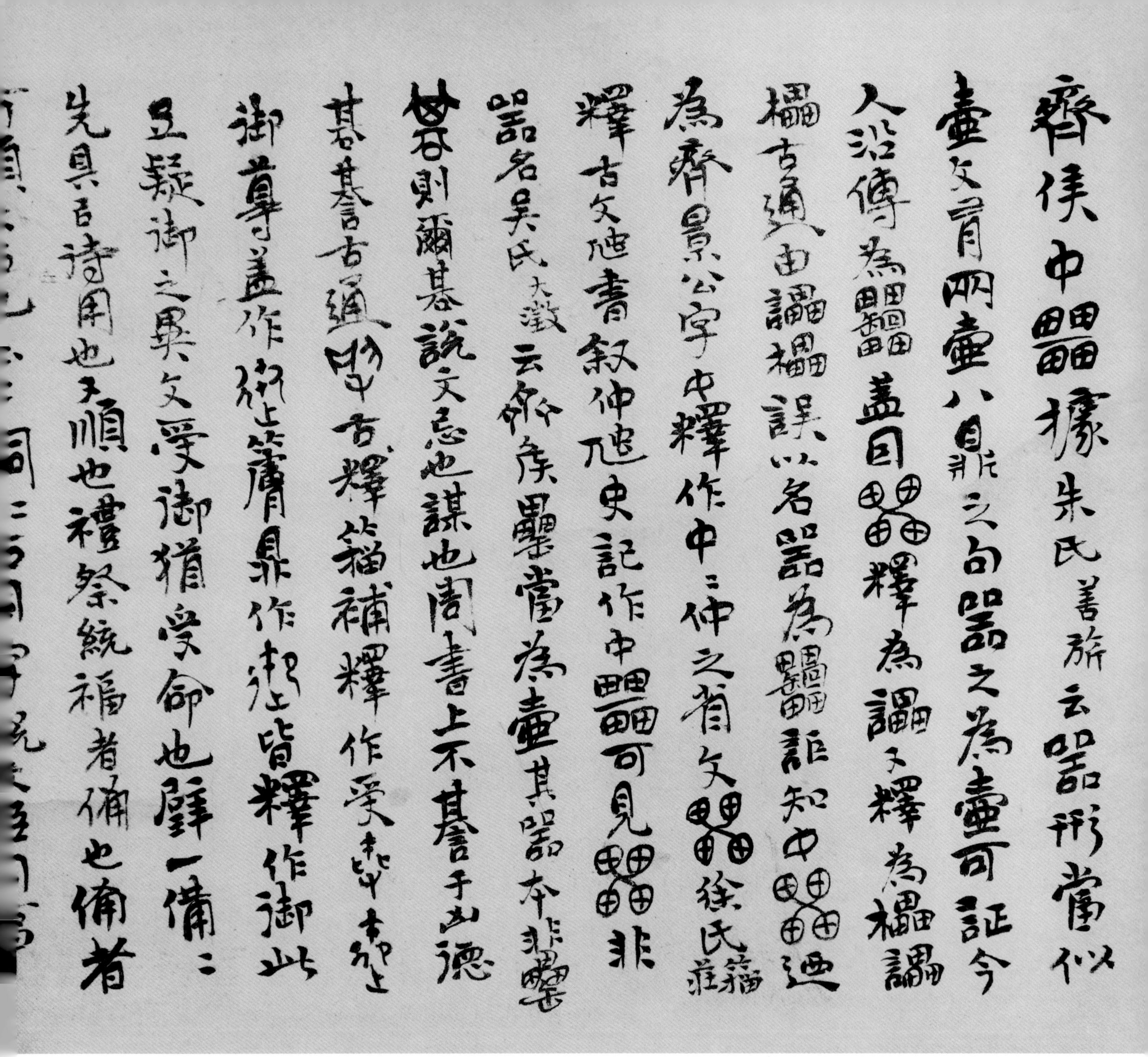

吴涵

年代：1876—1927

字號：字子茹，號臧龕，別署藏戡

籍貫：浙江安吉

釋文：齊侯中罍，據朱氏善旂云，器形當似壺，文有『兩壺八鼎』之句，器之爲壺可證。今人沿傳爲『[illegible]』，蓋因『[illegible]』釋爲『讄』，又釋爲『櫑』，『讄』『櫑』古通，由『讄』『櫑』誤以名器爲『[illegible]』，詎知『[illegible][illegible]』乃爲齊景公字。『[illegible]』釋作『中』，『中』，『仲』之省文。『[illegible]』，徐氏籀莊釋古文『𡷫』，《書叙》『仲𡷫』，《史記》作『中𡷫』，可見『[illegible]』非器名。吴氏大澂云，齊侯罍當爲壺，其器本非罍。『[illegible]則爾』，『碁』《説文》忌也，謀也。《周書》『上下碁于凶德』，『碁』『碁』古通。『[illegible]』，《古籀補》釋作『受』，『[illegible]』『[illegible]』《御尊蓋》作『[illegible]』，《簷鼎》作『[illegible]』，皆釋作『御』，此足疑『御』之異文，『受御』猶『受命』也。『璧一備』，『備』先具以待用也，又順也。《禮祭統》『福者備也，備者百順之名也』。『玉二[illegible]』，『[illegible]』古『司』字，《説文》『臣司事

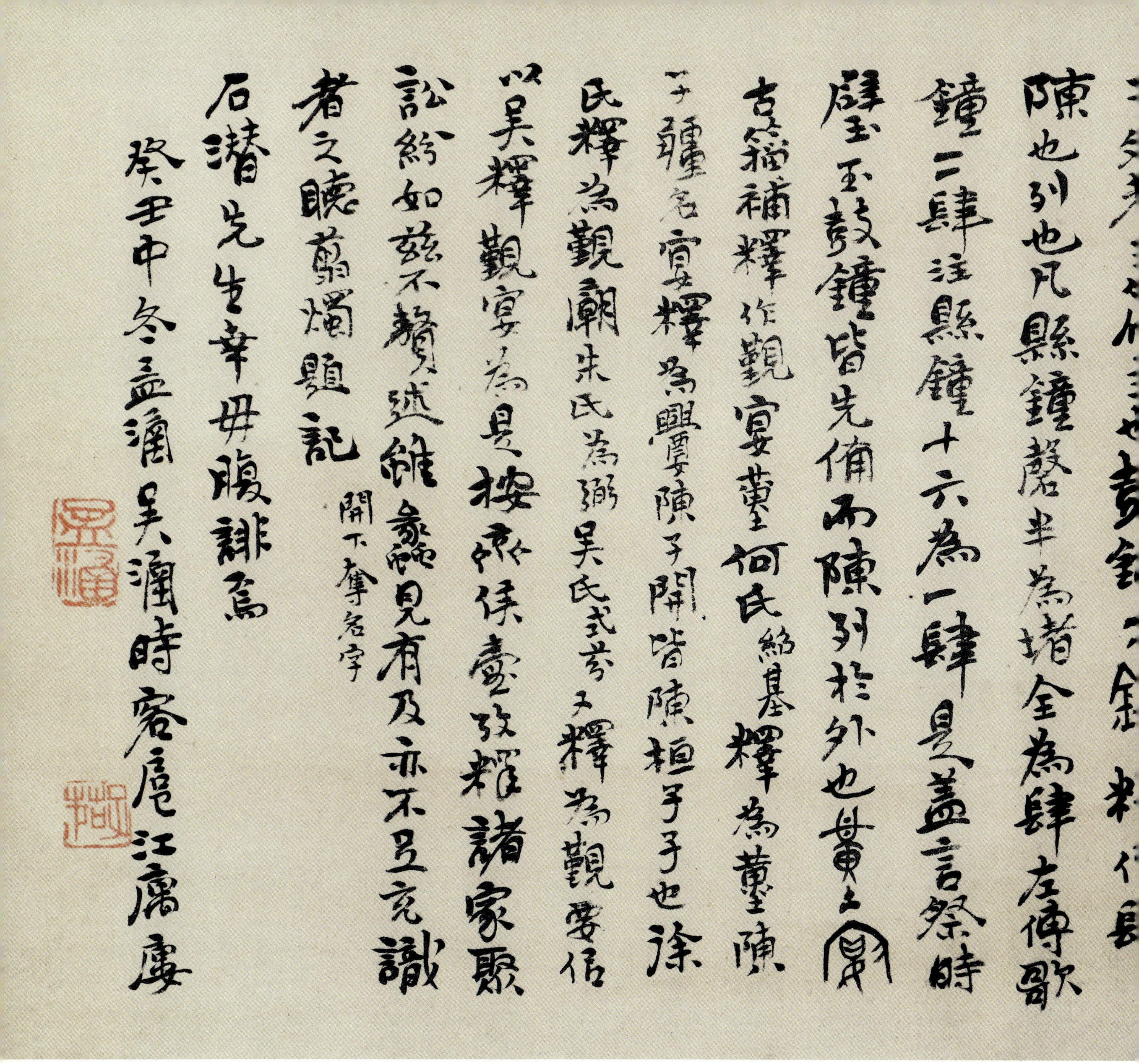

于外者』，《玉篇》主也。『鼓鐘二鍒』，『鍒』釋作『肆』，陳也，列也。凡縣鐘磬半爲堵，全爲肆。《左傳》歌鐘二肆，注：縣鐘十六爲一肆，是蓋言祭時璧玉鼓鐘皆先備而陳列於外也。『[illegible]』，《古籀補》釋作『觀宴』。『堇』，何氏紹基釋爲『堇』，陳子疆名，『宴』釋爲『釁』，陳子開名，皆陳桓子子也。徐氏釋爲『覲廟』，朱氏爲『弼』，吳氏式芬又釋爲『覲要』，似以吳釋『覲宴』爲是。按，齊侯壺考釋諸家聚訟紛如，兹不贅述，雖蠡見有及，亦不足充識者之聽。翦燭題記，石潛先生幸毋腹誹焉。癸丑中冬，孟涵吳涵時客滬江寓樓（『開』下奪『名』字）。

鈐印：孟涵、子茹

題跋出處：齊侯罍（吳隱藏本）

館藏號：Z1224

姚華

年代：1876—1930

字號：字重光，號茫父，别署蓮花龕主

籍貫：貴州貴築

釋文：杜氏鏡，丙辰重五小玄海辰窗拓，茫父。

此竟昨冒雨過市得之，式古，雖是熟坑，而土鏽銅華猶斑然可玩，水銀銅滿沁，文字古質多至六十有奇，惜已破損，圖畫精細，漢竟之上儀也。損處適當西王母，而畫損字全，亦破爛之完好者也。同日午正微醺漫筆，茫父。

文分五層，邊文繁縟，漢竟僅見，質厚重如海馬鏡，故弟二層人馬隆二字亦精采。

杜氏作珍奇鏡兮，世之未有兮，鍊五□之英華，曰年年而無極兮，上西王母與王女，宜子保孫兮，得所欲，吏人服之，增官秩，白衣服之，金財足，與天無極。

『鍊』，原書作『湅』，『增』作『曾』，『五』下字爲銹蝕，半似『姓』，意疑爲『姓』，然『五姓』亦不得故實，寧從蓋缺。茫父。

『曰年年而無極』亦可釋『畢畢而無極』，『吏人』『白衣』對文，『吏人』謂在官者，『白衣』謂庶民無秩者。《史記·儒林傳序》公孫弘以春秋白衣爲天子三公。《後漢書·鄭均傳》拜議郎告歸，敕賜尚書禄以終其身，時人號爲白衣尚書。蓋自漢以來相沿至今，古今無異義也。吏人、白衣皆曰服之，『服』與『佩』意同，古竟皆宜佩，不似今人祇充陳也。

漢竟有以東王公配西王母者，此曰『王女』，語特見。『與天無極』漢人吉語，瓦磚文多有之，此則用以填空。漢魏文章中常於閑處不欲徑過，往往作無甚意義之語，俾其完然密縝。後人尚簡潔，則視爲繁蕪，不知正漢文之茂實也。漢竟以文字填空最多，或用五銖錢文，或以星子，不必深求。

拓片底部存姚華過録《南極王夫人授楊羲詩》：

王女《雲級七簽》與寧三年六月二十三日夜，王母弟四女降真人楊羲家，因吟授羲曰：林振須類感，雲鬱待龍吟。元數自相求，觸節皆有音。飛軿出西華，總轡忽來尋。入遐非無娛，同詠理自欽。悼此四維內，百憂常在心。俱游北寒臺，神風開爾襟。

鈐印：姚華手拓、茫父

題跋出處：漢銅鏡三種（姚華跋本）

館藏號：Z1051

杜氏鏡

丙辰重五　小玄海夜窗拓　范父

此竟昨冒雨過市得之式古雖是熟坑而土鏽銅華猶斑然可玩水銀銅滿沁文字古質多至六十有奇惜已破損圖畫精細漢竟之上儀也損處適當西王母而畫損字全亦破爛之完好者也同日午正微醺渴筆　范父

文分五層邊文繁縟漢竟僅見質厚重如海馬鏡故第二層人馬隆二字亦精采

杜氏作珍奇鏡兮世之未有兮鍊五之英華日年年而無極兮上西王母與王女宜子保孫兮得所欲

玉女雲級七歲興寧三年六月二十三日夜王母第四女降真人楊羲家因吟授義日林振須類感雲鬱待龍吟元數自相求綱前留有音飛耕出西華總響急來尋入選非無娛同詠理自欽悼此四維內百憂常在心俱遊北寒臺神風開亦襟

日年〻而無極亦可釋曐〻而無極
吏人白衣對文吏人謂在官者白衣謂庶民無秩者史記儒林傳序公孫弘以春秋白
衣為天子三公後漢書鄭均傳拜議郎告歸敕賜尚書祿以終其身時人號為
白衣尚書蓋自漢以來相
沿至今古今無異義
也吏人白衣皆日
服之服与佩竟
同古竟皆宜
佩不似今人
只充陳也
漢竟有
以東王公
配西王母
者此曰王
母語特見
与天無極
漢人吉語
瓦甎文多
有之此則
用以填空漢魏文
章中常於閒處不欲虗
過往〻作無甚意義之語俾其完然密緻後人尚簡潔則視為繁〻無不知
此漢文之茂實也漢竟以文字填空最多或用五銖錢文或以星子不必深求

吏人服之增官秩白衣服之金財足與天無極

鍊泉書作涑增作曾五下字為銖錢半似姪竟疑乃娃然五娃亦不得故實寧從蓋闕從文釋

蕭蜕

年代：1876—1958

字號：原名麟，字中孚，一作盅孚，號蜕盦、蜕安、蜕闇、退闇、蜕公、聽松庵行者、皋松老人、本無居士、南園老人

籍貫：江蘇常熟

釋文：此沈均初臧本，『校致』兩字未損。前後有鄭齋朱文印、沈印、樹鏞印、均初所有金石之記印、樹鏞審定印、鄭齋白文印、鄭齋秘臧本印，此外，孫星衍一印，趙撝叔一印，撿題亦出撝叔手。是歲甲子爲清同治三年，今年復逢甲子，予獲睹此，用識墨緣。虞山蕭退闇。

鈐印：蜕公

題跋出處：鄌閣頌（蕭蜕跋本）

館藏號：S2697

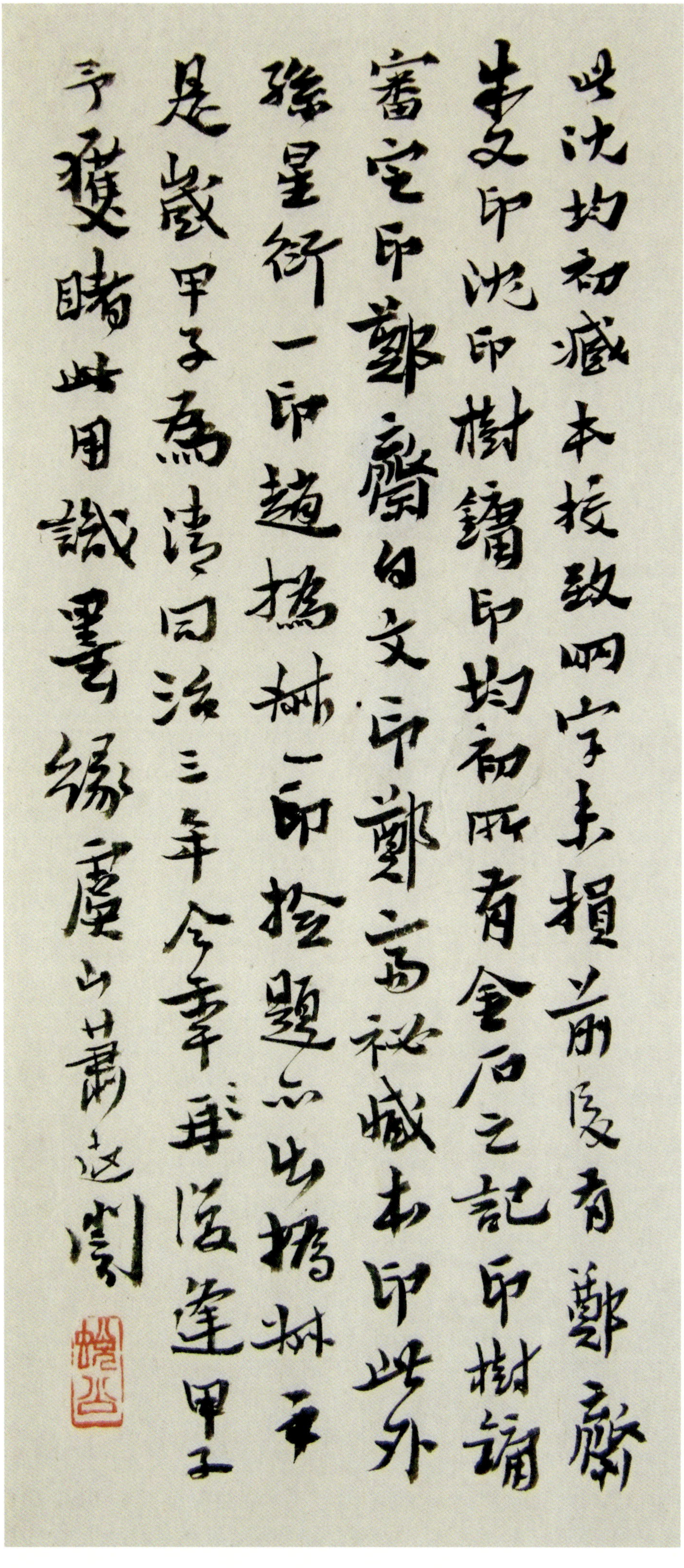

李宣龔

年代：1876—1952

字號：字拔可，一字祖澤，號觀槿、墨巢

籍貫：福建閩縣

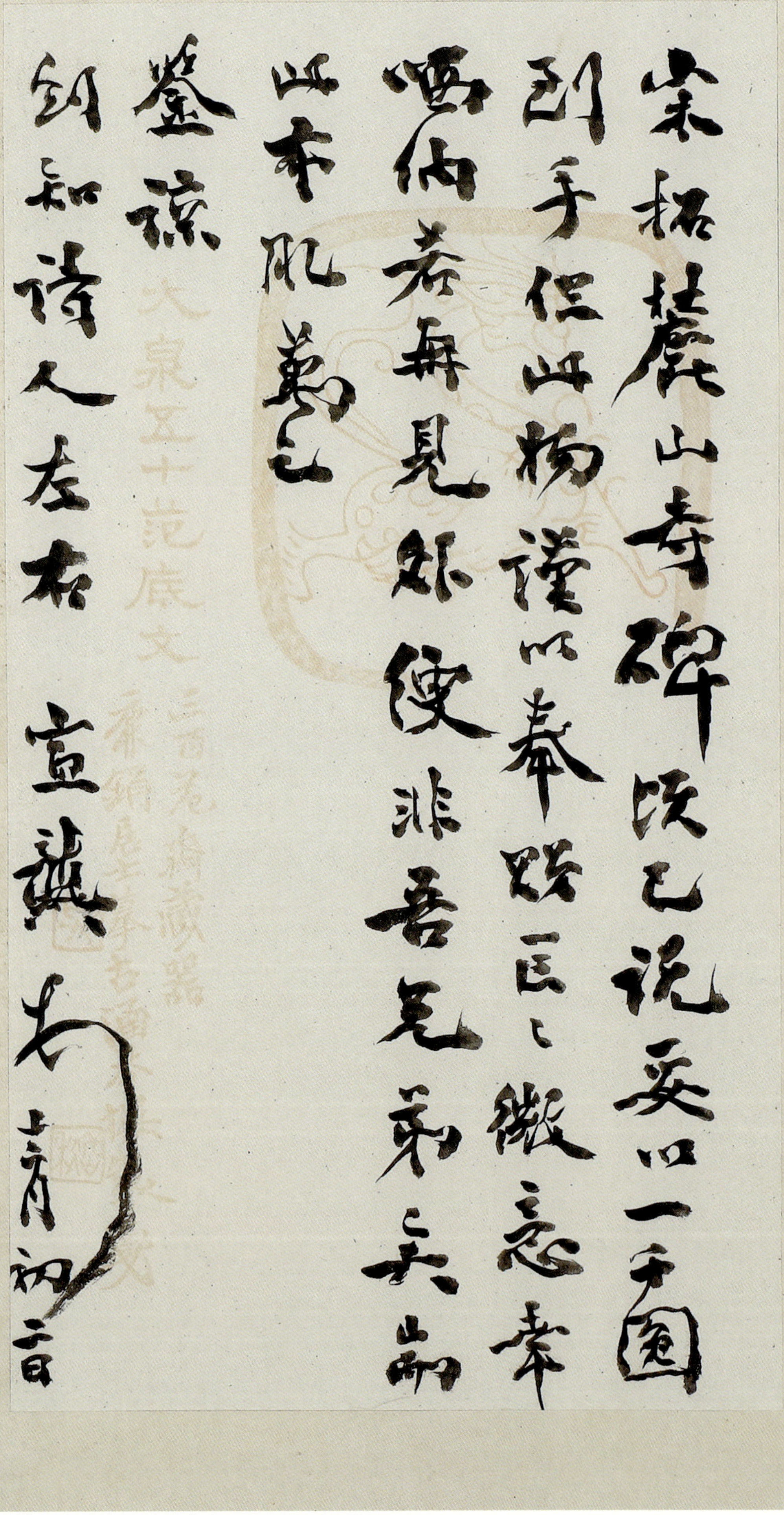

釋文：宋拓《麓山寺碑》頃已説妥，以一千圓到手，但此物謹以奉贈，區區微意，幸哂納，若再見外，便非吾兄弟矣。耑此布肊，萬乞鑒諒。劍知詩人左右。宣龔頓首。十二月初二日。

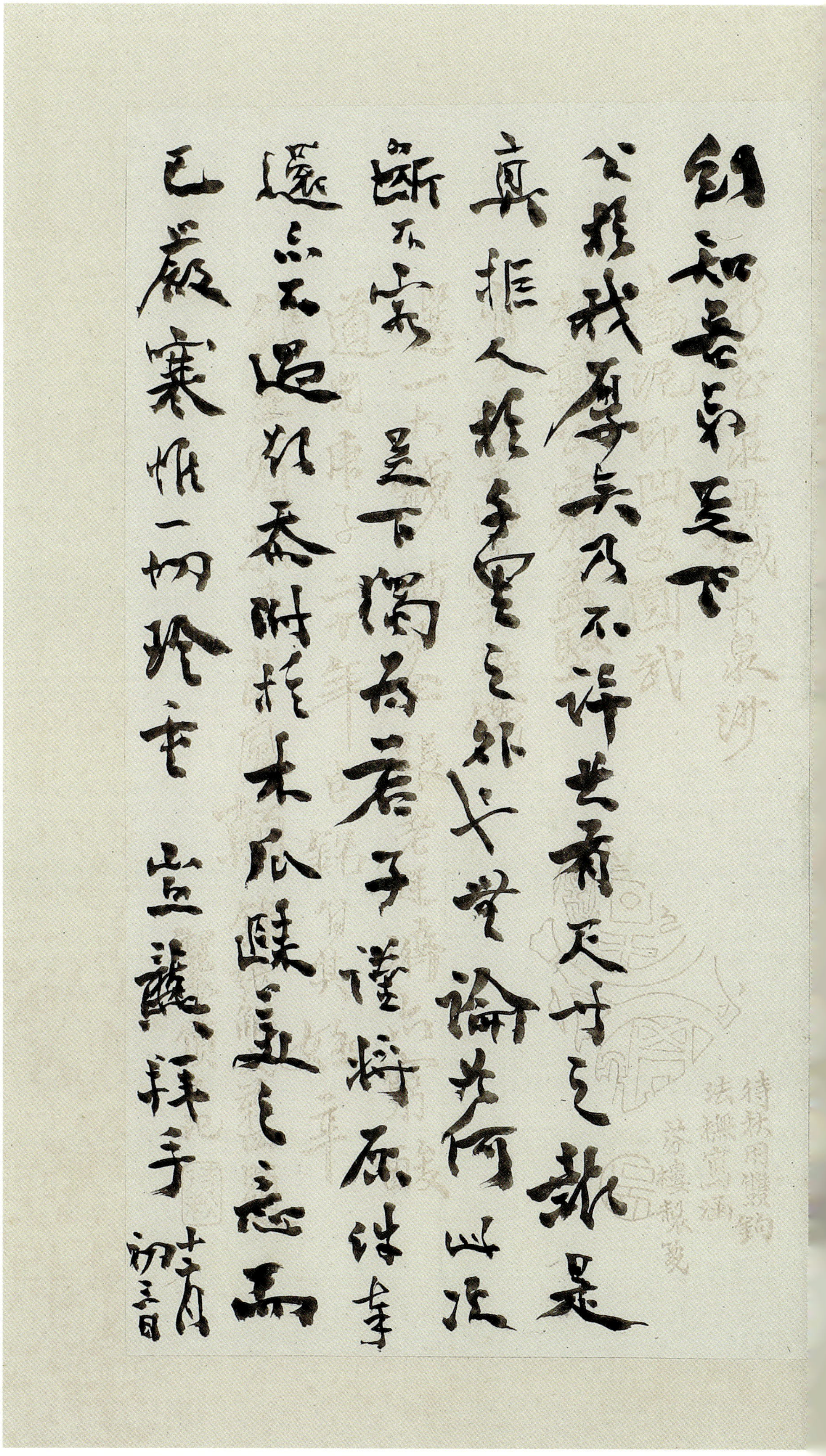

劍知吾弟足下：公於我厚矣，乃不許其有尺寸之報，是真拒人於千里之外也。無論如何，此次斷不容足下獨爲君子，謹將原件奉還，亦不過欲忝附於木瓜歸美之意而已。嚴寒，惟一切珍重。宣龔拜手，十二月初三日。

題跋出處：麓山寺碑（陸恭藏本）

館藏號：88B2683

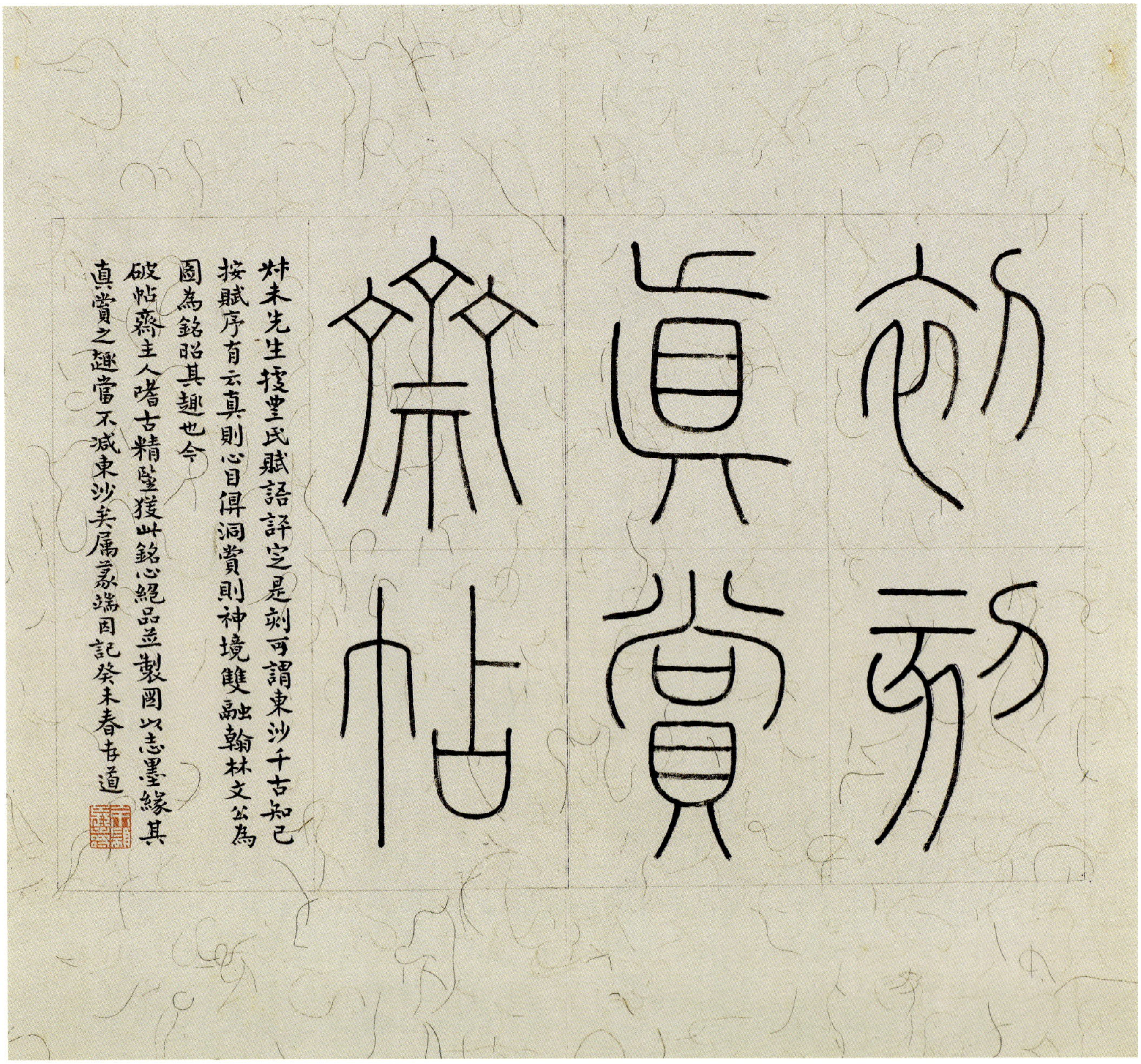

高時豐

年代：1876—1960

字號：字魚占，一字余顒，號存道居士、茀亭

籍貫：浙江仁和

釋文：初刻真賞齋帖。叔未先生據豐氏賦語評定是刻，可謂東沙千古知己。按，賦序有云，真則心目俱洞，賞則神境雙融，翰林文公爲圖爲銘，昭其趣也。今破帖齋主人嗜古精鑒，獲此銘心絕品，并製圖以志墨緣，其真賞之趣，當不減東沙矣。屬篆端，因記。癸未春，存道。

鈐印：余顒長壽

題跋出處：真賞齋帖（吴静安藏本）

館藏號：48B845

齋帖

炑未先生援豐氏賦語評定是刻可謂東沙千古知己按賦序有云真則心目俱洞賞則神境雙融翰林文公為圖為銘昭其趣也今

破帖齋主人嗜古精鑒獲此銘心絕品並製圖以志墨緣其真賞之趣當不減東沙矣屬篆端因記癸未春吉道

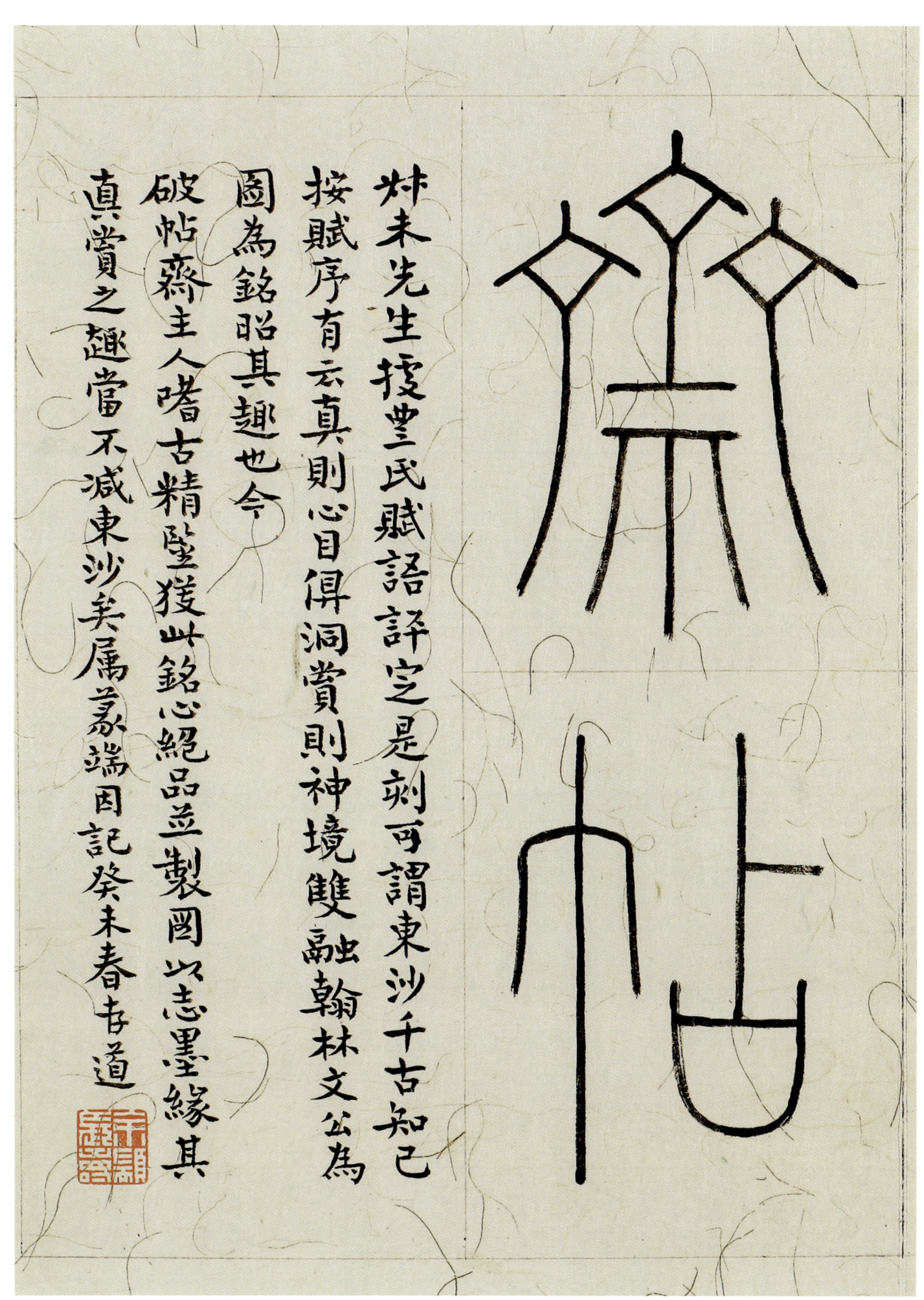

王國維

年代：1877—1927

字號：字靜安、伯隅，號觀禮、觀堂、永觀、禮堂

籍貫：浙江海寧

釋文：此角蓋作獸形，其獸有鼻，甚長，蓋象也。古酒器多作鳥獸形，如觥作兕形，尊作犧象形，卣作饕餮形，皆是。浭陽端氏有飛燕角，作燕張翅之狀，阮文達公所藏子燮兕觥，其器今在濰縣陳氏，不可得見。然文達謂其物如爵而高大，又謂其制無雙柱，無流，同於角，有三足，同於爵，故以《毛傳》釋角，爵之兕觥當之，不知兕觥即估人所謂虎頭匜，阮氏之器則宋以後所謂角也。阮氏角蓋作犧形，此角蓋作象形，蓋古酒器多狀犧象，不獨尊制然矣。壬戌歲不盡四日，海寧王國維。審諦拓本，蓋上獸首之突出者，不類鼻形，疑即牛角之一，拓本無全拓兩角之理，則此亦犧首角，與阮氏所謂兕觥正同，此器不知藏誰氏。隨庵先生能就原器審諦，辨其爲犧爲象著之此跋之後，則於考古學上不爲無補也。次日國維又書。

鈐印：觀堂、靜安、王國維

釋文：此即端氏所藏飛燕角也，曩在丹徒劉氏抱殘守缺齋見之，其蓋作燕，張兩翅，形甚似，器則前低後昂，驟觀之，乃不覺有軒輊之狀。古人制作之工，乃至於此，前題此拓乃誤以燕首之飾爲象牙爲牛角，視之不明，是爲不悊，惶媿惶媿。癸亥仲春八日，國維又記。

題跋出處：亞弜父丁角（王國維跋本）

館藏號：Z1068

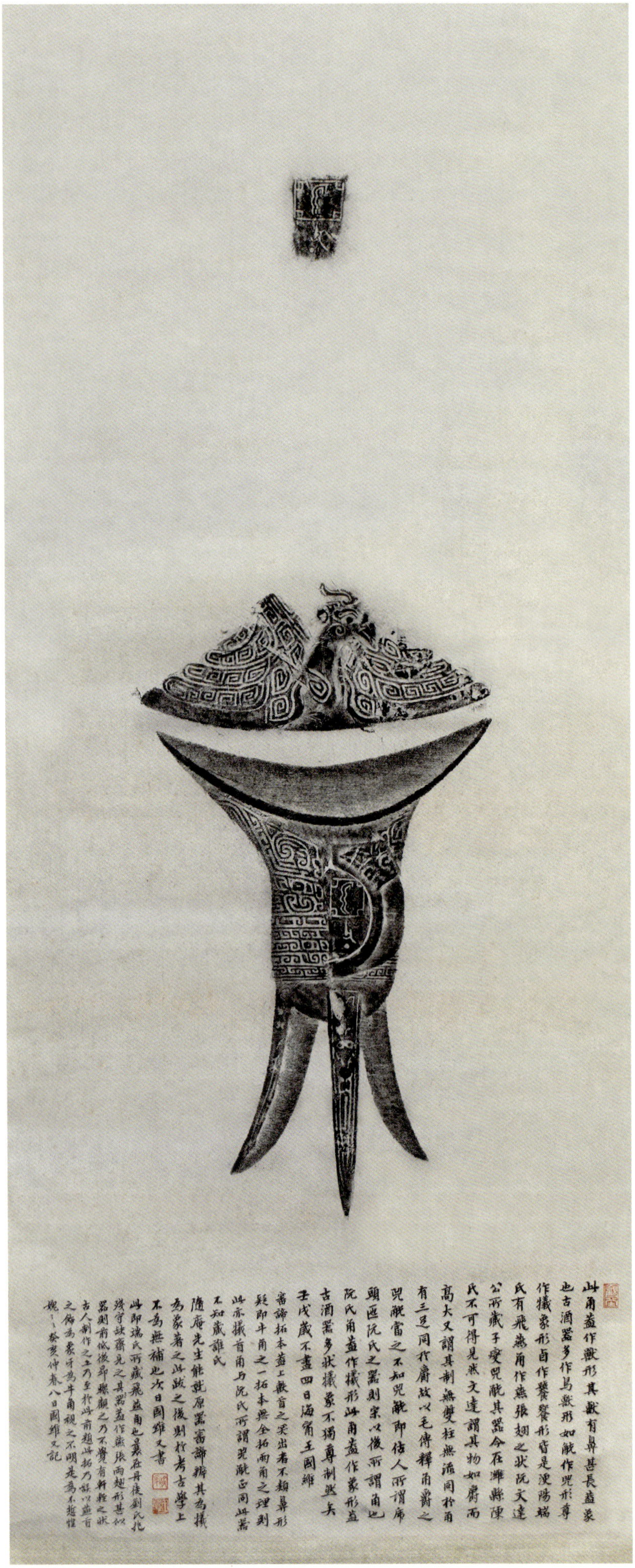

此角蓋作獸形其獸有鼻甚長蓋象
也古酒器多作鳥獸形如觥作兕形尊
作犧象形卣作饕餮形皆是浭陽端
氏有飛燕角作燕張翅之狀阮文達
公所藏子燮兕觥其器今在濰縣陳
氏不可得見然文達謂其物如爵而
高大又謂其制無雙柱無流同於角

高大又謂其制無雙柱無流同於角
有三足同於爵故以毛傳釋角爵之
兕觥當之不知兕觥即佑人所謂虎
頭匜阮氏之器則宋以後所謂角也
阮氏角蓋作犧形此角蓋作象形蓋
古酒器多狀犧象不獨尊制然矣
壬戌歲不盡四日海甯王國維
審諦拓本蓋上獸首之突出者不類鼻形
疑即牛角之一拓本無全拓而角之里則

山亦攜首角上次氏所言乃角[illegible]同山器

不知藏誰氏

隨庵先生能就原器審諦辨其為犧為象著之此跋之後則於考古學上不為無補也次日國維又書

此即端氏所藏飛廉角也曩在丹徒劉氏抱殘守缺齋見之其器蓋作獸張兩翅形甚似器則前低後昂驟觀之乃不覺有軒輊之狀古人制作之工乃至於此前題此拓乃誤以蓋首之飾為象牙為牛角視之不明是為不悲惶媿〻〻癸亥仲春八日國維又記

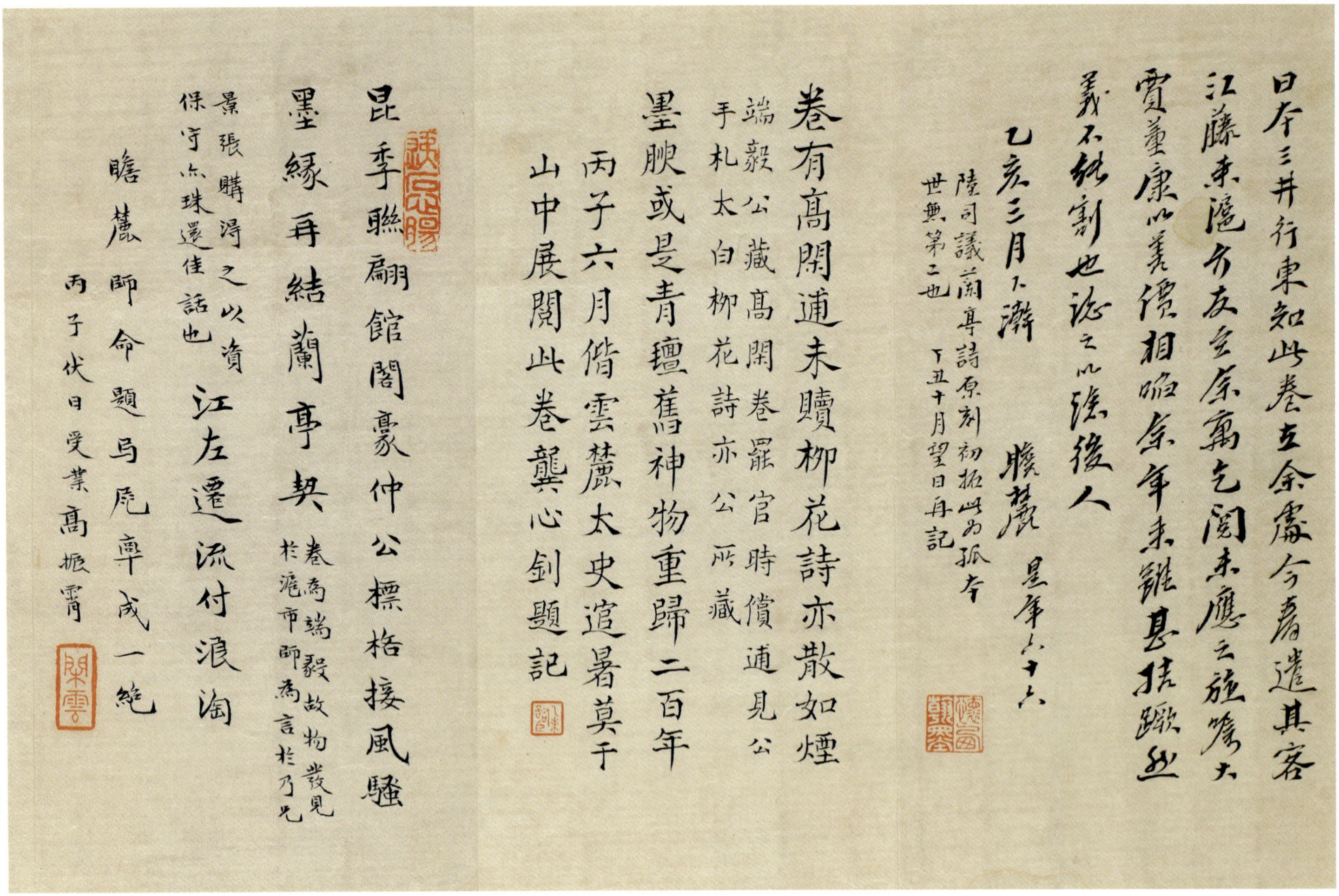

高振霄

年代：1877—1956

字號：字雲麓，號閑雲、頑頭陀、洞天真逸、四明一個古稀翁

籍貫：浙江鄞縣

釋文：昆季聯翩館閣豪，仲公標格接風騷。墨緣再結蘭亭契（卷爲端毅故物，發見於滬市，師爲言於乃兄景張購得之，以資保守，亦珠還佳話也），江左遷流付浪淘。瞻麓師命題卷尾，率成一絶。丙子伏日，受業高振霄。

鈐印：鐵石心腸、閑雲

題跋出處：蘭亭三種（游似藏本）

館藏號：18A345

昆季聯翩館閣豪仲公標格接風騷
墨緣再結蘭亭契
卷為端毅故物發見於滬市師為言於乃兄景張購得之以資保守亦珠還佳話也
江左遺流付浪淘
瞻麓師命題烏尾亭成一絶
丙子伏日受業高振霄

胡韞玉

年代：1878—1947

字號：字仲明、仲民、頌明，號樸安、半邊翁

籍貫：安徽涇縣

釋文：前見太炎與右任論三體石經書，知三體石經新近出土，即從右任處通得拓本六紙，顧皆斷裂，惟《尚書》兩紙存字稍多，以文字排比求之，知每行六十字，太炎謂每碑十五行，碑之都數當爲三百石。余證以碑之尺寸，意擬每碑三十行或三十行以上，碑之都數當爲一百八十餘石。曾作書與右任，論之詳矣。今右任得橫斷未直裂拓本，出以示余，受而讀之。每碑果三十四行，竊喜意擬之不謬。碑之都數，向無定論，《洛陽伽藍記》謂二十五碑，《太平御覽》引《西征記》謂三十五碑，《水經·穀水篇》謂四十八碑，三書所載，多少懸殊，知必有佚失之碑，各舉所見者言之耳。碑高八尺，廣四尺，以茲拓本驗之，《水經注》所記之尺寸最爲翔實。碑之尺寸、行數、字數，得此已確定，碑之都數尚難核考也。當魏立三體石經時，僞《古文尚書》未曾出見，孔壁古文《汨作》《九共》《寶典》《肆命》《原命》等十三篇今已亡佚，字數若干，無由稽考。雖知每碑字之確數，亦不能據以推算。余前以每碑字數推算碑之都數，當爲一百八十餘石，以正太炎三百石之誤。今知魏石經所刊之《尚書》非僞孔傳，據僞孔傳字數推算魏石經都數，無異囈語。此事太炎既誤於前，余復誤於後，偶一不慎，即致乖謬，急表而出之，以見考古者不可率爾從事。惟是余之誤，余旋即知之，太炎著《三體石經考》時大約已見未裂拓本，知十五行三百石之説不能成立，然猶爲每碑三十三行都數一百六十餘石之説。太炎之誤有三：每碑確三十四行，太炎謂三十三行，誤一；據《晉書·衛恒傳》，魏石經必孔壁書，太炎似亦知之，而其計算字數則謂《尚書》二十九篇，此乃今文篇目，誤二；既云二十九篇，則二十九篇爲一萬六千餘字，合《春秋》十二經共三萬二千餘字。太炎謂《春秋》十二經《尚書》廿九篇無慮四萬字。四萬字者，五十八篇二萬四千五百三十八字，合《春秋》十二經，一萬六千五百六十一字，共四萬一千零九十九字也。太炎既用廿九篇推算，而字數又用五十八篇之都數，誤三。總之，碑之都數，苦無根據以推算，太炎似尚未見及此。論者謂《左傳》僅刻至桓公止，此説若不謬，《水經注》四十八碑之數或亦近是，但終無由確定也。右任云此碑出土即爲估人解開，未裂拓本稀如麟鳳。余謂此拓本之可貴，不僅以稀見重，可以確定三體石經之行數字數，有益於考古甚巨，乃題而歸之，右任其永寶之。安吴樸安胡韞玉。時民國十二年十二月廿五日。

鈐印：韞玉、樸安

題跋出處：正始石經（于右任藏本）

館藏號：J1358

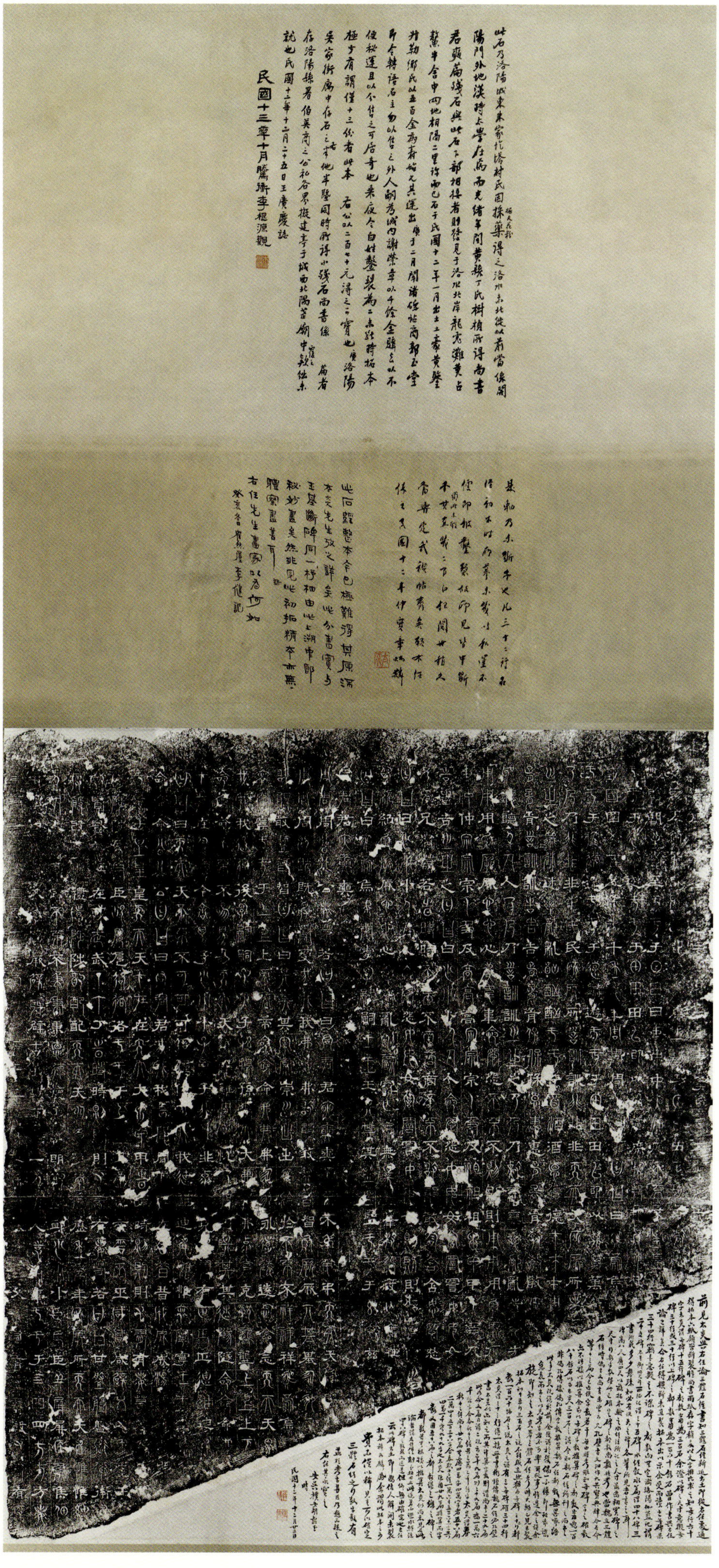
民國十三年十月騰衝李根源觀

前見太炎與右任論三體石經書知三體石經新近出土即從右任處通
得拓本六紙顧皆斷裂惟尚書兩紙存字稍多以文字排比求之知每行六十
字太炎謂每碑十五行碑之都數當爲三百石余證以碑之尺寸意擬每
碑三十行或三十一行以上碑之都數當爲一百八十餘石曾作書與右任
論之詳矣今右任得橫斷未直裂拓本出以示余受而讀之每碑果
三十四行竊喜意擬之不謬碑之都數向無定論洛陽伽藍記謂
二十五碑太平御覽引西征記謂三十五碑水經穀水篇謂四十八碑三
書所載多少懸殊知必有佚失之碑各舉所見者言之耳
碑高八尺廣四尺以兹拓本驗之水經注所記之尺寸最爲翔實碑之
尺寸行數字數得此已確定碑之都數尚難核考也當魏立三體
石經時偽古文尚書未曾出現孔壁古文汩作九共寶典肆命原命
等十三篇今已亡佚字數若干無由稽考雖知每碑字之確數
亦不能據以推算余前以每碑字數推算碑之都數當爲一百
八十餘石以正太炎三百石之誤今知魏石經所刊之尚書
非偽孔傳據偽孔傳字數推算魏石經都數無異囈語
此事太炎既誤於前余復誤於後偶一不慎即致乖謬
急表而出之以見考古者不可率爾從事惟是余之誤余
旋即知之太炎著三體石經考時大約已見未裂
拓本知十五行三百石之說不能成立然猶以每碑三十三行都
數一百六十餘石之說太炎之誤有三每碑確三十四行

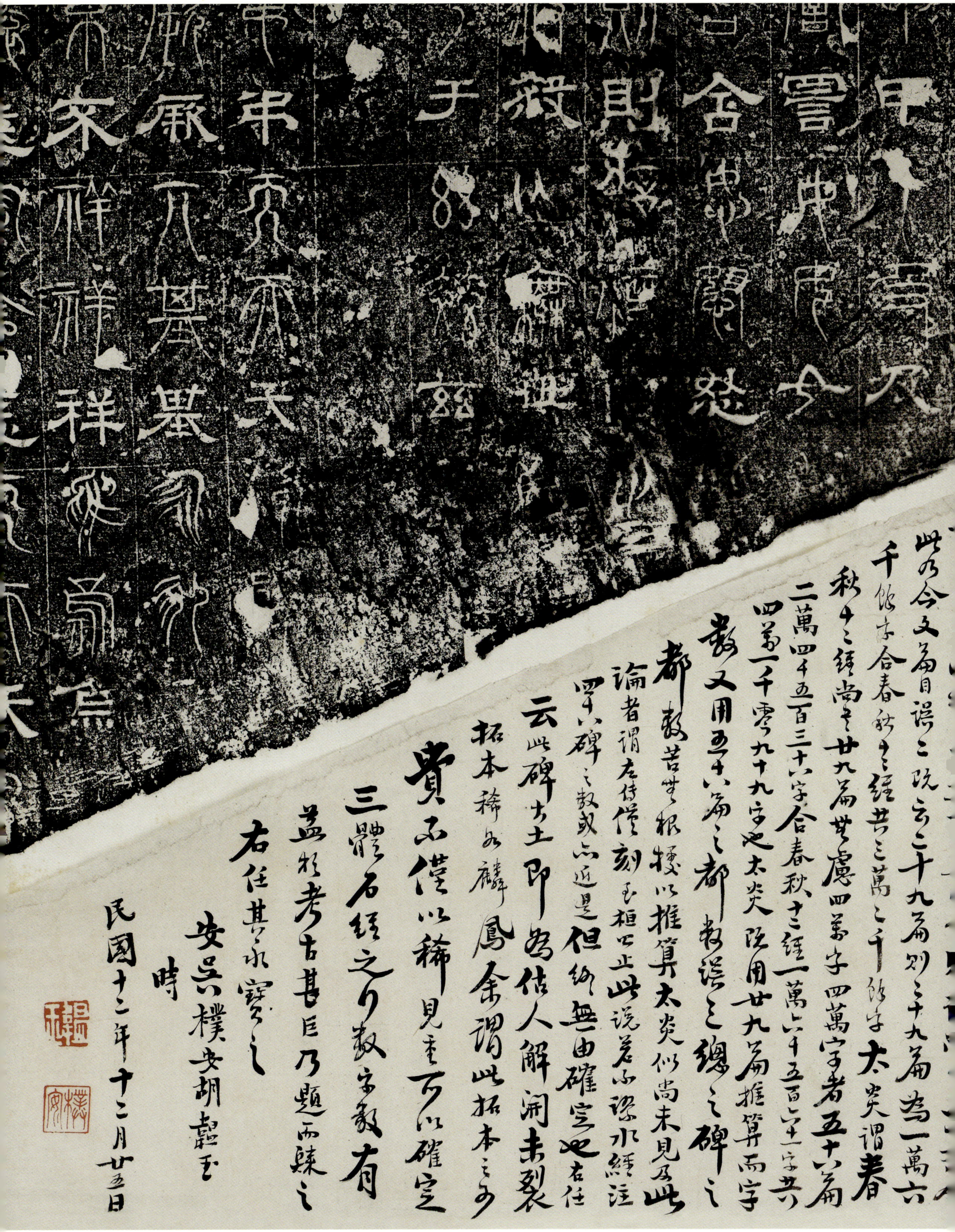

此乃今文篇目謂之既云二十九篇則二十九篇為一萬六
千餘字合春秋十三經共三萬二千餘字太史謂春
秋十三經尚書廿九篇共處四萬字四萬字者五十六篇
二萬四千五百三十六字合春秋十三經一萬六千五百六十一字共
四萬一千零九十九字也太史既用廿九篇推算而字
數又用五十六篇之都數謂之總之碑之
都數若無根據以推算太炎似尚未見及此
論者謂右側僅刻至桓四止此說若以證水經注
所謂碑之數或亦近是但終無由確定也右任
云此碑出土即為估人解開未裂
拓本稀如麟鳳余謂此拓本之可
貴不僅以稀見重可以確定
三體石經之字數字數有
益於考古甚巨乃題而跋之
右任其永寶之
安吳樸安胡韞玉
時
民國十二年十二月廿五日

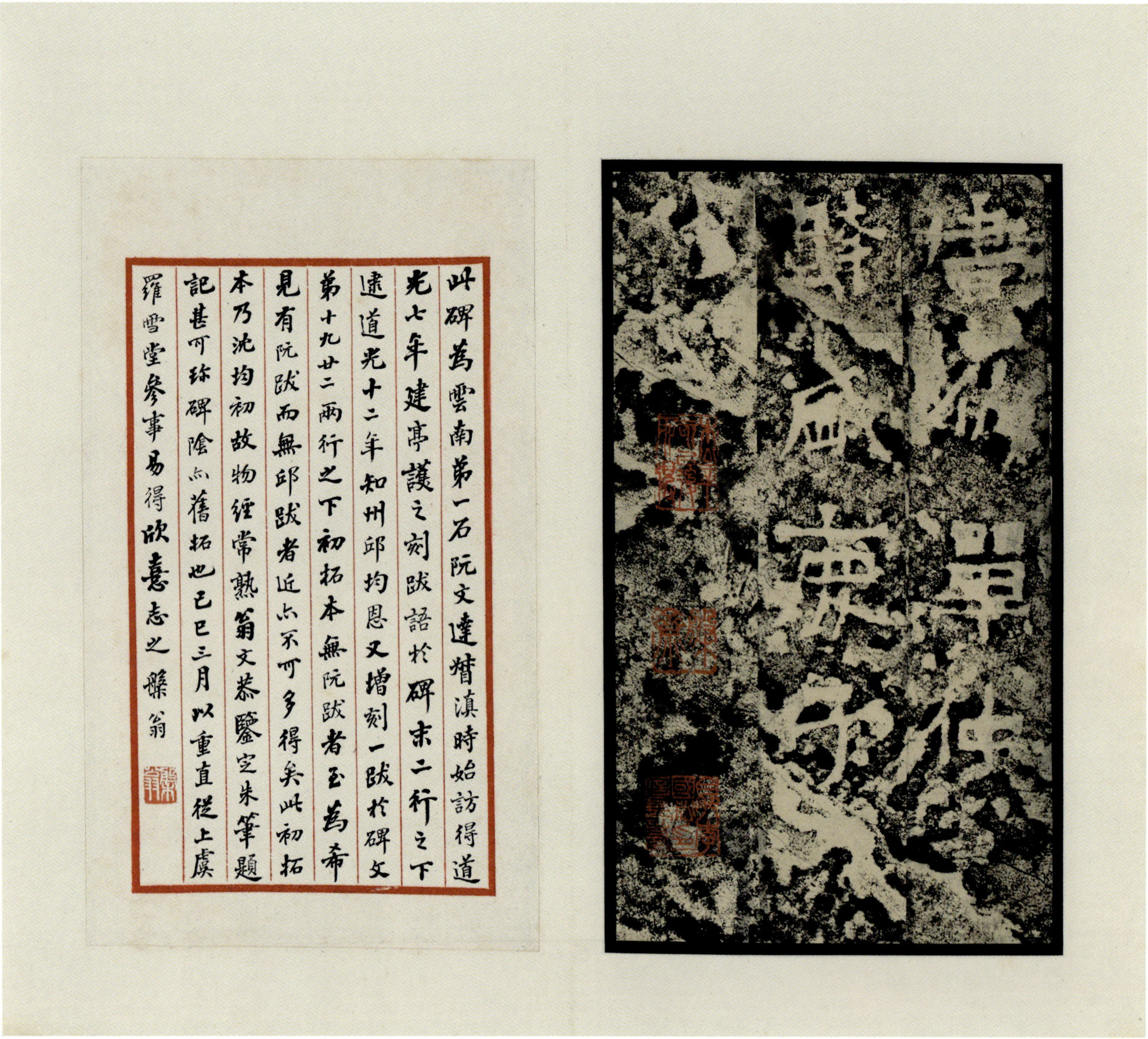

李國松

年代：1878—1949

字號：字健甫，號木公、檠翁、枏齋

籍貫：安徽合肥

釋文：此碑爲雲南弟一石，阮文達督滇時始訪得，道光七年建亭護之，刻跋語於碑末二行之下。逮道光十二年，知州邱均恩又增刻一跋於碑文弟十九、廿二兩行之下，初拓本無阮跋者至爲希見，有阮跋而無邱跋者近亦不可多得矣。此初拓本乃沈均初故物，經常熟翁文恭鑒定，朱筆題記，甚可珍，碑陰亦舊拓也。己巳三月，以重直從上虞羅雪堂參事易得，欣喜志之。檠翁。

鈐印：檠翁

題跋出處：爨龍顔碑（羅振玉藏本）

館藏號：S2195

此碑爲雲南第一石阮文達督滇時始訪得道
光七年建亭護之刻跋語於碑末二行之下
逮道光十二年知州邱均恩又增刻一跋於碑文
第十九廿二兩行之下初拓本無阮跋者至爲希
見有阮跋而無邱跋者近亦不可多得矣此初拓
本乃沈均初故物經常熟翁文恭鑒定朱筆題
記甚可珍碑陰亦舊拓也己巳三月以重值從上虞
羅雪堂參事易得欣憙志之槃翁

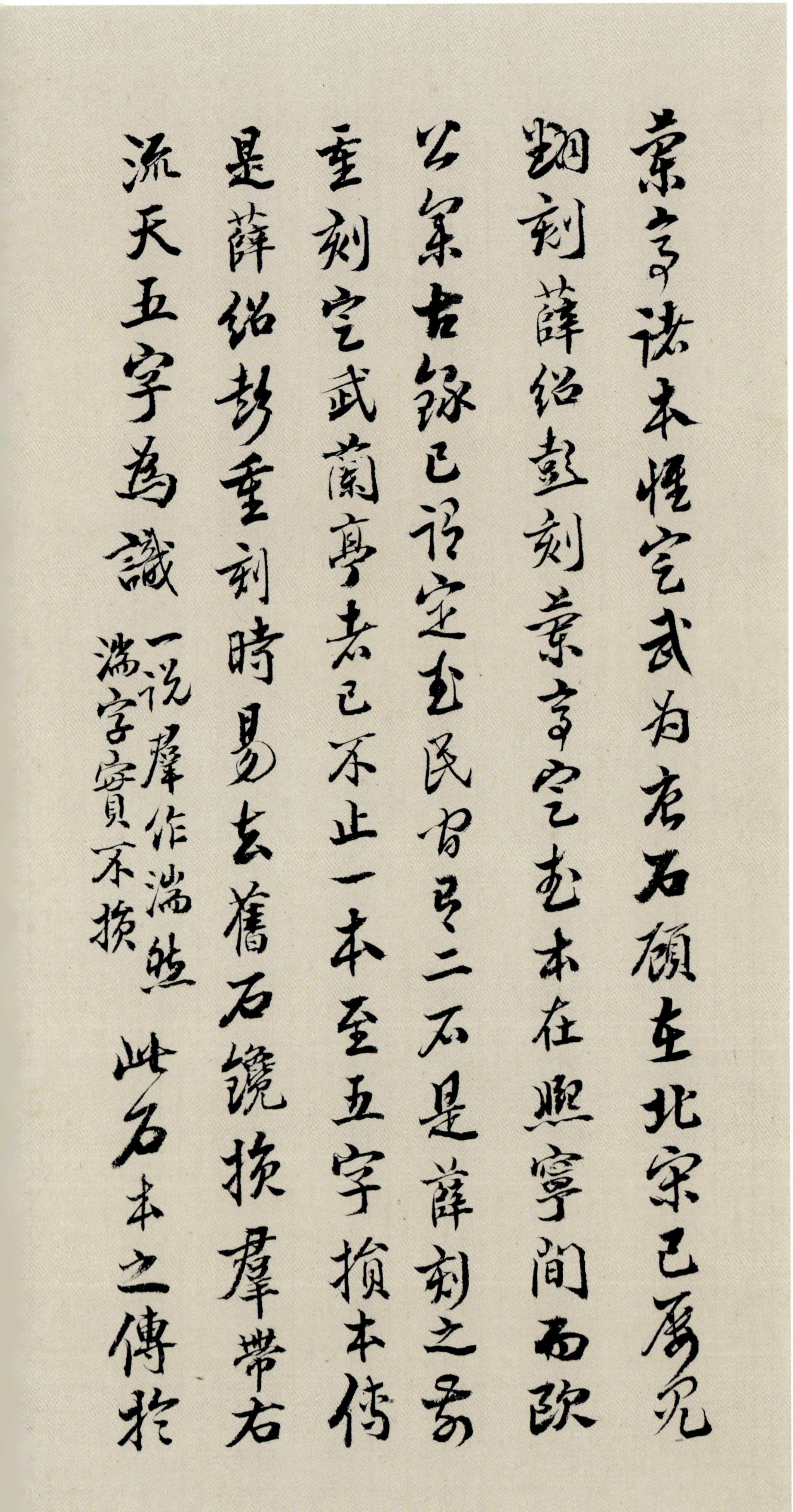

林志鈞

年代：1878—1961

字號：字宰平，號北雲、唯剛

籍貫：福建閩縣

釋文：《蘭亭》諸本惟定武爲唐石，顧在北宋已屢見翻刻，薛紹彭刻《蘭亭》定武本在熙寧間，而歐公《集古録》已謂定武民間有二石，是薛刻之前重刻定武《蘭亭》者，已不止一本。至五字損本，傳是薛紹彭重刻時易去，舊石鑱損『羣』『帶』『右』『流』『天』五字爲識（一説『羣』作『湍』，然『湍』字實不損）。此石本之傳於

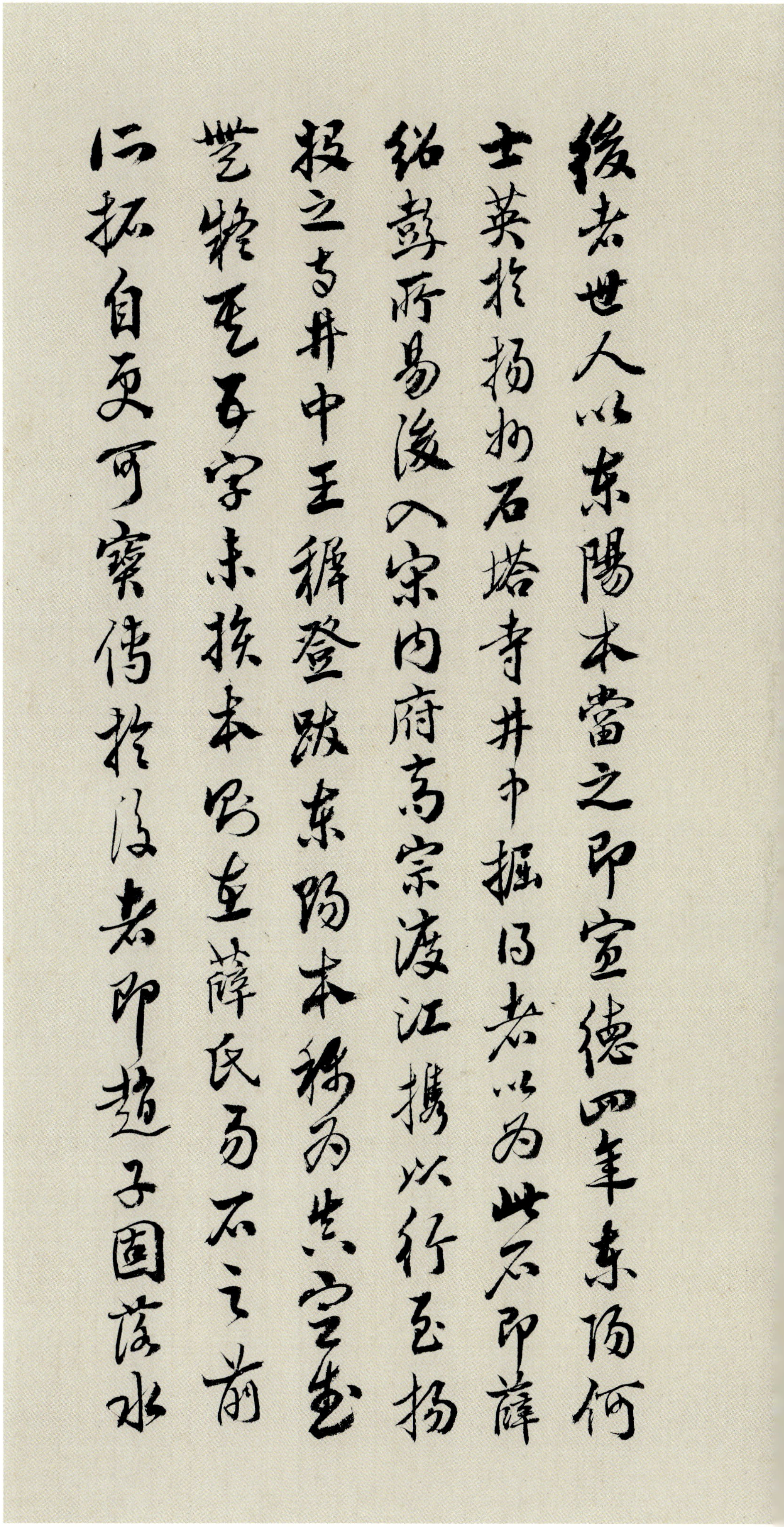

後者，世人以東陽本當之，即宣德四年東陽何士英於揚州石塔寺井中掘得者，以爲此石即薛紹彭所易，後入宋内府，高宗渡江，携以行至揚，投之寺井中。王穉登跋東陽本稱爲真定武無疑。其五字未損本則在薛氏易石之前所拓，自更可寶傳於後者。即趙子固落水

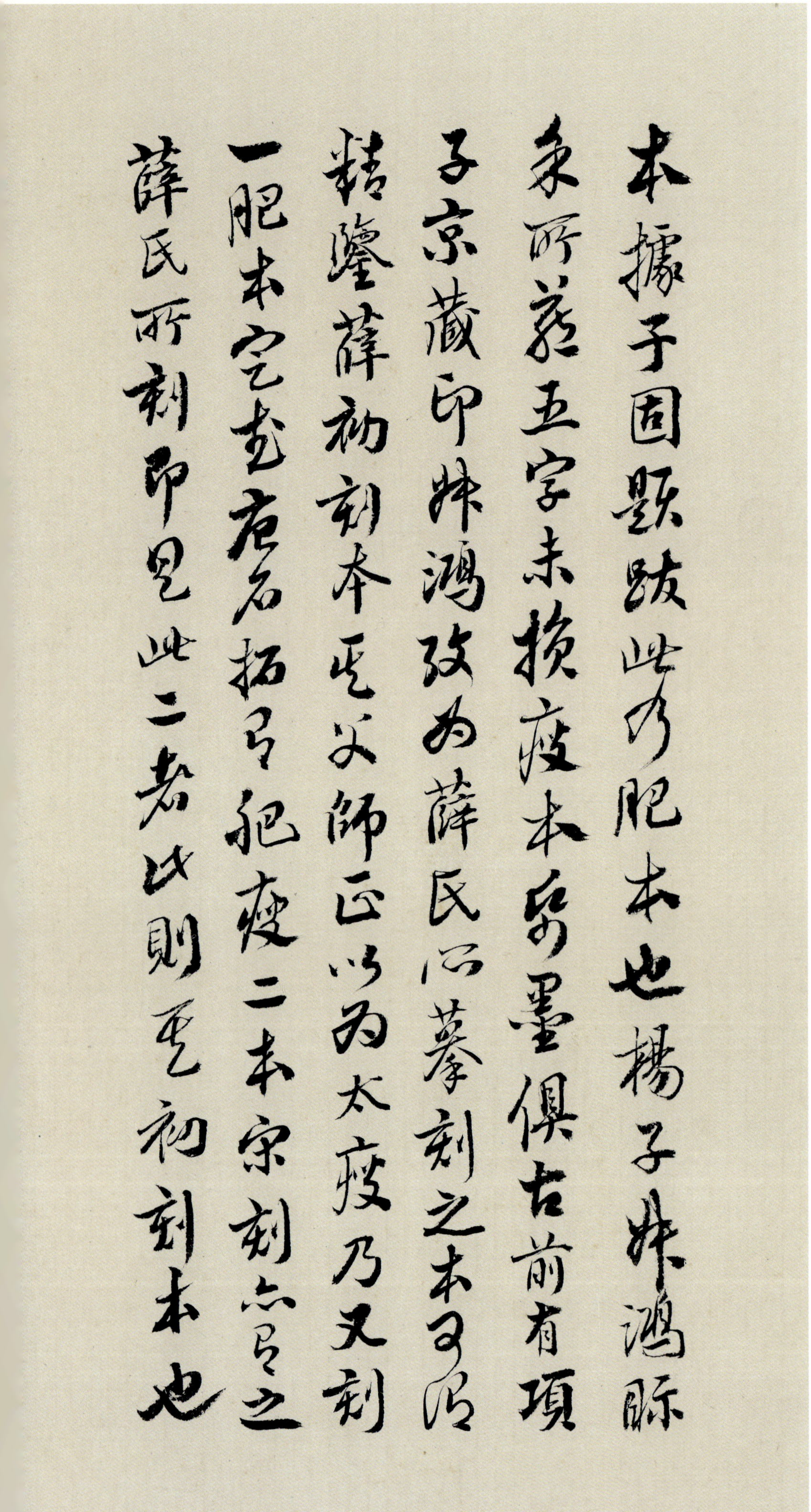

本，據子固題跋，此乃肥本也。楊子叔鴻視余所藏五字未損瘦本，紙墨俱古，前有項子京藏印，叔鴻考爲薛氏所摹刻之本，可謂精鑒。薛初刻本其父師正以爲太瘦，乃又刻一肥本，定武唐石拓有肥瘦二本，宋刻亦有之，薛氏所刻即具此二者。此則其初刻本也。

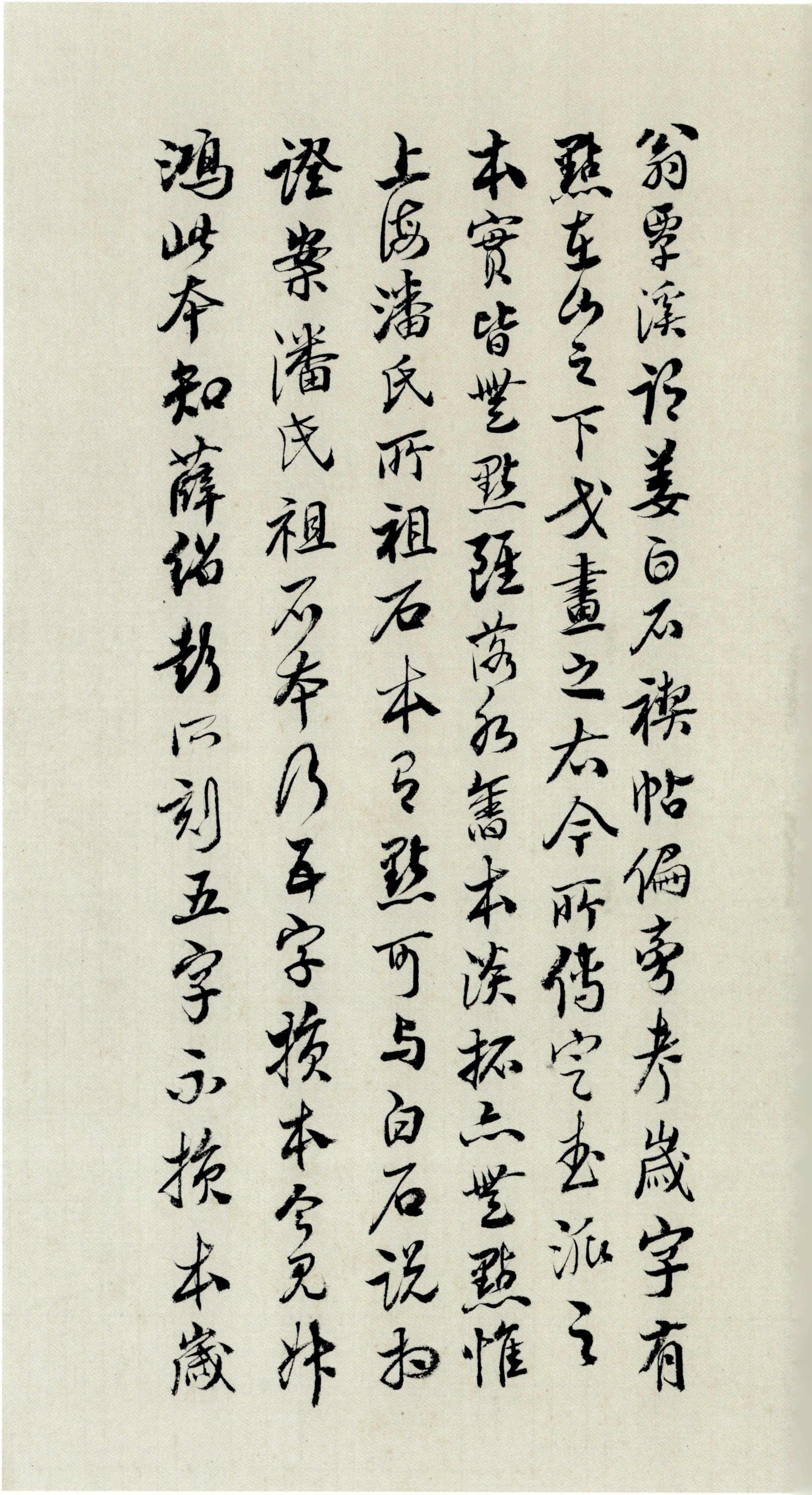

翁覃溪謂姜白石《禊帖偏旁考》『歲』字有點在『山』之下，戈畫之右，今所傳定武派之本實皆無點，雖落水舊本淡拓亦無點，惟上海潘氏所祖石本有點，可與白石説相證。案潘氏祖石本乃五字損本，今見叔鴻此本，知薛紹彭所刻五字不損本『歲』

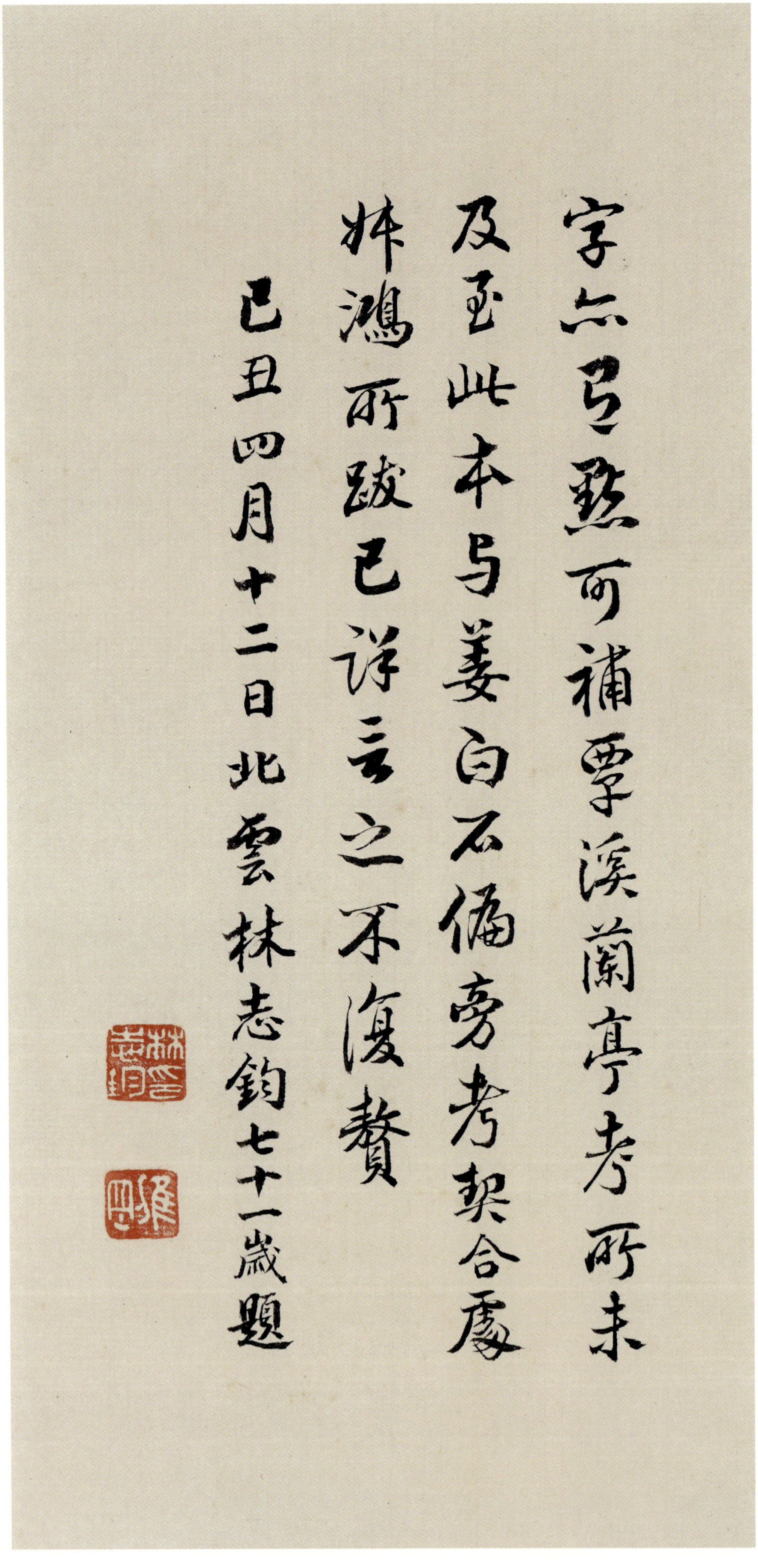
字亦有點可補覃溪蘭亭考所未
及至此本与姜白石偏旁考契合處
叔鴻所跋已詳言之不復贅
己丑四月十二日北雲林志鈞七十一歲題

字亦有點，可補覃溪《蘭亭考》所未及，至此本與姜白石《偏旁考》契合處，叔鴻所跋已詳言之，不復贅。己丑四月十二日，北雲林志鈞七十一歲題。

鈐印：林志鈞印、唯剛

題跋出處：定武蘭亭鼎帖本（林志鈞藏本）

館藏號：S2991

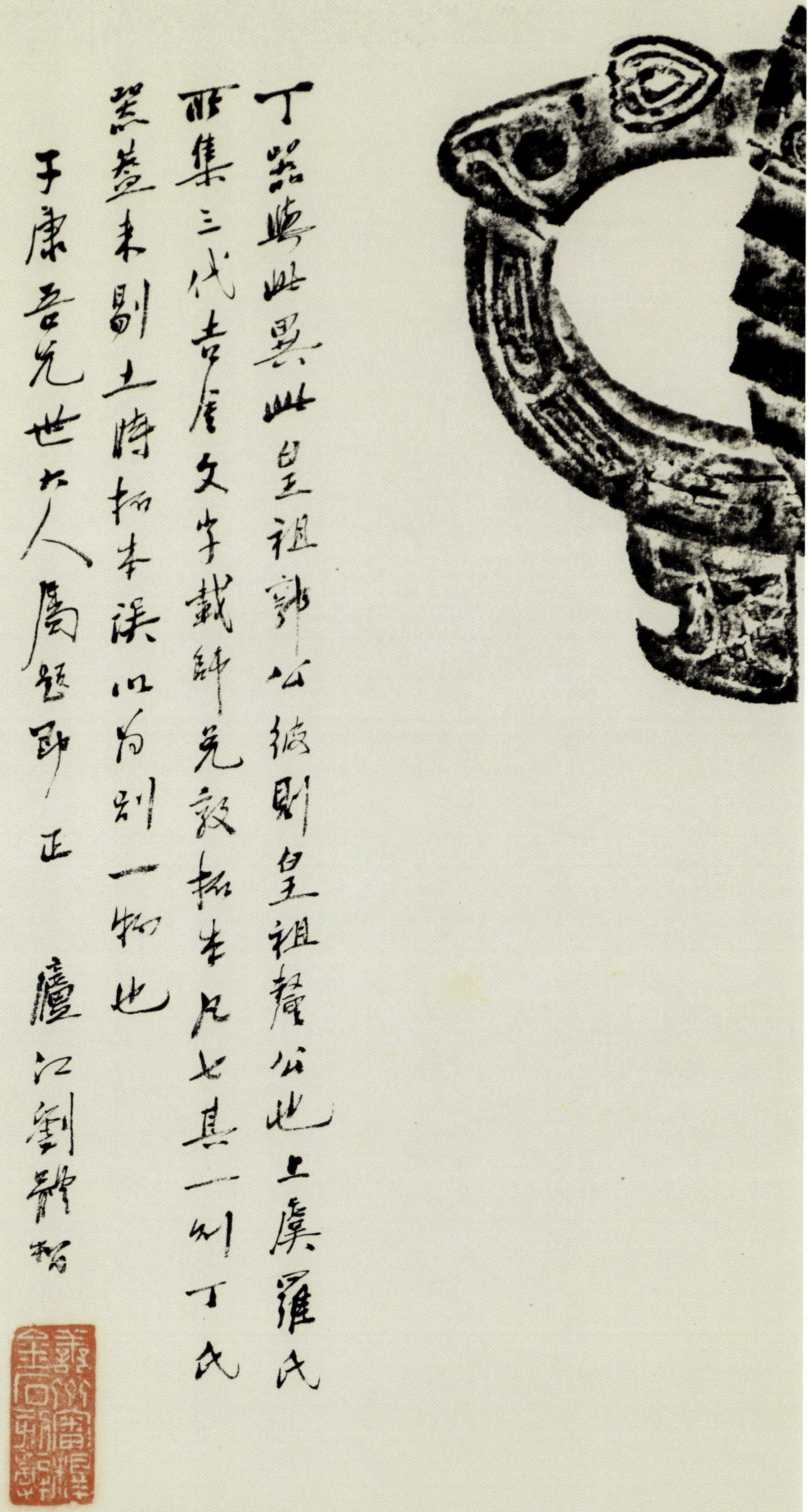
丁器與此異此皇祖郭公彼則皇祖耋公也上虞羅氏
所集三代吉金文字載師兑敦拓本凡七其一則丁氏
器蓋未剔土時拓本誤以爲別一物也
子康吾兄世大人屬題即正
廬江劉體智

劉體智

年代：1879—1962

字號：字惠之、晦之，號善齋

籍貫：安徽廬江

釋文：丁器與此異，此『皇祖郭公』，彼則『皇祖耋公』也。上虞羅氏所集《三代吉金文字》載《師兑敦》拓本凡七，其一則丁氏器，蓋未剔土時拓本，誤以爲別一物也。子康吾兄世大人屬題即正，廬江劉體智。

鈐印：善齋審釋金石刻辭

題跋出處：元年師兑簋（劉體智跋本之一）

館藏號：Z1607

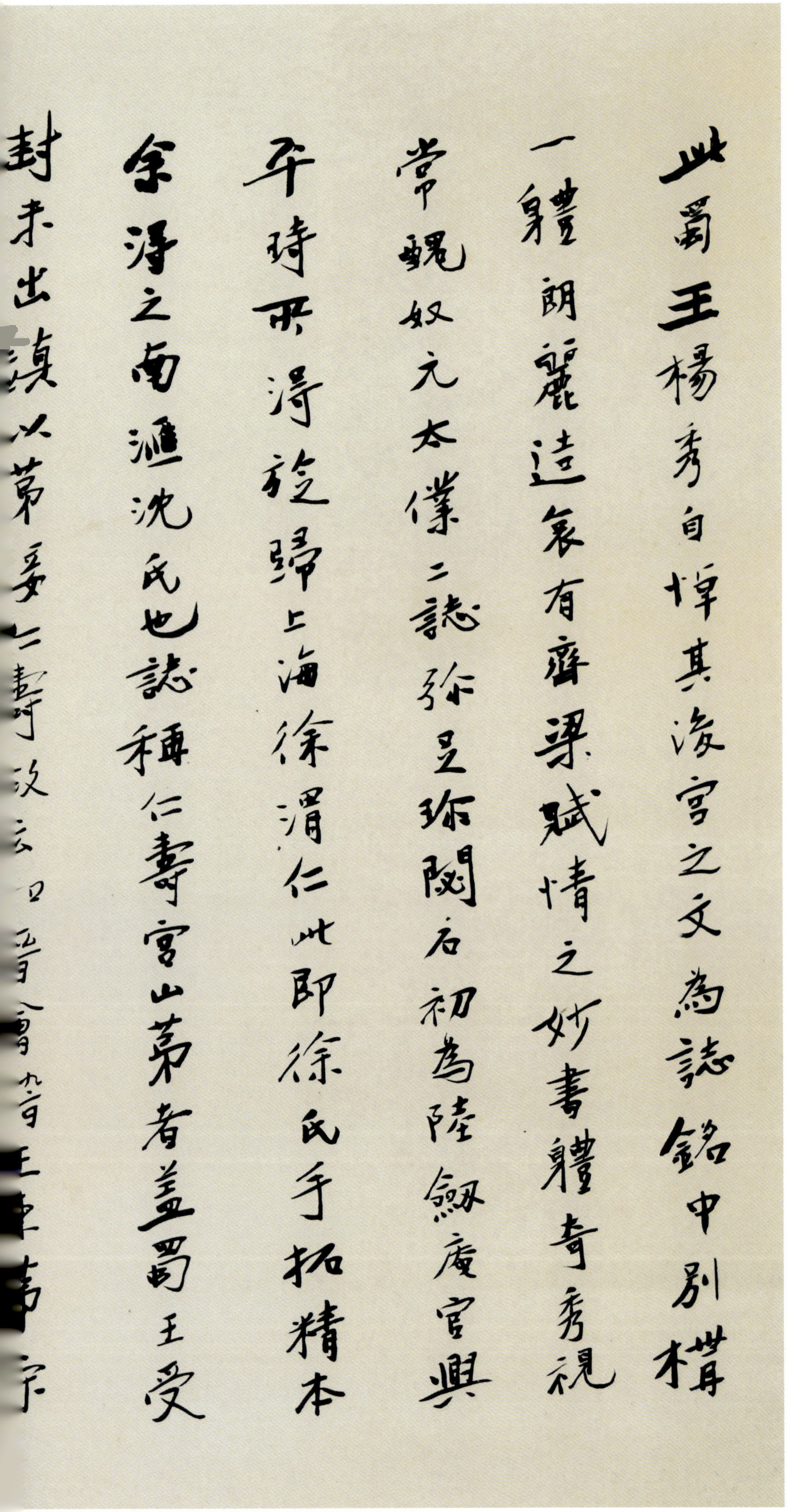

于右任

年代：1879—1964

字號：原名敬銘，字伯循、誘人、騷心、右任，號髯翁、太平老人、痛臂翁

籍貫：陝西三原

釋文：此蜀王楊秀自悼其後宮之文，爲誌銘中別構一體，朗麗造哀有齊梁賦情之妙。書體奇秀，視《常醜奴》《元太僕》二誌彌足珍閟。石初爲陸劍庵官興平時所得，旋歸上海徐渭仁，此即徐氏手拓精本，余得之南匯沈氏也。誌稱仁壽宮山第者，蓋蜀王受封未出鎮以第接仁壽故云，如晉會稽王東第、宋

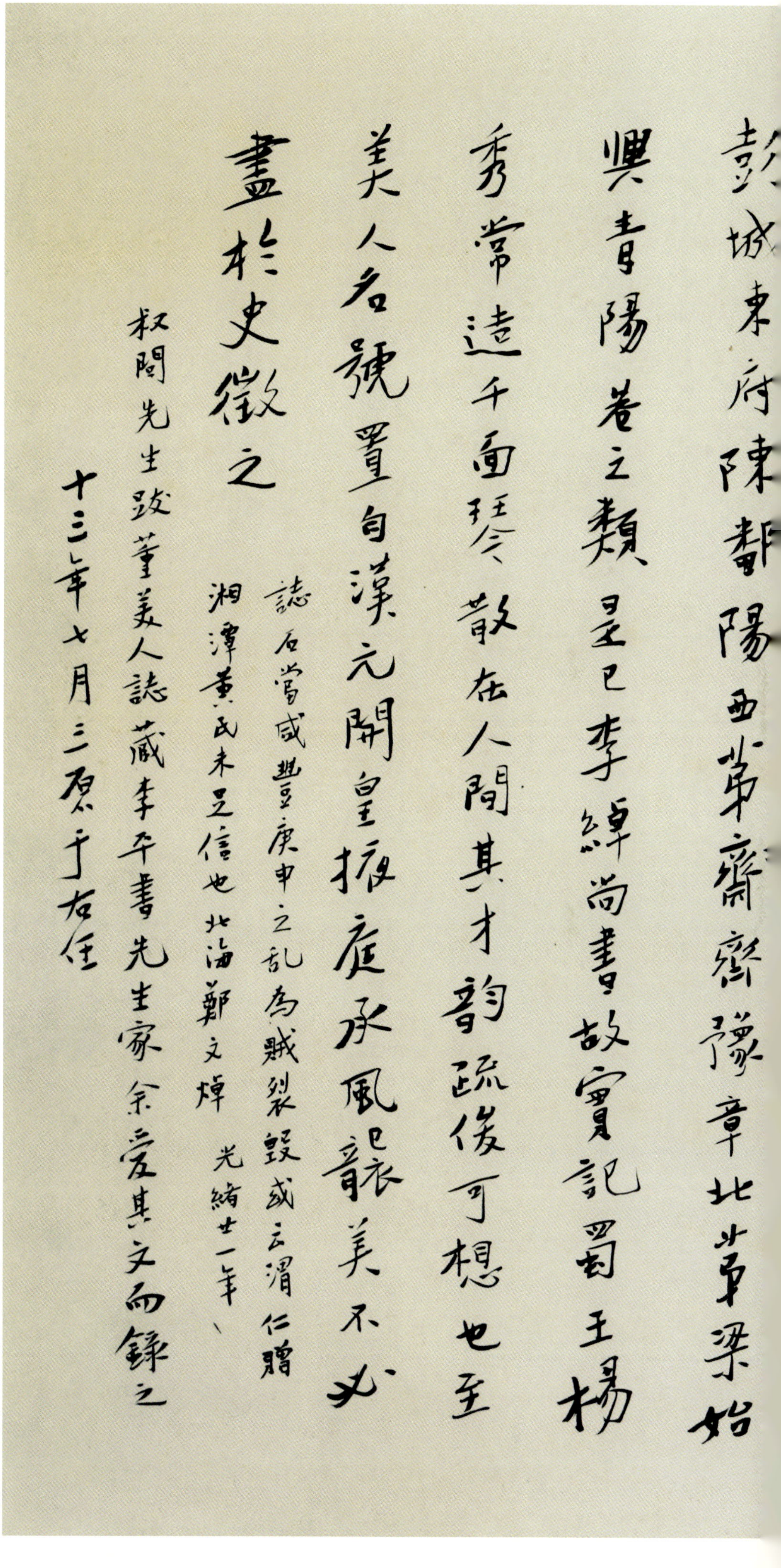
彭城東府陳鄱陽西第齊豫章北第梁始
興青陽巷之類是已李綽尚書故實記蜀王楊
秀常造千面琴散在人間其才韵疏俊可想也至
美人名號置自漢元開皇掖庭承風襲美不必
盡於史徵之
誌石當咸豐庚申之亂為賊裂毀或云渭仁贈
湘潭黄氏未足信也北海鄭文焯　光緒廿一年
叔問先生跋董美人誌藏李平書先生家余愛其文而録之
十三年七月三原于右任

彭城東府、陳鄱陽西第、齊豫章北第、梁始興青陽巷之類是已。李綽尚書故實記蜀王楊秀常造千面琴，散在人間，其才韵疏俊可想也。至美人名號置自漢元，開皇掖庭承風襲美不必盡於史徵之（誌石當咸豐庚申之亂爲賊裂毀，或云渭仁贈湘潭黄氏，未足信也。北海鄭文焯。光緒廿一年）。叔問先生跋《董美人誌》藏李平書先生家，余愛其文而録之。十三年七月，三原于右任。

題跋出處：董美人墓誌（于右任跋本）

館藏號：J4053

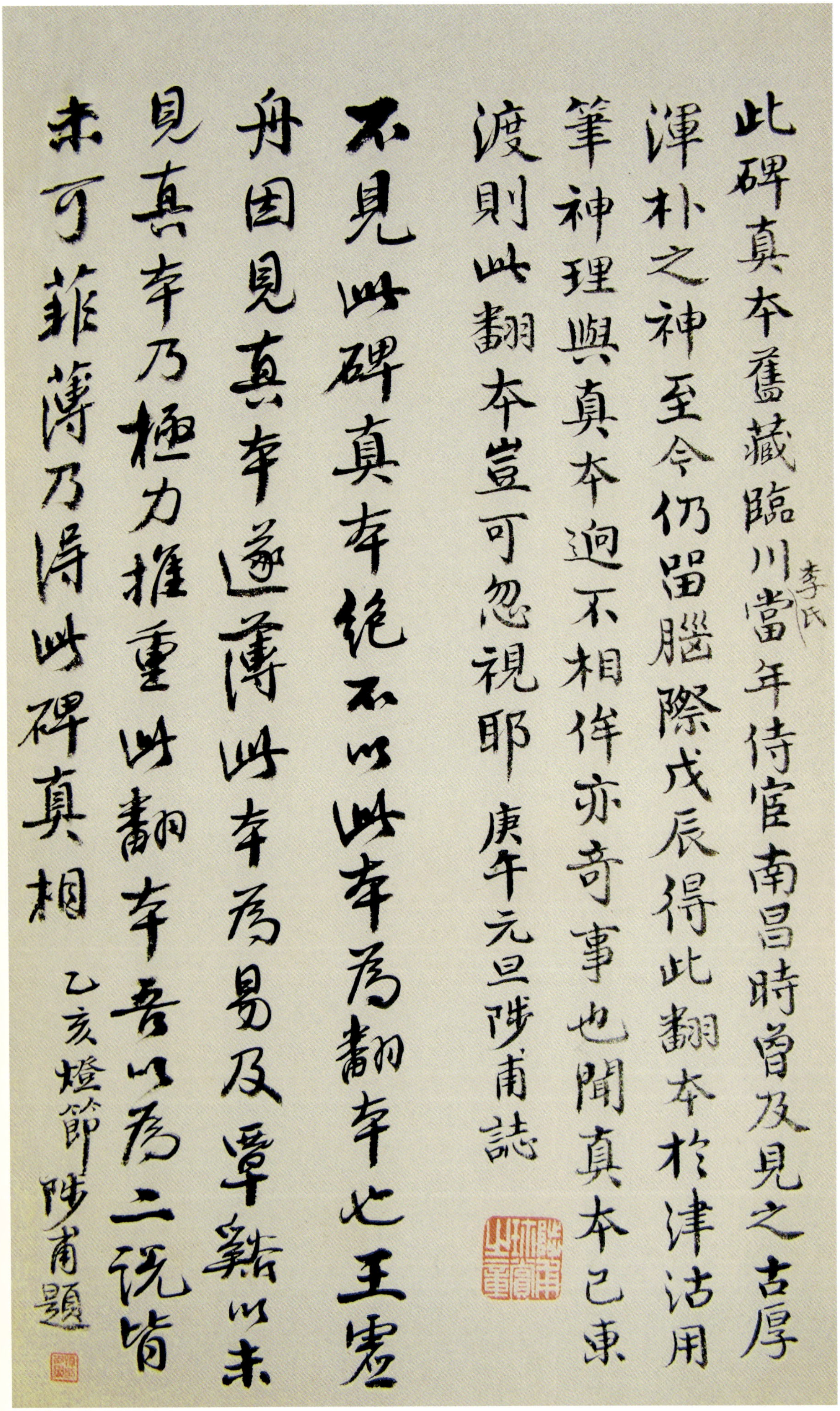

孫多巘

年代：生卒年不詳，活躍于民國時期

字號：字陟甫，號八公山民

籍貫：安徽壽春

釋文：此碑真本舊藏臨川李氏，當年侍宦南昌時曾及見之，古厚渾樸之神至今仍留腦際，戊辰得此翻本於津沽，用筆、神理與真本迥不相侔，亦奇事也。聞真本已東渡，則此翻本豈可忽視耶。庚午元旦陟甫誌。

鈐印：陟甫珍賞之章

釋文：不見此碑真本，絶不以此本爲翻本也。王虛舟因見真本遂薄此本爲易及，覃溪以未見真本乃極力推重此翻本，吾以爲二説皆未可菲薄，乃得此碑真相。乙亥燈節，陟甫題。

鈐印：孫多巘印

題跋出處：孟法師碑（鐵保藏本）　館藏號：S2475

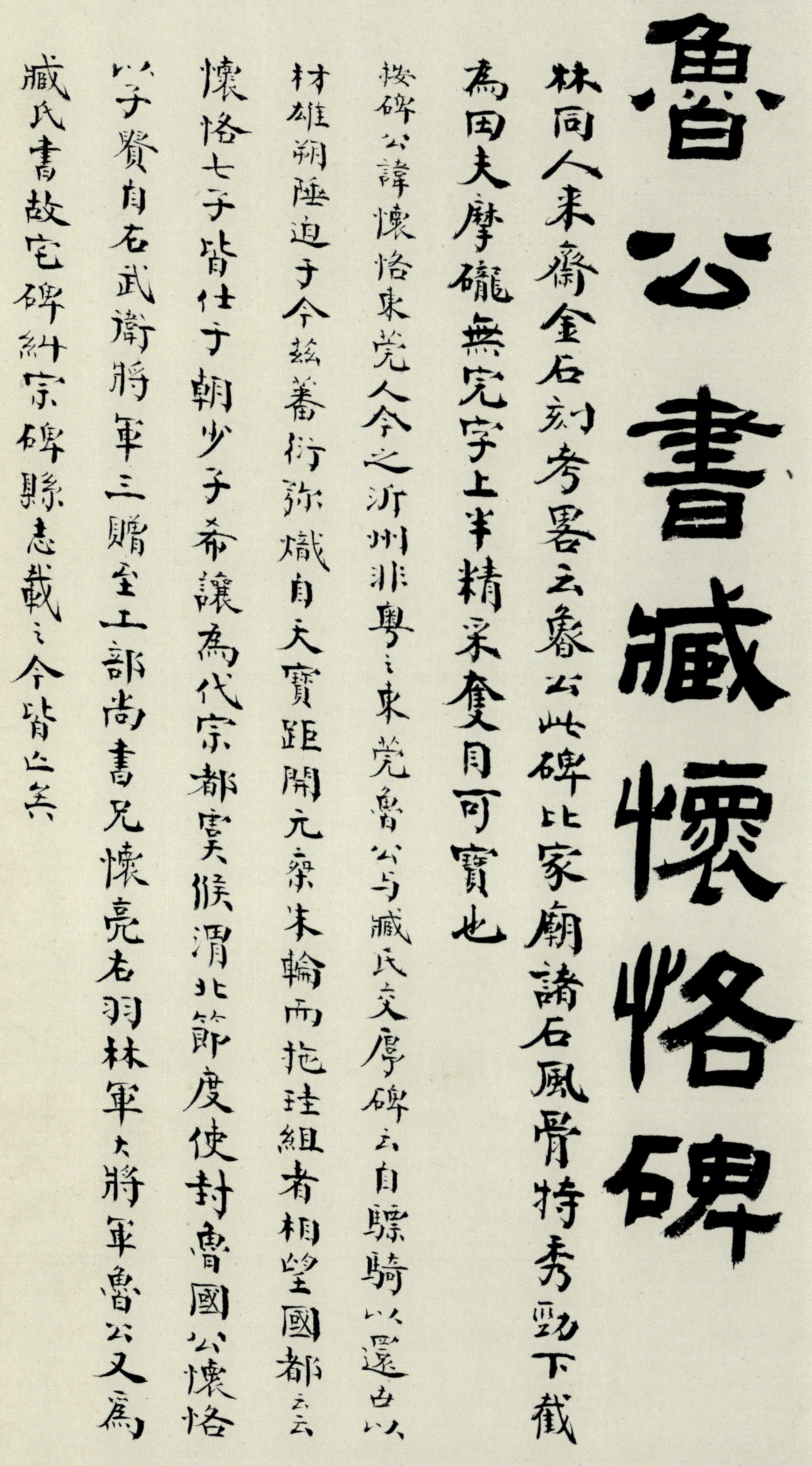
魯公書臧懷恪碑
林同人来齋金石刻考畧云魯公此碑比家廟諸石風骨特秀勁下截
為田夫摩礲無完字上半精采奪目可寶也
按碑公諱懷恪東莞人今之沂州非粵之東莞魯公与臧氏交厚碑云自驃騎以還世以
材雄朔陲迨于今兹蕃衍弥熾自天寶距開元乘朱輪而拖珪組者相望國都云云
懷恪七子皆仕于朝少子希讓為代宗都虞候渭北節度使封魯國公懷恪
以子貴自右武衛將軍三贈至工部尚書兄懷亮右羽林軍大將軍魯公又為
臧氏書故宅碑糾宗碑縣志載之今皆亡矣

王文濤

年代：生卒年不詳，活躍于民國時期

字號：字君覆，號竟庵、瑟庵

籍貫：四川華陽

釋文：魯公書臧懷恪碑。林同人《來齋金石刻考略》云魯公此碑比《家廟》諸石風骨特秀勁，下截爲田夫摩礲無完字，上半精采奪目，可寶也。

按碑，公諱懷恪，東莞人，今之沂州，非粵之東莞。魯公與臧氏交厚，碑云『自驃騎以還，世以材雄朔陲，迨于今兹，蕃衍彌熾。自天寶距開元，乘朱輪而拖珪組者相望國都』云云。懷恪七子皆仕于朝，少子希讓爲代宗都虞侯渭北節度使，封魯國公。懷恪以子貴，自右武衛將軍三贈至工部尚書。兄懷亮，右羽林軍大將軍。魯公又爲臧氏書《故宅碑》《糾宗碑》，縣志載之，今皆亡矣。

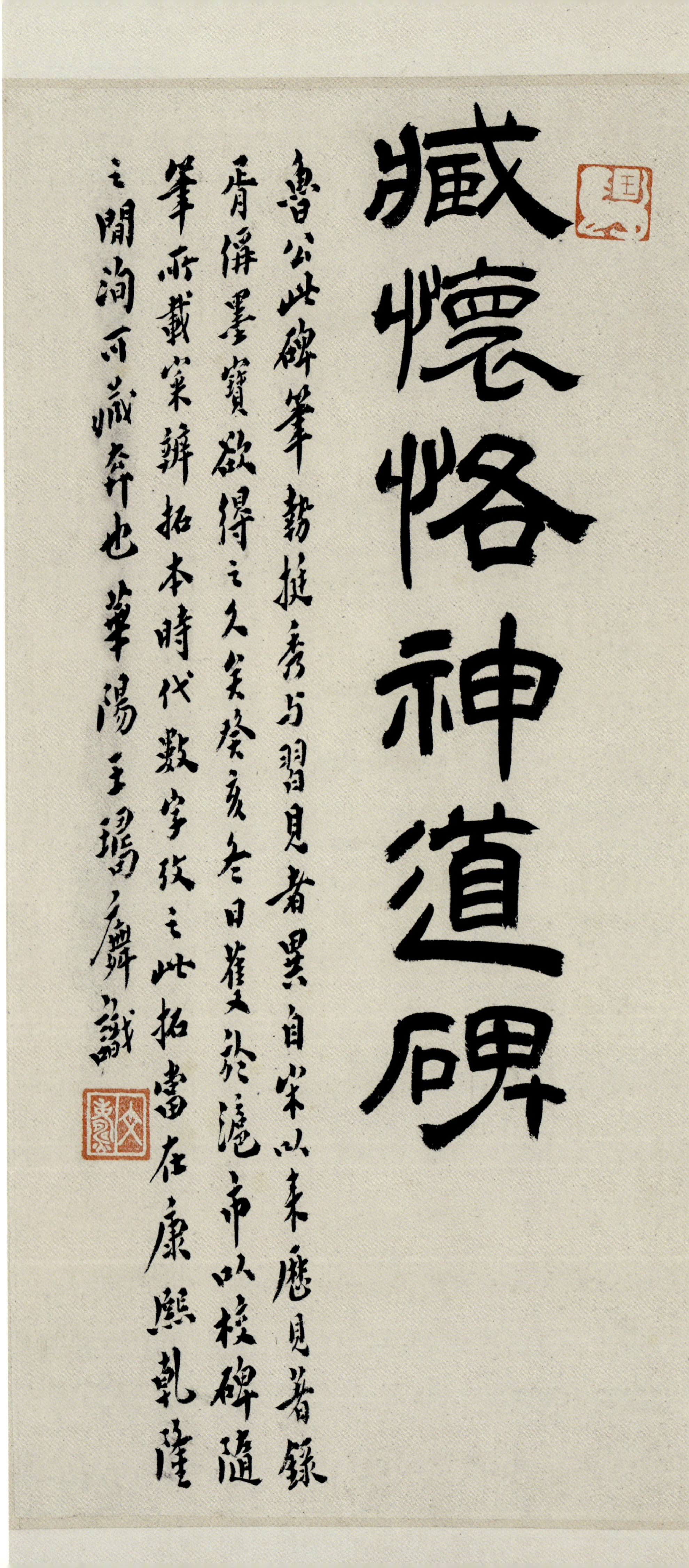
臧懷恪神道碑
魯公此碑筆勢挺秀與習見者異自宋以來歷見著録
胥偁墨寶欲得之久矣癸亥冬日獲於滬市以校碑隨
筆所載宋辨拓本時代數字考之此拓當在康熙乾隆
之間洵可藏弆也華陽王璹廯識

釋文：臧懷恪神道碑。魯公此碑筆勢挺秀，與習見者異。自宋以來歷見著録，胥偁墨寶，欲得之久矣。癸亥冬日獲於滬市，以《校碑隨筆》所載宋辨拓本時代數字考之，此拓當在康熙、乾隆之間，洵可藏弆也。華陽王璹廯識。

鈐印：王、文燾

題跋出處：臧懷恪碑（王文濤藏本）

館藏號：L6103

譚延闓

年代：1880—1930

字號：字祖安，號無畏、切齋、非翁、祖庵、組庵

籍貫：湖南茶陵

釋文：《韓仲良碑》清乾隆中趙希謙訪得，碑上半已漫漶，今尤泐不可辨。此本『九圍版蕩』『圍』字中『韋』未損，是初拓，可珍也。丙寅四月，爲舟虛先生題。延闓。

鈐印：譚延闓印　題跋出處：韓仲良碑（文素松藏本）　館藏號：S3067

韓仲良碑清乾隆中趙
希謙訪得碑上半已漫漶
今尤泐不可辨此本九圓版
蕩圓字中章未損是初
拓可珍也丙寅四月為
舟虛先生題
延闓

易培基

年代：1880—1937

字號：字寅村，號鹿山

籍貫：湖南長沙

釋文：《始平公造象》亦舊拓本，故弟三行『邀逢』二字、弟六行『匪烏』『烏』字、弟七行『周』字、弟八行『率』字均未泐，而神采完整，尤爲可葆。丙寅孟冬，易培基記。

鈐印：易氏寅邨

題跋出處：始平公造像題記（易培基跋本）　館藏號：J1147

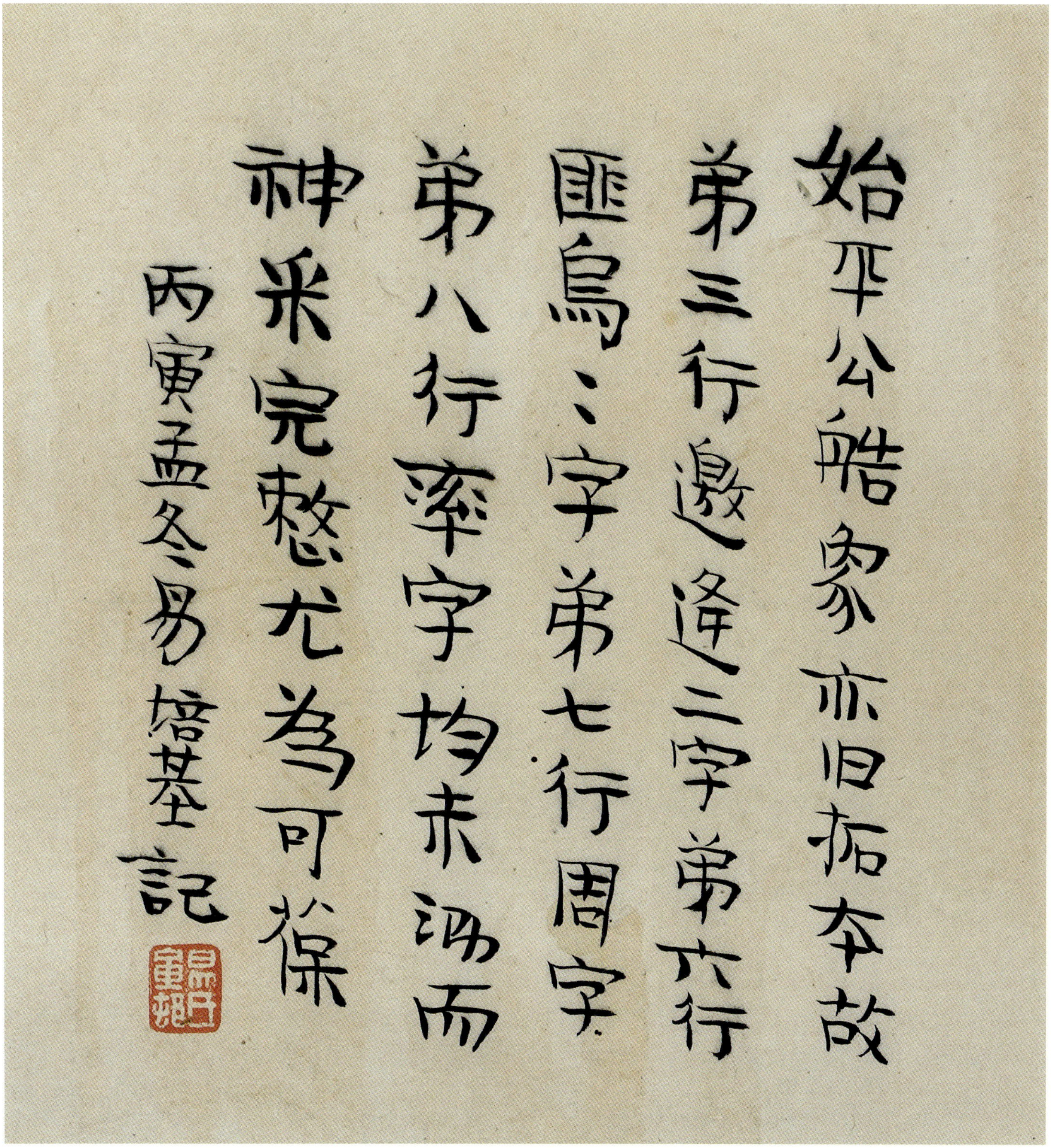
始平公造象亦旧拓本故弟三行邈逢二字弟六行匪烏〻字弟七行周字弟八行率字均未泐而神采完整尤為可葆

丙寅孟冬易培基記

王禔

年代：1880—1960

字號：原名壽祺，更名禔，字維季，號福庵、屈瓠、持默老人、印奴、印傭、鋤石農、羅刹江民

籍貫：浙江仁和

釋文：虢叔大林和鐘。乙酉孟陬之月爲師匡道兄先生鑒家題，福厂王禔，時年六十又六。

鈐印：福厂六十歲後書、王禔

釋文：案，是鐘仝文異笵，見于箸録者凡四，一臧儀徵阮氏，一臧嘉興張氏，一臧汀洲伊氏，一臧溲陽端氏。此即端氏舊臧之鐘，今爲師匡先生所得。阮、張、伊三氏臧鐘因轉展流傳，曾得一度摩挲，今不知歸于何處。此鐘鼓上多一鳧文，尤爲可寶。翌日福厂又識于春住樓。

鈐印：福厂六十歲後書、王禔

題跋出處：虢叔旅鐘（王禔跋本）

館藏號：Z5054

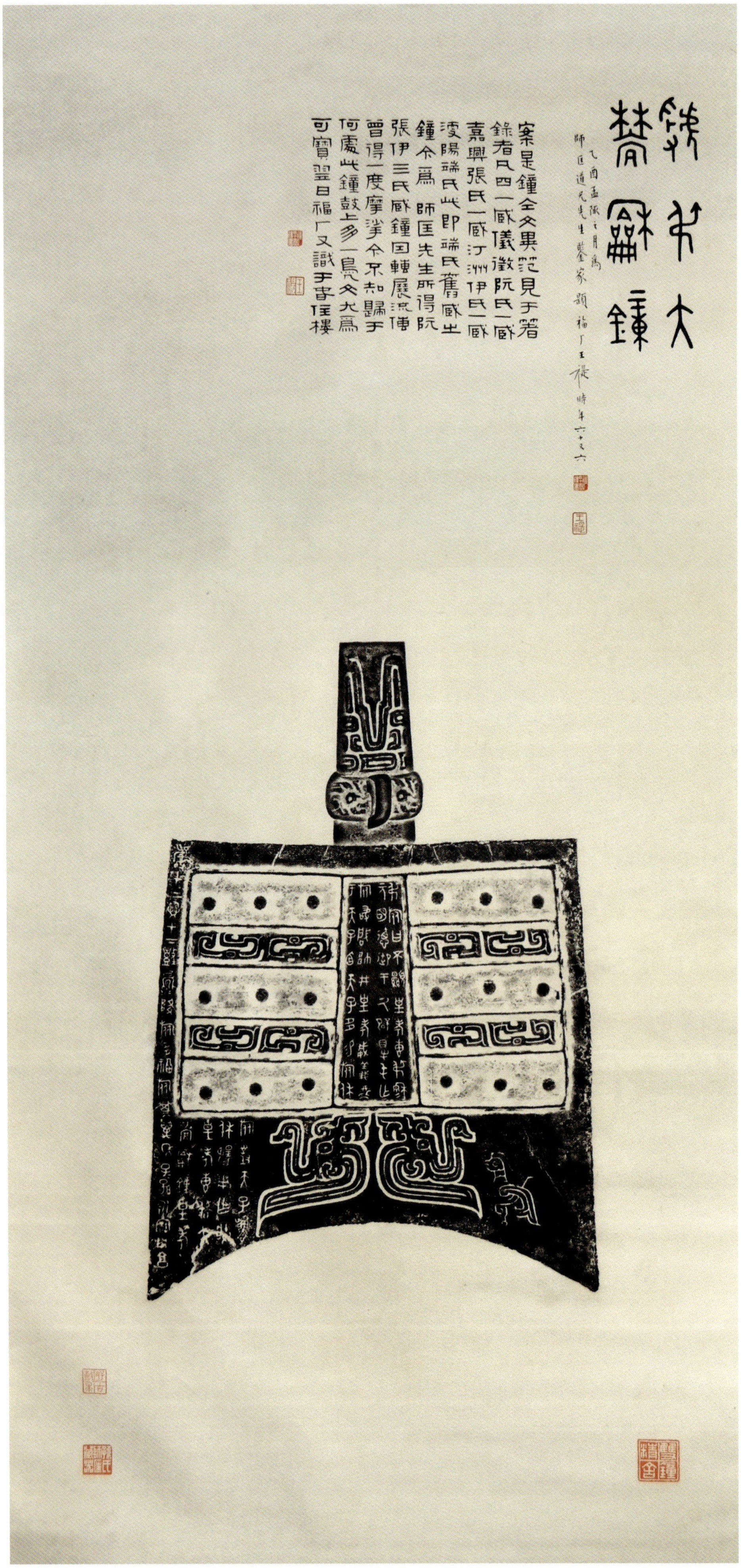

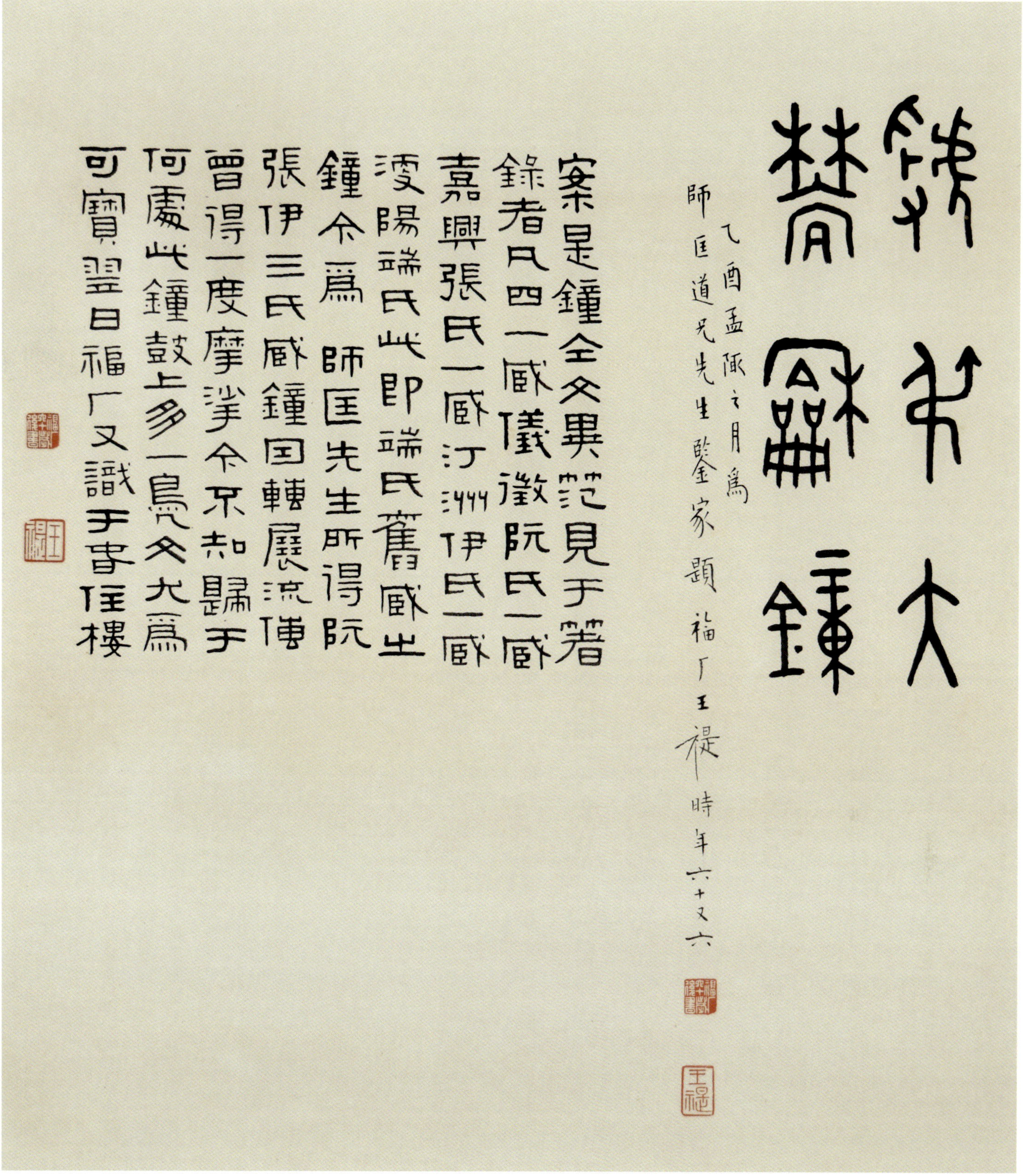
乙酉孟陬之月為
師匡道兄先生鑒家題 福厂王禔 時年六十又六
案是鐘全文異范見于著錄者凡四一器儀徵阮氏一器嘉興張氏一器江陰伊氏一器溧陽端氏此即端氏舊器出鐘今為 師匡先生所得阮張伊三氏器鐘國轉展流傳曾得一度摩挲今不知歸于何處此鐘鼓上多一鳥文尤為可寶翌日福厂又識于書住樓

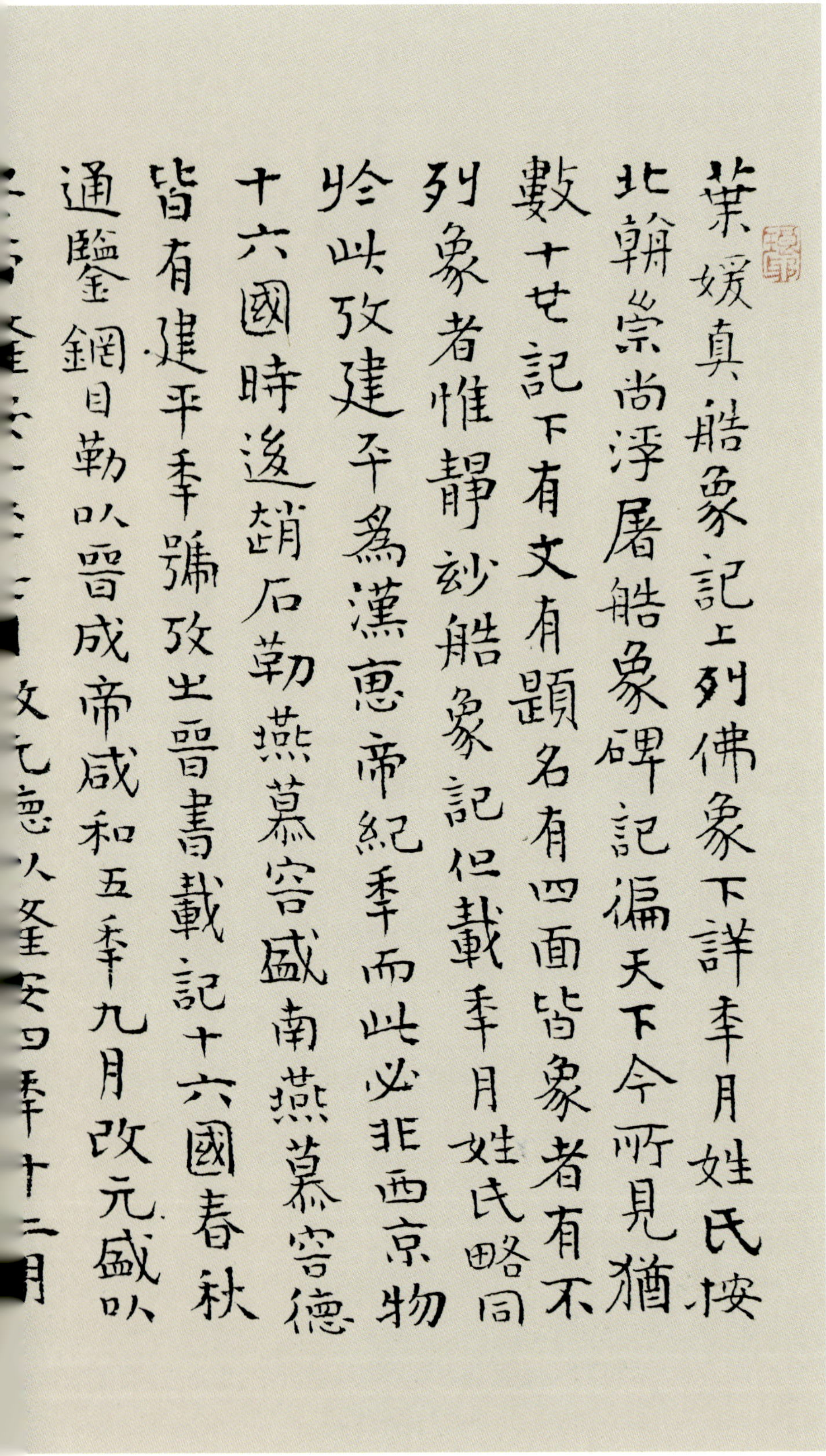
葉媛真造象記上列佛象下詳年月姓氏按
北朝崇尚浮屠造象碑記徧天下今所見猶
數十廿記下有文有題名有四面皆象者有不
列象者惟靜妙造象記但載年月姓氏略同
於此攷建平為漢哀帝紀年而此必非西京物
十六國時後趙石勒燕慕容盛南燕慕容德
皆有建平年號攷之晉書載記十六國春秋
通鑒綱目勒以晉成帝咸和五年九月改元盛以

釋文：《葉媛真造象記》上列佛象，下詳年月、姓氏。按，北朝崇尚浮屠，造象碑記遍天下，今所見猶數十也。記下有文，有題名，有四面皆象者，有不列象者，唯《静妙造象記》但載年月、姓氏，略同於此。考建平爲漢哀帝紀年，而此必非西京物。十六國時後趙石勒、燕慕容盛、南燕慕容德皆有建平年號。考之《晉書・載記》《十六國春秋》《通鑒綱目》，勒以晉成帝咸和五年九月改元，盛以安帝隆安二年七月改元，德以隆安四年十二月改元，則建平元年皆不當有二月，疑當時循逾年稱元之例者，不能臆斷其爲何國也。王述庵侍御《金石萃編》所載造象記、銘、頌，自魏迄隋凡六十六種，而此記前乎魏者百有餘年，要之西漢無楷法，六朝以後無建平建元者，其爲齊梁前之物無疑矣。光緒壬午秋，吴伯滔布衣散賑至邑西，忽值雷雨交作，因避鄁村廟。電光中隱見此象於神座下，霽後亟拾取洗剔文字曰『建平元年二月十一日，優婆夷媛真葉氏造供佛壽』凡二十言。石質完好，刻畫粗率，然大有意趣，蓋八分未變時所作，故點畫不以流走爲工。當時金眉叔上舍見而愛之，以百金得之，伯滔仍以此值取賑，不亦善且雅乎。丙申冬八日喜雨草堂雪窗菊鄰爲之記。宣統辛亥秋葉舟屬爲補録。福盦居士王壽祺時客頔塘。

鈐印：琅邪、壽祺、維季

題跋出處：葉媛真造像記（葉舟藏本）

館藏號：J6782

改元則建[illegible]
年稱元之例者不能臆斷其為何國廿王述庵
侍御金石萃編所載艁象記銘頌自魏迄隋
凡六十六種而此記肯乎魏者百有餘年要之
西漢無楷法六朝以後無建平建元者其為僞
梁肯之物無疑矣光緒壬午秋吳伯滔布衣
散賑至邑西忽值雷雨交作回避郜邨廟電光
中隱見此象於神座下霽後亟拾取洗剔文
字曰建平元年二月十一日優婆夷媛真葉氏
艁供佛壽凡二十言石質完好刻畫麤率然
大有意趣蓋八分未變時所作故點畫不以
流走為工當時金眉糾上舍見而愛之以百金
得之伯滔仍以此值助賑不亦善且雅乎丙申
冬八日喜雨艸堂雪囱匊鄰為之記宣統辛亥秋
葉舟屬為補錄 福盦居士王壽祺時客蝢塘

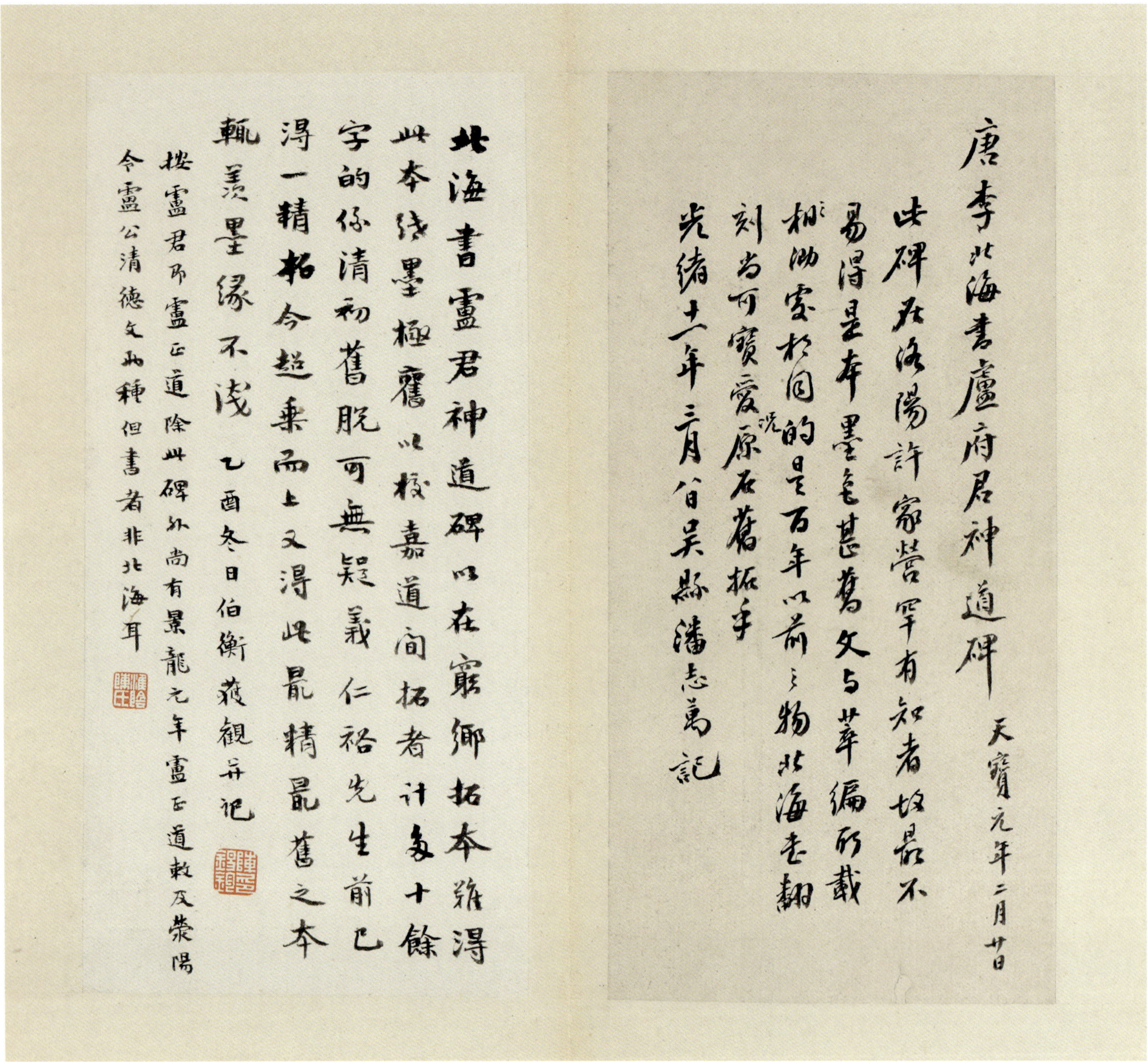

陳錫鈞

年代：1880—1961

字號：原名錫鈞，字伯衡，後以字行，號漢華、倬雲

籍貫：江蘇淮陰

釋文：北海書《盧君神道碑》，以在窮鄉，拓本難得。此本紙墨極舊，以校嘉道間拓者，計多十餘字，的係清初舊脱，可無疑義。仁裕先生前已得一精拓，今超乘而上，又得此最精最舊之本，輒羨墨緣不淺。乙酉冬日，伯衡獲觀并記。

鈐印：陳錫鈞印

釋文：按：盧君即盧正道，除此碑外，尚有景龍元年《盧正道敕》及《滎陽令盧公清德文》兩種，但書者非北海耳。

鈐印：淮陰陳氏

題跋出處：盧正道碑（劉履芳藏本）

館藏號：S0761

黄葆鉞

年代：1880—1968

字號：又作葆戉，字藹農，號青山老農、鄰谷先生，小名破鉢

籍貫：福建長樂

釋文：《天發神讖碑》碑式圖（略）。蒽石先生屬橅，壬戌秋九月，長樂黄葆鉞。

鈐印：葆戉之印、青山農

題跋出處：天發神讖碑（龔心釗藏本）

館藏號：88B2678

釋文：此本爲故宫博物院古物館仿真影印，有民國庚午（1930）黄葆戉（青山農）數千字題跋真迹。此爲題跋結尾局部，釋文略。

鈐印：長樂黄葆戉印、藹農五十後作

題跋出處：散氏盤（黄葆鉞題跋本）

館藏號：Z1409

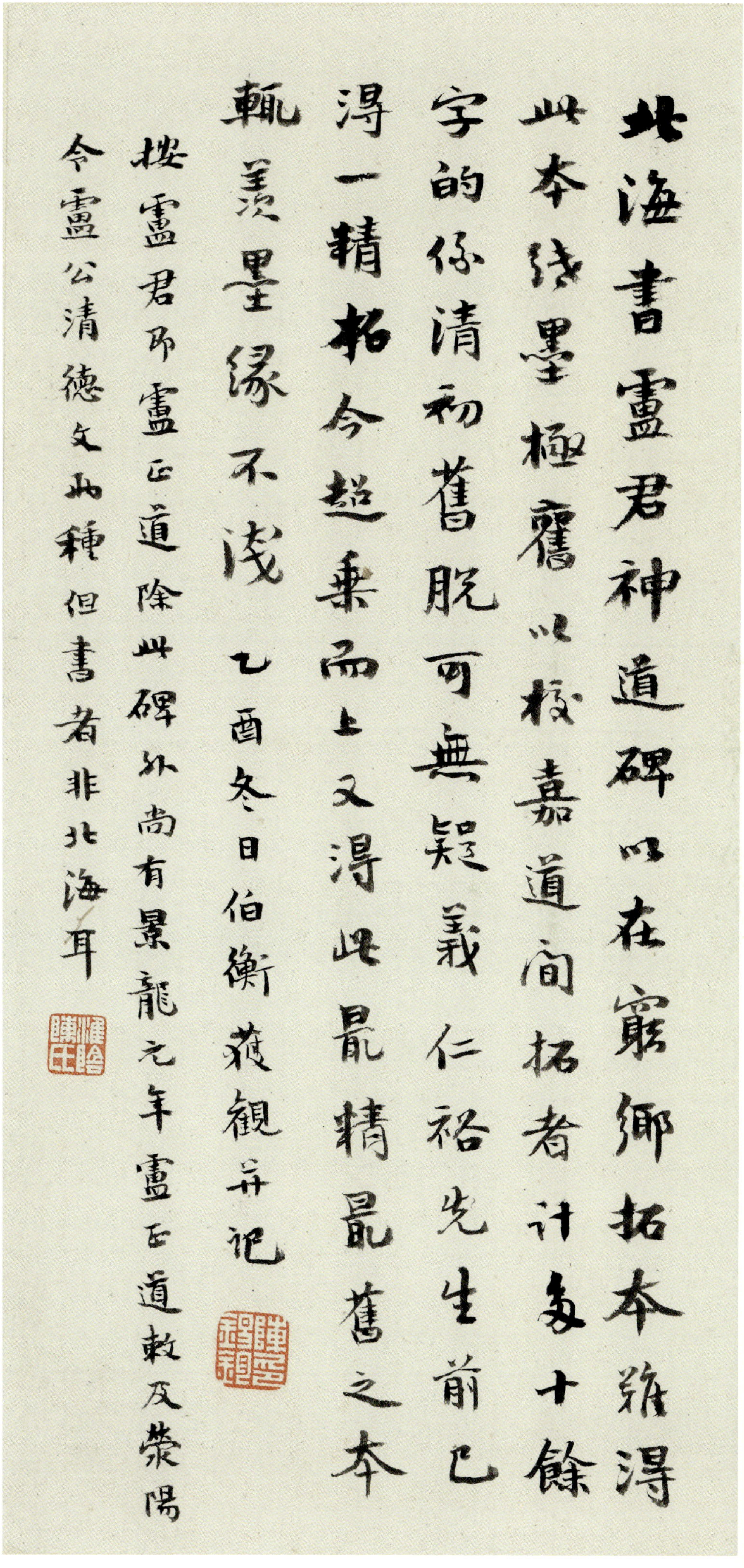
北海書盧君神道碑以在窮鄉拓本難得此本綫墨極舊以校嘉道間拓者計多十餘字的係清初舊脫可無疑義仁裕先生前已得一精拓今超乘而上又得此最精最舊之本輒羨墨緣不淺 乙酉冬日伯衡獲觀并記

按盧君即盧正道除此碑外尚有景龍元年盧正道敕及滎陽令盧公清德文碑但書者非北海耳

上天帝言天
下步于日月
帝曰大吳一
本仁中至乎
天發神讖文
天璽元年未
處中郎將丹
然發誥廣省
者十二字曰
合事建忠中
三字悟衡氣
詔
諸中書與所
費字所視處
副譯校隸叢
章咸學楷賀
等十二人書
刊

歲方申宇丙日壬
九元示于山川下
己酉朔十四日中
爲
乃是天讖廣多乃
月廿三日建
將會稽陳悟
朱解曰大月一
將軍禮將軍關內
丨二字合五十未
厚絡典校皋儀備
吳郡建業丞許
並故觀視濟鄭麻

曰
市解解
件文字
卅十
九江
字與
樓傳
附番紀
永歸

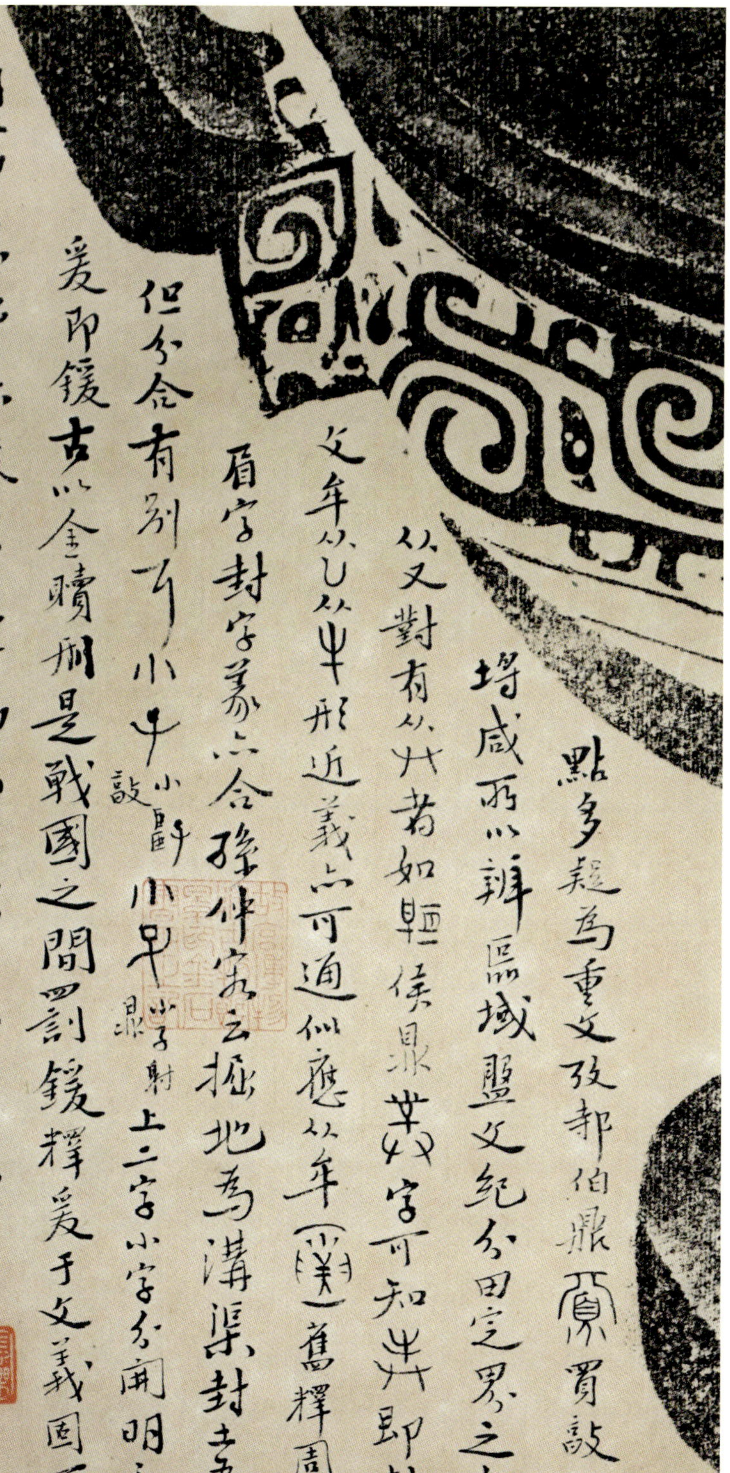

點多疑爲重文攸鄀伯鼎𡨦買㲃□□鑄子盨□□下皆
埒咸兩以辨區域盟文紀分田定界之事非此不特□□字
从又對有从廾者如𩡧侯鼎□字可知□即封字此从封爲□□
文年从乚从屮形近義亦可通似應从年（□）舊釋周釋奚釋寅寅爲初疑
眉字封字義亦合散伯敦云掘地爲溝渠封土爲堳埒然則年皆
但分合有别耳小屮小子敦小屮子鼎射上二字小字分開明明爲小子小字略連
爰即鍰古以金贖刑是戰國之間罰鍰釋爰于文義固可通但宋以鉼金爰
因節録拙集散盟文釋即乞正謬 長樂黃葆戉

蘭臺東觀令
巧工九江米
場東漢憲屏

蕙石先生屬檦 壬戌秋九月長樂黃葆鉞

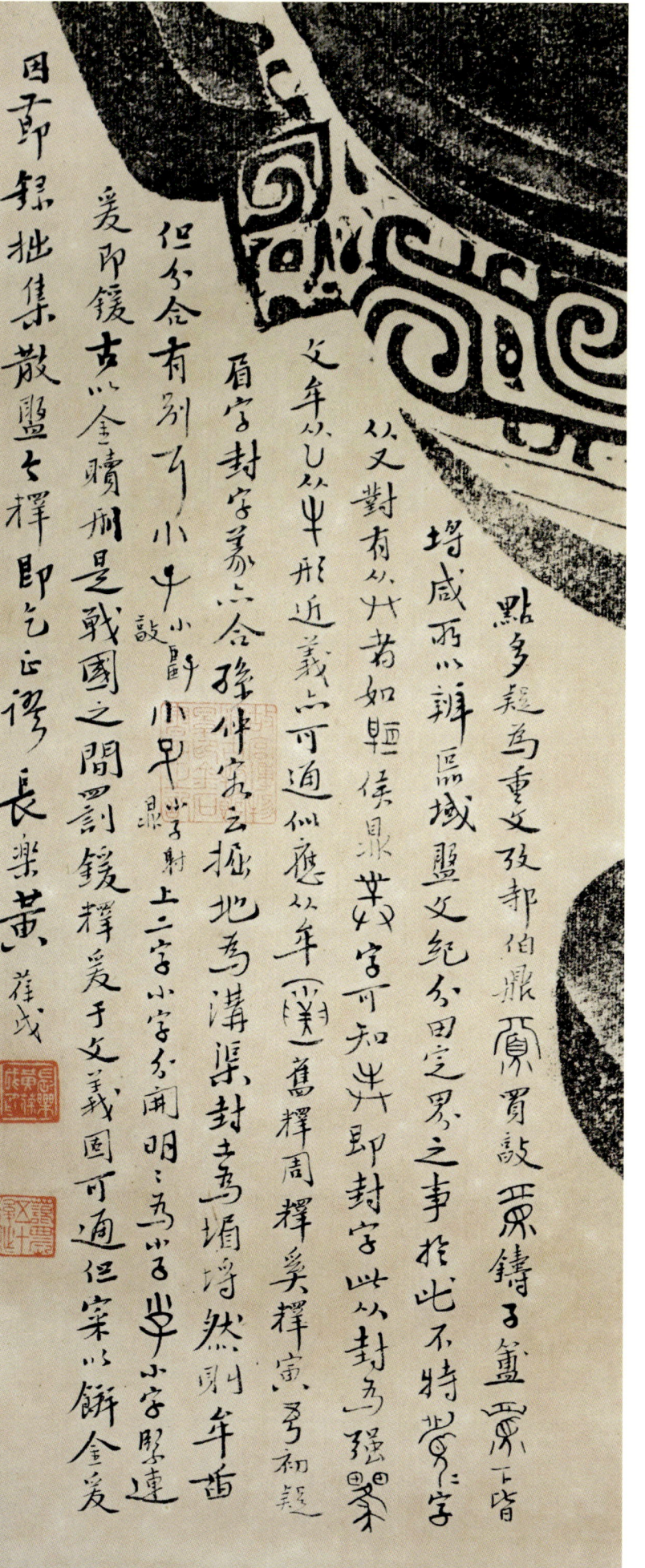

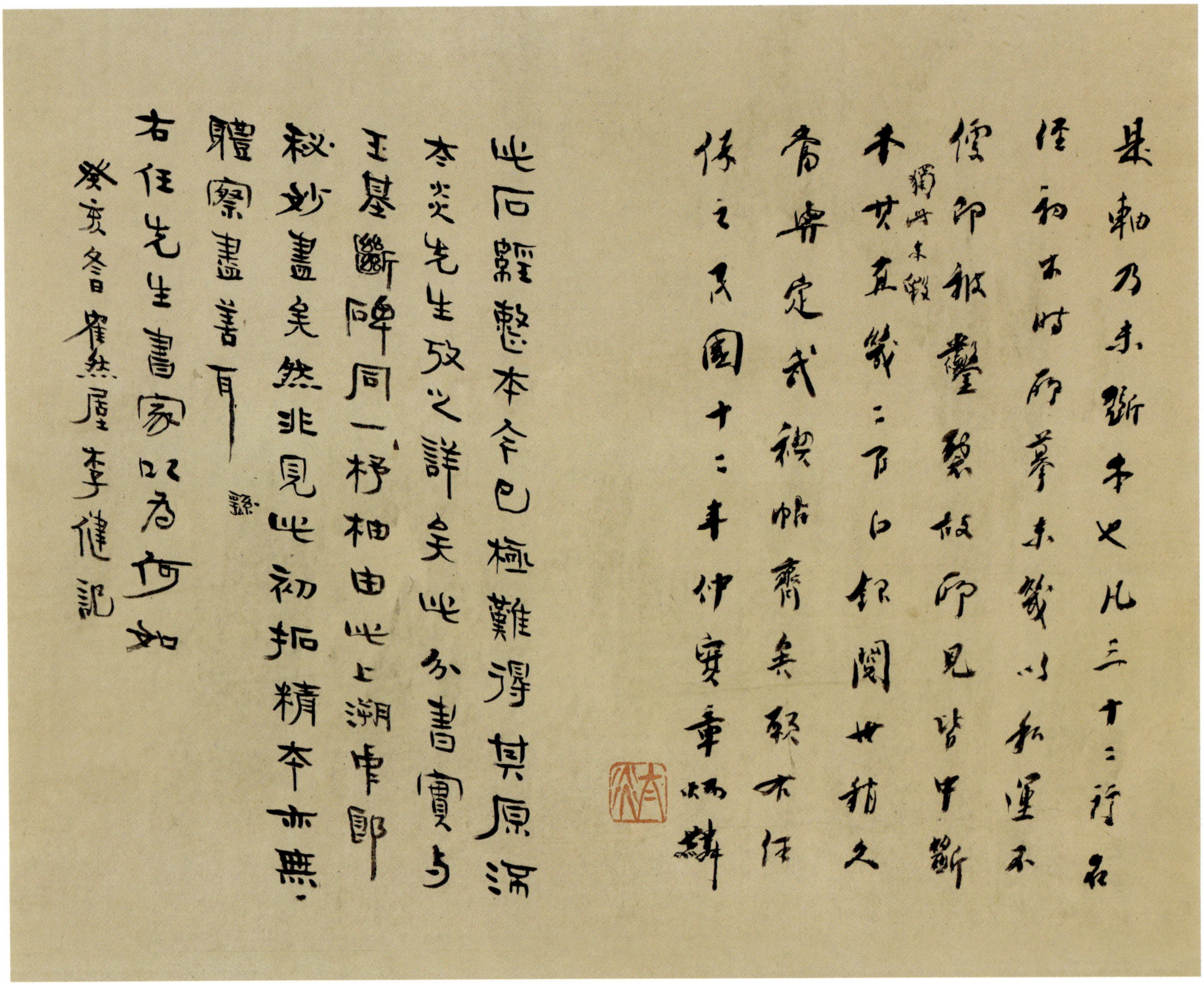

李健

年代：1881—1956

字號：字仲乾，號鶴然、鶴道人

籍貫：江西臨川

釋文：此石經整本今已極難得，其原流太炎先生考之詳矣。此分書實與《王基斷碑》同一杼柚，由此上溯，中郎秘妙盡矣。然非見此初拓精本，亦無繇體察盡善耳。右任先生書家以爲何如？癸亥冬日，隺然居士李健記。

題跋出處：正始石經（于右任藏本）

館藏號：JJ1358

此石經整本今已極難得其原流太炎先生攷之詳矣此分書實与王基斷碑同一杼柚由此上溯中郎秘妙書美然非見此初拓精本亦無體察書善耳　孫

右任先生書家以為何如

癸亥冬日瞿然居李健記

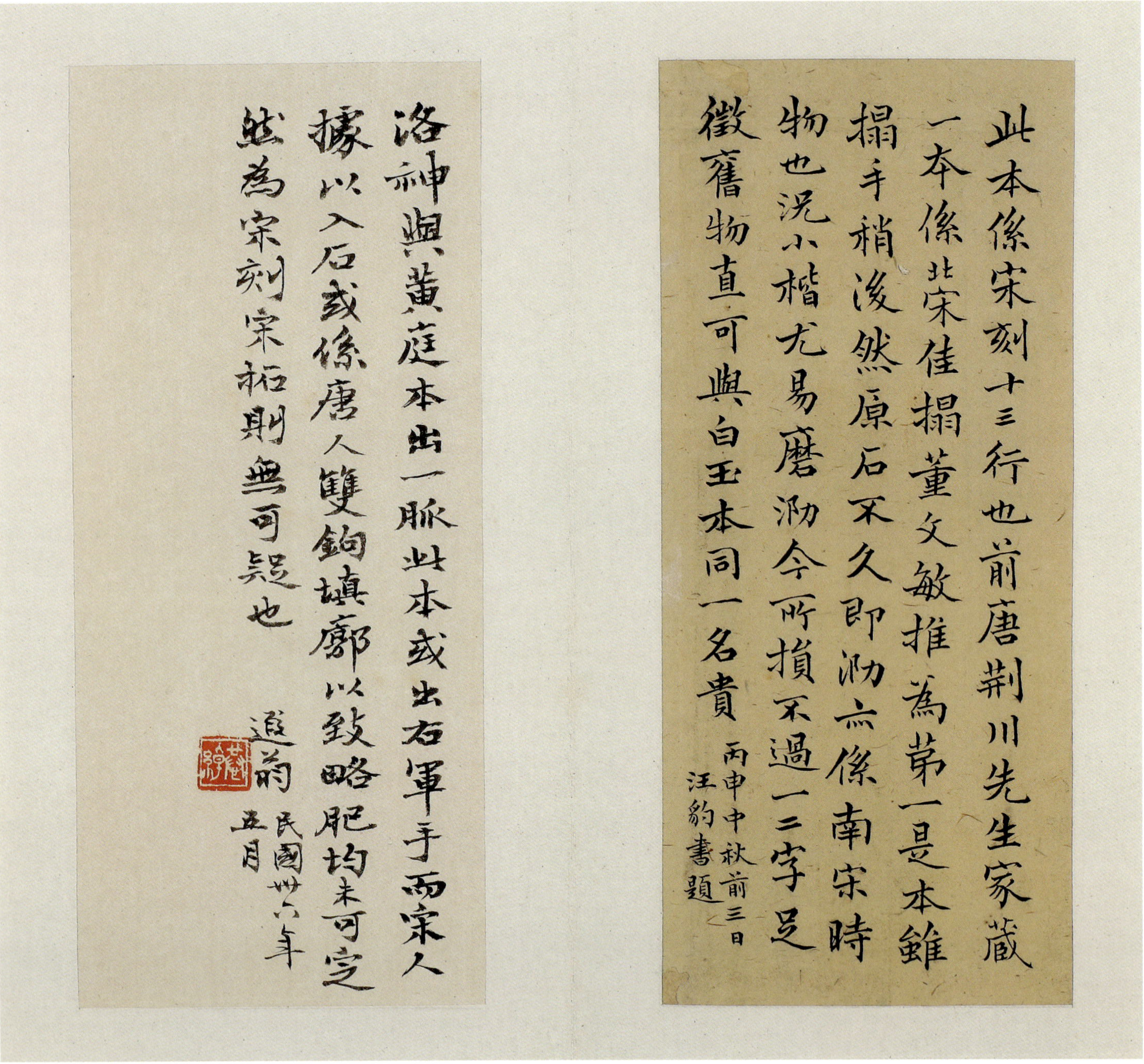
此本係宋刻十三行也前唐荆川先生家藏
一本係北宋佳搨董文敏推為第一是本雖
搨手稍後然原石不久即泐亦係南宋時
物也況小楷尤易磨泐今所損不過一二字足
徵舊物直可與白玉本同一名貴
丙申中秋前三日
洛神與黃庭本出一脉此本或出右軍手而宋人
據以入石或係唐人雙鈎填廓以致略肥均未可定
然為宋刻宋拓則無可疑也
遐翁
民國卅六年五月

葉恭綽

年代：1881—1968

字號：字裕甫、玉甫、玉父、譽虎，號遐庵、遐翁、矩園

籍貫：廣東番禺

釋文：《洛神》與《黄庭》本出一脉。此本或出右軍手，而宋人據以入石，或係唐人雙鈎填廓，以致略肥，均未可定，然爲宋刻、宋拓則無可疑也。遐翁。民國卅六年五月。

鈐印：恭綽

題跋出處：洛神賦十三行（劉世珩藏本）

館藏號：19A373

洛神與黃庭本出一脈此本或出右軍手而宋人據以入石或係唐人雙鉤填廓以致略肥均未可定然為宋刻宋拓則無可疑也

遐翁

民國卅六年五月

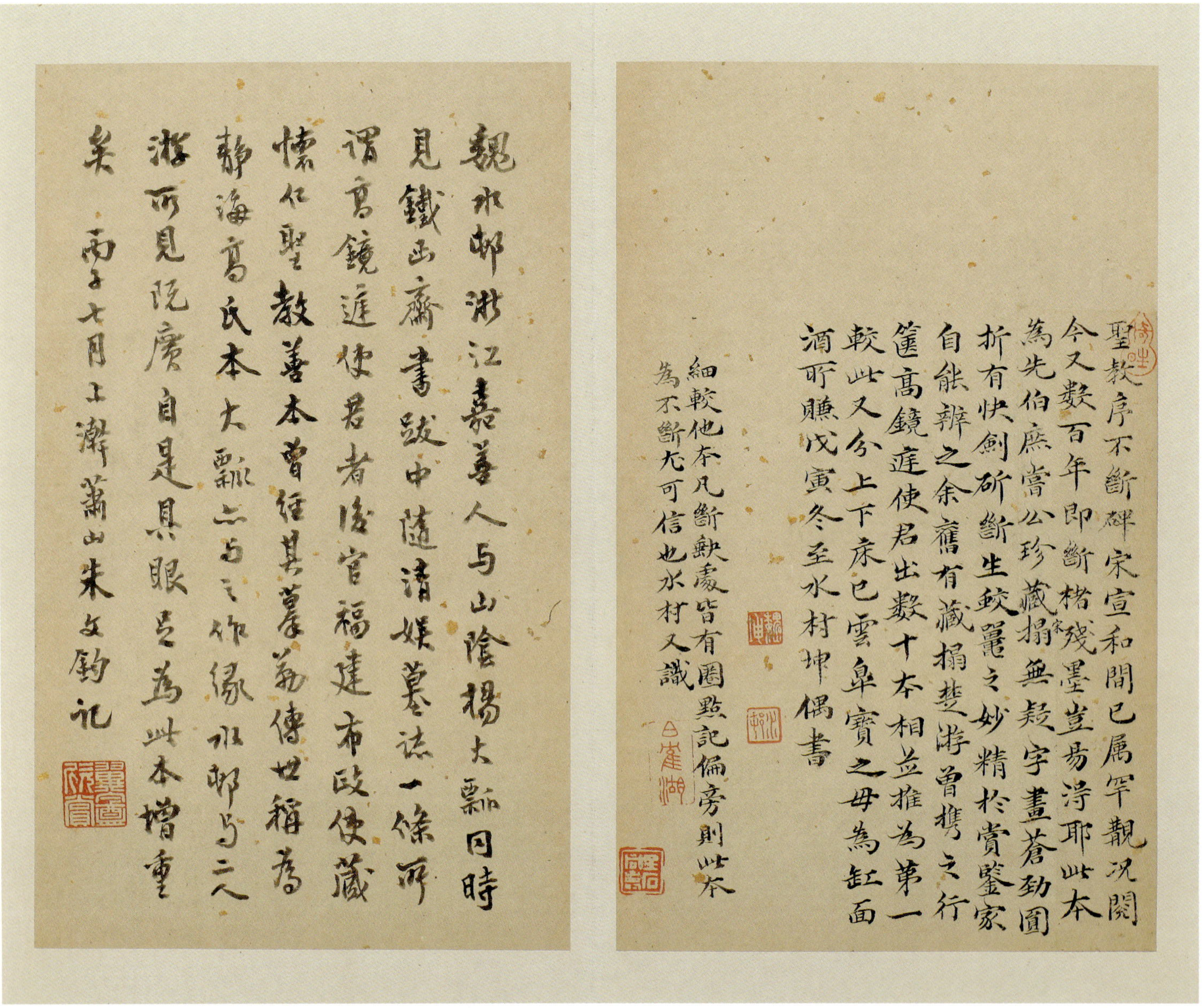

朱文鈞

年代：1882—1937

字號：字幼平，號翼盦、甄父

籍貫：浙江蕭山

釋文：魏水邨，浙江嘉善人，與山陰楊大瓢同時，見《鐵函齋書跋》中《隨清娛墓誌》一條。所謂高鏡庭使君者，後官福建布政使，藏懷仁《聖教》善本，曾經其摹勒傳世，稱爲静海高氏本，大瓢亦與之作緣。水邨與二人游，所見既廣，自是具眼，足爲此本增重矣。丙子七月上澣，蕭山朱文鈞記。

鈐印：翼盦欣賞

魏水部浙江嘉善人与山陰楊大瓢同時
見鐵函齋書跋中隨清娛墓誌一條稱
謂烏鏡遲使君者後官福建布政使藏
懷仁聖教善本曾經其摹勒傳世稱為
静海高氏本大瓢亦為之作緣水部與二人
游所見既廣自是具眼定為此本增重
矣 丙子七月上澣蕭山朱文鈞記

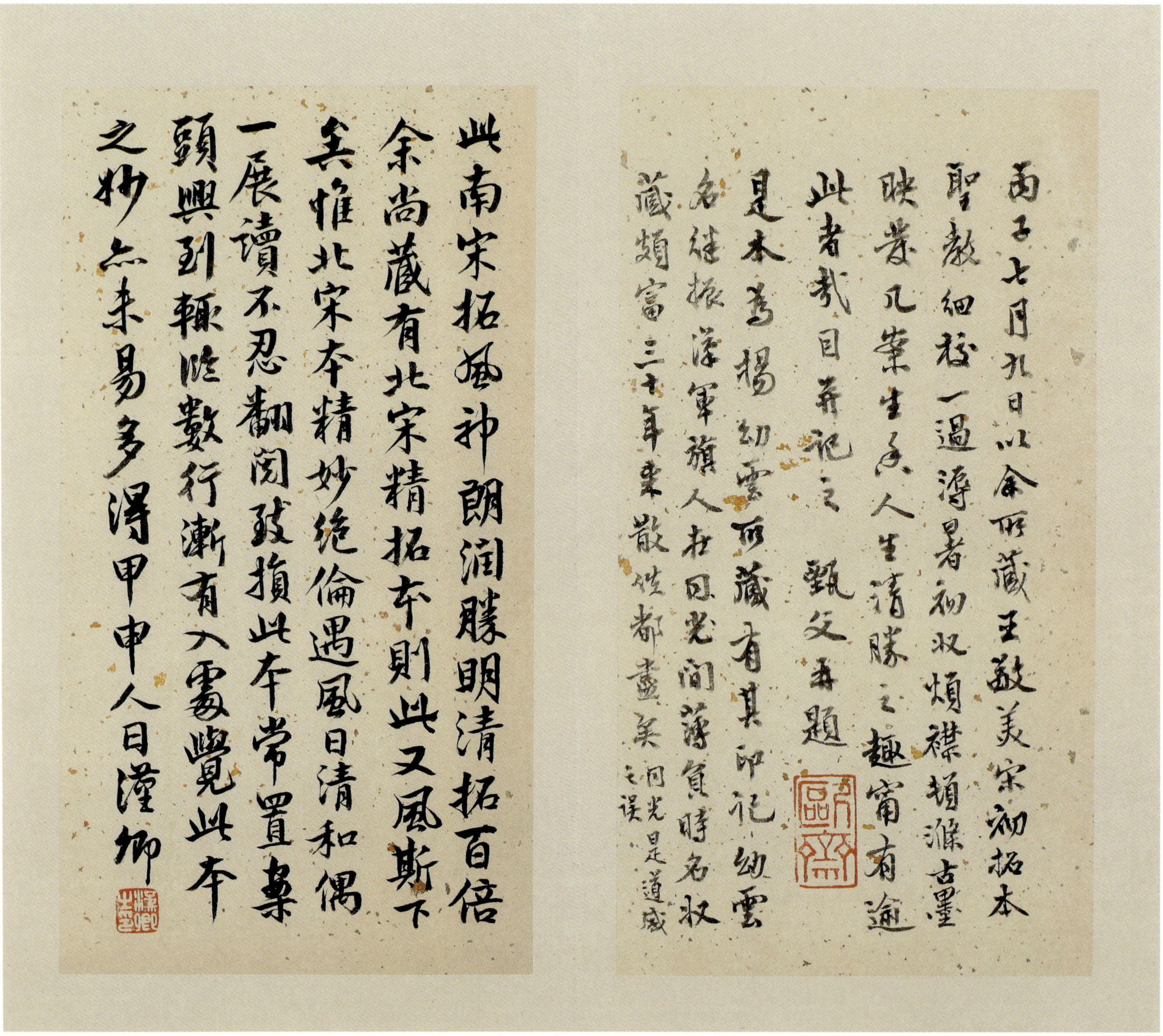
丙子七月九日以余所藏王敬美宋初拓本
聖教細校一過溽暑初收煩襟頓滌古墨
映發几案生香人生清勝之趣寧有逾
此者哉因并記之　甄父再題
是本爲楊幼雲所藏有其印記幼雲
名繼振漢軍旗人在同光間薄負時名收
藏頗富三十年來散佚都盡矣
此南宋拓本神朗潤勝明清拓百倍
余尚藏有北宋精拓本則此又風斯下
矣惟北宋本精妙絶倫遇風日清和偶
一展讀不忍翻閱致損此本常置案
頭興到輙臨數行漸有入處覺此本
之妙亦未易多得甲申人日漢卿

釋文：丙子七月九日，以余所藏王敬美宋初拓本《聖教》細校一過。溽暑初收，煩襟頓滌，古墨映發，几案生香，人生清勝之趣，寧有逾此者哉。因并記之。甄父再題。

鈐印：歐齋

釋文：是本爲楊幼雲所藏，有其印記。幼雲名繼振，漢軍旗人，在同光間薄負時名，收藏頗富。三十年來散佚都盡矣。同光是道咸之誤。

題跋出處：集王聖教序（許漢卿藏本）

館藏號：88B2685

丙子七月九日以余所藏王敬美宋初拓本
聖教細校一過諦審初拓頗襟韻灑古墨
映發几案生氣人生清勝之趣寧有逾
此者哉目昏記之　甄父再題

是本爲揚幼雲所藏有其印記幼雲
名繼振漢軍旗人在同光間薄負時名收
藏頗富三十年來散佚都盡矣
同光是道咸之誤

馮超然

年代：1882—1954

字號：名迥，字超然，以字行，號滌舸、嵩山居士、雲溪懶漁、慎得

籍貫：江蘇常州

釋文：美人香草。醜簃近得《董美人》精拓，出視屬圖。時丁卯秋日，馮超然。

鈐印：馮超然

題跋出處：董美人墓誌（吳湖帆藏本）

館藏號：54（報）B2177

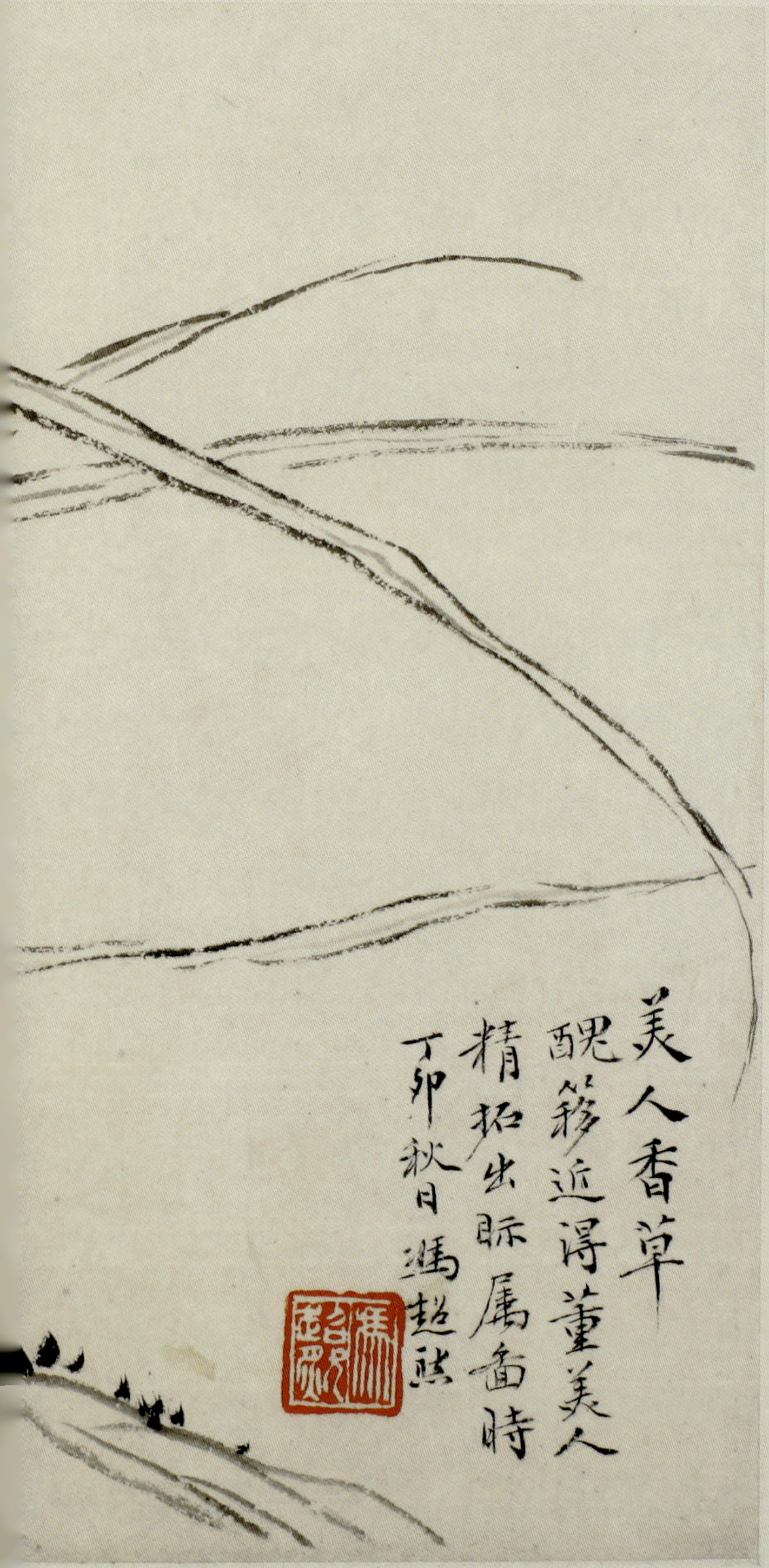
美人香草
醜簃近得董美人
精拓出眎屬畫時
丁卯秋日馮超然

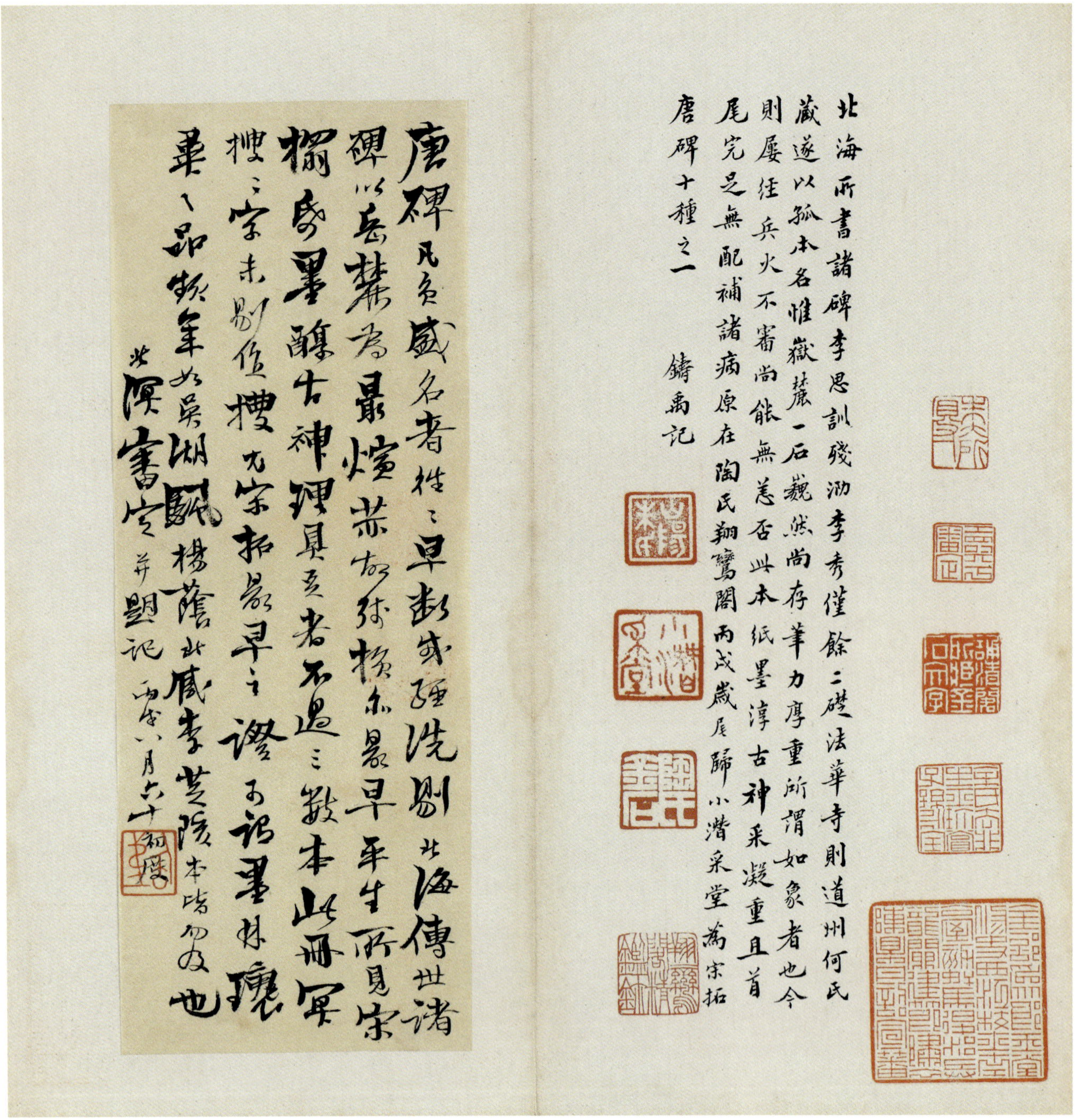

北海所書諸碑李思訓殘泐李秀僅餘二礎法華寺則道州何氏
藏遂以孤本名惟嶽麓一石巍然尚存筆力厚重所謂如象者也今
則屢經兵火不審尚能無恙否此本紙墨淳古神采凝重且首
尾完足無配補諸病原在陶氏翔鸞閣丙戌歲尾歸小潛采堂為宋拓
唐碑十種之一
鑄禹記

陶祖光

年代：1882—1956

字號：字伯銘，號北溟

籍貫：江蘇武進

釋文：唐碑凡負盛名者，往往早斷，或經洗剔。北海傳世諸碑，以《岳麓》爲最煊赫，故殘損亦最早。平生所見宋拓，紙墨醇古，神理具足者，不過三數本。此册『冥搜』『搜』字未剔作『搜』，尤宋拓最早之證，可謂墨林瓌異之品，頻年如吳湖颿、楊蔭北臧李芝陔本，皆勿及也。北溟審定并題記。丙戌八月，六十初度。

鈐印：陶

題跋出處：麓山寺碑（余誠格藏本）

館藏號：S2461

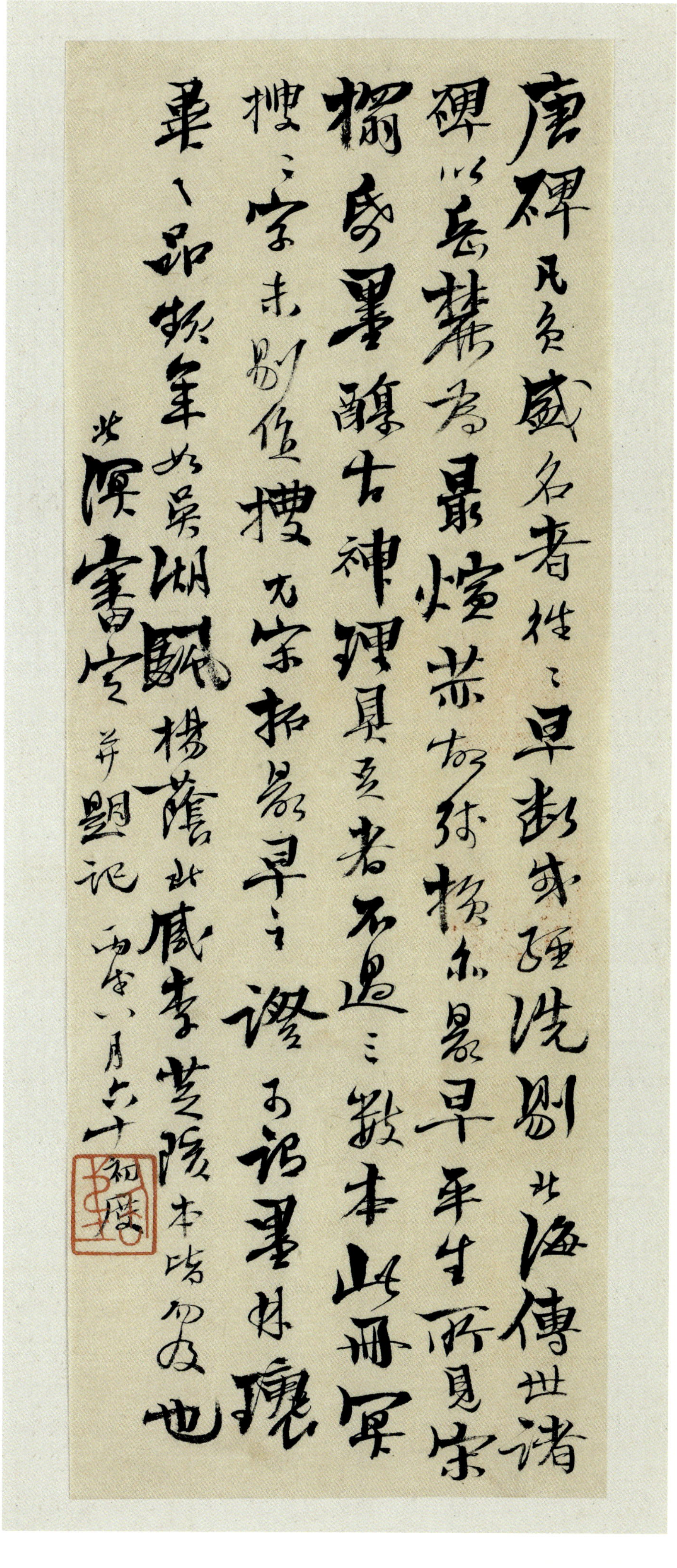
唐碑凡負盛名者往往早斷或經洗剔北海傳世諸
碑以岳麓爲最煊赫故拓本最早平生所見宋
搨本墨醰古神理具足者不過三數本此冊冥
摟摟字未剔佳摟元宋拓最早之證又謂墨林瓌
異之品頻年如吳湖颿楊蔭北藏李楚陵本皆不及也
北溟書室并題記 丙申八月六十初度

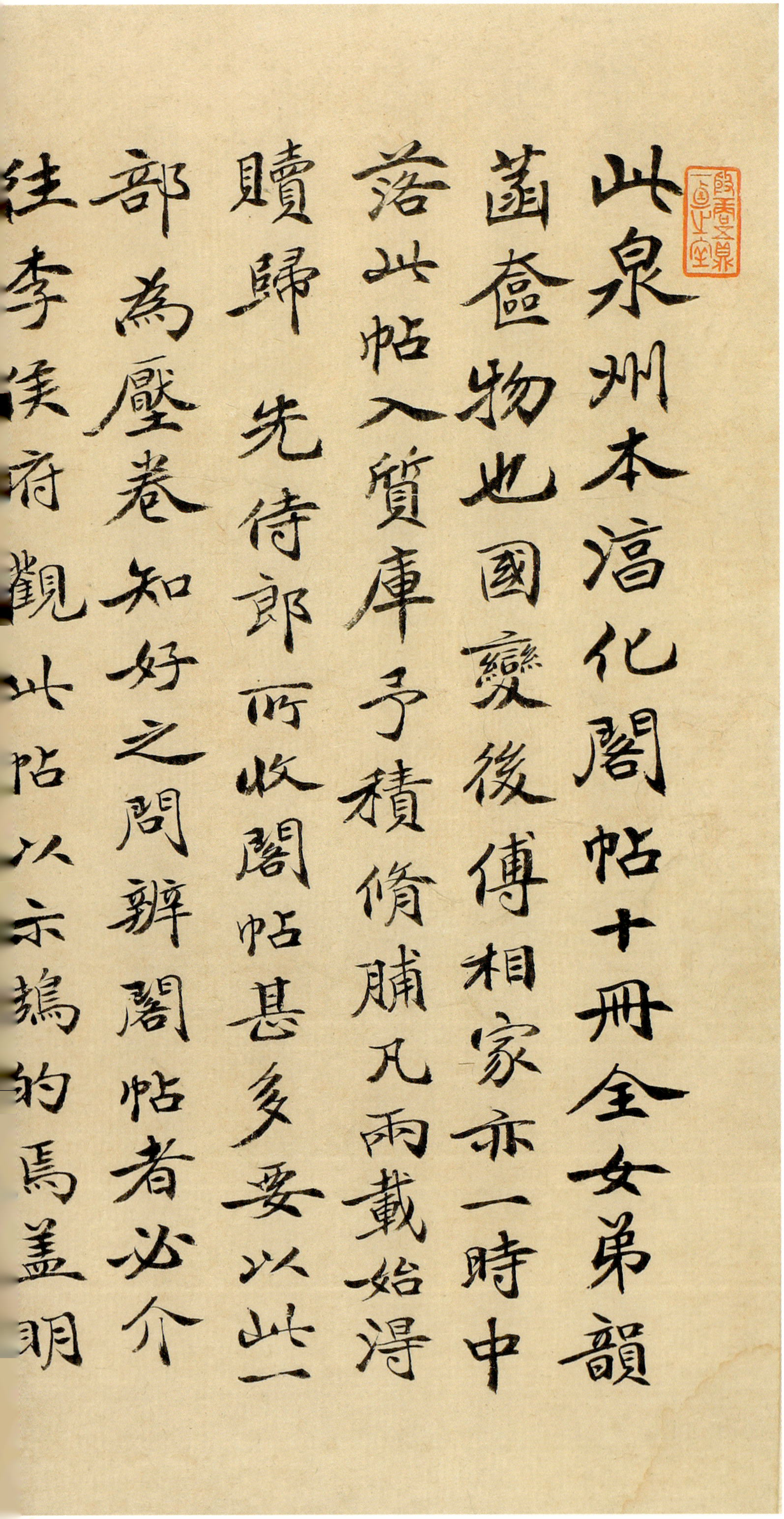
此泉州本湻化閣帖十册全女弟韻
菡奩物也國變後傳相家亦一時中
落此帖入質庫予積脩腩凡兩載始淂
贖歸先侍郎所收閣帖甚多要以此一
部爲壓卷知好之問辨閣帖者必介
往李侯府觀此帖以示鵠的焉蓋明

張瑋

年代：1882—1968

字號：字效彬，號敔園

籍貫：河南固始

釋文：此泉州本《淳化閣帖》十册全，女弟韵菡奩物也。國變後傳相家亦一時中落，此帖入質庫，予積修腩凡兩載，始得贖歸。先侍郎所收《閣帖》甚多，要以此一部爲壓卷，知好之問辨《閣帖》者，必介往李侯府觀此帖，以示鵠的焉。蓋明

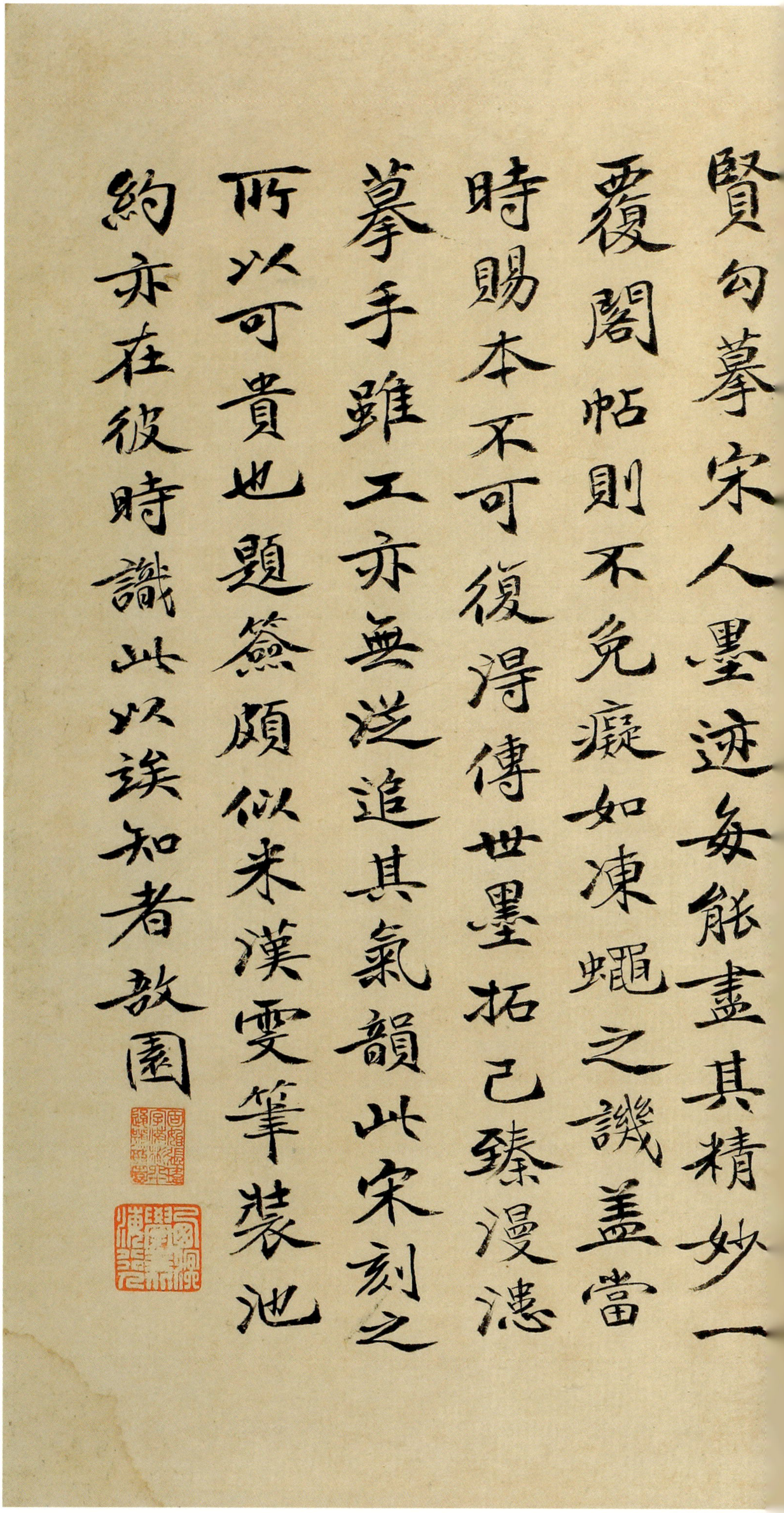
賢勾摹宋人墨迹每能盡其精妙一
覆閣帖則不免癡如凍蠅之譏蓋當
時賜本不可復得傳世墨拓已臻漫漶
摹手雖工亦無從追其氣韻此宋刻之
所以可貴也題簽頗似米漢雯筆裝池
約亦在彼時識此以竢知者敔園

賢勾摹宋人墨迹，每能盡其精妙，一覆《閣帖》則不免癡如凍蠅之譏，蓋當時賜本不可復得，傳世墨拓已臻漫漶，摹手雖工，亦無從追其氣韵，此宋刻之所以可貴也。題簽頗似米漢雯筆，裝池約亦在彼時，識此以竢知者。敔園。

題跋出處：淳化閣帖（泉州本）

館藏號：48B843

鈐印：殷商五鼎一卣之室、固始張瑋字效彬六十後號敔園、西溟學士北海道人

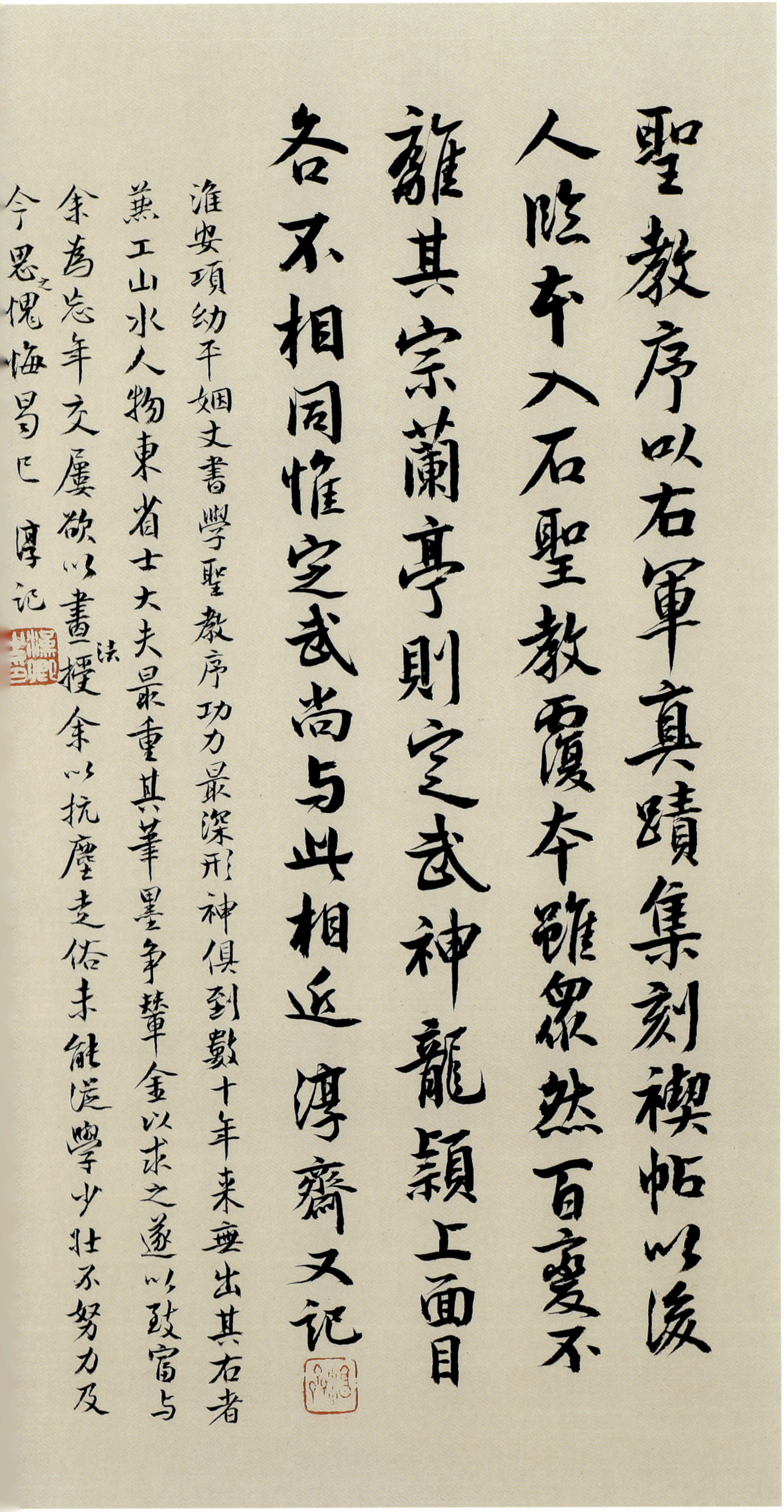

許漢卿

年代：1882—?

字號：名福昞，字漢卿，號淳齋

籍貫：江蘇鹽城

釋文：《聖教序》以右軍真迹集刻，《禊帖》以後人臨本入石，《聖教》覆本雖衆，然百變不離其宗，《蘭亭》則定武、神龍、潁上面目各不相同，惟定武尚與此相近。淳齋又記。

鈐印：淳齋

釋文：淮安項幼平姻丈書學《聖教序》，功力最深，形神俱到，數十年來無出其右者，兼工山水人物，東省士大夫最重其筆墨，爭輦金以求之，遂以致富。與余爲忘年交，屢欲以畫法授余，以抗塵走俗，未能從學。少壯不努力，及今思之，愧悔曷已。淳記。

鈐印：漢卿之印

釋文：翻刻者宋有壽光李氏本，明有朱敬鑪本、和莊孫氏本、黄六治北京東岳廟本、費鑄甲本，清有王孟津本、西安苟氏本、静海高氏本，俱精善。鑒者稍不慎，即爲所紿。各家大都皆因藏有佳本，或翻刻以廣流傳，或留示後人，藏之家塾。其間好名之心在所不免，初無欺世之意，然賈人之黠者乃因緣爲奸，以售其黎軒之技，良可慨已。懷仁大師集刻此碑爲一大事，惜兹偉舉出自沙門，儒家者流能無感愧。其樵刻之善，固不待言。然如『濟』字、『釋』字、『經』字，皆有疵筆，决非右軍本來面目。智者千慮，必有一失，亦見此道之不易也。碑凡一千九百有二字，碑首有七佛相，刊刻極工緻，拓者多遺之，所見宋拓本皆無拓此相者，蓋亦因與文字無關耳。淳翁再記，時年六十又二。

鈐印：漢卿之印、淳齋

題跋出處：集王聖教序（許漢卿藏本）

館藏號：88B2685

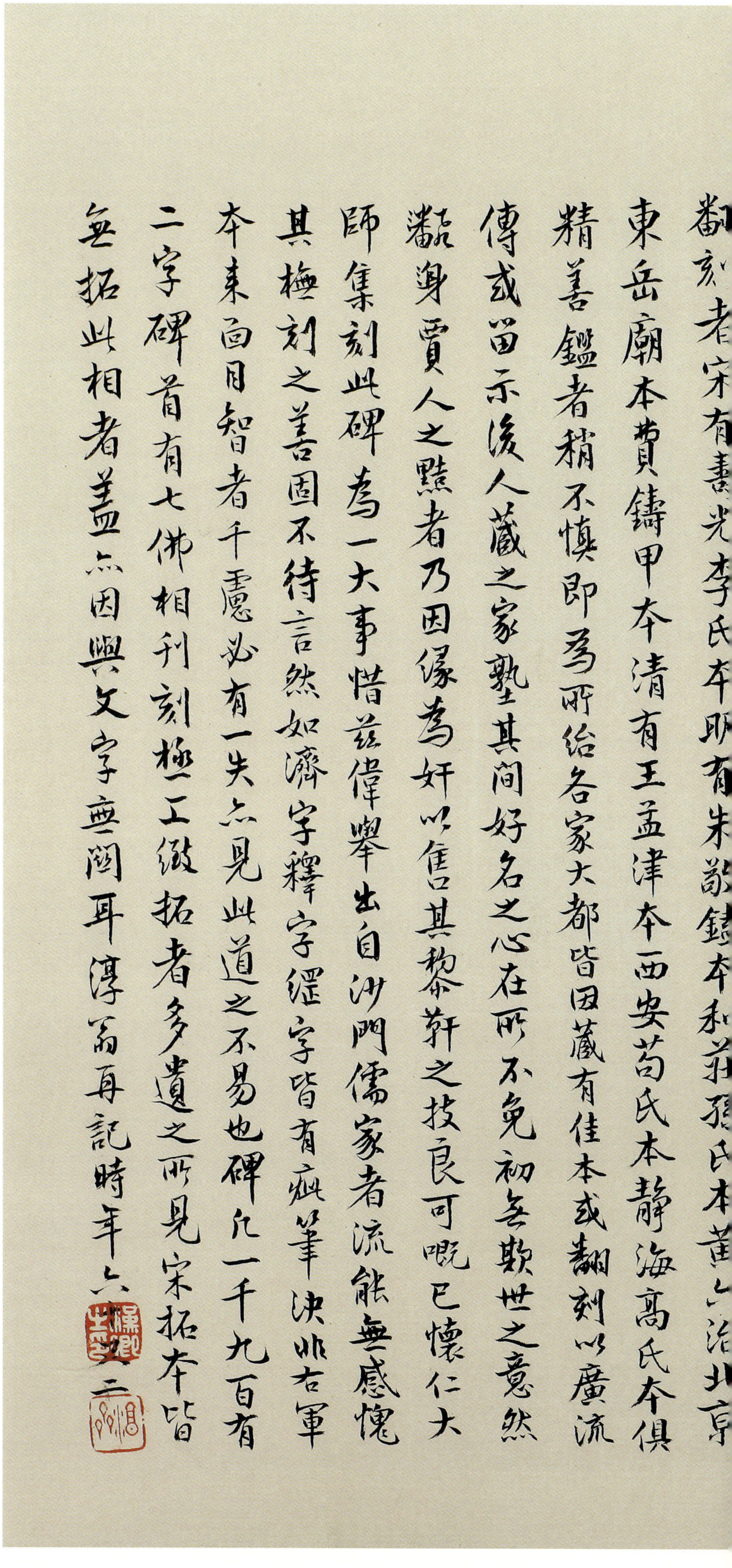

沈尹默

年代：1883—1971

字號：原名君默、君墨，號東陽仲子、秋明、匏瓜、秋明室主

籍貫：浙江吴興

釋文：蘇齋精鑒賞，於歐公《化度寺碑》尤爲深研，積力數十年，無微不察，亦云至矣，然以此拓爲宋翻，則不能不謂爲非智者千慮之一失，實亦由於未及見石室所藏，無從得一明確可信之佐證，有以致之也。石室本今僅存前九行半，計二百餘字，此拓缺處，彼亦無之，可證其石爲已斷。相傳此碑在關西南山佛寺，爲范忠獻所得，已破裂爲

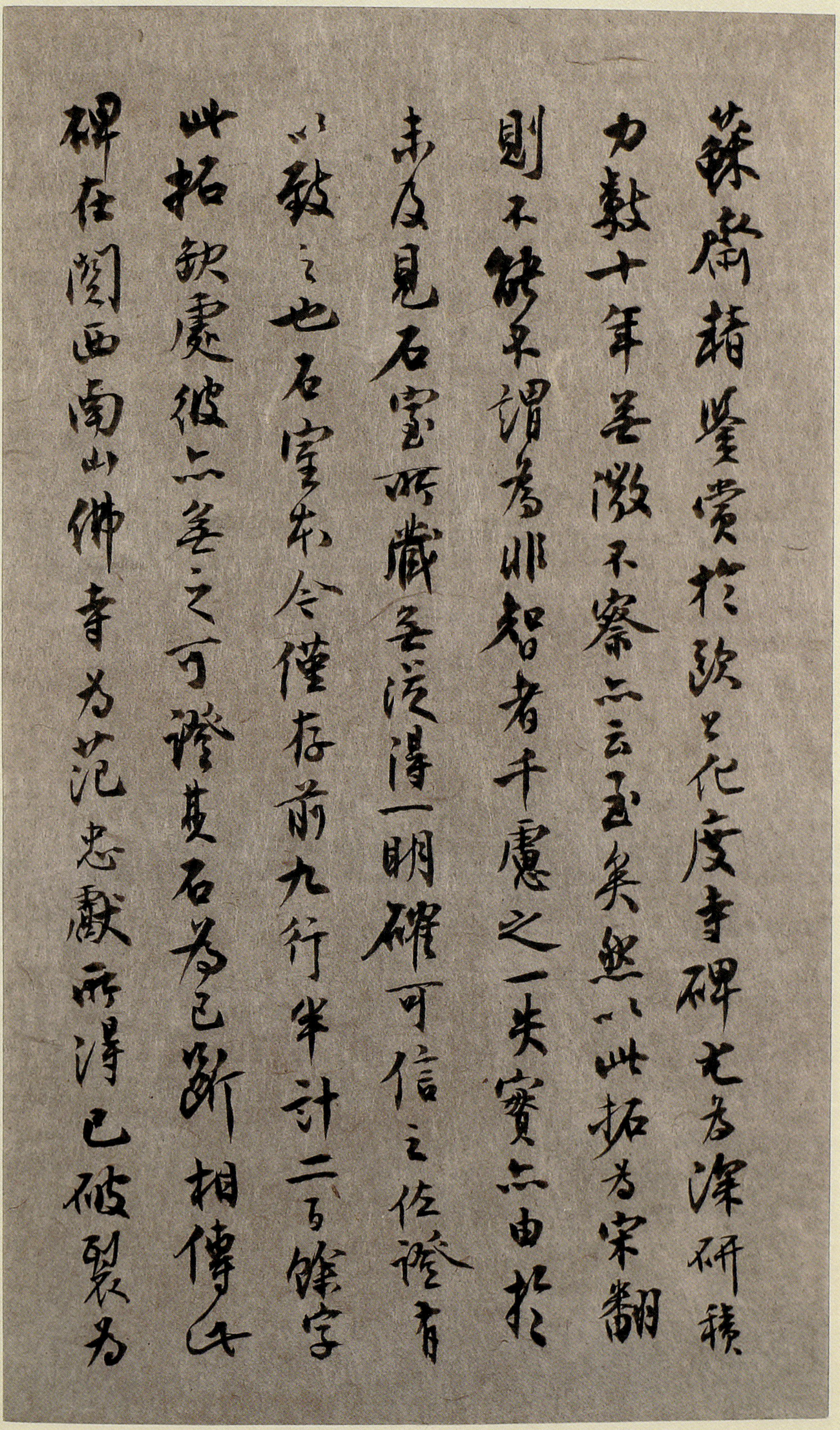

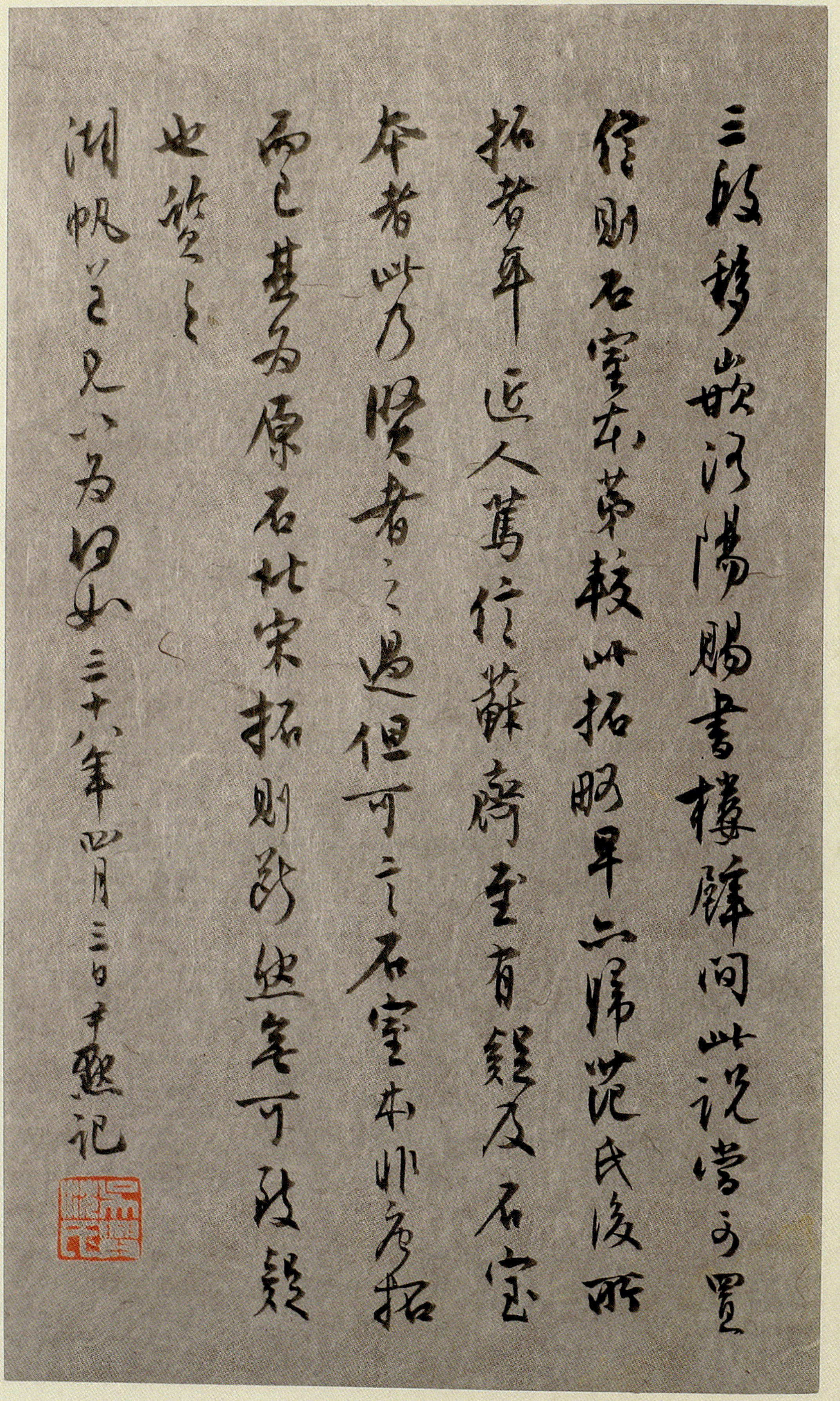

題跋出處：化度寺塔銘（吳湖帆四歐堂藏本）
館藏號：19A375

三段，移嵌洛陽賜書樓壁間，此說當可置信，則石室本第較此拓略早，亦歸范氏後所拓者耳。近人篤信蘇齋，至有疑及石室本者，此乃賢者之過，但可言石室本非唐拓而已，其爲原石北宋拓，則斷然無可致疑也。質之湖帆道兄，以爲何如？三十八年四月二日，尹默記。

鈐印：吳興沈氏

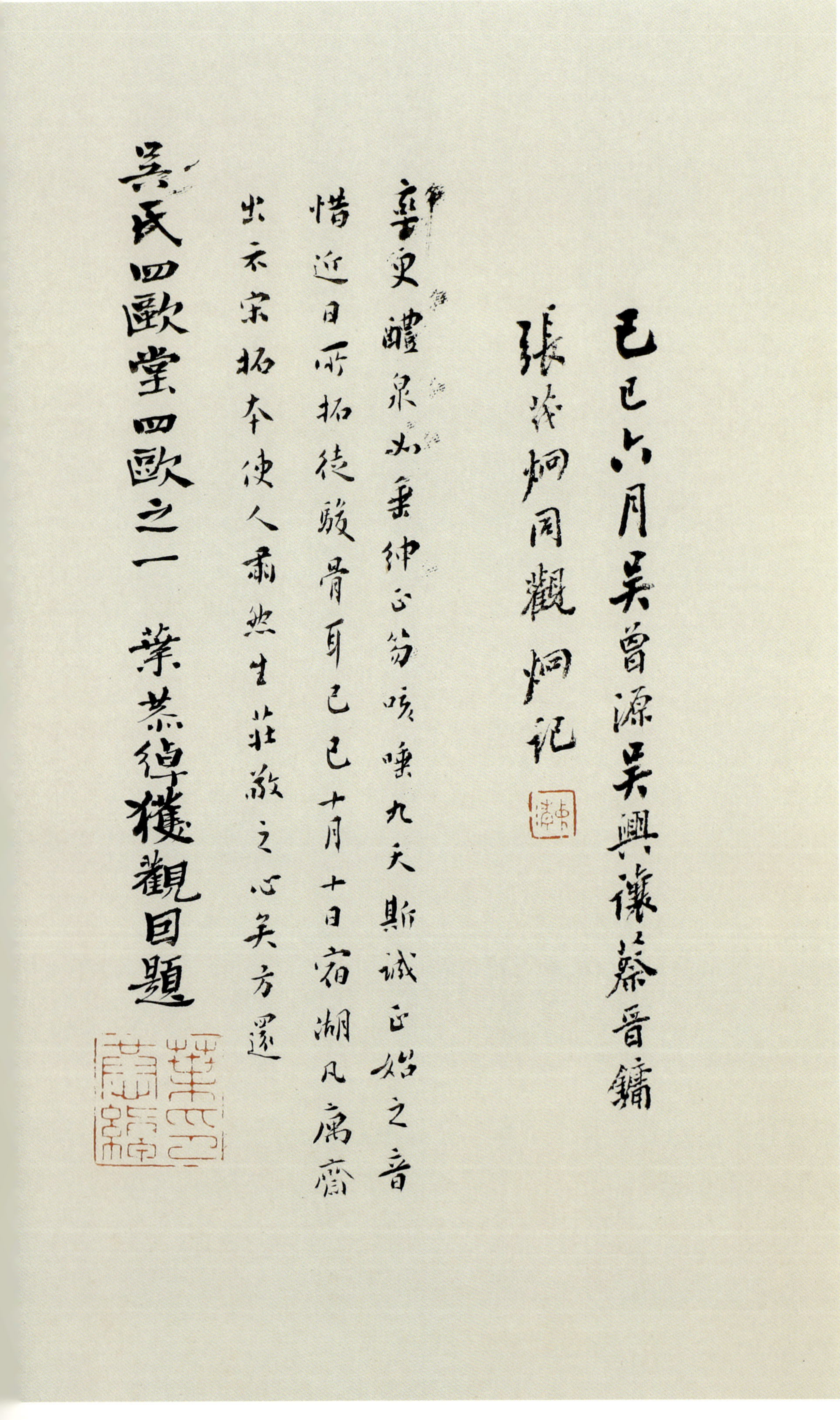
己巳六月吳曾源吳興褒蔡晉鏞
張孫炯同觀炯記
亟更醴泉如秉紳正笏咳唾九天斯誠正始之音
惜近日所拓徒駿骨耳己巳十月十日宿湖凡庽齋
出示宋拓本使人肅然生莊敬之心矣方還
吳氏四歐堂四歐之一 葉恭綽觀因題

釋文：近見南昌夏善昌君抗戰中在柳州所得之《醴泉銘》，淡拓極舊，雖多蟲蛀，而無傷於筆畫之精挺遒潤，與舊翻本并觀，神理絶殊，且多存字，如『醴泉』之『醴』，『以人』之『以』，『西暨』之『西』，『爰一夫』之『爰』，『在乎』之『乎』，『下俯』二字，『東流』之『流』，『澤之』之『之』，『京師』上之『出』，『痼疾』之『疾』，『推而』之『推』，『屬茲』之『屬』，『之盛』之『之』，『光前』之『光』，『書契』之『書』，『冠冕』之『冕』，『資始』之『資』，『葳蕤』二字，皆完整無絲毫缺損。惜已寄返南昌，無由取與此本對勘耳。

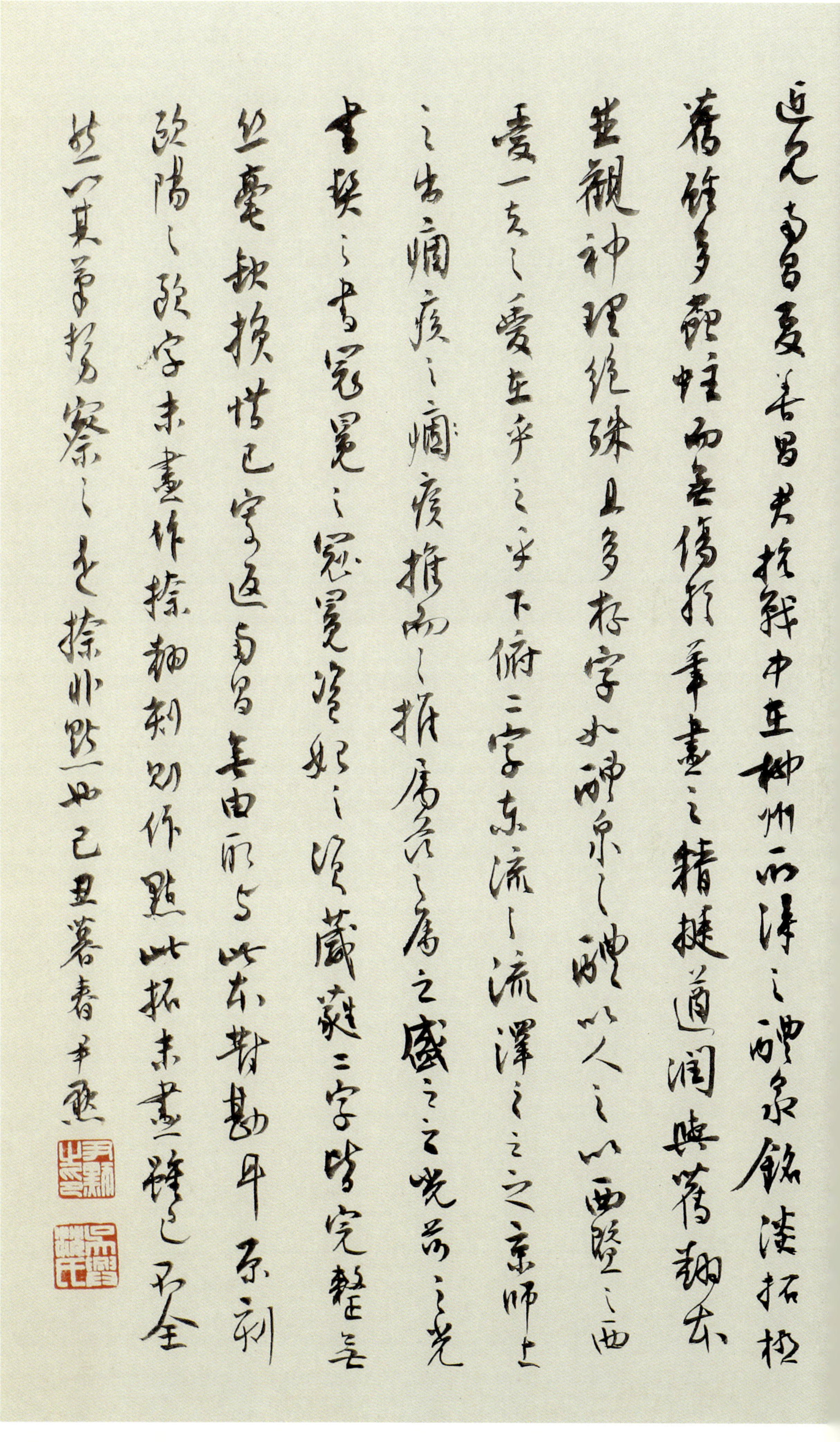

題跋出處：九成宮醴泉銘（吴湖帆四歐堂藏本）

館藏號：19A374

原刻『歐陽』之『歐』字末畫作捺，翻刻則作點，此拓末畫雖已不全，然以其筆勢察之，是捺非點也。己丑暮春，尹默。

鈐印：尹默之印、吴興沈氏

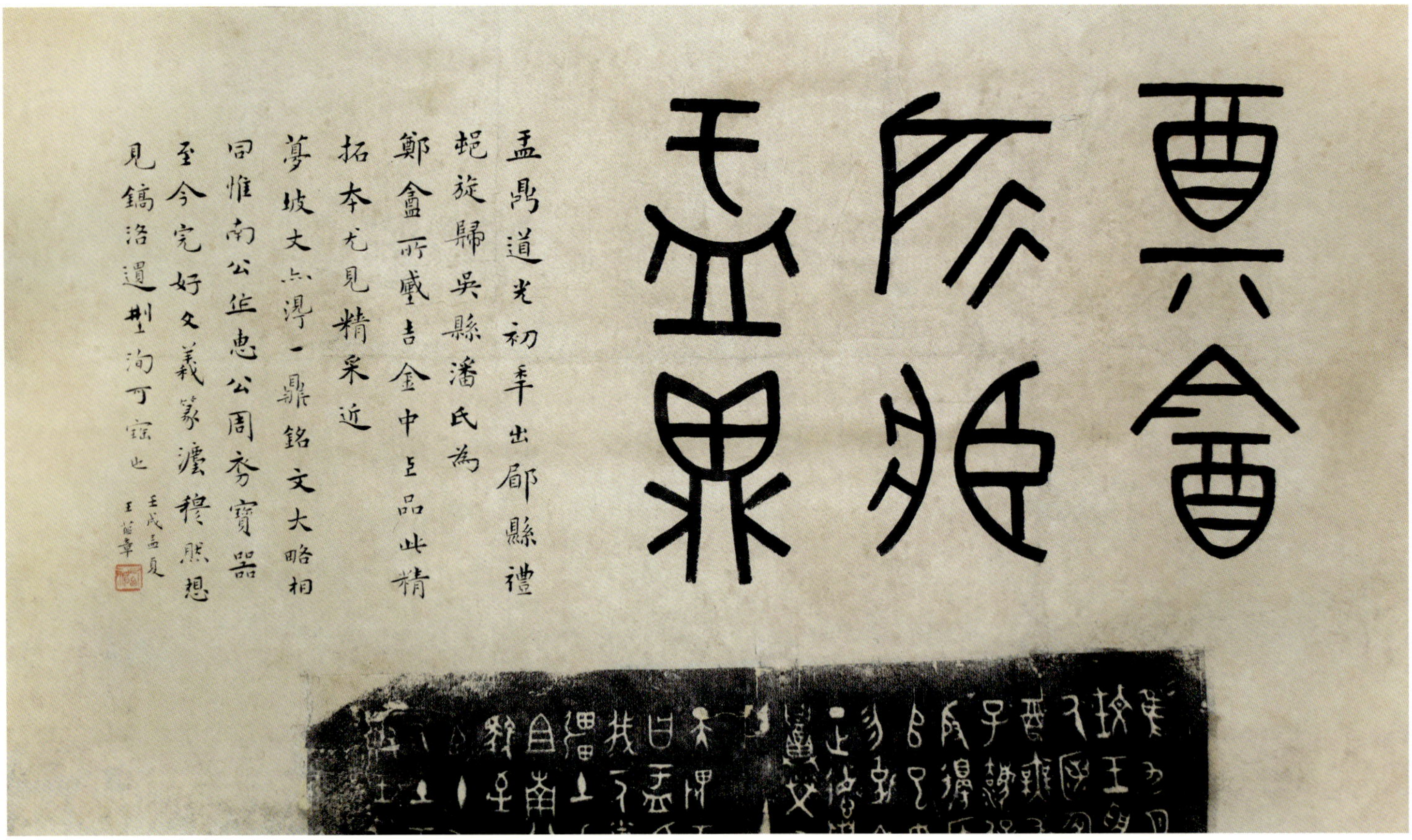

王蘊章

年代：1884—1942

字號：字蓴農、莼農，號西神、窈九生、紅鵝生、二泉亭長

籍貫：江蘇金匱

釋文：鄭盦所臧盂鼎。盂鼎道光初年出郿縣禮村，旋歸吴縣潘氏，爲鄭盦所藏吉金中上品。此精拓本尤見精采。近夢坡丈亦得一鼎，銘文大略相同，惟『南公』作『惠公』。周初寶器至今完好，文義篆法穆然，想見鎬洛遺型，洵可寶也。壬戌孟夏，王蘊章。

鈐印：西神

題跋出處：大盂鼎全形拓（王蘊章跋本）

館藏號：Z1237

盂鼎道光初年出郿縣禮
𧌒旋歸吳縣潘氏為
鄭盦所藏吉金中上品此精
拓本尤見精采近
夢坡文亦淂一鼎銘文大略相
同惟南公作惠公周旁寶器
至今完好文義篆灋穆然想
見鎬洛遺型洵可寶也

壬戌孟夏
王蘊章

陳承修

年代：1885—1932

字號：字淮生

籍貫：福建閩縣

釋文：《邕禪師塔銘》自趙松雪、康里子山以來，推崇備至。曩見休陽程氏芸香閣一本，存字三百餘，王良常審定爲原石碎後所拓，私心揣度，終覺精采未足動人。嗣見敦煌殘拓，乃知此碑勝處在筆筆藏鋒，果非浪得名者可比。湖帆道兄出示此本，竟是唐石宋拓，與敦煌同出一源，人間瑰寶，一旦寓目，深慶古緣不淺。同觀者平湖陳亗巨來。惟歲在己巳十月朔庚戌，閩縣陳承修記。

鈐印：淮生

題跋出處：化度寺塔銘（吴湖帆四歐堂藏本）

館藏號：19A375

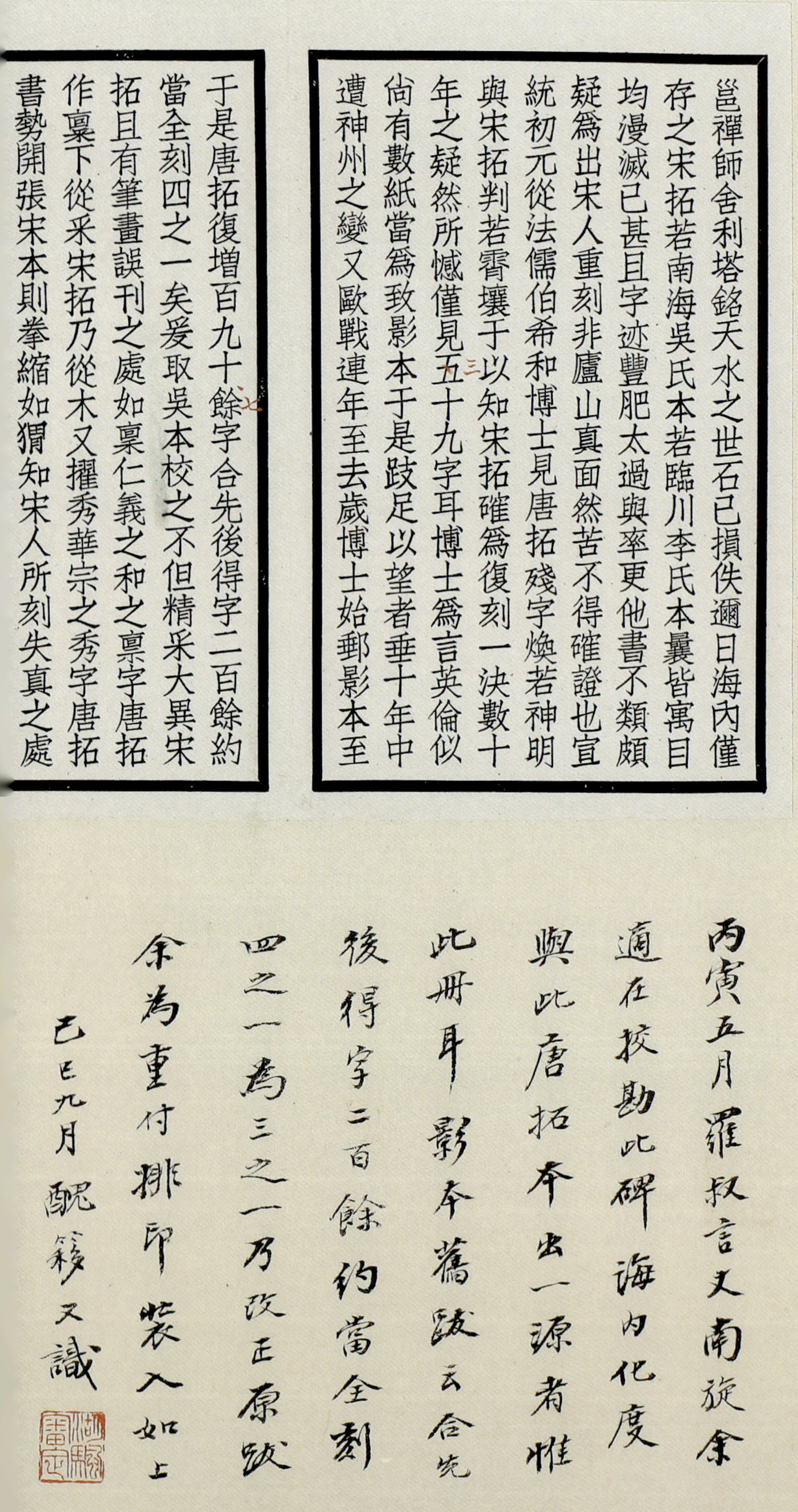

邕禪師舍利塔銘天水之世石已損佚邇日海內僅
存之宋拓若南海吳氏本若臨川李氏本曩皆寓目
均漫滅已甚且字迹豐肥太過與率更他書不類頗
疑爲出宋人重刻非廬山真面然苦不得確證也宜
統初元從法儒伯希和博士見唐拓殘字煥若神明
與宋拓判若霄壤于以知宋拓確爲復刻一決數十
年之疑然所憾僅見五十九字耳博士爲言英倫似
尚有數紙當爲致影本于是跂足以望者垂十年中
遭神州之變又歐戰連年至去歲博士始郵影本至
于是唐拓復增百九十餘字合先後得字二百餘約
當全刻四之一矣爰取吳本校之不但精采大異宋
拓且有筆畫誤刊之處如稟仁義之和之稟字唐拓
作稾下從禾宋拓乃從木又擢秀華宗之秀字唐拓
書勢開張宋本則拳縮如猬知宋人所刻失真之處
丙寅五月羅叔言丈南旋余
適在校勘此碑海內化度
與此唐拓本出一源者惟
此冊耳影本舊跋云合先
後得字二百餘約當全刻
四之一爲三之一乃改正原跋
余爲重付排印裝入如上
己巳九月醜簃又識

福且志博士之嘉惠甲子孟春上虞羅振玉

己巳六月吳曾源張茂炯吳興讓
蔡晉鏞同觀晉鏞題記

邕禪師塔銘自趙松雪康里子山以來推崇備至曩見
休陽程氏芸香閣一本存字三百餘王良常審定為原石
碎後所拓私心揣度終覺精采未足動人嗣見敦煌殘拓
乃知此碑勝處在筆筆藏鋒果非浪得名者可比
湖帆道兄出示此本竟是唐石宋拓與敦煌同出一源人間瓌
寶一旦寓目深慶古緣不淺同觀者平湖陳斝巨來
惟歲在己巳十月朔庚戌閩縣陳承修記

己巳十月崑山方還敬題名於唐石
宋拓本化度寺碑後

己巳冬日烏程蔣祖詒觀于四歐堂

秦更年

年代：1885—1956
字號：原名秦松雲，字曼青、曼卿，號東軒、嬰闇居士
籍貫：江蘇揚州
釋文：嘉道間，海内收藏彝器之富，以燕亭劉氏稱最，其裝潢尤極精好。如此器以黄楊爲櫝，面刻釋文，兩側刻題名印記，見者轉因外櫝益加珍惜。前十數年，出於吾揚市上，亡友包蔓華購得之，今歸吴秋穀，兩君并精鑒之士，不得不爲此物慶所遭矣。宋薛尚功及近代阮文達公，兩家書中皆載有《書言府弩機》，皆與此文異。檢燕亭所著《清愛堂鐘鼎款識》《長安獲古編》兩書均無此器，似前者僅限於三代器，後者非完書，致使此器不見著録，顯晦殆有時耶。乙亥九月秋穀拓贈仲珺仁兄，爰爲題識以志歲月。更年。
鈐印：游于藝、更年、曼青
題跋出處：漢書言府弩機（吴仲坰藏本）
館藏號：Z2438

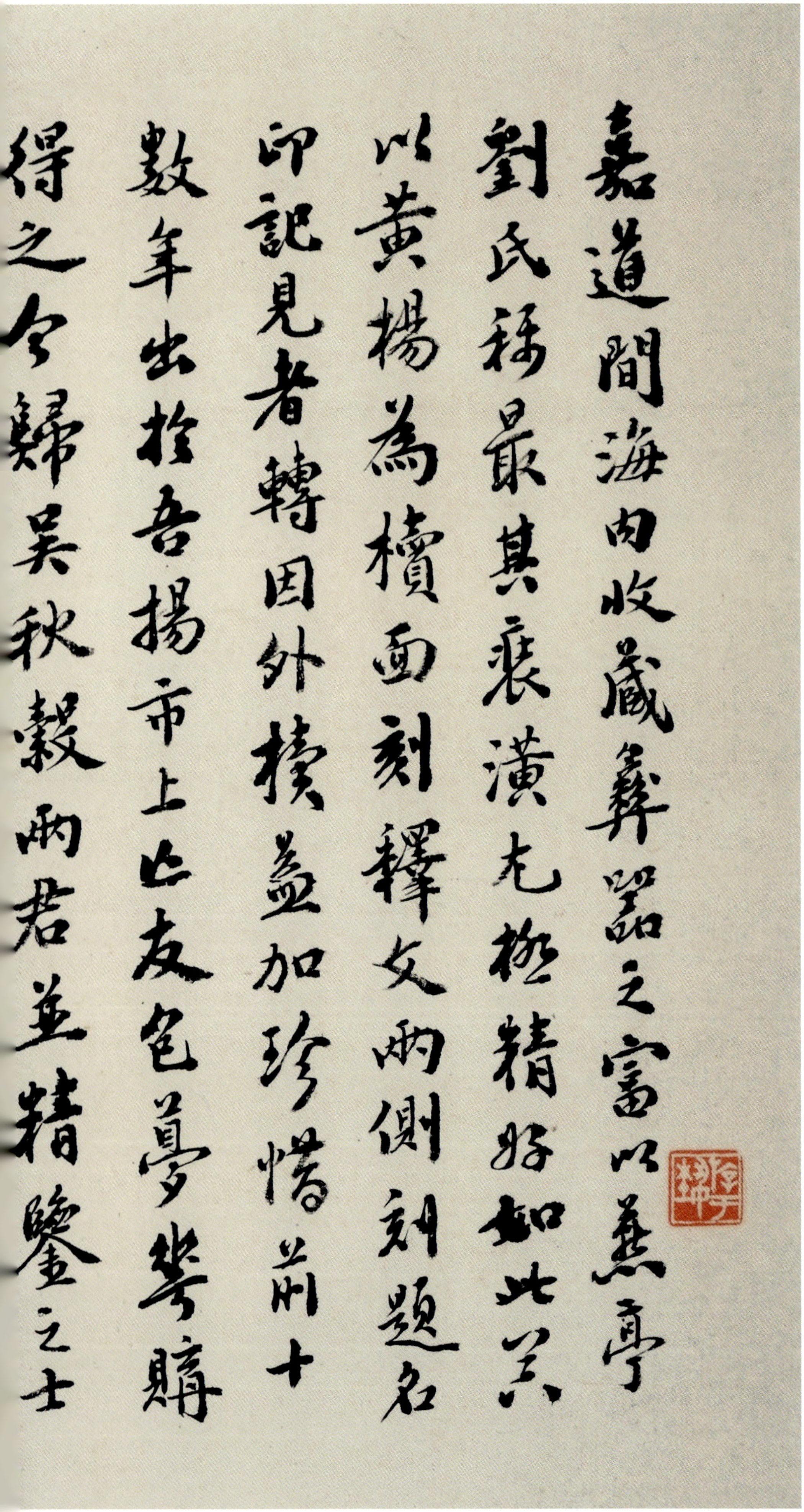

嘉道間海内收藏彝器之富以燕亭
劉氏稱最其装潢尤極精好如此器
以黄楊爲櫝面刻釋文兩側刻題名
印記見者轉因外櫝益加珍惜前十
數年出於吾揚市上亡友包蔓華購
得之今歸吴秋穀兩君並精鑒之士

不渭石庵此書廣所遺筆宋蘆告上
及近代阮文達公兩家書中皆載有
書言府等鐵皆与此文異檢慕亭
所著清愛堂鐘鼎款識長安獲古
編兩書均無此器似前者僅限於三代
耳後者非完書致使此耳不見著錄
顯晦殆有時耶 物乙亥九月秋穀拓贈
仲琚仁兄屬為題識以志歲月
惠年

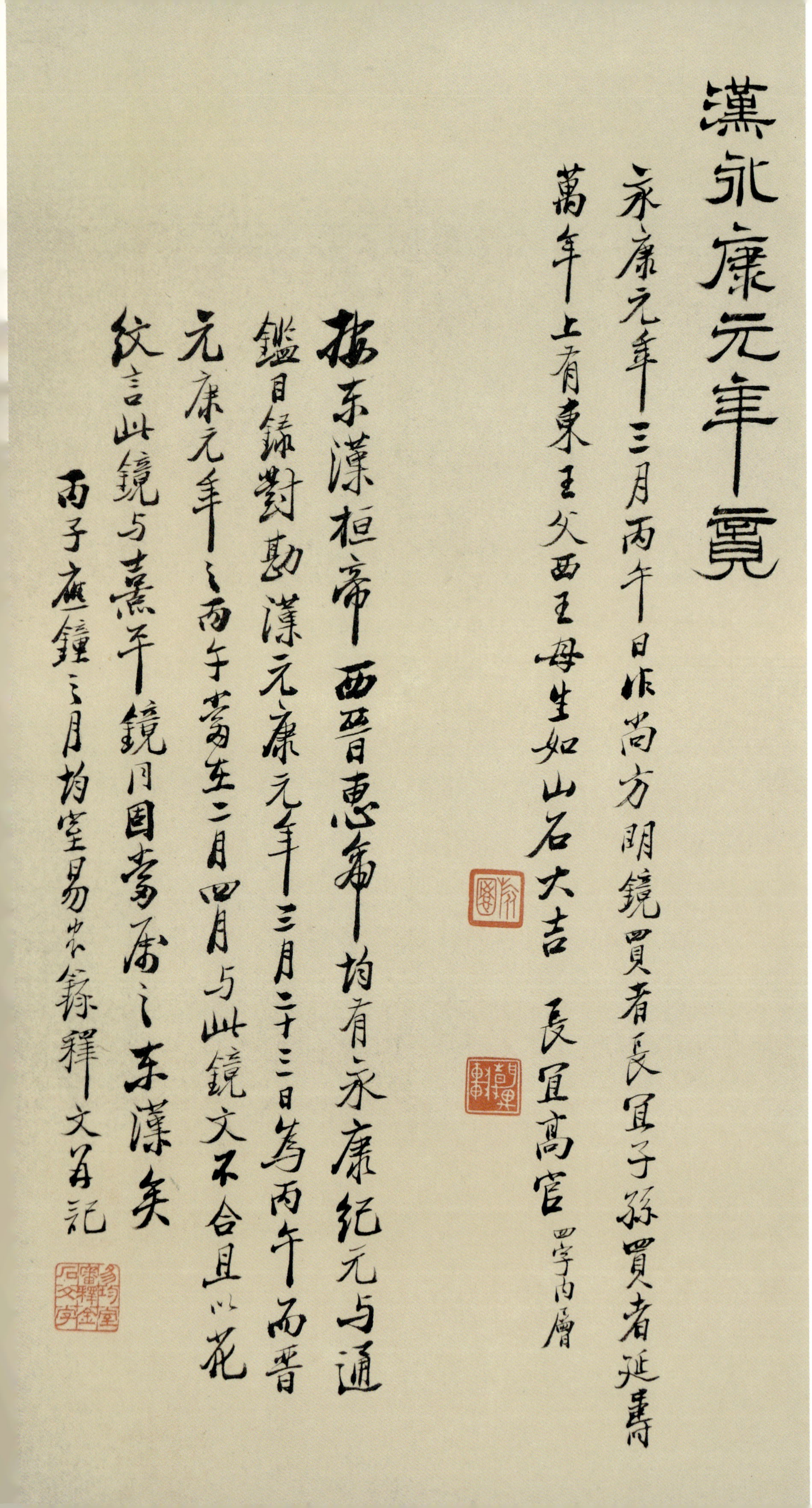

易均室

年代：1886—1969

字號：名忠籙，字均室、靈均、籙伯、僊侶，號穭園、病因生、綰秋詞人、滄浪散人等

籍貫：湖北潛江

釋文：漢永康元年竟。永康元年三月丙午日作尚方明鏡，買者長宜子孫，買者延壽萬年，上有東王父、西王母，生如山石大吉。長宜高官（四字内層）。按：東漢桓帝、西晉惠帝均有永康紀元，與《通鑒目録》對勘，漢元康元年三月二十三日爲丙午，而晋元康元年之丙午當在二月四日，與此鏡文不合，且以花紋言，此鏡與熹平鏡同，固當屬之東漢矣。丙子應鐘之月，均室易忠籙釋文并記。

鈐印：旅園、静偶軒、易均室審釋金石文字

題跋出處：漢永康元年銅鏡（易均室跋本）　館藏號：Z1555

唐源鄴

年代：1886—1969
字號：字李侯、蒲傭，號醉農、醉龍、韭園、醉石、醉翁
籍貫：湖南善化
釋文：雙清館度曲硯

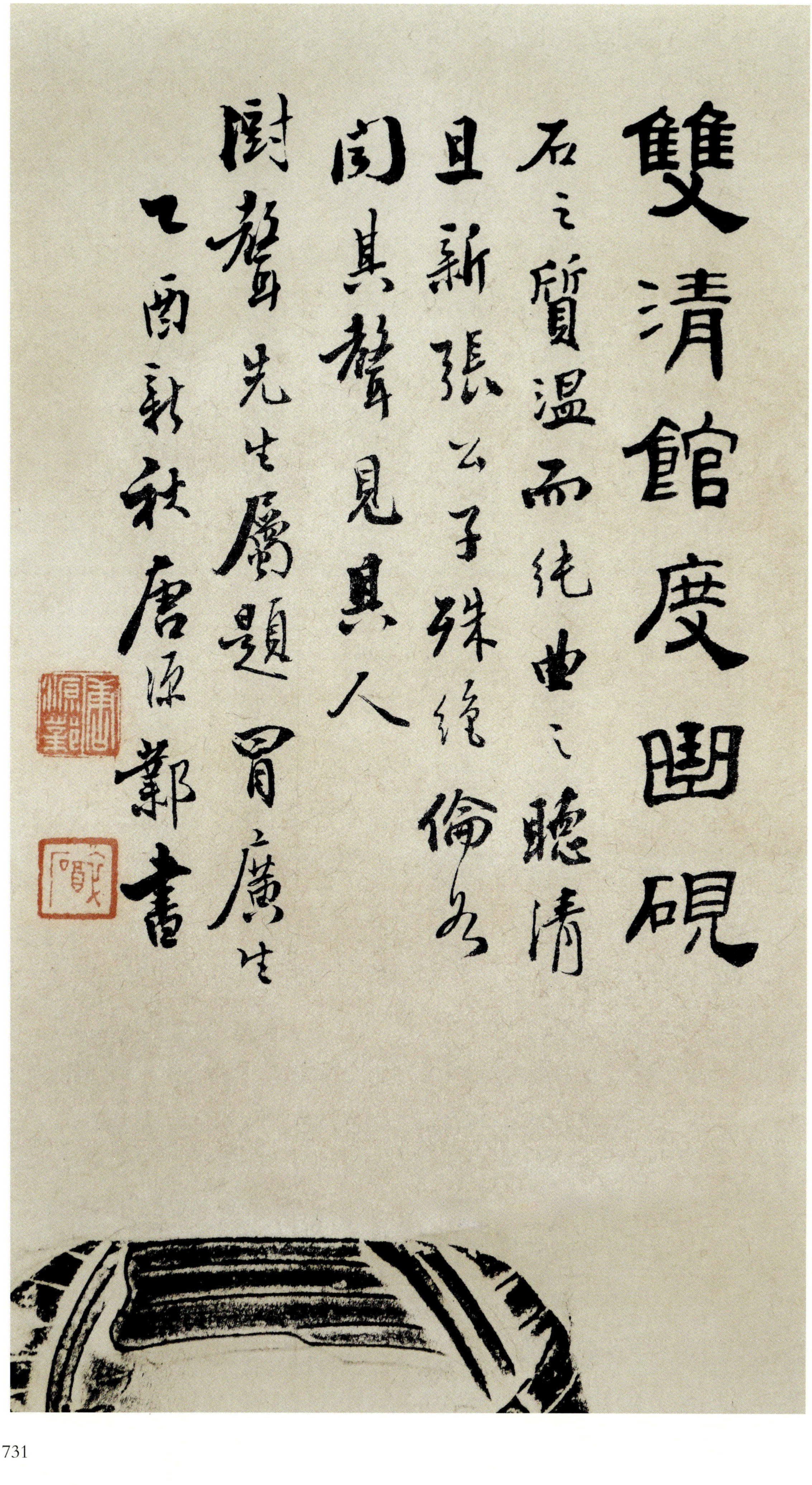

石之質温而純，曲之聽清且新。張公子殊絶倫，各聞其聲見其人。
澍聲先生屬題，冒廣生，乙酉新秋唐源鄴書。

鈐印：唐源鄴、醉石
題跋出處：張澍聲藏硯拓片（冒廣生跋本）
館藏號：J2141

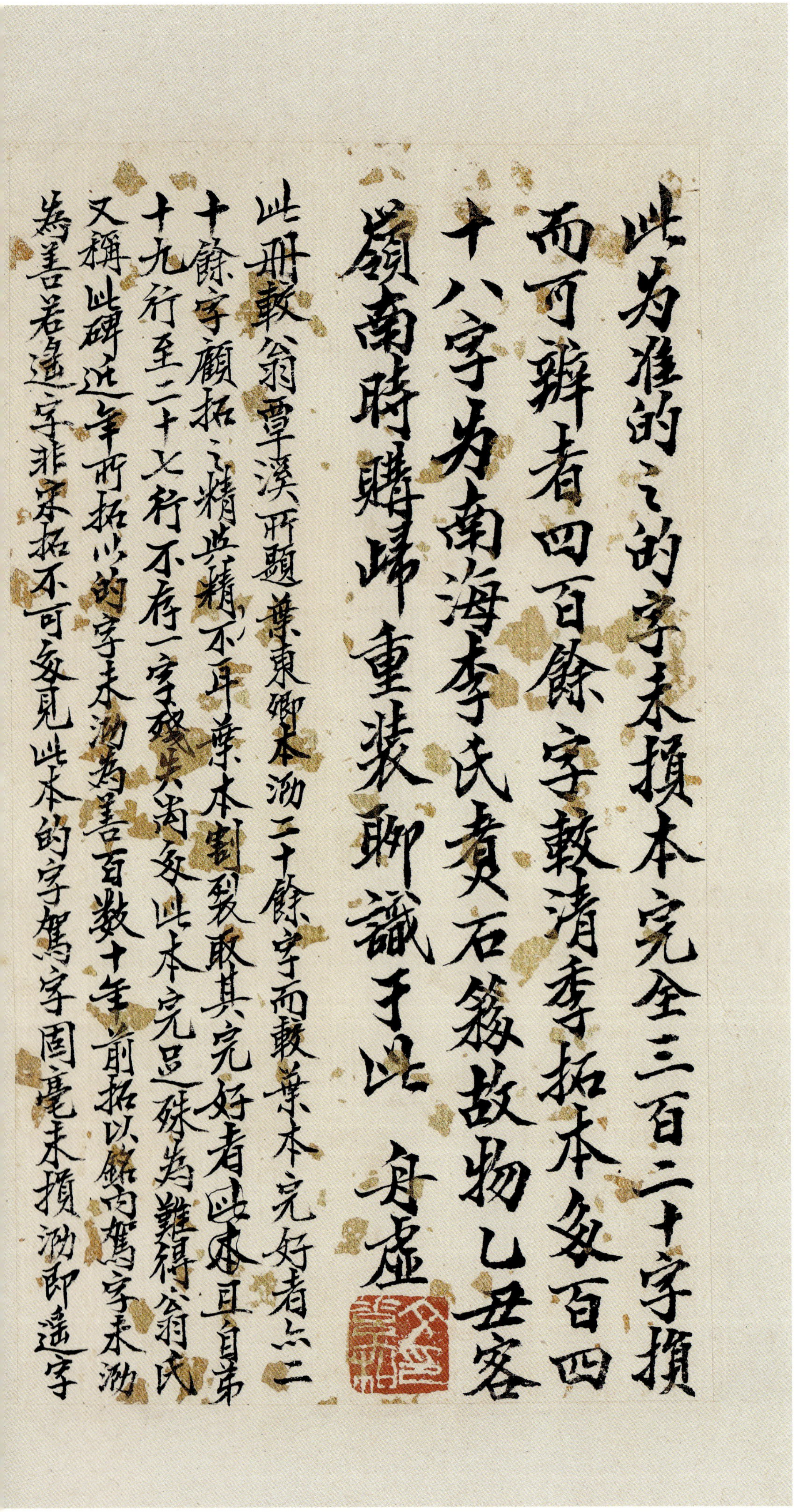

文素松

年代：1888—1940

字號：字含和，號岫舒、寅齋、蘧廬、舟虛

籍貫：江西萍鄉

釋文：此爲『准的』之『的』字未損本，完全三百二十字，損而可辨者四百餘字，較清季拓本多百四十八字，爲南海李氏煮石簃故物。乙丑客嶺南時購歸重裝，聊識于此。舟虛。

鈐印：文素松印

釋文：此冊較翁覃溪所題葉東卿本泐二十餘字，而較葉本完好者亦二十餘字，顧拓之精與不精耳。葉本割裂取其完好者，且自弟十九行至二十七行不存一字，殘失尚多。此本完足，殊爲難得。翁氏又稱此碑近年所拓以『的』字未泐爲善，百數十年前拓以銘內『駕』字未泐爲善，若『遥』字非宋拓不可多見。此本『的』字、『駕』字固毫未損泐，即『遥』字

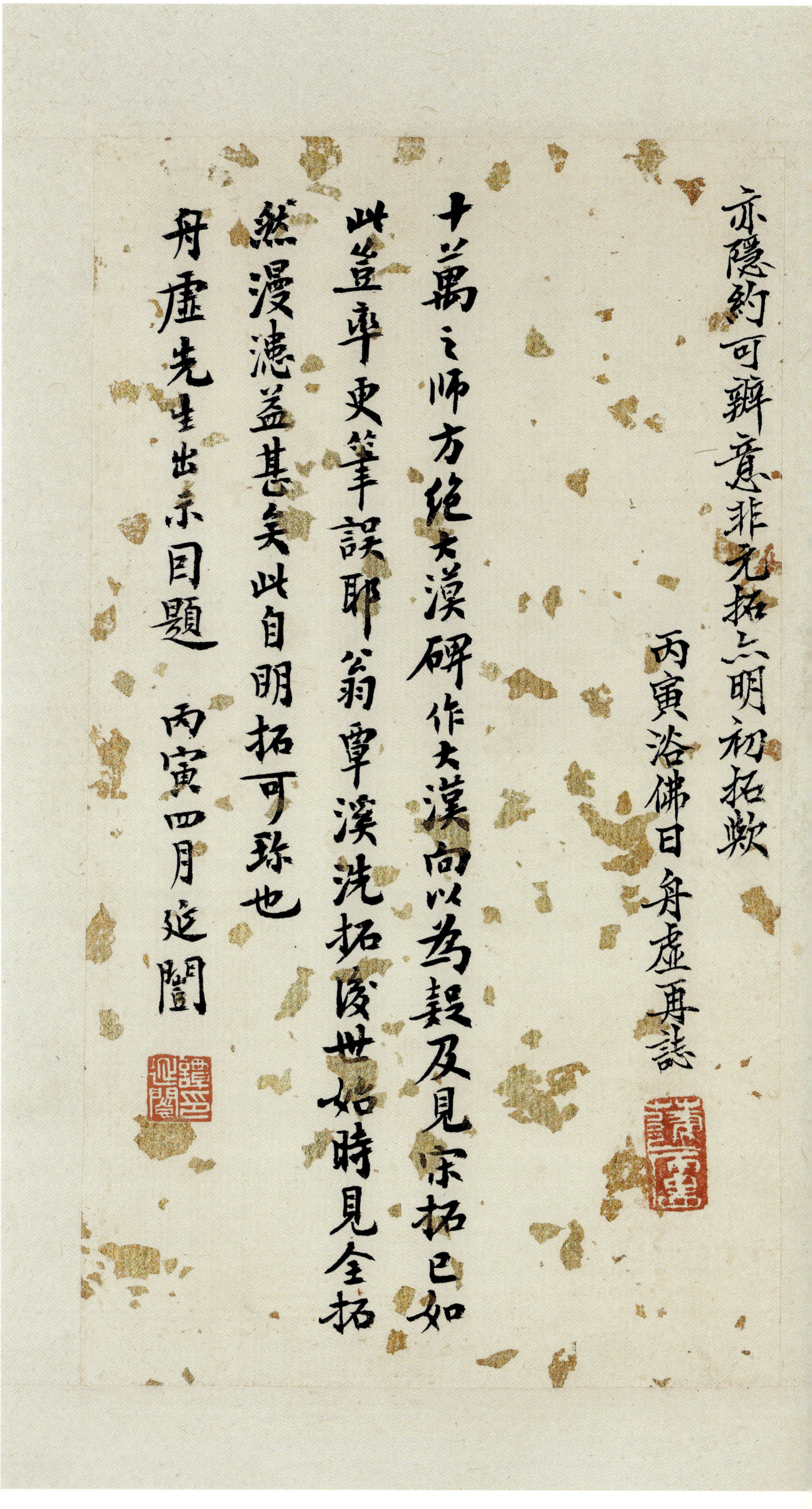
亦隱約可辨意非元拓亦明初拓歟
丙寅浴佛日 舟虛再誌
十萬之師方絕大漢碑作大漢向以為疑及見宋拓已如此豈率更筆誤耶翁覃溪洗拓後世始時見全拓然漫漶益甚矣此自明拓可珍也
舟虛先生出示因題 丙寅四月延闓

亦隱約可辨，意非元拓，亦明初拓歟。丙寅浴佛日，舟虛再誌。

鈐印：蘧廬

題跋出處：虞恭公温彥博碑（文素松藏本）

館藏號：S2945

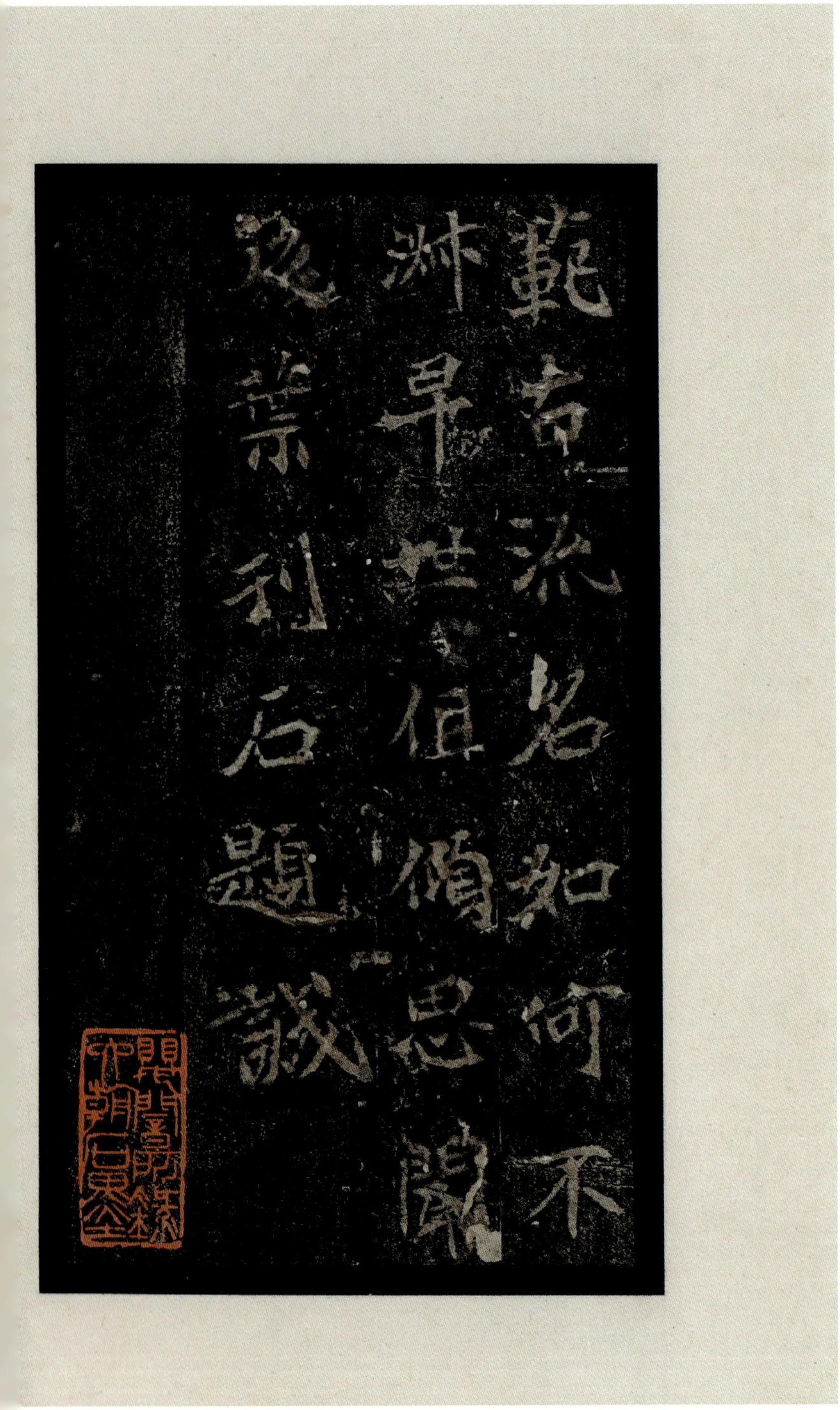

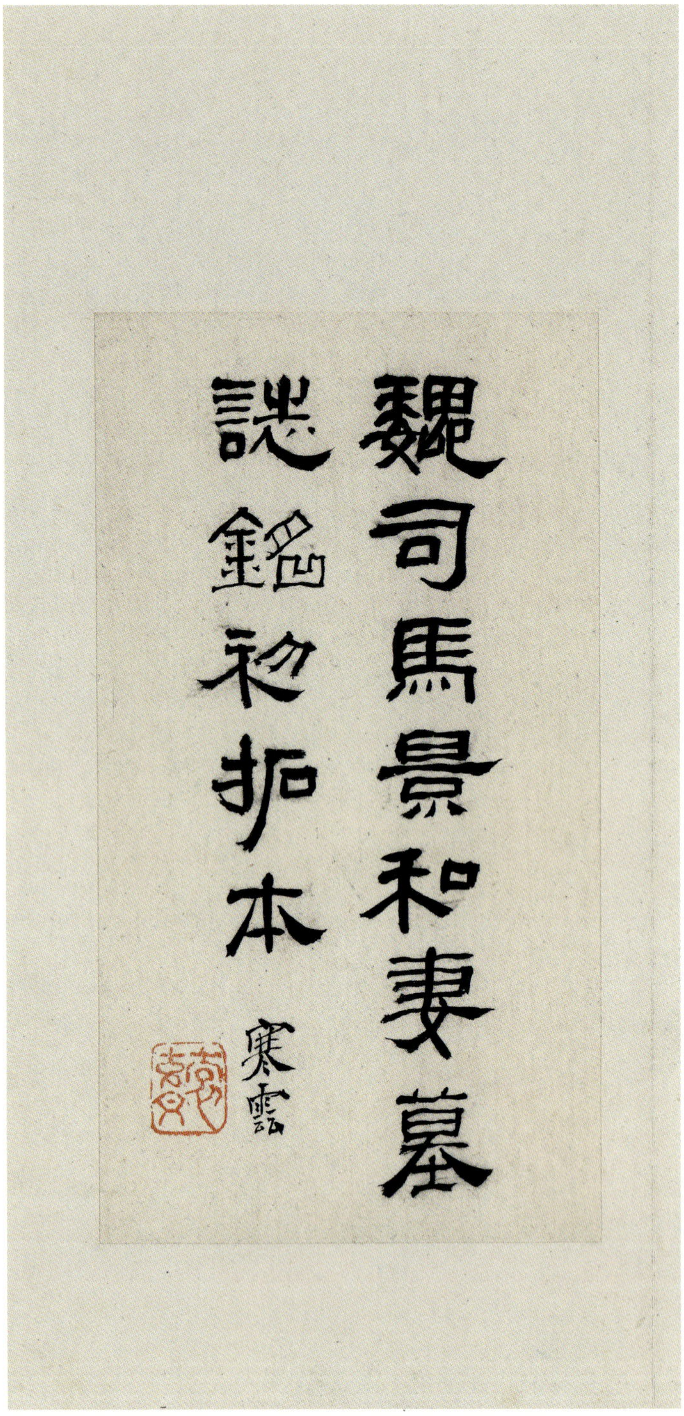

袁克文

年代：1889—1931

字號：字豹岑，號寒雲

籍貫：河南項城

釋文：魏司馬景和妻墓誌銘初拓本，寒雲。

鈐印：袁克文

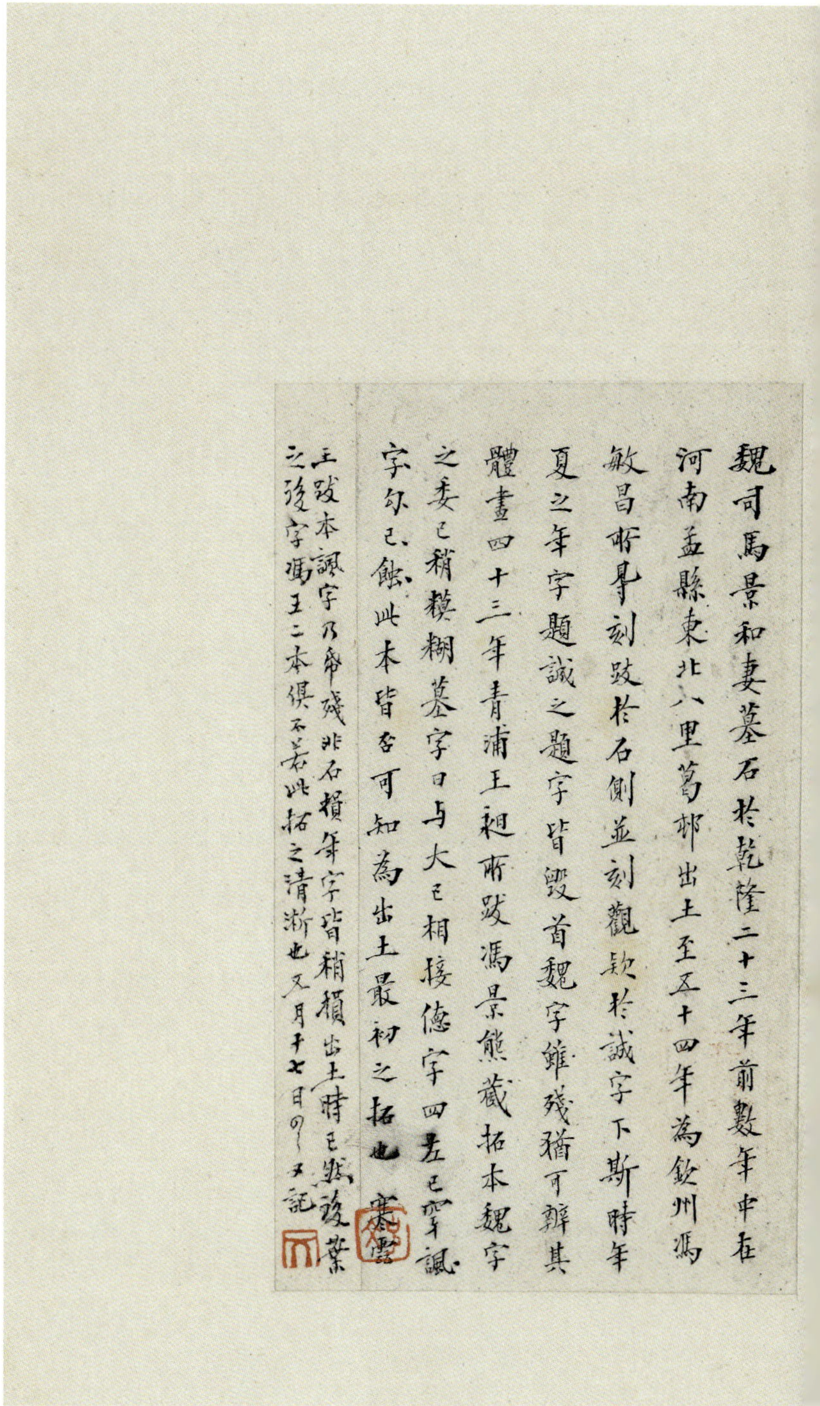

魏司馬景和妻墓石於乾隆二十三年前數年中在河南孟縣東北八里葛村出土至五十四年爲欽州馮敏昌所得刻跋於石側並刻觀款於誌字下斯時年夏之年字題誌之題字皆毀首魏字雖殘猶可辨其體畫四十三年青浦王昶所跋馮景熊藏拓本魏字之委已稍模糊墓字曰与大已相接德字四去已穿誌字亦已蝕此本皆否可知爲出土最初之拓也　寒雲

王跋本誌字乃帋殘非石損年字皆稍損出土時已然後葉之後字馮王二本俱不若此拓之清晰也　又月十七日夕又記

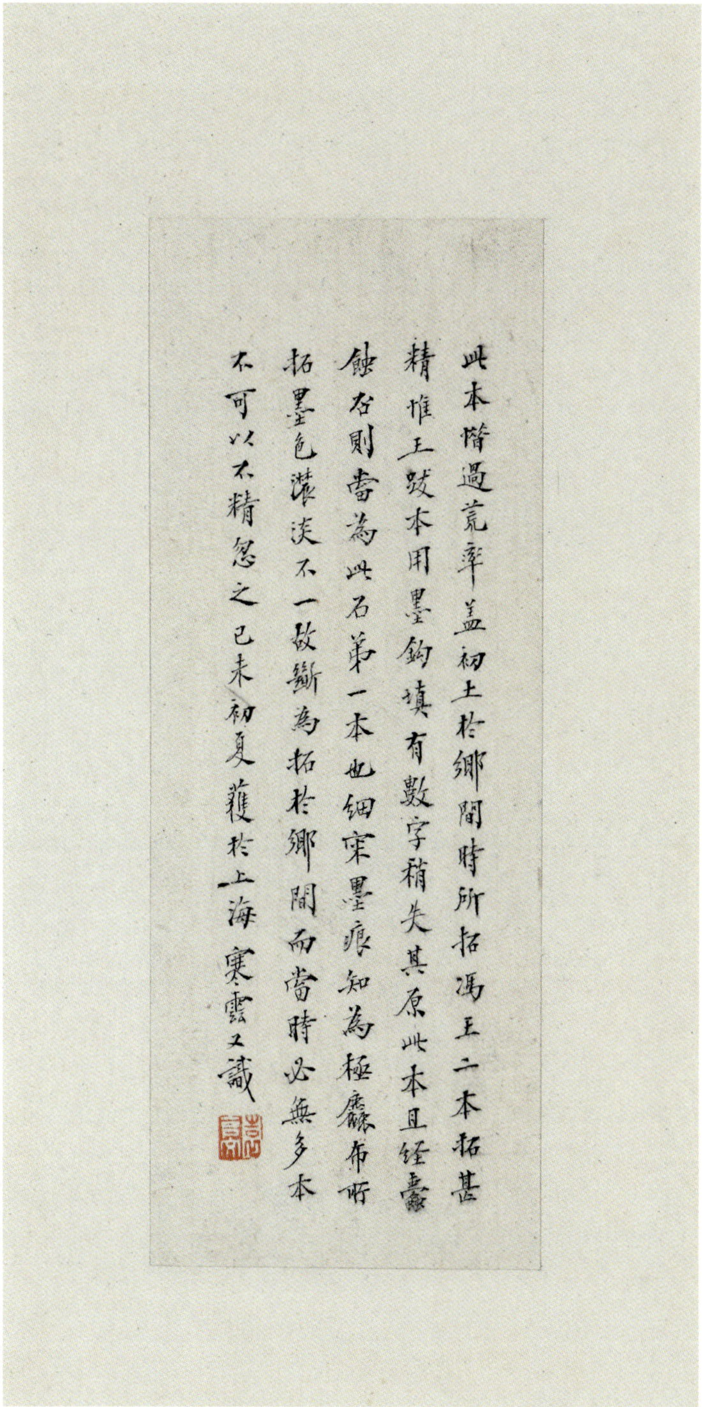

此本僅過荒率蓋初出土於鄉閭時所拓馮王二本拓甚精惟王跋本用墨鉤填有數字稍失其原此本且經蠹蝕否則當爲此石第一本也細案墨痕知爲極麤布所拓墨色濃淡不一故斷爲拓於鄉閭而當時必無多本不可以不精忽之　己未初夏獲於上海　寒雲又識

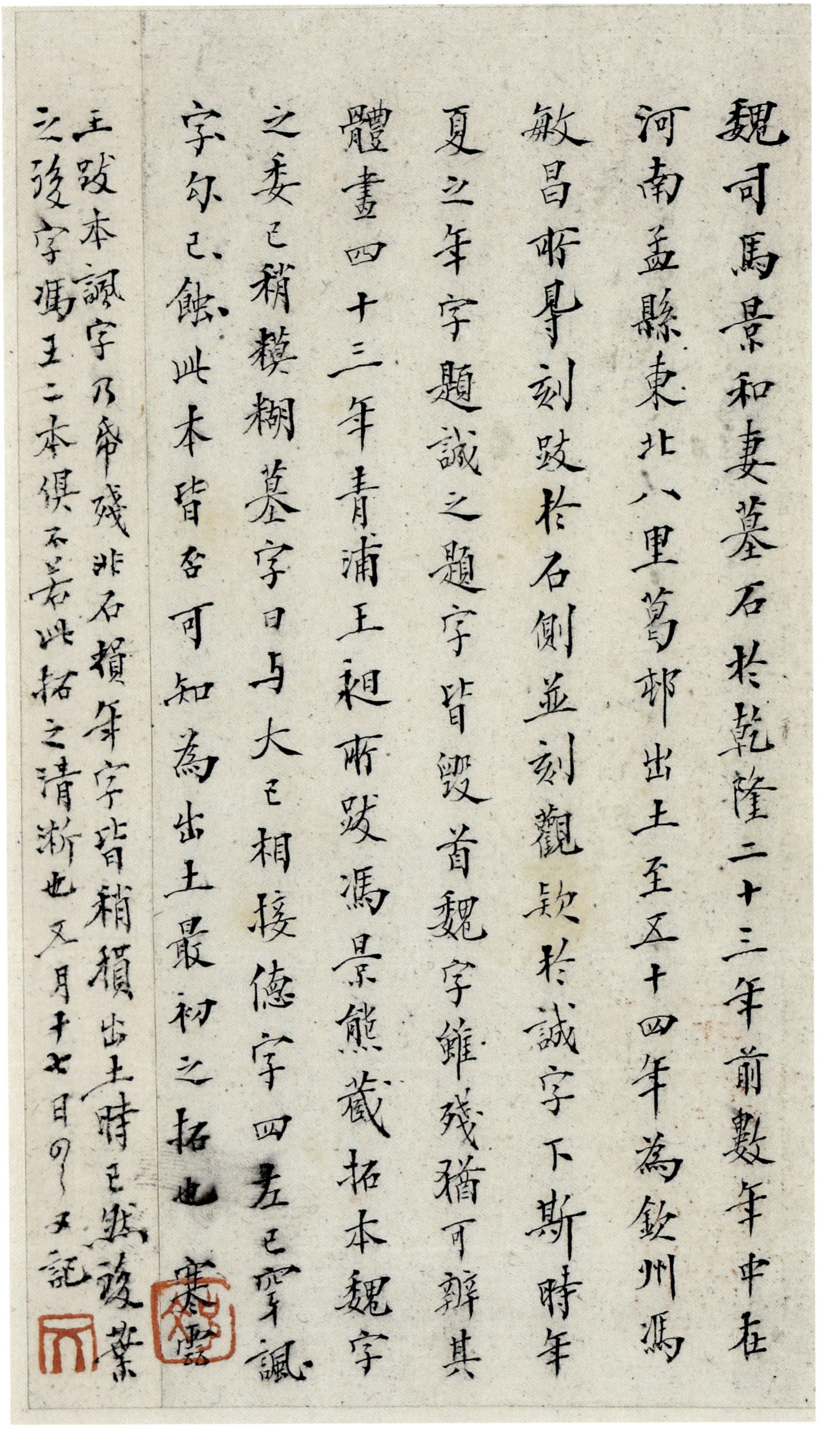

釋文：魏司馬景和妻墓石於乾隆二十三年前數年中在河南孟縣東北八里葛村出土，至五十四年爲欽州馮敏昌所得，刻跋於石側，并刻觀款於『誠』字下。『斯時年夏』之『年』字、『題誠』之『題』字皆毀，首『魏』字雖殘猶可辨其體畫。四十三年青浦王昶所跋馮景熊藏拓本，『魏』字之『委』已稍模糊，『墓』字『曰』與『大』已相接，『德』字『四』左已穿。此本皆否，可知爲出土最初之拓也。寒雲。

鈐印：克文

釋文：王跋本『颯』字乃紙殘，非石損，『年』字皆稍損，出土時已然。『後葉』之『後』字，馮、王二本俱不若此拓之清淅也。五月十七日，雲又記。

鈐印：文

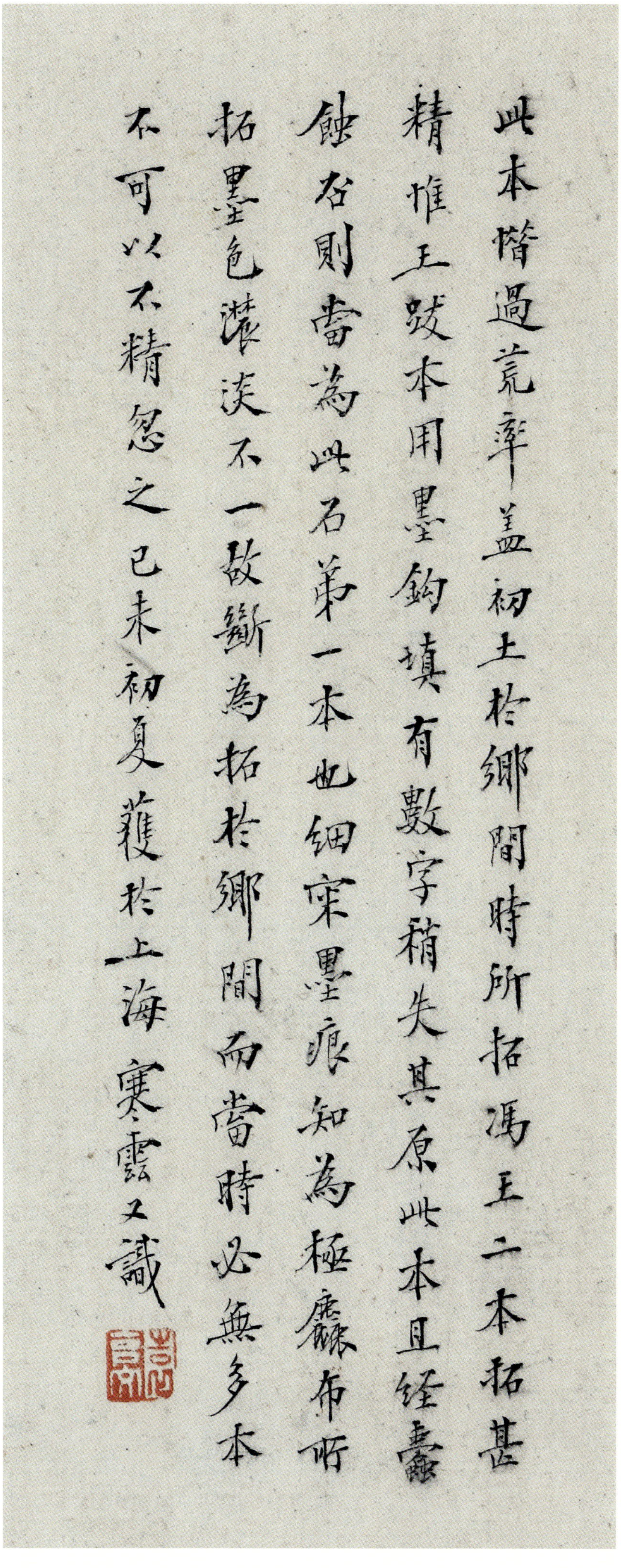

釋文：此本惜過荒率，蓋初土於鄉間時所拓，馮、王二本拓甚精，惟王跋本用墨鉤填，有數字稍失其原。此本且經蠹蝕，否則當爲此石弟一本也。細審墨痕，知爲極粗布所拓，墨色濃淡不一，故斷爲拓於鄉間，而當時必無多本，不可以不精忽之。己未初夏獲於上海，寒雲又識。

鈐印：袁克文

題跋出處：司馬景和妻墓誌（袁克文跋本）

館藏號：S2740

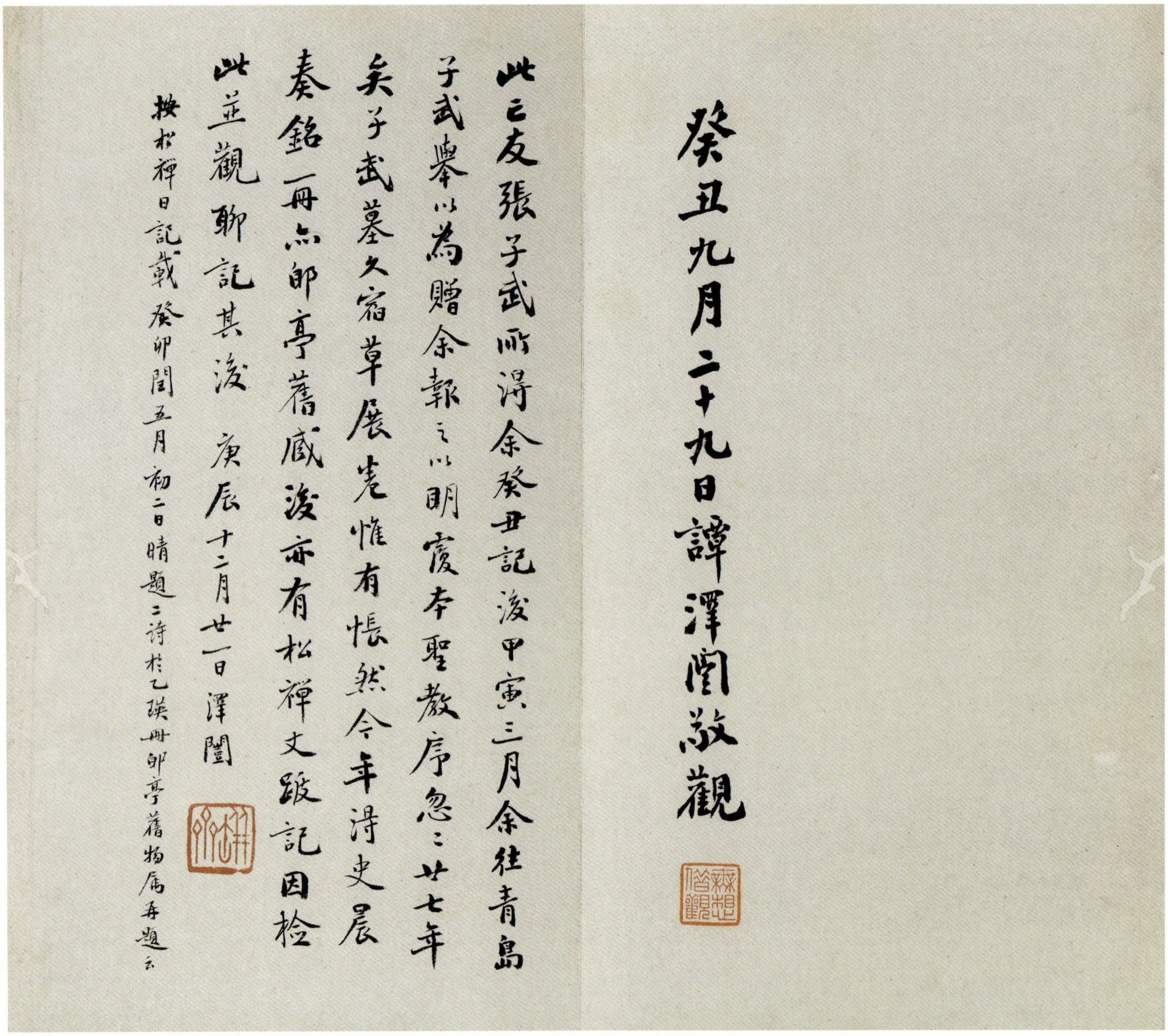
癸丑九月二十九日譚澤闓敬觀
此亡友張子武所得余癸丑記後甲寅三月余往青島
子武舉以為贈余報之以明覆本聖教序忽忽廿七年
矣子武墓久宿草展卷惟有悵然今年得史晨
奏銘一冊亦郎亭舊臧後亦有松禪文跋記因檢
此並觀聊記其後　庚辰十二月廿一日澤闓
按松禪日記載癸卯閏五月初二日晴題二詩於乙瑛冊郎亭舊物屬再題云

譚澤闓

年代：1889—1948

字號：字祖同，號瓶齋

籍貫：湖南茶陵

釋文：癸丑九月二十九日，譚澤闓敬觀。

鈐印：無想借觀

釋文：此亡友張子武所得，余癸丑記後。甲寅三月，余往青島，子武舉以爲贈，余報之以明覆本《聖教序》，忽忽廿七年矣，子武墓久宿草，展卷惟有悵然。今年得《史晨奏銘》一册，亦郎亭舊臧，後亦有松禪文跋記，因檢此并觀，聊記其後。庚辰十二月廿一日，澤闓。

鈐印：缾齋

釋文：按，松禪日記載：癸卯閏五月初二日晴，題二詩於《乙瑛》册，郎亭舊物，屬再題云。

題跋出處：乙瑛碑（汪鳴鑾藏本）

館藏號：S2636

癸丑九月二十九日譚澤闓敬觀

此亡友張子武所得余癸丑記後甲寅三月余往青島子武舉以為贈余報之以明霞本聖教序忽忽廿七年矣子武墓久宿草展卷惟有悵然今年得史晨奏銘一冊亦郘亭舊藏後亦有松禪文跋記因检此並觀聊記其後 庚辰十二月廿一日澤闓

按松禪日記載癸卯閏五月初二日晴題二詩於乙瑛冊郘亭舊物屬再題云

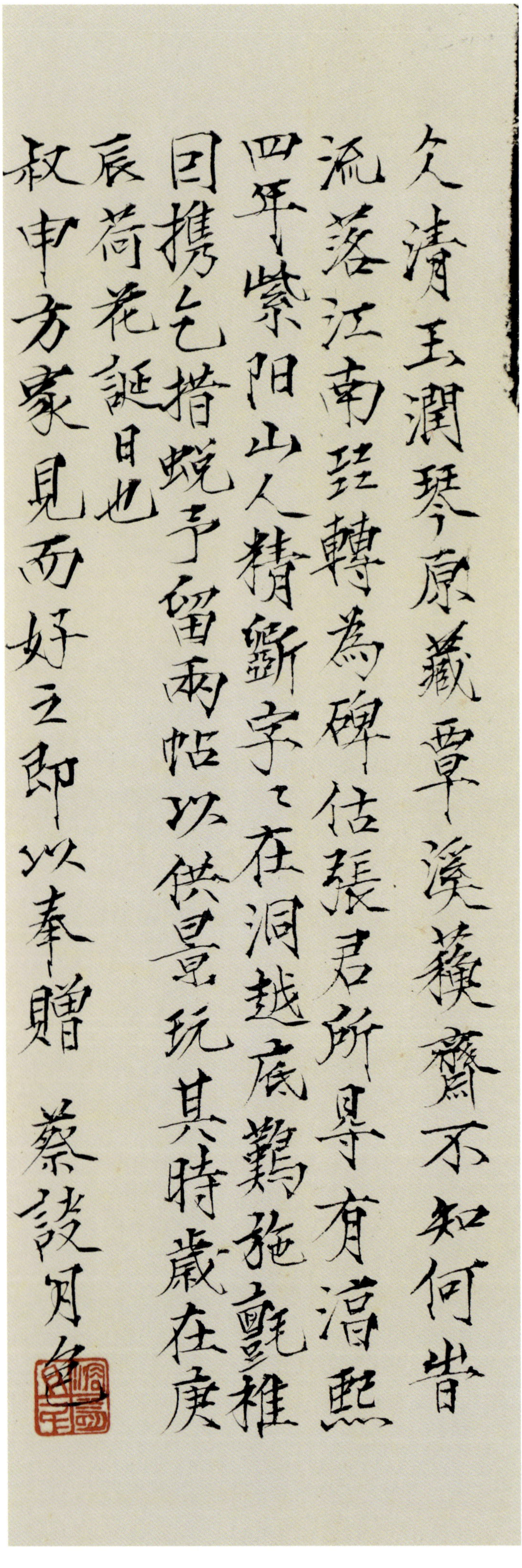

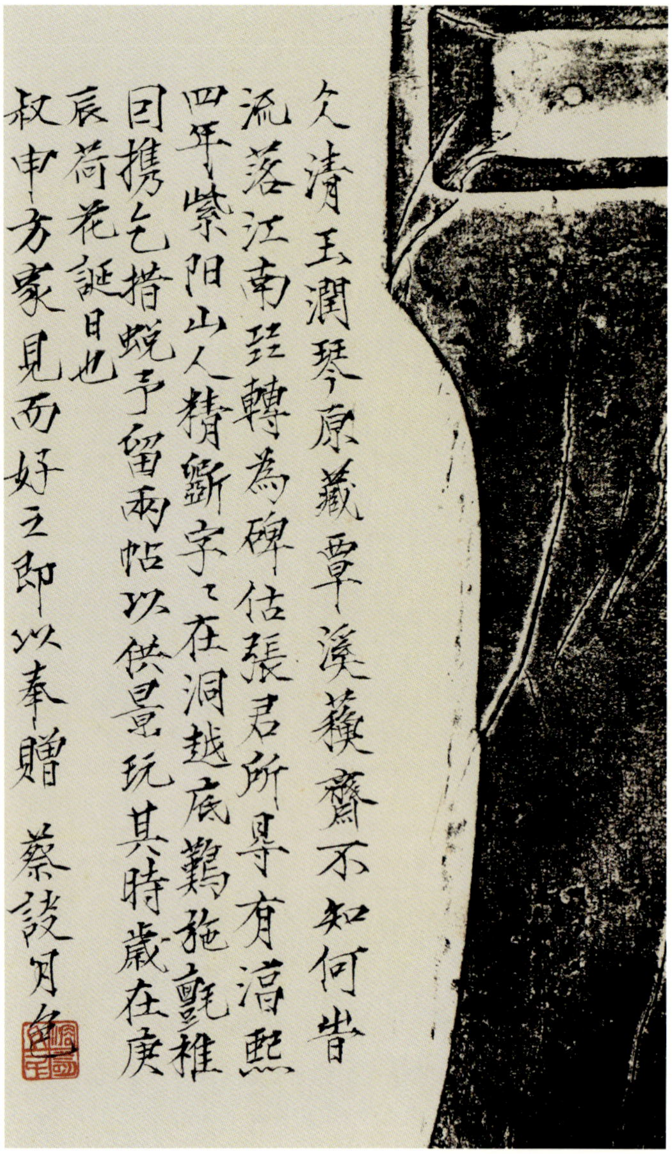

蔡談月色

年代：1891—1976

字號：原名古溶，又名溶溶，字月色，後以字行，晚號珠江老人

籍貫：廣東順德

釋文：冰清玉潤琴，原藏覃溪蘇齋，不知何時流落江南，展轉爲碑估張君所得。有淳熙四年紫陽山人精斲字，字在洞越底，難施氈椎，因攜乞措蜕。予留兩帖，以供景玩，其時歲在庚辰荷花誕日也。叔申方家見而好之，即以奉贈，蔡談月色。

鈐印：溶溶月色

題跋出處：朱紫陽銅琴（談月色拓本）

館藏號：Z2240

鄭誦先

年代：1893—1976

字號：原名世芬，字誦先，號研齋、勉堪，晚年以字行

籍貫：四川富順

釋文：右誌兩面刻，陽面十七行，陰面十六行，每行三十一字。近年在廣東廣州出土，爲華陽王雪澄廉訪秉恩所藏。余轉展求得拓本，石雖不甚磨泐，而文既詰屈，字多舛誤，逐字斠識，略可卒讀。按，誌稱猛進彭城綏輿里人，漢楚王交之後。誌文『輿』訛作『與』，『交』訛作『文』。《元和姓纂》劉姓彭城侯下云，漢高弟楚元王交，生休侯富，富生辟强，辟强生陽城侯悳，悳生向，向生歆，子孫居彭城，分居三里，叢亭、綏輿、安上里。又云綏輿里，宋武帝所承，是猛進尚爲宋氏之宗室。而誌中曾未叙及，僅有『先基景業，罕得自潛』之語。豈當時因禪代之際，諱稱前朝之宗屬乎？猛進之祖名曉，任桂陽太守，前後十一載，被徵則長幼相携，趍象魏以請留，薨後則庶民斬絰，若喪親之悲痛，此必有特殊之治績。而《梁書·良吏傳》曾未及之，蓋南荒遼敻，表彰無人，殊可惜也。誌文有『霍顯之謀，不行於杯杓。荆珂之變，帷幄□興。害薑亡蹤，烏徒潛影』等語，似桂陽有變，而劉曉定之於俄傾者。猛進之父仕□，以太清元年七月除邵陵王常侍宣遠將軍正階縣令。按，《梁書·邵陵王綸傳》：天監十三年封邵陵郡王，中大同元年出爲鎮東將軍南徐州刺史，太清二年進位中衛將軍開府儀同三司，是仕□之除常侍，正在邵陵王綸爲南徐州刺史時。《隋書·地理志》：南海郡始興縣，齊曰正階，梁改名焉。洪齮孫《補梁疆域志》云：始興，沈志吴立，梁移治正階縣。《一統志》案《齊志》始興郡有令階縣，《梁書·邵陵王綸傳》，子確大同二年封正階侯，《隋志》始興齊曰正階，梁改名，當是齊置令階，尋改正階，梁大同後始移始興縣來治也。今誌稱劉仕□於太清元年爲正階令，是始興移治當在太清以後，此足爲洪氏之説左證矣。《太平寰宇記》：始興縣本漢南海縣地，吴置始興縣，梁於此置安遠郡，西七里有蕭齊正階故縣城存。誌又稱，承聖三年八月除洪烈將軍始昌縣令，永定二年十月除武毅將軍歸善縣令。按，始昌屬樂昌郡，《地理志韵編》曰，今廣東肇慶府四會縣北。歸善屬梁化郡。《地理志韵編》曰，今廣東惠州府歸善縣東北五里。《隋書·百官志》載梁、陳官制，有寧遠、宣遠、武毅各將軍，惟未載洪烈將軍，據誌可以補史之闕。梁制，通直散騎常侍爲顯職，天監六年《革選詔》曰：『名公之胤，位居納言。曲蒙優禮，方有斯授。』陳制，散騎侍郎秩千石，今劉曉、劉猛進起家即授此官，自非常例，故疑爲宋代宗室之裔也。誌末有『墳向艮宫，厥名甲寅之墓。山則盤騰，宛引迴首坎鄉。左右相携，前迎後送』云云，然則形家之言至六朝時已盛行矣。范壽銘跋。辛酉初秋，江陽鄭世芬敬録，時客羊垣。

鈐印：辛酉、光緒癸巳生、誦先又字研齋、世芬長壽、忠定公裔孫

題跋出處：劉猛進墓誌（王秉恩藏本）

館藏號：J1023

右誌兩面刻陽面十七行陰面十六行每行三十一字近年在廣東廣州出土為蕚陽王雪澄康訪（秉恩）所藏余轉展求得拓本石雖不甚磨泐而文既詰屈字多舛誤遂字斠識畧可卒讀按誌稱猛進彭城綏輿里人漢楚元王交之後（誌文輿訛作與交訛作文）元和姓纂劉姓彭城房下云漢高弟楚元王交生休侯富富生辟彊辟彊生陽城侯德德生向向生歆子孫居彭城分居三里叢亭綏輿安上里又云綏輿里宋武帝所承是猛進尚為宋氏之宗室而誌中曾未叙及僅有先基肇業罕㝵自潛之語豈當時因禪代之際諱稱前朝之宗屬乎猛進之祖名曉任桂陽太守前後十一載被徵則長幼相攜踰境追以請留薨後則庶民斬経若喪親之悲痛此必有特殊之治績而梁書良吏傳曾未及之蓋南荒遼夐表彰無人殊可惜也（誌文有霍顯之謀不行於杯杓荊珂之變惟倔□興害蠆匹蹤烏徒潛影等語似桂陽有變而劉曉定之於俄頃者）猛進之父仕□以太清元年七月除邵陵王常侍宣遠將軍正階縣令按梁書邵陵王綸傳天監十三年封邵陵郡王中大同元年出為鎮東將軍南徐州刺史太清二年進位中衛將軍開府儀同三司之上[illegible]

陳[illegible]陳書地理志南海君 始興縣齊曰正階梁改名馬洪[illegible]

孫補梁疆域志云始興沈志吴立梁移治正階縣一統志案齊志始興郡有令階縣梁書邵陵王綸傳子確大同二年封正階侯隋志始興齊曰正階梁改名當是齊置令階尋改正階梁大同後始移始興縣來治也今誌稱劉仕口於太清元年為正階令是始興移治當在太清以後此足為洪氏之說左證矣（太平寰宇記始興縣本漢南海縣地吴置始興縣梁於此置安遠郡西七里有蕭齊正階故縣城存）誌又稱承聖三年八月除洪烈将軍始昌縣令永定二年十月除武毅将軍歸善縣令按始昌屬樂昌郡（地理志韻編曰今廣東肇慶府四會縣北）隸善屬梁化郡（地理志韻編曰今廣東惠州府隸善縣東北五里）隋書百官志載梁陳官制有寧遠宣遠武毅各将軍惟未載洪烈将軍據志可以補史之闕梁制通直散騎常侍為顯職（天監六年革選詔曰名公之胤位居納言曲蒙優禮方有斯授）陳制散騎侍郎秩千石今劉曉劉猛進起家即授此官自非常例故疑為宋代宗室之裔也誌末有墳向艮宮廒名甲寅之墓山則盤騰宛引迴首坎鄉左右相携前迎後送云云然則形家之言至六朝時已盛行矣　范壽銘跋

辛酉初秋江陽鄭世芬敬録時客羊垣

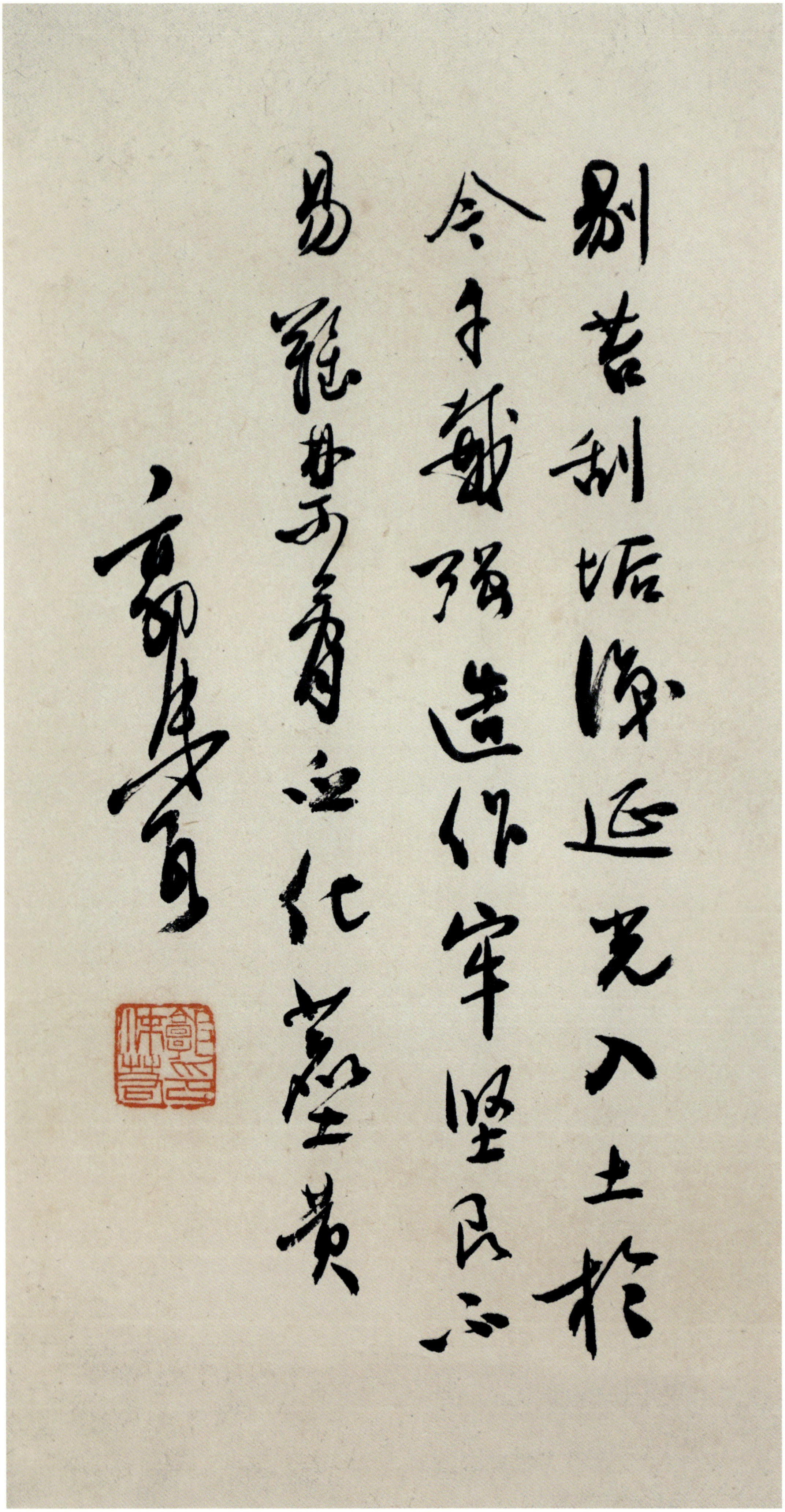

郭沫若

年代：1892—1978

字號：幼名文豹，原名開貞，字鼎堂，號尚武

籍貫：四川樂山

釋文：剔苔刮垢識延光，入土於今千載强。造作牢堅良不易，難禁膏血化塵黄。郭沫若。

鈐印：郭沫若印

題跋出處：延光四年磚拓（郭沫若跋本）

館藏號：J5534

吳湖帆

年代：1894—1968

字號：本名萬、邁，又名翼燕、適駿、倩，字東莊，號醜簃，倩庵、嵩山居士

籍貫：江蘇吳縣

釋文：余生平最嗜石刻，又最惡六朝北刻，以其任意欹側，增減點畫，横行荒謬，實爲書學一大浩劫也。顧近數十年來此道大行，所出誌石亦不可勝計，書法之佳者幾百不得一二，故余家拓墨幾千種而無一北刻，此雖人有嗜好之不同，究亦無多佳製耳。壬申春日，姻家適庵張君謂余曰，沙礫中也有珠玉，不可以多廢少，試檢舊拓者五種曰李超，曰劉玉，曰王僧，曰劉懿，曰王偃以贈，余乃合裝一帙存之。斯五石皆北刻中最上乘品，細讀一過，等嚼蠟味。跖跋胡虜，底鮮龍跳虎卧姿也。余之存，存張適庵之贈耳。癸酉六月晦日書于四歐堂，醜簃。

鈐印：既醜且美

題跋出處：舊拓魏誌五種（吳湖帆藏本）

館藏號：S2764

釋文：《勘碑圖》，吾家《化度寺碑》王孟揚本，翁覃溪先生題爲『宋翻宋拓本』，余曾以燉煌唐拓殘字影本校之，剥蝕悉合，纖毫無失，可證翁氏之謬。丙寅夏，上虞羅叔言丈南旋，顧余四歐堂，勘賞竟日，嘆爲海内弟一宋拓唐石真本。因作《勘碑圖》于册端，誌石墨盛事也。吳湖帆并記。

鈐印：靜淑心賞、吳邁

釋文：《化度寺碑式》，以裱本每行十字，工部營造尺度七寸，每行卅三字，約二尺三寸强，廣以卅五行計之，約二尺五寸左右。

丁卯之春，以閩中陳淮生先生之介，得大興翁覃溪學士校定《化度寺塔銘》整幅，文凡卅五行，每行卅三字。然翁氏據殘本依約定之，未免有誤，因重校繕于右。弟二行款式翁本以『右庶子』『右』字在弟二字，『度』字相并，『率更令』『率』字與『製文』下衹空一格。弟十七行『齊像』下有『往林慮』三字，兹證『像』字下係石斷處。弟廿五行『崇敬』下空一格，『贈帛追福』四字并書三格，以弟廿六行首之『其月』書于廿五行之末，廿六行以『廿二日』起行，『奉』字下泐處意填『送信行禪師靈塔』數字，俱可徵其誤。余以石之斷文腮合處校定如圖，于《化度》原石或不致大謬矣，願當世賢達有以正焉。吳湖帆記于四歐堂。

鈐印：醜簃、潘靜淑珍臧印、吳萬之印

題跋出處：化度寺塔銘（吳湖帆四歐堂藏本）

館藏號：19A375

余生平最嗜石刻又最惡六朝北刻以其任意欹側增減點畫橫行荒謬實爲書學一大浩劫也顧近數十年來此道大行所出志石亦不可勝計書法之佳者幾百不得一二故余家拓墨幾千種而一無一北刻此雖人有嗜好之不同究亦無多佳製耳

壬申春日姻家適庵

張君謂余曰沙礫中也有珠玉不可以多癡少試檢舊拓者五種曰李超曰劉玉曰王僧曰劉懿曰王偃以贈余乃合裝一帙存之斯五石皆北刻中最上乘品細讀一過等嚼蠟味跖跋胡虜底非鮮龍跳虎卧姿也余之存〻張適庵之贈耳癸酉六月晦日書于四歐堂醜簃

勘碑圖
吾家化度寺碑王孟揚本翁覃溪先生
題為宋翻宋拓本余嘗以燉煌唐拓
殘字影本校之剝蝕悉合纖毫無失
可證翁氏之謬丙寅夏上虞羅叔言丈
南旋顧余四歐堂勘賞竟日歎為海內
第一宋拓唐石真本因作勘碑圖于冊
端誌石墨盛事也吳湖帆并記

化度寺碑式

以裱本每行十字工部營造尺度七寸　每行卅三字　約二尺三寸強

廣以卅五行計之約二尺五寸左右

化度寺故僧邕禪師舍利塔銘　右庶

製文

率更令

蓋聞人靈之貴天象攸憑稟仁義之和感

端宗其道者三教殊源異軫類聚群分或

控鶴乘鸞有繫風之諭滄霞御氣致捕影

運弘濟群品極衆妙而為言冠玄宗以立

神支貽照靈心澄神禪觀則有化度寺僧

有周氏積德累功慶流長世分星判

咨郭泰則人倫攸屬聖賢遺烈弈業

明典禮禪師含靈福地擢秀華宗

發自髫年仁心救蟻始於小歲口

觀入室精勤不倦聰敏絕倫口覽

膺釋典風鑒疎朗豁然開悟聞法

錙銖軒冕糟粕丘墳年十有三

或行勤苦道標方外聲溢區中

嘗撫禪師而謂諸門徒曰五亭

栖託遊處後屬周武平齊像

巖之下膏茅成室蘿裳薜帶

為群猛鷙毒螫之徒潛形

奇禽異獸攢集庭宇俱

膏誤膏

千誤子

究窮理盡性通幽洞微研

功勞而寡要文勝則史禮煩斯

至於察報應之方窮死生之變大慈

唯真如之設教焉若夫性與天道契協

禪師者矣禪師俗姓郭氏太原介休人昔

藩維蔡伯喈云鞠者郭也鞠炌乃文王所

祖憲荊州刺史早擅風猷父韶口陵太守深

弱齡神識沉靜率由至道冥符上德因戲成塔

業門多貴仕時方小學齒胄上庠始自趨庭便

尤明老易然雅有志尚高邁俗情時避僧寺伏

之微妙毛髮同喜瞻滿月之圖像身心俱淨於是

入道於鄴西雲門寺依止稠禪師稠公禪慧通口

觀暗投欣然驚異即授受禪法數日便詣幽深稠公

念盡在此矣頭陀蘭若畢志忘疲仍來往林慮山中

入白鹿深山避時削跡藏聲戢曜枕石漱流卢

衣餌木滄松嘗無麻麥之飯三徑斯絕百

冀

輦放趾呈祥每梵音展禮焚香讀口

歗白鹿青鸞

敬心疑聽受及開皇之初弘

倚畢來俯伏狠如

釋教

遊誤避

神誤袖

所聞也宜盡弘益之
禪師被勑徵召乃
觀五年十一月十
其月廿二日奉
行禪師靈
霜而未彰

昭示流俗禪師乃出山與信行
隨入京京師道俗莫不遵奉信行禪
終於化度寺春秋八十有九 聖上崇敬
於終南山下鵄鳴埳禪師之遺令也徒衆
左禪師風範凝正行業精勤十二部經嘗甘露
託跡禪林避心定水涉無為之境絕有待之累
體道藏器未若道安之遊樊沔對鑿齒而自伐
主及還神淨土委質陁林四部奔馳十方號慕
景行乃述銘云
夷法性自有成空從凡入聖于昭大士
真累明成照積智為津行識非想禪
靈應無像神行匪速敦彼開導去茲
人忘已真宅斯存刹
淨域

皆行日
皇九年信行
持徒衆以貞
贈帛追福即口
以其舍利起塔於
俱盡五百具戒淩
寓形巖穴高步京華
天慧遠之在廬山析桓
豈止寢歌輟相口
損珠

捐誤損

正德潤慈雲心懸靈鏡
觀盡三昧情銷六塵口
絕有憑群生仰福風火
樂永謝中中重昏

口口樂永謝

丁卯之春以閬中陳淮生先生之介得大興翁覃溪學士校定化度寺塔銘整幅文凡廿五行每行卅三字然翁氏據殘本依仿定本之未免有誤因重校錄于右第二行既式翁本以右應于右字在第二字度字相並卑更令卑字与製文下祇空一格第十七行齋像下有往林靈三字旅證像字下係石斷處第廿五行崇塔下空一格贈帛追福四字并書三格以第廿六行首之其月書于廿五行之末廿六行以廿二日起行奉字下泐處意填送信行禪師靈塔數字俱可徵其誤余以石之斷文聽合處校定如翁于化度原石或不致大謬矣願當世賢達有以正焉 吳湖帆記于四歐堂

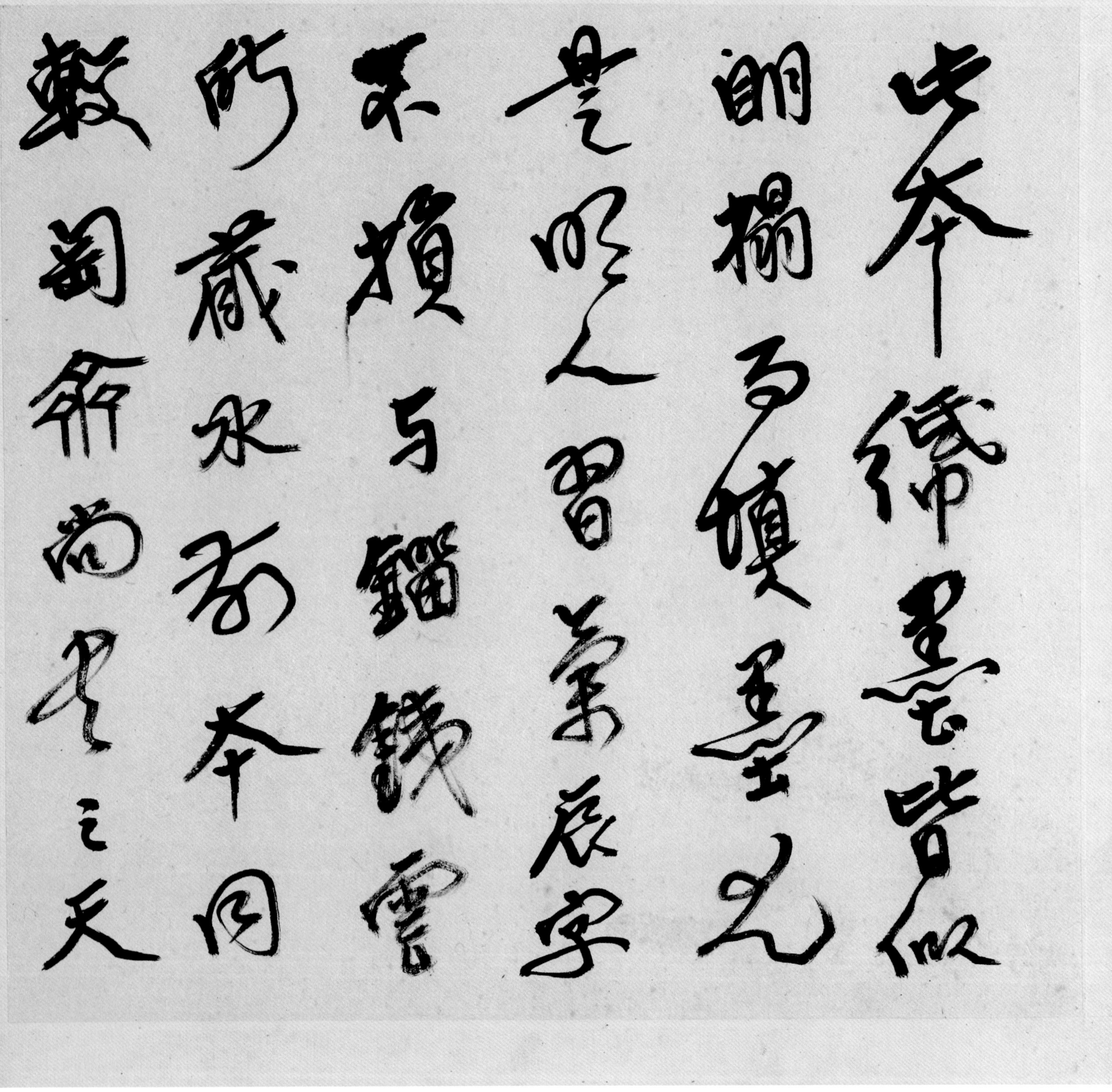

張大千

年代：1899—1983

字號：原名正權，後改名爰，字季爰，號大千、大千居士、下里巴人

籍貫：四川內江

釋文：此本紙墨皆似明拓，而填墨尤是明人習氣。『辰』字不損，與鎦鐵雲所藏水前本同，較匋齋尚書之『天其本』尚多數字也。壬午一月七日讀過，大千。

鈐印：大千藏碑章

釋文：山谷老人云，大字無過《瘞鶴銘》，是晚年悟道之語。

鈐印：古皇

題跋出處：瘞鶴銘（張大千藏本）

館藏號：S3074

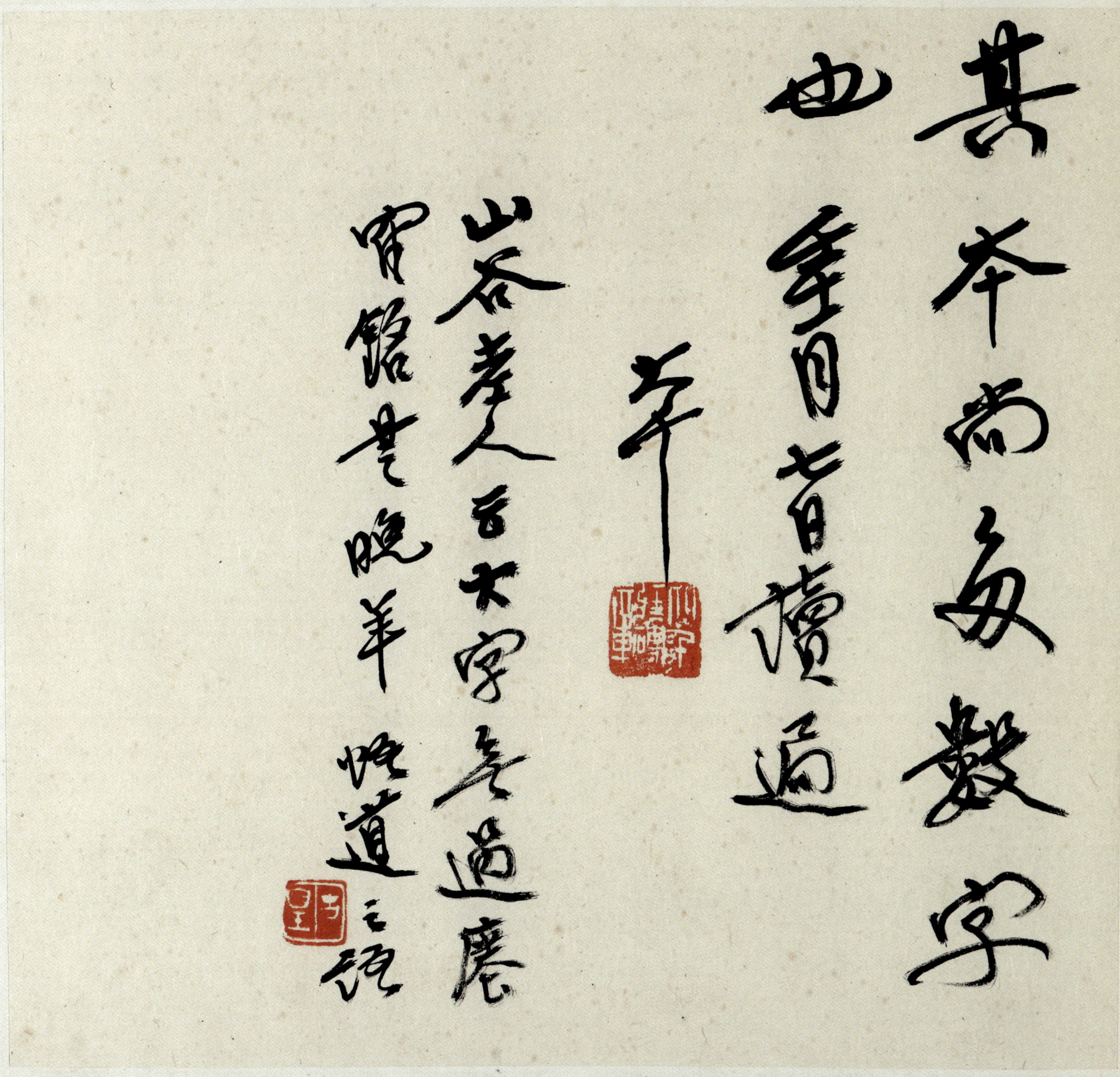
其本尚多數字也

季目七旹讀過

年

山谷老人書大字多過瘞

寉銘是晚年悟道之說

劉之泗

年代：1902—1937

字號：字公魯，號畏齋、寅伯

籍貫：安徽貴池

釋文：硯色紫，體方而長，背鎸『持堅守白，不磷不緇』八字，無款。又鎸曰：『枋得家藏岳忠武墨迹，與銘字相若，此蓋忠武故物也，謝枋得記。』又曰：『岳忠武端州石研，向爲君直同年所藏，咸淳九年十二月十有三日寄贈天祥。』銘之曰：『研雖非鐵難磨穿，心雖非石如其堅，守之弗失道自全。』八字行書、謝真書，文草書皆道古。嗚呼！三公者，後先死南宋，毅然克踐所言矣。復有小方印曰：『宋氏珍藏。』（案，疑奪『商丘』二字。）朱竹垞題識曰：『康熙壬子二月四日，朱彝尊觀於西陂主人齋中。』西陂者，宋牧仲犖居也。另一行云：『雍正八年夏六月十有九日，良常王澍拜觀。』道光元年東陽令陳海樓履和於都門市上得之。梁應來先生《兩般秋雨盦隨筆》，公魯録。時秋雨如織，八月廿九夜五鼓。

鈐印：壬寅生、劉之泗印、寅伯

題跋出處：岳飛端硯拓本（劉之泗跋本）

館藏號：J4712

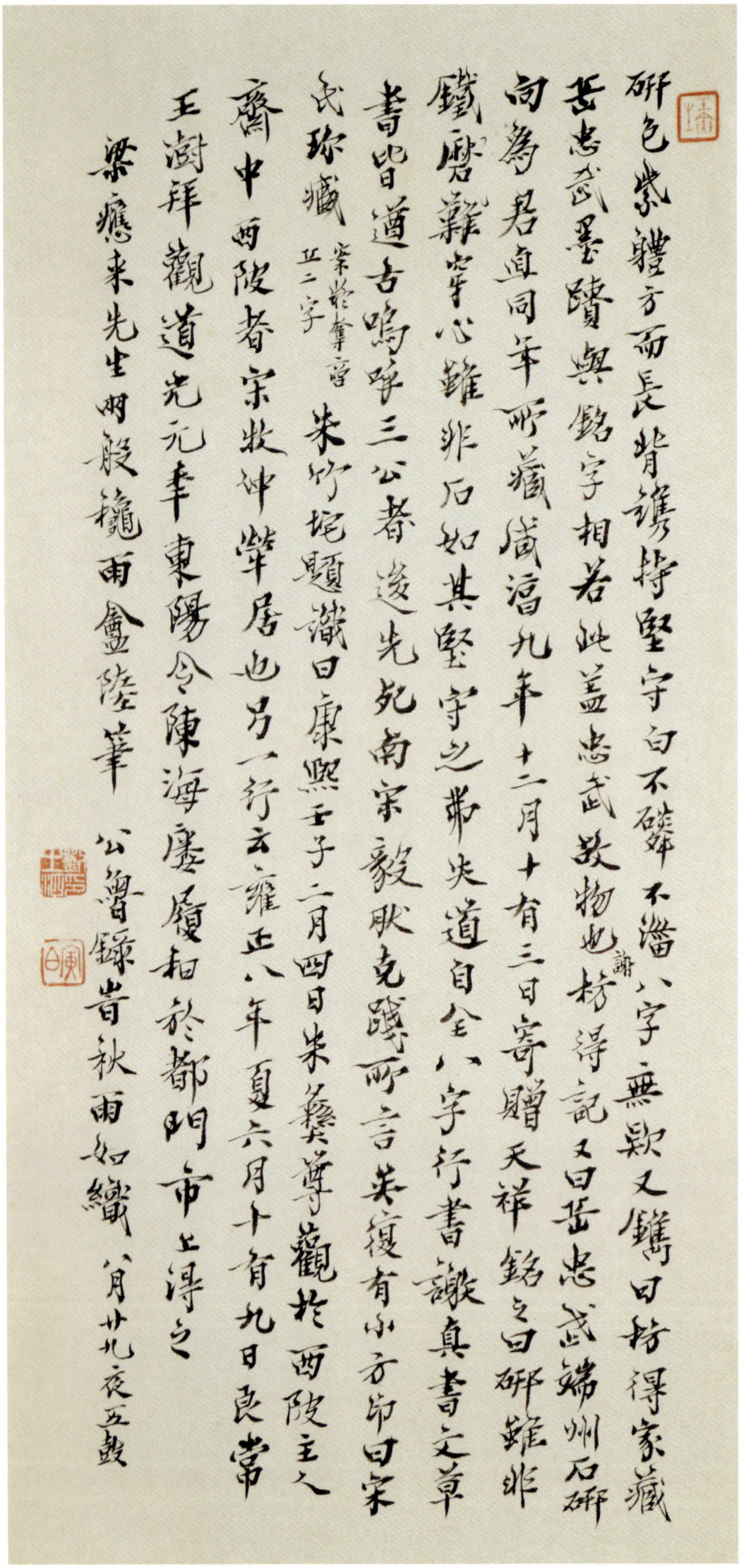

研色紫體方而長背鐫持堅守白不磷不淄八字無款又鐫曰枋得家藏岳忠武墨蹟與銘字相若此蓋忠武故物也枋謝得記又曰岳忠武端州石研向為君直同年所藏咸淳九年十二月十有三日寄贈天祥銘之曰研雖非鐵磨難穿心雖非石如其堅守之弗失道自全八字行書識真書之草書皆道古嗚呼三公者遂先死南宋毅然克踐所言矣復有小方印曰宋氏珍藏（宋犖犖音 正二字）朱竹垞題識曰康熙壬子二月四日朱彝尊觀於西陂主人齋中西陂者宋牧仲犖居也另一行云雍正八年夏六月十有九日良常王澍拜觀道光元年東陽令陳海慶履和於鄱陽市上得之

梁癡來先生所殷鑴雨盦陸筆 公魯錄昔秋雨如織八月廿九夜五鼓

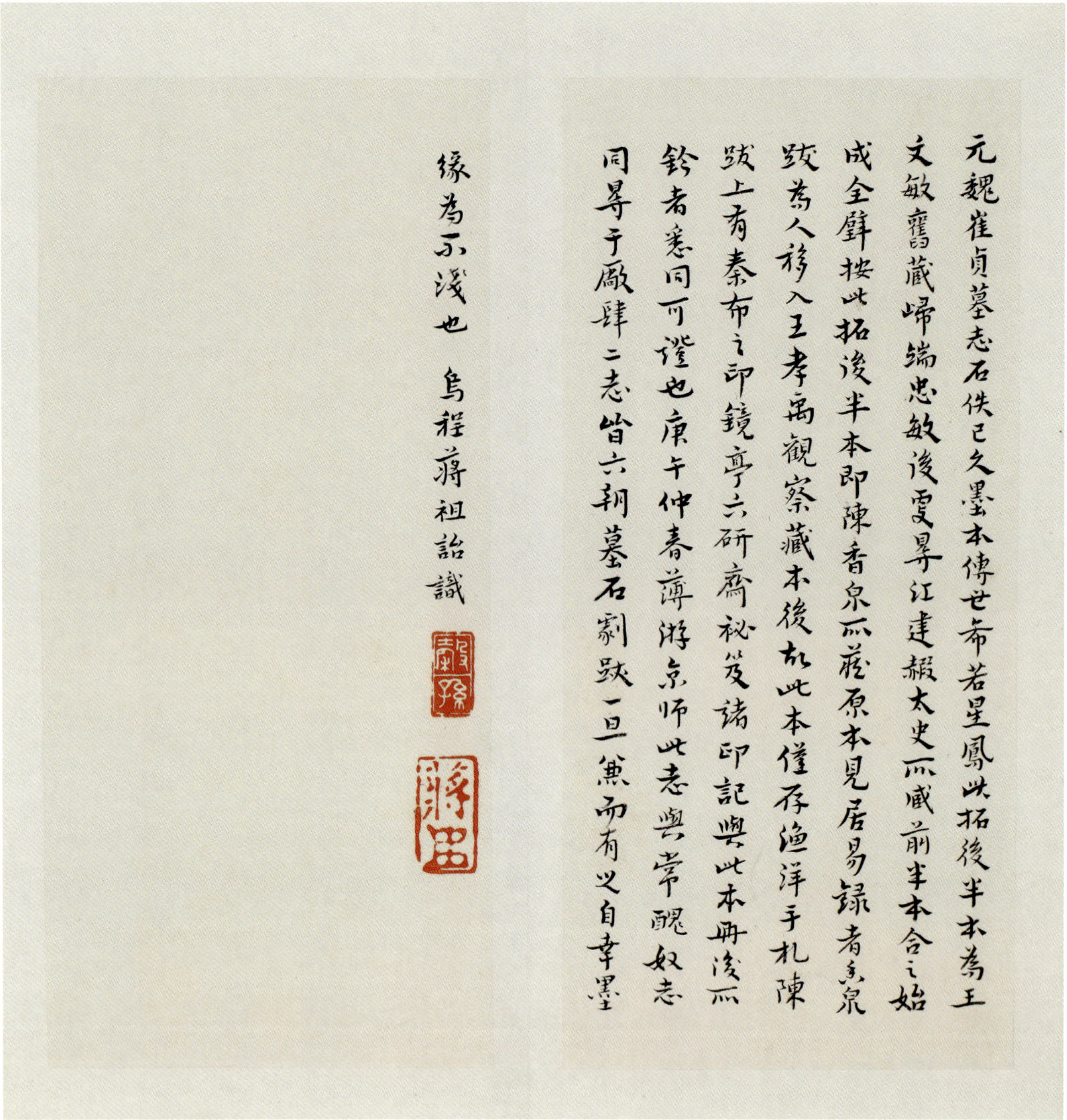
元魏崔貞墓志石佚已久墨本傳世希若星鳳此拓後半本為王
文敏舊藏歸端忠敏後更得江建霞太史所藏前半本合之始
成全璧按此拓後半本即陳香泉所藏原本見居易録者香泉
跋為人移入王孝禹觀察藏本後故此本僅存漁洋手札陳
跋上有秦布之印鏡亭六研齋秘笈諸印記與此本冊後所
鈐者悉同可證也庚午仲春薄游京師此志與常醜奴志
同得于廠肆二志皆六朝墓石劇跡一旦兼而有之自幸墨
緣為不淺也　烏程蔣祖詒識

蔣祖詒

年代：1902—1973

字號：字穀孫，號顯堂、峴翁

籍貫：浙江烏程

釋文：元魏《崔貞墓誌》石佚已久，墨本傳世希若星鳳。此拓後半本爲王文敏舊藏，歸端忠敏後更得江建霞太史所藏前半本合之，始成全璧。按，此拓後半本即陳香泉所藏原本，見《居易録》者，香泉跋爲人移入王孝禹觀察藏本後，故此本僅存漁洋手札。陳跋上有『秦布之印』『鏡亭』『六研齋秘笈』諸印記，與此本册後所鈐者悉同，可證也。庚午仲春，薄游京師，此誌與《常醜奴誌》同得于廠肆，二誌皆六朝墓石劇迹，一旦兼而有之，自幸墨緣爲不淺也。烏程蔣祖詒識。

鈐印：穀孫、蔣押

題跋出處：崔敬邕墓誌（端方藏本）

館藏號：19A358

元魏崔貞墓志石佚已久墨本傳世希若星鳳此拓後半本為王文敏舊藏歸端忠敏後更得江建霞太史所藏前半本合之始成全璧按此拓後半本即陳香泉所藏原本見居易録者香泉跋為人移入王孝禹觀察藏本後故此本僅存漁洋手札陳跋上有秦布之印鏡亭六研齋祕笈諸印記與此本冊後所鈐者悉同可證也庚午仲春薄游京师此志與常醜奴志同得于厰肆二志皆六朝墓石劇跡一旦兼而有以自幸墨緣為不淺也　烏程蔣祖詒識

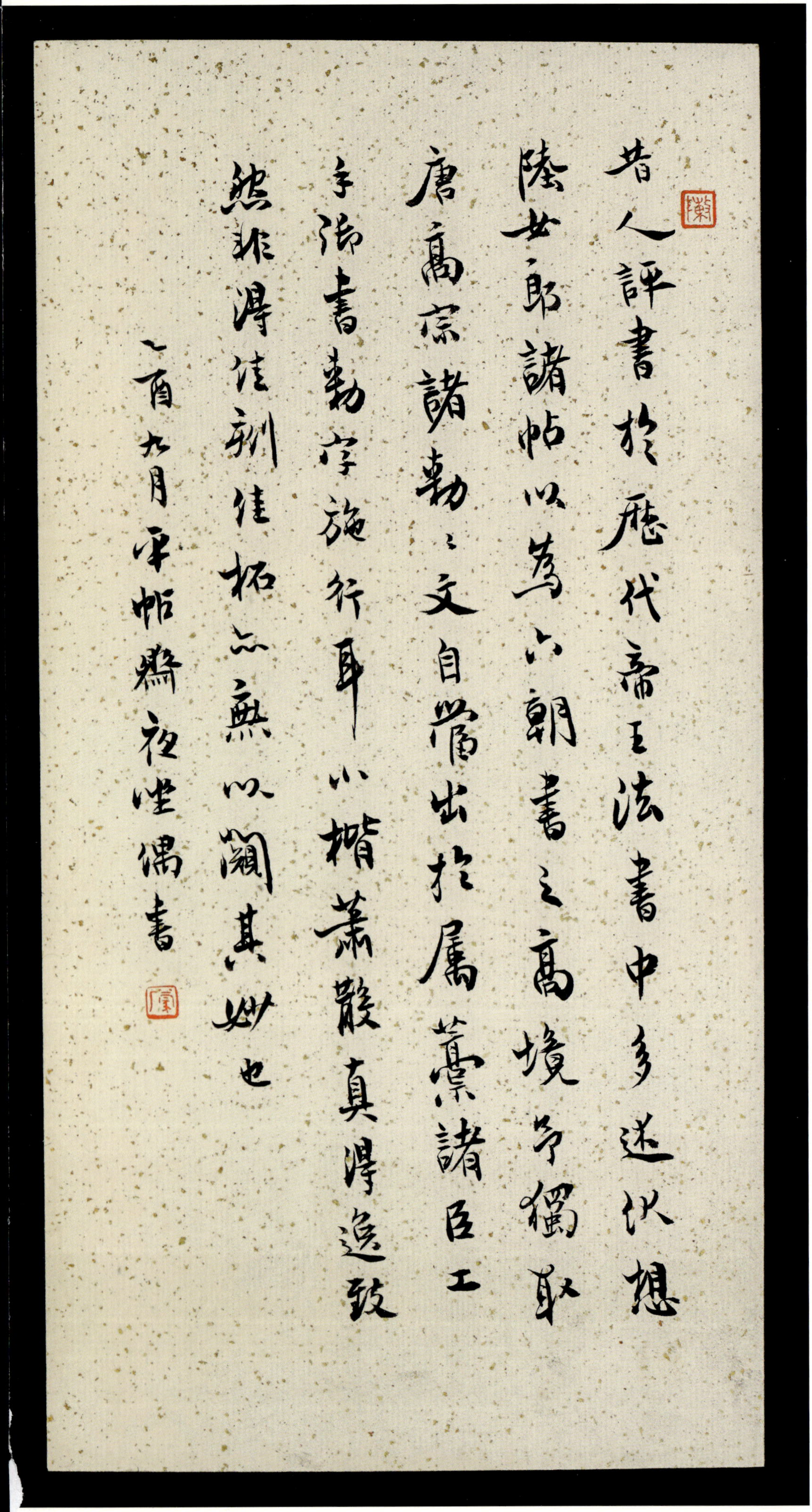

陳運彰

年代：1905—1955

字號：原名彰，字君漢，一字蒙安、蒙庵、蒙父，號華西、次公、默堂、師齋

籍貫：廣東潮陽

釋文：昔人評書，於歷代帝王法書中多述《伏想》《陸女郎》諸帖，以爲六朝書之高境。予獨取唐高宗諸勅，勅文自當出於屬藁諸臣工手，御書勅字施行耳。小楷蕭散，真得逸致，然非得佳刻佳拓，亦無以窺其妙也。乙酉九月，平帖齋夜坐偶書。

鈐印：陳、蒙厂

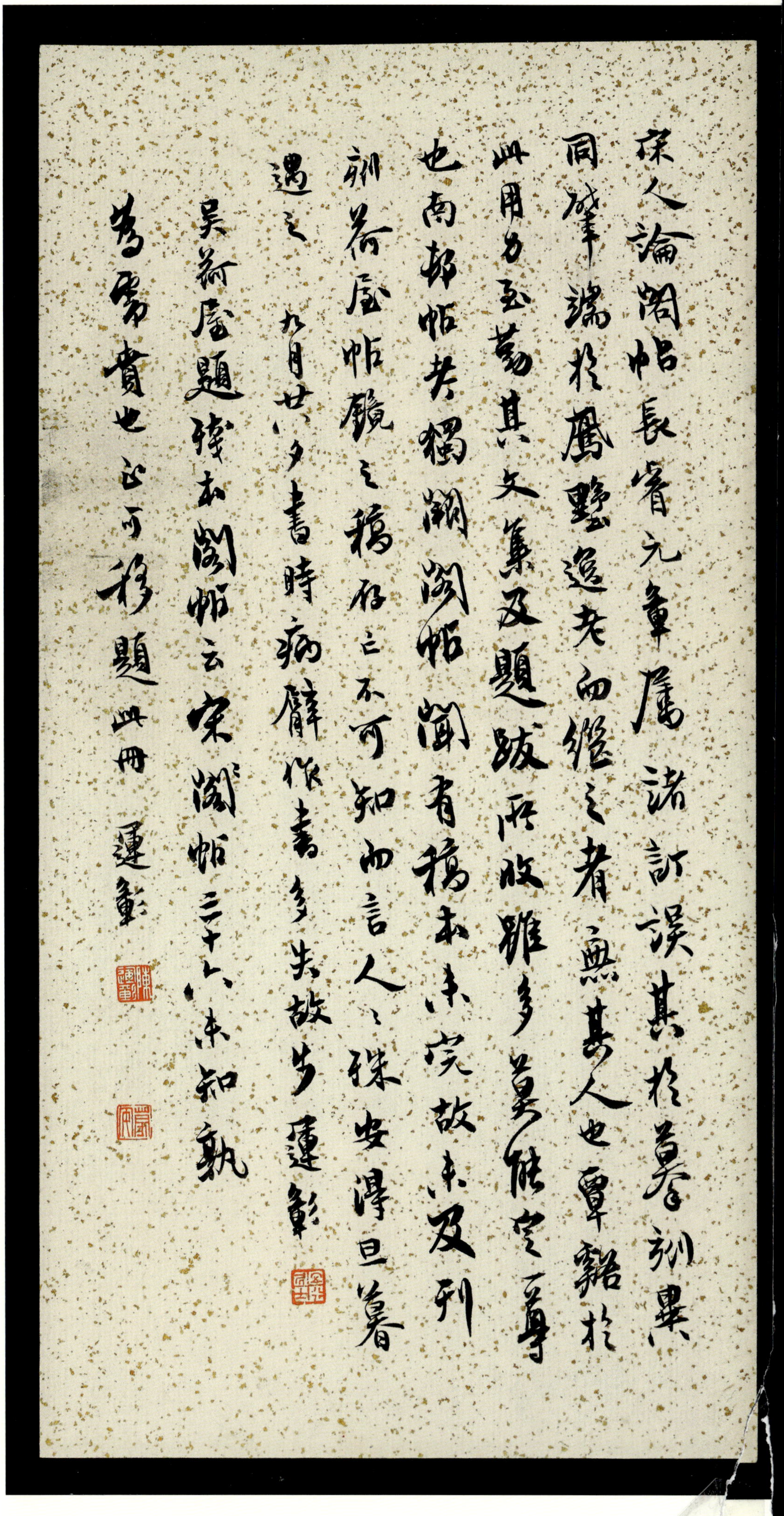

釋文：宋人論《閣帖》，長睿、元章屬諸訂誤，其於摹刻異同，肇端於《鳳墅》《逸老》，而繼之者無其人也。覃谿於此用力至勤，其文集及題跋所收雖多，莫能定一尊也。南邨《帖考》獨闕《閣帖》，聞有稿本未完，故未及刊刻。荷屋《帖鏡》之稿存亡不可知，而言人人殊，安得旦暮遇之。九月廿八夕書時病臂，作書多失故步。運彰。

鈐印：五行居士

釋文：吴荷屋題殘本《閣帖》云，宋帖三十六，未知孰爲虎賁也。正可移題此册。運彰。

鈐印：陳運彰、蒙安

題跋出處：淳化閣帖（陳運彰跋本）

館藏號：76B1742

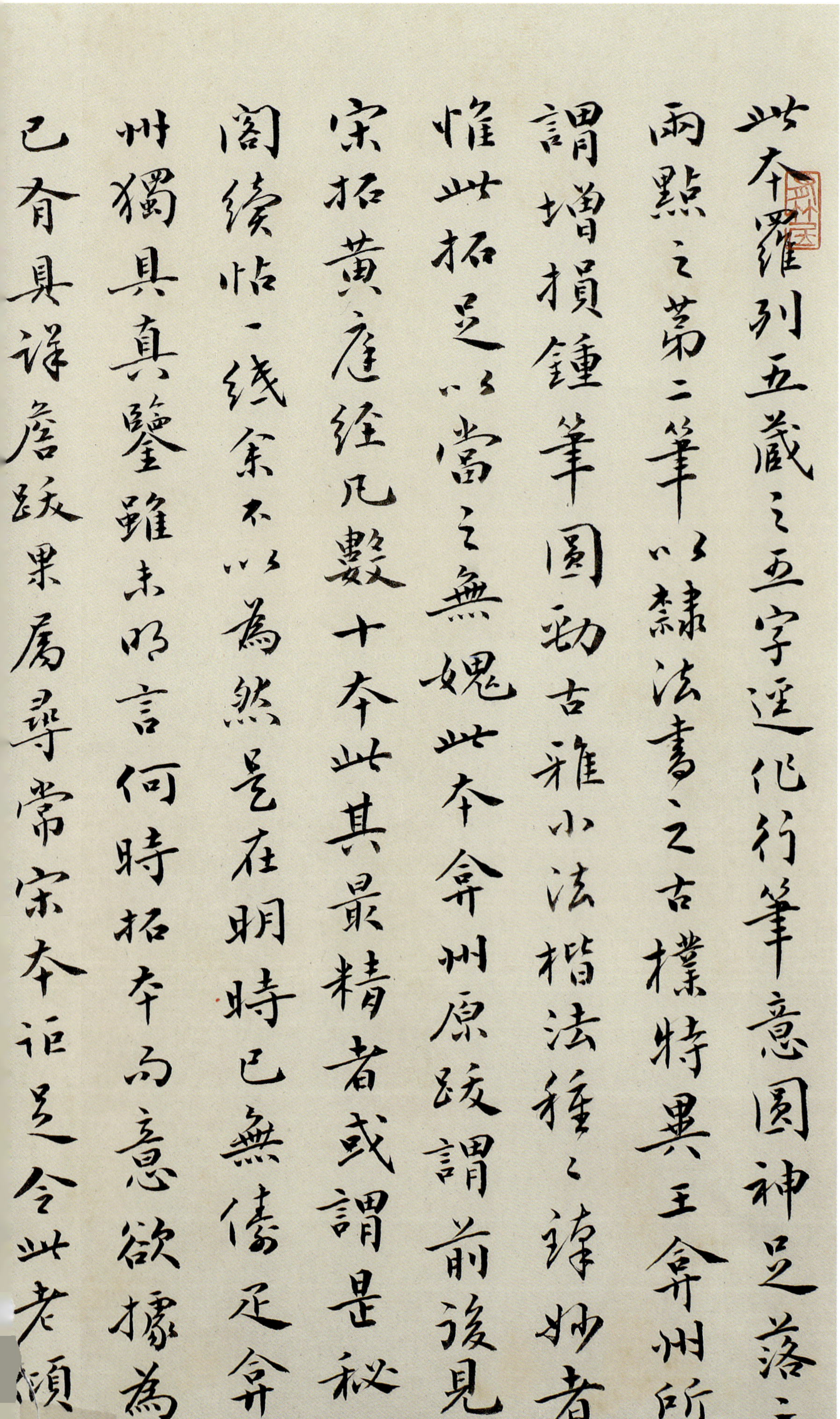

任傑

年代：生卒年不詳，活躍于民國年間
字號：字卓群，號覺庵
籍貫：上海
釋文：此本『羅列五藏』之『五』字徑作行筆，意圓神足，『落落』兩點之第二筆以隸法書之，古樸特異。王弇州所謂增損鍾筆，圓勁古雅，小法楷法，種種臻妙者，惟此拓足以當之無愧。此本弇州原跋謂前後見宋拓《黃庭經》凡數十本，此其最精者，或謂是《秘閣續帖》一紙，余不以爲然。是在明時已無儔匹，弇州獨具真鑒，雖未明言何時拓本，而意欲據爲己有，具詳詹跋，果屬尋常宋本，詎足令此老傾

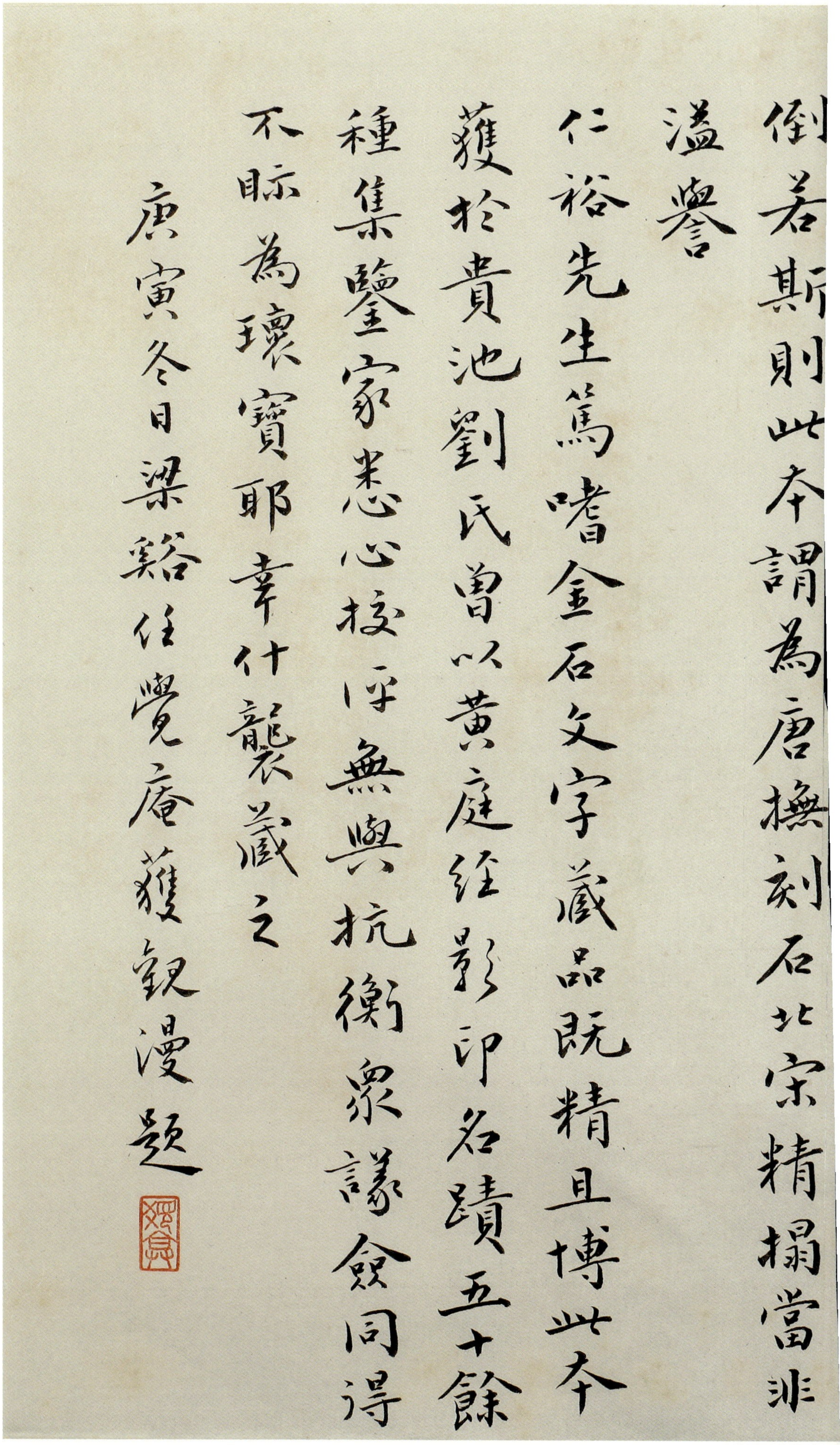
倒若斯則此本謂為唐撫刻石北宋精搨當非
溢譽
仁裕先生篤嗜金石文字藏品既精且博此本
獲於貴池劉氏曾以黄庭經影印名蹟五十餘
種集鑒家悉心校評無與抗衡衆議僉同得
不眎為瓌寶耶幸什襲藏之
庚寅冬日梁谿任覺庵獲觀漫題

倒若斯？則此本謂爲唐橅刻石北宋精拓，當非溢譽。仁裕先生篤嗜金石文字，藏品既精且博，此本獲於貴池劉氏，曾以《黄庭經》影印名迹五十餘種，集鑒家悉心校評，無與抗衡，衆議僉同，得不視爲瑰寶耶！幸什襲藏之。庚寅冬日，梁谿任覺庵獲觀漫題。

鈐印：覺葊、有竹居

題跋出處：黄庭經（詹景鳳藏本）

館藏號：19A370

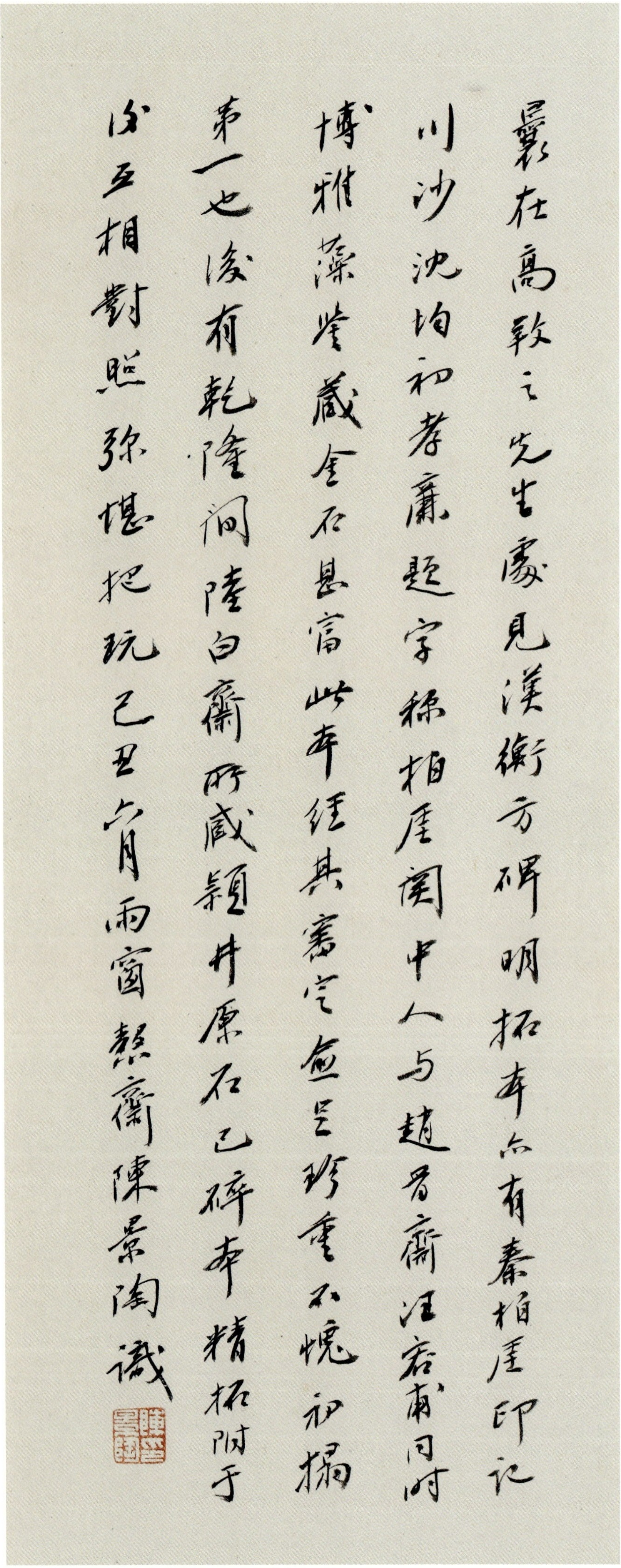

陳景陶

年代：1905—1988

字號：原名陳禹琛，號漁春、慤齋

籍貫：廣東潮陽

釋文：曩在高敦之先生處見漢《衡方碑》明拓本，亦有秦柏崖印記，川沙沈均初孝廉題字稱柏崖關中人，與趙晋齋、汪容甫同時，博雅藻鑒，藏金石甚富。此本經其審定，愈足珍重，不愧初拓第一也。後有乾隆間陸白齋所臧穎井原石已碎本精拓附于後，互相對照，彌堪把玩。己丑六月雨窗，慤齋陳景陶識。

鈐印：陳景陶印

題跋出處：思古齋黄庭經、穎上蘭亭序合册（陳景陶藏本）

館藏號：S2482

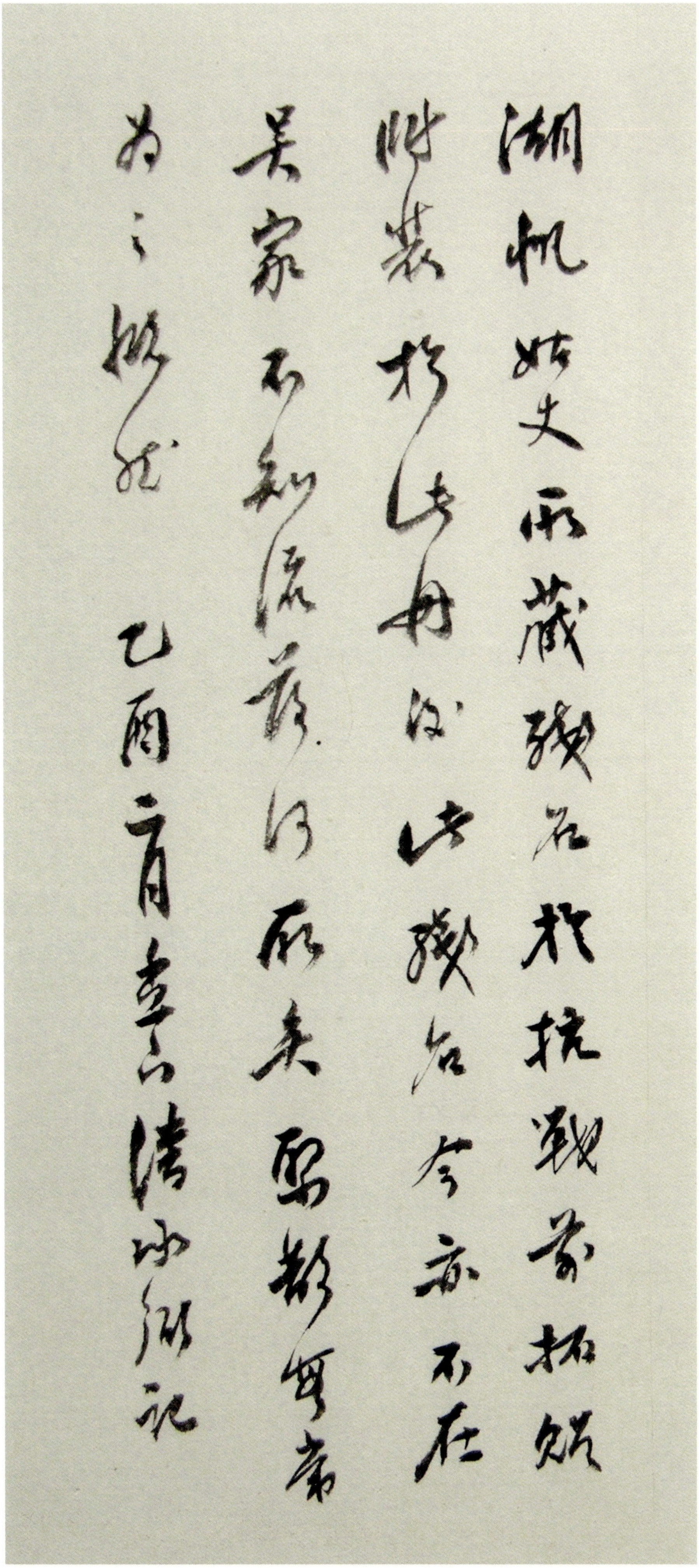

潘景鄭

年代：1907—2003

字號：原名承弼，字景鄭，後以字行，號盉宀

籍貫：江蘇吴縣

釋文：湖帆姑丈所藏殘石，於抗戰前拓贈，附裝於此册後。此殘石今亦不在吴家，不知流落何所矣。聚散無常，爲之慨然。乙酉二月，盉宀潘承弼記。

題跋出處：唐敬節法師塔銘（吴湖帆藏本）

館藏號：S2936

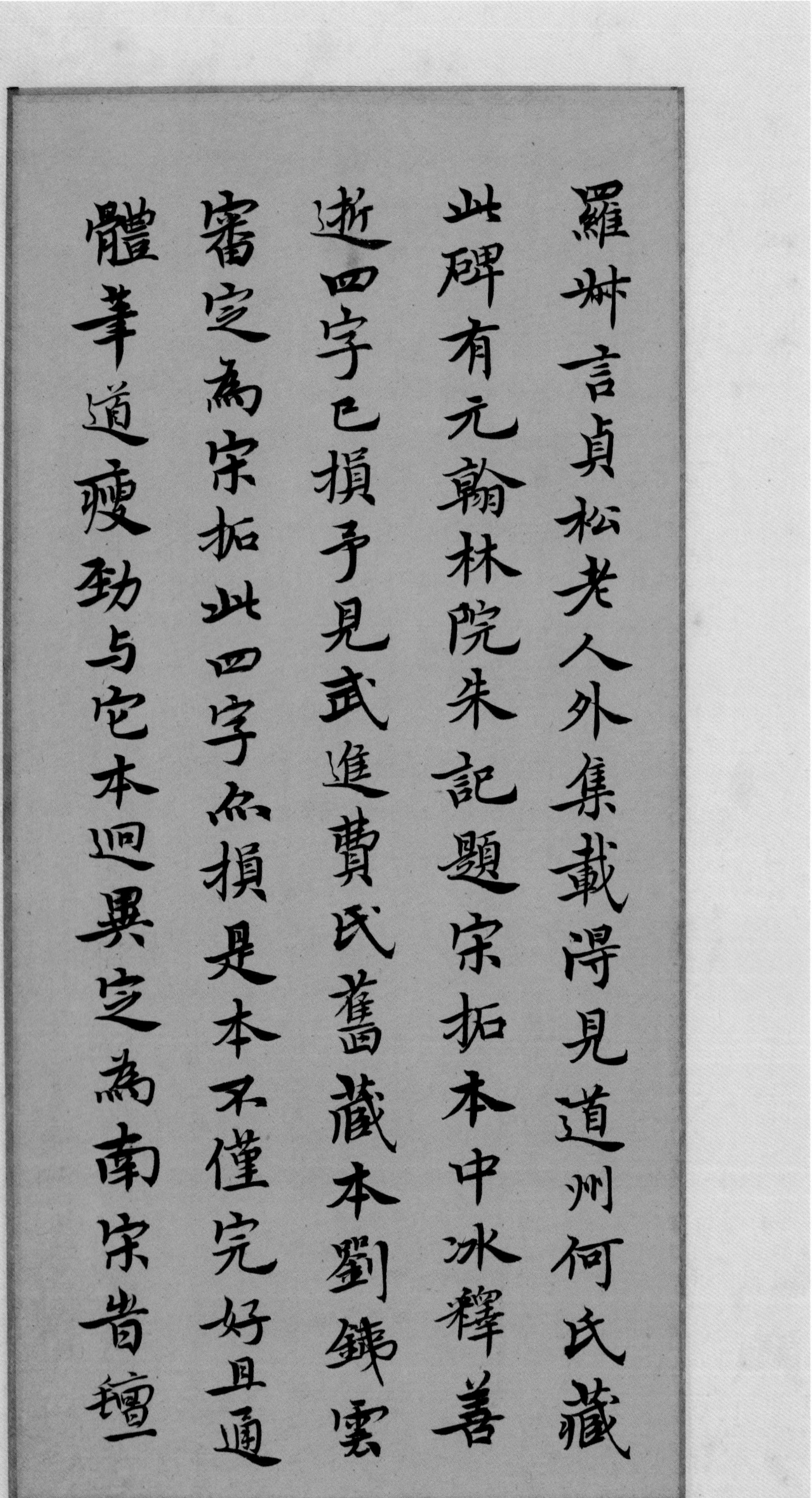
羅卅言貞松老人外集載得見道州何氏藏
此碑有元翰林院朱記題宋拓本中冰釋善
逝四字已損予見武進費氏舊藏本劉鐵雲
審定為宋拓此四字亦損是本不僅完好且通
體筆道瘦勁与它本迥異定為南宋旹氊

翁闓運

年代：1912—2006

字號：字慧仁

籍貫：浙江杭州

釋文：羅叔言《貞松老人外集》載得見道州何氏藏此碑，有元翰林院朱記，題宋拓本，中『冰釋善逝』四字已損。予見武進費氏舊藏本，劉鐵雲審定爲宋拓，此四字亦損。是本不僅完好，且通體筆道瘦勁，與它本迥異，定爲南宋時氈無疑。一九五四年除夕燈下校勘漫記。

鈐印：闓運

釋文：曾以明拓及清初拓二本與此細校，此本不特『善逝冰釋』四字，其他點畫完好、筆道未損之處不勝枚舉。慧仁。

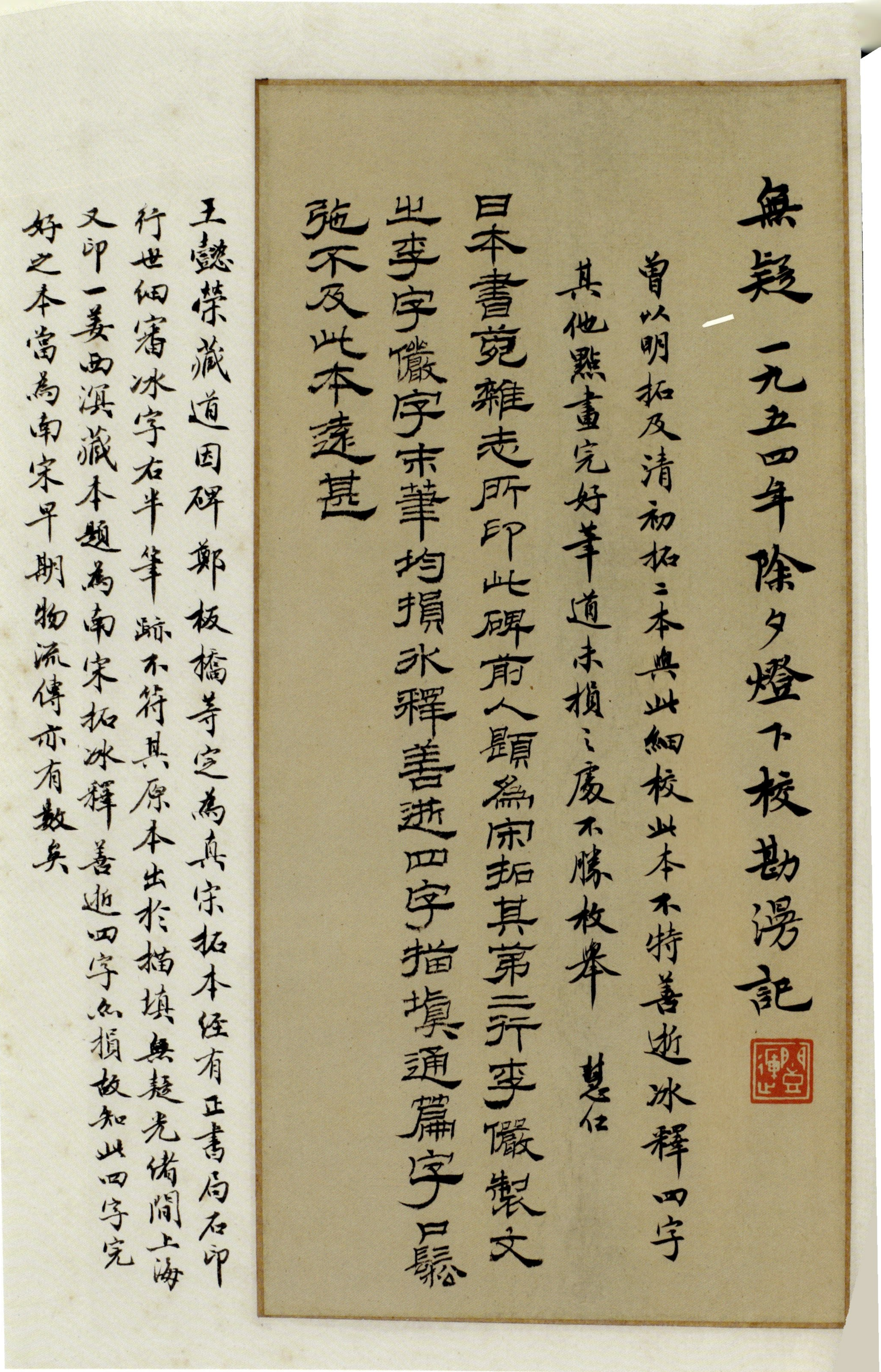
無疑　一九五四年除夕燈下校勘湯記
曾以明拓及清初拓二本與此細校此本不特善逝冰釋四字
其他點畫完好筆道未損之處不勝枚舉　慧仁
日本書苑雜志所印此碑前人題爲宋拓其第二行李儼製文
之李字儼字末筆均損冰釋善逝四字描填通篇字口鬆
弛不及此本遠甚
王懿榮藏道因碑鄭板橋等定爲真宋拓本經有正書局石印
行世細審冰字右半筆跡不符其原本出於描填無疑光緒間上海
又印一姜西溟藏本題爲南宋拓冰釋善逝四字亦損故知此四字完
好之本當爲南宋早期物流傳亦有數矣

釋文：日本《書苑》雜志所印此碑前人題爲『宋拓』，其第二行『李儼製文』之『李』字、『儼』字末筆均損，『冰釋善逝』四字描填，通篇字口鬆弛，不及此本遠甚。

王懿榮藏《道因碑》，鄭板橋等定爲真宋拓本，經有正書局石印行世，細審『冰』字右半筆迹不符其原本，出於描填無疑。光緒間，上海又印一姜西溟藏本，題爲南宋拓，『冰釋善逝』四字亦損，故知此四字完好之本當爲南宋早期物，流傳亦有數矣。

題跋出處：道因法師碑（潘志萬藏本）　館藏號：22A421

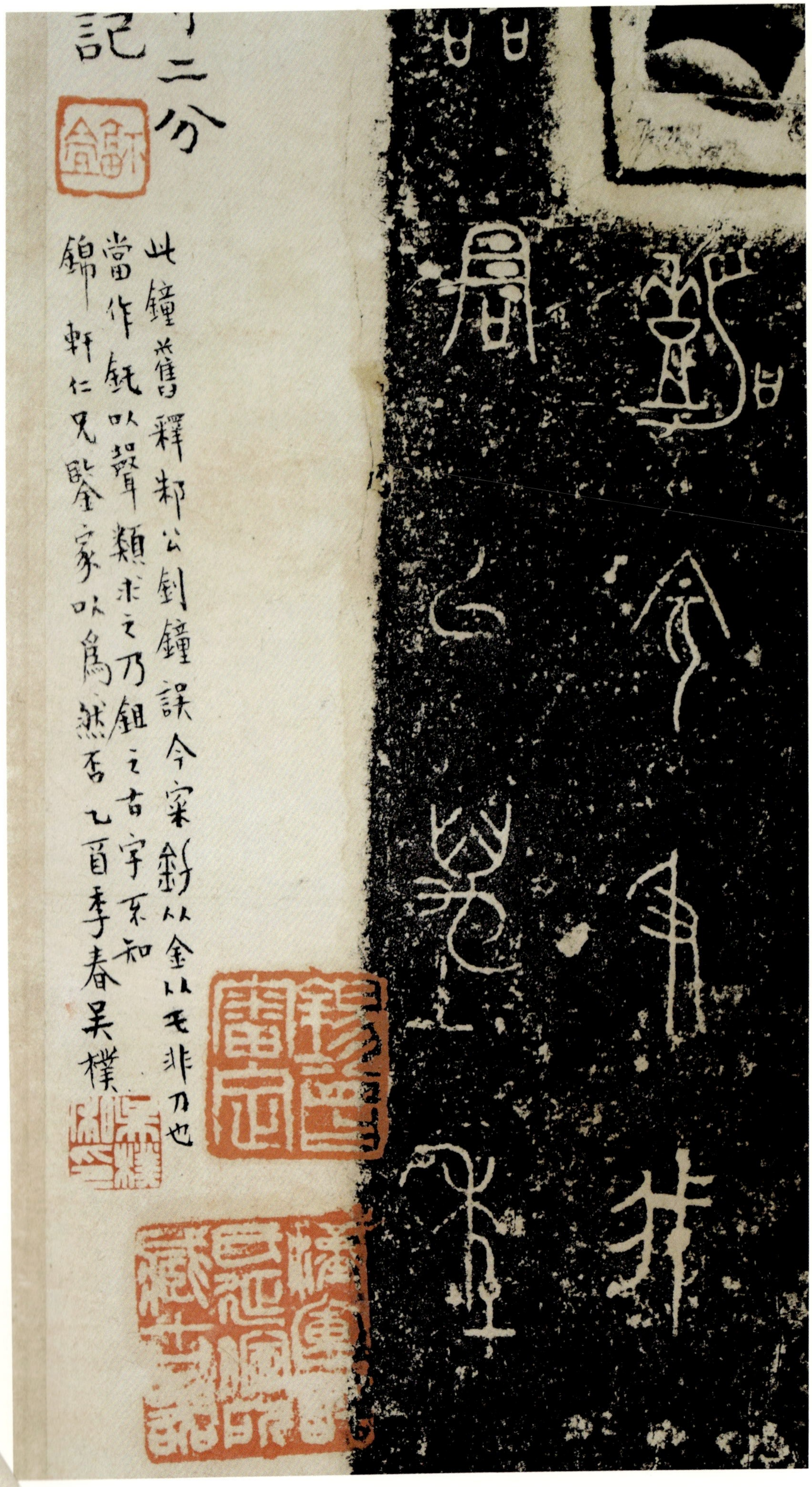

吳樸

年代：1922—1966

字號：字樸堂，號厚庵

籍貫：浙江紹興

釋文：此鐘舊釋邾公釗鐘，誤。今審『釺』从『金』从『乇』，非『刀』也。當作『鈓』，以聲類求之，乃『鉏』之古字，不知錦軒仁兄鑒家以爲然否？乙酉季春吳樸。

鈐印：吳樸私印

題跋出處：邾公釗鐘（葉銘藏本）

館藏號：Z1608

人名索引

題跋者按姓氏拼音排序，同一姓氏，再按名字的首字、第二字拼音排序。同一姓氏，單名者在前，雙名者在後。少數民族不以姓氏爲序，而以名字的首字拼音排序。

後記

二〇〇八年，文物出版社出版了我的《中國碑拓鑒别圖典》一書。此書一經出版，就廣受碑帖鑒藏者的歡迎，我也頗受鼓舞，旋將編撰金石家題跋和藏印圖典的設想告訴了文物出版社，希望能够組成『圖典』的姊妹篇，構築一個碑帖鑒定工具書的完整體系。這一設想得到了出版社的高度認可。

編撰《中國金石家題跋圖典》無疑是一項萬分艱巨的工作。首先得經手大量碑帖善本，因爲衹有在碑帖善本裹纔會有充沛的名家題跋和藏印資源。自此，我就開始了漫長的碑帖善本整理與研究工作。好在上海圖書館藏有國内外最爲豐富的碑帖善本資源，我開始在故紙堆裏一本本、一件件地經手和過眼。這項工作猶如沙裏淘金，首先要在萬千普本中找出有價值的善本，然後再鑒定碑帖版本，釋讀前人題跋，梳理收藏印鑒，推斷碑帖傳拓時間先後，分析拓本珍稀程度，梳理傳本遞藏關係，評定文物等級高低。一晃十幾年過去，期間我的階段性成果《善本碑帖過眼録》初編和續編，經文物出版社趙磊先生之手編輯出版，他爲我的碑帖文化推廣工作做了好幾次漂亮的『嫁衣』。近年來，我轉向鐘鼎彝器拓本的整理工作，似乎遺忘了編撰題跋藏印圖典的初心使命。其實不然，雖然個人的研究興趣稍有轉移，但是接觸題跋藏印的範圍反倒得以拓展，此前接觸的是單純的碑帖鑒藏家，如今已是廣義的金石家了。

隨着資料的擴充，面對海量的題跋與藏印資料，自己反倒却步了。其原因主要有三：一是顧慮工作量浩大而煩瑣，實非一人之力所能應對；二來感覺到難度太大，館藏雖有兩千餘人的數萬件題跋與藏印，但是其中有確切生平資料者不足三分之一，許多人物可能已經永遠地淹没在歷史的長河裹了；其三，也是我最擔心的，就是如此海量的信息有無讀者受衆，畢竟金石碑帖屬于小衆文化。趙磊先生似乎看出我的種種顧慮，二〇一九年春天的一次相聚中，他就給我出了一個選題建議，即挑選歷代金石碑帖鑒藏名家的題跋經典，既爲研究人員與藏家提供金石題跋的辨僞定本，又能欣賞其書法和藏印藝術；既能閲讀金石名家的題跋内容，又爲讀者提供金石題跋的學習範本。如此一册在手，可謂鑒定、學習和欣賞三者兼得。不久新冠病毒流行，我利用居家辦公的時間，陸續完成了《中國金石家題跋圖典》收録人物的選定、題跋内容與書法的精選以及題跋釋文、句讀等工作。

編撰此書可謂艱苦卓絶，但我没有感到絲毫厭倦，相反充分享受每一個過程。逐字逐句地精讀題跋，日與古人相對，亦自謂極天下之至樂也。衷心希望金石同道們通過《中國金石家題跋圖典》一書，可以一起分享到此中的快樂。

甲辰元月二十五日，仲威記于慕松軒燈下